eons

[修订版]

雅克·拉康：
阅读你的症状

（上）

吴琼 著

Jacques Lacan:
Read Your Symptoms

上海文艺出版社
Shanghai Literature & Art Publishing House

目 录

修订版代序　拉康"研究"在中国　　/iii

初版代序　如何阅读拉康？　　/xv

上　篇
拉康的事业　/1

第一章　弗洛伊德在法国　/5
　　一　创伤之矛　/6
　　二　不愉快的开场　/19
　　三　挥师巴黎　/32
　　四　文人的实验　/46

第二章　自我认同的罪与罚　/61
　　一　妄想症书写　/62
　　二　自罚性妄想　/76
　　三　密涅瓦的猫头鹰　/90

第三章　镜像的神话　/105
　　一　一个被窃的文本　/106

二　主体确证的时刻　　/121
　　三　终于到了镜像阶段　　/137

第四章　精神分析的政治　　/157
　　一　大决裂　/158
　　二　狙击自我心理学　/175
　　三　回到弗洛伊德　/190
　　四　逐出教门　/212

第五章　拉康的王国　　/233
　　一　光辉岁月　/234
　　二　通关的政治　/255
　　三　结构的街垒战　/267

第六章　研讨班的岁月　　/287
　　一　声音的诱惑　/288
　　二　研讨班的演进　/304
　　三　科学的伪形　/322

修订版代序
拉康"研究"在中国

拉康的名字第一次出现在中国的学术刊物或著作里是什么时候,我没有做过考据,但他最初进入中国学界的视野,这个时间点是比较确定的:1980年代中期。

1980年代初,一方面是生活世界有关人生观、人性论的大讨论,另一方面是文学艺术界针对"现代派"的争论,使"自我表现"成为中国现代性旗帜上的一枚徽章,而当时用来涂写徽章的两个主导话语:一个是萨特的存在主义,另一个则是弗洛伊德的精神分析学。两者(还有尼采)在20世纪前半期就已传入中国,但新的时代情境召唤了它们的思想潜能的激发,尽管与之伴随的是理解的浅薄化。

1980年代中期前后,国内理论界和文化界"主体性"旗帜飘扬,早先朦胧的现代性冲动开始打造一个又一个"现代主义"的"人设",19世纪末以来的各路西方理论也被想当然地纳入混沌的现代主义"论述"大行其道,由此迎来了弗洛伊德作品的"出版热"——确切地说是"重版"。就是在这样的背景下,1985年,商务印书馆翻译出版了一本研究性著作《马克思主义对心理分析学说的批评》(金初高译)。这其实是一本论文集,其中有一篇用很小的篇幅介绍了拉康。接着在1988年,东方出版社又翻译出版了一本苏联学者的著作《法国的后弗洛伊德主义》(李亚卿译),其中有一章是对拉康的介绍。这两本书的重点都是精神分析学,涉及拉康的部分理论性都比较强,且翻译很不规范,在当时的语境下几乎无法理解。

实际上,拉康真正引起中国学界注意,得益于同时期的另一本书:

英国马克思主义文艺理论家伊格尔顿的《二十世纪西方文学理论》。伊格尔顿的这本书于1983年在西方出版,1986年首次被译成中文,并且很快又出现了第二个、第三个译本。书中"精神分析学"一章对拉康的"镜像阶段"、"菲勒斯"、"俄狄浦斯情结"、欲望的"隐喻"和"转喻"等基本概念做了清晰浅显的介绍,并尝试在文学和文化批评的语境中对它们进行延伸性的运用。要知道,1986年前后,国内批评界正在追求方法论革新,伊格尔顿介绍的几种方法——新批评、现象学、结构主义、后结构主义等——在当时大都水土不服,唯有精神分析学似乎还可以找到对接的空间,尤其是伊格尔顿对拉康理论的延伸运用,对国内的文学艺术批评发挥了近乎启蒙的作用。这当中最值得一提的人物非戴锦华莫属。

1989年,孟悦、戴锦华在合著的《浮出历史地表:现代妇女文学研究》一书中已经开始借用拉康式的概念;到1993年的《电影理论与批评手册》中,戴锦华已经能够自觉且自如地运用拉康理论讨论第四、五代电影导演,其中可以看到她在伊格尔顿版本的基础上对拉康的"隐迹书写"。某种意义上,我们甚至可以说,在中国真正的拉康研究启动之前,就已经存在一个戴锦华版的拉康,这不是因为她使用了拉康的术语,而是因为她在拉康主义的术语与时代书写之间所做的某种"缝合"。例如,她在"镜像""弑父""子代""他者"这类概念中叠入的代际、性别、"第三世界"等议题,固然是所论文本隐性地含摄的问题,但更是1990年代正在全球化的门槛上前后张望的中国社会与中国文化的语境,戴锦华以其特有的"缝合术"让她的历史写作成为历史构层的一部分,这使她的写作带有极强的症候性。

相较之下,国内的拉康研究起步要晚得多,直到21世纪初才有著作和论文出现。但发展势头也很迅猛,从2000—2011十来年的时间里,就有近10部专著问世。总体上,21世纪最初十年的拉康研究热有两个特别的语境。

一是"齐泽克热"的推动。通常我们把齐泽克视作左翼理论家，实际上他是很另类的左翼，例如你在他那里可以看到"事件"但看不到"历史"，可以看到"概念"但看不到"理论"，可以看到在各种社会文本、文化文本和理论文本之间天马行空的"穿行"但看不到真正意义上的"结构批判"。拉康是齐泽克进行文化研究和文化批评的垫脚石，但后者对拉康理论剪裁式的阐发、挪用和嫁接，在激发读者阅读震惊之余，也让人感到垫脚石同时也是绊脚石。因此，当21世纪初期阅读齐泽克成为大学里的一种时尚时，回头去系统阅读和理解拉康的理论就成为一门必修课程。

另一个是文化研究尤其是视觉文化研究的流行。与美式泡沫学术"后现代主义"叶公好龙式的理论挪用不同，20世纪末、21世纪初引入国内的"视觉文化研究"有着更为鲜明的学术底色，虽然国内现有的视觉文化研究经常充斥着一种奇怪的"传播学"热情。视觉文化研究，不论是历史研究，还是问题研究或具体的文本研究，都讲究严谨的"方法论操作"，这当中，包括拉康在内的当代法国理论被认为是马克思主义以外最重要的方法论武库，从电影研究到摄影研究，从大众文化研究到传播批判，从认同议题到快感生产，拉康理论都是必不可少的工具。

当然，如此强调语境的在场，指的是本土的拉康接受的氛围，这并不等于说本土的拉康研究是为了回应这种语境而展开的；相反，现有的拉康研究的成果基本上都是"纯理论"研究。再者，在此刻意回避精神分析实践的语境，也不是否认国内的"分析师"团体在推动拉康热的过程中的作用，那只是因为拉康研究和拉康派的实践目前还缺乏对接的契机，也许这两个团体之间需要一次真正的"精神分析行动"来处理他们各自的"移情"设置——不是分析师躺椅上的移情和反移情，而是因为对拉康的不同"使用"方式造成的两个团体之间浅薄的抵牾，确切地说，两个团体的欲望铺陈导致了一个拉康意义上的"斑点"，使相互鄙夷的双方都忘记了拉康才是他们共同的"躺椅"。

这里暂且不去讨论国内拉康研究的具体成果。一个令人困惑的现状是：最近的十多年，本土"拉康研究"进入了冷却期，问世的新成果数量甚少。但另一方面，"拉康热"或公众对拉康的兴趣仍在延续，在拉康著作的版权引进迟迟无法解决的背景下，在直接阅读拉康对大多数人还存在巨大障碍的情况下，引入国外的拉康研究就成为理想的替代方案，它至少可以让我们在享用拉康理论的"剩余"或"残渣"中获得"替代性的满足"。

检视一下近几年翻译出版的有关拉康的成果，就可以看到四种基本的"文类"：传记、导读、导论和辞典。简单地说，它们都是写给公众的"指南"。

伊丽莎白·卢迪内斯库是活跃在当代法国思想圈的一位传记作家和历史学家，她曾用精神分析的方法研究大革命以来法国的女疯癫者，她还编写过一本规模浩大的《精神分析词典》。但她真正重要的写作是所谓的"拉康三传"：《百年大战——法国精神分析学史》（两卷本，1982—1986）、《雅克·拉康——简要生平及其思想体系的历史》（1993）和《拉康：不顾一切》（2011）。三个版本的写作风格和文体特征各有不同，如同拉康理论中想象界、象征界和实在界的"三界"纽结，呈现了传主在不同语境中的不同面相，或者说不同的语境对主体的"切割"，但每一次切割都是不完整的，都会留下一个不可象征化的剩余、一个莫可名状的原质之物，即被留在实在界的"拉康"，"它"就是居于"三界"纽结中心的"小a"，将为启动下一次切割或另一次写作行动提供驱力。2020 年，国内翻译出版的《拉康传》（王晨阳译）就是卢迪内斯库三本传记中的第二个版本；2023 年，《拉康：不顾一切》也被翻译出版（李新雨译）。

《百年大战》共有两卷。第一卷从 1885 年弗洛伊德的巴黎之行讲到 1925 年巴黎"精神病学演进"小组和 1926 年"巴黎精神分析学会"的成立，叙述了法国精神病学界对精神分析学的接受和批评；

第二卷先是讲述了1920—1930年代巴黎的作家和艺术家圈子对精神分析学的热情，然后是拉康的进场。拉康的独特性在于：一方面他属于医生和分析家圈子，另一方面他和人文圈子也有密切互动，在很大程度上，后者在文化上激进的反建制倾向和精神分析化的写作实践为他破除精神分析共同体的技术专制提供了灵感，他不可避免地成为共同体的一根"肉中刺"，接下来的故事就是共同体一次又一次的驱魔运动。就法国精神分析学的历史而言，《百年大战》讲述了一个分裂的故事；而就拉康而言，作为引发争端的主角，那也是他在建制内部认同受挫和复仇的故事，甚至在他创立自己的组织以后，也没能摆脱内部撕裂的命运，以至于他最终不得不以自己"杀死"自己的方式来终止命运的循环，通过自动宣布组织解散，使自己定格在人文世界所崇拜的悲情的孤独者形象上。所以，《百年大战》中的拉康就像被困在镜像阶段的主体，理想自我为了在象征秩序所建立的他者场域获得自我确证左冲右突，但一次次伤痕累累，唯一得到确证的是，只要主体还屈从于他者的欲望，成为自身欲望的牺牲品就是唯一的去向。

卢迪内斯库的拉康传记的第二个版本有一个副标题："简要生平及其思想体系的历史"，所以，这是一个由生活史和思想溯源交织在一起的文本，组织纠纷退居次要位置。与第一个版本围绕主体在象征秩序中的认同受挫来展开传主的传奇不同，第二个版本一幕接一幕地搬演了传主在另一个场域的想象性认同，那就是塑造其思想的人文领域，思想英雄的轮番出场为传主编织了一个又一个理想父亲的神话。不过在生活史的部分，作者讲述了现实的父亲意象——从拉康的家族到他本人——走向衰落的故事，这是现代性写作中最常见的剧情，拉康早期对家庭情结的论述似乎也以某种象征的方式印证了这个衰落及其现代性情境。有关思想溯源的书写表面上是对拉康思想源头的回溯，实际上也展示了其对理想父亲的认同，是对这一认同的回溯性建构，按拉康自己的分析逻辑，未来的历史在过去就已经先期到来,所以过往的历史只能在未来的完成时态中获得理解。因此,在那里,科耶夫、索绪尔、列维－斯特劳斯、海德格尔等成为铺陈父亲认同的一个又一个代理,它们最终将汇聚在"回到弗洛伊德"的旗帜或口号之下,后者就是法老般的、原始的象征父亲,主体(拉康)对父亲代理的一次次内化和转换都是为了完成对原始父亲的回唤。也是因此,在卢迪内斯库的思想溯源中,回溯性建构的重点并不是各个代理父亲的"理论",而是他们被认同为"父亲"的场景或姿态,在那里,我们看到的是主体模仿父亲的各种"拟态"形象。至于建制的故事,尽管占据的分量十分小,只在生活史中有零星的"插播",但叙事的基调有很大改变。在此,焦点不再是主体为获得建制的确认而做出的种种努力,而是主体对象征秩序的质询和出走,我们也可以把这理解成作者对主体的一种反向"认同"提供的分析情境,即主体的质询和出走与其说是对秩序的批判或否定,不如说是主体对源自实在界的死亡驱力的"认同",这一认同是如此之彻底和决绝,以至于在主体身上激发了将质询进行到底的歇斯底里式的症状,主体最终对自己一手创立的带有君主制色彩的建制秩序施以毁灭性的一击,其对象征秩序的质询终于在死亡驱力的戏码中成全了自身。

《百年大战》对建制争执的揭示就像是19世纪末美国记者揭发社会黑幕的"扒粪行动",卢迪内斯库也因此被巴黎拉康派的精神分析圈子视作麻烦制造者。在"思想溯源"的版本中,也许是为了表达一种缓和的姿态,作者显然将重点从父权制的"帝国"转向了理想父亲的"共和国",但对组织已然涣散、只能靠移情和共情来维系其组织躯壳的共同体而言,这个置换无异于另一种冒犯,驱魔行动并未止息。现在,作者想要换一种方式、一种更加个人化的方式来谈论拉康,她要把"拉康"当作一杆标枪投向那个对党争的热情胜过一切的"君主制"集团,在这个意义上说,拉康传记的第三个版本《拉康:不顾一切》是一本充满怨怼的愤懑之书,作者的愤溃就源于主体面对实在界的激情。如同当年的拉康,面对高度建制化的"帝国集团"的霸凌,面对一度构成其象征认同的他者世界对他的除名和遗弃,他最终决定将象征界的幻象和诱惑从自身之内切割掉,并在讲台上通过将象征界的剩余转换为实在界的呕吐物来实施绝境中的一击;现在,卢迪内斯库的拉康就是实在界的幽灵,就是用来羞辱拉康派分析师的"秽物",因为她呈现的是拉康的"另一面",这个"另一面"同时也是精神分析的"另一面",是作为偶像崇拜者的拉康派所不愿面对的,就像作者所说的,她要"经由拼凑各种碎片来展现出另一个拉康……这个拉康遭遇他的实在界,即从他的象征世界中遭到排除的东西。这是一个游走边缘的拉康、一个置身临界的拉康、一个不修边幅的拉康、一个因其'语词新作'的痴狂而心荡神驰的拉康"。所以,在这里看不到"传记契约"意义上的拉康生平,看不到作为分析师、理论家、临床教学者的拉康的实践,这里的拉康被呈现为一个又一个的症候:镜子、性欲、收藏、情色图、原物、死亡,这些在文本中四处飘舞的碎片,就像歇斯底里话语抛向本就欠缺的他者世界的最后质询,它们既是拉康的症候,也是驱魔者的症候,当然也是作者——如她自己所言——就精神分析共同体内部和外部对她的围剿实施的"清算"。

　　三个传记版本写出了传主不同的面相,同时也通过不同的文体风格框定了传记作者对待传主的不同"契约"关系:《百年大战》描写了一个被困在建制的象征秩序中的拉康,作者以历史学家的角色力图通过对档案、访谈和文本的调用和对历史事件的详尽述写,在传主与建制复杂的互动中来定格拉康的"事业";《雅克·拉康——简要生平及其思想体系的历史》中的拉康是一位成长于时代思想语境的知识英雄,作者以传记作家的身份描写了各个思想脉络在巴黎的播撒过程和它们在传主身上的"隐迹书写";而在《拉康:不顾一切》中,我们看到的是已经成为拉康派创伤性内核的"实在界拉康",作者以中世纪圣徒传一般的传奇手法描写了这个"原质之物"、这个"倒错的主体"对"对象 a"的各种恋物式症状，因此，"不顾一切"这个表述不仅表达了拉康作为欲望主体在死亡驱力中的坚执，而且表达了作者自己对"实在界拉康"的激情。

相较于对拉康生平的了解，我们可能更需要一本通俗的理论导论。在西方世界，自 1970 年代以来，有关拉康的这种导论式写作一直存在，但水平参差不齐，成功之作甚少，肖恩·霍默的《雅克·拉康》不是其中写得最好的，却算得上是最受普通读者欢迎的。2014 年，重庆大学出版社以《导读拉康》为题将这本书翻译出版（李新雨译）。

对于拉康，考虑到其理论论说形式的复杂性和特殊性，一部成功的理论导论应该顾及几个方面的关系：阐释框架和理论内容的关系；以 1968 年为界，1950、1960 年代的拉康和 1970 年代的拉康之间的关系；1966 年出版的《文集》和这之前的研讨班之间的关系；分析家的言说、哲学式的言说和数学化或形式化的言说之间的关系。要在一部导论作品中同时照顾到所有这些关系，实际上是一个不太可能的任务。所以，西方世界采取了几条"投机取巧"的路线：或者以某一个或几个概念为中心；或者以某一个文本为中心；还有最流行的以"想象界—象征界—实在界"这个三元组为中心。霍默的拉康导论大体属于第三条路线，他以"三界"为基本的概念框架，先是厘定每个概念得以提出的理论语境或思想来源，接着分析拉康对它们的使用，最后还以例证的方式讨论它们在文学艺术批评中的运用。整个写作条分缕析，行文流畅，读起来比较轻松。但即便如此，霍默的导论还是难以担当"导论"的重任。且不说研讨班文献的缺失和许多核心概念的遗漏，单就"三界"本身而言，霍默对"三界"拓扑学的省略是很大的缺憾。

在此需要特别强调的是，"三界"其实并非拉康理论的"内容"，它是一个阐释框架，拉康几乎所有的概念都可以或者说都需要被置于这个框架中来理解。拉康理论的核心内容是：主体的认同；欲望的辩证法；快感的经济学；驱力或"基本幻象"的运作等。这些内容是相互交叉的，但各自切入问题的角度有所不同，尤其是，它们的展开都需要"三界"的阐释框架，需要在"三界"本身的相互运作中完成。就此而言，单单以"三界"为框架的写作很容易给读者和研究者带来误导，西方世界就在这个误导中徘徊了很久。

与导论式的理论梳理相匹配，对一般读者而言，阅读拉康还需要一种读物：辞典。的确，不论你是阅读拉康还是研究拉康，打开他的书，几乎每一页都会看到许许多多的"概念"：有的是精神分析专业领域的；有的是他自创的；有的看似是日常用语，但也被拉康概念化了。所以一本有关拉康概念的辞典是十分必要的。迪伦·埃文斯1995年为拉康精神分析学写的"入门性"辞典就是这样一本工具书，在拉康的读者和研究者那里被广泛使用。这本书的中译本也在2021年问世（李新雨译）。

就像埃文斯自己在"前言"中所说的：一方面，辞典作为一个共时性的系统具有"封闭的、自我指涉的结构"；另一方面，其意义又不呈现在任何地方，而总是在连续的换喻中被延宕。埃文斯的这个先行意识是准确的，但问题在于：作为一本辞典，该如何确切地呈现那个换喻的过程呢？或者说，面对拉康在理论言说中的连续换喻和意义的无限延宕，他的术语可以被辞典化吗？

比如我们都知道，拉康最有名的口号就是"回到弗洛伊德"，这个口号至少在前十期研讨班（1953—1963）得到了比较认真的落实，但是，自1964年研讨班移到巴黎高师以后，拉康就进入了另一个"返回"："回到拉康"。不断地回到拉康的"曾经"或"已经"，不断地用新的技术手段来重新阐释他的"曾经"，最终使一切的"曾经"都变成了"未来"，使一切的"未来"都变成了曾经的"已然"，这就是拉康的"先行到来"。这种不断的自我返回就是拉康的无意识重复，它实际上是拉康对自身理论想象性的"回溯式"重构，这使我们对他的所有概念的理论化努力都变得异常艰难。在这个意义上说，一部理想的拉康辞典，其重点应当不是去厘定他的术语的确切含义，而是为术语出现的不同语境提供完备的索引。埃文斯的辞典出版于 20 世纪末，那时候拉康研讨班的文本还只有很少的部分被整理出版。这无疑极大地限制了埃文斯的梳理。

当然，让拉康研究真正取得突破的关键还是对拉康文本的阅读，基于版权方面的原因，国内目前只出版了拉康《文集》的中译本（另外还有一个小册子《父亲的姓名》的译本）。《文集》当然是拉康最重要的作品之一，该译本不久前出了新版，但译文的问题使这个译本对拉康研究几乎发挥不了应有的作用。2021 年，拉康第 7 期研讨班《精神分析的伦理学》的中译本出版（卢毅译），在拉康著作的移译中，这也许将是一个重要的开始。

如果我们承认拉康是十分重要的当代理论家，那么拉康研究对我们而言仍是一个未竟之业。在现有的情况下，有一个基础性的工作也许仍需要去做：具体文本的导读。这实际上也是国外拉康研究十分重视的一个环节，早年就已经出现了多种围绕《文集》中的单篇论文进行的导读写作，到了 21 世纪，研讨班的分期导读也受到许多研究者的青睐，最近十年甚至呈现出增长的趋势。相较之下，汉语世界对拉康文本的解读尚未开始，移译的著作也很少，目前仅见 2016 年翻译出版的《文字的凭据：对拉康的一个解读》（张洋译），是菲利普·拉库－拉巴特和让－吕克·南希合作对拉康《文集》中的一篇演讲《自弗洛伊德以来字符在无意识或理性中的代理作用》的阅读。拉库－拉巴特和南希都是德里达的信徒，也是海德格尔的信徒。两人对拉康文本的选择是高度策略性的，因为拉康那个演讲的主题是语言和真理的关系，演讲共有三个部分，分别叠入了三个角色：索绪尔、弗洛伊德和海德格尔，这三者恰好也是德里达早年处理过的对象。拉库－拉巴特和南希的阅读集中在语言学的方面，看似是"逐字逐句"读拉康，实际上处处绵里藏刀，直指拉康"能指的科学"，指认那里隐含着一个无有终止的"内在目的论"，即拉康的"文字学"最终也未能摆脱德里达"批判的"文字学极力想要颠覆的东西。因此,这一阅读也被拉康做了一个"政治性"的回读,在1973年这本书刚刚上市的时候,拉康就在他的研讨班上指责两位作者是德里达的"爪牙"。

总体上,与21世纪初期对拉康研究的热情相比,最近十多年这种热情有所降温,吴猛的《拉康思想的基本概念及理论模型(1959—1973)》(2022)和王润晨曦、张涛、陈劲骁合著的《镜子、父亲、女人与疯子:拉康的精神分析世界》(2023)算是此间值得关注的成果,几位作者的精神分析临床背景使他们对拉康理论的阅读和理解有着许多"再生产"的方面,值得纯理论出身的研究者认真学习和领会。

最后就本书的修订版做一点说明。

在我的认知中,写作是一种纯粹的个人化行为,不论写作的架构和语言风格的选择,还是对想象中的理想读者的设定,作者都有自己的先行理解,而一旦书稿交付出版机构并付印进入市场,就宣告了写作行为的终止,作者所有的先行设定最终都以另一种形式——物的形式——进入另一个领域,在那里,读者本应只与"物"发生关系,但在阅读中他们不免会由"物"及"人"而将自己的阅读体验投射到作者身上,于是在作者和读者之间,移情/反移情的辩证法总是构成一道难以弥合的裂口。就像这本尝试之作,自2011年首版以来,从各种渠道可以了解到读者对它的反馈,尤其是它的冗长和重复时常受到诟病,十分感谢这种反移情的阅读,因为从那里我"阅读"到冗长和重复原来是我的写作的"症状",虽然我也深知表达的癫狂性并非写作的美德。在此修订版中,我没有刻意去消除那些冗长和重复,而仅仅是对其中一些我认为表达得幼稚和不清晰的段落做了删改。在此意义上,现在的这个版本只能算是局部的"修订版"。

初版代序

如何阅读拉康？

拉康或者说拉康的"作品"可以拿来阅读吗？如果把这个问题抛给拉康本人，他一定会断然地告诉你："不可以，如果你真的想要理解我的东西，那就去听我的研讨班吧，在那里，即便你依然做不到真正意义上的充分理解，但通过现场的聆听，你所获得的将是任何阅读都无法给予的。"

是的，拉康是不可阅读的，因为他的作品绝大部分是在课堂上或讲台上宣讲出来的，而不是专为"阅读"而写作的。从德里达主义的角度说，拉康似乎属于那种重声音而轻文字的在场形而上学的传统，可实际上，他并没有把声音和意义的在场相等同，相反，作为一个精神分析学家，他把"声音"看作其本身不表征任何意义的语言"废料"。拉康把课堂和讲台视作分析设置的一个组成部分，主张分析实践作为一种症状"阅读"活动只存在于倾听和阐释中，而这种倾听和阐释又只能借助于言语、只能在言谈情境中来实现分析的"逐步突破"，这就是说，对他的思想或"声音"的"阅读"与"理解"根本上离不开主体间性的结构，离不开横亘在主体之间的言语场域的作用。

拉康的不可阅读还在于他是一个具有超现实主义风格的理论家，是一个处处将论说掩藏在巴洛克式的修辞中的演说家，是一个喜欢逻辑跳接和语义滑动、喜欢对他人的概念做劫掠式挪用、喜欢运用连专业的数学家都看不懂的拓扑变换、喜欢装备许多"科学化"的伪形作为理论盔甲的"知识恐怖主义者"。

拉康是不可阅读的，可另一方面，正是这种不可阅读性，使他成为罗兰·巴特意义上的那种"可写的"作家。几十年来，人们从各个不同的学科领域和各种不同的角度阅读、阐释他的理论，但直到今天，我们仍没有看到有哪一位阐释者敢说他/她的阐释是完备的；至于哪一种阐释才是合法的或正确的，我想这个问题可能永远都不会有最终的结论；甚至说，如果有哪位阐释者敢说只有自己的阐释是唯一正确的，那他/她一定属于拉康所说的那种"愚蠢的主体"，一个早已为幻象所捕获却又全然不知的主体。

拉康是不可阅读的，这恰是我们"必须"阅读拉康的理由，也是我们阅读拉康时必须信守的边界，是使我们的阅读得以可能的一个前提——按照拉康的逻辑，只有在不可能性中，才有可能开辟出一条可能性的道路。其人已去，现场的倾听已不再可能，阅读——包括听现场录音，那不过是另一种形式的"阅读"，因为你听到的将不过是作为"剩余"的声音，以拉康自己的话说，那不过是一堆有待处理的"废料"——便成为我们再次走向他的唯一路径。于是，我们必定要面临一个令人焦灼的问题："如何阅读拉康？"

是的，这同样是一个愚蠢的主体才会提出的问题，因为它已然隐含了对某个"正确"读法的渴望。不过，如同拉康自己把所有的"阅读"皆视作主体对自身症状的"阅读"，而症状"阅读"是一个逐步突破而非逐级还原的过程一样，对拉康或者说拉康文本的阅读亦当在这一症状阅读的层面进行，换句话说，面对"如何阅读拉康？"这个问题，要想自己不至于因为"正确读法"的诱惑而被引入意义的封闭，就需要对问题本身做一方向性的置换，即把"如何阅读拉康？"置换为"如何通过阅读拉康来阅读我们自己的症状？"，以及如何有效地突破拉康在文本中刻意设置的重重障碍，在他伏击阅读主体的地方找到进入症状结构的入口？

一

不妨先看一下西方世界已然发生的对拉康的阅读。

有人称拉康研究已经成为一个"产业",这一不无讥讽的描述的确道出了部分的真实,至少在英语世界,我们看到,拉康研究确实已成为一个庞大的学术作业,专著、期刊、特刊、丛书、论文集、学位论文、会议论文、专业网站等,从1970年代至今,已形成一支浩浩荡荡的产业大军,且发展势头在进入新千年以后不降反升。

面对这个庞大而且庞杂的研究队伍,通观一下已有的研究成果,就会发现,不仅大家对拉康的理论结构和思想体系的描述纷繁杂陈,即便是针对同一个论题甚或同一个概念,大家的阐释也是各执一词,就像各自谈论的是完全不同的东西。为什么会这样呢?原因当然有很多:比如,从拉康自己的方面说,其文本刻意的艰涩和模糊风格,其理论阐发技术的曲折回转,其对自己已有观点的不断"返回"和修正,这些都是引发歧义的关键;再比如,从研究者的角度说,不同的学科背景、不同的研究目标、不同的阐释方向等,使拉康的文本成为一个欲望纽结点,一个既汇聚欲望又生产欲望的机器,对拉康的阅读成为每个人阅读和阐释自身欲望及其症状的一种分析行为。

在西方,投身于拉康研究的主要有这样一些人:精神分析学家、心理学家、精神病学家、哲学家、批评家、文化研究者,乃至法学家、政治学家、教育学家、宗教学家等——当然有许多研究者(比如汉语世界比较熟悉的斯拉沃热·齐泽克)的身份是跨界的。如此复杂的身份构成使人们在研究路向上常常呈现出一系列的差异甚至对立,比如我们首先在拉康派与非拉康派之间、临床实践者与非临床的研究者之间就会看到运作方向的不同;而在临床实践者当中又有精神分析学家、心理学家与精神病学家之间的差异,在非临床的研究者当中也有哲学家、批评家、文化和社会科学研究者之间的差异。这一系列的差异——它们当然不只是涉及知识结构的问题,而是还关联到不同学科或领域的"求真"意志的问题——不仅导致了阅读的多样性,有时甚至构成了学术话语之间的沟通障碍,以至于即使面对同一个概念、同一段文本或同一个论题,持有不同话语模式的阐释者或研究者所得出的解释有可能大相径庭。

举一个例子。拉康在讨论转喻和隐喻的时候曾在不同场合说到两者的关系:在一个地方,他说,转喻是使隐喻得以可能的前提,而在另一个地方,他又说,转喻对于意义的构成虽然是必要的,但却是不充分的。单单从理论的层面说,拉康这里的意思大约是:就转喻是为意义生产提供一个意指语境,而隐喻是产生意指效果的机制而言,转喻是使隐喻得以可能的前提,是意义呈现的必要条件,而隐喻是使意义得以呈现的充分条件,并且是既充分又必要的条件。但是,当研究者把拉康的这一看似清晰明确的论断置于不同的语境——比如语言学、诗学或修辞学以及精神分析学的语境——来理解的时候,就得出了各种各样的意义解读。

比如解构主义者让－吕克·南希(Jean-Luc Nancy)和菲利普·拉库－拉巴特(Philippe Lacoue-Labarthe)在《字符篇:对拉康的一种阅读》(1973)[1]一书中——该书专一地对拉康讨论转喻和隐喻的著名论文《自弗洛伊德以来字符在无意识或理性中的代理作用》(下文简称《字符的代理作用》,个别地方仍用全称)(1957)做了详尽的批判性阅读——强调了隐喻之于拉康的"能指的科学"的主导性。在他们看来,《字符的代理作用》这一文本整个就是拉康的"符号学",而拉康的"符号"又是抹除了所指的符号,即他的"符号学"是一种能指的"科学",该科学的目标整个就是要揭示"能指的逻辑"[2],转喻和隐喻则是对这一逻辑的说明。进而,他们认为,拉康对

---

[1] Jean-Luc Nancy and Philippe Lacoue-Labarthe, *The Title of the Letter: A Reading of Lacan*, trans. François Raffoul and David Pettigrew, Albany: State University of New York Press, 1992. (编者按:漓江出版社于2016年以《文字的凭据:对拉康的一个解读》为题翻译出版。)

[2] Jean-Luc Nancy and Philippe Lacoue-Labarthe, *The Title of the Letter: A Reading of Lacan*, p.14.

能指逻辑的阐述整个就是对"隐喻"的阐述，因为他强调无意识的意义只有"在隐喻中"且通过"认同于隐喻"[1]才能获得。具体到转喻和隐喻的关系，两位作者指出，拉康强调隐喻之于转喻的优先性、主导性，这表明他的思想包含了一种"意指秩序的内在目的论"[2]，就是说，拉康最终还是没能逃脱德里达所批判的那种"在场形而上学"的陷阱。可是，这两位作者在批判中忘了最为根本的一点：拉康虽然强调隐喻在意义生产方面相对于转喻的优先性，可他也强调在隐喻中产生的并非确定的意义本身，而只是意义的诗意的火花；并且，虽然拉康承认能指的结构是先行刻写在意指秩序中的，可他同时又强调，能指本身并无所谓的意义，能指的意义只存在于一个能指对另一个能指的差异性的间隙中，其对主体而言是偶然的，是通过能指链的回溯运动被缝合到主体之中的，所以根本就不存在最终的确定的意义。解构主义者在拉康的隐喻逻辑中指认出来的那种在场形而上学其实是一种典型的理论误认或"误读"。

与南希和拉库-拉巴特的观点针锋相对，德国哲学家和精神分析理论家萨缪尔·韦柏（Samuel Weber）在《回到弗洛伊德：雅克·拉康对精神分析学的错位》（1990）[3]一书中指出，在拉康那里，转喻和隐喻乃是"能指的统一运动的两种功能"，就是说，能指只有在它们的"同步联系"中且通过这种联系来发挥作用，但另一方面，虽说这两者对于能指的运作是"必要的和相互依赖的"，可它们的地位并不相同："能指只有借助一种同步联系才成其为能指，而这似乎也暗示了转喻之于隐喻的某种优先性。意义（即某一确定的所指）的效果要以链条中能指的运作作为先决条件。"[4]韦柏得出这样的观点，是基于他对梦的移置和凝缩机制的考察，就是说，他是通过"回

---

[1] Jean-Luc Nancy and Philippe Lacoue-Labarthe, *The Title of the Letter: A Reading of Lacan*, p.13.

[2] Jean-Luc Nancy and Philippe Lacoue-Labarthe, *The Title of the Letter: A Reading of Lacan*, p.75.

[3] Samuel Weber, *Return to Freud: Jacques Lacan's Dislocation of Psychoanalysis*, trans. Michael Levine, Cambridge: Cambridge University Press, 1991.

[4] Samuel Weber, *Return to Freud: Jacques Lacan's Dislocation of Psychoanalysis*, pp.66-67.

到弗洛伊德"来理解拉康的能指运作机制。是的,拉康的确把能指的转喻性运作视作意义效果产生的条件,可他明确地讲到那只是一个"必要"条件,隐喻才是意义产生的充分条件,以逻辑的角度论之,必要条件充其量只具有"时间上"的优先性,充分条件则代表着"逻辑上"的优先性。韦柏的阅读恰恰遗漏了"时间上在先"和"逻辑上在先"的这一区分。再者,韦柏的"误解"还在于他把拉康的能指链概念只理解为能指的历时运动,这样,确定的意义或所指的获得当然要以转喻作为先决条件,可问题在于,拉康的能指链并非线性的能指链接,而是一个拓扑式的结构,是能指在历时和共时层面的共同运作,脱离这个语境去谈论所谓的意义生产是没有价值的。

还有女性主义批评家简·盖洛普(Jane Gallop),她在《阅读拉康》(1985)[1]一书中把隐喻和转喻当作两种阐释类型:"隐喻性的阐释在于提供另一个能指来取代文本中的能指(a意味着b,其联系代表了菲勒斯),转喻性的阐释则是为联想提供一个总体的语境。这一转喻性的阐释也许可称作女性化的阅读。"[2]基于这样一种理解,她挪用南希和拉库-拉巴特的观点,称拉康强调隐喻对转喻的优先性是一种"菲勒斯中心主义",并以其女性主义的怨恨腔调说,拉康"对隐喻和垂直性的偏爱是一种'幻觉',且会使我们全都沦落为它的'牺牲品'"[3]。盖洛普的阅读的关键在于转喻和隐喻作为两种"阐释"类型:女性化的阐释总是转喻性的,因为女性代表着菲勒斯的根本缺席,即意义的根本缺失,故而其欲望的阐释离不开能指的转喻性链条;相比之下,男性作为菲勒斯的拥有者,其欲望可通过认同于某一象征的菲勒斯而使能指链的意义暂时得以凝定,故而其欲望的阐释是隐喻性的。这一女性主义的阅读的确颇具创意,但盖洛普急切地投向解构主义的怀抱使她丧失了深入拉康性别理论

---

[1] Jane Gallop, *Reading Lacan*, Ithaca and London: Cornell University Press, 1985.

[2] Jane Gallop, *Reading Lacan*, p.129.

[3] Jane Gallop, *Reading Lacan*, p.128.

的腹地的机会，至为根本的一点在于，拉康所谓的"男性"和"女性"指的是任一主体在意指结构中的位置，这个位置的获得与生理意义上的性别并无必然关联。

以上列举的远不是全部，但这三个例子已足以让我们领略到不同话语背景下人们对拉康的读解的多样化。当然，读解的多样化并不是什么坏事，它至少向我们提示了两点：第一，并不存在一个单数的或大写的"拉康理论"（Lacanian Theory），而只存在各种小写的"lacanism"或"anti-lacanism"，包括拉康本人也有着多个版本的"拉康主义"，而他在晚期还声称自己是"反"拉康主义的；第二，所有对拉康的阅读都可能是转喻性的或隐喻性的，但关键在于，我们需要明确自己的话语构型，需要知道自己与拉康的对话是有语境参照的；同时还要明确一点，即我们在阅读中有意或无意地设定的语境只是相对的、暂时的和有限的，正是在这个意义上，如同本书的标题所暗示的，任何对拉康的阅读首先都是对我们自己的症状的阅读，并是从阅读我们自己的症状开始的。

当然，不同的专业背景只是影响阅读方向的一个因素，换句话说，阅读方式的差异实际是多元决定的结果。而许多时候，人们在组织和阐释拉康理论的过程中对自己的阅读方式并没有足够的自觉意识，以至于时常陷入一种想象性的幻觉，以为只有自己的阅读是正确的，以为自己读到的恰是拉康想说的。理论上说，对于任何一个文本，都存在多种可能的阅读，而不存在"最终的"阅读，拉康的文本尤其如此。因而在现实中，我们看到的已完成的阅读总是有限的——不只是数量的"有限"，更是阅读视界的"有限"——对像拉康这种具有"可写性"的作者而言，阅读的有限性乃是其文本存在的一个宿命，因为每一个新的阅读不仅要以已有的有限阅读作为基本的前视域，而且其本身最终必定要成为有限性的一部分，它充其量只是已有的有限性的一个增补。

具体地说，在英语世界已有的拉康阅读中，下面几种阅读方式最为常见。[1]

第一，文本化的阅读。这一阅读直接面对拉康的一个或多个具体文本，或是对其进行注解和导读，或是参照相关文本来梳理拉康的问题与论述逻辑，总体上，这种文本细读是英语世界面对"经典"经常采用的一种方法。对于初学者，这种阅读可为其进入拉康的世界提供诸多便利，但决不能用它来完全取代自己的阅读，那样的话，其作为"导读"的存在价值相当于被取消了。

拉康还在世的时候，对他的阅读就已经开始了，比如安东尼·威尔登（Anthony Wilden）的《自我的语言：精神分析学中语言的功能》（1968）[2]。这大约是英语世界第一本有关拉康的专著，其所讨论的文本是俗称《罗马报告》的《言语和语言在精神分析学中的功能和范围》（1953），作者不仅提供了该报告的完整英译，还为它做了极为详尽的注释，而且写了一篇十余万字的评述文字，对拉康的思想及其理论源头进行了系统的梳理。当然，这个梳理是简约化的和不充分的，因为作者当时所能参照到的拉康的文本主要是《文集》（1966）及一些论文，"研讨班报告"基本参照的是拉康的学生整理发表的提要。从今天的角度看，威尔登的阅读太过粗略，更多地只具有一种历史文献的价值。

再如约翰·缪勒（John Muller）和威廉·理查森（William Richardson）的《拉康与语言：〈文集〉导读》（1982）[3]。这个导读依据的文本是阿兰·谢里丹（Alan Sheridan）于1977年翻译出

---

[1] 需要说明的是，在下面的梳理中，第一，我只限于英语文献——但作者不一定都来自英语世界；第二，我的梳理不包括发表在各类杂志上的单篇论文，因为它们的数量太过庞大，主题也太过分散；第三，我在每一个类型下列举了一些例子，但它们只是"例子"，并不代表该类型的研究的全貌；第四，有一些研究者或研究成果可同时归属于不同的类型，所以他们／它们在分类中的位置不是单一的。

[2] Anthony Wilden, *The Language of the Self: The Function of Language in Psychoanalysis*, Baltimore: Johns Hopkins University Press, 1968.

[3] John Muller and Willian Richardson, *Lacan and Language: A Reader's Guide to Écrits*, New York: International Universities Press, 1982.

版的拉康《选集》[1]。两位作者先是概述每篇论文的基本背景和思路，然后为其提供一个提纲式的结构分解，最后是简要的注释。严格地说，这个"导读"有点名不副实，因为作者基本上只提供了每篇论文的骨架，对拉康具体的论证环节缺乏足够的解析，并且整个导读缺乏整体感，其对文本结构的分解不仅无助于我们的理解，反而会把文本的意义生成简约为一个线性的逻辑展开，拉康理论的拓扑学意蕴丧失殆尽。一句话，作为"导读"的功能，这个本子很难胜任。

1988年，约翰·缪勒和威廉·理查森还编辑出版了《被窃的坡：拉康、德里达与精神分析阅读》[2]。这是一本类似于汇编的论文集，两位编者以拉康有关爱伦·坡的小说《被窃的信》的研讨班报告为对象，不仅提供了该报告的译文、概述、文本结构和注释，还收录了包括德里达在内的众多理论家和批评家对拉康的报告及精神分析批评的回应与评论。其实，两位编者的意图是想以《被窃的信》作为案例，来讨论精神分析学与文学批评的关系，讨论精神分析学作为一种阅读与批评技术的意义和价值。可问题在于，拉康对《被窃的信》的"研讨"并非一般意义上的精神分析"批评"，至少拉康自己的意图首先不在于如何将精神分析学运用于文学批评，而在于讨论主体位置的确立与能指的位移的关系，用他自己的话说，他所关注的是能指的"重复"如何决定了主体的命运。总之，拉康只是"盗用"了"字符"（letter）的运作即"信"（letter）的多次"被窃"来对相关主体的命运进行症状式的阅读，在此，文学文本就如同一个梦文本，其关键的要素并非它所谓的"文学性"，而是结构文本

---

[1] Jacques Lacan, *Écrits: A Selection*, trans. Alan Sheridan, London: Tavistock, 1977. 后来，布鲁斯·芬克还出版了一个全新的选集译本，其篇目与谢里丹的版本完全相同：Jacques Lacan, *Écrits: A Selection*, trans. Bruce Fink, New York and London: W.W. Norton & Company, 2002。一直到2006年，英语世界才有了《文集》的全译本，译者依然是布鲁斯·芬克：Jacques Lacan, *Écrits*, trans. Bruce Fink, New York: W.W.Norton & Company, 2006.

[2] John Muller and Willian Richardson (eds.), *The Purloined Poe: Lacan, Derrida and Psychoanalytic Reading*, Baltimore: Johns Hopkins University Press, 1988.

叙事的那些无意识场景以及能指在场景中的运作。所以，即便我们认为在拉康那里存在一种文学阅读和文学批评，那也不能把它理解为精神分析学在文学批评中的运用，因为他的阅读和批评是以文学文本的精神分析化作为前提的。

顺便做一个说明。拉康在研讨班中阅读过许多文学文本，除爱伦·坡的《被窃的信》以外，除在许多地方对雨果、瓦雷里、马拉美、兰波这类诗人的诗歌短句一带而过的讨论以外，他还集中阅读了大量作家的作品，如索福克勒斯的《俄狄浦斯王》和《安提戈涅》；中世纪的骑士文学；莎士比亚的《哈姆雷特》；法国淫秽作家萨德（Marquis de Sade, 1740—1814）的小说；爱尔兰作家詹姆斯·乔伊斯（James Joyce, 1882—1941）的《为芬内根的守灵》（1939）；法国剧作家保罗·克罗岱尔（Paul Claudel, 1868—1955）的历史三部剧《人质》（1911）、《硬面包》（1918）和《受辱的父亲》（1916）；法国女作家玛格丽特·杜拉斯（Marguerite Duras, 1914—1996）的《史坦因的狂喜》（1964），等等，也许，你还可以把柏拉图的《会饮篇》也包括在内。有关拉康的这些"文学阅读"，英语世界有许多研究性的论文和专著，但大部分都属于"文学批评"的范畴。[1]

文本化的阅读一般都集中于具体文本，有一些甚至只针对某个特定文本，或是围绕某一文本来组织拉康的理论。

比如上面提到的让-吕克·南希和菲利普·拉库-拉巴特的《字符篇：对拉康的一种阅读》就是一个典范。1973年这本书刚出版不久，拉康就在研讨班（第20期研讨班）上向听众推荐它，并对两位作者的文本阅读技巧及理论才华颇为赞赏，称他们的文本细读令他十分满足——虽然他对书中的德里达主义给予了措辞激烈的批评。

再如来自比利时的精神分析学家菲利普·凡·胡特（Philippe

---

[1] 有关拉康的文学阅读和文学批评，可参见 Ben Stoltzfus, *Lacan and Literature*, Albany: State University of New York Press, 1996; Jean-Michel Rabaté, *Lacan and the Subject of Literature*, Houndmills: Palgrave, 2001; Ehsan Azari, *Lacan and the Destiny of Literature: Desire, Jouissance and the Sinthome in Shakespeare, Donne, Joyce and Ashbery*, London and New York: Continuum International Publishing Group, 2008。

Van Haute）的《对抗适应：拉康的主体之"倾覆"》（2002）[1]和来自阿根廷的精神分析学家阿尔弗雷多·艾德尔斯坦因（Alfredo Eidelsztein）的《欲望图：对雅克·拉康的著作的运用》（2009）[2]。这两本书阅读的是拉康的同一篇论文，即《在弗洛伊德的无意识中主体的倾覆和欲望的辩证法》（下文简称《主体的倾覆和欲望的辩证法》，个别地方仍用全称）（1960）。之所以选择这个文本，按照胡特的解释——艾德尔斯坦因其实也持相同的观点——就因为它在拉康思想发展的进程中居有纽结性的地位，即它一方面是拉康对自己此前的思想的一个总结，另一方面也是对接下来几年的研究主题的一个纲领性提示。虽然读的是同一个文本，且都是以出现在该文本中的四个欲望图作为基本研究对象，但两位作者的阐释路径大不相同：胡特的阅读是以主体的无意识构成作为锚定之地，从欲望、幻象、认同和原乐等方面展开对欲望图的论述，而艾德尔斯坦因的阅读是以四个欲望图的问题为线索，在每个问题的语境中来逐一解释四个图的结构。两种阅读各有所长，为我们理解拉康的这个文本提供了很好的导引。

还有布鲁斯·芬克（Bruce Fink）的《一字一句读拉康：〈文集〉细读》（2004）[3]。芬克是《文集》完整本及第 20 期研讨班《再来一次》的英译者——他的翻译的一个重要贡献就是给原始文本添加了极其充分的注释——也是一个拉康派的精神分析学家，这一双重身份使他的阅读充满一种专注于细节的力量。与拉康的女婿雅克－阿兰·米勒（Jacques-Alain Miller）的阐释性阅读不同，芬克的阅读更加追求"客观"和"忠实"。在《一字一句读拉康》中，芬克集中阅读了拉康《文集》中的三篇论文（同时还讨论了拉康对自我心

---

[1] Philippe Van Haute, *Against Adaptation: Lacan's "subversion" of the Subject*, trans. Paul Crowe and Miranda Vankerk, New York: Other Press, 2002.

[2] Alfredo Eidelsztein, *The Graph of Desire: Using the Work of Jacques Lacan*, trans. Florencia F. C. Shanahan, London: Karnac Books Ltd, 2009.

[3] Bruce Fink, *Lacan to the Letter: Reading "Écrits" Closely*. Minneapolis:University of Minnesota Press, 2004.

理学的批判以及拉康在晚期研讨班中对"知识与原乐"的论述），他的阅读简洁、清晰、重点突出，尤其对拉康文本中的逻辑疑难投注了极大的热情。

一般地，《文集》是人们阅读拉康文本时的首选，但拉康派似乎对阅读拉康的研讨班更感兴趣，因为相较于《文集》而言，拉康精神分析学的临床问题在他的近30期研讨班中有更为充分的阐述。在英语世界，我们目前至少可以看到有关第1、2、7、10、11、17、20期研讨班的专题阅读，[1] 它们有些是论文集的形式，有些是专著的形式，但作者大都以拉康派分析家为主。这些阅读有的重在概念的说明或文本逻辑的梳理，有的重在临床经验或应用，但文章的质量参差不齐，真正有价值的东西不是很多。

第二，阐释性的阅读。我所谓的"文本化"阅读和"阐释性"阅读并非截然对立的二分：实际上，任何一种文本阅读必定离不开阐释，而任何一种阐释也必定以文本阅读作为前提。我对两者的区分只是针对各自的侧重面而言："文本化"的阅读主要面对具体的文本，重在梳理文本本身的概念和逻辑，有点就事论事的味道，所以阅读者的阐释是隐藏在"客观"表述之中的；相比之下，"阐释性"的阅读主要是面对拉康的理论问题，重在以问题来梳理拉康的思想，所以阅读者的问题框架主导着其对文本总体的阐释角度。一般而论，这两种方式各有利弊，本来应当相互补充，但具体到研究过程中，拉康文本的特殊性常常使人们很难做到两种方式的协调运作：或者因为过于关注具体文本的细节而使阅读缺乏整体感和连贯性，或者

---

[1] Richard Feldstein, Bruce Fink and Maire Jaanus(eds), *Reading Seminars I and II: Lacan's Return to Freud*, Albany: State University of New York Press, 1996; Marc De Kesel, *Eros and Ethics: Reading Jacques Lacan's Seminar VII*, trans. Siqi Jöttkandt, Albany: SUNY Press, 2009; Roberto Harari, *Lacan's Seminar on "Anxiety": An Introduction*, New York: Other Press, 2001; Richard Feldstein, Bruce Fink and Maire Jaanus(eds), *Reading Seminar XI: Lacan's Four Fundamental Concepts of Psychoanalysis*, Albany: State University of New York Press, 1995; Roberto Harari, *Lacan's Four Fundamental Concepts of Psychoanalysis: An Introduction*, trans. Judith Filc, New York: Other Press, 2004; Justin Clemens and Russell Grigg (eds), *Reflections on Seminar XVII: Jacques Lacan and the Other Side of Psychoanalysis*, Durham and London: Duke University Press, 2006; Suzanne Barnard and Bruce Fink (eds), *Reading Seminar XX: Lacan's Major Work on Love, Knowledge, and Feminine Sexuality*, Albany: State University of New York Press, 2002.

因为过于追求体系化或系统化而导致阅读的简约化。例如注重具体文本的胡特在《对抗适应：拉康的主体之"倾覆"》（2002）一书的"卷首语"中就曾提到对拉康文本的两种阅读方式——与我的区分刚好部分地对应——并对那种体系化的阅读提出了批评：

> 想要为拉康的作品提供导读的作者们必定要面对一个困难的选择：或是用一个一般性导论来处理拉康的所有作品，或是集中于一个或多个纲领性的文本，尝试为其提供一个详尽的评注。我们已经有多个属于第一种类型的导论文字。它们的总论性即是其力量所在，但也是其弱点所在。它们为拉康的全部作品（以及里面所发生的必然发展）提供了一个概览，但恰恰因为这一点，它们有一种对构成作品总体的具体文本进行抽象的倾向。这一程序会产生出双重的后果：在第一种情形中，它可能会过于轻率地做出结论，认为拉康的精神分析学有一个封闭的、人们只能或是接受或是拒绝的体系；在第二种情形中——且可能是更为重要的——它会无意间强化许多人都有的一个印象，即拉康的文本是不可理解的。确实，这些文本因为过于艰涩和含混而颇受诟病，并且，若是没有一个指南性的评注，拉康的许多文本也确实难以理解。然而，如果说一般性的导论几乎不能够或根本不能够涵盖扩展性的文本分析，那它们对于阅读拉康的作品本身通常会毫无裨益。这样，读者总会产生不满，因为不论读多少导论，拉康的文本对于他们仍是不可理解的，并且他们会由此得出结论说，拉康的作品肯定是讳莫如深。如果我们想把拉康从这种争议中解救出来，导论和评注无疑就必须更多地关注具体文本，关注如何使它们变得更容易理解。[1]

阐释性的阅读也有很多种，其中以语境化和主题化的阅读最为常见。

---

[1] Philippe Van Haute, *Against Adaptation: Lacan's "subversion" of the Subject*, "Foreword", pp. XI-XII.

语境化的阅读重在于一定语境中来考察拉康思想的发生与发展，其中理论语境是拉康研究中的一大难题，因为拉康自己挪用他人理论的风格是非语境化的，他从不考虑所挪用的概念或思想在原初文本中是如何运用的，而是完全按照自己的理解以一种跳接的方式将其嵌入自己的逻辑中，这使我们对他的理论语境的阅读和阐释必将面临诸多陷阱。

比如大卫·梅西（David Macey）的《语境中的拉康》（1988）[1]就着重梳理了拉康与黑格尔或科耶夫、弗洛伊德、索绪尔、雅各布森、列维-斯特劳斯等人之间的关系，是目前我们见到的英语世界对拉康的理论语境做的最为系统的考察。但由于缺乏对拉康文本的具体阅读，也缺乏对拉康挪用他人资源的策略的分析，所以作者提供给我们的语境时常是大而无当，无法加深我们对拉康的理解。

与大卫·梅西的做法不同，理查德·博斯比（Richard Boothby）喜欢用弗洛伊德的一个概念或论题来梳理拉康思想的某个方面，让我们既能从一个侧面看到拉康与弗洛伊德之间的渊源关系，也能对拉康的某一理论本身获得一个相对系统的认识。比如他的《哲学家弗洛伊德：拉康之后的元心理学》（2001）[2]就属于这种典型的语境化研究。在这本书中，作者以弗洛伊德的元心理学作为基本论题，讨论了拉康在这一论题上对弗洛伊德及其精神分析学实施的"激进重述"，以作者自己的话说，他是要在元心理学的理论语境中来"澄清"拉康思想的某些关键方面，并"勾勒"这些方面与弗洛伊德的关系。一定程度上说，博斯比的工作完成得十分出色，通过他的梳理，我们不仅可以看到拉康的某些理论的隐秘源头，而且可以看到经过重新阐释的弗洛伊德及其元心理学的另一种图像。

当然，对拉康的语境化研究应当是多方面的，除梅西和博斯比

---

[1] David Macey, *Lacan in Contexts*, London: Verso, 1988.

[2] Richard Boothby, *Freud as Philosohper: Metapsychology After Lacan*, New York and London: Routledge, 2001.

所关注的那种理论语境以外，至少还有社会文化语境也值得我们重视。在这个方面，同样有人投入了很大的热情。比如拉康的女弟子伊丽莎白·卢迪内斯库（Elisabeth Roudinesco）的鸿篇巨制《百年大战：法国精神分析学史》的第二卷《雅克·拉康集团：法国精神分析学史，1925—1985》（1986）[1]——第一卷出版于1982年，以弗洛伊德为主角讲述了1885—1939年的精神分析运动史——就以拉康为主角讲述了法国精神分析运动及拉康学派产生和发展的历史，其中对拉康与国际精神分析协会及法国精神分析共同体的冲突有十分详尽的描述，为我们了解拉康的精神分析政治提供了极为丰富的背景资料。再如谢利·图克勒（Sherry Turkle）的《精神分析的政治：雅克·拉康与弗洛伊德的法国革命》（1992）[2]，作者把拉康的精神分析活动作为重要的叙述对象，通过把它置于时代的历史文化语境中来考察，透视了法国精神分析文化的发展，书中尤其对1968年前后法国精神分析运动的进程以及拉康学派的历史命运做了极为精彩的描述和分析。类似于卢迪内斯库和图克勒的这类语境研究虽然较少进入对拉康文本的具体阅读，也很少去系统阐述拉康的思想，但他们提供的社会文化语境对于我们理解拉康的思想无疑会有很大帮助。

所谓主题化的阅读，指的是围绕某一主题或主题性框架对拉康理论的一种系统化重构，这种阅读比较强调框架的设立和逻辑的贯穿，整体感很强，但做得不好的话很容易走向胡特讲的那种简约化。并且，即使我们可以暂时把拉康理论究竟有无体系这个问题搁置一边，就是说姑且承认它是有体系的，我们也一定要警示自己：体系化的努力仅仅是我们对拉康理论进行重构的一种策略，这种重构不可能只有唯一形态，而每一种重构或对拉康理论的每一种系统化阐

---

[1] Elisabeth Roudinesco, *Jacques Lacan & Co.: A History of Psychoanalysis in France 1925—1985*, trans. Jeffrey Mehlman, Chicago: The University of Chicago Press, 1990.

[2] Sherry Turkle, *Psychoanalytic Politics: Jacques Lacan and Freud's French Revolution*, London: Free Association Books, 1992.

释都不能是封闭的，因为拉康的理论自始至终都在向新的可能性开放，在他那里，没有一个概念或问题称得上是已经完成的。

总体上，单就英语世界对拉康的主题性阅读而言，到目前为止，成功的范例极少，其中在两个方面可以看得很清楚。首先是文本方面。在英语世界，很长一段时间里，拉康研究者借助的基础性文本是上面提到的由谢里丹翻译的《文集》选本，该选本从《文集》的近三十篇文章中选译了九篇，且所选文章的时间跨度只涵盖了1949—1960年。[1] 至于研讨班，只有第6期的部分和第11期在1977年就有英译本，其他各期的翻译出版都是1980年代中期以后的事情，且目前还在进行当中。[2] 这一出版状况对英语世界的拉康研究——尤其对那些没有法语背景的研究者——有很大影响。比如对"三界"体系中的实在界——拉康在1960年以后才真正转向实在界的思考——在20世纪八九十年代的研究中，它要么被付诸阙如，要

---

[1] 这九篇文章分别是：《镜像阶段作为精神分析经验中揭示的"我"的功能构型》(1949)；《精神分析中的侵凌性》(1948)；《言语和语言在精神分析学中的功能和范围》(1953)；《弗洛伊德的事务或在精神分析学中回归弗洛伊德的意义》(1955)；《自弗洛伊德以来字符在无意识或理性中的代理作用》(1957)；《论精神病的一切可能疗法的一个初始问题》(1958)；《治疗的方向及其权力原则》(1958)；《菲勒斯的意义》(1958)；《在弗洛伊德的无意识中主体的倾覆和欲望的辩证法》(1960)。

[2] 到今天为止，英语世界已经正式翻译出版的拉康研讨班有第1、2、3、7、11、17、20期以及第6期的部分，它们的出版情况分别是：*The Seminar of Jacques Lacan, Book I, Freud's Papers on Technique 1953-1954*, ed. Jacques-Alain Miller, trans. John Forrester, Cambridge: Cambridge University Press, 1988; *The Seminar of Jacques Lacan, Book II, The Ego in Freud's Theory and in the Technique of Psychoanalysis 1954-1955*, ed. Jacques-Alain Miller, trans. Sylvanna Tomaselli, Cambridge: Cambridge University Press, 1988; *The Seminar of Jacques Lacan, Book III, The Psychoses 1955-1956*, ed. Jacques-Alain Miller, trans. Russell Grigg, London: Routledge, 1993; *The Seminar of Jacques Lacan, Book VII, The Ethics of Psychoanalysis 1959-1960*, ed. Jacques-Alain Miller, trans. Dennis Porter, New York and London: W.W. Norton & Company, 1992; *The Four Fundamental Concepts of Psychoanalysis*, ed. Jacques-Alain Miller, trans. Alan Sheridan, London and New York: Penguin Books, 1979; *The Seminar of Jacques Lacan, Book XVII, The Other Side of Psychoanalysis 1969-1970*, ed. Jacques-Alain Miller, trans. Russell Grigg, New York and London: W. W. Norton & Company, 2007; *The Seminar of Jacques Lacan, Book XX, Encore 1972-1973: On Feminine Sexuality: The Limits of Love and Knowledge*, ed. Jacques-Alain Miller, trans. Bruce Fink, New York and London: W. W. Norton & Company, 1999。

以上译本依据的法语版本都是雅克-阿兰·米勒编辑的"标准版"，其他的研讨班很大一部分也有英译本，只是未经授权，也没有采用"标准版"，所以多在"地下"流行，我手头仅有其中的第12、13、14、22、23期：*Crucial Problem for Psychoanalysis, 1964-1965*, unpublished; *The Object of Psychoanalysis, 1965-1966*, unpublished; *The Logic of Fantasy, 1966-1967*, unpublished; *R.S.I, 1974-1975*, unpublished; *The Sinthome, 1975-1976*, unpublished。

么也只是一些含糊其辞的表述；再比如对于拉康的拓扑学，由于缺乏研讨班的论证细节，许多时候人们都只是一笔带过。这种情形直到1990年代中期以后才真正有所改观。

　　由于文本阅读范围的局限，英语世界的拉康研究，至少在1990年代以前，多数是依据《文集》或《选集》中的若干篇核心论文，如《镜像阶段作为精神分析经验中揭示的"我"的功能构型》（下文除个别地方外简称《镜像阶段》）（1949）、《罗马报告》（1953）、《字符的代理作用》（1957）、《菲勒斯的意义》（1958）、《主体的倾覆和欲望的辩证法》（1960）等，于是，拉康的理论就依照这些论文而被切分为几个主题，如镜像阶段、想象界和象征界、言语和语言、欲望的辩证法、菲勒斯的功能等。比如玛尔考姆·波微（Malcolm Bowie）在《拉康》（1991）[1]一书中就讨论了这样几个主题："虚构的'我'""语言和无意识""象征界、想象界和实在界""菲勒斯的意义"，而他对每一个主题的阐述又很少紧扣所据文本的逻辑，反倒是动不动就游离到文本以外做一些无关紧要的联想和评论——不客气地说，在我所见的西方世界的拉康研究中，波微的这本书属于最不着调的那一种，但它肯定不是唯一的一种。再如萨缪尔·韦柏的《回到弗洛伊德：雅克·拉康对精神分析学的错位》（1990）和简·盖洛普的《阅读拉康》（1985）也属于这种多主题的并置，每一个主题下大约对应着上面提到的某个相关文本。[2]这样做固然便利，但显然无法照顾到拉康思想的前后发展，尤其是，以若干主题来归约拉康理论的庞杂性，不仅无助于对所论文本的展开论述，反而容易把人引向简约化的陷阱。

　　在以主题进行的系统化阅读中，最为常见的一种就是以想象界、象征界和实在界构成的"三界"主题框架，这大约是导致主题化阅

---

[1] 玛尔考姆·波微，《拉康》，牛宏宝、陈喜贵译，北京：昆仑出版社，1999年。
[2] 韦柏把很大一部分精力放到理论语境的描述上了，对拉康的理论本身则采取了简约化的处理；盖洛普则干脆在每个主题下标出所要讨论的一个具体文本，尽管其女性主义的视角使她的阅读别有一番情致。

读走向失败的另一个重要方面。以"三界"为主导叙述框架看起来简便易行，而实际上它并不是唯一的，甚至不一定就是最简便、最恰当、最合理的。比如"三界"当中究竟该以哪一个作为开始或以什么样的顺序加以排列就远不像我们认为的那么简单，也就是说，我们通常使用的"想象界—象征界—实在界"的体系结构方式并非必然的、只能如此的，如果对拉康的思想发展做一整体性的反观，你会发现，这种排列可能恰恰是拉康最不能接受的。再有，用"三界"来结构拉康的思想体系有时会带给人一个误解，以为那就是拉康精神分析学的主要内容。其实，在拉康的理解和运用中，"三界"作为主体性存在的三个界域首要地是用来揭示主体之构成的一个认识论框架，他要用这个框架来讨论主体性的认同、欲望的辩证法、原乐的伦理学、移情关系、分析师的欲望和位置、临床结构、主体的性别位置等，这些才是拉康精神分析学的基本内容，它们与"三界"的关系——用一个不甚妥当的说法——是"材料"与"空框"的关系，就是说，对于所有这些内容，只有置于"三界"的框架中才能得到科学的说明。所以，单纯以"三界"为主题框架来阅读拉康，稍有不慎就会陷入空疏的危险。

在我所看到的以"三界"为基本框架的研究中，乔纳森·司各特·李（Jonathan Scott Lee）的《雅克·拉康》（1990）[1]和洛伦佐·切萨（Lorenzo Chiesa）的《主体性与他者：拉康的哲学阅读》（2007）[2]属于比较有特色的两种。前者把"三界"放置到一种运动中来考察，比如"从想象界到象征界""从象征界到实在界""不可能的实在"[3]，虽然作者在此并未进入拉康的拓扑学逻辑，但他的梳理有着难得的清晰，且文本阅读的范围不只限于《选集》的篇章。

---

[1] Jonathan Scott Lee, *Jacques Lacan*, Amherst: University of Massachusetts Press, 1990.

[2] Lorenzo Chiesa, *Subjectivity and Otherness: A Philosophical Reading of Lacan*, Cambridge: The MIT Press, 2007.

[3] 这是司各特·李的三个章节的标题，除这三章以外，他还有三章分别涉及拉康的早期思想、拉康的文学阅读和第20期研讨班有关女性性欲的思考。

对初学者来讲，司各特·李的这本书还是较为理想的一本入门书。切萨的书出得比较晚，所以在阅读范围上有很大的优势。作者以"三界"为叙述框架，以主体与他者的关系作为结构每一界域的功能要素，在精神分析学的场景中对拉康的理论做了系统阐述。尤其是，与同类著作相比，切萨的研究有三个鲜明特点：第一，他的阅读范围不再局限于《文集》，而是对研讨班也给予了充分的关注；第二，虽然他对"三界"是分开论述，但"三界"的拓扑学联系是贯穿始终的；第三，具体到拉康精神分析学的"内容"，切萨把它们分别配置在"三界"的不同界面加以揭示，不仅提供了结构或逻辑层次分析，而且结合拉康思想的发展给出了多种解释。大体上，如果说司各特·李的研究可作为入门书来看，那么切萨的研究就可以视作"三界"理论的一个中高级的"教程"。

相较于常见的"三界"结构框架而言，英语世界还有许多研究是依照某一特定的主题进行的，这一研究的最大优点是可以让问题更加集中，但也有致命的缺陷，就是无法就拉康的思想提供给人们一个完整的图像。

比如布鲁斯·芬克的《拉康的主体：在语言与原乐之间》(1995)[1]就给我们提供了一个全新的体系化角度。在这本书中，芬克把拉康的理论总体地分为主体的方面和对象的方面，在前一方面主要结合主体与能指、主体与他者欲望的关系讨论主体性的构成，在后一方面则围绕着对象 a 和原乐的问题讨论欲望对象的功能。单就这一体系结构而言，芬克的划分也许太过主观化，其论述同样未能逃脱简约化的命运，但由于他十分看重拉康晚期的研讨班，并力图用晚期拉康来重述 1960 年代以前的"古典"拉康，所以他的阐释时常能给人耳目一新的感觉。对于拉康理论中的难点，他总能做到举重若轻。逻辑清晰也是芬克的研究的一大特色。

---

[1] Bruce Fink, *The Lacanian Subject: Between Language and Jouissance*, Princeton: Princeton University Press, 1995.

再如法裔美籍的精神分析哲学家米克尔·博尔奇-雅各布森（Mikkel Borch-Jacobsen）的《拉康：绝对的主人》（1991）[1]。米克尔曾在拉康派所主导的文森大学精神分析学系任教，1980年代中期定居美国，后成为精神分析学的揭黑幕者，以"绝对的敌人"的姿态对抗"绝对的主人"，其有关拉康的这本书虽算不上咄咄逼人，可也锋芒毕露。但遗憾的是，作者并没能提出一个强有力的对抗性武器，他依照主体与他者的关系来对拉康进行主题化的阐述，虽然算是抓住了拉康理论的一条重要线索，但他对拉康文本的阅读常常流于浅表，错漏之处甚多。

再有理查德·博斯比的《死亡与欲望：精神分析理论与拉康的"回到弗洛伊德"》（1991）[2]也是典型的主题性研究。与前面提到的那本书一样，作者在此依然是围绕弗洛伊德的一个论题即死亡驱力理论来思考拉康对弗洛伊德的激进重写，重点说明了死亡驱力概念在拉康的想象界和象征界中的作用——其实，拉康在晚期教学中又把死亡驱力和实在界联系到一起，但博斯比在这本书中没有太多地讨论这一点。也许是为了弥补这一缺陷，作者后来在《哲学家弗洛伊德：拉康之后的元心理学》（2001）一书中对实在界的相关问题给予了更为充分的关注。

还有汉语世界的拉康研究者比较熟悉的伊丽莎白·格罗兹（Elizabeth Grosz）的《雅克·拉康：一种女性主义导论》（1990）[3]。在这本书中，作者关注的是拉康的女性理论，其对想象界和象征界的论述——但作者同样没有太多论及实在界，而这里才是拉康女性理论的落脚点——基本上是为这一角度服务的，但很显然，拉康晚

---

[1] Mikkel Borch-Jacobsen, *Lacan: The Absolute Master*, trans. Douglas Brick, Stanford: Stanford University Press, 1991.

[2] Richard Boothby, *Death and Desire: Psychoanalytic Theory in Lacan's Return to Freud*, New York and London: Routledge, 1991.

[3] Elizabeth Grosz, *Jacques Lacan: A Feminist Introduction*, London and New York: Routledge, 1990.

期思想在其论述中的缺失使她根本无法进入拉康的"女性"的幽暗领域,她的讨论最终只是助长了人们对拉康的女性理论的误解。

第三,批判-批评性的阅读。主题化的阅读基本以阐释拉康的理论为主,就是说,拉康始终是其中的主角,而批判-批评性的阅读是以拉康理论的应用为主,阅读本身则处于相对次要的位置,以中国人的话说,前者属于"我注六经",后者属于"六经注我"。应当说,这两种研究有着同等的价值,但在现今的发展趋势中,人们似乎更看重后者——在一个不断寻找新的武器来武装自己的"批评的时代",出现这种情况是可以理解的。

如果我说得没有错的话,马克思主义哲学家路易·阿尔都塞(Louis Althusser)当是这种批判性阅读——在此的所谓"批判"不是否定意义上的攻击或反对,相反,它指的是对源头理论的某种修正和扩展,是把源头理论确立为"主人"的过程,就像拉康自己所做的那样——的开路先锋。早在1950年代末至1960年代初,阿尔都塞就认识到拉康的"回到弗洛伊德"的巨大价值,并在这一口号的启示下开始了对马克思的返回,而这个返回也是以阅读或重读创始之父作为基础,以"修正主义"作为攻击目标,以理论的"科学化"作为努力方向,通过挪用或嫁接其他理论武器,最后完成对源头理论的根本性重写。例如阿尔都塞尝试把拉康的精神分析学同马克思的意识形态理论相结合,把拉康的主体性认同嵌入意识形态机器的运作中,提出了意识形态主体建构的问题,为1970年代以后的西方批评界提供了一个强有力的批评武器。

阿尔都塞的介入改变的不只是拉康理论的命运,也一定程度上改变了西方马克思主义发展的路线图。在他之后,恩斯特·拉克劳(Ernesto Laclau)和查特尔·墨菲(Chantal Mouffe)、斯拉沃热·齐泽克(Slavoj Žižek)、阿兰·巴迪欧(Alain Badiou)、亚尼斯·斯塔维拉卡基斯(Yannis Stavrakakis)等人——他们都是在政治问题上有深度介入的精神分析理论家,他们已成为或正在成为政治学领域耀眼的明星——对后现代状态下马克思主义的理论谋划和社会主义的政治策略都给出了激进的阐述，其中拉康和阿尔都塞是他们批判性地挪用的重要资源。尤其齐泽克，马克思、黑格尔和拉康乃是他的三位"主人"，他们的理论是他借以图绘意识形态主体的三种主导话语。当然，在他那里，所有这些理论都是被重述的，其中以对拉康的重述最为有名，以至于中国的拉康读者干脆把齐泽克的重述视作阐释拉康理论的权威版本。

的确，相较于齐泽克作为一个马克思主义者和黑格尔主义者而言，他作为一个拉康主义者的身份可能更容易被人们接受。拉康就像一个寄生在他处的幽灵，在齐泽克亦庄亦谐的言述中，我们总能看到那个幽灵的异样返回，以化为肉身的形式叙说着一个幽灵的幽灵学。作为一个拉康主义者，齐泽克对拉康的阅读和阐释是从拉康的后期思想开始的，所以，在他对拉康理论的读取中，能指的失败、主体的无能、实在界的返回、对象 a 的不可能性、基本幻象的悖论逻辑、主体间关系的非对称性、部分驱力的循环、他者的欠缺与匮乏、欲望的不可满足等，都成为他解读各种叙事形态——不论是政治、哲学的"叙事"，还是流行文化甚或黄色笑话——最有效的武器，而他对所有这些东西的阐释最终都要被缝合到某种马克思主义化的政治效果中。如果说拉康在晚期研讨班中还只是提供了一个精神分析学的政治分析的雏形，那齐泽克就是这种政治分析出色的践行者。在这个意义上，我认为，齐泽克首先是一个拉康派的政治理论家和批评家，虽然的确如中国的许多研究者所看到的，他也是一个拉康派的文化批评家和电影批评家，但这后一种身份只有置入前一种身份的背景中才能得到更充分的理解。

那么，齐泽克的阅读到底完成得怎样？在前面我已经强调，对于拉康，没有一种阅读可自称是完整的和已经完成的。齐泽克的阅读亦是如此：他充其量只是做到了对拉康的"半说"——拉康在晚期研讨班中称主体对欲望之真理／真相的言说总是一种"半说"；

他的解释再正确——与许多人的阅读相比,他的阅读大部分时候的确称得上是"正确"——也只是说出了拉康的"一半",因为按照拉康的"不完全性定理",根本没有人可以做到对真理/真相(当然包括拉康自己的真理/真相)的"全说",根本就不存在对真理/真相的"全说",若是有人敢自称如此,那他一定是陷入了自我想象的幻觉。

对拉康较早进行批判-批评性阅读的另一个重要群体是法国女性主义者。自弗洛伊德的时代开始,女人就一直是精神分析学的特别"主体",她们不只是特别的临床对象,更在精神分析理论和技术的形成与发展中充当着特别的结构功能。如同弗洛伊德的躺椅曾吸引了许多堪称杰出的女性一样,拉康的研讨班上也有许多女听众,她们当中的一些人后来成为法国新女性主义理论和批评的代表,比如露西·伊利格瑞(Luce Irigaray)和朱丽娅·克里斯蒂娃(Julia Kristeva)——她们与海伦娜·西克苏(Hélène Cixous)一起并称为法国新女性主义的"三巨头",后者虽然走的是德里达解构主义的路线,但同样受到拉康的影响。就立场而言,这些人大约算是反拉康的拉康主义者,因为她们经常是作为拉康的性别对立面来阅读拉康,她们对拉康的阐释是片断性的、直觉的和想象的,而非逻辑的和文本化的;她们有十分强烈的位置意识,她们对精神分析学的女性理论怀有一种既爱又恨的矛盾心理,有时甚至让人觉得,若是没有弗洛伊德和拉康作为批判对象,她们还能不能定位自己的理论方向,她们还有没有那么多的空间来表达自己的女性立场!以此言之,女性主义者与拉康的关系是悖论性的,一方面她们在拉康的性别理论中——比如菲勒斯作为定位性别位置的优先能指、女性作为"非一"(not-One)之性、女人根本不存在、性关系不可能等——找到了菲勒斯中心主义的现代样板,另一方面她们又把拉康当作滋养自己的养料,从论题到写作风格都有着对拉康的"女性主义"盗用。在她们的文本中,拉康就像一个幽灵一样萦绕不去,她们总是以驱逐幽灵的方式让幽灵更加坚强地返回,她们以自己飘忽不定和另类的行为与写作证实着此一性别的"非一"特征。

就对拉康的阅读而言,法国女性主义者更多地是为了表达一种挑衅的姿态,所以她们的阅读更像是对拉康的强力改写,这样说并不是要贬损她们的阅读的价值,相反,在许多时候,对经典的强力性误读正是创造性的肇始。正如拉康是通过对弗洛伊德的强力误读来开启其精神分析学的革命一样,法国女性主义者对待拉康的"任性"也把西方女性主义批评拉升到一个全新的高度。

与法国女性主义者执着于在所谓的"女性写作"中来营建一个想象的乌托邦不同,英美的女性主义批评家——当她们走向拉康的时候——更倾向于在批评实践中挪用拉康,就是说,她们喜欢把拉康的理论工具化,喜欢从拉康的理论中抽取一些"有用的"概念与观点,并将其与其他理论工具相结合,广泛地运用于文学批评、电影批评、文化研究等领域。虽然她们取得的成果令人瞩目,但在阅读拉康的方面,与法国女性主义者相比,她们的文本阐释能力要弱得多,多数时候,她们与拉康的文本维系着一种想象性的关系。

除上面两大群体以外,对拉康做批判-批评性阅读的还有其他领域的研究者,比如伦理学领域的阿伦卡·祖潘西卡(Alenka Zupančič)[1]、法学领域的珍妮·罗莱恩·施罗德(Jeanne Lorraine Schroeder)[2]、传播学领域的安德烈·诺色德(André Nusselder)[3]、教育学领域的简·雅哥钦斯基(Jan Jagodzinski)[4]等,至于文学批评、电影批评和文化研究领域的研究者,更是人才济济,

---

[1] Alenka Zupančič, *Ethics of the Real: Kant, Lacan*, London and New York: Verso, 2000.

[2] Jeanne Lorraine Schroeder,*The Vestal and the Fasces: Hegel, Lacan, Property, and the Feminine*, Berkeley: University of California Press, 1998; *The Four Lacanian Discourses, Or Turning Law Inside-Out*, Oxon: Birkbeck Law Press,2008.

[3] André Nusselder, *Interface Fantasy: A Lacanian Cyborg Ontology*, Amsterdam: F & N Eigen Beheer, 2006.

[4] Jan Jagodzinski(ed.), *Pedagogical Desire: Authority, Seduction, Transference, and the Question of Ethics*, Westport: Bergin & Garvey, 2002.

难以尽述。

　　一般地说，批判性的阅读是一种强力阅读，因为这一阅读的根本不是为了"还原"拉康的理论，而是为了在一种强力性的阐释中，甚至在一种合理的误读中打开通向自身理论建构的道路；而批评性的阅读多数时候都是一种工具化的阅读，因为在这一阅读中，经过阐释的拉康理论与作为批评对象的文本之间结成的是一种象征交换的关系，一方作为一个一般等价物，通过对另一方的介入使交换关系得以实现，双方的价值看似在这一交换行为中都得到了体现，而实际上那只是拉康意义上的一种"剩余价值"，是经过计算后的价值剩余。为了让拉康的理论变成一般等价物，阐释者就必须简约甚至删除隐含于其中的不可通约的特殊性，用平滑的光泽来取代那灼人的光芒。例如劳拉·穆尔维（Laura Mulvey）的《视觉快感与叙事电影》（1975）一文被公认是英语世界女性主义电影批评的经典甚至奠基之作，其用来批判西方主流电影叙事的强有力武器就是弗洛伊德的驱力理论和拉康的镜像理论，按照她的解释，好莱坞主流电影的叙事模式不约而同地把男性设定为凝视（观看）的主体，女性设定为被看的对象，由此建立了一个男性／主动与女性／被动的叙事程式。穆尔维所叙说的观影"事实"也许是存在的，但她对弗洛伊德和拉康的挪用都是基于某种理论上的"错觉"：比如她把弗洛伊德的"窥淫癖"机制解释为主动的看／被动的被看的关系就只是看到了这一理论的表皮，因为那一机制的根本不在于一个主体（男性）对另一个主体（女性）的关系，而是主体对自身幻象中的对象的关系；至于拉康的方面，她充其量只是在想象界和象征界的层面来理解拉康的观看理论，而没有看到拉康在 1964 年的第 11 期研讨班中就已经把"观看"和"凝视"明确地区分开来，前者是想象界和象征界的交互作用，后者则属于实在界向想象界和象征界的延伸或侵入，"凝视"从来不是主体对对象的凝视，而是处在实在界的创伤性内核对主体的凝视，是主体在幻象中想象有一个令人惊骇的不可穿透之物在看着自己，并因这一幻象而使主体之分裂成为一个永恒的在场。在穆尔维那里，正是由于实在界的这一缺失，使她的拉康阅读走向了拉康的反面，也使她在论文中对希区柯克的影片《晕眩》和《后窗》的分析与这两个文本本身的视觉逻辑处在一种悖谬的关系中，因为正如后来的齐泽克等人对希区柯克的"重读"所显示的，对于这两个"拉康主义"的文本，实在界的凝视才是解开叙事之"纽结"或主体无意识的"波罗米结"的根本。

当然，对于穆尔维的阅读的"创伤性内核"，不是这里的三言两语可以打发的，那需要一个长长的专论来解决。我并不否认她对于女性主义批评的巨大影响力，我称她的阅读有一个理论上的"错觉"，说的是她对拉康的"凝视"概念的挪用因为实在界的缺失而给她的文本留下了一个死结。实际上，穆尔维的"错觉"并非个别现象，在英语世界对拉康理论的批评性挪用中，这种情形是极为普遍的。

二

在对拉康的阅读和阐释中，几乎每个人都会提到拉康的"写作"风格：语义含混、概念叠加、论题跳跃、逻辑缠绕、表述艰涩、科学化与玄学化并存，等等。与那个时代的许多思想家一样，他的"写作"也是一种典型的先锋式写作：前一刻还在有板有眼地进行理论阐述，可接着就突然插入一段无意识般的梦呓或高度修辞化的寓言式文字；这会儿还是超现实主义的文本嫁接和语义滑动的高级仿写，可接下来就煞有介事地引入其科学的伪形。面对如此风格化的"分析话语"，每一个读者都会先是被它吸引，循着一条看似可行的通道走入其语词的丛林，接着就会因为岔口太多而迷失路径，进而发现自己根本无路可走，最终你只能或是在里面困兽犹斗，或是倍感挫折转身离去，有时你甚至会觉得进入拉康的世界实在是一个错误，因为其唯一的功能似乎就在于引诱你去接受一次羞辱——为了挽回一点面子，有人以貌似看穿了拉康的把戏的口吻称他不过就是一个江湖骗子。

是的，在我们的认识中，任何一个可以为人所理解的理论——不论多么艰深和缠绕——总会有一个入口，也会有一个出口，以便我们能够循迹探幽，得其门径。然则，对拉康而言，如果你也怀着这样的期待进入他的理论，那你可能要冒极大的风险，因为当你沿着自认为的某一入口——例如镜像阶段——进入他的领地时，会发现里面处处充满歧途和分岔：同一主题的不断重述，不同主题的交叠回环，多重界域的相互指涉，相异学科的嫁接穿插，更别说他的作品中术语的多重意义的缠绕，数学型的微言大义，格言警句的层出不穷，对他人文本出人意表的阐释以及对典故的不断援引和对病例的不断引申，等等，这种迷宫式的巴洛克风格使他的文本——不论是口语的还是书面的——中充满了高难度的、令人应接不暇的理论炫技，最后你会发现，你所认为的那个入口原来只是无尽链环上的一环，它其实只是一条任意的斜切线，根本不是你所想象的那种拥有逻辑必然性的某个当然的开端。

实际上，如果我们把拉康的文本视作一个总体，就会发现，那其实是一块找不到进入和返回之路的语词禁地，是一个用以捕捉我们的欲望的言语机器。当我们深入这块禁地的时候，就能知道，那里根本没有专一的入口和出口，换句话说，在那里，任何地方都可以作为入口——但很可能根本就没有出口。[1] 拉康的理论本身就是一种"拓扑学"，里面是一系列的回形结构，或是多个主题在其中交错、重叠、折返、环绕，或是同一主题的多个动机在其中延宕、重复，甚至在刻意的赘述中滑行和消隐。拉康是不可进入的，可正是这种不可进入性，构成了致命的诱惑，成为我们总是欲望进入的成因，就像珠穆朗玛峰，正是其在"象征"层面的不可攀登性，才使攀登

---

[1] 在《字符的代理作用》(1957) 一文的开篇，拉康曾这样描述文字文本和口语文本的区别："事实上，书面语的特点就在于'文本'的主导性，相对而言，我们将看到话语的这一因素就呈现在那里——它允许凝练，以我的口味，这种凝练留给读者的只有入口而没有出口，而我宁肯这是一个困难的入口。"（Jacques Lacan, *Écrits*, p.412.）

具有了难言的诱惑——尽管这可能是一种致死之诱惑；也才使那一次次的征服行为拥有了意义——尽管这意义最终指向的可能是一种虚无。

面对如此之多的陷阱，使我们朝向拉康的返回之路变得几乎不可能。但这并不意味着我们的返回是徒劳之举，更不意味着返回本身是无意义的。从拉康的分析思维来说，不可能恰恰是可能的条件，如果我们能够将不可能变成使回视得以可能的视线和界限，说不定就可以让这种不可能以某种可能的方式绽出，就像拉康的不可能的实在界，就是由于这种不可能，才有它在想象界和象征界的悄然绽出。所以，如果说拉康的文本是一个没有入口也没有出口的迷宫，那么，明确这一点恰恰就是我们进入一种可能的阅读的前提——当然它也是任何一种可能的阅读的边界。对此拉康自己其实在许多地方已经给了我们忠告，比如他曾在 1972—1973 年的第 20 期研讨班中针对那种封闭的体系化"理解"或阅读声明说："你们不必理解我的著作，如果你们的理解不是很充分——你们就有机会解释它们了"[1]；他甚至还说，"很显然，阅读的条件就是它必须给自己设限"[2]。

拉康到底有多么缠绕？不妨举一个例子。《字符的代理作用》（1957）一文是拉康《文集》中最重要的作品之一，我们所熟悉的——但未必都理解了——隐喻和转喻的公式就是在这篇文章中提出的。在论及能指结构之于意义生产的关系时，拉康有这么一段文字：

> 事实上，没有一个意指链不是维系着显见的语境的一切，就好像是附着在其每一个单位的节点上，而其语境可以说是"垂直地"连接着那些节点。
>
> 这样，如果我们重新看一下"arbre"（树）这个词——但

---

[1] Jacques Lacan, *The Seminar of Jacques Lacan, Book XX, Encore 1972-1973: On Feminine Sexuality: The Limits of Love and Knowledge*, p.34.

[2] Jacques Lacan, *The Seminar of Jacques Lacan, Book XX, Encore 1972-1973: On Feminine Sexuality: The Limits of Love and Knowledge*, p.65.

不再是作为一个孤立的名词,而是作为那些节点之一的一个终点——就可以看到,它之所以可以穿越索绪尔算式中的横杠,并不是因为"barre"(横杠)这个词即是它的字母位移变异词。

因为,倘若将它拆解成元音和辅音的双重幽灵,它就可以以栎树和梧桐来召唤出其在我们的植物群中代表的力量和尊严的意味。受惠于其在希伯来文的《圣经》中被运用的所有象征语境,它在一个荒凉的山丘上立起了十字架的影子。再有它还可以缩略为大写的Y这一表示二分的符号——这个符号若不是用作装饰徽章的图样,本来与树没有什么关联,尽管人们声称它表示着谱系。血液循环之树、小脑的生命之树、农神或月神之树、雷电击打树木而形成的晶状:你们的形象不就是为了在火炙的龟壳上图绘出我们的命运吗,或者说你们的闪电不就是为了让无尽的黑夜显形从而在语言的"万物归一"中引起存在的缓慢改变吗:

"不!"那树说,它说"不!"

在它那高昂的头颅的光华上

这两句诗我认为听作树的同声相应和听作这种谐音的反面同样合理:

暴风雨对待它

整个地就像对待小草一个样。

因为这首现代诗是按照能指平行论同样的规则来组织的,这种平行论的和谐主宰着原始的斯拉夫史诗和最精致的中国诗歌。

这一点在树和小草得以被选择的共同存在方式中可以看到,正是因此,相互矛盾的符号——说"不!"和"像对待"——得以出现;也是因此,通过"高昂的"这一特殊性和简约它的"整个地"之间的分类对比,永恒的瞬间那无法觉察的光华可以在"头颅"(tête)和"暴风雨"("tempête")的凝缩中得以实现。

但是,有人可能会反对说,这个能指之所以能够运作,只是由于它就呈现在主体之中。对此我的回答是，那个主体已经转移到所指的层面。[1]

是的，这是典型的拉康风格。围绕一个"词"或者说一个能指，从它的发音到它所意指的概念，从它的概念所表征的形象再到该概念所意指的含义在不同文化语境中的差异，这整个就像一个妄想症式的联想，在极度凝缩的句式中、在文字游戏的功能机制中、在语境和语义的迅捷滑动中、在从神话到宗教到诗歌乃至历史文化的跨界旅行中，完成了对这个词作为一个能指的意义生产机制的说明。可是，对一般读者而言，能找到进入这段文字的入口吗？很难。别的且不说，单是一字一句把这段话解释一遍也非一般人所能做到。

不光一般人说不清楚，就连专家也是众说纷纭。对于这段有关法语词"arbre"（树）的冗长论述，西方研究者们给出了各种各样的评论。[2] 有的人称这段文字是拉康式的诗学对其理论话语的一种强行插入——因为在它的前面是拉康对索绪尔的符号概念的改写和对自己的能指算式的理论化说明，在它的后面则是拉康对能指链的运作即他自己的隐喻和转喻公式的讨论——它除了导致论述的断裂以外，别无他用。有的人（比如南希和拉库-拉巴特）则从解构主义的角度称它表明拉康仍持守着传统形而上学的在场中心主义——因为拉康在这里对作为能指之树的隐喻功能的说明旨在强调能指对意义的坚持，这段话整个就是一个"语言炼金术"，是拉康的"隐喻诗学"。还有的人（比如萨缪尔·韦柏）称这段话暗示了拉康对能指链中语境的线性化的批判——因为语言的垂直维度表明隐喻轴是依据句法而非语义被构成，就是说，对于语言的"联想"方面，再也不能依照意义的多样性来考虑，相反，意义本身已被铭写在能指赖以出现的语境关系的运动中。反正类似的评论有许多，但入口

---

［1］Jacques Lacan, *Écrits*, pp.419-420.

［2］参见 Gilbert D. Chaitin, *Rhetoric and Culture in Lacan*, Cambridge: Cambridge University Press, 1996, p.15。

到底在哪里——是修辞学还是隐喻的诗学？是语言学抑或只是一个妄想症的话语？——各人因取向不一而有不同的结论。

毫无疑问，对于这段文字，并不存在一个唯一正确的入口，可这不意味着我们在阅读和阐释它的时候可以随心所欲，因为它虽然晦涩，但并非没有自己的"逻辑"。

首先，你要知道，拉康选择"树"作为例子并非空穴来风，因为索绪尔在说明符号的构成时用的就是"树"的例子，而拉康在这段话的前面改写索绪尔的符号概念时也用了"树"的例子。在索绪尔的运用中，主要是想说明构成符号的能指和所指的对应关系，而在拉康的运用中，则是为了强调能指之于所指的优先性，进而他要在这段文字中说明作为能指的字符在意指链的语境中与所意指的意义的关系，由此引出能指的意义生产机制（即接下来要讨论的隐喻和转喻）。

其次，按照拉康的说法，能指链的运动只是为意义生产提供一个意指语境，就是说，能指本身并不直接产生意义，所谓的意义实际是主体在能指链的回溯运动中和在某一能指的垂直轴上经由选择被缝合出来的，所以意义的产生既非自主的主体赋予的——因为这个主体已是"所指的主体"，是已然被能指结构化的效果主体；也非能指本身指涉出来的——因为在能指和意义所指之间总有一道难以穿越的横杠在抵制意义的到场。于此便有了拉康对"树"的一系列能指要素（它的发音；它在神话和宗教中的形象、它的实际形象的比喻性运用，乃至中国甲骨文的书写形式等）与其多样的文化意义间的松散联系的描述，这一以文字游戏的方式完成的描述既是为了强调意义生产的语境关联，也是为了说明主体纵向选择的语境化，说明能指的意义凝定的语境化。

进而，拉康从人类文化记忆中挑选出来的有关"树"的形象的众多比喻性运用看似毫无关联，可实际上有一个潜在的意义轴在支配着他的选择，那就是这一形象所代表的"力量和尊严"以及主体的"命运"。至少在西方的文化语境中,这个隐喻性的意义是与男性特质联系在一起的,或者说它其实就是能指之"树"的"菲勒斯意义"——所以盖洛普称拉康的隐喻理论是一种菲勒斯中心主义。有关拉康对树的这一主导意义的选择,英语世界著名的拉康研究者吉尔伯特·D. 柴廷(Gilbert D. Chaitin)有一段精彩的论述:

> 因而,在树的段落中那明显不连贯的系列选项是对特殊的历史可能性那不可预见和不可控制的分岔的一种追述。另一方面,它们明显的连贯性又是来自多多少少系统的、普遍化的以及它们在这一回溯性的呈现中必然要服从的秩序。虽然没有一个单一意义或本质能把树的所有既定用法统一于一个总体性中,但总有某些固定的主题会让它们关联在一起。力量和尊严的菲勒斯意义被迅速地叠加到对命运的贯注中,先是在所有基督徒确认为象征符号的十字架中,接着是在毕达哥拉斯派视为十字路口的 Y 中——这也许暗示着俄狄浦斯面对的性命攸关的十字路口,再接着是在家族谱系树的链条中,然后是在出于预言目的而刻写在龟壳上的那种之字形图画中。一个图画之于我们的生命的意义——它在一阵突然的闪电中得以显形,使我们想要认识自己命运的欲望得到满足——通过参照赫拉克利特-海德格尔的"万物归一"和瓦雷里的"梧桐树"的黑格尔泛音而得到体现,那树的"不!"回应着节点和横杠的否定性。[1]

那么,拉康做如此的意义选择是为了什么?从拉康对法国现代诗人瓦雷里《致梧桐树》的诗句的引述可以看出,他是为了说明主体的命运与能指的隐喻性的关系。拉康所谓的主体的"命运"实际就是指主体或主体的无意识是像语言一样被结构的,而主体的真理/真相就存在于能指的重复或坚持中,并且是有意识的主体所不知的,是一般的日常话语所无法言说的,但它能在主体之言说的缝隙或裂

---

[1] Gilbert D. Chaitin, *Rhetoric and Culture in Lacan*, pp.42-43.

口中以隐喻的方式呈现出来，它能在高度凝缩的诗性语言中显示自身的一角。在此，能指的隐喻性就是像语言一样被结构的无意识的语言运作，相对于主体而言，语言或者说能指的结构是先期在场和已然在场的，它总在暗处支配着主体的言说，只是有意识的主体并不知道罢了，如同在瓦雷里的诗句中，暴风雨像对待小草一样地对待树，树却高昂起它的头颅对暴风雨说"不！"，树的这种英雄主义形象——它当然是历史文化中已先期存在的树的菲勒斯意义的回声——正是诗人（主体）所要认同的，但这一认同的完成并不是通过对已有的意义贮存库的直接提取——那些历史的可能都是特定语境的产物，并是作为无意识的、抽象的东西贮存在主体的记忆中——而是通过能指的差异化，即同为植物的"小草"和"树"面对暴风雨的侵袭展现的不同姿态，通过把主体置于某一能指即"树"的位置，来呈现主体对树的"高昂的头颅"所显示的特殊性的无意识认同，就像拉康说的，"通过'高昂的'这一特殊性和简约它的'整个地'之间的分类对比，永恒的瞬间那无法觉察的光华可以在'头颅'（tête）和'暴风雨'（tempête）的凝缩中得以实现"。在这里，"头颅"（tête）和"暴风雨"（tempête）的凝缩是一个无意识过程，是主体在诗的隐喻中把自身召唤到某个位置的语言运作，而主体作为运作的效果也就是把自己置于一个意义所指的位置。

上面的说明已经十分冗长，但即便如此，我的读解仍是不全面的，它充其量只是一个字面的说明，一种"弱"阅读。如何把这个字面逻辑导向某个阐释方向，或者说如何以一种阐释方向来重述这个字面逻辑，那就要看阐释者各人的话语立场。但不管怎样，在对拉康的阅读中，切忌把拉康的文本看作封闭的意义系统，以一种想象的投射关系来把文本凝固在某个单一的阐释中。

拉康不可阅读，可另一方面，正是这种不可读性构成了拉康精神分析学的第一个诱惑，由此才有了对拉康文本无穷无尽的可能的阅读。风格终归只是风格，它就像一本书的封面，朴素也好，庄重也罢,终归只是以"嵌入"的方式"悬浮"在外层的东西,一个好的封面就在于它能提示被包裹在内里的宝藏,但那毕竟只是一个"提示",以拉康的逻辑说,如果我们把"提示"视作充分、完整的"揭示",那实际就代表主体在与对象的关系中陷入了一种想象的幻觉,代表主体对"提示"的另一功能即遮蔽的功能的不知。对我们的阅读行为而言,风格终归只是存在之意义的一个外显装置,要想突破或破解风格对存在(文本)之意义"提示"/"遮蔽"的悖论性功能,除了需要在阅读中摆清自己的位置,明确阅读与文本的关系,还有最重要的一步就是要弄清楚结构风格、使风格作为所欲望的"对象 a"的基本手段。对于拉康及其文本,我们在阅读中首先要明确的就是他的话语的逻辑,其所谓的"不可读性"很多时候都与他的逻辑有关——是的,拉康虽然不可阅读,但这并不意味着他的话语毫无逻辑,相反,逻辑正是他的捕鼠机。

在此,我把拉康结构其理论的基本逻辑分为五种(也许还有更多):失败的逻辑、剩余的逻辑、悖论逻辑、非对称性逻辑和拓扑学逻辑。我下面用一些例子来分别说明它们。

人们常说拉康的理论是一种有关主体性的理论。是的,拉康的确强调其精神分析学的核心任务就是要揭示主体的真理/真相,但他对这个真理/真相的揭示总离不开他者和主体间性的维度。一定意义上说,拉康的那些逻辑都与这两个维度的嵌入有关。

拉康所讲的"他者"并非我们通常理解的相对于某个主体的另一个主体,而是指结构主体的"另一个场景",它既是构成主体的无意识的场所,也是主体的无意识构成本身。他者是一种他在性的结构力量,是能指的场域,是主体在此完成其认同的场所,所谓主体是被结构的,实际就是在他者秩序中构成的,主体总是且已然是他者的主体,是在他者场域中出现的效果主体,主体间的关系根本上是主体与他者的关系,是参与对话的两个主体相对于他者场域的位置关系。主体与他者的这一关系带给主体的一个根本性后果就是主体的异化和分裂，因为主体在他者场域中认同的是一个异己的、他在的东西，主体的认同过程实际是在把一个异于自身的他在性内置于自身的过程。

所谓失败的逻辑，简单地说，就是主体在他者场域中的认同终归要以失败告终，主体的认同不过是主体的失败和失败的主体的双重纠缠。那么，失败是如何嵌入主体认同过程的？要回答这个问题，需要把握两个关键的环节，那就是存在的匮乏和他者的欠缺。

"存在的匮乏"，这个颇具海德格尔意味的说法是拉康对主体命运的一种本体论描述，它指的是主体性存在的某种虚无性和空洞性，某种莫可名状的特质。存在的匮乏有多个层次：在前主体状态，这个匮乏指的是一种彻底的空无，"彻底的空无"不是什么也没有，而是什么也不是，因为主体在进入象征秩序获得一个社会化的位置之前，其存在尚未被命名，是一个实在的混沌，在那里，既没有自然和文化之分，也没有"我"和"你"之分，按照拉康的解释，这个前主体的状态是一种神话状态，它未曾真正地存在过，它只是有欠缺的主体对某个完满状态的一种回想，是主体在回溯性的历史记忆中构想出来的某个已然失落的世界；在精神分析学的意义上说，存在的匮乏也指主体的一种原初失落，即伴随诞生而来的与母亲的原始关系的切断——精神分析学称此为"诞生创伤"——婴儿的降生即意味着与母体的脱离，意味着曾经完满的伊甸园状态的永远失去，这一原初的失落将在主体的心理结构中留下无法抹除的阴影，成为伴随主体一生的一个创伤性内核，每当主体遭遇挫折的时候，它就会作为一种构成性的力量主导主体的欲望行进和欲望阐释；进而，存在的匮乏还指属于象征秩序的语言和父法对主体的切割，例如，随着俄狄浦斯情结的解决，个体终于在社会中获得了一个主体性的位置，拉康称此为个体在象征秩序中的注册，可这个获得是要付出代价的，个体必须接受父法的阉割和语言的铭写，必须牺牲或放弃自己的原始欲望即对母亲的欲望，而由于这个牺牲，通过象征秩序成就的主体本质上是一个被阉割的主体，一个有欠缺的主体，一个在欠缺和匮乏中不断欲望着的主体。主体根本上就是一个失败的主体。

如果说存在的匮乏还只是为主体的失败奠定了基调，那么，他者的欠缺将使这个失败成为主体必要遭遇的东西，失败的主体最终必要通过主体的失败获得实现。所谓他者的欠缺，指的就是语言结构的不完整性和断裂。拉康称语言对主体的欲望命名的过程实际就是他者对主体的一种切割，主体借此完成了在象征秩序中的注册，获得了一个象征性的位置，但他对由此而永久失落的原初对象——母亲作为整一的存在——的欲望就只有在一系列的能指替代中寻得想象的满足，主体欲望的实现必定以失败告终，这不只是因为想象的满足终归是"想象的"，更是因为那个以能指替代构成的意指链条是不完整的。拉康说，他者作为能指的场域乃是众能指的集合，按照集合论的悖论逻辑或者哥德尔的不完全性定理——它们是拉康的"科学"的重要组成部分——一个集合的完整性实际是由集合以外的某个要素来规定的，比如"有理数"的集合是因为"无理数"才得以可能的，"有理数"即"非无理数"，这意味着所谓集合的完整性其实是有条件的，即它是以不完整性作为前提的，拉康把这称作他者秩序中的一种欠缺或他者的欠缺。他者的欠缺意味着意指链对主体的意义缝合总是会遭遇失败，总有一个无法能指化的东西即主体的原初失落对象落在能指的集合以外，最终导致主体认同的失败，导致主体在认同中成为一个失败的主体。就此言之，失败的逻辑实际是构成主体性的能指逻辑所内有的，是他者秩序所内有的。

失败的逻辑几乎渗透在拉康理论的每一个角落：能指链的意指作用的失败；主体性认同的失败；主体的欲望满足的失败；主体的求原乐意志的失败；主体间的关系的失败；移情分析的失败，等等，这一切都与失败的逻辑有关。

第二种为剩余的逻辑。剩余的逻辑仍与语言切割的不彻底有关，它指的是语言对主体或欲望的命名总是会留有剩余，换句话说，在主体那里，总留有一个东西是无法命名的，主体的欲望满足总因为某个剩余而被延宕，并因为这个剩余而进入欲望的无尽链条，在欲望中不断要求"再来一次""再多一点"。

同样以主体对父法的认同为例。拉康说，父亲的功能说到底就是"不"的功能，是父亲向孩子和母亲宣布禁令的功能：孩子为获得主体性的位置，就只有接受父亲的禁令或父法的阉割，放弃对母亲的欲望。这个阉割当然是象征性的，它只是以法的形式把对母亲的欲望封存在一个不可能的场域，母亲－对象从此成为一个不可能的对象，一个激发主体的欲望的对象，一个剩余的对象。

这个剩余到底是什么？是残留的对母亲的欲望吗？严格地说，不是。对母亲的欲望是在象征界阐述出来的，而剩余是留在实在界的东西，是不可象征化的原初对象，是主体在诞生之时就已经永久失落的原质之"物"，它实际上就是一种不可能性，是"空无"，是欲望主体在欠缺中想象出来的一种原初失落。可这个剩余又是欲望的原因，是激发欲望、启动欲望的转喻性链条的东西，是主体总想在象征和想象中捕捉到它但又总是与之错失的东西。

剩余是一种无用之物，因为它没有"使用价值"，因为它是价值的剩余。但另一方面，剩余是激发欲望的原因，主体之为欲望的主体和原乐的主体，就是因为它的作用。正是基于主体与剩余的这种关系，拉康在研讨班中干脆称主体或欲望就是一种剩余、一种残渣，主体即"人渣"（residue）。为什么？因为人的欲望乃是他者的欲望。比如我们总是欲望着他者欲望的东西，我们总是欲望成为他者的欲望对象，我们总是以他者的欲望来规定自己的欲望，总之，我们的欲望并非我们自己的，而是在他者中且通过他者被结构的。可是，他者究竟欲望什么？他者究竟想从我这里得到什么？主体对此完全不知，他者的欲望之谜令主体焦虑不已，在他者欲望的煎逼之下，在欲望满足的失败中，主体一次又一次遭遇到自身的残余性，同时一次又一次在他者的欲望中、在对他者欲望的欲望中把自己渣滓化：

"在你的眼中，我不过是人渣"，因为我在你的眼中看到自己就是人渣。

同样地，剩余的逻辑可以用在许多地方：能指链的意义坚持；能指对主体的缝合；欲望的欠缺；他者欲望之谜；他者的原乐；女性的"非一"；移情的悖论，等等，都可以借这个逻辑获得说明。

与失败的逻辑和剩余的逻辑一样，悖论逻辑在拉康的理论中也十分普遍。他曾以"要钱还是要命"这一被迫的选择来说明这个逻辑：要钱的话，人财两空——命丢了，钱也没了；要命的话，乖乖把钱交出来。在这个二者必选其一的选择中，不论选哪一方，都意味着损失。主体性的存在亦是如此。依照拉康的理解，主体的认同是在象征界完成的，且必定要通过象征界来完成，主体性的构成乃是象征界的语言或能指切割的效果，就是说，主体总是一个效果主体。

但另一方面，这一效果是悖论性的：主体通过对父法的象征性认同固然可以在社会中获得一个象征性的位置，可令主体深感挫败的是，这个位置的获得是要付出代价、做出牺牲的，他需要放弃或压抑某些东西（比如对母亲的欲望），然后才能获得社会及文化的象征秩序的认可。

进一步地说，之所以出现这种悖论性效果，根本还在于主体实现其认同的他者场域的功能是悖论性的，这可以在多个方面来说明。就能指的运作而言，主体性的获得就是主体与能指的一种意义缝合，可能指功能的另一面恰恰是否定，比如菲勒斯能指，它固然可以提供给主体一个认同对象，但这个认同却是基于父亲功能的"不"，主体与菲勒斯能指的缝合其实是以该能指的否定功能作为前提的。换从他者的角度说，主体化根本就是主体要在他者场域获得确认，可这个他者（在此你可以把它理解为社会建制、文化规制这样的非人化力量，也可以把它理解为处在那一建制或规制之中且代行其非人的意志的他人主体）是有欠缺的，不仅如此，这个他者还是一个淫荡的、不知饱足的他者，一个不断地向主体要求更多的他者，正是他者要求的这种过度，把主体抛入了欲望无尽的煎逼，他者的欲望令主体在他者中的确认陷入了僵局，这就是主体性构成的悖论。

拉康在研讨班中讲到了许多悖论，比如他者欲望的悖论、原乐的悖论、爱的悖论、幻象结构的悖论、对象 a 的悖论、驱力的悖论等，它们的存在无一例外地使主体的命运必定是悖论性的。

拉康运用的第四种逻辑就是非对称性逻辑。所谓非对称性，指的是具有结构性关系的双方在交互作用中的某种单向运作，所以拉康时常用这一逻辑来说明主体间的关系。

拉康说，主体间的关系并不是主体之间互为主体或互为对象的关系，因为主体间关系得以可能要取决于处在关系结构或关系情境中的主体对自身位置的指认，而这一指认总是离不开他人位置的参照以及因这个参照而来的位置倒置和关系反转。

比如在爱的关系中——拉康通常把它看成一种想象性的关系：当我对你说"我爱你"的时候，你之所以被爱看似是因为你的某些特质——比如你的美貌、你的气质，甚至你生气时噘起小嘴的样子——使你显得可爱、值得我爱，而实际上，这些特质之所以可爱和值得我爱，是因为它们满足了我的力比多投注，是因为我在那些特质中看到了自己的理想形象，或者是因为那些特质可填补我的欠缺与匮乏，也就是说，在这个情境中，"你"并不是作为一个被爱的主体甚或被爱的对象而在场，"你"只是居于一个参照的位置，是我在这个位置所欲望的东西的一个代理或傀儡，以精神分析学的理论说，我在这里爱的始终只是我自己，爱总是自恋性的。

当然，"我爱你"这个话语是要求得到回应的。当我说"我爱你"的时候，我其实是欲望得到你的爱，我欲望自己成为被爱，我欲望你如我所要求的那样爱我，在这里，主体的位置被倒转了，"我"从主动者的位置转到受动者的位置，这个位置倒转当然不是现实地发生的，它只是处在想象的幻觉中的主体的一种无意识运作。进而，如果对方以"我也爱你"这样的话语来回应，我们就说这里建立起一种主体间的爱的关系。可拉康不是这样理解的。在他看来，这充其量只是表明对方也处在想象的幻觉中。爱的一方和被爱的一方的话语看似都是指向另一个主体，可在想象性的关系中，那"另一个主体"实际只是一个位置，甚至是一个空位，有待"我"用想象的幻觉来加以填充，双方的话语不可能真正地相遇和叠合，即便它们可能发生交会，那交会的地方也只是各自的匮乏之所在，是各自原初缺失的对象之所在，以拉康的话说，是"对象 a"的所在。

除上面说到的想象性关系以外，主体之间还存在一种以语言或他者场域为中介的象征性关系，这同样是一种非对称性关系，其逻辑的运作尤为复杂，在此就不作说明。

非对称性逻辑对于我们理解拉康有关主体间关系的理论至为关键，比如自我与他人的关系、主体与他者的关系、主体的性别关系、受分析者与分析师的关系、学生与老师的关系等，都是一种非对称性关系，拉康在晚期教学中对非对称性逻辑有极其频繁的操演。

其实，上面所说的四种逻辑都可以归于一个逻辑：不可能性的逻辑。对拉康而言，不可能性总是与实在界相关联，实在界作为主体的一个存在界域恰恰是主体不可抵达的场所。正是实在界的这一不可能性，才招致了主体的失败，招致了语言切割的剩余，招致了认同的悖论，也招致了主体间关系的非对称性。反过来说，所有这一切都表明：完全的主体化是不可能的；主体间的关系是不可能的；主体的欲望满足是不可能的；性关系是不可能的；爱是不可能的；乃至最后，精神分析也是不可能的。

最后是拓扑学逻辑。拓扑学是拉康对精神分析学施以科学化和形式化的手段，它虽然取自数学，但拉康的运用并不是纯数学的。拉康的拓扑学既体现在他十分热衷的各种拓扑图形中，也体现在他的理论阐述中，这里讲的"拓扑学逻辑"主要是针对后者。

一般地说，拓扑学的根本在于结构的连续变换，拉康的拓扑学主要是想象界—象征界—实在界的"三界"拓扑学，它思考的是"三界"之间的关系和交互作用以及这一作用对于主体的效果。比如主体认同的问题，拉康把它分为想象性认同和象征性认同：在想象性认同中构成的是自我，在象征性认同中构成的是主体，前者以理想自我为认同参照，后者以自我理想为认同参照，前者是主体（自我）朝向对象的一种外投射，后者是主体通过对象完成的一种内投射。实际上，在主体的构成中，这两种认同形式是交互作用的。以观看行为为例，拉康说，镜像阶段的那种纯粹想象性的看并不存在，因为任一主体自来到世间的那一刻起就已然被象征界所铭写，例如在他——这时他其实还不是真正意义上的主体——向镜中窥看的时刻，常常是代表着象征秩序的父母——他当然还在父母的怀抱里——指给他某个理想的认同形象，比如父母对着镜中的形象说，"看，这就是我们的漂亮宝宝""这就是我们的小天才"等，或者当婴孩以父母的形象或父母的期许、认可与赞赏作为参照来"完形"自己时，象征界的他者就在此发挥作用了，主体在这个镜像认同中完成的就不再只是理想自我，而是还有自我理想。这就是说，在主体对镜像的观看中，不仅有属于想象界的自恋性认同，还有属于象征界的他者认同，前者形成的是理想自我，后者形成的是自我理想，前者是自己对自己或与自己相似的对体的看，后者则是以他者的目光来看自己，按照他人指给自己的理想形象来看自己，以使自己成为令人满意的、值得爱的对象，换用拉康的拓扑学表述，与自我理想对应的观看方式是"我""想象地"看那"象征地"看着我的他人，由此形成了我"想象地"看自己的"象征形式"。这听起来的确十分缠绕，但如果你熟悉了拉康的拓扑学逻辑，理解它们应该不会有什么困难。

拉康的许多理论都有着"三界"拓扑学的框架，所以他提出了许多三元组的概念系统，比如需要—要求—欲望、想象的父亲/母亲—象征的父亲/母亲—实在的父亲/母亲、想象的菲勒斯—象征的菲勒斯—实在的菲勒斯、挫折—剥夺—阉割等，它们都可以甚至都需要被置于"三界"的拓扑学运作中来理解。

失败的逻辑、剩余的逻辑、悖论逻辑、非对称性逻辑和拓扑学逻辑，我不敢说它们是打开拉康的理论迷宫的万能钥匙，但我相信，如果你对这些逻辑有基本的掌握，那一定可以帮助你扫除许多阅读上的障碍，为你深入拉康文本的腹地提供便利。

三

下面我要简单谈一谈汉语世界对拉康的阅读。[1]

相较于对待福柯和德里达而言，汉语世界对待拉康的热情虽然同样高涨，但更多的还停留在叶公好龙的层次。我想阅读的困难应当是造成这种情形的一个主要原因。在我们现有的拉康研究中[2]，只有极少数人对拉康做了严肃认真的阅读，可另一方面，就连这极少数人的阅读也很不完整，这种不完整尤其在两个方面可以看出来：

第一，缺乏对拉康研讨班的系统阅读。拉康研讨班从1953年下半年开班到1980年结束，一共是27期。到2008年为止，拉康的女婿雅克-阿兰·米勒整理出版了其中的绝大部分（但有一些并不完整），英语世界至少翻译出版了米勒版——虽然拉康派对这个版本的权威性持有异议，但在拉康派以外，人们基本上把它视作拉康研讨班的钦定版本——的七种。在汉语世界的拉康研究中，只有少数研究者对研讨班有零星涉猎，这种缺失极大地限制了我们对拉康的理解。

第二，缺乏对《文集》的全面阅读。出版于1966年的《文集》

---

[1] 我这里主要只针对内地的拉康研究。在港台尤其台湾地区，人们对拉康的热情比我们高出很多，在拉康文本上所下的工夫也比我们远为深入、细致，其研究水准和应用能力自然是另外一番气象。

[2] 单就专著（包括港台地区）而言，我看到的有如下几种：1. 杜声锋，《拉康结构主义精神分析学》（香港：三联书店有限公司，1988年）；2. 梁浓刚，《回归弗洛伊德》（台北：远流出版事业股份有限公司，1989年）；3. 王国芳、郭本禹，《拉冈》（台北：生智文化事业有限公司，1997年）；4. 方汉文，《后现代主义文化心理：拉康研究》（上海：上海三联书店，2000年）；5. 黄作，《不思之说——拉康主体理论研究》（北京：人民出版社，2005年）；6. 张一兵，《不可能的存在之真——拉康哲学映像》（北京：商务印书馆，2006年）；7. 黄汉平，《拉康与后现代文化批评》（北京：中国社会科学出版社，2006年）；8. 马元龙，《雅克·拉康：语言维度中的精神分析》（北京：东方出版社，2006年）；9. 严泽胜，《穿越"我思"的幻象：拉康主体性理论及其当代效应》（北京：东方出版社，2007年）。

汇聚了 1960 年代中期以前拉康理论的精华，是拉康的著作中流传最广的。法语版《文集》长达近千页，共收录论文约三十篇。前面已经说到，英语世界在 1977 年由阿兰·谢里丹翻译出版了《文集》的一个《选集》，仅收录了其中的九篇论文——直到 2006 年，英语世界才有了布鲁斯·芬克翻译出版的《文集》完整本。单就篇目而言，《选集》的九篇文字的确浓缩了《文集》的精华，可作为一般读者的首选。但从研究拉康的角度说，单单依靠这个选本显然是不够的。由于汉语世界已有的拉康研究大都完成于 2006 年（即芬克版）之前，而研究者中只有个别人读过法语版《文集》，所以他们依靠的只能是谢里丹的选本，由此造成的理解上的缺失就可以想象了。

但有人会说，汉语世界早就有了一个大部头的译本《拉康选集》（2001）[1]——它不是比谢里丹的选本更完整吗？其实，这个"选集"并非 1966 年瑟伊版《文集》的全译本（虽然版权页上是这么注明的），译者不知出于什么原因删除了其中十分重要的几篇文字，比如《无意识的位置》（1960）、《康德同萨德》（1963）、《科学与真理》（1965）等。更关键的是，这个译本自出版以来一直受到人们的非议，当然主要是针对翻译的质量。我不懂法语，所以不敢对译者的法语水准妄加评论，但我可以对他的汉语水准做一个判断：译者对汉语的句法表达好像没有什么概念。就以《文集》开篇的《关于〈被窃的信〉的研讨班》（1956）的第一段话为例。中译《拉康选集》的译文为：

> 我们的研究使我们认识到重复的机制（Wiederholungszwang）的原则存在于我们称为能指链环的动因之中。这个观念我们是作为外在（也就是说：偏心的位置）的一个相应物而提出来的。如果我们是认真对待弗洛伊德的发现的话，我们必须将无意识中的主体安置在这个外在之中。我们知道，在精神分析开创的经验中象征是通过想象的什么样的中介而左右了最

---

[1] 拉康，《拉康选集》，褚孝泉译，上海：上海三联书店，2001 年。

为隐秘的人的结构。[1]

这样的文字表达我们看得懂吗？！拉康的演讲真的有这么别扭吗？！我不妨把对应的法语原文和芬克的英译抄录下来，然后依据芬克的译本对这段话做一试译：

> Notre recherche nous a mené à ce point de reconnaître que l'automatisme de répétition (Wiederholungszwang) prend son principe dans ce que nous avons appelé l'insistance de la chaîne signifiante. Cette notion elle-même, nous l'avons dégagée comme corrélative de l'ex-sistence (soit : de la place excentrique) où il nous faut situer le sujet de l'inconscient, si nous devons prendre au sérieux la découverte de Freud. C'est, on le sait, dans l'expérience inaugurée par la psychanalyse qu'on peut saisir par quels biais de l'imaginaire vient à s'exercer, jusqu'au plus intime de l'organisme humain, cette prise du symbolique.[2]

> My research has led me to the realization that repetition automatism (Wiederholungszwang) has its basis in what I have called the insistence of the signifying chain. I have isolated this notion as a correlate of the ex-sistence (that is, of the eccentric place) in which we must necessarily locate the subject of the unconscious, if we are to take Freud's discovert seriously. As we know, it is in the experience inaugurated by psychoanalysis that we can grasp by what oblique imaginary means the symbolic takes hold in even the deepest recesses of the human organism.[3]

---

[1] 拉康，《拉康选集》，第 1 页。
[2] Jacques Lacan, *Écrits*, Paris: Éditions du Seuil, 1966, p.11.
[3] Jacques Lacan, *Écrits*, p.6.

［我的研究使我认识到，重复的自动性（Wiederholungszwang）的根基就在我所谓的意指链的"坚持"（insistance, insistence）中。我所离析出的这个概念乃是"外显"（ex-sistence）（即离心化位置）的一个相关物，我们若想认真地对待弗洛伊德的发现，就必须在那里来定位无意识的主体。我们知道，正是在精神分析学所开创的经验中，我们才能领会到象征界是借何种晦暗的想象性手段蛰伏在人类有机体最隐秘的深处的。］

　　即便对拉康这里使用的概念不甚了解，也至多只能说这段话很艰涩，但其句法关系是很明确的，并不像前面那段译文那么支离，那么令人茫然。由此我给出的另一个判断就是：汉语世界的拉康研究从这个译本是得不到任何帮助的，若是有人依照这个译本来"做"拉康，那最后的成果一定是不可靠的。我这样讲不是说对拉康的翻译和研究存在一个"正确的"标准——根本没有这样一个"正确的"标准，但这并不排除有"错误的"标准。是的，有"错误的"翻译和"错误的"阅读，但什么样的翻译和阅读是"正确的"？至少在目前还只能说不存在唯一的"正确"标准。

　　顺便说一下，这段话之所以艰涩，主要是因为它里面隐藏着一系列拓扑式的语义转换。在此，"重复的自动性"（*automatisme de répétition*, repetition automatism）乃是拉康对弗洛伊德的"重复强迫"（Wiederholungszwang）概念的"意译"，说的是被压抑的创伤性经验总是以语言的方式在主体的无意识中自发地、偶然地闪现，它总想，也只能在语言中并借助语言来表达自身，所以拉康说重复的自动机制的基础就存在于意指链的"坚持"（insistance）之中。而所谓意指链或能指链的坚持，说的就是能指链条对"意义"的坚持，这是能指的一种坚执性，且这种坚执性恰恰是因为"意义"的不在场，因为主体渴望在与能指的缝合中来寻得"意义"。也正是因此，意指链的"坚持"是与主体的"外显"（ex-sistence）联系在一起的，

"ex-sistence"这个词是从海德格尔那里借过来的,有"绽出""去存在"的意思,但在拉康这里,主体的"去存在"并非其可能性的实现,而是主体在自身之外的某处显现或出现,是主体渴望在能指的"坚持"(insistence)中让自己"显现"(ex-sistence),正是在这一"进"(in-sistence)一"出"(ex-sistence)中,主体把自己嵌入了一个离心化的位置,成为一个离心化的无意识主体,因为其在能指场域寻得的所谓"意义"并非他自己的,而是在它处结构出来的,是主体以某种不为自身所知的方式,即通过对能指之"意义"的想象地认同,在象征性的他者场域获得的。归总为一句话,主体是由他者场域中能指的自动重复结构出来的。

其实,文本阅读的不完整和翻译的不充分只是影响汉语世界拉康研究的水平的部分原因,除此之外,我们还面临其他的一系列障碍。

首先,要不要读弗洛伊德?毫无疑问,必须读。抛开弗洛伊德来研究荣格并非不可想象之事,但抛开弗洛伊德来研究拉康是根本不可能的,拉康的几乎每一个概念、每一个问题都与弗洛伊德或他对弗洛伊德的阅读有关,他的"回到弗洛伊德"的一个基本方向就是回到弗洛伊德的文本。

对拉康而言,所谓回到弗洛伊德的文本,不仅要回到弗洛伊德成熟时期的文本,还要回到他早期的文本,比如《科学心理学纲要》(1895)和《歇斯底里研究》(1895);不仅要回到《释梦》(1900)、《超越快感原则》(1920)这样的奠基性文本,还要回到弗洛伊德讨论治疗技术的那些小论文,比如《移情的机制》(1912)、《回忆、重复和逐步突破》(1914)等;不仅要回到弗洛伊德的理论文本,还要回到弗洛伊德的临床案例,尤其是他的五大病例研究。总之,这是一次全面而彻底的返回。

但汉语世界在这里要再次陷入尴尬。我们对弗洛伊德的译介虽算得上历史悠久,但到目前为止,我们还没有完整的弗洛伊德作品集（有许多重要的文本都还没有翻译过来），还没有真正学术意义上的弗洛伊德研究，也没有严格的精神分析临床。弗洛伊德以及精神分析学在我们这里是缺席的，我们看不到自己的弗洛伊德专家和精神分析学家——虽然在市面上可以看到有关弗洛伊德与精神分析学的各种书籍，但那纯粹只是一个商业符号。

所以，在中国，"回到弗洛伊德"仍是我们需要开始的第一步。这不只是为了拉康，也不只是为了纯粹的精神分析学，而是为了我们自己，为了我们的现代性和后现代性文化研究，因为如果说现代性/后现代性作为一种文化症状自有其特定的社会结构和心理结构，而马克思为其中的社会结构分析提供了最有效的一个角度，那么，弗洛伊德的精神分析学则为其中的心理结构分析提供了一个典范。若是能在重读的基础上把两者结合起来——当然还可以加上其他理论——所产生的将是聚变式反应，并且西方世界已经为我们做出了榜样，比如较早的法兰克福学派，当下的拉克劳和齐泽克等。

其次，要不要接受培训分析或做临床分析？拉康派特别强调临床的重要性，在他们眼里，没有临床经验的拉康研究只能是隔靴搔痒，难入堂奥。在中国，四川成都有一个精神分析中心，自称中国的拉康派，据说已经培养了不少"分析师"。我对于这个团体的具体情况一无所知，其分析师的临床水准和临床效果究竟如何也无从判断，但从中心的主题网站上我们可以看到团体成员对弗洛伊德和拉康的文本的阅读[1]，这当然是一个十分好的开端，但从已有的成绩看，翻译依然是他们的死结。

如果说弗洛伊德心目中的分析师主要还是医生的角色，那么拉康心目中的分析师该是什么样子呢？也许不止一个角色，但首要地肯定不是医生。拉康称精神分析学是一种"谈话的艺术"，并且这不是一般意义上直奔主题的那种谈话，也不是漫无边际的闲谈，而是柏拉图笔下苏格拉底式的"助产术"，是中国禅师的那种棒喝式

---

[1] http://www.cpsac.org.cn.

谈话，它要求分析师把自己置于自知无知的位置，让受分析者在这一构成性的谈话情境中学会自己去阅读欲望的症状。拉康赋予分析师的这种形象向我们暗示出，我们每个人都可以成为自己的分析师，我们在躺椅之外的任意场景中——在阅读和写作中，在日常交谈中，在课堂上，在窥看街边行人的时刻——都可能成为做分析的人。这就是说，如果临床经验如某些分析家们所言是拉康研究必不可少的前提，那么，作为一个非分析家的阅读者和研究者，我所给予的回应就是，阅读拉康，这本身就是一种临床——要知道，拉康把研讨班教学也当作一种临床。

所以，要不要做临床分析呢？要，但不一定是在躺椅上，不一定是在那些故弄玄虚的分析"仪式"中。分析是一个事件而非一种秘仪，分析是一种偶然而非一个程序，分析是诗学、伦理学和政治学，而非资格、制度和团体。"去做分析吧"——我期待某一天这将成为每个人的"权利"，而不是某些人的"权力"。

还有，要不要研读拉康的数学？这当然不只是汉语世界的拉康研究者的问题，西方研究者同样面临这个问题。所谓"拉康的数学"，我指的是拉康研讨班中对精神分析学的理论和实践实施的各种数学化和形式化的尝试，里面不仅有控制论、博弈论、悖论逻辑、代数式或函数式，还有拓扑学、符号逻辑等，它们一直以来都是阅读拉康的最大障碍。在西方，对拉康的数学的态度有明显的两极：反对或赞成。在中国，因为较少接触研讨班，所以没有形成任何态度，换言之，中国的拉康研究者还没有把它当一个问题提出来，但我相信，将来的某一天这个问题终会出现。

要不要研读拉康的数学尤其是他的拓扑学？我的回答是，因人而异——这等于没有回答。不研读会怎么样？不会怎么样，不会有损于你对拉康的理解。虽然拉康自己——尤其在晚期教学中——把他的数学提到很高的位置，但我认为那不过是拉康的故弄玄虚，尤其是他晚期的那些令人目不暇接的纽结和拓扑变换很多时候只是一个老人自娱自乐的游戏。研读又会怎么样？同样不会怎么样，那既不表明你真的读懂了拉康，也不表明你的智力比别人略胜一筹。拉康自己说，他的拓扑学可以让人整体地和即时地领会其精神分析学的辩证法要义，但我要补充说明的是，除他的 L 图、欲望图、幻象公式、波罗米结等的确显示了一种高度的理论概括性以外，不是所有的数学型和拓扑图都有这样的功效。[1]

不过，拉康的拓扑学不仅体现在各种拓扑图形和代数式中，还体现在他的理论阐述逻辑中。对于这后一点，我在前面已经有简单的介绍，它们当然是我们在阅读和研究中实现"逐步突破"的有效工具。

毫无疑问，汉语世界面对拉康依然困难重重，我提出"如何阅读拉康？"这个问题并不是要给它提供一个确定的回答，而是想为我们自己梳理一下可能的道路和可能的障碍。其实，对我们而言，"如何阅读拉康？"甚至"要不要阅读拉康？"并不重要，重要的是："如何阅读我们自己？"许多时候，我们都是"通过"他人、"通过"社会和建制、"通过"毫无生气的写作来"阅读"自己，而拉康告诉我们，这些东西都是不可信的甚至是危险的，在它们眼里，貌似身为主体的我们实际只是一个"residue"（"剩余"，但我更倾向于把这个词译作"人渣"），从这个角度说，"如何'用'拉康来阅读我们自己？"似乎还有几分意义，正是因此，"如何阅读拉康？"似乎也有几分必要。

"如何阅读拉康？"，在中国颇有市场的齐泽克曾以此为题写了一本书[2]，不过他在书中要读的不是拉康的具体文本，也不是拉康的理论体系，他是要"从别处"来教给我们一种阅读拉康的方法——

---

[1] 有关拉康的拓扑学，英语世界的研究者给出的评价都不是很高，所以也很少做系统研究，但拉康派的一些分析家对它情有独钟，认为它在临床实践和人文社会科学的精神分析研究中可以发挥效用，他们甚至把接受拓扑学训练视作进入拉康的话语的重要条件。在我所看到的英语文献中，仅有一本书对拉康的拓扑学有十分精彩的解释，参见 Ellie Ragland and Dragan Milovanovic(eds.), *Lacan: Topologically Speaking*, New York: Other Press, 2004。

[2] Slavoj Žižek, *How to Read Lacan*, New York and London: W. W. Norton & Company, 2006.

这个方法齐泽克此前已经实践了很多次,比如《斜视:通过大众文化看拉康》(1991)[1]、《享受你的症状!——雅克·拉康在好莱坞内外》(1992)[2]等作品都是这样一个套路——所以他在书中并没有具体地告诉我们"如何去读"拉康,而是"运用"拉康式的阅读来阅读包括哲学和大众文化在内的其他文本,他觉得,通过以拉康的方式来阅读其他文本,"如何阅读拉康?"这个问题的答案自然会有一定程度的显明。齐泽克说:

> 拉康是一个贪婪的读者和阐释者;对于他而言,精神分析学本身是一种阅读文本——口语文本(病人的言语)或文字文本——的方法。因此,比起实践他的阅读模式来,"用"拉康来阅读其他文本当是更好的阅读拉康的方法。所以,本书的每一章都会把拉康的一段文字同(来自哲学、艺术、流行文化和意识形态的)另一片断对置在一起。通过对其他文本做拉康式的阅读,拉康的立场将可以得到阐明。[3]

其实,身为主体的我们自己就是最好的"文本",也是我们最需要去阅读的"文本",对这一文本做拉康式的阅读也许更有助于我们去阅读拉康:阅读拉康;通过阅读拉康来阅读我们自己;通过阅读我们自己来阅读拉康,这大约是把我们带向症状享受的基本环节。

最后,我要简单说明一下我在本书中对拉康的阅读。

前面我讲到了所谓的"强力阅读"。强力阅读是一种创造性的阅读,是强力意志的施为,在这一阅读中,主体的话语将与对象的话语进入一种相互对质的情境,阅读的效果就在这个过程出现。我没有齐泽克的才情,也缺乏阿尔都塞那样的使命感,我做不了他们

---

[1] Slavoj Žižek, *Looking Awry: An Introduction to Jacques Lacan through Popular Culture*, Cambridge: MIT Press, 1991.

[2] Slavoj Žižek, *Enjoy Your Symptom!—Jacques Lacan in Hollywood and out*, New York: Routledge, 1992.

[3] Slavoj Žižek, *How to Read Lacan*, p.5.

的那种强力阅读。所以我刚开始写作这本书的时候就给自己设定了一个明确的目标：把我读到的东西说出来，把我认为需要解释的地方解释清楚。我起初还觉得这个目标算不上很高，但真到进入实施阶段，才发现这几乎是一项不可能完成的任务。

由于我们目前还没有一本有关拉康的生平和思想的传记，对精神分析运动的历史及社会文化背景也缺乏基本的了解，所以，我用了接近于一小本书的篇幅来叙述法国精神分析运动及拉康学派的历史，这一叙述并不是为了展现拉康的生平活动和个性——所以它算不上是严格意义上的拉康传记——而是为了以"故事"的形式来揭示精神分析运动本身的某种"精神"以及这个精神内有的某个死结，我对拉康的经历的叙述基本是在这一语境中进行的。

在接下来对拉康思想的讨论中，我并行地排列了一系列主题，但与西方世界的"主题性阅读"稍有不同的是，在每一个主题下，我又叠置了一系列次级主题，这些主题相互之间实际是连通的，是可以转换的，我想以这种方式让拉康的理论形成为一个链环或纽结式的结构，这样可以相对地避免体系和意义的封闭，避免单一视角的简约化。可这样做也存在致命的缺陷，就是容易陷入拉康式的缠绕和重复：当从一个主题转到另一个主题的时候，总是要对已经说过的东西"再来一次"，这种重复可能会让你感到单调、累赘和不耐烦，但实际上，每一次主题的转换或叠加都应当使已有的"定论"发生变异，如果你没有看出来，那肯定是我做得不够好。的确，当这本书写到最后的时候，我的信心变得越来越不足，总觉得已经说出的与真正要说的还隔着莫大的距离。

基于以上两点考虑，我把本书的结构分为上、下两篇。

上篇"拉康的事业"结合拉康的生平传记追述了法国精神分析运动的历史及拉康思想与拉康学派的发展过程。

第一章——"弗洛伊德在法国"：追述了弗洛伊德的理论与法国动力精神病学的关系，追述了精神分析学在巴黎医学界和文人圈子两大阵营的传播过程，还追述了法国精神分析运动的早期历史，在这些追述中，我特别地凸显了法国文化及知识传统与精神分析学之间的复杂纠缠。

第二章——"自我认同的罪与罚"：追述了拉康青年时期的生平以及早期的思想发展，重点介绍了他介入的两个与犯罪和自我认同有关的案例，透过早期的精神病学研究，我们不仅可以看到拉康与德国哲学的某种亲缘性，还可以看到后来作为其研究对象的"分裂的主体"的"科学"渊源。同时，我们还会看到，在这个时期，由于对精神分析学、黑格尔哲学以及法国先锋文人集团的介入，引发了拉康思想的第一次重大转变。

第三章——"镜像的神话"：以镜像阶段理论为焦点，追述了拉康在第二次世界大战后至 1950 年代初的思想发展。在这里，我们将会看到，镜像阶段不仅是拉康以黑格尔哲学对弗洛伊德的自我理论的一次强力重述，也是他在确立自己身为精神分析学家的主体性身份时叙写的一个神话场景。拉康对镜像阶段的讨论成为其精神分析理论的秘密诞生地。

第四章——"精神分析的政治"：围绕拉康的两次大决裂追述了他与国际精神分析协会和法国精神分析共同体的冲突，尤其说明了这一冲突的政治维度。在此，我还以 1953 年作为一个时间点，梳理了拉康对自我心理学的批判，考察了他提出"回到弗洛伊德"的口号的背景、意图及其返回策略，并叙述了他在 1950 年代初期到中期的语言学转向。

第五章——"拉康的王国"：追述了拉康学派的形成及其内部矛盾，回顾了 1968 年巴黎学潮对法国精神分析运动以及拉康学派的影响，另外还特别地叙述了《文集》的出版、研讨班的多次易地、拉康与拉康派的矛盾、拉康学派的解散等。

第六章——"研讨班的岁月"：描述了拉康从 1953 年到 1980 年的 27 期研讨班的总体进程，其中既涉及研讨班的风格，也涉及研讨班报告的出版以及围绕这一出版引发的拉康派的内部冲突，还涉及研讨班的理论阐发技术。这一描述虽然算不上完整，但大约可以给读者提供一个地图。

整个"上篇"是以拉康的生平和他的思想发展为线索，但上面已经说了，这一系列的追述并不是单纯意义上的传记，也不是有关主人公的传奇——虽然拉康的故事的确富有传奇色彩。我的目的旨在说明一点：拉康是如何成其为"法国的弗洛伊德"的？所以，我力求把拉康的故事置于各个时期的社会历史语境中来讲述，力求把握拉康的多次理论转向与时代知识氛围的关系，并特别地关注了拉康的精神分析政治。需要事先说明的是，我所采用的故事素材很大一部分来自拉康的女弟子卢迪内斯库写的那本著名的历史传记——但我的讲述肯定不是对原书的编译——所以对拉康的生平感兴趣的读者更应当去读一下卢迪内斯库的原作。

下篇"主体间性的科学"将围绕主体间性的构架来讨论拉康理论的各个方面。之所以采用主体间性作为构架，乃是基于我对拉康理论的一个基本认识：拉康所讲的主体或主体性根本上是一种主体间性，他者则是这种主体间性的结构场域，主体的存在与命运必须在这个层面上理解，也只能在这个层面来获得解释。

第七章——"主体的真相"：围绕无意识主体、能指主体、言说主体、欲望主体这几个方面来讨论拉康的主体或主体性概念。有关主体的这种种称谓或说法其实是拉康从不同角度对主体的思考：主体之为"无意识主体"，说的是主体的构成总发生在"另一个场景"，无意识是主体的家；主体之为"能指主体"，说的是主体作为意指效果，作为能指运作或语言切割的效果，根本上是一个效果主体；主体之为"言说主体"，说的是主体作为一种言说性的存在，其言说总是自言说，主体的言语行为中总隐含着陈述和言说的分裂；主体之为"欲望主体"，说的是主体的真理／真相在欲望中的实现，人的欲望总是需要和要求的异化，总是他者的欲望。

第八章——"三界的拓扑学"：主要讨论想象界、象征界和实在界以及"三界"之间的拓扑学关系。在拉康那里，"三界"既是主体存在的三个场域，也是主体行动的三个场所，同时还是拉康用来讨论其主体问题的结构性框架，而"三界"本身又是三位一体的，各自之间交互作用，共同结构着主体的命运。

第九章——"他者的逻辑"：主要讨论他者之于主体的结构功能。他者问题是拉康主体理论的有机构成部分，离开了他者的维度，就很难说清楚拉康的主体。我将从四个方面来说明他者的逻辑：在"无意识的构成"中，主要讨论能指的运作，讨论转喻和隐喻作为两个基本的他者法则的功能；在"父之名"中，将讨论父亲（以及母亲）作为社会秩序中的他者功能之于主体的关系；在"他者的凝视"中，将讨论拉康对观看机制的思考，这一思考同样离不开他者的维度，因为主体的看根本上是由他者的凝视所规定的；最后在"移情与爱"中，将探讨拉康对移情的悖论的种种回应，探讨分析师的欲望作为他者的欲望在分析进程中的作用。我所选取的这四个方面并不是拉康的他者理论的全部，但透过这些方面，我们大体可以了解到他者维度的基本运作。

第十章——"欲望的辩证法"：主要讨论拉康的欲望理论，其中包括他者的欲望、菲勒斯的意义、欲望图、作为欲望之因的对象 a。在"他者的欲望"中，我将考察拉康的欲望理论与科耶夫－黑格尔的欲望理论的关联，尤其要说明主体的欲望与他者的欲望的关系；在"菲勒斯的意义"中，主要考察菲勒斯作为欲望的优先能指的功能；在"欲望图"中，将重点解读拉康的四个欲望图，这是拉康对欲望运作的一种拓扑学描述，透过对四个欲望图的分析，我们将可以看到拉康对自身理论的一个系统表述；至于"对象 a"，则是拉康从实在界的维度对欲望机制的另一种说明。

第十一章——"原乐的伦理学"：在此将讨论拉康的另一个极其重要的概念——"jouissance"（原乐）。拉康尤其强调了这个概念的伦理维度,我将通过对原乐的僭越性质的说明来呈现这一点,同时还将在"康德同萨德"的论题下来说明拉康对西方的现代性伦理的思考。接着讨论的是原乐的他者维度,通过这一讨论,我们将看到拉康理论的激进性。

第十二章——"话语的政治学":主要讨论拉康的四种话语,即主人话语、大学话语、分析家话语和歇斯底里话语。这是拉康晚期教学的重要内容,透过这一讨论,我们将可以看到拉康对精神分析学的某种政治运用。

"下篇"是对拉康理论的考察,这一考察整个围绕着主体间性和他者的维度来进行,就是说,在我对拉康理论的叙述中,将始终贯穿这个维度。至于把拉康的理论分为几个并列的主题,虽是为了论述的方便,但更多地是为了呈现拉康理论的拓扑学特色。

我深知我所做的只是通向拉康的第一步,它充其量只是拉康理论的一个"导引"。在一般的理解中,作为"导引",至少要能够帮助人们清除阅读的障碍、理顺文本的逻辑、把握理论的脉络、抓住思想的症结,可对于拉康,这个工作的难度超乎人们的想象。作为"导引",我自知离这些标准还有一段距离,我唯一可以安慰自己的是:我努力了。

拉康之难无人不知,每一个拉康研究者都想对那些疑难提供一种解决方案,这意味着我们对拉康的文本必须怀有愚公移山的那种精神,但想要在一本书中解决所有的问题是不可能的,迄今为止,我没有看到有谁可以完成这样的任务。也许,更重要的是如何找到自己的破解方法,以摆脱拉康的纠缠,所以,对于那种种障碍,我也采取了相应的策略。

拉康的理论充斥着对他人思想的任意挪用:他从不理会被挪用的思想在原始文本中的语境与基本含义,也从来不理会别人的理论逻辑。在被他重点重读的人物中,除弗洛伊德、黑格尔、索绪尔、雅各布森、列维-斯特劳斯以及各种新弗洛伊德主义的学派以外,还有其他许多哲学家和理论家,其中比较重要的有:巴门尼德、柏拉图、亚里士多德、奥古斯丁、笛卡尔、斯宾诺莎、康德、边沁、马克思、弗雷格、维特根斯坦、罗素、哥德尔、海德格尔、萨特、梅洛-庞蒂等。对于他的重读和挪用技术,我们在阅读时一定要保持足够的警惕性,许多时候,如果我们过分寻求他实施理论嫁接的逻辑可能,肯定是徒劳,那只会把我们引向囚徒般的困境。为避免陷入这样的危机,我对于拉康的挪用对象——我只讨论了其中的一小部分——采取的策略是:除做出必要的背景交代以外,我不会太多涉入具体的异同对比——这对于理解拉康的思想并无实质性的意义——而是会依循拉康的逻辑去面对他在挪用中想要提出的问题。

拉康的理论也是一个语词的丛林,里面涉及两三百个概念,有许多概念是我们自认为十分熟悉的,比如自我、主体、对象、他者、主体间性、爱与恨、需要、要求、欲望、死亡、快感、凝视等;有一些对于相应的专业人士来讲是再清楚不过的,比如符号、意义、能指与所指、转喻与隐喻、拓扑学、莫比乌斯带、纽结、话语、阉割、症状、认同、移情、菲勒斯、神经症、歇斯底里、倒错等;还有一些则是拉康自创的或自称自创的,如镜像阶段、父之名、主能指、对象 a、剩余原乐、他者原乐等。但另一方面,拉康对所有这些概念都有超出常规的自我理解,就是说,拉康对他使用过的"所有"概念都有属于自己的一套解释,并且这些解释时常还处在不断变化发展中。所以,我们在阅读拉康文本的时候,对于他的概念不能望文生义,更不能凭自己的理解去做主观臆想。我当然不可能对拉康的所有概念都一一给出解释[1],但对于他的一些核心概念,我在讨论中都会按照其理论的发展给予简单梳理。

拉康的理论还有许多科学的伪装,它们看似有着科学的外衣,但实际上都需要以"拉康之名"来重新命名,如拉康的光学、拉康

---

[1] 有兴趣的读者可参见 Dylan Evans, *An Introductory Dictionary of Lacanian Psychoanalysis*, London and New York: Routledge, 1996。

的代数式、拉康的数学型、拉康的符号逻辑、拉康的拓扑学等，这就如同拉康的精神分析学与传统理解的精神分析学是全然不同的两个东西一样。这些伪装一直以来是阅读拉康的最大障碍。造成障碍的一个关键原因在于：我们总是"想象地"把拉康的科学同我们自己的日常理解混为一谈，想在两者之间寻求想象的同一性；而问题的根本在于：拉康引入这些科学伪装就是为了防止我们在与研究对象的关系中陷入想象的激情。拉康的"科学"名目繁多，我只讨论了其中的一小部分。一般地，我都会先对那些公式或图形中的符号给出说明，然后解释它们的结构，最后再从逻辑的方面来理解其所表示的含义。但这些解释和理解不是唯一的，所以，它们准确与否还需要读者自己去判断。

拉康的理论是一种多声部混唱：有时是在一个主题之下隐含着诸多交互重叠的副题；有时是多个主题并行发展，最终交会到另一个主题；有时则是同一个主题因语境的变化而与不同的另一主题发生反应，生出不同的含义；有时甚至只是借助一个纯粹的语义或语音游戏就从可能性的逻辑跳到了不可能性的逻辑，反正是花样百出。面对这种情形，我有时就只能采取鸵鸟策略，针对所论问题的语境给出一种可能的解释，或是在新的语境中对前面已经阐述过的思想"再来一次"。但这都属于无奈之举：前一种做法会导致简约化的理解，后一种做法会让人感到重复、累赘。

最后，拉康的理论是一种无有终结的理论。在长达近三十年的研讨班中，拉康不仅不断地返回弗洛伊德，也不断地返回自身，而每一次返回都是对此前的一次重写。于是，我们在他的研讨班中常常会看到这样的情形：同样一个概念或问题，从1950年代到1970年代，经过不断的重写——它们既非简单的重复或改写，亦非完全的断裂或自我否定，而是不断的续写和叠加——便构成了一个缠绕不休的系列，有时，直到终了，这个系列还未抵达"结论的时刻"。比如对于"三界"框架、死亡驱力、对象 *a*、移情、原乐等，我们很难说拉康最终的结论在哪里，对此，我同样没有找到理想的解决方案，虽然我也尽力去勾勒拉康的每一个概念和问题的"进程"与轮廓，但这中间都经过了或多或少的剪裁。所以，我需要特别提醒的是，拉康理论的无有终结既是一种策略，也是一种症状：作为策略，它无非是想表明理论终归只是工具，是引导我们去阅读自己的症状的工具，是让我们学会穿越欲望的幻象的工具；而作为症状，它是想表明，症状的阅读本身就是一个无有终结的过程，幻象的穿越作为主体朝向死亡的道路意味着他在这个道路上必定要一次又一次与不可能性发生相遇。

总而言之，拉康是不可阅读的——所以我们的阅读必须从这里开始。这就是我在"如何阅读拉康？"这个问题上所能给出的忠告。

上 篇

拉康的事业

> 引起矛盾和产生痛苦是精神分析不可避免的命运。
>
> ——弗洛伊德

> 为什么原初场景会如此充满创伤？
>
> ——拉康

"拉康的事业"，如果拉康本人看到这个题目，脸上一定会露出一丝狡黠的表情，因为按照他的逻辑，当我们说"拉康的事业是某某东西"或"拉康毕生致力于某某事业"的时候，看似居于主体位置的拉康实际不过是一个空洞的能指，一个有待某个东西——使拉康成其为拉康的那个事业——来填充的空无，用拉康自己的话说，是有待某个大他者来给予确认的匮乏性的存在。所以，对于"拉康的事业"，我们需要在一种辩证的回转中来理解，那就是：虽然拉康是以革新精神分析学作为自己毕生的志向，并以"回到弗洛伊德"的口号来标举自己对这一事业的忠诚和使命感，可自他开始其事业的那个时刻起，至少在法国，是赞成还是反对拉康就已经成为精神分析事业自身的要务，主体的位置在此真正地发生了翻转，拉康自己成为界定精神分析事业的一道视线，成为继弗洛伊德之后精神分析领域的又一个"绝对主体"，一个以其存在指认其他的一切但其自身不由其他东西所指认的绝对主人。正是在这个意义上，我们看到，拉康为了他的事业而采取的所有行动，如在"返回"的口实下对弗洛伊德著作的强力阅读、对国际精神分析协会的不妥协姿态、对自我心理学的激烈批判、与法国精神分析共同体的多次决裂、与自己一手创建的拉康王国的政治纠缠直至最后自己宣布将它解散，当然还有他持续了近三十年的研讨班，这一切似乎都离不开一个拉康式的主体性或主体间性的逻辑在暗处的支配作用，那就是拉康在这一系列的政治性运作中完成的其实是主体位置的位移，最终居于主体之位的只能是他这个绝对的主人／导师／父亲，精神分析学作为拉康所致力的事业也不再是用来指认这个主体位置的一个能指，而是通过这个主体的言说所缝合出来的一种意义效果，因为自拉康以后，人们对精神分析学的谈论就再也离不开他的视线。

是的，拉康首先是一个精神分析学家，就此言之，他的目标很明确，就是要革新精神分析学的理论和技术，颠覆传统精神分析建制（包括组织建制和技术建制）的权威，创立属于自己的"学派"——像曾经的阿卡德米、吕克昂、斯多葛那样的学派。但拉康又不只是传统意义上的精神分析学家，后者不过是把一些心理学化的精神分析术语附加到临床经验中去重新编排病人的生活史的剧作家，与他们相比，拉康的雄心真的称得上是鸿鹄之志，他要求的是一种彻底的精神分析化，他要求把主体以及与主体相关的一切都置于精神分析学的框架内来重新理解和阐释。为此，语言学、人类学、哲学、文学、宗教等都可以拿来为这一目标服务，但前提是要对它们做精神分析化的重写，使它们符合精神分析学的逻辑，并构成一个相互之间可自由地穿行和叠加的理论生产机器。因是之故，当人们在精神分析学家的称谓之外还称拉康是一个哲学家、一个批评家、一个结构主义或后结构主义者、一个菲勒斯中心主义者的时候，一定不能疏失一点：他首先是一个精神分析学家，精神分析学是其理论最根本的维度，他在理论中挪用的其他的一切都必须经过精神分析化的运作才能得到理解。如果要谈论拉康的事业，这当然也是其事业的重要组成部分。

因此，我在此使用"拉康的事业"这个题目，只是一个策略性的调用，其意图既是为了在历时的维度上指涉拉康毕生所致力的目标，也是为了在共时的维度上回溯性地建构拉康自己的主体性认同。我这样做的目的是希望通过一种语境化的运作来追述和考察拉康的事业传奇——是的，谁都无法否认，拉康的一生堪称是精神分析学的一部"传奇"。其实，熟悉精神分析运动史的人都知道，精神分析运动本身——它的诞生、它的理论、它的实践、它的历史，乃至它的组织建制和培训程序——就是一个传奇,这个传奇的第一主角当然是弗洛伊德,拉康则是弗洛伊德之后的又一位主角,一位令荣格这样的大师也不免黯然失色的主角。更确切地说,"传奇"就是结构拉康本人的欲望的对象 a,是他的欲望之因,是激发他的欲望的机器,他引起众多非议的"野性"分析、他持续了近三十年的研讨班教学、他时而低沉时而激昂的演讲技术、他刻意而为的晦涩、他非数学的数学化表达,以及他炫技式的博学和超乎常规的旁征博引等,他所做的这一切一定意义上都是在追求一种传奇的效果。于此言之,拉康的事业其实是由一系列的传奇构成的。所以,我在对拉康的事业进行语境化运作的时候,将主要围绕这一系列的传奇来展开,虽然这样做不免有猎奇的嫌疑。

我的追述将主要在三个界面展开:第一是法国的精神分析运动,这是拉康步入精神分析"领域"(field)——他也许更喜欢"战场"这个说法——的基本场景;第二是法国后柏格森时代的哲学运动,这是拉康实施其精神分析革新的重要理论资源;第三是拉康王国的政治,这是拉康确立自身作为绝对主人／导师的位置的主阵地。我希望,这一追述不会因为太过浓重的传奇色彩而冲淡其真正的旨趣,那就是我想借此来表现一种精神分析文化的时代气质——作为题记的那两句话就是对这一气质的某种提示。

第一章
弗洛伊德在法国

与许多学术运动发生革命性转变时总以分裂作为催化剂的情形一样，精神分析运动的创新冲动也是以共同体内部的一系列撕裂作为其伴生物的。这一系列的撕裂让精神分析事业充满了许许多多戏剧化的场景，而进入这样的场景要求我们首先具有一种精神分析化的思维，就是说，许多时候，我们可能需要把这样的场景回置到某种分析情境中去加以理解，这样才能真切地领会到弗洛伊德所创立的伟大事业的内在创伤及其意义。

对精神分析学及精神分析运动本身做精神分析化的理解，这并非不可理喻之事。弗洛伊德本人就常常以这种运作来开始其创基性的过程，并以这样的方式来回视和反省其理论与技术的漫漫求索路，比如他的书信尤其是他与密友威廉·弗利斯（Wilhelm Fliess，1858—1928）之间的通信[1]、他的自我分析、他与追随者之间的一系列争吵、他的自传和他为精神分析运动所写的回忆录、他与病患尤其是女病患之间的关系以及由这种关系引发的他对精神分析技术的阐发，都隐含了一个对分析行为施以精神分析化的维度。尤其是当我们进

---

[1] 威廉·弗利斯是柏林的一位耳鼻喉科医生，1887年在维也纳与弗洛伊德相识，两人结下深厚友谊。弗利斯是一个满脑子奇思异想的"科学家"，他的许多观点在今天听起来简直就是天方夜谭，比如他曾著述讨论人体的鼻子与女性性器官的关系，还powers女性月经的周期法则是同样适用于男性生理周期的一种自然法则。可弗洛伊德却深受弗利斯的这种妄想症知识结构的诱惑，他甚至称后者是自己"唯一的他者"。正如弗洛伊德的许多传记作家所说，弗利斯在精神分析学创始时期发挥了极其重要的影响，但在《释梦》出版之后，两人的关系开始疏远。从1887年到1902年，弗洛伊德与弗利斯之间有十分频繁的书信往来，1928年弗利斯去世后，弗利斯的遗孀把弗洛伊德写给弗利斯的信函悉数卖给了柏林的一位书商，后来这些信函辗转流落到波拿巴王妃的手中。弗洛伊德知道这个消息后，想出钱购回以便销毁——因为按照他自己的说法，这些信函里面涉及太多个人的私密——但王妃坚辞不就。1950年，伦敦的一家出版社以"精神分析学的诞生"为题出版了这批信件，以今天的观点看，这些信函还真的算得上是精神分析学的"秘密诞生地"。

入精神分析学与法国性的遭遇战的时候，这种精神分析化的运作更可以给我们提供一个角度去透视法国的精神分析文化的创伤性内核。

弗洛伊德创立精神分析学有法国人的一份功劳，可对于弗洛伊德来说，精神分析学在法国的遭遇可谓一段充满创伤的记忆，法国人对精神分析学的冷漠、中伤和排斥令弗洛伊德一直耿耿于怀，由此演绎了一段曲折的传奇故事。有时，不愉快的开场就像一种命运的预示，原初场景（创伤）的不断重复正是精神分析学论及主体成长时的一个基本主题，而法国的精神分析运动就是这个主题活生生的见证。

法国的精神分析运动姗姗来迟，并且自一开始就打上了法国性的胎记。出于某种文化偏执，法国医学界或精神病学界对作为一种治疗技术的精神分析学和作为一种哲学话语与道德话语的精神分析学自始就怀有矛盾的心理：他们既想在科学性的框架内吸纳和改造精神分析学的前一方面，但又因为害怕那后一方面——尤其是它的泛性论色彩——会污染其纯洁的科学理想而对精神分析理论干脆采取拒斥的姿态。对精神分析学的这种爱恨交织的心理其实是早期精神分析文化的一个普遍特征，但唯独在法国，科学界的这种矛盾心理成为精神分析学进军巴黎的最大障碍。

当然，科学界的矛盾心理并不是法国精神分析运动的全部。与科学界不同，出于某种文化想象，法国文学界与思想界则以一种激进的姿态把精神分析学置于其诗学革命和文化革命的核心。这样，两个渠道、两种倾向，如同没有交汇的两条河流，勾勒出法国精神分析运动早期的地形图，那时——在拉康出现之前——并没有人想到要在这两者之间开掘一条通道，更没有人想到这样的举措会最终改写法国精神分析运动乃至国际精神分析运动的历史和命运。

一 创伤之矛

1914年，西格蒙德·弗洛伊德（Sigmund Freud, 1856—1939）在《精

神分析运动史》一书中说道："引起矛盾和产生痛苦是精神分析不可避免的命运。"[1] 用这句话来描述精神分析运动的历史实在是再准确不过了，可以说，精神分析自它作为一种"运动"传播和发展的时候起，就与内部的争吵和分裂结下了不解之缘。导致这种争吵和分裂的原因有很多，其中三个方面的因素最为突出：理论与技术的、组织与建制的以及文化与传统的，并且这三个方面常常是相互纠缠在一起发挥作用，它们共同构成了刺伤弗洛伊德及其帝国躯体的创伤之矛。

先说理论与技术的方面。

熟悉精神分析学早期历史的人都知道，弗洛伊德自1895年与约瑟夫·布洛伊尔（Josef Breuer, 1842—1925）合作发表《歇斯底里研究》以后，便开始着手自己的发现，这一发现在1896年获得了一个正式的名称："精神分析学"（Psychoanalysis）。1900年《释梦》的出版标志着精神分析学的正式问世，接下来包括《日常生活心理病理学》（1901）、《性学三论》（1905）、《诙谐及其与无意识的关系》（1905）等在内的一系列作品的相继问世使精神分析学创始时期的理论体系即有关无意识—前意识—意识的心理结构体系得以扩展和完善。在这个体系中，如果说由被压抑的力比多能量构成的无意识就像某部神话剧的舞台或布景，那么，力比多或原欲式的性欲能量就是剧中唯一的角色，而压抑和转移便是这个独角戏的基本剧情，至于所谓梦的工作、日常语言障碍、儿童性欲和女性性欲、人类文明及艺术创作，乃至各种神经症的症状，都不过是这个剧情在不同舞台的轮番上演。不过，第一次世界大战以后，弗洛伊德开始对其理论进行修正，提出了一个新的体系，也就是我们所知道的他在1920年代发展出来的本我—自我—超我的人格结构体系，在这个体系中，无意识依然是神话剧的基本场景，但舞台上的角色已经变成了三个（本我、自我和超我），而剧情则被还原为主体的某个原始创伤的不断重复，

---

[1] 车文博主编，《弗洛伊德文集》第三卷，吉林：长春出版社，1998年，第49页。

其中生命驱力和死亡驱力成为结构其创伤叙事的两股助力，尤其是死亡驱力的设定，似乎隐然暗示出人本质上是一种向死的存在。精神分析学的神话剧不过是有关人类命运的一出悲情剧。

弗洛伊德为什么非要用性本能来装扮无意识？由被压抑的原始性本能所构成的无意识到底是一个神话场景还是一种真实的心理经验，或者说在无意识中所上演的神话剧究竟是一种文学虚构还是对主体经验的一种理论性回溯？弗洛伊德凭什么说我们每个人潜意识里都曾有过弑父娶母的冲动，这到底是他个人的一种妄念还是被我们所拒认的一种真实？还有，弗洛伊德前后思想的转变究竟是一种断裂还是一种修正与发展？弗洛伊德的精神分析治疗究竟是一个骗局还是一种科学？精神分析理论的颠覆性力量究竟是出于创始之父的修辞学技巧还是果真源自现代性经验的创伤性断裂？等等，所有这些问题都是弗洛伊德遗产的继承者所必须面对的，对它们的回答自然也就构成了整个精神分析运动的一部分。不过，问题并不如我们想象的那么简单。弗洛伊德思想本身的多面性固然给追随者进行阐释和发挥提供了可能的空间，可同时也为引发理论上的冲突埋下了伏笔。

其实，因理论分歧而引发冲突的情形在弗洛伊德在世的时候就已经出现了。例如我们所熟知的弗洛伊德与"皇太子"荣格（C.G. Jung, 1875—1961）之间的决裂很大一部分原因就是理论上的：荣格无论如何也无法理解弗洛伊德怎么能把人的一切问题都归于性欲；弗洛伊德则坚持，对性欲的意义的任何否定要么是出于怯懦，要么是别有用心的机会主义，反正都是对精神分析学的背离。还有如1920年代精神分析共同体内部对"小王子"奥托·兰克（Otto Rank, 1884—1939）的"诞生创伤"理论的恶意围剿，以及弗洛伊德的小女儿安娜·弗洛伊德（Anna Freud, 1885—1982）与女分析家梅兰妮·克莱茵（Melanie Klein, 1882—1960）之间围绕儿童精神分析的激烈争吵，都离不开对创始之父的理论的不同解读，更确切地说，离不开各自对那一理论原本就具有的裂隙进行的或激进或保守的运作。

至于技术的方面，引发分歧的因素就更多了。由于精神分析学作为一种治疗技术主要甚至唯一借助的就是语言或受分析者的自由联想，其效果则主要取决于分析师对所获素材的阐释，取决于受分析者与分析师之间的关系，于是，围绕着分析情景的设置、医患关系的确立、分析过程中的移情与反移情、业余分析与专业分析的分划、分析师的培训与资格认证、分析师在分析关系中所处的位置、分析师对分析过程的阐释与干预、分析的结束及治疗效果的评估等技术问题，共同体内部的意见可谓五花八门。弗洛伊德在世时，尚能借着创始之父的威名和建制的力量来平息和压制技术细节上的纷争，弗洛伊德逝世后，因技术（以及理论）问题引发的争吵和分裂就不绝如缕，以至于我们时常会产生这样一种印象：争吵和分裂似乎就是精神分析学及精神分析运动的命运。当然你也可以说，这似乎也是推动精神分析学向前发展的一个动因。

实际上，精神分析技术自一开始就处在不断变化发展的过程中，例如弗洛伊德本人的技术就经历了至少五个时期：宣泄性催眠法、唤醒式暗示法、自由联想法、移情式神经症和情绪再教育，并且在从一个时期到另一个时期的转变中，往往伴随有理论的阐发，就是说，其技术的发展是与理论的解释联系在一起的。弗洛伊德在世的时候，分析家们因各自理论背景和文化背景的不同，其分析技术已经呈现出多样化的局面。但同时，因技术分歧而引发的争吵乃至分裂也接连不断，分析师的躺椅成了一个是非之地，病人则常常被当成分析家的筹码和牺牲品。

在精神分析运动的早期，技术分歧和理论创新尚能并肩而行，各个学派的创立总归有一定的理论作为支撑，可到弗洛伊德逝世以后，这种理论创新的冲动已经十分黯淡了，学派间的争吵变得越来越像个人之间的意气之争。再有，如果我们把精神分析运动的范围扩展到分析家共同体以外,此处所讲的理论与技术的纷争会更加令人眼花缭乱。在这当中,精神分析学本身的多方面构成也发挥了重要作用。

我们都知道,自创立之始,精神分析学就主要在三个方面同时展开:精神分析学作为一种描述人类心理结构或精神装置的构成形态及动力机制的学说,精神分析学作为一种分析与自我分析的技术和作为一种心理治疗的实践,以及精神分析学作为一种文学与文化批评模式或者说作为一种特别的、关乎主体与文本的症状阅读技术与阐释技术。这三个方面虽说相互联系,可各自的侧重点和目标取向都有所不同,即使是在同一个方面,也会因理解的不同而出现不同的倾向,这使来自不同领域的研究者和阐释者常常会得出不同版本的精神分析学。哲学家、心理学家、精神病学家、社会工作者、文学与文化批评家以及分析家,各自依照自身需要而把精神分析学引向了不同的方向,比如对于分析家的精神分析学、哲学家的精神分析学和批评家的精神分析学,要想在这些不同的版本中找到交叉之处是十分困难的一件事,而许多时候,来自不同领域的专家相互之间又维系着一种互不信任的关系,这不可避免地将给精神分析运动制造诸多难题,为分裂埋下种子。

再就是组织与建制的方面。

还是在《精神分析运动史》(1914)中,弗洛伊德曾称自己在创立精神分析学之后近十年的时间里,经历了一个艰难的、不为人们所理解的困苦岁月,并自诩他的这个时期是一个"光荣的英雄时代",他所受到的孤立是一种"壮丽的孤立"[1]。弗洛伊德在此说的是精神分析学创始之初在维也纳所面临的外部环境,其对自身处境及生存状态的这种指认与其说反映了一种客观现实,不如说泄露了他内心深处的某种焦虑:他总在寻求得到别人的承认,可这个愿望似乎总是难以满足,至少在他自己的想象中是这样,于是最终,

---

[1] 车文博主编,《弗洛伊德文集》第三卷,第62页。

这个未被满足的愿望以一种回转的方式投注到自己身上，把自己幻化为一个孤独的英雄的角色——在弗洛伊德的"自传契约"中，这是他经常使用的一种叙事策略。[1]

那么实际的情形又是怎样呢？的确，《释梦》（1900）发表后，维也纳的主流学术界并未给予积极的回应，但其命运也没有完全沦落到弗洛伊德自己描述的那种悲情境地，因为他的身边很快就聚集了一批年轻的追随者，他们在1902年成立了一个沙龙式的"组织"："星期三心理学社"（Wednesday Psychological Society）。每周三，学社成员聚集在维也纳弗洛伊德的家里讨论精神分析的技术和理论问题，有时还一起研读文学家的作品，例如R.M.里尔克（R.M. Rilke，1875—1926）就是他们喜欢讨论的一位同时代作家。"星期三心理学社"成立的时候包括弗洛伊德在内只有5个人，这个圈子的确不算大，但却令弗洛伊德备感温暖，至少能让他感觉到他不是一个人在战斗。

到1906年，学社已发展到有近20人的规模，并且学社成员不再局限于维也纳的圈子，还有来自欧洲其他国家和地区的追随者，因为正是这个时候，精神分析学开始在维也纳以外的地区迅速传播，布达佩斯的桑道尔·费伦齐（Sándor Ferenczi，1873—1933）、伦敦的欧内斯特·琼斯（Ernest Jones，1879—1958）、纽约的亚伯拉罕·布利尔（Abraham Brill，1874—1948），尤其是瑞士苏黎世布尔戈霍兹利（Burghölzli）精神病医院的医生路德维格·宾斯万格（Ludwig

---

[1] "自传契约"是法国学者菲力浦·勒热讷的术语，它指的是自传作者为在文本、自我与读者之间维系某种关系而运用的特别的叙事技巧与叙事规约。从某个角度说，"自传契约"根本上是一种悖论性的实践，暴露的律令与掩盖或掩饰的需要被结构性地缝合在"隐匿书写"的契约中。值得注意的是，在弗洛伊德那里，自传的素材——它们不仅存在于他的《自传》中，也存在于他有关精神分析运动的历史追述中——与他所谓的自我分析之间存在一种逆向关系。与他在《释梦》这样的"科学"著作中的自我分析不同——在那里，他把自己或者说他要求读者把他完全看作一个科学研究对象，以便他去"客观地"分析自己，"中立地"揭示自己的欲望——在自传中，他的自我分析被无限延宕，他的欲望总是被无意识地掩盖在一系列具有非凡修辞效果的叙事技巧中，这意味着，在他的自我分析中，那貌似揭示欲望的过程有可能正是对欲望的一种遮蔽，而在他的自传材料中，那对欲望的极力掩饰和变形的描述也可能正是受压抑的欲望的一种自动运作，故而我们完全可以通过"逆写"的策略把这些素材读作真正意义上的自我分析。

Binswanger,1881—1966)、卡尔·荣格和卡尔·亚伯拉罕(Karl Abraham,1877—1925)等,都相继成为弗洛伊德的信徒。1907年前后,这些人一个接一个就像朝圣一样从外地来到维也纳向弗洛伊德表明自己的仰慕之情,他们当中的有些人后来成为弗洛伊德最忠实的追随者和最得力的助手,有些人则成为精神分析运动最慷慨的资助者,当然也有人后来与弗洛伊德分道扬镳而成为最凶险的敌人——至少弗洛伊德本人是这样认为的。

随着追随者的增加和影响向国际化发展,精神分析学从一个人的理论演变为一种国际运动的趋势日益明显,组织化和建制化也就势在必行。1908年4月26日,在荣格等人的努力和组织下,来自维也纳、苏黎世、柏林、布达佩斯、伦敦等地的四十余人聚集在萨尔茨堡召开精神分析研讨会,这是精神分析运动史上的首次国际性大会,会上决定创办一份精神分析期刊:《精神分析和精神病理学研究年鉴》,由荣格担任主编。萨尔茨堡会议的召开标志着精神分析学开始向国际运动的方向发展,可分裂的苗头也由此显露,对荣格的任命已充分表明,此时,在弗洛伊德的心目中,维也纳"星期三心理学社"的位置远不及他的苏黎世盟友重要。

萨尔茨堡会议后,维也纳的追随者们觉得应当有一个更为正式的组织来把各地的精神分析学家联合起来,以更好地协调他们的工作。弗洛伊德对此表示认可,于是委托桑道尔·费伦齐起草一个关于未来组织设想的方案。1910年3月30—31日,第二届国际精神分析大会在纽伦堡召开,费伦齐的方案在会上遭到维也纳追随者们的反对——因为这个方案确定由荣格担任将要成立的国际协会的永久主席——弗洛伊德亲自出面调解,最后出炉了一个折中方案,仍由荣格出任"国际精神分析协会"(International Psychoanalytical Association)主席,但任期缩短为两年。会议还决定在各地设立分会。[1]按照费伦齐的设想，协会应对民主平等原则有所限制，因为他想把组织办成一个柏拉图式的学园，由"哲学王"进行统治。可在当时，弗洛伊德的追随者们——尤其是维也纳的追随者——天真地以为他们可以把协会办成一个自由主义的乐园，就像弗洛伊德在会议结束不久给费伦齐的一封信中说的，"这些维也纳人在纽伦堡之后的反应，是非常情绪化地希望建立一个由大公来领导的共和国"[2]。虽然协会最后决定不给会员和各地的分会设置太多的规则限制，但领导权之争，尤其是苏黎世的卡尔·荣格与维也纳的阿尔弗雷德·阿德勒（Alfred Adler, 1870—1937）之间的斗争，已经给这个刚刚诞生的组织撕开了一个裂口。权威主义与自由主义的矛盾将是引发精神分析运动内部冲突的一个重要因素。

1908年的首届精神分析大会还只是一次非正式的会议，但精神分析学作为一个国际性的运动已开始酿成，弗洛伊德在《精神分析运动史》（1914）中回忆说："1907年以后，当维也纳和苏黎世学派联合起来时，精神分析形成了特别汹涌的浪潮……这可以由精神分析文献的传播和实践与研究精神分析的医生人数的不断增加，以及在会议上和在学术界对精神分析的频繁攻击表现出来。"[3]到1910年纽伦堡会议之后，随着国际精神分析协会和各地分会的成立，精神分析学成为真正意义上的国际性运动，如弗洛伊德自己在会后不久给费伦齐的另一封信中所说的，这次会议标志着精神分析运动的"儿童期"已经结束，从此将进入一段"丰富且平顺的青年期"[4]。

---

[1] 当时只在柏林、维也纳、苏黎世成立了分会，分别由亚伯拉罕、阿德勒和荣格负责。英国的分会成立于1913年，由欧内斯特·琼斯负责；至于美国，1911年布利尔创立了"纽约精神分析学会"，1914年杰克逊·普特南（Jackson Putnam, 1846—1918）又创立了"波士顿精神分析学会"，同年还成立了"美国精神分析协会"。

[2] 彼得·盖伊，《弗洛伊德传》（上），龚卓军、高志仁、梁永安译，厦门：鹭江出版社，2006年，第245页。

[3] 车文博主编，《弗洛伊德文集》第三卷，第69页。

[4] 彼得·盖伊，《弗洛伊德传》（上），第243—244页。

可随之而来的情形却是运动内部矛盾的不断爆发和分裂的不断发生。先是因为协会的权力斗争导致了1911年阿德勒的出走和1912年威廉·斯泰克尔（Wilhelm Stekel，1868—1940）的离开——这两个人都是"星期三心理学社"的核心成员——接着又因为学术观点的分歧导致了1913年荣格的决裂，1914年，荣格辞去国际精神分析协会的主席职务，并宣布退出国际精神分析协会。对于这一系列的决裂，弗洛伊德1925年在《自传》中说：

> 在1911年到1913年，欧洲的精神分析学发生了两起分裂运动。这两起运动是在原先居于此新兴科学要津的阿德勒和荣格领导下进行的。这两起运动声势都很浩大，而且很快就有很多人追随他们。但他们的力量都不是来自他们的内涵，而是借重他们所提出的一项诱惑，他们说可以不必排斥精神分析的实际内涵，而把一些令人觉得可厌的成分驱逐出去。[1]

就在荣格闹分裂的期间，欧内斯特·琼斯、桑道尔·费伦齐、卡尔·亚伯拉罕、奥托·兰克等人成立了一个护卫弗洛伊德的秘密"委员会"，"这个委员会里的成员要互相分享讯息与想法，即使是最私密的情况下，也要互相讨论任何'会从最根本的精神分析理论原则分离出去'的欲望"[3]。弗洛伊德甚至要求委员会的成员不能太多，必须是他完全可以放心的人，且委员会的存在和行动必须绝对保密。就这样，在帝国内部出现了一个独立的小王国，国际精神分

---

[1] 弗洛伊德，《弗洛伊德自传》，廖运范译，北京：东方出版社，2005年，第55—56页。请注意弗洛伊德此处的修辞，他把两起分裂都归于理论观点的分歧，而刻意压抑建制政治的作用，其用意无非是想纯化引起分裂的原因。可从精神分析化的角度说，对创伤点的这一拒认恰恰暴露了创伤的内核：阿德勒和荣格的出走如果只是因为观点的分歧，那正好表明弗洛伊德对来自他者的认可有一种强烈的渴望，以至于他在那渴望中总是会感受到一种无以自制的焦虑感和强迫性的危机感。再者，从建制政治的层面说，如果一个权威主义的建制不能包容不同的声音，那这个建制就不只是权威主义的，可能还是专制主义的。对弗洛伊德而言，当他把自己作为精神分析学的主人的身份委任给一个建制来确保时，他也就把自己变成了这个建制的傀儡，其实他对此并非毫无知觉，只是领袖身份的幻觉已经瘫痪了他的科学精神，短路了他的怀疑意识，让他陷入了主体性的麻痹。

[3] 彼得·盖伊，《弗洛伊德传》（上），第255页。

析协会变得更像一个宗教组织,教主的权威地位不可动摇,协会对其成员的控制力越来越强,国际协会与地方分会的关系越来越等级化,由此引发矛盾和冲突的原因也越来越复杂。

有意思的是,对于组织与建制的心理学问题,弗洛伊德恰好有所论及。在1921年的《群体心理学与自我的分析》一书中,他以教会和军队这两个群体组织为例对组织与建制中个体心理的变化进行了精神分析化的说明。按照他的分析,一个组织的秩序总要涉及领袖/长官与信徒/下属之间的纵向关系和信徒/下属相互间的横向关系,在那里,群体的个人先是把完全不同的对象置于其自我理想的位置(纵向认同),然后再在他们的自我中使他们自己彼此认同(横向认同),这样才能保证组织秩序的有效运转。反过来,如果这类认同发生了断裂,如果维系组织联系的情感纽带消失了,组织就会解体,而组织中的个体将会陷入特别的"恐慌":

> 如果我们在集体恐惧的意义上使用"恐慌"一词,我们就可以确立意义深远的类似性。个人的恐惧不是被危险之巨大所引起,就是被情感联系(力比多贯注)的中断所引起;后者就是恐怖神经症或焦虑神经症。正是以同样的方式,恐慌的产生不是由于普遍危险的增长,就是由于维系群体的情感联系的消失;后者类似于焦虑神经症的情况。[1]

尤其是,弗洛伊德还谈到,在军队的认同情形中,如果一个士兵在把长官作为他的典范加以认同的时候,真的把自己等同于长官或者说把自己也置于自我理想的位置,那他就会变得滑稽可笑;而在教会的情形中,基督徒把基督作为他的典范加以认同,并凭借认同作用的联系感到自己与其他基督徒是结合一体的,同时,教会也要求他们把自己置于典范的位置,像基督爱他们一样去爱其他基督徒,这样他们才真的达到了宗教所要求的更高的道德水平。在此,

---

[1] 车文博主编,《弗洛伊德文集》第四卷,第79—80页。

我们看到了弗洛伊德作为科学家的时候的那一份清醒和冷静。可是回到他自己的组织和组织关系，精神分析协会到底属于哪一种组织呢？表面上看，他所描述的教会类型大约属于协会的理想状态，军队类型可能是协会的实际状态，而实际上，这两者在某一个点是重叠的，就是在教会的典范认同中，基督徒仍然不能真的把自己视作伟大的救世主，他去爱他的同类，不是因为他是救世主，而是因为他所认同的典范要求他、命令他这样做。所以，在弗洛伊德的心目中，当那些分裂分子想要像他们的创始之父一样居于绝对主体的位置的时候，会显得多么的滑稽可笑。

最后要说一下文化与传统的方面。

美国学者爱迪丝·库兹韦尔（Edith Kurzweil）在《弗洛伊德学派：一个比较的视角》（1989）一书中曾有这样一段评论：

> 起初，弗洛伊德的信徒没有认识到国际精神分析协会那广泛的国际范围将是不可控制的冲突的诱因，而其不严格的委任——为了传播精神分析学——将与极其多样的地方规约和传统发生冲撞。……弗洛伊德的信徒也没有注意到组织的常规问题，因为那时候还没有人认识到所有组织的贪婪本性——那就是，它们总是想扩张，总想掌控一切。相反，他们信奉着那个时代的宇宙观——相信进步，就是说，在他们看来，在精神分析学的帮助下，"人性"最终且必然会超越"民族性"。[1]

库兹韦尔的评论可能略显粗糙，但他点明了一个事实，精神分析建制的扩张与地方的文化传统之间并不总能达成一致。可以说，自精神分析学诞生之日起，自它发展成为一个国际性的运动开始，因文化冲突引发的矛盾就一直回荡于它的历史之中。作为一个带有犹太血统的理论，作为一种具有泛性论色彩的学说，作为一个等级

---

[1] Edith Kurzweil, *The Freudians: A Comparative Perspective*, New Haven and London: Yale University Press, 1989, p.41.

化和建制化倾向越来越强烈的组织,精神分析学的传播必定会因为文化因素的作用而卷入各种各样的矛盾和冲突,许多时候,组织内部的权力和利益之争也会以文化冲突的形式体现出来,并会最终体现为理论上的分歧,由此言之,每个国家或地区都有自己版本的精神分析学。

研究一下精神分析学的传播史,我们就能看到,在早期即第一次世界大战之前,不论是在德语世界还是在英语世界,它的传播主要局限于医学界和临床心理学界,对于其理论中浓厚的泛性论色彩,追随者们则谨慎地保持着一种道德主义的距离。第一次世界大战之后,随着弗洛伊德的作品被大量译介和公众对精神分析治疗的兴趣日渐增大,精神分析在英美世界为越来越多的人所了解和接受,不仅医学界和临床心理学界有越来越多的人加入精神分析学的事业,文学艺术界的先锋文人也大量介入精神分析运动,精神分析学的传播进入其黄金时期。[1]当然,这并不是说在英美世界没有出现道德主义的抵制。在精神分析学的传播史中,因为其理论上的泛性论色彩以及血统上的犹太背景而引起的文化抵制在所有地区都是存在的,但在英美地区,这并没有太大地影响到人们对精神分析作为一种治疗技术的接受。

然而,在法国,情形则有所不同。在这个国度,文化的敏感似乎远大于其他地区,不仅公众,就连医学界都对精神分析学怀有某种根深蒂固的文化成见,直至今日,法语世界的学者在追述法国精神分析运动早期的历史时,都特别热衷于从文化的方面来谈论那时的法国人对精神分析的抵制。的确,精神分析学在法国的传播自一开始就与一种顽固的抵制联系在一起,这一点弗洛伊德本人也已经意识到了,且经常将根源追溯到法国人的文化偏见和文化沙文主义。

为什么文化因素在法国的精神分析传播史中会有如此大的作

---

[1] 有关精神分析在英美世界的传播,可参见霍夫曼,《弗洛伊德主义与文学思想》,王宁等译,北京:生活·读书·新知三联书店,1987年,第2、3章。

用呢？这个问题我在下面会具体地论及，这里暂且引用美国学者谢利·图克勒比较美国和法国对待精神分析学的不同态度时的一段论述。他在其研究法国精神分析运动的代表作《精神分析的政治：雅克·拉康与弗洛伊德的法国革命》（1992）一书中说：

> 在美国，乐观主义、个人主义和唯意志论的特殊混合使人们容易基于一个信念来接受精神分析的治疗，即他们相信人可以通过自身的努力——只要他愿意——来改变自己。美国的个人主义倾向于把个体说成他或她自己的自我的管家或掌控者。虽然它也强调个体的自主，可它不认为我们每个人都拥有构成我们的"人性"的不可侵犯的内核。因而它与法国有关个人主义的传统观念是很不一样的，后者关注的是个体的界限，是个体与他人的分离。法国人有关自我不可改变的观点与精神分析的干预主义的能动观点几乎是格格不入的。[1]

不过，我们不可以把法国人的抵制单一地归于文化上的差异，至少这并不是影响法国态度的唯一因素。必须承认，弗洛伊德在说明法国人的傲慢时过分地夸大了其文化沙文主义的作用，而后世的历史学家们在讨论这个问题时又过分地依赖于弗洛伊德的"洞识"，以至于忽视了其他因素的合力。这就是说，我们在考察不同地区精神分析的传播史时，不能只看到问题的一面，而是应当在具体的语境中来综合把握问题发生的复杂脉络。

理论与技术因素、组织与建制因素和文化与传统因素，三者就像精神分析学的阿喀琉斯之踵，总是相互纠缠在一起，成为引发运动内部分裂的种子，有时甚至会发展成为给精神分析帝国致命一击的创伤之矛。不过，弗洛伊德在世的时候，这些都没能导致根本的决裂——只要这个象征性的旗帜还没有倒下，精神分析运动就可以作为一个整体去进行它的扩张，去建立其作为一个帝国的基业。

---

[1] Sherry Turkle, *Psychoanalytic Politics*, p.7.

二 不愉快的开场

当弗洛伊德兴奋地看到他所创立的精神分析学在欧洲的许多地方以及在美国受到热烈追捧的时候，同时也沮丧地发现法国人始终无动于衷，后者甚至基于一种文化沙文主义倾向而对精神分析学表现出顽强的抵触情绪。不过，最令弗洛伊德愤懑不已的是，有一位法国人居然想要挑战他对精神分析学的发明权，由此引发了一场笔墨官司。这个不愉快的开场就像一个原始胎记，很大程度上预示了精神分析学在法国的命运。下面，我将追述法国精神分析运动的这一早期历史。通过回望这段历史，我们将被带回历史源头的隐秘处，那个被语词的迷雾所布满的时间丛林。

巧合的是，精神分析学的诞生与法国有着很深的渊源关系，这一关系可以追溯到弗洛伊德的前精神分析学时期。我们都知道，弗洛伊德创立精神分析学始于他对歇斯底里的研究。按照有着法国血统的瑞士著名史家亨利·弗雷德里克·艾伦伯格（Henri Frédéric Ellenberger, 1905—1993）在其研究精神病学史的名著《无意识的发现》（1970）中的描述，在19世纪末，欧洲的精神病学研究已经进入了建制化和科学化的时期，并形成了众多的学派，其中法国的沙尔彼得里哀尔（Salpêtrière）学派和南锡（Nancy）学派在当时居于中心地位，尤其是两派对用来治疗歇斯底里的催眠法和暗示法的运用构成了与德国的实验心理学研究迥然不同的传统。早在1885年，为了研究神经性疾病，弗洛伊德博士——那时，他刚被任命为维也纳大学医学院讲师——曾专门到巴黎随当时欧洲最优秀的神经病学专家、沙尔彼得里哀尔学派的代表人让-马丁·沙考特（Jean-Martin Charcot, 1825—1893）学习数月，在那里，他第一次领略了催眠法的神奇效用；1889年，他再次前往法国，到南锡向这一派的代表人伊波利特·伯恩海姆（Hippolyte Bernheim, 1840—1919）学习治疗精神病的暗示法。弗洛伊德的两次法国之行虽然时间都很短，但收获却很大，按他自己的说法，他后来创立自由联想的"谈话疗法"和精神分析学都从这两位法国人的方法中得到了启示。他还在不同场合多次称自己是这两位法国人的学生，并对他们的工作表示了由衷的敬意。

按常理来说，如此深的渊源关系本可以给法国人接受精神分析学提供一条便利的通道，可事实恰恰相反，法国人对精神分析学这门犹太人的学问似乎缺乏信任，很长一段时间，他们都对其保持冷漠的态度——弗洛伊德对此一直耿耿于怀——与英语世界尤其是美国人的那种过度热情形成鲜明的对照。实际上，弗洛伊德创立精神分析学之前的两次法国之行就如同一个心理剧的原始场景，自一开始就给他与法国人之间的关系投下了浓重的阴影。

是的，弗洛伊德曾在不同场合多次向他曾经问学的两位法国老师表达过敬意，可正是在这个执以学生之礼的场景中，常常有一个人出没于弗洛伊德的记忆，其挥之不去的存在令他深感不安和不快。这个人就是比弗洛伊德年长三岁的皮埃尔·让内（Pierre Janet，1859—1947）[1]，精神分析学与法兰西文化的第一次遭遇就是在弗洛伊德与这个法国人的争吵中开场的。

皮埃尔·让内，1859年出生于巴黎，1882年从巴黎高等师范学校毕业后到一所中学教书，在从事哲学和心理学研究的同时，也开始随沙考特及其门徒一起从事精神病学的研究。1889年让内获得哲学博士学位，其学位论文《心理的自动作用》通过对歇斯底里和催眠疗法的临床分析，研究了"心理的自动作用"（Psychological Automatism）这一特殊的、与意识状态有关的心理现象。1893年让内又获得医学博士学位。1900年他创立国际心理学协会，并开始奠定其在国际心理学界的声誉。让内一生著述甚丰，兴趣广泛，研究领域涉猎哲学、心理学、神经病学、精神病学、实验心理学、犯

---

[1] 艾伦伯格在《无意识的发现》一书中以专章对让内的生平和学术思想做了详尽的论述，这仍是到目前为止西方世界对让内的最系统、最权威的研究。参见 Henri F. Ellenberger, *The Discovery of the Unconscious: The History and Evolution of Dynamic Psychiatry*, New York: Basic Books, 1970, pp.331-409。

罪学、生理学等。其在心理学和动力精神病学方面最杰出的贡献就是先于弗洛伊德发现了无意识——他常常称之为"下意识的固持观念"（subconscious fixed ideas），有时则径直称之为"无意识"（the unconscious）——并在无意识理论的基础上提出了所谓的"心理分析"（psychological analysis）。他与弗洛伊德的纷争一定意义上就是由此而起。

为了便于理解弗洛伊德与让内的纷争的实质，在此有必要对让内有关"心理的自动作用"和"心理分析"的观点做一简单介绍。

所谓心理的自动作用，简而言之，就是指主体在某些特殊情境中以自动或自发形式体现出来的特殊心理活动或行为。让内把心理自动作用的体现分为两大类：整体自动和局部自动，前者指的是主体作为一个整体的行为表现，后者指的是部分人格从觉醒状态的人格中分裂出来，并遵循一种自主的、下意识的发展过程。例如，强直性昏厥（catalepsy）就是整体自动的最基本形式，在强直性昏厥中，个体处在意识状态，但没有自我意识；还有人为的催眠梦游症（somnambulism）也是一种整体自动。至于局部自动，其最简单的形式就是精力不集中，即主体的注意力总是在别的地方，你问他一个问题，他也会下意识地给予回答，让内解释说，当对处在这种状态下的主体施以暗示的时候，其意识表现与下意识表现会奇异地混合在一起，比如自动书写（automatic writing）[1]的现象就是这种局部自动的体现。

让内主要关注的是局部自动，尤其通过案例研究了许多被下意识观念所控制的行为、观念和幻觉，其中一个著名的案例是一个常常无缘由地出现阵发性恐惧的19岁女孩，让内通过自动书写找到了其恐惧发作的原因和意义，那就是在这个女孩7岁的时候，两个男

---

[1]"自动书写"，即中国俗称"请笔仙"的游戏，自19世纪中叶开始在西方盛行，其程序大约是：让一个人手握一支笔，通过暗示或略微的催眠使他的注意力转向别处，当他进入意识与下意识混合的状态时，就会开始不自觉地写下一些东西，这些东西实际是他下意识的材料的片断。

人跟她开玩笑,从屏风后突然跑出来,让她受到了惊吓,所以其阵发性恐惧的出现实际是在下意识中重现那一初始场景。让内通过催眠和自动书写的方法让病人的症状得到释放,最终彻底解除了她的下意识固念。让内说,这些下意识固念就像是主体的第二人格,总在暗中支配着主体的行为,而主体对它又一无所知。比如那个女病人,她在发病的时候总是说,"我害怕,但不知道是为什么。"让内解释说:"那是因为无意识有它的梦;它看到了躲在屏风后的男人,并让身体表现出恐惧的样子。"由此他得出结论说:"我们应当透过整个的心理不适和部分的生理不适去看心理和身体的失调,这样就能发现,后者其实是某种思维被禁止进入个人意识的结果。"[1]

从让内的分析中,我们可以看到,他的心理自动作用的概念虽然在刻意与传统哲学和心理学中将知、情、意区分开来的理论框架保持距离,强调了感觉、情感或观念与行为之间的必然联系,但它明显地还带有法国传统的身心平行论的色彩,例如他在解释歇斯底里的症状时说,有些症状是与人格的分裂部分即有着自主发展过程的下意识固持观念相关的,而这些观念的根源就在于过去的创伤性事件,所以要解除或治愈这些症状,关键就在于发现其下意识的心理系统,然后以催眠或暗示的方法使那些固持的观念得到释放或解决。很显然,在这里,没有平行论作为支撑的话,要找到那主导第二人格的行为的下意识观念几乎是不可能的。

所谓"心理分析",实际上是让内对自己用来解除病人症状的方法的一种描述。让内相信,有些主体的心灵在早期经历中若是遇到外部创伤就会发生分裂,其中有一部分从意识中分离出来形成下意识的观念固持在某处,这就使主体心灵的聚合力受到损害,其结果就是神经系统无法把意识的诸方面完全地综合起来,他把这称为"精神衰弱"(psychasthenia),体现在主体的行为上就是各种神经

---

[1] Henri F. Ellenberger, *The Discovery of the Unconscious: The History and Evolution of Dynamic Psychiatry*, pp.360-361.

症和歇斯底里的症状。要消除这些症状,首先就需要找到或让病人回忆起引起症状的原始事件,通过让病人在事件和病因之间建立起联系来使他的创伤记忆得到宣泄,然后再帮助他重建心灵的综合能力。这就是让内所讲的心理分析。

显然,让内的心理分析是建立在下意识的固持观念的基础上的。按照他的解释,下意识的固持观念的形成与主体早期的创伤性经历有关,所以,了解病人的生活史对于探究固持观念的成因是必不可少的;下意识的固持观念是主体心灵的综合能力的一种"衰弱"或分裂,它通常会以症状或替代的形式表现出来,有时甚至会出现在梦中,据此,让内说,症状或梦时常具有象征的特征,从它们那里将可以找到固持观念的某些线索;同时,下意识的固持观念既是精神衰弱的原因,也是它的结果,因此,治疗必须以固持观念为目标,不过让内也强调,"把下意识观念带到意识中并不足以治愈病人。那仅仅是把这种观念变成了一种有意识的固持幻念。要瓦解固持观念,就必须借助解离或转变"[1]。让内甚至说,除了催眠、自动书写这类常规方法外,有时也可以用"自动谈话"(automatic talking)来帮助完成这一解离或转变的工作,让固持观念归于解体。

至此,我们大约已经清楚了让内在1890年代初就已经完成的对下意识过程的理论建构。这一建构无疑引起了弗洛伊德的注意,但纷争却也因此而起。

引起纷争的苗头早在1893年就显示出来。在这一年,弗洛伊德与布洛伊尔合作——实际上,弗洛伊德是主要执笔者——发表了一篇有关歇斯底里的论文《初步交流》(该论文两年后作为第一章收入《歇斯底里研究》一书中),在文中,作者一上来就亮出了自己的"发现":歇斯底里或癔症的现象与心理创伤之间存在着因果关系。因此,"当我们能使患者把激发的事件及其所伴发的情感清楚地回

---

[1] Henri F. Ellenberger, *The Discovery of the Unconscious: The History and Evolution of Dynamic Psychiatry*, p.373.

忆起来,并尽可能详细地描述这个事件,而且能用言语表述这种感情时,则每一个癔症症状就会立刻和永久地消失"[1]。无须太多解释,我们至少从字面上已经看到了让内的回声。而就在这段文字的下面,作者加了一个注释,其中提到了让内对心理自动作用的研究,"在让内的有关心理自动症的有趣研究中,说到了使用类似我们的方法治疗了一个癔症女孩"[2]。看看作者在这里的用词吧:"有趣"的研究;"类似我们的方法"——在这些修辞的背后,在这种略显轻佻的语气中,还有在语法上对自我的先期置入,我们在此不是也能看到弗洛伊德挂在嘴角的一丝暧昧的笑意吗?!

不过让内没有看到这种修辞的狡计,他只看到自己的名字在别人的文字的一角出现了。也许是作为一种善意的回赠,在同年发表的《歇斯底里的某些最新定义》一文中,让内长篇评述了《初步交流》的研究成果,并对这篇文章给予了高度赞扬。1894年,让内还把这个评述收入了他的《歇斯底里的心理状态》一书的最后一章。可这一评述似乎引起了弗洛伊德和布洛伊尔的不满,这一点从两年后他们的回应中可以看出来。1895年,弗洛伊德与布洛伊尔合作出版了《歇斯底里研究》,其中第二章的五个病例为弗洛伊德所写,在评论第二个病例时,弗洛伊德提到了让内对歇斯底里病症的解释,并提出了与之相反的意见,"实际上,按照让内的看法,癔症的自我受精神圣痕的折磨,被定为单一观念,并在正常生活中失去意志行动。我认为让内在这里犯了一个错误,即把由于癔症而发生的意识改变的后效提高到癔症的原发的决定因素,这个问题值得进一步考虑"[3]。同时,在布洛伊尔所写的第三章中,也对让内的"精神衰弱"的观点进行了批评。[4]弗洛伊德和布洛伊尔的批评都直接针对着让

---

[1] 车文博主编,《弗洛伊德文集》第一卷,第25页。

[2] 车文博主编,《弗洛伊德文集》第一卷,第25页。

[3] 车文博主编,《弗洛伊德文集》第一卷,第101页。

[4] 但布洛伊尔显然比弗洛伊德更为客观,他说:"让内具有许多有关癔症的理论,我们赞同他的大多数理论,但在这一点上我们不能接受"(车文博主编,《弗洛伊德文集》第一卷,第202页)。

内在1893年写的那个评述。

1900年,让内创立了国际心理学协会,弗洛伊德则在同一年出版了他的《释梦》,两个人的学术声誉和影响随即扩大。1908年4月,第一届精神分析大会在萨尔茨堡召开,这是精神分析学成为一个国际性运动的开端,次年,弗洛伊德应邀赴美讲学,受到美国人的热情款待,而此时的让内也已成为一名国际性的知名学者,他于1906年底在美国哈佛大学的系列演讲同样受到热烈欢迎。虽然这两个人在研究的领域和学术观点上有诸多重合之处,但他们之间似乎没有建立直接的联系,不过隔空的对话时有发生,尤其是弗洛伊德,每当论及精神分析学创始期的历史时,似乎总是不能忘怀让内的存在。

1907年6月,荣格——他刚刚于这年3月在维也纳与弗洛伊德第一次见面,两人立即建立了父子般的情谊,弗洛伊德称他为"皇太子"——打算到巴黎与让内会晤,临行前,弗洛伊德写信告诉荣格,在法国,最大的障碍就是民族性的问题,任何想要输入法国的东西首先都会遇到这个困难,接着他还不忘告诫荣格说,让内为人心思缜密,难以对付,不过目前已经提不出什么新的东西了。荣格与让内的会晤并不成功,因为当荣格向让内谈及自己刚刚出版的《早发性痴呆症的心理学》一书时,让内对其中所探讨的问题似乎所知甚少,这令荣格颇为沮丧和恼火。回到苏黎世后,荣格写信给弗洛伊德说,让内自负而且肤浅,拒绝接受任何新的理论,他"仅仅是一个知识分子,但远非出类拔萃,只是一个空谈家,一个典型的平平常常的资产阶级分子而已"[1]。很快,弗洛伊德就写了回信,得知荣格的评论后,他抑制不住自己的喜悦之情,甚至有点亢奋地说,"荣格已经认识到沙考特的伟大时代结束了,精神病学的新生命与我们同在,在苏黎世和维也纳,而不在别的什么地方。因此,我们已经渡

---

[1] 温森特·布罗姆,《荣格:人与神话》,文楚安译,北京:新华出版社,1997年,第125页。

过了第一个难关而安然无恙"[1]。究竟是一个什么样的难关居然会让对自己的理论那么自负的弗洛伊德有如许的压力，令他在压力释放后居然有劫后重生般的感觉呢？

还是在 1907 年，第一届国际精神病学和神经病学大会将于 9 月在阿姆斯特丹召开，弗洛伊德也接到了大会的邀请，他在给荣格的信中说，那些"高贵的乌合之众"是希望他扮演格斗者的角色，在会上与让内发生冲突，而他根本就不愿意把自己的发现提交给那些冷漠的听众来表决，就是说，他不打算赴会。可就在会议即将举行时，弗洛伊德突然产生了一种不安的预感，他觉得应该有人代替他，去捍卫他的事业。于是他又给荣格写了一封信，在信中，弗洛伊德就像一个受分析者向他的分析师做内心倾诉一般，历数着自己多年来所经历和感受到的自豪与痛苦，可他从来没有想到放弃，因为他坚信他的事业会得到"呼应"。而现在，这个时刻到来了，他告诉荣格说，"我听到了你的呼应！"他的意思是说，你帮我去做一次冲锋吧！荣格于是作为弗洛伊德的代言人出席了会议。果不其然，在会上，让内咄咄逼人，以一副学术讨论的面孔对弗洛伊德的性欲理论大加嘲讽。那么荣格是如何回应的呢？他居然说弗洛伊德的研究的理论前提"首要的就在于让内在实验中的发现"。虽然他接着也表示了对弗洛伊德理论的忠诚，但显然他的"呼应"是不力的，并且据一起与会的琼斯的回忆，荣格由于没有掌握好发言时间，招致会议主席多次警告。

弗洛伊德的不安有时也表现在他对自己与让内的理论差异的分析上。例如在 1909 年访美的系列演讲中[2]，弗洛伊德先是承认他和布洛伊尔的歇斯底里研究受到了让内的启发："我们把精神分裂

---

[1] 温森特·布罗姆，《荣格：人与神话》，第 125 页。

[2] 1909 年，弗洛伊德应美国克拉克大学校长的邀请，参加该校 20 周年校庆，给美国听众作了五次演讲，该演讲于 1910 年在英语世界以《精神分析五讲》为题出版。另外，让内也曾于 1906 年访问过美国，并且也作了系列演讲，这些演讲于 1907 年在英语世界以《歇斯底里的主要症状》为题出版。

和人格分裂作为我们的立足点,是学自让内。"[1]可他更为强调的是双方在这一研究上的分歧:让内把歇斯底里看作神经系统的一种退化形式,本身表现为心理综合能力的先天薄弱;而他和布洛伊尔则把歇斯底里看作对立的心理力量冲突的结果。弗洛伊德以一个形象的比喻来说明让内的理论:让内的病人让人想到一位体虚的女子,她出门逛商店,回来时大包小包一大堆,可她根本拿不了这么多东西,于是先是一样东西掉到了地上,当她弯下腰去捡的时候,另一样东西又掉了,如此反复不已。"这种分裂现象不能完全证实患者心理能力的削弱,因为当我们发现患者综合统一能力不足这一现象的同时,也观察到了其效能部分增加的例子,好像是一种补偿方式。"[2]接下来,弗洛伊德总结说:

> 你们现在可以看到我们的观点与让内的观点有何不同之处。我们并不认为精神分裂是由心理器官某一部分缺乏综合能力所造成的。我们从动力学角度来解释,即依据对立的心理力量的冲突来解决,把它看成两个对抗的心理集合体积极斗争的结果……[3]

我们不能把弗洛伊德的这种对比视作一种挑衅,可它的确显示了他内心深处有某种心理阴影存在,他对分歧的刻意强调更像是潜意识里一种压抑机制在起作用,体现了他对某个理论缝合点的无意识抵抗。造成这一心理阴影的根源是什么?弗洛伊德自己未必清楚,其实他根本就不会承认这一阴影的存在,但让内的一次反击行为使弗洛伊德的潜意识露出了冰山一角。

1913年8月,第十七届国际医学大会在伦敦召开。在精神病小组的一次讨论弗洛伊德精神分析学的研讨会上,让内作了一个批评

---

[1] 车文博主编,《弗洛伊德文集》第三卷,第13页。
[2] 车文博主编,《弗洛伊德文集》第三卷,第14页。
[3] 车文博主编,《弗洛伊德文集》第三卷,第17页。

性的发言。弗洛伊德本人并未出席这次会议,做出回击的是当时与弗洛伊德的关系已告破裂的荣格。让内的批评主要围绕着两点:第一,他宣称是他率先阐述了神经病的创伤性根源,而精神分析学不过是对那一基本概念的发展,甚至"精神分析"这个词也不过是他的"心理分析"的另一种说法;第二,他严厉地批评弗洛伊德对于梦的阐释方法及其有关神经病源自性欲的理论,认为它们不过是弗洛伊德的主观臆想,并认为精神分析学是一个泛性论的、形而上学的体系。[1]对于让内在批评中所表现出的这一激烈态度,弗洛伊德的忠实信徒以及他的传记作者欧内斯特·琼斯认为是出于一种嫉妒,因为让内觉得弗洛伊德的声誉已经超过了自己。而对让内深怀敬意的历史学家艾伦伯格则评论说:"在那一环境中,让内似乎偏离了他在科学讨论中惯有的温和态度。习惯上,他总是极其谨慎地列举他的材料,对他的前辈给予应有的评价,哪怕是在微小的细节上。然而,他也期待从他人那里获得同等的礼遇,因此,当看到弗洛伊德发展了他觉得原本属于他自己的思想而同时连一声谢谢都没有的时候,他无疑被伤害和激怒了。让内后悔自己表现出的这种愤怒,但他在余生中始终坚信弗洛伊德对他是不公正的。"[2]相较而言,艾伦伯格的说法要更为客观、公正一些。让内有关弗洛伊德精神分析学的过激言论也许有失之草率之处,但他真正不满的其实是弗洛伊德对自身理论原创性的那种大言不惭。另外,有一件事也许对我们更全面地理解让内的为人可以提供一点参照:1914年6月,在法国精神病治疗学会的一次会议上,当有人猛烈地攻击弗洛伊德的时候,正是让内站出来给予了回击,要知道,此时的法国和德国即将作为敌对国进入战争状态。

1913年让内发难的时候弗洛伊德并不在现场,可与会的荣格和

---

[1] 参见 Henri F. Ellenberger, *The Discovery of the Unconscious: The History and Evolution of Dynamic Psychiatry*, p.344、pp.817-818。

[2] Henri F. Ellenberger, *The Discovery of the Unconscious: The History and Evolution of Dynamic Psychiatry*, p.344。

琼斯肯定回去向他汇报了相关的情形,所以,当1914年弗洛伊德写作《精神分析运动史》的时候,他说了这样一段话:

> 在巴黎城有一种信念似乎仍占优势,让内本人曾在1913年伦敦会议上雄辩地表达了这种坚信,认为在精神分析中一切好的东西都是对让内的观点加以细微改变的重复,但精神分析中其他一切却是不好的。……但是,即使我们拒绝让内的若干主张,我们也不能忘记他的工作对神经症心理学的价值。[1]

在弗洛伊德看来,让内向他发难的真正意图是为了同他争夺精神分析学的发明权,所以,当他对让内的理论"价值"进行定位的时候,总是会让后者沿着一条弧线悄无声息地滑出精神分析学的范围——这正是弗洛伊德避重就轻的策略,在发明权的问题上,他是决不会让步的。1925年,弗洛伊德在他的《自传》中再次提到这个问题时把话说得更加明确了:

> 读者诸君或能从我的叙述之中看出,就历史的观点而言,精神分析和詹尼特[即皮埃尔·让内。——引者注]的学说完全是风马牛不相及的,就是精神分析的内涵也和他的学说大异其趣,远非詹尼特的学说所可望其项背的,詹尼特的学说绝没有使精神分析成为心理科学中重要一环的内涵,也没有能耐使精神分析吸引全世界的兴趣。[2]

如此决绝的态度不正是无意识中受到压抑的东西的一种症状体现吗?!弗洛伊德忘记了自己是一个分析家,面对"精神分析学"这个被劫持的欲望对象,他难以自持了,那流露于笔端的不屑和愤怒,指向的与其说是那刺伤了他的矛,不如说是自己内心中那脆弱的盾。因为发明权之争,让内已经成为弗洛伊德内心中挥之不去的一个"情

---

[1] 车文博主编,《弗洛伊德文集》第三卷,第72页。
[2] 弗洛伊德,《弗洛伊德自传》,第29—30页。

结",他必须让自己挣脱这个法国人的纠缠:

> 当我写这些东西的时候,我接到许多出自法国的论文,表现出对精神分析的强烈反对,并且对于我和法国精神分析学派之间的关系,有最不正确的武断说法,比方说,他们指出我利用巴黎之行去熟识皮尔·詹尼特[即让内。——引者注]的学理,然后据为己有。因此我得在此明确地指出,在我整个留法期间,皮尔·詹尼特还不如他们所说的那样有名。[1]

注意,弗洛伊德在此玩了一个时间逻辑,就是在他的巴黎之行和让内的发明之间打了一个时间差,因为前者是在 1885 年,而后者是在 1889 年。可是,弗洛伊德的第二次法国之行恰好就是在 1889 年,这是他没有提及的。这一遗忘是他刻意为之的吗,或者根本上就是一种压抑机器的无意识重复?我无意在此对弗洛伊德的书写策略进行精神分析,但稍微回顾一下那个原始的历史场景是有必要的。

1885 年弗洛伊德到巴黎学习时,让内还在距离巴黎两百多公里的勒阿弗尔教书,并且步入医学界时间不长,的确如弗洛伊德所说,谈不上有什么名气。弗洛伊德第二次法国之行是 1889 年 7 月,当时他刚刚翻译了南锡学派的代表人伯恩海姆的一本书,所以此行的主要目的是到南锡去拜访这位作者。在南锡逗留几周后,他又转道巴黎参加一个国际心理学大会,让内正好是这个大会组委会的成员之一。并且,让内此时在巴黎正因为刚刚出版的《心理的自动作用》而引起学界关注,正是在这本有关歇斯底里及其治疗方法的书中,让内提出了他的"下意识"概念,而这一概念也是他此后几年间确立其"心理分析"的基础。虽然没有记录显示弗洛伊德在第二次巴黎之行中与让内有过直接接触,但共同的治疗实践和研究方向应当会使弗洛伊德对让内发生兴趣,他不是在 1893 年提到了让内的著作吗?

---

[1] 弗洛伊德,《弗洛伊德自传》,第 8—9 页。

实际上，在弗洛伊德与让内围绕着发明权的争吵中，关键的问题并不在于是谁先发明或提出了"精神分析"这个概念，因为在这个问题上，仅就事实而言，无疑是让内的"下意识固持观念"和"心理分析"在先，弗洛伊德直到1896年才在用法文写的《神经症病因学》一文中正式使用了"精神分析"（psycho-analysis）一词，而在此之前，他曾在1894年的一篇论文中使用过"精神的分析"（psychical analysis）、"心理分析"（psychological analysis）和"催眠分析"（hypnotic analysis）这样的说法，这些说法显然是受到了让内的启发。可即便如此，就理论的层面看，正如弗洛伊德正确地指出的，他的精神分析学与让内的"心理分析"无论是在精神旨趣上还是在理论的结构形态上皆有根本的不同。因此，让内说弗洛伊德的精神分析学不过是他的心理分析的改头换面，这显然失之武断。可弗洛伊德呢？真的如他自己所说，让内的"心理分析"对他毫无启示吗？他究竟多大程度上受到了让内的影响？对于这一点，我们已经无从考证，但比较一下两种理论之间的相似点，我们也许会发现某些踪迹。艾伦伯格在《无意识的发现》（1970）中对两者有一个相对完整的比较：

> 在《歇斯底里研究》中，甚至包括在术语使用的方面，让内对弗洛伊德的影响是显而易见的；弗洛伊德使用了让内的"精神痛苦"和"心理分析"这些词。在1896年，弗洛伊德称他的体系为"精神分析"，以区别于让内的"心理分析"，他还开始强调他的思想与让内的思想之间的不同。在这么做的时候，弗洛伊德对让内的概念做出了歪曲的描述，认为让内的歇斯底里理论是基于"退化"的概念。实际上，在区分部分构成性因素与精神创伤的时候，让内教导说，歇斯底里乃是源自两者的相互作用，而这恰恰是弗洛伊德后来所说的"补偿系列"。弗洛伊德强调压抑在歇斯底里症状的病因中的作用，但忽视了让内理论中的"意识领域的狭窄化"。让内争辩说，"弗洛伊德

所说的'压抑'其实就是我所说的'意识领域的狭窄化'",而值得注意的是,这两个概念都可追溯到赫尔巴特,因为后者把这两者看作同一现象的两个方面。弗洛伊德还批评让内把歇斯底里的根源说成"综合功能"的虚弱。然而,精神分析学后来以"自我的虚弱"之名采用了一个类似的概念。让内从研究"下意识"现象转向研究"心理紧张"也预示了精神分析学从"深度心理学"转向"自我心理学"。让内的"现实功能"到精神分析学那里变成了"现实原则"。至于精神分析的技术,让内在 D 女士的病例中使用的"自动谈话"的技术与弗洛伊德的自由联想的方法之间也有某种相似。还有,在精神分析的移情与让内所说的"梦游性的影响"和"方向需求"——让内以此来系统说明医治者与病人之间的多样联系——之间,则有着更为明显的相似性,这一点也为琼斯所承认。[1]

总之,弗洛伊德肯定是受到了让内的影响,但由此认为让内更应当享受精神分析学的创始人的特权也肯定是过分的,因为从根本上说,让内的理论仍属于 19 世纪的精神病学的传统,他对人的心理构成或人格结构的理解仍是启蒙主义的,是基于一种自我统一性的思想,而弗洛伊德创造的是一个属于 20 世纪的新体系,他的心理构成和人格结构的理论所勾画的乃是一个分裂的主体的图像。因此,对于弗洛伊德在发明权问题上的这种较真,我们所能给出的一种解释就是,这个问题肯定是触动了他无意识中的某个难以向外人道说的真实,用拉康的话来说,它体现了主体对想要获得他者确认的欲望的某种屈从。

三 挥师巴黎

我如此纠缠于弗洛伊德和让内之间的恩怨,并不是要给这场笔

---

[1] Henri F. Ellenberger, *The Discovery of the Unconscious: The History and Evolution of Dynamic Psychiatry*, p.539.

墨官司断出个是非曲直，而是为了给精神分析学与法国知识界的关系提供一个原始的历史场景，因为这个场景颇具暗示性，就像一个涂抹不去的原始的字迹，将永久地刻写在法国精神分析运动的历史中，并将在某些时刻以各种变换的面孔不时地隐现出来，如同主体的心理创伤总要以重复的方式来显示自身一样。

其实，弗洛伊德自己对这个原始场景已经造成的主体性怨恨已有某种模糊的预感。早在1914年的《精神分析运动史》中，他就说："在欧洲各国中，法国至今表现出最不欢迎精神分析。"[1] 而在1925年的《自传》中，他又针对精神分析学介绍到法国后所引起的症状和反应说道：

> 在我看来，那些反应犹如我曾身历其境的反应的重现，不过它别具一格：反对的理由极其简单，好像法国人的敏感受不了精神分析学专有名词的拘泥和粗略之类。另外有些批评则较为严酷：整个精神分析学的思想方法都与拉丁精神相矛盾，在这一点上，一向支持精神分析法，与法国同盟的盎格鲁－撒克逊，显然不能一致。[2]

的确，相对于英国人和美国人所表现出的那种过分的热情而言，法国人在20世纪初对精神分析学的态度绝对称得上是冷漠，别说宣传和运用，连让内那样的批评和攻击的声音都微乎其微，就是说，它干脆采取了漠视的态度。何以如此？精神分析史学家，包括弗洛伊德自己，常常将个中缘由归于两点：一是地缘政治方面的，即20世纪初法国人的民族主义、沙文主义和排外心理使他们很难去接受一个德语世界的学说，更何况这个学说还是出自一个犹太人之手；二是文化与学术传统方面的，例如瑞士的艾伦伯格和法国的伊丽莎白·卢迪内斯库一致认为，法国强劲的精神病学传统及其理性的、

---

[1] 车文博主编，《弗洛伊德文集》第三卷，第71页。

[2] 弗洛伊德，《弗洛伊德自传》，第67页。

人道主义的心理学传统都阻碍了法国人对精神分析学的接受。

并且,上面的第二个原因既是基于观念方面的,也是基于建制方面的。弗洛伊德的精神分析学是一个集心理学、精神病学和哲学于一身的理论体系,同时也是一种治疗技术,这一混杂的特征给它在法国的传播造成了很大的建制困难,因为正如伊迪丝·库兹韦尔所说的:在法国,"精神分析学显然危及了治疗心身性疾病的既有手段,后者乃是基于法国人有关生物学因素与心理因素之间的联系的观点。教学性的医院已经获得国家的财政支持,可以接受的话语也被规定好了:医生处理身体,哲学家和神学家处理心灵"[1]。虽说在法国的大学里有关心身关系的争论一直很激烈,可现实中心身二分的建制体系并未因此而有所改变,至少在 20 世纪初仍是如此。对那时的法国人来说,精神分析学作为一种哲学的魅力当然远远不及柏格森的生命绵延学说,而在心理学和精神病学的领域,精神分析学无论在理论上还是在治疗实践上也是他们自己强大的传统所难以认同的。总之,与英美世界相对顺畅的接受不同,在法国,哲学观念、学术建制、医学实践等方面的传统构成了其抵制精神分析学的最有力因素,谢利·图克勒甚至将这一抵制称为法国的"反精神分析文化",并同样认为这一文化的确立与法国哲学和心理学的传统建制有着密切关联:

> 法国精神病学家倾向于把病人的病痛看作器官损伤或道德堕落的结果。在这两种情况中,"健康"的医生与"有病"的病患之间的界限是分明的。弗洛伊德的理论却使这一界限难以划定,因为它强调,如果精神病学家更全面地认识自己,就会发现,他们与病人之间的共同点可能比他们认为的要多。在亨利·柏格森和皮埃尔·让内身上,法国哲学和心理学各自找到了自己的民族英雄,他们坚定地声称已经论述了弗洛伊德所提

---

[1] Edith Kurzweil, *The Freudians: A Comparative Perspective*, pp.118-119.

出的论题,且论述得更为高雅(例如,他们没有像弗洛伊德那样"过分"以性为参照),因此根本没有必要求助于一个外国的理论家。而且,法国哲学和心理学一直致力于描画和强化这两者间的界限,以确定各自的领地在于心灵的哪个方面。精神分析学不尊重这一界限。它超越了传统的心理学,声称有权闯入哲学家指认属于自己的专业禁地的那些问题:自由意志的现实性、直觉的可靠性、意识的自主性等。

因而,医学、心理学和哲学的专业建制的敌意以及沙文主义者和道德主义者受到冒犯的感受有助于确立法国的一种反精神分析文化。[1]

总体来说,在第一次世界大战之前,除了弗洛伊德与让内之间远距离的不友好对话以外,巴黎与维也纳之间基本没有真正意义上的互动——只是偶尔有一些知识交流,弗洛伊德在《精神分析运动史》中曾提到这一点[2]——1908年4月的萨尔茨堡会议和1910年3月的纽伦堡会议上都未见法国人的踪影。一直到第一次世界大战结束后,尤其到20年代初,局势才开始有所变化,弗洛伊德的著作开始被翻译成法文,巴黎人开始重新认识精神分析理论和技术的价值。并且,这一认识的转变是在两个不同的集团当中分别以不同的态度开始的:一个是医学界年轻的"科学家"共同体,这个共同体中有一部分人是从国外移民来的精神分析家或弗洛伊德的信徒,还有一部分人是法国本土的医生,其中有的与弗洛伊德有直接联系,有的则是接受了移民的精神分析家的分析和培训,但不管属于哪一种情况,法国本土的这些年轻人都对精神分析怀有一种爱恨交织的矛盾心理,让精神分析法国化是他们推进法国精神分析运动的重要策略,也是引发其内部矛盾的一个关键因素;另一个则是文学艺术界先锋

---

[1] Sherry Turkle, *Psychoanalytic Politics*, p.28.
[2] 参见车文博主编,《弗洛伊德文集》第三卷,第71页。

的"文人"共同体，尤其是超现实主义者的圈子，这个共同体更倾向于从文化的方面来看待精神分析学，他们把精神分析的理论甚至某些技术同文学艺术的创作和分析联系起来，欲借用精神分析学的激进观念来推进艺术和文化的革命，因而在他们的身上，少有医学界的那种抵制，相反，他们中的有些人甚至把接受精神分析学视作对抗医学界的文化沙文主义、颠覆其顽固的建制壁垒的有力手段。

先看一下医学界的情形。如刚才所说，这个共同体由两个集团构成：一个是从国外移民来的分析家团体，他们在法国精神分析运动的早期历史中发挥了巨大的作用；另一个是法国本土年轻的医生团体，他们是法国医学界最早接受精神分析学的一批人，但同时，他们对精神分析学又怀有一种矛盾心理，而且他们与前一个团体的关系将是法国精神分析运动早期历史中最富戏剧性的一幕。

法国医学界的精神分析运动的开场颇具一丝反讽的意味，它居然是由弗洛伊德的直接介入拉开序幕的。1921年，弗洛伊德看到，在奥地利、瑞士、匈牙利、德国、英国和美国都已经有了精神分析学会，连俄罗斯也在酝酿着成立学会，唯独法国这个西方文化的重要国度仍不见动静，而征服巴黎又是他一直以来的一个愿望，于是，他委派了一个使节到巴黎，希望能对现状有所改变。这位使节是一个女分析家，名叫欧也妮·索科尔尼卡（Eugenie Sokolnicka，1884—1934），来自波兰的一个犹太家庭，早年曾在巴黎学习，听过让内的演讲，还与巴黎的文学圈建立了广泛的联系。1911年，索科尔尼卡到瑞士苏黎世的布尔戈霍兹利精神病医院从事研究，在那里接受了荣格的分析。在荣格与弗洛伊德决裂之后，她又来到维也纳，接受了弗洛伊德的分析。第一次世界大战期间，她过着一种颠沛流离的生活，这给她的身心造成了很大伤害，以至于在战争结束后曾一度陷入一种妄想型迫害症的状态。1921年秋，索科尔尼卡受弗洛伊德的委派来到巴黎，可巴黎的精神病学家对她并不感兴趣，她只能利用以前在文学圈建立的关系，其中包括超现实主义者的圈子。

为了普及精神分析学的理论和实践，索科尔尼卡在巴黎开设了系列的"弗洛伊德讲习班"，吸引了包括保罗·布尔热（Paul Bourget，1852—1935）和安德烈·纪德（André Gide，1869—1951）在内的许多文学家的关注，尤其是纪德，他不仅接受了索科尔尼卡的分析（不过只约见了六次就放弃了），而且还在自己的杂志《新法兰西评论》上刊载评述精神分析理论的文章，1925年他在小说《伪币制造者》中还以索科尔尼卡为原型塑造了一个女分析师的形象。

1922年，索科尔尼卡通过布尔热的介绍认识了圣安娜医院的精神病医生乔治·埃耶尔（Georges Heuyer，1884—1977），这是她到巴黎后与法国精神病学界的第一次接触。埃耶尔邀请索科尔尼卡到他的科室做临床分析，但实验似乎并不成功，很快她就被请出了医院大门，院方的理由很简单，精神分析实践要想得到认可，就必须将自身严格限定在医学（科学）的范围内。实际上，索科尔尼卡在法国一直没有赢得医学界那些同情精神分析的医生的真正支持，这极大地影响了她在法国精神分析团体中的地位。1926年巴黎精神分析学会（Société Psychanalytique de Paris）成立时，她被选为学会副主席，而这还是因为背后有弗洛伊德在为她撑腰。1934年5月，索科尔尼卡在巴黎的寓所打开煤气自尽。

就在弗洛伊德向法国派遣他的使节的同时，法国本土的一些年轻医生对精神分析学的态度也正在发生改变。在第一批同情精神分析学的人当中，有两个人的名字尤其值得一提——这当然不是因为他们都与弗洛伊德有过直接联系，而是因为他们在法国精神分析运动中所起的重要作用——这就是安杰罗·埃斯纳（Angelo Hesnard，1886—1969）和勒内·拉福格（René Laforgue，1894—1962）。

安杰罗·埃斯纳可能是法国最早以严肃的态度看待弗洛伊德精神分析学的精神病学家。他曾是一名海军军医，1912年成为他的母校波尔多大学精神病学教授伊曼纽尔·雷吉斯（Emmanuel Régis，1855—1918）的助手。雷吉斯教授对弗洛伊德的理论持有一种同情态度，所以他鼓励埃斯纳去研究弗洛伊德，可那时弗洛伊德的著作还未见有法文译本，幸得埃斯纳的哥哥——一位德语教师——的帮助，使阅读可以顺利进行。其实，早在读大学的时候，埃斯纳就对弗洛伊德的理论产生了兴趣，在得知自己要到波尔多大学从事精神病学的研究时，他提笔给弗洛伊德写了一封信，该信于 1912 年 1 月 2 日寄到了弗洛伊德手中，弗洛伊德当日就给他的信徒亚伯拉罕写信通报了此事，称这个年轻人在信中以"法国精神病学界的名义"对到目前为止法国仍对精神分析学持嘲讽态度深表"歉意"。埃斯纳为何要写这封信，我们无从知晓，但有一点可以肯定，他的致歉与其说是为了向弗洛伊德表示敬意，不如说是一种礼节性的问候——虽然弗洛伊德本人不是这样阅读的。

1914 年初，埃斯纳同他的老师雷吉斯合作出版了长达 400 页的《神经症和精神病的精神分析》一书，两位作者虽然称弗洛伊德的体系将构成这个时期心理学领域最重要的"科学运动"，可同时又认为这一体系的方法乃是基于让内的"心理分析"，而其对性欲的重要性的强调则犯有"泛性论"的错误，至于其对梦所做的象征主义分析，或者是"教条主义的"，或者是"小说的虚构多于科学的论证"。这些让内式的批评当然令弗洛伊德十分不快，所以他在写于同年的《精神分析运动史》中立即给予了回应，称两位作者的论述虽然详尽，但却误解了他的思想。埃斯纳和雷吉斯的这本书是法国第一本系统介绍弗洛伊德理论的著作（其中四分之三的篇幅是介绍精神分析学的基本内容，另外四分之一则是评述），在此后的十多年里，它一直是法国人了解精神分析学最重要甚至唯一的法文参考书（该书曾于 1922 年和 1929 年重印发行）。

更值得我们注意的是这个开场所重现的那个原始胎记，而这个胎记对弗洛伊德而言更像一个原始创伤：埃斯纳和雷吉斯称弗洛伊德的精神分析方法乃是对让内的"心理分析"方法的搬用，对于他的性欲理论，则以"泛性论"的标签将其送上了道德的审判席，这两点也正是让内刚刚在1913年指出过的，它们此后还将作为一种文化抵抗策略不断回荡在法国精神病学界的上空；而对弗洛伊德来说，这两点简直就像一个梦魇，令他束手无策，他只能强迫性地重复说：法国人总是把精神分析学中好的东西归之于自己，至于其他的一切都是不好的。

埃斯纳虽然是第一次世界大战前严肃对待精神分析学的第一个法国人，可他那时并不是弗洛伊德的信徒，更确切地说，他只是以既定的法国传统对精神分析学进行了批判性的介绍。直到第一次世界大战之后，他才在拉福格的影响下重新回到精神分析学的领域，并且态度开始发生转变。

勒内·拉福格1894年出生于阿尔萨斯。1870年普法战争后，阿尔萨斯被划归德国，一直到第一次世界大战结束后才重新回到法国，这就是说，拉福格年轻时的阿尔萨斯还归德国治辖。这一历史的插曲造就了拉福格的双语背景，这对于他后来走上精神分析的道路是很重要的。拉福格在家乡读完中学后，便进了德国的大学，先是在弗莱堡，后又到了柏林，正是在那里他阅读了弗洛伊德的《释梦》（1900）。第一次世界大战期间，拉福格在德国军队服役。1919年，阿尔萨斯回归法国后，拉福格决定留在法国从事精神病学的研究。1922年，他在斯特拉斯堡大学获得医学博士学位，其论文的内容是从精神分析学的角度研究精神分裂症的情感。1923年，他来到巴黎索邦大学从事感觉生理学的研究，这一年他接受了索科尔尼卡的分析，但仅仅持续了几个月的时间。不久，他成为圣安娜医院的一名助理医生。

1923年10月，拉福格和另一位年轻的法国医生爱德华·皮雄（Édouard Pichon, 1890—1940）合作发表了论文《精神分析方法在法国传播的障碍》。10月25日，拉福格致信弗洛伊德，在信中谈到了他和皮雄刚刚发表的那篇论文的主要内容。11月14日，弗洛伊德回信说："要想有所收获，就不能向公众舆论或主流的偏见让步。

这种行为与精神分析学的精神是格格不入的，后者的技术决不会在意那些装模作样的或故弄玄虚的抵抗。经验已经表明，那些走折中、故弄玄虚的道路的人，那些走外交机会主义的捷径的人，最终将发现自己偏离了他们正常的路线，不可能对精神分析学的根本发展做出贡献。"[1]弗洛伊德的这些话倒更像提前说给拉福格的合作者皮雄听的。

皮雄本来是一名儿科医生，1923年经由拉福格的介绍，开始接受索科尔尼卡的分析，并且少见地持续了三年之久。他卷入精神分析，按他自己的说法，只是为了从"弗洛伊德先生"那里获取他认为适合于法国民族精神的东西。1927年，皮雄同让内的女儿结婚。他曾异想天开地想把他的岳父和弗洛伊德拉到一起作一次面对面的交流，但没有成功。皮雄是一个狂热的天主教徒，在语言学和文学方面也颇有造诣——他的语言学研究对后来的拉康有很大影响——这种人文气质使他对精神分析学常常带有一种文化的和社会的诉求，将精神分析本土化当然是他所致力的方向。

1924年，拉福格又和巴黎的另一位精神病医生、正在接受他的分析的勒内·阿伦迪（René Allendy，1889—1942）合作出版了《精神分析学与神经症》一书，圣安娜医院著名的精神病学家亨利·克劳德（Henri Claude，1869—1946）——正是他将索科尔尼卡赶出了圣安娜医院，不过他并不属于反对精神分析学的极端派，他只是要求在科学的范围内运用精神分析的技术——作序说，"精神分析学还不适合于探究法国心灵。它的某些研究方法在运用于私人情感的时候，与我们的趣味是相背的，其象征主义的那些牵强附会的例证，在我看来，会使它的某些一般性结论在拉丁世界的临床实践中无法接受，尽管它们可能适用于别的种族。"[2]这一年，拉福格还专程

---

[1] 转引自 Alain de Mijolla, *Short Story of Psychoanalysis*, 参见 www.aihp-iahp.com。
[2] 转引自 Elisabeth Roudinesco, *Jacques Lacan*, trans. Barbara Bray, New York: Columbia University Press, 1997, p.22。

到德国拜访弗洛伊德,次年,在弗洛伊德的支持下,他被接纳为维也纳精神分析学会的成员。

在与国外精神分析团体接触的过程中,拉福格觉得,在法国也应当有这样的一个组织来推进精神分析学的研究和实践。1925年初,拉福格、皮雄、阿伦迪、埃斯纳等人在巴黎成立了一个组织:"精神病学的演进"(L'Evolution Psychiatrique)——这个名称带有向哲学家亨利·柏格森(Henri Bergson, 1859—1941)致敬之意,后者最著名的作品就是1907年出版的 Évolution Créatrice(中文译作《创造进化论》)——并创办了一份同名杂志,由埃斯纳和拉福格任主编,4月,杂志第一期正式出版。

"精神病学的演进"是一个由法国本土同情精神分析学的医生构成的组织,这一身份构成对法国的精神分析运动而言具有特别的意义,其典型的"法国性"——这一点从组织的名称上也可以看到——或者更确切地说,其对精神分析"法国化"的追求,与一直以来法国对精神分析的那种沙文主义式的抵抗正相呼应,它与其说是对后者的一种决裂,不如说是对曾经的那种粗暴态度的一种开脱,一种修正。从一开始,这个组织就明确地让自己与弗洛伊德的理论保持距离,而只对医学性的"事实"感兴趣,并力图将这些"事实"交付给严格的科学控制,就像英国人大卫·梅西所说的:"一方面,它力图将资讯集中于法国在弗洛伊德方法的帮助下所从事的所有研究;另一方面,它在翻译和解释精神分析的理论和技术时又力图使其'尽可能地适应我们民族的精神'。为此它必然要抛弃使德国精神分析学偏离正轨的那些教条和教义,把弗洛伊德的发现交付于'严格的科学控制'。"[1]

但不管怎样,法国医学界的精神分析运动终于起步了,接下来的进展则与另外两位移民分析家有关,这就是玛丽·莱昂·波拿巴(Marie Léon Bonaparte, 1882—1962)和鲁道夫·洛文斯坦因(Rudolph

---

[1] David Macey, *Lacan in Contexts*, p.28.

Loewenstein，1898—1976）。

玛丽·莱昂·波拿巴是拿破仑的侄曾孙女，1882年出生于法国，1907年嫁给希腊的乔治王子。这是一个患有严重抑郁症的贵妇人和一个极其自恋的女作家，曾出版过小说集，那里面充满着对父亲的种种幻想。1925年4月，拉福格到她家造访的时候，推荐她去弗洛伊德那里接受分析治疗。9月底，她果真出发了。据说两人第一次见面时，弗洛伊德对她说，"我七十岁了。我的身体一向很好，可现在出了点小毛病……所以我要事先向你挑明：你心理上可不能陷得太深了。"多愁善感的希腊王妃听了这话不禁潸然泪下，于是对他说她爱他。弗洛伊德很高兴，以他自己的话说，"都七十岁了居然还有人跟我说这句话"。就这样，两人一见如故，王妃很快取得了弗洛伊德的信任，成为弗洛伊德晚年最好的朋友之一。波拿巴把弗洛伊德当作自己一直在寻找的伟大的精神上的"父亲"，这个"父亲"给予她的爱和期许可以帮助她获得所欲望的菲勒斯。当然，弗洛伊德也需要这样一个集权势、财力、人缘于一身的"助手"来发展他的国际事业。而事实上还不只是如此，1938年3月，德国法西斯入侵奥地利，弗洛伊德的人身安全受到威胁，6月，正是在这位希腊王妃及其他友人的鼎力帮助下，弗洛伊德一家才得以逃出纳粹的魔爪，经由巴黎流亡到伦敦，并于次年客死在异乡。

鲁道夫·洛文斯坦因是玛丽·波拿巴的好友（他们之间可能还是情人关系），1898年出生于波兰一个犹太家庭，他是在瑞士苏黎世接受的中学教育，然后在柏林完成的大学学业，并在那里接受了柏林精神分析学会的一个分析家的分析训练，进而自己也成为一个年轻的培训分析师。洛文斯坦因可以同等流利地用波兰语、德语、英语和法语同人进行交流，这给他在不同国家从事分析实践提供了极大的便利。1925年，柏林精神分析学会把洛文斯坦因推荐给拉福格去为法国培训分析师，洛文斯坦因于是来到巴黎，成为当时法国最有声望的分析师，包括乔治·帕尔赫梅内（Georges Parcheminey，

1888—1953）、萨卡·纳什特（Sacha Nacht，1901—1977）、丹尼尔·拉加什（Daniel Lagache，1903—1972）、雅克·拉康等在内的许多法国精神分析家都曾接受他的分析和培训。1930年，洛文斯坦因成为法国公民，第二次世界大战初期，他以医生身份在法国军队服役，法国被德国占领后，他逃到马赛避难，最后于1942年流亡美国，成为战后美国自我心理学学派的领军人物。

另外，在1920年代巴黎的移民分析家中，还有两个来自瑞士日内瓦的人物需要提一下，这就是雷蒙·德·索绪尔（Raymond de Saussure，1894—1971）和查尔斯·奥迪尔（Charles Odier，1886—1954）。前者是结构语言学创始人费迪南·德·索绪尔（Ferdinand de Saussure，1857—1913）的儿子，曾接受弗洛伊德的分析；后者是雷蒙·索绪尔的朋友。这两个人主要是在讲法语的瑞士人当中宣传弗洛伊德的思想，并且是1926年8月在日内瓦召开的第一届法语精神分析家大会的主要组织者，而正是在这次大会上，来自法国的分析家提出了一系列的动议，包括要成立一个组织以便在法国医学界推行精神分析的技术，还要成立一个委员会专门商讨弗洛伊德著作的翻译问题。

1926年，玛丽·波拿巴回到巴黎。虽然她并不是专业的分析师，但她的特殊地位及其与弗洛伊德的特殊关系使她立即成为法国精神分析运动的核心人物。通过她和拉福格，医学界的两支精神分析的队伍——外来的和本土的——开始汇聚到一起。1926年11月4日，波拿巴、洛文斯坦因、索科尔尼卡、雷蒙·索绪尔、奥迪尔、拉福格、皮雄、阿伦迪、埃斯纳、帕尔赫梅内以及波拿巴和阿伦迪的朋友、神经病医生阿德林·博雷尔（Adrien Borel，1886—1966）共十一人创立了"巴黎精神分析学会"（Société Psychanalytique de Paris），由拉福格任主席，索科尔尼卡任副主席，洛文斯坦因任秘书。不久，与"精神病学的演进"圈子往来密切的奥德特·柯黛夫人（Madame Odette Codet，1892—1964）也成为学会成员。

学会第一步的目标就是有效地实施日内瓦会议上的构想,即在法国推行精神分析的技术。当然,在法国,要实践精神分析的治疗方法,首要的是培训自己的分析师,在当时,学会只有四位专业的分析师,除洛文斯坦因、雷蒙·索绪尔和奥迪尔三位移民分析师以外,法国本土只有拉福格获得了这一资格,所以,新成立的学会有一个雄心:要为"必不可少的教学分析"提供保证,为此它就必须与国际精神分析协会联合,作为后者的一个分支在法国展开活动,帮助巴黎引进像洛文斯坦因那样的专业分析师。

学会还创办了一份自己的杂志,这就是《法国精神分析杂志》(*Revue française de psychanalyse*),可是,在杂志是不是——像其他地区的精神分析学会的杂志那样——属于"精神分析学"的专刊、杂志要不要非荣格化(因为这个圈子跟苏黎世有密切联系)以及杂志的封面上要不要出现"弗洛伊德教授"的名字等问题上,学会成员间,主要是移民分析家与本土分析家之间,引发了一系列的讨价还价。最后在弗洛伊德的正式请求下,决定由国际精神分析协会任组织和杂志的指导,弗洛伊德为赞助者——实际的资金支持主要来自波拿巴王妃。1927年6月,《法国精神分析杂志》第一期正式面世。

争吵还不只限于上面的问题。1926年8月,日内瓦会议刚结束,学会还未正式成立,成员们就组建了一个"语言委员会",目的在于讨论弗洛伊德著作的翻译问题,因为自1920年代初开始,弗洛伊德的许多作品被陆续译成法文,但在一些关键术语上,不同的人有不同的译法:例如"Trieb"(驱力)这个词,有人译为"pulsion"(冲动),而有人却译为"instinct"(本能);又如"das Es"这个词,埃斯纳译作"le soi"(它自身),玛丽·波拿巴和拉福格都译作"le ça"(它),柯黛译作"le cela"(这个),皮雄则译作"l'infra-moi"(本我),除此之外还有别的译法——面对这一混乱的情形,大家一致认为有必要通过"语言委员会"的讨论来给那些术语提出一个标准的译法。学会成立后,"语言委员会"便作为学会的一个学术机构进行运作,但讨论却引发了成员间激烈的争吵,面对各种可能的译法,到底选择哪一种呢?大家的意见始终无法统一。这种争吵不仅影响了弗洛伊德的作品在法国的翻译进度,也影响了人们对弗洛伊德理论的解读,并且直到拉康时代,精神分析术语的翻译和阐释仍是各学派之间进行较量的战场。

出现这样的争吵是可以理解的,因为这个巴黎组织自一开始就纠结了太多的不和谐因素:医生或精神病学家与非医学专业的人士之间、本土分析家或"精神病学的演进"集团与移民分析家之间、天主教精神病学家与犹太老师之间、弗洛伊德的"使节"或"代言人"与民族主义者之间、国际协会的权威主义与分会的自由主义之间,甚至巴黎的医生与讲法语的瑞士分析家之间,多重矛盾和利益关系的相互交织使学会成员根本不可能形成一个和谐统一的整体,于是,在这样一个时刻,传统的文化抵抗机制再次发挥了作用,只是面目有所变化而已。巴黎本土的医生和分析家以"精神病学的演进"为中心,强调只在医学或治疗的层面引入精神分析学,并且还要以"可以接受的"形式,也就是必须把精神分析的技术和法国的治疗经验相结合,必须让精神分析法国化,所以他们对索科尔尼卡这样的"使节"、对波拿巴王妃这样的"业余"人士都很不信任,就连洛文斯坦因这样的专业水准很高的分析家也会因为其身上的那种"犹太性"而受到歧视。例如,在1931年10月的"第六届法语精神分析学家大会"上,学会成员间就发生了激烈的冲突,以阿伦迪、埃斯纳等为首的本土分析家声称,精神分析学——至少在法国——应当从属于一般医学、神经病学和精神病学,否则就什么也不是;而以玛丽·波拿巴、洛文斯坦因和奥迪尔为代表的移民分析家则回应说,精神分析应当有两个方面:一个是临床的方面,另一个是心理学的方面,即已经取得丰硕成果的无意识心理学的方面。

总之,对"法国性"的坚守和对精神分析技术的某种迷恋使法国本土的分析家常常陷入一种矛盾心理,而当他们把精神分析法国化作为自身目标的时候，那也不过是他们用来化解这一内心矛盾所不得不采取的一种策略，换句话说，是他们对自身欲望的一种屈从，且是一种双重的屈从。身为学会主席的拉福格就是这样的典型，正如图克勒所说：

> 勒内·拉福格的矛盾心理是这个群体的典型。他似乎觉得精神分析虽然有趣但却有点靠不住。作为《法国精神分析杂志》的编辑，拉福格不想让弗洛伊德的名字出现在杂志封面上，他担心这样会"丢脸"。最后还是弗洛伊德自己出面干预，"说服"拉福格，称一份精神分析的杂志必须承认其对弗洛伊德主义的依附，而不论后者在一个礼仪之邦是不是会获得首肯。拉福格强调，"精神病学的演进"这个医学学会将有助于削弱对精神分析学的抵抗，这种说法似乎只是其他动机的一种说辞。拉福格也希望"精神病学的演进"能帮助法国精神分析学去维持一定的独立性，以防止这个年轻的、正在成长的精神分析运动走向权威主义。多年后，他写道："自一开始，我就觉得围绕着弗洛伊德的这个组织有点不对劲。'精神病学的演进'使我们可以避免精神分析的教条主义，虽然对于这一教条主义的根源，我并不清楚。"拉福格有理由觉得他和他的同伴应尽力摆脱维也纳圈子的监控，因为巴黎精神分析学会是精神分析的非正统派的温床，也是矛盾心理的温床。巴黎精神分析学家的孤傲及其对待精神分析学本身的怀疑态度使他们的规则注定要发生偏离。[1]

四　文人的实验

我们再回到法国精神分析运动早期历史的另一个原始场景，那就是由先锋的作家、艺术家组成的文人共同体所掀起的另一股小范

---

[1] Sherry Turkle, *Psychoanalytic Politics*, p.101.

围的精神分析浪潮。与医学界的科学家共同体不同,这个文人共同体对精神分析学的情感没有那么多的矛盾,而更多地是一种非科学式的同情。

按照法国著名的精神分析史学家——也是拉康的弟子和拉康的传记作者——伊丽莎白·卢迪内斯库的说法,虽然法国文人团体承认弗洛伊德的重要性要早于医学界,但这并不意味着在法国引入精神分析学的运动中"文学渠道"要早于"医学渠道"。这两者其实都属于同一个进程,在其中,对维也纳理论的抵制和对这一理论的接纳都属于同一种"意识形态现象",都在各自的领域内关涉着法国本土的知识传统和时代精神。卢迪内斯库说:

> 事实上,自1914年开始,对精神分析学的兴趣在相当大一部分的法国思想中就已经出现了。在这个意义上说,先后的问题远不如多样性重要,因为这两种移植弗洛伊德理论的方式的相互对立正是由于这一多样性。文学的渠道和医学的渠道都属于同一进程,在那里,对维也纳理论的抵制也是这一理论有力地推进的一个信号。根本不存在一个渠道先于另一个渠道的问题,而只有两种引进过程的齐头并进。在文学界,倾向于把精神分析说成某一真正新的发现的表现;而在医学界,则倾向于让它去适应所谓的拉丁精神或笛卡尔精神的理想。就这样,通过两种矛盾的方式,精神分析学得到了承认。一些人接受它,另一些人抵制它,这都是同一意识形态现象的体现。[1]

另一方面,如果说医学界的抵制是基于一种科学传统、一种道德倾向、一种民族情绪等因而对弗洛伊德作了一种粗暴的、简单化的解读的话,那么,文学界的接纳则是基于一种时代情感的艺术表达的需要因而同样对弗洛伊德采取了误读式的确认,因此,两者之

---

[1] Elisabeth Roudinesco, *Jacques Lacan & Co.: A History of Psychoanalysis in France, 1925–1985*, p.3.

间根本不存在谁的阅读更为"正确"这样的问题，它们之间的差异只在于阅读方向的不同，即一方是朝向过去，要求精神分析学去适应传统；而另一方则是朝向现在和未来，认为精神分析学将有助于改变这个陈腐的时代的精神和心灵。

再有，与医学界的分析家们单一的医学指向不同，文人集团对精神分析学的诉求呈现出一种相对混杂的面向，他们对精神分析学的热情是一种人文式的而非科学的热情，这使他们对精神分析学的移植更具有某种自由主义的倾向。性爱、罪感、自杀、迷幻、癫狂、梦境、通灵的幻觉、肉欲的解放乃至身体的暴力等，战后一代年轻作家所热衷的这类题材在精神分析理论中似乎都可以找到"支撑"——这当然有赖于对理论的一种误读，一种放任式的涂改。超现实主义者就是这方面的典范，他们将精神分析技术从医学向写作的挪用引起了医学界分析家极大的不安。

最后，在文学渠道与医学渠道之间，还有一点尤其值得注意，那就是文人集团对医学圈子所表现出来的那种沙文主义、反犹主义、排外倾向以及那种排斥"业余分析"的权威主义和专业主义癖好始终持拒斥的态度，他们甚至要借一种精神分析文化来对抗那种精神分析科学，就像卢迪内斯库所说的："超现实主义者的激进主义、其对无意识的绝对第一性的捍卫，与一种高卢无意识的理想构成了正相对立的一端。这个团体的诗人与皮雄、埃纳斯或拉福格说的不是同一种语言。他们也不属于同一个法国。他们的弗洛伊德主义与后者的弗洛伊德主义是不一样的，在这一对立中，相反的双方展开了一场较量。"[1] 这一较量是持久的、多方面的，它导致双方在很长一个时期内几乎无法沟通，甚至直到第二次世界大战后，面对文学批评家们运用精神分析不断做出的出色的作家研究和作品分析，医学界分析家仍经常对"业余分析家"的这一研究的可能性和

---

[1] Elisabeth Roudinesco, *Jacques Lacan & Co.: A History of Psychoanalysis in France, 1925–1985*, p.5.

有效性表示怀疑,在他们的"科学精神"看来,这一研究是建立在一个可疑的前提之上的,就是它把文学家等同于精神病患者,把文学家的作品等同于受分析者的言谈——这的确是一个可疑的前提,可问题在于它并不是所有精神分析批评的前提。在1930—1950年代的法国精神分析批评中,如果说玛丽·波拿巴的爱伦·坡研究和拉福格的波德莱尔研究的确是基于这种病理学的前提——而这恰恰是因为他们太过执着于分析家的技术所致——那么,在夏尔·博杜安(Charles Baudouin, 1893—1963)的雨果研究中、在夏尔·莫隆(Charles Mauron, 1899—1966)的马拉美研究中、在精神病学家和文学批评家让·德雷(Jean Delay, 1907—1987)的纪德研究中,我们就看到,精神分析的技术不再单一地是重构某一主体的无意识传记的手段,而是转向了对文本本身的无意识机制进行分析。

1925年,弗洛伊德在他的《自传》中不无兴奋地说:"在法国,起先是文人开始对精神分析学感到兴趣。"[1] 的确,在1920年代初,对精神分析学发生兴趣的法国文人有很多。但另一方面,我们更要看到,他们的动机或者说兴趣点各有不同,因而对精神分析学的理解和运用也各相异趣。

例如著名的作家罗曼·罗兰(Romain Rolland, 1866—1944)。罗兰是一个和平主义者,1915年获诺贝尔文学奖,他与弗洛伊德结交于1923年,虽然两人只在1924年见过一次面,但时常有书信往来,罗兰在书信中甚至把弗洛伊德比作哥伦布。可是,罗兰并不是一个弗洛伊德主义者,他对弗洛伊德所表示的那种敬意与其说是出于对精神分析学的真正欣赏,不如说是基于他的和平主义和国际主义的信念,是基于他对德语文化的那种热情。

又如罗兰的朋友皮埃尔·让·茹弗(Pierre Jean Jouve, 1887—1976)。茹弗是一位诗人,第一次世界大战前写过一些象征主义的诗篇,1922年移居巴黎,成为一个天主教徒,并热心于精神分析学,

---

[1] 弗洛伊德,《弗洛伊德自传》,第67页。

自诩是那个时代法国最具弗洛伊德主义气质的诗人。1925年开始,他发表了一系列的小说,这些小说常常以女性的受分析者为主角,以罪恶、性欲和死亡作为主题,以宗教的救赎为价值指归,试图将弗洛伊德主义的素材,如无意识的幻念、性欲驱力、死亡本能等,同一种强调罪感与救赎的宗教神秘主义相结合,由此构建了一个色欲形而上学的写作体裁。

茹弗迷恋上精神分析与一个女人有关,这就是他的妻子布朗夏·勒韦肖(Blanche Reverchon, 1879—1974)。勒韦肖曾在日内瓦和巴黎学习精神病学和神经病学,1922年她随茹弗移居巴黎,并接受了索科尔尼卡的分析。不久,她到维也纳拜谒弗洛伊德,这位对女性极具诱惑力的老师建议她去从事精神分析的实践。回到巴黎后,勒韦肖果然开设了自己的诊所,主要接诊上流社会的女性患者,并以此形成了自己的一个小圈子。1923年,勒韦肖翻译出版了弗洛伊德的《性学三论》。按她的这些资历,她本应该是巴黎精神分析学会的创立者之一,可事实上,她到1928年才成为巴黎精神分析学会的一名编外成员(也是在这一年,她接受了洛文斯坦因的培训分析)。

茹弗生活奢侈,可自己又没有固定收入,只有依靠勒韦肖的接诊,因此勒韦肖通常只接待家底殷实的病人。不只如此,勒韦肖的躺椅还是给茹弗提供创作素材的保证,茹弗小说中的那些女性形象与这位女分析师的工作是分不开的。

1933年,茹弗和勒韦肖合作在纪德的《新法兰西评论》上发表了一篇临床研究《精神分析的时刻》,记述了一个病患的病历,并依据精神分析理论对这个病例进行了分析,这看似是一个临床研究,而实际上,由于过于讲究的叙事技巧,使人不得不怀疑其叙述的客观性,也许更适合把它看作一个分析师与一个作家依据某个临床的素材创作出来的一部虚构作品。对于茹弗在文学中对精神分析的这种运用,卢迪内斯库评论说:"同超现实主义者一样,茹弗对精神分析的兴趣也是狂热的,但与他们不同的是,他支持医学界对待维也纳学说的观念（甚至是正统的观念）。在他作为诗人的生涯中，他培育了将创作者看作造物主、看作人类意识的代理的传统理想。与布勒东或里维埃的情况不同，他没有把弗洛伊德的发现看作科学史的一次启示。相反，他倾向于把它看成一种宗教，能带给世界一种全新的精神。从这个角度看，他偏向于一种荣格主义。"[1]

再如安德烈·纪德。纪德是一个早慧的文学奇才，若从精神分析学的角度看，即便他不是一个作家，他在童年时期的那些梦魇、怪癖和病痛也可成为分析的最佳素材，他在21岁时（1891年）创作的第一批作品《安德烈·瓦尔特笔记》和《论那喀索斯》就带有明显自我分析的痕迹。我们甚至可以说，纪德一生都在用他的笔和生活写着同一部作品，那就是"自传"：他的日记、他的小说、他的自恋、他的非道德主义、他的性取向，这一切都是他那隐秘的内心世界的自白。他是一个天生的精神分析家，也是一个天生的精神分析对象，难怪1922年他听了索科尔尼卡在巴黎举办的弗洛伊德讲习班后会说："弗洛伊德，弗洛伊德主义……在过去的10到15年，我一直在实践它，只是自己并不知道。"[2]

其实，在索科尔尼卡到达巴黎之前，纪德就通过他的一个女崇拜者与弗洛伊德圈子发生了接触。1918年6月，纪德到伦敦做一次短暂旅行，期间结识了著名的斯特雷奇家族的两位成员：詹姆士·斯特雷奇（James Strachey，1887—1967）和他的妹妹多萝丝·布西（Dorothy Bussy，1865—1960）。詹姆士于1920年到维也纳接受弗洛伊德的分析，后来成为弗洛伊德著作最著名的英译者，他的妹妹布西就是纪德的那位崇拜者。布西不只是一位崇拜者，还是纪德的狂热的爱慕者，且至死不渝，她后来成为纪德作品的著名英译者。当然，在这次旅行中，纪德还没有听说精神分析学。但是，1921年

---

[1] Elisabeth Roudinesco, *Jacques Lacan & Co.: A History of Psychoanalysis in France, 1925-1985*, p.100.

[2] 转引自 Alain de Mijolla, *Short Story of Psychoanalysis*, 参见 www.aihp-iahp.com。

4月，纪德突然写信给布西，急切地希望通过她哥哥詹姆士的引见去拜访弗洛伊德，因为他于1911年匿名发表的阐述同性恋的对话作品《科里东》即将出版德文版，他想请弗洛伊德为他的这本书写一篇序；另外，他还想在他的杂志《新法兰西评论》上翻译发表弗洛伊德的作品，希望詹姆士能推荐一些篇目。布西很快回信说，这是举手之劳，她的兄长现在就在维也纳。6月，从斯特雷奇那边传来消息，他已经同弗洛伊德说了纪德的请求，但弗洛伊德没有答应为《科里东》作序，也许是因为这部公开为同性恋和娈童癖做辩护的对话作品令弗洛伊德也觉得难以接受。于是纪德给弗洛伊德写了一封信，信的内容是什么已经无从知晓，因为这封信在弗洛伊德1938年离开维也纳流亡英国的时候被销毁了。反正纪德想要弗洛伊德为他的书作序的愿望未能实现，他的维也纳之行当然也就没有付诸实施。纪德为什么如此迫切地希望弗洛伊德为他的书作序呢？卢迪内斯库解释说："在出版《科里东》的时候，他急切地寻求一个科学的支持，仿佛仅凭这部作品本身的文学价值还不够充分。他梦想弗洛伊德为之作序，这样他就能采取一个特殊的倒置的姿态：在一本书的伪装下，把自己的'案例'提供出来作为精神分析学的考察对象。"[1]

虽然愿望没有达成，可纪德对精神分析学的兴趣并未因此而受到影响。1922年，他积极参与索科尔尼卡的弗洛伊德讲习班，还接受了索科尔尼卡的分析，不过只进行六次就停止了。同时，他的《新法兰西评论》也成为介绍精神分析的重要阵地，勒韦肖翻译的弗洛伊德的《性学三论》就是这本杂志在1923年首先发表的，正是在这部作品中，弗洛伊德提出了精神分析的同性恋理论——它也许正适合于作为纪德所梦想的那个序言吧！

当然，说到1920年代初法国文学圈对精神分析学的兴趣，人们首先想到的还是以安德烈·布勒东（André Breton，1896—1966）为中心的超现实主义团体。与茹弗、纪德等人主要是在文学创作中运

---

[1] Elisabeth Roudinesco, *Jacques Lacan & Co.: A History of Psychoanalysis in France, 1925-1985*, p.90.

用精神分析的素材不大一样，超现实主义团体尤其看重弗洛伊德精神分析理论的文化意义，他们不仅改变了精神分析技术的方向，即从治疗转用于创作，而且把精神分析学看作人类自我认识的一次革命，看作对人的形象的全新揭示。同时，他们在引入精神分析学的时候，着意强调了自己与医学界之间的分歧，他们以自己的精神分析实践来对抗医学界的沙文主义和专业主义。一定程度上，我们可以说，正是因为他们的努力，法国才有了自己的精神分析文化。

布勒东原本是医学院的一名学生，第一次世界大战期间师从沙考特的学生、著名的神经科医生约瑟夫·巴宾斯基（Joseph Babinski，1857—1932）在一家军人医院的精神病中心任助理医生，其在医学上的天分曾赢得老师的激赏，以至于艾伦伯格后来说："如果布勒东获得了医学学位，一直致力于精神病学的研究，他完全有可能凭着他的新方法而成为动力精神病学一个新学派的开创者。"[1]可他并没有沿着科学的道路走下去，而是在战后弃医从文，成为一个新的文学运动的开创者。布勒东是在 1917 年左右通过埃纳斯和雷吉斯的著作《神经症和精神病的精神分析》了解到弗洛伊德的理论的，可这并非他获得无意识的知识的唯一来源，他是一个兴趣广泛的年轻人，心理学、精神病学、通灵术、哲学、文学，各个领域的著作他都阅读，因此，卢迪内斯库说："布勒东的无意识概念与弗洛伊德的无意识概念并不属于同一个知识领域。在这位诗人看来，无意识并不是一种以拓扑学方式形成为代理或力量的结构，而是一个与心理学家、催眠术士、通灵者、玄学家所描述的自动作用相一致的心理场所。"[2]实际上，布勒东等人后来实验的所谓"自动书写"主要得益于两个传统：德国浪漫主义和法国象征主义的文学传统以及法国动力精神病学的医学传统，弗洛伊德的精神分析学只是在超

---

[1] Henri F. Ellenberger, *The Discovery of the Unconscious: The History and Evolution of Dynamic Psychiatry*, p.837.

[2] Elisabeth Roudinesco, *Jacques Lacan & Co.: A History of Psychoanalysis in France, 1925–1985*, p.22.

现实主义者后来阐述自己的思想时被当作理论的支撑，它在他们早期的自动书写实践中的作用远不及我们所认为的那么大。

第一次世界大战结束后，布勒东加入了达达主义的团体，走上文学创作的道路。1919年3月，他和菲利普·苏波（Philippe Soupault, 1897—1900）、路易·阿拉贡（Louis Aragon, 1897—1982）一起在巴黎创办了一份名为《文学》的杂志，旨在向一切文学传统和偏见宣战，要以一种摧枯拉朽之势把一切陈旧的东西都清除干净。1919年10月，《文学》杂志发表了布勒东和苏波合作的作品《磁场》，这是他们用"自动书写"完成的第一部作品。之所以名为"磁场"，大约含有这样的意思：我们所处身的物质世界和精神世界其实就是一个处于永恒振动之中、因而既相互联系又相互干扰的磁力场，但由于传统、理性、日常语言等的束缚，使我们体会不到这个力场的振动；只要我们放弃了那些束缚，让自己进入一种下意识状态，那个力场的互动效应就会自动地显露出来。

自动书写让布勒东觉得找到了一种新的文学表达方式，虽然这种写作在此前已为许多作家实验过。现在布勒东需要找到一种新的理论来支持他，精神分析学就成为他的航标。接下来的开场又与弗洛伊德有点关系。1921年10月，布勒东专程到维也纳拜访了这个时代最伟大的心理学家。虽然布勒东后来曾多次强调精神分析学对超现实主义的巨大影响，但这次会见对超现实主义来说并无标志性的意义，它不过是一个年轻的文学"革命者"去向一个年长的科学"革命者"完成的一次朝拜仪式，如布勒东自己说的，他在那个用来接待访问者（病人）的房间里看到的只是一个已经弱不禁风的"小老头"，虽然这个"小老头"曾是现代冒险主义最大胆的"代理"。两人的谈话内容也了无新意，弗洛伊德对布勒东的文学运动毫无兴趣，为了活跃气氛，布勒东提到了沙考特和巴宾斯基的名字，可弗洛伊德对此反应冷淡，还是一味地抱怨法国人对他的理论的排斥——就像他跟法国人之间只有这么一个话题值得一聊。弗洛伊德的冷淡令布勒东颇为不快，很长一段时间他都对此耿耿于怀。

1924年11月，布勒东起草发表了《超现实主义宣言》，标志着超现实主义团体的正式组建，同年12月，这个团体创办了自己的机关报《超现实主义革命》，包括保罗·艾吕雅（Paul Éluard，1895—1952）、安托南·阿尔托（Antonin Artaud，1896—1948）、安德烈·马松（André Masson，1896—1987）以及1922年移居巴黎的德国画家马克斯·恩斯特（Max Ernst，1891—1976）等在内的许多先锋的文学艺术家都加入了这个团体。布勒东是这个团体的精神领袖，但不是一个弗洛伊德式的权威，因为这个团体的精神之一就是要打倒一切权威。

超现实主义者的团体当然不是以推进精神分析运动为目标的弗洛伊德主义者。虽然他们中有的人有过医学的背景，例如布勒东和阿拉贡；而有一些人还接受过专业的精神分析治疗，如米歇尔·莱利斯（Michel Leiris，1901—1990）和乔治·巴塔耶（Georges Bataille，1897—1962）接受过博雷尔的分析，勒内·卡尔维尔（René Crevel，1900—1935）接受过阿伦迪的分析，但是，如上所说，他们对精神分析学的兴趣是文化上的而非医学上的，他们对精神分析理论和技术的挪用乃是基于先锋艺术的那种实验精神，而不是着眼于治疗的目的。虽然布勒东在1924年的宣言中论及这个团体的理论基础时曾说："这要感谢弗洛伊德的发现。根据这些发现，终于形成了一股思潮；而借助于这股思潮，人类的探索者便得以作更进一步的发掘，而不必再拘泥于眼前的现实。想象或许正在夺回自己的权利……"[1]但这些话究竟有多少诚意呢？又有多少是出自对精神分析学的真正理解呢？或者说对于弗洛伊德的发现的革命性精神，布勒东究竟了解多少？当我们看看他在1932年发表的作品《连通的容器》中对弗洛伊德的奚落时[2]，大约可以看到其中的些许端倪。又

---

[1] 柳鸣九主编，《未来主义 超现实主义 魔幻现实主义》，北京：中国社会科学出版社，1987年，第246页。

[2] 在这部作品中，布勒东运用弗洛伊德的释梦技巧分析了自己的梦境，但又批评弗洛伊德把"物质现实"和"精神现实"分割开来犯有二元论的错误，而认为梦境与清醒状态看起来是完全对立的，实际上却是彼此沟通的，就像两个连接的容器一样。作品出版后，布勒东给弗洛伊德寄去了一本，弗洛伊德在回信中针对布勒东的批评作了一些辩解，并称他本人"离艺术太遥远"，无法理解超现实主义的那些东西。

如布勒东的合作者苏波,他在其自传《忘却的回忆》中明确地把启示的功劳归给了让内:"我们偶然发现了一位精神科医生皮埃尔·让内的著作《心理的自动性》[即《心理的自动作用》。——引者注]……这本著作对超现实主义的早期发展十分重要……事实上正是皮埃尔·让内第一个指出并描述了下意识书写,是他启发了我们。对皮埃尔·让内这个医生来说,下意识书写仅仅是一种治疗方法。然而对我们来说,这是一种可能性,是某种创作。"[1]至于像巴塔耶这样的人物,他的色欲主义本应使他更为走近精神分析学,而实际上,弗洛伊德之于他的重要性远不及黑格尔,并且有趣的是,巴塔耶是超现实主义运动中极其重要的一个"边缘"人物,他的后半生又因为拉康的"插足"而注定要与精神分析运动纠缠在一起,可是,如同他对超现实主义运动始终保持着若即若离的关系一样,他对拉康精神分析圈子的争吵也毫无兴趣。

因此,对于超现实主义运动与精神分析学的关系,不可以一概而论。虽然我们认为超现实主义团体内部有一种精神分析文化,可那也是局部的,在20世纪初的法国,这一文化的范围十分有限——尽管其文化的力量不可低估。

具体来说,精神分析学与超现实主义运动至少在三个方面有重要的关联或联系:对梦境的重视;自动书写的心理学前提;对精神病或癫狂现象的重新认识。

梦境是弗洛伊德实践分析技术最理想的对象,也是他用来打开无意识领域的重要场所,超现实主义者则把梦境或梦幻视作进入另一种真实的中介,对它们的描述成为他们捕捉这一真实的重要手段。例如在1924的宣言中,针对人们把梦境视为日常生活中一种毫无意义的插曲,布勒东说,"梦境与现实这两种状态似若互不相容,我却相信未来这两者必会融为一体,形成一种绝对的现实,即'超

---

[1] 转引自柳鸣九主编,《未来主义 超现实主义 魔幻现实主义》,第125页。

现实'"[1]。他还说，在梦境中，"令人惶惶的'可能如何'之类的问题不复存在。去杀人，去展翅飞翔，去爱别人吧！总之是要怎样便怎样。即使你一命呜呼，不是也满可以在白骨堆中苏醒复生么？"[2]显然，在这里，梦境的意义已不是弗洛伊德所谓的被压抑的愿望的满足，而成为反抗现实的力量，"科学的"分析被嫁接到文化的革命冲动中。

对于超现实主义者所实践的"自动书写"，许多人说那是对弗洛伊德的自由联想方法的运用。可正如前面所说的，超现实主义运动的理论源头不止一个，弗洛伊德的精神分析学只是其中之一，并且按照艾伦伯格和卢迪内斯库的描述，在这些源头中，法国本土的哲学、文学和精神病学的传统在发生学的层面似乎扮演着更为重要的角色。至于超现实主义者所实践的"自动书写"，与弗洛伊德的自由联想方法也有着本质的不同，后者根本上是服务于治疗的目的，是对症状的一种解除，而前者乃是一种表达无意识活动的方式，是让内所说的那种心理自动作用，按照布勒东的描述，这种自动书写颇类似于一种"魔术"：

> 找一个尽可能有利于集中注意力的静僻处所，然后把写作所需要的东西弄来。尽你自己之所能，进入被动的或曰接受性的状态。忘掉你的天才、才干以及所有其他人的才干。……落笔要迅疾而不必有先入为主的题材；要迅疾到记不住前文的程度，并使你自己不致产生重读前文的念头。第一个句子会自动地到来，这是千真万确的，以至于每秒钟都会有一个迥然不同于我们有意识的思想的句子，它唯一的要求便是要脱颖而出。很难预断下一个句子将会如何……只要你愿意，就一直往下写。请相信：轻声柔语是绵绵不断、不可穷竭的。[3]

---

[1] 柳鸣九主编，《未来主义 超现实主义 魔幻现实主义》，第249页。
[2] 柳鸣九主编，《未来主义 超现实主义 魔幻现实主义》，第248页。
[3] 柳鸣九主编，《未来主义 超现实主义 魔幻现实主义》，第262页。

其实，超现实主义者对自动书写的实践更接近于19世纪下半叶在欧洲所盛行的通灵术。1922年9月，布勒东和他圈内的一帮朋友做了一系列的通灵实验，通过催眠术使人进入一种梦游般的自动书写状态，可实验表明，这个游戏十分危险，有的人沉陷在入魔状态难以自拔，甚至陷入一种癫狂。所以，布勒东等人不得不停止实验。但自动书写作为一种特殊的表达方式仍受到布勒东的推崇，因为要知道，它是超现实主义者所主张的一种革命性的写作模式，若是没有了它，超现实主义就不大可能发展成为一种真正的文化运动，虽则运动内部真正以自动书写的方式完成的作品并不多，但它作为一个标识已被超现实主义者指认为一种文学态度和哲学态度，一种与精神分析的理论旨趣相一致的时代精神，正如卢迪内斯库所说：自动书写"消解了'笛卡尔主义的'观念，依据那一观念，语言乃是思维主体的所有物。超现实主义者的自动书写则是作为主体离心化或碎片化的一个工具而存在的，主体不再确认自己具有任何的自我确定性。通过它，诗歌不再是现实的再现或灵感的场所，而是语言本身，是语言作为一种存在形式被客体化。在法国，超现实主义就是这样成为精神分析学的帮手的，因为它陪伴着弗洛伊德的无意识的冒险，它给后者提供了一种表达方式，并且这一表达方式不是理论的，而是分析的"[1]。无意识、语言、离心化的主体，这些术语表明，卢迪内斯库的解释是拉康式的，而实际上，她认为拉康在其思想形成时期显然是受到了超现实主义的这些写作观念的影响。

再就是对精神病和癫狂现象的认识。弗洛伊德精神分析学的一个重要贡献就是改变了人们对正常与癫狂的划界认识，当他宣告我们每个人都是神经症患者时，他实际上打开了一个潘多拉盒子，癫狂或精神分裂已成为20世纪西方心灵的一个重要症状。可是弗洛伊德的那些不忠的信徒——包括法国的那些分析家——并未认识到这一点，而是继续把癫狂视作一种需要救治的病态。超现实主义者则

---

[1] Elisabeth Roudinesco, *Jacques Lacan & Co.: A History of Psychoanalysis in France, 1925–1985*, p.26.

不同,如同梦幻、自杀、性是他们津津乐道的主题一样,对癫狂的重新认识也与他们所要表达的文化理想有关。还是在那个著名的宣言中,布勒东说:

> 再就是疯狂……就是那"需要关禁闭的疯病"。……谁都知道,实际上,疯子之所以遭到禁闭,只是由于少数法律上可以施加惩罚的行为;而假如没有这些行为,他们的自由是绝不会受到影响的。说他们在某种程度上是受到自己的想象力之害,我倒愿意赞成这种见解;换句话说,他们的想象力促使他们不遵守某些规则,而离开了这些规则,人们就感到自危,这是众所周知的常识。[1]

对癫狂的禁闭就是对想象力、对自由精神的囚禁,这就是布勒东们所要表达的,因此他们要以"癫狂颂"来解放那被囚禁的精灵。1928年,布勒东发表小说《娜嘉》,描写了一个女癫狂者在"正常"世界中的困苦的命运以及那癫狂状态的诗性的光辉[2];1930年,他又和艾吕雅合作发表《无暇的观念》,把癫狂和正常视作像"连通的容器"一样,瓦解了横亘在两者之间的那人为的界限——这些都是献给癫狂的狂想诗,是日后法国"反精神病学"运动的先声。

至此,我们应当可以明白为什么卢迪内斯库会说法国早期精神分析运动中"医学渠道"与"文学渠道"之间的差别其实属于同一种意识形态现象:医学界的犹疑与文学界的热情在某一点上是合流的,即它们乃是第一次世界大战后法国文化进入转型时期的见证,一方代表着中产阶级意识形态,而另一方代表着反中产阶级意识形态,两者的并存正是这个时代矛盾心理的体现。在1930年代之前,这两个渠道很少有直接的交锋和对话,但它们的并存给法国精神分

---

[1] 柳鸣九主编,《未来主义 超现实主义 魔幻现实主义》,第241—242页。
[2] 1930年,因为这部小说对精神病医生和疯人院的攻击,导致让内和几位精神病学家对布勒东提出指控,双方爆发了一场争论。

析运动的发展提供了多种可能的选择。直到拉康出现,这两个渠道开始了真正的合流。拉康正是从文学渠道中找到了自己的同情者,他给了"精神分析写作"一个全新的文体,而这个文体——如同他的阅读一样——一定程度上说就是超现实主义的,他的精神分析学就是一种"超现实主义的精神分析学"。

第二章

自我认同的罪与罚

1931年10月,在"第六届法语精神分析学家大会"上,巴黎精神分析学会的本土分析家与移民分析家之间就学会的性质及发展方向、业余分析师的地位等问题发生了激烈的争吵,当时,与会的一位年轻人目睹了一切,他就是雅克·拉康。不过,此时的拉康在这个圈内还是一个无名小辈,在会上争吵不休的权威们谁也不会想到这个年轻人不久就要在他们的阵地掀起更大的波澜,更不会想到将来某一天他会以其"野性的"分析风格来颠覆他们靠着不断的争吵与妥协好不容易建立起来的那一点点基业,同时将在巴黎以他为绝对中心形成一个远非他们的组织所能企及的"精神分析王国"或者说"拉康王国",并会因此而被加冕一个对他们来说尊贵无比的封号:"法国的弗洛伊德"[1]。

那么,这位"法国的弗洛伊德"是如何成就出来的呢?要知道,奥地利的弗洛伊德不只是创立了精神分析学的理论体系,还创立了一个庞大的帝国建制:国际精神分析协会。拉康被称作"法国的弗洛伊德"也应当在这两个方面来理解:一方面,他以其对精神分析理论和技术的革命性阐述为一个精神分析化的文化时代描画了主体性的根本症状;另一方面,他因为与国际精神分析协会和法国本土的精神分析共同体的一系列冲突而在"古老"帝国的身边建立了一个反建制的王国,一个只能以他自己的名字来命名的王国。"自我认同的罪与罚",这是拉康对主体在想象界的认同的一种理论说明,在后面我们将会看到,这不只是一种理论,也是一个有关自我生成

---

[1] 1972年,《耶鲁法国研究》杂志以"法国的弗洛伊德:精神分析学中的结构研究"为题编发了一期法国精神分析学专号,拉康当然是这一期的主角。"法国的弗洛伊德",在此既是指"弗洛伊德(精神分析学)在法国",也是指拉康作为"法国的弗洛伊德"。

的神话,而在这里我们还会看到,它也是拉康的事业的一个写照,是他的自我在他者中的一种遭遇。

在接下来的两章,我将追述拉康在 1950 年代之前的活动,当然这个时候的他还不能被称为"法国的弗洛伊德",他还不是日后那个呼风唤雨的人物,但因为他的出现,法国精神分析运动的格局正在发生变化,拉康的时代已呼之欲出。我的追述将围绕拉康早期的学术经历来进行,但这并不意味着我所关注的只是拉康的学术写作,那仅仅是一个结果而已,而真正的"追述"应当是一种过程描述,应当是对写作史的一种考古式的重构,是书写场景的重建。对这个时期的拉康而言,有四个原发性场景是至关重要的:精神病学的研究、对弗洛伊德的阅读、与超现实主义圈子的互动以及与德国哲学尤其是黑格尔哲学的相遇,它们交替着进入拉康的视野,结构着他在这个时期的思考。因此,我的追述将把重点放在这几个方面,尽可能以此勾勒出拉康早期思想的语境。在这一章,我所关注的是拉康成为弗洛伊德主义者之前的活动。

一 妄想症书写

雅克·拉康(Jacques Lacan,1901—1981)全名雅克-玛丽·爱弥尔·拉康(Jacques-Marie Émile Lacan),1901 年 4 月 13 日出生于巴黎中上层阶级一个笃信天主教的家庭,他的父系曾是巴黎西南部奥尔良地区著名的食用醋生产商,后扩展经营食品和日用杂货的贸易,19 世纪末,生意的据点移到巴黎,公司的规模也越来越大。拉康的父亲就在巴黎做贸易代理,他的母亲则出身于巴黎的一个金匠家庭,两人于 1900 年 6 月结婚,雅克·拉康是他们的长子,在他的下面还有一个妹妹和一个弟弟。

1907 年,拉康被送入耶稣会办的著名的斯坦尼斯拉斯学校(Collège Stanislas)接受启蒙教育,1916 年继续在这所学校开始中学阶段的学习,接受严格的宗教教育和古典学训练。第一次世界大战期间，拉康的父亲被征召入伍，斯坦尼斯拉斯学校也有一部分被改为战时医院，少年拉康目睹着从前线抬下来的伤员，会有什么样的触动呢？他后来走上医学道路与这个有关系吗？这些我们无从知晓，我们只知道那个时候的他好胜心极强，总想在学习上拿第一，但实际上，他除了宗教和拉丁语翻译的课程十分出色以外，其他各科都成绩平平。

中学阶段，正处在青春期的拉康爱上了哲学，开始阅读17世纪荷兰哲学家斯宾诺莎的著作，并在自己卧室的墙上挂着一幅自己画的斯宾诺莎《伦理学》的体系结构图。拉康的哲学爱好令父亲非常不安，因为后者梦想着儿子今后能继承自己的事业，在商业上有所发展。可对拉康来说，这个开端有着特别的意义：正是通过斯宾诺莎的泛神论哲学，拉康放弃了家族的天主教信仰，成为一个无神论者，作为对这一信仰转变的见证，他后来把自己名字中那个具有信仰色彩的部分"Marie"去掉了，改"雅克－玛丽"为"雅克"。更重要的是，十多年后，当拉康撰写他的博士论文时，斯宾诺莎哲学将在其中扮演重要的角色；而在四十多年后，当拉康因为"短时会谈"而遭到国际精神分析协会的"驱逐"时，斯宾诺莎又成为拉康叙说自己的遭遇的一个镜像。

1918年左右，正处在心理裂变时期的拉康开始光顾位于奥德翁街（Odéon）的莫尼埃书店和莎士比亚书店，这是巴黎左岸地区两家很有名气的文学书店，安德烈·纪德、保罗·克罗岱尔、于勒·罗曼（Jules Romains，1885—1972）等著名作家都是这里的常客，拉康正是在这里（1920年）结识了超现实主义者安德烈·布勒东和菲利普·苏波，也是在这里（1921年）第一次听人朗诵詹姆斯·乔伊斯（James Joyce，1882—1941）的作品《尤利西斯》。对拉康来说，这同样是具有意义的开端：进入他视野的这些人物就像自我固恋的镜像，总有一天，拉康会把他们或者他们的作品一一纳入自己的精神分析视野；尤其是与超现实主义者的交往，将对他早期思想的转变产生重大影响。

1919年秋,从斯坦尼斯拉斯学校毕业的拉康注册成为巴黎医学院的学生。大学期间,拉康除完成学业外,继续保持着对文学和哲学的兴趣,一度对尼采的思想颇为狂热。1920年代初期,他还与一个右翼的民族主义组织"法兰西行动"（Action française）关系密切,偶尔还会出席组织的集会。但他并不是一个反犹主义者,他出席这类活动与其说是基于某种政治信仰,不如说是因为那种场合的激进主义和精英主义气氛给这个弃教后的躁动心灵提供了一个既可以宣泄也可以获得心理补偿的渠道。

1926年11月4日,拉康与人合作在《神经病学杂志》上发表了他的第一篇临床报告,报告写得"冗长、详尽、技术性强且少有情感流露"[1]。巧合的是,就在同一天,巴黎精神分析学会成立。不过这时的拉康还不是弗洛伊德主义者,他的报告中还见不到精神分析的痕迹,虽然他对弗洛伊德的理论已有所了解。

医学的学习有一个漫长的过程,完成大学学业后,还要到医院接受临床训练,这又要花上好几年的时间。1927—1931年,拉康接受精神病临床治疗的训练。他先是在巴黎圣安娜医院学习精神病及脑病患者的临床治疗,指导老师是著名的神经科专家亨利·克劳德;接着到巴黎警察局附属医院任专职医师,指导老师是以研究"精神的自动作用"（L'automatisme mental）著称的加埃坦·盖丁·德·克莱朗博尔（Gaëtan Gatian de Clérambault, 1872—1934）,正是在这里的工作,使拉康对精神病理学和犯罪学产生了兴趣;1929年,拉康又转到以治疗和研究精神病著称的亨利·鲁赛尔医院工作,并在那里取得法医资格;1930年8月,拉康到荣格所在的苏黎世布尔戈霍兹利医院做为期两个月的访学,不过他在这里并未见到荣格;第二年拉康又回到圣安娜医院做实习医生。

在接受临床训练的这几年里,有三位老师给拉康留下了深刻的

---

[1] Elisabeth Roudinesco, *Jacques Lacan*, p.17.

印象：乔治·杜马（Georges Dumas，1866—1946）、亨利·克劳德和加埃坦·盖丁·德·克莱朗博尔。乔治·杜马是圣安娜医院的心理学和精神病学教授，皮埃尔·让内的朋友，也是反对精神分析学的强硬派，他的讲课生动有趣，十分受哲学和精神病学的学生的欢迎，克劳德·列维-斯特劳斯（Claude Lévi-Strauss，1908—2009）在《忧郁的热带》（1955）一书的开篇对这位老师有十分精彩的描述；亨利·克劳德是圣安娜医院的绝对权威，与杜马不同，他对精神分析学怀有典型的法国式的同情，即希望让精神分析学适应拉丁精神，适应法国精神医学的传统，他也是拉福格强有力的支持者；至于加埃坦·盖丁·德·克莱朗博尔，是三个人中对拉康早期的医学研究真正产生过影响的一位，他对精神分析学没有什么了解，对所谓的拉丁性也没有兴趣，因此对这两者他既不赞成也不反对。这三个人同为巴黎当时著名的神经病学和精神病学专家，相互之间不免有文人相轻的毛病，这让拉康感到很为难，为了不让自己受到伤害，他采取了一种相对灵活的自保策略，卢迪内斯库描述说：

> 拉康对各有千秋的这几位导师采取了不同的态度。对于亨利·克劳德这位成功但却有局限的资产阶级分子……他是一个不折不扣的谦恭的学生。他总是以赞同来迎合克劳德的自恋，同时又以自嘲式的优越感来维系自己的安全。对于乔治·杜马，他十分尊敬：他欣赏其临床的天赋，且总想在其面前施展自己的魅力。至于克莱朗博尔，他与其保持着一种矛盾的爱恨交织的关系。[1]

实际上，在拉康的内心里，相比于其他两位老师，他对克莱朗博尔可能更多一分尊敬——虽然他们之间的关系后来恶化了。在1966年为即将出版的《文集》所写的类似于自我介绍的短文《关于我的经历》中，拉康称克莱朗博尔是他在精神病学领域中"唯一的

---

[1] Elisabeth Roudinesco, *Jacques Lacan*, p.23.

导师",还称后者有关"精神的自动作用"的研究在试图把握(病人)主体的文本的方面要比法国精神病学的所有临床研究"更接近在结构分析基础上建构起来的东西"[1]。拉康的这个表述颇为隐晦。实际上,这里的所谓"在结构分析基础上建构起来的东西",就是他以语言学方法揭示出来的"分裂的主体"(the split subject),而这也正是克莱朗博尔的"精神的自动作用"理论的揭示对象,只是后者把它称为"分裂的自我"(the split self)。对于这两个概念之间的影响关系,我们在拉康的第3期研讨班《精神病》(1955—1956)当中可以看到。

在接受临床训练的这几年里,拉康与人合作撰写了一系列的病例报告,这些报告大体都依循神经精神病学的传统作风,先描述症状,接着是神经科的检查,再下来是病情进展的陈述,最后对病症予以分类,做出初步诊断。其中值得一提的如1928年发表的《战争后遗症:一个不会行走的女病人》和《传奇警探:从慢性幻觉式妄想到想象性妄想》:前者描述了一个因为在第一次世界大战中受到惊吓而不会行走的女患者,这其实是一个歇斯底里的病例,但作者们并没有以弗洛伊德或让内的方式去解释这一战争创伤,而是采用了巴宾斯基的神经病学的术语;后一个报告描述的是一个患有妄想症的中年男子,他在另一个城市"看到"了发生在巴黎的窃案,并真的跑到巴黎去报案,结果被送到精神病医院,在病例报告作者的观察中,这个病人的妄想原本是以幻觉为主,但两个月后其妄想逐渐发展为以想象为主,原本的幻觉几乎消失,取而代之的是类似于小说的、内容极其丰富的想象,拉康们称其为"不稳定的诗人",认为该病例应是一种形态可发生改变的慢性妄想。还有如1929年发表的《持续的麻痹性痴呆》,这是一个神经症病例;以及1931年发表的《共生性疯癫》和《启示性书写:分裂书写》。所谓"共生性疯癫",指的是两个患者之间的疯癫存在着一种引发关系,即一方的癫狂是

―――
[1] Jacques Lacan, *Écrits*, p.51.

因为有另一方的引发,只要后者不在场,前者的症状也就会消失。但在拉康及其同事所描述的两组母女的病例中,情况并非总是如此,妄想有时会独立发展,有时会呈现为相互引发,他们在报告中对出现这种情况的原因进行了分析。至于"分裂书写",描述的是一个有写作妄想的女教师,她总是觉得自己在发明一种新的语言,她的写作将给法国社会带来一场革命,报告的作者通过分析患者写作的文本中那些不合常规的语义、风格及语法,界定了其妄想症的结构;同时他们还指出,患者的这一陷入启示的状态决不是唯灵论的,而是一种自动现象,可以在超现实主义者所实验的自动书写的语境中获得理解:"不过,在这些文本中,并非所有的东西都要归于情感倾向的退化性言语表达。……一些作家在其所谓的超现实主义的写作风格和他们极其科学地描述的方法中所进行的实验表明,脱离催眠术后,自动作用可以使写作的自动性达到何等程度。"[1]

尤其值得一提的是,1931年7月,拉康还在《巴黎医院周报》上独立发表了一篇论文《妄想性精神病的结构》,这是他的第一个理论性文本。在这篇文章中,作者依循传统精神病学的思路对妄想性精神病的病因和病征进行了研究,他综合病因和病征的特点把妄想性精神病分为三类:体质性妄想、解释妄想和激情妄想。其中值得注意的是他对第一类精神病的描述,他采用传统的解释,提出了构成体质性妄想的四个要素:病态的自我高估;猜疑;判断缺陷和社会适应不良。在这之外,他还补充了一个要素:"包法利主义"(Bovaryism)。我们知道,包法利是法国作家福楼拜发表于1857年的小说《包法利夫人》中的女主角,作家以科学家般的冷静与精细刻画了一个靠着幻想的自我生活的女人的不幸遭际,小说发表后,文学批评家、哲学家便用"包法利主义"来指称那种幻想性的人格,到1920年代,有精神病学家将这一概念引入对妄想症的思考,将妄

---

[1] 转引自 Elisabeth Roudinesco, *Jacques Lacan & Co.: A History of Psychoanalysis in France, 1925–1985*, p.109。

想性人格描述为病态的包法利主义的一种极端形式。拉康当然是在后一种意义上使用这个概念的。

拉康的这篇论文有着他的老师克莱朗博尔的影响，但也有一定程度的修正。克莱朗博尔也曾是斯坦尼斯拉斯学校的学生，早年学的是法律，但却走上了医学的道路，致力于精神病学和犯罪学的研究，其中以对钟情妄想（erotomania）[1]的研究最为著名。为了对各种各样的妄想症症状做出系统的描述，克莱朗博尔提出了一个概念："精神自动作用的综合征"（syndrome of mental automatism），即妄想症的那种种症状其实是精神和感觉障碍以一种自动作用的方式——克莱朗博尔的所谓"精神的自动作用"实际接近于弗洛伊德所讲的无意识过程——强加给主体的，它们看似有多样的表征，而实际在主体身上有着共同的本质或者说是主体心灵的一种"综合征"的体现。[2]与让内强调心理的自动作用是基于主体心灵的"能力缺失"或"精神衰弱"不同，克莱朗博尔强调自动作用有着体质方面的原因，其所谓的"综合征"其实就是一种体质结构。拉康的研究一定程度上沿袭了他的老师的体质论解释，但他用一个带有现象学意义的"结构"概念取代了老师的"综合征"的概念，这表明他对体质论持有某种保留，他想用一个具有哲学意味的概念来冲淡"综合征"概念中过重的心理学色彩，虽然他并未明确地把这两个概念对立起来。

克莱朗博尔为人保守而且多疑，拉康知道自己在两位老师之间采取的骑墙态度可能会引起其中一位的不快，所以他在文中对克莱朗博尔的理论公开表示了赞赏，并直引了后者的观点。但是，也许是出于对克莱朗博尔为人的了解，拉康在一处引文的下面加了一个有点奇怪的脚注："这个形象借自我们的导师德·克莱朗博尔先生

---

[1] 实际就是我们常说的"花痴"，属于歇斯底里的一种，患者一般多为女性甚至单指女性，其症状主要是相信某个名人或所敬慕的某个人对自己爱得发狂。

[2] 有关克莱朗博尔的精神自动作用的综合征理论，可参见 Marshall Needleman Armintor, *Lacan and the Ghosts of Modernity: Masculinity, Tradition, and the Anxiety of Influence*, New York: Peter Lang Publishing, Inc. 2004, pp.34-39。

的口头教诲,我们的主题和方法有许多都可归功于他,因此,为了避免被指控剽窃,我们的确应该承认他是我们所运用的所有术语的源泉。"这样表达敬意确实让人不太舒服。果不其然,文章发表后,克莱朗博尔在一次会议上公开发难,把拉康发表的一堆文章扔在拉康面前,当众指控他剽窃,据拉康的朋友、那个以研究精神病学史著称的史学家亨利·艾伦伯格回忆,拉康表现得出奇的沉着,先对老师恭维了一番,然后告诉说剽窃的人正是老师自己。[1]这场争吵使拉康在圈内一时暴得声名,从此他将脱离老师的轨道,摸索自己新的学术道路。至于克莱朗博尔,这个对物恋和镜前凝视一直抱有浓厚兴趣的精神病学家于1934年因精神分裂在自己家中面对着一面镜子饮弹自尽。

《妄想性精神病的结构》发表的时间比《启示性书写:分裂书写》要早几个月——后者发表于11月——同一年发表的这两篇作品显示了拉康早期思想的某些迹象,如卢迪内斯库所说:

> 如果我们把"启示性书写"同几个月前在《巴黎医院周报》发表的作品作一比较,就能发现,拉康对当时精神病学中的两种相互冲突的倾向脚踩两只船。一方面,他把妄想症结构的概念同一种体质论的精神病观点联系在一起,认定有一种正常存在,并认定必须对背离正常的倾向加以压制。另一方面,他又服膺这样一个观念,即疯癫可比作一种半是"装疯卖傻"半是有意为之的语言创造行为。这是一对奇特的矛盾:从克莱朗博尔的教诲和他自己对法国及德国古典作家的阅读中,他汲取了结构的观念,虽然这意味着要保留体质的概念;从动力精神病学的思考中,他获取了对疯癫语言的研究,这实际上意味着要抛弃体质论。[2]

---

[1] Elisabeth Roudinesco, *Jacques Lacan*, p.25.

[2] Elisabeth Roudinesco, *Jacques Lacan*, p.27.

在《妄想性精神病的结构》一文中，拉康多次提到弗洛伊德的理论，但都是一笔带过，精神分析学虽然进入了他的视野，但似乎还处在阅读阶段。可紧接着在第二年即 1932 年，他就从阅读转向了运用。在这一年，他翻译了弗洛伊德写于 1922 年的一篇论文《嫉妒、妄想症和同性恋的某些神经症机制》，并发表在巴黎精神分析学会的会刊《法国精神分析杂志》上。在这篇论文中，弗洛伊德照例是强调了幻想与力比多或者说性驱力之间的关系，认为嫉妒、妄想症及同性恋都是受到压抑的性驱力经由无意识的运作而投注到外部对象上的结果。当然，拉康对这篇作品的兴趣主要还在于其对妄想症机制的解释上，这一解释的影响将在他同年完成的博士论文中有所体现。

上面的叙述已经让我们看到，1931 年对拉康的学术经历来说是颇为重要的一年。在这一年，他继续和同事合作发表病例报告，但病例评述已经开始从前几年的神经精神病学的传统逐渐转向动力精神病学的思考；同年他还独立发表了自己的第一篇精神病学方面的论文，其中对妄想症结构的分析可被看作他对传统的一次回视或整理，也许我们还可以把它看作一个告别礼的开始；也是在这一年，他开始阅读弗洛伊德的著作，并且很快地，这一阅读将引发他向弗洛伊德主义的靠拢，因此我们同样可以把这一阅读看作他完成思想皈依的一个仪式性开端；同样是在这一年，我们前面提到过，他出席了"法语精神分析学家大会"，这次出席也许得力于他在圣安娜医院的指导老师、拉福格的支持者克劳德的推荐，虽然在整个会议议程中他还只是一个"旁观者"，但他对其中的一些人已经发生了浓厚的兴趣，例如皮雄。除上面说的这些以外，这一年还有两个事件对拉康来说意义非凡：一是他与超现实主义圈子的密切接触，再就是他对埃梅病例的介入。一定程度上，我们甚至可以这么说，正是这两个事件的同时发生，拉康早期的学术思考才得以迈出有意义的一步，或者说，他作为一个精神病学家的早期经历因此有了一个精彩的谢幕。

前面已经说过,早在1920年代初,拉康就在莫尼埃书店与超现实主义圈子建立了联系,但没有迹象表明这一联系是如何继续下去的,或者是不是一度有所中断。但是,到1930年代初,这一联系明显地密切起来,对"分裂书写"的临床研究显然唤起了拉康对疯癫的文字的热情,先锋的文学写作与妄想症之间突然在一条清晰可见的心理结构线中合流了。这是一个契机,是引发法国精神分析运动地形图的结构性变化的契机,拉康适逢其时,并且抓住了这个契机。

触发这一契机的是一个真正的妄想症艺术家。1930年7月,布勒东、阿拉贡、艾吕雅等创办了一份新的超现实主义杂志:《服务于革命的超现实主义》。从这个刊名可以看到其浓厚的苏俄主义色彩,是的,此时的超现实主义运动已经进入了一个新阶段:现在,他们不仅要做文学的革命者,也要做政治的革命者,要以更加具体地介入现实的形式来解决人类的矛盾,尤其是梦想与现实之间的矛盾;与此相对应,写作形式也当有所改变,"自动书写"因其过分专注于书写者自身的下意识而遭到遗弃,取而代之的将是一种具有现实的介入色彩的妄想症写作。而给这一写作形式提供理论论证的是来自西班牙的著名画家萨尔瓦多·达利(Salvador Dali,1904—1989)。

达利有一句名言:"我谵妄,故我存在;同样,我存在,故我谵妄。"这个自称为妄想狂的艺术家穷其一生似乎都是在为妄想症的诗学价值做神圣的见证,他在1929年正式加入超现实主义运动,并立即成为这个素以狂妄自大著称的圈子的宠儿。一定意义上,我们可以说,正是由于达利的加入,超现实主义运动才得以在其历史的新阶段迈出实质性的一步。1930年7月,在《服务于革命的超现实主义》第一期上,达利发表了一篇短文《腐烂的驴子》,其中着重阐述了他所谓的"妄想症批评"(paranoia-criticism)的观念。达利称妄想症乃是以前的那种消极的自动作用和幻觉的积极对等物,因为它可以把一种解释性的结构强加给现实,或者说它就是对现实的一种妄想性解释,而现实又可以反过来证明这一解释行为的真实性;妄想症不同于单纯的幻觉,它是通过一种连贯的逻辑批判方法来维系自身的,所以它具有一种现象学的向度,能够生产出双重形象,"通过一种全然妄想症式的过程,就有可能获得一个双重形象,即对某一对象的再现(没有一丝解剖学的或形象的歪曲)同时就是对另一完全不同的对象的再现,这一再现同样不会有任何的变形或异常来显示出可能有的任何安排"[1]。为了说明这所谓的"双重形象",达利举例说,在绘画中,一匹马的形象同时也可能是一个女人的形象。这究竟是什么意思呢?在此我们要知道,达利所讲的"现实"其实是无意识中的现实,在他看来,外部现实不过是无意识的表征,或者说是妄想症过程的一种建构物,妄想之于现实的关系不是病态的扭曲,相反,妄想是对现实的一种连贯的、谵妄性的解释,是对现实的"系统化",他把这种过程称为"妄想症批评"。所以,形象的所谓"真实性"不是来自形象与外部现实的一致,而是来自妄想对现实素材的某种有秩序的综合与再现,例如一匹马或一个女人的形象,在日常意识中它们是没有联系的两个孤立的形象,但在绘画中,艺术家可以通过将它们综合为一个"双重形象"来表达自己的幻想的"真实",这一"真实"遵循的是不同于日常意识的另一种逻辑,换句话说,在这里,马与女人之间有着一种置换关系,这一关系在现实世界中是被压抑、被遮蔽的,只有通过妄想症式的阐释,才可以揭示出两者之间那隐秘的结构秩序。卢迪内斯库评论说,达利的这一双重形象的观点将使古典精神病学的理性主义精神病概念归于无效,因为依据那一概念,妄想症被说成判断"错误"和理性的"疯癫",而依据达利的观点,妄想乃是对现实的一种阐释,妄想症对现实的知觉乃是对现实的一种象征性的重新秩序化,因而是一种创造性的活动,并且它依赖的不是歇斯底里式的变形,而是系统化的"逻

---

[1] 转引自 Elisabeth Roudinesco, *Jacques Lacan*, p.31。

辑"[1]。据此言之,疯癫者不再是丧失了理性的人,而是使梦想获得客观性的先知。

拉康大约是在1929年与达利相识的,1930年读到达利的文章后,他给达利打电话相约就妄想症的问题作一次面对面的交流。画家在自己的住所接待了这个年轻的精神病学家。"作为一种挑衅,他在鼻子上粘了一个橡皮条,意图给来访者制造一点惊讶。可拉康不为所动,两人就达利的思想作了一番交谈。"[2]两人还约定今后将定期作这样的专业交流,当然这只是个"约定"而已,不过1931—1932年拉康在准备其博士论文时的确与达利有过多次这样的约见。

单就思想的层面说,拉康与达利之间其实有着一种互为镜像的关系,表面上看,正是对妄想症的共同兴趣使他们走到了一起,而实际上,恰恰是因为各自领域的不同使他们都在对方的身上看到了自己所需要或者说所缺乏的东西:拉康从达利的妄想症批评中找到了把他带出精神病学领域狭隘的专业性的诗性之光,而达利则从拉康这个精神病学家的"科学"证词中找到了定义他内心的地狱之火的知性拐杖。对1930年代初的拉康而言,正是与达利之间的那种妄想症式的对话,精神病学的临床经验、弗洛伊德的教诲以及妄想症的分裂书写才得以被汇聚到一起,为他的第一次炼金术实验提供了必需的素材,正如大卫·梅西在为《精神分析学的四个基本概念》英译本所写的导言中说的:"如果说有一个因素使拉康走向了同他所受训练的精神病学——它仍然依据体质论在思考,且仍然把退化看作一个诊断范畴来使用——的决裂,那可能就是与超现实主义的邂逅。"[3]至于达利,他很快就会从拉康那里获得他意想不到的回赠,让他的妄想症批评因为"科学"的证言而变得更具野性的力量,达利在其自传《难以言说的自白》中这样说道:

[1] Elisabeth Roudinesco, *Jacques Lacan*, p.31.

[2] Elisabeth Roudinesco, *Jacques Lacan & Co.: A History of Psychoanalysis in France, 1925-1985*, p.110.

[3] Jacques Lacan, *The Four Fundamental Concepts of Psychoanalysis*,"Introduction", p.XV.

早在1933年之前，在我读到雅克·拉康那篇令人钦佩的文章《论妄想性精神病及其与人格的关系》时，我完全意识到我所拥有的是一种什么样的力量。……拉康对使我们同时代的大多数人感到晦涩难懂的一种现象作出了科学的启示，凸现了"妄想症"一说的真正重要性。在拉康之前，精神病学在这个问题上曾犯过一个很低级的错误，它认为这种偏执妄想的系统化是基于已存在的事实之后发展起来的，并且这种现象被当作一例"推理过程的疯狂"的案例来加以考虑。但拉康却认为恰恰相反，这种精神极度兴奋的本身就是一种系统化的过程，它生来就是一种自成体系的、活跃的因素，注定要引导现实世界环绕在它的力量线周围。[1]

达利的"妄想症批评"就像一把野火，把传统精神病学在正常与变态、现实与幻想之间人为建立的分界线焚毁殆尽，妄想症作为对现实的一种特殊的、谵妄式的阐释过程而被赋予了诗性的意义和形式，拉康立即领会到这一理论所隐含的巨大力量，他要把它引入精神病学的研究中，来重构一个不同于传统的妄想症理论。而就在这个时候，一个人物的出场直接给这个综合提供了活生生的素材，或者说，正是通过这个人物，拉康为自己的综合找到了一个生动的例证和可行的切入点。

1931年4月10日，巴黎的圣乔治剧院将在晚上继续其《万事大吉》一剧的演出，深受巴黎人喜爱的女演员于盖特·迪弗洛斯（Huguette Duflos）——拉康在论文中称她为"Z夫人"——出演该剧的女主角。晚上8点，迪弗洛斯来到剧场，刚要通过演员专用入口，一名陌生女子上来问道："您就是Z夫人吗？"这名女子穿戴整洁，言谈举止自然平和，所以Z夫人没有任何猜疑——她早已习惯了追星族"想要接近偶像的那种谄媚之举"——明确地回答了她的问题。

---

[1] 达利，《疯狂的眼球：萨尔瓦多·达利难以言说的自白》，王光林等译，上海：上海文艺出版社，2006年，第141页。引文中个别术语有改动。

就在她要离开的时候——拉康叙述说——"那个陌生女子神情突变，迅速从提包里取出一把打开的水果刀，眼睛里燃烧着仇恨的火焰，向她挥臂砍去。为了挡住这一击，Z 夫人赤手抓住了刀刃，她的两根手指的筋脉被割断。这时两名助手上来制住了行凶者。"[1]

这个行凶者 38 岁，拉康在论文中称她为"埃梅"（Aimée），她的真名叫马格利特·庞泰恩（Marguerite Pantaine）。袭击发生后，马格利特被押送到警局，不久被关进了一个女子监狱，在那里，她陷入一种妄想状态，且持续了三周之久。迪弗洛斯没有起诉她。1931 年 6 月 3 日，埃梅被送到圣安娜医院，法医在鉴定报告上写着，她患有"基于解释性妄想的系统性迫害狂，且伴有夸大狂倾向和色情狂气质"。

在陷入妄想的期间，马格利特反复地说着她有多么憎恨那个女明星，因为多年来后者与文坛的一位男性作家共谋嘲笑她，威胁她和她儿子的生命安全，她还指控那位作家在其多部小说中影射她的私生活。面对前来采访她的记者，马格利特要求他们帮着纠正公众对她的不良看法，因为那会影响她"作为一个作家的前程"；她甚至写信给英国的威尔士亲王，为自己所受的迫害鸣冤叫屈，请求亲王来解救她。但在三周后，这一妄想状态突然消失了，她的态度发生了大逆转，称迪弗洛斯并没有想伤害她，也没有人要迫害她。她对自己的行为悔恨不已。

马格利特被送到圣安娜医院后，拉康接手了对她的诊治，并立即对这个病例产生了兴趣。6 月底，拉康以典型的克莱朗博尔式的风格——简洁、准确但却枯燥，理性、冷静但却冷血——出具了一份诊断书："妄想性精神病。最近的妄想在预谋的刺杀行为中达到高潮。那次袭击后强迫症明显有所缓解。梦一般的状态。解释富有意义、广泛而且集中，大都围绕着一个压倒一切的观念：威胁她的儿子。

---

[1] 转引自 Elisabeth Roudinesco, *Jacques Lacan & Co.: A History of Psychoanalysis in France, 1925–1985*, pp.112–113.

情感贯注：她对她儿子的责任。因焦虑而挑起了多个冲动：想接近一个作家和她未来的受害者。急切想要写作。成果曾寄给英国王室。好争论或者说有乡村野性。咖啡因依赖。饮食不规律，等等。"[1]

在接下来的一年多时间里，拉康对马格利特不断进行诊视。在诊视中，他发现，这个女人也是一个作家，写有多部作品，这又是一个"分裂书写"吗？妄想症与这一书写之间有什么内在的联系吗？为了弄清楚这些问题，拉康调查了马格利特的整个生活史，尤其是她的童年史和婚姻史，他不仅翻阅她的作品和照片，甚至阅读这个病人读过的书籍以便从中寻找其人格生活的蛛丝马迹。在研究中，弗洛伊德的精神分析学和超现实主义的妄想症写作的观念奇异地交织在一起，使传统精神病学的妄想症范畴不断溢出其固有的范围，一个以非精神病学的方式建构出来的家庭罗曼司，被放置到弗洛伊德的精神分析话语中加以阐释，曾经的对妄想症的病理学描述转而为一种传奇式的叙说所取代，妄想症动机的无意识意义成为一系列阐释的目标。正如卢迪内斯库所说："到这位杰出的精神病学家完成其出色的研究时，他通过借用那个女人的遭际并将其变成一个'病例'，不仅勾勒出其有关女性疯癫的理论，而且勾勒出他自己的幻想和家庭执念（family obsessions）。"[2]

总之，1931年的一系列邂逅最后通过一个病例汇合到一起，成就了年轻的拉康，到1932年，他将作为一名出色的精神病学家登台亮相，可这个出场同时也是他向传统精神病学的告别礼。

二　自罚性妄想

1932年9月7日下午，拉康在巴黎医学院顺利地通过了论文答辩，获得医学博士学位，他的论文题目为《论妄想性精神病及其与人格的关系》，论文的指导老师就是圣安娜医院的那个绝对权威亨利·克

---

[1] Elisabeth Roudinesco, *Jacques Lacan*, p.34.
[2] Elisabeth Roudinesco, *Jacques Lacan*, pp.34-35.

劳德。

在这篇论文中,拉康以三十三例妄想症临床病例为研究素材,探讨了造成妄想性精神病的病因机制,尤其是暗藏于人格内部的各种无意识因素的作用。其中最为人称道的就是他对马格利特或者说埃梅病例的分析,这一分析占据了整个论文的大半篇幅。

拉康首先回顾了19世纪下半叶以来德、法精神病学界对精神病尤其是妄想性精神病的界定,其中既讨论了德国精神病学家艾米尔·克雷丕林(Emil Kraepelin,1856—1926)在《精神病学纲要》第6版(1899)一书中有关"早发性痴呆"(dementia praecox)和"躁狂抑郁性疾病"(manic-depressive illness)的著名分类体系,也讨论了瑞士精神病学家、荣格的老师尤金·布鲁勒(Eugen Bleuler,1857—1939)用以取代克雷丕林的"早发性痴呆"一词的"精神分裂症"(schizophrenia)概念,还有动力精神病学家让内的"能力缺失"理论、瑞士精神病学家路德维格·宾斯万格的精神病现象学观念和德国哲学家及精神病学家卡尔·雅斯贝尔斯(Karl Jaspers,1883—1969)的"过程"理论等。这些讨论始终围绕着一个中心,即对精神病尤其是妄想症的界定。在拉康看来,传统就这一疾病究竟是体质性的还是功能性的而引发的争论,不仅于问题的解决无益,反而使问题本身陷入了混乱,以至于妄想症至今在精神病学的研究中仍是一块黑暗的大陆。拉康强调,对于精神病现象,我们不能仅仅从症状表征上去描述,而是应从"可理解性"的角度全盘考量患者的生活史,尤其是童年经历和性生活史,然后再在此基础上对其妄想症的结构进行描述和解释。显然,拉康的这一研究是要把临床观察、医学探究和心理学考察结合在一起,以免落入传统依据某一形而上学的假定来构想精神病病因的局限。

值得一提的是,拉康在界定妄想症时,有两个哲学家的思想给了他方法论的启示:一个是引领他走上无神论道路的斯宾诺莎,另一个便是雅斯贝尔斯。

论文一开篇，拉康便引述了斯宾诺莎《伦理学》"第三部分"的一个命题作为题记："只要这一个个体的本质与那一个个体的本质不同，那么这一个个体的情感与那一个个体的情感便不相同。"[1]到论文结尾，拉康又回到这个命题，并给出了自己的翻译和评论。这给人一种感觉，仿佛拉康想要把他的论文整个地置于斯宾诺莎的庇护之下，仿佛他整个理论的提出都来自斯宾诺莎的启发，正如卢迪内斯库所说，拉康实际上是把斯宾诺莎的哲学看作"唯一能对人格科学做出说明"的哲学。[2]

那么，是什么东西使拉康给予斯宾诺莎如此的地位呢？卢迪内斯库说，是斯宾诺莎的"平行论"（parallelism）观念。这一观念最明确的表述在斯宾诺莎《伦理学》"第二部分"的"命题七"中："观念的次序和联系与事物的次序和联系是相同的。"[3]斯宾诺莎的这个观点是为解释心身的统一而提出的。针对近代认识论哲学——不论是唯理论还是经验论——在物质和意识的关系问题上所持有的二元论观念，斯宾诺莎主张，宇宙间只有一种实体，这实体既非与精神相对立的物质，亦非与物质相对立的精神，而是神或自然；神具有无限的属性，而为人所清楚认识的只有两种，即思想和广延，因为前者，万物才赋有心灵，才有所谓的精神世界，因为后者，万物才具有形体，才有所谓的物质世界；神和属性表现为样式，思想属性的样式可以统称为观念，广延属性的样式可以统称为事物；因而，观念和事物是同一个东西的两面，两者之间既相互平行又相互一致。"所以无论我们借广延这一属性，或者借思想这一属性，或者借任何别的属性来认识自然，我们总会发现同一的因果次序或同一的因果联系，换言之，我

---

[1] 斯宾诺莎，《伦理学》，贺麟译，北京：商务印书馆，1983年，第147页。

[2] Elisabeth Roudinesco, *Jacques Lacan*, p.52. 实际上，在拉康同时代的许多哲学家当中，有一股斯宾诺莎主义的思潮，虽然拉康的斯宾诺莎主义与这个思潮没有直接关系，但至少也可以被看作一种时代的契合。

[3] 斯宾诺莎，《伦理学》，第49页。

们在每一观点下,总是会发现同样的事物连续。"[1]且不说这种平行论在本体论和认识论上有没有什么问题,仅就其自身而言,它本来与精神病学无关,但对拉康来说,它正好可以用来抵抗法国精神病学界所流行的另一种平行论观念,那就是遗传-退化学派的主导观念,其所谓的平行其实指的是身体现象与心理事实之间的一种决定论关系,就是说,只要神经系统出现了生理的或器质性的病变,就必定会产生相应的心理症状。而按照斯宾诺莎的平行论,身体和心灵乃是同一东西的两个方面,两者之间不是发生学意义上的决定论关系,而是存在论意义上的同一或平行关系,拉康正是依此来界定他的人格学说的,他在论文中说道,人格"不是神经过程的平行物,甚至也不是个体的躯体过程的平行物,而是由个体和他或她自身的环境所构成的一个总体的平行物。而且必须把这一平行论概念看作唯一配得上这个名称的——如果我们记得这便是它的原始形式,是斯宾诺莎在教诲中第一个给出了它的表达"[2]。

人格是一个由个体及其环境构成的复杂的总体,心理现象只是诸多因素中的一个。这一斯宾诺莎式的观念将使精神病学中的体质论传统——它就是基于那种决定论的平行论——彻底归于无效,妄想症这一最常见的疯癫形式将不再被看作能力缺乏的现象,而是被看作不同于所谓的正常人格的另一种精神状态,拉康称之为"不协调"(discordance)。有意思的是,对于已经有人在精神病学中使用过的这一概念,拉康非要以一种过度阐释的方式从斯宾诺莎那里获得,这就是他对作为题记的那个命题的重新翻译。斯宾诺莎的原文为:"Quilibet unius cujusque individui affectus ab affectu alterius tantum discrepat, quantum essentia unius ab essntia alterius differt."(只要这一个个体的本质与那一个个体的本质不同,那么这一个个体的情感与那一个个体的情感便不相同。)在此,斯宾诺莎使用了两个词:

---

[1] 斯宾诺莎,《伦理学》,第50页。

[2] 转引自 Elisabeth Roudinesco, *Jacques Lacan*, p.53。

discrepat（不一致）和 differt（不同），可以往的法语译者——跟我们所见的汉语译文一样——在翻译时用的是同一个词：différer，拉康为更准确地传达斯宾诺莎的原意，把第一个词改译为"discordance"（不一致、不协调）。卢迪内斯库说，拉康这么做是为了从精神病学中借用这个词来修正它的含义，然后再把它引入依据斯宾诺莎的平行论所提出的那一疯癫观念的语境中，拉康说：

> 我使用这个词的意思是，一方面是某一精神病中具有决定意义的冲突、意向性的症状及冲动性的反应，另一方面是界定正常人格的发展、观念结构及社会张力的理解性关系，这两者之间存在着一种不协调——这一不协调的比例则是由主体情感的历史来决定的。[1]

这也就是说，所谓的"病态"情感与"正常"情感，其实都属于同一个本质，并不存在说某些情感是"病态"，另一些情感是"正常"，任何一个主体的身上都存在着情感的不协调，只是其比例不同而已，这种不协调其实就是弗洛伊德所说的"自我的分裂"。我们当然不能说是斯宾诺莎的平行论直接启示了拉康的癫狂观——这一启示主要是来自达利的妄想症批评——斯宾诺莎提供的是对癫狂或妄想症的某种方法论说明，通过把平行论与癫狂的人类学意义嫁接到一起，拉康不仅清除了传统精神病学的体质论，而且为自己开辟了一条通向弗洛伊德的道路。

通过借用斯宾诺莎的平行论，人格被看作一个由个体及其环境构成的复杂总体，于是接下来的问题是：如何去认识这个总体的复杂性？或者说如何去解释构成总体的各个成分之间的复杂关系？拉康在此引入了德国著名的存在哲学家雅斯贝尔斯的"过程"理论。

雅斯贝尔斯对20世纪精神病学的重要贡献就在于他综合现象学和解释学的方法建立了一个集现象学的描述、心理学的理解和因果

---

[1] 转引自 Elisabeth Roudinesco, *Jacques Lacan*, p.54。

说明于一体的精神病理学的方法论体系[1],他写于1913年的《普通精神病理学》1928年被译成法文出版,当时在法国学术界和思想界曾引起轰动。在这本书中,为了对精神病理学做出科学的描述,雅斯贝尔斯区分了两种方法论原则,即"解释"和"理解":"无论何处,凡是认识最终以'外在的因果性',即以原因为根据的地方,认识都是一种解释。只要外在于意识的事件被当作外在于心理的事件,解释的对象就在外在于意识的事件中,解释者本人也就置身在外在于心理的事件中。反之,只要认识的基础是一种'内在因果性',是一种动机,那么认识就成了理解。"[2]雅斯贝尔斯把前者称为"原因的科学"(sciences of causation)或"说明的心理学",而把后者称为"意义的实践"(practices of meaning)或"理解的心理学"。雅斯贝尔斯指出,在理解的情形中,每个状态都有赖于前一状态,如爱人受到欺骗后的嫉妒反应,学生考试失利后的沮丧反应,所以理解的主要依据在于理解者自身的主观体验,他要理解如何从印象中产生感受、从感受中形成希望、狂想、恐惧等心理状况,通过认识可理解关系,来领悟到"人格的发展"及主体的心理状态。但由于理解是基于一种主观的心理学,常常会受到局限,因此,当人格发展中出现了某种不可理解的东西时,就需要借助于解释,需要借助于与理解的逻辑有所不同的另一种逻辑。例如,某个陷入幻觉的人听到声音,一个妄想症患者想象的迫害,这些都属于不可理解的领域,但不可理解并不等于不可解释,"过程"的概念就可以用来对那看似没有意义的妄想做出合理的解释:

> 如果一个人在其一生中"没有不可理解的、产生新东西的大波折",便可能对一个人进行这样的考察,即根据他的秉性

---

[1] 有关雅斯贝尔斯的精神病学理论,参见萨尼尔,《雅斯贝尔斯》,张继武、倪梁康译,北京:生活·读书·新知三联书店,1988年,第95—111页;也可参见梦海的论文《描述·说明·理解:卡尔·雅斯贝尔斯与精神病学新方法》(载《福建论坛》2006 [12])。

[2] 萨尼尔,《雅斯贝尔斯》,第102页。

来理解他的一生。于是雅斯贝尔斯谈到去发展"某方面的性格"。这样，在迄今为止的生命发展中突然出现了可以逐步改变心灵活动这种全新的东西，某些异物被"嫁接"到性格上，雅斯贝尔斯把这种"嫁接"称为一个"过程"，一个过程是不能理解的，必须去解释。[1]

可见，在雅斯贝尔斯那里，"过程"是一个方法论范畴，其目标就是去对影响个体心理发展的因素做出科学的解释。拉康发现，这一概念对建构人格科学十分有用，它有助于我们去建构主体的生活史，以探求主体精神状态的改变。

拉康把"人格"理解为使主体适应社会环境的一种"精神综合"（psychic synthesis）能力，他认为，人格通常受三个方面因素的影响："生平经历"（biographical development），即主体对自身经历的反应方式；"自我观念"（self-concept），即主体把自身的形象导入意识的方式；以及"社会关系的张力"（tension of social relations），即主体在他人那里留下印象的方式。[2] 这一界定的重要性在于，它表明拉康已经从主体与他人和社会的关系方面来思考人格的问题，并在此基础上认为人格具有一种把各个"现象学的"精神因素组织起来的特殊功能。依据这一人格理论，拉康认识到，妄想症和精神病的病因与主体同世界的关系的具体历史有关，这显然已经抛弃了他的老师克莱朗博尔的心理自动作用综合征的概念，因为这一概念强调精神病的谵妄特征与人格没有直接联系，而可能具有某种体质方面的原因。

回到前面讲过的埃梅的病例。按照雅斯贝尔斯的具有现象学色彩的精神病学的方法，既然个体生活中的许多传记事件将对主体人格的综合能力的形成产生重大影响，那么，精神病学家的第一步就

---

[1] 萨尼尔,《雅斯贝尔斯》,第104—105页。
[2] Elisabeth Roudinesco, *Jacques Lacan*, p.45.

是要通过尽可能完备地收集、整理、描绘病人的生平材料,来重建病人的生活史。拉康通过一年多的访谈、调查和阅读,最后给我们描绘出那个名叫马格利特的病人即埃梅的生活史。

马格利特·庞泰恩1892年出生于莫里亚克(Mauriac)的一个农民家庭,她是家中的第五个孩子,她其实是袭用了她最大的姐姐的名字,这个姐姐在埃梅出生前两年死于一次意外事故,所以埃梅出生后,她的父母把大女儿的名字给了她。需要顺便说一下的是,达利也有着与此完全相同的"经历",并视这一由父母强加的"经历"为他生命中原始的创伤性事件:"我还没有开始生活,就已经经历了死亡。……在母亲的子宫里,我就已经感觉到他们[指父母。——引者注]的痛苦。……我深深地感觉到哥哥的永恒存在,这既是一种创伤——它带来了一种感情疏远,也是一种不如他的意识。因此我所有的努力就是赢回我生命的权利。"[1]达利的这番话就像是对自己的"诞生创伤"做的一个精神分析,这一分析的灵感是来自拉康的埃梅研究吗?

马格利特的童年是在乡下度过的,她的母亲有点神经过敏,自己内心的焦虑常常会变成对他人的猜疑,如果邻居说一只生病的动物会死,她就会觉得这个邻居要毒死她。马格利特小时候深得母亲欢心,这让她的姐姐们尤其是大姐(大马格利特活着的时候,她排行老二,但对小马格利特来说,她当然是大姐)很嫉妒。她的大姐14岁的时候到乡下叔叔开的杂货店打工,后来就嫁给了那个叔叔。马格利特18岁的时候搬到已婚的姐姐那里一起生活,不久被当地的一个浪荡子勾引失身,在离开乡下之后,她仍然很想念这个男人,常常给他写信。

第一次世界大战期间,马格利特搬到一个叫默伦(Melun)的地方的邮局工作,在那里她与一个名叫C小姐的女同事发生了恋情,这个女人——拉康称她是一个"老练的阴谋家"——出身名门,但

---

[1] 达利,《疯狂的眼球:萨尔瓦多·达利难以言说的自白》,第6页。

家道中落，只好靠工作来维持生计，虽然她根本瞧不起这份工作。这个 C 小姐在同事中是时尚权威，正是从她里，马格利特知道了女明星于盖特·迪弗洛斯的名字，也是从她那里，马格利特对那种贵族式的优雅生活有了许多了解。可以说，在这个时候，马格利特把这个"阴谋家"当成了自己的偶像，后者对她发挥着一种类似于催眠暗示的作用，她开始梦想一个更加完美的世界，那里充满了"柏拉图式的理念、男子气的力量和罗曼司"[1]。马格利特与这个 C 小姐的同性恋关系维系了很多年，在这期间马格利特也与邮局的一个男同事结了婚，但婚后的生活并不协调，她丈夫为人刻板，不喜欢马格利特的散漫任性，尤其是不能忍受马格利特不做家务，把时间花在看书和学外语上。而她则抱怨丈夫对她不关心。双方不断地相互指责。不久，马格利特开始出现奇怪的行为：无缘无故笑个不停，走路时会间歇性地加快脚步，还有强迫性地洗手。大约就在这个时候，他大姐的丈夫去世了，大姐于是搬来和马格利特夫妇住在一起，操持马格利特的家务。马格利特越来越疏远她的丈夫，也无力与自己的病态倾向做斗争。虽然她对姐姐的侵入和不断批评感到不满，但她任由姐姐支配，就像当初她顺从于那个阴谋家偶像一样。

1921年，马格利特发现自己怀孕了，但这并没有让她感到"幸福"，而是引发了她的迫害妄想，并伴随有轻微的抑郁症状。拉康描述说，她同事的谈话，她觉得都是针对她，觉得他们是在批评她、嘲笑她、预言她的不幸。连读报纸都要在上面标出她觉得对她有敌意的地方。随着胎儿一天天长大，这种妄想越来越严重，晚上的噩梦也会让她增加白天的迫害妄想。第二年她产下了一个死婴，她把这归罪于她的敌人。当她以前的那个偶像即那个 C 小姐打电话来问候她的时候，她坚持要对方对这次意外事故负责。不过，马格利特很快又怀孕了，孩子在 1923 年顺利出生，是一个男孩，她全心扑在孩子身上，不准别人接近他。为了不让有毒的空气接触到孩子，她甚至在孩子身上

---

[1] Elisabeth Roudinesco, *Jacques Lacan*, p.36.

裹上一层又一层的衣服。

马格利特总想当一个作家,为此她甚至想到美国去发展,她的姐姐和丈夫极力劝阻都无济于事,于是他们把她送进了医院,在那个与外界几乎完全隔绝的环境里,她深深地陷入了一种夸大妄想。但这次为期六个月的治疗并没有使妄想完全消失。1925年,马格利特离开家只身来到了巴黎,为的是追查那些她认为会毁掉她儿子的人。

在巴黎,她找了一份工作,仍是在邮局上班,从此她开始了一种奇异的双重生活:一方面是邮局的日常世界,在那里,她多多少少要适应现实;另一方面则是由梦想和谵妄所构成的想象性的生活。她白天工作,晚上就像一个文化人,听讲座、上图书馆、泡咖啡厅。在这一双重生活中,她的妄想越来越严重。有一天,她听人说到迪弗洛斯的名字,她记起自己曾说过她的坏话,确信这个女人要迫害她。看到报纸上不断有这个名演员的新闻,她十分愤懑,认为报纸关注过度了。除了迪弗洛斯,马格利特幻想中的迫害者还有其他名人,其中包括另一位女演员和一位男性作家。她还把威尔士亲王当作她的性幻想对象,给他寄去她的诗作和匿名信,要求他的保护,提醒他要警惕报纸上用革命和"斜体字"暗示出的攻击他的文字。

1930年,马格利特连着写了两部小说,都是献给威尔士亲王的。两部小说的故事差不多相同,都表达了对乡村生活的一种卢梭式的理想化赞美和对城市的堕落的憎恨,其中一部小说的女主人公名叫"埃梅",她代表着乡村的形象。马格利特把两部小说打印出来给了一家出版社,希望能够出版,但遭到拒绝。她跑到出版社去大闹了一场,骂那些编辑是杀人犯。从此她的迫害妄想转变成了报复的欲望,结果便是她在剧场所实施的那次袭击。

拉康重建的这个生活史读起来就像一篇虚构故事,对一个病例进行这种现象学式的传记体叙述,而不再是按照传统精神病学临床报告的风格做客观记录,这本身就已经是一种决裂的姿态,而他对病例的分析更加表明,他已经从精神病学的领域走向了精神分析学的领域，虽然技术上还不完全是精神分析的，但他使用的术语却是弗洛伊德主义的。并且，在分析中，拉康采用了马格利特小说中那个女主人公的名字，称马格利特为"埃梅"——对马格利特来说，这又是一次旧名的袭用，是她的"诞生创伤"的又一次强制性重复。

那么，在这个病例中关键的东西是什么？不同的学科领域或者说不同的学科派别对此肯定会有不同的回答或解释，因而，对于这个问题，我们换个问法可能更确切一些：在 1932 年的拉康眼里，这个妄想症的病例彰显了一个什么样的主题？拉康的回答是：它关涉着妄想症结构中一个重要的问题，那就是弗洛伊德所讲的自我理想（ego-ideal）的认同，也就是妄想症与人格的关系。依前面所述，主体人格的形成离不开主体的生活史，尤其是其童年史和其性生活的历史，正是那些原初的传记事件影响了主体人格的动力结构，影响了主体的自我认知方式和主体应对社会环境的方式。在埃梅的生活史中，袭用已故的姐姐的名字成为结构其自我认同的一个原初场景，她成为一个缺失的东西的替代，这一方面唤起了自我对某个理想形象的欲望，可另一方面其替代的身份使这个理想的自我的位置总是为一个他人所占据。为摆脱这一困境，她只能不停地去寻求自我的确认，可每一次，这个寻求都只是把她引向另一个他人，就这样，自我理想的认同构成了埃梅人格发展中动力性的心理过程。"她为了把自己确认为自己，为了自己作为真正的自己生存下去，强烈要求向外部对象寻求确定自己形象的基础。埃梅先向占据着自己的中心位置的母亲，而后是向与母亲的形象重叠的阶级，然后是向 C 小姐、Z 夫人寻求。对埃梅来说，她们是埃梅使自己作为自己来加以认知，并把统一完整的形象返投给她的、如镜中之像一般的人物。"[1] 由此可以理解，埃梅为什么常常会被社会名流所吸引，因为他们代表着她的自我理想，他们的社会名望和社会地位、他们的奢华生活和

---

[1] 福原泰平，《拉康：镜像阶段》，王小锋、李濯凡译，石家庄：河北教育出版社，2002 年，第 30 页。

优雅外表,以及他们所拥有的社会关注度,在埃梅的内心里幻化为一个完整的形象,令她痴迷,且欣然地与之认同。

既然如此,那埃梅为什么会走向相反的方向,去攻击这些理想形象呢?这里涉及主体认同的一种辩证法:埃梅虽然从对外部形象的欣然认同中获得了肯定性的情感,或者说她虽然在这些理想的形象中体验到自己,可这终究是他人的形象,因此,对他人形象的认同无异于是让自己受缚于他人,换句话说,那令埃梅获得肯定性的情感和统一的自我的他人认同,从另一个方面看也是对她想要成为自身主人的权利的剥夺,这构成了埃梅自我认同过程的一个悖论。可仅凭这个悖论并不足以导致对理想形象的攻击。我们每个人都有这样的他人认同,甚至若是没有这样的认同,我们就无法成其为自身,而我们之所以能成其为自身并不是靠着对所认同的他人形象的攻击,因而,从认同于某个理想形象转向攻击这个形象,这中间还有别的因素的作用,按照拉康的人格理论,那就是"社会关系的张力"或者说社会环境的影响。在这个方面,埃梅生活史中受挫的那一面就值得我们关注了:她的被骗失身、她的失败的婚姻、她的第一个孩子的死产、她的作家梦的破灭,还有她与C小姐之间的关系、她姐姐对她的家庭生活的介入以及她对威尔士亲王的性爱想象,这些只是埃梅生活史中的一些偶然性事件,但在埃梅的自我认同过程中,它们成为强化那一认同悖论的因素,即她通过妄想症的结构形式把这些挫折投射到自己所认同的理想形象的身上,把理想形象置于外部,置于可憎的掠夺者的位置,并从内心里不断强化自我与他人之间的这一紧张关系,"这样一来,埃梅反而令人目眩地演出了一场与外部的他者激烈争夺理想形象的战斗,结果与其本意相反,她被卷入憎恨与嫉妒的旋涡"[1]。

最后,埃梅的这一攻击对渴望成为自身的埃梅而言究竟意味着什么呢?拉康的解释是:通过攻击女明星,埃梅是在攻击她自己的

---

[1] 福原泰平,《拉康:镜像阶段》,第31—32页。

理想。埃梅通过将理想形象投射到外部,使其扮演迫害者的角色,然后对其施以猛烈的攻击,这样,"她就回避了面对自己悲惨的现实,否认了现实的对象,从而保护了自己的理想形象"[1]。但是,拉康接着说:

> 她攻击的对象纯粹只有一种象征价值,那一行动根本不会使她得到任何缓解。不过,通过那一击——这使她成为法律眼中的罪犯——埃梅也攻击了她自己,这带给她一种欲望实现的满足,妄想消失了,已经成为多余的了。在我看来,痊愈的本质揭示了疾病的本质。[2]

正是基于这样一点,拉康认为埃梅的妄想症是一种"自罚妄想症"(self-punishment paranoia),她攻击的是她自己,她是以此来对自己施以惩罚,以便保护自己的理想形象,因而,埃梅的攻击意味着她已经把对满足的妄想性需求转变成一种自我惩罚的妄想。拉康认为,迫害妄想症的这种解决机制是极其普遍的,甚至可以把它作为一种真正的原型或者说一个"新的类目"加入精神病的分类系统中。

"痊愈的本质揭示了疾病的本质",拉康的这个论断意味深长。既然疾病的本质是由痊愈的本质来揭示的,那就表明,精神病不只有一个原因,也不只有一个本质,因为痊愈的本质取决于患者个体的人格结构,取决于影响人格结构的各种因素"不一致"的状态。依据这样一个认识,拉康抛弃了传统精神病学的遗传-退化理论,而认为妄想症或疯癫是多种原因决定的,对此,卢迪内斯库评论说:

> 换言之,疯癫源自一种生活,因而源自某种唯物主义的联系——而且这个唯物主义还是一种"历史唯物主义"。就这样,拉康赋予了人格史以特别的重要性:在这一语境中,妄想症是作为一种重新组织的人格、一种转变的自我、一种介于先前处

---

[1] 福原泰平,《拉康:镜像阶段》,第30页。
[2] 转引自 Elisabeth Roudinesco, *Jacques Lacan*, p.48。

境与疯癫爆发之间的习惯而出现的。至于自罚妄想症，其一个显著特征就是，它是可以治愈的。如果这一特殊形式的精神病是可以治愈的，那为什么不去复活那一伟大的观念，即疯癫本身是可以治愈的，也是可以预防的？[1]

拉康的这一立场不仅与传统精神病学家的观点相冲突，而且与巴黎精神分析学会的分析家的观点也不一致。实际上，正如我在上一章已经说过的，虽然巴黎精神分析学会的法国分析家们在对待弗洛伊德的态度上与传统精神病学家有很大的不同，但其沙文主义和科学主义的固念仍阻碍着他们对精神分析的运用，他们总是梦想着把精神分析学纳入精神病学的框架，因此在对待精神病的问题上，他们并没有完全放弃传统的遗传-退化理论。现在，拉康在精神病现象的研究中通过引入另一个版本的精神分析学，即以超现实主义圈子为代表的文人渠道所阐释的精神分析学，开启了法国精神分析运动史的新篇章。其依据弗洛伊德的无意识和自我理论对妄想症所作的新的阐释，其对妄想症写作和癫狂在人类心灵中所具有的丰富的人类学意义的强调，还有其对弗洛伊德的思想传入法国的两个渠道进行的综合，使他成为法国第二代精神分析学家的代言人。

至于拉康1932年所做的这个研究本身，埃梅病例在他后来的理论发展中无疑具有某种本源性的意义，因为正是在埃梅的身上，拉康发现了一条通向自我、他人、主体、欲望的现象学的幽径。在这一点上，埃梅就像拉康的一个他者，她就处在源头的位置，不仅以她的妄想症结构映现着拉康的自我之镜，而且以她的自罚式的主体删除预演了他今后那一充满受挫感的欲望之真。卢迪内斯库也曾在本源的意义上这样定位拉康和埃梅的关系：

> 如果说克莱朗博尔相对于拉康就如同沙考特相对于弗洛伊德，那么，埃梅相对于拉康就如同弗利斯相对于弗洛伊德。她

---

[1] Elisabeth Roudinesco, *Jacques Lacan*, p.48.

的作为一个分析师的位置的特殊性就类似于施列伯博士,她之于拉康就如同安娜·O之于弗洛伊德。在一个大师问世的背后总有一个女人,正是由于这个女人,拉康在自发的自我分析层面得到了历练,这使他不必真的躺在一个男人的躺椅上。[1]

最后我们有必要交代一下这个故事的结局。有趣的是,埃梅的儿子在1950年代初也到拉康那里接受了分析,不过他们相互间在一开始并不了解对方与自己曾经有过的那段渊源。而更具戏剧性的一幕是,1950年代,拉康的母亲去世几年后,埃梅居然受雇照顾拉康的父亲,且服侍了十年之久,期间,埃梅多次找拉康要回她的手稿打算拿去出版——那是当初拉康从她那里借走的——可每一次,拉康都插科打诨,支吾了事。最后,一个纯属偶然但却让人觉得不无诡异的结局是,1981年6月,埃梅去世,三个月后,拉康也走到了生命的尽头,精神分析家拉康的开场和终局就这样被一个妄想症主体牢牢地圈定在这个宿命般的结构中。

三 密涅瓦的猫头鹰

虽然1932年的拉康已经显示出对超现实主义立场的挪用,但他在论文中并没有提到超现实主义者的名字及其作品,更别说引用相关文献,用卢迪内斯库的解释,此时的他关心的是自己的前程,他不想冒犯他在精神病学界的老师——他们拒绝先锋文人——甚至也不想冒犯正统弗洛伊德主义的支持者。"但是,"卢迪内斯库说,"他想错了:向他表示敬意的第一批人恰恰是他掩饰了其重要性的那些人,而诋毁他的第一批人恰恰是他力图去讨好的那些人。"[2]

---

[1] Elisabeth Roudinesco, *Jacques Lacan & Co.: A History of Psychoanalysis in France, 1925–1985*, p.120. 施列伯(D. P. Schreber,1842—1911),萨克森法官,一个妄想症患者,曾写有《一个精神病患者的回忆录》,1910年,弗洛伊德依据这个回忆录对施列伯的妄想症作过令人叹为观止的分析;安娜·O,布洛伊尔的一个歇斯底里女病患的化名,弗洛伊德正是在这个案例中看到了性欲的意义,因此人们常把这个病例看作精神分析的奠基性案例。

[2] Elisabeth Roudinesco, *Jacques Lacan*, p.56.

拉康的博士论文出版后,并未在精神分析学界引起任何反应,《法国精神分析杂志》上没有一篇评论的文章,就连被拉康视为同道的皮雄也没有对它发表任何意见。至于精神病学界,除了拉康在圣安娜医院的同事兼好友、此时同样默默无名的亨利·埃伊(Henri Ey,1900—1977)写过一篇赞美的文字之外,再也没有什么反响。学界的这种沉默令拉康既感到沮丧也很恼火。而更令他沮丧的是,他给弗洛伊德寄去了一本论文,寻求得到"教主"的确认,1933年1月,弗洛伊德从维也纳寄来了一张明信片,上面写了短短的一行字:"谢谢你寄来的论文。"大师可能根本就没有把这个年轻人的东西当一回事,拉康就这样从弗洛伊德的视野中飘然而逝,后者怎么也不会想到,在他死后,他的事业居然就是通过这个巴黎人而获得新生的。

所谓墙里开花墙外香,虽然在圈内遭到权威们的冷遇,但在圈外,拉康的论文备受推崇。1933年,文学界多位名流接连对拉康的妄想症研究做出回应。第一篇评论来自萨特的朋友、狂热的共产主义者保罗·尼赞(Paul Nizan,1905—1940),他于1933年2月10日在法国共产党的报纸《人道报》上发表评论说:"这是一篇为申请医学博士学位而作的论文,因此在这里来评论它似乎是很不合适的。但是,这是一本十分值得关注的书。它反对官方主流的科学界,尽管作为一篇学术论文,作者不得不保持谨慎,但它反映了辩证唯物主义确定的和有意识的影响。拉康博士还没有阐明他全部的理论立场,但他的确针对当前正在腐蚀心理学和精神病学的所有研究的各种唯心主义做出了反应。唯物主义终将战胜那些博学的教授们的无知,终将作为科学进步的真正方法而出现。"[1]

1933年5月,曾接受过勒内·阿伦迪的分析的超现实主义作家勒内·克雷维尔(René Crevel,1900—1935)在《服务于革命的超现实主义》上发表了一篇文章,称拉康是新精神的代言人:他的"唯物主义"使我们有可能把每个人个体的方面和社会的方面结合起来。

---

[1] 转引自 Elisabeth Roudinesco, *Jacques Lacan*, p.59。

克雷维尔是一个同性恋者，也是一个狂热的马克思主义者，对埃梅的不幸命运深表同情，曾写过有关她的文字，但不是拉康式的临床分析，他把埃梅看作女性无产阶级的代表，是一个叛逆的同性恋者和癔症患者。对于拉康的研究，克雷维尔认为，它破除了旧的精神分析的唯心主义和资产阶级意识形态的束缚，用一种与唯物主义辩证分析相当的具体分析给精神分析运动带来了新的革命的精神。

还有达利。1933年6月，他在超现实主义的非官方杂志《米诺陶》（*Le Minotaure*）创刊号上发表了一篇以妄想症批评的方法阐释画家米勒（Millet，1814—1875）的作品《晚钟》的文字，在讨论妄想症批评的观点时，达利向拉康的论文表示了他的赞词："由于它的出现，我们可以第一次获得一个完整划一的主体观念，完全摆脱了目前精神病学所陷入的那种机械论泥潭。"[1]

可以见出，在文学圈的这些评论中，拉康既不是作为一个精神病学家，也不是作为一个精神分析学家，而是作为一个反叛的、具有革命倾向的知识英雄受到关注的，换句话说，在这个当时偏向左翼的文人圈子里，拉康的论文激发了一种革命想象，其对妄想症人格与社会现实的关系所做的"科学"考察被看作"唯物主义"或"辩证法"在科学实践中的伟大运用。所以，当他们用那些革命性的词汇来描述拉康的思想的时候，拉康被打扮成一个具有马克思主义倾向的左翼青年，而实际上，此时的拉康对这种革命政治并没有什么热情，他所关心的只是自己的学术前程，他甚至也没有想到要以"反叛英雄"的形象作为获取学术声望的赌注，虽然他也很乐于接受超现实主义者和共产主义者授予他的这个奉承之辞。

是的，超现实主义者和共产主义者的奉承似乎给拉康提供了一个重新定位自我的镜像。1932年写作论文的时候，拉康的哲学主要还是雅斯贝尔斯的现象学以及他自己所理解的斯宾诺莎哲学，可是到1933年，拉康的笔下居然出现了马克思主义的词汇，他果真把先

---

[1] 转引自 Elisabeth Roudinesco, *Jacques Lacan*, p.60。

锋艺术家们的奉承之辞当作武装自我的盔甲穿在了身上，以一种非革命的杂拌的方式将马克思和弗洛伊德统一在"唯物主义"哲学的名下。可我仍然要强调的是，拉康从来都不是一个马克思主义者，更不是一个革命的马克思主义者——哪怕是1930年代超现实主义意义上的。

1933年，出于跟超现实主义者的友谊，拉康连着在《米诺陶》杂志上发表了两篇短文。第一篇发在创刊号上，紧跟在达利的那篇文章的后面，题目为《风格问题和精神病学有关妄想症经验形式的概念》。从内容上看，该文的观点不过是对埃梅病例中表达的观点的一种概述，但他现在使用了不同的术语，出现了"理论革命""资产阶级文明""意识形态上层建筑""需要""人类学"这类字眼。再者，该文的题目也让我们联想起达利的妄想症思想，因为依据那一思想，妄想症就是一种不同于正常状态的表征现实的活动，是对现实的另样的系统化，或者说是一种特殊的阐释"风格"，拉康在此提出"风格问题"显然是在着意强调妄想症经验形式的现实阐释特征，是在强化妄想症的人类学意义。虽然他并未对"风格"问题做出一个明确的解释，但他声称他的思想有助于说明"象征主义和艺术风格"。[1]

接着，在同年12月出版的《米诺陶》3/4期上，拉康又发表了题为《妄想症犯罪动机——帕品姐妹的犯罪》的论文，对轰动一时的帕品姐妹的案件进行讨论。

1933年2月2日，法国西北部某小镇，两个女佣，27岁的姐姐克里斯蒂和22岁的妹妹莱亚，以极端残忍的手段杀死了她们的女主人及其女儿。这天晚上，女主人因为家里停电而与姐妹俩发生口角，这类磕磕碰碰平常也有出现，但这一次，事件的进展却突然急转直下：姐妹俩将女主人及其女儿打倒在地，活生生地挖出她们的眼珠，

---

[1] 金·格兰特，《超现实主义与视觉艺术》，王升才译，南京：江苏美术出版社，2007年，第505页，"注释38"。

接着用铁锤、菜刀等工具砍砸对方的身体，打烂她们的脸部，进而又暴露出她们的阴部，切开她们的大腿，把一个人的血和脑浆涂抹在另一个人的身上和阴部。事毕后，姐妹俩认真地清洗她们的手和犯罪工具，脱掉沾满血腥的衣服。按照她们俩后来的供词，事后她们只说了一句话："该做清洗工作了。"这真是一句与她们的身份极其相符的话！半个小时后，警察赶到现场，姐妹俩蜷缩着靠在同一张床上，身上裹着一件睡衣。她们对所犯罪行供认不悔，但说不出犯罪动机。

案情发生后，三位精神病学家对两姐妹进行了检查，专家们的结论是两人神志清醒，应对她们的行为负责。在拘押期间，姐妹俩既没有表现出对被害者的憎恨，也没有表现出任何的愧疚，相反，两人唯一关心的只是两人共同承担的罪行，"两人以奇妙的相互依恋结为一体"。在分开关押五个月后，姐姐克里斯蒂开始出现异常行为：她试图挖出自己的眼睛，暴露自己的性器官；有时她宣称在来世，她将是她妹妹的丈夫，有时又说她在梦中看到妹妹吊在一棵树上，腿被切断了；当被问到她为什么剥掉女主人的衣服时，她说："我在寻找使我变得更强大的东西。"至此我们看到了，这对姐妹之间似乎有某种共生的关系。可尽管如此，有一个精神病学家还是坚持说她在装疯卖傻，应该继续待在监狱里。但是，另一个专家出面为姐妹俩辩护，诊断她们精神不正常，有歇斯底里性的癫痫、性倒错、迫害妄想。

这个案件在社会上引起了广泛的关注，新闻媒体以各种专题形式进行报道和评论，激进知识分子当然不会错过这样的好机会，他们正好可以借帕品姐妹的事件对资本主义社会进行批判。这个案件也引发了精神病学界的论战，拥护动力精神病学的一方和坚持传统的遗传论与器质论的另一方就姐妹俩的症状及案件的性质进行激烈交锋。

1933年9月29日，法庭上，各种相互冲突的意见相持不下。在公诉人的眼里，帕品姐妹嗜血成性，毫无人道。可在有些人看来，她们是资产阶级残忍性的祭坛上的牺牲品。代表被害者家属的律师当然是坚持姐妹俩应对她们的行为负责，而辩方的律师则引述专家的诊断，坚称姐妹俩患有精神病。法庭上，姐妹俩对自己的行为似乎做出了一些解释，卢迪内斯库描述说："她们说的话公众根本听不懂，半是方言，半是某种原始语言，因而表达的是某个行为的神秘含义，对于这一行为的意义，就连她们自己也不明白，就这样，罪行在迥异于理性的世界的想象世界中逐渐变得不真实了，但其逻辑却与理性的世界十分接近。"[1]

法庭最后以谋杀罪宣判，姐姐被判处死刑，妹妹被判终身监禁。但不久姐姐被改判终身监禁。一年后，克里斯蒂又一次出现妄想症状，她被送到一家精神病医院，三年后她在那里死于精神性消瘦：一种典型的自罚妄想症。她的妹妹在监狱里待了几年后，被释放回家和母亲生活在一起。

拉康在他的解释中沿袭了埃梅病例中的观点，他依据报章所披露的犯罪细节做出诊断，认为姐妹俩的疾病并非歇斯底里性的癫痫，而是妄想症，并指出只有妄想症能解释帕品姐妹不可思议的行为的动机。拉康证明说，精神错乱的插曲表面上看是在一个极其平凡的偶然场合爆发的，而实际上，这一插曲对一直"正常"的两姐妹来说有着一种无意识的含义。拉康提出了一个假设：2月2日那个突然断电的夜晚有可能唤起了剧中敌对者已经深陷其中的那种"黑暗"，这就是早就存在于女主人与佣人之间的"沉默"，这一"沉默"并非毫无意义，尽管"演员"自己意识不到，可它在某个特殊的时刻将映现出主体的现实，从而引发暴力性的攻击。

按照拉康的观点，如果说埃梅攻击的是代表着自己的自我理想的女演员，那么帕品姐妹也是基于同样理由谋杀了她们的主人。她

---

[1] Elisabeth Roudinesco, *Jacques Lacan & Co.: A History of Psychoanalysis in France, 1925–1985*, pp.125-126.

们犯罪的真正动机并不是阶级仇恨,而是妄想症结构,谋杀者通过这一结构来攻击自己内心的主人的理想。从这个意义上说,帕品姐妹的病例和埃梅的病例有着同样的性质,都属于妄想症,都有自我惩罚的妄想。并且帕品姐妹对待罪行的态度表明她们也有着潜在的同性恋倾向,她们的封闭的生活使每一方都构成了另一方的整个世界,正如拉康所说,"她们形成了一个永久封闭的世界。……她们在自己的孤独之岛上找不到其他的任何办法,她们只能靠自己解决心中的谜团,即人类的性欲之谜"[1]。这一潜在的倾向最终在谋杀行为中以一种骇人的方式呈现出来,如同拉康的传记作者凯瑟琳·克莱芒(Catherine Clément,1939—)所解释的:"两姐妹一起找到了她们的快感;她们在谋杀中找到了一种神圣的狂喜形式;在杀害受害者并裸露其性器官之后,她们紧紧相拥在一起。"[2]

但是,拉康也意识到这两个病例有不一样的地方,例如帕品姐妹的病例就与埃梅的"包法利主义"和性爱妄想无关,它也不是一个默默无名的女人去攻击另一个出了名的女人的故事,它是发生在相互认识多年且生活在同一个屋檐下的普通女人之间的一起残酷谋杀。"如果说马格利特·庞泰恩的故事就像是直接取材于法国19世纪小说的伟大传统,那么帕品姐妹的故事似乎让人回想起希腊悲剧,尽管它同时也例证了一个被日益加剧的社会、种族及民族仇恨所撕裂的世界的残酷性。"[3]不过拉康证明说,帕品姐妹的故事看似反映了阶级仇恨的社会现实,而实际上它反映的是另一个现实,即妄想症的异化现实。所以,这起妄想症犯罪不是由阶级仇恨或施暴者的报复欲望引起的,而是由妄想症结构引起的,两姐妹对自己的主人理想即她们的自我理想的攻击遵从的是某个"被异化的现实"的命令。

---

[1] 转引自 Catherine Clément, *The Lives and Legends of Jacques Lacan*, trans. Arthur Goldhammer, New York: Columbia University Press, 1983, p.73。

[2] Catherine Clément, *The Lives and Legends of Jacques Lacan*, p.73.

[3] Elisabeth Roudinesco, *Jacques Lacan*, p.64.

埃梅和帕品姐妹的案例都涉及精神病犯罪的问题，在1930年代初的法国，对于这一司法领域的问题，精神分析学涉入很少，即便有所介入，其在司法实践中的作用也是微不足道。拉康的研究固然没有在根本上改变这一局面，但至少是一个有意义的信号。第二次世界大战结束后，拉康重回学术界，精神病犯罪问题一度重现他的视野，1950年5月，在一次法语精神分析学家的大会上，他作了题为《精神分析学在犯罪学中的功能的理论导论》的发言，发言中，他再次提到，精神病犯罪是由于对他人的认同受挫，即当认同对象在自我的辩证过程中停顿下来时，就导致了罪行，并再次引用帕品姐妹的案例，认为这一案例表明："只有分析家能够证明罪犯是与现实相异化的，在这个案例中，流行的俗见给人一种错觉，似乎其罪行只是对它的社会语境的一种反应。"[1]

前面已经说过，埃梅和帕品姐妹的病例研究既是拉康早期接触到的多个思想源头的一次汇合，也是他后来的思想发展的一个开端。对于这后一点，凯瑟琳·克莱芒从女性之谜的角度做了一个说明，她在《雅克·拉康的生平与传奇》中写道：

> 在研究女性之谜的早期阶段，拉康来到了两条分岔的道路的十字口。这两条道路只是在很久之后才重新相互交汇。第一条道路借助于家庭引向了永恒的、没有终止的爱的话语，《会饮篇》中的柏拉图、宫廷式的爱、中世纪的花毯、萨德侯爵以及伊曼纽尔·康德都与这一话语有关。第二条道路更为重要：拉康在帕品姐妹和埃梅所犯的罪行中发现的东西就是所谓的"镜像阶段"。在克里斯蒂和莱亚两姐妹的错乱之外，在埃梅为了毁灭的目的而借以认同于她的各种对体的面具之外，拉康窥测到了一个本质性的阶段在人格构建中的极端重要性：那就是一个人因为不再跟母亲一样而成其为自身的时刻。拉康在他的妇

---

[1] Jacques Lacan, *Écrits*, p.116.

女研究中最终发现的且此后再也没有抛弃的一点,就是过分亲近的危险性,或者说因认同于另一个人而产生的不幸。[1]

1933年,拉康除了与超现实主义圈子交往密切以外,还在忙着另一件事。他已经32岁了,该考虑婚姻大事了。拉康并不是一个行为检点的人。还在读中学的时候,他就与他父亲的一位女客户发生过性关系。在圣安娜医院做实习医生的时候,他又同时与两个女人保持联系:一位名叫玛丽-特烈莎·贝尔热罗(Marie-Thérèse Bergerot),是一个寡妇,比他大十五岁,他们俩有一个共同的兴趣,就是喜欢柏拉图;另一位名叫奥雷西亚·西恩基维茨(Olesia Sienkiewicz),比他小三岁,是他的一个作家朋友的妻子。拉康喜欢旅行,并且喜欢带着女伴一起,他曾带着玛丽-特烈莎游览摩洛哥名胜,也曾带着奥雷西亚游览马德里、科西嘉、布列塔尼、诺曼底。他也擅长利用这两个女人对他的感情,他写作博士论文期间,让奥雷西亚帮他打印手稿,论文交给出版商后,又是玛丽-特烈莎出钱资助印制费用。论文答辩的时候,这两个女人都出席了,好在她们相互并不认识,没有给拉康带来麻烦。

到1933年,拉康已顺利拿到博士学位,他开始考虑终身大事了。这年8月,他把奥雷西亚留在巴黎,带着玛丽-特烈莎到西班牙度假两周。期间,他给奥雷西亚写了好几封信,一会儿称奥雷西亚是他最好的"朋友",但用的却是这个词的阳性形式"ami",一会儿又承诺幸福即将来临,并献上他最热烈的词汇:滚烫的吻、销魂的时刻、令人窒息的欲望。他请求对方再等他一段时间,他们即将拥有一个温暖而快乐的冬天。可回到巴黎后,他又陷入了矛盾,他不想离开玛丽-特烈莎,而奥雷西亚似乎才是他的最爱。他必须做出抉择。10月底,他给奥雷西亚写了一封信,冬天即将来临,可两个月前的那种热情已经冷却了,他给自己找的借口居然是他有忧郁症

---

[1] Catherine Clément, *The Lives and Legends of Jacques Lacan*, p.76.

倾向，对方更适合找一个有野性激情的。维系了四五年的一段感情就这样结束了。

就在这个时候，又有一个女人进入了拉康的生活。她名叫玛丽-露易丝·布隆汀（Marie-Louise Blondin，1906—1983），出生于巴黎，是拉康的好朋友、外科医生西尔文·布隆汀（Sylvain Blondin，1901—1975）的妹妹，所以拉康与她早就认识。布隆汀是一个美人，女人气十足，有艺术天分，既懂得现代女性的情趣，又恪守古典女性的美德，对爱和家庭持有传统观念。1933年秋，刚刚"失恋"的拉康突然发现这个女人才是他理想中的爱人，而布隆汀因为兄长的影响也对这个才情横溢的学界新秀情有独钟。两人双双坠入爱河，这一次，拉康没有犹豫，立即向布隆汀求婚并获得同意。

1934年1月，拉康和布隆汀在一个罗马式天主教教堂举行了婚礼。是的，他已经放弃了天主教信仰，但这并不意味着他要放弃宗教文化。接着他们到意大利度蜜月。蜜月中，拉康觉得对奥雷西亚有一种负疚感，就给她发了一个电报："挂念你，亲爱的。雅克自罗马。"至于玛丽-特烈莎，他根本就没有放在心上，反正她是个寡妇。婚后，拉康夫妇搬到了位于马雷施尔贝斯大道的一套公寓，拉康开始了他的新生活，一种资产阶级式的文人生活。

前面说过，1931年是拉康早期学术生涯中重要的一年，尤其是对弗洛伊德的阅读和与超现实主义圈子的接触，不仅给他正在从事的精神病学研究带来了重大变化，而且将把他引入一个全新的学术氛围，到1933年，与超现实主义者的密切交往，使他作为一个精神病学家的专业形象远不及他作为一个资产阶级文人的形象那么醒目。如果说在这之前他还是把前一种形象当作自己奋斗的目标，那么从这时候起后一种形象将是他所欣然认同的一个镜像。从1933年至1936年，拉康的思想明显处在一个潜伏期，这几年，他除了为《法国精神分析杂志》写过几篇短小的评论文字之外，并无重要作品问世。但某种转变也在酝酿之中。

在写作博士论文的时候，拉康所运用的哲学话语主要是斯宾诺莎的平行论和雅斯贝尔斯的现象学"过程"论，到 1933 年为《米诺陶》写稿的时候，他对哲学的兴趣明显增加，他甚至想到索邦大学再拿一个哲学学位，为此他专门跟随一个共产主义者学了四个月，可这个人自己也是一个新手，其哲学知识根本无法满足拉康的求知欲，拉康拜他为"师"可能只是为了通过他结识哲学圈子里的人。

真正把拉康带入哲学圈子的是超现实主义者。在 1930 年代初，法国哲学出现了一个所谓的"三 H"（即黑格尔、胡塞尔和海德格尔）时代，热情拥抱"三 H"的人大都是第一次世界大战后成长起来的年轻一代，其中对他们影响最大的当是亚历山大·科耶夫（Alexandre Kojève，1902—1968）于 1933 年至 1939 年在高等研究实践学校举办的黑格尔讲习班。

科耶夫 1902 年出生于莫斯科一个资产阶级家庭，1918 年他还是一个学生的时候因为被控与同学一起染指黑市而被布尔什维克政权关押，在监狱里他成为一个共产主义者。出狱后，由于他的资产阶级出身，当局不允许他继续他的学业，1919 年，他离开祖国，取道波兰到了德国，在海德堡大学学习哲学。1920 年，他在沉思东西方文化时获得了一个启示，他看到佛陀和笛卡尔面对面在一起，就像对"我思的讽刺"，是非存在对自我本体论的挑战，他称这是他的第一次否定性经验，这一经验让他领悟到一个道理："我思，故我不在"。

1928 年，科耶夫移居巴黎，同也是来自俄罗斯的亚历山大·柯瓦雷（Alexandre Koyré，1892—1964）结下了友谊。柯瓦雷早在 1920年代中期就在向法国人介绍黑格尔，1932 年，为纪念黑格尔逝世一百周年（黑格尔 1831 年逝世），当时在高等研究实践学校开设"现代欧洲宗教思想史"课程的柯瓦雷专题讲授黑格尔的宗教哲学，《精神现象学》也是他讲授的内容之一。1933 年，在柯瓦雷的推荐下，该讲座由科耶夫接手，从这年夏天一直到 1939 年 5 月，科耶夫一共讲授了六期，讲授内容全都是《精神现象学》。科耶夫的黑格尔研讨班可以说是1930年代法国最重要的哲学事件，它直接影响了法国1940年代以后的整个哲学格局。拉康在布勒东、乔治·巴塔耶等人的鼓动下参加了1934—1935年及1936—1937年的研讨课程。

有关科耶夫的讲课风格，卢迪内斯库有一段精彩的描述：

> 虽然科耶夫既无柯瓦雷的哲学天分，也无柯瓦雷作为一个理论家的那种技巧，但他拥有把哲学转变为生动的人类史诗的高超才能。他能把抽象的概念变成丰富多彩的比喻，就像果戈理或陀思妥耶夫斯基笔下的那些人物，并能把它同日常现实联系起来。如同演讲者把自己置于苏格拉底或一个雅典将军的位置时一样，黑格尔的思想居然可以跟当代事件完全关联起来。因为当科耶夫讲到精神、自我意识、绝对知识、确认、欲望、满足、不幸意识、主奴辩证法的时候，他实际上是在谈论标志着他自己和他的听众的年轻时代的事件。[1]

关于科耶夫的讲座对从萨特、梅洛-庞蒂到布勒东、拉康整整一代法国年轻人的影响，不是我这里所能讨论的，就连具体到对拉康的影响，也需要专题加以论述，因为这一影响不只关涉着黑格尔，还关涉着海德格尔，也不只关涉着某一个或某一些核心概念的挪用，而是关涉着拉康的理论结构和思维方式，关涉着科耶夫所读解出来的黑格尔乃至海德格尔与拉康所读解出来的弗洛伊德之间的相互润饰。相关的这些问题我在后面还会涉及，但有几点细节需要在此提示一下：

第一，虽然拉康在他后来的写作和演讲中很少提及科耶夫的名字，但他在某些场合曾称科耶夫是他的"导师"（master）。要知道，尽管拉康受惠于他人处甚多，但能够自他口中得享"导师"之名的却只有两位，另一位便是克莱朗博尔。1968年6月，科耶夫生命垂危，

---

[1] Elisabeth Roudinesco, *Jacques Lacan*, p.101.

拉康急忙前往探视,"为的是能得到一本科耶夫亲手加了批注的《精神现象学》"[1],如许的无情之举难道不可以被看作拉康对自己的镜像剩余物的一种神经症式的固持吗?!

第二,1936年7月,科耶夫在自己的笔记本上列了一个要与拉康合作完成的写作计划,题目是"黑格尔与弗洛伊德:尝试一种比较阐释",内容分为三个部分:"自我意识的生成""癫狂的起源""家庭的本质",打算发表在柯瓦雷主办的杂志《哲学研究》上。该计划并未完成,科耶夫为第一部分写了六个自然段的"导论",对黑格尔的自我意识与笛卡尔的我思进行了比较,然后再也没有继续下去,拉康此时正在准备他的会议论文《镜像阶段》,根本就没有进行这个计划。但计划中第二、三部分的主题拉康并未放弃,至少它们在1936—1949年拉康的思考中将萦绕不去,黑格尔与弗洛伊德的"比较阐释"将是他这个时期最重要的阐释策略。在这个意义上,我们不妨说,如果正是埃梅的病例把拉康引向了(动力)精神病学与精神分析学的结合,那么,科耶夫的讲座则把他引向了德国哲学与精神分析学的综合。

第三,如刚刚所说,科耶夫的黑格尔解读乃是1930年代法国最重要的哲学事件,对拉康而言,这个重要性不只在于它提供了一个富有原创力和再生力的思想资源,还在于它提供了一种不同于学院正统的教学技术和一种有关经典文本的阅读技术。20年之后,当拉康在圣安娜医院主持他的弗洛伊德研讨班的时候,这难道不是一个镜像式的重复吗?如同科耶夫以他那终结论的腔调塑造了一代法国哲学才俊的心灵一样,拉康则以他那萨满巫师般的言语把新一代法国知识青年引向了不可能的欲望之真;如同科耶夫的讲座开启的不只是黑格尔主义的新时代一样,拉康的讲座开启的也不只是精神分析运动的新时代;进一步地,如果说科耶夫的讲座带给了法国一个

---

[1] Elisabeth Roudinesco, *Jacques Lacan & Co.: A History of Psychoanalysis in France, 1925-1985*, p.142.

黑格尔幽灵,那拉康的讲座带来的则是一场精神分析学的瘟疫。

在参加科耶夫研讨班的同时,拉康也在同精神分析学界进行接触。他的目标已日渐清晰,他要成为一个精神分析学家,并要以自己的方式开创新的时代。1932年6月,就在研究埃梅病例的时候,拉康开始接受洛文斯坦因的分析,这一分析持续了六年之久。对于分析过程的具体细节,两人都很少谈及,外人也无从知晓,但据说不是那么顺畅。洛文斯坦因说拉康是不可分析的,拉康则称洛文斯坦因的才智还不足以分析他。卢迪内斯库认为,出现这种不顺畅是可以理解的,因为两个人的生活经历和个性太不一样。按照卢迪内斯库的描述:

> 拉康步入成年之前所经历的仅仅是典型的资产阶级式的感伤:他的痛苦只是由于内心永久的不满足,由于急切地想要冲破限制,由于还没有成为世界的主人。简言之,这是一种伴随着极其常见的神经质的想象性的痛苦。他根本不知道何谓真正的匮乏:饥饿、贫穷、失去自由、迫害。他因为年纪太小而不必把最美好的岁月消耗在凡尔登的战火下,他只是从斯坦尼斯拉斯学校的花园里看到了战争,唯一让他想到一点点战争的史诗性疯狂的就是他所看到的那些残肢断臂和那等待着死亡的眼神。他从未领教过战场上那令人窒息的血腥的恶臭;他从未投入过反抗真正的压迫的战斗。从一出生,那些生活舒适的商人长辈们就对他娇生惯养,他唯一吃过的苦头就是家庭的约束,可这些恰恰不是为了使他成为一个英雄。但是,伴随着英雄主义的这种缺乏,则是对任何意义上的顺从的坚决拒绝。拉康是一个反英雄式的人物,决不适合于过庸碌的生活,注定是离心的,不可能屈从于无数庸常的行为规范——因此他对疯癫的话语十分感兴趣,视其为理解疯狂的世界的唯一钥匙。

鲁道夫·洛文斯坦因的情形则完全不同,他的一生都是与流亡、仇视和羞辱联系在一起的。不像拉康,他对于压迫一词的完整意义有切身体会：先是作为一个犹太人生活在一个帝国[1]，在那里，教育和职业选择一直都受到歧视性的限制；接着是作为一个没有祖国的移民四处漂泊。每当从一个国家流亡到另一个国家，他都不得不去学一种新语言，他知道自由的代价，他觉得没有任何必要去贬低那个词或滥用它所代表的意义。在他漫长旅行的每个阶段，他对潜伏在前面的危险都只能采取一种现实主义的态度，他孤身一人，随身只有一张破旧的护照。[2]

由于与洛文斯坦因难以沟通，拉康接着在1934年左右又转投到另一个分析师那里接受控制分析（control analysis），这就是来自瑞士日内瓦的查尔斯·奥迪尔。但十分奇怪的是，拉康从未向人提起他做过控制分析。他是想成为一个正式的、得到"官方"承认的分析师吗？因为那时接受控制分析是申请分析师资格的一个必需条件。

虽然在接受分析，并且偶尔也参加巴黎精神分析学会内部的一些活动，还在学会的刊物上发表文章，但1930年代初的拉康并未引起法国精神分析学家们太多的注意。1934年5月，在接受洛文斯坦因的分析近两年后，拉康自己开始从事分析师的工作，他的第一个分析者名叫乔治·贝尔尼埃（Georges Bernier），一个从俄罗斯移民到巴黎的兴趣广泛的年轻人，分析持续了五年，开始的时候是每周会见三次，每次一个小时，拉康每两到三周会做一次总结，向受分析者详细解释正在发生的事。

1934年11月，拉康顺利地成为巴黎精神分析学会的会员。他的精神分析事业正式开始了。

---

[1] 洛文斯坦因1898年出生于波兰，那时波兰还是沙俄帝国的一部分。
[2] Elisabeth Roudinesco, *Jacques Lacan*, p.71.

第三章

镜像的神话

1936年，拉康以巴黎学会的成员身份出席第十四届国际精神分析大会，在会上作了题为《镜像阶段》的发言，这是他第一次以分析家的身份进入国际精神分析共同体，《镜像阶段》可以说是他进入精神分析王国的护照，在今天，《镜像阶段》已经成为大部分拉康研究者进入拉康的世界的导引。

然而，对拉康本人而言，《镜像阶段》的意义远不只在于它是一个源头性的文本，更在于围绕《镜像阶段》引发的一系列故事正好在入口处结构了他身为精神分析学家的第一个神话。《镜像阶段》犹如——更确切地说，它就是——一个被窃的文本，在能指链般的滑行中闪烁地指示着那个隐秘的起源神话的意义缠绕，如同拉康在分析爱伦·坡的《被窃的信》时所说的，"被窃的信"其实就是"待领的信"，最终总会抵达它的目的地，拉康的"镜像阶段"同样经历了一个失而复得的象征环路，它在始源处遗失，而后又在另一个始源处返回。在这个象征性的循环中，主体性的确证变成了向遗失之物所处位置的位移。

镜像阶段不仅是拉康借以结构自己身为精神分析学家的主体性的神话，也是拉康有关自我之构成的神话，它本身就是一个神话，用拉康自己的话说，是一出戏剧。个体在镜前的观看成为它完成自我认同和误认的一次倾情演出，成为主体之命运的先期送出，在那里，空间的迷思和时间的辩证法的交织令主体从此走上了无尽的欲望求证的不归路。拉康后来称镜像阶段是一个"装置"，是一架生产主体的分裂性自我的机器，它在弥合自我之躯那原始的无助感和破碎感的同时又在其中植入了一颗异化的种子。拉康研究之所以总是从这里开始,很大程度上就因为镜前观看之于自我和主体的命运的那一预期效果。

在这一章我将围绕镜像阶段来追述拉康从1930年代中到1940年代末的学术经历,我会着重考察其间比较关键的几个文本,从那里我们将可以看到这个时期的拉康在对精神分析经验进行理论化运作的方向上所付出的努力,会看到他对来自精神分析学以外的理论资源的早期调用,当然也会看到他在这个时期与精神分析学共同体的早期纠缠。

一 一个被窃的文本

拉康作为一个精神分析学家正式出场的场景令人回味。

1936年8月2日,国际精神分析协会第十四届会议在捷克的马里安巴德召开,玛丽·波拿巴、拉康、纳什特等作为巴黎精神分析学会的代表出席,弗洛伊德因为病重没有赴会。8月3日下午,在大会的第二次科学会议上,拉康作题为《镜像阶段》的发言,当发言进行到十分钟的时候,大会主席欧内斯特·琼斯打断拉康,终止了他的发言。那时,每人发言十分钟已是国际性学术会议的一个惯例,琼斯对这位名不见经传的法国与会者所采取的举动不过是在依循惯例行使主席的权利而已,但拉康自己不这么看,他把这视作极不礼貌的冒犯。琼斯的打断令拉康十分不快,很长一段时间,他对琼斯的怨恨都没能消除,甚至整整过了十年之后,他在一篇文章中描述这个事件——我们不妨称它是一个有关"时间"的事件——时仍是余怒未消:

> 1936年,我在马里安巴德大会上就此论题宣读了一个报告。就在我刚刚讲到十分钟的那一刻,主持会议的欧内斯特·琼斯突然打断了我。那时他是伦敦精神分析学会的主席,我想,他得到这一职位大概是由于这样一个事实:在我所遇见的他的英

国同事中，没有一个人对他的为人说好话的。然而，维也纳小组的成员——他们就像即将迁徙的鸟群聚集在这里——却对我的报告报以相当的热情。我没有向大会简报提交我的论文提要，但在 1938 年出版的《法兰西百科全书》之"精神生活"卷里我写的关于家庭的文章中，有几行乃是对其基本观点的浓缩。[1]

反正 1936 年的这个事件在当时令拉康既愤懑又沮丧，结果他连论文提要都没有向大会提交，所以在 1937 年 1 月出版的《国际精神分析杂志》上只出现了他的名字和报告的题目："J. Lacan（Paris），'The looking-glass phase'"，而没有报告的内容及内容提要——拉康的出场即是他的缺席，或者说，他本想借精神分析建制这个大他者来确认自己作为分析家的主体性身份，最后却招致了父法的阉割。尽管两年后拉康在《法兰西百科全书》之"精神生活"卷中论及了这篇论文的概要，十年后他又在《谈心理因果》中较为系统地提示了这篇论文的主要内容，但它在 1936 年的面貌究竟怎样，已经无从知晓。[2] 我们现今所见的拉康的"镜像阶段"理论是他于 1949 年在苏黎世精神分析大会上重新表述的，其中添加的大量材料是此前的文本所不可能有的，就是说，这一在场的文本与那一缺席的文本之间构成了一个奇特的增补关系。套用拉康式的行话说，原稿的"失落"使拉康作为精神分析学家的初啼之声成了一个"被窃的"文本、一个原初的失落对象。实际上，1936 年的事件更像一个拉康式的精神分析场景：首先，这是一个有关"时间"的事件，而拉康精神分析技术的一个重要特征就是"时间"问题，他后来实践的所谓"弹性时间"俨然就是对这一"时间"创伤的回溯与修复；其次，这也

---

[1] Jacques Lacan, *Écrits*, pp.150-151.

[2] 实际上，1936 年 6 月 16 日，前往马里安巴德赴会之前，拉康在巴黎精神分析学会已经作了一次题为《镜像阶段》的学术报告，包括洛文斯坦因、波拿巴王妃、拉福格等在内的学会成员都聆听了这次报告，分析家弗朗西斯·多尔托留下了一份笔记，记述了报告的内容概要，其中涉及主体与"我"的构成、力比多与自恋、像与镜像、象征与人类知识等方面。

是一个有关"侵入"的事件,是一个在主体间的关系中、在主体与大他者的关系中进行欲望确证的事件,拉康就像一个想在他者场域获得身份指认的无意识主体或言说主体,他把自己置身于一个分析的场景,在分析的戏剧中倾诉着内心的欲望,而琼斯就像那个以权威自居的分析师,以断然的方式打断了他的倾诉,给倾诉强行画上了一个意义分节式的句点,他者场域中的他人主体的侵入使主体的确证最终归于失败;再者,正如拉康自己在"镜像阶段"理论中所说的,人本来就是一个"早产儿",各种机能尚未发育成熟就被猛然抛入世间,使"出生"本身就构成了一种丧失——在母体子宫中所享有的那种自足状态的丧失——并因这丧失而产生一种受挫感,作为精神分析学家的拉康自己就是这样一个"早产儿",各种思想的熔铸尚未成熟,对国际精神分析协会这个内部充满厮杀的大家庭的"图腾"政治还一无所知,对权威们的话语策略还一片懵懂,就贸然想要一鸣惊人,刚降生到这个世界就想要充当知识英雄,急切地想在自我的理想形象中完成躯体的整形,其结局除了受挫的创伤还能有什么?!

令人回味的还不止开始场景的这一幕。1936年这次大会的主要议题是儿童精神分析。当时在国际协会内部,就这一论题形成了对立的两派观点:一派以梅兰妮·克莱茵为代表,另一派以弗洛伊德的女儿安娜·弗洛伊德为代表。前者强调把儿童精神分析当作一个运用特殊技术的专门领域,后者则坚持在教育学的领域内并在父母的控制下对儿童进行分析。在这两派中,克莱茵的思想被认为是对弗洛伊德理论的一种发展,这位在1926年移民伦敦的维也纳女分析家通过对弗洛伊德1920年代的驱力与自我理论的修正提出了自己的"对象关系"(object relations)理论。[1] 克莱茵强调,人自婴儿时候起的每一个冲动和本能都是与对象联系在一起的,在那时,婴儿

---

[1] 有关克莱茵的对象关系理论,可参见迈克尔·圣·克莱尔,《现代精神分析"圣经"——客体关系与自体心理学》,贾晓明、苏晓波译,北京:中国轻工业出版社,2002年,第三章。

因为自我和知觉能力尚不成熟,其冲动和本能仅仅能朝向一个方向或部分对象,如母亲的乳房;并且婴儿这时仅仅能体验到满足和失去,因此,在其与乳房这样的对象的遭遇中,婴儿会通过投射、内射、分离、投射认同等一系列的心理机制来控制自己的内部需求和建立与对象的关系,并会依据需求的满足与受挫而把对象分为"好的"对象和"坏的"对象,由此形成有关对象的幻想或意象,创造出他的第一对象关系。"内射和投射,在内部客体和外部客体、内部本能和环境之间,引起了紧密的关系。内射建立一个内部世界,这个内部世界部分地反映外部世界。内部情感的投射,渲染了婴儿外部世界的感觉。为了尽力防御他们自己,婴儿试着通过想象的过程,强制自己的内部世界进入外部世界,然后再内化这个世界。本质上,婴儿创造了他或她自己的世界。"[1]

克莱茵还指出,婴儿在最初的三四个月是以乳房为中介来建立与母亲和外界的关系,在这时,乳房这个部分对象在婴儿的满足感与丧失感中被体验为一个破坏性的对象,婴儿通过自身的自我保护的本能或期望死亡的本能而在其中结构出一种类似于精神病的妄想,因此克莱茵称人的发展的这个时期为"妄想状态"(paranoid position);接下来是所谓的"抑郁状态"(depressive position),在大约八个月的时候,婴儿的整合能力有所进步,他开始在自我的核心建立一个好的、安全的、完整的内部对象,并害怕这个对象失去,先前朝向爱的对象的攻击性倾向现在为另一种焦虑、为一种罪恶感所取代;再往下,如果"正常发展",婴儿就开始把母亲作为一个完整对象看待,从整个人身上去获得满足,开始把母亲当作一个完整的人,通过在她那里获得快乐来增强自己的自信和力量,由此建立自己与外部世界的所有其他关系。

克莱茵的这一理论得到了包括琼斯在内的伦敦分析家的支持,但却遭到了以安娜·弗洛伊德为代表的维也纳分析家的激烈反对,

---

[1] 迈克尔·圣·克莱尔,《现代精神分析"圣经"——客体关系与自体心理学》,第54页。

1930年代初两派就儿童分析的问题争论不断,并常常把焦点引向谁才是弗洛伊德理论的正统代表这样的政治角力。尤其在1933年以后,由于纳粹上台,维也纳的许多犹太分析家纷纷移居伦敦,维也纳与伦敦之间的争吵转而演变为英国精神分析学会内部的冲突,连刚刚移居伦敦的克莱茵的女儿都加入了反对母亲的一方。1936年的马里安巴德大会就是在这样的背景中召开的。

拉康对这一争论似乎并不知情,更别说能洞悉争论背后的政治隐情。他当然也有着强烈的权力欲和征服欲,"不要向欲望让步"——因为人的欲望总是他者的欲望——这是他后来从安提戈涅的悲剧中读解出来的有关主体的伦理真相,也是他自己信守的人生教义。可令他没有想到的是,当他带着这样的驱力第一次步入国际精神分析运动的舞台时,才发现自己所思考的问题与克莱茵的问题正好是重叠的,只不过各自走的路线不同:克莱茵是在精神分析理论的内部,通过某种自我理论的调焦来对弗洛伊德进行修正,而拉康是在一种哲学的语境中来改造精神分析的理论方向。通过科耶夫的研讨班,拉康1932年在博士论文中所涉及的论题,如自我的发展、主体的位置、社会(对象)关系的结构、人类知识的妄想症状态等,获得了被重新阐释的可能,他所要做的就是在弗洛伊德的精神分析话语与黑格尔的哲学话语之间作比较阐释或进行相互的重写,"镜像阶段"理论就是这样的一个尝试。正如卢迪内斯库所描述的:

> 就这样,在两次大战期间,梅兰妮·克莱茵就已经开始建构了一个有关主体的结构及其"想象秩序"的理论,对她所有的同时代人正在思考的问题给出了一个回答。这些问题当然也是拉康及整个第二代法国精神病学家和精神分析学家所关注的。……但是,克莱茵是在弗洛伊德体系的内部并利用弗洛伊德自己所提出的概念工具来实施她的变革,拉康则是不断求助于其他领域:精神病学、超现实主义、哲学。没有这些接连不

断的外部参照,他就不可能以1936年开始的方式重新阐释弗洛伊德,因为他第一次接受的弗洛伊德是一个学术的弗洛伊德,是法国弗洛伊德主义的弗洛伊德。[1]

虽然与克莱茵的理论有许多交叠之处,拉康的思考却与之无关。但这不意味着它与任何人都无关。镜像理论并非拉康的原创,而是他从法国著名的心理学家和哲学家亨利·瓦隆(Henri Wallon,1879—1962)那里借用来的。如果说琼斯的失礼和与克莱茵的偶合使拉康的"诞生"为一种受挫所纠缠,那么,瓦隆的存在对于拉康的"诞生"则构成了另一道创伤性的裂口,就像对待实在之洞一样,对于这道裂口,他也将以幽隐的方式穿过。

亨利·瓦隆出身名门,他的祖父因为对创立第三共和国的重大贡献而被誉为"共和国之父"。瓦隆1899年入巴黎高等师范学校学习哲学,毕业后其学术兴趣却转向了心理学和医学,成为法国著名的发展心理学家和儿童心理学家。瓦隆也是一个坚定的马克思主义者,他的发展观乃是基于一种黑格尔式的马克思主义,强调个体发展离不开社会环境,强调个体与外界相互作用的重要性。他对个体的具体戏剧不感兴趣,也不关心体质性的固念,对于弗洛伊德主义的无意识,他也缺乏足够的兴趣,认为这个概念就像一个幽灵飘浮在生物性与社会性之间。

1931年,瓦隆发表了一篇讨论婴儿的身体观念的发展的论文,其中谈到了一个"镜子测试":通过比较婴儿和大猩猩看到自己在镜子中的形象时的不同反应,发现6个月的婴儿和大猩猩看到镜子中的形象时会确认哪个形象是自己的;但两者间有一个根本的差异,婴儿在看到镜中自己的形象时会痴迷于这一镜像并靠近做更仔细的观察,挥动四肢去探究形象与现实的关系,而大猩猩很快就会失去兴趣,转向其他事物。瓦隆将"镜子测试"中婴儿的行为解释为主

---

[1] Elisabeth Roudinesco, *Jacques Lacan*, p.110.

体从镜像到想象、从想象到象征的一种辩证运作，认为婴儿正是通过这一运作来创造其主体的统一性的。

拉康是在 1933 年左右与瓦隆相识的，对于瓦隆的镜子测试及其解释，他显然很熟悉，1936 年，他直接借用瓦隆的素材，提出了自己的"镜像阶段"理论。然而，拉康在其有关"镜像阶段"的所有文字中，不论是在正文还是在参考文献中，都几乎没有提及瓦隆的名字，反而不断在强调自己对于这一术语和理论的发明权。例如在 1966 年给自己写的学术履历《关于我的经历》中，拉康说："我并非到这时才开始思考可导向对自我的理解的那些幻象，尽管我提出'镜像阶段'是在 1936 年，那时我还不是一名教学分析师，且是第一次参加给予我合作机会的国际大会，但我认为我值得赞扬。我发明的这个概念使我可以直抵理论和技术上的阻力的核心。"[1]

拉康为什么要对瓦隆的名字作这样的抹除呢？难道真的就像当初让内的名字之于弗洛伊德一样，瓦隆的名字对拉康的发明权亦构成了一种威胁——或者至少在他自己看来是这样？在此我不敢擅用小人之心加以揣度，但有一点是明确的：如同弗洛伊德的遭际一样，即便他的"精神分析学"的提法是借自让内的"心理分析"，也并不等于可以在这两者之间画上等号，那是两个从技术到理论旨趣都根本不同的东西；对于拉康，情形亦复如此，虽然借用了瓦隆的试验和术语，但解释却是拉康自己的，也就是说，当拉康把镜像阶段置于科耶夫式的黑格尔哲学的基础上加以讨论的时候，当他把镜像认同的阶段视为一出"戏剧"、一种个体将自身投射到历史之中的"时间辩证法"的时候，进而，当他把镜像与妄想症的知识结构、把自我的构型与一种黑格尔式的主体间性联系在一起的时候，"镜像阶段"便不再是瓦隆意义上的一个心理学概念，而成为一个全新的、富有理论阐释力的哲学-人类学概念。以此言之，拉康对瓦隆的名字的刻意抹除固然是不可原谅的，但似乎也有其充足的理由。

---

[1] Jacques Lacan, *Écrits*, pp.52-53.

琼斯的打断虽然令拉康很是沮丧，但并没有影响到他观光的兴致，离开马里安巴德这个伤心地之后，拉康接着前往柏林去观看纳粹德国举办的第十一届奥运会。这一次，他居然没有想到顺道去维也纳拜访一下弗洛伊德，这个老人作为一个运动和组织的象征之于他已经没有什么吸引力，因为拉康终其一生所感兴趣的只是弗洛伊德的文本，而非弗洛伊德其人，或者说弗洛伊德之于他不过是一个理论和运动的象征性能指，其本身并无任何意义。

从柏林回国后，拉康携怀有身孕的妻子到旺代省的诺尔莫提埃岛旅游度假，在那里，他完成了一篇论文：《超越"现实原则"》[1]。乍一看，"超越现实原则"这个题目似乎对应着弗洛伊德的"超越快感原则"，而实际上，两者之间并无内在联系。拉康所谓的"现实原则"指的是联想主义心理学在传统的认识论或科学框架内界定心理现象时所依从的一种未经证实的"超验"原则，即在经验主义认识论的范围内依据一种机械论的心理"印迹"概念和一个看似来自经验的"联想联系"的观点而把心理现象归结为有关现实的真实或幻觉的经验。拉康通过对这一原则的批判指出，弗洛伊德精神分析学的方法论革命就是从超越这一"现实原则"开始的。进而，他还想借着对精神分析经验作一种"现象学的描述"，来重建所谓的"现实"概念，重建属于精神分析学的"现实原则"，并以此明确"现实"与主体认同的关系。拉康的这篇文字在理论上并无太多实质性的东西，但它显示了一个重要的迹象：拉康想要掀起精神分析革命的野心。在文中，他第一次提到了"第二代精神分析学家"，并将其与精神分析学的方法的革命性原则联系在一起，在文章的开篇，拉康写下了这样一句题词性的话："弗洛伊德学派的第二代可以依据弗洛伊德学说的一个根本原则即现实原则来划定他们的受益和他

---

[1] 该文于1936年发表在《精神病学的演进》上，这篇文章本来有两个部分，但我们现在所见的只是其中的第一部分，第二部分根本就没有写出来。

们的责任。"[1] 经历了琼斯的权威性压制之后，拉康是不是觉得精神分析学的革命事业应当由新的一代取而代之，而他就是这新一代的代表？我相信，当拉康把那句话置于篇首题词的位置的时候，他的内心一定在经受着某个东西的诱惑，在那一刻，他肯定意识到了，他的事业决不只是致力于精神分析学本身，而是要对精神分析学进行革命性的重新思考。

当然，这个革命性时刻的到来还有待时日，马里安巴德会议并没有带给拉康所渴望的东西，在第一代法国分析家的眼里，他仍是无名小辈。不过，在先锋文人的圈子里，他已经小有名气，超现实主义者在1933年就已经将他视作未来一代法国精神病学家和精神分析学家的代表，并且这一看法似乎也得到了另一些人的认可，瓦隆就是其中之一。

1934年，受著名历史学家、《法兰西百科全书》的总编吕西安·费弗尔（Lucien Febvre，1878—1956）的委托，瓦隆主持编写《法兰西百科全书》第8卷，即题为《精神生活》的心理学卷。除自己亲自动笔之外，瓦隆还邀请当时法国心理学界和精神病学界的名流参加撰写，其中包括皮埃尔·让内、乔治·杜马、爱德华·皮雄等，同时他也邀请了精神分析学界的两个年轻人：丹尼尔·拉加什（Daniel Lagache，1903—1972）和雅克·拉康。前者负责"性"的条目，后者负责"家庭"的条目。1936年，拉康将初稿交给了编委会，是两篇文章：《论家庭——情结：家庭心理学的一个具体因素》和《病理学中的家庭情结》[2]，前者围绕着一系列的情结或意象考察了家庭环境对主体构型的作用，后者进一步说明了这些情结在不同形式的精神疾病中的病因学作用。费弗尔和瓦隆看过后，觉得行文过于艰涩，尤其关于俄狄浦斯情结的部分令人费解，他们分别作了一些

---

[1] Jacques Lacan, *Écrits*, p.58.

[2] 1984年，两篇论文合在一起单独出版，题为《个体形成中的家庭情结》。有关拉康对家庭情结的论述，可参见巴齐莱的出色讨论：Shuli Barzilai, *Lacan and the Matter of Origins*, Calfornia: Stanford University Press, 1999, pp.19-47。

修改后，要求拉康再改一遍，但改后的稿子好像还是不太让人满意。费弗尔说："拉康博士的文风不是'不好'——只是在遣词上过于采用个人化的特殊含义，对此唯一的解决办法就是或者再重写一个能让人理解的东西，或者要求作者再拿回去修改。"[1]如此几易其稿后，1938年，拉康的"论家庭"终于出现在百科全书的"精神生活"卷中。

有关家庭的这两篇文章比较典型地体现了拉康思想形成时期的那种混杂性特征，同样也体现了他企图建立一个庞大的理论的雄心，这只要看一下他所使用的术语和概念就能感受到，它们包括：母亲的乳房、断奶情结、死亡冲动、怀乡病、心理认同、镜像阶段、阉割情结、超我、自我、他人、父亲意象的衰落、妄想性知识形式、自罚性神经症、社会环境等，在这里，我们看到，精神病学、精神分析学、哲学、心理学，甚至社会学和人类学等不同学科和领域交叠在一起，构成了一个关于家庭的庞杂理论。需要提及的是，拉康在此第一次援引了克莱茵的研究——他对自认有价值的东西总是能够很快地消化吸收。

在拉康那里，家庭不只是弗洛伊德意义上展示父子关系和母子关系的心理剧场景，而是社会有机体的一个构成单位，是需要以科学的方式进行分析和考察的人类学对象。他把家庭界定为一种"建制"，并强调单纯的"心理学研究"不足以描述或解释家庭与个体的关系或者说家庭在个体的"行为与表征结构"的形成过程中所起的作用。

拉康首先阐述了"本能"（instinct）与"情结"（complex）之间的根本区别：本能是生物性的，因此有赖于有机体过程的支撑，它实质上是以某一固定的方式去帮助调节有机体的运作；而情结是社会性的，是由文化因素主导的，它只是偶尔与有机体过程有关，与本能相反，情结是以社会的和文化的调节来补充有机体的运作。

---

[1] Elisabeth Roudinesco, *Jacques Lacan*, p.141.

通过这一区分，拉康把本能逐出了他的研究范围，而集中于情结来解决他的家庭问题。同时，相比于弗洛伊德主要着眼于个体的童年生活或纯粹的个体经验来解释情结的形成而言，拉康的情结理论更接近于克莱茵，即把情结理解为社会和文化环境与主体发展相互作用的结果，虽然由于家庭在主体早期生活环境中的重要位置而使情结的形成总是与家庭中某一成员有关，但社会和文化的决定性作用还是会通过家庭成员体现出来。

不仅如此，拉康还沿用克莱茵学派的思路把情结与"意象"（imago）紧密地联系在一起，视情结是对某一个人所代表的一系列意象的认同，是各种相互作用的意象的集合。意象不是单纯个体经验的产物，而是一种普遍的原型在个体心理中的实现，它以原型的形式影响着主体与他人作用的方式，因此，它是一种"无意识表征"。拉康对家庭的思考就是围绕着情结或意象与主体构成的相互作用进行的。在他看来，家庭情结就是以"意象"或"无意识表征"的形式来"复制某种环境现实"，并且这种复制总是采用重复的方式，由此构建着主体对待环境的各种身体的和心理的反应，正如司各特·李所说的，"拉康的目的在于说明存在于家庭结构中的无意识的关系表征是如何持久地构型人的行为的"[1]。

拉康考察了代表着家庭基本结构的三种意象（它们同样是荣格学派提出的）及其相关的情结：母亲意象（maternal imago）、兄弟意象（fraternal imago）和父亲意象（paternal imago）；与母亲意象相关联的是"断奶情结"（weaning complex），与兄弟意象相关联的是"侵入情结"（intrusion complex），与父亲意象相关联的是"俄狄浦斯情结"（Oedipus complex）。不过，与克莱茵学派同等地强调情结和意象的积极作用与消极作用不同，拉康基本上只从否定的方面来看待情结和意象与主体的关系。

首先是母亲意象。在克莱茵的理论中，母亲意象总是与乳房这

---

[1] Jonathan Scott Lee, *Jacques Lacan*, p.14.

个部分对象联系在一起，婴儿最初正是通过与这一对象的关系来获得满足或缺乏的体验，从而建构起他或她的母亲意象及其对环境的反应方式。可在拉康这里，母亲意象代表的不是母亲的乳房带给婴儿的满足，而是婴儿在其身体需要方面所面对的"先天不足"。拉康强调，母亲意象处在"断奶情结"的中心，不论断奶来得多晚，婴儿都会认为它来得太早，不论它有没有带来创伤，都会在人的心理中留下生物关系为它所中断的永久踪迹，就是说，对个体而言，断奶这一"生存危机"总是伴随有一种"心理危机"，而对这个危机的最初解决将在个体身上形成一个永久的辩证结构，这就是"断奶情结"。拉康说：

> 断奶情结以满足婴儿期的需要所要求的寄生方式，将哺育关系固着在心理中，它表现了母亲意象的原始形式。因此，它为个体与家庭的统一奠定了最古老、最稳定的情感。在此，我们触及了心理发展最原始的情结，所有后续情结的构成都以它为基础。尤其值得注意的是，它整个地由文化因素所主导，因而从这个原始阶段开始就根本不同于本能。[1]

断奶在心理中留下了被它所打断的生物关系的踪迹，同时个体又赋予它的表现一个古老的意象，即以母亲的乳房意象来重新建立被打断的哺育关系，"母亲的乳房意象将持续为我们主体扮演重要的心理角色"[2]。这一意象的存在主导着人的一生，成为一种普遍的怀乡病。在成人生活中，母亲意象成为每一哲学的、宗教的或政治的诉求中的运作力量：

> 正是这一意象结构成为重塑它的心理发展的基础。如果必须在它被重新发现的地方来界定最抽象的形式，我们可以这样来描述它：对存在之总体性的一种完全同化。在这一稍具哲学

---

[1] Jacques Lacan, *Autres Écrits*, Paris: Seuil, 2001. p.30.

[2] Jacques Lacan, *Autres Écrits*, p.36.

意味的表述下,我们可以辨认出人性的这些怀乡病:形而上的宇宙和谐的幻象、情感聚变的神秘深渊、总体论的守护者的社会乌托邦,还有对出生时失去的伊甸园的执迷或对死亡的最隐秘的渴望的每一次爆发。[1]

接下来是兄弟意象,它的特征就是"侵入情结"。在此拉康重述了他在1936年的镜像阶段的主题,把侵入情结看作主体借以建立其社会认同时的关系结构。虽然侵入情结总是与嫉妒联系在一起,但它所表征的不是单纯的生命敌对,而是一种心理认同,兄弟间的侵犯性倾向事实上是他们更基本的相互认同的产物。拉康认为,兄弟意象是人类社会行为的无意识基础,因而嫉妒是作为一种社会情感的原型而出现的,侵入情结则是通过心理认同来固定主体同他的同类的二元关系的。尤其值得关注的是拉康在此重述"镜像阶段"时对精神分析学的连接,不仅将镜像阶段视作一种认同机制,还将它和精神分析的"自恋"理论联系在一起,"因此这个阶段特有的世界是一个自恋的世界,通过这样的命名,我们不仅会想到弗洛伊德和亚伯拉罕早在1908年利用这个术语所指示的力比多结构,即身体上的力比多投注的纯能量意义,而且希望运用那喀索斯神话的完整意义来深入了解主体的心理结构"[2]。就像卢迪内斯库评论的:"不论是在兄弟敌对的家庭剧中,例如当出生的次序把每一个体置于某个占有者或剥夺者的尊贵位置时;还是在镜像阶段,例如当每一个体重获其自身已失去的统一性时,自我的同一性的自恋结构都会随着将对体的意象视作其核心的要素而被建立起来。"[3]

最后是父亲意象,与之相联系的是俄狄浦斯情结。俄狄浦斯情结是弗洛伊德的情结理论的核心,它尤其表达了主体对待与自己有着相同性别的父母一方的那种爱恨交织的无意识心理。在论家庭的

---

[1] Jacques Lacan, *Autres Écrits*, p.36.
[2] Jacques Lacan, *Autres Écrits*, p.42.
[3] Elisabeth Roudinesco, *Jacques Lacan*, p.145.

论文中,拉康提到了三种情结,但前两种即断奶情结和侵入情结在后来便很少论及,只有俄狄浦斯情结在后来被保留下来并成为其精神分析理论的一个核心概念,而且他后来对这一概念的理解也有根本的变化。不过,在1938年的讨论中,拉康的观点与当时的主流解释并无太大差异,即他强调了这一情结在主体发展中的建构作用,描述了父亲意象借以升华为孩子的"现实"的平行过程。他指出,在潜伏时期,儿童对他或她的环境结构持有一种冷漠的、非性欲的理解,但这一理解必定是与自恋性的自私联系在一起的;而后俄狄浦斯儿童之所以能以一种非性欲的方式走进现实,恰恰是因为他或她的性趣味在内部被转变了。结果,在父亲意象中存在一种"倒错"的张力,并被资产阶级家庭的社会建制所复制:父亲权威在压抑性欲的同时又作为自恋的儿童性成熟期的模范而发挥作用。在第二篇文章中,拉康还结合西方资产阶级文化的发展考察了父权制家庭及父亲意象的历史,指出西方社会的工业化将导致父亲意象的衰落,这一衰落本身就是一种心理危机的结果,而精神分析学的产生就与父亲意象的这种衰落有关。必须指出的是,拉康对家庭中父亲意象和俄狄浦斯情结的关注把他引向了人类学的研究,在后面我们会看到,这一转向对拉康的思想发展来说具有至关重要的意义。

1936年的《镜像阶段》当然是作为精神分析学家的拉康最重要的源始性文本,但由于它自诞生之日起就成为一个"被窃的"文本——尽管缺席本身恰恰也是其源始性的重要一维——使人们总想为那个遗落的时刻寻找一个替身,于是1938年的《论家庭》便成为后来的研究者进行增补想象的重要参照。可由于某种联想性的关联的固念,这种增补想象时常会构成拉康文本的又一次被窃,是对拉康的时间逻辑的又一次强行打断,例如,卢迪内斯库在论及拉康的三个情结的理论时,居然认为它们预示了拉康后来的"三界"论,即断奶情结对应于实在界、侵入情结对应于想象界、俄狄浦斯情结对应于象征界。[1]这样的增补想象除了给拉康的理论提供一个简单化的平行论图像之外,并无其他作用。我这样说并不是要完全否认拉康论家庭的论文与他后来的思想发展之间的联系,而是要强调这一联系并非我们所想象的那么紧密,那种预示作用并不是在具体的理论方面,因为拉康1950年代的"三界"学说是在结构语言学的基础上提出的,而1938年三种情结的理论更多地是基于一种对象关系的心理学框架,如果说这两者之间有什么联系的话,那也主要是思维方式上的,即1930年代拉康的思维中已经显示了某种前结构主义的结构观,对此,司各特·李和舒里·巴齐莱的解释可能更客观一些。在《雅克·拉康》(1990)中,司各特·李说:

> 尽管拉康的三种情结(以及它们的基本意象)与弗洛伊德的幼儿性发展的阶段(口腔、肛门、阳物、生殖器)之间有着明显的联系,但是,拉康更感兴趣的是无意识表征如何主导着人类心理,而不是弗洛伊德的本能理论。他所热衷的始终是行为被意象结构的方式,而且他的结构概念更多地是形式方面的而不是因果方面的。意象不是人类行动的因果决定因素,而是描述可能的人类行动的范围的模型或原型。从这些方面说,早期的这篇论文已经预示了拉康在15年后向结构主义的转变。[2]

在《拉康与起源的问题》(1999)中,舒里·巴齐莱说,通过一种回溯式的阅读,我们可以追踪到《家庭情结》与拉康后来的著作之间的某些连续性:

> 第一,1938年的"侵入情结"是他将充分展开的镜像阶段概念的一个预示。第二,他未来对与本能相反的语言和法则的决定性作用的强调也明显地见于百科全书的文章中("情结是由文化因素主导的")。第三,在有关家庭病理学的部分("病

---

[1] Elisabeth Roudinesco, *Jacques Lacan*, p.145.

[2] Jonathan Scott Lee, *Jacques Lacan*, p.15.

理学中的家庭情结"）中，拉康宣称父亲对于儿童的社会整合和稳定性是至关重要的，同时还对当代社会中"父亲意象的衰落"进行了批判，这些都预示了他的父之名的概念以及与其排斥功能相伴随的心理危害效果（精神病）。

第四，且可能是最重要的一点，所谓的连续性，并不是指任何具体的内容或观念，而是指一种阐释模式（也可以称之为一种阐释策略）。《家庭情结》已经显示了拉康的"回到"弗洛伊德和对其他前辈的对话立场的复杂性。他的论文通篇都在显示其对精神分析理论的说明时常是一种激进的修正。虽然拉康偶尔会说明他与弗洛伊德的理论的分歧，但对于根本的差异却常常是不置一词，或者是欲言又止。[1]

二 主体确证的时刻

1938年为《法兰西百科全书》撰写了关于家庭的条目之后，拉康的写作历程因为第二次世界大战的爆发戛然而止，这一停顿一直持续到1945年战争结束。当然，受到战争干扰的不只有拉康，国际的和法国的整个精神分析运动都受到严重的侵扰。可以说，纳粹时代精神分析运动的传奇是一个彻头彻尾的悲情故事，弗洛伊德作为这一运动和组织的代理或象征当然是这个悲情故事的主角。

1933年1月30日，希特勒被任命为德国总理，一种妄想狂政治开始在德国风行，并将蔓延到全欧洲。伴随着排犹运动的升级，精神分析学这个带有明显"犹太性"的学说当然要被列入清洗的行列。1933年5月10日，德国各个城市的公共广场和大学城举行焚书大会，以弗洛伊德的作品为首的精神分析出版物也被投入熊熊烈焰中。这当然只是第一步，彻底的文化灭绝还有赖于对肉体的彻底消灭。1933年之前，德国精神分析学会一直为犹太分析家所主导，纳粹上

---

[1] Shuli Barzilai, *Lacan and the Matter of Origins*, p.20.

台后,这些分析家唯一能够选择的道路就是流亡,再不就是进集中营,到1935年,近50人的学会只剩下9人,控制了学会的排犹主义者开始将德国的精神分析学纳粹化。

至于弗洛伊德,纳粹的恶劣行径似乎更加激发了他的犹太身份认同,1934年他开始了《摩西与一神教》的写作,这是他一生中最后的作品(这部著作于1938年付梓),他要借摩西的神话以一种特殊的方式深入犹太性之中。1936年5月16日,弗洛伊德在维也纳迎来了80岁的生日,许多国际友人和信徒纷纷给他发来贺信和寄来礼物,不久他荣膺英国皇家学会的通信会员,对任何一位科学家来说,这都是莫大的荣誉,弗洛伊德在这个时候获得国际科学界这样的承认对他当然是最大的安慰——更确切地说,这是国际社会对他的一种政治声援。

与此同时,奥地利的局势已越来越严峻,她的命运其实在希特勒上台的那一天就已经被决定了。虽然维也纳的犹太人因为恐慌而纷纷出逃,但弗洛伊德还不想这么做,他知道,他是精神分析运动和组织的象征,如果他流亡,将意味着这个运动和组织的解体,他甚至还梦想着奥地利的天主教会能为他提供荫庇之所。1938年3月12日,德军进入奥地利,3月14日,弗洛伊德在他的日记中记道:"希特勒进了维也纳。"犹太人立即成为受攻击的对象,排犹暴行在奥地利盛放的速度甚至远远超过德国,不到一个星期,奥地利作为一个独立的主权国家已不复存在了,连天主教会也承诺效忠于希特勒。维也纳精神分析学会的机构遭到查封,资金被冻结,弗洛伊德的人身安全受到威胁,面对这一危急的形势,弗洛伊德在国际协会中的代理人琼斯动用各种关系,为他的一家拿到了赴英签证,可弗洛伊德还是不愿离开奥地利。直到3月22日,他的女儿安娜被盖世太保带走——不过当天就放回了——弗洛伊德才下定决心走流亡的道路。可这时,维也纳精神分析学会的资产、藏书和出版社的财产全都被没收,弗洛伊德的现金和户头也全被充公,他已变得一无所有,无力支付奥地利当局所要求的"逃亡"税。不过没有关系，弗洛伊德的身边还有玛丽·波拿巴，后者为他支付了一切费用。其实，波拿巴王妃所提供的支持远不止金钱，在弗洛伊德离开维也纳之前的那两个多月里，她大部分时候都住在维也纳，帮助弗洛伊德处理移民前的众多事务，她所给予的支持是无私的和真正信徒式的，她的在场给了心身已极度虚弱的弗洛伊德强有力的精神支撑和心理抚慰。

1938年6月4日，弗洛伊德及其部分家人搭乘"东方快车"离开维也纳，走上了流亡之路。6月5日清晨，弗洛伊德一行到达巴黎，玛丽·波拿巴王妃盛情接待，下午，在王妃的私邸，弗洛伊德会见了巴黎精神分析学会的成员，可拉康没有出席——他与弗洛伊德多次失之交臂，他们之间似乎总无法形成交集。对于这次缺席，拉康自己后来的解释是，那是因为他不愿见到玛丽王妃；而事实的真相可能是玛丽王妃根本就没有邀请拉康出席这次活动，因为她把这看作一次小范围的私人会见，没必要人人都参加，更何况拉康此时还不是学会的"专职会员"。

在波拿巴王妃的私邸稍事休息后，当晚，弗洛伊德便乘船越过英伦海峡，于6月6日早上抵达伦敦，琼斯已在那里为他安顿好了一切。次日，《曼彻斯特卫报》报道了弗洛伊德到达的消息，并引述他儿子的话说，弗洛伊德之所以选择到英国来，是因为"爱这个国家和这里的人民"，这当然只是一种外交辞令。虽然弗洛伊德自己也说过，他来到英国是为了"死于自由"，但他内心还是深深眷恋着自己的祖国，用他在抵达伦敦的第一天写给友人的一封信中的话说，他虽获得了自由，可心里却仍"深深爱恋着那个曾经囚禁着我的牢笼"。而在几天后回复瑞士分析家雷蒙·德·索绪尔祝贺他逃出纳粹魔掌的来信时，他还说："也许你遗漏了一点，那就是移民会感受到一种特别的剧痛。那是来自对一种生活和思考的语言的失去，这种失去，是再多的努力也无法用另一种语言来弥补的。"[1]

---

[1] 彼得·盖伊，《弗洛伊德传》（下），第296页。

为了排解这种去国之痛，弗洛伊德重又投入了《摩西与一神教》的写作，到1938年底，该书已告完成。这是一部纵情于想象的作品，其桀骜不驯的思想和表述风格把精神分析对待传统的某种"后现代"精神推向了极致，所以，当第二年其英文版出版面世的时候，立即招致了来自犹太教和基督教两个阵营的激烈批评。但对弗洛伊德来说，这种学理之辩是毫无意义的，因为在他的文本中，摩西这个形象与其说是作为一个历史人物来处理的，不如说是作为自己的一个英雄镜像来重述的，在这个意义上，不妨冒昧地说，《摩西与一神教》乃是弗洛伊德最后的自我分析，是他对自己身上的那种犹太性的最后分析，他在这里再次把自己书写成了一个（享受）孤独的英雄。

1939年9月23日，弗洛伊德不堪病痛的折磨，在伦敦让家庭医生给自己注射超量的吗啡，以"安乐死"的方式自己选择了死亡，就像他所说的，他来到英国是为了"死于自由"，他真的将这一自由意志贯彻到了最后。

就在弗洛伊德与死神作最后斗争的时候，西方世界的妄想狂政治也正在走向最后的大爆发。1938年9月，英国、法国和德国在慕尼黑达成协议，英国首相和法国总理同意希特勒吞并捷克的"德国人区"，以换取一纸空洞的和平承诺；1939年8月，斯大林也和希特勒签订了一个互不侵犯条约，并就瓜分波兰达成秘密协定，这是斯大林对西方世界为换取自己的安全而不惜出卖苏联的利益所给予的一个回击——所以，当西方世界装出一副正义凛然的样子对斯大林与魔鬼缔约的行为说三道四的时候，他们恰恰忘记了是他们自己投出的第一块肮脏的石头。9月1日，希特勒悍然入侵波兰，3日，英、法在无奈中对德宣战，第二次世界大战爆发。

就在宣战的那一天，巴黎的广播说，"这将是最后的战争。"可是，当第二年6月初德军真正向法国发起进攻的时候，仅仅不到20天的时间，法国人就投降了，法国成为德军的占领区，只有南部和东南部的小部分地区得希特勒的"仁慈"所赐还暂时保持着"自治"，由战前第三共和国的余孽菲利普·贝当（Philippe Pétain，1856—1951）元帅在维希控制着。而深具讽刺意味的是，巴黎作为占领区和维希作为"自由区"在自由的享用上居然呈现出一个令人难堪的矛盾景象，在维希政权下"苟且偷生"的纪德在1941年5月6日的日记中就记述说："有一瞬间，我竟然想要逃离，去发现我的更爱。德国人在奴役我们。给我们带来令人痛苦的耻辱。但与维希政权所规定的愚蠢制度相比，在那里，我们受到的歧视要少多了，也体面些。"[1] 这绝非纪德一个人的感受，相较于贝当政府严厉而又任性的审查制度而言，1940年代初的巴黎还真的给了法国文人有限的自由。

当然，享受有限自由的前提是"政治正确"，比如要具有非犹身份，且不参加反对德国的抵抗活动，不宣讲和传播犹太人的文化。所以，仍待在巴黎的萨特和加缪们在占领期间可以继续他们的写作，而同样由法国人从事的精神分析活动则被明令禁止。同德国和奥地利的情形一样，战争爆发后，法国的精神分析运动也陷入停顿。巴黎成为占领区之后，巴黎精神分析学会被迫关闭，《法国精神分析杂志》被迫停刊，"精神病学的演进"组织也宣告解体。精神分析实践虽未被当局禁止，但弗洛伊德主义者成为不受欢迎的人，精神分析的治疗只能在私底下进行。

与此同时，法国精神分析运动的组织场景也正在发生结构性的变化，第一代精神分析学家正逐渐退出历史的舞台：索科尔尼卡已于1934年在自己的寓所打开煤气自杀；皮雄于1940年1月逝世；博雷尔已经退会；埃斯纳在战争开始后加入了法国海军；阿伦迪先是在军队行医，后搬到非占领区，1941年移居瑞士，1942年在巴黎逝世。奥迪尔回到了自己的祖国瑞士，雷蒙·德·索绪尔和洛文斯坦因则移民到了美国，至于玛丽·波拿巴，在非占领区漂泊一段时间后，

---

[1] 转引自赫伯特·洛特曼，《左岸：从人民阵线到冷战期间的作家、艺术家和政治》，薛巍译，北京：新星出版社，2008年，第132—133页。

于1941年回到了雅典，后又到了南非，在那里传授弗洛伊德的理论。1944年她又到了伦敦，一直到1945年才回到巴黎。只有拉福格成为唯一的合作者，他一度想在德国人的帮助下在巴黎组建一个纳粹化的精神分析组织，但由于没有成员，他的计划宣告流产；而在战争后期，拉福格摇身一变，又成为犹太流亡者和抵抗组织的庇护者。

那么，战争期间拉康在做些什么？他没有犹太身份，所以不用烦心要不要流亡，但他也不是一个民族主义者，所以没有像同为第二代分析家的拉加什和纳什特那样成为抵抗运动的积极分子，当然他也不会像拉福格那样为了组织的命运而寻求与纳粹合作。他选择的是一条在这种情形下大多数人不得不选择的道路，即完完全全地退回私人生活中。

1937年1月，拉康和布隆汀的第一个孩子卡洛琳（Caroline）出生，拉康给她取了一个小名："Image"，他显然是想以此来暗示他的镜像阶段理论。1938年12月，拉康完成同洛文斯坦因的分析，成为巴黎精神分析学会的专职会员。1939年8月，布隆汀又为拉康生下了一个儿子，取名叫提波（Thibaut）。而就在这时，另一个女性闯入了拉康的生活，她就是拉康的好友、著名作家和思想家乔治·巴塔耶的妻子西尔维亚·马克勒斯（Sylvia Maklès，1908—1993）。西尔维亚出生于巴黎的一个犹太家庭，1928年同巴塔耶结婚，随后进入演艺圈，曾在法国著名导演让·雷诺阿（Jean Renoir，1894—1979）的影片《乡村一日》（1936）中出演女主角。拉康与西尔维亚的初次相识是在1934年，那时，拉康刚刚与布隆汀结婚，而西尔维亚与巴塔耶的婚姻已经出现了危机。此后，他们虽然还有过多次见面，但并没有发生什么故事。1938年底，当他们在一家咖啡馆又一次相见时，双双坠入了爱河，随后两人便常常厮守在一起，尽管此时的布隆汀正怀着拉康的第二个孩子。

战争爆发后，拉康被征召入伍，在军队医院做助理医生，先后辗转于波城、吕克瑟伊、马孔、圣迪埃等地，到1940年8月底，随着德军在法国的胜利，拉康被遣送回家，此时他的妻子布隆汀在生下第二个孩子以后又一次怀孕了。10月，西尔维亚移居到南部的非占领区马赛（马赛在1942年11月也被德军占领），不久发现自己也怀上了拉康的孩子。11月，拉康与布隆汀的第三个孩子西比尔（Sibylle）出生。可怜的拉康只好在马赛和巴黎之间来回奔波，好在他的医生身份和政治上的暧昧态度给他提供了不少便利，使他可以在占领区和非占领区相对自由地进出，据说，此后的两年间，拉康总是开着他的雪铁龙往返于马赛和巴黎。其实，在德军占领时期，拉康在政治上保持着一种低调的、明哲保身的态度，他不拥护维希政权，对抵抗运动也没有什么热情。他的民族情感更多体现为某种仪式化或审美化的文化抵抗，并且这还局限在非占领区，例如在马赛，他发现自己变成了一个亲英分子，他和朋友一起翻译 T. S. 艾略特的诗歌，阅读钦定本英文《圣经》，甚至还穿英式服装；同时他在马赛还跟一些流亡知识分子的团体过往甚密。

1941年7月，西尔维亚生下一个女儿，取名朱迪丝（Judith），但父姓却是巴塔耶的名字，因为西尔维亚和巴塔耶虽然早在1934年就已经分居，但两人一直未办离婚手续；而拉康这时与法定妻子也仍保持着婚姻关系。直到这年12月，拉康才与布隆汀离婚，而西尔维亚与巴塔耶的婚姻关系到1946年才正式解除，1953年，拉康才与西尔维亚成为合法夫妻。

1943年，拉康和西尔维亚一起搬到塞纳河左岸区，在那里过起了一种资产阶级文人的优雅生活。西尔维亚聪慧、美丽而且充满热情，一直是巴黎文艺圈里的宠儿，拉康通过她再次与巴黎的先锋艺术家们往来密切，并开始喜欢上了艺术收藏，毕加索、安德烈·马松（西尔维亚的姐夫）、库尔贝等大师的作品是他的最爱。1951年，拉康又在奎特兰科（Guitrancourt）的乡下买了一套别墅，作为周末度假和接待朋友与病人之用，里面收藏有许多名贵的艺术品和图书，其中有一个房间里挂着一幅库尔贝的油画《世界的起源》，画面是一个刚刚做爱后的女人袒露着私处的裸体,拉康是1955年购得这件作品的,为了掩饰那过于露骨的色情展示,拉康在画布上盖了一块画有风景的木版,后来西尔维亚请她的姐夫马松重新设计,马松换了一块滑动木版,并以抽象的形式在上面画了原作的一个素描。[1]

另外,拉康对东方艺术和原始艺术也怀有浓厚的兴趣,据列维-斯特劳斯回忆,拉康在1950年代曾从他手中买过一些原始艺术的作品。据说拉康还收藏有来自中国的画家赵无极(1948年定居巴黎)的作品。

1944年3月,拉康应邀出席由萨特、波伏瓦、加缪等人组织的一次小型文学集会,这是他与这些存在主义者的第一次接触。拉康对萨特的圈子似乎没有太大兴趣。1948年,当波伏瓦在准备写作她关于女性的著作《第二性》的时候,读到了拉康论家庭的论文,于是打电话给拉康请教精神分析学对于女性性欲问题的见解,拉康颇为得意地回答说,那需要花上大半年的时间才能说出个头绪。波伏瓦当然不会有这样的耐心去听拉康的长篇大论,因此建议双方做几次面谈,拉康断然拒绝了。对于萨特,拉康也一直没有什么好感,也许是妒忌前者在占领期间就以隐喻性的写作暴得声名,战争刚一结束,拉康就在重新拾笔的第一篇文章中把萨特设定为批判的对象,而在1949年重写的《镜像阶段》中,他公开对萨特存在主义的自我观进行了批评。

1944年8月,巴黎被盟军解放,1945年5月7日,德国在无条件投降书上签字,战争的浩劫终于过去。然而,战争的创伤不是一时半刻可以抹平的。20世纪上半叶接连发生的两次世界大战唤醒了西方世界对自身文明尤其是近代以来的资本主义文明的深刻反思,自由、自主的主体、自我中心、个体的社会责任、存在的欲望、历史的必然性等一切都需要在一个破碎的世界图景中重新加以思考。

---

[1] 有关拉康收藏这幅油画的故事,可参见 Shuli Barzilai, *Lacan and the Matter of Origins*, pp.8-18。

法国知识界本来就有强大的现实"介入"传统,第二次世界大战期间的民族遭遇在战后更是激发了他们空前的话语热情,战争一结束,巴黎的知识界立即活跃起来。巴黎精神分析学会恢复了活动,拉康也重新回到了精神分析的阵地。

1945年3月,为迎接巴黎解放,在战争期间被迫停刊的一份刊物《艺术札记》出版了一期复刊号,拉康应邀提供了一篇文章,即《逻辑时间及预期确定性的论定——一种新的诡辩》(下文除个别地方外简称《逻辑时间及预期确定性的论定》),这是他自停笔以来写的第一篇学术论文。

文章以一个逻辑推断的场景作为开始。监狱长召来三个囚犯,告诉他们他要释放他们中的一个人,但究竟是谁要由一场测试来决定:

> 这儿有五个圆盘,它们除了颜色以外是完全一样的:三个白色的和两个黑色的。我将在不让你们知道我的选择的情况下在你们每一个人的两肩之间放一个圆盘,也就是说放在你们直接看不到的地方。……这样你们有充分的时间来观察你们的同伴以及他们戴着的圆盘。当然,你们不准相互告知你们观察的结果,再说你们的利益也不让你们这样做,因为最先推断出他自己的颜色的人可以享受到由我掌控的获释资格。[1]

当然,囚犯们的结论必须是建立在逻辑的理由上而不仅仅是建立在可能性上。然后,监狱长在三个人的肩上都放上了白色的圆盘。三个人相互看了一会儿之后,一起走出了牢房,他们给出的回答是一样的,即自己肩上放的是白色的圆盘,而给出的逻辑推断也是一样的:

> 我是白的,并且我的理由是:既然我的同伴是白的,我就想,

---

[1] Jacques Lacan, *Écrits*, p.161.

如果我是黑的，他们中的每一个就会这样来推理："如果我也是个黑的，另一个必定可以直接认识到他是白的，并会立刻离开，所以我不是黑的。"这样他们俩会一起离开，因为他们相信自己是白的；既然他们没有那样做，那我必定跟他们一样，也是白的。[1]

就这样，三个犯人因为得出了相同的正确推断而被同时释放了。

这是一个颇具时代意味的场景，它似乎关涉着人的自由与选择的问题，这个问题因为萨特包括《存在与虚无》（1943）在内的一系列作品的问世而在战后广受社会关注。1944年5月，萨特的戏剧《禁闭》（剧本最初拟以"他人"为题）在巴黎上演引起轰动，该剧通过被囚禁在同一个牢房里的三个犯人之间的关系展现了一个典型的萨特式存在主义命题：他人即是地狱，即我们每个人都是在别人的目光下苟活，处在从属于他人的境况里。拉康的三个卑贱主体的戏剧虽然发生在与萨特的戏剧相同的场景，但他并不想以此来探讨主体的自由及其选择的问题。与萨特将自由设定为主体之存在用来对抗异化现实的一种意向性力量不同，拉康要确立的是一种非主体性的主体哲学，因此他对于主体走向自由的那种意向性力量始终持怀疑的态度。在那个诡辩游戏中，我们看到的不是自由本身的问题，也不是自由与主体选择的关系的问题，我们看到的是主体获得有关自身的知识的结构性处境，用拉康自己的话说，是主体"对他人之现实的一种特别的误认"。正是基于这样的理解，拉康一上来就对萨特在《禁闭》一剧中所表现出来的自由观进行了批判："我并不属于新近的那种哲学家，在他们看来，高墙内的禁闭不过是帮助我们趋达人类自由至境的手段。"[2] 而在拉康那里，自由绝非主体所内有的一种意向性能力，相反，主体对自身确定性的论定有赖于他人，

---

[1] Jacques Lacan, *Écrits*, p.162.

[2] Jacques Lacan, *Écrits*, p.162.

有赖于一种"集体逻辑",有赖于逻辑时间中那个"理解的时刻"(time for comprehending)的到来。

不妨具体地看一下那个逻辑游戏。它只会有三种可能的组合,主体的推断肯定是在这三种可能中进行:(1)两个黑的和一个白的,这时,如果甲看到乙和丙的圆盘是黑色的,他便能立刻推断出自己是白色的,从而离开牢房;(2)一个黑的和两个白的,这时,如果甲看到一个黑色和一个白色,他就会推断:"如果我是丙(他是白色),且看到两个黑色(甲和乙),那丙就可以离开。既然丙没有离开,我就可以推断我不是黑色,我可以离开";(3)三个都是白的,这时,如果甲看到两个白色,他就会推断:"如果我是黑色,那乙和丙就会看到一个黑色和一个白色,他们每人都会对自己说,'如果我是黑色,另一个白色的人就会看到两个黑色。'这样他们就会推断出自己是白色,然后离开。但是他们都没有这么做,所以我推断我是白色。"

拉康说,这三种组合在主体的逻辑推断过程中转换成了三个可能的"时间进程"或"明证的时刻",就是说,任一主体的逻辑推断或"推断的时刻"(moment of concluding)其实有赖于对另两个主体的推断的理解,或者说有赖于"理解的时刻"的到来。在这三种可能的组合中,第一个推断依据的是逻辑排除法,"理解的时刻"在此是即时性的,推断在"看"的一刹那就可以做出:只要看到了两个黑色,某个主体立即就能推断出自己的未知特征(白色)。在第二个推断中,"理解的时刻"必定先于"推断的时刻":甲必须把自己置于丙的位置来做出推论。第三个推断更为复杂,因为甲必须分两个阶段做出推论,先是假定他是黑色且把自己置于乙和丙的位置,再从乙或丙的位置去做出推断。由于三个囚犯做出了相同的推论,所以他们全都离开了牢房;但他们做出推断依据的是"预期确定性的论定"(assertion of anticipated certainty),就是说,主体的推断必须引入"他人的形式",且只有通过对预先确定的他人的主观论定来论定自己，"'我'是在逻辑时间的功能中通过使与他人的竞争的主观化而定义的"[1]，在这里，论定的主体所确证出来的"我"乃是以与他人的互为主体作为参照的，"我"被当作"他人的他人"，"我"只有在"理解的时刻"才能获得这一主体的形式，如拉康所说，"每个人都是通过他人而抵达真实的"[2]。这看似是萨特的"他人即是地狱"的另一种表述，而实际上拉康在此强调的是主体自我确证时刻的"集体逻辑"，这一逻辑最本质的价值不在于由他人指认出主体自身，而只是指认出了主体的形式，即那个不确定的"我"的形式特征，因此这只是一种非主体性的主体。[3]

在《逻辑时间及预期确定性的论定》中，拉康并未直接讨论精神分析理论与技术，但其对主体性的确证的论述仍延续着1930年代从社会关系——现在被视为主体对主体的关系——探讨主体问题的主题，只是在论述中加入了一个重要的维度：时间性的维度。这一改变自然有着科耶夫式的黑格尔主义的影响，同时也预示了他后来的思考的一个基本向度，那就是在主体间性的框架中来探讨主体及主体化的问题。从这个角度说，《逻辑时间及预期确定性的论定》一文在拉康的文本史中的地位决不亚于《镜像阶段》。拉康后来曾多次提及这个极具智性色彩的博弈游戏，如在1953年的《罗马报告》中，他把这个逻辑推断的故事引入了精神分析的情境：分析师占据着监狱长的位置，通过邀请受分析者去解决其处境之谜而承诺给予他"自由"，在这里，分析进程中"推断的时刻"的到来有赖于分析师在主体间的话语中如何进入"理解的时刻"，即如何在弹性时间的会谈中把无意识主体从无有意义的虚言导向创生意义的实言。

在文章的结尾，拉康论及"集体逻辑"时提到了这一逻辑可用

---

[1] Jacques Lacan, *Écrits*, p.170.

[2] Jacques Lacan, *Écrits*, p.173.

[3] 对拉康的这篇论文的详细讨论，可参见布鲁斯·芬克的论文《逻辑时间与主体性的预期》，Richard Feldstein, Bruce Fink, Maire Jaanus (eds.), *Reading Seminars I and II: Lacan's Return to Freud*, pp.356-386。

于精神分析实践的"情结"运作,而在 1966 年该文收入《文集》时所加的一个脚注中,他又直接提到了弗洛伊德的《群体心理学与自我的分析》(1921)中的观点。这个事后的小动作并非无谓之举——拉康在《文集》中总是以这种偷偷摸摸的方式把我们引向其思想的某种预期的成熟——因为它暗示着他在这个时期对主体性及主体间性的思考中就已经引入了他者的结构。

1945 年 9 月,拉康到英国做了一个为期五周的访问,对英国在战争期间的精神病学研究进行考察。这次访问给他留下了深刻的印象,回到法国一年多后,他给刚恢复活动不久的"精神病学的演进"小组作了一个题为"英国精神病学与战争"[1]的演讲,演讲中,拉康不仅对战争期间英国人所表现出来的那种英雄主义表示了赞赏,而且对英国精神病学家在战争期间所从事的一项社会试验进行了精神分析化的思考。

第二次世界大战初期,英国精神病学家在大后方对那些"不适应社会的人群"加以分类,然后依据各自的特点分配以不同的工作,由一个治疗师进行协助指导,而不是施以权威式的领导或压制,结果发现各个分组都可以独立地圆满完成自己的任务。拉康在这个社会试验中看到了许多令他兴奋的东西,例如他认为这个试验乃是对他在 1932 年所批评的精神病学的体质论传统的有力反驳,也是对他在 1938 年所提出的父亲意象的衰落的有力证明;更重要的是,他在这个试验中看到了发展或修正弗洛伊德的自我认同理论的可能性。

1921 年,弗洛伊德在《群体心理学与自我的分析》一文中以两种典型的"人为的群体"即教会和军队为例对群体组织的结构性关系进行了分析,"在这两种人为的群体中,每一个人通过力比多一方面与领袖(基督、司令)联系起来,另一方面与群体的其他成员联系起来"[2]。在前一种(垂直)关系中,个体是将某一对象(上

---

[1] 该演讲于 1947 年发表在"精神病学的演进"小组的杂志《精神病学的演进》上。
[2] 车文博主编,《弗洛伊德文集》第四卷,第 78 页。

帝或司令）认同为他的自我理想，而在后一种（水平）关系中，个体是在自我的层面相互认同。弗洛伊德的这一群体心理学理论在战后被精神分析学家们广泛用于解释法西斯主义兴起的群众心理基础，拉康也沿袭了这一解释，但他同时又发挥自己在1938年论家庭的论文中的观点指出，在父亲（或领袖）意象已经衰落的今天，弗洛伊德所讲的第二种即水平关系作为连接个体的社会纽带具有更重要的地位，也就是说，虽然父亲意象在群体的金字塔式的垂直关系中已失去了其功能，可这并不意味着他人的形象在水平结构关系中对于主体的功能也归于无效，相反，后者在现今的主体性认同中构成了更为基本的方面。英国精神病学家的社会试验及其研究正好证明了这一点：在一个没有领袖的群体中，群体成员可以先通过一种自恋认同，然后通过认同一个共同的理想形象而结合为一个整体。拉康还指出，英国人的试验也向我们展示了弗洛伊德的方法所具有的更为广阔的应用前景，即它不仅可以被用于说明法西斯主义，也可以被用于分析民主制时代的社会关系。

如果说复出后的上面两篇文字在理论上还略显粗拙，那么到1946年，拉康便开始恢复他的自信了，这年9月他在他的好友亨利·埃伊举办的一个精神病学讨论会上宣读了题为《谈心理因果》的报告，声称自己在战争时代并未放弃对真理的追求，并且以一种黑格尔式的口吻说，人类的敌人对权力的迷恋只是又一次帮助了"理性的狡计"的实现，使他不致有负于真理的要求。

在这个报告中，拉康对好友埃伊的机体动力论的精神病学理论进行了批判。埃伊是法国新一代精神病学家的代表人之一，他1930年代初曾师从克劳德在圣安娜医院工作，并且那时他便与"精神病学的演进"小组关系密切，第二次世界大战后他出任《精神病学的演进》杂志的主编，成为这个小组的核心成员。和拉康一样，埃伊对哲学也有浓厚兴趣，但与拉康的德国趣味不同的是，他对英国的进化论哲学更感兴趣。受到英国神经病学家约翰·胡林格斯·杰克逊（John Hughlings Jackson，1835—1911）的影响，埃伊将来自进化论哲学的机体动力论观念运用于心理障碍的研究，认为人类的心理生活总要受到个体的机能发展、个体发育、种系发育等因素的作用。在拉康看来，埃伊的机体动力论学说并没有摆脱体质论的传统，其哲学的基础乃是笛卡尔的心身二元论而非斯宾诺莎的心身平行论，正是这种二元论使埃伊得出了"精神疾病是对自由的侮辱和障碍，它们……是完全的心理－遗传的"这种极端落伍的结论。

接下来，在对癫狂的心理发生的思考中，拉康概要地复述了他对埃梅病例的研究，指出这一研究乃是从病人以往经历的全部事实中、从癫狂与人格的关系中来把握精神病的心理因果的，但与1933年的研究明显有所不同的是，拉康在此在黑格尔的意义上强调了"误认的一般结构"（the general structure of misrecognition）在癫狂的心理发生中的作用：

> 这个误认就体现在反抗之中，通过反抗，疯子想要将他心中的法则强加于他眼中的世界的混乱之上。这是一个"荒诞的"事业……因为主体没有看出在这个混乱之中表现出来的正是他实际的存在，因为他所感觉为心中的法则的只是那同一存在倒置的以及虚拟的形象。这样他双重地误认了这个存在，并且恰恰是为了分离这个存在的现实性和虚拟性。然而，他只有依靠这个虚拟性才能逃避这个现实性。这样他的存在就被封闭在一个循环里了。除非他以某种形式的暴力来冲破它，经由这个暴力形式，他打击了他视作混乱的东西，但由于社会对他的行为的反击，他的打击最终是搬起石头打自己的脚。[1]

其实，误认的一般结构不只存在于精神病的心理发生中，而且也存在于黑格尔的"精神现象学"所描述的人的辩证发展的各个阶段，存在于人的自由及其存在中，正是在这个意义上，拉康指出，如果

---

[1] Jacques Lacan, *Écrits*, p.140.

说误认即人的一种妄想性认识的话，那么，"癫狂决不是由人的机体脆弱这一偶然事实而来的结果，它是在人之本质中开裂的一个缺陷的永久可能性。癫狂决不是对自由的'凌辱'，它是自由最忠实的伙伴，跟自由如影随形。没有癫狂，我们不仅不能理解人之存在；并且如果人没有将癫狂作为其自由的界限随身带着，人就不成其为人"[1]。这样的文字俨然是在讲述一种癫狂的形而上学，在里面我们仿佛听到了17世纪法国哲学家布莱士·帕斯卡尔（Blaise Pascal，1623—1662）的声音，也仿佛听到了1930年代超现实主义的重音，甚至能听到十多年后福柯在癫狂史的研究中发出的尖利的音响，在这一重音的衬托之下，存在主义的主体观和自由观更像是一首虚无缥缈的悼亡的灵歌。

主体的历史是在一系列的理想认同中发展的，进而认同的过程显示了"意象"的功能，由此拉康转向了对1930年代的镜像阶段理论的修正和重述，这一修正和重述在多个方面显示了他的全新理解。例如，他开始在一种本体论的层面上把镜像阶段看作主体存在的最初阶段；他挪用现象学的方法把自我理解为个体形成有关自身与世界的妄想性知识的某种功能结构；他还对弗洛伊德后期即1920年代提出的自我概念进行批判性的反思；更为重要的是，在对镜像阶段的这一重述中，他开始运用"意象""格式塔""主体异化""他人欲望的辩证法""人的早产""自恋的视觉结构""自恋与侵凌性"等概念，并大量引用1936年以后比较心理学的新成果来说明镜像或意象与认同的关系，所有这一切都将在三年后以更为凝练的风格被归纳融汇，换句话说，三年后的那个著名文本实际上在《谈心理因果》（1946）中就已经"完成"了。

《谈心理因果》是拉康在战后发表的又一个重要文本，一定意义上说，它是拉康对自己此前的学术观点的一个历史性回顾，这一回顾带有明显的谱系化动机，从博士论文到有关家庭的研究再到镜

---

[1] Jacques Lacan, *Écrits*, p.144.

像阶段理论,拉康的叙述贯穿着一个逻辑性的时间运动,通过对此前文本的偷偷修正和综合,拉康既向人们表明了他的思想连贯性,也为自己进一步明确了未来的理论走向,即围绕着镜像阶段的形象(意象)认同,探讨自我或主体(在这个时期,拉康尚未明确地把两者区分开,虽然他也意识到了两者之间可能有差别)发展的时间辩证法,探讨自我或主体在与作为镜像的他人的关系中的异化结构,直至最后揭示出自我或主体的存在"真相"。目标一旦明确,拉康的创造力便变得狂野不羁,正如他在《谈心理因果》的最后不无自负地说道:

> 我们的时代很流行"超越"经典哲学家,然而我却很想从那篇令人称道的对话《巴门尼德》开始。因为苏格拉底也好,笛卡尔也好,马克思也好,弗洛伊德也好,都是不可"超越"的,原因就在于他们是满怀热忱从事研究,这个热忱就在于揭示有一个对象存在着,那就是真理。[1]

三 终于到了镜像阶段

如上所说,1946年的《谈心理因果》既是拉康对自己在战前的思想的一个回顾和总结,也是对自己的理论目标的一次明确,如果说在此之前他对于弗洛伊德的学说还停留在单纯的接受层面的话,那么,从这时起他便开始有意识地加以修正和改造,直至1950年代,随着他将海德格尔的语言论、列维-斯特劳斯的结构人类学以及索绪尔和雅各布森的语言学模式引入精神分析学的论述,他才真正开始对弗洛伊德著作的革命性重读。对弗洛伊德的认识的这一系列改变,与拉康自己的思想转变正好是重叠的:1932—1946年前后他对于弗洛伊德的理论还处在不断了解的阶段,并且这一了解是服务于其精神病学的思考的;1948—1951年左右他已经着手对弗洛伊德的

---

[1] Jacques Lacan, *Écrits*, p.157.

理论做出重大修正，这一修正主要围绕着弗洛伊德的自我观进行，修正的结果便是他对"镜像阶段"理论的重述以及对自我心理学的初步反思；到1953年，随着想象界、象征界和实在界这个"三界"理论的提出，"镜像阶段"又被纳入一个新的框架重新思考，对弗洛伊德的革命性重读和对自我心理学的直接批判也由此开始。

现在我们终于来到了拉康思想发展中最关键的一个阶段，即阐述其"镜像阶段"理论的阶段。这个阶段有三篇标志性的作品，这就是1948年的《精神分析中的侵凌性》、1949年的《镜像阶段》和1951年的《对自我的若干反思》。其中前两篇被收入1966的《文集》中，不过拉康在编辑时将这两篇作品的顺序作了一个颠倒，意在强调《镜像阶段》一文时间与逻辑上的先行。

1949年7月，第十六届国际精神分析大会在瑞士苏黎世召开，拉康在会上作了题为《镜像阶段作为精神分析经验中揭示的"我"的功能构型》的报告。与1936年的情形不同，这一次他得以完整地表达了自己的思想，他的发言没有被打断。前面说过，1936年有关镜像阶段的发言就像一个"被窃的"文本，如今仿佛是一次"收复失地运动"，这个文本又回到了失主的手中，但它已不再是当初的那个文本。尽管一开篇还是使用了瓦隆的材料，且仍然没有提及这个恩主的名字——他用另一位心理学家的名字"替代"了瓦隆的名字，就像一系列能指的滑动，那个所指或者说那个令人不安的"真相"在此始终是不出场的——尽管讨论的仍是认同、意象或镜像、"理想的我"的形成这样的问题，且尽管仍采用了黑格尔式的术语，可结构问题的框架、论说问题的方式明显是拉康式的，已具有了成熟期的拉康风格。由于原始文本的缺席，在两个文本之间做这样的比较也许并不恰当，但如果看一下此前拉康在有关家庭的论文中对镜像阶段的论述，再看一下思想高度浓缩、用词凝练而沉着、论说果断有力的新版文本，上面的比较也许就不算唐突了。

"镜像阶段"的经验材料来自比较心理学的一项研究，这就是六至十八个月的婴儿与黑猩猩、猴子等动物在情境认知方面体现出的行为差异，例如——拉康描述说——它们都能在镜子中辨认出自己的形象，但在黑猩猩和猴子那里，一旦发觉其镜像是空洞的，马上便会失去兴趣，而婴儿的情况就不同，他立即会以一连串的姿态动作作为回应，在这些动作中以游戏的方式体验到镜像中的运动与被反射的环境之间的关系，体验到这一虚设的复合体与它所复制的现实——婴儿自己的身体、他周围的人和物——之间的关系。拉康的这个描述并无新奇之处，它不过是对瓦隆等人的镜子测试的结论的综述。但瓦隆们对于拉康的镜像阶段理论的贡献也仅限于此，也就是说，尽管"镜像阶段"的经验材料不是拉康的，但理论完全是拉康式的，再或者说，拉康的镜像阶段理论的创新并不在于其对这一心理现象的描述，而在于他对这一现象的全新阐释和重读，我们甚至可以这样说：《镜像阶段》乃是从不同的层面和角度对心理学中的"镜子试验"进行多重强力阅读的一个文本，其阅读的震惊效果就在于他把那个局限于情境认知的心理学素材引入了对构成自我的基本结构的说明，用拉康自己的话说，他要借镜像阶段来揭示"力比多机制……以及人类世界的本体论结构"[1]。

在描述了那一心理学现象之后，拉康立即以一种非经验的诗学方式重述了婴儿在镜像前的行为反应：

> 还不会自如地行走甚至还无法站立的婴儿被某些支撑物——人或人造物（在法国，我们称之为"宝宝学步车"）——紧紧地支撑着，但他能在一阵欢快的挣扎中克服支撑物的羁绊，把自己固定在一种微微前倾的姿态中，以便在凝视中捕捉到那瞬间的镜像并将其保持下来。[2]

---

[1] Jacques Lacan, *Écrits*, p.76.
[2] Jacques Lacan, *Écrits*, p.76.

这显然已经是一个神话学的"叙事":不会行走的婴儿、既是支撑又是羁绊的"支撑物"、婴儿的欢快的挣扎和前倾的姿态、婴儿的镜像及其对镜像的凝视,这一切经由一种非经验的重述而变成了一个神话叙事的种种"单元",变成了有关存在的某个原型式的"典型情境",并使"镜像阶段"脱除了作为婴儿心理发展之一个"阶段"的时间语境,而变成了一个空间迷思的场景,一出镜前魅影的戏剧。

接下来便是对这个"场景"的多重阐释。首先是精神分析化的阐释:

> 在这一语境中,我们只能把镜像阶段理解为"一次认同"——在精神分析赋予这个术语的全部意义上说——即主体认定一个镜像时发生于他身上的转变。[1]

心理学家们,例如瓦隆以及拉康在文中提到的那些研究者,通常把这个场景解释为"情境认知"的一种表现,即某个智能的存在对周围的环境做出反应和加以认知的某种行为模式,这一解释显然隐含了一个预设,即假定了某个经验的、认知性的自足主体的存在。而拉康的目标就是要颠覆这个预设。通过把那一凝视的场景置于精神分析的经验中,他揭示了婴儿对自身镜像的那种欣悦认定所暴露的某个典型情境下的"象征基型"(symbolic matrix):

> 在此,"我"突然被抛入了某种原始的形式,之后,又在与他者认同的辩证法中被对象化,尔后又通过语言而得以复活,使其作为主体在世间发挥功能。[2]

在如此高度凝练的句式中叠加繁复的语义乃是拉康的拿手好戏,面对这样的语句,也许只有"过度阐释"方可让隐藏在诸如"我"、他者认同的辩证法、对象化、语言、主体等语词背后的鬼影幢幢逐

---

[1] Jacques Lacan, *Écrits*, p.76.

[2] Jacques Lacan, *Écrits*, p.76.

渐显形。这需要一种"知识考古学"的热情。不过，在此我只能割舍这种热情，暂时专注于拉康字面的意思。在拉康看来，镜像认同的核心不是某个自足主体对环境的能动反应，而是空洞的"主体"在镜像环境中被构型的过程，是主体以"我"的形式在镜像魅影中被召唤的过程，其结果便是"理想的我"（ideal-I）的出现。

在精神分析的经验中，镜像阶段被视作"一次认同"，是"我"的功能的构型，但拉康对"镜子试验"或"镜像阶段"的阐释并没有就此止步，他进而在精神分析经验的基础上又以哲学化的方式对其实施了二度阐释：

> 这一发展过程可被体验为一种决定性地将个体的形成投射到历史之中的时间辩证法。镜像阶段是一出戏剧，其内在的冲力从欠缺猛然被抛入预期之中——它为沉溺于空间认同诱惑的主体生产出一系列的幻想，把碎片化的身体形象纳入一个我称作整形术的整体性形式中——最后被抛入一种想当然的异化身份的盔甲之中。这一异化身份将在主体的整个心理发展中留下其坚实结构的印记。从此，从 Innenwelt（内在世界）到 Umwelt（外在世界）的环路的断裂，将给自我求证带来无穷无尽的困扰。[1]

这又是一段需要过度阐释的超级文本，当然这不是说它里面充满了难以言喻的梦呓和狂想，恰恰相反，它就像一个结构森严的语词之城，个体的发展与历史的进程、主体的认同与身体的整形术、异化的身份与自我的确证，还有欠缺与预期、（被）抛入与投射，通过一种特殊的时间逻辑被勾连在一起，且处处闪烁着黑格尔和海德格尔的思想灵光。这是最为典型的"野性的思维"，是对语词的劫持，语词的意义从固有的历史凝滞中被解放出来，形成了一个个的意义碎片，沿着时间的切线在文本中穿梭、滑行。

如果说在精神分析经验的层面，镜像认同还主要被阐释为个体

---

[1] Jacques Lacan, *Écrits*, p.78.

的一种心理现象,一种欲望的投射和形象的凝注,那么到了哲学化的层面,这一现象进而又被阐释为主体世界的一种"本体论结构",它既呈现了主体与由他人所构成的社会情境之间的空间辩证法,也呈现了主体在自身发展或历史中的时间辩证法。

镜像阶段是一出戏剧,是个体的形成被投射到历史之中的"时间辩证法",这一辩证法亦是串联戏剧幕间的逻辑线。而"预期"的投射和"体验"的回溯则构成了剧中人物的行为,也决定了这个人物过去和将来的命运,即由于他是通过预期来产生将来,通过回溯来产生过去,这使他的命运注定是被抛入的、不由自主的;又由于这一系列的预期和回溯都为一个"虚设的复合体"、一个被整形的幻象即镜像所主导,这使这个人物注定要为虚幻的、异化的身份盔甲所困扰,其对自我的确认根本上是一种自我误认。

如果说精神分析化的阐释和哲学化的阐释是拉康围绕着镜像认同与自我的形成来阐释镜像阶段的两个水平角度,那么,在这两个角度之上和之外,拉康还沿着纵深的方向探讨了这一认同的机制及其对自我或主体的影响。

在讨论镜像认同的机制的时候,拉康引入了精神分析学中的一个核心概念:"意象"(imago)。

按照迪伦·埃文斯(Dylan Evans)的解释,拉丁词 imago 是1911年被引入精神分析理论的,后成为精神分析学的标准术语,这个词虽然与"形象"(image)一词有关,但它意在强调"image"的主观决定作用,换言之,它既包含情感,也包含一个视觉表象。在荣格学派那里,"意象"尤其指他人的"形象",例如荣格就提到过父亲、母亲和兄弟的"意象",不过,它们并非纯粹个人经验的产物,而是可在每个人心中实现的普遍原型。[1]

拉康在1930年代就已经在精神分析学的意义上使用了"意象"这个词——那时他时常把"意象"和"形象"等义地使用——例如

---

[1] 参见 Dylan Evans, *An Introductory Dictionary of Lacanian Psychoanalysis*, p.84。

在1936年的《超越"现实原则"》和1938年论家庭的论文中,"意象"连同"情结"一起是拉康的两个核心概念,其中他特别地强调了"意象"的"赋形"(in-form-ation)功能,即赋予主体某一形象并使其认同于这个形象,而正是"意象"的这一功能使它成为情结的重要构成要素,每一情结总对应着某一类特定的意象。到1940年代末,虽然"意象"和"情结"这两个词在拉康的著作中还在使用,但两者间的联系不再像在1930年代那么紧密。

拉康把个体的镜像阶段理解为"一次认同",那么认同什么呢?认同镜中的形象或称之为镜像。但这里有两点是需要强调的:第一,所谓"镜中的形象"或"镜像"不仅指凝视的个体和外在之物在镜子中映射出来的物理的或光学的可见之像,尤其指这一个体通过自己的力比多投射在那一物理的或光学的可见之像中所结构出来的心理的或想象的理想形象,即所谓的"意象",认同就是对这一意象的认同;第二,认同不是模仿,不是个体单纯地对认同对象的复制,相反,认同是个体与形象之间循环往复的一个过程,即一方面,就个体而言,他是把自己的力比多能量转换为对他者的欲望,然后再通过将他者形象即意象理想化和对象化来实现与他者的同一,而另一方面,就形象或意象而言,它虽然是个体沿着虚构的方向想象出来的结果,但其对于个体反过来又构成一种强大的构型力量,使个体将它视作自身的一个抽象的对等物,以其理想的形式回复到自身内部,从而建构起一个统一的自我整体。"因此,我将镜像阶段的功能视作意象功能的一个特例,这一功能就是要在有机体与其现实之间——或者如他们所言,在内在世界与外在世界之间——建立起某种关系。"[1]

正是在这个意义上,拉康引入格式塔心理学的"格式塔"(Gestalt,又译"完形")概念将意象的建构功能称作一种"整形术",即婴儿通过镜中的意象以一种预期的方式把自己的不成熟的、动作尚不

---

[1] Jacques Lacan, *Écrits*, p.78.

协调的、碎片的身体整合为一个统一的、协调的整体,由此形成一个有关自我的理想统一体的幻象:

> 事实上,主体在幻象中借以预期其力量的成熟的完整的躯体形式,仅仅是作为格式塔而获得的,也就是说,是在一种外在性中获得的。在那里,这一形式当然是构成性的而非被构成的。……就这样,这种格式塔——尽管其动力式样还不甚明了,但其完形的作用仍应被视作同物种密切相关——通过其外表的这两个方面,象征着"我"的心理持久性,同时也预示着其导致异化的结局。[1]

在此,同样有两点是需要强调的:第一,如上所说,虽然镜像认同既关涉主体的方面,也关涉意象的方面,但拉康强调的只是后者,就是说,在认同过程中,他看重的是意象的建构功能,并且重视的还是这一功能的否定性方面,这与他的非主体性的主体哲学观念是密切相关的;第二,既然镜像认同所实现的是主体的自我构型,那身体的意象在这里起着什么样的作用呢?拉康对碎片化的身体意象的痴迷只是一种个人趣味吗?这是一个十分复杂的问题。

简要来说,拉康的用意有两个方面。一方面,他将碎片化的身体经验视作婴儿在前镜像阶段的自我状态的一种隐喻,身体动作不协调的事实表明人的身上存在一种"特殊早产"的现象,身体和心智还未发育成熟就来到世间,因而只能在幻想中通过预期来想象自身力量的成熟,以抵御自然的时序,或者说以预期来影响"自然的成熟"。这样,镜像阶段的婴儿通过意象的整形功能来"克服"其碎片化的身体经验的时刻就成为主体或自我发展中的一个"决定性的时刻"。但同时,这个整形所获得的统一协调的身体意象毕竟是想象的,是一个幻象,碎片化的身体经验并没有被真正克服,其与完形后的理想的身体形象之间的分裂以及主体对这一分裂的体验便

---

[1] Jacques Lacan, *Écrits*, p.76.

构成了自我产生之始的一个原罪式的原始胎记。

另一方面，拉康对碎片化的身体意象的强调也是为了把自我的镜像认同引向精神分析经验中的侵凌性："当精神分析活动抵达个体的某个富有侵凌性的断裂的层面时，这种碎片化的身体……常常会在梦中出现。那时，它总是呈现为断裂的肢体形式，或是外观形态学中所表现的器官形式。……但这种形式在有机体的层面，在决定歇斯底里的幻觉构造的'破碎化'路线中，甚至都有具体的揭示，就像在精神分裂症和阵发症状中所表明的。"[1]关于这个问题，拉康在前一年发表的《精神分析中的侵凌性》中有更系统的阐述。

认同是个体与对象之间循环往复的一个过程，其结果体现在个体的方面就是"理想的我"的形成和完整的身体意象的呈现，体现在对象的方面则是作为对体或镜像的他人形象的理想化，但镜像认同的后果远非如此就可以说明的。由于"理想的我"的形成是沿着一个想象的、虚构的方向完成的，也由于完整的身体意象只是个体借助心理的预期而获得的一种完形形式，因此，在镜像认同中获得的所谓同一性根本上是一种"误认"（méconnaissances）。所谓"误认"，就是把本来属于想象的东西当作真实的，把本来属于他者的属性当作自己的，把本来属于外在的形式当作内在的，就像面对镜像的婴儿，他内在的身体经验本来是破碎的、不协调的，但在视觉格式塔的完形作用下获得了完整统一的身体形象，并将这一外在形象预期为自己必将拥有的，由此产生了对它的欣悦认定。

而更根本的是，个体不仅在空间的辩证法中通过与镜像的循环往复来完成理想之我的构型，而且还在时间的辩证法中通过预期把这一理想之我投射到自己未来的形象中，形成一个理想的主体。拉康说，这种误认机制给自我或主体带来的只能是"异化"：它给沉溺于空间认同诱惑的主体产生出一系列的幻想，将其抛入一种想当然的异化身份的盔甲中，而自我的理想形象与现实的经验之间的不

---

[1] Jacques Lacan, *Écrits*, p.78.

协调，或者说从内在世界到外在世界的环路的断裂，将给自我的求证带来无穷无尽的困扰。

正是在这个意义上，拉康描述"镜像阶段"就像一座"堡垒"或一个"竞技场"，四周是沼泽和荒野，主体在那里陷入争夺高耸的、遥远的"内部城堡"的斗争。显然，这既是一个精神分析化的意象：它其实是拉康为弗洛伊德的本我、自我、超我描画的一个结构图；也是一个有关主体的异化命运的神话场景：个体用"我"来呼召自己的时刻即主体宣告诞生的原初时刻，这个"诞生"因为误认而伴随着一种创伤，一个裂口；也许我们还可以做出"过度"想象，把这个场景视作拉康对自己的精神分析事业的一个"预期"：一定程度上说，精神分析的经验就是一种"侵凌性"的经验，想必拉康会认同这样的精神分析"形象"，侵凌性不仅会把个体带入自身历史的特定结构中，也会把与个体相关联的他者世界带入无穷无尽的争夺城堡的战斗中，拉康与精神分析学的建制和组织——国际协会、法国学会以及他自己的学派——之间的种种纷争恰好可以被描述为这一表现自我侵凌性的场景。

需要指出的是，《镜像阶段》的主题并不是主体的认同本身，而是主体在认同中所实现的"我"的功能构型，或者说自我与主体的离心化本质。所以，拉康在论文之始就指出了他思考镜像阶段的理论指向：反对直接源自"我思"的哲学。在论文的最后，他又回到了这里，将目标直指"我思"的理论传统，并且，与他从精神分析学的层面和哲学的层面来解读镜像阶段相对应，在这里，他也对"我思"传统现时代在这两个层面的表现进行了批判。

我们知道，弗洛伊德的自我观在其思想发展的前后期有很大的不同：在1910年代一系列论自恋的作品中，他提出了一种"自恋的自我"，这一自我把自身当作一个力比多对象，从而导致了自我与他人的对抗，导致了主体的分裂；而在1920年代有关人格结构图的论述中，他又提出了一种"现实的自我"，这一自我处在追求快感原则的本我与要求现实原则的外界力量的双重挤压下,充当了调解冲突的"代理机构",即在既不损害现实原则又不危害本我的快感满足的前提下来维系两种力量的平衡,这样,自我便成为一个多少接近于理性的稳定的实体。后来,安娜·弗洛伊德以及美国的自我心理学在这第二种自我观的基础上把自我发展为一套抵御外界压力的防御机制,自我成为一个自主的实体。对于这两种自我观,拉康的态度十分明确,赞成前者而否定后者。在他看来,弗洛伊德早期的自恋概念不仅揭示了"自恋力比多与性欲力比多之间的动态对立",而且可以解释自恋力比多与"我"的异化功能之间明显的联系,可以解释自恋力比多与"我"在同他人的关系里,甚至是以乐善好施为目的的关系里所流露出来的侵凌性之间的明显联系。而对于后一种自我观,他则以一种激进的姿态给予了直接的批评:

> 分析经验教导我们不要把自我看作"知觉-意识系统"的中心,或者是由"现实原则"组织而成的——此原则正表达了对知识辩证法最充满敌意的科学偏见。我们的经验表明,我们应该把"误认功能"作为出发点,这一功能体现了安娜·弗洛伊德在所有防御结构中明确阐述的自我的特征。[1]

在哲学的方面,他则把以萨特为代表的存在主义哲学当作靶子。他认为,萨特的存在主义虽然宣告了"存在的否定性",但它是在"意识自足"的限度内来理解否定性的,而"这种意识自足是与构建自我的误认以及将自己委身于其中的自主幻觉联系在一起的",因此:

> 对存在主义的评判必须以它为主体的困境提供的证明为基础,而这一困境其实就是从那个证明中产生的:那是一种只要处在监狱高墙内便无法得到真正确证的自由;一种表达了纯粹意识无力克服任何情势的介入要求;一种理想化的窥淫-施虐

---

[1] Jacques Lacan, *Écrits*, p.80.

式的性关系，一种只有在自杀中才能达成自我实现的个性；一种只能在黑格尔式的谋杀中得到满足的他人意识。[1]

《镜像阶段》对自我的自恋性认同的思考让拉康认识到自我构型中虚构和异化的性质，使他找到了攻击理性自我的堡垒的入口。而在《精神分析中的侵凌性》中，拉康通过对自恋认同与侵凌性之间的结构关系的分析深化了这一主题。《精神分析中的侵凌性》是作者于1948年5月中旬提交给在布鲁塞尔召开的第十一届法语精神分析学家大会的报告，从时间上看，它的发表要比1949年的《镜像阶段》早一年，可从内容或理论逻辑上看，它却是后者的延伸和扩充，因此在1966年编排《文集》的时候，拉康把《精神分析中的侵凌性》放在了《镜像阶段》的后面。

其实，从思想的缘起上说，自恋性认同与侵凌性以及两者间的关系的问题在拉康的理论发展中具有某种共生性。早在1930年代初作为精神病学家的拉康刚刚进入精神分析领域的时候，他就涉及了这个问题，埃梅和帕品姐妹的病例都属于与自恋性认同有关的"自罚妄想"，都与侵凌性有关，但那时他对这个问题的思考基本上还局限在精神病学的范围，精神病犯罪或侵凌性主要还是被当作一种病理现象来考虑。而到了《精神分析中的侵凌性》中，这一主题被置入了更大的理论语境中，侵凌性被纳入了人类学的视野，被看作主体的一种生存论结构。

再有一点，主体的侵凌性是精神分析理论与临床中常常提及的一个问题，阿德勒早在1908年就提出了侵凌冲动的假设，弗洛伊德在思考精神分析治疗中的抵抗时也曾把侵凌性作为一个因素加以考量，而在1920年代的死亡驱力理论中更是把侵凌性置于重要的位置。第二次世界大战以后，对侵凌性的思考在精神分析学界甚为流行，拉加什、克莱茵等都介入过这一主题，而弗洛伊德的死亡驱力理论

---

[1] Jacques Lacan, *Écrits*, p.80.

乃是他们共同的入口，在这一点上，拉康也不例外。

拉康说，他对侵凌性的思考乃是源于弗洛伊德在生物学层次阐述人类经验时所遭遇的一个"疑难"。这个"疑难"的本质就是：面对人类经验中时常出现的重复强迫、仇恨、爱恨交织、破坏欲这类顽固的现象，依靠单一本能的理论很难做出说明，所以，弗洛伊德认为，我们必须设想人的身上存在两种基本的本能，即力图维护生命或机体的统一的爱欲本能和企图摧毁生命、使机体复归于无生命状态的破坏本能，前者被称为"生的本能"，后者被称为"死亡本能"。侵凌性即是"死亡本能"的一种表现形式。

何谓"侵凌性"（aggressivity）？拉康给出了五个描述性的论题，这些论题传达的意思很明确：侵凌性不一定指攻击性或侵犯性的行为，它更多的时候显现为一种精神意向。在精神分析的经验中，侵凌性的意向可以有无数的表现方式：在受分析者的苛求的语气中，在其话语的停顿、迟疑、音调变化和口误中，在他的叙述错误中，在他参加会谈时的迟到和故意缺席中，在他的指责、批评、虚妄的恐惧、愤怒的情绪反应和威胁中。更重要的是，侵凌性不只在精神分析的临床中出现，而且是存在于人类主体当中的一种普遍的精神结构，只要有两个主体存在，侵凌性就必定会有所呈现，即便在理想主义者、改革家、教育家，甚至在慈善家的行动背后，我们都可以看到那隐蔽的侵凌性意向。

侵凌性不一定要付诸具体的行动，相反，它常常显现为精神结构中的隐蔽的意向，那么，我们如何去把握这些意向呢？或者这些意向以何种方式来发挥其侵凌的效果呢？拉康说，侵凌的效果可以反映为一些形象，尤其是碎片化的身体形象，它们构成了一种特殊的意象："在这类形象中，有一些代表了侵凌意向的选择性向量，并赋予其一种可称为魔术般的功效。这就是阉割、截肢、肢解、脱臼、剖腹、吞噬、炸裂的身体等形象，简单地说，就是我个人归入'碎片化的身体意象'名下的那些意象，这些意象显然是结构性的。"[1] 这类意象不仅会出现在精神病人的梦和幻想中，而且会出现在儿童的某些故事和游戏中，出现在诸如荷兰画家希洛尼姆斯·鲍希（Hieronymus Bosch，约1450—1516）的笔下，还会出现在原始社会的文身和割礼以及文明社会的时尚行为中。"与意向相关联，意象是永久地存在于我们称之为主体的无意识的那个象征性的多元决定层面的。"[2]

意向性、主体间性、碎片化的身体意象，这便是拉康对侵凌性的基本特征的描述。那么，侵凌性是怎么出现的呢？这个问题把拉康引向了其思考的核心：侵凌性与自我的自恋性认同的关系。拉康称这一思考乃是从"经验的现象学"到"元心理学"的飞跃，并将其表述为"论题四"：

> 侵凌性是一种与我称为自恋的认同模式相互关联的倾向，这种模式决定了人的自我的形式结构，也决定了人的世界所特有的实体域（the register of entities）的形式结构。[3]

在这里，拉康强调了镜像阶段的自恋性认同的两个本质方面：它决定了人的自我以及人的世界所特有的实体域的形式结构。即一方面，自我通过认同于与自身相异化的镜像而将一个"他人"引入了自己的形式结构中，在这个意义上说，自我即是一个他人；另一方面，这一认同也是自我对对象实施的一种"形式的凝定"（formal stagnation），通过这一凝定，自我得以把混乱的经验世界组织为人类知识的普遍结构，"这种形式的凝定类似于人类知识最普遍的结构，而正是这种结构使自我及其对象具有了持久性、同一性和实体性等特质，简言之，具有了实体或'物'的特质……"[4] 拉康这里的意

---

[1] Jacques Lacan, *Écrits*, p.85.
[2] Jacques Lacan, *Écrits*, p.88.
[3] Jacques Lacan, *Écrits*, p.89.
[4] Jacques Lacan, *Écrits*, p.90.

思是说，自恋性认同不仅建构了想象性的自我，而且建构了想象性的对象，我们对于世界的经验和我们对于自我的经验其实是同一的，因此，我们有关自我和世界的知识根本上就是一种"妄想症知识"（paranoiac knowledge）[1]。

正是由于自恋性认同的这两个方面，镜像阶段把主体纳入了一个由他人和自我构成的结构关系中，由此将主体带到了一个结构性的十字路口：

> 在这儿有一个结构性的十字路口，我们要想理解人身上的侵凌性的本质以及它与人的自我及其对象的形式结构的关系，就必须使自己的思维适应这个十字路口。正是在这种爱欲关系中——在其中人类个体把注意力固着于一个使他与自身异化的形象上——我们发现了能量和形式，个体对他称为自我的那些情感的组织就来自这种能量和形式。[2]

自我与其镜像的关系是一种爱欲式的关系，因为它对镜像有一种欣然的认同，但同时这也是一种侵凌性的关系，因为它所认同的终究是一个与自身异化的形象，因为它在镜像认同中形成的统一协调的自我形象与它在现实中体验到的碎片化的身体经验之间的不一致终究会将它从魅惑的、痴迷的凝视中惊醒。根本上说，侵凌性乃是自恋的认同模式所固有的一种倾向，自我在看似的爱欲关系中用以组织自身情感的那种能量和形式必定也是将主体引向对自身和他人的侵凌性关系的能量和形式：

> 这种形式凝结于主体的内在冲突的张力中。此张力终将唤醒他对他人的欲望对象的欲望：在这里，原初的协作迅速演变为侵凌性的竞争，并由此生发出他人、自我和对象的三元组。这个三元组在奇观式的共享空间中闪烁着，并以其自身的形式

---

[1] Jacques Lacan, *Écrits*, p.91.

[2] Jacques Lacan, *Écrits*, p.92.

结构铭刻在其中。[1]

最后，拉康从文化的方面思考了侵凌性的特定表现。他说，在现代社会的"常规"道德中，侵凌性常被混同于力量这个优点，仅此就足以见出侵凌性在我们的文明中的突出地位。由于把侵凌性理解为表达了自我的发展，因此它在社会中和道德实践中被广泛运用，例如达尔文的适者生存原则就是这样一种推崇侵凌性的社会理论，它不过是以最强悍的捕食者有为其天然猎物而竞争的自由作为口实来为其弱肉强食辩护的。可在拉康看来，这种在自由竞争掩饰下的个体主义的膨胀在社会中导致了一系列的严重后果，例如，"很显然，在我们的生存中对自我的推崇——与强化它的那种有关人的功利主义概念相一致——最终导致更进一步地将人实现为个体，也就是说，导致一种更近似于他的原初被抛状态的灵魂的孤立状态"[2]。

拉康还指出，其实在达尔文之前，黑格尔就预见到我们社会的铁的法则，并在人类本体论的层面对侵凌性的功能提供了一个明确的理论，那就是以主奴斗争来推断我们的历史的进程，进而在这一进程的危机中揭示出由西方有关人的地位的诸种最高形式所代表的综合：从斯多葛派到基督徒，甚至到未来的普遍国家的公民。可是，在这些综合中，自然的个体是无足轻重的，"因为事实上死亡之于他即是绝对主人，在这个主人面前，人类主体不过是虚无。人的欲望只有通过他人的欲望和劳动的中介才能获得满足。即便在主奴冲突中关涉的是人对人的承认，这种承认也是以对自然价值的激进否定为基础的，不论这否定是表现在主人的严苛暴政中还是表现在劳动的生产暴政中"[3]。

拉康在镜像阶段时期的第三篇文字《对自我的若干反思》乃是他于1951年5月2日向英国精神分析学会宣读的一个报告，1953年

---

[1] Jacques Lacan, *Écrits*, p.92.

[2] Jacques Lacan, *Écrits*, p.99.

[3] Jacques Lacan, *Écrits*, pp.98-99.

发表于《国际精神分析杂志》上。[1] 从内容上说，它实际上是前两篇文字的合成，理论上并没有提出什么新的东西，但他用来连缀那些内容的主线或者说视角有所调整，自我的"否认"（Verneinung, denial）或误认功能成为关注的中心。

　　文章一开篇就直接点出了弗洛伊德有关自我的两个明显冲突的表述："在自恋理论即力比多经济学的概念中，自我与对象并置而立。力比多投注在某人自己的身体上这一馈赠带来了疑病症的痛苦，而对象的丧失导致了一种抑郁张力，这一张力甚至可能引致自杀。另一方面，在知觉－意识体系发挥功能的拓扑学理论中，自我又与对象共处一室抵制本我，即只由快感原则所主宰的冲力的联合。"[2] 拉康指出，要解决这个矛盾，就必须抛弃天真的现实原则概念去思考自我与现实的关系。通过分析语言结构中自我或是作为动词的主体或是作为描述动词的主体这一不同功能，拉康发现，语言中所表现的存在关系其实是一种否定的关系，自我表达自身的首选方式就是"否认"：

> 我们已经十分确定地知道，当某人说"事情不是这样"的时候，那是因为它就是如此，当他说"我没有什么意思"的时候，他恰恰是有意思；我们知道如何在最"利他主义"的陈述中、在同性恋的嫉妒情感的潜流中、在隐藏在貌似恐怖的乱伦动机背后的欲望张力中确认潜藏的敌意，我们已经提示过，表面的冷淡可能掩藏着强烈的潜在动机。虽然在治疗中我们没有迎面遇到这些阐释所诉诸的激烈敌意，但我们确信我们的研究证明了一个哲学家的警句，这个哲学家说，发出言语恰恰是为了掩盖思想，我们的观点是，自我的本质功能几乎就是系统地拒绝承认现实。[3]

---

[1] 参见 *International Journal of Psychoanalysis*, 1953, volume 34, pp. 11-17。
[2] 参见 *International Journal of Psychoanalysis*, 1953, volume 34, p. 11。
[3] 参见 *International Journal of Psychoanalysis*, 1953, volume 34, p. 12。

基于这样一个前提，拉康分别考察了否认、拒绝承认或误认在侵凌性的意向、镜像认同以及精神分析经验中的功能体现，这一考察虽然没有给镜像阶段理论带来更多新的东西，但论述角度的改变预示着拉康的思想正在发生重要转变，那就是对语言或言语的关注，他已经开始在言语情境中来思考精神分析经验，到1953年，这一转变最终完成。

从1940年代中到1950年代初，是拉康密集地阐述其镜像阶段或自我认同理论的时期，虽然这时他还没有明确地拉出"回到弗洛伊德"的旗帜，但其阐述已显示了他强烈的回到弗洛伊德文本的要求，而其中他对弗洛伊德前后冲突的自我理论的重述也显示出他急切地偏离"正统"的倾向，应当说，拉康后来对自我心理学的激烈批判在此时就已经埋下了伏笔。有关这一批判的具体内容，我在后面会详细讨论。

第二次世界大战刚一结束，法国精神分析学界就恢复了活动，玛丽·波拿巴回到巴黎，操控着巴黎精神分析学会的内政外交，亨利·埃伊重组"精神病学的演进"，为拓展法国精神病学和精神分析学的研究而努力。1947年，埃伊提议创立一个国际性的协会负责定期组织世界精神病学大会。这一提议得到许多学会的同意。1950年秋，第一届大会在巴黎召开，十余个国家约四十个学会参会，与会者达1500多人。参会的法国分析家包括了第一代到第三代的主要人物：玛丽·波拿巴、博雷尔、勒内·拉福格、埃斯纳、布朗·列弗切-约弗、雅克·拉康、萨卡·纳什特、丹尼尔·拉加什等，还有更年轻的第三代分析家。尽管巴黎精神分析学会反对，但埃伊还是邀请了阿德勒学派和荣格学派的代表。美国精神病学协会的主席及美国精神分析运动中芝加哥学派的创始人弗朗兹·亚历山大（Franz Alexander）被邀致开幕词。亚历山大还推荐邀请安娜·弗洛伊德，安娜同意赴会。埃伊也想请克莱茵赴会，可克莱茵由于不满埃伊先邀请了安娜而回信拒绝，于是埃伊耍了一个花招，他告诉克莱茵是亚历山大推荐邀请安娜，而他也希望在会上两个对手都能发言，克莱茵最终接受了邀请。

这真是一个节日般的盛会。名流云集，各家各派华山论剑，热闹异常。会议安排的活动也十分丰富。一天晚上，与会者参观了埃菲尔铁塔，又一个晚上，他们出席了一个节日表演。会议临近尾声时，他们在爱丽舍宫受到法国总统的接见，最后他们还出席了一个盛大的晚宴。当男人们争论着新弗洛伊德主义、身心疾病、克莱茵主义的时候，他们的夫人则四处观光购物。

战争已经改变了国际精神分析运动的格局。1949年的苏黎世大会开始为美国人所主导，德国人在精神分析帝国中已完全失势，法国人的处境还未见改观，仍被视作一个配角，且在英美人士及安娜·弗洛伊德的眼里，其合法代表依然是玛丽·波拿巴，拉康、纳什特、拉加什等第二代则不受重视。在这个时候，安娜与克莱茵的斗争并未终止。克莱茵的思想主宰着英国学会，而安娜的思想得到了美国人的拥护，在这当中，法国人似乎不属于任何一派，他们有自己的不同倾向，如纳什特代表着巴黎精神分析学会保守派的医学理想，拉加什则是学术自由主义者，想把心理学和精神分析学结合起来，拉康虽然与克莱茵有相通之处，但他对克莱茵做了相当大的修正，并且他也很少承认自己曾受到克莱茵的影响。

虽然在这时拉康的身边已汇聚了一些追随者——他们将是法国第三代分析家的代表——但他在国际精神分析圈子里仍未得到理解。因为波拿巴的关系，安娜一直不喜欢拉康，认为他的理论是"妄想狂的"，太过晦涩而无法合并到法定的弗洛伊德主义中。至于克莱茵，她对拉康所说的那些东西也不感兴趣，觉得它太难以理解，不可翻译，且对她也没什么用处。不过，克莱茵也清醒地意识到，拉康对她的思想在法国的传播是有帮助的，她知道他在年轻一代的分析家当中是有影响力的，因此她在苏黎世大会上还是同拉康建立了一些私人联系。在拉康方面，他很想得到克莱茵的支持，为讨好对方，他在苏黎世答应将克莱茵的著作《儿童的精神分析》（该书于1932年同时在维也纳和伦敦出版）从德文翻译成法文，克莱茵顺水推舟表示同意。

但是回到巴黎后，拉康便把原书交给了一个正在接受他的分析的"病人"去翻译。不久，该书的前半部分翻译完毕，译者把译稿交给拉康，从此便没有了下文。1951年秋拉康又委托另两位精神病学家（他们是一对夫妇）翻译该书的后半部分，并说他已经完成了前半部分（而实际上他一个字也没有做）。夫妇俩立即着手工作，他们请拉康把译稿的另一半给他们，以便能比较两个译本并确信翻译的术语前后一致。拉康四处寻找手稿，都没有找到。这件事令拉康在克莱茵及其支持者那里信誉扫地，两人的关系宣告破裂。

在1950年的巴黎会议上，拉康就对美国自我心理学的"新政"进行了猛烈攻击，在那时的法国，反对这种新政并不止他一个人，所有第二代分析家都反对美国学派对弗洛伊德的修正主义阐释。不过，在这一对抗中，拉康占据着一个先锋的角色和位置。与他的同伴们相比，拉康拥有更强大的装备——他不仅拥有弗洛伊德的理论和技术，还拥有黑格尔的辩证法，且正在收编更加新式的武器即列维－斯特劳斯的人类学和索绪尔的语言学——他所需要的只是时机。

第四章

精神分析的政治

虽然拉康是以宣告"回到弗洛伊德"开启其革新精神分析学的事业的，然而，他的事业自一开始就招致了以国际精神分析协会——在国际精神分析运动中，尤其在弗洛伊德去世后，它总是扮演着"正教会"的角色——为中心的精神分析共同体的强有力对抗，他的事业与精神分析世界之间的交叠重合，是与一系列的排斥和驱逐纠缠在一起的。可以说，自1950年代初一直到拉康去世，拉康对弗洛伊德的"返回"始终离不开精神分析建制对他的"排斥"，"返回"与"排斥"在此构成了一种结构性的共生关系，演绎着那个妄想性主体的事业传奇和思想传奇。

"回到弗洛伊德"，在这个口号之下，拉康扭结了一系列的任务，比如对自我心理学的批判、对弗洛伊德文本的重读、对精神分析理论和技术的重述等，而构成其纽结点的则是弗洛伊德的无意识理论，正如拉康自己一再地强调的，他的所谓"返回"并不是对弗洛伊德的重复，而是要在新的科学基础上来重新开启弗洛伊德的无意识发现的伟大意义，那就是要完成对传统的笛卡尔式的自主主体的倾覆，让主体的分裂从此成为包括精神分析学在内的所有主体性思考的出发点，为此，他把索绪尔的结构语言学作为"返回"的技术引入精神分析的场景中，用他自己的话说，他要借此使弗洛伊德的哥白尼革命成为现实。

可是，在法国和国际精神分析共同体的世界里，拉康的这一理论革新的重大意义并未获得确认，相反，那个保守的建制看到的只是拉康激进的差异化对建制的权威可能带来的危害，其对拉康的排斥和驱逐与其说是基于单纯的理论与技术的分歧，不如说是基于建制自身的政治需要，是基于建制对内部各派的政治利益的考量。实际上，在拉康之前，在弗洛伊德还在世的时候，精神分析共同体内部就多次发生过类似的政治斗争，并且每一次也都引发了共同体的分化甚至分裂，但在拉康这里，这种后果的性质要严重得多。

在这一章，我将讲述这一系列排斥和驱逐的故事，就法国精神分析运动本身而言，这亦是它一次次内部分裂的故事。需要说明的是，这些故事本身已经成为一个又一个传奇性的文本，个中的许多细节至今仍掩埋在一片迷雾之中，当事人和后来的传记作家们的讲述与其说是对源头的追述，不如说是对那个传奇故事的不断续写，这使任何的讲述都有可能构成对拉康的又一次"排斥"——可这不正是那个妄想症主体所渴望的吗？！那个主体不正是在一次又一次的排斥中获得重生的吗？！他不正是在排斥之后又总能以胜利者的姿态凯旋归来吗？！

一 大决裂

1953 年 7 月 16 日，丹尼尔·拉加什、拉康、弗朗西斯·多尔托（Francoise Dolto, 1908—1988）以及著名作家让·茹弗的妻子布朗夏·勒韦肖等因不满纳什特的专权宣布退出巴黎精神分析学会，长达一年多的争吵最终酿成了法国精神分析共同体的第一次大决裂。

为了便于看清这次决裂的态势，我们先要回顾一下 1950 年代初法国精神分析运动的内外形势。

对于国际形势，前面已经说过，第二次世界大战结束后，国际精神分析运动的中心逐渐移到了北美，1949 年的苏黎世大会已基本为美国人所主导。同时，由移民分析家所创立而在北美扎根壮大的自我心理学学派已成为国际精神分析运动的主流。在这样一个格局中，法国人在整个国际精神分析运动中仍被看作一个配角，并且在英美人士的眼里，其合法代表依然是与弗洛伊德家族有着密切联系的玛丽·波拿巴，尽管她的地位在法国集团内部早已被边缘化了。

至于纳什特、拉加什、拉康等所代表的法国第二代分析家,他们在国际运动中的地位仍未完全确立。

就内部形势而言,亦如我们已经看到的,在20世纪二三十年代,法国精神分析运动是在两个阵营——以超现实主义为代表的文学集团和以精神病学家为代表的科学家共同体——当中展开的。第二次世界大战结束后,文学集团的先锋性为哲学集团所取代,萨特、梅洛-庞蒂、巴什拉乃至神学界成为吸纳精神分析学的主力军——虽然他们对精神分析学总抱有一种怀疑的态度。至于医学界,早在第二次世界大战初期,其内部结构就已经发生变化,随着第一代分析家有的去世、有的退休、有的流亡,到第二次世界大战结束时,他们的有生力量已所剩无几,第二代分析家开始进入历史舞台,并在战后迅速崛起,成为推动法国精神分析运动的主导力量。

与第一代分析家顽固的民族沙文主义倾向并坚守纯洁的科学理想和道德理想不同,出生于20世纪之初的第二代分析家身上很少有这种意识形态的矛盾,他们对精神分析学持有更为开放的态度,至少他们的精神分析科学化的诉求背后不再有文化和道德怨恨的基调,而是让它更理性地指向了医学实践的有效性。对旧的意识形态话语的这种放弃不仅给新一代分析家在理论上和技术上修正精神分析学提供了多样的可能,而且使他们与国际运动对接的欲望显得比以往更为强烈。这种对接尤其体现在两个方面:建制的方面和理论的方面。在建制的方面,巴黎精神分析学会当然地隶属于国际精神分析协会,是国际协会的成员学会,严格地遵守着国际协会的章程和它所确立的技术标准,没有人想到过要去挑战这个绝对的权威——因此,当拉康后来走上这条道路的时候,注定会在法国内部引起担忧;至于理论的方面,与建制上的绝对服从形成鲜明对比的是,新一代法国分析家在理论上显示了更强的自主性,他们没有卷入国际运动内部克莱茵派与安娜派之间的斗争,而是沿着自己的心理学和精神病学传统来对弗洛伊德的理论进行阐释和修正,当然他们与国际潮流之间的互动也时有发生,例如拉康对克莱茵的吸收和改造,纳什特对美国的自我心理学的间接回应,但总体上说,法国人对自我心理学的那一套较少抱同情态度——在这一点上,拉康以一种新的意识形态话语对自我心理学的激烈批判对法国人而言并不如我们想象的那样具有非凡的叛逆意义,他至多只是他们当中的一个激进分子。

进一步地,说到第二代法国分析家自身的情形,在 1950 年代初,纳什特、拉加什和拉康可以说是他们当中的"三剑客"。三人都接受过洛文斯坦因的分析,都曾承袭法国动力精神病学的传统,都有丰富的临床实践经验,且三人对精神分析学都抱有科学的热情。但在精神分析学未来的走向上,三人的思路有很大的不同:纳什特坚守传统的医学理想,致力于为精神分析的治疗实践制定标准性的规则,属于第二代中的技术保守主义;拉加什则基于一个大学知识分子的学术理念,想把心理学和精神分析学结合起来,建立一个综合性的"临床心理学",属于典型的学术自由主义;拉康的视野要更为广阔,他总是以一种"知识恐怖主义"的策略把诸如哲学、人类学、语言学甚至数学这些各不相同的学术资源整合到精神分析的理论中,意欲实现精神分析的伽利略革命和牛顿革命,即把弗洛伊德的"哥白尼革命"进一步推向"科学化"的方向,属于知识激进主义。

与拉康同年的萨卡·纳什特出生于罗马尼亚一个乡村的犹太家庭,在六岁的时候就梦想着做一名医生。1920 年他移民巴黎,继续在罗马尼亚就已经开始的医学学业。1925 年,他开始接受洛文斯坦因的培训分析,这一分析持续了两年半,最后于 1928 年他成为巴黎精神分析学会的普通会员,1929 年成为学会的专职会员。这样,在 28 岁的时候,纳什特就成为第二代分析家中最早拥有那一头衔的培训导师。第二次世界大战前纳什特作为一个临床医生的声誉比拉康大,但他在巴黎精神分析学会的圈子以外少为人知。1936 年,他同拉康一道出席了捷克的马里安巴德大会,但在会上没有发言。会后他去了维也纳,因为他已与弗洛伊德约定要接受大师的分析,但由于语言障碍，两人无法交流，弗洛伊德于是把他推荐给了海因兹·哈特曼（Heinz Hartman，1894—1970）。

第二次世界大战期间，纳什特加入了抵抗组织，曾被盖世太保逮捕。解放后，他在占领时期的事迹使他赢得了法国精神分析共同体的尊重，1949年，他当选为巴黎学会的主席。起初，玛丽·波拿巴对这位竞争对手没有什么好感，曾称他是"奸商"，但后来两人在反对拉康的崛起上又一度结成了同盟。纳什特与拉康也一度保持着友好的私人关系，例如纳什特上任不久便成立了一个教学委员会，委托拉康起草这个委员会的章程；又如1952年纳什特再婚时，拉康和西尔维亚应邀分别担任男方和女方的证婚人。

纳什特是一个神经精神病学家，他对精神分析的运用主要着眼于神经症的治疗，但与弗洛伊德强调受到压抑的无意识欲望在神经症形成中的作用不同，纳什特更为重视自我的综合功能，重视从个体自我与自己的内在世界和外部环境的互动过程中来寻找神经症的原因，认为神经症是人格发展出现紊乱的结果，精神分析的目标就是通过重建自我的功能尤其是通过强化自我的防御机制来重建完整的人格。纳什特的这些观点看似与安娜·弗洛伊德和哈特曼的自我心理学十分接近，而实际上有着浓厚的动力精神病学的支撑，且在理论方面也谈不上有自己的创新。不过，理论重建本来就不是纳什特所致力的目标，他的目标在于为精神分析治疗建立一套完整的体系，因而他真正关注的是分析师的道德、分析规则、教学分析的原则、分析的程序、分析过程中如何处理移情与反移情的关系等实际的问题，1957年他组织编写的《今日精神分析》就是对这些问题的详尽阐述。

丹尼尔·拉加什比拉康和纳什特小两岁，并且与后两位一开始就走上医学道路不同，拉加什在1924年进入巴黎高师学习哲学，所以保罗·尼赞、萨特、雷蒙·阿隆（Raymond Aron，1905—1983）、乔治·康吉莱姆（Georges Canguilhem，1904—1995）这些后来在法国知识界响当当的人物都是他的同学。那个时候，高师的这帮哲学才俊特别喜欢到圣安娜医院听著名心理学家乔治·杜马的课，但只有拉加什因此而改行走上了医学的道路。1934 年，拉加什通过论文答辩，获得医学博士学位。1937 年他被任命为斯特拉斯堡大学的心理学教授，并成为巴黎精神分析学会的会员，因为他已经在 1933—1936 年接受了洛文斯坦因的培训分析。

第二次世界大战前，拉加什的学术兴趣与拉康有诸多重叠之处，例如钟情于德国思想，尤其喜欢阅读雅斯贝尔斯和现象学家的作品；关注疯癫和犯罪学的问题；对法国同行的沙文主义不屑一顾；重视语言与特异人格的关系；强调弗洛伊德理论的科学意义；等等。但两人的学术路径却迥然不同，一个囿于大学的学术理想，企图在纯学术的意义上把精神分析学和心理学综合在一起，而另一个则受到寻求文化革命的先锋文人的激励和启迪，企图以一种史诗般的手法重新开启精神分析学的文化效力。

第二次世界大战期间，拉加什也曾投身于抵抗运动。战后他又回到了大学，1945 年，他回到斯特拉斯堡参加大学的重建，两年后到了巴黎，成为索邦大学社会心理学的教授。据说，拉加什是一个出色的演讲者，这使他在大学赢得了众多追随者。卢迪内斯库这样评论他："拉加什既不是一个语言的文体家，也不是一个真正的创新者，亦不是一个伟大的临床者，他终其一生始终是一个出色的教师。"[1]

从学术传承上看，拉加什可算作让内的信徒，他总想把弗洛伊德主义纳入让内主义的心理学传统，在 1949 年出版的《心理学的统一》一书中，他把心理学分为"自然主义"心理学和"人道主义"心理学，前者是普通行为心理学，属于自然科学，其主要的方法是实验法和统计法；后者是个体行为心理学，研究的是个体的单一性，

---

[1] Elisabeth Roudinesco, *Jacques Lacan & Co.: A History of Psychoanalysis in France, 1925-1985*, p.216.

是人文知识的一部分,其占主导地位的方法是所谓的"临床法",即通过观察或临床交谈来考察个体的发展,因而他又把"人道主义"心理学称作"临床心理学"。[1]临床心理学的研究对象是具体的人,因而在研究中必须贯彻三个基本的原则:整体性原则,即主张把具体的个体置于一定的情境中加以研究;精神动力原则,即应当研究个体同世界、他人以及自身的冲突的产生和解决;个体发生原则,即应当从个体的发展中来研究他的心理现象。[2]拉加什把精神分析学纳入这样一个广义的心理学的保护伞之下,认为精神分析学为研究具体的人提供了方法论基础,是体现临床心理学的三大原则的最佳范例。

就这样,在1950年代初,纳什特、拉加什和拉康因为以各自不同的方式重新阐释弗洛伊德的精神分析学而成为法国第二代分析家的三位代表性人物和成长中的第三代分析家的三位著名导师,他们各有自己的拥护者,各有自己的势力范围,不可避免地也就有了各自之间的角力,由此形成了1950年代初法国精神分析运动的地形图。卢迪内斯库依据一种"精神分析的政治"对这个地形图的形势作了如下的描述:

> 属于第二代的三位导师——都是由洛文斯坦因分析的——各自的地位揭示了1950年代巴黎精神分析学会内部的对立倾向。纳什特赞同把弗洛伊德的教诲吸纳到医学的理想中,建议创立一个具有严格的教学课程设计的等级制学院。……虽然他不是任何理论倾向——克莱茵主义和自我心理学——的拥护者,但他采取的态度跟国际主义路线……是一致的。因而他的计划是与古典的正统联系在一起的。他代表着一种捍卫"名流的精神分析"的"美国风格",并把这一精神分析维系在一个权威

---

[1] 参见尼·格·波波娃,《法国的后弗洛伊德主义》,李亚卿译,北京:东方出版社,1988年,第86—87页。

[2] 参见尼·格·波波娃,《法国的后弗洛伊德主义》,第89—90页。

主义的、在移情中适应权威个人的政治之内。

至于拉加什,他是把精神分析学和心理学民主地结合在一起的推动者。他的体系的目标是要借助于大学来整合弗洛伊德主义,在这一体系中,心理学的知识占有的位置与纳什特所主张的医学理想是一样的。两人有相同的方面,如对既定秩序的尊重、对适应的崇拜、对与弗洛伊德主义伦理学相左的建制模式的遵从。拉加什很少受医院传统的影响,他首先是一个教授。作为一个有良知的道德主义者,他更倾向于一种基于师生沟通的宽容政治,而不是任何权威主义的谋划。因而他代表了巴黎精神分析学会内部一种自由的倾向,敌视纳什特的独裁作风。但这种自由主义远没有走到质疑国际精神分析协会强加的规则的地步。他的目标是要使规则适应法国的新形势。这两种倾向之间的对抗关涉着精神分析学的建制化模式。……

在那一语境中,拉加什的学术自由主义和纳什特的医学独裁主义都是国际精神分析协会领导层可以接受的。前者与"英国路线"的某些方面是一致的,后者更适应美国立场。因而,第一次分裂——两个政策相互敌视——并没有导致法国共同体同国际运动的真正决裂。在后者那里给两种倾向都留有空间,尽管代表它们的两位导师都没有提出任何连贯的学说。

拉康的立场则完全不同。战前他就已经含蓄地宣布要回到弗洛伊德,那时我们的主角就意识到需要一个具有培训经验且与弗洛伊德的发现所要求的原则保持一致的组织。他既不排斥大学,也不排斥医学渠道,但坚持每一个都有赖于一种精神分析的政治的第一性。他毫不犹豫地承担了一个立法者或指挥官的角色,这样就与一个民主制和一个独裁制的矛盾现实发生了冲突。[1]

---

[1] Elisabeth Roudinesco, *Jacques Lacan & Co.: A History of Psychoanalysis in France, 1925-1985*, pp.223-225.

卢迪内斯库的这个描述的着眼点是法国精神分析运动的国内国际政治，正如她所说的，在这一政治中，纳什特与拉加什之间的矛盾属于法国精神分析共同体内部的矛盾，与国际精神分析协会这个"帝国"的政治无关，因而后者不必对第一次分裂负责。但这并不意味着这次分裂也与精神分析的政治无关，因为第二代和第三代分析家对纳什特的专权的反抗恰好是精神分析政治的一种体现，这一政治既涉及一个共同体内部领导层与成员之间、导师与学生之间纵向的俄狄浦斯情结式的关系，也涉及成员与成员之间横向的想象性自恋认同的关系，也许还涉及治疗师与病人之间的移情与反移情的关系。

引发矛盾的因素有很多，它们最终汇聚到一起导致了法国精神分析共同体的第一次大分裂。其中最为关键的是三个方面的问题：业余分析师的地位确认、纳什特的改革与专权、拉康的"短时会谈"。

所谓业余分析师，就是指非医学出身或者说没有医学背景的分析师，在西方国家，由于不同地区对行医资格的认定标准的差异，对于这类人能否从事分析实践在法律上有不同的规定，精神分析共同体的内部也一直持有不同的看法，所以弗洛伊德在1926年专门写了一篇文章——《非专业者的分析问题》——讨论这个问题[1]，在那里，弗洛伊德给出了一个相对宽松的限定：精神分析并非医生的专利，非医学出身的人只要接受了必要的专业训练，进行过自我分析，能够克服"抵抗"和控制"移情"，就可以成为专业的从业者。但即便如此，业余分析师的问题还是没有获得解决，争论在共同体内部还是时有发生。

业余分析师的问题也一直是引发巴黎精神分析学会内部矛盾的一个重要因素，1926年学会成立之始，这个问题就被本土具有医学背景的分析家们提出来过，但当时由于玛丽·波拿巴——她就是业

---

[1] 车文博主编，《弗洛伊德文集》第四卷，第281—345页。

余分析师的代表——在学会中的特殊地位以及学会本身在整个社会中的处境,使这个问题还不足以导致分裂,于是双方就形成了一个带有妥协色彩的惯例,即一个人要想从事精神分析实践,首先要获得医生资格,然后再接受一个培训分析师的培训分析,获得专业确认;业余分析师的存在也获得默认,但他原则上必须在专业分析师的监督下从事治疗实践。战后,随着社会对待精神分析的观念的改变,走进会谈室的人越来越多,很多人没有医学资格也不求助于医生的直接权威就从事分析实践,这给学会带来了不少困扰。为了保护专业分析师的利益,它必须施用建制的功能,一方面利用学会和大学的力量大力培训专业分析师,另一方面以制度的形式把针对病人的治疗分析和专一为了培训的教学分析区分开来。前者属于一种私人性的实践,只要是学会成员都有资格;后者则是一种专业技术,只有具有医学背景的专业分析师才有资格。那么,专业分析师的这一资格如何认定呢?由谁来认定呢?这就要动用建制的作用了,以建制化的形式使资格认证规范化。

1949年纳什特当选为学会主席之后,立即着手对学会建制进行改革,首先是修改学会章程,并决定成立一个教学委员会,负责专业分析师的培训和资格确认,就像拉康后来在《罗马报告》(1953)中说的,给"驾驶员"颁发"驾驶执照"。不过在1949年,拉康自己就是被委托起草教学委员会的章程的主要负责人。

教学委员会的成立一定程度上破坏了学会成员原有的结构生态。在以前,业余分析师和专业分析师虽然在实践资格上有所限定,但这一区分并没有被政治化,一个没有接受培训分析的业余分析师照样可以从事治疗实践,因而从前的病人有可能是今后的分析师,当然那时的所有分析师都曾经是"病人",都曾经接受过分析"治疗",就像卢迪内斯库所说的,"巴黎精神分析学会就像是一个疯人院,因为一个人要想成为精神分析家就必须是疯子"[1]。而现在,"病人"

---

[1] Elisabeth Roudinesco, *Jacques Lacan & Co.: A History of Psychoanalysis in France, 1925–1985*, p.227.

不再有这样的机会了。按照新的章程,只有培训分析被认为是正规的手段,一个人要想成为分析师,首先就要成为被教学委员会认可的驻会会员(adhering member),而为了获得那一认可,他就要拜访委员会的成员,由后者决定是否接受他的申请。如果申请人被断定有严重的神经症或精神病,即真的是"病人",那他所得到的回答当然是否定的。如果申请被接受了,候选人接着就要从学会的专职会员——现在被称为资深会员(titular member)——中选一个分析家作为他的导师,负责对他进行培训,同时还要学习委员会指定的一系列培训课程和参加培训讲习班。然后导师在恰当的时候会允许他去从事分析实习,这当然要事先获得委员会的批准,并必须在至少两名培训分析师的监督下进行。经过多次见习后,这个候选人便可以向学会提出申请,要求晋升为驻会会员。在听起他的培训分析师和两个监督导师的意见后,委员会投票决定是否批准他的申请。如果批准了,他便享有分析师的资格,可以从事治疗实践,但不能指导培训分析或教学分析。再经过一个比较漫长的阶段,由其他资深会员推荐,并经过教学委员会的资格评估,他才可以成为资深会员,这时他才可以称为是导师,可以做培训分析了。这一限定政策,卢迪内斯库称其为学会的"计划生育政策",固然有助于维护精神分析技术的国际规范,但却极大地强化了建制的力量,强化了学会内部成员间的层级关系,一定程度上说与战后法国精神分析事业的发展形势是不相称的。而就学会内部的结构而言,这一计划生育政策无疑让波拿巴这样的业余分析师被彻底边缘化了,所以它注定会引起一些人的反弹。

另外,纳什特的改革看似是为了改变分析师培训的混乱现状,可结果却导致了权力的集中。教学委员会的成立本来是为了减轻学会的压力,分担教学、课程设计、提名与审定驻会和资深会员的资格等以前属于学会的功能,使学会的行政权和教学权相对分离,可由于委员会的组成同时就是学会的领导层,所以这一分离其实是一个幻觉,例如在 1951 年,学会行政层的构成是:纳什特为主席,拉康为副主席,拉加什为技术顾问,热尔曼·布维(Germain Bouvet, 1911—1960)为财务主管,菲利普·帕什(Philippe Pasche, 1910—1996)为秘书长;而在委员会的构成中,纳什特是主席,其他几位全是副主席。权力完全就集中在这几个人尤其是纳什特的手中。1952 年,纳什特又决定成立一个"精神分析学院",专门负责分析师的课程教学、分析技术的探讨和理论研究,由他自己出任这个学院的主任,培训分析的程序被进一步建制化的同时,纳什特个人的权力也进一步得到强化。

也是在这个时候,拉康的分析技术在学会内部引起了争论。其实,学会中早就谣传拉康违背国际上通行的技术规则,在实践一种所谓的"短时会谈"(short session)——拉康自己将其称作"弹性时间会谈"(session of variable length)。

精神分析的治疗主要是通过分析师与受分析者之间的谈话来实施的,当初弗洛伊德在进行治疗和培训时并没有确立什么明确的规则,比如他既没有在治疗分析和培训分析之间做出区分,也没有觉得需要给这些分析制定规则,在他那里,会谈时间的长短不是取决于什么规则,而是取决于治疗过程的效果。可到了 20 世纪二三十年代,随着精神分析运动的发展,国际精神分析协会就分析技术制定了一系列的规则,其中规定会谈每周要进行三到五次,每次会谈要持续四十五至五十分钟。对会谈时间的这一硬性规定导致了一个现象:每次会谈中,只要时间一到,治疗师就从座椅上起身结束会谈,而不管病人此时是在说话还是处在沉默中。一直以来,人们都在遵循这一时间规则,谁都没有想过结束会谈时的那一打断行为所隐含的负面的治疗意义,更没有想过这一技术本身所隐含的极权主义的危险,因为它丝毫没有考虑到个体性或临床现实的差异。

拉康对技术规则的破坏首要的体现在时间的问题上,他时常缩短会谈时间,不遵守规则所要求的会谈次数,在学会的许多人看来,拉康的这种偷工减料只是为了赚取更多的钱财，是利欲熏心的不良行为，有悖于精神分析家的职业道德。实际上，拉康的违规不只体现为缩短会谈时间，他还随时接待来访者，时常是不用事先约定——这也有悖于常规；他今天也许还耐着性子听分析者说上半天，可第二天可能十五分钟就把他打发了；有时他还在会谈期间做出一些出人意料的动作，发出奇怪的声音，或是做出有力的评论，他甚至会坐在自己的书桌前一边准备第二天的演讲稿一边听病人的倾诉，有时他还把会谈放在饭桌上进行；他对病人的婚姻史和家庭情况有特殊的兴趣，他有时会打破治疗师与病人的界限，向病人索要地址和电话号码，甚至要他们给他打零活；后来他还要求所有的病人都必须出席他的研讨班，在那里继续他的治疗，有时他还测病人的血压而根本不说这是为什么。反正有关拉康会谈的传闻十分之多，虽然拉康不断辩称自己实践的是"弹性时间会谈"，可学会内部只是嘲讽地称之为"短时会谈"，因为在同行的眼里，拉康"缩短"会谈时间只是为了赚钱——拉康对钱财的确有特别的爱好；再有一点就是，接受拉康的培训分析的人数太多了，人们担心他会利用导师的"魅力"在学会中拉帮结派，而从未想到去探究一下如此多的学生冲向他的躺椅的动机是什么。

对拉康而言，弹性时间会谈究竟意味着什么？这是一个颇为复杂的问题，拉康自己有过许多的解释，在此可以看一下他在1953年的《罗马报告》中的解释。在那里，拉康强调了言语和语言在精神分析经验与技术中的重要作用，指出精神分析治疗的核心并不在于以重申或重建自我的防御力量来治愈主体——相反那只会让主体越来越异化，越来越陷入自我的幻觉无以自拔——而在于透过言语的中介来终结主体的所有确信，使其意识到自身欲望的真理；在这一过程中，弹性时间的运用成为终止主体幻觉的重要手段，因为时间在分析中并非一个可有可无的因素，而是分析进程的一部分，是技术的一部分，用他自己的话说："一个恰当的休止可以赋予主体的话语以意义。这就是会谈的终止——当前的技术将其看作纯粹由钟表决定的一种中断，因而根本不考虑主体的话语的脉络——何以能起到句读作用的原因，这种句读对分析师而言具有充沛的干预价值，其目的在于加速结论的时刻的到来。因此，我们必须让会谈的终止摆脱其惯常的框架，使其最有效地用于分析技术的目的。"[1]

拉康的技术革新乃是对规则的挑战，也是对学会权威的挑战。于是，在纳什特的党徒和拉加什的党徒所投入的战斗中，拉康的短时实践时常成为双方对决的筹码，前者当然不能容忍这种背离国际规范的倾向，而后者则基于其自由主义的学术理念，一定程度地认同拉康的创新。1951年，教学委员会要求拉康郑重承诺调整他的技术，回到常规的轨道上来。拉康口头上作出了保证，而实际上依然故我。面对学会内部一致反对的声音，拉康从理论上为自己的弹性时间会谈进行辩解，强调他的技术是一种纯粹的技术，与单纯的治疗技术或培训技术有着完全不同的目标，那就是他要通过弹性时间会谈这种"粗暴"的干预使移情关系辩证化，以充分激发主体的无意识欲望，让主体认识到自身欲望的真理或真相，走出自我的幻象。

业余分析师的资格、纳什特的专权和拉康的短时会谈技术，这些引发冲突的因素纠集在一起，一次又一次在巴黎学会内部挑起事端，并最终把学会引向了分裂。

1952年6月17日晚，纳什特在学会的会议上提议成立一个独立的培训学院，要求选举一个执行委员会负责学院的事务，并向主席团直接提出了自己的候选人名单。在这个名单中，他自己将出任未来的学院的主任，他的两位学生将分别担任学院的科学秘书和行政秘书。学会的行政委员会以举手表决的方式通过了纳什特的提议，纳什特攫取了从行政权到教学权的一切权力。

1952年11月，在学会的行政会议上，纳什特发布了学院的章程、课程计划以及教学大纲，并由他的党徒提议要求延长纳什特作为学

---

[1] Jacques Lacan, *Écrits*, p.209.

会主席的任期，这引发了众多资深会员尤其是像波拿巴这样的业余分析师和行政委员会的强烈抗议。拉加什指责纳什特大权独揽，并宣称6月17日的投票无效。纳什特和他的同党则威胁着要退出学会，被激怒的波拿巴王妃冲到电话前，询问安娜·弗洛伊德国际精神分析协会在分裂事件中是否会承认纳什特及其党徒的资格，可她得到了肯定的答复，几年来一直受纳什特排挤的王妃愤怒地称她的对手是一帮流氓。

12月16日，在学会的扩大会议上，纳什特试图在新的领导班子选举前先投票通过他的学院章程。拉加什拒绝了，以他为核心形成的联盟强迫学院的执行委员会辞职，拉康毛遂自荐成为委员会的临时主任。

1953年1月，拉康向委员会提议对纳什特的学院章程进行修正补充。他以他的镜像理论作为开场说道："如果此时此刻诸位允许我以新年祝愿和在所有传统中同它联系在一起的授权仪式的精神去使用一个私人的笑话，那么我会说，在此我给我们的成员的碎片的身体提供的是一个镜子装置，在那里，上天保佑，它可以预期到它的统一性。"[1] 接着，拉康重申了1949年的章程，针对纳什特章程中过分的医学倾向，他强调指出，不可把精神分析学简约为神经生物学、医学、教学法、心理学、社会学、人种学、神话学、交流科学、语言学等，但另一方面，针对业余分析师过分的非医学倾向，他又指出，所有这些学科还是应当包括在精神分析的培训课程中，因为精神分析学应当考虑成为所有这些相关学科的主人。其次，针对纳什特的章程赋予了组织特权、强化了资深会员和普通的驻会会员的等级关系以及使学会成为学院的一个附设的倾向，拉康提议把学会和学院区分开来，把学院和教学委员会区分开来。但是，正如卢迪内斯库所说的，在此，拉康没有明确权力分离的确切模式。拉

---

[1] Elisabeth Roudinesco, *Jacques Lacan & Co.: A History of Psychoanalysis in France, 1925–1985*, p.238.

康虽然对权力有着强烈的欲望，可他并不是一个出色的统治者和立法者。另外，他还犯了一个错误，没有在学院里授予王妃任何荣誉称号——战后，她一直是学会的名誉主席。要知道，波拿巴对拉康一直没有什么好感，她甚至称拉康是十足的妄想狂；至于拉康，他对这个女人也同样没有好感。由于他的这一疏忽，王妃跟纳什特又走到了一起。

表决学院章程和选举学会新主席的投票日期被定在1月20日晚。下午，纳什特动用自己的外交手腕说服了波拿巴，让她回到了医学倾向的一边，另一边则是拉加什所代表的自由派倾向。晚上，章程被通过，接着王妃利用自己的势力提交动议反对拉康任学会主席，可并没有产生所期望的结果，拉康获得了拉加什的多数派的支持，正式当选为巴黎精神分析学会的主席。拉加什被提名出任副主席。

可纳什特和玛丽·波拿巴并未就此认输——其实纳什特派还是给自己保留了一块阵地，未来的精神分析学院的事务仍由他们负责——他们策划了针对拉康的反击。拉康的短时技术再次成为靶子。2月3日，拉康试图向学会的教学委员会证明他的技术创新的重大意义，但这个委员会是一个权威主义的部落，不可能接受拉康的辩解，虽然他已经是学会的主席。委员会再次重申了培训分析的规则，即所有的分析师候选人在开始监督分析之前，必须接受并完成至少每周三次、每次四十五分钟、一共十二个月的培训分析。按照这一规则，拉康的学生很有可能无法成为分析师，因此他只好承诺将遵循这些规则。只有拉加什站在了被指控者的一边，当然这不是说拉加什接受了拉康的技术，他这样做只是基于自己的学术自由主义的信念。

导师们的争斗也传染到了学生中间。1953年5月17日，51个正在接受培训的分析家集会抗议学院的章程和他们的待遇，一些资深会员也支持学生反对纳什特的专权。5月31日，他们再次集会，在会上有人指责拉康与学生合谋，利用学生打击异己，支持拉康的一方也毫不示弱，双方发生激烈争吵，危机一触即发。

6月2日,学会召开科学会议。会上纳什特的党徒指责拉康煽动学生暴乱,就在拉康为这一指控进行答辩的时候,纳什特打断了他的发言,又把短时会谈的问题提了出来,因为纳什特清楚地知道这是拉康的软肋,是他唯一可以用来在学会中孤立拉康的撒手锏。而拉康的回答实在难以让人信服,他声称他的分析除个别情况外,全都符合固定时长的规则。最后大家同意在6月16日就相关问题重新开会讨论。

在这样的气氛下,决裂已不可避免。自由主义者拉加什尤其不堪忍受学会内部的这种暴戾之气,他决定离开学会,创立一个自由的组织,从事儿童精神分析的女分析家弗朗西斯·多尔托和斯特拉斯堡大学人文系教授、拥护拉加什的女分析家朱丽特·法维兹-布托尼埃（Juliette Favez-Boutonier, 1903—1994）首先表示支持。拉康身为学会主席,分裂当然非他所愿,但面对纳什特团体对他的攻击以及权威的培训分析家们对他的孤立,他也觉得自己是学会内部利益斗争的替罪羊,虽然放弃一个已具规模的组织和一个令人眼热的职位是件可惜的事,但他最终还是同意了拉加什的计划。

6月16日,除拉福格和埃斯纳两位元老级人物之外,所有的资深会员都出席了会议。会上照样是硝烟弥漫,拉加什派和纳什特派相互攻击。一番激烈的争吵过后,受玛丽·波拿巴王妃指使,奥德特·柯黛夫人宣读了她的弹劾动议：巴黎精神分析学会的全会已经看到它的主席雅克·拉康与学会之间出现了严重的不和,如在6月2日的会议过程中所表现的,因此全会再也不可能信任他,要求学会副主席接替主席之职,直到依据章程完成新一轮的选举。拉康回应说,他接受主席之职就是为了让自己去接受同行们对他的教学和他关于学院章程的观点的裁决。他没有质疑不信任动议的合法性,但他强调对他的那些指责更多关涉的是学院而不是他作为学会主席的活动,也就是说,与他能否胜任学会主席无关。最后大会以举手的方式进行表决,柯黛的动议获得通过,出席会议的18个会员中有12人投了赞成票。

结果宣布后,拉康提出了辞呈,拉加什作为副主席当即接替了他的位子。可接下来却出现了戏剧性的一幕,这位刚刚上任的主席随即宣读了已经准备好的决定:"拉加什、法维兹-布托尼埃、多尔托特此宣布退出巴黎精神分析学会。"这简直是晴天霹雳,会场一片沉寂。拉加什起身离开,他的两个同伴紧随其侧,接着布朗夏·勒韦肖-茹弗也宣布退会。不久拉康也起身宣布与学会决裂。留在会场的人们根本没有反应过来这究竟是怎么一回事,不过拉加什散发给他们的通告会告诉他们个中的缘由,这个通告是拉加什、法维兹-布托尼埃和多尔托三人起草的,它以少见的激烈措辞谴责纳什特的专权和学会对待拉康的无理举动。

退出会场的一帮人来到多尔托的家里庆祝他们给权威们的胜利一击,他们宣布成立"法国精神分析学会"(Société francaise de psychanalyse)。第二天,新学会发布了一则官方公报,由拉加什起草,公报把巴黎学会的权威主义集团说成是一个"没有原则的派系",它把拉康当作替罪羊加以利用。公报还强调他们与巴黎学会的冲突是伦理上的而不是理论上的,并肯定地说新学会得到国际精神分析协会的承认不会有任何问题。最后,公报说:"我们是为科学的自由和人道主义而战。人道主义若是没有战斗性,就不会有任何力量。"[1] 在宣布成立一个研究小组之后,法国精神分析学会临时委员会发表了它的正在接受培训的分析者的名单,共有34人,其中超过三分之一的人还在拉康的躺椅上接受分析,他们当然地成为新学会的成员。

至于巴黎精神分析学会,在拉康和拉加什相继辞职后,学会的元老级会员乔治·帕尔赫梅内被任命为主席,可这个任期也是极其短命的,两个月后,帕尔赫梅内就去世了。巴黎精神分析学会重新

---

[1] Elisabeth Roudinesco, *Jacques Lacan & Co.: A History of Psychoanalysis in France, 1925-1985*, p.251.

为纳什特的势力所控制,纳什特也抓住机会提议学会章程应适应学院章程,提议选举一个改革委员会,他的提议获得通过。1954年6月,"精神分析学院"正式开学,纳什特任学院主任,巴黎精神分析学会在他的掌控下继续坚持着医学上的纯洁理想,尤其是在培训技术上越来越谋求与国际精神分析协会的规范保持一致。也正是由于在分析师培训上的出色工作,1957年,纳什特当选为国际精神分析协会的副主席,并一直任职到1969年。

二 狙击自我心理学

1953年的大决裂是拉加什而非拉康直接领导的,但拉康被新成立的学会奉作精神领袖,他本人则通过把自己置于受迫害者的位置而心安理得地领受了这一主人角色。现在,他所要做的就是去担当自己的这一角色,让自己成为真正的主人/导师（Master）,而巴黎学会对他的攻击让他更明确地意识到了自己身为主人/导师的使命和方向,那就是去革新精神分析的理论和技术,为弗洛伊德的哥白尼发现完成一次伽利略式的革命。为此,他必须为自己的革新找到充足的理由,他必须把自己的革命置于伟大的庇护之下,他还必须为完成这一革命找到所需的工具和资源,让精神分析学在新的科学语境中焕发新生。用福柯的术语说,他必须切入这个时代所特有的"知识型",通过实现一种"认识论的断裂"把弗洛伊德的精神分析学拖出现今的黑暗深渊。在这一点上,拉康对时代知识潮流的敏感度无疑是常人所不及的。正是这样的一种语境需要以及这样的一个背景支撑,把拉康推到了时代的十字路口,他必须在这个路口做出抉择,他必须以自己的方式果断地完成主体性的确认,他也的确抓住了这个机会,把1953年变成了法国精神分析运动史上的"拉康年"。

法国精神分析学会成立之后,拉康接连作了两次演讲：一次是7月8日在圣安娜医院为新学会的第一次科学会议作的题为《象征界、想象界和实在界》的报告,另一次是9月26—27日在罗马的国际罗曼语精神分析学家大会上作的题为《言语和语言在精神分析学中的功能和范围》的主题发言,俗称《罗马报告》。在前一个文本中,拉康提出了"回到弗洛伊德"的口号,并第一次阐述了他的"三界"模式的构想,即以想象界、象征界和实在界这个三元组的概念来把精神分析的经验和理论置于不同"界域"(register)中,以此完成对弗洛伊德文本的结构性阅读和对精神分析经验的结构性分析,并最终对组织人类主体的不同"秩序"(order)做出说明。在后一个文本中,拉康谈到了在巴黎刚刚发生的分裂事件,回顾了弗洛伊德理论的革命性意义和精神分析学当前面临的问题,然后通过挪用海德格尔和列维-斯特劳斯等人的理论资源从言语和语言的方面重述了精神分析理论和技术的要旨,重读了弗洛伊德的重要文本,并为自己的弹性时间会谈技术提供了理论上的辩护。

不论是对拉康本人,还是对法国精神分析运动,1953年的这两个文本都具有里程碑的意义。尤其是《罗马报告》,可以说是拉康的理论宣言,它以一种绝对权威的口吻、一种颐指气使的话语、一种巴洛克式的文体表述了一个充满自夸妄想的主体的幻形,在那里,他的自信与自负、他的博学与机智、他的敏锐与纵情,无一不令人动容。请回味一下他开篇的这段修辞,可以说,它根本就是一个绝对的主人的声音:

> 其实,我想起,远在世上至尊高位的荣耀被建立以前,奥路斯·吉里乌斯(Aulus Gellius)在其《雅典之夜》中就对被称为圣梵蒂冈山(Mons Vaticanus)的地方作了语源学的考察,认为这个地名源起于vagire(婴儿的初啼),该词指的是言语的雏音。
>
> 因此,如果说我的言辞也不过是婴儿的初啼,那它至少要抓住这难得的机会,来更新我们的源起于语言的学科的基础。
>
> 进而,这个更新已从历史中汲取了足够多的意义,对我而言,

我并不想为了采用一种与彻底地诘问我们的学科基础相称的反讽风格而去和传统风格决裂——传统风格总是把一个"报告"置于汇编和综合之间。[1]

英语世界的拉康研究者玛尔考姆·波微对这个开场辞有一段充满联想的评述。波微说，拉康对梵蒂冈的语源学参照说明了某种幻念式的权力游戏被引入其中，如同罗马教皇的权力吸收并改造了罗马异教文化一样，精神分析的新宣言也被期望着来改造目前的言说的形式，以使精神分析再度从其平凡的开端向壮观的预言式语调攀升。波微还说，拉康选择了很好的登台亮相的地方，因为罗马在弗洛伊德的著作中已经获得了一个特别象征性的地位：它是这样一座城市，在那里知识和权力——也就是全知和全能——的幻念能够被自由地接受，并且在这座城市里，事物的一种古代的秩序是永不会过时的话题。那种一天天改变着罗马城市风景的埋葬与重新挖掘的过程，为精神分析观察者提供了一种与其职业使命相关的悦人的主体寓言。当初弗洛伊德进入罗马这座永恒之城时，曾把他自己想象为一个新的汉尼拔，而拉康也紧步其后经常以凯旋者的腔调谈及他的罗马演说。但是，作为一个尚未如愿的征服者，他赞美、嫉妒的对象和征服的目标，并不是一座石头城，而是一座词语之城；当被驱逐排斥的震惊仍在天空回首时，他寻求发现、拯救、恢复和拥有的正是弗洛伊德的著作。对拉康来说，"罗马是这样一种地方，在那里，言说的新的权力应该被重新发现，以及在那里，在那些权力的保护下，精神分析应该被重新奠基。拉康宣告了他的新的科学的第一声哭叫，这哭叫预示着它的最为稳定的成年的声明"[2]。

紧接着，还是在1953年，拉康在圣安娜医院开始了他著名的研讨班。实际上，早在两年前，拉康就已经在自己家里举办读书会，

---

[1] Jacques Lacan, *Écrits*, p.198.

[2] 玛尔考姆·波微，《拉康》，第51—53页。

带领学生阅读、分析弗洛伊德的文本与病例,只不过规模比较小,参加者的范围也很有限。法国精神分析学会成立后,他把研讨班搬到了他曾经工作过的圣安娜医院,并向公众开放。为表示对弗洛伊德的纪念,研讨班定在每周三举行(第一期的开讲日期是1953年11月18日),因为当初弗洛伊德的那个研讨性质的小组"星期三心理学社"也是在周三搞活动。并且,令我们中国人——可他的文献来源未必是中国的——感到有点满足的是,拉康研讨班第一期的开讲辞居然是从禅宗的公案开始的:

> 师傅(master)打断沉默总是很随意——一个反讽式的评论,一个棒喝(kick-start)。
>
> 这正是禅师(buddhist master)依照禅的技术去寻找意义的方式。这一技术让学生自己去找出问题的答案。师傅并不传授现成的权威知识;他只是在学生快要找到答案时才给出一个回答。[1]

"让学生自己去找出问题的答案",这是拉康对自己的精神分析教学法的一个总体说明。此后的十年间——十年后,因为与法国学会决裂,研讨班易地巴黎高师——拉康的声音每年总有一段时间要在这个医院的会议厅里回荡,他就像禅宗公案里的"师傅",以充满机锋的话语出其不意地掀起主体身上的无意识帷幕。从这个时候起,拉康将通过不断指认自己是真正的弗洛伊德主义者而成为一个新学派——拉康主义——的领袖,虽然他常常故作姿态地声称自己并不是一个拉康主义者。

是的,从法国精神分析运动史的角度说,把1953年说成是"拉康年"是毫不为过的。在这一年,他同巴黎学会决裂,进而又创立了以自己为中心的法国学会;在这一年,他举起了"回到弗洛伊德"

---

[1] Jacques Lacan, *The Seminar of Jacques Lacan, Book I, Freud's Papers on Technique 1953–1954*, p.1.

的旗帜，提出了一个以想象界、象征界和实在界为三元组的"三界"体系；在这一年，他以被驱逐者的身份奔赴罗马，在这个语词之城发表了他著名的《罗马报告》；还是在这一年，他回到圣安娜医院开始了他著名的研讨班，此后近三十年的时间里，这个主人/导师的声音将定期在巴黎的上空回荡。在所有这一切中，任何单一的一个事件都可能具有改变历史的意义。进而，在所有这一切中，其实是围绕着一个目标进行的，那就是革新精神分析学。对一般人而言，这可能是一个漫长的征程，可是拉康，他就像一个神射手，稳、准、狠地把自己的目标定位在三个方向，并以连发的形式将它们一举射落。这三个方向是：狙击自我心理学、回到弗洛伊德和发动精神分析学的语言学转向。拉康自己很清楚，要想让精神分析学走出建制化的暴戾之气，要想完成其主人身份的确认，要想成为"法国的弗洛伊德"，他就必须在这三个方向上实施定点爆破。

在此，需要让我们的故事讲述暂时地停顿一下，在进入下一个分裂事件之前先对这三个方向做一说明。为了把问题说得更清楚一些，我的说明可能略显冗长——我不想三言两语就把它们打发掉，那是懒人或不求甚解者的做法——并在时间跨度上会有所延伸。我将先说明对自我心理学的狙击，另外两个方面则留到下一节。

首先必须明确一点，拉康对自我心理学的批判既是理论上的需要，也是政治上的需要。因为在1950年代初期，自我心理学不仅在理论上是新弗洛伊德主义的主流，而且在政治上是国际精神分析运动的主导，拉康要想完成精神分析学的哥白尼革命，首先就要击倒这个貌似强大的对手。

另一方面，虽然拉康对自我心理学的批判贯穿于他的整个理论生涯——尤其集中在1950年代——只要有机会就会实施他的攻击，且始终抱有一种不妥协的态度，可他极少对这一精神分析话语的观点给出系统的说明，也很少以真正理论化的方式对其做系统的反驳。他的批判是游击式的，倨傲不恭的，且充满了决绝的姿态，就像布鲁斯·芬克说的：

> 拉康对他所批评的某一立场极少给予完整的归纳，如先呈现可归于那一立场的诸多论题和观点，然后再逐一加以反驳。拉康的论证可能从不是那一意义上的：他从不通过仔细解释他的对手的立场然后逐一加以批判来证明他们是错误的。他更倾向于随时做出贬低的、反讽的或简慢无礼的评论，只言片语便将一个理论的整个大厦打发掉。[1]

同时还需要明确的一点是，尽管拉康将其攻击的目标直接指向自我心理学的代表人物，如安娜·弗洛伊德、海因兹·哈特曼、洛文斯坦因和恩斯特·克里斯（Ernst Kris, 1900—1957），且尽管这些人物当时都把持着国际精神分析协会的权力，可他们自己并未对拉康的攻击做出正面的理论上的回应。拉康的咄咄逼人与对手的这一沉默倒真有点精神分析化的情境意味，就像受分析者企图从分析师那里找回主体的位置但却因为对方的不置一词而归于失败一样，拉康单方面的强势姿态也总让我们觉得他的批判最后似乎变成了他自己的一种强迫症意念。

拉康与自我心理学发生分歧的焦点就是弗洛伊德的自我概念以及围绕这一概念确立的分析技术。为了厘清这一分歧，我们需要简单回顾一下弗洛伊德的自我概念的历史。[2]

自我概念在弗洛伊德的早期著作中就出现了，后历经种种变化，其含义有过多次的反复。一般地，精神分析学家们认为——拉康在1951年的《对自我的若干反思》中也明确地指出——弗洛伊德的自我概念存在着两个相对异质的层面，正如拉普朗虚（又译"拉普朗切"）和彭大历斯（又译"庞塔利斯"）归纳的：弗洛伊德"一方

---

[1] Bruce Fink, *Lacan to the Letter: Reading Écrits Closely*, p.38.

[2] 有关弗洛伊德自我概念详细的历史，可参见拉普朗虚、彭大历斯，《精神分析辞汇》，沈志中、王文基译，台北：行人出版社，2000年，第260—272页。

面认为自我是基于'它'与外在现实接触而分化出的适应装置;另一方面则将自我定义为许多认同的结果,这些认同最终在个人内在形成一个受到'它'所投资的爱恋对象"[1]。伊丽莎白·格罗兹则将这两种自我分别称为"现实的自我"(the realist ego)和"自恋的自我"(the narcissistic ego)[2]。

在弗洛伊德的概念史中,第一种自我出现在先。早在1895年的《歇斯底里研究》和《科学心理学纲要》中,他就将自我设定为人类心理的一种防御机制,其作用在于对原发过程实施禁制,但这时自我还没有成为其理论的核心概念。1900年左右,弗洛伊德开始提出他的第一个拓扑论模型,即关于无意识、前意识和意识的精神装置,自我在这一装置中同样不占有重要位置,且仍充当着以现实原则调节知觉系统的功能。基本上,在早期,弗洛伊德把自我主要理解为现实的自我,可这一概念在其理论中并不占有核心位置。

自我概念真正的理论化开始于1914年左右,并是在第二种即自恋的自我的层面来理解的。在1914年的《论自恋:导论》以及同时期的其他一些论文中,弗洛伊德依据自恋、认同、理想化等心理运作过程来说明自我的起源或形成,由此建构了其自恋的自我的概念。这一概念的内涵可归纳为如下几个方面:第一,自我并非一开始就存在于个体之中,它必然是发展起来的;第二,自恋的自我是力比多的庞大贮存处,它表现为一种原初的力比多投注,并把自身或自己身体的一部分当作它的一个投注对象;第三,自恋的自我不仅将自身当作力比多投注的对象,而且还将这个对象理想化然后加以认同,由此形成理想自我;第四,这种理想化也可以指向外部对象,这时形成的便是自我理想,可这一自我理想常常会导致自我的分离,自我对对象的力比多投注常常会使自我变得贫乏不堪;因此,第五,自我并不是一个自主的实体或代理机制,它总是被幻想以及种种形

---

[1] 拉普朗虚、彭大历斯,《精神分析辞汇》,第260页。
[2] Elizabeth Grosz, *Jacques Lacan: A Feminist Introduction*, pp.24-31.

式的认同或内化所控制,它的形成总是受制于个体与对象的关系。

然而,到1920年代,弗洛伊德似乎又回到了现实的自我的概念,之所以说是"似乎",乃是因为此时的现实的自我概念与以前已有很大不同。在1923年的《自我与本我》中,弗洛伊德把自我描述为一种试图从外界施加影响于"本我"——上面引文中的那个"它"——及其倾向,力图用现实原则来取代支配本我的快感原则的代理机制。值得注意的是,这一自我概念是在第二个拓扑论模型即关于本我、自我和超我的精神装置的语境中提出的。在这个装置中,自我成为本我与超我之间的一个中介,本我之中充盈着反社会的非理性冲动,以追求快感的满足为目标,超我属于凌驾于主体之上的一种强制性力量,居于其间的自我则充当着调停者的角色,一方面尽力让本我在一个压抑快感的社会语境中获得最大的满足,另一方面也尽力让超我免受来自本我的非理性冲动的威胁。基于对自我的这样一个功能设定,弗洛伊德描述了现实的自我的诸多特征:第一,在第一个拓扑论模型中,现实原则存在于前意识-意识系统,快感原则存在于无意识领域,后者属于原发过程,前者属于继发过程,自我只是通过运用现实原则在其间起着防御和调节作用,而现在,在第二个拓扑论模型中,自我被设定为一个独立的精神机能,它的作用被大大地扩展,成为现实原则的代理;第二,在第一个拓扑论模型中,自我被置于前意识-意识领域,因此自身之中不包含无意识的因素,而现在,弗洛伊德特别地强调,自我中有一部分是无意识的,因为自我的防御机制使它对被压抑的东西总会表现出一种抵抗,只是主体意识不到这个事实而已,"既然这种抵抗来源于他的自我并属于自我,这是毫无问题的,因此我们发现自己处在一种意料之外的情境中。我们在自我本身也发现了某种潜意识的东西"[1];第三,就自我与本我的关系而言,自我就像是骑在马背上的骑手,得有控制马(代表着本我)的较大力量,通过把外界的影响施加给本我的倾向,

---

[1] 车文博主编,《弗洛伊德文集》第四卷,第139页。

用现实原则来取代本我中占主导地位的快感原则，在这个意义上说，自我总受到知觉系统的影响；第四，但自我之中还存在一个层级，那就是自我通过认同形成的"自我理想"或"超我"，超我总是以诸如"你应当如此这般"和"你绝不能如此那般"这样的命令和禁令形式支配着自我，使超我和自我之间总存在一种紧张关系；第五，因此在本我、超我和外界"三个主人"的夹击下，自我就像居住在边疆的人一样，总想充当世界和本我之间的媒介，既要使本我遵照世界的要求去做，又要使世界适应本我的要求，于是它只能在两者之间充当献媚的机会主义者，可是来自三方面的夹击和威胁注定了它吃力不讨好的结局，最终，自我成为"焦虑的真正处所"。[1]

显然，弗洛伊德的自我概念前后充满了意义的含混和矛盾，那么，究竟哪一种代表着弗洛伊德的最后看法呢？——我们常常会这样来问。其实，弗洛伊德的这两种概念是在不同语境中提出的，两者之间并不存在可以确定地用一个来取代另一个的问题，而是需要在各自的语境中来加以理解。对此，拉普朗虚和彭大历斯有很好的说明：

> 一方面，对弗洛伊德著作通盘的研究显示，无法定位对应于两个不同时期之自我的两个词义：自我的观念始终存在，即使它曾先后因新概念的提出而更新。另一方面，1920年的转折点也不仅限于将自我定义为人格的中心层级：如众所周知，它还包括其他许多重要的新概念之提出，这些修正整体理论结构的新概念，则须从其相互关系加以考量才能彰显其价值。最后，我们认为，不宜一开始便试图断然区分作为个人的自我与作为层级的自我这两种意义，因为这两者之间的联系正是自我课题的核心所在。[2]

可自我心理学家们恰恰不是这样来理解的：他们总想抹除弗洛

---

[1] 参见车文博主编，《弗洛伊德文集》第四卷，第176—177页。
[2] 拉普朗虚、彭大历斯，《精神分析辞汇》，第261页。

伊德概念中的矛盾和歧义，把弗洛伊德的理论解释为一个前后连贯一致的体系。针对弗洛伊德自我概念的前后变化，自我心理学家总想找到一个最后的定义，并认为新定义必然是对旧定义的取代。为此，他们不惜牺牲弗洛伊德理论的多义性，通过剪裁和修整而提炼出了一个看似统一的自我概念，以此来建立他们的理论和技术体系。

一般地，人们把安娜·弗洛伊德出版于1936年的《自我与防御机制》一书视作自我心理学的开山之作，而1939年海因兹·哈特曼的《自我心理学与适应问题》一书的出版则被认为标志着自我心理学的正式建立。第二次世界大战期间，随着包括克里斯、洛文斯坦因在内的大批欧陆分析家移民美国，自我心理学被传播到美国，到1950年代初，自我心理学已成为国际精神分析运动中的主流学派，其中哈特曼、克里斯和洛文斯坦因被视为自我心理学的三巨头。

自我心理学的理论和治疗技术整个地是围绕着修正弗洛伊德的自我概念而建立起来的。这一修正集中在将自我从受到本我和超我的禁制中解放出来，认为自我并非本我的产物，而是和本我一样原始，也是从一种"未分化的基质"中分化出来的。自我心理学强调自我的统一性、独立性和自主性，强调要剔除自我中的性欲力比多成分，把自我纳入普通心理学的范畴来理解。自我心理学视自我为一种防御机能和整合功能，是一个"没有冲突的领域"（哈特曼），并且把坚固自我的防御功能和适应现实的能力视为精神分析治疗的根本目标。

拉康对自我心理学的批判在1949年的《镜像阶段》一文中就已经出现，1953年与巴黎学会决裂后，他的批判更是不遗余力，其中较为集中的文本如《罗马报告》（1953）、第1期和第2期研讨班（1953—1954）、《典型疗法的变体》（1955）、《弗洛伊德的事务或在精神分析学中回归弗洛伊德的意义》（1955）、《字符的代理作用》（1957）、《治疗的方向及其权力原则》（1958）等。对于这一批判的具体过程，我不可能去一一评述。总体上，我们可以把拉康的批判归结为三个基本的方面：理论的、技术原则的和意识形态的。[1]

首先是在理论上。这涉及自我的起源、性质和功能等问题，但归根结底是一个问题，就是"自主的自我"的问题。拉康攻击这种自我观的文字可谓不胜枚举，例如在《字符的代理作用》（1957）中：

> 每当精神分析学家们忙于重塑一个善意的精神分析学——其最高成就就是"自主的自我"这个像诗一般的社会学的东西——时，我就想告诉听我的讲座的人如何能辨认出拙劣的精神分析学家：只需一个词，他们曾用这个词来抨击所有那些沿着弗洛伊德经验的真正方向来深化技术和理论的研究。这个词就是："理智化"（intellectualization）。[2]

还有在《弗洛伊德的事务或在精神分析学中回归弗洛伊德的意义》（1955）中：

> 确实，这个抽屉里满满当当堆的全是旧的新玩意儿和新的旧玩意儿，这堆杂物至少能娱人耳目。自我是一种功能，自我是一种整合，一种功能的整合，一种整合的功能。它是自主的！这真是一个好东西！它是最新引入神圣的实践的物神，其神圣性乃得自圣贤们的优越感。它所做的工作其实和别的东西一样，谁都知道，能最出色地实现这个功能的东西——这个功能完全是现实的——总是最过时的、最肮脏的、最倒胃口的。[3]

说得再具体一点，拉康的观点处处都与自我心理学针锋相对。

---

[1] 实际上，拉康也对自我心理学家们的临床实践有过许多评论，其中最为拉康学派津津乐道的一个案例就是克里斯对一个因为觉得自己有剽窃他人的学术成果的冲动而无法进行学术研究的学者所做的分析，拉康曾在第1、3期研讨班和《治疗的方向及其权力原则》等多个地方讨论了克里斯的这个案例，其核心无非在于，自我心理学的临床实践乃是基于分析师与受分析者之间的一种想象性二元关系以及对自我的功能的一种现实主义理解，而根本无视象征秩序的存在及其对主体的构成作用。有关拉康对克里斯的病例分析的评论，有兴趣的读者可参见 Bruce Fink, *Lacan to the Letter: Reading Écrits Closely*, chap.2。

[2] Jacques Lacan, *Écrits*, p.435.

[3] Jacques Lacan, *Écrits*, p.350.

例如，在起源的问题上，自我心理学家否认自我是本我的产物，否认自我是力比多投注的结果，他们视自我是一种独立的心理机能，是从一种"未分化的基质"中分化出来的；拉康则强调自我是自恋性认同的产物，是力比多投注在自身和对象身上的结果，就是说，自我是被构成的，而不是个体先天带来的。在性质的问题上，自我心理学家强调自我相对于本我的自主性和独立性，强调存在着一个没有冲突的自我领域，而他们的逻辑是，如果说自我是从本我中分化出来的，那么，面对充满冲突的本我的强大力量，自我根本就没有自主性可言；拉康的观点则是，自我是依赖于异己的镜像而产生的，自我的所谓自主性其实是镜像认同的产物，而这个认同本质上是一种误认，自我根本上是一个他人。在功能的问题上，自我心理学家认为，自我的自主性不仅表现在它作为一种防御机制对本我和超我的力量的调节，而且还表现在它也是一个不断适应现实环境的过程，这种防御和适应正是基于自我所具有的一种整合能力，一种可以抗衡本我、超我和现实的侵袭的能力；拉康则强调自我的整合功能不过是一种想象性的整形术，其所形成的那个理想之"我"带来的与其说是自我的完整性，不如说是自我的永远受挫，如拉康所言，"自我的本质就是挫折，而我们的理论家现在却以其承受挫折的能力来界定自我的力量。这不是主体的某个欲望的挫折，而是主体的欲望在其中被异化的某个对象的挫折；这个对象越是发展，主体就越是与他的快感相异化"[1]。

其次是在治疗的技术原则上。这同样涉及一系列的问题，如分析师与受分析者的关系、分析师的功能、治疗的方向等，相关的这些问题我在后面还会讨论，这里只是简要地提出一些结论。例如，在分析师与受分析者的关系问题上，自我心理学家视分析师是有着"理想的"自我的人，是分析进程中绝对的控制者，受分析者是心理"病人"，是需要进行心理矫正、重建其自我的防御机能和适应

---

[1] Jacques Lacan, *Écrits*, p.208.

能力的人,因而分析师与受分析者之间的关系是一种权威或典范与从属或顺从的关系;拉康则指出,这一差异的原则实则一个"反动的"原则,它是"以能知者和不知者的对立来掩盖患者和医者的二元性"[1],而他认为,精神分析本质上是一种"谈话的艺术",是一种"辩证法"[2],参与谈话的双方之间并无主从之分,受分析者并不是被动地接受分析的人,而是参与到分析情境中、自己去做分析的人,分析师也不是全知的行为者,他的知是一种假想的知,他所处的位置应是苏格拉底或库萨的尼古拉(中世纪哲学家)所说的那种"博学的无知"(ignorantia docta,又译"有学识的无知")的位置,他与受分析者的关系不是二元的对象关系,而是一个四角关系:愚蠢的主体(受分析者)、主体的自我、代表言语之场所及他者主体的大他者以及他者的自我。基于对分析师的自我的那一理解,在分析师的功能问题上,自我心理学家强调分析师应以积极的姿态去干预和引导分析的进程,以帮助患者加强其自我的力量;相反,拉康则认为分析师的功能在于默默地倾听,通过让主体(受分析者)自由地说出自己的要求——而不是去满足主体的要求——然后在这要求中辨认出自己的无意识欲望,直至抵达主体的真理。最后,在治疗的方向上,自我心理学家把"治愈"和恢复病人适应现实的能力作为治疗的目标,承诺强有力的自我可以给存在带来信心和幸福;而拉康彻底弃绝了这一看似人道主义的理想,称分析师的幸福承诺为一剂毒药,只会把自我带向自欺欺人的幻象,他认为,分析的目标根本在于让主体穿越自我的幻象,直视自己的欲望的真相,在语言的秩序中辨认出主体的位置。

最后在意识形态上。虽然自我心理学的理论阐发自奥地利分析家,但其生存发展的土壤却是在美国,其有关自我适应现实以迎接

---

[1] Jacques Lacan, *Écrits*, p.335.

[2] Jacques Lacan, *The Seminar of Jacques Lacan, Book I, Freud's Papers on Technique 1953-1954*, p.278.

现实的挑战的主张受到追求自我梦想的美国意识形态的热烈欢迎，而在拉康看来，这种不谋而合既与美国特有的"非历史主义文化"有关，与其行为主义和个人主义的文化有关，也是那些移民分析家为解决自己的不适应、为在美国获得承认而不惜牺牲精神分析学的原则的结果，因此，从意识形态的方面来揭示自我心理学的本质就成为拉康狙击对手的强有力的武器。不妨再看几段文字，它们属于典型的拉康风格，雄辩与讥讽的完美结合让他的写作简直成了一种文体实验。在《罗马报告》（1953）中，拉康说：

> 无论如何，精神分析的概念在美国屈从于个人对社会环境的适应，屈从于行为模式的研究，屈从于"人类关系"这个观念所隐含的所有客观化过程，这已然是无可争辩的事实。而且，"人类工程学"这个土生土长的术语强烈地暗示了一种排除人这个对象的特许立场。[1]

在《治疗的方向及其权力原则》（1958）中，他说：

> 为了支撑这一明显靠不住的概念，大洋彼岸的一些人觉得有必要在此引入一个稳定的价值，一个可以测度现实的标准：这就是自主的自我。人们知道他们这样做的原因。这个自我是许多根本不同的功能被想当然地组织起来的一个集合，以作为主体天生的情感的支撑；之所以说它是自主的，就因为它不会受到人的内在冲突的影响（它是一个"无冲突的领域"）。
>
> 我们在此可以认出一个过时的幻象，连最为学院式的内省心理学都早已将其作为站不住脚的东西给抛弃了。不过，这个倒退却被兴高采烈地视作浪子们回到了"普通心理学"的老巢。
>
> 不管怎样，这个倒退解决了分析师的存在问题。一对自主但无疑不平等（但是在他们足够的自主中他们凭什么出身印记来彼

---

[1] Jacques Lacan, *Écrits*, p.204.

此辨认呢？）的自我把自己献给了美国人，以指导美国人走向幸福，同时又不打扰自主性，不论是不是自我中心的；这种自主性以其无冲突的领域为通向幸福铺设了一条美国式的道路。[1]

上面已经说过，拉康不遗余力地狙击自我心理学是有其"政治"图谋的，那就是要从根本上摧毁自我心理学派对国际精神分析学界的主导地位，为自己的"回到弗洛伊德"打开通道。当然，撇开这一"政治"图谋不说，我们可能会看到，拉康与自我心理学派在自我问题上的分歧乃是由于各自对弗洛伊德文本的不同理解所致。如同拉康的自我概念在弗洛伊德的自恋性认同理论中可以找到有力的支持一样，自我心理学的自我概念在弗洛伊德那里也可以找到有力的证据。既然如此，那拉康凭什么认定只有他的理解是正确的，而对方的理解一定是错误的呢？我们若是这样来提问，并非要去对此厘定出一个是与非，那我们可能会被自己引入歧途。实际上，拉康的"回到弗洛伊德"并不是要去复活一个曾经的、真实的弗洛伊德，而是要去激活一个指向现时和未来的弗洛伊德，那就是以无意识这个哥白尼式的发现来言说——尽管由于时代的缘故他的言说还充满了矛盾和歧义——主体之真理的弗洛伊德，这个弗洛伊德是一种精神，是一个总体性，他的身上洋溢着革命性的光辉，只是由于自我心理学派所代表的修正主义路线的片面理解，这光辉如今被掩埋了。因此，在拉康看来，自我心理学派的那种主导地位不仅极大地伤害了精神分析学的事业，而且会使弗洛伊德奠定的革命性理论回复到庸常的路线，回复到笛卡尔的"我思"主体的神话性幻觉。也就是说，拉康狙击自我心理学固然是出于一种"政治"图谋，但根本上还是想沿着弗洛伊德已经开辟的道路为他这个时代的主体性确立一个方位：曾经视作透明的、自主的自我和主体只是一个神话，所存在的只能是一个离心化的、异化的自我和主体，一个因为无法满足的欲

---

[1] Jacques Lacan, *Écrits*, pp.493-494.

望的煎逼而在分裂中挣扎的自我和主体。

三 回到弗洛伊德

所有阅读拉康的人，不论你对他的理论和思想了解多少，都熟知他的"回到弗洛伊德"的口号。拉康的理论及其阐发理论的技术前后几经变换，但这个口号自他在 1950 年代初提出来以后至死未变，甚至在拉康主义势头最旺的时候，他向他的信徒表达的依然是这种效忠的姿态：做拉康主义者是你们的自由，但我始终是一个弗洛伊德主义者——尽管你可以说这仅仅是一个姿态。

可是，为什么要回到弗洛伊德？回到什么样的弗洛伊德？如何回到弗洛伊德？以及回到了弗洛伊德的那些地方？对于此类问题，我们不可三言两语打发了事，因为它们关涉着拉康的事业的意义，关涉着拉康孜孜以求的"历史化"的方向，也关涉着他想把精神分析学精神分析化的动机。

对拉康而言，"回到弗洛伊德"首要的是回到其理论的源头，回到弗洛伊德借以阐述其理论的那些基本概念的真正意义，然后在此基础上去重建弗洛伊德的技术，去激活弗洛伊德理论固有的革命性力量，用拉康自己的话说，"回到弗洛伊德的意义，就是向弗洛伊德的意义的返回"（The meaning of a return to Freud is a return to Freud's meaning）[1]。那么，为什么要返回那一理论之源头或者说处在源头的那些基本概念的意义呢？

前面已经说了，拉康对自我心理学的批判就是要为他的这种返回廓清道路，在他看来，正是由于自我心理学派对弗洛伊德思想的片面理解，导致弗洛伊德创立的精神分析学的革命精神已一片荒芜，其著作的意义越来越被抹杀，其富有创新的技术已变成了一种讳莫如深的技巧，一种形式化的仪式，至于当初由他亲手创立的那个充

---

[1] Jacques Lacan, *Écrits*, p.337.

满活力的共同体,如今也已经成为一个封闭的圈子,一个由少数权威们控制着的教会式组织,在那里,"对术语的来源的无知导致了如何协调它们的难题,而为解决这些难题所做的努力又加重了原初的无知"[1]。在拉康看来,自我心理学派对弗洛伊德的片面理解根本上是对精神分析学的一种遗弃,是对其精神的一种拒斥,这其中的原因很简单:因为他们从来没有真正地理解弗洛伊德的发现以及这一发现的伟大意义。在《弗洛伊德的事务或在精神分析学中回归弗洛伊德的意义》(1955)一文中,拉康说:

> 我认为我提问精神分析干预的问题所用的那些术语足以表明,精神分析的伦理不是个人主义的。
>
> 但是,在美国的圈子里,精神分析的实践被如此简略地降格为一种获取"成功"的手段和一种谋求"幸福"的方式,因此必须指出,这是对精神分析学的一种遗弃,这种遗弃在它的太多信奉者当中甚为流行,很简单,这只是因为他们从来都不想理解弗洛伊德的发现,他们也不打算去理解,哪怕是以压抑所意涵的那种方式:因为在此起作用的是系统性误认的机制,这一机制甚至以其集体形式激起了谵妄。[2]

当然,回到弗洛伊德并不只是为了去做正本清源的工作,还原被自我心理学模糊了的概念的本来面目。对拉康来说,返回源头还有着更为严肃的目的,还是出于一个更神圣的使命,那就是使精神分析学成为一门"科学",一门可以解释主体性的经验及其意义的"科学"[3]:

> 如果精神分析学要成为一门科学(因为它现在还不是),

---

[1] Jacques Lacan, *Écrits*, p.203.

[2] Jacques Lacan, *Écrits*, p.400.

[3] 对于精神分析学作为一门科学,拉康有自己的理解,即它不是自然科学意义上的精确科学或实证科学,而是一种寻求意义和解释的科学,拉康称之为"猜想的科学";但它也不是世界观,不是那种声称可以解开宇宙之谜的哲学,而是以主体的经验及其意义作为研究对象的科学。

并且如果它不想在技术方面蜕化下去（说不定它已经蜕化了），我们就必须重新发现它的经验的意义。

为此，我们所能做的最好就是回到弗洛伊德的著作。[1]

那精神分析学是一门什么样的科学呢？不同的人、不同的学派对这个问题会给出不同的回答，比如自我心理学派就认为它是有关自我及其机能的科学，拉康则坚决地主张精神分析学是有关无意识或无意识主体的科学。表面上看，拉康的回答并无特别之处，因为许许多多的人都是这样看的。拉康的与众不同在于他对无意识或无意识主体的特别理解，那就是要从语言结构或社会法则的角度把无意识和无意识主体理解为结构化的效果，而不是理解为受到压抑的生物本能的集合。可这一理解的根据在哪里？只有回到弗洛伊德的文本，回到组织那些文本的结构线，我们才可以看到无意识与语言的这一关联，才可以看到弗洛伊德的发现的伟大意义，才可以赋予弗洛伊德的哥白尼革命真正的前景。

那么，要回到什么样的弗洛伊德？——既然弗洛伊德有弗洛伊德Ⅰ、弗洛伊德Ⅱ甚至可能还有弗洛伊德Ⅲ，那拉康所认同的是哪个阶段的弗洛伊德？换句话说，既然弗洛伊德有拓扑论体系Ⅰ（无意识—前意识—意识）和拓扑论体系Ⅱ（本我—自我—超我），那拉康是要回到哪一个体系？沿着这类提问所指示的方向去寻找答案，我们可能会一无所获，因为拉康的"返回"不是要回到一个所谓的"体系"——自我心理学家们就是为了所谓的"体系"而不惜对弗洛伊德的思想进行片面的剪裁——而是要回到一个精神之"源头"，而且这"源头"不是时间或发生学意义上的起始点，而是拓扑学意义上的结构点，它与其说是一个已然在场的东西，不如说是一个有待出场的空位，一个等待着阅读来填充其意义的场所。在这个意义上说，拉康要返回的不是哪一个阶段或哪一个体系的弗洛伊德，而是处在

---

[1] Jacques Lacan, *Écrits*, p.221.

主体性的某个特殊的历史时刻的弗洛伊德,是那个发现了无意识并以这一发现而倾覆了笛卡尔以来的"我思"主体的传统的弗洛伊德。

或者对于上面的问题我们更应当这样来问:拉康不愿意回到什么样的弗洛伊德?对于这个问题是可以有一些明确回答的——我们只要看一下拉康反对什么样的弗洛伊德或弗洛伊德主义就行了。

第一,反对生物主义的弗洛伊德(主义)。弗洛伊德创立精神分析学时正是生物主义——把人当作一个生物有机体来研究——盛行的时期,受到这一时代风气的感染,弗洛伊德的许多概念、术语甚至研究方法充斥着生物学和生理学的痕迹,其中影响最广的莫过于他的本能理论,精神分析学也因为这种生物主义而备受贬斥。弗洛伊德死后,他的许多追随者一方面力图通过祛除其本能概念中的性欲化含义来摆脱道德的困境,但另一方面又不愿放弃其生物主义的模式,继续以本能的压抑和转移来解释心理机制,或者像荣格那样干脆用一种文化主义来取代生物主义。在这一点上,拉康旗帜鲜明,明确地反对弗洛伊德的本能理论,反对对弗洛伊德的"本能"概念做出本能主义的解释,反对精神分析学中的生物主义倾向,他说:

> 因此我坚定地认为,不管是不是基于生物学的观察,在生命体为满足自身需要而在本性上必需的各种认识模式中,本能可以说是一种我们因为它不能成为知识(un savoir)而感到惊叹的认识(connaissance)。但是,在弗洛伊德的著作中关涉的是完全不同的东西,它当然是一种知识,但不关涉一丁点的认识,因为它被写入了一个话语,在那话语中,主体就像古代的信使——奴隶一样,发卷之下刻着他的死刑判决书,他却对其意义和文本一无所知,也不知这文本是以何种语言书写,甚至不知它是人们乘他熟睡的时候刺写在他头皮上的。

这个寓言丝毫没有夸大无意识与生理学的联系的微弱程度。我们可以从相反的角度来测定精神分析学自问世以来给生理学的贡献：其贡献近乎于零，即便说到性器官也一样。任何奇思异想都改变不了这个负债关系。[1]

第二，反对心理主义的弗洛伊德（主义）。自我心理学派的一个重要方面就是将精神分析心理学化，把心理学的模式引入自我的研究中，可在拉康看来，弗洛伊德当初创立精神分析学一定程度上就是要反对心理主义，因为后者把主体看作自明、自主的有意识的存在，只知道以单一的刺激-反应模式来勘定主体的知觉状态以及主体与现实的关系。心理主义的研究本质上是经验主义的、实证主义的或者说行为主义的，而拉康明确地说，"经验主义不能作为科学的条件"[2]，那种企图把精神分析学纳入心理学范围的做法本质上是一种倒退，是一种保守主义的行为。他说：

> 我们面对的是一个已经构成的东西,它有着心理学的名称，且带着一个科学的标签。
>
> 可我要挑战这个名称，原因恰恰如我将要说明的，弗洛伊德的经验所确立的主体之功能自一开始就拆穿了借"心理学"的名称所宣讲的东西，这东西纯粹是为了维持一个学院式的框架——不管人们如何去装扮它的前提。
>
> 它的准则就是主体的统一性，这也是这种心理学的前提之一；甚至具有症状意义的是，这一主题比以前更明显地被凸显出来，仿佛某种意识主体的返回是至关重要的，仿佛心理的东西必须作为有机体的替身来获得确认。[3]

第三，反对人道主义的弗洛伊德（主义）。拉康在许多地方都讲到，弗洛伊德不是一个人道主义者，因为人道主义所讲的那个"人"实际只是"自我"，是主体的想象性维度，而在弗洛伊德那里，自

---

[1] Jacques Lacan, *Écrits*, p.680.

[2] Jacques Lacan, *Écrits*, p.672.

[3] Jacques Lacan, *Écrits*, pp.672-673.

我或主体并不是自己的主人,"我"并不在自己的家里,而是一个分裂性的东西,以拉康的话说,人是以语言而在世,而语言的在场意味着能指对人的写入,意味着无意识之于主体完全就是"另一个场景"。为理解拉康的这一思想,我们不妨看一下他在关于"精神分析的伦理学"的第 7 期研讨班(1959—1960)中的一段话:

> 至于我们,我们觉得自己处在人道主义思想谱系的尾端。从我们的观点看,人正处在分裂的过程中,就仿佛是光谱分析的一种结果,这种人亦是我在此所探讨的东西的一个典范,我的探讨主要围绕着想象界与象征界之间的结合来进行,我们力图在这种结合中找出人与能指的关系,以及这关系在人身上所引发的"分裂"。[1]

拉康所理解的弗洛伊德不是生物主义的弗洛伊德,也不是心理主义和人道主义的弗洛伊德,是的,你可以说这种排除法只是告诉了我们拉康不想回到什么地方,而仍然没有说出拉康想要回到什么地方。但你从这一系列的排除——也许还可以列出其他的方面——当中应当能够看出,拉康是要回到一种精神的"源头",那就是弗洛伊德的无意识发现所具有的革命性意义,用拉康自己的话说,这意义就在于实现对笛卡尔以来的自主主体的"倾覆"。拉康正是带着这样的知识意志走向弗洛伊德的文本深处,在那里寻找可以倾覆(自主)主体的堡垒的引爆点,并从外面接进一根导火线,以最后一跃的姿态把主体投入熊熊烈焰中。

接下来要回答的问题是:如何回到弗洛伊德?按照拉康的理解,回到弗洛伊德理论的源头,就是要去重新厘定他的那些概念的意义,在《罗马报告》(1953)中,他说:

> 我们这个学科的科学价值只可归于弗洛伊德在其经验历程

---

[1] Jacques Lacan, *The Seminar of Jacques Lacan, Book VII, The Ethics of Psychoanalysis 1959-1960*, pp.273-274.

中提炼出来的理论概念。这些概念一直未经足够辨析，因此还保留着日常语言的含混性，虽然它们受益于后者的弦外之音，可时常会招致误解——故而在我看来，与传统术语决裂还为时过早。……无论如何，我认为一件紧迫的任务是在那些已被日常用法弄得僵死的概念中发掘出意义来，只要我们重新考察它们的历史，反思它们的主观根源，就可以重新找到它们的意义。[1]

因此，对弗洛伊德文本的重读就成为拉康实施其返回的最基本策略：

因此我要指出一点：为了掌握弗洛伊德的任何概念，阅读弗洛伊德是不可或缺的，即便是对那些与日常观念用词相同的概念。[2]

米歇尔·福柯在《什么是作者？》一文中曾对作为话语实践的书写和阅读中的"返回"有过一段极为精彩的论述，他说，返回不是模仿，相反，那是一种"构成性的省略"，一种并非偶然或因为不理解而造成的省略；返回总是向源头的返回，是向文本本身的返回，是向原初的、未加渲染的文本的返回，它尤其关注写在文本的空隙、空白和虚无中的东西，"我们回到那些空的空间，它们被省略掩饰起来，或被隐藏在一种错误的、令人误解的丰富性中。"[3] 福柯还说，向文本的返回不是一种"历史的增补"，而是转变话语实践的有效而必然的方式，对伽利略的作品的研究可以改变我们对力学历史的认识，但不能改变对科学历史的认识，可是，重新考察弗洛伊德或马克思的著作，却可以改变我们对精神分析学或马克思

---

[1] Jacques Lacan, *Écrits*, p.199.

[2] Jacques Lacan, *Écrits*, p.205.

[3] Michel Foucault, *Language, Counter-Memory, Practice*, ed. Donald F. Bouchard, Ithaca: Cornell University Press, 1977, p.135.

主义的理解。福柯的这段话简直就是对拉康的返回的一个注解，拉康自己也说，"我们不是追随（following）弗洛伊德，而是伴随（accompanying）弗洛伊德"[1]，对他而言，返回不是要去模仿和复述，而是要去重写，返回的道路恰是重新开始的道路，是到源头中、到原初文本的缝隙和空白处找寻入口的过程。拉康把研讨班作为他进行这种重读的圣所，至少在前十年，即在1964年研讨班易地巴黎高师之前，他的确在恪尽职守地带领他的学生一本接一本阅读弗洛伊德的著作，并且他的阅读无疑是建构性的、诗学化的，流淌着结构主义时代所特有的异彩。

具体地说，拉康对弗洛伊德的强力阅读不外乎如下几种技巧：第一，语言学的，即以索绪尔和雅各布森的结构语言学为模型重新阐释无意识的结构机制，从而使精神分析学脱除心理学的阴影，成为"科学"意义上的真正的"结构分析"；第二，拓扑学的，即以想象界、象征界和实在界为基本叙事框架，通过引入拓扑学的变换来重述弗洛伊德的概念的复杂含义、基本功能及其相互关系；第三，修辞学的或诗学的，即以一种症状阅读的方式深入弗洛伊德文本的隐意之中，去挖掘文本的深层逻辑，为了让阐释脱除字面意义的限制，有时甚至不惜采用超现实的链接、语义的双关、词义的滑行、语境的漂移等技巧。

那么，拉康到底重读了弗洛伊德的哪些东西？或者说他到底回到了弗洛伊德的哪些地方？在此我不可能去一一列举，那几乎是一个无法完成的任务。我想特别地指出几个方面，它们可以说是拉康展开其阅读的基本着力点。

首先是文本的方面。拉康的阅读涉及弗洛伊德的大部分奠基性文本，从早期的《歇斯底里研究》（1895）和《科学心理学纲要》（1895），到第一个拓扑论时期的《释梦》（1900）、《日常生活

---

[1] Jacques Lacan, *The Seminar of Jacques Lacan, Book I, Freud's Papers on Technique 1953–1954*, p.120.

心理病理学》(1901)、《诙谐及其与无意识的关系》(1905)、《论自恋：导论》(1914)等，再到第二个拓扑论时期的《超越快感原则》(1920)、《群体心理学与自我的分析》(1921)、《自我与本我》(1923)等，及至更晚的《文明及其缺憾》(1929)、《女性性欲》(1931)、《摩西与一神教》(1939)等，所有这些文本对支撑拉康的基本理论都有着十分重要的意义。其实，拉康的大部分核心概念在弗洛伊德的文本中并未出现或是不居有重要地位，但拉康在阐发自己的几乎每一个概念时，都会把它的源头追溯到弗洛伊德那里，以示他的术语不过是对弗洛伊德的理论的重塑。

另外，值得一提的是，虽然拉康阅读的弗洛伊德文本甚多，但有一类文本却少有提及，那就是弗洛伊德的"美学"文本，如有关达·芬奇、米开朗基罗、陀思妥耶夫斯基等的文字，就连他在讨论索福克勒斯的《俄狄浦斯王》和莎士比亚的《哈姆雷特》时，也很少说到弗洛伊德的相关评论。是拉康对文学艺术不感兴趣吗？当然不是，他也阅读了许多文学艺术文本，不过，与弗洛伊德主要是将精神分析技术运用于文学艺术文本不同，拉康则是把文学艺术文本本身就看作精神分析的文本，他没有阅读弗洛伊德的文学批评很大程度上是因为两者的批评观有着根本的差异。

其次是病例分析的方面。弗洛伊德一生做过许多病例分析，但最有名的还是他写的五大案例：《一例癔症分析片断》("杜拉")(1905)、《对一个五岁男孩的恐怖症的分析》("小汉斯")(1909)、《一例强迫性神经症的说明》("鼠人")(1909)、《精神分析对一个偏执狂病人的自传性叙述的说明》("施列伯")(1911)、《从一例幼儿神经症史中得到的启示》("狼人")(1914)。对于这五大案例，拉康在阅读弗洛伊德的时期经常提及，并对它们有过或完整或片断的分析。例如：在1951年的一个题为《论移情》的大会发言——这个发言后来被收入《文集》——中，他以黑格尔式的主体间性的辩证法专题讨论了杜拉的病例；在第3期研讨班《精神病》

（1955—1956）中，他以"父之名"的除权作为精神病的临床结构讨论了施列伯的病例；在第4期研讨班《对象关系》（1956—1957）中，他以俄狄浦斯阶段的理论讨论了"小汉斯"的病例。所有这些讨论都可视作对弗洛伊德的分析的强力重写，它们都较为完整地体现了拉康在临床方面的阐释技巧——一种极具先锋诗学色彩的拉康技术。需要说明的是，拉康的这些讨论都有很强的技术性，但他从不会依循一种因果的逻辑——这是一种经验主义的分析模式——去进行所谓的病因学探讨，就是说，他的分析技术不是一般意义上的临床技术，而是一种高度理论化的症状阅读和症状分析技术，是一种精神分析阐释学，所以我们在阅读他的这些病例研究的时候，仅有临床"医生"的知识是远远不够的，更确切地说，拉康的临床分析首先不是为了"治疗"的目的。另外，拉康对所有这些病例的分析都不是一次性的，而是在研讨班中时有提及，且其所关注的主题或者说阅读角度随语境而变，比如杜拉的病例，既可以用主体间关系的辩证法来阅读，也可以用来说明人的欲望即是他者的欲望，还可以拿来阐明分析情境中分析师的位置与欲望以及分析过程中移情和反移情的问题，等等。

再有就是概念的方面。除奠基性的文本的重读和病例史的重写外，概念的重造也是拉康返回弗洛伊德的一个重要方面，且可能是最重要的方面。刚刚说过，拉康对自己的几乎每一个概念——不管弗洛伊德是不是使用过它——都会到弗洛伊德那里去寻找"源头"的支撑。同时，他的几乎每一个概念——包括弗洛伊德使用过的——都有属于他自己的独特用法，与我们平常的理解完全脱节，就是说，拉康几乎所有的概念和术语，不管是他从别的学科中引入的还是从别人那里挪用过来的，在使用中都经过了改装，弗洛伊德的概念也未能幸免。拉康对弗洛伊德的概念的改写在1930年代写作"家庭情结"的文章时就已经开始了，但那时他的语言学转向还没有发生，改写大都停留在"新解"的层面，可到1950年代初开始研讨班的时候，"三界"框架的引入使这种"改写"彻底变成了概念的"重造"——在全新的"科学"框架或知识型中对概念的结构和含义重新组织,由此形成一条全新的知识生产线。在历经十年的文本阅读之后,1964年,随着与法国精神分析学会的决裂,拉康的研讨班易地巴黎高师,面对知识背景较之以往远为庞杂的听众,研讨班也以全新的面孔亮相,对弗洛伊德文本的阅读差不多就此止息,所需要的是一个总结。同时,拉康也开始了对自己的理论的重述,他要重读他自己。1964年的第11期研讨班——这是拉康在巴黎高师的第一期研讨班——《精神分析学的四个基本概念》就是这一双重重读的经典文本。

在这一期研讨班上,拉康着重讨论了弗洛伊德的四个"基本概念":无意识(the unconscious)、重复(repetition)、移情(transference)、驱力(drive)。何以这四个概念成了"基本概念"?拉康并没有说精神分析学"只有"这四个基本概念,而他之所以要特别提出这四个"基本概念",与刚刚发生的那次决裂有关,也与他对精神分析学的理论和技术的重建有关。简略地讲,拉康提出这四个"基本概念",一方面是为了从根本上击溃自我心理学派的理论防线,如他们为了"自主的自我"的概念而极力贬低无意识的价值,为了凸显"抗拒分析"(analysis of resistance)的作用而无视"重复"的存在,为了强调治疗过程中分析师的主导地位而只是把移情理解为一种想象性的二元关系等;另一方面他也是为了总结性地阐明弗洛伊德的无意识发现的意义,拉康的女婿雅克-阿兰·米勒总结说,这四个概念其实是从不同层面对无意识和分析经验的说明,"借助四个基本概念,拉康仿佛是在四个不同的方面对无意识做出说明。其实,这也是对分析经验的四种不同表述——四种不同的把握分析进程的方式。这绝不是一次抽象的研讨班;而是一次与实际的分析实践紧密相关的研讨班"[1]。

然而,这也绝不只是对弗洛伊德的概念的说明。拉康在说明弗

---

[1] Richard Feldstein, Bruce Fink, Maire Jannus(eds.), *Reading Seminar XI: Lacan's Four Fundamental Concepts of Psychoanalysis*, p.9.

洛伊德的每一个概念时都引入了自己的概念：在说明无意识时引入了分裂主体的概念；在说明重复时引入了能指或能指链的概念；在说明移情时引入了大他者的概念；在说明驱力时引入了对象 a 的概念。更确切地说，拉康是在用自己的概念重写弗洛伊德的概念，由此我们可以理解，为什么他要说"精神分析学"的四个基本概念，而不是"弗洛伊德"的四个基本概念。根本上，这个"精神分析学"是拉康主义的精神分析学，是拉康借弗洛伊德的外壳重述出来的精神分析学，所谓的"四个基本概念"其实是拉康的基本概念——当然，这并不意味着拉康的基本概念只有四个。在这个意义上，我们说，1964 年有关四个基本概念的研讨班是拉康的精神分析政治的一次成功表演，它以返回的姿态对源头的"省略"进行了构成性的增补，返回的道路彻底地成为重新开始的道路。

最后还应特别提及一下拉康的另外三个重要的返回，我们也可以将其理解为拉康返回的三个重要场景，它们对结构拉康的精神分析话语皆具有"源头性"的意义。

第一，弗洛伊德在论及本我和自我的关系时有一句名言："Wo Es war, soll Ich werden." 英语世界将其译为："Where the id was, there the ego shall be."（中文据此译为："哪里有本我，哪里就有自我。"[1]）法语世界则译为："Le moi doit déloger le ça."（"自我必取本我而代之。"）这两个译法所表达的意思是一样的，即自我终将驱逐本我、取本我的位置而代之。拉康不认同这一译法。在他看来，弗洛伊德的这句话不是在讲本我与自我的关系，而是在讲无意识的"我"即主体与异性的"它"的关系：主体在"它"之中。基于这样一个理解，拉康以一种过度阐释和语义滑动的方式对那句话给出了自己的翻译："在它所在的地方，我必在那里生成——这是我的责任。"[2] 他在许多地方指出，弗洛伊德的这句话最为鲜明

---

[1] 车文博主编，《弗洛伊德文集》第三卷，第 552 页。

[2] Jacques Lacan, *Écrits*, pp.347-348. 有关这个翻译，我在后面会给予论述，参见第八章第一节。

地提示了一点：主体总是且只是无意识的主体，而无意识作为"另一个场景"总是处在彼处，主体在无意识之中的存在根本上只是主体在它处的存在，主体根本上是分裂的——这正是拉康的主体理论的先在条件。

第二，弗洛伊德在其精神分析学的创立时期有三个重要的文本：《释梦》（1900）、《日常生活心理病理学》（1901）和《诙谐及其与无意识的关系》（1905），拉康总喜欢把这三个文本并置在一起，因为它们都指示了弗洛伊德对无意识的发现；指示了无意识的场景，如梦、口误或日常语言错失、症状；指示了无意识主体在"另一个场景"中的构成；指示了弗洛伊德的理论"源头"中最为重要的一个"省略"：无意识是像语言一样被结构的——而我们知道，这正是拉康理论的基本教义。

第三，弗洛伊德在《超越快感原则》（1920）中曾讲到被外出的母亲留在家里的小孩玩的一个扔出和拉回线轴的游戏，并认为这个游戏是儿童对母亲的"消失和再现"的一种戏拟，儿童通过游戏的重复让自己身临其境扮演一个主动的角色，使自己成为环境的主人，以缓解母亲的不在场所引发的痛苦经验。拉康称这个游戏为"Fort/Da"游戏——这是儿童在游戏过程中发出的两个音节——并在许多地方强调这个"言语"（他称之为一种"牙牙之语"）场景正是主体进入象征维度的开始，亦是主体的欲望之门得以开启的时刻——而这恰是拉康的精神分析阐释得以展开的场所。

如上所说，拉康的返回实际是对源头的一种回溯性建构，是一种重新开始。回到弗洛伊德并非要去还原一个真实的弗洛伊德，而是要通过重读来打开弗洛伊德文本中已被遗忘、被封闭或被扭曲的意义。在他看来，弗洛伊德的哥白尼革命或者说"普罗米修斯式的发现"远远不只在于他潜入了无意识这一以前被忽视的神秘大陆，而在于他在以前被认为自足、自明的自我与主体概念中看到了异己的他在性的因素，看到了隐匿在其中的离心化力量，精神分析学的任务就是要找到这种因素或这些力量被置入的机制,以此揭示出主体的真理或真相。

那么,如何找到这些异己的或分裂的东西以及如何对它们的运作机制做出解释呢?拉康说,那就必须引入语言学的模式和人类学的术语,必须引入哲学的概念,还必须引入数学的模型来重述弗洛伊德的理论和概念,把精神分析学的话语形式化。在《罗马报告》(1953)中,拉康说,虽然弗洛伊德从其经验中提炼出来的术语和概念还保留着日常语言的含混性,但我们也没有必要与之完全决裂,而是应当运用新的科学语言对其语义进行辨析:

> 在我看来,只有通过建立起这些术语同人类学的时下用语甚或哲学中的最新问题的等义关系,才能进一步澄清这些术语的含义。在这些领域中,精神分析学常常只需坐收渔人之利。[1]
>
> 就我而言,我认定,如果你不懂得作为技术之基础的那些概念,那你就不可能懂得这个技术,因而也不可能正确地运用它。我的任务是要表明,只有定位在语言的领域,只有按照言语的功能来组织,这些概念才具有其完整的意义。[2]

通过强调言语是精神分析实践的唯一媒介,通过说明弗洛伊德的理论技术中不自觉地隐含和运用的语言学维度,通过用语言学的模式来重写无意识的运作机制,进而通过把自我和主体的结构置入想象界、象征界、实在界这一"三界"的框架加以科学化的探讨,拉康完成了其对弗洛伊德理论的重述,让弗洛伊德的哥白尼革命在他那里获得了所意想的一次伽利略式的"科学"飞跃。因此,如果说文本阅读是拉康实施返回的策略,那么,至少在1950年代,语言学、人类学及哲学(主要是科耶夫所阐释的黑格尔哲学以及海德格尔哲学)就是他完成这个返回的工具。这样,我们在论及拉康的返回时

---

[1] Jacques Lacan, *Écrits*, p.199.

[2] Jacques Lacan, *Écrits*, p.205.

还需要谈一下他的"语言学转向"的问题。

早在1930年代从事精神病学研究的时候,拉康就已经对语言现象发生了兴趣,如他对超现实主义的自动写作和埃梅的妄想症写作的思考与研究就已经显示了他思维触角的某种深广性。基于这样的兴趣,在他成为精神分析学家之初,语言问题就作为一个关键问题被提出来,例如在写于1936年的《超越"现实原则"》这篇论文中,他从现象学的方面讲到,语言是精神分析经验的基本素材,是分析实践中结构分析师和受分析者的关系的核心要素;1940年代末,例如在1948年的《精神分析中的侵凌性》一文中,他更明确地提出精神分析的活动是在语言中且通过语言而展开的,并开始把语言看作精神分析经验中最基本的媒介,不过这时他仍是在现象学的意义上把语言理解为主体间的一种意向性活动,将对意义的辩证把握视为分析过程的关键。到1950年代,一种新的语言学视野的进入使拉康对语言的认识发生了根本的改变,现在,语言的问题不仅关涉现象学意义上的主体经验,还关涉一种认识论或方法论层面的运用,拉康的所谓"语言学转向"就是在这个层面上进行的。

拉康的"语言学转向"当然是指把语言学的方法运用到精神分析的经验中。可问题在于,为什么语言学可以与精神分析学进行这样的对接?从拉康的角度说,至少有三点可以证明这一对接不仅十分必要而且完全可能。

第一,就精神分析实践而言,拉康说,不论我们把精神分析学看作一种治疗手段和教学手段还是看作一种探测主体真相的手段,它都只有一个媒介,那就是"病人的言语","这一事实的显而易见并非可以忽视它的理由"[1]。病人以言语向他人(分析师)言说,他人(分析师)则通过病人的倾诉来引导病人走向主体的真理,精神分析学不同于精神病学的一个关键之处就在于它只以言语作为媒介。并且这一点还昭示了精神分析学的一个重要特征,即它总是关

---

[1] Jacques Lacan, *Écrits*, p.206.

涉着主体间性的问题,"主体的言谈行为总伴有一个对谈者,即是说,言谈者在那里被构形为主体间性"[1]。在分析中,所有的言语都召唤着回答,即使言语碰到的是沉默——不论是病人的沉默,还是分析师的沉默——可只要有一个聆听者,就必定要求有回答,或者这沉默本身就是要求,就是应答,拉康说,"这就是言语在分析中的功能的关键"[2]。

第二,就精神分析理论而言,我们都知道,弗洛伊德本人也说过,其最伟大的发现就是无意识。可对于无意识的概念,弗洛伊德并没有一个严格一致的使用,有时他在形容词意义上将无意识理解为所有不会出现在意识领域中的东西,有时他又在拓扑论意义上把无意识理解为一个由被压抑的内容所构成的精神系统。[3] 弗洛伊德还在世的时候,精神分析共同体内部就有人——例如荣格——对无意识概念进行修正,弗洛伊德死后,尤其是第二次世界大战之后,自我心理学占据主导,无意识概念的重要性大为削弱,用拉康的话说,无意识的维度根本上被遗忘了,尤其是它的断裂维度因为自我的统一性幻象而被彻底遗弃了,拉康的"回到弗洛伊德"就是要重启这个受到压抑的维度。那么,该从哪里去开启这个维度呢?通过对弗洛伊德早期作品如《歇斯底里研究》《释梦》《日常生活心理病理学》《诙谐及其与无意识的关系》等的阅读,拉康发现,弗洛伊德对精神症状、梦、日常生活中的许多语言现象的研究都揭示了无意识跟语言的特殊关系,尤其是在那种可称之为"语言障碍"的现象中,

---

[1] Jacques Lacan, *Écrits*, p.214.

[2] Jacques Lacan, *Écrits*, p.206.

[3] 拉普朗虚和彭大历斯在《精神分析辞汇》一书中将弗洛伊德的无意识概念总结为三大方面:其一,"形容词无意识,有时被用于涵指所有未呈现于意识当下领域中的内容……即前意识系统和无意识系统的内容在此处未被区分";其二,"就拓扑论意义而言,无意识指称弗洛伊德在第一精神装置理论架构下所定义的各种系统之一:它由被压抑内容所构成,这些内容由于抑制作用(原初抑制与后遗抑制)而被拒于前意识-意识系统之外";其三,"在弗洛伊德第二拓扑论架构中,无意识一词主要被以形容词形式使用,实际上,无意识不再专属某一个别层级,因为无意识同时形容'它'〔即我们说的'本我'。——引者注〕以及部分的自我与超我。"(拉普朗虚、彭大历斯,《精神分析辞汇》,第213页。)

如在断裂的梦文本中，在日常生活的口误、笔误、玩笑、双关语中，或在病人的不连贯的言说中，我们都可以找到无意识运作的踪迹，找到语言之于无意识的价值和意义。因此，拉康说："精神分析经验在无意识中发现的就是在言语之外的语言的整个结构。"[1]

因此第三，问题的关键不在于仅仅承认无意识与语言之间的紧密关系，更在于找出这种关系的基本法则，找出无意识在那些语言裂口中的运作机制。拉康认为，当代的语言学可以帮助我们完成这个工作。为什么语言学可以提供这样的帮助？弗洛伊德在讨论无意识的运作时曾提出过一个概念：无意识的思维，就是说，无意识也是一种思，也有一种不同于我们日常的智性活动的思维结构，弗洛伊德因受时代局限而未能找到进入这个结构的科学方法。我们的时代要幸运一些，结构语言学就是这个时代给予我们精神分析学家的最大馈赠，因为它不仅把探寻语言的深层结构以及语言的运作法则当作自己的研究目标，而且还为这一研究创立了一套革命性的研究方法，例如它的音位学方法，列维-斯特劳斯的结构人类学就是通过运用这个方法而掀起了人类学研究的革命，其所取得的巨大成功激励了当代人文科学研究的所谓语言学转向。列维-斯特劳斯的研究不仅证明了语言学方法在探寻人类社会、文化及精神活动的深层结构方面的有效性，而且阐明了弗洛伊德的无意识与语言学领域的紧密关联，甚至说，精神分析学要想获得科学的严密性，就必须借助于语言学的工具。

我们已经知道，拉康转向的是索绪尔和雅各布森的结构语言学。不过需要说明的是，这个转向经历了一个过程。1953年发表《罗马报告》的时候，拉康对结构语言学的了解还极不完整，大体上只是从列维-斯特劳斯那里获得了一些音位学概念。这就是说，列维-斯特劳斯在这个转向中充当了一个跳板，但却是一个极其重要的跳板，因为正是这个跳板让他的象征界概念获得了语言支撑。总体上，

---

[1] Jacques Lacan, *Écrits*, p.413.

从1953年到1955年，拉康对象征界的阐述基本是人类学层面上的。但1955年开始，确切地说，是他写作讨论爱伦·坡的《被窃的信》的论文时——即收在《文集》首篇的那篇论文，它于1955年8月在马基雅维利（Machiavelli）的故乡完稿，比照一下这篇论文与在刚结束不久的第2期研讨班上对《被窃的信》的讨论，就可以知道拉康思想的这一转变——索绪尔语言学才开始占据重要位置，能指的逻辑成为界定象征界的工具。再接着在1955—1956年的第3期研讨班上，拉康又引入罗曼·雅各布森的转喻和隐喻概念来说明无意识的构成机制。

雅各布森曾是俄国形式主义集团的成员，布尔什维克革命后，他到了捷克，和特鲁别兹柯伊（Troubetzkoy）一起创立了布拉格学派。第二次世界大战期间，雅各布森流亡到美国，在那里与列维-斯特劳斯相识，两人成为好友，列维-斯特劳斯的语言学知识很大程度上就得益于他。1950年，雅各布森到法国旅行，经由列维-斯特劳斯介绍，与拉康相识，就这样，雅各布森又成为拉康走向索绪尔的一条通道。[1] 1956年，雅各布森发表了一篇研究儿童失语症的论文《语言的两个方面和失语症的两种类型》，其中讨论了语言的两种组合原则——相似性原则和邻近性原则——以及由此而来的两种修辞学功能：隐喻和转喻。拉康看到这篇文章后，十分兴奋，立即在第3期研讨班上做专题介绍，并将其用于解释梦的机制。1957年，在《字符的代理作用》——这是拉康在索邦大学的一个演讲——中，拉康对索绪尔的能指理论和雅各布森的语言结构原则进行了更为系统的论述（改写），然后把它们嫁接到精神分析经验中对无意识的构成进行说明。拉康的"语言学转向"至此算是真正完成，此后的几年间，他都在利用这个语言学工具扩展和丰富他的理论。

再者，对于拉康的"语言学转向"，还有另外两条线索需要说明。

---

[1] 按卢迪内斯库的说法，除列维-斯特劳斯和雅各布森之外，拉康还从梅洛-庞蒂那里了解到一些索绪尔的理论，甚至皮雄也发挥过作用。参见Elisabeth Roudinesco, *Jacques Lacan & Co.: A History of Psychoanalysis in France, 1925–1985*, p.305。

第一，法国本土的语言学理论在这个转向中也起到了重要作用，其中爱德华·皮雄和埃米尔·本维尼斯特（Emile Benveniste，1902—1976）的影响最为明显。

皮雄的职业是一名医生，接受过索科尔尼卡的分析，是"精神病学的演进"和巴黎精神分析学会的创始人之一，但他也是一位语言学家和语法学家。在1926年新成立的巴黎精神分析学会就弗洛伊德的术语翻译问题进行讨论的时候，皮雄曾说弗洛伊德的"Ich"一词不能译作法语的"moi"（自我），而必须译作"je"（我），但这一意见并未被采纳。后来他撰文对这两个法语词进行了语法学的探讨，视它们为主体的两种表达自体（self）的语态："je"（我）属于"弱人称"（attenuated person），"moi"为"强人称"（ample person），前者是严格的语法意义上的，后者往往表达一个具体的人格。这意思是说，"je"只是句法意义上的一个称谓，"moi"则指示着对人的存在的某种描述，所以在法语中，"moi"（自我）和"non-moi"（非我）构成一个对立的描述。拉康在1949年的《镜像阶段》一文中同时使用了"je"和"moi"两个术语，但并未在两者之间做出明确的区分，可到1950年代中期语言学转向的时候，这一区分便被赋予了超出语法意义之外的特别含义，"自我"（moi）和"我"（je）的分离被解释为想象性自我与无意识主体之间的分离，"我"作为能指的主体在句子中只是一个转换词，仅指示着一个主体的存在，但不意指主体的任何内容。"自我"与"我"的分离对于拉康建立想象界和象征界的模式以及主体的分裂是至关重要的一个环节，而引入这个分离的依据恰是法国的语言学传统。

本维尼斯特是法兰西学院的语言学教授，法国结构语言学的代表人，他的代名词理论——尤其是"我"与"你"之间的极性关系理论——实际延续了皮雄在纯语法意义上来讨论"我"的传统，但他在讨论中置入了一个主体间性的关系结构，即所谓的"我"和"你"实际都是在具体的言说状态下指示出来的"话语的现实"，"我"

是那个正在对你说"我"的"他","你"是那个正在与我说话的"他",正是这种主体间性,个体的语言交流才是可能的。同时,本维尼斯特还从话语行为中区分出独立于语境的陈述的层次和依赖于语境的叙述的层次,本维尼斯特的这些思想在拉康对言说主体的阐述中将发挥核心的作用。

第二,海德格尔的言语观的影响,这一影响使拉康的语言学转向呈现出一种别具意味的杂色。

"海德格尔",只要一看到这个名字,就让我想起心中渴望的那种"哲学":澄澈,明净,纤尘不染。他的存在就是一种"哲学",如同他的异在是一种"反哲学"一样,第二次世界大战期间与纳粹的那段纠葛让海德格尔成为"冷战"时期世俗的践行者思考哲学与政治之关系的一个标本。盟军攻占德国后,海德格尔被勒令停止一切教学活动,他被幽闭在弗莱堡的黑森林,但这个"此在"的磁力并未因此而消失,法国的让·波弗勒(Jean Beaufret,1907—1982)就是在盟军登陆诺曼底的那一刻因领悟到一种海德格尔式的存在经验而成为海德格尔的信徒的。

在战后的法国,萨特存在主义盛极一时。1945 年 10 月 29 日,萨特面对着一大堆挤得水泄不通的人群发表了著名的演讲《存在主义是一种人道主义》,一夜之间,迷惘无助的法国人似乎在这个"介入"哲学中找到了生存的希望,"负起责任,用你的行动不断创造你自己",这就是萨特抛给那些"绝望的主体"的一个救生圈。可波弗勒对这个救生圈的可靠性抱有怀疑,他于是致信海德格尔请教"以什么样的方式才能使人道主义一词重新获得一种意义",海德格尔在 1946 年给予了回复,这就是著名的《关于人道主义的信》。在信中,海德格尔讲述了从亚里士多德的著作中传下来的关于赫拉克利特的一则逸事:一群陌生人想去看看思的哲人赫拉克利特在思的时候是什么样子,可他们看到的是哲人正在火炉旁烤火取暖,这让他们大吃一惊,而更让他们吃惊的是,哲人招手对他们说,进来吧,这里也有诸神在场。[1] 这真是一个神谕性的场景,其"泰然处之"的思的境况不正是海德格尔的夫子自道么?其汩汩流淌的"寂静的力量"不是正好揭示了萨特那喧闹的人道主义幻象的欺哄性么?

拉康在第二次世界大战前就对海德格尔哲学有所了解——科耶夫阐释黑格尔的时候就大胆地借用了海德格尔的思想——但肯定不够系统,也不够深入。大约在1951年,波弗勒因受到同性恋倾向的困扰而走向拉康的躺椅接受分析。有一天,因为被拉康的沉默所激怒,波弗勒抛出了一个让他的分析师开口的诱饵,他对拉康说:"几天前我在弗莱堡海德格尔家里的时候,他向我提到你。"——其实,这时的海德格尔根本不知道拉康为何许人——果不其然,拉康听后兴奋不已,急忙满怀期待地问道:"他跟你说了什么?"——这个不断教导别人穿越自我的幻象的主体性自己有多么迷恋幻象的力量,于此可见一斑。

就这样,通过波弗勒,拉康开始重新阅读海德格尔。到1953年的《罗马报告》中,我们已经可以听到海德格尔式的腔调了:"存在的意义""真理的敞现""言语的功能"等,贯穿于报告中的这些主题总会在某个地方与海德格尔的存在论相遇。尤其对言语之功能的探讨,最能体现拉康开始其语言学转向之初的某种知识纽结:他一方面在列维-斯特劳斯的意义上把言语行为说成是主体间的一种"象征性交换",另一方面又在海德格尔的意义上把言语说成是主体之真理的实现或揭示,当把这两个方面置于精神分析经验中去讨论"病人的言语"的时候,如何把病人/主体从想象性的关系中道说的"空虚的言语"或"虚言"导向能揭示主体之真相的"充实的言语"或"实言"就成为分析实践的关键。如同许多人说的,拉康在此有关虚言和实言的探讨乃是在精神分析学的层面对海德格尔区分出的两种言语即作为言语之非本真形式的"闲言"和作为言语

---

[1] 参见孙周兴选编,《海德格尔选集》(上),上海:上海三联书店,1996年,第397—398页。

之本真形式的"话语"的一种改写。不过对于这个"改写",我们不可做过度的想象性阐释,以为拉康是一个海德格尔主义者,如同他挪用了黑格尔的主奴辩证法框架但并不是一个黑格尔主义者——哪怕是科耶夫意义上的——一样,他也不是一个海德格尔主义者,他充其量只是挪用了海德格尔的某些说法。在这个意义上,雅克-阿兰·米勒的观点就值得商榷了,他说:

> 是什么使拉康在1953年相信他已真正开始掌握精神分析的功能和实质?这不是一个传记的问题,而是一个理论的问题……如下事实最好地表现了那一理论的时刻:拉康已设法在现象学和结构主义之间定位一个交汇点……我相信拉康直到1953年都还是一个存在主义者。这样说也许有点过,因为他当然不是萨特的信徒,但尽管如此我还是接受这一说法。1953年不是他为了结构主义而抛弃存在主义/现象学的年份,而是他融合两者的年份:《言语和语言在精神分析学中的功能和范围》即是这两者的融合。在某种意义上说,拉康那时的言语理论是存在主义和现象学的,而他的语言理论是结构主义的。[1]

说1953年拉康的言语理论是"存在主义和现象学的",这个结论只看到了问题的表面,因为存在主义和现象学的言语观的一个根本点在于把言语行为视作主体的一种意向性活动,这与拉康视言语是主体之真理的实现并不能完全等同,在他那里,主体之真理并不是在主体间的意向性活动中实现的,而是要借着语言这个象征性维度的介入才有可能;其次,说1953年拉康的语言观是结构主义的,这话也只说对了一半,因为那时的拉康还不是一个严格的结构主义者,他还没有在索绪尔的意义上来理解语言,他至多只是借用了莫斯和列维-斯特劳斯的思想,称语言是主体间的象征性契约,而这

---

[1] Richard Feldstein, Bruce Fink and Maire Jaanus(eds.), *Reading Seminar I and II: Lacan's Return to Freud*, Albany: State University of New York Press, 1996, p.7.

个观点与其说是结构主义的,不如说是人类学的。我这样说并不是要否认《罗马报告》在拉康的转向中的意义,这个报告对于他的转向当然是至关重要的,但其重要性不在于它所标示的转向本身,而在于它所开启的两条转向路线:对言语的关注使他转向了对言说主体的构成机制的说明,对语言的关注使他转向了对无意识主体的语言结构的探讨,而这两条路线的真正完成还有待于能指的逻辑的引入,到那时,言语的现象学维度将在一定程度上遭到摒弃。

拉康与海德格尔的故事还没有结束。波弗勒抛出的那个诱饵还在发挥着捕获的效力,拉康很想当面获得海德格尔对他的"主体身份"的指认。终于,1955年复活节这天,在波弗勒的陪同下,拉康亲赴弗莱堡拜见了海德格尔,由于语言不通,两人的交谈不是很顺畅。席间,拉康请求海德格尔允许他翻译后者写于1951年的一篇评论古希腊哲学家赫拉克利特哲学残篇的论文《逻各斯》,海德格尔同意了。1956年,拉康的译文发表在法国精神分析学会的会刊《精神分析学》(*La Psychanalyse*)的第一期上——拉康自己的《罗马报告》也首次在这一期上发表。

1955年8月底,海德格尔赴法国参加一个有关他的作品的研讨会,会后,拉康邀请海德格尔夫妇到家里做客,并驱车陪同海德格尔夫妇游览了普罗旺斯和夏特尔大教堂,据说,拉康的超速驾驶引得海德格尔夫人一路上抱怨不已。

四 逐出教门

再回到1953年。

前面已经说到,与巴黎精神分析学会决裂后,拉加什和拉康成立了一个自己的学会——法国精神分析学会。与巴黎学会强调其医学理想,力图把精神分析学纳入医学的体系不同,法国学会宣称它将向医学以外的人士开放,强调精神分析学是人文和科学研究的一个领域,正如学会的创立者们所说的,他们的目标就是要"为科学的自由和人道主义而战",并且他们声称,在即将召开的伦敦会议上,国际精神分析协会没有理由不承认这个新的学会。可事情并不是他们想象的那么简单,他们将要为自己的鲁莽行为付出代价,他们的人道主义激情最终激活的将是一种精神分析政治,这一政治将把他们的事业引入一场长达十年之久的无谓的纠缠。

当拉加什一伙脱离巴黎精神分析学会时,他们并没有想到这样做会危害到他们与国际精神分析协会之间的会员关系,因为他们还记得,半年多以前,当纳什特少数派威胁要脱离学会时,愤怒的波拿巴王妃从安娜·弗洛伊德那里得到证实,分离者的会员资格的确认在国际协会那里不会有问题。其实安娜弄错了一点。按照惯例,国际精神分析协会只接受地方学会,而不接受个人入会。一个人从地方学会中退出,就意味着自动退出了国际协会,除非他加入另一个获得协会承认的学会中,就像在美国、英国和德国的情形,在那里,有多个隶属于国际协会的地方学会,一个人离开了这个学会,只要他加入另一个学会,他与国际协会之间的会员关系仍将保持着。可法国的情形有所不同,在这里并没有多个平行的学会,一直以来,巴黎精神分析学会被国际协会承认是法国唯一的合法学会。所以,当拉加什们离开学会后,他们与协会之间的会员关系就随之成了问题。

危机的征兆很快就显示出来了。1953年7月6日,拉康接到国际精神分析协会总秘书的来信,信中说:"我们确信你知道这样一个事实,即你的决定同时意味着你已经失去了作为国际精神分析协会会员的地位。不过,如果你想作为客人参加第十八届伦敦国际精神分析大会的科学会议,就请你告诉我们结果。不幸的是,我们不能邀请你参加行政会议,因为正如你所知道的,那个会议只对国际精神分析协会的会员开放。"[1]

拉康和拉加什立即行动起来,给他们在国际精神分析学界的朋

---

[1] Elisabeth Roudinesco, *Jacques Lacan & Co.: A History of Psychoanalysis in France, 1925–1985*, p.250.

友写信寻求支持，强调他们离开巴黎学会只是为了抗议精神分析学院中的权威主义，而不是要背叛精神分析运动本身。可他们的敌人也已经行动起来，波拿巴王妃动用其非凡的外交关系，致信国际协会的主席和副主席"说明"事件原委。很快地，结论已经私下敲定：即将就任协会主席的海因茨·哈特曼和作为副主席之一的安娜·弗洛伊德决定将分裂者逐出协会，并将派一个特别委员会调查整个事件。需要注意，做出这样的决定固然与这两个掌权者对拉康的成见有关，但还有另一个关键的因素在起作用，那就是：国际精神分析协会可以容忍理论上的创新和分歧，甚至可以容忍由此导致的分裂，但绝不容忍技术上的擅自背离，国际协会的技术规则乃是维系这个帝国统一的一个象征，是所有会员都必须无条件遵循和认同的无意识"真实"。拉康的自由技术再一次成为帝国重申其绝对权威的替罪羊。

1953年7月26日，伦敦国际精神分析大会的行政会议上，在有一方当事人缺席的情况下，与会者就精神分析的规则问题和巴黎事件进行了讨论。[1]哈特曼主席宣布将成立一个委员会去考察法国精神分析学会的入会申请和培训分析中的"离轨"行为。洛文斯坦因恳求协会对分裂者宽容处理，他把分裂比作父母的离婚，只会对学生有害处。玛丽·波拿巴虽没有提到拉康的名字，但强调有必要认真地调查新团体的成员的技术。纳什特则声称他打算同拉加什达成和解，以便减轻正在接受培训的学生因导师间的不和而不得不承受的灾难性后果。有人提议在调查期间暂时保留那些退会者作为国际协会的会员的资格，可哈特曼和安娜·弗洛伊德拒绝了，他们十分恼火这些法国人已经将他们的分裂公之于众，让国际精神分析共同体集体蒙羞。最终哈特曼的调查动议被通过，调查委员会由唐纳德·W.温尼考特（Donald W. Winnicott, 1896—1971）等五个人组成。国际

---

[1] 有关这次讨论的记录，参见 Jacques Lacan, *Television/A Challenge to the Psychoanalytic Establishment*, ed. Joan Copjec, trans. D. Hollier, R.Krauss & A.Michelson, New York, London: W.W.Norton & Company, 1990, pp.71-74。

协会正式介入法国精神分析运动的事务。

1953年秋天，调查委员会在巴黎开始工作，大多数的学生和包括多尔托在内的部分教员都接受了讯问。经过一年的调查，委员会在1954年底做出了它的结论：不同意法国学会入会。这个结论令巴黎精神分析学会十分兴奋，它立即在其会刊《法国精神分析杂志》上发布了一条消息："通过对1953年国际大会的行政决议特别委派的国际委员会提供的事实和报告的审慎研究，国际精神分析协会做出了如下结论——这一结论刚刚传达给我们：'中央执行委员会一致做出如下决定：考虑到法国精神分析学会目前的教学状况，还无法批准承认那一学会作为国际精神分析协会的成员。'"[1]

第二年，在日内瓦会议上，国际协会正式宣布并表决通过了委员会的结论。会后，拉加什多次致信国际协会主席哈特曼，对国际协会的决定表示不解，他清楚地知道一切的障碍都来自拉康，因此他在为拉康的技术进行辩解的同时，也不断向哈特曼强调一点，即人们针对拉康的技术所作的批评已被用于政治目的。拉加什说得没错，拉康的分析技术的确被精神分析共同体政治地看待了，且被他的敌人政治地利用了。但问题在于，对国际精神分析协会这个帝国来说，第二次世界大战后它最大的政治之一就是技术的规范化，唯一的"导师"死后，就不再允许有卡里斯玛式的英雄或魅力领袖出现，所有的人都必须无条件地遵守帝国既定的规则。这正是国际协会始终对拉康的理论创新不置可否而一味抓住他的技术违规不放的主要原因。所以，当拉加什很委屈地指出有人在借技术的由头搞政治打击的时候，他真是太天真了，他完全没有意识到保证技术的统一性正是帝国作为一个规范化机器的力量的真正体现。

那么拉康呢？在别人为他的事四处奔走的时候，他自己又在做什么？他在做他的知识英雄，他正沉浸在由某种分析情境所构建的

---

[1] Elisabeth Roudinesco, *Jacques Lacan & Co.: A History of Psychoanalysis in France, 1925–1985*, p.319.

魅力领袖的梦幻之中。如果说1953年的决裂在拉加什那里确实有为"科学的自由"而战的理想主义色彩，那它在拉康那里却有几分被迫的意味。拉康是一个权力欲极强的导师和革新者，他与纳什特之间的冲突固然有理论上和实践上的诱因，但对权力的崇拜或认同也是使他把占有理想主体的位置的纳什特想象为迫害者的驱力之一。现在，当那个"理想主体"在一个象征性的行为中被想象性地击倒之后，拉康的权威妄想终于获得了一个自由的投射空间。当然这只是一种"看似"的自由，因为这个从"理想主体"的镜像中暂时逃逸出来的"欲望主体"现在又遭遇了另一个他者、一个"大他者"的欲望捕获。国际协会对新学会的"主体性"即会员资格的确认必须以主体放弃自己的欲望为前提，主体性的逻辑可能就是必须成为非主体，这的确是一个充满悖论的逻辑，它以一种吊诡的形式昭示出了精神分析学的那个隐秘核心：无意识主体的构型。对于无意识主体的这一悖论式语境，拉康可谓是深谙个中滋味，现在，他"终于"要谈论这个"主体"了，[1]并且是把它置于"语言结构"的框架中、置于海德格尔式的言谈情境中来谈。

  显然，同拉加什那略显天真的学者气相比，拉康对精神分析政治的领悟要老练得多。他清楚地知道他的技术所隐含的政治意味，他也知道国际协会要求于他的是什么，他当然也知道，若是不满足这些要求，会给他自己、他的学生以及他所在的学会带来什么样的后果。而这个后果是他所不愿意面对的，他更不愿意让自己为这个后果负责，可同时，他也不愿意轻易放弃自己想要成为大师的欲望。问题在于，他的这个欲望是建立在精神分析学的事业之上的，这个欲望的实现是与一个建制的认可密切相关的。我们可能会奇怪：会员资格真的有这么重要吗，就连拉康这样的人都难逃其诱惑？这正是拉康这种人在精神分析建制中的困境所在，因为在1950年代，精

---

[1] 1966年拉康在编辑其《文集》时，在《罗马报告》的前面插入了一篇为这个报告新写的类似"序文"的文字：《终于问及了主体》。

神分析运动在法国相比于第二次世界大战前的情形虽然有很大发展,但基本上还是少数人的事业,其影响力基本上还局限在较小的专业圈子内,失去了与建制的联系,一定程度上也就失去了作为一个精神分析家的主体位置。

面对这一困境——既想成为合法的大师,但又不想向建制屈服——拉康采取了双重策略。一方面,针对外界只抓住其技术的形式方面大做文章而丝毫不考虑这一技术的理论意义,拉康开始了一项工作,就是试图将精神分析技术理论化,把这一技术从单纯的医学层面引向人文的层面。他强调技术规则若是脱离了其所赖以确立的、来自弗洛伊德的理论语境,若是不与哲学、语言学、人类学等学科时下的思维建立起某种可阐释的联系,那它就永远只是一些治疗方法,而无法赋予精神分析经验以理论的力量,就像他在《罗马报告》中明确地说的:"如果你不懂得作为技术之基础的那些概念,那你就不可能懂得这个技术,因而也不可能正确地运用它。我的任务是要表明,只有定位在语言的领域,只有按照言语的功能来组织,这些概念才具有其完整的意义。"[1] 正是在这一理论化的过程中,拉康以"回到弗洛伊德"作为口号,通过对弗洛伊德文本的重读,通过把哲学、语言学和人类学等学科的意义阐释框架嫁接到精神分析的经验中,展示了自己的弹性时间会谈技术的理论基础与实践价值。

另一方面,他当然也知道国际协会的决定关系着整个新学会的命运,而他又是整个问题的关节所在,他自己不便于亲自出面,拉加什又缺乏政治谋略和斗争经验,因此,在拉加什和学会其他领导人的一系列努力失败后,拉康把三个年轻人推到了前台,他要利用他们来谋求自己的合法化。这三个人是:塞尔日·勒克莱尔(Serge Leclaire,1924—1994)、弗朗西斯·皮埃尔(Francois Perrier,1922—1990)和瓦拉迪米尔·格拉诺夫(Wladimir Granoff,1924—2000)。这三个人都有着医学背景,都属于法国第三代分析家,也

---

[1] Jacques Lacan, *Écrits*, p.205.

都是1953年学生抗议活动的主要组织者,在新学会的内部,他们被称为"三套车"——一个带有革命的苏俄色彩的称呼。在法国精神分析学会与国际精神分析协会就会员资格的漫长谈判中,这三个人将起到至关重要的作用。

1955年的日内瓦会议上,国际精神分析协会拒绝了法国精神分析学会的入会申请,随后的两年间,拉加什继续为会员资格四处奔走,但在1957年的巴黎会议上,事情仍未得到解决。在巴黎会议上,哈特曼的国际精神分析协会主席之职为英国人威廉·吉勒斯皮埃(William Gillespie, 1905—2001)接任,国际协会的权力又回到了欧洲人的手中,法国人觉得这是一次机会,决定在两年后的哥本哈根会议上重提入会事宜。这一次,"三套车"正式接手了谈判事务,尤其是勒克莱尔和格拉诺夫在整个过程中都扮演了关键的角色。

1959年7月,在哥本哈根会议上,法国精神分析学会再次提出入会申请,并按要求提交了过去六年来学会的研究和培训活动的报告及其成员的基本信息,但国际精神分析协会中央执行委员会认为学会所提供的材料不够充分,需要进一步调查,于是决定组成一个新的特别委员会,对法国精神分析学会的入会资格进行评估。1960年3月,国际协会主席吉勒斯皮埃通知法国学会新上任的主席、法国精神分析运动中的元老级人物埃斯纳,特别委员会即将访问巴黎。

新委员会由四个人组成,三个英国人和一个荷兰人,其中有两名妇女,带队的是一个英国人,名叫皮埃尔·图奎特(Pierre Turquet, 1913—1975)。图奎特本人比较赞成精神分析运动的革新,所以对法国人抱有些许同情态度,愿意通过谈判解决问题,但条件是拉康的分析技术必须遵守标准规则,尤其是他的培训分析必须规范化。可在这个四人小组中,同情法国革新者和敌视法国革新者的两种态度同时存在,四个人分成两种倾向,且在人数上谁也不占多数。幸亏勒克莱尔和格拉诺夫从中斡旋,使委员会刚开始时对法国人采取了相对开明的政策。

1950年代末到1960年代初是法国精神分析学会的全盛时期,其会员的人数是巴黎精神分析学会的两倍多。拉康的影响力也越来越大,1959年他的躺椅上已有大约20个受分析者在接受治疗或培训分析,且还有不少人在等着走上他的躺椅。在技术上,他已经越走越远,他甚至把分析过程搬进了他的研讨班,并有意识地挑战国际协会的技术规则。这当然会给谈判带来很大麻烦。面对这一形势,勒克莱尔和格拉诺夫制定了一个双管齐下的策略。对外的方面,勒克莱尔负责与图奎特委员会打交道,格拉诺夫则利用其外交家的手腕在国际协会内部拉关系。对内的方面,勒克莱尔负责去说服拉康,希望他收敛一点,即便不想严格地遵守规则,也至少努力不要再增加病人的数量——拉康答应了勒克莱尔的请求,但仅仅停留于口头;格拉诺夫则更具战略眼光,他知道,要让拉康尊重规则——哪怕是假装尊重——无异于痴人说梦,因此他设计的路线是把拉加什作为挡箭牌,利用拉加什在国际协会有较好的人缘和口碑让国际协会接受学会,从而无奈地吞下拉康这个苦果。

　　1961年5月,图奎特委员会登陆巴黎,开始了对法国学会的入会资格的正式考察。培训分析师和接受培训的学员全都接受了讯问。所提问题基本上都是围绕着拉康的分析和培训技术:如会谈的时间长度、同时在接受分析的人数、培训分析的具体细节等,各人出于自身利益及与拉康的私人关系的考虑,回答不尽一致——虽然拉康事先已私下对有些人做了统一口径的工作——有的拒绝回答或保持沉默,有的则对拉康的技术提出批评。拉康本人也被叫去接受提问,他照例从理论上为自己的弹性时间会谈进行辩护。

　　问讯结束后,委员会同勒克莱尔和格拉诺夫交换了意见,虽然提出了一些问题,但大体上还算温和。两人的努力看样子取得了初步成效。但就在这个时候,学会内部在拉康的问题上出现了分歧,有的人觉得自己是拉康的实践的受害者,公开表示不愿意成为他的牺牲品。图奎特委员会很快了解到了学会的这一隐情,这使他们产生了一个印象，觉得法国学会内部多数人不赞成拉康的实践。事实证明，这一印象将影响到学会的命运。

1961年8月初，第二十二届国际精神分析大会在英国的爱丁堡召开。勒克莱尔、格拉诺夫、皮埃尔、拉加什等一行人都来到这里等待国际协会的判决，拉康这个敏感人物当然最好不要在场，但他也无法安心地待在巴黎，因此他偕夫人一起到了罗马，表面上是观光旅行，实际上是在那里幕后操控。

执行委员会很快对调查委员会的报告做出了审理，结论依然是拒绝法国学会的入会请求，理由则是这个组织内部还存在"不健康的"力量，而其"健康的"势力又不足以支撑它作为国际协会的一个成员学会的资格。不过，国际协会同意法国学会以"研究小组"的身份存在，前提是它必须接受一个特别指导委员会的"监督"。要知道，在国际协会的组织层级中，除中央委员会以外，在地方，最高级别的是某一地区或国家的多个地方学会构成的"地区协会"和独立的"成员学会"，它们有权培训分析师和颁发资格证，当然要严格遵循国际标准；其次是"临时学会"，即还没有成为正式会员但已经被国际协会承认且正在接受资格评审的预备学会；再往下便是"研究小组"，这种组织需在一个成员学会或国际协会的某个委员会的监督下才有权培训分析师；最后还有一个所谓的"协作机构"，它无权颁发培训分析师的证书，但可以与国际协会保持密切关系。因此，可以想见，当国际协会只准许法国学会以"研究小组"的身份从事精神分析活动时，对本来就已经因为会员资格问题而在内部不断引起分歧的法国学会该是多么大的打击。

为了使"研究小组"的身份合法化，国际协会特别地批准拉加什、勒克莱尔和法维兹-布托尼埃三人为它的会员，因为按照条件，一个被正式确认的研究小组中必须有至少三个人是国际协会的成员。至于那个特别指导委员会，则由先前的图奎特委员会再加上一位来自奥地利的分析家共五个人组成。指导委员会的任务主要是

"监督"研究小组的培训程序和治疗程序是否符合国际标准,为此,国际协会向这个"研究小组"提出了一份包含十九个条款的"函告"(Recommendations),其中既涉及治疗和培训分析的技术规则,如要求每周四次会谈、每次会谈四十五分钟、时段至少为期一年等;也涉及分析师的权限问题,如规定对于来自国外(法国以外)的学生,若无该学员所在国精神分析机构的授权,则法国小组不得给予培训。"函告"还特别规定,学生若是没有先行得到研究委员会的允许,便不准出席他们的分析师的研讨班。很显然,这个十九条是针对拉康特别制订的,其目的就是想把他孤立起来,在法国精神分析共同体中将他边缘化,直至最后将他的导师资格除名。最后的这个难以示人的隐秘动机在一个特别的附加条款中有明确的表述。

在从爱丁堡回伦敦的飞机上,拉加什、皮埃尔、格拉诺夫和勒克莱尔遇到了图奎特,后者告诉他们,遵照巴黎学会的意愿,在国际协会的十九条"函告"中,有一个隐秘的条款被插入了第十三条,条款内容是:

> 把埃斯纳博士和拉福格博士从培训活动中排除出去的通行惯例应该维持。至于埃斯纳博士的学生,他们或是接受常规的分析培训,或是不得成为学会的学生。多尔托博士和拉康博士必须逐渐远离培训课程,不得给他们再行安排分析或控制的案子。拉康博士和多尔托博士的候选人,不论目前是在接受分析还是在接受监督分析,在有关他们的任何动议被实施之前,其地位的任何改变应由指导委员会加以讨论。他们目前正在从事的分析和控制分析必须依据该函告的其他所有条款来进行。[1]

很明显,这个条款的用心就是要将拉康从培训分析师的名单中清除出去,这无疑给法国精神分析学会出了一个大难题,因为学会

---

[1] Elisabeth Roudinesco, *Jacques Lacan & Co.: A History of Psychoanalysis in France, 1925–1985*, p.332.

想继续保护拉康,可又不敢得罪国际协会,如何在两者之间达成理想的折中,这将是"三套车"勒克莱尔、格拉诺夫和皮埃尔未来需要不断面对的难题。

爱丁堡会议期间,巴黎精神分析学会曾有人说服拉加什牺牲拉康去跟国际协会合作,拉加什当场义正词严地加以拒绝,他绝不是那种出卖朋友的人。爱丁堡会议之后,巴黎精神分析学界再次谣言蜂起,巴黎学会利用法国学会的这次失败,四处散布言论,称法国学会已经解体,拉加什和拉康已经发生争执,拉康和多尔托已经被驱逐,格拉诺夫和皮埃尔也被边缘化,等等。这些谣言也不完全是空穴来风,爱丁堡的再次失败的确令法国学会内部人心浮动,要求与拉康划清界限的声音时有出现。面对这内外的交困,法国学会必须证明它是团结的,为此学会顶风而上,提名拉康任学会主席,多尔托任副主席。这当然是做给外人和学会的一般成员看的,在学会的领导层,已经有人在策划牺牲多尔托来保护拉康,可很快他们就发现这对改变学会的处境根本起不了作用。拉康是唯一的、绝对的,在国际协会的规范化机器中,他的原罪是任何别的人所无法替代的。

1962年,学会为争取国际协会的承认再次行动起来,与那个指导委员会的谈判仍由"三套车"负责。但这一次,由五个人组成的指导委员会的权力平衡被打破了,主张将拉康清除出局的力量占了多数,连抱同情态度的图奎特也无能为力。为扭转局势,"三套车"决定与国际协会主席做一次面对面的沟通。在爱丁堡会议上,国际协会的权力又回到了美国人的手中,出任主席的是有着犹太背景的马克斯威尔·吉特尔森(Maxwell Gitelson, 1902—1965),此人属于芝加哥的自我心理学学派,是一个典型的保守主义者。1962年底,勒克莱尔、格拉诺夫和皮埃尔致信吉特尔森,希望后者能在芝加哥接待他们,就拉康的相关问题进行商讨。吉特尔森答应了他们的请求。

就在这个时候,法国学会的内部再次出现了反抗的声音,越来越多的学生意识到了获得资格确认的重要性,他们把自己当下的处境完全归于拉康的拖累，觉得自己整个地是拉康事件的受害者。在这种无辜受迫害妄想的驱使下，拉康的分析风格在他们眼里也变得难以忍受了。这种不满在1963年初愈演愈烈，有人甚至公开表现出对拉康技术的敌意，要求学会与拉康决裂，以获取国际协会的承认。至于一直忠诚于拉康的"三套车"，立场也在逐渐发生变化：1月底就任学会主席的勒克莱尔仍梦想着以拉康为中心维持学会的统一；格拉诺夫则选择了国际主义的道路，他去了芝加哥，与吉特尔森相谈甚欢，两人成为好朋友；正在接受拉康的培训分析的皮埃尔也打算离拉康而去，但难以下定最后的决心。

1963年1月初，图奎特委员会进行了新一轮的问话。这一次，图奎特的态度有明显变化，在爱丁堡会议前，他一直希望说服拉康做出妥协，而这一次，他预感到拉康将要倒台，因此格外注意反对者的声音，因为越多学生抗议拉康的技术，委员会就能找到越多把拉康边缘化的理由。

形势已经越来越严峻，拉加什坐不住了，他必须直接介入，他要以自己的权威向拉康施压。他起草了一个报告，就培训分析师同国际委员会的关系进行说明，强调学会的成员必须严格执行国际协会的"要求"。这样，拉加什不点名地批评了拉康的程序，同时使自己的态度公开化了，那就是忠于国际协会的伦理规则和技术规则。这份报告在学会中广为传阅，使那些反抗拉康的学生们知道拉加什是站在他们一边的。勒克莱尔想要保护拉康的企图失败了。

1963年6月22—23日，图奎特委员会同法国学会的核心成员做了最后一次会谈。在此之前，委员会的报告已经提交给了国际协会，这次会谈不过是为履行报告的结论做准备。图奎特提出，拉康的名字必须从法国学会的培训导师的名单上划掉，正在接受拉康的培训分析的所有候选人都必须在规定时间内更换导师，否则很难让国际协会接受法国人的入会申请。勒克莱尔表示反对，拉加什则表示同意。拉康与拉加什的决裂已在所难免。

面对内外交困，拉康决定做最后的努力，他要亲赴即将在斯德哥尔摩召开的国际精神分析大会，向国际协会说明他的理论和技术的重要意义。此时的他就像是悲情故事中的主角，明知面对的是一台强悍的规范化的机器，明知自己的努力将是徒劳，并可能会成为敌人的笑柄，可他还是要做最后一搏，这一搏不是为了扭转乾坤，而是为了不放弃自己的欲望，为了让那些曾经忠于他而现在背叛他的人直视到自己的怯懦。不过，拉康想得太简单了，国际协会根本不会在斯德哥尔摩接待他，更不会在科学论坛或行政会议上给他任何辩解的机会。

7月2日，法国精神分析学会举行全体会议，会上，学会主席勒克莱尔宣布谈判已告破裂，并公开了图奎特委员会的报告的部分内容，但他补充说，学会的委员会没有理由将拉康的名字从培训分析师的名单中划掉，可是，如果学会不履行这一要求，那将导致与国际协会的决裂并由学会自己承担一切后果。这一消息令许多人大为震惊，他们决定舍弃拉康。第二天，勒克莱尔向拉加什递交了辞呈。他要站在拉康的身边，伴随后者度过最艰难的时刻。

8月2日，在斯德哥尔摩会议上，国际精神分析协会中央执行委员会向法国精神分析学会再次强调必须严格执行爱丁堡的十九条，并提出了一个包含三点内容的最后通牒：

（1）必须告知所有的预备会员、受培训者和候选人，学会不再承认拉康博士是培训分析师。这个通知必须最迟在1963年10月31日前生效。

（2）所有接受拉康博士培训的候选人必须告知研究委员会他们是否想继续他们的培训，他们必须明白的一点是，他们需要增补一个时期接受由研究委员会指派的分析师的培训分析。这个通知必须最迟在1963年12月31日前生效。

（3）研究委员会经得指导委员会的同意，可以访谈那些已经表示愿意继续培训的候选人,以确定他们的能力。这种访谈应在 1964 年 3 月 31 日前完成。对于所有这些问题,指导委员会都可以发表意见,不论是涉及候选人的能力还是有关第二位分析师的选择。[1]

虽然结果早在预料之中,但这个最后通牒的发布还是给了拉康重重的一击。这一天,他在多尔托、皮埃尔、勒克莱尔和女儿朱迪丝的陪伴下来到斯德哥尔摩的一个郊区散心,一路上,拉康满脸阴霾,他的心情显然沮丧到了极点,最后在路边的一个小酒馆里,拉康借酒消愁。

最后通牒在法国精神分析学会内部激起了一系列的连锁反应,在如何处理拉康的问题上,学会分化为两派,占据多数的一派要求学会执行国际协会的命令,把拉康的名字从培训分析师的名单中划掉,占据少数的另一派还想保护拉康。格拉诺夫和拉加什已经决定与拉康决裂,勒克莱尔和皮埃尔则继续做拉康的支持者。至于拉康本人,他一直以来都认为他的学生会支持他,并幻想着这种支持可以迫使国际协会做出妥协,而现在他发现这是一个愚蠢的错觉,学生们的背叛令他怒不可遏。实际上,拉康的愤怒未必有多大道理。在法国精神分析学会内部,绝大多数人一直是希望拉康能够屈服而没有想要真的开除他,可国际协会的意图是要开除他而没有想要真的让他屈服,因此,导致学会背叛他的真正祸首是国际协会这个建制化的机器。拉康与国际协会的冲突场景颇类似于安提戈涅与克瑞翁之间的欲望之战,在 1959—1960 年的研讨班《精神分析的伦理学》中,拉康对安提戈涅的欲望的精湛分析就像是一次自我分析,安提戈涅就是他的一个镜像对体,当他面对台下的听众大声说"不要向(他者的)欲望让步"时,这何尝不是说给自己听的呢!

10 月 13 日,离最后通牒规定的时间不远了,法国学会必须做出

---

[1] Elisabeth Roudinesco, *Jacques Lacan & Co.: A History of Psychoanalysis in France, 1925–1985*, p.350.

选择，这天上午，学会的研究委员会投票通过了一个决议：从即日起，拉康博士将不再出现在培训分析师的名单中。接着在 11 月 19 日，法国精神分析学会召开全体会议，会上，研究委员会的决定被通过。学会主席勒克莱尔和副主席皮埃尔当场宣布辞职。两周后，法维兹-布托尼埃当选为新主席，拉加什任副主席，格拉诺夫任秘书。

11 月 20 日，就在多数派投票同意把他的名字从培训分析师的名单上划掉的第二天，拉康如期来到圣安娜医院的会议厅向他的研讨班听众作题为《父之名》的演讲。这本来是他新一期研讨班的第一讲，可他一上来就宣布，这将是他在圣安娜医院的最后一次讲演。一直以来，拉康试图把精神分析学视作一种拒绝简单的"真理与虚假"的模式的科学，而现在，他怀疑这一真理已经被人盗用了，他宣称，有一些人——他指的是格拉诺夫和拉普朗虚，后者在前一天投票的时候宣布自己将站在多数派的一边——将用他教给他们的语词和概念、用他指示给他们的途径和方法转而反对他。他告诉人们，有人声称他的教学的意义不过就是向人灌输了这样一个真理，即人不可能把握真理，他说，这是多么难以置信的误解、多么幼稚的急躁心理："你们在哪里可以找到一种科学——甚至是数学——它的各个章节不是相互关联的！但这与判断真理的转喻功能是一回事吗？你们难道没有看到，随着我的深入，我正在不断接近那个稠密地带一个具体的点，而没有我先前的这些努力，你们就不可能抵达那个点吗？"[1] 显然，多数派尤其是学生们的背叛令拉康痛心不已，最后他说："我在这里不是为我自己寻找借口。然而我应该说——两年了，我完全听信小组中他人的政策执行，为的是给我必须教给你们的东西留出它的空间，它的纯洁性——在任何时候，我都没有给予你们理由觉得在我看来，yes 和 no 之间根本没有区别。"[2] 这种溢于言表的怨恨的确令我们动容，因为它最为真切地暴露了拉康此刻的孤

---

[1] Jacques Lacan, *Television / A Challenge to the Psychoanalytic Establishment*, p.95.
[2] Jacques Lacan, *Television / A Challenge to the Psychoanalytic Establishment*, p.95.

独与无助。

其实，拉康只是被禁止从事培训分析，他仍是法国精神分析学会的会员，他的教学活动并不在禁止之列。可拉康本人并不这么理解，他把学会的决议视作对他的驱逐。他对学会已经失望至极，他要选择一条自己的路。当务之急是为教学活动和研讨班找到新的地点。在这时，两位精神分析圈子以外的人物给了他帮助：著名的历史学家费尔南·布罗代尔（Fernand Braudel，1902—1985）邀请他在高等研究实践学校继续他的教学活动，三十年前，拉康的"导师"科耶夫正是在这所学校举办他的研讨班的；与此同时，在巴黎高等师范学校供职的马克思主义哲学家路易·阿尔都塞则安排他到高师重开研讨班。

1964年1月15日，新一期即第11期研讨班在巴黎高师著名的迪萨纳礼堂（Salle Dussane）开讲，原先的"父之名"的题目被换成"精神分析学的四个基本概念"。拉康面对的将是来自不同学科和不同阶层的新的听众。为了表示将以新的面貌来重新开始他的事业，拉康邀请了包括列维－斯特劳斯和亨利·埃伊在内的许多名流出席他在高师的第一次演讲，演讲的主题是"精神分析学的要义"。一上来，拉康便——既是向他的听众，也是向他自己——提了一个问题："我有资格谈论这些吗？"这个提问显然是在暗示国际精神分析协会和法国精神分析学会针对他的培训分析师的资格的决定。其实，此时此刻对拉康来说，有无资格并不重要，重要的是他者的确认，因而他在此特别地向布罗代尔、列维－斯特劳斯等人表示了他发自内心的感谢——奇怪的是，他没有提到阿尔都塞——因为就在他身处危难之境的时候，正是他们向他伸出了援手，给予了他所需要的确认，同时还提供给了他获得进一步确认和重新投入战斗的"基地"（base）：

> 所有这些都关系到地形学甚至军事意义上的"基地"这个词——我的教学的基地。[1]

---

[1] Jacques Lacan, *The Four Fundamental Concepts of Psychoanalysis*, p.2.

接着，拉康以一种特别的方式谈到了他目前在精神分析共同体中的处境。此时他又想到了斯宾诺莎，那个曾伴随他走过青春叛逆时期并在他的博士论文中扮演着重要角色的荷兰哲学家，不过这一次他不是要谈论斯宾诺莎的思想，而是要比较他跟斯宾诺莎的相同遭际。1656 年 7 月 27 日——拉康把这个时间同弗洛伊德联系在了一起，后者正好出生于 1856 年："一个奇特的两百年"——斯宾诺莎因其无神论思想而被阿姆斯特丹犹太教会开革教门，接着市政当局应教会要求又对他下了驱逐令。拉康断言，斯宾诺莎是遭到了犹太教会的"绝罚"（excommunication），先是成为"大绝罚"（kherem）的对象，接着又成为"永久驱逐"（chammata）的对象。对斯宾诺莎的这一双重的开革，在拉康看来，正好与国际精神分析协会针对他而下的禁令和法国精神分析学会对这一禁令的认可相对应，这一相同的命运使拉康说出了这样的言语：

> 我不是说——尽管这并非不可想象——精神分析共同体是一个教会。不过，有一个问题会不容置疑地冒出来：在这一共同体中，那使人常常联想到宗教实践的东西是什么？若不是因为与我今天不得不说的这一切有几分相像，我也不会强调这一点——尽管把那个散发着霉味的丑闻抖出来就足以说明问题……[1]

显然，拉康在此把自己置于了一个受迫害者的位置，且不说他把本属于天主教的"绝罚"概念混用到犹太教中并用来描述斯宾诺莎的命运是否恰当，单就他转喻性地把"绝罚"理解为逐出教门、革除教籍——其实，在天主教的意义上，"绝罚"并没有革除教籍的意思，它只是终止了受罚者的宗教权利——而言，他所受的处罚并没有他所说的那么严重，因为他仍是法国精神分析学会的会员，仍享有教学的权利，他只是不得从事培训分析，但并没有被逐出精

---

[1] Jacques Lacan, *The Four Fundamental Concepts of Psychoanalysis*, p.4.

神分析共同体。当然，拉康以教会来暗示精神分析共同体的建制特征这一点无疑是正确的，他确实是遭到了"正教会"的迫害。

还有，他接下来说的一点也有几分道理。他说，在对他的"绝罚"中，他其实是别人——他曾经的同事、朋友和学生——用来进行交易的砝码，他是个人之间、两个共同体之间完成其交易的牺牲品。正是基于对自身处境的这一指认，拉康以他所特有的那种辩证的逆转手法对这一处境作了一个强有力的颠倒，即通过把自己受到迫害或充当牺牲品的处境置换为一个"喜剧"场景，以回击那些交易"主体"所自认的"神圣的自主权利"：

> 如果说主体的真理，即便在他处于主人的位置的时候，并不存在于他自身，而是像分析所表明的那样，存在于某个其本性被隐藏着的对象那里，那么，让这一对象的真相大白于天下实际上正是喜剧的本质。[1]

什么意思呢？拉康说，主体的真理并不在主体自身的一边，而是在对象的一边，主体的欲望真相总是在对象那里显明，当精神分析共同体以"正统"的名义完成对他这个对象的驱逐时，恰恰暴露了那个主体的欠缺，暴露了在这个对象的身上恰恰藏有主体所欲望的真理，所以，驱逐事件看似是证明了那个主体的强悍，实际是暴露了它的虚弱，对他的驱逐最终变成了一个喜剧、一个闹剧。这便是拉康变失败为进攻的"精神胜利法"。当然，他说的并非虚言，"绝罚"的经历让他认识到了精神分析共同体这个无意识主体的"真理"，他接下来要做的就是揭穿这个主体的幻象。

其实，失败形势的逆转已经在事实上渐成气候。1963年11月以后，在法国精神分析学会中，一股新生的力量开始形成，学会的教学委员会和正式会员做出的取消拉康培训分析师资格的决定产生了一个出乎意料的后果，即让学会中那些没有投票权但人数众多的见

---

[1] Jacques Lacan, *The Four Fundamental Concepts of Psychoanalysis*, p.5.

习生找到了认同对象。这些无权力者也认为自己是建制的牺牲品，对自身处境的不满使他们很容易走向对建制本身的攻击，现在，遭到建制驱逐的拉康就像一个象征性的父亲，使他们可以在建制以外找到一个认同对象，使他们可以在这个人的名义下完成自我确认。而拉康也需要这样的力量，他清楚地知道，仅有教学和军事"基地"是不够的，他还需要有帮助他冲锋陷阵的战士。就这样，分裂派的学生和孤独的领袖一拍即合，一种拉康主义的精神分析政治逐渐成形。1963年12月11日，这些年轻的激进分子成立了一个名为"精神分析研究小组"的"地下"组织，其核心人物名叫让·克拉维里尔（Jean Clavreul，1923—2006），此人在1948年至1953年曾接受拉康的分析。小组创立后，拉康曾写信给克拉维里尔说："你是一个剩余（residue）；你知道我使用这个词的价值；这是你的机会，抓住它。"确实，在这个时候，拉康只能指望学会的这些"剩余"——"residue"这个词本为"剩余""残余"的意思，但按照拉康的理论，所谓"主体"，不过是存在被语言切割后的效果，是不完整的切割的剩余，所以我认为把这个词译作"人渣"最为合适，只是我们不可在纯粹的贬义中来理解主体作为"人渣"的含义——去帮助他实施报复。

但是，与"人渣"或"剩余"的联合会使拉康陷入一个两难：自1950年代提出"回到弗洛伊德"的口号以来，拉康就把自己视作弗洛伊德主义的正统，而把英美的自我心理学所代表的后弗洛伊德主义"变体"视作对弗洛伊德的背叛；现在，当他在"残余们"的"绑架"下不得不以自己的名字创立一个学派时，那意味着他将成为弗洛伊德主义的另一个"变体"，而这与他坚持正统的姿态是相矛盾的。也就是说，如果他承认自己是"拉康主义者"，按照他的理论的逻辑，他就不能宣称自己是正统的弗洛伊德主义者。这对拉康的事业来说是极其冒险的，它有可能会使这一事业变成另一个"丑闻"。拉康很快就找到了回避这一矛盾的路径。

1964年1月，克拉维里尔向法国精神分析学会的教学委员会申请资深会员的资格，遭到委员会的拒绝。拉康、勒克莱尔、皮埃尔、多尔托等提出抗议，并要求把他们的声明写进学会的官方备忘录中。这其实是拉康主义者制造分裂的一个战术，老练的格拉诺夫识破了他们的策略，于是催促图奎特委员会赶紧通过学会的入会程序，在他看来，如果国际协会批准法国学会的会员资格，"精神分析研究小组"就将回到国际协会的共同体中，这将有助于孤立和瓦解分裂者的势力。而实际上他想错了，激进分子们根本没打算得到国际协会的确认，他们只需要自我确认，他们结成反对派的阵营就是因为不愿意向国际协会这个建制机器妥协，他们甘愿充当拉康的马前卒就是因为他是这种不妥协精神的象征。

法国学会的形势也让国际协会感到坐立不安，谈判的进度随之加快，既然拉康这个障碍已被踢开，其他的一切就好说了，尽管这个团体中有许多人都曾是拉康的学生。1964 年 5 月 10 日，法国学会和国际协会达成协议，学会作为"研究小组"的身份被更改为"法国研究小组"，接着在 5 月 26 日，学会改名为"法国精神分析协会"（Association psychanalytique de France），斗争了十多年，终于乌云拨开，获得帝国的确认已经指日可待。

分裂分子当然不会坐以待毙。1964 年 6 月 21 日，在皮埃尔的家里，拉康当着几十位信徒的面用录音机播放了事先录制好的一份题为《建会条例》（Founding Act）的声明，宣布他"只身一人"创立"法国精神分析学派"（École francaise de psychanalyse）——三个月后更名为"巴黎弗洛伊德学派"（École freudienne de Paris），两者的简称是一样的，都称"EFP"。在那个宣言式的文件中，拉康强调了新创立的这个组织"正统的"和充满战斗性的特征，它将完成一项"劳作"，这就是："在弗洛伊德所开创的领域里，恢复他的发现的锋芒；回到他以精神分析学的名义创立的本源性实践……；通过不懈的批评，驳斥那些使它的进步受挫同时也使它的应用退化的各种变体和折中。"[1]而之所以选择"学派"（school）一词，按照拉康的解释，暗示着古老的传统："在古代，这个词意指着避难的场所，实际上是对抗所谓文明的缺憾的作战基地。"[2]正是为了体现这种正统性和战斗性，拉康取消了传统中意味着一种权力结构的教学精神分析与治疗精神分析之间的区分，而只在纯理论化的层面提出了"纯粹精神分析"与"应用精神分析"的区分，意在使精神分析走向科学化，或者更确切地说，是为了使拉康自己的理论和技术在"科学"的外衣下合法化，而实现这种科学化的一个重要策略，在拉康那里，就是使理论技术化和使技术理论化的双重运作。这一运作在1950年代就已经开始，到1960年代将以更为繁复的科学的伪形被推向极端。

就这样，随着法国精神分析学会的更名和激进派的另立山头，法国精神分析运动的第二次分裂最终成为现实。不过，法律意义上的解散手续还未完成。1964年10月1日，格拉诺夫和勒克莱尔在相互没有通气的情况下，分别给已经名存实亡的法国精神分析学会的主席法维兹–布托尼埃发了一封正式函，请求学会解散。1965年1月，解散手续正式完成。6个月后，在阿姆斯特丹会议上，法国精神分析协会正式被国际精神分析协会所接纳，成为帝国的成员学会。

---

[1] Jacques Lacan, *Television / A Challenge to the Psychoanalytic Establishment*, p.97.
[2] Jacques Lacan, *Television / A Challenge to the Psychoanalytic Establishment*, p.104.

第五章
拉康的王国

如同1953年与巴黎精神分析学会的决裂把拉康的事业推向了一个高潮一样，1964年与法国精神分析学会的决裂再次把他的事业推向了巅峰。当然，这不是说我们可以把功劳全都归于决裂本身，那毕竟只是一种契机。根本的原因还在于1950至1960年代巴黎的知识氛围的变化，其中结构主义运动的兴盛和左派或新左派运动的崛起对于拉康声誉的提升起到了关键的作用。再者，就第二次决裂而言，借以展开确认之战的"基地"的转移也是扩大影响的重要因素，由于这一转移，拉康研讨班的听众的结构发生了根本性变化。以前在圣安娜医院，研讨班的听众以法国精神分析学会的分析家和学生为主，基本还是局限于专业的圈子，而现在，背靠巴黎高师这个精英荟萃之地，加上被逐出教门所带来的新闻效应，当然还有结构主义浪潮的推波助澜以及布罗代尔、列维-斯特劳斯、阿尔都塞这样的知识英雄的鼎力助阵，研讨班吸引了来自各个不同领域的听众，其盛况甚至超过了当初科耶夫的研讨班。听众结构的这种多元化把拉康的事业推向了更广阔、更复杂的语境，"拉康主义运动"就在这样的语境中发展、演绎出了形形色色的拉康主义"变体"。

但另一方面，由这种种拉康主义变体所构成的拉康王国自一开始就被一种激进的政治文化所渗透，尤其是它的组织政治经常充斥着暴戾之气，其斗争之惨烈甚至超过此前的两次分裂，那些妄想症的主体利用其特有的移情-反移情策略把精神分析的政治可谓演绎到了极致，最后甚至连拉康本人也无法收拾残局。

我们都知道《皇帝的新衣》中那个道出真相的孩童的角色，拉康的精神分析学充当的就是这个角色，它总想通过揭穿主体的幻象来让主体逼视自己的真相,走向自身欲望的真理。可是,拉康及其王国自身却是那个穿着"新衣"的皇帝,在他们的自我与主体之间,一道"语言之墙"阻挡了他们的视线,阻挡了主体向着真理的穿越。在这个意义上说,拉康主义的一个重要价值就在于,它以自己的"误认"行为而成为拉康极力要倾覆的主体"误认"功能的一个明证。拉康的王国本身就是一个悖论:它高举反建制的大旗,可自身就是一个庞大的建制;它标举反权威的口号,可自身就拥戴了一个绝对的权威。

一 光辉岁月

如果说在第二次分裂以前就已经有所谓的"拉康主义"的话,那它也只是局限在精神分析共同体的范围内,且主要地是以分析实践的形式发生着影响,而拉康本人一直追求的将精神分析技术理论化和将精神分析理论技术化的理想在那个自恋的共同体内部并未引起多大的共鸣,就像他自己说的,他的真理并没有获得真正的理解。到了1960年代,结构主义运动在人文领域引发了一种理论化和科学化的倾向,拉康此前就已经在此找到了重述弗洛伊德的发现的便利工具,而拉康主义运动也在此找到了适合其生存发展的土壤。这一次,推动这个运动的不再是那些有着医学背景或想走医学道路的分析家,而是成分更为混杂、思想更为激进、更热衷于一切形式的"革命"的理论家和先锋文人,他们对精神分析或者说拉康主义的兴趣首要的不是治疗意义上的,而是政治意义上的、理论意义上的或思想意义上的。运动的中心当然离不开研讨班所在的巴黎高师,而阿尔都塞则是推动这一运动的核心人物,至少在1960年代初是如此。

路易·阿尔都塞是巴黎高师的哲学教师,他是一个马克思主义者,也是一个结构主义者,还是一名共产党员,更值得提及的是,他还是一个患有严重的精神分裂症的"病人",接受过药物治疗、电击疗法,也接受过精神分析治疗,但他找的不是拉康,而是以前接受过拉康的分析的一位神经科医生,这就是说,阿尔都塞与拉康的交叠跟他的"病人"身份无关,阿尔都塞是在理论和意识形态的层面上把后者视作自己的同盟。

阿尔都塞在 1950 年代后期就对拉康产生了兴趣,那时,拉康对国际精神分析运动中的美国"变体"的激烈批评让阿尔都塞联想到了国际共产主义运动中反修正主义的斗争,同时,拉康在"回到弗洛伊德"的口号下对创始父亲的原始文本的强力阅读也让阿尔都塞看到了把法国共产主义带出自我封闭的理论贫乏的出路所在,那就是"回到马克思"。也就是说,至少刚开始,在阿尔都塞的眼里,拉康之于他更多地是一个战略性的参照对象。但是到 1960 年代初,由于对拉康和弗洛伊德的思想的系统了解,使阿尔都塞认识到弗洛伊德主义与马克思主义的关系同样关涉着反修正主义的问题,而拉康版的弗洛伊德主义似乎进一步揭示了两者之间还存在着理论对接的可能。正是出于这种政治的和理论的动机,让阿尔都塞决定向拉康伸出橄榄枝。1963 年 7 月,阿尔都塞发表了一篇论文《哲学与人文科学》,将马克思和弗洛伊德并举,认为他们在各自的领域完成了革命性的"决裂",并对拉康的工作表示了赞扬,他说:

> 马克思把他的理论建立在拒斥"经济的人"的基础上,弗洛伊德把他的理论建立在拒斥"心理的人"的基础上。拉康已经看到且体会到了弗洛伊德的解放性的决裂,他在那个词最丰富的意义上理解了那一决裂,在其最严格的意义上采纳了它,并迫使它不加保留地产生出自己的结论。像其他人一样,他在细节上甚或在哲学方向的选择上可能犯有错误,但幸亏有他,我们才有这基本的东西。[1]

阿尔都塞的赞美当然令拉康的确认欲望得到了最大的满足,两

---

[1] 转引自 Elisabeth Roudinesco, *Jacques Lacan & Co.: A History of Psychoanalysis in France, 1925-1985*, p.378。

人开始了频繁的接触，但都没有谈到将研讨班移到高师的事，因为那时拉康还未脱离法国精神分析学会。到1963年底，与学会的决裂已成定局，拉康请求阿尔都塞帮忙解决研讨班场地的问题，因为他知道后者早有把研讨班搬到高师的想法。就这样，那个失败者很快就找到了发起反击的新基地。

从复仇的角度说，1964年1月15日拉康在高师的演讲是成功的，面对布罗代尔、列维-斯特劳斯这样的学术精英，面对蜂拥而至的新面孔，面对坐在前排的亢奋的追随者，拉康就像一个君临天下的君主，向国际精神分析协会这个帝国、这个建制机器发出了最强有力的挑战。阿尔都塞没有出席这次盛典，但他肯定感受到了那个英雄的力量，他要更系统地审视那个声音的政治潜能，他要以更具诱惑力的姿态拉拢那个文化斗士——虽然最后是他自己被对方所俘虏。拉康演讲后不久，阿尔都塞完成了《弗洛伊德与拉康》一文，以一种论战的笔调把拉康版本的弗洛伊德主义提到了法国马克思主义者的议事日程上。

一上来，阿尔都塞就以共产党人所熟悉的那种句式把一个政治化的弗洛伊德和拉康推到了马克思主义者的面前，他指出，在"美国学派"的宣传之下，精神分析学已变成了"修正主义的帮凶"，而马克思主义者在指斥这种宣传时，也把弗洛伊德的"革命性的发现"说成是"反动的意识形态"，但是：

> 今天我们也一定要这样说，这同一批马克思主义者也以他们独有的方式，直接或间接地成了他们所指责的那种意识形态的第一批受害者；因为他们把这种意识形态跟弗洛伊德的革命发现混淆了起来，因而在事实上接受了敌人的立场……马克思主义和精神分析关系的整部历史，基本上就是建立在这种混淆不清和不实的基础上。[1]

---

[1] 阿尔都塞，《列宁与哲学》，杜章智等译，台北：远流出版社，1989年，第211页。

因此，在今天，我们尤其需要回到弗洛伊德，拒绝对弗洛伊德作粗俗神秘化的宣传，提防修正主义的别有用心的含混，以一种历史的理论批判澄清弗洛伊德所不得不使用的那些概念及其思想内容之间具有的"真正的认识关系"。在这些方面，拉康的努力显得尤为珍贵：

> 没有在法国实际上由拉康开始的意识形态批判和认识论的澄清这方面的努力，我们还是不能理解弗洛伊德这项发现的特点。[1]

那么，通过这一意识形态的批判和认识论的澄清，拉康最终获得了什么样的结论呢？阿尔都塞说，拉康的结论是，精神分析学其实是一门"科学"，一门有关无意识的"新科学"，它有自己的一套"理论"，有自己的一套"实践"（即治疗）和"技术"（即分析方法），其中，只有在"理论"中才有这门科学的"秘密"，而在建立于"理论"基础上的"实践"和"技术"中，则只有精神分析的部分现实，"技术和方法都没有精神分析的秘密，除非像每一个方法那样，由理论而不是实践赋予秘密"[2]。因此，拉康的"回到弗洛伊德"必须在这样的意义上来理解，即"回向已经建立、确立和巩固在弗洛伊德自己身上的这个理论，回向成熟的、深思熟虑的、论据可靠的、经过检验的理论，回向在生活（包括实际生活在内）中已站稳脚跟、产生方法和实践的这个先进的理论。"[3]这一理论的对象便是弗洛伊德所发现的无意识。如果说弗洛伊德对这一对象的研究还带有其时代的热力学模式的阴影，那么拉康的另一个重要贡献就在于，他通过引入结构语言学这一新的科学研究模式而把笼罩在对象上的那个阴影驱散得无影无踪，尤其是他引入"秩序法则"

---

[1] 阿尔都塞，《列宁与哲学》，第211—212页。

[2] 阿尔都塞，《列宁与哲学》，第217页。

[3] 阿尔都塞，《列宁与哲学》，第218页。

(阿尔都塞将其解读为"文化法则")来解释主体的建构,更是为法国马克思主义者进入意识形态研究所关心的"误认结构"打开了一条通道。

阿尔都塞的这篇文章于1964年12月发表在法国共产党的杂志《新评论》上,其要求法国共产党承认精神分析学和弗洛伊德著作的科学性以及拉康的解释的重要性的主张立即招致了党内的批评,但阿尔都塞并未放弃自己的基本立场,他只是在1969年该文以英文形式重刊于《新左派评论》时承认自己当初对拉康的"秩序法则"的解释带有太重的"文化主义"味道,"而拉康的理论是彻底反文化主义的"[1]。阿尔都塞说得对,拉康的理论是反文化主义的,但这并没有妨碍机智的阿尔都塞继续从文化主义的角度去阅读和挪用拉康的理论,他写于1969年的《意识形态和意识形态的国家机器》就属于这种拉康主义"变体"的一个典范,也许我们可以称阿尔都塞是第一个拉康主义的马克思主义者。

阿尔都塞不仅撰文声援拉康的弗洛伊德主义,还利用大学这个建制机器来扩大拉康的影响。就在拉康到高师重开他的研讨班的时候,阿尔都塞在自己的课堂上把拉康的作品列为学生的阅读书目,建议高师的学生跟着拉康有关精神分析学的"基本概念"的研讨班去就"精神分析学的基础"进行研究,并要求他们以学术报告的形式把自己的研究心得呈现出来,供大家共享。就这样,拉康的理论和文本第一次走出了精神分析共同体,被人们从哲学、人类学等人文学科的角度加以解读,例如有人解释了弗洛伊德的基本概念和拉康的创新,有人研究了拉康1950年代有关精神病的研讨,有人致力于精神分析学与人类学的关系,还有人比较了胡塞尔、梅洛-庞蒂和拉康对"结构"概念的不同界定。阿尔都塞自己则研究了拉康的欲望理论,同时他还带领学生以拉康的回到创始之父的精神重读马克思主义的创始父亲的文本,即马克思的《资本论》,虽然其阅读

---

[1] 阿尔都塞,《列宁与哲学》,第209页。

方法也有许多来自他的老师巴什拉的"认识论断裂"概念的启发。

在阿尔都塞的学生们所做的拉康解读中,雅克-阿兰·米勒(Jaques-Alain Miller, 1944—)的评论可能最具特色。在1964年之前,米勒对拉康还一无所知,阿尔都塞很欣赏这个年轻人,推荐他去读拉康的作品和参加拉康的研讨班。米勒欣然从命,先是到书店把法国精神分析学会的会刊《精神分析学》的全部八期买了一套——因为几乎每一期的上面都有拉康的文章——然后到乡下钻研这些文本,尤其是登在第一期的《罗马报告》让他震惊不已,20年后他回忆说,"我清楚地记得我是在二楼阅读《罗马报告》,然后在午餐时间我下楼告诉我的朋友——他整个早上都在读斯宾诺莎——我刚刚读了一篇前所未见的东西"[1]。从此,他便与拉康结下不解之缘。1964年,他在研讨班上见到了拉康,他问拉康:"你的主体概念意味着一种本体论吗?"这个回答式的提问令拉康喜不自胜,就这样,这个年轻人走进了拉康的世界,并将影响拉康所缔造的事业。

据一些当事人回忆,米勒对拉康的理解自一开始就显示出了与众不同之处,他比阿尔都塞、比他的同学们走得更远,他甚至比拉康还要激进,为了强调拉康理论的独创性,他干脆把弗洛伊德都扔到了一边。正如卢迪内斯库所描述的:

> 自一开始,雅克-阿兰·米勒的表述就与他人不同。在这个年轻的学生看来——他不久就要在精神分析的历史中占据一个关键的位置——阅读拉康的著作再也不必参照弗洛伊德。它本身就已经构成了一个整体,有自身的历史和自身的内在逻辑。1964年米勒所阅读的拉康是一个"现在时"的拉康,一个象征着科学性的拉康,与他的超现实主义、科耶夫主义、瓦隆主义甚或法国的过去已无多大关联。米勒的拉康是《罗马报告》和《字符的代理作用》中的结构主义的拉康,其所谓的回到弗洛伊德

---

[1] 转引自 Elisabeth Roudinesco, *Jacques Lacan & Co.: A History of Psychoanalysis in France, 1925–1985*, p.379.

只是一种形式上的说辞。在那时，正如我们已经看到的，不只有米勒那样读拉康。在结构主义爆发的中心，整个知识界发现的恰恰是那样的拉康：科学的、理论的、反心理学的、敌视"美国"的精神分析。但是，米勒给拉康主义的这一理解添加了一个注释，因为为了在一个已然拉康主义的拉康的基础上来理解弗洛伊德，他读的是没有弗洛伊德的拉康。[1]

如此激进的姿态怎能不让拉康暗自欣喜呢？！如果说是阿尔都塞把一个意识形态化的拉康带进了法国的知识界，那么，米勒这一代人则以自己的方式把拉康主义引向了一个科学化和理论化的新阶段，是他们赋予了拉康的结构主义精神分析学全新的形象。

1964年6月，阿尔都塞的大多数学生都加入拉康的巴黎弗洛伊德学派，组成了一个致力于"话语理论"的小组，拉康给了它一个极富政治色彩的建制称谓："卡特尔"（cartel，"联盟"的意思，尤指"政治联盟"）。的确，这是一个有着旺盛的政治热情的团队，他们中大部分人都是共产主义分子，有许多人还是后来的毛主义分子，即将开始的中国"文化大革命"将让他们的身体激情在一场政治狂欢中得到充分的释放。当然，对拉康来说，他们的加入补充的是"学派"的政治血液，以及他们带来的新的理论方向。

1966年1月，由高师的学生主编的一份名为《分析手册》(*Cahiers pour l'analyse*)的杂志出版，这个名称是米勒取的，他采用"pour"（相当于英文的"for"，有"保卫""赞成"的意思）一词，有向阿尔都塞致敬的意味，因为后者在前一年出版的一个文集就叫*Pour Marx*（《保卫马克思》），至于选用"分析"一词当然意指着这些学生将聚集在拉康主义的旗帜下，但又不局限于精神分析，而是要用一种科学的"分析"精神来讨论包括逻辑学、语言学、人类学和精神分析学等在内的人文科学的问题，尤其是话语作为一种"科学"

---

[1] Elisabeth Roudinesco, *Jacques Lacan & Co.: A History of Psychoanalysis in France, 1925-1985*, p.379.

的认识论范式的构成机制的问题。高师的学生们对科学性和理论化的这种追求深深地吸引了拉康，他决定利用学生们提供的科学工具对自己在1950年代所阐发的混杂着结构主义语言学和人类学的能指理论与主体理论进行科学的重述。在1964年的研讨班上，拉康演讲的主题是"精神分析学的基本概念"。在1964—1965年的研讨班上，他的主题为"精神分析学的关键问题"，期间他特别邀请米勒到他的课堂上讲授德国逻辑学家、数学家和哲学家哥特洛布·弗雷格（Gottlob Frege，1848—1925）的符号逻辑；接着，在1965—1966年以"精神分析学的对象"为主题的研讨班上，拉康在第一讲中便利用米勒的概念对自己的理论进行了重述。这两个演讲都刊发在《分析手册》的创刊号上，米勒的题目为《论缝合》，拉康的题目为《科学与真理》。

"缝合"（suture）这个词本是一个医学术语，指外科手术中对伤口的处理，在米勒的理解中，它指的是话语和主体得以构成的一种语言学机制，用他自己的话说，它是对"能指的逻辑"的一种说明。而这一说明又是在弗雷格的语境中进行的。弗雷格是德国耶拿大学的数学教授，一生致力于为传统建立在直觉之上的数学概念及公理体系提供逻辑的基础，成为现代符号逻辑和分析哲学的奠基性人物。他的思考充满了现代的"分析"精神，这一点正是高师的年轻一代所渴望的。米勒在他的演讲中，通过讨论弗雷格《算术基础》（1884）一书中的基本理论，尤其是自然数系列中"零"这个概念与后续数之间的关系，提炼出了"缝合"的概念。进而他又将这一概念用于思考拉康的能指理论，称拉康所讲的主体与能指链或者说主体与他者的关系就犹如零与后续数的关系，那其实就是一种"缝合"关系；主体在能指链中的位置就如同零在自然数系列中的位置，都指谓着一种匮乏、一种不与自身同一的分裂，或者说指谓着匮乏与结构的关系，它们都是真理或知识得以构成的某个原点；拉康的理论就是关于"能指的逻辑"的理论，其中处处都充满着这种"缝合"关系，只是他没有使用这一概念而已。米勒一有机会就声称自己是在忠实地阐述拉康的理论,而实际上他所做的是一种激进的重述,他想依据"能指的逻辑"将拉康的理论系统化、逻辑化和科学化,在他的叙述中,弗洛伊德已不再重要,拉康成了一个彻底独创的理论家和思想家,一个绝对的导师,一个与一切心理主义做卓绝斗争的知识英雄。正如卢迪内斯库所说的:"1965年米勒的话语使拉康的话语激进化了。理论上,那一话语假装是严格的拉康主义,而实际上,它带给拉康主义一种好斗的冒进主义的压力。"[1]

对于米勒的激进的阅读,拉康立即做出了反应。1965年末,在"精神分析学的对象"的研讨班第一讲"科学与真理"中,拉康就利用缝合概念——但他没有提及米勒的演讲,他总是这样,只要有可能,就把给予他恩惠的人的名字从文本中抹去——去对他的主体理论和能指理论进行了逻辑的重述。必须说明的是,在拉康那里,"科学"与"真理"这两个概念都有其特殊而且复杂的含义,简单地说,前者指的是一种统一的、形式化的话语,因而必定与人类存在的象征性维度相关联,或者说与主体性相关联;与对"科学"的这一语言学理解相对应,"真理"在拉康那里总是指主体的无意识欲望的真理或真相,因而它在每一个主体那里都是极其独特的,它是精神分析学的对象,是在精神分析的治疗辩证法即分析师与受分析者的辩证法中揭示出来的。因此,对于"科学与真理"这个题目,我们不能在通常的认识论意义上去理解,而必须在拉康的主体间性科学的意义上去理解。

在演讲中,拉康首先引入了柯瓦雷和哥德尔(Gödel, 1906—1978)的思想。柯瓦雷通过科学史的研究指出,源自笛卡尔的我思的现代科学——拉康时常称其为"精确科学"(exact sciences),即我们所说的实证科学——引发了存在的贬值,拉康由此得出结论说,

---

[1] Elisabeth Roudinesco, *Jacques Lacan & Co.: A History of Psychoanalysis in France, 1925-1985*, p.403.

现代科学乃是建立在对作为原因的欲望概念的"除权"（foreclosure）之上的。第二次世界大战时移民美国的奥地利数学家哥德尔曾提出过一个著名的定理，也就是不完全性定理，即真理的概念不能完全被形式化，在任何一个严格的数学系统中，必定有用本系统内的公理不能证明其成立或不成立的命题。拉康由此发挥说，形式化的这种失败正是寻求缝合的科学本身失败的症状。

在拉康看来，事实上，科学本身不可能缝合主体，不可能使主体完全形式化，无意识的主体总是一个离心化的主体，它与科学相互关联，正是这种相互关联，使我们可以把精神分析学的无意识主体称作"科学的主体"（subject of science）。因此，精神分析学要想成为"科学"，就必须拒绝心理学在人道主义的口实下所虚构的那种"丰盈的"主体，必须回到无意识主体的位置，以逻辑学的方法来对那一主体实施形式化的运作。当然，这个逻辑学是一个不完全性的逻辑学，是一个陷落的主体的科学，一个未被缝合的相互关联物的科学，总之，它是不可能的主体性的科学。拉康的这些话现在听起来还很晦涩，我在后面会给予更具体的说明。在此我们要记住的是，巴黎高师的学生们似乎正在把拉康变成一个拉康主义者。这个独特的主体喜欢谈论主体的陷落，可他自己会陷落吗？不完全性定理可以保证他的独特性吗？

拉康的生涯中常常会出现特殊的年份，它们就像生命的标记，标识着那些特殊的时刻：1931年对弗洛伊德的阅读以及与超现实主义者的接触改变了他的精神病学研究的方向；1934年参加科耶夫的研讨班让他找到了重述弗洛伊德理论的新角度；1936年出席马里安巴德会议使他与国际精神分析共同体之间的关系成为一个挥之不去的阴影；1953年与巴黎精神分析学会的决裂成就了他事业中的第一次辉煌；1963年与法国精神分析学会的决裂让他在精神分析共同体之外获得了所梦想的确认。现在，1966年，他又遭遇了这样一个时间点，他的影响将进一步扩大，精神分析共同体之外的世界对他的确认将进一步巩固,可同时,他的事业将再次面临分裂的危机。

1966年10月,美国霍普金斯大学人文中心举办了一场题为《批评的语言与人的科学》的学术讨论会,法国的众多学术名流悉数到场,其中有黑格尔专家让·伊波利特、马克思主义文学批评家卢西安·戈德曼(Lucien Goldmann, 1913—1970)、符号学家和结构主义者罗兰·巴特、叙事学家特维坦·托多洛夫(Tzvetan Todorov, 1939—2017)、解构哲学家雅克·德里达、阐释学家保罗·利科(Paul Ricoeur, 1913—2005)等。雅克·拉康也在邀请之列,他被邀请当然不是作为法国精神分析运动的代表而是作为对弗洛伊德作结构主义阐述的代表。

这是拉康的第一次赴美,他当然想在这里一展其在研讨班上的那种魅力,虽然他与这个"新大陆"有着意识形态上的对抗。在会上,他作了题为《论作为融摄他者性的结构是任何主体的先决条件》(Of Structure as an Inmixing of an Otherness Prerequisite to Any Subject Whatever)的报告[1],这个冗长而且拗口的题目就足以让美国人无所适从,而其对语言、主体的位置、弗雷格的算术基础的解释更是令美国人听得一头雾水,尽管相对于拉康在巴黎的演讲而言,它只能算是一个入门版。不过,这些美国人与精神分析共同体没有什么关系,也就不会受到精神分析的建制政治的干扰,他们只是把拉康看作一个运用结构主义的方法去重写精神分析学的理论家,拉康的理论化——虽然有些过分——让他们看到了结构主义和精神分析学的缝合带给批评领域的前景,他们将把这种方法广泛运用于文学批评和艺术批评中。

从美国回来后不久,拉康的《文集》由色伊出版社出版,算上1932年出版的博士论文,这是他面对公众发表的第二部作品。编写这个文集的想法早在1963年6月就有了,当时色伊出版社的编辑、

---

[1] 该文被收入此次会议的论文集中,参见 The Structuralist Controversy, pp. 186-195, Baltimore: The Johns Hopkins Press, 1970。

拉康曾经的分析者弗朗索瓦·瓦尔（François Wahl, 1925—2014）希望拉康把自己的作品辑录成集出版，以扩大影响。拉康起初还有些犹豫。他受着两个强迫性的观念的影响，一是总担心别人会窃取自己的思想，将时间性的口头语言变成空间性的书面语言会使这种窃取变得更容易，再就是他对（书写）"文字"这一特殊的能指符总有一种不信任，他后来称"书本"是一种"poubellication"［两个法语词"poubelle"（垃圾箱）和"publication"（出版）的组合，大约可译为"文字垃圾"］，对书本的这种不信任也许还隐含着担心别人会对他的作品做出误读。[1] 最后在瓦尔的坚持下，拉康总算答应了出版的请求。但他表现得还是很消极，两年过去了，辑录工作并无多大进展。直到1965年，保罗·利科事件的出现才让拉康最终下定决心，将自己的作品交付给精神分析共同体以外的世界。

事件的起因很简单。1965年5月，保罗·利科研究精神分析学的专著《论阐释》出版，在书中，利科依据阐释学的精神对弗洛伊德的思想进行了系统的批判性阐述，虽然源自现象学的阐释学在这时的巴黎学术市场已非主流，但该书出版后还是受到学界和社会公众的推崇，成为一本畅销书。利科与拉康于1960年在埃伊组织的一次以"无意识"为主题的学术会议即波纳瓦伐尔会议上相识，那时的利科在学界已颇有名气，于是拉康邀请他去参加自己的研讨班，利科答应了。虽然利科根本听不懂拉康讲的那些技术性很强的东西，但他还是坚持了一段时间。此后的五年间，两人关系一直都很密切，直到《论阐释》出版后，形势发生了变化。

利科在他的书中提到了拉康对弗洛伊德著作的阅读，但并未给予拉康所期待的那种评价，也丝毫未提及他出席了拉康的研讨班，这令拉康十分恼火，他觉得自己成了"剽窃"的受害者，拉康的信

---

[1] 1990年，在一次有关"拉康与哲学家"的学术会议上，德里达回忆了一个情景：1966年10月在美国参加那次关于结构主义的学术会议的时候，拉康曾对他谈到即将出版的《文集》，看起来拉康很不高兴，因为把那么多东西放在一个长达900多页的大部头里，他担心装订不够结实，整本书会散架。参见 Elisabeth Roudinesco, *Jacques Lacan*, p.319。

徒更是激愤，纷纷撰文攻击利科的不良行径，令利科百口莫辩。

利科事件令拉康很受刺激，他决定立即着手将自己的东西整理出版。终于，1966年11月，长达900多页的《文集》作为拉康主编的丛书"弗洛伊德领域"（Le Champ freudien）的一种由色伊出版社出版。《文集》共收录作为精神分析学家的拉康1936—1965年的各类文章28篇，有曾经发表的，也有从未刊行的，但几乎所有的文本这次刊印时都经过了拉康的润色和修订，这得感谢瓦尔出色的工作，他自一开始就决心把这本书做成一本学术经典，拉康的修订都是在他的要求下进行的。

除对每篇文章进行修正以外，拉康还给一些文章附加了说明性的文字，解释文本的产生过程。另外，他还为《文集》的出版写了两篇东西：《卷首语》和《关于我的经历》。

在《卷首语》中，拉康通过对法国18世纪散文家布封（Buffon，1707—1788）的格言"风格即人"作巧智般的戏拟，把读者引渡到他在1960年代提出的"对象 a"（object a，读作"对象小 a"，书写时"a"必须写成斜体）的概念上，喻示着那所谓的"风格"就像对象 a，不过是结构主体之幻想的一种欲望对象－原因，它驱使主体用对象替代去填充由自身的匮乏所开启的裂口，就像人们用特定的衣饰来装点布封的形象一样，而实际上，这个对象正是"使主体从中消失的欲望之因"，是将主体维系在"真理与知识"之间的力量，所以，在人们用风格来标识布封的地方，正是这对象的"滑脱"。拉康对风格的这番戏拟无非是在告诉读者他的理论要讲的东西，那就是主体的离心化，他希望读者能从他的一篇篇论文所标记出来的旅程中、从它们呈现给读者的风格中导出这一结论，并因此接受一次精神分析的洗礼。拉康说：

> 恰是对象回应着我一开始就提出的风格的问题。在人们为布封做标记的地方，我诉诸这个对象的滑脱，这一滑脱富于启示性，因为事实上是它使这个对象孤立出来，既作为使主体从

中消失的欲望之因,又作为把主体维系在真理与知识之间的东西。依照这些论文所标记的这样一个路线,依照它们发送给读者所必需的这样一种风格,我希望将读者引向一种结果,在那里,读者必定要付出相应的代价。[1]

在《关于我的经历》中,拉康提到了他的博士论文,提到了这一论文在超现实主义圈子中的反响,也提到了克莱朗博尔对他的影响,但没有提到自己还仰仗过克劳德。他说自己是通过埃梅的病例走向精神分析学的,但他把1936年出席马里安巴德大会算作是自己进入精神分析学的开始,他称"镜像阶段"是他的发明,而没有提到瓦隆和科耶夫给予他的巨大启示。拉康特别喜欢他的学生用来恭维他的一个词:"已然"(already),意思是说他后来的理论"已然"蕴涵在早期的思考中,在《卷首语》中他使用了这个说法,在《关于我的经历》中,他又不无谦虚地提到了这一点,并告诉人们,他在1930年代的文章中就已经提及了语言的问题,这个发现让他相信"主体的经验是精神分析工作的唯一素材"[2]。接下来,他又依据结构主义时期的拉康对"镜像阶段"时期的拉康进行了重述,就这样以一种未来完成时来对自己的工作加以评述。可以看出,拉康坚信自己早在1930年代就"已然"是一个成熟的结构主义精神分析理论家,他对自己的学术履历的描述是想象性的、修辞性的,其意义是依据事后效果而回溯性地建构出来的。

也正是基于这样一个回溯性地建构的意图,拉康在《文集》的编排上颇下了一番功夫,所收入的28篇文字并没有完全依照时间顺序排列。

首先,在《卷首语》之后,便是1956年发表于《精神分析学》第二期的《关于〈被窃的信〉的研讨班》,而这个文字稿是根据前

---

[1] Jacques Lacan, *Écrits*, pp.4-5.

[2] Jacques Lacan, *Écrits*, p.53.

一年研讨班的讲演内容修订而成的。拉康把这篇文字置于卷首，既是为了让读者提前预期到一种理论的成熟状态，也是为了给读者提供一个分析性的诱惑，引诱读者依据1950年代中期的拉康即结构主义的拉康去阅读1950年代以前的拉康即现象学的拉康。

对于拉康的这一诱惑性的预期行为，瓦尔起初并不接受，但拉康坚持如此，最后瓦尔只好妥协，但要求拉康另写一篇导论性的文字说明自己的意图。于是，我们现在看到，在那篇文章的后面，拉康附上了一篇题为《括号中的括号》（"Parenthesis of Parentheses"）的文字。而这篇文字又是在引诱读者依据1960年代中期的拉康去阅读1950年代中期的拉康。

在《括号中的括号》中，拉康以重叠加括号的形式对前面阐述的象征界的结构图式再次进行重述，以此来说明主体不过是能指的链条在象征界运作的效果，象征界作为"绝对的他者"以其数量有限的或然性法则主宰着主体和主体间性的性质。在这一重述中，拉康引入博弈论、概率论、控制论的概念对象征域的可能组合的链条进行分析，然后结合爱伦·坡的故事或者说通过把那个故事读作一个博弈游戏来对此加以说明。科学性的这一运用乃是拉康给读者设下的埋伏，即要求他们以未来的拉康去阅读过去的拉康，因为他在最后说，在按照书面语的要求对口语原稿进行重新整理的时候，他"忍不住对在那时就已经提出的某些观点作了进一步的发挥"，而他在这一回溯中对象征界的能指法则的数学化或形式化乃是为了让读者在这里去预期他后来的思想发展，他相信，"通过一种历史的伪装来模糊能指概念的特性对学生来说是做作的。我只能希望我没有这么做不会令他们怀着失望回忆到它"[1]。这不正是希望读者按照"已然"的回溯方式去阅读吗？！

另一例典型的年代倒错就是有关"镜像阶段"的那篇文字。在编辑文稿的时候，拉康翻箱倒柜也没有找到1936年的文字稿——这

---

[1] Jacques Lacan, *Écrits*, p.46.

个遗失的对象／对象的遗失也许跟那个无意识主体当初在国际精神分析共同体中所遭受的"诞生"创伤有关，但遗失的／"被窃"的"信"／"文字"终归要回到它的目的地，1949 年，它以另样的面目重新出现在那同一个共同体的面前，而现在，在 1966 年，它要反扑性地居有或攫取当初的那个位置，缝合那个时间逻辑的裂缝。本来，拉康开始是打算用 1938 年为《法兰西百科全书》写的《论家庭》一文替代那个位置，因为他在那里对"镜像阶段"有一个扼要的叙述。但瓦尔不同意这么做，他觉得《论家庭》太缺乏拉康主义的气息。的确，那篇文章的弗洛伊德主义太过国际化了，克莱茵主义和心理主义的味道太重了。最后他们决定采用 1949 年的版本:《镜像阶段》，并将其置于 1936 的《超越"现实原则"》和 1948 年的《精神分析中的侵凌性》之间。在这三篇文章之后，则依次是 1950 年的《精神分析学在犯罪学中的功能的理论导论》和 1946 年的《谈心理因果》，再下来则是 1945 年的《逻辑时间及预期确定性的论定》和 1951 年的《论移情》。这一系列的年代倒错都说明了一点：拉康极力以这种"历史伪装"的方式把自己的思想系统化，让自己的理论呈现出早熟的征兆。

不管怎样，有关《被窃的信》的讲演就像是拉康思想发展中的一个"纽结"、一个"缝合点"，因此和《卷首语》一起被置于卷首的位置。在它之后，历史的帷幕将渐渐拉开，并且是一幕接着一幕地拉开，幕间将不时地出现旁白——它们都写于 1966 年——以引出下文。一篇《关于我的经历》过后，是七篇写于 1930—1940 年代的论文；接着又是一篇《终于问及了主体》，引出著名的《罗马报告》及 1950 年代以后的文字；再下来又两次穿插针对某些文本的补充说明。就这样，前后三十年在不同场合、针对不同听众或读者宣讲的近三十篇东西被拉康以其拓扑学的方式连缀成一个相互缝合的整体，但总有一个东西要从这缝合中溢出，那就是拉康的欲望：作为理论大师、作为学派领袖、作为研讨班导师、作为躺椅后的分析师被确认的欲望，更确切地说，这些东西正是激发拉康的欲望的对象 a，是他的欲望之因。下面是 1966 年正式面世的《文集》的全部目录：

Ⅰ

1. 卷首语（1966）

2. 关于《被窃的信》的研讨班（1956）

Ⅱ

3. 关于我的经历（1966）

4. 超越"现实原则"（1936）

5. 镜像阶段作为精神分析经验中揭示的"我"的功能构型（1949）

6. 精神分析中的侵凌性（1948）

7. 精神分析学在犯罪学中的功能的理论导论（1950）

8. 谈心理因果（1946）

Ⅲ

9. 逻辑时间及预期确定性的论定——一种新的诡辩（1945）

10. 论移情（1951）

Ⅳ

11. 终于问及了主体（1966）

12. 言语和语言在精神分析学中的功能和范围（1953）

13. 典型疗法的变体（1955）

14. 一个设想（1966）

15. 对让·伊波利特评论弗洛伊德的"否定"概念的导论（1954）

16. 对让·伊波利特评论弗洛伊德的"否定"概念的回应（1954）

17. 弗洛伊德的事务或在精神分析学中回归弗洛伊德的意义（1955）

18. 精神分析及其教学（1957）

19. 1956 年精神分析学的处境及精神分析学家的培养（1956）

20. 自弗洛伊德以来字符在无意识或理性中的代理作用（1957）

V

21. 论精神病的一切可能疗法的一个初始问题（1958）

22. 治疗的方向及其权力原则（1958）

23. 评丹尼尔·拉加什的报告《精神分析学与人格的结构》（1960）

24. 菲勒斯的意义（1958）

25. 纪念欧内斯特·琼斯：论他的象征主义理论（1959）

26. 事后的一点说明（1966）

27. 给女性性欲大会作的指导性发言（1960）

VI

28. 青年纪德或文字与欲望（1958）

29. 康德同萨德（1963）

VII

30. 在弗洛伊德的无意识中主体的倾覆和欲望的辩证法（1960）

31. 无意识的位置（1960）

32. 弗洛伊德的"驱力"概念及精神分析学家的欲望（1964）

33. 科学与真理（1965）

再往下还有两个"附录"：一个是让·伊波利特对弗洛伊德的"否定"（Verneinung）概念的评论；一个是拉康写于1960年的论文《主体的隐喻》。

就在所有整理好的稿件交付印刷厂付印的时候，拉康在一天深夜突然打电话给瓦尔，说《文集》绝对要一个核心词的索引，瓦尔已经被这次编辑工作弄得筋疲力尽，于是任务委托给了即将成为拉康的女婿的雅克－阿兰·米勒。不得不承认，米勒在理解拉康理论的方面是有天分的，他很快就整理出了一个"主要概念的分类索引"，而且还在索引的后面对《文集》中出现的各类拓扑图形逐一作了评注；而更让我们佩服的是他在迎合拉康的"已然"渴望方面所显示出的天才，他明确地提示应当以回溯的方式来理解拉康的理论，应当把拉康的理论看作一个整体，一个一以贯之的体系。因此，在他编写的"索引"中，并没有依照编年顺序或字母顺序排列所选的概念，而是按照一个结构主义的拉康体系、以一种重叠环绕的缝合术把每个概念置于其与整体的结构关系中。这样，在他的阐释下，拉康理论被分成五个大的方面，每个方面又由一些主题或分主题构成，概念则被分配在主题之下，有时同一个概念或主题因语境的不同而被置于不同的结构关系中。在此我们有必要看一下米勒所阅读出来的这个拉康，因为这应当算是对拉康理论的第一个系统"说明"，而拉康对这个"说明"也给予了认可，例如在《文集》出版后不久的一次研讨班上（1966年11月30日），拉康称米勒的索引为人们把握其概念的结构提供了一条"阿里阿德涅之线"。下面是米勒所编的关键词的索引，我只列到分主题一级，具体的概念及页码索引一并略去。[1]

Ⅰ. 象征界

　A. 能指的优先性

　　1. 能指的外在性、自主性和置换；能指的缺口

　　2. 能指单位

　　3. 结构：象征界、想象界和实在界

　　4. 能指对所指的优先性

　B. 能指的裂口

　　1. 自我的发生：想象性认同

　　2. 主体的产生：象征性认同

　C. 意指链

　　1. 重复（重复的自动性；能指链的坚持）

　　2. 两个原则（现实原则和快感原则）

　　3. 逻辑时间的多元决定（预期与回溯；偶然、机遇与命运）

　　4. 回想与记忆

　　5. 死亡、第二次死亡、死亡驱力、不可能的实在、实存

---

[1] 参见 Jacques Lacan, *Écrits*, pp.853-857。

Ⅱ. 自我与主体

A. 躯体、自我、主体（机体、某人自己的躯体、碎片化的身体）

B. 自我的功能

   1. 自主性的幻觉

   2. 投射

   3. "集体心理学"

   4. 自我的几何学（想象性空间）

C. 主体的结构

   1. 真正的主体

   2. 主体的分裂和消隐

   3. 主体的拓扑学（象征性空间）

D. 主体间性的交流

   1. 实证主义批判

   2. "我"的功能和言说的主体

   3. 大他者

Ⅲ. 欲望及其阐释

A. 无意识的构型

   1. 症状

   2. 无意识的修辞

B. 分析的经验

C. 菲勒斯

   1. 驱力

   2. 对象 a

   3. 原乐、阉割

   4. 欲望

Ⅳ. 临床实践

A. 弗洛伊德的病例

   1. 杜拉

2. 鼠人

3. 狼人

4. 施列伯法官

5. 小汉斯

6. 伊尔玛

7. 西诺列里

8. 肉店老板娘的梦

B. 精神病学的临床范畴

1. 神经症

2. 倒错

3. 精神病

Ⅴ. 认识论与意识形态理论

A. 认识论

1. 认识论的断裂

2. 真理

3. 猜想

B. 意识形态理论

1. 自我的意识形态

2. 自由事业的意识形态

就这样，拉康的声音终于以文字"残余"的形式出现了。《文集》于 11 月正式出版，立即引起轰动，首印的 5000 册不到两周便告罄。评论界的反应也很热烈，他立即被封为结构主义时代伟大的思想家之一。这是他期盼已久的。

需要顺便提及的是，1960 年代中期是法国结构主义运动的巅峰时期，其标志性人物的代表作品大都是在这个时候出现的：1964 年列维-斯特劳斯的《神话学》第一卷《生食和熟食》出版，接着在 1966 年和 1967 年又分别出版了第二卷《从蜂蜜到烟灰》与第三卷《餐桌礼仪的起源》（最后一卷即第四卷《裸人》出版于 1971 年）；

1965年阿尔都塞的《保卫马克思》和《阅读〈资本论〉》出版；1967年德里达的《论文字学》《声音与现象》和《书写与差异》出版……1966年更是结构主义出版业的滥觞之年，以至于有人说："结构主义在那一年到处爆炸，几乎造成一场地震。"[1]除列维－斯特劳斯的《从蜂蜜到烟灰》以外，在这一年出版的还有福柯的《词与物》、罗兰·巴特的《批评与真理》、本维尼斯特的《普通语言学的问题》、格雷马斯的《结构语义学》、皮埃尔·马舍雷的《文学生产理论》和拉康的《文集》等，其中以福柯和拉康的作品最为轰动。因此可以想见，一个结构主义的拉康何以会在这个时期成为米勒和拉康本人的欲望对象，虽然其理论运作的方式远非"结构主义"这一个标签所能说明。

二 通关的政治

出版的成功让拉康的影响进一步扩大，来听研讨班的人越来越多，可也是在这个时候，拉康学派内部的矛盾日渐浮出水面，拉康的精神分析政治又一次出现了危机。

在1964年的《建会条例》中，拉康把自己说成是从精神分析学的各种"变体"那里收复失地的领袖，他要以全新的组织形式来狙击那个让弗洛伊德主义走向没落的陈旧建制。为了不再重复过去的错误，他尝试了一件不可能的事：一方面，他把学派的一切权力集于一身，自己任学派的主席，自己组建学派的各个小组，自己组织学派的教学和培训，他就像一个君主，在自己的辖地行使着一切的权力，没有人可以监督他，更别说与他对抗；而另一方面，他又寻求复活一种带有共和国色彩的政治，就像弗洛伊德于世纪之初在维也纳成立的那个读书小组一样，成员之间没有等级区分，没有贵族式的特权，更没有强加的建制规则，拉康有一句话最能体现这一想

---

[1] 弗朗索瓦·多斯，《从结构到解构：法国20世纪思想主潮》（上卷），季广茂译，北京：中央编译出版社，2004年，第422页。

象的无意识政治的图景:"只有分析师能授权自己是一名分析师。"可以看出,拉康是想建立一个"君主制共和国",那里除了一个绝对的主人、绝对的导师、绝对的分析师以外,其他成员之间将遵循民主共和的理想,只有这个绝对的主人、绝对的导师和绝对的分析师与成员之间保持一种直接的君主制关系。

在《建会条例》中,拉康已给他的学派设计了一个结构框架,他宣布成立三个小组:第一个是"纯粹精神分析小组",或称"精神分析实践和理论小组",主要负责培训事务,就是说这是一个教学性和研究性的小组,小组下设三个分组,即"纯粹精神分析的理论""精神分析培训实践的内部批评""接受培训的精神分析家的督导";第二个是"应用精神分析小组",负责治疗和临床实践的问题,它也有三个分组,即"治疗理论及其变体""决疑""精神病学的资讯和医学探讨";第三个被称作"弗洛伊德领域编目小组",负责编录和批判性地审查这一领域的所有出版物并负责发布使分析实践获得其科学性的原则,它同样下设三个分组,即"精神分析运动的持续评论""相关科学的阐述""精神分析的伦理学"。

为了打破常规的学会建制的权力结构,拉康取消了传统在普通会员、资深会员、见习生之间进行的等级划分。在传统的学会里,一个人要成为正式会员,需要经过极其复杂而漫长的过程,比如必须完成相应的教学课程,必须在某一个由学会授权的分析师那里接受培训分析或教学分析,甚至还必须在至少两名导师的监督下完成多次临床实践,即所谓的"监督分析",而这每一步都需要向相应的委员会提交申请。现在,在拉康的学派里,任何学生和专业外的个体——不论你是不是分析师——都可以成为"会员",如果你想成为一个分析师,或者如果你有接受分析的意愿,你只需要拜会一下拉康,然后在一个被称作"卡多"(Cardo,有"联结""联络"的意思)的联络或准入委员会面前审查通过就可以了。进而,在传统的学会里,分析师之间有着复杂的等级,其中最重要的就是有权从事培训分析的分析师与没有这一授权或资格的分析师之间的区分，而现在，在拉康的学派里，不再有这样的区分，不再有一个特殊的可以培训其他分析师的分析师群体，培训分析与私人分析或治疗分析之间不再有区别。并且，虽然要成为一个分析师还需要另外的程序，但你只要被接纳为学派的成员，不论你从事的专业是什么，在学派内部你都有投票权，并可以通过参加一个被称作"卡特尔"（cartel，"联盟"的意思，尤指基于某一共同信念而结成的"政治联盟"）的小组与学派保持联系。

取消了成员之间意味着权力等级的区分，拉康为学派成员设立了三个头衔："普通会员"（member of the EFP，简称 ME）、"分析师会员"（analyst member of the EFP，简称 AME）和"分析家"（analyst of the EFP，简称 AE）。第一种是向所有人开放的，只要你有从事精神分析活动的意向；后两种是针对获得分析师资格的人而言的。一个普通会员要想成为分析师，只需自己去选定一个已经是分析师——不论是什么头衔——的会员接受培训分析，这一私人分析无须任何委员会的授权。然后，他就可以向一个由五人组成的"评审委员会"提交申请，评审委员会通过对其工作能力的认定而确定是否授予他所欲望的分析师资格。在获得 AME（分析师）的头衔以后，如果愿意，再经过一定的控制分析，他还可以再申请 AE（分析家）的头衔。

除准入委员会和评审委员会以外，拉康还成立了一个被称作"内阁"（directorate）的类似于执行委员会的机构协助他处理学派的重要事务，这个内阁的成员都是由拉康从 AE 中挑选的。原则上，评审团是要在全体会议上选举产生的，但由于学派创立时还没有举行这样一个会议，因此它的成员也都是由拉康任命的，他自己则是评审团的主任。这样，第一批获得 ME、AME、AE 头衔的成员都是拉康和他的内阁任命的。拉康成为绝对的主导。

那么，学派的这些成员是由什么样的人构成的呢？1964 年分裂前，法国精神分析学会共有会员 182 名，分裂后，只有 28 名加入了被国际协会收编的法国精神分析协会,有百余人跟着拉康离开了。巴黎弗洛伊德学派创立时,就有会员134名,其中大部分是来自前法国学会的人,其次便是阿尔都塞的学生,尤其是《分析手册》的那个群体,还有少数来自社会各个阶层,有哲学家、精神病学家、心理学家甚至牧师和神职人员。这样的人员构成使拉康不得不做出一些妥协,依照原先的级别去复制会员的头衔,所有前法国学会的资深会员自动成为学派的"分析家"(AE),以前的大部分预备会员和部分见习生则通过一定的评审程序也被提升为AE。至于"分析师"(AME)的资格,任命程序也大致相似,来自以前的"精神分析研究小组"的分析家成为其中的主角,还有一些属于法国精神分析运动史中的第四代人,他们将和新加入的会员——到1967年初,由于《文集》出版的影响,又有许多人加入进来,学派人数超过了两百——一起在学派中扮演着第三代在前法国学会中扮演的角色。

这样一个庞杂的群体必然会存在不同的倾向,而这些倾向的相互交织和冲突将构成且很大程度上影响着学派的整个政治生态。来自前法国学会的第三代——以勒克莱尔和皮埃尔为代表——属于身居要位的少数派,他们两次目睹了老师们的分裂,对一个强势的权威建制或独裁统治深怀敌意,他们对拉康应当说是忠诚的,但他们无法领会这位导师的精神分析政治的逻辑,对精神分析事业的现代化也缺乏想象,不论理论上的还是建制上的;在出生于1930—1940年代的第四代人的眼里,建制不过是驯服欲望的机器,他们所渴望的是那种权力最小化的兄弟会式的集体生活,在他们的眼里,第三代是保守的权威,是导致拉康此前的失败的祸首;还有来自高师的"手册"派,他们是新一代的知识精英,是激进的左翼政治的狂热追随者,拉康在他们眼里首先是一个知识英雄,他们要用科学的、逻辑的、形式化的工具重新武装他的理论,再乘机将那种激进的政治渗透到这一理论中;除上面几种倾向外,学派里还有一支力量,他们都属于普通会员,他们加入学派与其说是出自对精神分析理论与实践的热情,不如说是出自对拉康的偶像崇拜,他们对拉康可谓是言听计从,绝不会想到去挑战老师的权威,他们是一群教条主义者,没有理论的创新,也根本不追求这种创新,他们是一群"匿名者",因为他们很少写作。

拉康任命的第一任内阁由六个人组成,他们全属于第三代,且都来自前法国学会,他们是塞尔日·勒克莱尔、弗朗西斯·皮埃尔、让-保罗·瓦拉布热加(Jean-Paul Valabrega, 1922—2011)、皮拉·奥拉格尼埃(Piera Aulagnier, 1923—1990)、居伊·罗索拉托(Guy Rosolato, 1924—2012)和让·克拉维里尔。从第一次内阁会议起,冲突就出现了,内阁中多数人不愿接受拉康的独裁,他们更喜欢那种少数精英主导的寡头政治,他们想沿袭已有学会的某些建制设计,希望学派有自己的教学大纲和出版阵地,以便更有效地传播权威们的影响。至于拉康,这些曾追随他甚至帮助他同精神分析"教会"的教廷作斗争的第三代分析家现在已不再重要,因为那个绝对的、否定性的"主体"已经从他的结构网络中被彻底删除了,遭到"绝罚"后的他已不再需要这样的冲锋队,他现在需要的是以绝对的姿态去施以复仇,去收复精神分析事业或者说弗洛伊德领域的失地,而在他眼里,只有第四代分析家可以帮助他实施这一伟大的计划。

拉康的抛弃——更像是一种过河拆桥——令第三代分析家心灰意冷。1966年12月初,皮埃尔向拉康递交了从内阁辞职的报告,拉康接受了他的辞职。皮埃尔辞职一周后,拉康给所有会员发布了一个通告,宣布申请会员资格和头衔的人只需向主任(即他自己)和他的秘书(克拉维里尔)提出报告即可,这进一步强化了自己的权力,而架空了联络委员会和评审团的权力。通告还提出设立一个新的头衔:"实践分析师"(analyste practicien,简称AP),即接受过分析的普通会员可以自己授权自己是精神分析实践者甚至是分析师,而不必经由学派的委员会特别批准,具体的程序是,当一个受分析者准备作为一个分析师去接待病人的时候,他或她只需向学派的秘书通报一下，然后就可以作为"实践分析师"登录在册。正如图克勒所说："这意味着根本不需要学派委派分析师做'担保人'，因为决定开始实践和安排督导完全属于受分析者个人的事。……这一自我授权的观念最为直接地挑战了精神分析学——和其他专业尤其是其他医学专业一样——为确保安全而以一个明确的质量控制标准进行工作的观念。"[1]但在学派精英们看来，这同样是拉康专权的表现。因此，通告宣布后，让-保罗·瓦拉布热加也从内阁辞职，以抗议拉康的独裁。但这些局部的冲突并不能阻挡拉康前进的步伐，因为他有广大基层会员的绝对支持，还因为1966年底《文集》的成功让他对自己的事业获得了绝对的自信。

随着学派队伍的迅速膨胀，拉康意识到需要以新的建制策略来稳定他的王国。由第三代分析家所组成的内阁是靠不住的，他们没有能力对新的形势做出有效应对，拉康必须自己动手。1967年夏，拉康开始酝酿改革方案，10月9日，一份文本被分发到会员手中，文本的题目就叫《10月9日提议》。提议分两个部分：在比较长的第一部分，拉康追述了精神分析运动从国际精神分析协会创立到集中营时期的历史，思考了精神分析"教会"的等级制问题；在第二部分，他提出了一些预示着新的学派条例的原则。他说："我们的出发点是，从其外延——这是激活一个学派的唯一可能的基础——上来考虑，精神分析领域的经验的根源只能在精神分析经验本身中去找，我们的意思是说要在其内涵上来界定：对于一种入门性的精神分析学的必要性，唯一值得说明的理由就是为了那一领域的运作。"[2]这是什么意思呢？首先，所谓"从外延上来考虑"，指的是对精神分析运动建制层面的考量，而所谓"在内涵上来界定"，则是指精神分析经验的理论层面的评判，因此拉康的意思是说建制

---

[1] Sherry Turkle, *Psychoanalytic Politics*, p.122.

[2] 引自 Elisabeth Roudinesco, *Jacques Lacan & Co.: A History of Psychoanalysis in France, 1925-1985*, p.445.

的运作必须取决于精神分析经验本身,一个人能不能成为分析家,取决于他的精神分析经验,而不是外在的建制,而这经验根本上说就是一种理论化,对精神分析实践的理论化。

正是基于这样一个原则,拉康提出了他的改革思路:以前的五人评审委员会改由七个人组成:主任(当然是拉康本人)、三个任意选出的"分析家"(AE)、三个也是"任意"选出——其实是由 AE 挑选——的普通会员(ME)。原则上,最后的三个人必须自己也在接受 AE 的培训分析,这些人被称作"放行人"(passer),他们的作用就是接受来自 ME、AP、AME 的申请人的证言,后者被称作"通关人"(passant),因为他们在申请"分析家"(AE)的资格,为此他们必须接受一个所谓的"通关"(the pass)测试。这一测试的程序是:申请者或者说"通关人"先向两位"放行人"陈述他的培训和他的分析结果(end of analysis);接着"放行人"把陈述转交或"放行"给评审团的 AE 和主任,由他们来得出"yes"或"no"的结论。如果被通过了,申请人便可获得 AE 的头衔——即便他还不是 AME——相应地,他的分析师也可直接晋升为 AE。注意,在这里,评审团并不是一个教学委员会,它的作用不是去对申请者的临床能力做出评判——那是申请"分析师会员"(AME)资格的时候需要的——而是对他的精神分析经验即理论化的能力进行评判;而且这一评判并无预设的准则可以依据,因为整个"通关"程序乃是基于一个原则,即每个人的分析都是独特的。

关于这个"通关"程序,因为它关系到巴黎弗洛伊德学派后来的发展以及拉康晚期研讨班中的许多思想,在此需要稍作几点解释。

首先,这一程序的性质。埃文斯对此有很好的归纳:

通关乃是一种手段,意在使一个人可以获得学派对他的分析结果的确认。通关不是一个法定的过程;一个分析师决定走不走这个程序,完全在于他自身。它不是对分析实践的一种资格认定,因为"一个分析师的授权只来自他自身。"它也不是学派对会员的分析师地位的确认,这一确认在拉康的学派中由另外的、整个地独立的手段完成,并对应的是 AME 的头衔。它唯一确认的是一个人的分析已经得出了其逻辑的结论,这个人可以从这一经验中导出一个系统的知识。因而通关关心的不是临床功能而是教学功能;它旨在验证通过人将他自己的精神分析治疗的经验理论化并由此得出精神分析知识的能力。[1]

其次,设计通关程序的理论目的。对拉康而言,这主要是针对他一直以来所强调的精神分析技术理论化的问题,用他自己的概念来说,就是"分析结果"的问题。对于分析,一直以来,都与两件事联系在一起,治疗和成为分析师:一个人去接受分析可能是为了治疗,也可能是为了让自己成为分析师。在传统的认识中,能否从一个受分析者变成为一个分析师,主要看临床的经验和能力,看你能不能很好地解决自己和病人的问题,成功地消除症状。可在拉康看来,分析的目标不在于治疗,而在于让受分析者或病人学会阐释其欲望的真理/真相。不论是受分析者还是分析师,去做分析的目的不是消除症状,因为症状乃是无意识的构成物,是能指的结构化,它只能被置换而不可能被消除。如果一个分析师能让他的受分析者学会穿越欲望的幻象,直面其欲望的真理/真相,就表明他达到了"治疗"的目标,进而,如果一个受分析者对这一治疗或分析经验可以得出自己的理解,即可以将其理论化,那就表明他达到了"分析结果",这样的人就可以成为一个"分析家"而不仅仅是临床的分析师。通关程序的设计就是为了检验这个逻辑的分析结果。

再者,设计通关程序的实践意图。这当然是为了打破国际精神分析协会一直以来在治疗分析与培训分析之间所做的强行区分。依照那一区分,"治疗分析"单指治疗过程,受分析者接受分析是为

---

[1] Dylan Evans, *An Introductory Dictionary of Lacanian Psychoanalysis*, p.136.

了治疗某些症状，而"培训分析"则单指受分析者为成为一个分析师而接受分析。更主要的是，按照国际协会的规则，一个人要从事分析实践，首先都得接受培训分析，并且这一分析必须由学会或协会授权某些培训分析师来进行。拉康并不认同这样的区分，在他看来，所有的分析都是培训分析，用他自己的话来说，"只有一种精神分析，那就是培训分析"[1]。这话的意思是说，在实践的层面，治疗分析只是一种分析，培训分析也只是一种分析，两者并无区别，但在理论的层面，培训分析是治疗分析基础上的"加一"（plus-one），这"加一"就是指加上一个理论化的维度。通关程序就是这个"加一"的测试，其中"放行人"的设置一定程度上就是为打破权威主义的僵局而设计的。

可这样一来，通关程序将在学派内部引发一个结果：一个分析师（AME）可能是一个出色的临床者，但未必能把分析经验逻辑化和理论化，反过来，一个普通会员（ME）可能根本没有治疗经验，但这并不意味着他不能把培训或分析的问题理论化，因此借由通关程序，一个普通会员有可能成为"学派的分析家"（AE）——只要他通过了那个测试——尽管他还不是"学派的分析师"（AME）。正是在这个方面，我们看到，通关程序的政治意义可能远大于其理论意义，对此，卢迪内斯库有一段评述：

> 10月提议无疑是精神分析史上有关培训的一个最具创新意义的议案。关键的是它让培训分析摆脱了教学的模式，后者模糊了分析治疗所特有的通过过程。拉康因而想把躺椅上所教的或传达的东西作为行使某一职能的唯一原则重新引入，因为这一职能在当时与精神分析学的特殊性已不再有任何共同点。在这个方面，这一程序考虑的是给分析补充"又一个"场所，既非控制亦非躺椅的场所。虽然拉康没有使用这个词，但它根本

---

[1] Jacques Lacan, *The Four Fundamental Concepts of Psychoanalysis*, p.274.

上就是要为精神分析学的一个"第三场所"施以建制化，既不是参与学术意义上的考试，也不是参与任何博士答辩或学位答辩，而是参与一种特殊的弗洛伊德主义的培训政治。在街垒战之后，拉康会说，他已经在他的学派中提前完成了一次1968年五月革命。[1]

拉康的提案一经提出，立即在学派里引起轰动。反对的声音中有两种意见比较突出：一是认为通关程序不过是在强化拉康个人的权力，因为最后的决定权其实就在他手上；另一种意见则认为"放行人"这个角色的设立会损害受分析者之间的关系，因为一个受分析者被他的分析师选为"放行人"，这是不是意味着他的分析是成功的呢，或者他会不会这样来觉得呢？

不满的情绪很快就反映出来了，且主要是在第三代分析家当中。皮埃尔给拉康发了一个公开信，指责学派的章程不够完整，要求起草新的章程，成立专门的培训机构。瓦拉布热加也写了一篇长文指责主席的专权，称内阁形同虚设，并对10月提议中的观点逐条反驳，强调控制分析或监督分析是一个人的分析的唯一语境。罗索拉托没有发表意见，但在11月宣布退出学派，并于1968年1月加入了法国精神分析协会。奥拉格尼埃也没有正式提出批评，但她在罗索拉托退出后不久也宣布从内阁中辞职。还有勒克莱尔，他虽然赞成"通关"程序，但不久也辞去了内阁职务。六人内阁只有克拉维里尔继续留了下来，但他实际上也不赞成"通关"程序。

1968年2月，新的领导班子组成。第三代人中只有克拉维里尔真正赢得了拉康的信任，他成为学派中权力仅次于拉康的人，当然多数时候只是摆设。虽然一切都被置于拉康的绝对控制之下，但批评的声音还是不绝如缕，对"通关"程序的讨论一直在继续。

在这个时候，第四代人也发出了自己的声音。这些人身处学派

---

[1] Elisabeth Roudinesco, *Jacques Lacan & Co.: A History of Psychoanalysis in France, 1925-1985*, p.449.

最底层,自一开始就注定只是拉康的棋子,而他们自己也乐于充当这一角色,他们很享受主体的那种自愿臣服状态,很享受与这种臣服相伴随的有限的自由,在他们看来,"通关"程序乃是对传统分析培训程序中分析师与受分析者即老师与学生之间的那种等级关系的颠覆,是对倚老卖老的那些精英们的权威的挑战。当然,在1968年初,这些声音还缺乏足够的震撼力,可他们的时代已经到来了。最令这些年轻人兴奋的是,他们的声音不久便汇入了五月的巴黎学生反叛风潮,他们居然在五月风暴之前就已经在拉康的学派内部预演了伟大的革命!

1968年12月,拉康提出了一个经过修正的改革方案,其中对学派各个头衔的性质和评审团的功能再次作了说明,对"通关"程序中争议较大的某些条款作了删改,一个重要的变更就是同意不让"放行人"参加评审团。拉康告知说,这个修改方案并非最后定案,大家仍可以提出自己的修改意见,然后他会从中选出几个方案和自己的方案一起提交第二年年初的学派全体会议进行表决。

1969年1月底,学派召开全体会议,有三个方案——其中一个当然是拉康自己的——提交会议投票表决,拉康的方案赢得了多数,获得通过并被写入学派的章程。投完票后,皮埃尔、瓦拉布热加和奥拉格尼埃给拉康递交了辞职信,彻底退出学派,法国精神分析运动史上的第三次分裂就这样完成了。三次分裂都与精神分析主体所处的"莫比乌斯带"有关,且引发三次分裂的焦点都集中在精神分析的培训问题上,只是这一次,拉康不再是受到驱逐的一方,他好像永远都是胜利者。

皮埃尔、瓦拉布热加、奥拉格尼埃等退出学派后,伙同一批以女性为主的第四代分析家组成了一个新的精神分析组织:"第四小组"(Quatriéme Groupe),又称"法语精神分析组织"(Organisation psychanalytique de langue francaise)。从名称可以看出,这个组织既不认同"学会"或"协会"模式的等级建制,也不认同拉康的"学派"模式的领袖崇拜。它强调的是精神分析的多元化存在,强调的是一种社会学式的集体主导的组织结构。所谓"第四",在此既暗示着它在法国精神分析运动史中的历史位置,即它是继巴黎精神分析学会、法国精神分析学会和巴黎弗洛伊德学派之后的第四个精神分析团体,同时也指示着小组提出的所谓"第四分析"(Fourth analysis)的理论。

"第四小组"的创立者深深地体会到,法国精神分析运动总是被原则的理想主义和意识形态的极权主义之间的矛盾所困扰,而"能力""会员资格"和"培训"这三个东西常常是引发不可解决的冲突的源泉,其中"培训"的问题更像是无意识政治的症状,它以一种纽结的方式缝合着精神分析学从理论到实践和建制的各个地带。例如,能力的问题时常跟培训分析的效果联系在一起,尤其是,如果如拉康所界定的,培训分析的结果是一种"纯粹"分析即一种理论化的能力,问题就会变得更为严重;再如会员资格的问题,它总是与忠诚联系在一起,而后者又时常取决于受分析者与分析师之间的分析关系;至于培训本身,它会导致一个危险,即把分析师的地位建立在证书的获得或确认的仪式之上。那么,如何走出原则的理想主义和意识形态的极权主义的困境呢?如何避免出现那种种异化的现象呢?"第四小组"以一种社会学的想象设计了一个新的建制模型,而这一模型的理论基础就是他们所说的"第四分析"。

何谓"第四分析"?1969年,小组的理论家瓦拉布热加在一篇题为《精神分析培训的道路》的文章中对此有系统说明。瓦拉布热加批评拉康的纯粹教学分析或培训分析的理想是一种"纯洁派精神分析",它强化了一种三角结构关系,即正在接受分析的病人或受分析者、分析师和分析师的分析师之间的关系,而实际上,在培训分析的情境中,还存在一个重要的维度,那就是传统的监督分析师或控制分析师的位置,瓦拉布热加把这一位置的分析称作"第四分析",他说:"第四分析——下面会看到,它与'古典的控制分析'

有很大的不同——可以说就是一种培训程序,因为确切地讲,培训分析总是在四个参照点上同时实施的,故而有必要赋予那些盲区的分析、那些含有倾向性的曲折变化的区域的分析一种特权,以此去定位在四个参照点当中循环往复的无意识移情。因而,'多维参照'这个词在这一语境中也并非不着边际。"[1] 可以看出,所谓"第四分析"或"多维参照分析"其实是对培训分析的情境的一种描述,依照这一描述,一个申请人只要接待了他或她的第一个病人,就不再只有教学联系在调节主体与无意识的关系,而是还有临床经验及其所有未知的东西,因为,在这一情境中,病人面对的是三个分析师,即分析师、分析师的分析师(不再被称作教学分析师)和第四分析师(不再被称作监督者),他们各有自己的知识背景,也就是说各有自己的知识局限性,因而需要多元参照来参与无意识主体的对话,以解决分析过程中移情与反移情的问题。实际上,"第四小组"的"第四分析"和"多维参照"理论是对拉康的培训理论的一种发展,其建制的实践也是"参照"拉康的学派来建立的。"第四小组"与其说是反拉康主义的,不如说是拉康主义的又一个"变体"。

三 结构的街垒战

1968年五月风暴常常被一些史学家们描述为第二次法国大革命,对于这种善意的类比,我们不妨姑妄"听"之。五月风暴并非一帮密谋者有目的地策划出来的一场革命,它不过是欲望机器在适当的引爆点上启动的一次内燃工作,在我们现下的语境中,我更倾向于把它看作无意识主体的一次宣泄疗法,是这个精神分析化的社会的绝对症状,是拉康意义上的"幻象的逻辑"的绝对表述。一夜之间,那个在绵延的时间之梦中沉睡的自主主体全都变成了精神分析化的暴戾的主体——歇斯底里的主体,当那些欲望的碎片飘荡在巴黎上

---

[1] 引自 Elisabeth Roudinesco, *Jacques Lacan & Co.: A History of Psychoanalysis in France, 1925-1985*, p.474.

空的时候,拉康也许很"享受"主体的那种症状吧,他的理论正在以一种异样的方式被集体地践行着,整个巴黎城都成了主体们的"对象 a"。我这样说是不是以另一种绝对的方式把五月风暴描述成了一次精神分析运动呢?是的,至少一定程度上说,它是精神分析化的主体性对集体移情的一次演习,它以其绝对的方式构成了一个特殊的分析场景。以此言之,我认为,迄今为止对五月风暴做出最佳表述的并非事件经历者们琐碎的事实罗列,也不是历史学家们的夸夸其谈,而是两位哲学家的著作,那就是德勒兹和加塔利1972年所写的《反俄狄浦斯》。

"结构不上街",这句被套用在罗兰·巴特身上的谣言常常被人当作结构/后结构主义者的政治标签,似乎五月风暴所激活的主体性激情宣告了结构主义的破产,宣告了"结构人"的失败,因为在自以为是的庸众和理论家眼里,结构/后结构主义意味着对主体性的驱逐,意味着"人"的死亡,意味着主体在历史洪流面前的彻底失败。可问题在于:上街就一定是革命的吗?!或者革命就必须上街吗?!福柯上不上街都是革命的;巴特即便上街也是非革命的,因为在他眼里,革命和上街都不过是资产阶级暴露癖的一种症状;拉康呢?他上不上街都是不革命的,或者说他是一个假革命。虽然他的理论有革命的效果,可那只是参与移情的无意识主体依循某种幻象的逻辑指认出来的一个貌似革命的位置;虽然他以对抗建制的英雄自居,可实际上对建制的对抗正是他借以认同建制的手段和方式,他的主体性恰恰是建立在对建制的移情上的,他所关心的只是自己的事业,为此他可以利用也善于利用一切可以利用的机会。由此我们可以理解,拉康为什么对五月学潮持一种积极的支持态度,那不是因为他对左派、对革命、对共产主义或毛主义有什么热情,而是因为那一运动的颠覆性正符合他的精神分析政治的需要,符合他"貌似的"革命精神。5月15日,学潮正闹得如火如荼,拉康在他的周三研讨班上面对着那些亢奋的信徒说:"我正处在杀死我自己的过程中,我告诉你们,精神分析学家应当对反叛有所期待。如果有人问,反叛对我们应当有什么期待?反叛本身就是对他们的回答。从你们那里我们所期待的就是不时地用我们的手扔出一些铺路石。"拉康还宣称,铺路石和催泪弹正在发挥"对象 a"的作用。[1]这就是拉康,一个把革命当作激发主体性激情的欲望工具的拉康。

其实,在拉康学派的眼里,真正的"对象 a"就是拉康本人,他才是那个欲望的成因。正是在拉康的鼓动和支持之下,年轻的第四代分析家们既积极投身于街垒政治,也把街垒政治的精神运用到学派的精神分析政治中,把拉康的"通关"程序视作他发起的又一次精神分析历险,是弗洛伊德主义在新时代的充分体现。而拉康也立即意识到他的事业的未来将掌握在这新一代人的手中,他抓住了这次机会,利用这支新生力量在他的学派内部完成了一次不流血的革命。

五月风暴改变了法国社会许许多多的东西,也改变了法国的精神分析运动。当然,一个社会或一种运动的改变是多元决定的,非单一一个事件所能解释,但至少五月风暴是一个标志,是一个纽结点。

> 1968年以后的几年里,一切都已改变。弗洛伊德主义的结构主义成为法国知识生活各个不同领域如文学批评、数学、经济学和哲学的一个中心主题。这一改变甚至超出了知识界的范围:精神分析学已成为一种社会现象。一个弱小的、无足轻重的法国精神分析运动已成为一种法国精神分析文化,深深地且广泛地嵌入了政治和社会中。法国分析家的人数迅猛攀升,公众对精神分析的兴趣亦爬升到新的高度。育儿指南、职业咨询、教育和社会工作全都"变成了精神分析的"。精神分析学成为法国医学、精神病学和出版的头号新闻。一家最流行的法国电台甚至声称在通过电波做迷你精神分析(mini-

---

[1] 参见 Elisabeth Roudinesco, *Jacques Lacan & Co.: A History of Psychoanalysis in France, 1925-1985*, p.455。

psychoanalyses）。[1]

在精神分析成为一种社会现象的同时，一种真正意义上的"精神分析文化"出现了。如果说五月事件期间还只是出现了许多具有精神分析症状的标语和口号的话，那么，1968年之后，精神分析的"语言"就成了一种时尚，就像图克勒所说，"一种指涉可见背后的不可见、显意背后的隐意、公共背后的私人的精神分析语言成为有关家庭、学校、教会的标准话语的一部分。以前诸如流产、避孕、性教育这类'私人性的'话题成为公众争论的焦点"[2]。同时，精神分析的话语不再局限于专业学会的圈子，也不再局限于精英知识分子的论坛，而是扩散到社会的各个阶层，渗透到文化的各个领域，尤其是流行文化更是将精神分析学视作帮助其打开市场的宠儿。社会与文化的这种高度精神分析化其实正是步入消费社会的资产阶级主体性的一种症状享用。

在这样一个精神分析化的时代，法国精神分析共同体本身也走向了一种多元化。在以前，一个精神分析团体首先追求的就是得到国际精神分析协会的确认，拉康的巴黎弗洛伊德学派第一个走出了这个确认欲望的陷阱，但它并没有摆脱建制化的欲望本身，而是以帝国建制为否定性的参照把自己抛入了另一种建制的逻辑，使自己同样陷入建制的邪恶性难以自拔。而现在，随着社会对精神分析学的需求日益扩大，各式各样的精神分析团体涌现出来，有关精神分析学的论坛一个接着一个，精神病学家、心理学家、哲学家、左翼政治家、宗教学家、文学批评家、先锋艺术家、女权主义者、文化研究者、社会工作者纷纷投身于精神分析的事业，而他们并不一定要有一个严格的建制形式，也根本不需要为得到建制的确认而奋斗，他们致力于一种真正的精神分析事业，以精神分析学为武器介入社

---

[1] Sherry Turkle, *Psychoanalytic Politics*, p.6.
[2] Sherry Turkle, *Psychoanalytic Politics*, p.45.

会生活的各个方面。

至于精神分析建制内部，其形势也在发生变化。巴黎精神分析学会、法国精神分析协会、巴黎弗洛伊德学派，还有第四小组，会员人数在五月风暴后都有不同程度的增加。拉康的弗洛伊德学派当然增加得最多，1967年的时候它还只有210人左右，到1971年已增至276人，1975年的时候更是增至401人，到拉康去世的时候则增到了570人。

人数的增加其实也意味着另一种现象的出现，那就是代际的更替。第一代法国分析家早在1940年代末就已所剩无几，活着的也已被边缘化；到1970年代，第二代分析家也遭遇着同样的命运，丹尼尔·拉加什于1972年去世，萨卡·纳什特和亨利·埃伊于1977年去世，拉康也已是垂暮之年，虽然幸运的他并未因此而被边缘化，但他已经只是他所缔造的伟业的一个象征，他已经成为他人手中的一枚棋子。这没有什么可伤感的，谁能与主体的必然性作对呢？！又有谁能胜过这必然性呢？！现在，该轮到第四代甚至第五代上场了，五月风暴已经把他们推到了历史的前台，他们将作为精神分析共同体的主力主宰运动的历史。那么，第三代呢？他们真是命运不济的一代，年轻的时候他们的命运由老师主宰着，1968年五月革命的时候他们还没有一个人有足够的号召力去像拉康那样引诱革命的青年，相反倒是被当作资产阶级意识形态的代理而受到攻击，到1970年代，他们的位置又被另一些主体所占据。当然，与第四五代的匿名性主体不同，第三代人中不乏才学之士，例如让·拉普朗虚（Jean Laplanche, 1924—2012）和让-贝特朗·彭大历斯（Jean-Bertrand Pontalis, 1924—2013），又如费利克斯·加塔利（Felix Guattari, 1930—1992）和穆斯达法·萨福安（Moustafa Safouan, 1921—2020），他们都是拉康之后法国精神分析运动的佼佼者，可在1970年代，他们在建制中的位置都算不上显赫。

再有一个变化就是，五月风暴后，精神分析学开始在大学建制里确立自己的地位。很长一段时间里，在法国的大学里，精神病学并不是一个独立的学科，而是归属于神经精神病学，这符合法国身心二元论的传统。五月事件后，法国教育部对大学建制进行改革，其中就包括对传统学科设置的调整，精神病学终于从神经病学中分离出来，有了自己独立的学科建制。分离后的精神病学在学科建制上更像是一个跨学科的专业，一个综合性的人文学科，在大学里，心理学、社会学、人类学、精神分析学都是该学科的必修课程。精神病学作为一个学科在大学建制中的独立改变了法国精神病学的结构，也顺带地改变了精神分析学的地位。精神分析学在大学里获得了其独立的教席，甚至成为精神病学和心理学的学生最为追捧的课程，而在此之前，它都只能在心理学或神经精神病学的课堂上被顺便提及。精神分析学成为大学课程，于是有大量的精神分析学家走进了大学讲堂，精神分析共同体有了新的谋生之处。法国精神分析运动将因为这一改革而发生巨大变化，拉康的学派同样会卷入这场改革浪潮。

好了，回到拉康的场景。刚刚讲到第四五代分析家的"匿名性"，这其实说的是他们的出场情境。总体上，法国的第四五代分析家都集中在拉康的部落里，他们是拉康最忠实的信徒，许多人对拉康的理论怀有一种教条主义式的虔诚；他们加入拉康的共同体常常不是为了职业实践，而是出于对拉康刻意追求的隐晦风格的膜拜，在他们眼里，那种风格就是一个"对象a"，就是一种分析行动，就是精神分析学的"真实"。面对拉康这个绝对的主体，他们不能做什么，他们是虚弱的，且是绝对的虚弱，因为他们甘愿以匿名的形式为拉康的事业服务，也许这正是那绝对虚弱的主体唯一可行的迂回之路，即通过把主体置于匿名的缺席位置来召回它的存在，而这存在之真实就是它根本不存在，或者反过来说，这匿名性本身即是一种存在。

匿名性是主体的一种症状，也是主体借以显形的一种环路。匿名性绝不意味着主体不施为，恰恰相反，匿名性正是主体施为的条件，它就是施为本身，是主体"使"自己处于不施为的位置，它使主体在缺席中在场。就是在这样的状态下，第四五代分析家获得了拉康的宽容和支持，他们为拉康做的一件十分重要的事就是经营拉康产业，以出版的形式传播拉康的思想。在 1970 年代，有三个刊物值得一提：《即是》（Scilicet）、《精神分析学家必备》（L' Ordinaire du psychanalyste）和《奥尼卡？》（Ornicar?）。

"Scilicet"是一个拉丁词，有"不用说""即是""当然"的意思，拉康把它翻译为"你要明白"。在《即是》杂志的创刊号中，拉康写道："'你要明白'，这就是这个刊名的意思。"接着，他评论说，整整十二年（指从 1951 年到 1963 年），他只给精神分析学家讲课，结果发现他的教学是失败的，于是，他又到了高等师范学校，在那里整整讲了四年（即从 1964 年 1 月到 1967 年 12 月），这四年他都献给了数学。他强调，创办这个评论不是为了分析家，而是为了学员，为了那些对精神分析发生兴趣但还没有加入学派的新手，拉康用了一个英语词，称他们是"bachelors"，并承诺他的"教学帝国"和杂志将给新手们提供一个"文化管道"。拉康还声称，杂志不排斥任何人，"但凡是没有加入进来的，就不算是我的学生"。这种专横还真是让那些屈从的主体受用，他们无条件地接受了拉康强加于他们的匿名性，他们在杂志上发表的所有文字都没有署名——拉康自己当然除外——因为按照拉康的说法，任何写作都是一种复性的写作（plural writing），一种理论努力不可能是单一一个作者的功劳，而是教学的功劳，就是说，只是他拉康的功劳，而别人所能做的就是对他的理论加以评论。《即是》由色伊出版社出版，从 1968 年至 1976 年，前后八年间共出版七期，拉康发表在这个刊物上的文章于 2001 年收入由米勒整理出版的《文集别章》（Autres Écrits）中。

如果说《即是》杂志的出版显示了一种强加的匿名性和一种自发的教条主义，那么创办于 1973 年的杂志《精神分析学家必备》则称得上是一种自发的匿名性和一种自发的反教条主义的阵地。主持这个杂志的是两个爵士乐爱好者，他们奉拉康是他们的精神领袖，但并不接受拉康的"通关"程序，因为在他们看来，获得一个头衔与享受匿名性下的自由是相背的，他们要的是真正的匿名性，是真正的复性写作。所以，他们的杂志更像一个先锋的自由主义论坛，其大部分的稿件都来自拉康主义的阵营，既有理论性的评论，也有私人日记，甚至还有类似于艺术宣言一样的无意识呓语和诗歌断章。杂志一共出版了十二期，1978年停刊。

《即是》和《精神分析学家必备》的停刊，都与拉康的兴趣转向另一份刊物有关，那就是他的女婿雅克-阿兰·米勒1975年创办的《奥尼卡？》。"Ornicar？"这个题目是米勒将帮助法国学童记忆法语连词的一句歌谣"mais où est donc or ni car？"的后三个词加以组合新造出来的，并保持了其提问的形式。一开始，这个杂志就确立了一个主要任务，即出版拉康的研讨班讲演，至拉康逝世时已出版1974—1975年、1975—1976年、1976—1977年、1977—1978年和1980年五个研讨班的讲演。拉康逝世后，这一工作仍在继续，很长一段时间里，《奥尼卡？》成为拉康产业的重要基地。

当然，拉康支持第四五代的这些出版计划——其实，除了上面的三个刊物，拉康的学派还有别的出版计划，色伊出版社的"弗洛伊德领域"系列丛书就是其中之一——既是为了扩大学派的影响，也是为了部署自己的队伍，让他们除了研讨班以外还有别的进行集体移情的场所，因为这对他的事业来说是极其重要的。

五月风暴让拉康的学派变得热闹起来，前来参加研讨班的人比以前更多了。就在这时，一起事件再次把拉康变成了焦点人物。1969年3月，巴黎高等师范学校的主任罗伯特·弗拉塞力埃尔（Robert Flacelière，1904—1982）通知拉康，高师的迪萨纳礼堂再也不适合他，下学期开始他再也不能在那里举办他的研讨班。至于理由，弗拉塞力埃尔没有说明。在拉康眼里，这显然又是一次驱逐，他向来是以牙还牙的人，他必须做出反击。6月26日，在该学期研讨班的最后一次讲演上，拉康出示了那个逐客令，当众宣读并向听众散发它的复印件，宣读中途还不时地拿主任的名字开涮，称后者是"Flatulencière"（"flatulence"在法语中为"胀气"的意思）、"Cordelière"（方济各会修女）等，不必奇怪，拉康的尖酸刻薄是有名的。驱逐的消息令台下的听众群情激愤，他们立即采取行动，决定占领弗拉塞力埃尔的办公室。参加者中有拉康的继女、一个激进的毛主义者劳伦斯·巴塔耶，还有著名的"泰凯尔"（Tel Quel）集团的两位核心人物：菲利普·索莱尔斯（Philippe Sollers, 1936—2023）和朱丽娅·克里斯蒂娃（Julia Kristeva, 1941— ）——这对夫妇也是激进的毛主义者，他们来参加拉康的研讨班既是为了从这里汲取理论养料去说明他们的文本实践和对抗他们所在的法国共产党内部的修正主义意识形态，也是为了他们的理论实验，即在结构主义或后结构主义、马克思主义和弗洛伊德主义之间谋求超理论的结合。抗议者们在办公室里静坐了两个多小时，后被警察赶了出来。

　　拉康被逐的事件在社会上并没有产生太大的反响，拉康的好友列维－斯特劳斯的态度也许可以反映出人们的某种看法：当弗朗索瓦·瓦尔找到曾经支持过拉康的列维－斯特劳斯，要他在一个请愿书上签名的时候，后者拒绝说，一个被邀请到别人家里做客的客人不应该大声喧哗。是的，拉康的愤怒是没有道理的，他忘记了这个圣地曾经给予他的庇护，忘记了那个讲台所带给他的荣耀。他甚至以怨报德，责怪阿尔都塞和德里达没有阻止校方的行动。

　　还好，拉康并未因此被逐出大学，他的研讨班转移到了先贤祠对面的法学院的演讲厅。1969年11月26日，新一期研讨班如期开讲，该期研讨班的主题是"精神分析学的另一面"，在这里他将讨论到四种话语：主人话语、大学话语、歇斯底里话语和分析家话语，并要把分析家话语置于其他三种话语之上，只有它处在发现"真理"的位点上，大学话语则被视作一种霸权性的话语，表面上是向他人灌输"中立的"知识，实际上是要借此实施对他人的主宰——他总是这样，就像他所研究过的那个病人埃梅，当自我的理想受挫时，就转而去攻击所欲望的理想对象。

拉康对大学话语的评论无疑具有某种"知识"的真实，现代性谋划下的大学建制的确如他所言是一种霸权建制；可他的评论同时也泄露了其自身的欲望的"真理/真相"：正因为大学话语是一种霸权话语，他才渴望着在这里获得确认，赢得其主体的位置。因此，对大学建制的怨恨恰好与对它的羡妒是缝合的，对大学霸权的揭露恰好与对它的认同是扭结的。拉康主义者在文森大学的建制运作就是最好的说明。

刚刚我们提到五月风暴后法国教育部门的大学改革，对官方而言，实施这一改革既是为了革除旧弊，缓解战后一代的年轻人对旧的建制的不满情绪，也是为了消除学生运动的危害性。这一改革酝酿出来的一个重要成果就是巴黎第八大学的创立，由于这个大学位于巴黎东部郊区一个叫文森（Vincennes）的地方，所以人们习惯称它为文森大学。自创立之初（1968年秋），这个大学就发誓要以其民主化的管理和跨学科的院系建制充当大学改革的样板和实验区，这个远离市中心的校区于是成为好战的五月运动激进分子的避难所，一群称为"无产阶级左派"的毛主义组织成为最活跃的力量，他们把校园变成了红色中国的红卫兵运动的试验田，变成了重温五月革命的街垒之战的场所，而他们自己则变成了蛰伏在资本主义机体中的"毛泽东细胞"。

文森大学在许多方面的确表现出非凡的实验性，且不说其在建制上体现出来的充分的开放性，也不说它对法国当时最具才华的思想家米歇尔·福柯的任命——他被任命为哲学系主任——单就院系的设置而言，这所大学居然在哲学系的下面另设立了一个精神分析学系，这在法国的大学建制史上是前所未有的，也是精神分析学史上前所未有的。其系主任就是曾为拉康的"三套车"之一、后在拉康的学派中受到冷落的勒克莱尔，其老师也全都来自拉康的弗洛伊德学派——法国精神分析协会和巴黎精神分析学会的许多分析家都到了巴黎第七大学和第五大学,不过在这两所大学里,没有单独的精神分析学系,而是只有一个实验性的教研组——其中包括让·克拉维里尔、露西·伊利格瑞、米歇尔·德·塞托(Michel de Certeau)、阿兰·巴迪欧、雅克-阿兰·米勒等。米勒此时已成为拉康家族的一员,他于1966年同朱迪丝结婚,后者是拉康和西尔维亚的孩子,可父姓一直用的是巴塔耶的名字,1964年才在法律上确认了拉康的父亲身份。朱迪丝也在文森大学,不过是在哲学系,她和米勒都是"无产阶级左派"的成员。勒克莱尔还曾邀请从拉康的学派中分离出去的"第四小组"的核心成员加盟,但是遭到拒绝。

在未被巴黎高师驱逐之前,拉康对勒克莱尔的实验一直抱观望态度,但1969年3月接到驱逐令后,他的态度发生了变化,他当然明白大学建制之于拉康主义的重要性,他决定进军文森,第一步就是要把勒克莱尔赶下台,为此,他一方面让他的内阁向勒克莱尔不断施加压力,另一方面打算亲自出马,以他的魅力征服或者说驯服那里桀骜不逊的学生。1969年12月3日,拉康应哲学系邀请来到文森大学第一报告厅作演讲,面对那些时刻准备着向权威发起攻击的狂热分子,这位年近七十的老人就像一个超现实主义的诗人一样,把他的想象力简直发挥到了极致:

> 雅克·拉康(一只狗在他站立的讲台上溜达):我要谈谈我的缪斯女神,她就是这种类型的。她是我认识的人中唯一知道自己在说什么的人——我不是说她正在说什么——那不是因为她什么也没有说,而是因为她不用言辞来说。当她焦虑的时候,她就会说些什么;那时,她就会把头放在我的膝盖上。她知道我会死,这个事实别的许多人也都知道。她的名字叫朱斯蒂娜……
>
> 插话:嘿,怎么回事?他在向我们谈论他的狗!

> 雅克·拉康：这是我的狗，她真漂亮，你会听到她说话的……与四处闲逛的人相比，她唯一缺少的东西，就是没有办法上大学。
>
> 此时我在这里，作为一所所谓的大学的实验中心的正式客人，有一种对我而言极其特别的经验。既然那是经验的问题，你可能会自问自己有什么用。如果你问我，我会给你一个示图，我会尝试这么做，因为你知道，大学毕竟十分强大，它有深厚的根基。[1]

接下来，拉康开始向下面的人讲他的四种话语，中间不时地有人插话，或是抗议，或是提问，拉康则巧妙地把他们引向对大学话语和勒克莱尔的学分制的批评。突然，一个抗议者站起来，开始脱衣服。拉康不停地鼓励他：

> 听着，伙计，昨天晚上我就目睹了这一幕，是在开放剧场，有个家伙也这么干，不过他可比你胆大，他脱了个一丝不挂。继续吧，我是说你为什么不继续！笨蛋。[2]

下面的人开始起哄，拉康则以嘲弄回应他们。最后他又回到他此行的真正目的，对精神分析学系和勒克莱尔冷嘲热讽，施以攻击。他的战役是成功的，他以他的充满机智的语言暴力打垮了那些崇尚语言暴力的"笨蛋"的嚣张气焰，他以他不可一世的主人话语把自己确立为绝对的"主人"。

拉康的策略最终取得了成效。1970年，四面楚歌的勒克莱尔辞职，他的位子由拉康的忠实信徒克拉维里尔接任。现在，米勒该上场了。

米勒在高师的时候就深受拉康赏识且后来又成了拉康的乘龙快婿，尽管其激进的政治倾向并不为拉康所认同，但两人的关系也没有因此而受到太大影响。1972年，米勒主动请缨，整理出版拉康的研讨班讲演，这个庞大的计划使拉康的事业从此将紧紧地与这个年

---

[1] Jacques Lacan, *Television/A Challenge to the Psychoanalytic Establishment*, p.117.

[2] Jacques Lacan, *Television/A Challenge to the Psychoanalytic Establishment*, p.122.

轻人联系在一起。关于这个出版计划，我在后面会专门叙述，在此要说的一点是，它使米勒成为拉康的代理人，那个年近古稀的老人对他则是言听计从。1974年，已经是精神分析学系副主任的米勒建议拉康亲自对这个系进行改组，让这个拉康主义的精神分析机构变得更纯洁一些，因为勒克莱尔创建这个系的时候拉来了不少属于分裂主义的学派成员。拉康同意了——虽然他并不是这个系的一员，可他是这个系里所有老师的主人——于是写信给克拉维里尔，要求后者配合米勒，执行自己拟定的新的人事分配计划。忠诚的克拉维里尔当然不敢抗命。

9月，新学期开始，岗位分配计划被公示出来，那些有异心的分析家全被降格为没有任何头衔的普通授课老师，还要求所有的教师都必须把自己的教学大纲交给拉康审核通过。这种越权行为自然引发了大家的抗议，连克拉维里尔也加入了反对的行列。米勒于是向拉康进言，建议把查尔斯·梅尔曼（Charles Melman，1931—2022）吸收到领导核心中来。梅尔曼是拉康的信徒，属于第四代人当中的教条主义者，自愿的匿名性主体，曾运作编写一个庞大的精神分析辞典为拉康树碑立传，但计划最后流产。拉康接受了米勒的提议。就这样，精神分析学系变成了三人执政，克拉维里尔受到孤立，他只能缴械投降，不久便把实权交给了米勒。要知道，在那种情形下，所有的人都只有两种选择，或是站在拉康的一边，或是与他为敌，后一个选择面临的结果就是被驱逐，而对忠诚的拉康主义者来说，如果这两种选择都意味着屈辱，那他们宁可选择前者。大权在握的米勒立即开足马力，全速实施其人事更替的计划，到10月底，一切都大功告成。11月，在米勒的运作之下，拉康成为文森大学精神分析学系科学委员会的主任，米勒为行政主管。拉康终于借他人之手对大学建制进行了一次嘲弄，可他难道没有意识到这同时也是对自己的理论的嘲弄？！

其实，对拉康而言，真正的嘲弄可能才刚刚开始，因为在他的放纵和支持下，米勒的专权已经在学派内部引起了极大的不满，到1970年代末，这种不满逐渐公开化，并将矛头直接指向了拉康，建制的危机再次一触即发，需要的只是导火索而已。

1976年12月，一本题为《如此悲惨的命运》[1]的新书出版，作者是弗洛伊德学派一位名叫弗朗索瓦·鲁斯唐（François Roustang，1923—2016）的年轻人。在书中，作者指责拉康主义是操控群众的鸦片，是彻头彻尾的宗教，其象征界—想象界—实在界三部曲其实就是圣三位一体的神学，其通关程序不过是煽动偶像崇拜的工具，是借移情来实施对他人的控制。鲁斯唐的攻击在学派内外引起强烈反响，梅尔曼——其实他对通关程序是持保留态度的，但他是拉康的忠诚的卫士，是米勒的忠诚的合作者——在《奥尼卡？》上撰文展开反击，以大师的口吻对鲁斯唐极尽嘲讽之能事，而他的这种霸道作风又招致了学派外的德里达的不满，后者在一次演讲中拿梅尔曼的名字开涮，以文字游戏的伎俩讥刺梅尔曼（Melman）是英文中的邮差（mailman）。

鲁斯唐事件还只是个开始，接下来的一个偶然事件则使通关程序走到了其历史的尽头。1977年3月初，巴黎弗洛伊德学派一名年轻的属于第五代的女分析家因为"通关"失败而自杀，学派内外立即谣言蜂起，目标直指通关程序，评审团力图为自己开脱罪责，只有拉康还算清醒，他意识到通关程序可能隐藏着危险。1978年1月，学派就通关程序举行科学会议，会上大家对通关程序及评审团的功能自由地发表意见，激烈的争吵不时发生，拉康像一个旁观者一样坐在那里看着他的好斗的战士们尽情表演，最后他做了一个总结性发言，他承认，通关程序总体上是失败的。这一次，他可能真的体会到了失败的味道。他的结论同时意味着否定了评审团的合法性，这给了米勒以可乘之机，他与评审团的关系一直都很紧张，后者是

---

[1] 该书的英译名为《糟糕的手艺》，参见 François Roustang, *Dire Mastery: Discipleship from Freud to Lacan*, trans. Ned Lukacher, Baltimore and London: The Johns Hopkins University Press, 1982.

妨碍他攫取学派权力的最大绊脚石。

对拉康的批评不只是来自学派内部，学派外部的激进的新左翼也加入了这场战斗。毕竟，结构主义已经风光不再，相反，那些以结构主义赢得大师地位的一代巨人如今已成为新生代成长之路上的压抑性阴影。1979 年，青年哲学家弗朗索瓦·乔治（François George，1947—）出版了一本题为 *L' Effet 'Yau de poêle de Lacan et des lacaniens* 的小册子，把拉康当作一个恶搞的对象加以调笑。在书中，作者称拉康主义是冒牌货，拉康是巫师，他的学生是骗子。在书中，作者并没有分析拉康的理论，而是以歪批的方式调侃拉康玩弄的那些神秘术，称拉康的被划了斜线的主体 S 令人想起美元，想起精神病患者用园丁铲切断的蚯蚓，拉康以此要求自己的患者结束治疗，享受自己的"分裂"；至于拉康的著名的"对象 *a*"，并不比一小堆排泄物、一小滩平凡的大便神秘多少；他还称拉康试图"用斜线的神话取代十字架的神话"，进而创造一种新宗教。[1] 这本书称得上是妙语连珠，才思敏捷，作者在语言暴力的快感中享受着分裂主体的症状，享受着拉康的"残余"带给他的"思维奔逸"，他与鲁斯唐的讥讽可谓一唱一和，提前敲响了拉康主义的丧钟。

乔治的书出版后，在市场上风行一时，9 月 21 日，《世界报》发表热情洋溢的评论，在赞美乔治的著作的同时，称"拉康的研讨班长期以来吸引的都是假内行和笨蛋，他们更多地是被导师的谜一般的话语所吸引，因为他们根本理解不了那些。打着回到弗洛伊德的幌子，被国际精神分析协会除名的雅克·拉康在 1964 年创立了自己的学派……为了让精神分析学不致陷入伴随着它的医学化和令其停滞不前的平庸，他借助于被减少到几分钟的自杀式会谈实践，在几年的时间里获得了制止精神分析学临床上和知识上的声誉受损的

---

[1] 参见弗朗索瓦·多斯，《从结构到解构》（下卷），第 503 页。

绝技。在那个方面，他堪称是另一位'救世主'"[1]。

攻击并未就此结束。10月底，巴黎另一家著名报纸《新观察家》也发表了一篇赞扬乔治的著作的文章，文章的标题属于那种典型的软暴力："向拉康同志致以最后的敬意"。文章称，拉康对譬喻的偏爱，对制度的嘲弄，都令这个组织威信扫地，并为大师的出现铺平了道路："在某些方面，他成了'匮乏'的交换价值，'匮乏'像钞票那样在拉康派中流通着。"[2] 人心就是如此，当初，人们如潮水般涌向研讨班是为了从拉康这个"对象 a"身上享受到剩余原乐，而今天，他们就像对待一条死狗一样转而向他索回自己赠送的一切。

此时的拉康已经是风烛残年，学派内部不时地有人谈起他的大限之日，而人们更为关心的还是他死后学派的权力移交，他们当然清楚，米勒将成为法定的继承人，他们所能做的就是在一个二选一中做出抉择：或者赞成米勒，或者反对米勒。而米勒也知道自己在学派内部权力根基不稳，他必须尽快打进权力结构的内部。1979年2月，米勒创立了一个称作"弗洛伊德领域基金会"的组织，把学派内部相对独立的"卡特尔"成员——他们大都来自高师——置于自己的领导之下；7月，他又组织了一个研讨会，讨论拉康在1970年代所热衷的"数学型"（matheme）和各种拓扑学"纽结"（knot）的理论问题，许多第五代分析家被拉拢进来；9月，在许多学派成员反对的情况下，拉康一意孤行，强行让米勒入选内阁；12月，米勒和另一位分析家联合作题为《如今在巴黎弗洛伊德学派内部哪里可以找到拉康的教诲？》的讲演，指责学派的分析家只会把分析神秘化，而无法做到理论化。米勒运用其毛主义的斗争策略，步步进逼，为自己成为拉康的接班人铺平道路。

虽然危机四伏的建制大厦已经是摇摇欲坠，但不管怎样，直到

---

[1] 转引自 Elisabeth Roudinesco, *Jacques Lacan & Co.: A History of Psychoanalysis in France, 1925-1985*, pp.641-642。

[2] 转引自弗朗索瓦·多斯，《从结构到解构》（下卷），第504页。

1979年底，除拉康和米勒等极少数几个人以外，学派内部还没有人想到解散的问题，因为那个强有力的象征毕竟还活着，因为这个象征在创立学派之时就已经强调了一个为所有人接受的原则："我只身一人创立巴黎精神分析学派"。就像卢迪内斯库说的："如果象征性地是他独自一人创立了学派，那也就只有他能解散学派。这就是这个学派不同于其他学派的象征性法律——尽管不是法定性的法律。"[1]

而实际上，在拉康的家里，解散行动已经在酝酿之中。1980年1月5日，拉康在致学派成员的公开信中宣布解散巴黎弗洛伊德学派。信的开头是这样的：

> 我想说我不抱一丝希望——尤其不抱被人理解的希望。
>
> 我知道我必须这么说——这样便可以让它所隐含的东西也增添一点无意识的意味。
>
> 我胜过他人的地方就在于，人们只是思考而没有觉察到自一开始他就会说话。我把这一优势唯一归功于我的经验。
>
> 因为人们总是把他所误解的话和他认为他作为思想陈述出来的东西混为一谈，这种混淆于他毫无促进。
>
> 因此，人的思考是很虚弱的，在他发怒的时候尤其如此……那恰恰是陷入混淆的时刻。
>
> 学派存在一个问题。这不是什么秘密。因此，我把它宣布出来，这是不久前的事。
>
> 问题就摆在那里，得有一个解决：那就是解-解散。[2]

弗洛伊德学派解散的消息立即成为巴黎各大左翼报纸的头条，有人为此欢呼雀跃，例如那个借恶搞一夜成名的青年哲学家弗朗索

---

[1] Elisabeth Roudinesco, *Jacques Lacan & Co.: A History of Psychoanalysis in France, 1925-1985*, p.649.

[2] Jacques Lacan, *Television/A Challenge to the Psychoanalytic Establishment*, p.129.

瓦·乔治，他觉得自己就是拉康学派的掘墓人；当然也有人痛心不已，例如那些坚定的教条主义者，他们在媒体和学派内部发起保卫战，反对解散；至于雅克-阿兰·米勒，他直接参与了解散行动，解散信就是由他起草的，可他真实的意图是什么呢？如果说拉康同意解散学派部分是因为身心俱疲的他已经厌倦了那种无谓的权力斗争，那么精力旺盛的米勒从中兴风作浪更有可能是一种自杀式的阴谋，一种打击敌人的策略，一种纯洁队伍的狡计。

果然不出米勒所料，解散信发出后，拉康收到了近千封请愿书——其中三百多封来自学派成员——要求继续效忠于主人。这令拉康深感意外。于是，一出闹剧上演了。2月21日，请愿者们收到了一个公告："鉴于有上千人写信表示想继续追随他，雅克·拉康于今年2月21日宣布他将创立'弗洛伊德事业'（Cause freudienne）。"

3月15日，300余名不赞成学派解散的会员被邀请到一个宾馆开会，为防止不受欢迎的人前来捣乱，与会者必须凭邀请函入场。路易·阿尔都塞也赶来了，在宾馆门口，门卫要求他出示邀请函，他说："我是被力比多和圣灵召唤来的。很长一段时间人人都知道圣灵即是力比多。所以我要跟你说句实话，圣灵与那个玩意儿完全无关。"[1] 说完他就冲进会场坐在了第一排。

拉康向与会者致欢迎辞："亲爱的朋友，大家好！欢迎你们来这里参加这个集会。学派行将走向其旅程的终点。诸位仍在这里和我在一起。我离开是因为学派已经死亡了，虽然还没有变成现实。"接着他宣布他已经成了一个能指，成了"拉康标签"，但"拉康女士"只能给予她已经给予的。拉康的话音刚落，阿尔都塞便走到中间过道上，在鞋后跟上慢慢地嗑着他的烟斗，再慢慢地装上烟丝，走上前握住拉康的手，然后开始发言。"他把这位大师描述成伟大而又

---

[1] Elisabeth Roudinesco, *Jacques Lacan & Co.: A History of Psychoanalysis in France, 1925-1985*, p.659.

可怜的小丑，只会发出他单调的信息。他评论说，分析家们已经陷入混乱不堪的话语中，就像一个忙于家务的农妇，丝毫不知道战火已经燃起。……最后，他提醒说，在整个事件中被遗忘的是那些受分析者。他称出席会议的人是可怕的。"[1]

9月27日，学派召开全体会议，会上解散的动议被通过，拉康苦心经营十几年的伟大事业最后由他自己动手拆散了。

10月22日，"弗洛伊德事业"正式创立，米勒成为钦定的接班人。这再也不是雅克·拉康的弗洛伊德事业，而是雅克-阿兰·米勒的拉康事业，一个数学化的拉康主义变体，一个喜欢内斗、喜欢玩弄宫廷权术的精神分析组织。拉康自己已说得很清楚："如果你们愿意，做拉康的信徒是你们的自由。至于我，我是弗洛伊德的信徒。"[2]

1981年6月，埃梅去世。埃梅就像是拉康的一个对体，她就像一根阿里阿德涅之线，串联着作为精神分析学家的拉康的命运开始和终结的两个端点，在1930年代初，正是她以其妄想症式的存在把拉康引向了对自我确认问题的思考，而在将近五十年后的现在，她又以其朝向圣灵的存在——她已经是一个虔诚的基督徒——开启了拉康朝向不可能之真实的道路，这当然只是一种巧合，但对一个精神分析学家而言，巧合也许正是无意识主体的一种遭际。1981年9月9日，星期三，雅克·拉康去世。星期三是拉康的节日，从1953年一直到1980年，他每年总有一段时间在每个星期三——到1970年代，这个惯例经常被打破——以他低沉的声音向他的信徒布道，1981年9月的这个星期三是他此生最后的一次宣讲，只讲了一句话，且是以一种逼视死亡的姿态向世人划出了主体的界限："我很固

---

[1] Elisabeth Roudinesco, *Jacques Lacan & Co.: A History of Psychoanalysis in France, 1925–1985*, p.659.

[2] Elisabeth Roudinesco, *Jacques Lacan & Co.: A History of Psychoanalysis in France, 1925–1985*, p.662.

执……我正在消失。"[1]

三天后,拉康的遗体被葬在他的乡间别墅附近。三十多个人出席了他的葬礼,主要是他的家人,"没有一个以前的同事,没有一个私人朋友,没有一个来自弗洛伊德主义阵营的名流。"墓碑上只是简单地刻着一个生卒日期:"雅克·拉康,1901年4月13日—1981年9月9日。"[2]

---

[1] Elisabeth Roudinesco, *Jacques Lacan & Co.: A History of Psychoanalysis in France, 1925-1985*, p.679.

[2] Elisabeth Roudinesco, *Jacques Lacan & Co.: A History of Psychoanalysis in France, 1925-1985*, p.680.

第六章
研讨班的岁月

拉康终其一生所致力的事业就是要革新精神分析的理论与实践，这一革新是在三个"分析场景"中进行的：躺椅上，其分析实践——包括治疗分析和培训分析——的焦点乃是分析师的位置和欲望，而并非所谓的"短时分析"，后者充其量只能算是引发他与共同体之间的冲突的政治焦点；学派建制，这是体现拉康派精神分析政治的典型场所，其斗争的焦点在于作为主人/导师的绝对主体的位置，在拉康那里，这个政治是与一系列的分裂扭结在一起的，它最好地印证了弗洛伊德说的那句话，"引起矛盾和产生痛苦是精神分析不可避免的命运"；最后便是他的研讨班，这是拉康阐发和发展其理论与技术的基地，也是他借以实施分析实践和运作建制政治的重要场所。因此，要理解和认识拉康，研讨班是绕不开的一条通道，但它也可能是我们突入其理论腹地时必定会遭遇的一道屏障。

正如我们看到的，拉康的绝大多数"作品"都是在讲台或学术论坛上宣讲出来的，他的文本大都是口语的而非文字的，他也很少专为出版而写作，这给我们一个印象，好像他属于那种"述而不作"的人。的确，古往今来，在学术或知识共同体中，总是有这样一种人，他们学问很深，追随者甚众，但却只是口头宣讲而不着一字，令后世为其才华的空空流逝而唏嘘不已，我们中国人称这种人是"述而不作"。中国的孔子，希腊的苏格拉底，两位都算得上是文化的至圣先师，可两位都是"述而不作"的典范。拉康当然算不上是至圣先师，但若就"述而不作"而言，在写作和出版业高度发达的今天，他真的算得上是一个典范。然而，笼统地这么讲还只是看到了问题的表面。拉康的"述而不作"并不是基于一种高尚的道德实践，他不是那种淡泊名利的道学之士,他是一个精神分析学家,是一个靠言语去捕捉无意识的心理治疗师,他的"述而不作"有着独特的旨趣,那是靠一种分析经验作支撑的,即言语是精神分析实践的唯一媒介。因此,对于他的研讨班,我们不可单一地理解为只是一种教学手段,而应当把它理解为一种特别的理论阐述方式,同时还应当把它看作拉康建立其分析情境的手段,是他借以实施集体移情的装置,也是他为分析诱惑设置的特别场景。

在这一章,我并不打算按编年顺序去逐一叙述拉康的历次研讨班的内容,在还有多期研讨班演讲未被整理出版之前,这一工作是不可能很好地进行的,也是我眼下的能力所不及的。实际上,即便是所有的演讲都整理出版了,我们也未必能够建立起拉康理论的全视图,因为根本上就不存在拉康的"原始文本",我们所拥有的都是"二手文本",哪怕是演讲的录音或录像,对其断句、语调、手势、口误、停顿乃至那些难以捉摸的表情的不同解读,都会让他的文本歧义顿生。从这个意义上说,拉康文本的考古学将是一件不可能的工作。所以,在这里,我只打算立足于拉康研讨班的时段性语境,围绕着其主题的转换,对研讨班的进程及相关问题做一描述。当然我所提供的只是一个轮廓,而没有具体的分析,读者也许更应当把这个"历史的"追述看作一种背景描述。

一 声音的诱惑

埃文斯在《拉康精神分析介绍性辞典》(1996)中对拉康的研讨班有这样一个总体的界定:

> 1951年,拉康开始在里尔街3号西尔维亚·巴塔耶的公寓举办私人讲座。出席讲座的是为数不多的正在接受培训的精神分析师。讲座主要是阅读弗洛伊德的病例史:杜拉、鼠人、狼人。1953年,讲座的地点移到圣安娜医院,那里可以容纳更多的听众。

虽然拉康时常称 1951—1952 年和 1952—1953 年的私人讲座是他的前两次"研讨班",可这个名称现在通常指的是 1953 年开始的公开讲座。从那时一直到 1981 年他去世,拉康每学年选取一个不同的主题,针对它作一系列的讲演。这 27 个年度系列讲座通常以单数形式被集体称作"研讨班"。[1]

这一界定中丢掉了一个并非毫无意义的细节:拉康研讨班的开讲时间定在每年 11 月至次年 6 月的每周三(1969 年研讨班易地法学院以后,这个时间变成了每个月的第 2、3 个周三,但后来连这个惯例也没有严格地遵守)。前面已经说过,选择这个时间是为了纪念弗洛伊德最早的"星期三心理学社",那实际上是一个小型的私人性集会,十来个人(刚开始包括弗洛伊德在内只有五个人)每周三晚聚集在弗洛伊德的家里进行案例讨论,案例素材或是取自医学文献,或是取自文学作品甚至公众人物,有时也会针对某个成员的报告或心得以及弗洛伊德的释梦技术进行讨论,最后由弗洛伊德作总结性发言。不过,与拉康不同的是,弗洛伊德并没有想到把这种聚会看作集体移情的场所,更没有想到它的背后还隐藏着一套可加以利用的分析机制。

法语中"Séminaire"这个词原始的含义是"神学院",其现代含义("研讨班")大约源自反宗教改革时期,指的是专事年轻人的宗教培训的机构,后引申为"塑造"年轻人的地方。在大学里,研讨班成为与课堂教学相配合的一种教学形式。举行研讨班是法国学术界的一个知识传统,法国文化名流都喜欢以研讨班——以及同仁刊物——的形式来传播其学术思想。开设研讨班也是精神分析共同体的一个传统,是各个学会的教学机器的一部分,在巴黎精神分析学会、法国精神分析学会和巴黎弗洛伊德学派中,举办研讨班的并不只有拉康一个人,许多培训分析师都有这样的活动,只是其规

---

[1] Dylan Evans, *An Introductory Dictionary of Lacanian Psychoanalysis*, pp.175-176.

模和影响远不及拉康。更重要的是，与其他人把研讨班只是当作一种非正式的教学手段不同，拉康一定程度上改变了研讨班的性质，他不仅把研讨班当作理论交流的场所，当作其精神分析教学的一个有机组成部分，而且把它当成分析实践的一部分，当成引导无意识主体发现自身的真理的手段。当然，对拉康来说，研讨班也是他用来对抗精神分析建制机器的一个"战斗基地"。雅克－阿兰·米勒曾在一篇题为《拉康的夜莺》的文章中评论说，拉康研讨班是"精神分析学家的'播种机'，是阐发精神分析学和构型无意识的场所"[1]。

再有一点，在法国，研讨班并不是严格意义上的教学场所，它至多只是教学的一个补充。研讨班与教学机器之间的这种游离关系使它可以保持足够的开放性和自由度。一般地，研讨班是向所有人开放的，这一点在法兰西学院的研讨班中体现得最为明显，在那里，院士们定期向学院发布其最新的研究计划已成为惯例，每当这个时候，社会公众，不论学历，不论职业，只要你感兴趣，都可以去聆听大师们的声音。并且这种研讨班是不颁发任何文凭或资历证书的，它有点像非正式的学术论坛。拉康的研讨班沿袭了这些传统，尤其是在移师巴黎高师之后，它就完全变成了一个面向社会公众的讲座和论坛。一般地，每次讲座都是拉康作为主讲，然后听众可以针对他所讲的内容提出问题，再由他来作答。有时他也会邀请他的同行、朋友或学生做与研讨班主题相关的专题报告，然后他再加以评论和发挥。总体上，这是一个充满自由气氛的讲堂。

不只如此，拉康研讨班的开放性还体现在另一个同样重要的方面。由于拉康强调精神分析学家和分析师的培训不能只局限于技术和自身专业的狭隘领域，而是应从其他学科中汲取方法和思想的灵感，因此他要求分析家尽可能去掌握哲学家、语言学家、历史学家、人类学家、文学批评家甚至数学家的知识。为此他时常会邀请其他

---

[1] Jacques-Alain Miller, "Lacan's nightingale", in www.lacan.com.

学科的专家学者到他的研讨班上讲课，例如黑格尔主义哲学家让·伊波利特、符号学家朱丽娅·克里斯蒂娃、精神分析学家及文学批评家让·德雷等都曾受到这样的邀请。

除自由和开放以外，法国人的研讨班还秉持着一个传统，就是对前沿知识的关注。在研讨班上，主讲人不仅要向公众展示其最新的研究成果，还要对相关的前沿研究加以讨论，以谋求在对话和激辩中来深化所论的主题。这一点在拉康的研讨班中同样有充分的体现，他总是不失时机地把最新的学术成果引入他的演讲中，或是与之对话，或是加以批判，或是对其做激进的改写和挪用。因为涉及的人物和作品众多，在此我就不再一一列举。

当然，说到拉康的研讨班，我们还需要提及的一点就是科耶夫的黑格尔研讨班的启示。除思想的方面以外，这一启示还体现在形式的方面，那就是对原典的创造性阅读。科耶夫对《精神现象学》的阅读多大程度上是正确的，这一点并不重要，重要的是，通过他的强力阅读，黑格尔的文本从此被打开了全新的意义维度，且因此成为战后法国理论的重要源头。拉康采取了科耶夫的那种阅读模式，先是对结构语言学和人类学技术做强力的改写，然后加以挪用，以完成对弗洛伊德的作品的创造性重读，至少在前十期研讨班中，拉康忠实地贯彻了这一路线。对于这一点，米勒有一段说明：

> 拉康有一个模型。它不全是原创的。我认为，这个模型就是科耶夫在1930年代引入的黑格尔研讨班。科耶夫在研讨班上所做的阅读乃是对黑格尔的再创造。他创造了一种阅读，那是基于主奴辩证法来对《精神现象学》的一种句读。这一创造性的阅读可谓意味深远，以至于评论家们只是到现在才尝试着去揭示科耶夫对黑格尔著作的阐释的影响力。
>
> 拉康对弗洛伊德的阅读也是一种创造性的阅读，这一阅读的基础是语言及言语的功能，或许我们应当说，它是结构语言

学的结果，后者则被看作1950年代的所谓"人文科学"的一种先锋科学。这一形式是阅读弗洛伊德的作品的出发点，但它是由索绪尔提出而由雅各布森修正和重新编订的。实际上，发明那一公式的是列维-斯特劳斯而不是拉康。因此，总而言之，拉康的研讨班首要地是一种阅读风格的研讨班，其模型是科耶夫，但却是由结构语言学的一种特殊理解提示出来的。[1]

按照埃文斯所讲的惯例，今天说到拉康的研讨班都是从1953年算起，从1953年11月18日开始的第一期到1980年（而不是埃文斯所说的1981年）7月15日结束的最后一期，一共是27期研讨班，各年度的演讲主题分别为：

1.《弗洛伊德论技术》（1953—1954）

2.《弗洛伊德理论与精神分析技术中的自我》（1954—1955）

3.《精神病》（1955—1956）

4.《对象关系》（1956—1957）

5.《无意识的构型》（1957—1958）

6.《欲望及其阐释》（1958—1959）

7.《精神分析的伦理学》（1959—1960）

8.《移情》（1960—1961）

9.《认同》（1961—1962）

10.《焦虑》（1962—1963）

11.《精神分析学的四个基本概念》（1964）

12.《精神分析学的关键问题》（1964—1965）

13.《精神分析学的对象》（1965—1966）

14.《幻象的逻辑》（1966—1967）

15.《精神分析的行动》（1967—1968）

16.《从小他到大他》（1968—1969）

---

[1] Jacques-Alain Miller, "Lacan's nightingale", in www.lacan.com.

17.《精神分析学的另一面》（1969—1970）

18.《论一种不是伪装的话语》（1970—1971）

19.《……或许更糟》（1971—1972）

20.《再来一次》（1972—1973）

21.《未被复制的错误/父之名》（1973—1974）

22.《R、S、I》（1974—1975）

23.《症候》（1975—1976）

24.《人们知道那是爱的翅膀上错会的月亮》（1976—1977）

25.《做总结的时刻》（1977—1978）

26.《拓扑学与时间》（1978—1979）

27.《解散》（1980）

关于拉康研讨班的盛况和他的演讲风格，人们说得很多，这里引述几个人的描述。

卢迪内斯库说：

> 1951到1953年，研讨班在西尔维亚的家里举行。每周三拉康评讲弗洛伊德的重要文本：《狼人》和《鼠人》……第一次分裂后不久，他移到圣安娜医院演讲厅，让·德雷把那里租给了他。十年间，他在那里以一种游移不定、时而支支吾吾时而兴奋有力、时而叹息时而犹豫的声调发出他的话语。对于他将要讲的东西，他会事先打出草稿，然后在听众面前即兴发挥，就像皇家莎士比亚剧团的一名演员……。拉康的表演之所以如此夸张，就因为他是在宣讲真理，仿佛通过始终濒临于嘶哑的严厉声调，他就能像口技表演者一样使无意识的隐秘之镜得以复现，使无有终结的濒临崩溃的自控力的症状显示出来。他就像一个不会魔法的巫师，一个不懂催眠术的古鲁，一个不信神的先知，他以奇妙的语言吸引他的听众，在欲望的边缘唤醒启蒙的时代。

拉康不做分析，他只是联想。他也不详细说明，而只是发出回应。在实施集体治疗的每一次演讲中，他的学生都有一种印象，觉得导师就是在言说他们，就是在为他们而言，以一种被编码的信息隐秘地向他们每个人单独宣讲。然后他们冲进最有名的书店去搜寻他提到过的每一本书，或啃嗤某个不为人知的文本的某一段落。十年间，进而在二十多年间，这位主人掌控着法国弗洛伊德主义的劳作。[1]

美国的拉康研究者斯图亚特·施奈德曼（Stuart Schneiderman）说：

（拉康的）"研讨班讲演"是一件大事，在任何的一次研讨班上，在会场内开动的录音机数量，比出席列维–斯特劳斯、福柯或罗兰·巴特的研讨班的听众人数还要多。每次听拉康演讲的人大约有800之数，挤在一个只能够容纳650人的会场内。拉康的演讲是充满舞台风范的，举手投足，从容自若，而且直接面向观众，令每个人都产生他好像是同你单独谈话那样的感觉。他的演讲内容，经常是抽象和隐晦的，但是，聆听大师的亲口演讲，又会令人产生一种有幸参与了一件重要的、具有刺激性的文化事件的感觉。[2]

克莱芒则是这样描述1960年代拉康在高师的讲演盛况的：

你必须很早就到那里：只提早一个小时几乎就找不到座位。我们这些未来的教授聆听拉康的讲座，仿佛他能为教授的世界——那正是我们将要从事的职业——提供一服强有力的解毒剂。1968年5月已经临近，但在我们这里还没有人对即将发生的事有一丝的预感。拉康的教学在形式上与法国大学最纯洁的

---

[1] Elisabeth Roudinesco, *Jacques Lacan & Co.: A History of Psychoanalysis in France, 1925-1985*, p.296.

[2] 引自严泽胜，《穿越"我思"的幻象：拉康主体性理论及其当代效应》，北京：东方出版社，2007年，第7—8页。

传统完全一致，那些传统一直是大学皇冠上最明亮的珍珠。但我们对一个修辞学家的禁果有敏锐的嗅觉，这个修辞学家就在我们的教师以其古典主义、人道主义和无休无止的重复培育我们的地方攻击他们。尽管我们通常听不懂他在说些什么，但至少这个伙计在说一些新的东西，有点罗曼蒂克，有点苦行主义，也有点艰涩。

演讲厅很快爆满。除精神分析学家和高师人——他们起先只是好奇，但很快就被征服了——以外，还有演员和作家。每个新的学期都会有新的面孔加入人群中。而且每个新的学期菲利普·索莱尔斯一行人都会回来，他们的面孔也会几乎同步地发生改变……器材的改进也改变了一些东西：现在有了卡式录音机，演讲厅里布满了电线，我们很开心地用它们缠着脚。在拉康身边，他的秘书极其冷漠地站在那里看护，一名速记员在速记机上记录着拉康的演讲。就好像所有这一切设备还不够，人们还要做笔记：有人只是偶然记一记，有人决心点滴不漏，把每句话都记下来，如果偶然有一个字或一句话没听清楚，还要侧身问身旁的人。[1]

类似的当事人描述还有很多，这里就不一一引述。在这些描述中，我们可以感受到一种氛围，一种结构主义时代所特有的文化氛围。如同人们常常把1966年拉康《文集》的出版和热销看作一个文化事件一样，对于他的研讨班，我们亦可作如是观，尤其是第二次分裂之后在高师的演讲。只是我们需要明确一点，说它是一个"文化事件"，并不单单是指它所引起的轰动效应，而且还指这轰动所折射出来的文化意味。至少有两个方面是我们要明白的。

首先是它从一个侧面反映了法国精神分析文化的发展。与战前精神分析运动主要局限于其共同体的小圈子相比，战后尤其是五月

---

[1] Catherine Clément, *The Lives and Legends of Jacques Lacan*, pp.12-13.

风暴之后公众对精神分析学产生了一种文化需求,拉康的登高一呼正好满足了这一需求。要知道,巴黎左岸区的知识分子、艺术家和青年学生就是所有新式的文化潮流最大的消费群体,他们总是满怀无法满足的求知欲涌向一个又一个的演讲厅,去聆听最前卫的文化英雄的声音。

再就是它也反映了结构主义语境下人们对晦涩风格的某种崇拜。因为正如那许多的描述中所说的,前来参加研讨班的人当中绝大部分其实根本听不懂拉康在说些什么,可这恰恰是他的魅力所在。要知道,在那样一个时代,晦涩远不止是一种文体风格,它本身就是"理论",就是挑衅性的文本,是打破我们的语言无意识迷梦的利器;晦涩是语言的倒错,是欲望的倾覆,是不可能之真实的呈现,它与"革命"是等义的。所以,当拉康把他的晦涩与一种精神分析运作、与一种传召谕旨般的宣讲姿态结合在一起的时候,其所带来的无意识震颤无疑是巨大的。以此我们也许可以理解,拉康何以如此抗拒人们"阅读"他的"文字",而是要求人们去"聆听"他的"声音",因为"阅读"常常会令我们把晦涩视作阻挡之墙——阻挡我们进入思想深处——而"聆听"则可以让晦涩直击我们的耳鼓,切断我们的意识,令我们在意识瘫痪的状态下去穿越自我和主体的幻象。拉康的研讨班演讲是一种没有断句的话语流,他以这种形式吸引着那些懵懂的人们走进他的分析室。这才是拉康真正具有诱惑性的一面,是他的集体治疗所欲望的效果。

本来拉康是很沉迷于自己的声音所制造的这种效果的,但随着参加研讨班的听众越来越多,随着人们对拉康的"阅读"需求的不断扩大,坊间开始出现各种各样未经授权的讲演文本,拉康的"声音"注定逃脱不了变成"文字"的命运。出版研讨班讲演就这样被提上议事日程。可在此人们——包括拉康自己——遭遇了一个十分棘手的问题,即何种版本可视作研讨班讲演的标准版本?因为拉康在演讲前通常会就所要讲的东西写出一个草稿,可在现场他常常又会脱稿即兴发挥,当然,在现场有专人进行笔录,还有听众的或详细或简略的笔记,后来还出现了录音版甚至录像版,于是就出现了各种与他的文字稿不同的口语记录稿,有时他还会把他的讲演稿修改后拿到杂志上发表,那么这众多版本中哪一个才是原始版本或标准版本呢?在研讨班讲演的出版过程中,拉康主义者围绕这一问题将引发诸多的讨论,且这些讨论时常与拉康主义共同体内部的政治斗争纠缠在一起。这样,研讨班讲演出版的历史成为拉康研讨班的历史中深具意味的一章,卢迪内斯库在她的著作中给我们叙述了这一历史的某些过程和细节。[1]

早在1953年,拉康在圣安娜医院刚开始其面向公众的研讨班时,就雇了一个速记员笔录他的讲演,这些笔录稿都交由瓦拉迪米尔·格拉诺夫管理,后者那时是法国精神分析学会资料室的负责人。一般地,只要是法国精神分析学会的成员,都可以去资料室翻阅这些讲演稿。三年后,让-贝特朗·彭大历斯经拉康的同意开始为当年的讲演整理出一个摘要,这一工作持续了三年,到1959年共整理了《对象关系》(1956—1957)、《无意识的构型》(1957—1958)和《欲望及其阐释》(1958—1959)三期研讨班,并都在杂志上发表。

1962年开始,卡式录音机成为研讨班的记录工具,但速记员仍然保留着。从此开始出现依据录音整理出来的讲演稿。拉康对这些整理稿怀有一种矛盾心理,他既鼓励别人这样做,甚至自己还把讲演稿打印分发给他的信徒,因为这样可以强化信徒对他的移情,可同时他又担心别人因此更容易窃取他的思想——保罗·利科的"剽窃"事件让他的这种戒备心理越发强盛。1960年代中期,随着拉康的研讨班移师到巴黎高师以及《文集》的成功出版,拉康成为结构主义大师,坊间开始出现研讨班讲演的盗版。这些盗版质量参差不齐,给拉康及其信徒带来了很大困扰,他必须考虑出版的问题了,他先

---

[1] 参见 Elisabeth Roudinesco, *Jacques Lacan*, pp.413-427; Elisabeth Roudinesco, *Jacques Lacan & Co.: A History of Psychoanalysis in France, 1925-1985*, pp.564-569。

后找了几个学生整理他的讲演,但都做得很不成功。出版事宜一拖再拖,难见下文。终于,1972年6月,雅克-阿兰·米勒与拉康的一次闲聊使问题的解决现出了转机。米勒后来回忆说:

> 在1973年我开始那一工作之前,拉康的许多学生已经问拉康他们能不能编辑出版他的研讨班讲演,但他们总想把速记稿重新编排或是把拉康所说的跟他们自己的想法交织在一起,因此拉康对他们的工作从未真正感到满意。他总是抱怨那个工作无法完成,甚至在他允许某些摘要不定期面世的时候也是如此。他刚刚拒绝了由他以前的一个高师学生编辑(他为此花了一年的时间)的某一期研讨班的全稿出版,他告诉我说,这个工作应逐步进行。我说,它应当逐句地进行,每次讲演构成一章,既不有所遗漏,也不有所挪动。这在今天看起来是很自然的,可在当时人们还不认为拉康所讲的一切都值得记录下来加以研究。
>
> 当我说应当那样做的时候,拉康注视着我。我想大家都从他的注视中看出点名堂了。他注视着我,目光有点凝重,然后只说了两个字:"Prove it(证明看看)。"在他说"证明看看"之前,我根本没有想到要亲自去做这件事。而在那一刻,我才明白了这一点。"证明看看"是下的一个挑战书。我相信他在我身上看到了那一欲望,同时,证明看看也是对证明我自己的一个邀请。进而,他以逻辑的语言说出那句话足见他是多么的狡猾,因为它就是以那种语言下的一个挑战书。他也是这样看出了我的逻辑的方面。他抓住了我话中的要害,向我发布了一道命令:"不要只是口头说说,付诸行动吧。"事实上,我只能通过付诸行动来证明它。[1]

一个庞大的出版计划就这样启动了。米勒选择出版的第一个

---

[1] Richard Feldstein, Bruce Fink and Maire Jaanus (eds.), *Reading Seminar XI: Lacan's Four Fundamental Concepts of Psychoanalysis*, p.4.

研讨班是 1964 年在巴黎高师的第 11 期《精神分析学的四个基本概念》，这一选择并非毫无用意——对于米勒这个毛主义者，他在拉康学派内部的任何运作都带有"政治"的图谋——因为这是拉康与国际精神分析协会决裂后入主高师的第一期研讨班，也是米勒以其形式化或科学化的阐释重写拉康主义的开端，是他介入拉康主义运动的肇始。接到任务后，米勒依据速记员的手稿在一个月的时间里夜以继日整理出了一个版本。拉康看后表示认可。定稿交付色伊出版社，出版社很快起草了一份合同，计划采用单数的"研讨班"（The Seminar）作为这个系列的总称。拉康同意这个想法，但提出应该让系列的名称更明确一些，因此建议用"雅克·拉康的研讨班"（The Seminar of Jacques Lacan）作为总称；同时他还指出，米勒的作用被低估了，他要求和米勒共同署名，但被米勒拒绝了。米勒将作为编校者出现在封面，不过对于版税的份额，米勒没有拒绝。

1973 年初，第 11 期研讨班出版。书中有一些严重的印刷错误，尤其是几个图表的错误令拉康十分恼火，但米勒的工作堪称上乘，包括拉康学派内部那些一贯敌视米勒的人都没有表示出任何的异议。紧接着，米勒着手他下一步的出版计划，一种米勒主义的阐释路线更加明确地显示出来。他以 1964 年为标志，把研讨班系列分成两个时间段：1964 年以前和 1964 年以后，计划每次出版两个研讨班，一个按照编年顺序从 1953 年第 1 期开始往下逐期出版，另一个则从拉康最新一期的研讨班开始逐期出版。卢迪内斯库把这一双重时间的划分称为"米勒前"和"米勒后"，且不说这一叫法是否妥当，但米勒的用意的确是一眼就能看明白的。

但米勒的这个计划仅仅执行了一次就终止了。1975 年，第 1 期（1953—1954）研讨班《弗洛伊德论技术》和第 20 期（1972—1973）研讨班《再来一次》出版。这年 1 月，米勒的杂志《奥尼卡？》面世，他将发表拉康最新研讨班的计划纳入了杂志的运作，至拉康逝世时，《奥尼卡？》已发表的研讨班有第 22 期（1974—1975）（发表于 1975 年）、第 23 期（1975—1976）（发表于 1976—1977 年）、第 24 期（1976—1977）（发表于 1977—1979 年）、第 25 期（1977—1978）（发表于 1979 年，但只是部分）以及第 27 期（1980）（发表于 1980—1981 年）。这样，每次出版两期的计划被打断了。到拉康逝世前，色伊出版社只在 1978 年又出版了第 2 期（1954—1955），然后在 1981 年拉康逝世时出版了第 3 期（1955—1956）。拉康死后，起初的安排就不再执行了，研讨班的出版不再依照特殊的时间次序：1986 年出版了第 7 期（1959—1960），1991 年出版了第 8 期（1960—1961）和第 17 期（1969—1970），1994 年出版了第 4 期（1956—1957），1998 年出版了第 5 期（1957—1958），2004 年出版了第 10 期（1962—1963），2005 年出版了第 23 期（1975—1976），2006 年出版了第 16 期（1968—1969）。还有十分重要的第 6 期《欲望及其阐释》（1958—1959）于 1981—1983 年发表在《奥尼卡？》上。剩下的第 9 期（1961—1962）、第 12 期（1964—1965）、第 13 期（1965—1966）、第 14 期（1966—1967）、第 15 期（1967—1968）、第 18 期（1970—1971）、 第 19 期（1971—1972）、 第 21 期（1973—1974）、第 26 期（1978—1979）还未整理出版（英语世界出版过其中的几种，都是译者自己编辑整理的，而不是米勒的"钦定版"），不过它们当中有一些以摘录形式在《即是》或《奥尼卡？》上发表过，这些摘录后来又被米勒收在 2001 年出版的《文集别章》中。今天，拉康所有研讨班的录音以及许多研讨班的文字稿在一些主题网站中都可以找到。

由于研讨班全都是拉康的口语讲演，米勒在编订它们的时候主要依据的是速记版本，加上拉康那巴洛克式的演讲风格和炫技式的知识跳跃，这类版本存在的问题也就可想而知。对此，米勒做了许多技术处理，例如他清除了那些模糊不清的东西，删改了累赘重复的地方，并重新加以断句和标点，尽可能地使一种无法理解的话语变得可以理解。但他在这么做的同时，也加进了许多自己的理解，或者说他在"研讨班"中呈现出来的是一个米勒主义的拉康，他所提供出来的文本是一个经过了"阐释"的文本。正如卢迪内斯库在将米勒的工作和编辑《文集》的弗朗索瓦·瓦尔的工作加以对比时所说的：

> 弗朗索瓦·瓦尔通过他的编辑工作已经使《文集》的出版成为一个划时代的意义深远的事件，而雅克－阿兰·米勒对研讨班的编订却产生了完全不同的后果。对于《文集》的出版，从来没有人产生过异议，尽管确实有许多批评，且可能是补充一些注释和不同版本来完善拉康的这本巨著的时候了。可即便出现了这样的修订版，它也应被看作瓦尔的原始版的延续。瓦尔版已经存在了20多年，从未有人对它的真实性表示过质疑，人人都确定地知道拉康是它真正的唯一作者，尽管上面留有瓦尔的痕迹。并且当研究者比较其中的文本的不同版本时，他们这么做并不是因为觉得有必要怀疑那个确定的版本。从没有人想到要编辑另一个版本的《文集》，并敢说他的版本比瓦尔的版本更"真实"，属于拉康讲演的所谓原版。
>
> 瓦尔同《文集》的关系是一个自由人自由地运用他自己的判断的关系。他完全地使拉康作为一本书的唯一作者，使后者成为一个最终以文字形式呈现的思想体系的创立者。
>
> "研讨班"的情形则完全不同。当米勒让拉康去接受一个可能的版本的挑战时，他就已经代表了对大师作品的一种米勒主义阐释。他不是像瓦尔那样的一个编辑，而是一个带有意识形态趣味和怀有家族利益的个体，并且不久便获得了共同作者的合约地位。他没有让文本以自身的形态变成文字性的存在，没有让自己与文本保持距离，而是合法地且在理论上拥有了整个作品。[1]

米勒的编订工作还有一个极其明显的特点，就是这些文字版的

---

[1] Elisabeth Roudinesco, *Jacques Lacan*, pp.415-416.

研讨班都没有注释,没有参考文献,没有索引,也没有批判性的注解,包括对拉康明显的口误和记忆错误都没有加以订正或指明。他这样做看似是为了忠实于大师的原始声音,表明他所编订的这个版本的绝对原始性,而其实他也是为了表明这个版本的绝对权威性和唯一性。并且,为了强化这种绝对的权威性和唯一性,1978年,米勒说服色伊出版社对市场上出现的各种研讨班出版物的发行人提起诉讼。这些出版物依据的是速记或录音记录,它们很早就在市场上出售,一直都没有遇到所谓版权的法律问题。米勒为了强化他的理论立场和他的版本所拥有的法律效力,宣称那所谓的原始版本根本就不存在,只有他的被授权的版本是唯一真实的。法律自然是支持米勒的主张,市场上未经授权的同类出版物全被视作盗版遭到查禁,米勒的特权以法律形式得到重申,但这场诉讼也进一步加深了米勒与弗洛伊德学派成员之间的裂痕,他与其他拉康信徒之间的积怨越来越深。

拉康在世时,研讨班共出版了四期(第1、2、11、20期),这四期在学派内部并没有引起抗议——只要拉康这个象征还活着,米勒所获得的授权就没有人敢去挑战。可拉康一死,王国的"宫廷"立现乱象。随着1981年第3期研讨班的出版,争论便出现了,米勒被指控用自己的定本去"冒充"研讨班,研讨班已经成为米勒阐释自己的理论的工具,而不再是拉康的原作,而米勒则极力以合法性来捍卫自己的权威,攻击那些反对他的人是权力的觊觎者。自那时开始,围绕着研讨班版本的争论在拉康主义圈子里持续了多年,这些争论基本上都是政治性的,很少有真正严肃的科学探讨。

米勒的版本引起最多争议的是他对文本的处理方法。没有注释,没有注解,没有索引,没有文献目录,对于拉康的明显错误也不加纠正,这使原本就十分艰涩的拉康话语更难以为一般读者所理解。于是,在1980年代初,开始有人自动组织起来为一些研讨班编写人名及核心概念的索引,以期为阅读和研究提供方便。1983年,更有一帮人组成了一个整理拉康研讨班的学社,并创办了一个名为

"Stécriture"的丛刊。所谓"Stécriture",乃是"St."(圣)和"écrit"(文集)两个词的合拼,其意思大约相当于是拉康的"论语"吧。这个丛刊依据速记本整理发表了第 8 期研讨班《移情》的几次讲演,其中记录者和拉康本人的所有错误都被纠正,对不容易理解的概念加了注释和注解,并提供了多个不同版本作为参照。丛刊出版后,被拿到市场上销售。这当然是不合法的。色伊出版社和拉康的家人又一次提出了控诉,1985 年,法庭的判决下来了,结果可想而知,米勒又一次取得胜利。在版权问题上,反对者们是不可能获得法律支持的。

1986 年,米勒编订的第 7 期研讨班《精神分析的伦理学》出版,这一次,米勒的敌人没有实施太多的攻击,他们受官司失败的影响,选择了沉默。但是,这期研讨班定本的错误比以往的更多。米勒可能也意识到了问题的严重性,他给一位希腊专家寄去了一本样书,希望他读一下其中有关安提戈涅的三次讲演。这个专家读后发现每页至少有两个错误,除引文错误和印刷错误以外,希腊术语的使用也是错漏百出。专家于是提笔给米勒写了一封长达八页的信,列出错误并加上了自己的评论。可他没有收到米勒的任何答复。事后不久,希腊专家碰到了米勒的妻子朱迪丝,向她提到那封信的事,而朱迪丝回答说,他们根本没有收到那封信,并请他重发一封。这位教授真的又写了一个自己的意见寄给了米勒,这一次仍然是石沉大海。也许德里达是对的,在回应拉康对爱伦·坡的《被窃的信》的讨论时,他针对拉康讲演结尾的那句话"(被窃的)信总是会抵达它的目的地"回敬说:有些信是从不会到达目的地的。

其实,指出这类错误的人不只有这位希腊专家,还有一位语义学家曾告诉米勒,第 2 期至少有二十几处笔误,第 3 期至少有 17 处关键错误和 21 处小错误,还有 79 处印刷错误,第 7 期有 25 处关键错误、43 处小错误和 72 处印刷错误。可是,米勒似乎是有意要把这些错误保留在文本中,将它们视作原始的诞生创伤一样的东西来铭

第六章
研讨班的岁月

刻文本的权威性和原始性。例如第1、2期研讨班的英译者约翰·弗里斯特（John Forrester）在他的译本（都出版于1988年）中不仅纠正了拉康的所有错误，而且补充了注释、索引和文献目录，米勒看到后十分生气，要求译者删除注释，恢复拉康原有的错误，尤其不允许出现"拉康此处有误""法语文本是错误的"这样的评注。米勒如此霸道地行使其作为合法继承人的特权，只能有一个解释，他要把拉康变成米勒主义的拉康。

1991年初，第8期和第17期研讨班出版。编辑方法一如从前，且同样是错误百出。很快地，那个拉康"论语"小组在他们的丛刊上刊发了米勒版第8期研讨班的错误列表，其中包括记录错误、外文引用的错误、拉康自己的口误等共计587处。并且这一次，反对者们还采取了新的策略，利用媒体的力量对米勒施加压力，一些知识分子、精神分析学家以及非米勒派的拉康主义者联名发了一个请愿书，要求所有研讨班的文字版附上文献目录和注释，以便于人们查阅和研究。米勒的态度依然十分强硬，他拒绝介入科学争论，而是一味把反对者视作自己的"政敌"加以攻击。对于这种无谓的政治性争论，我们在此没有必要多谈，反正类此的争论在法国精神分析政治中是家常便饭，拉康学派包括拉康本人尤其热衷和擅长此道。

二 研讨班的演进

在研讨班讲演还未全部整理出版之前，要完整地谈论"研讨班的演进"是不可能的。因而，在这里，我只能对拉康研讨班的阶段性语境做一描述，这个描述可能是粗略的，但它对于我们把握拉康思想的发展应当有所帮助。

有几个问题需要先说明一下。

首先是研讨班与弗洛伊德文本的关系。一如我们已经知道的，拉康把"回到弗洛伊德"视作他的事业的锚定之地，而对他而言，"回到弗洛伊德"既是指回到弗洛伊德的文本，回到那些文本的原初语境去对其进行重读,也是指回到弗洛伊德理论本始的意义与精神,回到其所谓的哥白尼革命的内核。但不论是哪一种,它都不是对某个本源的简单返回或还原,相反,拉康所要做的是一种理论的穿越,在这里,弗洛伊德的文本和理论更像是一条阿里阿德涅之线,引导着拉康的行进,而在这行进的路途,则是精神分析领域以外的分析技术和理论参照的不断介入,确切地说,正是通过这种介入,弗洛伊德的文本和精神分析理论得以被不断重述。

然而,拉康向弗洛伊德文本的这个返回只坚持了十年,即前十期研讨班,在那里,他每一期都特别地对弗洛伊德的某些文本进行重读,而他自己的理论阐述也都围绕着这些文本的问题展开。而自1964年第11期研讨班开始,这种直接的文本阅读便越来越少,到1970年代的研讨班中,则更多地是拉康对自己的理论的重述或改写,对弗洛伊德文本的详细阅读几近消失。但即便如此,对拉康研讨班的阅读也不能脱离弗洛伊德的文本或主题,总之,对于弗洛伊德的文本与拉康研讨班的关系,我们不能一概而论,关键是要把握拉康的阅读技术,要理解每一次阅读的具体语境,抓住拉康进行阐释和发挥时的逻辑。

其次是研讨班与《文集》的关系。出版于1966年的《文集》收录了1936—1965年的各类文章共28篇——若加上附录中的一篇就是29篇——其中与研讨班的时间段重合的篇章占据了约四分之三,而在这四分之三的文章中,又有很多乃是对新近一期甚或多期研讨班内容的提炼,因而与研讨班之间有一种互文性的关系。那么,该如何理解和处理这两类文本的参照性关系呢?斯拉沃热·齐泽克在《如何阅读拉康》(2006)一书中曾就这个问题有一段论述:

> 拉康的研讨班与《文集》的关系就如同治疗中受分析者的话语与分析师的话语之间的关系。在研讨班中,拉康表现得就像一个受分析者:"自由联想"、即兴发挥、跳跃、对公众宣讲,

公众由此而被置于一种集体分析师的位置。相较而言，他的论文要更为凝练、更加公式化，它们抛给读者许多不可阅读的、模棱两可的、时常像神谕一般的命题，要求读者由此而开始他的工作，去把它们转译成明确的论题，并为它们的含义提供例证和逻辑的证明。与通常的学术程序相反，在那里，作者阐发一个论题，然后试图通过论证来维系它，而拉康不仅把这一工作留给了读者，甚至还经常要求读者在众多相互冲突的论述或某个含混的神谕般的论述中去决定拉康实际的论题究竟是什么。在这一确切的意义上说，拉康的《文集》就像是一个分析师的评论，其目的不在于给受分析者提供现成的意见或陈述，而在于给受分析者设置工作任务。

那我们该读什么以及如何去读？是《文集》还是研讨班？唯一恰当的回答就是那个流传的"茶还是咖啡"的笑话的一个变体：是的，请便！你应当两个都读一下。如果你直接去读《文集》，那会一无所获，所以你应当从研讨班开始——但不能止于研讨班，因为如果你只读研讨班，你同样会一无所获。认为研讨班比《文集》更加清晰、更为透明，这种想法完全是一种误导：它们常常是摇摆不定的，常常实验着不同的研究路径。恰当的方式是先读一期研讨班，再去读相应的论文以便"领会"研讨班的要点。我们在此论说的是 Nachtraeglichkeit（累赘的翻译是"延宕的行为"）的时间性，这一时间性恰好与分析治疗本身相对应：《文集》明确清晰，提供了准确的阐述，但我们只有在阅读了提供背景的研讨班以后才能理解它们。有两个明显的例子：第7期研讨班《精神分析的伦理学》与《文集》中对应的《康德同萨德》，第11期研讨班《精神分析学的四个基本概念》与《文集》中的《无意识的位置》。[1]

---

[1]　Slavoj Žižek, *How to Read Lacan*, pp.128-129.

齐泽克用受分析者与分析师的关系类比研讨班与《文集》的关系，这个巧智的类比固然新颖，但用处不大。不过，齐泽克主张在研讨班与《文集》之间做对比性阅读，这是我们需要记住的。实际上，齐泽克所说的那种对应有很多，如《关于〈被窃的信〉的研讨班》（1956）对应第2期；《言语和语言在精神分析学中的功能和范围》（1953）对应第1、2期；《典型疗法的变体》（1955）对应第1、2期；有关伊波利特的两篇文字对应第1期；《字符的代理作用》（1957）和《论精神病的一切可能疗法的一个初始问题》（1958）对应第3期；《菲勒斯的意义》（1958）对应第4、5期；《主体的倾覆和欲望的辩证法》（1960）对应第5、6期；《康德同萨德》（1963）对应第7期；《无意识的位置》（1960）对应第11期；《科学与真理》（1965）对应第13期；等等。对于这种对应，我们不能简单地理解为《文集》的文本是对研讨班的缩写或浓缩，因为拉康的每期研讨班涉猎的主题甚多，而论文则相对集中于某一个主题。再者，拉康在研讨班中喜欢以回溯的方式复述、修正或重写此前的理论，就是说，体现在研讨班中的思想是流动的、不断繁殖的、没有终结的，同时也是循环回复的、交错分叉的和叠加的，这意味着，内容相对凝定的论文更多时候像是研讨班的一种旁白，没有研讨班的参照，它们的位置将难以确定。在这个意义上，我更倾向于把《文集》和研讨班的互文性关系视作一种回溯性而非单一增补性的参照关系。再有一点，由于1960年代中期以后拉康的思想有很大转变，所以《文集》并不能涵盖晚期拉康研讨班的内容，不妨说，《文集》的拉康是一个古典的拉康，一个结构主义气息较为浓重的拉康，而1970年代的研讨班在很多方面对这个形象构成了一种倾覆。

再就是各期研讨班之间的联系。拉康在他的研讨班中不仅要回到弗洛伊德，还要不断地回到拉康自身，所以在他的论述中，我们总能看到一种未来的预期，也总能看到一种已然的回溯，他总是以重述的方式回到曾经的主题，而每一次的返回又构成对已然存在的东西的一个重写，并且只是一个"重写"，而不是"完成"。这表明，对于拉康的近30期研讨班，我们需要把它们看作一个开放的总体，也就是说，对于他的许多概念和理论，我们需要在一种未完成的状态下来理解。如同对无意识症结的分析是一个无有终止的过程一样，拉康的理论宣讲也总是处在意义的不断延宕之中。

如同对弗洛伊德的返回一样，拉康对自己的返回不是理论的重复或复述，但也不是完全的断裂和自我否定，而是理论机器的一种叠加，是随不同界面或不同问题的引入而引发的不同理论效果，所以，把拉康的研讨班看作一个开放的、未完成的总体，意味着对拉康理论做全面、系统的讨论是不可能的，意味着我们对他的每一种阐述或返回都只是暂时的意义凝定。

最后是研讨班分期的问题。拉康近三十年的研讨班有没有一个阶段性的历史演进？这个问题在拉康学派当中讨论得比较多，一个相对一致的看法是把拉康的研讨班分为三个阶段，但接下来在如何划分这三个阶段的问题上，各人因取舍标准的不同而有不同的认识。例如，齐泽克依据对死亡驱力的不同界定而将研讨班划分出三个不同阶段：

> 在第一阶段（研讨班报告Ⅰ，《言语和语言……的功能和范围》），它表现为黑格尔的现象学观念——词语是死物，它谋杀了事物：一旦现实被符号化了，陷入了符号网络之中，事物本身就会呈现于词语、概念之中，而不是呈现于直接的物理现实。更确切地说，我们无法回到直接的现实之中：即便我们从词语回到了事物——例如，从"桌子"这个词语回到物理现实中的桌子——桌子的表象也已经打上了某中短缺的烙印——要想知道真正的桌子是怎样的，它意味着什么，我们就必须求助于词语，词语暗示了事物的缺席。
>
> 在第二个阶段（拉康对爱伦·坡的《被窃的信》的解读），

强调的重点已经从单词、言语转向了语言,语言是共时性结构,是无感知的自治机制,它把意义作为自己的结果制造出来。如果说在第一个阶段,拉康的语言概念基本上还是一个现象学概念的话(拉康不断地重复这一点——精神分析领域就是意义的领域,即 la signification 的领域),那么我们在此看到的是"结构主义"语言观,它把语言视为分化的因素系统。死亡驱力现在被等同于符号秩序本身:用拉康自己的话说,它"不过是符号秩序的一个面具而已"。这里主要的问题是意义体验的想象层面,与制造出意义体验的想象层面的无意义的能指/意指机制之间的对立。想象层面是由快乐原则所支配的,它努力寻求动态平衡,而处于盲目自动调节中的符号秩序总是干扰这一动态平衡:它就是"超越快乐原则"。人一旦陷入了能指网络,这一网络就会对他产生禁欲效果;他就会成为陌生的自治秩序的一部分,不断地干扰其自然性的动态平衡(例如,通过强制性的重复)。

在第三个阶段,拉康教学的主要重点放在了作为不可能的实在界上面,死亡驱力再次根本性地改变了其含义。这一改变,可以通过快乐原则与符号秩序之间的关系,极其轻而易举地检测出来。[1]

齐泽克还依据对"精神分析治疗的最后时刻"的认定来解释这三个阶段说:

在第一阶段,重点放在了词语上,词语是主体间欲望识别的媒介,征兆被设想成白点(white spots),设想成主体历史的非符号化的想象性因素,而分析的过程就是将其予以符号化的过程,就是将其融入主体的符号世界的过程:分析将为一开始

---

[1] 斯拉沃热·齐泽克,《意识形态的崇高客体》,季广茂译,北京:中央编译出版社,2002年,第180—181页。引者对文中个别字词做了改动。

即表现为无意义的踪迹的事物,回溯性地提供意义。所以,当主体有能力向他者连续地叙述其历史时,当主体的欲望融入了"完整言语"(parole pleine)也能从"完整言语"中识别出来时,精神分析的最后时刻就来到了。

在第二个阶段,拉康设想符号秩序对于主体具有禁欲效果,并把一个创伤性损失强加于他——这一损失、这一短缺的名字当然是阉割——当主体准备接受这一根本性损失,准备同意进行符号性阉割,以此为代价换取对于欲望的接近时,精神分析的最后到来了。

在第三个阶段,我们看到了大他者,符号秩序,在其内心深处存在着创伤性因素;在拉康的理论中,幻象被设想为允许主体与这一创伤性内核予以妥协的建构。在这个层面上,精神分析的最后时刻被界定为"穿越幻象":不是对它进行的符号性阐释,而是对下列事实的体验:幻象客体以其诱人的呈现,只能填补他者中的短缺、空隙。幻象的"后面"一无所有;幻象是一种建构,其功能就是要隐藏这一空白、这一"一无所有",即隐藏他者中的短缺。[1]

严格地说,齐泽克的这个划分主要针对的是1960年代之前的研讨班,且他对拉康的阅读有一个关键的切入性文本,那就是讨论精神分析伦理学的第7期研讨班,就像他所说的:"我们现在明白了,为什么由拉康总结出来的精神分析伦理学的格言('不在欲望问题上让步'),完全契合了精神分析过程的结束时刻,'穿越幻象':我们绝不能对之做出让步的欲望,并非由幻象支撑的欲望,而是穿越幻象的他者的欲望。'不在欲望问题上让步',意味着完全放弃那建立在幻象脚本基础上的丰富多彩的欲望。"[2]他关于三个阶段的划分无疑与自己的这一逻辑论定有关。可问题在于,他的这个划

---

[1] 斯拉沃热·齐泽克,《意识形态的崇高客体》,第183页。
[2] 斯拉沃热·齐泽克,《意识形态的崇高客体》,第166页。

分如果用来说明1950年代到1960年代初的拉康研讨班倒是很恰当，但肯定不适合描述拉康的所有研讨班。

再如维罗尼奎·沃鲁丝（Véronique Voruz）和博格丹·沃尔夫（Bogdan Wolf）——这两位伦敦分析家都是米勒于1992年创立的自称"新拉康学派"的"世界精神分析协会"（World Association of Psychoanalysis）的成员——也把拉康的研讨班分为三个阶段，每个阶段大约持续十年，且各以"三界"体系中的某一个界域为中心。按照他们的说法，拉康教学的第一个阶段（1953—1963）关注的是"镜像阶段、自恋、认同，以及由此而来的自我的构型"，在这个阶段，拉康"依据对称性他者之间的竞争重述了自我所提出的临床问题，重述了由爱、恨以及无知这三种想象性的激情所产生的障碍，重述了想象轴上自我力比多的可逆性，以及在分析移情中想象轴的侵入"[1]。在第二个阶段（1964—1972），随着对象 a 这个"实在"概念的提出，象征界成为关注的中心，"从第11期研讨班开始，拉康一直着手思考在大他者或象征秩序中定位主体的参数。主体的已经与其想象性构成物结合在一起的象征坐标，现在也随这一残余的实在而获得说明。由于对结构和定位的这种关注，拉康着手思考异化和分离的十分有用的逻辑运作，并把这两者同症状和幻象的概念关联在一起"[2]。第三个阶段始于1973年的第20期研讨班，这是拉康教学的"晚期"，其所关注的是不可能的实在，"在这个阶段，原乐成为人类生存的特征。原乐不仅扰乱和倾覆了象征性的平衡和比例的快感原则，而且成为对言语来说特殊的和必要的组成部分，后者现在被看作原乐的承载物。言语的象征功能不是减少原乐而是产生原乐"[3]。

很显然，沃鲁丝和沃尔夫的这个划分过于简单化，且不符合拉

---

[1] Véronique Voruz and Bogdan Wolf (eds.), *The Later Lacan: An Introduction*, Albany: State University of New York Press, 2007, pp.viii-ix.

[2] Véronique Voruz and Bogdan Wolf(eds), *The Later Lacan: An Introduction*, p.ix.

[3] Véronique Voruz and Bogdan Wolf(eds), *The Later Lacan: An Introduction*, p.ix.

康思想发展的逻辑。就"三界"的角度而言,拉康对它们的阐述从来不是单独地进行的,而是一开始就把它们置于了一个共时态的交互作用中,只是不同时期侧重点有所转移。真正说起来,拉康对想象界的阐述在研讨班开始以前就已近完成,1950年代虽然还在继续且有所补充,但研讨班的侧重点已转向象征界,转向象征界与想象界的关系;1960年代初随着关注的焦点转向实在界和对象 a,实在界与象征界和想象界的关系成为这个时期研讨班讨论的主要问题;到1970年代,原乐的问题成为关注的重心,围绕这个重心,"三界"的拓扑学进一步得到重述。

齐泽克等人的这些划分犯有一个通病,就是想在一个逻辑的框架里对拉康研讨班的时间性进行"音节分析",而问题在于,拉康的研讨班存在这样一个节奏性的时序吗?要知道,自1950年代开设研讨班开始,拉康的思考一直是致力于分析技术的理论化和分析理论的技术化,这是他的目标所在;而这一目标又被嵌入一个以想象界—象征界—实在界为框架的结构模型中,不同的理论和技术问题都要纳入这个"三界"来讨论;进而,虽然从时间上看,拉康在不同时段的侧重点经历了从一个界域到另一个界域的转移,但从"三界"框架作为一个共时系统的层面看,这个转移与其说是侧重点从一个转到另一个,不如说是阐述"三界"的认识论模型的变化,而且这个变化并不完全遵循时序的节奏,而是像一个连通器,前后时期总是在某个交叉点上以重述的方式发生分形。这样,在拉康的研讨班进程中,处在不同认识论模型中的同一个问题常常会导出不同的结论和意义效果。因此,逻辑时间的分期固然可以让我们对拉康的研讨班获得一个清晰的线索,但容易导向对拉康的"疑难"的省略,而疑难和悖论正是拉康理论的一个典型特征。

下面,我将试图对拉康研讨班的进程给出另外一种描述。基于上面所说的分期的困难,我选择了一条取巧的路线,即依据研讨班地点的转移来描述它的进程:1953—1963年的第1—10期为圣安娜医院时期；1964—1969 年的第 11—16 期为巴黎高师时期；1969—1979 年的第 17—26 期为法学院时期。如果你非要说这还是一种分期，那也是一种非逻辑的分期。并且我在这个分期下所要描述的主要不是理论的逻辑演进，而是拉康提出和回答问题的语境的变化以及这一变化对他的话语的影响，因此我不会去逐一叙述每一期研讨班的具体内容，而是会专注于他进入问题的方式或认识论模型的变化。

首先是圣安娜医院时期。这个时期正好贯穿了法国精神分析学会的整个历史，就是说，这个时期正是拉康同国际精神分析协会因为技术问题而发生政治冲突的时期，也是他以语言学转向来革新精神分析理论与技术的时期，这一语境对于拉康研讨班的影响尤其体现在三个相互重叠的方面：对弗洛伊德文本的重读；对自我心理学的批判；以及在语言学基础上对精神分析理论的重述。

第一，对弗洛伊德文本的重读。这一重读既涉及弗洛伊德的理论文本，也涉及弗洛伊德的技术文本以及病例分析。这个时期的每期研讨班都会重点讨论弗洛伊德的一个或多个文本：第 1 期的研讨文本主要是弗洛伊德在 1904—1919 年写的有关分析技术的论文；[1] 第 2 期主要涉及弗洛伊德写于 1920 年代的三部著作：《超越快感原则》(1920)、《群体心理学与自我的分析》(1921) 和《自我与本我》(1923)；第 3 期讲的是弗洛伊德在 1911 年写的一个病例研究，即著名的施列伯病例；第 4 期也是一个病例分析，即"小汉斯"的病例；第 5 期

---

[1] 拉康依据的是 1953 年出版的题为《精神分析技术》的法文版，该版本收录了弗洛伊德 1904—1919 年的相关论文共计十二篇，即《弗洛伊德精神分析程序》(1904)、《论心理治疗》(1905)、《精神分析治疗的未来展望》(1910)、《"野性的"精神分析》(1910)、《释梦在精神分析中的运用》(1911)、《移情动力学》(1912)、《对进行精神分析治疗的医生的几点忠告》(1912)、《治疗初始（关于精神分析技术的进一步忠告之一）》(1913)、《回忆、重复和逐步突破（关于精神分析技术的进一步忠告之二）》(1914)、《有关移情的观察报告（关于精神分析技术的进一步忠告之三）》(1914)、《精神分析治疗中的体验调查》(1914)、《精神分析治疗中的进展路线》(1919)。拉康认为这些论文尤其是写于 1904—1909 年的论文是弗洛伊德思想发展的中间步骤，对于理解精神分析实践的发展极为重要，因为在那里我们可以看到许多东西的逐步显出现，如"对分析治疗的操作模式至为基本的概念、抵制的概念和移情的功能、移情中的操作与介入模式，甚至还有移情神经症的基本地位。"（Jacques Lacan, *The Seminar of Jacques Lacan, Book I, Freud's Papers on Technique 1953-1954*, p.8.）

涉及弗洛伊德早期有关无意识运作机制的文本；第6期讨论了弗洛伊德的两篇短文《哀悼与抑郁症》(1917)和《俄狄浦斯情结的消解》(1924)；第7期主要考察了弗洛伊德早期的《科学心理学纲要》(1895)和晚期的《文明及其缺憾》(1930)；第8期是弗洛伊德有关移情的文本；第9期是弗洛伊德的《群体心理学与自我的分析》；第10期则与弗洛伊德的《抑制、症状与焦虑》(1925)有关。这里的列举并不全面，但仅此也足以看出拉康为"回到弗洛伊德"而做的努力。

第二，对自我心理学的批判。前面说过，拉康对弗洛伊德文本的强力性重读既是为了重启精神分析理论的革命性维度，也是为了对抗自我心理学派对弗洛伊德的修正主义改写。所以在前十期研讨班中，拉康花费了很大的精力去批判自我心理学派——但也包括对象关系学派——的理论和技术，尤其关注了自我心理学派的自我理论和治疗中的移情与抗拒的问题。有关这个批判，我在前面已经做了较为集中的交代，尽管在那里我没有太多地引用研讨班的材料。

第三，对精神分析学的语言学重述。弗洛伊德称精神分析的技术是谈话疗法，拉康据此读出了两点：一方面它表明言语是精神分析实践的唯一媒介，主体的无意识必要在言语中且通过言语呈现出来，所以运用语言学的模式去重述精神分析的理论与技术既是可能的，也是必然的和必需的；另一方面它还表明分析关系必定涉及主体间的关系，而主体间的关系又因语言维度的介入而关联着诸多的方面，要说明这诸多的方面，就需要借助想象界—象征界—实在界这个"三界"框架，就是说，对精神分析学的重述必定要在"三界"框架的范围内进行。

总体上，在第1—10期研讨班中，拉康重述的重点不外乎四个最基本的方面：无意识的构成、主体性的认同、欲望的辩证法和分析师的位置。不过，这些方面在许多地方是相互交叉的，比如无意识的构成，它既是对无意识机制的说明，也是对主体性的认同的说明，而主体性的认同又必定涉及欲望的辩证法，也涉及分析过程中受分析者与分析师的关系，涉及分析师的伦理位置。所以，在阅读拉康的研讨班的时候，我们需要像处理连通器一样，知道如何在不同的主题之间进行拓扑式的变换。

当然，上面说的四个基本方面只是一个轮廓，实际上，在拉康的重述中，每一个方面又包含了诸多具体的理论问题。比如在无意识的构成中，拉康的基本观点为"无意识是像语言一样被结构的"，而在这个观点的下面，隐藏着一系列的问题：对索绪尔能指理论的改写；无意识的构成及运作的能指法则；主体在他者场域中的结构化；主体的分裂等。又如在主体性的认同中，既涉及主体（自我）的想象性认同（理想自我），也涉及主体的象征性认同（自我理想），还涉及主体与他者的关系。而在欲望的辩证法中，拉康不仅引入了需要—要求—欲望的三元组概念，还引入了他者欲望的维度；同时，欲望的辩证法亦可看作主体认同的辩证法，在此拉康又引入了精神分析经验中的俄狄浦斯阶段，并把一系列的问题扭结于其中：母亲的欲望、菲勒斯、阉割、父之名或父亲功能、主体性的构成、主体性别位置的确立、作为欲望之因的对象 a、焦虑等。至于在分析师的位置中，虽然无意识的构成、主体性的认同和欲望的辩证法皆与之有关，但所集中的焦点主要是受分析者与分析师之间的移情关系以及分析师在这一关系结构中应当占据的伦理位置。

进而，上面的所有四个方面以及每一方面所涉及的问题都离不开想象界—象征界—实在界的"三界"框架，正如拉康自己说的："没有这三个体系对我们的指导，我们就不可能理解弗洛伊德的任何技术和经验。"[1] 所谓"三界"，简单地说，是构成主体性存在的三个界面，也是在主体身上交互作用的三种秩序，同时还是拉康借以思考精神分析学的理论与技术的基本认知框架，是他对精神分析经验进行形式化和科学化处理的手段，当然也是他用来克服形形色色

---

[1] Jacques Lacan, *The Seminar of Jacques Lacan, Book I, Freud's Papers on Technique 1953–1954*, p.73.

的新弗洛伊德主义的理论局限的武器。

想象界—象征界—实在界作为一个三元组的体系是 1953 年首次提出的，拉康不仅用"三界"去处理精神分析的经验和理论，也用"三界"的交互作用去说明精神分析的技术运作，但在不同时期拉康对"三界"本身有不同的运用。在 1950 年代的研讨班中，他主要集中于说明想象界和象征界的功能，并较为关注象征界与想象界的交互运作，到 1960 年代初，随着拉康的兴趣点渐渐转向实在界，实在界与象征界的交互运作受到重视。而由于这一转向，拉康对弗洛伊德理论的重述也越来越激进，批判意识越来越强。

接下来是 1964—1969 年的巴黎高师时期。由于与国际精神分析协会的彻底决裂以及与法国精神分析学会的分道扬镳，拉康研讨班的地点移到巴黎高师，由此而来的是研讨班听众结构的变化；与国际协会和法国学会决裂后，拉康创立了自己的弗洛伊德学派，由此形成了新的学派政治环境，拉康迫切需要以真正主人/导师的身份为新学派确立可用来集体移情的幻象；阿尔都塞和雅克-阿兰·米勒等人所阐释的拉康主义意味着拉康作为"法国的弗洛伊德"的主体性身份开始被指认，也让拉康更激进地认识到革新精神分析理论与技术的紧迫性；还有 1966 年《文集》出版的成功和 1968 年五月事件的推动，拉康的大师/主人形象进一步得到强化，而他自己似乎也沉浸在这一主体性的幻象中享受着某种快感满足，由此一种带有妄想性质的精神分析政治开始愈演愈烈。在这一情境中，拉康的研讨班似乎成了他者政治的一个表演场所，一方面他在欲望着他者的欲望，而另一方面他也把自己当作他者的欲望对象。

我们所能感受到的一个最大不同，就是拉康在巴黎高师时期返回弗洛伊德的方式发生了变化。如果说圣安娜医院时期的"回到弗洛伊德"至少在文本的阅读上还体现了某种向源头的"返回"的话，那么，在巴黎高师时期，拉康则在回归的名义下更明确地走向了对弗洛伊德的"超越"，米勒称其为一种"内部的超越"："不是置弗洛伊德于不顾的那种超越,而是在弗洛伊德之内进行的超越。"[1] 拉康不再像以前那样围绕弗洛伊德的某一个或几个文本来组织自己的研讨班,而是以自己的概念和逻辑来挖掘弗洛伊德理论中所没有言及或未能言尽的东西,虽然仍在使用弗洛伊德的某些术语,但现在完全是以拉康的方式进行重写,且许多时候是对自己的重写。这种激进姿态在高师的首期研讨班中就已经有所显示,在那里,对精神分析学的四个基本概念的阐述实际已经成为拉康版的拉康主义的经典版本。

更重要的是,在这个时期,由于巴黎高师"分析手册"派的进入,把拉康带到了全新的知识领域,弗雷格的算术理论、哥德尔的不完全性定理、以"逻辑实证主义"得名的维也纳学派对知识确定性的寻求等,这些都让拉康领略了科学性的魅力,他要把这种科学性引入精神分析学,对精神分析的经验和实践重新进行形式化和科学化的阐述。就这样,圣安娜医院时期的拓扑矩阵开始被各种拓扑变换所取代,如莫比乌斯带、克莱因瓶、曲面等。现在几乎每一期都置入了一些令人头疼的科学伪形,它们成为这个时期的研讨班最具特色的知识作料。

与这一形式化和科学化的动机相适应,与时代对结构/后结构主义写作风格的迷恋相适应,当然也与研讨班易地后听众构成的变化相适应,精神分析学的科学性问题成为贯穿这个时期的基本问题,从1964年的第11期到1968—1969年的第16期,几乎每一期都关涉着这个主题,就像布鲁斯·芬克所说的:"在这一期〔即第11期〕及接下来的几期研讨班中,拉康关心的是在科学的内部或外部来定位精神分析学的地位,这必然地使他要去阐述一种理论,以说明科学是什么、是什么东西构成了科学、一种科学领域是如何被建构的、科学的对象是什么等。拉康在此关注的是确定精神分析'知识'以

---

[1] Richard Feldstein, Bruce Fink and Maire Jaanus(eds.), *Reading Seminar XI: Lacan's Four Fundamental Concepts of Psychoanalysis*, p.8.

及在精神分析实践中至为关键的那种真理的本质和地位。"[1]

在以前,"三界"框架主要用来说明主体性的认同、他者的法则、分析中的移情以及欲望的辩证法这类问题,现在,对象 a、原乐以及幻象的逻辑成为各期关注的中心,此前的问题都在这些新概念的结构中被重述,"三界"的拓扑学中实在界与象征界和想象界的交互作用成为关键。例如,在第 11 期,对精神分析学的四个基本概念——无意识、重复、移情和驱力——的阐述最终都要指向属于实在界的对象 a 的功能;在第 12 期,关键问题(该期的主题为"精神分析学的关键问题")依然是主体与语言的关系,依然是无意识主体的离心结构,但不再是以语言学模型的能指逻辑来说明的,而是以莫比乌斯带和曲面拓扑来重述的,并通过这一重述,穿越主体的幻象被确立为分析的目标;在第 13 期中,重提了莫比乌斯带、曲面等拓扑学模型的意义,即它们不是结构的单纯隐喻,而就是结构本身,"精神分析学的对象"(该期的主题)必须在这些模型中获得理解,各类对象 a(排泄物、乳房、凝视、声音)必须在这些模型中被结构化;在第 14 期"幻象的逻辑"中,拉康提出,要理解基本幻象的结构,就必须确定对象 a 的逻辑地位,而那只能借助拓扑学模型才能完成,同时,在这一期,拉康依照幻象的逻辑重新讨论了笛卡尔的我思主体、他者的欠缺以及主体性别位置的确立等;在第 15 期,再次讨论了第 14 期言及的主体性别位置的问题以及第 11 期阐述的移情及分析师的欲望的问题;在第 16 期,拉康又回到了他者之欠缺、欲望和原乐的问题,并通过对马克思的剩余价值理论的阅读提出了剩余原乐的概念,然后以剩余原乐对对象 a 的功能和性关系重新加以界定。拉康的所有这些讨论都充满了先锋理论的特色,一种疑难和悖论的风格让每一个概念都指向没有结论的意义延宕。

高师时期是拉康理论最具活力的一个时期。对象 a、原乐、幻象

---

[1] Richard Feldstein, Bruce Fink and Maire Jaanus(eds.), *Reading Seminar XI: Lacan's Four Fundamental Concepts of Psychoanalysis*, p.57.

的结构、驱力的机制、分析师的欲望、主体的性别位置以及"三界"的拓扑学,所有这一切现在都已成为拉康理论的高级教程,圣安娜医院时期的古典拉康现在需要以一种回溯的方式来重新理解,曾经的认同、移情和欲望辩证法现在需要依照不可能性的逻辑、剩余的逻辑、非对称的逻辑来重新阐释,现在挂在拉康口头的常常是这样的东西:主体在能指中意义缝合的失败、能指切割的剩余、原初对象的永久失落、不可能的对象的返回、主体在凝视中的陷落、性关系的不可能性等。

最后是1969—1979年的法学院时期。1968年的巴黎五月风暴开启了法国精神分析运动的新时代,到1970年代初,一种"精神分析文化"已渐成气候,拉康主义也成为坊间热议的话题。可另一方面,拉康学派的内部政治也愈演愈烈,有时,权力的斗争不免让学派的撕裂带有些许残酷的意味,拉康虽然名义上还是学派的绝对主人,但自然法则的必然性已让他回天乏力,他的权力正渐渐被边缘化。

1969年,拉康被逐出巴黎高师,研讨班再次易地,迁到了先贤祠附近的法学院。拉康又一次发挥其迫害妄想的逻辑,把这次驱逐再度想象为建制的迫害,并将再度在政治哲学家列奥·施特劳斯(Leo Strauss)所说的"迫害与写作技艺的关系"——拉康曾在《字符的代理作用》一文中提到过列奥的这个问题[1]——中来倾覆自以为知的主体的位置。与此同时,作为对五月风暴的一种回应,法国政府在文森创办了一所新式的实验性大学——第八大学,在福柯主持的哲学系的资助下,成立了法国的大学里的第一个精神分析学系,拉康派成为这个阵地的主导。

正是在这样一个语境中,在1969年的新一期研讨班《精神分析学的另一面》中,拉康承接上一期研讨班讨论过的主题——大学话语、

---

[1] "值得花点时间读一下列奥·施特劳斯的著作,他在那块传统上为选择自由的人提供避难所的土地上反思了写作的技艺与迫害的关系。通过沉思把这个技艺和这个条件联结在一起的那种同质性,他让我们得以窥见到此处以真理的效果将其形式强加于欲望的东西。"(Jacques Lacan, *Écrits*, p.423.)

知识与原乐的关系、剩余原乐的生产等——一上来便围绕知识与原乐的关系讨论了包括大学话语在内的四种话语，即主人话语、大学话语、歇斯底里话语和分析家话语，讨论了这些话语之间的结构转换。精神分析学的政治维度在此得到阐述。

值得注意的是，在这新一期的研讨班中，拉康特别地讨论了哲学家维特根斯坦（Wittgenstein，1889—1951）的著作《逻辑哲学论》（1921）。不管学院哲学家们对维特根斯坦的这部作品怎样的喋喋不休，反正在拉康眼里，它就是一部关于"分析"的著作：从分析"世界"开始，转而分析"思想"或世界的逻辑表现，再分析"命题"（即思想的逻辑形式）与命题的"意义"，最后获得了一个拉康意义上的"剩余"——世界上存在着不可说的"神秘的东西"。对于这个不可言说的神秘，维特根斯坦说，我们最好的做法就是保持沉默。拉康把这个不可言说的神秘解释为追求原乐的欲望主体必要遭遇的那个创伤性内核——欲望的不可能的对象。"唯一的意义就是欲望的意义。这便是人们在读过维特根斯坦的著作以后所能说的东西。唯一的真理就是被言说的对欲望之欠缺的欲望所掩盖的东西——为的是显明他正在寻找的东西——的真理。"[1]这真理不可言说，但却如维特根斯坦所说，它是"可显明的"——可以用一种形式化来显明，使之成为可传达的。拉康现在要借用话语的结构来传达其精神分析学的秘义，因为在这个构建社会联系的结构中，代理、他者、产品、真理四个位置分别为主能指、知识、原乐、主体这四个变项依照一定的逻辑关系配置在一起，从而形成不同的话语形式，各自显示出主体之言说与无意识真理的不同关系。就这样，曾经相对分离的主题现在被扭结在四种话语结构中反复地重述。拉康现在不再打着"回到弗洛伊德"的口号去对创始之父进行创造性的重写，而是径直以"回到拉康"作为目标去完成对弗洛伊德的"超越"。

法学院时期的拉康已是一位七十高龄的老人，他的精力已大不

---

[1]Jacques Lacan, *The Seminar of Jacques Lacan, Book XVII, The Other Side of Psychoanalysis*, p.61.

如前,在研讨班上,他的语调更加深沉,语速也更加缓慢,说话的节奏也不如以前那么流畅连贯。但他的教学风格却变得更加诡异,自造的新词一个接着一个,语义的叠加和联想越来越不着边际,有时直接的言说被减少到最低限度,只是在黑板上画满各式各样缠绕的"纽结",他开始在创造一种"拉康数学"。这位博学与巧智的大师在言说不可言说的神秘时终于向世人道明了1966年《文集》开卷语中说到的"风格即人"的格言的真实含义。

1970年代的拉康与其说是一个精神分析学家,不如说已经成为一个炫技的艺术家,曾经的"三界"拓扑学现在以"波罗米结"和"纽结"的形式玩得花样百出,那并不是科学意义上的数学,而更像是荷兰版画家M. C. 艾舍尔(M. C. Escher,1898—1972)画的那些富有创意的图画。虽然拉康时常煞有介事地声称拓扑学不是结构的象征,而就是结构本身,虽然他不厌其烦地向我们解释其精神分析学的拓扑化形式,可我们大可不必把他说的一切都当真,因为那不过是他用来捕获我们的欲望的伎俩,那只是大师的狡黠。

当然,1970年代的拉康也有灵光乍现的时刻。其中第20期研讨班《再来一次》(1972—1973)和第23期研讨班《症候》(1975—1976)就是这个时期难得的佳作。前一期的主题是"女性性欲",实际讨论的仍是主体性别位置的确立,但现在的立足点是他者的原乐,而不是以前的菲勒斯能指和对象 a;后一期的主题是症状,通过对现代主义作家乔伊斯的作品的阅读,拉康思考了语言、心理结构的纽结和写作的关系,思考了主体的创伤、原乐追求和自我创造的关系。

前面已经说了,把拉康的研讨班分为圣安娜医院时期、巴黎高师时期和法学院时期是一个讨巧的做法,但这样做也是别有用心,即提防我们轻易地滑向对研讨班的历史进行逻辑主义的划分,或是简单地在"断裂"的意义上区分出所谓的拉康Ⅰ、拉康Ⅱ、拉康Ⅲ甚至更多。我已经强调了,对于拉康的研讨班进程,我们更应当视作新的概念的不断叠加、同一概念在不同界面的不断重述、不同概念或理论的相互交叉与变换的过程，是拉康对弗洛伊德和自己不断地返回和宕出的过程，是拉康让自己的精神分析学朝向无限可能的过程，这一切都意味着，拉康的理论有一个根本的特征，那就是它对抗有关于它的所有封闭的阐释。正是在这个意义上，我要说，如果无有终止的分析即是精神分析学的命运，那么，拉康在其研讨班中宣讲的无有终止的理论就是他向弗洛伊德及精神分析学效忠的最佳见证。

三 科学的伪形

单就写作作为一种技艺而言，法国结构主义的一代可以说是把这种技艺推到了登峰造极的高度，一定程度上，他们其实也是杰出的文体学家和修辞学家，他们的写作浸染了一种强烈的先锋意识，对他们而言，先锋不只是一种姿态，也不只是一种风格，而就是一种精神，他们在风格化的写作中实现着对日常意识和日常思维的跳跃。

列维-斯特劳斯在其神话学第一卷《生食和熟食》（1964）中为超越"可感知的东西和可理解的东西之间的对立"而在符号运作的层面引入音乐的形式构成来对神话结构进行分析，因为"这种分析过程应沿许多轴线进行"，有前后相继的轴，也有共时性的轴，还有表现紧张的轴和置换代码的轴，它们之间的对比如同音乐中独奏与合奏、歌唱与宣叙调或器乐合奏与咏叹调之间的对比一样。[1]罗兰·巴特的"神话学"写作倒是朴实无华，可到后期他进行"文之悦"的实验的时候，片断的剪接就如同心绪的跳跃，喃喃自语的文字倾诉加上充满刺穿效果的智性运作，令写作和阅读成为主体与文本之间的一种调情，写作的技艺就是一种色情学的技艺。还有米歇尔·福柯，他的写作算不上晦涩，在他那里，激情与智性运作相得益彰，

---

[1] 列维-斯特劳斯，《神话学：生食和熟食》，周昌中译，北京：中国人民大学出版社，2007年，"绪言"第23页。

但不晦涩不等于容易理解，福柯同样是一个杰出的文体学家和修辞学家，他对愚人船意象的描述，对边沁的圆形敞视监狱的结构分析，还有他对西方近代以来的知识型进行的考古学式的考察，对身体控制的权力谱系学的批判，以及对西方性话语中的权力运作的解读，每每读到这些地方，主体就像被置于了一个异度空间中。至于雅克·德里达，他的解构理论的一个重要运作就是要让哲学与文学之间的建制化区分陷于崩溃或趋于瘫痪，写作之于他不是寻求或确定某一固定意义的过程，而是把意义交付给符号嬉戏的无限延宕的过程，例如他的《论文字学》（1967）就是一种典型的幽隐式写作，在其文字的行进中，总有一些非主题性的概念出入字里行间，瓦解着所论"主题"的结构封闭性，如原罪、手淫、接缝这类意向或概念在文本中的出没，使文字的意谓活动总处于一种外溢状态，可意会而不可言传。

　　那么拉康呢？与上面这些人相比，拉康的"晦涩"属于典型的不可理解。他的晦涩有风格上的，每一个初涉拉康理论的读者，首先都会感受到他那巴洛克式的论述风格带来的阅读阻塞；他的晦涩也有技术上的，且不说他对弗洛伊德文本做的出人意表的解读，单是他对精神分析领域以外的理论或概念妄自的挪用、任性的剪接和非凡的重写，就足以把我们拖入难辨方向的云雾之中；他的晦涩还有情境上的，例如他对格言、隐语、双关的运用，他的词义的缠绕与反转，他在音与意之间的联想与切割，他对达利式的妄想症批评和禅宗式的棒喝教学的刻意追求等，这些远不只是写作或言说技巧的运用，还是一种分析情境的营造，他总想以此让我们落入情境的诱惑。除此之外，拉康的晦涩还有一个重要方面，那就是他在长达近三十年的研讨班中不断变换运用的各种科学的伪形——所谓的数学型、代数式、拓扑图和拓扑变换，在许多人看来，它们唯一的意义效果可能就是要把我们拖入一场绝望的智力比拼游戏。

　　那究竟是一个什么样的世界？所有阅读和研究拉康的人都想一

探究竟。然而,我们注定要铩羽而归,因为那就像是庄家布下的一个赌局,意在诱人投注,这赌注就是我们的欲望,就是我们的无意识"原质"。我们要想从那里取得我们想要的,首先就要让自己成为他想要的。一定意义上说,要想彻底弄明白拉康的那些代数式、拓扑图和数学型的"最终意义"是不可能的,或者更确切地说,根本就不存在这样的"最终意义",而只存在一种阐释的无限可能,就像弗洛伊德所讲的梦的意义的多元决定一样。

当然,这样说并不是要给我们逃避解释寻找借口。拉康的那些数学型、代数式、拓扑图和拓扑变换固然有故弄玄虚的嫌疑——所以我把它们称为"科学的伪形"——但有的时候也不完全是理论的可有可无的装点,相反,在他看来,这些正是他所追求的精神分析的科学化和形式化的完美表征,是他为自己特立独行的培训分析或教学分析提供的最佳道具。它们有自己的逻辑,有自己的智性法则,它们执行着无意识语言的运作方式,有属于自身的索解路径。在拉康的眼里,学会读"懂"这些东西乃是进入其理论的入门功课。

为什么要引入这种形式化的运作呢?理由有三。

第一,形式化是精神分析学作为一门"猜想科学"所必需的。拉康把科学分为两类:"精确科学"和"猜想科学",前者是基于经验的事实、依照线性因果逻辑来对事实进行描述,后者是基于事件的表征、通过事后回溯来寻找事件的原因。前者大约对应于我们现今所讲的实证科学,但后者并不完全对应于我们所谓的人文科学,因为有许多人文科学的研究,比如实证主义的史学或诗学研究实际也是一种经验研究。拉康理解的"猜想科学"研究的是存在的问题,而存在之为存在,就在于它是不可言说的,它需要诉诸能指的象征化,但这一象征化又不可能完全和彻底,也是因此,猜想科学长期以来不被视作科学。但是,随着索绪尔语言学的出现,尤其是由于列维-斯特劳斯在其人类学研究中对这种语言学模式的成功运用,猜想科学获得了其科学化的标本,这一标本的根本就在于它的数学化和形式化。如同列维-斯特劳斯以准数学的象征化运作来表达人类的野性思维一样，精神分析学要想获得可理解性的地位，也必须超越直观式的心理内省和实证主义的经验因果，必须借用语言学和人类学的示范，以数学化的形式指引人们进入弗洛伊德理论的根基。

拉康引入形式化得益于语言学和人类学的启示，尤其得益于列维-斯特劳斯的结构分析方法。列维-斯特劳斯一反英国功能学派停留于生理或心理需要层面来解释人类社会生活的经验主义传统，提出人类学应当研究社会的"无意识结构"，他从雅各布森和特鲁别兹柯伊的音位学中获得启示，引入语言学的方法来对人类社会"野性思维"的无意识基础进行分析。这一方法的根本在于先依据差异性原则找出构成某一结构体系的功能单位（音素），如亲属关系中某些亲属称谓就是构成意义的基本单位，然后把它们整合到系统中，找出人类思维在无意识层面的运作法则，如透过对亲属称谓的研究，就可以解开整个亲属制度的结构法则。列维-斯特劳斯把这种分析方法称作一种象征化的运作，并以准数学的算式形式来表达他所找到的各种二项对立与无意识结构的关系，如生食：熟食/自然：文化，即生食与熟食的对立相当于自然与文化的对立，前者是后者的一种象征化表达。拉康认为列维-斯特劳斯使用的这个语言学方法为不同于实证科学或精确科学的猜想性科学的研究提供了典范，也为属于后者的精神分析学的研究提供了典范。例如在1953年的《罗马报告》中，拉康说：

> 语言学在这里可以作为一个示范，因为当代人类学已经赋予了它先锋的作用。我们不能对此视若无睹。
>
> 表达音素——它是由可把握的最小语义区分要素所组成的各个对立组的一种功能——之发现的数学化形式可把我们引向弗洛伊德的终极教义所指示的那个根基，这根基在语音所意涵

的在场与缺席中乃是象征功能的主观源泉。[1]

第二，形式化是精神分析学作为一门"现代科学"所必需的。拉康不仅在"猜想科学"的范畴内讨论了精神分析学的数学化和形式化，而且在"现代科学"的意义上说明了那一运作的必要性。他依照著名科学史家柯瓦雷的科学史观点，认为古希腊人所代表的"古代科学"与16、17世纪科学革命和笛卡尔哲学所代表的"现代科学"之间的一个本质区别就在于人们构想存在或实在的总体方式或者说主体对于被描述对象保持的位置关系的不同：在前一种情形中，主体与存在——比如亚里士多德的所谓不动的推动者——之间是一种整一的"爱"的关系，是知觉对象与理知能力相统一的关系，故而其所研究的存在实际是一种"现实"，一种依照幻象来建构的"心理现实"；在后一种情形中，由于哥白尼革命在开普勒和伽利略那里的真正完成，主体的中心位置被倾覆——正如弗洛伊德所暗示的，哥白尼革命的真正革命性并不只是中心星体的位置的颠倒，而是人作为宇宙之中心的位置的倾覆——主体与对象之间那一原始的整一性关系受到质疑，"现实"的科学转而让位于"实在"的科学，存在之存在再也不能通过知觉来揭示，而只能通过纯理智的思来揭示，主体作为能知的主体也只能通过纯粹的理知来获得，就像笛卡尔的"我思"主体的确立，它只有通过排除知觉对象的作用、通过把主体设定为纯粹能知的主体才是可能的，而这个主体转而也只有通过纯粹理知的方式才能获得有关实在的知识。拉康说，现代科学的数学化和形式化就属于这种纯粹理知的方式，它们本质上是一种"分析"的方式，不需要假借任何知觉经验，单凭理智的纯思就可以完成。比如，对古希腊人而言，-1的平方根是不可想象的，因为它不符合我们在可见世界中的知觉经验，但对现代科学而言，我们通过纯粹理知的分析就可以证明它的存在，而无须经验的证实。

---

[1] Jacques Lacan, *Écrits*, p.235.

当然，早期现代科学在转向"实在"的研究方面做得还不彻底，许多时候它还在寻求把"实在"等同于"现实"，把纯粹的理知等同于现实的存在，例如笛卡尔的"我思故我在"。但到19、20世纪，非欧几何、n维空间、不完全性定理、集合论以及弗洛伊德的精神分析学等的出现真正地确立了一种实在的科学，在那里，实在被设定为不可想象、不可言说的东西，只能借数学的形式化来揭示。对精神分析学而言，这个实在实际就是主体之实在，是主体在进入象征秩序的过程中留下的不可象征化的创伤性内核，但主体又只有借助能指来揭示这个内核的真理，在数学的形式化中来定位自身与这个实在之物的悖论性关系。

第三，形式化还是拉康的精神分析临床和教学所必需的。在拉康看来，精神分析实践所要处理的一个关键就是构成主体的象征维度，故而精神分析临床和教学一个根本任务就是要让分析师学会摆脱想象的诱惑，在象征界的网络中来定位主体的位置，以调整其与受分析者或学生之间的关系。为了让受分析者、接受培训分析的人甚至那些没有治疗经验的人能够更完整地理解主体构成的秘密，从而有效地明确自己在分析情境中的位置，可以整体地传达的"科学形式"是最为理想的手段。例如在第2期研讨班上，拉康提出其L图时曾解释说：图示"不是一种仿佛能提出一个解决的图示。它甚至不是一个模型。它正是凝定我们的思想的一种方法。它是为回应我们的话语容量的弱点而提出的"[1]。还有在第20期研讨班上，拉康说：

> 数学形式化是我们的目标，我们的理想。为什么？因为只有形式化是数学型，换言之，只有它能被整体地传达。[2]

---

[1] Jacques Lacan, *The Seminar of Jacques Lacan, Book II, The Ego in Freud's Theory and in the Technique of Psychoanalysis 1954–1955*, p.243.

[2] Jacques Lacan, *The Seminar of Jacques Lacan, Book XX, Encore 1972–1973*, p.119.

虽然拉康觉得他的形式化有助于听众或读者——不论是正在接受培训的分析师还是一般的非专业人士——更清晰、更准确地领会他的理论和技术，有助于更简洁明了地确证精神分析学作为一门有关（无意识）主体的科学的地位，可实际上，那些天书般的科学伪形给人们造成的智力困惑似乎远远大于其给人们带来的便利，它们就像是嵌入本就复杂的理论织体中的一些斑点或洞孔，就像是拉康在他的文本或话语中布下的一个又一个诱饵或那种不可思议之物，既散发出一种诱惑，又让人感到陷阱重重，因为拉康运用这种形式化的数学语言固然是为了寻求科学性，但绝不是因此要消除理论的多义性，相反，他正是想借此制造出多样的意义效果。面对这些理论异形，我们总有一种茫然和懊恼，总想让自己摆脱隐匿在它们背后的那种陌生性的纠缠，而我们也知道那肯定是徒劳。是的，无意识主体的这种症状正是拉康要从我们身上攫取的东西，他就是这样把我们拉进精神分析的情境，把我们变成了拉康主义者——不管这是不是违背了你的意志，也不管你是拒绝还是接受这种伪形，在拉康看来都属于"通关"的必修课程。因此，面对这些科学的伪装，你完全可以一走了之，但如果你想要领略一下拉康的智力游戏，那就需要走近它们，尽可能让它们从一种纯然的陌生性变成一种熟悉的陌生性，以此掀开拉康理论的真实一角。

为了实施理论的形式化，拉康"发明"了一系列的"代数"符号。一定程度上说，了解这些符号所代表的基本含义将是我们进入"拉康数学"的入门课程。下面是埃文斯在《拉康精神分析介绍性辞典》（1996）中列举的拉康最常用的符号，我将其照录于此。[1]

A= 大他者
$\bar{A}$= 被划杠的大他者
a= 小他；他人
a′= 对体；镜像

---

[1] Dylan Evans, *An Introductory Dictionary of Lacanian Psychoanalysis*, p.8.

S=1. 主体（1957 年以前）

  2. 能指（自 1957 年起）

  3. 原始的原乐主体（在萨德图中）

$\barS$ = 被划杠的主体

S_1= 主能指

S_2= 能指链 / 知识

s= 所指（在索绪尔算式中）

S（A）= 他者之欠缺的能指

s（A）= 他者的意指作用（音讯 / 症状）

D= 要求

d= 欲望

m= 自我（moi）

i= 镜像（R 图）

$i(a)$=1. 镜像（欲望图）

  2. 理想自我（光学模型）

I= 自我理想（R 图）

I(A)= 自我理想（欲望图）

Π = 实在的菲勒斯

Φ = 象征的菲勒斯（大写的 phi）

φ = 想象的菲勒斯（小写的 phi）

-φ = 阉割（负 phi）

S= 象征界（R 图）

R= 实在界（R 图）

I= 想象界（R 图）

P= 象征的父亲 / 父之名

p= 想象的父亲

M= 象征的母亲

J= 原乐（jouissance）

Jφ= 菲勒斯原乐

JA= 他者的快感

E= 陈述

e= 言说

V= 求原乐意志

对于埃文斯列举的这些符号,有几点要提示一下。

第一,这些符号基本是取自其含义所对应的法语词的首写字母——菲勒斯除外——所以有研究者明确地反对人们用他种语言的字符来对它们进行对译,比如英语世界曾经把表示大他者的符号"A"(Autre)译成"O"(Other),但现在越来越多的人倾向于保留拉康的原始形式。

第二,对于这些符号的书写形式,比如大写、小写、正体、斜体,拉康都是有严格规定的,埃文斯对此有一个说明:

> 排字上的细节与区别在拉康的代数式中是极其重要的。大写与小写符号之间的差异,斜体与非斜体符号之间的差异,对撇号、负号及注脚的使用,所有这些细节都在代数式系统中扮演着它们的角色,例如大写字母通常指象征界,小写字母通常指想象界。横杠的使用同样重要,它甚至在同一公式中也有变化。[1]

第三,埃文斯的这个列表有一点问题:由于对拉康的代数符号和拉康的数学型没有加以区分,所以埃文斯在列表中混入了一些数学型,比如 $, A、S(A)、s(A)、i(a)、I(A)、-φ 等——严格地说,这些都属于拉康的数学型。一般地,代数符号有相对确定和稳定的含义,而数学型已经属于一种符号运算(斜杠和加减号就是运算符号),其含义——按照拉康的说明——则有多种可能的读解。比如"$",既可以代表能指的主体,也可以代表被阉割的主体,还可以代表在

---

[1] Dylan Evans, *An Introductory Dictionary of Lacanian Psychoanalysis*, pp.8-9.

他者场域消隐的无意识主体,同时它还是分裂和异化的主体。

下面我们看一下这些符号所表达的基本含义。

A、a、a':它们都是法语词"autre"(他人、他者)的首写字母。拉康在1930年代就使用"autre"这个术语了,大约是从科耶夫所阐释的黑格尔主奴关系理论中借过来的,不过在那时,他并未赋予这个术语特别的含义,基本上就是"他人"的意思;在1940年代的镜像阶段理论中,"autre"虽然仍被理解为"他人",但已经作为自我认同辩证法中的重要环节开始获得其理论的意义。到1955年的第2期研讨班上,拉康首次引入"大他者"(Autre)并将其与"小他者"(autre)区分开来,从此这些词在他那里便具有了特别的含义。简单地说,在拉康那里,"他者"——不论是"小他者"还是"大他者"——首要地不是通常意义上的"他人"或"与某一主体相对的另一个主体",而是指一种他在性、他者性。

"小他者"指的是自我力比多的投注对象,例如自我在镜子中投射出来的镜像,但必须指出的是,这里的"镜像"并非指实际镜子中的物理成像,而是指自我通过预期或想象在对象的位置投射出来的一个理想形象,这个对象可以是自己的镜中之像,也可以是一个他人甚或物恋意义上的一个物的镜像,"小他者"是这种投射的结果,但自我又把它作为理想对象加以认同,从而使"小他者"对自我有一种构型作用,拉康的所谓"自我即是他人"指的就是这个意思。因此,在拉康那里,"a"和"a'"都是指自我的镜像(the specular image)或对体(counterpart),所不同的在于:"a"指的是被自我认同为自身之一部分的理想形象,故而在L图中标示在自我的位置,表示自我即是一个他人,而"a'"则代表自我在他人位置投射出来的理想形象,故而在L图中标示在他人的位置,表示自我与他人形象之间的某种映射关系。

"大他者"的提出与拉康对无意识主体施以语言学的思考有关。总体上,小他者属于想象界,大他者属于象征界,甚至就是象征界;

小他者代表着自我的理想构型，大他者代表着他者不可还原的他在性，它就是象征界的语言和父法，是构建言语的场所。在精神分析经验中，大他者的位置常常为拥有菲勒斯的父亲／母亲或分析师所占据，这个时候，也可以称父亲／母亲或分析师是"大他者"。从"小他者"到"大他者"，意味着拉康思想的一个重要转变，即从镜像阶段对自我发展的"时间辩证法"的描述转向了对主体结构的空间图绘，镜像或"小他者"将被纳入象征界／想象界／实在界的空间辩证法中加以重述。

S：在1957年以前，S这个字母仅表示"主体"（sujet, subject），例如在L图中；但自1957年起，它还用来表示能指（signifiant, signifier），s则表示所指（signifié, signified），例如在描述能指的公式中。

早在1932年的博士论文中，拉康就使用了"主体"这个概念，不过那时还没有赋予它特殊的意义，只是一般地指"人类存在"或心理主体。到1945年的《逻辑时间及预期确定性的论定》一文中，他区分了三种主体：独立于他人的纯语法意义上的主体、在与其他主体的关系中确认出来的主体以及通过自我论定行为构建出来的个人主体。1953年，他又区分了自我与主体，前者属于想象界的构成物，后者属于象征界的构成物。另外，由于符号"S"与弗洛伊德的"Es"（它，本我）一词发音相同，所以拉康时常把"S"置放在"Es"的位置，以示主体根本只是无意识的主体，主体总是在作为"另一个场景"的无意识中，主体在"它"之中。

在拉康那里，主体既非传统认识论意义上的"我思"，也非传统心理学意义上的自主性存在，总之，主体不是那种透明的自我意识。主体根本上是且只是无意识的主体，而无意识又是像语言一样被结构的，故而主体乃是能指在象征界或他者场域运作的效果，主体总是一个效果主体；在主体与语言的关系中，不是主体在说语言，而是语言在使主体言说，是语言借主体在说。因此，主体的言说、主体的欲望、主体的原乐总是与作为能指之场所的大他者联系在一起，换句话说，主体总是分裂的主体，是在言说中消隐的主体，拉康在1957年开始使用"$"这个符号来表示主体的这种分裂特征，这时，S和$表示的实际是一回事。

S、s：前者指的是"能指"，后者指的是"所能"。在索绪尔那里，能指和所指作为构成一个符号的不可或缺的两面有着同等的价值，前者指的是符号的声音—形象的方面，后者指的是符号的概念方面，两者结合在一起使符号具有了一种意指功能。拉康对索绪尔的这个符号概念做了一种激进的改写，如认为能指单就其本身而言是没有意义的，它只有在与别的能指形成一个能指的链条时，才能有所意指；能指和所指之间不存在稳固的关系；所指或者说意义是被生产的，是对能指链进行阐释的结果，所以它具有想象的特质；能指是象征界的运作工具，能指的领域就是大他者的领域——后者乃是能指的场所；能指并不直接表征主体，一个能指总是为另一个能指表征主体，等等。对于所有这些论断，我在后面会做出解释。

Π、Φ、φ、-φ：这一组希腊字母都与"菲勒斯"（phallus）有关，Π表示"实在的菲勒斯"，Φ表示"象征的菲勒斯"，φ表示想象的菲勒斯，-φ表示"阉割"。在拉康的理解中，菲勒斯不等于阴茎，后者只是生物意义上的一个解剖学器官，但他有时也在生物学意义上称阴茎是"实在的菲勒斯"，认为它在儿童的俄狄浦斯情结中扮演着重要的角色。想象的菲勒斯和象征的菲勒斯指的是菲勒斯的不同功能：前者指主体作为一个部分对象在想象中呈现的形象，例如儿童在前俄狄浦斯阶段想象母亲的欲望对象是菲勒斯，这个菲勒斯就是一个想象的菲勒斯，它结构了母婴间想象性关系的辩证法；后者指菲勒斯作为父亲功能的能指，它结构了主体在象征秩序中的位置，主体的性别差异或性化位置，但象征的菲勒斯的功能是悖论性的，它在结构主体的位置的同时，也是对主体的一种阉割，这当然不是对真实的器官的阉割，而是对想象的菲勒斯的阉割，是对想象的菲勒斯所代表的母亲欲望的禁止，所以"-φ"实际是一个数学型，其中的负号"-"代表阉割。

S、R、I：这三个符号分别代表"象征界""实在界""想象界"，它们曾在R图中出现，后来又在波罗米结中出现，主要用于描述"三界"的拓扑学。需要注意的一点是，在这里，三个符号用的都是大写的斜体。

至于其他符号，在此就不再一一说明了。

当然，只熟悉这些符号以及这些符号所代表的含义是远远不够的，对拉康来说，更重要的是要把握它们的运算法则，要把握这些符号在各种数学型、代数式和拓扑图中意义的流转、衍生、嫁接、叠置。自1953年第1期研讨班开始，拉康几乎每一期都会用到一些代数式或拓扑图来对他的精神分析理论与技术做形式化的阐述，它们往往都可以从不同角度加以解读，以拉康的理解言之，它们构成了对理论和技术进行形式化阐述的母体或基质。

拉康实现科学化和形式化的手段有很多，例如，早在1945年的论文《逻辑时间及预期确定性的论定》中，他就通过对一个逻辑推论的分析来讨论主体间的关系结构对主体的自我论定的影响；在1953—1954年的第1期研讨班中，他采用一个光学模型来说明镜像的作用以及想象界与象征界的区别；在1954—1955年的第2期研讨班中，他不仅提出了一个所谓的"L图"来重新说明想象界和象征界的结构关系，而且运用所谓的控制论模型和概率论算法来说明语言结构或象征界的自动重复功能；接着在1955—1956年的第3期研讨班期间，由于对索绪尔能指理论的重述和对雅各布森的隐喻与转喻理论的引入，他又开始谋划以算式的形式来表达他的思想；再往后，尤其是1960年代中期以后，他不仅在研讨班中运用集合论、形式逻辑、符号逻辑等手段，还大量运用拓扑学的技术。

总体上，我们可以把拉康的科学化手段分为三大类：数学型（matheme）、代数式（algebra）和拓扑学（topology）。

先说说数学型。如同我们所知道的，数学或者说现代数学不仅有一套严密的记号或符号体系，还有一套利用符号进行运算的运算规则，其对具体问题的解决往往是通过记号或符号运算进行的。拉康同样有一套属于自己的符号运算，它们不仅被普遍用于各类代数式和拓扑学，而且其本身就构成一个特定的形式化类型，拉康称之为"数学型"。

"matheme"这个拼写取自音位学中的"音素"（phoneme）。在语言学中，音素指的是某一语音系统中用来区分语词的最小功能单位，例如在英语的"bad"和"pad"这两个词中，正是辅音 [b] 和 [p] 的语音差异使它们区分开来，即使你说的是方言，即使你的声调运用有误，只要不妨碍人们的理解，这两个语音单位的区分功能就不会受到影响。音位学是语言学的一个传统分支，在索绪尔的语言学中，其地位并没有得到特别的强调，是雅各布森等人最终奠定了现代音位学的基础，在那里，"音素"作为语言的最小功能单位被提升到重要位置。进而，列维-斯特劳斯把雅各布森的音位学引入神话学的结构分析中，他甚至于把结构分析还原为"音位"分析，提出了"神话素"（mytheme）的概念，认为神话结构分析的关键首先就是要找出某一神话体系内部发挥作用的基本神话单位即神话素，通过对这些单位的组合和置换规则的分析找出整个神话系统的意指机制。随后，法国结构/后结构主义者用"-eme"造出了许多新词，比如福柯的"知识型"（episteme）、德里达的"哲学型"（philosopheme）等，它们指的无非是构成某一话语系统的最小功能单位。

拉康并没有就"数学型"给出一个明确的定义。如同"音素"是指语音系统中具有区分功能的基本构成单位一样，列维-斯特劳斯的"神话素"、福柯的"知识型"、德里达的"哲学型"大约也是指某一相对稳定的话语系统中具有意义构成功能的基本单位，就是说，在他们的运用中，强调的都是结构性的单位的区分功能。可在拉康那里，采用"数学型"是为了教学的目的，意在强调字母或符号表达式的整体传达功能,"我们也许对它们所说的意思没有一丁点的认识,但它们被传达着"[1]。拉康甚至认为数学型的作用要胜过口说的乃至书写的语言,因为后者很容易把话语凝固在某一个意义点上,尤其在传达过程中很容易因为移情关系的作用而导致对话语做直观的或想象性的理解。而数学型只是一些代数符号的组合,其本身不表征任何的意义,它们是愚蠢的字符,以其所是单纯地在场,允许人们对其做不同的解读,所以是最理想的传达工具,就是说,在话语的传播过程中,不论话语的内容或材料如何多变,但其基本的功能结构作为一个整体可以完整地从一个主体传送到另一个主体那里。

拉康的数学型有很多,它们一般都是一个或多个代数符号和一些运算符号(比如括号、加减号、斜杠)的组合,比如上面提到的 $, A, S(A), s(A), i(a), I(A), -\phi$ 等,还有基本幻象的公式"$\$ \lozenge a$"、倒错的公式"$a \lozenge \$$"和驱力的公式"$\$ \lozenge D$",甚至"对象 a"(*objet petit a*)也被称作数学型。需要注意的是,拉康一再地强调,数学型本身并不表达单一的、明确的意义,它只是一个形式化的手段,其功能主要在于直观地和整体地呈现(无意识)结构的运作,比如"$\$$"(可读作"被划杠的主体"),在主体 S 的上面划上一个斜杠,这就是你所能看到的,至于这个表达式究竟代表什么含义,就要看它是在什么样的语境中被运用,比如在幻象的公式中,它就代表"欲望主体",而在倒错的公式中,它还代表"寻求原乐的主体",如果是在能指运作的语境中,它则是"能指主体",代表能指的运作就是在主体 S 的上面划开一道切口。反正在拉康的运用中,每一个数学型都包含有一套复杂的拓扑学逻辑。

代数式是拉康较早使用的形式化手段,自 1950 年代到 1970 年代都有运用,其中比较重要的有:能指的"算式"、转喻和隐喻的代数式、父之名的隐喻算式,还有晚期研讨班中有关男人和女人的

---

[1] Jacques Lacan, *The Seminar of Jacques Lacan, Book XX, Encore 1972-1973*, p.110.

性别位置的公式以及有关四种话语的表达式,有时拉康把基本幻象的公式、驱力的公式和倒错的公式也称作代数式(一定意义上,我们也许可以把代数式视作数学型的扩展形态)。对于这些代数式或公式,拉康在有些地方都指出了其特别的"读法",也就是它们所表达的特定含义,但和数学型一样,他似乎更强调它们所隐含的"微言大义",就是说,它们只是类似于叙事框架一样的东西,在这个框架中填入不同的"材料",公式的含义也将随之变化。

拉康运用的另一种形式化手段就是拓扑学。拉康数学中最令人头疼的莫过于那些花样百出的拓扑图形,尤其是在晚期研讨班中,他的痴迷使他在拓扑图形中注入了一种宗教般的肃穆气氛,而他对图形含义的解释完全是妄想症式的,听起来更像是无意识的梦思的流淌。

那么,拉康的拓扑知识是从哪里来的呢?按照卢迪内斯库的说法,主要来自他的多位数学家朋友,其中有一位名叫乔治·吉尔波德(Georges-Th. Guilbaud)的年轻人对他帮助最大。乔治是一个天主教徒,在1950年代初就与拉康交往甚密,那时,他们俩常和列维-斯特劳斯、本维尼斯特一起就语言和结构的问题进行学术交流,想在人文科学和数学之间搭起一座桥梁。这种讨论在别人那里可能仅是一种纸上谈兵,可拉康不想做这种没有结果的事情,他要在他的教学中利用所学的知识。据说,拉康对数学十分着迷,自1950年代到他去世,他几乎每天都会花一点时间做数学题,有时在旅行的时候碰到解不开的难题,他就会打电话给吉尔波德。吉尔波德从未出席过拉康的研讨班,但他们经常在一起做数学智力游戏,两人的友谊就这样维持了三十年的时间。

拉康的拓扑学名目繁多,技术复杂,有时候他会按照所使用的语境对它们的含义给出自己的解释,但这些解释大都只是在增加理解的困难,所以许多研究者干脆对它们置之不理。这样做未尝不可,但不免也有畏难的嫌疑。我个人认为,虽然拉康在许多地方的拓学运用——尤其是在1970年代的教学中——属于纯粹的炫技,但有一些的确具有临床和教学的效果。

拜德雅
Paideia

eons
艺 文 志

[修订版]

雅克·拉康：
阅读你的症状

（下）

吴琼 著

Jacques Lacan:
Read Your Symptoms

上海文艺出版社

目录

下 篇
主体间性的科学 /339

第七章　主体的真相　/345
　一　无意识主体　/346
　二　能指主体　/377
　三　言说主体　/402
　四　欲望主体　/424

第八章　三界的拓扑学　/443
　一　想象界　/444
　二　象征界　/471
　三　实在界　/500
　四　三界的拓扑学　/531

第九章　他者的逻辑　/563
　一　无意识的构成　/564
　二　父之名　/585

三　他者的凝视　　/620

　　四　移情与爱　　/640

第十章　欲望的辩证法　　/671

　　一　他者的欲望　/672

　　二　菲勒斯的意义　/695

　　三　欲望图　/715

　　四　作为欲望之因的对象 a　/749

第十一章　原乐的伦理学　　/781

　　一　原乐的悖论　/782

　　二　康德同萨德　/809

　　三　他者的原乐　/839

　　四　女人不存在　/865

第十二章　话语的政治学　　/901

　　一　话语的构成　/903

　　二　主人话语和大学话语　/928

　　三　分析家话语和歇斯底里话语　/954

　　四　不可能的事业　/970

　　拉康年谱　/997

　　参考文献　/1009

下 篇

主体间性的科学

> 人啊，听着，我来告诉你们这个秘密。我，真理，将说话。
>
> ——拉康[1]

> 如果说弗洛伊德出人意料地发现或重新发现的东西有什么意义的话，那就是能指的置换决定了主体的行为、主体的命运、主体的拒绝、主体的盲目、主体的成功和结局，而不论他们的天生资禀和教育背景如何，也不论他们的性格和性别怎样；而且，无论愿不愿意，一切与心理因素相关的东西，都将遵循能指的轨迹，就像武器和行囊。
>
> ——拉康[2]

拉康文本著名的英译者和阐释者布鲁斯·芬克在《拉康的主体：在语言与原乐之间》（1995）一书的开篇说道：

> 拉康给我们提供了一个全新的主体性理论。与寻求瓦解和破除人类主体观念的大多数后结构主义者不同，精神分析学家拉康发现主体性的概念是不可或缺的，他所要探究的是：成为一个主体意味着什么，一个人是如何成为一个主体的，导致成为一个主体走向失败（导致精神病）的条件以及分析家用来导出"主体性的预期"的工具又是什么。[3]

是的，主体或主体性的问题在拉康的精神分析学中确乎居有最核心的位置，以至于许许多多的研究者说，拉康的哲学是一种有关（分裂的或离心化的）主体与主体性的哲学。一般而论，这个说法并没有什么问题，但不够准确，至少是界定得不够明确，因为在拉康那里，所谓的主体根本上是无意识的主体，进而无意识又是像语言一样被

---

[1] Jacques Lacan, *Écrits*, p.340.
[2] Jacques Lacan, *Écrits*, p.21.
[3] Bruce Fink, *The Lacanian Subject: Between Language and Jouissance*, p.XI.

结构的，无意识是他者的话语，是主体所无法抵达和无法理解的"另一个场景"，这意味着拉康的主体根本上是某种不可能性的主体，用他自己的话说，是被划杠的主体，是在语言的切割下消隐的主体，主体的真理或真相并不在主体自身之内，而总是在无法企及的"彼处"。

尤其是，在拉康那里，以自主的个体性存在的方式来谈论主体是根本不可能的，因为主体是语言的构成物，是服从于他者法则的东西，是一个已然把异质性或他在性内置于自身的东西，主体本质上是一个在他者之中且要通过他者而存在的主体，主体的科学实际上也是他者的科学。

同时就主体的"实现"——不是主体的价值的实现，而是主体的欲望的实现——而言，主体总是一个言说性的存在，总要通过言说行为来实现自身，而主体的言说总是对他人的言说，是在语言结构中并以语言为中介来对他人的言说，这意味着，在主体的言说中，总有一个关系结构横亘在主体之间，主体的真理/真相就隐藏在这个关系结构中，也需要在这个关系结构中来言明。在这个意义上，我认为，把拉康的主体或主体性哲学描述为一种"主体间性的科学"可能更为恰当一些。

进而，按照拉康的理解，这个主体间性也是不可能的。在前结构主义哲学传统的理解中，所谓"主体间性"（intersubjectivity），通常是指一个主体与另一个主体之间既互为主体亦互为对象的某种主体性/对象性关系。可在结构/后结构主义的语境中，伴随着主体的本质主义与中心主义观念的瓦解，主体间性的概念亦被赋予了别样的含义，虽然我们不能说这一派的理论家对这个概念达成了一致的理解，但至少有一点是他们所共有的，即在他们那里，主体间性并非指两个主体"之间"，而恰恰是指两个主体"之外"，是指横亘在主体"之间"的一种关系结构，这一关系结构之于主体具有某种先在性，就是说，它是相对于主体的一种先行存在或先行在场，许多时候，人们又把这种先行在场的结构指称为一种他性（otherness）

或他在性(alterity)——拉康则径直称之为大写的"他者"(Other)——它是一种异于主体但又内置于主体之中或主体之间且支配着主体或主体间交往的力量。于此,便有了结构/后结构主义的主体或主体性的三个标记性特征:第一,由于他性的这种先行在场,使结构/后结构主义的主体或主体性总是被结构的,总是受着他者法则的支配,我们曾经指定给主体或主体性的所有那些内容都不是先验地存在的,而是被写入的,用我们的话说,主体是被构成的;第二,大写的他者作为一种关系结构固然是主体间交往得以可能的一个条件,但它作为内置于主体之中的一种他在性也同时在主体或主体性中嵌入了某个异己的力量,它在主体的身上划开了一道裂口,使主体已然是分裂的和离心化的主体,主体总是先行地被划杠;第三,他性作为一种异己的力量的先行在场不仅使主体的绽出变得不可能,而且也使(一个主体与另一个主体的)主体间关系变得不可能。毫无疑问,这三个基本特征也是拉康的主体性或主体间性概念所内有的,且在他那里获得了最为激进的表述。从这个意义上说,拉康的主体间性其实就是一种他在性,在拉康那里,主体、主体间性、他在性或他者构成了一个结构性的共生纽结,可以相互置换。

依照拉康的理解,主体必定是且只能是"间性"的主体,而"间性"的主体并非指处在二元关系中的两个主体,这样的主体有可能仍是传统意义上的那种自足主体,这样的主体间关系仍有可能是主体与对象间的镜像关系。拉康所理解的间性其实是一种语言结构,是规约、构建主体的语言机器。在我们的理解中,任何主体,只有进入了相互言谈的情境,或具有这种可能与能力,才算是进入了间性的结构关系。而在拉康那里,还要更进一步:任何主体,只要是处身于语言的世界,或者说处身于象征界的运作当中,那么,在进入具体的言谈情境之前,间性的结构就已然嵌入了主体之中,主体就已然是间性的主体,甚至说,所谓的主体根本上就是间性的主体,单一自足的个人主体是不存在的,或至少是不真实的。

因而，我在此把拉康的主体或主体性理论描述为一种主体间性或他者的科学并不是要否定主体或主体性问题在他的思考中的重要性，而是为了强调主体间性作为一种结构化的视角在其思考中的主导作用：要知道，主体间性的结构几乎贯穿于拉康精神分析理论与实践的每个角落，也几乎贯穿了其学术生涯的始终，一定意义上说，没有主体间性的视角作为参照，我们几乎不可能完整地理解他的理论和技术。

需要说明的是，如同我一开篇就已经强调的，拉康的理论没有专一的入口，他留给我们的是一个各部分可相互间进行拓扑学转换的环状结构，在那里，由此及彼的过程不是单一的逻辑递进，而是入口或角度的转换。主体间性的问题同样只是众多入口中的一个入口，它并不构成对拉康理论的唯一描述。"主体间性的科学"，这是一个典型的拉康式套语，在这里，"主体间性"只是一个缝合点，是一个联结词，是与之相关的各并置项——例如我在下面各章将要讨论的主题——相互间可以进行拓扑学变换的纽结，而这些并置项被选定和被排列在此也许只是一种偶然、一种机遇，可主体间性始终是使该选择和排列得以可能的一个视角。

第七章

主体的真相

通读拉康的文字，我们总能感受到一种强烈的使命感弥漫其间，在"回到弗洛伊德"的口号下，我们看到了他为此而做的不懈努力：不论是对自我心理学的批判，还是对弗洛伊德的文本的重新解读，也不论是对精神分析学的形式化或科学化的追求，还是对精神分析理论的哲学性扩展，他的努力总贯穿着一个挥之不去的主题——揭示主体的真理或真相。可以说，这正是结构拉康的使命感的基本主题。

"揭示主体的真理或真相"，许多哲学都以此作为自己的使命，拉康仅是其中的一员。但我们也要记住，拉康首先是一个精神分析学家，他是在精神分析学的层面上来理解这个使命的，他所讲的主体首要地是精神分析学意义上的主体，并且是在结构主义语境中以一系列的语言学技术加以重写的主体，这意味着，对于他看待主体的角度，不可依照常理来揣度。其次，拉康还是一个文体实验家，是一个力图以尖利或晦涩的语言来击穿我们这些愚蠢主体的幻象的神话诗人，他为我们揭示主体的真理或真相不是为了让我们从中获得安慰，而是要我们直面自己的愚蠢，承担主体的命运，这意味着，我们在理解他的主体理论的时候，需要不时地把自己置于一种分析情境中；面对拉康这个"绝对的"主体或者说面对这个主体时常采取的"绝对主人"的姿态，我们还需要学会一种反移情式的阅读。

熟悉拉康理论的人都知道，拉康在不同语境中对自己所讲的主体给出了不同的称谓，如无意识主体、能指主体/所指主体、言说主体/陈述主体、欲望主体/要求主体、驱力的主体、原乐的主体等，这容易让人产生一个误解，以为他是在讲各种不同类型的主体。其实，拉康关注的只有一个主体，那就是无意识的分裂主体，这个主体在弗洛伊德的精神分析实践中被界定为无意识或无意识的存在，现今则需要结合现代科学尤其语言学的模式加以重新审视，以上的种种称谓实际是从不同侧面对这同一个主体的描述，这些描述相互之间有重叠的地方，只是各自的切入角度有所不同。

在这一章，我将集中从几个方面来说明拉康的主体概念。这一说明当然只是一个导引，目的在于让读者对拉康的主体理论先行有一个大致的轮廓。也许你会问，在拉康的众多描述中，何以只选择了这四种？对此我只能简单地回答说，它们构成了拉康进入主体问题时的最基本角度：无意识的主体是主体性存在的根本维度，因为所有的主体，在其成为主体的那一刻，就已然是无意识的；能指的主体是对无意识主体之所以是"无意识的"所做的一种语言学说明；言说主体和欲望主体则是主体"实现"其无意识真相时的基本现身方式，他总是只能在言语中、在欲望中来与无意识的创伤性内核相遇，从而泄露其身为主体的无意识真相。

一 无意识主体

主体的问题很早就潜入了拉康的思考——尽管在弗洛伊德的著作中并未出现"主体"的概念——并且值得我们记住的是，拉康对主体问题的关注不是源于精神分析学，而是源于以某种特殊的主体——临床意义上的分裂的主体——作为研究对象的精神病学。[1]

早在1930年代初从事精神病学研究的时候，主体的问题就已经是拉康进入精神病患者的精神世界的隐秘入口，尤为关键的是，自那时起，主体间性的架构似乎就已经在隐性地左右着他的思考方向以及他对主体症状的解释。

例如，在有关埃梅和帕品姐妹的病例研究中，拉康就已经把揭

---

[1] 弗洛伊德主要是依照对各种神经症的研究来建立其精神分析学的，而拉康是从精神病学的角度进入精神分析学的，进入角度的这一偏移对于他阅读和阐释弗洛伊德的文本与技术皆有很大的影响，其中一个重要的体现就是本能的压抑与转移（或升华）在他那里不再居于核心地位。

示主体的命运与真相设定为其精神病学的研究目标,并把主体与环境及他人的关系看作理解妄想症精神病形成的关键因素,尽管那时他还是在传统的意义上将主体视作一个人格整体,并且是在现象学的语境中谈论影响主体生成的结构或所谓的"主体间"关系。

再如在写于1936年的论家庭的文章中,已经接纳了精神分析学的拉康对一系列"家庭情结"的社会学和文化学思考同样渗透着一种精神病学的思维,其中同样贯穿着对主体命运的关注,也同样贯穿着主体与他人或他者形象的关系的主题,主体在一系列"家庭情结"所内有的关系结构中面临或遭遇的生存困局一再被强调,并主导着他关于弗洛伊德式的"家庭罗曼司"的叙事。

总体上,在第二次世界大战以前,拉康的主体概念并无特别之处,我们可以把他的理解归纳为四点:第一,一般地,他所讲的主体指的就是人类存在,有时他也依循法国精神病学和精神分析学的传统,把精神病患者和受分析者径直称为"主体",要特别提示的是,这后一种用法在后来一直被保留着,就是说,拉康许多时候讲的主体就是"病人";第二,"自我"和"主体"这两个概念时常是并行使用,还没有加以严格的区分,或者说还没有被理论化;第三,宾斯万格、雅斯贝尔斯等精神病学家的现象学观念与方法是他用来反思主体问题的主导框架,在这个意义上,主体作为一种意向性的存在还没有与心理主体或者说心理学的主体完全脱离关系;第四,主体与他人的关系已经受到重视,"他人"在主体构成的方面的特殊作用不断被强调,尽管这个他人指的就是与主体相对的另一个主体或他人主体。

1945年,拉康发表了他在第二次世界大战后的第一篇论文《逻辑时间及预期确定性的论定》,主体或主体间性的问题第一次以理论化的形式呈现出来,"他人"的作用得到更为明确的强调。在这篇讨论主体的自我确定性的文章中,拉康区分了三种逻辑时间以及与之相对应的三种主体形式:与"看的瞬间"相对应的纯语法意义上的理智的主体、与"理解的时刻"相对应的可与他人相互替代且能在他人中指认出自己的匿名的主体、与"结论的时刻"相对应的由自我论定的行为构成其独特性的个人主体。更为重要的是，在这篇论文中，拉康提出，逻辑时间本质上即是结构人类行为的主体间的时间，主体对自身处境的论定必须引入"他人的形式"，且只有通过对预先确定的他人位置的主观论定来论定自己，也就是说，主体在自我论定中确证出来的"我"乃是以他人作为参照的，"我"被当作"他人的他人"，"我"只有在把他人也视作一个主体的这一"理解的时刻"才能获得主体的形式，如拉康所说，"每个人都是通过他人而抵达真实的"[1]。显然，若就主体或主体间性的问题而言，这篇文章在拉康的写作史中有着非同小可的意义，它可以说是拉康对主体和主体间性问题的第一次理论化表述，它在许多方面预示了拉康后来的主题，如主体是被结构的，主体的自我确认首先有赖于对他人的确认，主体是在他者的场域中结构出来的，主体的自我论定是与阐释的逻辑时间——后来引起巨大争议的分析时间——联系着的，等等。

不过，在发表《逻辑时间及预期确定性的论定》一文之后，拉康暂时地离开了这些主题，而是回到了更早时候提出的镜像阶段理论，他在1945年以后的几年间发表的文字大都与这个论题有关，并且战前的主体和自我概念再次被袭用。但由于黑格尔主义的主奴辩证法的引入，主体或自我被明确地置于一种二元关系中重新加以考量，以镜像形式出现的他人或自我对体成为自我构型中的关键因素。因此，尽管镜像阶段讨论的是主体的想象性认同，但若从主体间性的角度看，从中仍可明确地辨认出间性框架对论题的结构性意义，因为正是自我对镜像或他人形象的想象性认同，才演绎了其自恋结构的一系列后果，如异化、误认、侵凌性等。

到1950年代初，主体与主体间性的问题再度回到拉康的视野中。随着想象界、象征界和实在界这一"三界"体系的提出，为拉康阐

---

[1] Jacques Lacan, *Écrits*, p.173.

述主体问题提供了一个工具或者说一个基本的认识论框架。1953年，拉康明确地把主体与自我区分开来，明确地提出了自我即是一个他人的说法，也正式地使用了主体间性的概念；他还明确地把主体概念精神分析化，把主体看作无意识的主体，指出精神分析学首要的运作对象就是属于象征界的无意识主体，而不是属于想象界的有意识主体或自我。接着在1950年代中期，靠着对结构语言学与结构人类学理论的进一步引入和阐发，无意识及无意识的运作机制获得了结构化的阐述，为主体及主体间性问题的深化和展开奠定了基础。直到这时，拉康的主体概念才算是真正确立起来，此后的论述不过是在这个基础上的不断扩展。

对法国结构/后结构主义运动稍有认识的人都知道，这个运动自一开始就给自己划定了一条起跑线，那就是要与萨特存在主义的"介入"主体唱对台戏，把主体从固有的中心位置移置出去，用结构取而代之[1]，所以在人们眼里，结构/后结构主义运动与反主体性或主体的去中心化是等义的。那么，拉康一方面煞有介事地频繁调用结构主义语言学与人类学的资源，另一方面却又把主体置于其理论的中心位置，拼命向人们谈论所谓的主体化和主体性，究竟意欲何为？他这样做不是有悖于"结构"的精神吗？！——至少是有点落伍于时代。布鲁斯·芬克说：

> 甚至在结构主义还生机勃勃的时候，主体性就时常被认为是与结构的概念不相兼容的。结构似乎正好排除了主体存在的可能性，对主体性的论断似乎会动摇结构主义的立场。而随着"后结构主义"的出现，主体性的概念已变得不合时宜了。拉康则是当代少有的致力于阐述主体性概念的思想家之一。[2]

---

[1] 有关结构/后结构主义与存在主义的关系，我们不能单一地理解成一方是对另一方的"反动"与"超越"，具体到不同理论家那里，实际的情形比我们想象的远为复杂。

[2] Bruce Fink, *The Lacanian Subject: Between Language and Jouissance*, p.35. 有关拉康的主体观与结构/后结构主义的主体观之间的差异，可参见马拉登·多拉（Mladen Dolar）在《我思作为无意识的主体》一文中的论述，参见 Slavoj Žižek (ed.), *Jacques Lacan: Critical Evaluations in Cultural Theory*, vol. II, pp.4-5。

是的，就像芬克在此想要表明的，拉康并没有犯时代倒错的错误，出错的是那些挥舞标签的人。相对于存在主义的主体性哲学而言，结构/后结构主义确乎是用结构的在场置换了主体的在场，可结构/后结构主义用结构驱逐主体并不意味着对主体性问题的彻底弃绝；更何况拉康并不是一个为所谓的结构/后结构主义标签而"写作"或言说的人，其对主体问题的关注并不意味着他要持守传统的主体性立场，恢复自足主体的中心位置，恰恰相反，他是要以自己的方式将那种主体移出原有的位置，而这也正是结构/后结构主义所要做的。因此，问题的根本不在于拉康对主体的关注是否合乎时宜，而在于他在其语言学转向中所确立的主体概念究竟有什么样的含义？或者说，拉康所讲的主体究竟是什么？

拉康的主体究竟是什么？布鲁斯·芬克说，对于这个问题，我们不妨先从否定的方面即"拉康的主体不是什么？"来加以思考。芬克列举了三个否定性的描述："拉康的主体不是英美哲学中的'个体'或有意识的主体""拉康的主体不是陈述的主体""拉康的主体不在所说的东西中出现"。[1]这三个否定性的描述就像是一个连续的减法，每一次运算后获得的"剩余"就是拉康所要瞄准的东西。在此我还不能一下子对这三个描述都做出说明——它们说的实际是一回事——我想从最容易理解的第一个描述开始。

在近代以来的西方哲学中，笛卡尔式的主体虽说不是唯一的主体形态，至少也是一个主导形态。这一主体根本上指的是人作为一种能思的、有意识的存在，人作为主体是自主的、透明的，是具有自我意识的。由于这个主体起初在理论上乃确立于笛卡尔的名言"我思故我在"，所以人们常常又称它为"我思"（cogito）的主体，并认为这种主体观是近代以来西方哲学和科学的基础。

"我思故我在"，我们都知道，这是笛卡尔确证主体性的存在的公式。在下面我会更具体地说明拉康对这个公式实施的复杂的精

---

[1] Bruce Fink, *The Lacanian Subject: Between Language and Jouissance*, pp.36-41.

神分析运作，在此只是强调一点，拉康不遗余力地拒绝这种主体，既是为了倾覆笛卡尔以来西方哲学传统中的主体性幻象，也是为了对抗自我心理学的自我统一性幻觉，同时还有一个隐秘的动机，即通过把弗洛伊德置于对这个主体实施哥白尼式的革命的先驱位置，同时把弗洛伊德之后的各种新弗洛伊德主义置于一种修正主义的倒退位置，来把自己（拉康自己）嵌入那个断裂的空白处，使自己成为创始之父开启的哥白尼革命的真正完成者，成为精神分析学领域里继哥白尼之后的伽利略和开普勒。

在拉康看来，笛卡尔的我思主体与自我心理学所理解的自我基本上没有分别，不妨说，自我心理学所讲的自主或统一的自我乃是这种主体观在心理学中的体现，当然你也可以说笛卡尔的主体、现代科学的主体其实就是自我。对于自我，拉康在镜像阶段理论中已经说明了它的异化性质：自我乃是镜像认同的结果，是一个构成物；自我将镜中之像视作理想的"我"的原型，殊不知这个理想形象只是"我"的一种误认，我们归之于自我的那种统一性其实是一个幻觉，是自我加之于主体的异化盔甲。同样地，在笛卡尔的主体公式中，"我思"的"我"与"我在"的"我"其实不是一回事，笛卡尔从"我思"推导出"我在"乃是误认的结果。因此，对于拉康对我思主体或自我的拒绝，我们也许更应该换一个角度来理解：我思主体或有意识的自我是"现实地"存在的，但不是存在于"我"的真实之中，而是存在于"我"的误认之中，在这个误认结构的背后，实际还有一个东西、一个维度在支撑着自我的想象性认同，那就是弗洛伊德发现的无意识。在第 1 期研讨班中，拉康说：

> 在科学中，主体最终只是在意识层面被维系着，因为科学中的主体 x 事实上就是科学家。不论是谁，只要拥有了维系主体维度的科学体系，他就是主体，因为他是对象世界的映射、镜子和支撑。相反，弗洛伊德告诉我们，在人类主体中，有某

个东西在言说,在那个词的充分意义上言说,也就是说,有某个东西狡猾地躲在下面,且没有意识什么事。[1]

总之,笛卡尔式的我思主体也好,自我心理学的统一自我也罢,它们都是被结构的,都来自存在的一种误认,是存在的幻象,拉康精神分析学的核心就是要揭穿这个幻象,就是要"超越"有意识的我思主体,把存在引向其真正的内核,即那个躲在我思主体或统一自我背后,且支撑着、维系着这种主体之思或自我之统一的东西,精神分析学称之为"无意识"。根本上说,所谓的"我思主体"或"统一自我",就是一种无意识主体,主体根本上是无意识的。

主体何以是无意识的?何谓"无意识主体"?这一主体概念的含义究竟是什么?如果说拉康对笛卡尔式的主体和自我心理学的自我的拒斥还只是把我们引到了其主体概念的门口,那么,他在许多地方对弗洛伊德的一句格言做的著名重读则为我们进入他的这一概念提供了一个方便的入口。

弗洛伊德的格言是:"Wo Es war, soll Ich werden"。弗洛伊德明确地提到这句话是1933年,拉康却将它视作弗洛伊德为其理论所立的一个"遗嘱"[2]。对于这句话,英语世界通行欧内斯特·琼斯的译法:"Where the id was, there the ego shall be."(中文据此译为:"哪里有本我,哪里就有自我。"[3])法语世界则通行玛丽·波拿巴的译法:"Le moi doit déloger le ça"("自我必取本我而代之")。这两个译法所表达的意思是一样的,即自我终将驱逐本我、取本我的位置而代之。拉康明确地指出,这种译法是错误的,因为弗洛伊德在1920年代使用"本我"和"自我"的概念时,在"Es"和"Ich"前面都加有定冠词"das"——"das Es"(本我)和"das Ich"(自我),

---

[1] Jacques Lacan, *The Seminar of Jacques Lacan, Book I, Freud's Papers on Technique 1953-1954*, p.194.

[2] Jacques Lacan, *Écrits*, p.347.

[3] 车文博主编,《弗洛伊德文集》第三卷,第552页。

而在这句格言中，弗洛伊德一反习惯的做法，去掉了前面的定冠词"das"，考虑到弗洛伊德一贯的严谨作风，他的这种使用必定别有意味，就是说，这里的"Es"和"Ich"并不是常规理解的那种"本我"和"自我"。那么，它们指的是什么？拉康在许多地方讨论过弗洛伊德的这句话，其中较为详尽的讨论可见于《弗洛伊德的事务或在精神分析学中回归弗洛伊德的意义》（1955）一文。

《弗洛伊德的事务或在精神分析学中回归弗洛伊德的意义》是《文集》中修辞色彩最为浓厚的篇章之一[1]，那些纷至沓来的神话意象、刻意追求的戏拟式文体，以及充当真理之化身的叙述者那启示录式的腔调和借真理之口对自我心理学学派的终极性审判，这一切就像是结构拉康这个绝对主体的系列能指机器，令其欲望在自身言语的幻象中得以呈现，而这欲望的真理/真相就是为了让自己占据那个绝对主体的位置。

"弗洛伊德的事务"就是要揭示主体的真相或真理，可这个要务已经被他的继承者们遗忘了，因此，拉康说，"回到弗洛伊德"的意义即是回到"弗洛伊德的意义"，是向弗洛伊德的意义的返回（The meaning of a return to Freud is a return to Freud's meaning）[2]，这意义就是弗洛伊德在某个地方所发现的主体的真相。弗洛伊德的那句"遗嘱"就揭示了这个真相的秘密所在地。在强调了弗洛伊德对那两个词——"Es"和"Ich"——的不同使用之后，拉康逐字对"遗嘱"提出了自己的译解：

Wo（在……地方）Es（主语——没有任何的定冠词"das"或其他的客体化冠词）war(在——这里特别是指"存在的场所"，

---

[1] 在一般的理解中，1953年的《罗马报告》和1957年的《字符的代理作用》被看作拉康完成其语言学转向的两个标志性文本，而实际上，拉康的这个转向经历了一个过程，那就是从前者的现象学语言观向后者的结构语言观的转变，1955年的这个文本就正好处在两者的交汇点上，其中既有对《罗马报告》中的观点的修正和重述，又引入了将在《字符的代理作用》中居于主导的语言学范式。

[2] Jacques Lacan, *Écrits*, p.337.

而且是指"在这个场所中"),soll(一种道德意义上的责任在此被宣布出来,正如接下来结束全章的那句话所证实的)Ich("我","我必在那里"——正如法语中人们说"c'est moi"即"是我"之前须先告知"ce suis-je"即"那就是我"一样)werden("出现"——不是突然出现,甚至也不是碰巧出现,而是从这个场所生发出来,因为那是存在的场所)。[1]

这个译解十分缠绕,但你必须把它弄明白——这是你的责任。首先,你不能把它理解为"词"对"词"的对译,它不是翻译,而是一种阅读;其次,这个阅读本身就是一个"行为",是你所不知的某个东西在那里的一种运作,是精神分析学意义上的那种"逐步突破";因而最后,拉康的话语在此是一个"宣告",宣告主体是从其所不知的某个地方到来的,只是这个宣告假借了弗洛伊德的腹语术。

拉康认为,在"Es"和"Ich"前面有无定冠词"das"之于弗洛伊德而言至为关键:加定冠词的时候,"das Es"和"das Ich"分别表示"本我"和"自我",两者并置使用时意在强调"无意识的真正主体与由一系列异化的认同构成其核心的自我之间的基本区别"[2];而不加定冠词的时候,"Es"相当于代词"它","Ich"则相当于言语陈述中主格的"我"("I"),而这个"我"本质上是无意识的。就是说,在前一种情形中,说的是主体与自我之间的分别,在后一种情形中,说的只是被指认为"我"的(无意识)主体的状况。因此,对于弗洛伊德的那句话,应当译为:"在它所在的地方,我必在那里生成——这是我的责任。"[3] 进而,拉康以意义双关的手法对这里的意思解释说,由于德语的"Es"(它)与"subjekt"(主体)的首字母"s"同音,因此不妨把"Es"理解为主体所在的位置,这样,

---

[1] Jacques Lacan, *Écrits*, p.347.
[2] Jacques Lacan, *Écrits*, p.347.
[3] Jacques Lacan, *Écrits*, pp.347-348.

弗洛伊德的那句话应当理解为是对主体的位置的说明：主体在"它"之中。可这又是什么意思呢？究竟该如何理解这个"它"呢？

在弗洛伊德那里，"das Es"这个词是从一个德国精神病学家那里借用过来的，指的是生命中那些未知的和不可控制的力量，弗洛伊德将其用于自己的第二个心理模型，称其为"本我"（id），并认为其与第一个心理模型中的无意识系统有部分对应。拉康很少采用"本我"的说法，他大概是觉得这个词有太多生物学和本能论的痕迹，所以更倾向于用"它"来标识"Es"的性质，即这种未知的和不可控制的无意识力量相对于主体而言的异己性和异在性。因此，所谓主体在"它"之中，指的是主体是由自身所不知的力量构成的，而这一力量根本上就是无意识，主体在"它"之中，实际就是主体在自身所不知的无意识之中，换言之，无意识才是主体的家，主体是无意识的，任何主体实际都是"无意识的主体"（the subject of the unconscious）。

主体是无意识的，拉康从超乎常规的阅读中获得的这个结论看似什么也没有说，因为弗洛伊德的第一个心理模型（无意识—前意识—意识）就已经向我们昭示了这一点。如果说拉康的"回到弗洛伊德"就是要回到无意识那里，那他为什么非要采用刻意的误读、语义的滑行和隐喻性的嫁接这种方式来实施他的返回呢？这到底是一种纯粹的阅读技巧展示还是另有深意？在此我们必须注意拉康那个误读式的意义漂移：因为德语的"Es"（它）与"subjekt"（主体）的首字母同音而把主体置于"它"的位置，在主体与"它"之间进行嫁接，而这个"它"根本上就是无意识的结构，这样，主体被置于这个位置其实就是被置于无意识结构的位置。于是，所谓"在它所在的地方，我必在那里生成"，似乎可以翻译为：在无意识所在的地方，"我"必作为主体出现，"我"必作为主体生成。拉康的嫁接不过就是为了在一个不可知、不可控制的力量中来定位主体的存在。

顺带说一句，在这句话的最后还有一句补足语："这是我的责任"。这个补足语对于理解拉康的精神分析学的伦理旨趣至关重要，因为它构成了对其精神分析学的目标的一个总体说明。对于这个目标，拉康在第11期研讨班同样是涉及这句话的语境中给出了一个十分简洁的表述：

> 无意识的地位——正如我已经说明的，其地位在本体的层面是十分脆弱的——是伦理的。在其对真理的渴望中，弗洛伊德说，"不论它是什么，我必去到那里"，因为这个无意识总要在某个地方显示自身。[1]

"无意识的地位是伦理的"，这是拉康对自身理论的一个最高表述。其实，下面我们会看到，拉康关于无意识与主体的关系的真正观点是：在无意识所在的地方，"我"是被划杠的，我的无意识真理是有意识的"我"所不知的，无意识在"我"的面前是消隐不见的，精神分析学的任务就是要求分析师运用分析技术把这个消隐的、不为所知的无意识带到主体（受分析者）的面前，让主体直视自身欲望的真理或真相。在这个过程中，受分析者与分析师之间并非常规的医患关系，而是一种伦理关系，并且是一种与常规的道德规劝、与自我心理学的重建自我毫无关联的特殊的伦理关系，因为分析师自己也不握有关于生活要义的真理，他无法告诉受分析者什么是真正的幸福和如何达到幸福，他所能做的就是帮助受分析者去自己完成分析，让后者自己去承担自己的欲望。让主体穿越屏蔽了无意识之真实的幻象，去直面和担当无意识的晦暗，这是每一个主体的伦理责任，也是身为分析师的"我"的伦理责任。在这个意义上说，"在它所在的地方，我必在那里生成"这句话也是拉康指示给分析师的一个伦理律令，因为"这是我的责任"。

总之，拉康对弗洛伊德的"遗嘱"的这一番语义运作无非想要

---

[1] Jacques Lacan, *The Four Fundamental Concepts of Psychoanalysis*, p.33.

告诉我们：要找寻或揭示主体的真理与真相，就必须进入无意识中；所谓"回到弗洛伊德"，一定意义上说就是要回到弗洛伊德所描述的无意识的场景中，在那里定位主体的命运，在那里重新界定弗洛伊德的发现的伟大意义，在那里破解精神分析学的技术症结。

因此，接下来的问题就是：什么是无意识？对拉康而言，这需要再次回到弗洛伊德那里——但同样不是简单的、重复性的返回。

弗洛伊德常常在两个不同的意义上使用"无意识"这个词[1]：作为一个形容词的时候，它指的是与主体的意识活动相对的一种心理过程；作为一个名词的时候，它指的是第一个心理模型中与意识和前意识相区分的一种心理系统或心理结构，这一系统不仅外在于意识领域，而且与意识是分离的，只能以歪曲的形式在意识-前意识系统中呈现出来。对于这前一种用法，拉康没有什么异议，对于后一种用法，他只是表示了有限的认同，因为弗洛伊德的这种心理模型有太强的心理学和本能论色彩。

我们知道，弗洛伊德曾在动力学的意义上称无意识系统是被压抑的本能和力比多能量的仓库，所以他的追随者尤其是自我心理学学派常常把无意识化约为被压抑的本能的处所，并从个体早期的生活经验中去追溯压抑的源头。对于这种生物主义和经验主义的立场，拉康持坚决的反对态度，他强调，虽然相对于个体或主体而言，无意识总是已然在场的，但这绝不意味着无意识是先天的和本能的，相反，无意识是外在于主体的，更确切地说，无意识是内置在主体之中的外在之物、异己之物，是内在于主体的外在性。无意识不是神秘的、非理性的冲动，也不是受到压抑的生物本能，相反，它是被结构的，且是像语言一样被结构的，故而只能在语言中且通过语言来获得说明，以拉康自己的话说，无意识是像语言一样被结构的。

"无意识是像语言一样被结构的"，拉康的这句谶语般的格言

---

[1] 有关弗洛伊德的"无意识"概念的基本含义，参见拉普朗虚、彭大历斯，《精神分析辞汇》，第213页。

被人们视作打开其迷宫一样的理论的一把钥匙，可对于这句格言的含义，人们未必都有深入的认识。在此我把这句格言分成两个部分来理解。

首先，无意识是语言的。一个基本的事实是，精神分析学不论理论上对无意识的研究还是实践上对主体的无意识症状的阅读都是从分析语言现象开始的，语言或言语是实施精神分析的唯一媒介。拉康在许多地方都讲到，弗洛伊德的伟大发现其实是从分析语言现象尤其是具有裂口的语言现象开始的，特别在早期作品如《释梦》（1900）、《日常生活心理病理学》（1901）和《诙谐及其与无意识的关系》（1905）中，弗洛伊德都是通过分析某些日常语言现象或语言障碍发现无意识的。虽然弗洛伊德的时代还没有索绪尔语言学可资借用，但他已经天才般地发现了语言与无意识的内在关联。

无意识是语言的，这不仅是因为我们只有在语言或语言的断裂中才能找到无意识的踪迹，更是因为无意识本身总是语言地呈现自身，不论是在梦中、在口误中还是在病人的各种症状中，我们都可以看到类似于语言的结构，就像弗洛伊德所说的，无意识在梦中常呈现为字谜一样的东西，有着类似于句子一样的结构。

但是，对于无意识的语言学特征，拉康的认识要更进一步，其与弗洛伊德的一个关键区别就在于他是在列维-斯特劳斯的意义上来把握无意识的这个特征，把无意识理解为一种超个体的结构性的存在。也就是说，拉康对于无意识的语言维度的认识有着人类学的背景——但又剔除了其中可能的文化主义和象征主义倾向——在这一背景中，支撑着人类社会的基本法则被认为具有语言一样的结构，而语言结构（或社会法则）之于语言中的个体而言总是不可控制的，甚至是个体不可认识的，语言结构作为"压抑时间的机器"本质上是一种超个体的无意识结构。拉康在挪用这一人类学的理解时做了一个颠倒："语言（结构）是无意识的"变成了"无意识（结构）是语言的"，无意识就相当于超个体的语言结构，因此，所谓无意识是语言的,其实是指无意识的结构是语言的,无意识有着语言一样的结构。

无意识之为无意识,就在于它是意识所认识不到的,是意识所未知的,是对意识闪烁躲避的东西,甚至它就是一种不可能的东西。那么,我们从哪里去捕捉到它的存在呢?从弗洛伊德所讲的那些不连贯的日常语言现象中,从主体的梦境中,从主体所表现出的各种症状中,而弗洛伊德之所以从语言现象入手去揭示梦、口误、玩笑和症状的无意识维度,就因为这些东西有着和语言一样的结构。比如在《精神分析及其教学》(1957)中,拉康说:

> 可施以精神分析的症状,不论是正常的还是病态的,不仅不同于诊断学标记,而且不同于所有可把握的纯粹表现性的形式,因为它们是被一个与语言的结构同一的结构维系着。我这里讲的不是可以在某个取自其边缘地带的所谓普通语义学中得到界定的结构,而是语言的结构,它就体现在我所谓的"自然语言"中,这种语言被人类有效地使用着。[1]

无意识具有语言一样的结构,或者说遵循着像语言一样的结构方式。弗洛伊德不仅从语言现象入手去寻找无意识的机制,而且发现无意识的结构遵循着语言结构的原则,尤其是在其对梦的工作或梦的形成机制的分析中,发现了两个重要的工作原则:凝缩和置换。拉康借用雅各布森的概念即隐喻和转喻对这两个原则进行了语言学的重述,认为它们既是语言运作的基本法则,也是无意识结构的基本法则。一定意义上说,弗洛伊德的伟大发现就是对无意识的语言法则的发现,而他的技术也同样是基于这个发现。在《字符的代理作用》(1957)中,拉康说:

> 回到弗洛伊德的文本就可以显示他的技术与他的发现之间

---

[1] Jacques Lacan, *Écrits*, pp.370-371.

有着绝对的连贯性,而这种连贯性使我们可以在恰当的层面来定位他的程序。

这就是为什么说对精神分析学的任何修正都必须回到那一发现的真理上去,想要在其原初的时刻蒙混过关是不可能的。

因为在梦的分析中,弗洛伊德打算给予我们的不是别的,只是无意识最广义上的法则。弗洛伊德告诉我们,梦之所以在此是最合适的,原因之一就在于它们在正常的主体和神经症患者身上同等地揭示了这些法则。[1]

其次,无意识是被结构的。拉康说,个体的无意识并不是天生的,而是社会地和文化地写入个体内部的,在个体来到这个世界之前,在个体把自己建构为主体之前,构成其无意识的结构就已经存在了。这一观点在拉康的文本中比比皆是,例如在1964年的第11期研讨班中,他说:

> 在写入任何经验之前,在写入任何个体的推论之前,甚至在写入只与社会需要有关的集体经验之前,就已经有某个东西在组织这个领域,刻写这个领域最初的要旨。……在严格的人类关系被建立之前,某些关系就已经被决定了。它们乃是取自自然提供的支撑之物,这些支撑物以对立的主题排列。自然提供——我必须使用这个词——能指,然后这些能指再以创造性的方式组织人类关系,为其提供结构并构建它们。[2]

因此,在主体形成之前,在主体进行思考(言说)或把自己置入思考(言说)情境之前,就已经在某个层面上出现了"计算"——无意识结构的"计算",并且"在这个计算中,那在计算的他已然被包括在内"[3]。

---

[1] Jacques Lacan, *Écrits*, p.427.
[2] Jacques Lacan, *The Four Fundamental Concepts of Psychoanalysis*, p.20.
[3] Jacques Lacan, *The Four Fundamental Concepts of Psychoanalysis*, p.20.

在此我们需要辨明一点：在拉康那里，所谓无意识是被结构的和无意识是结构的，实际是针对着不同层次说的，前者指的是个体或主体的无意识构成，后者指的是建构主体的无意识法则本身。换句话说，无意识是被结构的，这是相对于个体或个体的主体化而言的：个体的无意识是被结构的，个体因此成为无意识的主体；无意识是结构的，这指的是构成个体的无意识的语言法则，那个法则是超个体的，是个体所不知的，是外在于个体的无意识结构。所以，对于"无意识是被结构的"，可以这样来理解：个体的无意识是由外在于自身的无意识结构写入的，无意识主体乃是外在于主体的无意识结构的运作效果。

无意识是像语言一样被结构的，此乃拉康对无意识的基本界定。如上所言，提出这个界定的意图之一就是为了对抗形形色色的新弗洛伊德主义对精神分析学的无意识概念的庸俗化理解，比如它们的生物主义、心理主义和经验主义倾向。通过语言学和人类学维度的引入，拉康试图把精神分析学从心理学的桎梏中解救出来，因为在这个维度中，无意识不再是特殊的个体经验的层积，而成为一种超个体的东西："无意识是具体话语中超个体的部分，其在重建主体有意识的话语的连续性时并不受主体操控。"[1]

不过，对于无意识的这种超个体性，我们不可在荣格的集体无意识的意义上来理解，后者乃是各种原型的集合，而所谓的原型，在荣格的理解中，既是超个体的，也是超历史的，并且它本质上是文化主义的和象征主义的。对于荣格的这种无意识概念，拉康同样持明确的反对态度，在他看来，荣格对无意识的理解实际是德国浪漫主义哲学所讲的生命的原始的神秘冲动在现代的一种回声，所以照样是对弗洛伊德的一种倒退。在1964年的第11期研讨班中，拉康说：

---

[1] Jacques Lacan, *Écrits*, p.214.

我们应该在无意识中看到言语对主体的作用——因为这些作用如此之至关重要,以至于它们正好就是决定主体之为主体的地位的东西。这一论断旨在让弗洛伊德的无意识重归其真正的位置。确实,无意识总是已然在场,它在弗洛伊德之前就已经存在并在发挥作用,但重要的是要强调,在弗洛伊德之前,被赋予无意识的这一功能的所有含义与弗洛伊德的无意识绝对没有关系。

原初的无意识、作为一种古老功能的无意识、作为一种隐秘在场之思的无意识,在它被揭示以前,总被置于存在的层次,如爱德华·哈特曼的形而上无意识——不论弗洛伊德在出于个人偏好的论证中为其提供了何种的参照——首要的是作为本能的无意识,所有这一切皆与弗洛伊德的无意识毫无关系。[1]

在拉康看来,所谓无意识的超个体性,根本指的是无意识之于个体的他在性和多元决定的特征,无意识的真理/真相总是写在别处,相对于个体而言,无意识总是"另一个场景"(other scene)。并且,这种超个体性并不意味着无意识也是超历史的,相反,相对于个体而言,无意识整个地是历史的,无意识就是个体的历史,是个体的历史中被查禁的一章:"无意识是我的历史中被空白所标记或者说被谎言所占据的一章:它是被查禁的一章。"[2]

为什么无意识是个体的历史中被查禁的一章?首先要注意的是,拉康的所谓个体的"历史"并非个体或病人曾经的经验或童年记忆本身,而是个体或主体在语言和言语中、且通过语言和言语回溯性地建构出来的某种"现实",是个体或主体借助言语对无意识经验的一种"读取",是其当下的经验在无意识结构中的一种"注册",就是说,个体的历史是在"另一个场景"中构成的,是被写

---

[1] Jacques Lacan, *The Four Fundamental Concepts of Psychoanalysis*, p.126.

[2] Jacques Lacan, *Écrits*, p.215.

在"别处"的。[1]进而,这一写在"别处"、在"另一个场景"中构成的历史是个体所不知的,是在个体的无意识中受到查禁的。

无意识是像语言一样被结构的,这对于主体而言究竟意味着什么?第一,它意味着主体是被构成的,主体根本上只是无意识的主体,它不过是无意识的语言结构运作的一种效果总量;第二,它意味着主体是在他处形成的,拉康借用弗洛伊德的说法称无意识的场景是"另一种场景",一种不为主体所知但却支配着主体的言说和存在的他在性;第三,它意味着主体的言说不是主体在说,而是无意识在说,无意识的话语是他者的话语,主体不过是无意识借以显现自身的一具僵尸;因此,第四,它还意味着主体是异化的、分裂的、离心化的,主体根本上是处在他者的领域,主体的存在是由他者的视线规定的。

因此,对于拉康的无意识主体,我们应当这样来理解:第一,所谓无意识主体,不是说存在一个与"有意识的"主体相对的"无意识的"主体,主体固然有着意识的方面和无意识的方面,但他根本上只是无意识的,无意识是主体真正的家,无意识即是主体之真理的所在;第二,无意识主体并不是那种实体性的存在,比如我们平常讲到主体时指的现实的人的存在,拉康认为,这种实体性的存

---

[1] 在《罗马报告》中,拉康列举了这些"别处":
——在遗迹中:那就是我的躯体,换言之,是神经症的歇斯底里式的内核,在那里,歇斯底里的症状表现为一种语言结构并被解读为一种记录,这种记录一旦被重新发现,就可以毁掉而不会带来太严重的损失;
——也在档案资料中:那就是我的童年记忆,如果我不知道这些记忆的出处,那它们就和那些资料一样的不可理喻;
——也在语义发展中:这对应着我自己独有的词汇表的语词库和词义,如同它也对应着我的生活方式和性格一样;
——也在传统甚至在传说中:它们在那里以某一美化的形式讲述着我的历史;
——最后在它的踪迹中:为了把遭窜改的章节插入其前后章节,必定会有歪曲,而这些歪曲必然会留下踪迹,但我的注解将会重建它们的意义。(Jacques Lacan, *Écrits*, p.215.)
在这里,个体的被压抑的经验、他的童年记忆等并不就是主体的历史本身,而是主体的历史被注册的地方,是主体的历史被铭写、被记录的彼处,就是说,它们作为主体的历史中被查禁的一章是在另一个场景中发生的,总之,在拉康的理解中,主体总是活在他者或他人的阴影之中,所以主体的历史不是主体自身的,而是他者的。

在至多只能看作主体的表征或代理，因为主体根本上只是一种结构效果，无意识就是结构它的那种力量[1]；第三，由于主体是被结构的，所以现实中主体的言说其实是无意识在言说，是"它"在说，主体的话语就是无意识的话语，亦是他者的话语，这样，主体的言说行为必定包含着一个从"它在"向"我在"的运动过程，这一过程与所谓的"自我"或有意识的"我"的自我认识无关，因为他总是受着无意识法则的支配，拉康的主体性哲学的任务之一就是要通过揭示这个法则的运作机制去解开主体存在的秘密；因此，第四，要成为一个真实的主体，就必须让他去承担自己的无意识，让主体在言说中去直视自身的欲望的真相，穿越自我或有意识的主体的幻象，这便是主体的责任，亦是精神分析实践的责任，并且是弗洛伊德的格言所显示出的精神分析的伦理责任。

"无意识是像语言一样被结构的"，这个表达式就像超现实主义艺术家达利的那个著名的"软表"，多重意义的叠加使那可见的具象变得极其抽象、隐晦，无从索解。但正是可见性与不可见性的这种断裂/连接，真理开始了它的自言说——断裂就是那真理本身。拉康所言述的无意识也是这样，它的结构、它作为"另一个场景"的存在、它之于意识主体的躲避闪烁等，无一不显示了它的一个根本维度：断裂和不连贯。在讨论精神分析学的基本概念的第11期研讨班中，拉康首先讨论的就是无意识，这一讨论既没有从所谓的心理结构入手，也没有从所谓的动力学压抑机制入手，而是从描述无意识的断裂或不连贯性入手，意在揭示无意识主体的结构化效果及其特征。

不连贯性是一种基本形式，在其中，无意识首先作为一种不连贯性的现象向我们呈现，在其中，无意识显现为某种摇摆

---

[1] 拉康描述主体的时候，有时用的是"他"，有时又用的是"它"，两者的区分并不严格，但他的意思大约是："他"指的是主体作为言说性的存在；"它"则指的是主体作为能指的效果。

不定的东西。[1]

拉康指出，在弗洛伊德之前和之后，虽然人们对无意识给出了各种各样的阐述，例如19世纪的德国哲学家爱德华·哈特曼在弗洛伊德之前就曾对无意识有长篇论述，荣格随后为克服弗洛伊德的个体无意识的局限而提出了集体无意识，但他们讨论的都不是弗洛伊德的无意识：他们的无意识或者是堆放着各种杂物的不可思议之物，或者是浪漫的想象性创造的非理性冲动，反正多多少少都与某种原始的晦暗意志、与前意识的东西联系在一起。拉康说，荣格们所谈论的与其说是一种无意识，不如说是对无意识的维度尤其是它的断裂维度的根本遗忘，至于弗洛伊德之后的修正主义者致力于缝合裂口的努力，更是使"无意识对其音信关闭了自身"[2]。所以，在今天，回到弗洛伊德，就是要回到弗洛伊德的发现的原初时刻，去重启无意识的断裂维度。

重新开启无意识的断裂维度，一定意义上就是要从这个维度去认识无意识的特征，在第11期研讨班中，拉康对无意识概念的讨论就是围绕它的断裂或不连贯性进行的。

例如，他说，无意识的这种断裂就像是一个裂口、一个洞，就像弗洛伊德描述梦的构成时所讲的"梦的脐"（the navel of the dreams）：

> 弗洛伊德用脐——他写道，"梦的脐"——来标示梦中根本上未知的中心，我所说过的断裂恰好具有与表征那一中心的脐相同的解剖学结构。[3]

"脐"是躯体上的一个洞、一个裂口，但也是一个"中心"：未知的中心，因为你根本不知道那个"中心"里面究竟窝藏着什么。

---

[1] Jacques Lacan, *The Four Fundamental Concepts of Psychoanalysis*, p.25.
[2] Jacques Lacan, *The Four Fundamental Concepts of Psychoanalysis*, p.23.
[3] Jacques Lacan, *The Four Fundamental Concepts of Psychoanalysis*, p.23.

另一方面,"脐"与出生相关联,但却是出生时躯体被切割的剩余,所以,"脐"也表示某种未曾出生或者说未被实现的东西,无意识就是这样一种东西:

> 首先,无意识向我们呈现为某种悬留的东西,我是说,悬留在未曾出生者的领域。[1]

无意识是未曾出生的或未被实现的,拉康这里的意思是说,无意识总在言语的断裂或裂口中显现,在那里,它既不是存在,也不是非存在,而是有待实现之物。

拉康还说,无意识的断裂维度表明,无意识是某种被拒绝或被否认的东西,是某种失落的东西,是某种匮乏或者说以不在场的形式在场的东西。当然这里的拒绝或否认不是指主体有意识的拒绝或否认,恰恰相反,那是一种无意识的拒绝与否认,是主体所不知且无意识地实施的拒绝与否认。对什么的拒绝与否认?对"一"(One)或者说完整性、完满性——比如新弗洛伊德主义者总是设想在有机体中存在的一种统一性和连贯性——的拒绝与否认。拉康说,无意识的断裂并不表明断裂之前曾有一个"一"先行存在,也不表明分析经验应当以某个"一"为总体性的背景去祛除这个断裂。相反,无意识的断裂本身就是那个先行的总体性,所谓的"一"或完整性的在先存在不过是主体的一种虚构,因为无意识经验中的"一"本质上是"分裂的'一'、截断的'一'、裂开的'一'"[2]。换句话说,主体的无意识经验总有一种神话式的失落,一种无法在时间上加以标记的缺失和匮乏。拉康说,德语单词"unbewusste"(无意识)中的否定前缀"un"便是这种缺失与匮乏的最好例证:"unbewusste"

---

[1] Jacques Lacan, *The Four Fundamental Concepts of Psychoanalysis*, p.23.

[2] Jacques Lacan, *The Four Fundamental Concepts of Psychoanalysis*, p.26. 需要注意,拉康在此玩了一个文字游戏。"un"在德语中是表示否定的前缀,在法语中则表示"一"的意思,因此"unbewusste"(无意识)中的"un"既表示无意识经验中的"一",又表示对"一"的否定和切割。

（无意识）的前缀"un"虽说是一种否定，但这并不意味着无意识就是没有意识或没有概念，相反，它意指了匮乏（lack）的概念，"Unbewusste 的界限就是 Unbegriff——不是没有概念，而是匮乏的概念"[1]。并且正是这种匮乏，使无意识成为一种以不在场的形式在场的东西：

> 背景在哪里？它是不在场吗？不。开启的裂口、分裂和截断使不在场浮现，就像在寂静的背景中哭声并不突出，反而使寂静作为寂静浮现了出来。[2]

还有，无意识的断裂维度表明无意识是闪烁躲避之物，它总在裂口中闪现，总在不经意间自我们的言说、梦、日常的小过失中浮现出来，但当我们想去捕捉它时，它却离我们而去。拉康特别地强调说，无意识的断裂维度最明显地体现在主体日常的语言过失中，而弗洛伊德正是在这些被称作语言障碍的现象中发现无意识的：

> 障碍，失败，分裂。在口语或书面语中，总有某个东西在颤动。弗洛伊德就是被这些现象所吸引，而且，他就是在那里寻找无意识的。……在这个裂隙中显现的、产生出来的东西，作为一种"发现"被呈现出来。正是以这种方式，弗洛伊德的探究首先遭遇的是出现在无意识中的东西。[3]

无意识是未被实现之物，无意识是被拒绝或被否认之物，无意识是闪烁躲避之物，诸如此类的表述作为对无意识的断裂维度的说明都指向一个共同的东西：无意识是意识所无法把握的。但这并不意味着无意识根本无法把握，那样的话，精神分析学便毫无存在之

---

[1] Jacques Lacan, *The Four Fundamental Concepts of Psychoanalysis*, p.26. 同样地，拉康在此仍是在"一"和"否定"之间玩文字游戏。所谓 Unbewusste 的界限就是 Unbegriff，意思是说："Unbewusste"（无意识）的"un"就是对"一"（un）"概念"（begriff）的否定，所以表示了"匮乏的概念"。

[2] Jacques Lacan, *The Four Fundamental Concepts of Psychoanalysis*, p.26.

[3] Jacques Lacan, *The Four Fundamental Concepts of Psychoanalysis*, p.25.

必要。相反,无意识的断裂维度的这种种体现恰好为我们进入无意识的经验提供了出发的地方,那就是从主体的症状、从主体日常的语言过失、从主体的梦与幻想等去切入无意识的隐秘内核。精神分析学作为无意识的科学,就是要从这些地方入手去打开无意识的断裂维度,为我们找到无意识构成及运作的机制。换一个角度说,也正是无意识的这种结构化效果,正是无意识的断裂维度,为我们进入主体的隐秘内核打开了一条通道,让我们得以窥见到无意识主体的一个原罪:那就是主体的分裂。我们要谨记一点:在拉康那里,主体的分裂是无意识主体所内有的,就是说,它与无意识主体之间是一种共生性关系,当我们说到无意识主体的时候,其实也就是在讲分裂的主体,反之亦然。

正如前面已经提到的,拉康重提弗洛伊德的发现的意义是想要以此去祛除现代哲学、科学和心理学的自主主体的幻象,而笛卡尔的我思主体正是现代哲学和科学的主体赖以确立的根基所在,也是自我心理学的自我的根基所在,所以把笛卡尔当作进攻目标不仅可以一举击溃现代主体的盔甲,还可以自动解除自我心理学的自我适应体系和防御体系的武装,这对拉康来说当然是一举两得的好事。

再者,在拉康看来,现代哲学的主体也不是一直都固若金汤,它至少在弗洛伊德那里就遭遇了最强有力的倾覆,后者对作为主体之构成的无意识维度的探索已经在那种统一、自足的主体身上撕开了一道裂口,沿着他的足迹和方向前行,便可以切入笛卡尔的我思主体的创伤性内核,为打开主体之真相或逼近主体之真理找到一个锚定之地。

斯洛文尼亚的拉康派分析家马拉登·多拉在《我思作为无意识的主体》一文中曾说过一句甚为精彩的话:"[拉康]回到弗洛伊德必须借道回到笛卡尔来进行。"[1]对拉康的著作涉入不深的人看

---

[1] Slavoj Žižek (ed.), *Jacques Lacan: Critical Evaluations in Cultural Theory*, vol. II, p.5. 除多拉之外,法国的拉康派分析家和哲学家阿兰·巴迪欧也曾在论文《笛卡尔/拉康》中表达过同样的意思,该文也收录在齐泽克主编的这同一本论文集中(第29—33页)。

到多拉的这个观点可能会感到突兀，可如果去看一下作为拉康精神分析学的秘密诞生地的《镜像阶段》（1949）开篇的那句话——"这一［精神分析］经验使我们可以去反对任何直接源自'我思'的哲学"[1]——你就不会那么惊讶了。在拉康的观念中，从笛卡尔到弗洛伊德，至少隐含了西方思想在主体问题上的一种认识论断裂，前者以自明的我思确证了一个自主的理性主体或意识主体的存在，而后者则以躲闪的无意识对所有意识活动的主导倾覆了我思的自明性和主体的自足性。可如果我们就此以为拉康只要承袭弗洛伊德的成果往下走，对笛卡尔只需简单打发了事，那就错了。拉康从不会轻易放过已经提出的任何一个话题，他喜欢"返回"——不仅要不停地返回弗洛伊德那里，也要不停地返回他的敌人那里，当然还要不停地返回自身，并且这每一次返回都是一次重写，换用后结构主义的术语说，是在另一个场所或语境中的差异性"重复"。至于笛卡尔的我思哲学，也是拉康要不断返回的地方：如果说返回弗洛伊德是为了回到无意识主体的知识源头，那么，返回笛卡尔则是为了回到意识主体的知识源头。

不仅如此，拉康向笛卡尔的不断返回还有一个重要动机：通过对笛卡尔的我思主体的确证过程的考察，来把弗洛伊德的主体即无意识主体植入其中。按照拉康的理解，如果说笛卡尔的主体是现代科学的主体的生长点，那么，弗洛伊德的主体就是这个主体的立足点，笛卡尔正是通过排除后者即主体的无意识维度来确立"我思"的自明性和自足性的，这就是说，根本不存在一个自主自足的我思主体，在我思主体中，无意识的维度是已然在此的，只是被笛卡尔们所遗忘或拒认而已。正是因此，拉康指出，精神分析学的"subject"（主体/主题）就是科学的主体，是笛卡尔式的主体，例如，在第11期研讨班中，拉康说：

---

[1] Jacques Lacan, *Écrits*, p.75.

无意识是言语作用于主体的效果总和,在这个层面上说,主体是从能指的效果中构成的。这清楚地表明,我使用的"主体"这个术语——这正是我提示要回到其源头的原因——不是指主体的生命现象所需的生命基质,也不是指以其激情、痛苦——不论是原发的还是继发的——而拥有知识的任何实体或存在,甚至也不是某种肉身化的逻各斯,而是笛卡尔式的主体,它出现在怀疑被当作确定性加以确认的时刻——除此而外,我的研究表明,这个主体的基础要更为广泛,但同时更受制于令它困顿不堪的确定性,那就是无意识。[1]

精神分析学的主体即是笛卡尔式的我思主体,是科学的主体,从1950年代到1980年代,拉康反复地重述着这一令人感到突兀的观点,且角度多变,在此我们看一下他在第11期研讨班中的讨论。[2]

在说明弗洛伊德发现无意识的方法时,拉康提出了一个在我们看来可能有点不着边际的论断——"弗洛伊德的方法是笛卡尔主义的":

> 我必须强调一个事实:笛卡尔和弗洛伊德两人的研究在某一点上是一体的、重合的。[3]

什么方法呢?怀疑的方法。拉康说,笛卡尔和弗洛伊德都在用这个方法寻求一个确定性的东西。

是的,我们都知道,笛卡尔是从普遍怀疑的原则出发,通过不断质疑感觉思维的不确定性,最终找到了一个确定无疑的东西,那就是"我在怀疑":"我在怀疑"这一点是确定无疑的。进而,"我在怀疑"这一点表明"我"是一个正在进行怀疑、正在思维的东西,"我"是一个能思的存在,是一个拥有理智且能正确地运用这个理

---

[1] Jacques Lacan, *The Four Fundamental Concepts of Psychoanalysis*, p.126.

[2] 有关拉康对我思主体的思考,马拉登·多拉在《我思作为无意识的主体》一文中有十分精彩的分析。参见 Slavoj Žižek (ed.), *Jacques Lacan: Critical Evaluations in Cultural Theory*, vol. II, pp.3-28。

[3] Jacques Lacan, *The Four Fundamental Concepts of Psychoanalysis*, p.35.

智的存在,所以"我存在"这一点也是确定无疑的:我思,故我在。

那么弗洛伊德呢?拉康说:"怀疑是他[弗洛伊德]的确定性的支撑"[1]。

> 以完全相似的方法,弗洛伊德在怀疑的时候——因为那些是他的梦,并且最初正是他在怀疑——确信有一种思在那里,那就是无意识,并意味着无意识是把自身揭示为一种不在场。[2]

笛卡尔是通过怀疑不确定的感觉思维找到了我思主体的确定性:我在怀疑(思),所以我存在;而弗洛伊德是通过怀疑确定的我思找到了无意识(主体)的确定性:在我的日常的、看似清楚明白的意识之思中,其实总隐藏有一个晦暗的部分是我思所无法企及的,总有一个东西在暗中支配着我的思;在梦中,总有一种东西在思,那个东西是我醒着的时候所不知的;在日常的口误中,也有一种东西在思,在控制着我的言说,主导着我的行为,那个东西同样是我的意识所不知的。这个看似不在场而实际上时刻在场的东西就是无意识,所谓的"我思"根本上是无意识在思。

不过,在这里我们看到,虽然笛卡尔和弗洛伊德都把怀疑当作寻求确定性的方法,可两者之间并不完全对等:笛卡尔是从"我怀疑"或"我在思"导出"我存在",弗洛伊德则是从怀疑"我在思"导出有另外一种思即无意识之思存在,从质疑主体的梦思或口误导出主体真正的家不是在自身之中而是在无意识之中。用拉康的话说,在这两个寻求确定性的方法之间,实际存在着一种"不对称性":

> 正是在这里,弗洛伊德与笛卡尔之间的不对称性显现出来了。这种不对称性不在于在主体基础上建立确定性的最初方法上,它源自这样一个事实,即在这种无意识领域中,主体"在家"。[3]

---

[1] Jacques Lacan, *The Four Fundamental Concepts of Psychoanalysis*, p.35.

[2] Jacques Lacan, *The Four Fundamental Concepts of Psychoanalysis*, p.36.

[3] Jacques Lacan, *The Four Fundamental Concepts of Psychoanalysis*, p.36.

对于拉康所讲的这种"不对称性",我们需要在最充分的意义上来理解,因为它恰好显示了笛卡尔的我思主体的逻辑困境:在笛卡尔那里,由"我思"指向"我在"是通过一系列的自我确证来完成的,虽然"我思"的确定性是通过所谓的"普遍怀疑"获得的,可这并不能保证"我思"的主体和"我在"的主体是同一个主体,就如同一个每天把道德挂在嘴边的人并不一定就是道德的人一样。至于在弗洛伊德那里,从"我思"根本无法通向"我在",因为"我思"之"我"只是主体的有意识的代理,在它的背后还有一个不为这个"我"所知的东西存在,主体之思根本上只是无意识在思,是"它在思",在任何形式的"我思"出现之前,无意识的思就已经在那里了,无意识主体就已经在那里了。拉康说:

> 除了涉及一种确定性主体和对所有以往知识的否决,笛卡尔并不知道——不过我们知道,多亏了弗洛伊德——无意识主体是自身呈现的,在它获得确定性之前,它就在思。[1]

"在它获得确定性之前,它就在思",在此,第一个"它"指的是有意识的主体,第二个"它"指的是无意识。为什么要把无意识的思称为"它在思"呢?前面说过的弗洛伊德的格言已经表明,无意识相对于有意识的主体而言就是一个"它",而拉康有关无意识结构的格言——在某个意义上说,拉康的格言就是对弗洛伊德的格言的一种语言学表述——也表明,无意识作为一种语言结构,是先于主体且外在于主体的东西,同时也是构成主体性的东西,其相对于主体而言乃是"另一个场景"。另外,所谓无意识的思,并非说无意识是一种思维——哪怕是一种不同于理性思维的思维——它指的是无意识的运作,是无意识作为一种结构性的力量。总之,从精神分析学的角度说,主体的所谓"思",实际是无意识在思,是"它在思",笛卡尔以"我怀疑"作为前提获得的"我思"以及进而获

---

[1] Jacques Lacan, *The Four Fundamental Concepts of Psychoanalysis*, p.37.

得的"我在"的确定性都只是误认的结果,其所确立的并非真正的主体,而至多只是确立了先验主体或意识主体的明澈性与其确定无疑的存在之间的联系,而这一联系相对于主体的无意识维度而言,根本上是想象的产物,是一种幻象。也正是在这个意义上,拉康称建立在笛卡尔的"我思"基础上的现代科学知识都是一种妄想症知识,它们都是基于笛卡尔的那个"假定能知的主体"(subject supposed to know),殊不知这个主体只是一个自欺式的幻象,是自我对自身知识的一种误认。笛卡尔哲学、现代科学、自我心理学及对象关系理论等都犯有同样的一个错误,就是把意识或理性、自我和主体等同为一,视它们是自明的和自主的精神实体,而在拉康看来,自我和主体都是被构成的,前者是想象界的自恋性认同的产物,后者是象征界的符号性认同的产物,在它们的构成中,都有一种他性的结构,所以,它们的存在、它们的思、它们的言说,都不是自身所主导的。

"我思"并不是"我"在思,而是"它"在思,是无意识在思,无意识主体的确定性就由此而来。但拉康讨论"我思"的目的并不只是说明这种确定性,而是要进一步阐明"它在思"即无意识结构的运作之于主体的意义。

正如刚刚所言,笛卡尔从"我思"导出"我在"是通过一系列的自我确证或自我指认来完成的,因为他把"思"的主体和"在"的主体视作同一个主体,并通过对"我思"的内容和对象做一系列的清空处理——他的普遍怀疑的方法论实质上就是一个清空程序——而把那个能思之我还原为一个透明的存在,一种自我指涉的确定性。而在拉康看来,虽然"思"和"在"是针对同一个主体而言的,但它们在主体那里根本无法重合,"思"总是无意识结构的某种施为,而"在"却是主体对自身统一性的一种指认。换言之,"我思"之"我"是受无意识结构主导的无意识的"我","我在"之"我"是被幻象所捕获的有意识的"我":前者是一个无以名状的存在,一个混沌的空无,就像分析师躺椅上那个自由联想的主体,在那些无意义的言语碎片中,他根本不知道自己在说些什么和为什么说,也无法在言语中命名和辨认自己的欲望;至于后者,那所谓透明的自我不过是主体的一个幻象,是主体对自身统一性的一种误认,实际上,"我在"的获得恰恰要通过他者的介入才能完成,"我在"之"我"乃是语言或能指的他者切割的效果,在这个"我"的背后,则是主体历史中被查禁的那一章,是不为"我"所知的晦暗之页,在"我在"的地方,"我"只是一个虚空,一个"不在",一个生活在"它处"的"在"。

总之,"我在"的"我"是一个异化的"我"、分裂的"我":"我"的异化就在于,"我"是在他者场域中且通过认同于他者而确立自身的主体性的,这意味着"我"在成其为主体的那一刻就已经把一个异在的东西内置到了自身内部,"我"获得了一个"意义",可这个意义不是我自己的;"我"的分裂则在于,我在获得"意义"的同时,我的存在有一部分必定要被切割,成为有意识的"我"根本无法参透的"非意义","我"与那个被切割的部分是分离的,"我"的有所得是以失落或牺牲作为代价的。这意味着,"我在"作为一种寻求确定性的主体化行为其实是主体在"思"和"在"之间的两难选择,并且是一个被迫的两难选择,就像"要钱还是要命"的选择一样,在这个二选一的选择中,主体并无选择的自由,因为他必须选一样,且只能选一样——或者要钱,或者要命:

> 如果选择要钱,我会人财两空。如果选择要命,我会保住性命而失掉金钱,就是说,生命会被剥夺掉某些东西。[1]

主体的"存在"同样面临这种选择:或者选择经验性的或有意识的"我在",或者选择无意识在另一场域中的"思"——无意识在这个场域中的"思"实际就是能指结构对主体的切割性运作,主体将因此呈现为一个结构化的"意义"效果——但两者不可兼得:

---

[1] Jacques Lacan, *The Four Fundamental Concepts of Psychoanalysis*, p.212.

如果我们选择在,主体就会消失,它会躲避我们,它会落入非意义(non-meaning)。如果我们选择意义,意义的幸存就只有[通过]剥夺掉那个在的非意义的部分,严格地说,只有剥夺掉在主体的实现中构成无意识的部分。[1]

选择有意识的"我在"就如同选择"要钱"一样,是一种不可能的选择,它只会导致主体的消失,因为当我说"我在"的时候,所在的并非主体本身,而只是主体在一系列误认中确立的幻象,经验性的"我在"即是(无意识)主体的不在,是主体对真正的"在"(无意识)的拒认;相应地,选择"思"或"意义"就如同选择"要命",但代价是要牺牲"在"的无意识部分,因为无意识的思作为一种结构化的力量对主体的规定就是把主体变成他者场域中的一个意指效果,主体借此获得了一个符号化的身份,但却要割舍掉其作为"在"的无意识欲望——比如对钱的欲望。拉康用了一个集合论的图示来说明这里的意思[2]:

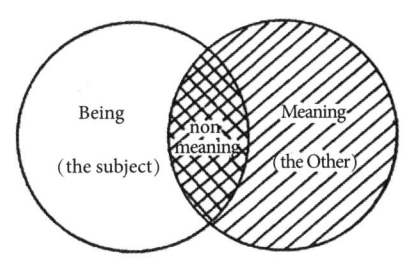

在这里,经验的或有意识的主体与"在"一起被置于一个以空白表示的空集中,表明经验的"在"只是一个幻觉、一个误认,它来自对无意识的"在"的拒认;属于他者场域的"意义"部分被划上了斜线,表示主体在此通过认同于他者而获得了某种身份性的存在,而这个存在与无意识的"在"同样是分离的,主体的在是一种异在,是在他者之中的存在;两者的交集部分以阴影表示,那其实

---

[1] Jacques Lacan, *The Four Fundamental Concepts of Psychoanalysis*, p.211.
[2] Jacques Lacan, *The Four Fundamental Concepts of Psychoanalysis*, p.211.

就是无意识的所在,是主体真正的家,它之所以被指定为"非意义"(non-meaning),意在强调主体之真相即是存在的缺席、意义的缺席,主体的无意识即是未被符号化、不可符号化的东西,是主体所不知的东西。所以,在主体的"在"和"思"之间,我们永远只能选择其中之一,而不论选择哪一方,主体都将有一个部分作为剩余是他永远无法抵达的。

所以,对于笛卡尔的那个公式,正如拉康在别的地方所说的,应当改写为"我在我不在的地方思,所以我在我不思的地方在""在我是我的思的玩物的地方,我不在;在我没觉得我在思的地方,我思着我之所是"[1]。在此,"在"与"思"之间的选择变成了"不在"与"思"、"在"与"不思"或者说"不在之思"与"不思之在"之间的选择,反正"思"与"在"不可兼得:当我说"我在"的时候,"我"是一个意识主体,一个拒绝承认在"我"的后面是"它(无意识)在"的主体,因而这是一个虚假的"在",是"半在""不思之在",当"我"以确认的姿态拥抱这个虚假的在时,与之伴随的恰恰就是"我不思"——我拒绝承认是它在思;对应地,当我说"我思"的时候,其实是无意识在思,是"它"在思,并且无意识的这个"思"是我无法选择的,相反,是"它"在选择我,在"它"思的地方,"我"是一个无意识的主体,一个"生活在别处"的主体,是一个不在之在。所以,上面的两句话说的是同样的意思:(无意识的)我思的时候,(有意识的)我不在;(有意识的)我在的时候,(无意识的)我不思。总之,在拉康那里,主体的"思"是无意识在思,主体的"在"是主体借"我"之口论断出来的在,前者是"我"所不知的,后者则是"我"假定为知的,思与在之间的这种对立或分裂实即主体的异化和分裂,这就是无意识主体的真相,承认这个真相且担当这个真相则是无意识主体的伦理责任,亦是精神分析实践的伦理责任:"在它所在的地方,我必在那里生成——这是我的责任。"

---

[1] Jacques Lacan, *Écrits*, p.430.

二　能指主体

主体总是且只是无意识的主体，此乃拉康主体理论的基石。但对他而言，仅仅停留在这个层面还难以尽显主体的真相。精神分析学作为一种有关无意识或无意识主体的"科学"虽然离不开临床的分析经验，但其科学性的确立却有赖于对这些经验的理论化，并且这种理论化不是局限于精神分析经验和技术的简单的理论说明，而是要诉诸其他许多学科，甚至还要诉诸数学化、形式化的运作。因此，真正的问题在于：如何实现经验和技术的理论化？拉康说，这需要借助其他的科学工具，其中最有效的工具莫过于语言学。

在拉康看来，弗洛伊德在发现无意识的过程中其实已经运用了语言学的方法，只是基于时代科学的局限而未能把这些方法提升为方法论，而今天的精神分析学家可谓生逢其时，语言学方法已经在诸多人文科学尤其是人类学的研究中得到有效运用，为精神分析学的挪用提供了最好的参照，使分析家们有条件把无意识置于语言学的框架中进行科学的阐释。因此，如果说精神分析学是关于无意识的科学，那么在拉康眼里，语言学就是使这一科学得以可能的工具。

如果要问语言学——当然主要是结构语言学——提供给拉康的最有效工具是什么，想必大家都会认同这样一个回答：能指的运作。一定意义上说，能指理论乃是拉康重述弗洛伊德的无意识概念的基石，也是拉康实施其语言学转向的基石，正是通过挪用索绪尔的能指概念来阐释无意识的机制，才使他的无意识主体获得了科学化的说明。由于无意识是像语言一样被结构的，无意识有着语言一样的结构，而语言的结构原则——在拉康看来——首要地是能指的差异性原则，是能指自主地滑行和重复的原则，所以在能指的秩序内，无意识主体亦可称为能指的主体。

拉康的能指理论是从索绪尔那里发展来的，确切地说，是在对索绪尔理论的一系列改写中形成的，所以我们的讨论必须从这里开始。

我们知道，索绪尔有一个雄心壮志，就是想把语言学建立为一门科学，因为在他的时代，尽管历史比较语言学声势浩大，成果颇丰，但语言学研究一定程度上仍处于前科学状态，如研究对象难以确定、研究方法杂芜不清、研究范围模糊混乱、基本概念缺乏界定、基础理论没有系统等，这些都极大地限制了语言学的发展。索绪尔认为，要想使语言学成为一门科学，首先就得把语言当作一个自足的、符号性的关系系统，在共时态中去研究或寻找某一语言现象中"永恒地普遍地起作用的力量"[1]，一句话，就是要对语言系统进行结构分析。为此首先要分析的就是语言的符号构成。

索绪尔说，语言符号是由能指（signifier）与所指（signified）两方面构成的。所谓能指，就是构成语言符号的形象和声音，而所指则是指这一形象和声音所表达的概念或意义，如英语中的"tree"，t-r-e-e 的字母拼写及其读音 [tri:] 就是能指，而这个单词指谓的概念"树"就是所指。必须注意，索绪尔特别地强调，构成能指的形象和声音不是物理或生理意义上的，而是心理意义上的，比如"t-r-e-e"的拼写或 [tri:] 这个读音，不论你是用大写还是用圆体或印刷体来书写，也不论你发出的是伦敦音还是美国音或澳洲音，都无损于其作为能指的功能，重要的是这些书写或发音能让我们把该能指和其他能指区分开来；再者，与能指相对应的所指指谓的并不是现实的具体事物，比如具体的树木，而是概念或者说该能指在我们心中所唤起的观念，并且有的时候，作为所指的概念所表达的东西并不一定是现实地存在的，例如"上帝""天使""鬼魂"这样的概念，但这并不妨碍这些概念本身的指谓价值。因而，索绪尔说，语言符号联结的不是"事物与名称"，而是"概念和音响形象"[2]。在哲学上，索绪尔的这一区分有着革命性的意义，它表明语言符号是一个自足的意指系统，符号的意义不是来自其与所指涉的对象之间的某种联

---

[1] 索绪尔，《普通语言学教程》，高名凯译，北京：商务印书馆，1980年，第26页。
[2] 索绪尔，《普通语言学教程》，第101页。

系——如传统的认识论中符号与对象的反映论关系——而是来自符号系统内部能指与所指的结合。拉康对索绪尔的一系列改写就是从这里开始的。

在索绪尔那里，能指和所指作为构成符号的不可或缺的两面有着同等的重要性，两者结合在一起才能使符号具有意指的价值，索绪尔用了一个图示来表示符号的这种构成：

在这个图示中，圆圈表示符号的两个方面——能指和所指——是一个统一体，它们之间的横线表示两者是结合或连接在一起的——虽然这种结合或连接是任意的——两个反向的箭头则表示能指和所指在指谓关系中是相互涵摄的，两者相互依存，不可分离。

在一个封闭的符号系统中，能指与所指相互依存，这就是索绪尔的这个图示所要表达的基本思想，拉康则以一个简洁的数学式对该图示做了激进的重"写"：

$$\frac{S}{s}$$

索绪尔的图示是有关语言符号构成的，是符号的表达式，而拉康的数学式是有关能指的，是能指的"代数式"。在这个代数式中，S 代表能指，s 代表所指。对拉康而言，这个激进的改写有着多重的意图和意义：索绪尔图示中能指和所指的位置在这里被颠倒过来，以此表示能指对于所指在逻辑上的优先性；索绪尔图示中的箭头和圆圈都被取消，表示能指和所指之间缺乏稳固或固定的关系；至于能指和所指之间的那道横杠，现在不再代表连接，而是代表内在于意指关系中的意义抵制。[1]

对于拉康的表达式，有一个细节不容忽视：在拉康那里，大写的 S 更确切地说代表的是能指系统或能指网络，是一系列的能指所构成的能指链条，小写且斜体的 s 代表的是能指链条运作的意指效果或称意义所指，其与 S 之间并不是平行的对应关系，而是作为意指效果在事后追溯出来的，是我们对话语流或能指链进行阐释的结果。因而，对于拉康的表达式，不能简单地理解为是索绪尔的表达式的简单颠倒，而必须看作一种彻底的重写。

更重要的是，在拉康那里，这个激进的重写受到一个潜在运思的主导，那就是精神分析学的需要。拉康明确地讲到，他的能指代数式乃是对无意识的构成的说明，是有关无意识的运作以及无意识与语言的关系的。拉康对索绪尔的重写以及对能指理论的一系列讨论都与这一精神分析学的视线有关。所以，对于他的能指表达式以及他接下来对隐喻和转喻的形式化说明，如果我们只是纠缠于语言学或修辞学的技术来理解——许许多多的拉康研究者就是这样做的——那就会落入字符的意义陷阱，并且只会看到拉康满目皆是的"错误"阅读和"错误"阐释。

拉康称他的表达式是能指的代数式，有关它的内容，可从四个方面理解。

首先是能指的性质。在索绪尔那里，能指乃是符号的形象和声音所构成的心理现实，虽然他也看到了能指作为视觉和听觉的支撑的物质性方面，可他认为，相对于所指以及语言的功能而言，能指的这一方面显然是次要的，能指的作用主要在于表征和指涉所指。拉康也强调了能指的物质性方面，并且强调的是这一方面的否定性意义。在他看来，单一能指就其自身而言，不过是一个僵死的物质

---

[1] 参见 Dylan Evans, *An Introductory Dictionary of Lacanian Psychoanalysis*, pp.183-184。

材料,是语言的物质支撑,是一种"字符"(letter),[1]它什么也不意指,"每个实际的能指,就其作为一个能指而言,什么也不意指。……能指越是什么也不意指,它就越是不可消灭"[2]。

为了说明能指的这种纯粹物质性,拉康还在能指和记号(sign)[3]之间进行了区分。他说,记号是动物性的、想象性的,总是向接收者指示着某个对象或某种意义,例如孔雀开屏所具有的性诱惑作用,又如临床医学中的身体症状,反正在这些记号结构中,记号与对象或意义之间存在着一定的对应关系。至于能指,虽然它时常也包括记号领域的许多要素,但作为能指,它与对象是分离的,"能指是一种不指涉任何对象的记号"[4]。也就是说,能指与对象或意义之间不存在确定的一一对应关系,能指不指涉对象,相反,它指涉的是对象的缺席,"它也是一种缺席的记号"[5]——因为语言或符号化乃是对物的"谋杀",是以僵死的记号来填充我们对物的活生生的经验。拉康举例说:

> 我曾说到白天和黑夜。白天和黑夜绝不是能以经验界定的东西。经验所能指示的一切乃是光明与黑暗的一系列变化和转换,甚至是它们的脉动和替换,以及它们整个的转变。语言却是以对立开始——白天和黑夜的对立。一旦白天作为一个能指出现在那里,它就为自己获得了一种排列的整个交替变化,并

---

[1] "letter"是拉康用得比较频繁的一个词,但其具体含义需要依据语境来理解:有时他把字符看作语言的物质支撑,所以等义于能指;有时他又把字符看作能指的最小结构单位,是能指发挥其差异性功能的结构支撑;而在对爱伦·坡的《被窃的信》的阅读中,这个词则是在"信笺""编码"和"字符"等多重含义的意义漂移中运行;除此而外,他还有其他一些游戏性的用法,比如在第 20 期研讨班中。

[2] Jacques Lacan, *The Seminar of Jacques Lacan, Book III, The Psychoses 1955–1956*, p.185.

[3] "sign"在拉康的词汇中并不居有核心位置,通常他是在两个不同意义上来使用这个词:一个是索绪尔意义上的,这时我们依照常规将其译作"符号",但与索绪尔把符号理解为能指和所指的结合不同,拉康所讲的"符号"一般来说乃是独立于所指的"能指符号";另一个是美国实用主义者皮尔斯意义上的,指的是表征对象的符号,这时我们应将其译作"记号"或"指号"。

[4] Jacques Lacan, *The Seminar of Jacques Lacan, Book III, The Psychoses 1955–1956*, p.167.

[5] Jacques Lacan, *The Seminar of Jacques Lacan, Book III, The Psychoses 1955–1956*, p.167.

将以此去意指极其多样的东西。[1]

拉康在此并不是要否定白天和黑夜的经验性存在,他的意思是说,当白天和黑夜作为能指被运用的时候,就不再与我们的经验或者说白天和黑夜作为经验对象的存在有关,比如我们常说"白天不懂夜的黑""长夜漫漫",这些短语中的白天和黑夜作为能指,其意义不再是经验可以界定的。不仅如此,能指作为一个孤立的记号,它不表征任何的东西,不意指任何的意义,比如作为孤立的能指,白天意味着什么?黑夜又意味着什么?若不引入与之对立或相关的其他能指,这些能指的意义单凭其自身是无法界定的。在这个意义上,我们说,拉康所理解的能指的物质性也就是能指的无意义性,就像主体的无意识的材料,若不进入分析的情境和引入阐释的辩证法,它们就只是一堆毫无意义的"梦呓"。

其次是能指与所指的关系。熟悉索绪尔的人都知道,在讨论能指与所指的关系时,索绪尔提出了一个重要的原则:任意性原则,即能指与所指的关系是任意的和在文化中约定俗成的,两者之间并无必然的内在联系,或者说它们之间的联系是不可论证的。例如为什么在英语中用 cat 这一音响—形象(能指)来指谓"猫"这一概念(所指),其中并无必然的、逻辑的联系,那不过是文化的约定俗成。不同的文化或语言系统对于"猫"这个概念有不同的能指,这一点就可以充分说明能指与所指之间关系的任意性。索绪尔认为,语言符号的任意性特征对于理解语言符号的性质有着至关重要的意义。尽管传统的语言学也承认这一原则,但对这一原则的后果却认识不清,如他所说,发现一条真理并不难,难的是正确估价这条真理的价值和作用。

如果把索绪尔的任意性原则激进化,那就是:由于能指和所指间的联系是任意的,故而不再有固定不变的普遍概念,也不再有固

---

[1] Jacques Lacan, *The Seminar of Jacques Lacan, Book III, The Psychoses 1955-1956*, p.167.

定不变的普遍能指和所指。可这样一来，可能会导致对符号的价值或者说符号的意义生产功能的动摇，所以索绪尔本人对走到这一步似乎还有所顾忌，为了维护符号的意指功能，他在强调任意性原则的同时又指出，在某一给定的语言系统中，能指和所指之间存在着某种对应关系，能指的背后总隐藏着所指，能指总是要指涉所指。

与索绪尔把能指和所指看作符号的不可分离的两个方面不同，拉康把所指看作能指的一种意义效果，是能指的差异化运动的产物，这就是说，并不存在一个先于能指、等着能指去指涉的所指，能指与所指之间不是一种表征关系，能指的背后并无所谓的所指，就像能指代数式中的那道横杠，它现在不再代表能指和所指之间的连接——哪怕是任意的连接——而是代表对意义的阻隔和抵制：

> 事实上，这门科学[语言学]的主题乃奠基于能指和所指最初所处的位置，这一位置就像两种不同的秩序，自一开始就被用来抵制意义的横杠分离了。[1]

那么能指与所指之间有没有关系呢？有，但不是一一对应的表征关系，也不是索绪尔所言的那种任意性关系——因为任意的关系依然是一种表征关系，一种对应关系，虽然不完全是一一对应——而是一种不确定的、偶然的、临时性的纽结关系，"所指和能指是扭结在一起的"[2]，拉康用"锚定点"（point de capiton）[3]的概

---

[1] Jacques Lacan, *Écrits*, p.415.

[2] Jacques Lacan, *The Seminar of Jacques Lacan, Book III, The Psychoses 1955–1956*, p.268.

[3] 对于拉康的"point de caption"，英文有多个译法，有的译为"quilting point"（缝合点），有的译为"anchoring point"（锚定点），芬克则将其译作"button tie"（扣结点），中文的流行译法为"缝合点"，这个译法在意思上没有什么问题，但无法与拉康后来使用过的"suture"（缝合）概念相区分，所以我采用了另外一个译法："锚定点"。但需要注意芬克对拉康的这个概念所做的一个解释："我在装潢书籍中为'point de caption'一词所能找到的最切近的英语词是'button tie'（扣结点）。阿兰·谢里丹把它翻译为'anchoring point'（锚定点），但扣结点有一种独立的悬空特性，'锚定点'则会模糊这一特性；扣结点把众多物固定在某个位置，但并不确切地把它们锚定在任何东西上——它们只是相互结合在一起。能指和所指不是被锚定在外在于它们自身的任何东西、任何'外在的现实'或'指涉物'上。"（Bruce Fink, *Lacan to the Letter: Reading Écrits Closely*, p.113.）

念——我在下面会对这个概念进一步做出说明——来描述这种纽结关系。

正是由于取消了能指与所指之间的对应关系，所以拉康的表达式就不再是索绪尔意义上的符号表达式，而是纯粹的能指表达式，用他自己的话说，是能指的"算式"或"代数式"。对于拉康的这个改写的哲学意义，德里达主义者让-吕克·南希和菲利普·拉库-拉巴特在其《字符篇：对拉康的一种阅读》（1973）一书中有一段精彩的评论，他们认为，拉康的代数式根本上是对符号的表征功能的瓦解或擦除：

> 这意味着将使符号达到摧毁其整个表征功能即意指关系本身的程度。这恰恰是那个代数式的作用和功能。这个代数式不是符号。毋宁说，这个代数式是无法意指（以能指表征所指的方式）的符号。我们也许可以走得更远，将其写为：这个代数式是"S̶i̶g̶n̶"（被擦除的符号）。一种被擦除但没有被摧毁的符号。一种无功能的符号。符号理论的那些概念一个也没有消失：能指、所指和意指关系依然存在。但它们的系统被打乱、被颠覆了。
>
> 这个代数式所进行的运作恰恰是要引起符号系统的颠覆。事实上，一旦分隔在符号中建立起来（即横杠被强调），这种运作根本上是与能指有关：它使能指屈从于这样一种移位，即不再把能指看作符号的要素，而必须看作这样一个悖论性的概念：一个没有意指关系的能指的概念。[1]

南希和拉库-拉巴特的这种阅读是一种典型的德里达式的阅读。用整整一本书来细读拉康的一篇论文——《字符的代理作用》（1957）——这令拉康很是满足。1973年，南希和拉库-拉巴特的这本书刚出版不久，拉康就在他的研讨班上向听众极力推荐，认为

---

[1] Jean-Luc Nancy and Philippe Lacoue-Labarthe, *The Title of the Letter: A Reading of Lacan*, p.39.

该书对他的文本的阅读是他所读过的阅读中最令他满意/满足的一种。但同时，对于作者们的德里达主义和明显的"文字学"倾向，拉康也表现出极端的不耐烦，称他们不过是"爪牙"[1]。拉康爆出这种粗口与南希和拉库-拉巴特的误读有关，因为在他们的阅读中，《字符的代理作用》（1957）一文被看作拉康的"文字学"，故而他们的细读也主要着眼于拉康的语言学方面。可实际上，语言学并非拉康所要致力的目标，它不过是他用来重写弗洛伊德精神分析学的一个工具。拉康对索绪尔表达式的改写在理论上固然有可能产生南希和拉库-拉巴特所讲的那种解构哲学的效果，但对拉康而言，建立一个被擦除的符号的"文字学"并非他的追求，他的目标是要为通向无意识和无意识主体的隐秘内核找到一个阶梯，是为了把能指的运作引入弗洛伊德的发现。

接下来要说明的第三点就是能指的运作原则。语言系统即是一个能指系统，语言的法则即是能指的法则，语言的意指作用即是能指的意指作用，那么，能指的意指功能是如何实现的呢？索绪尔认为符号的意指功能是通过差异性实现出来的，差异性原则是索绪尔语言学有关意义生产的最基本原则。拉康否认了能指对所指的表征作用，但他接受了索绪尔的差异性原则，认为能指的价值或意指作用就在于一个能指与另一个能指的差异，他用了一个图示来说明这一点：

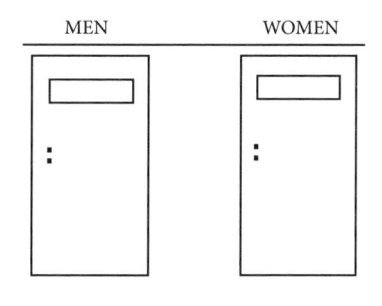

---

[1] Jacques Lacan, *The Seminar of Jacques Lacan, Book XX, Encore 1972-1973: On Feminine Sexuality: The Limits of Love and Knowledge*, p.65.

这是两扇完全相同的门,门的上面是一条横线,横线的上面则是两个不同的能指,分别标记为"男士"和"女士"。文明社会的人对这个图示是再熟悉不过了。拉康在这个图示之外,同时给我们叙述了一则小故事:

一列火车到站了。在一节车厢靠窗口的位置面对面坐着两个小孩,他们是姐弟俩。就在火车缓慢停靠的时候,姐弟俩看到了站台上的建筑物。弟弟说:"看,我们停在了女厕所的外面!""傻瓜!"姐姐回答说,"你难道没看见我们是停在男厕所的外面。"[1]

这是一则典型的拉康式的故事,情节虽然简单,寓意却相当复杂,因为它涉及包括两性差异在内的诸多有趣问题。拉康主要还是想说明能指的差异性原则:两个相向而坐的小孩因各自朝向窗外的视线角度的不同而看到了不同的能指符号,于是两扇本无差别的门因为两个能指的纯粹差异而获得了"意想不到的意义",即两性"分开如厕的律令"[2];没有这个差异的语境,没有公共生活的语境中两个能指的相互关联,那所谓的意义即所指是不可能出现的。并且这一意义不是能指本身所具有的——"Men"和"Women"作为两个能指并不具有分开如厕的律令意义——而是由能指的差异性并置结构出来的,即因为它们在这一语境中的并置,社会"律令"所阐述的那种差异被象征化了。

首先要明确的是,拉康所讲的能指的差异性不是指各个能指的物质性方面如所谓的"声音—形象"的不同,更不是指能指和能指之间的意义差异,比如"Men"和"Women"这两个能指符号,当它们被刻写在两扇相同的门上时,其差异性的有效运作既不是来自字符形象——那不过是僵死的物质材料——的不同,也不是来自各自代表的概念本身即"男人"和"女人"的不同,而是来自分开如厕的律令,就是说,男女分开如厕的律令作为社会的象征法则已被

---

[1] Jacques Lacan, *Écrits*, p.417.
[2] Jacques Lacan, *Écrits*, p.417.

先行写入能指的秩序中,能指的差异化不过是那一差异法则的象征化,它只是一个标记。正是在这个意义上,拉康说,他的能指算式所表达的只是"能指的一种纯粹功能",是能指在差异性运动中的一种"意指结构"[1]。

对拉康而言,所谓能指的逻辑实际就是一种差异性逻辑,能指的运作就是一种差异性运作,用他的话说,能指是通过指向另一能指来呈现其意指功能的。针对索绪尔用能指的横向组合和纵向联想来描述符号的意指功能,拉康指出,能指单元的水平组合并不代表意义的完成或实现,单元自身并不表征意义,它们只是在水平线上不断地滑动,拉康把一个能指指向另一个能指的这种运动以及在这一运动中所构成的意指结构称为"能指链"(signifier chain)或"意指链"(signifying chain):

> 能指的依照某一封闭秩序的法则组合起来的特性,确保了其拓扑学基质的必然性,我一般用"意指链"这个术语来指谓这个基质,其大体的意思是:一条链的链环,正是通过这些链环,一条链与另一条由许多链环组成的链中的一环稳固地勾合在一起。[2]

不妨说,能指链乃是拉康对能指的差异性运作的一种拓扑学描述,其意思无非是说:能指链是一个差异系统,在其中,各能指按照差异性的原则构成能指的链条,形成一个硕大无比的能指之网。拉康说,只有在能指和能指之间的这种关联中,我们才可以为意义研究提供标准。

拉康认为,单一的能指不指涉任何意义,它什么也不意指,能指与所指之间不存在对应关系。那么所谓的意义又从何而来呢?拉康说,意义根本上只是一种效果,是能指的意指效果,它只能在能

---

[1] Jacques Lacan, *Écrits*, p.418.

[2] Jacques Lacan, *Écrits*, p.418.

指链的滑行中呈现出来，"能指，就其性质而言，总是通过提前展现意义的向度来预期意义"[1]。更确切地说，能指的意指效果不是通过能指本身直接表征出来的，而是在能指链条的预期和回溯的双重运动中产生出来的，就像一个有待完成的话语单位，能指链的展开就是对意义的预期，而这个意义只有在句子完成后才能回溯性地呈现出来。如何理解拉康这里的意思？这需要看一下他对索绪尔理论的另一处重要改写。

索绪尔在说明语言符号的意指功能的时候曾提出，语言系统的运行实际是对能指和所指或者说观念和声音两个方面进行切割或分节的过程。他说，观念离开了声音就是一团"漂浮不定的王国"，声音离开了观念也将是一个不确定的领域，"语言对思想所起的独特作用不是为表达观念而创造一种物质的声音手段，而是作为思想和声音的媒介，使它们的结合必然导致各单位间彼此划清界限。……语言是在这两个无定形的浑然之物间形成时制定它的单位的。"[2] 进而，他把这一划界的过程称作语言的"分节"（articulation）："我们可以……把语言叫作分节的领域：每一项语言要素就是一个小肢体，一个 articulus，其中一个观念固定在一个声音里，一个声音就变成了一个观念的符号。"[3] 索绪尔用了一个图解来说明这两个无定形的浑然王国以及语言的切分：

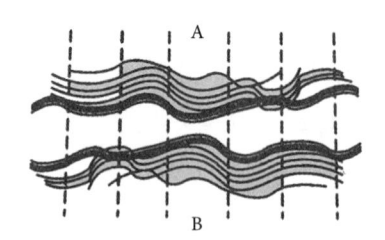

索绪尔说，图解的上半部分代表模糊的观念层面，下半部分代

---

[1] Jacques Lacan, *Écrits*, p.419.
[2] 索绪尔，《普通语言学教程》，第157—158页。
[3] 索绪尔，《普通语言学教程》，第158页。

表不确定的声音层面,两个漂浮不定的王国就像河流的波浪,它们结合在一起才构成为语言事实,垂直的虚线则代表语言的分节或者说语言的意指价值。对于索绪尔的这个图解,拉康同样进行了多重的解读,当然前提是已经被改写的能指理论。第一,他同意索绪尔把语言运作视作一种分节,认为每一个分节构成一个最小的区分单位,即雅各布森特别地强调的作为语言的最小功能单位发挥结构作用的"音素"(phoneme),并称语言的这一亦可视作"字符"(letter)一样的东西构成了能指的局部结构。第二,他同意索绪尔的观点,即语言的运行是语言分节的一种组合,但由于否定了能指与所指的对应,所以这一组合只是能指与能指的组合,是能指在历时层面和共时层面的差异性运行,或者说是能指基于其最小功能单位的拓扑结构而形成的一个链环。第三,基于对索绪尔符号表达式的重写,相应地,索绪尔的两个漂浮不定的王国的位置也要颠倒,并要将图解中能指和所指的一一对应重读为"所指在能指的下面不断地滑行"[1],也就是说,所指是作为一种意义缺席而存在的,只要能指链的差异化过程不停止,作为意指效果的所指就不会出现。第四,所谓所指在能指的下方不断地滑行,亦可理解为能指链的运动乃是对意义的一种"坚持"(insistance),"由此我们可以说,在能指链条中,意义'坚持着',但链条的各单元并不'存在于'它在当下所能提供的意义中"[2]。

在拉康看来,纯能指就其本身而言固然不表征任何东西,但能指链却构成了一个意义生产的语境。从理论上说,只要能指链的运行停止了,比如一个句子完成了,意义的滑行也就中止了,意义的不确定性也就暂时停顿了,换句话说,意指效果也就暂时凝定了,这时,通过对能指链的阐释性回溯,我们就可以获得某种意义。这也就是拉康所讲的"锚定点"。

[1] Jacques Lacan, *Écrits*, p.419.
[2] Jacques Lacan, *Écrits*, p.419.

所谓"锚定点",说得简单一点,就是指在某一特殊时刻因为能指或能指链滑行的中止而使话语产生出的意指效果,但这一意指效果并不是能指链自身直接表征出来的——它至多只是在对意义的"坚持"中预期着某个东西——而是在对能指链做阐释性的回溯中建构出来的,在这一建构中,可能有某个能指被选择出来充当主能指,众能指皆回溯性地回指到或锚定到该能指的结构要素中,由此而浮现出某种意义或价值。在拉康的理解中,能指链的差异性运作有历时和共时两个向度,故而意义的锚定也是在两个向度同时进行。所谓历时的向度,是针对能指链的线性运动而言的:

> 通过锚定点,能指停止了其否则会无限地进行下去的意指滑动。
> ……
> 这个锚定点的历时功能在句子中可以找到,因为句子只能伴随其最后一个词才终止它的意指活动。[1]

所谓共时的向度,乃是指能指链纵向的差异性运作。拉康把这个向度比喻为音乐总谱上并行排列的多条谱线——这实际是列维-斯特劳斯的比喻——它们构成了能指链的多声部,并形成一个总体的意指语境,锚定点与该语境垂直地联结着,其意指效果总是临时的、偶然的和不确定的:

> 事实上,没有一个意指链不是维系着所有已表明的语境,就好像是附着在其每一个单位的节点上,而那个语境可以说是"垂直地"联结着该节点的。[2]

为了说明这里的意思,拉康引用了索绪尔有关"树"(arbre)的能指的例子,然后以一系列的垂直性联想——从植物界里"树"

---

[1] Jacques Lacan, *Écrits*, pp.681-682.
[2] Jacques Lacan, *Écrits*, p.419.

的象征意义到《圣经》中有关"树"的隐喻；从"树"的象形符号"Y"到表示家族世系的徽章；从神话中的农神或月神之树到刻写在龟壳上预示人类命运的神秘符号即中国古代的甲骨文，最后到诗人瓦莱里描写树的诗句，等等——强调了能指与意义的联系是松散、临时的联系，能指本身并不表征意义，所谓的意义只是作为意指效果出现的东西，是能指链穿越处在其下方的横杠的结果。[1]

从能指的性质到能指与所指的关系，再到能指的意指原则和意指效果，拉康对索绪尔能指概念的这一系列激进的重写最终把我们带到了一个晦暗的中心：能指不表征任何东西，能指的下面空无一物；能指的物质性存在不过是一个僵死的字符，它充其量只是一个记号，该记号所指示的恰是意义的空洞，是意义之洞。可另一方面，拉康同时又强调，能指确实与意义或意义生产有着某种关联，能指链条的滑动就是为捕捉那在链条下方不断闪烁、滑行的意义所指，虽然能指本身并不指涉意义，但能指与意义效果却能在某个时刻发生相遇。正是在这里，能指和主体之间的联系出现了，因为正是主体的进入，正是主体在能指之中且通过能指的言说行为，才使能指链的滑动总要瞄向一个点，一个可使能指的滑动和意义的延宕暂时停顿下来的锚定点。拉康说：

> 这一意指链的结构所揭示的乃是一种可能性，即恰恰由于我和其他主体共同享有它的语言，由于这个语言是存在的，所以我必须用它来意指与它之所说完全不同的某个东西。这就是言语的功能——比起它伪装主体之思（这个思通常是不确定的）的方面而言，我们更值得指出它的这一功能，那就是指示该主体在真理之寻求中的位置的功能。[2]

---

[1] 拉康的这段有关能指之"树"的文字引发了许多研究者的兴趣，但对其含义的阐释可谓人言人殊，对这些分歧的讨论可参见 Gilbert D. Chaitin, *Rhetoric and Culture in Lacan*, chap. 2.

[2] Jacques Lacan, *Écrits*, pp.420-421.

在此我们需要谨记几点：第一，在拉康那里，能指结构、意指链、语言或语言结构时常是混用的，它们指的是一种结构化的力量，一种寄存于社会和文化内部的秩序法则，因而是先于主体而存在的，但同时又决定了主体的存在；第二，主体的言说或语言行为不是主体在"说"语言或"运用"能指，而是语言或能指结构在使主体说，是自足的能指系统本身在运作，是能指在主体那里显现，所以主体在语言中言说的东西和语言借主体言说的东西并不是一回事，后者未必真的被说出，它甚至有可能恰恰是那个未说的东西，那个在主体之言说中只是被"半说"的东西、那个欲说还休的东西；第三，意义不是能指表征出来的，但也不是主体所赋予的，意义是为主体而存在的，且要通过主体才能呈现，可这并不意味着主体是意义的主人，因为主体不过是能指之运作的一个拓扑学场所，能指的运作本身是独立于主体的，能指通过其意指作用产生的意义乃是能指链的一种回溯效果；因此第四，主体通过能指的言说行为固然是为了捕获意义和真理，但并不能抵达意义和真理，主体在能指的运作中所获得的只是一个"位置"，一个可借此暂时地指认出自身之主体性的位置，而他的意义和真理总是在"彼处"，在无意识的晦暗的中心，在能指机器面前，主体总是且必定要遭遇失败的命运。

前面已经强调了，拉康对索绪尔的符号和能指理论的改写不是为了建立一个语言学意义上的"文字学"或"能指科学"，而是为了把语言学的研究模式引入弗洛伊德的精神分析学中，就是说，引导其改写的知识视线乃是精神分析学，其对能指问题的那一系列思考都是为了把能指的运动或位移引入主体的界域。因此，对拉康来说，真正的问题应当是：如何把能指的运作关联到主体身上？用拉康自己的话说，"我作为能指主体所居的位置相较于我作为所指主体所居的位置而言是向心的还是离心的？这就是问题之所在"[1]。在此，所谓"能指主体"指的是在能指之中且通过能指来言说的无意识主体，

---

[1] Jacques Lacan, *Écrits*, p.430.

而所谓"所指主体"是指在能指的意指运作中建构出来的意义主体，是主体在言说行为中借意义的凝定指认出来的那个有意识的"我"。实际上，从能指与主体的关系言之，这两个主体是合一的：主体虽然是运用能指去言说，可他并非能指的主人，能指结构在他到来之前就已经在那里，并已经先行地规定了他的言说活动，规定了他在言语关系中的位置，这意味着，主体在运用能指言说之先就已然是能指的效果主体。效果主体当然是一个分裂的主体，一面是在言说中指认出来的"我"（即上面的"所指主体"），另一面则是使其言说的"它"（即上面的"能指主体"），但更多的时候，拉康把能指主体和效果主体等义使用，"所指主体"这个说法只是偶尔出现。

主体的言说并非主体在"说"，而是语言在使他"说"，是语言在"说"他。拉康在许多地方反复地讲到了这一点，例如在《菲勒斯的意义》（1958）一文中，他说：

> 这一能指的激情现在成为人类状况的一个新维度，因为不仅是人在讲话，而且是话（它）在人身上并通过人在讲。他的本质交织着于中可重新发现的语言结构的效果，他变成了语言结构的材料，故而言语的关系在他身上回响着，这是观念心理学根本无法想象的。[1]

不仅是语言在说，而且是"它"在说，是无意识在说，是处在"它"的位置的无意识真理在说，这个"真理"是怀着能指的激情去寻找意义的有意识的主体所不知的，它处在主体之"知"的外部或彼处，主体的言说实际是被它所支配的，所以在《弗洛伊德的事务或在精神分析学中回归弗洛伊德的意义》（1955）一文中，拉康还借弗洛伊德之口说：

> 人啊，听着，我要告诉你们那个秘密。我，真理，在言说。[2]

---

[1] Jacques Lacan, *Écrits*, p.578.

[2] Jacques Lacan, *Écrits*, p.340.

但是，这个真理又在主体之中，更确切地说，是主体又处在这个真理之中，通过在主体身上和使主体言说，它的踪迹得以显现，它使自己显现为与主体的所说完全不同的某个东西。这个"真理"到底是什么？说白了，它就是无意识的像语言一样的结构，是语言在主体身上、在历史的空白处铭写的一道痕迹，是支配着主体的言说但其自身又无法被言说的无意识内核，是精神分析学所讲的决定着主体之症状但其自身又无法被彻底症状化的那个原始创伤。

上面的讨论也许会让我们觉得拉康在能指的意指作用与主体之间设定了一种不可能性的关系，是的，不可能性是拉康讨论主体的所有问题时的一个基本逻辑，也是他思考主体性的实现的一个基本语境，只有在这个语境之下，主体性的实现才是可能的，只有在这个悖论性的逻辑之下，拉康的逻辑也才是可能的。就能指运作与主体的关系而言，只有以这个不可能性的关系作为最终的参照，我们才可以接下来去思考这一关系的"另一面"——可能性的一面。对于这可能性的一面，拉康的回答可谓果断而且明了：能指是对另一个能指表征主体的。

"能指是对另一个能指表征主体的"，这并不是一个有关能指的定义，它根本就不是一个定义。不妨说，它是拉康从能指的方面对主体性的实现做的一个拓扑学表述，他在许多地方反复地重申过自己的这一论断，例如在1964年的第11期研讨班中，他说：

> 如果主体如我所说是由语言和言语决定的，就可以据此认定主体是在他者的场所开始的，因为第一能指就是在那里出现的。
> 那么，什么是能指？很早开始，我就一直在向你们说明它，因而在此没有必要再去重复了。能指是表征主体的东西。对谁？——不是对另一个主体，而是对另一个能指。为了说明这个原理，假设在沙漠中你发现了一块刻有象形文字的石头，你一刻也不会怀疑在它们的后面有一个书写它们的主体。但若是

认为每一个能指都是向你发送的,那就错了——你根本无法理解任何一个字的事实就证明了这一点。另一方面,你把它们界定为能指,乃基于这样一个事实,即你确信这些能指的每一个都与其他每一个能指相关。而这一点对于主体和他者领域之间的关系是至为关键的。

只有能指在他者的领域中出现时,主体才得以诞生。然而,正是由于这一事实,这个主体——在生成为一个主体之前,它什么也不是——被固化为一个能指。[1]

如同那个论断本身一样,这段貌似言之凿凿的话语初看之下不过是一系列的同义反复。实际上,这段话的主旨在于说明主体、能指和他者之间的关系,只是表达方式采用了一种拓扑学式的转换:主体是由语言和言语结构决定的,它是能指链运作的效果,而能指总是在他者的领域出现,所以主体是在他者的领域形成的;能指是表征主体的东西,但不是直接表征主体,而是通过指向另一个能指、通过能指链的滑行来呈现主体的所在,这时,他者作为能指的场所则成为主体生成的场域;他者是能指的宝库,也是主体的言语活动得以展开的场所,所以只有在他者的领域,主体才能通过能指链的意指作用得以显现,然而主体在此显现的不是其作为主体的功能——比如是主体在运用能指言说——而是它作为能指的意指效果的存在,拉康所谓的主体"被固化为一个能指",就是指它是能指的效果主体。

如果你觉得这样的解释还太过缠绕,那不妨暂时把作为能指之场所的他者场域搁置起来,集中于能指和主体的关系:"能指是对另一个能指表征主体的",在这个表述中,我们看到了三个概念:能指、表征和主体。

首先是能指,并且这里有两个能指,即一般性的"能指"和"另一个能指"。就它们都处在他者的场域而言,你不妨把它们理解为

---

[1] Jacques Lacan, *The Four Fundamental Concepts of Psychoanalysis*, pp.198-199.

构成能指链的东西,并把一个能指对另一个能指的运动理解为能指的差异化。就主体性的生成而言,它的存在是由某一能指——那个表述中的前一个能指——表征出来的,或者说通过主体对该能指的认同来实现的,比如在精神分析经验中,主体成其为主体是因为父之名的介入,是因为他对代表父亲功能的菲勒斯能指的认同,通过这一认同,他在父法的世界获得了一个象征性的位置,成为一个主体性的存在。那么"另一个能指"呢?从能指链的方面说,主体生成的过程是某一能指对主体的缝合,缝合意味着能指链的滑动暂时停顿,意味着某一能指对另一能指的替代;换从主体的角度说,某一能指对主体的缝合同时也是另一能指在主体这里的脱落,这样,主体对某个能指的认同其实也是该能指对主体的切割,是主体与另一个能指的分离,就像精神分析经验中主体对父法的象征性认同,这一认同是通过接受菲勒斯能指的阉割而完成的,而那被阉割的恰是主体真正的欲望对象,是主体对母亲的原始欲望,主体承受阉割的过程与主体放弃成为母亲的欲望对象、放弃成为母亲欲望的能指——想象的菲勒斯——是共时地发生的。从这个意义上说,能指对另一个能指表征主体的过程恰恰包含有两个层面:能指对主体的缝合和一个能指对另一能指的替代。

其次是表征的概念。日常我们讲到"表征"(representation)的时候,通常是指语言或符号对自身以外的某个东西的指涉或呈现,可在拉康那里,一再被强调的却是能指不表征任何东西,既不表征所指或意义,也不表征主体,不过,拉康还在"记号"的意义上描述能指的作用,即能指作为一个僵死的字符或物质材料虽不呈现和直接生产意义,但却可以"指示""提示"在它的背后有某个东西存在,所谓"能指表征主体"就是在这后一种意义上说的。能指的在场指示了它的背后有一个主体存在,可主体对能指本身、对能指所代表的东西甚至能指在场的原因却是一无所知。就像分析情境中主体(病人)的话语,他只是在言说,但对于自己说的是什么以及为何而说,他全然不知,因为那主导其言说的是无意识;再如上面那段文字中讲到的刻有象形文字的石头,那在场的只是僵死的字符,它除了指示曾经有一个主体存在以外,并不表征任何意义,相反,它所标记的恰是意义的空洞,是主体位置的空无,就像现代人面对那一堆能指根本无从索解它的意义一样。

简单地说,在拉康的表征概念中,有两点至关重要:第一,能指对主体的表征并不是在其运作中直接呈现出来的,而是通过对能指链的回溯逻辑地设定出来的,是我们假定在能指链的运动中有一个主体将前来与之缝合,并通过这个缝合获得其意义;第二,能指对主体的"表征"是不彻底的,因为一方面能指的集合本身是不完整的,总有某个能指会从能指的链条中脱落,而另一方面主体的无意识中总有某个东西是无法被表征的,是能指无法捕捉到的。

最后是主体的概念。这里的主体当然是指能指主体。刚刚说到,拉康的"能指主体"实际有两重意思:一是指运用能指进行言说和表达其欲望的主体,另一个则是指作为能指运作效果的主体。但他更多地或者说"根本上"是在后一重意思上来使用这个概念,因为他一再地强调,不是主体在言说或运用语言,而是语言在言说主体或使主体言说。结合上面对表征概念的解释,我们不妨说,主体固然要在能指中且通过能指来表征自己,但并不能因此说它就是一个"表征的主体",换言之,主体根本上是由能指表征的,是一个被表征的主体,且只是部分地被表征。

我在此之所以要特别地强调拉康的能指主体"根本上"是被表征的且只是部分地被表征,是因为有许多人在解释能指主体或语言主体的时候恰恰忽视了这一点:他们或者把主体只理解为运用能指的"表征的主体",或者把它只理解为在能指中"被表征的主体"。比如米克尔·博尔奇-雅各布森就属于前一种,在《拉康:绝对的主人》(1991)一书中,作者说,在拉康那里,语言之所以本质上是自言说的言语,恰恰因为:

> 主体意向性地要在那里面表达自身，要借助另一个东西的中介化来让自己显现于外部——简言之，是因为主体要言说自身，要展现一种自表征。[1]

南希和拉库-拉巴特则属于后一种，在《文字篇：对拉康的一种阅读》（1973）中，两位作者说：

> 把主体界定为"能指表征"的东西，应作如下理解：如果主体是言语的可能性，且如果该言语要实现为一个意指链，那么一个能指与另一个能指的关系，或者如拉康所言，一个能指为另一个能指而进行的"表征"，即意指链的结构本身，就是那称为"主体"的东西。
>
> 因而这两个定义构成了一个循环，在那里，能指的逻辑和主体的理论相互涵摄。[2]

这两种解释结论看似不一样，但却是基于相同的前提性认识，即把拉康的主体与语言完全等同，并把他的"表征"概念理解为对某个东西的意义呈现。可实际上，拉康并没有把主体完全等同于语言，他只是说主体是语言的效果，语言是主体的原因，并且在许多期研讨班中他都明确地说过，主体与语言并非完全重合的关系，而是交叉的关系，主体是一只脚在作为能指之场所的他者领域之内，另一只脚在他者领域之外，比如在1969—1970年的第17期研讨班上，他就说：

> 能指表征的主体不是单义的。毫无疑问，主体是被表征的，但也不是被表征的。在这个方面，就其与这同一个能指的关系而言，总有某个东西被隐藏。[3]

---

[1] Mikkel Borch-Jacobsen, *Lacan: The Absolute Master*, p.188.

[2] Jean-Luc Nancy and Philippe Lacoue-Labarthe, *The Title of the Letter: A Reading of Lacan*, p.69.

[3] Jacques Lacan, *The Seminar of Jacques Lacan, Book XVII, The Other Side of Psychoanalysis*, p.89.

主体是被表征的，因为他是通过认同于某个能指而被主体化的；主体不是被表征的，因为在这个认同中总有"另一个"能指被替代，成为主体无法企及的东西，而真正结构主体之欲望的就是这"另一个能指"。真正说来，主体其实是出现在一个能指对另一个能指的间隙中，所以他既属于又不属于这两个能指，他既在它们之内，也在它们之外。

总之，在拉康那里，所谓主体是一个能指对另一个能指表征出来的，既表明主体是语言结构的效果，也表明语言在表征主体时有一种根本性的无能，在主体中总有某个东西是能指所不可表征的，而正是这个不可能性引发了能指的"坚持"，引发了能指在主体身上的重复激情——如果你非要问这个不可表征的东西究竟是什么，现在只能简单地回答说，那就是主体的原始欲望，主体的被禁止的原乐追求。同时，也正是因为这一不可能性，使能指所表征的主体根本上只是一个分裂的主体，一个被划杠的主体，拉康用符号将其表示为"$"。至于表征主体的那个能指——拉康后来称它为"主能指"（master signifier）——可用符号记作"S_1"，而在能指运动中被替代的"另一个能指"，可记作"S_2"。[1]

有关"一个能指"和"另一个能指"的问题，我在后面还会讨论到，

---

[1] 但是，"一个能指"和"另一个能指"究竟谁是主能指，S_1和S_2究竟哪一个代表"一个能指"，哪一个代表"另一个能指"，还有主能指对其表征主体的到底是"另一个能指"还是"其他所有能指"，对于这一切，拉康的说法前后不一，十分混乱。比如在《主体的倾覆和欲望的辩证法》（1960）的一段文字中（参见 Jacques Lacan, *Écrits*, p.693.），他明显地把"另一个能指"视作主能指，在第11期研讨班（1964）的一个说明能指表征主体的图示中（参见 Jacques Lacan, *The Four Fundamental Concepts of Psychoanalysis*, p.198.），他用S_1代表"另一个能指"，S_2代表"一个能指"，并显然也是把前者当作主能指，而在第14期研讨班（1966—1967）中，他又用S_1代表"一个能指"，并把它视作主能指，用S_2代表"另一个能指"，再到1969—1970年的第17期研讨班中，还是S_1代表作为主能指的"一个能指"，S_2则代表"其他所有能指"。造成这种混乱究竟是因为拉康的记忆错误还是因为观点的转换，已经无从考证。就我个人的理解，拉康把"另一个能指"作为主能指的时候，强调的是该能指——它实际就是母亲欲望的能指——结构主体之欠缺的功能，而把"一个能指"当作主能指的时候，强调的是该能指——它实际就是父亲功能的能指——对于主体性的构成功能。有关拉康在这两个能指上的混乱，齐泽克曾做过特别说明，参见斯拉沃热·齐泽克，《因为他们并不知道他们所做的——政治因素的享乐》，郭英剑等译，南京：江苏人民出版社，2007年，第26—29页。

这里先说一下拉康用来表示主体的符号"$"。"$"（可读作"被划杠的主体"）可视作一个"数学型"，一个关于主体的拓扑学表述，即它是多重含义的交叠并置。一般地，拉康在这个数学型中同时地扭结了三个最基本的含义，它们的意思其实是一样的——语言或能指作用于主体的效果——只是论说的角度有所变换。

第一，加在 S 上面的那道斜杠与能指算式中的横杠有着相同的功能，代表着能指链的分隔和断裂，也代表着对在能指链下方滑行的意义的抵制，在这里还代表着语言或能指对主体（S）的切割，所以，"$"的第一重意思就是语言对主体的切割，语言在主体身上留下的切口。比如，在《主体的倾覆和欲望的辩证法》（1960）中，拉康说：

> 由意指链条产生的切口是唯一可以证实主体之结构作为实在中的一个非连续性的那种切口。如果说语言学使我们可以把能指看作所指的决定因素，那么分析就可以通过使意义之洞成为其话语的决定因素来揭示这一关系的真理。[1]

第二，在 S 上面划一道斜杠还表明作为语言效果的主体是分裂的主体。拉康说，语言是主体的原因，或者说，正是语言作为原因的引入，才有主体性的获得，但另一方面，能指对主体的表征只是象征性的，主体在能指的召唤下获得只是一个象征性的在场，处在主体之位的存在总有某个部分是能指无法触及的，即主体在能指的切割中留下的是一个意义之洞，因而，所谓能指表征主体，表征的不是别的，正是主体的分裂，是"生活在别处"的主体和主体"生活在别处"。在《无意识的位置》（1960）一文中，拉康说：

> 语言的效果是为了把原因引入主体。通过这一效果，他不再是他自己的原因；他在自身之内就负载有分裂他的原因之虫。因为他的原因就是能指，没有能指，就不会有真正意义上的主体。

---

[1] Jacques Lacan, *Écrits*, p.678.

但这个主体是能指所表征的东西,而后者除了针对另一个能指便不能表征任何东西:那在倾听的主体就是这样被还原为能指的。[1]

第三,斜杠划在 S 上面也表明能指对主体的切割或表征即是主体的消隐(aphanisis)或褪色(fading),是主体的意义在斜杠的压制下的缺席,是主体在场和不在场的辩证法,是这一辩证法的象征化:以象征的形式在场,所以它实际是不在场;其不在场被象征化,所以它只是貌似在场。在第 11 期研讨班中,拉康说:

> 当然,任何表征都需要一个主体,但这个主体绝不是一个纯粹的主体……如果没有主体在某处消隐,就不存在主体,而正是在这种异化中,在这种根本的分裂中,建立起了主体的辩证法。[2]

把上面的三种描述做一个总结:语言是主体的原因,没有语言的进入,主体性的获得是不可能的,换言之,主体作为语言的主体、能指的主体总是一个效果主体,主体是一种效果;可另一方面,语言或能指对主体的表征总是不完整的,主体作为能指运作的效果总是分裂的和异化的,这就是语言效果的悖论性。可也正是这种悖论性,正是作为主体之原因的语言同时带给主体的这种分裂和异化,使主体必须再次把自己投入能指的激情中,寻求新的替代能指来为另一个能指表征自身,这就是主体的辩证法,是主体与能指的关系的辩证法,这一辩证法构成了主体在语言中或者说语言中的主体的根本命运,就像拉康在讨论美国作家爱伦·坡的小说《被窃的信》的时候说的:

> 如果说弗洛伊德出人意料地发现或重新发现的东西有什么意义的话,那就是能指的置换决定了主体的行为、主体的命运、

---

[1] Jacques Lacan, *Écrits*, p.708.
[2] Jacques Lacan, *The Four Fundamental Concepts of Psychoanalysis*, p.221.

主体的拒绝、主体的盲目、主体的成功和结局，而不论他们的天生资禀和教育背景如何，也不论他们的性格和性别怎样；而且，无论愿不愿意，一切与心理因素相关的东西，都将遵循能指的轨迹，就像武器和行囊。[1]

三 言说主体

无意识之为无意识，就在于它是主体的意识所无法把捉的，它是一种闪烁躲避之物，当主体想要去捕捉它时，它逃离主体而去，而当主体未加注意的时候，它又总在一些特别的时刻闯入主体的世界，在主体之存在的裂口处呈现自身。那么，究竟什么样的时刻可以让主体与无意识发生这种偶遇，令我们可从中把捉到主体之真理的一角呢？拉康依据精神分析的临床经验得出结论说：在主体的言说行为中，在主体的话语中。当主体言说的时候，无意识就会潜行到他的话语中支配他的言说，这时，无意识就会在主体的话语中留下它的踪迹，对无意识的阐释可以由此开始。

所谓"言说主体"（the subject of the enunciation），在拉康那里，首先指的是在分析师的躺椅上接受分析的"病人"，就精神分析实践而言，言语（speech）乃是分析师与受分析者发生联系的唯一媒介，后者作为倾诉或自由联想的言说性存在就处在言说主体的位置；其次，分析师当然也可算作言说的主体，这不只是因为他在倾听的同时还要引导、提问和质询，也不只是因为他还要对病人的话语做出解释，更主要的在于，不论他有没有实际的言语，他都是参与到言谈情境中的存在，甚至在病人走向他的躺椅之前，他就已经成为言谈背景的一部分。进而，许多时候，拉康也把处在语言之网中参与能指游戏的我们统称为言说主体，这当然不是说我们的任何言说

---

[1] Jacques Lacan, *Écrits*, p.21.

都属于无意识主体的言说,按照拉康的理解,只有当我们在言语中进入了一种误认情境的时候,只有当我们的言说呈现了无意识的裂隙的时候,只有当主体的秘密在言说中呈现或消隐的时候,简言之,只有当主体卷入了弗洛伊德所讲的那些语言过失的时候,并且只有当主体进入对他者言说的时候,他才真正地是言说的主体。

因此,对于"言说主体"和"无意识主体"这两个提法,我们可以这样来理解,就指称对象而言,它们指的是同一个东西,但无意识主体的概念更重在"另一个场景"中来探寻主体的发生和存在,而言说主体的概念更重在言语实践中来寻找主体之真理或真相的实现。再者,在拉康那里,无论是无意识主体还是言说主体,都离不开主体间性的框架,离不开主体与作为语言结构的大他者的关系,不过,对于无意识主体,这一关系主要呈现为能指的逻辑对无意识的结构化运作,而对于言说主体,这一关系更具体体现为人际交往,体现为音信(message)在主体间的流通,体现为能指游戏在主体间的重复强迫,在这时,无意识的结构乃是思考主体之言说的基础。简言之,言说行为是主体之无意识的一种实现,无意识是规定主体之言说的最根本维度。拉康有一段话有助于我们理解这里所说的意思,在第11期研讨班中,他说:

> 你们将看到,更为根本的是,你们必须把无意识置于共时性的维度中——置于存在的层面,但却是就它能扩散到任何事情上而言,换言之,置于言说主体的层面,因为,根据句子,根据模式,它丢失自身的同时又找回了自身;而且,在感叹句中,在命令句中,在祈使句中,甚至在一种犹豫中,经常是无意识向你呈现出它的谜,经常是无意识在说话——简言之,在此层面上,所有在无意识中像花朵一样盛放的东西扩散开来了,就像弗洛伊德在讨论梦时提到过的固执于中心点的菌丝。这常常是主体作为不定者的问题。[1]

---

[1] Jacques Lacan, *The Four Fundamental Concepts of Psychoanalysis*, p.26.

拉康有关言说主体的讨论最为人熟知的文本就是他在1953年的《罗马报告》，而实际上，随着1950年代中期其语言学转向的完成，他的讨论在技术上有了重大转变，即由于从海德格尔的现象学语言论转向了索绪尔和雅各布森的结构语言学，其讨论的侧重点也就从言语的功能转向了能指的游戏。这是我们在理解拉康的言说主体时必须注意的。

在精神分析经验中，主体的言说凭借的唯一媒介就是言语，因而拉康在《罗马报告》中把讨论言语的功能当作了任务之一。对于熟悉结构主义语言学的人而言，一看到"言语"（speech）这个词，立即会想到索绪尔在言语和语言（结构）之间所做的区分。在索绪尔那里，语言是一个超个体的、自足的符号系统，是一系列的社会规约和一套使言语活动得以可能的结构原则，而言语是个人对语言的具体使用，它是异质的、多变的、个性化的，他说，语言学的研究对象是前者而非后者。可是，拉康所讲的言语并不是索绪尔意义上的，至少《罗马报告》中使用的这个概念并非借自索绪尔，他在那里对言语和语言的区分也不是索绪尔意义上的。埃文斯认为，拉康那时的言语概念更多地参照了人类学、神学和形而上学的含义：

> 人类学。拉康的言语作为"把人类相互联系起来的"一种"象征交换"的概念显然受到了莫斯和列维－斯特劳斯的著作的影响，尤其是他们对赠礼交换的分析。由此弗洛伊德的阐释被描述为"一种孕育着某个密约的言语的象征性礼物"。言语作为给受话者和说话者分派角色的契约的概念在拉康的创建性言语（founding speech）概念中得到了阐述。
>
> 神学。在拉康的著作中言语也具有宗教和神学的含义……和《创世记》中上帝的发言一样，言语是一种"象征性的呼召"，它从无中"为人类关系"创造出"一种新的存在秩序"。
>
> 形而上学。拉康利用海德格尔在Rede（话语）和Gerede（闲

言）之间的区分阐述了他自己在"实言"（full speech）和"虚言"（empty speech）之间的区分。……实言关联着语言的象征维度，虚言关联着语言的想象维度，即从自我到对体的言语。"实言是一种充满意义的言语，虚言是只有意谓的言语。"[1]

不过，在埃文斯的这三个维度上，我们需要补充一个不可忽视的背景：拉康是从精神分析的经验和实践进入言语问题的，即言语是精神分析的唯一媒介。这不只是说，受分析者和分析师都只能借助言语来"付诸行动"，更在于言语还结构了言谈者之间的关系，结构了精神分析行动的情境设置，拉康把言语当作一个象征性的礼物，当作主体性的一种实现，当作新的存在秩序或意义的一种创建，这一切都是对精神分析的言语的某种隐喻性说明。所以，相对于索绪尔而言——至少在《罗马报告》中——拉康对言语的理解要更为传统一些：与索绪尔区分言语和语言结构恰恰是为了在语言学研究中剔除与言语相关的主体性维度不同，拉康想要通过言语来打开主体性的维度，他把言语行为视作主体间的行为，是主体的存在的实现，就是说，他此时的言语观是现象学的。对应地，拉康对"语言"的理解倒是与索绪尔比较接近，因为他挪用了列维-斯特劳斯（以及莫斯）的观点，把语言视作在言语背后支撑言语运行的规则或法律，是人类共同体必须共同遵守的一种象征性"密约"。基于这样一个认识，拉康认为，对言语的"功能"的考察必须在语言的"领域"进行，要而言之，言语和语言的关系必须从它们与主体的关系来思考：语言是先于主体而存在的，是支配主体构成的象征性法律或无意识结构，所以，在语言的领域，主体都是无意识的主体；而言语是主体实施言说的媒介，是主体借以"实现"自身之存在的中介，它可以表达主体的存在或者说"揭示"主体的真相。

言语何以能够"揭示"主体存在的真相？表面上看，这个问题

---

[1] Dylan Evans, *An Introductory Dictionary of Lacanian Psychoanalysis*, p.191.

的答案是不言而喻的,因为言语作为言说行为的媒介和实施分析的手段,就是为了对主体的历史做出阐释,帮助主体抵达自身的真理,洞悉自身存在的真相,用拉康的话说:

> 它[精神分析]的手段就是言语的手段,因为言语能赋予个体的功能一种意义;它的领域就是具体话语的领域,后者又属于主体的个体间现实的范围;它的运作就是历史的运作,因为历史构成了现实中的真理的呈现。[1]

可实际上,问题并不像我们看到的这么简单:一方面,主体的"历史"并不是直接地袒露在那里的;另一方面,分析师甚或受分析者自己对主体历史的"阐释"并不是对过往的简单回忆和复原,相反,主体的"历史"是被建构的,精神分析学的任务就是要通过言语来重建主体的"空白"之页,像考古学家一样找出无意识中那"被查禁的一章"。拉康说:

> 主体的历史是由发送给别人的言语构成的,主体对其历史的这种承担显然是弗洛伊德称作精神分析学的新方法的基础。[2]

如同洞见即是一种盲视一样,言语的"揭示"即是掩盖——以揭示的方式掩盖——这就是言语功能的悖论性方面。尤其是在精神分析经验中,病人的言语并非日常意义上倾吐心声的透明之物,而是一种断裂的东西,里面充满了歪曲、谎言、幻觉、远逝的记忆、不连贯的联想等,如果说精神分析的目标在于通过言语揭示主体的真相,那病人的言语有可能恰好是通向真相的障碍。之所以如此,根本的一点在于,言说行为是主体间的一种交际行为,主体一旦进入分析的情境,言谈的双方就在其中构成了一种移情关系。例如,任何言语必定要求获得对方的应答,"正是在这一对谈的基础上——

---

[1] Jacques Lacan, *Écrits*, p.214.

[2] Jacques Lacan, *Écrits*, p.213.

因为对谈包括了对话者的应答——我们才明白了弗洛伊德为什么要求恢复主体动机的连续性……这一目标只有在主体间的话语——主体的历史就是在这里被构成——连续性中才能得到满足"[1]。但主体间的这种构成关系也常常会因为想象的移情的出现而遭到破坏，原本破碎、断裂的言语会因此而更加淹没在迷雾之中。总之，言语作为揭示主体真相的媒介或手段不是自然而然的，它有待于一种辩证的阐释，需要阿尔都塞意义上的症状阅读方法来显明它的意义。

为了解决想象的移情带给阐释的这种困境，拉康提出了实言（full speech）和虚言（empty speech）的区分。对于这两个概念，拉康在《罗马报告》中并未给出明确的界定，例如，对于实言，他只是说：

> 实言的作用就是重新组织过去的偶然事件，赋予它们必将出现的必然性意义。[2]

对于虚言，他说：

> 在虚言中，主体似乎在徒劳地谈论着某个人，这个人跟他一模一样，以至于你会把它们混为一谈，可即便如此，此人也绝不会承担起他的欲望。[3]

不过，在1953—1954年的第1期研讨班中，他给出的解释要明确得多：

> 实言即是能实现主体的真理的言语，而虚言则涉及主体与分析师的当下关系，在此，主体迷失于语言系统的运作机制，迷失于他多少置身其中的文化语境所赋予他的指涉系统的迷宫中。[4]

---

[1] Jacques Lacan, *Écrits*, p.214.

[2] Jacques Lacan, *Écrits*, p.213.

[3] Jacques Lacan, *Écrits*, p.211.

[4] Jacques Lacan, *The Seminar of Jacques Lacan, Book I, Freud's Papers on Technique 1953-1954*, p.50.

> 实言是瞄准、构成真理的言语，因为它是在某人为另一人所确认的过程中建立起来的。实言是行事（perform）的言语。[1]

正如许多人所指出的，拉康对实言与虚言的区分受到了海德格尔对"话语"与"闲言"的区分的影响，不过，对于这一影响，我们没有必要太过认真。的确，在这两种区分中，我们可以看到些许的类似：海德格尔称"话语"是一种本真的、显现此在之生存论结构的言语形式，而"闲言"是一种非本真的、封闭存在之真理的言语，前者对应着拉康的实言，后者对应着拉康的虚言。但也就仅此而已。实际上，在《罗马报告》中，海德格尔对拉康的影响不在这里，而在对言语功能的认识上：海德格尔将言语视作存在之真理敞开的领域，拉康则将言语视作主体之真理得以实现的领域，在此语境中，言语对两者而言都不再是单纯的交流或表达工具，而是存在或主体的真理／真相得以敞现的现象学境域。

要理解拉康的虚言与实言，需要从他对分析实践中的"对话"情境的解释说起。

依照精神分析治疗的基本规则，躺椅上的受分析者可以自由地说出自己心中的一切，坐在躺椅背后的分析师只需默默地倾听。可在分析的进程中，受分析者的自由联想往往会因为移情的出现而受阻：他／她想象分析师必定能够洞晓其存在的秘密，他／她渴望从分析师那里得到应答，渴望分析师帮助他／她解开自己的存在之谜，他／她就是为了这些才走进会谈室的；可分析师的沉默以对让他／她感到一种挫折，于是他／她会接着以言语来回应这个沉默，有时甚至不惜发出谄媚的言语来讨好、引诱分析师做出回应；在分析师的方面，他也强烈地感受到了受分析者渴望从他这里得到应答的要求，如果他没有真正理解言语的功能，没有识破主体的言语的伪装，他便会落入陷阱，果真以权威和专家的身份去分析主体的话语以从中

---

[1] Jacques Lacan, *The Seminar of Jacques Lacan, Book I, Freud's Papers on Technique 1953-1954*, p.107.

找出主体没有说出的东西，有时他还为此要求主体再次言说，要求主体说得更多一些。于此，在受分析者与分析师之间就形成了一种相互引发的想象性关系，受分析者为获得应答而对分析师发出的言语显然已经有了曲意迎合和自恋的标记，因此其意义是可疑的，就是说，他/她此时的言语是空洞的、虚妄的，是对主体的真理的遮蔽。

拉康解释说，分析师的沉默之所以让主体或受分析者感受到一种挫折，乃是主体间的移情关系所致，因为在主体渴望从他人那里获得应答的要求中，他实际是陷入了一种幻觉式的认同，即认为那个他人知晓他的一切，可以提供给他想要的东西，他不知道他的要求本质上是想象性认同和误认的产物："他最终只有承认，他的存在不过是他自己在想象界构建的产物，这个构建切断了他身上的一切确定性。因为在他为另一个人重构它的工作中，他重新遭遇了那使他构建它为另一个人的样子的根本异化，并且这异化总是注定由另一个人夺走他的确定性。"[1]面对这一误认的幻觉，主体的言语必定是空洞的，他总想以空洞的虚言去填满那个异化的自我，以获得自身的同一性，殊不知虚言最终揭示的只能是主体的空洞化。

因此，精神分析的目标就是要让主体摆脱对象化，摆脱误认的幻觉，分析的艺术就是要悬置主体的确定性，直到所有的幻觉都消除。这只有通过分析师的帮助来完成，他借助"句读"（punctuation）或打断来介入主体的自由联想，赋予主体的话语一定的意义，把主体的虚言转变为实言。拉康说，尽管虚言不能揭示主体的真理，可它也不是毫无价值，作为言语，它终归会保留着音信的价值，即使它不交流什么讯息，可它至少表示了交流的存在，即使它的目的在于欺骗，它也有着证词的作用——在这个时候，掩盖或伪饰恰恰就是真相的一种揭示，这正是想象的言谈的"另一面"。关键在于分析师对主体的言语的阐释，在于他出其不意的"句读"，例如沉默、突然的打断、会谈的突然终止等，分析师通过在某个点切断受分析

---

[1] Jacques Lacan, *Écrits*, pp.207-208.

者的言语，迫使他面对其话语的真正意义，承认其想象的认同与其所能谈论的自己之间不可避免的断裂。这一切同时还表明，精神分析的对话有着一个关键的维度，即分析师的任务不是去指出主体的现实，而是帮助主体揭示其言语的真理，那就是言语背后的语言的作用，为此分析师就要放弃受分析者的自我误认以及分析师自己的想象性投射的诱惑：

> 分析师所能企及的唯一对象就是把他同作为自我的主体联系起来的想象关系；并且虽然他根本无法消除这一关系，但他可以用它去调节他的耳朵的接受性……即让耳朵充而不闻，换言之，让耳朵去察觉应当被理解的东西。[1]

分析师探究的领域不过是受分析者的话语，在那里，受分析者把自己和想象的自我同一性联系在一起，分析师的整个艺术在于把握受分析者明显空虚和无意义的言语的隐秘动力和意义，换言之，分析师的艺术就在于帮助受分析者达到对他的联想话语的"象征性阐释"，把遮蔽主体的真理的虚言转变成实现主体或揭示主体的真理的实言，拉康把这称作言语的创建功能。

在分析实践中，言语采取的是自由联想的形式，自由联想是主体对自己的"过去"的叙述，是主体以某种形式把自己的过去交付给言语或叙事，在这里，重要的不是受分析者的记忆的历史准确性，而是主导主体的叙事的逻辑时间。受分析者的自由联想根本上产生了一种"连贯"的叙事，这一叙事具有双重的效果，即把受分析者建构为一个主体和揭示他的真理。拉康借用海德格尔的时间性观点和主体作为"曾是者"（gewesend）的概念说明这一点。在精神分析对话中，受分析者讲他的故事，这个叙事的结构确保被叙述的事件只有依据故事的结尾才能获得其真正的意义，就是说，在自由联想中所述的事件具有预期的特征。作为一种自传，受分析者的讲述

---

[1] Jacques Lacan, *Écrits*, p.211.

把他自己投射为一个有历史的主体,更特殊的是,精神分析的对话在叙事中构建了一个与未来相关联的"曾是"的主体,这个未来在精神分析的过程中将被赋予主体自己。这里有一个问题:受分析者的自传叙事是真实的吗?它真的捕获了他的历史事实吗?拉康回答说:"在精神分析的回忆中,涉及的不是现实的问题而是真理的问题,因为实言的作用就是重新组织过去的偶然事件,赋予它们必将出现的必然性意义。"[1] 也就是说,受分析者的真理本质上是由讲述其故事的时间性构成的,早期经验与记忆的意义和心理效果是依据后来的经验被修正甚至被重构的,主体的真理只有在对叙事的回溯中才能获得。那么,对过去事件的这种重新组织通过什么来完成呢?通过实言。

实言即是充实的言语,这种充实性当然是源于其对主体之真理的揭示。可为什么实言能够揭示主体的真理呢?根本在于:首先,在拉康看来,主体的真理不是主体的自我认识——那一认识根本上是误认——而是主体对自身欲望或欲望之成因的认识,这一成因是处在无意识中的,就是说,主体的真理不是在自我的同一性幻觉中,而是在别处,在无意识的空白中,主体的历史是在另一个场景中形成的;其次,实言是一种行事的(perform)言语,一种创建性的言语行为,拉康说:"确实,言语如何能穷尽言语的意义?……除非是在产生言语的行为中。因而歌德对起源处的言语在场的颠倒——'太初有为'——本身应再颠倒过来:当然是太初有言,而我们就生活在它的创造中。"[2] 这又是什么意思呢?拉康认为,实言不指涉自身以外的任何东西,或者说它是一种自指涉、自表征的言语,是一种契约式的赠言,这种言语的功能就在于其根本的创建性,不仅创建了言说者,也创建了受话者,更确切地说,是在主体间性的结构中——它实际就是语言的领域——创建了主体的位置和主体间

[1] Jacques Lacan, *Écrits*, p.213.
[2] Jacques Lacan, *Écrits*, pp.224-225.

的关系,"包围着主体的创建性言语乃是构建他、他的父母、他的邻居、他的共同体的整个结构的一切,它不仅把他构建为象征,而且是在他的存在中构建他"[1]。例如在"你是我的妻子""你是我的主人"这样的言语中,就有助于确定言说者和受话者之间的契约关系(丈夫/妻子、仆人/主人)。正是在这个意义上,拉康说:

> 我在言语中寻求的是他人的应答。我的问题是那把我构建为主体的东西。为了被他人承认,我只能依照将是的样子来讲述已是的样子。为了发现他,我用一个名字来呼唤他,而为了回答我,他必须接受或拒绝这个名字。
>
> 我在语言中确认自己,但这只有像一个对象那样让自己迷失在语言中才可以做到。在我的历史中所实现的,既不是曾是的那种过去态,因为它已经不存在了,甚至也不是在我的所是中已是的那种完成态,而是我将来之所是的那种先行的将来态,因为我之所是总处在生成的过程中。[2]

根本上说,由于有语言领域作为中介,由于语言"密约"的保证,主体才有可能进入实言的言说,在那里创建主体间相互确认的关系,所以,分析的目标就在于激发主体的充实的言语,让主体在和未来的关系中来理解自己的历史。

可见,一个言语是虚言还是实言,或者说主体的言说能否从想象的虚言转为象征的实言,关键不在于主体自身,而在于主体与语言或他者领域的关系以及主体与处在他者领域中的他人主体的关系,在于主体间性的结构。所以,对主体的言语行为的考察最终必要落实到言说结构的上面。

言说的行为不只是陈述讯息的行为,更是音信交流的行为,这

---

[1] Jacques Lacan, *The Seminar of Jacques Lacan, Book II, The Ego in Freud's Theory and in the Technique of Psychoanalysis 1954-1955*, p.20.

[2] Jacques Lacan, *Écrits*, p.247.

意味着言说活动必定包括言说者和受听者,传统的话语交流理论就是这样视主体的言说活动是一种主体间的活动,是一个主体对另一个主体互为对象化的交互言说,可拉康认为这样来看待话语交流的过程实在太过幼稚,不足以揭示言语活动的真相。在他看来,参与主体间言语活动的不只有两方,而是有四方,言语的活动是一种"四角游戏"。为了说明这个"四角游戏",说明言语的结构,拉康引入了所谓的"L图":

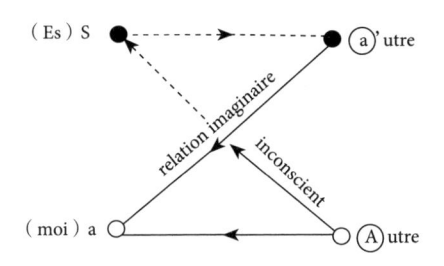

$$(Es)\ S \cdots\cdots\rightarrow (a')\ utre$$

(relation imaginaire, inconscient)

$$(moi)\ a \leftarrow\!\!\!\!\!\!\!\!\!-\!\!\!\!\!\!\!\!\!- (A)utre$$

该图还有一个简化的形式:

$$S\quad\quad a$$
$$a'\quad\quad A$$

注意,在第一个图中,a、a' 的标记位置正好颠倒了,这可能属于笔误或编辑错误。我们只需记住的是,右上角的位置代表他人或他人的自我,左下角的位置代表主体的自我。我下面的说明依照的是第一个图的标记方法,即右上角为 a',左下角为 a。

之所以称之为"L"图,是因为它形似于希腊文第十一个字母的大写形式"Λ",而这个字母对应的拉丁形式就是"L"(伊丽莎白·格罗兹怀疑"L"是"Lacan"的缩写,"L图"说不准就是"拉康图"[1])。L 图是 1955 年在第 2 期研讨班上第一次提出的,拉康称他要用这个

---

[1] Elizabeth Grosz, *Jacques Lacan: A Feminist Introduction*, p.73.

图来说明"由自我和他者、语言和言语所提出的问题"[1]。对于它的含义,拉康自己在不同场合给出了不同的阅读,埃文斯在《拉康精神分析介绍性辞典》(1996)中将其归纳为如下几点:

> 该图示的要点就是要说明(大他者与主体之间的)象征性关系总是一定程度上被(自我与镜像之间的)想象轴所阻挡。由于它必须穿过想象的"语言之墙",所以大他者的话语是以被打断和被颠倒的形式抵达主体那里。该图示因而也说明了想象界与象征界之间的对立,这个象征界对于拉康的精神分析概念来说是至为根本的。其在治疗中有着实践的重要性,因为分析家通常是介入象征界而不是想象界。因而该图示也说明了治疗中分析家的位置。
>
> 通过把不同要素置于图示的四个空位,L图亦可用来分析精神分析治疗中遇到的各种关系。例如拉康用它去分析杜拉与她的故事中的其他人之间的关系,也用它去分析年轻的女同性恋者的案例中各个角色之间的关系。
>
> 除提供主体间关系的地图以外,L图也可表示内主体性结构(就把某人与他人区分开来而言)。因而它说明了主体的离心化,因为主体不仅被定位在S所标示的点上,而且还处在图示的上方。[2]

所以,下面的阅读只是诸多阅读中的一种,它旨在说明言说活动的结构以及该结构之于言说主体的意义。

图示中,S标示的是言说主体,其与读音相同的"Es"(即"它")处在同一位置表明,言说主体也是无意识的主体,他的言说即是它在说;A标示的是大他者,这个大他者既表示结构无意识的能指场

---

[1] Jacques Lacan, *The Seminar of Jacques Lacan, Book II, The Ego in Freud's Theory and in the Technique of Psychoanalysis 1954–1955*, p.243.

[2] Dylan Evans, *An Introductory Dictionary of Lacanian Psychoanalysis*, pp.169-170.

域,也表示言语发生的场所,还表示处在象征界的他人主体的位置,尤其是分析师的位置;a'标示的是他人主体(例如分析师)的自我,相对于主体而言,它既是主体的言说对象,也是主体的镜像对体或者说小他者;a则是言说主体的自我,是想象性的"我"。

图示中,"$S \to a'$"表示主体 S 试图向处在大他者位置即 A 的位置的他人主体言说,可由于想象性移情的作用,其言语投向的并不是真正的他者,而是主体想象中的他人形象或小他 a',两者之间用虚线相连表示主体的话语只是一种虚言,一种空洞的言说;"$a' \to a$"为一条想象的轴线,既表示主体自我的构成有赖于作为小他者的镜像或对体,也表示主体发出的音信将通过他人的自我 a' 回送到主体的自我 a 那里,故而它们之间以实线相连,拉康是这样描述这两个自我的关系的:"主体本质上是以分析家的自我的形式来重塑他自己的自我。再者,这个自我不只是想象的,因为分析家的言语介入被明确地看作自我与自我的一种碰面,是分析家对确定对象的一种投射。"[1]

"$A \to S$"是一根象征之轴,指的是处在他者场域的他人主体的言说,也可理解为主体的无意识在他者场域的言说——因为无意识就是在这个他处被结构的——这一言说因语言之墙的阻挡而无法穿越想象轴直接抵达到主体那里,故而以虚线相连;至于"$A \to a$",拉康并没有特别做出解释,它可能只是为了图示的完整而虚设出来的,但我们不妨把它理解为他人主体的言语介入。

总之,图中各矢量线所标示的方向表明了诸角色之间的某种结构性的关系,或者更确切地说,是处在无意识空位的主体在言说过程中绽出自身之存在的机制,就是说,该图示并非一个静态的结构图,而是一个动态的运作图。

主体 S 试图向他者言说,可其音信却沿着 $a' \to a$ 的想象轴被回

---

[1] Jacques Lacan, *The Seminar of Jacques Lacan, Book II, The Ego in Freud's Theory and in the Technique of Psychoanalysis 1954-1955*, p.245.

送到 a 那里，S 深陷在想象轴的自我幻境中无法自拔，S 的言说似乎成为一种自说自话——拉康称这是一种内主体性（intrasubjectivity），以与一般意义上的主体间性相区别。为什么会这样呢？为什么 S 的言语无法到达 A 那里呢？拉康说，问题就出在象征轴 A→S 上。S 试图向 A 言说，是希望从 A 那里得到回应，可 A 处在象征轴的另一端，处在一个理论上无法抵达的地点，因为在此两者之间存在着一堵"语言之墙"，阻碍了主体与大他者之间的直接碰面，犹如图示中象征轴被想象轴所穿越，既表示 S 的言语碰到想象轴以后被想象的屏幕回送到自我上，也表示从大他者那里发出的有关无意识主体的真理的话语被语言之墙所打断，并折射为想象屏幕上的虚假的真实，因此，图示中从 S 到 a′ 的虚线表示了主体与他者镜像之间的一种想象性关系，而象征轴上从实线到虚线的变换则表示从 A 到 S 所传达的无意识真理被打断，语言之墙既是无意识真理的场所，也是主体借以形成自身的表征性幻觉的场所。拉康自己是这样解释 L 图的含义的：

> 当主体向他的同类言说时，他使用的是日常语言，这种语言将想象的自我固持为不只是"去绽存"（ex-sisting）的东西，而且是真实的东西。他不知道在具体的对话被维系的领域有什么，他应付的是 a′、a″ 这类的众多角色。由于主体把它们带入了同他自己的形象的关系中，他对其言说的对象也就是他所认同的对象。
>
> 据说，我们分析家不可忽视了我们的基本假定——我们认为，除我们之外还有别的主体，真正的主体间关系是存在的。如果我们没有可描述主体间性的特征的证言，那就是主体可能会对我们撒谎，那我们就没有任何理由那么认为。那是决定性的证据。我没有说那是其他主体之现实性的唯一基础，那只是它的证据。换言之，我们事实上是在对 A_1、A_2 言说，即那些我们不知道的真正的大他者、真正的主体。

他们位于语言之墙的另一侧,原则上我永远不能达至他们那里。根本上说,每当我说真正的言语时,他们正是我的目标,但我经过反射达至的却总是 a'、a''。我总是瞄准真正的主体,然而却不得不满足于他们的影子。主体与大他者,与真正的主体们,被语言之墙隔开了。

尽管言语是在大他者、真正的主体的实存中建立的,可语言如此被构成却是为使我们返回对象化的小他者,返回我们当作所需之物创造的小他者,包括认为他就是一个对象,就是说他不知道他在说什么。当我们使用语言时,我们同小他者的关系总是在玩这个模糊性的游戏。换言之,就像语言将在大他者那里建立我们一样,它也将强烈地阻碍我们理解大他者。而且这在分析经验中确实是至关重要的。

主体不知道他在说什么,而且是有足够的理由,因为他不知道他是什么。但是他可以看到自己。他以不完善的方式从小他者的一方看到自己,正如你们所知道的,此乃是镜像原型根本上不完善的性质的结果,那个原型不仅是想象的,而且是幻觉的。[1]

这个解释虽然稍显冗长,但却把问题说得比较透彻。第一,主体的言说无法抵达他者那里,或者说主体间性的关系之所以不可能,一方面是由于镜像关系的迷惑,使主体的言说总是沦入虚言的境地,另一方面是由于语言之墙的阻挡,使主体与他者之间总是无法直接碰面,再者也由于言说主体根本上是无意识的主体,使他的言说总是"它"在说,使他对自己在说些什么处在根本不知的状态。第二,一方面主体的言说看似是主体自己在言说,实际却是处在他者位置的无意识在说,另一方面主体的言说看似是在向一个他者言说,实际却是自言自说,并且,"主体是以一种颠倒的形式从小他者那里

---

[1] Jacques Lacan, *The Seminar of Jacques Lacan, Book II, The Ego in Freud's Theory and in the Technique of Psychoanalysis 1954–1955*, pp.244-245.

接收到自己的音信"[1]，这并不是一个悖论，更不是一个逻辑矛盾，而只是从不同角度对主体之言说的说明。第三，虽然主体间的关系是不可能的，虽然主体的言说永远也无法抵达他人主体那里，可这并不意味着他者的位置可有可无，相反，他者既是言说活动发生的场所，也是主体言说的真正对象，还是分析师应当的位置，言说主体只有承认这个位置，言语的接收者只有在这个位置倾听，精神分析的"主体间关系"才有可能得以展开，主体在实言中绽出的时刻才有可能到来。

拉康在《罗马报告》时期对主体言说行为的讨论还有着浓重的海德格尔式的现象学语言论的背景，主体的言语或话语总是与存在的意义的实现联系在一起。到1950年代中期，随着索绪尔和雅各布森语言学的真正引入，拉康把无意识或无意识主体明确地界定为能指运作的效果，无意识是他者的话语，在这样的背景下，对言说主体的讨论与对能指主体的讨论有时是同一的，如果说它们之间有什么分别的话，那就是：对能指主体的讨论侧重于主体作为效果的构成，而对言说主体的讨论侧重于主体的言语实践，不妨说，言说主体在运用能指进入言语活动之前已然是一个效果性的能指主体。

不论是对于能指主体还是对于言说主体，"谁在说话？"乃是它们共有的一个关键问题：

> 这就是说，当至关重要的是无意识主体时，要走的正道就是去回答"谁在说话？"这个问题。因为，正如全部分析经验告诉我们的那样，如果那个主体都不知道自己在说些什么，甚至不知道是他在说话，那么回答就不可能来自他。[2]

为什么主体不知道自己在说些什么？因为那在说话的是处在"另一个场景"的无意识，主体与能指的关系已经明确地表明，不是主

---

[1] Jacques Lacan, *The Seminar of Jacques Lacan, Book III, The Psychoses 1955–1956*, p.36.

[2] Jacques Lacan, *Écrits*, p.677.

体在运用能指，而是能指在利用主体，不是主体在言说，而是"它"在言说，是无意识在言说，无意识即是他者的话语：

> 我要说，是它在他者中说话。这所谓的他者，指的是求助于言语时涉及的那个处所，而这一求助在任何关系中都扮演了某种角色。如果说是它在他者中说话，无论主体听见与否，那是因为主体正是在那里以某种方式找到了他的意指作用的位置，这种方式在逻辑上先于任何所指的觉醒。对它在那个位置即在无意识中所说的东西的发现，使我们得以理解他的被构成是以何种分裂为代价的。[1]

在此，拉康的着眼点显然不再是言语作为主体无意识的实现的功能，而在于言语结构或者说言说行为本身的机制，在L图中，他已经从主体间性、从主体与语言的关系对这一结构或机制进行了说明，在那里，主体性的实现被视作是可能的，可是，随着对语言结构的考察的深入，拉康越来越从这种可能性的认识滑向了一种不可能性的认识，主体之言说的无意识维度被置放到更突出的位置。

通常，主体的言说行为表现为主体以一个话语或音信的形式来向他人传递有关自身的讯息，而实际交流的可能性又让我们觉得主体的意义在话语或音信中、在言说中可以得到呈现，比如当我说"我爱他"的时候[2]，这句话就呈现了"我"的某种情感状态或"我"对"他"的某种情感意向，可拉康认为这根本是对主体的言说行为的一种错误理解，因为所有的言说行为必定要涉及传达音信的言语和对音信进行编码的语言，用拉康的话说，必定要涉及能指的游戏，还要涉及说话主体的想象和认同，涉及说话主体与受听主体之间的

---

[1] Jacques Lacan, *Écrits*, p.579.
[2] 弗洛伊德在有关施列伯的案例分析中曾对这个话语有专门的讨论，并对其作了四种否定性的阅读："爱他的不是我，而是她""我爱的不是他，而是她""我不爱他，我恨他""我根本不爱他，我不爱任何人"。拉康在第3期研讨班《精神病》（该期研讨班讨论的一个主要素材就是弗洛伊德的施列伯案例）中对弗洛伊德的"阅读"作了进一步分析。参见 Jacques Lacan, *The Seminar of Jacques Lacan, Book III, The Psychoses 1955-1956*, pp.41-43.

关系。除此之外，还涉及一个根本的问题：究竟是谁在说？前已论及，就无意识的维度说，主体的说其实是无意识在说，是"它"在说。那么，这个"它"在言语中如何体现呢？为了回答这个问题，拉康从主体的言语行为中区分出了两个东西："陈述的主体"（subject of the statement）和"言说的主体"（subject of the enunciation）。

所谓"陈述的主体"，就是出现在话语中的有意识的主体，它通常以陈述中的主词"我"这样的形态呈现，而所谓"言说的主体"，指的是发出话语、让言语行为付诸实施的那个主体。不妨说，陈述的主体是作为言语的陈述对象的主体，言说的主体是使言语的陈述得以可能的主体，它实际就是无意识主体，是在"它"处存在的主体。陈述主体和言说主体并非同一的东西，陈述句中的"我"只是"指示"而不"意指"言说的主体。在第11期研讨班中，拉康借著名的罗素悖论即"说谎者"悖论说明了这一点。

罗素的悖论是：当我说"我在说谎"时，如果我不是在说谎，即"我在说谎"是一句假话，那我实际上就是在说谎；如果我的确是在说谎，即"我在说谎"是一句真话，那我实际上就不是在说谎。单从语言的逻辑角度看，这里面存在一种悖论，而引发这个悖论的逻辑症结就在于：在有些陈述中，要想使陈述为真，就必须把作为陈述者的主体从所陈述的对象中排除出去。拉康的分析正是由此入手的，只是说法有所不同。在他看来，问题的根本就在于"言说的我"和"陈述的我"不是同一的："我在说谎"中的"我"只是一个陈述的"我"，而说"我在说谎"的那个我则是一个言说的"我"：

> 陈述与言说之间的这一划分意味着，实际上，"我在说谎"处在陈述链条的层次，在此，"在说谎"是一个能指，构成了大他者中词汇宝库的一部分，而这个"我"是回溯地决定的，其在陈述层面产生的东西具有一种意谓，乃因为它指示了其在言说层面产生的东西——其结果便是"我在骗你"。[1]

---

[1] Jacques Lacan, *The Four Fundamental Concepts of Psychoanalysis*, p.139.

在此，所谓"在陈述层面产生的东西"就是被陈述的"我"，而"在言说层面产生的东西"就是正在言说的"我"，前者指示了后者，但不意指后者，因为后者是由属于大他者领域的能指游戏的规则决定的，其意义只有在能指的回溯运动中方可确定。比如在说谎者的例子中，出现所谓的悖论是因为我们把陈述的主体和言说的主体混为一谈了，把陈述（话语）本身的意涵和陈述（言说）行为混为一谈了，忽视了在陈述（主体）的背后另有一个起着主导作用的言说（主体）。其实，当某人说"我在说谎"的时候，"我在说谎"作为一个陈述只是指示了一个隐匿的说、一个隐匿的主体的说："我在骗你"。这中间并无所谓的悖论。

陈述主体在话语中仅仅起着指示的作用，指示言说主体的存在，拉康从雅各布森那里借来一个术语，称作为陈述主体（主词）的"我"只是一个"转换词"（shifter）：

> 一旦语言的结构在无意识中得到确认，我们可以为它设想怎样的一种主体呢？
>
> 出于方法上的考虑，我们在此可以试着从将"我"看作能指这样一个严格的语言学定义开始。在这里，"我"不过是一个转换词（shifter）或指示器，它以语法意义上陈述主体的身份指示着当下正在说话的主体。[1]

"转换词"这个概念最早是丹麦语言学家奥托·雅斯柏森（Otto Jespersen, 1860—1943）在 1923 年引入语言学的，指的是其一般意义只有通过参照讯息才能得到界定的那些语言要素，例如人称代词"我"和"你"只有通过参照它们被言说的语境才能明白其确切的所指。1957 年，罗曼·雅各布森发展这个概念，认为转换词在话语交流中具有指示功能，属于指示性符号，例如"我"指示讯息的发送者，"你"指示讯息的接收者，它们被称为转换词是因为它们指示的东西随每

---

[1] Jacques Lacan, *Écrits*, p.677.

个新的讯息的出现而变化或转换。拉康正是在雅各布森的意义上称陈述的主体（主词）只是一个转换词，它只具有"指示"（designate）的功能，而不具有"意指"（signify）的功能：

> 这也就是说，它指示着言说的主体，但并不意指后者。这显然来自这样一个事实，即在陈述中根本不存在言说主体的能指——更别说有些能指是不同于"我"的。[1]

这就是说，作为陈述主体的"我"只是一个起着转换或指示作用的符号，它只表示在"我"的背后还有一个言说主体存在，但并不能说出那个言说主体的任何真相。那么言说主体的真相在哪里可以找到？按照精神分析的逻辑，在言语的断裂处，在话语的缝隙中，在弗洛伊德所讲的那种种语言过失中，我们都可以看到言说主体的真相的蛛丝马迹。拉康特别地讲到法语中的一个小品词"ne"：

> 我认为在法语的"ne"这个能指中已探测到了言说主体，语法学家称这个词为"赘词"，这一说法已经最好地说明了那些最优秀的语法学家也具有的离奇看法，他们认为这个词的形式属于十足的奇思异想。[2]

对于拉康讲到的这个赘词，布鲁斯·芬克有一段解释：

> 在某些表达中，这个所谓的赘词"ne"单独使用乃是语法之必需，至少比不使用它要更为准确和有力，但它似乎把犹豫不决、含糊其辞或不确定性引入了它所出现的言语当中，仿佛是在暗示说话者想否定他所肯定的内容，对他所希望的东西心怀忧惧，或是对他所畏惧的东西其实心怀向往。在此种情况下，我们觉得说话者对将要发生的事或将要出现的人既向往又不向往。[3]

---

[1] Jacques Lacan, *Écrits*, p.677.
[2] Jacques Lacan, *Écrits*, p.677.
[3] Bruce Fink, *The Lacanian Subject: Between Language and Jouissance*, pp.38-39.

芬克认为，该词在词义上相当于英语习语"cannot（help）but"中的"but"，其本身并无实义，但语气上有着特别的否定意味，其出现在语句中正好显示了有意识的话语与无意识的话语之间的某种冲突，"这另一个代理、这个非我或无意识的'话语'插入前者之中——相当于说'不！'——跟口误的情形完全一样"[1]。

拉康用"ne"来意指言说主体的所在，它并不指示是"谁"在说，而是告诉我们有关说话者的某种讯息，即他或她所说的与他或她真正想说的并不是一回事，"ne"所意指的言说主体的位置是隐藏在"我"所指示的有意识的陈述主体背后的，是后者所不知的，他不仅不知是谁在说，甚至也不知自己究竟在说什么，这就是说，主体在言说行为中是分裂的：

> 因此，两个主体之间的"内在言说"（the "intra-said" of a between-two-subjects）所构成的"交互言说"（inter-said）的位置正是古典主体的透明性发生分裂的地方，同时古典主体还遭受了褪色的效果，这一遭际由于一个越来越纯粹的能指造成的隐晦状态而指定了弗洛伊德式的主体。[2]

这里的"两个主体之间"并非指现实中的两个个体之间，而是指言说性的存在的两个方面：以主词的形式出现在话语中的陈述主体和作为话语的支撑者的言说主体，这两者并非同一的东西，当前者出现在陈述中时，作为言说主体的那个真正的"我"看似是消隐了、消失了，实际上是以消隐的方式而在场，或者说是显现自身于消失的运动中：

> "我"通过从我的陈述中消失而到场。一种否定自身的言说，一个取消自身的陈述，一种错失自身的无知，一个自行瓦解的机会——在此除了那为了脱除存在而必须实际地在的东西的踪

---

[1] Bruce Fink, *The Lacanian Subject: Between Language and Jouissance*, p.39.

[2] Jacques Lacan, *Écrits*, pp.677-678.

迹以外还能有什么？[1]

"'我'通过从我的陈述中消失而到场"，在此，主体并非真的消失不在了，而只是隐匿起来了，换言之，这所谓的消隐或消失，其实是相对于言说者不知是谁在言说而言的，拉康同样用了符号 S 来表示主体的这种消隐或隐匿性，在主体 S 上划上一条斜杠，既表示言说的主体是以不在场的形式在场，也表示说话的主体总是被挡在言语的下面，就像能指与所指的符号式中分隔两者的那条横杠，横杠下的所指总是被挡在意指链条的下面，成为能指链永难抵达的彼岸。

四 欲望主体

无意识的主体说到底也是欲望的主体，只是这两种说法的切入角度稍有不同，前者更多地是从无意识的语言构成来讨论主体的结构化，后者更侧重于从无意识的驱力机制来揭示主体的命运，前者是构成论的，后者是动力学的，就是说，对无意识主体的动力学阐述根本上就是对欲望的阐述，由此可以想见，欲望理论在拉康的精神分析学中必将占据核心地位，就像埃文斯说的："如果说有一个概念堪称是拉康思想的核心，那就是欲望概念。……欲望既是人类存在的中心，也是精神分析学的核心。"[2]其实拉康自己也是这样认为的，他甚至说弗洛伊德的经验就是从阐述一个欲望的世界开始的，弗洛伊德的世界根本上就是一个"欲望的世界"[3]，至于精神分析学本身，它的任务和目标就是要揭示主体的欲望的真理，让主体命名和确认自身欲望的真相。当然，如同拉康谈到主体的时候常常指的是无意识的主体一样，他讲到欲望的时候也通常是指无意识的欲望。

[1] Jacques Lacan, *Écrits*, p.678.

[2] Dylan Evans, *An Introductory of Lacanian Psychoanalysis*, p.36.

[3] Jacques Lacan, *The Seminar of Jacques Lacan, Book II, The Ego in Freud's Theory and in the Technique of Psychoanalysis 1954–1955*, p.222.

拉康总喜欢到弗洛伊德那里去寻找其每一个概念的源头，他的"désir"（欲望）概念在弗洛伊德那里对应的是"Wunsch"（愿望）。可是法语中的"désir"和德语中的"Wunsch"并不完全对等：德语词"Wunsch"的含义更接近于"愿望"（所以弗洛伊德著作的英译者通常将其译作"wish"），而法语词"désir"常带有色欲或贪欲的意味，其在德语中更准确的对应词是"Begierde"或"Lust"，弗洛伊德也使用过后两个词，但它们在他的著作中并没有被理论化。再有，在弗洛伊德那里，"Wunsch"（愿望）这个词常常和满足的经验联系在一起，"愿望"总是涉及愿望的满足或达成，而在拉康那里，"désir"（欲望）的一个重要品质就是"持续力"，表示欲望是不可能获得满足的。那么，拉康把"欲望"的不可满足的意义叠加在弗洛伊德的"愿望"概念上有什么企图吗？这得从他对弗洛伊德的"愿望"或愿望满足的概念的重新解释说起。

弗洛伊德在说明梦的工作的时候曾指出，人在儿童时期受到压抑的需要满足的经验会以记忆影像或记号的形式保留在无意识中，并且成年以后仍会在梦中以愿望达成的方式重现。从心理动力学的角度说，愿望本质上是一种心理驱动力，它与力比多的投注有关，后者作为一种心理能量总是驱使主体在某个对象身上来寻求自身愿望的达成。正是基于这样一种理解，弗洛伊德也曾在愿望和需要之间进行了区分，需要总是与某个具体对象如食物或性对象联系在一起，其目标就是要获得直接的满足，而愿望总是与原初需要的压抑经验相关，它是无意识的，其目标不在于直接的满足，而在于以知觉重现的方式来寻求愿望的达成，寻求愿望的替代性满足。正是弗洛伊德的这个区分，给拉康的概念改造提供了足够的空间，即一方面，它使拉康有足够的理由把动物性的本能需要从其欲望理论中剔除出去；另一方面，弗洛伊德把愿望及愿望满足同原初压抑的记忆痕迹或记号联系在一起，使拉康便于在欲望中引入语言或他者的维度。只是对于弗洛伊德所讲的愿望达成，拉康又持有很大的保留，最为根本的一点在于：弗洛伊德所讲的愿望达成可以通过梦或其他无意识的幻想形式完成，而拉康所讲的欲望是永远不可能得到满足的，它甚至无法以愿望的形式获得满足，因为愿望终归还是一种心理活动，而欲望本质上是主体存在的一种本体性维度。所以，对于弗洛伊德的愿望概念，既要保留其价值，又要加以改造，就只有以欲望的概念覆盖之。

在拉康那里，以欲望的概念来覆盖愿望的概念，或者说其对欲望概念的阐述实际经历了一个共时地进行的三部曲：先是把本能从愿望中切割出去，接着在愿望中引入语言的维度，最后再通过引入主体间的维度而把他在性的结构嵌入主体之中。相应于这个三部曲，他提出了一个关乎于欲望的三元组概念：需要（besoin，need）、要求（demande，demand）和欲望（désir，desire）。一定意义上说，这个三元组乃是拉康阐述欲望主体的基本构架，当然他也在这个构架中填充了一个精神分析化的叙事，一个有关主体的欲望生成的神话。

首先是需要的概念。在一般的理解中，所谓需要，大约相当于人的生物性本能，所以许多人把它等同于弗洛伊德的"本能"（德语为instinkt），并认为拉康的"需要"概念就是指人的生物本能。可拉康并不赞成这种简单化的类比，因为第一，弗洛伊德讲到"本能"的时候往往是指"动物本能"，而拉康所讲的人的生物性"需要"虽然具有动物本能的某些特征，但两者之间有着本质的区别，比如动物的本能将把动物引向与对象的直接关系，而人对某个对象的需要将把他引向与他人的关系；第二，拉康拒绝这种类比还有一个重要动机，就是想要澄清英语世界因为对"本能"和"驱力"的混淆而导致的对弗洛伊德的严重误解。英语世界常常用"instinct"（本能）一词来翻译弗洛伊德的"trieb"（驱力或欲力，其准确的英文词应是"drive"），可正如拉普朗虚和彭大历斯在《精神分析辞汇》（1967）中指出的："弗洛伊德关于Trieb——一种就其所诱发的行为以及提供满足之对象而言，相对不确定的推力——的概念，明确地与各种本能理论不同,不论就本能的传统形式,或是就当代研究带来的更新而言(行为模式、天生启动机制、特定刺激讯号的概念等)。本能一词,具有一些与弗洛伊德欲力概念差距极远的明确含义。"[1]简单地说,在弗洛伊德那里,本能是一个纯生物学的概念,特指动物性的本能,相对而言,动物性的本能有着不变的特性,比如它主要地受吃的本能和性的本能的驱使,并且其本能与对象是一种直接关系,即它总是以某一具体的欲求对象为目标,一旦获得对象,本能的需要得到满足,欲求的力量就会暂时消失,直至下一次本能的需要再次出现。人的需要当然也有动物性本能的方面,可人之为人,也在于他不会让自己停留于动物性的本能,人的本能实质上是一种心理内驱力,它不仅多变,而且因为压抑的存在而时常难以获得直接的满足,愿望就是这种压抑的结果,愿望的达成则是受到压抑的本能的一种变相满足。虽然说弗洛伊德的驱力概念仍含有明显的本能论倾向,但他并没有因此把本能和驱力混为一谈,而这也正是拉康所要强调的。对于英语世界把本能和驱力等而视之的做法,拉康称这是一种典型的经验主义倾向,是对弗洛伊德的理论的严重误解,而他所要做的就是把动物性的本能从精神分析学中剔除出去,以需要的概念来取代本能的概念显然就是为了这一目的。

人的生物性需要与其他动物的需要是不可等而视之的,虽然人的需要也总是指向一个对象,并且其目的也在于寻求满足,可人的需要与动物的本能之间有着根本的区别。第一,如果说动物的本能是机体得自遗传的一种自然需要,且作用模式基本上固定不变,那么在人的身上,这种纯粹的需要是不存在的,换句话说,所谓单纯需要的主体实际是一个神话性的主体,因为人自诞生的一刻开始就已经不是一个纯生物性的自然存在,而是一个被语言所铭写的东西,是一个至少被他人主体——例如父母——的欲望结构所刻写的东西,因而即使是其饥饿的需要,也不完全是动物性的。第二,从单纯理

---

[1] 拉普朗虚、彭大历斯,《精神分析辞汇》,第219页。

论的意义上说,人的需要与诞生的创伤有关,诞生之于人而言意味着其与母体合一的神话状态的丧失,这是一种具有本体论意义的失去,诞生时刻的第一声啼哭即已宣告了这个决定性的缺失,宣告了这个缺失的不可回复,从这个角度说,人的需要根本上是回到母体的需要,是想与母亲合为一体的需要,这个需要以一种将来完成时态不停地回投到主体身上便成为主体的某种"本能"式的、具有性色彩的欲念。第三,人的需要的满足总是在主体之间进行的,总有一种间性的结构横亘其间,阻碍着需要的直接满足。何以如此呢?由于语言和他者的介入。从发生论的层面说,主体间的关系最初就是婴儿和母亲的关系,可这一关系因为母亲作为一个已然被语言所刻写的他人主体的在场和父亲作为父法的功能的介入而必要遭遇到断裂,主体在这一关系中必要被引向一种挫折的辩证法,其需要的满足必定会被无限期地延宕,直至一种根本的不可能。

人之诞生作为一种无论在身体机能还是在心智上都尚未发育成熟的"早产儿",刚出生时的无助状态使它无法靠自己来满足自己的需要,而必须仰赖他人,这个他人最初自然是哺乳的母亲。为了得到他人的帮助,婴儿必须以言语来表达自己的需要,例如婴儿在获得语言之前就已经知道用啼哭来表达他的需要。当然,这并不是说需要有一个前语言的时刻,或者说主体在其发展中曾有一个纯粹需要的阶段,然后再是用语言表达需要的阶段。在拉康看来,前语言的需要只是一个假设,因为语言是先于需要而存在的,主体在表达其需要之前,语言或言语的阐释就已经在那里等着了,例如婴儿的需要一旦以啼哭的形式诉诸表达,其意义就不再是先行地给定或固定的,而是由母亲阐释出来的。

在拉康的主体"神话学"中,婴儿的啼哭有着一种特别的构成意味,它不仅是对需要的表达,也是需要的结构性时刻,是需要被组织到象征秩序的开始。在啼哭中,婴儿本来需要的是这个,可作为他者的母亲给予的却是那个,例如婴儿哭叫可能是因为饿了,也可能是因为尿床了或感觉天气太闷热了，可作为他者的母亲总是以自己的方式——如把乳头塞到哭叫的孩子的嘴里——来回应孩子的需要，显然，他者的这个回应、他者对需要的这种阐释与主体的需要本身并不能完全对应，这样，在需要用言语或准言语表达出来的那一刻，对需要的原始压抑或者说需要的异化也就开始了。这就是拉康通向欲望的第二步：因为语言和他者维度的引入，需要变成了要求。

　　言语的引入把主体的需要拖向了一个深渊。不仅婴儿用啼哭这样的准言语来表达自己的需要，而且母亲（他者）也时常在用言语来回应婴儿的需要，比如她总是问："你到底需要什么？""你饿了吗？""你想要吃奶吗？"象征界相对于婴儿主体的这种先行在场使其需要的满足自一开始就被赋予了人化的意义，婴儿在获得语言之前，就已经被置于了一个语言的环境中，如母亲作为一个言说的主体自一开始就在以自己的方式阐释其需要的意义，她在给予婴儿所需对象的同时，也在运用语言或能指把一种（他者的）要求附加在（婴儿主体的）需要之上。婴儿为了需要能够被满足，就必须考虑甚至认同这个他者的要求。驱力就在婴儿主体对他者的要求的这个考量中产生出来，用拉康的话说，驱力就是他者的要求在语言中获得表达的结果，没有他者的要求，就没有驱力。由于他者或他者的要求的这一介入，婴儿的看似生物性的需要被托付给了人化的道路，需要在此被划杠了，被他者的要求划杠了。

　　主体的需要和他者的要求之间总是有一道裂隙，在啼哭中，婴儿本来需要的是这个，可作为他者的母亲给予的却是那个，主体（婴儿）就这样在欠缺与匮乏的深渊中挣扎着，他只能不停地去需要，并且他所需要的已不只是即刻的和当下的满足，而是无条件的绝对满足，是他者的无条件的爱，在这时，某一具体需要的背后其实隐含了一个绝对的需要，那就是对无条件的爱的需要。而为了满足这一需要，主体就必须先去认同他者的要求，这就是驱力产生的时刻，他者的要求结构了主体的驱力，进而，主体在他者领域中通过他者的要求结构出来的驱力反过来又结构了主体对他者的要求,即要求他者无条件地满足自己的需要,拉康称此为"爱的要求"。爱的要求的一个根本特性就在于它的无条件性,它要求无条件的满足。

因此,对主体(婴儿)而言,它的要求有着双重的功能,既是其需要的表达,也是其对爱的要求,并且是要求这种爱无偿地给予。但问题在于,母亲时常是不在场的,对开始学会用牙牙之语或言语来表达自身需要的婴儿来说,母亲或母亲的乳房乃是在场和缺席的象征符号,是一个处于彼岸的大他者,在她或它的在与不在中,婴儿感受到的是一种爱的挫折,是他渴望他人无偿给予的爱的要求被拒绝。即便母亲在场的时候,婴儿的需要的暂时满足并不能使先前遭遇的挫折得到补偿,因为她的不在已经在主体身上撕开了一道不可弥合的切口,其在当下的在场反而会使她可能的再行缺席变得更具伤害性,主体也许会通过变本加厉地攫取需要之满足来加以补偿,但这无助于挫折的解决,母亲随后的可能离开只会使需要的暂时满足变得不堪忍受,最终,主体只有无奈地接受母亲不在场的事实,拼命地把满足需要的具体对象象征化,使其成为爱的要求的象征或爱的能指。在《菲勒斯的意义》(1958)中,拉康说:

> 要求本身所关涉的东西并不是它所召唤的满足。它是一种在场或一种缺席的要求。这一点在与母亲的原初关系中就有所体现——这种关系实际上为那个被置于其所能满足的需要之内的大他者所充满。要求已经构建大他者拥有满足需要的"特权",即那种剥夺唯一能使需要获得满足的东西的权力。大他者的这种特权因就勾画了大他者所不具有的东西——它的爱——的基本馈赠形式。
>
> 就这样,通过把能被给予的一切东西都转变为爱的证明,要求取消了这一切东西的独特性,而它为需要所赢得的满足也沦落为不过是爱的要求所引致的破灭。[1]

---

[1] Jacques Lacan, *Écrits*, pp.579-580.

在需要的层面，母亲的乳房作为驱力的部分对象是为满足口腹之欲而存在的，可在诉诸言语的要求的层面，这个对象已成为母亲无偿给予的爱的能指，其作为满足需要的对象的具体功能被取消，因为爱的要求并不指向具体的对象，或者说具体的对象并不能真切地回应爱的要求，用拉康的话说，爱的要求是"不及物的""无条件的"，它不依赖于任何对象，它唯一寻求的就是被爱。因此，在爱的要求中，对象的被取消的独特性只能在要求之外重新出现，"它就在那里重新出现，但它也保存了爱的要求的无条件性所显示的结构"[1]。这个结构其实就是欲望的结构，拉康正是在需要与要求之间的这种分离中嵌入了这个欲望结构，并在一种本体论的意义上把这个欲望结构看作主体性存在的根本维度。

爱的要求是对他人（母亲）的爱的一种无条件的需要，可这个需要不可能得到满足，因为父亲不允许，因为父亲所代表的父法秩序就是建立在对这种需要的禁止之上的，正如弗洛伊德和列维-斯特劳斯在各自的人类学研究中不约而同地指出的，乱伦禁忌乃是人类社会的生存法则得以建立的根本大法。因为父亲的禁止（在后面我还会回到这里），对母亲的无条件的爱的需要——拉康又把它称为"（对）母亲的欲望"，偶尔也把它称为"纯粹的欲望"——在爱的要求中被象征化，从此那个绝对的需要只能在一个象征的语言结构中得到表达，只能被象征性地表达，即这个需要不可能被满足，而只能被替代，在替代中获得象征性满足。这个替代的过程就是一个能指差异化的过程，是差异中的某个剩余从能指的网络中脱落而能指再次以差异化来捕捉那个剩余的过程，这个过程就是欲望的过程，或者说，欲望就是在这一过程中呈现出来的。于此，我们可以在需要和要求的关系中给欲望提供一个拓扑学的表述：欲望乃是需要在语言中借要求的形式获得表达后残留下来的剩余，用拉康的公式说，欲望是要求减去需要所得的差：

---

[1] Jacques Lacan, *Écrits*, p.580.

通过一个不是简单的否定之否定的逆转，纯粹丧失的力量从一种湮灭的残余中浮现出来。对于要求的无条件性，欲望以"绝对的"条件取而代之：这个条件事实上可以解决爱的证明中与需要之满足相悖的要素。这就是为什么说欲望既非对满足的渴望，亦非对爱的要求，而是从后者中减去前者所得的差，是它们的分裂的现象本身。[1]

在此，第一个否定是指要求对基于必然性的需要的否定，第二个否定则是指欲望对无条件的要求的否定，但这一否定之否定不是黑格尔的辩证否定所讲的那种"扬弃"：在否定中保留，在扬弃中螺旋式地前进。它不是一种简单的否定之否定，因为在这一双重否定中涉及一个根本的东西，那就是否定中的"剩余"：在要求对需要的否定中，所否定的恰是需要的必然性，更确切地说，是需要之满足的必然性，在要求中，需要的对象被掏空，它不再指向具体的对象，而是指向某个象征的能指，即爱的要求的能指，由此导致的结果就是要求的无条件性；进而在欲望对要求的否定中，所否定的恰是要求的无条件性，即对母亲的爱的要求是不可能获得满足的：一方面，母亲这个他者并不能提供给主体所渴望的无条件的爱，因为她本身就是一个欠缺的存在，她是被剥夺的；另一方面，在父法的世界里，这个要求是不被允许的，它必要遭到阉割的威胁，它只能以接受阉割为代价被替代性地送出。对要求的无条件性的否定使那原初的需要甚至在以要求表达出来的具体需要得到满足之后，要求的另一面，即对爱的渴望，仍然不能得到满足，欲望就是那个没有得到满足的剩余。所以拉康说，欲望就出现在要求与需要发生分离的缝隙中，欲望就是要求与需要的分裂本身。

由此可见，拉康是在需要—要求—欲望这个三元组概念的一种拓扑学中来阐述欲望的。首先，主体有一种原初的需要，想要与母亲合为一体——这当然只是一个神话学的想象，是有关主体的原始

---

[1] Jacques Lacan, *Écrits*, p.580.

存在的一个隐喻，其真正说的是主体对原初的完满性、完整性或者说原始的"一"（One）的渴望；可这个需要在象征秩序中是被禁止的，它只能在言语或能指的替代运动中以要求的形式表达出来，在这里，原初的需要被划杠，成为不可企及的对象，拉康称这是言语或语言对需要的"原始压抑"；然而，压抑导致的后果是双重的：一方面，原初的需要现在以爱的要求被象征地表达，但被象征地表达的并非原初需要的，所以，爱的要求总是无条件的；另一方面，在爱的要求中，需要只是被压抑了，它并没有被消除，它不可能被消除，而是以剩余的形式残留在要求中，并作为欲望呈现出来：

> 在需要中被异化的东西构成一种原始压抑，因为它在要求中无法以假定的形式得到表达；不过，它可以在某个衍生物中出现，而这个衍生物又可以作为欲望呈现在人身上。[1]

如果说要求是需要的异化，是需要在言语中的异化，那么，欲望就是要求的分离，是要求与需要的分离，在这一分离中，欲望不再是对某个具体对象的欲望，而是对一个不可能的对象的欲望，由此导致的结果就是欲望的绝对性，是欲望的不可满足性、不可还原性以及不可摧毁性。我们根本不知道欲望欲望的是什么，我们只知道欲望总在欲望着：欲望欲望着，这就是欲望的绝对性，人作为一个欲望性的存在就处在这个绝对性的绝对控制之下。

行文至此，有人可能还是一脸的疑惑：如果欲望既非需要，亦非要求，那它到底是什么？之所以有这样的疑问，是因为我们时常把欲望视作一种心理力量，可问题在于，在拉康的理解中，欲望作为一种持续的力并不是心理意义上——那充其量只是一种力的效应——而是存在意义上的：欲望是存在的本质，这是拉康从斯宾诺莎那里继承来的一个思想，所以，他反复地强调，欲望虽然总是在要求中出现，但它处在要求之外，是要求的彼岸，是把要求维系在

---

[1] Jacques Lacan, *Écrits*, p.579.

一个无尽的链条上的东西。换一种说法，如果欲望是存在的本质，那这个本质就是匮乏，欲望即是匮乏的欲望，欲望主体即是匮乏的主体。在第2期研讨班（1954—1955）中，拉康特别从存在论的角度讨论了欲望的这一匮乏性质。

一般来说，欲望总是朝向对象的欲望，主体作为欲望性的存在总处在寻找其欲望对象的过程中，拉康并不否认这一点。他承认，人作为一种欲望的存在，其本质就在于对欲望对象的不断寻找，但这一寻找是不可能有确定结果的，真正的对象是不可得的，主体对对象的不断寻找就已经昭示出这一寻找注定一无所获。从一个角度说，当主体被缝合在某一对象上时，他所获得的并不是真正的对象本身，而是有关对象和对象获得的一种幻象，他其实是以想象的统一性整合了自己的欲望碎片。从另一个角度说，欲望对对象获得有着一种坚执，一种坚不可摧的执着，由于获得的失败，主体只好重新寻找，但仍将以失败告终，最终主体找到的不过是一个又一个的替代对象，通过让某一对象暂居欲望对象的位置来满足主体力比多能量的投注要求。所以，主体对欲望对象的寻找过程其实是转喻机制在主体身上的不断运作，用拉康的话说，欲望是一种转喻。

为什么主体对欲望对象的寻找总是无功而返呢？这不是因为主体的认知能力或意志力有什么缺陷或不足，而首先是因为欲望性的存在根本上是一种匮乏和欠缺（lack）：

> 欲望是存在与匮乏的关系。确切地说，这一匮乏即是存在的匮乏。它不是此物或彼物的匮乏，而是存在的匮乏，存在就是据此而存在着。[1]

在此，拉康的匮乏概念有着浓重的"存在哲学"的痕迹。所谓匮乏即是存在的匮乏而非此物或彼物的匮乏，意思是：匮乏即是存

---

[1] Jacques Lacan, *The Seminar of Jacques Lacan, Book II, The Ego in Freud's Theory and in the Technique of Psychoanalysis 1954–1955*, p.223.

在本身，匮乏是存在的基础，因为存在的本质不在于"是其所是"，而在于"不是其所是"，"存在是作为这一匮乏的确定功能而开始存在的。存在获得自我意识是就其在欲望的经验中作为这一匮乏的一种功能而言的"[1]。存在的匮乏即是一种"无"（nothing），"无"不是什么都没有，而是什么都不是，是根本不知其所是，而欲望作为一切人类经验的中心功能，就是这种无的欲望。正是存在的这一匮乏本质，使欲望对对象的寻找永远也不可能达成，使欲望朝向真正对象的过程就是欲望走向自身的界限的过程，是欲望对欲望对象的不可能性不断加以确认的过程。

如果说存在的匮乏是欲望匮乏的存在论基础，那么，对象的匮乏或欠缺则是欲望匮乏的一个诱因。在精神分析学中，所谓的对象通常都是指欲望对象，该对象的一个根本品质就是它总是"失落的对象"（the lost object），拉康又称之为"对象的失落"（the loss of object）。依照拉康的描述，造成对象失落的原因主要有三种：挫折、剥夺和阉割（参见本书第十章第二节）。更为重要的是：首先，失落的对象是一个原初对象，是人类原初的情欲对象，那就是母亲，所以拉康讲到人的原初欲望都是指对母亲的欲望；其次，对象的失落是已然在此的、不可回复的，它是在主体诞生的那一刻就永久地失去的，所以，就与欲望的关系而言，对象的失落不是结果，而是原因，是欲望的原因；再次，主体对于对象总有一种幻象，觉得它曾经被完整地拥有过，觉得它可以在某些部分对象上完成幽灵般的返回，这也表明，所谓对象的失落和失落的对象，其实都是主体在基本幻象中的一种运作。

既然对匮乏的存在而言对象是已然失落的，那就意味着主体对任一对象的欲望终将以失败告终，但欲望驱力对对象有一种明知不可为而为之的坚执，它总是在基本幻象的结构中让原初失落的对象

---

[1] Jacques Lacan, *The Seminar of Jacques Lacan, Book II, The Ego in Freud's Theory and in the Technique of Psychoanalysis 1954–1955*, p.223.

以"对象 a"的形式出现,换言之,欲望主体总是在基本幻象中把母亲想象为能无条件地满足其需要的完满的"整一"(One),同时也把自己想象为母亲的"唯一"(One),还欲望自己能与母亲结合为"一"(One),对象 a 成为结构欲望的原因,亦是招致欲望失败的原因。

其实,除因为存在本身的匮乏和对象的匮乏之外,欲望对象的不可企及或欲望满足的失败还有其他的原因,其中有两个方面是拉康谈得最多的,一个是语言和言语的引入,再就是他者欲望的介入。

在《治疗的方向及其权力原则》(1958)中,拉康说,虽然欲望的真相一定程度上要在言语中出现,但言语并不能表达全部的真相,因为欲望和用来表达要求的言语之间有一种根本的不兼容性,每当主体以言语表达其要求时,总有一种剩余、一种残留会超出言语之外,超出言语所表达的要求之外,那就是欲望:

> 虽然正如我们在这里看到的,欲望总是在要求中且通过要求表现出来,但它也是处于要求之外的。它也在另一个要求的躲闪中,在这个要求中,那个在他者的场所中回响的主体与其说是为了以一个回复的同意来抹除他的依赖性,不如说是为了凝定他在那里提出的存在本身。[1]

为什么会这样?因为欲望主体总是语言的主体,是由语言结构出来的效果主体,进而,这个主体的欲望又只能在言语中且通过言语来呈现,言语是要求的表达,它总是在他者的场所中出现,它源自这个场所。当主体以言语表达其要求时,不仅要服从于他者的法则,而且只能通过他者的场所被标记出来。这个被标记出来的主体就是在言说中消隐的主体,是那个被划杠的主体,在欲望的层面说,它就是那个以匮乏、欠缺作为其存在维度的欲望主体,言语只是标记

---

[1] Jacques Lacan, *Écrits*, p.530.

有这样一个主体存在，但这个主体到底是什么、他到底在欲望什么，这是表达要求的言语所无法言明的。所以，言语与欲望的关系不单是主体借助言语来表达其欲望的问题，更是主体以言语来标识其欲望之匮乏的问题，标识主体的分裂的问题。正如拉康所说：

> 欲望不过是这种言语的不可能性，这种不可能性在回应第一个言语时只能通过完成主体——他只有在言谈中才能成其为一个主体——所经受的分裂才能加重它的标记。[1]

所谓"言语的不可能性"，当然是指言语不可能充分地和真实地表达欲望，因为言语作为要求的表达乃是需要的异化，它是原初的需要的"删除"，而欲望的真正对象恰恰就是那在言语中作为剩余被"删除""压抑"的东西，那个东西现在处在要求的彼岸，更确切地说，是处在要求的边缘上和裂隙中，并以此使要求——爱的要求、恨的要求等——以链条的形式维系着，以此把存在的匮乏召唤到主体面前：

> 欲望产生于要求的彼岸，因为在将主体的生活与其条件联系起来的时候，要求删除了它的需要；但欲望在要求的躲闪中也被挖空了，因为作为对在场和缺席的一种无条件的要求，要求以三种无（nothing）的形式唤起了存在的匮乏，而这个无又为下面三种要求提供基础：爱的要求，恨的要求——这种恨甚至会发展到否定他人的存在的地步，以及对在它的恳求中不为所知的东西的不可言喻性的要求。[2]

对于他者欲望的方面，拉康的谈论就更多了，归总到最后，就是他的那句重复了无数次的格言："人的欲望就是他者的欲望"（Man's desire is the desire of the Other）。

---

[1] Jacques Lacan, *Écrits*, p.530.

[2] Jacques Lacan, *Écrits*, p.525.

如同"无意识是像语言一样被结构的"这句格言一样,"人的欲望就是他者的欲望"也是拉康的格言中最常被提及且最为多义的一个。有关这句格言的具体思想,我将在后面给予详细解释(参见本书第十章第一节),在此先引用埃文斯的一个归纳。在《拉康精神分析介绍性辞典》(1996)中,埃文斯把这句格言的含义归纳为如下几点:

1. 欲望本质上是"他者欲望的欲望",这既指欲望成为另一个欲望的对象,也指欲望被另一个欲望所承认。拉康是通过科耶夫从黑格尔那里获得这个观点的。……欲望本质上是欲望成为另一个欲望的对象,这一点在俄狄浦斯情结的第一"阶段"有着明显的表现,此时主体欲望成为母亲的菲勒斯。

2. 主体是作为他者来欲望的,就是说,主体从另一个主体的角度来欲望。其结果是"人的欲望的对象……本质上是别人所欲望的对象"。使一个对象成为可欲望的因素并不是对象本身的任何内在品质,而仅仅是如下事实:它是别人所欲望的。因而,正是他者的欲望才使对象成为等值的和可交换的。……这个观点同样取自科耶夫对黑格尔的解读。……欲望的这一普遍特征在歇斯底里中尤为明显:歇斯底里患者就是坚持他人的欲望、把他人的欲望倒转为自己的欲望的人(例如杜拉对K夫人的欲望就是因为她认同于K先生,故而挪用他的已知的欲望)。因而,在对歇斯底里的分析中,重要的不是找出其所欲望的对象,而是去发现她发出欲望的位置(她所认同的主体)。

3. 欲望是对他者的欲望。根本的欲望就是对母亲这个原初他者的乱伦欲望。

4. 欲望总是"对别的东西的欲望",因为不可能去欲望已经拥有的东西。因此,欲望的对象总是不断地被延宕,所以说欲望是转喻。

5. 欲望最初是出现在他者领域，即无意识的领域。

从拉康的这个命题中可得出最重要的一点：欲望是一种社会产物。也就是说，欲望不是私人的事务，它总是在与其他主体的已知欲望的辩证关系中形成的。[1]

归结起来，人的欲望就是他者的欲望，因为人总是欲望他者所欲望的，人总是欲望成为他者欲望的对象，人总是在他者的场域中欲望——根本上，这是拉康对人的欲望的一个拓扑学表述，其核心无非是说人的欲望是在他者中被结构的，是由他者的逻辑决定的。在这里，这个大写的"他者"（Other）既指作为能指之场所的他者领域，也指主体表达其欲望的另一个场景，还指处在他者领域的他人主体。他者是一个结构性的场所，也是一种结构性的力量，它横亘、迂回在欲望主体和主体的欲望对象之间，既阻止主体在某个对象上获得满足，也通过对象的无穷延宕或替换而使不可满足的欲望成为对无的欲望。因此，如同无意识主体或言说主体总只能在主体之外的他处出现一样，欲望主体也总是在他处欲望；如同能指主体只能是一个能指对其他能指表征出来的主体一样，欲望主体也只能在欲望的转喻性链条中绽显出来；如同所有那些主体都是被划杠的、分裂的主体一样，欲望主体的欲望根本上也是一种不可能的欲望，主体只能在不可能实现的欲望中等待着自己的到来。

还有十分重要的一点：他者既是结构主体之欲望的场所和力量，也是使主体之欲望的实现和满足变得不可能的场所和力量，因为欲望驱力所投向的这个他者——不管它是作为一个语言场域还是作为一个他人主体——也是有欠缺的、不完整的，并且这个有欠缺的他者还是一个淫秽的他者，一个不知饱足的他者，一个只会以无限的、不确定的要求去质询主体的他者，面对这样一个他者，主体总是承受着一个问题的煎逼："你究竟想要什么？""你究竟想从我这里

---

[1] Dylan Evans, *An Introductory Dictionary of Lacanian Psychoanalysis*, pp.37-39.

得到什么?"对于这个问题,主体自己无法知道答案,他者也不可能提供给他一个确定的答案,相反,主体的匮乏与欠缺只会因为这个问题而更加醒目、更加不可承受。主体作为一个欲望性的存在必定是分裂的。

再对上面的论述做一个归纳或"重述",它们都呈现了欲望主体的某种悖论特质。

首先是匮乏性,包括存在的匮乏和对象的匮乏。就存在的匮乏言之,欲望即是存在的匮乏,这意味着:一方面,欲望是源于存在的匮乏,源于主体因诞生——不只是生物学的诞生,更包括符号化的诞生——创伤而来的无助感;另一方面,欲望即是对匮乏本身的欲望,是对已经永远地丧失的原初神话场景的欲望。就对象的匮乏言之,欲望总是对已然失落的对象的欲望,这意味着:一方面,原初对象总是以幻象或替代对象的形式在表达需要的要求之内出现;另一方面,它又作为不可能的对象处在表达欲望的要求之外,它是产生欲望的原因,也是欲望失败的原因。

其次是能指性,即欲望是在他者场域中结构出来的。欲望的产生和运动皆离不开能指的运作,离不开能指之于欲望的功能,这一功能同样是悖论性的:一方面,能指生产欲望,是欲望的结构化机制,它总是以能指替代的方式把欲望安置在象征秩序内;可另一方面,能指又阻挡欲望,能指的漂浮或滑行使欲望永远得不到满足,使欲望成为在能指链下闪烁隐现的意义碎片,即使能指链在某个主能指的锚定下被缝合起来,欲望也不会因此而被实现和满足,相反,那是对欲望的封锁,是欲望的局部化和封闭化。

再就是他者性或主体间性,即人的欲望总是他者的欲望。这同样是一个悖论性的场景:一方面,欲望总是在他者场域中被结构出来,欲望总要以他者主体的欲望作为参照;另一方面,这个他者也是一个有欠缺的结构,是一个匮乏性的存在,一个同样围绕着创伤性的内核、围绕着根本的欠缺构建出来的符号性存在,因此在这个他者的欠缺中，主体的欲望总是被引向不可能性，主体只能以"你究竟想要什么？""你究竟想从我这里得到什么？""你究竟想要我怎么样？"这样的逼问形式不断地朝向不可能的领域——那实际就是死亡的领域。

第八章

三界的拓扑学

拉康给自己的理论运作设定的任务繁多，既要狙击新弗洛伊德主义或自我心理学学派对弗洛伊德的"修正"，重新发掘弗洛伊德的"哥白尼发现"的伟大意义，又要揭示主体的真相，呈现主体欲望的真理，还要向他的信徒们传授精神分析学的理论和技术要义，让精神分析学成为一门可为人们所理解的"科学"。如何同时性地完成这诸多的任务呢？想象界、象征界和实在界就是拉康的法宝，这个三元组的"三界"框架就是针对这些任务提出的，它们就像一个圣三位一体，共同地构成了拉康的主体拓扑学的基本模型，成为他叙写主体及主体间性的一系列问题的基本图式。因而，在很多人那里，"三界"框架成为组织拉康理论的基本手段，有许多的拉康研究都以此甚至只以此作为讨论的对象。

对拉康而言，"三界"不但是构成世界的三个界域，也是支配主体的三种秩序，是结构主体的生存的三重界面。它们相互依赖，相互支撑，形成一个同生共死的纽结；它们在主体身上共时性地发挥着作用，使主体成为一个多元决定的东西；它们每一个都以自身的逻辑建构着主体的存在维度，每一个也都在主体的身上嵌入了异化和分裂的因子，它们之于主体的功能是悖论性的，它们就像猎狗一样，四处捕获着主体的点滴欲望，使主体最终沦为它们的狡计的牺牲品。"三界"是拉康为主体设立的一个祭坛，是他为主体登上死亡之舟敷设的一个神圣仪式。

但"三界"框架终归只是"框架"，而非"内容"——拉康精神分析学的"内容"是主体的认同、欲望的辩证法、幻象的逻辑、原乐的伦理学等——在许多时候，它只是充当了叙事结构的功能，是对诸多内容进行逻辑配置的手段。这意味着，单单以"三界"框架来结构或组织拉康的理论的做法是值得怀疑的，是一种本末倒置。实际上，在拉康那里，相对于揭示主体的真理这一根本性任务而言，"三界"框架主要地是一系列的功能运作，它既对主体的存在有一种结构化的作用，也对我们认识主体的生存秩序有一种方法论的意义，它可以帮助我们阐释主体性的构成，甚至在某种程度上还有着发生论意义上的"考古学"功能。更重要的是，在拉康的理解中，这诸多的功能并非独立地发挥作用，而是交叠在一起拓扑学地相互决定，也就是说，所谓的"三界"并非单一的此界与彼界，而是处在交互作用中的此界与彼界，"三界"的拓扑学不是此界向彼界的转换，而是此界在彼界之中的转换，是此界在彼界之中的非此界化，换言之，如果我们非要把想象界、象征界和实在界的相互关系视作一种辩证法，那也是一种非同一性、非对称性的辩证法。

一 想象界

在进入对"三界"的具体论述之前，有必要先就相关问题提供几点准备性的知识。

第一，"界""秩序"或"界域"的含义。在拉康那里，"ordre"（order）和"registre"（register）这两个词通常是混用的，并未对它们的含义刻意加以区分。法语中——如同在英语中一样——名词"ordre"（order）是一个多义词，有"秩序""界面""层级""命令"或"指令"等多重含义；名词"registre"（register）的意思则比较单一，主要指音乐中的音域，"界域"则是它的引申义。在拉康的使用中，不论是"ordre"还是"registre"都有着上面列举的多重含义，"三界"可以是存在意义上的三个界域，也可以是结构主体的三种秩序，还可以是支配主体的三种法则或命令，这多重的含义在其文本的语境中常常有一种共生性，使"三界"的每一"界"都构成一个语义叠加的机器。有的时候，在我们的阅读中，纵向轴的意义选择与文本的多重语境刚刚达成某种契合,却发现自己又落入了难以措置的另样迷途。

第二,"三界"框架的提出。拉康正式把想象界、象征界和实在界作为一个三元组的概念体系提出来是在 1953 年。在此之前,这三个概念都被独立地使用过。例如,想象界实际是此前的镜像阶段理论的一个重述,镜像的世界现在明确地被看成一个界域;象征界的概念显然来自马塞尔·莫斯和列维-斯特劳斯的人类学——但也有可能是取自瓦隆,因为瓦隆曾在心理学的意义上把主体发展分为镜像的、想象的和象征的三个阶段——至少在 1950 年的论文《精神分析学在犯罪学中的功能的理论导论》中,我们已经可以看到拉康对莫斯意义上的象征机制的论述;至于实在界,拉康在 1930 年代——例如在 1936 年的《超越"现实原则"》一文中——就已经使用了"实在"(the real)的概念,并似乎刻意将它与"现实"(reality)和"真实"(truth)区分开来,不过直到 1950 年代末他才正式把它和弗洛伊德的概念联系在一起(例如在 1959—1960 年的第 7 期研讨班上)。不管怎么样,自 1953 年以后,这三个概念便不可分离地被扭结在一起,成为拉康理论中最具炼金术色彩的术语,几乎他所有的理论化和技术化工作都可以在这个三元组的分类体系中获得理解,正如他自己所说的:"没有这三个系统的指导,就不可能理解弗洛伊德的技术和经验。"[1]

第三,"三界"框架的作用。拉康提出"三界"框架主要是为了描述人类主体的生存秩序、定位精神分析的经验和技术,以及便于他的精神分析教学。就第一个方面而言,"三界"既是主体存在的三个维度,也是结构主体的三种机制,因而主体处在或属于哪一个维度与秩序,其结构性的效果以及与他者的关系模式也将不同。就第二个方面而言,"三界"有助于我们对精神分析的经验和技术作更具体、更准确的区分,比如父亲和母亲这两个他者形象,在以

---

[1] Jacques Lacan, *The Seminar of Jacques Lacan, Book I, Freud's Papers on Technique 1953-1954*, p.73.

前的精神分析理论中，它们往往是作为一般的概念被运用，人们很少对其进行层级划分，而现在，在"三界"框架中，出现了象征的父亲/母亲、想象的父亲/母亲和实在的父亲/母亲，代表着那两个角色在不同界域中相对于主体的不同功能；再比如对象的概念，以前它只是笼统地表示欲望和欲望满足的对象，现在则出现了想象的对象、象征的对象和实在的对象，这当然不是说现在有了三种不同的对象，而是说因主体所处界域的不同或主体与对象的不同关系结构而使对象呈现出不同的面相。就第三个方面而言，"三界"框架将有助于对弗洛伊德的理论、对精神分析的经验和实践做出"科学化"的说明，使精神分析的教学和培训可以获得更理想的效果。

第四，"三界"的排列次序。拉康对此并无特别的说明，但他显然有自己的选择。刚才已经说过，"三界"的概念在拉康的早期著作中都曾单独出现过，但那时它们都未被赋予特别的含义，也不是一个三元组体系。1953年，拉康第一次把三者并置在一起，"三界"的组合正式出现。基本上，在1950—1960年代，拉康同时使用这三个概念时喜欢采用"象征界—想象界—实在界"的次序——例如这个三元组第一次出现时就用的这个次序，那是1953年7月拉康为刚刚成立的法国精神分析学会作的第一场学术报告，其题目即为《象征界、想象界与实在界》——因为在这个时期，"三界"中的象征界是拉康最为关注的；而自1960年代开始，随着实在界的地位越来越受到重视，拉康又时常采用"实在界—象征界—想象界"的次序，例如第22期研讨班（1974—1975）的题目就是《R、S、I》。不过，由于"三界"中的想象界是最早被系统阐发的，所以后来的人们在谈及拉康的"三界"时更喜欢采用"想象界—象征界—实在界"的次序。我在下面将沿袭这最后一种排列法，这种方法固然便于我们去叙述拉康的思想发展，但也容易引起人们的误解，以为"三界"之间存在着从想象界到象征界再到实在界的逻辑或时间递进关系。其实，在拉康那里，"三界"作为主体存在的三大界域，既相互分离，又相互作用，对每一方的界定和阐述必定同时关涉着另外两方，所以，虽然拉康在不同时期的侧重点有所转移，但作为一个三元组合系统，相互之间的逻辑关联方式不是唯一的，尤其不是线性地递进的，这一点在拉康晚期的拓扑学中阐述得最为清楚。

第五，拉康的"三界"与弗洛伊德晚期的人格结构系统之间的联系。有人认为这两者之间存在对应关系，拉康的"三界"是对弗洛伊德的"本我—自我—超我"的结构系统的重写，想象界对应着自我，象征界对应着超我，实在界对应着本我。的确，在拉康自己对"三界"的阐述中，偶尔我们可以看到这种对应关系，但从根本上说，这两个系统之间有着本质的不同：弗洛伊德的人格构成是建立在本能驱力基础上的一个动力学人格模型，而拉康的"三界"系统是对人类主体的生存境域的一种结构化描述，两者赖以确立的基础和运作机制并不是一回事。其实，拉康提出"三界"理论的背景之一恰恰就是因为自我心理学派和对象关系学派在理论和技术上片面地理解了弗洛伊德的人格结构模型，从而导致弗洛伊德的伟大发现即无意识的真实意义被遗忘，导致精神分析的概念和技术难以被科学地厘定。在我看来，如果我们真的想找到"三界"模型与弗洛伊德的关联，那这个关联并不是具体的人格结构模型，而是弗洛伊德早期——比如在《科学心理学纲要》（1895）中——对描画心理结构的拓扑学设想。

第六，这三个概念的中文译法。拉康对于"三界"有多种写法，通常只是定冠词加形容词——le symbolique（the symbolic）、L'imaginaire（the imaginary）和 le réel（the real），可有时还在后面加上一个名词，或是"ordre"，或是"registre"，这使汉语世界就这个三元组概念出现了许多不同的译法。首先是对"ordre"或"registre"的翻译，主要有三种译法："界""秩序"或"域"。其次是对那三个形容词的译法，例如"symbolique"（symbolic）被译作"符号的"或"象征的"，"imaginaire"（imaginary）被译作"形象的"

或"想象的",而"reel"(real)则被译作"现实的"或"真实的"。于是我们常常会看到这样的组合:"象征界/符号界—想象界/形象界—现实界/真实界";"象征秩序/符号秩序—想象秩序/形象秩序—现实秩序/真实秩序";"象征域/符号域—想象域/形象域—现实域/真实域"。这些译法都没有错,但都不准确。这不是译者的问题,而是语言和翻译本身的原罪,是翻译导致了意义的流失。比如在法语(以及英语)中,"symbolique"(symbolic)既表示"符号的",也表示"象征的",在拉康的用法中,这两个含义同时并存,但强调了它们的表里差异以及这一差异的内部运作,即处在符号界或象征界的能指首先具有其"符号"的或可见的物质性层面,同时该"符号"又是对不在场的物的"象征化",是一个"象征"——但与象征主义所讲的"象征"无关;同样地,"imaginaire"(imaginary)含有"形象的"和"想象的"双重含义,拉康用它既表示该界域是一个形象或"像"的世界,也表示其形象或"像"乃是想象的结果,是一种幻象、幻像;还有"reel"(real),它也有"现实的"和"真实的"或"实在的"这两重含义,拉康用它表示这个界域既是一种"现实"(心理现实),也是一种"真实"或"实在",是无意识的真理之所在。而在汉语中,我们还无法找到可与这种内部差异运作相匹配的对应词来进行对译,于是就有了上面的种种译法。在本书中,我主要采用"象征界""想象界"和"实在界"这个译法(但有时出于行文的需要也会把"ordre"译作"秩序"或"界域"),我认为,这个译法更能凸显"三界"的功能方面。

第七,最后要简单说明一下"三界"框架的运作。一般地,人们(包括我自己)在说明"三界"体系时都是分开进行的:先是想象界,再是象征界和实在界。可我在上面已经提到,拉康的"三界"并非独立地存在着,而是处在一种交互作用中,因为"三界"作为主体生存的三个界域是共时地、结构性地对主体发生作用,于是其效果往往具有拓扑学的性质,没有内外之分,没有前因后果之分。

拉康后来喜欢用拓扑学的纽结来说明"三界"的运作主要就是基于这样一点。从拉康的角度说,"三界"的相互运作才是这个三元组体系的精华所在,可从读者的角度说,"三界"的拓扑学算得上是拉康数学中最为艰深的内容之一,如何揭秘那里面的逻辑运思至今仍是研究者们的难题。我下面的阐述虽然依循了传统分开进行的路线,但在最后我会对"三界"的拓扑学做一个说明,只是这个说明还十分初级。

现在,我们开始进入拉康那迷雾重重的三重世界。刚刚已经说过,"三界"的多种排列次序中最容易引起误解的就是将想象界放在前面,因为人们很容易由此从主体发生的角度去理解"三界"之间的逻辑关系,而拉康本人可能最不赞同的就是这种理解。我在此仍旧采用这个次序,唯一的理由就是,想象界是"三界"中最早被阐述的。

提到拉康的"想象界",人们立即会想到他的镜像阶段理论,甚至常常把这两者完全等同。是的,拉康的确喜欢用镜像的比喻来说明想象界,他甚至称想象界有一个镜子装置,因此,在这两个概念之间确实有诸多重叠的地方,例如,它们都涉及想象性认同的问题,都涉及自我与镜像或小他的关系,涉及自我/主体的理想化、误认、异化、侵凌性等。可即便如此,我们还是要注意,拉康的这两个概念并不完全等同。至少有两点可以表明将两者等而视之的那种做法是不妥当的:第一,1949年前后的镜像阶段理论有一个重要的时间向度,就是说它还带有一些主体发展论的痕迹,在那里,镜像"阶段"主要被视作主体的时间辩证法的一个结构性时刻,而在想象界中,这一时间向度虽然还保留着,但却被包裹在一个"空间"结构中,主体的发展论为一种主体的构成论所取代,主体预期的时间辩证法为主体在想象"界域"中的空间辩证法所改写;第二,镜像阶段是前结构主义的概念,是一个有关现象学主体的神话叙事,拉康称之为主体发展过程中的一出戏剧,而想象界是一个结构化的概念,是想象性的主体或者说主体之自我的一种存在场域,它更侧重在间性的关系中来描述自我的构成及其与世界的关系,并且它的使用总是与另两个场域关联在一起。总之,当拉康用想象界来重述镜像阶段的时候,他的侧重点已经发生了变化,对此,他自己在第1期研讨班(1953—1954)中已经说得很明确:

> 镜像阶段不只是发展中的一个时刻,它也有一种典范的功能,因为就其关涉着自我的原型(Urbild)而言,它揭示了主体与其镜像的关系。[1]

下面,我将围绕三个方面来描述拉康的想象界。首先是想象界的本质,接着是想象界的基本结构,最后是想象界之于自我(主体)的功能与后果。

我们已经知道,镜像阶段理论借用了瓦隆等动物心理学家和比较心理学家对婴儿和动物在某一认知情境中的行为反应进行比较研究的成果,但与众不同之处在于,拉康把镜子实验中观察到的现象引向了一个结构性的时刻,把婴儿在镜子前的反应纳入了弗洛伊德所复活的自恋神话加以解释,将那一认知情境说成是一个自恋性认同的场景,婴儿对镜像的欣悦认同最典型地体现了自我的自恋结构的特征。

弗洛伊德的自恋神话取自古希腊美少年那喀索斯的故事。这个美少年看见自己在水中的倒影,顾影自怜,最后溺水而亡,化作了一朵水仙。这则神话最为典型地说出了自我想象与(理想)形象认同之间一种特异的结构症结,因此深得心理学家的钟爱,19世纪末,就有人将其用于描述性倒错者的行为。弗洛伊德在1910年首次使用这个概念去说明同性恋者把自己当作性对象的选择行为,在1911年有关施列伯的病例研究中他进而把自恋视作性欲发展的一个中间阶段,即介于无对象的自体情欲(auto-erotism)与主体指向外界对象

---

[1] Jacques Lacan, *The Seminar of Jacques Lacan, Book I, Freud's Papers on Technique 1953-1954*, p.74.

的对象之爱（object-love）之间的阶段，其特征就是主体将他自己、自己的身体当作爱恋对象。在1914年的《论自恋：导论》中，弗洛伊德进一步把自恋现象理论化，并借用力比多投注的概念对其作了系统的说明，到1920年代，由于第二个拓扑论体系的提出，弗洛伊德对自恋的解释有所变化，但算不上是本质性的，自恋仍被看作将自我当作力比多投注对象的精神活动。[1]

弗洛伊德的《论自恋：导论》一文在拉康的阅读史中颇为重要，尤其在第1、2期研讨班中，这个文本都具有醒目的位置。拉康不只是接受了弗洛伊德对自恋概念的阐述，还将其视作自己的镜像阶段与想象界理论的基石，视"自恋的激情"为自我或主体在其发展的某个时刻完成自身认同的动力源。那么，弗洛伊德的《论自恋：导论》究竟说了些什么？在此有这么几点值得我们注意：第一，弗洛伊德把力比多的投注分为自我力比多（ego-libido）的投注和对象力比多（object-libido）的投注两种，前者以自我为投注对象，属于自恋型的对象选择，后者以外界对象为投注对象，属于依恋型的对象选择，两者的关系就如同变形虫与其伪足之间的关系，并且力比多在这一方用得越多，在另一方就用得越少；第二，自我不仅是力比多投注的对象，而且其本身也应被看作力比多的庞大贮存处，力比多由此被派送到对象上，并随时准备吸收从对象那里返回的力比多；第三，在自恋中，自我作为身体的统一形象成为力比多的投注对象，但它又不同于自体情欲的无对象投注，因为自我并不是一种自然的生物性存在："在个体中一开始并无相当于自我这样的统一体存在，自我需要经由发展而来。然而，自体情欲欲力自始便存在，因此必须有某种事物——一种新的精神作用——加入自体情欲，才会构成自恋。"[2] 第四，在自恋型的爱中，"理想自我"（ideal-ego）是

---

[1] 有关弗洛伊德自恋概念的演进，参见拉普朗虚和彭大历斯的《精神分析辞汇》一书中的"自体情欲"和"自恋"两个条目。

[2] 弗洛伊德，《论自恋：导论》，转引自拉普朗虚、彭大历斯，《精神分析辞汇》，第47页；另参见车文博主编，《弗洛伊德文集》第二卷，第655页。

自爱的目标，自恋的个体将自己展示给理想自我，在那里去寻找童年时在"自恋性的完满"（narcissistic perfection）中曾经获得过的满足，但这种自恋的力比多冲动与社会文化的伦理观念有时是相冲突的，随着年龄的增长，大部分个体会转而向外界寻求"自我理想"（ego-ideal）来作为失却的自恋的替代，通过对某一特别对象——例如父亲形象——的理想化来将力比多冲动投向自身以外的其他目标。

弗洛伊德的这些论述还有许多含混的地方，不过对拉康来说，这并不重要，他所要做的是对它们进行重述，并在重述的过程中以暗度陈仓的策略引入自己的想象界概念。

弗洛伊德在区分自我力比多与自体情欲（拉康称其为"性欲力比多"）的时候提出了一个对拉康来说至关重要的观点：一个相当于统一体的自我并不是一开始就存在的，它是发展而来的，而自体情欲的欲力是自始便存在的。拉康接受了这个观点的前半部分而修正了其后半部分，他说："在自恋的背后，你已经发现了自体情欲，即有机体内部由力比多所投注的能量块，其内部关系，我认为，就像熵一样是我们根本无法确知的。"[1] 拉康的意思是，自体情欲作为儿童最初的性欲形式，其力比多活动还处在一种无法确知的混乱状态，当力比多的投注以某种自恋形式出现的时候，那种性欲力比多便发展成为自我力比多，自我亦由此而形成。

当然，仅仅这样说是不够的，这还只是弗洛伊德基础上的原地踏步，必须在此基础上前进一步。自恋是力比多的一种投注形式，"自恋是力比多的"[2]，这一投注形式的根本特征就在于它是想象性的，它关涉的是"欲望的一个界域而非欲望本身"，自我就是在这个界域中形成的，在那里，自我或者说"力比多主体"与"世界"

---

[1] Jacques Lacan, *The Seminar of Jacques Lacan, Book II, The Ego in Freud's Theory and in the Technique of Psychoanalysis 1954–1955*, p.95.

[2] Jacques Lacan, *The Seminar of Jacques Lacan, Book II, The Ego in Freud's Theory and in the Technique of Psychoanalysis 1954–1955*, p.326.

的关系才是本质性的。[1]可以看出，拉康在此对力比多概念偷偷地进行了转换，不再把它单纯看作一种生物性的能量，而是看作与"像"的功能联系在一起的一种结构机制和力量：

  形象的本质就是被力比多所投注。所谓的力比多投注，就是使某个对象变成可欲望的，也就是说，它与这一多少是被结构起来的形象是混淆在一起的，而我们则以各种方式携带着这个形象。[2]

这样，弗洛伊德在自我力比多与自体情欲（原始的性欲力比多）之间所作的区分，在拉康看来，恰好说明自我的形成乃是想象的功能，而基于同一力比多投注形式的自我本身的功能也是想象性的：

  Urbild（原型）这一堪比自我的统一体是在主体历史的某一特殊时刻被构成的，自我便是在那个时刻开始发挥其功能的。这意味着人类自我是建立在想象性关系的基础上的。自我的功能，弗洛伊德写道，必须有"一种新的精神作用……才会构成"。在精神的发展中，某个新的东西出现了，它的功能就是赋予自恋以形式。这不是正好可以说明自我的功能的想象性源头吗？[3]

也许是为了让自己的借尸还魂更为有力和合法，拉康甚至说，弗洛伊德的自恋理论中已然隐含了想象界的思想。拉康这样说：

  不要认为弗洛伊德的文本中没有论及想象界的功能，对于象征界的功能亦当如此视之。……当我们开始研究《论自恋》

---

[1] Jacques Lacan, *The Seminar of Jacques Lacan, Book I, Freud's Papers on Technique 1953–1954*, p.113.

[2] Jacques Lacan, *The Seminar of Jacques Lacan, Book I, Freud's Papers on Technique 1953–1954*, p.141.

[3] Jacques Lacan, *The Seminar of Jacques Lacan, Book I, Freud's Papers on Technique 1953–1954*, p.115.

的时候，你会发现，弗洛伊德自己为了说明早发性痴呆、精神分裂症、精神病等与神经症之间的区别，甚至给出了一个可能会令你吃惊的界定。[1]

拉康在此指的是弗洛伊德在《论自恋：导论》的开始对神经症患者的力比多投注的界定。弗洛伊德说，与种种"精神偏执症"的特征是"妄自尊大和转移对外部世界的兴趣"不同，神经症患者不会中断与人和物的情欲关系，相反，他们会在幻想中保持这种关系，"要么用记忆中想象的东西代替现实客体，要么把想象的东西与现实的客体相混淆"[2]。拉康认为，弗洛伊德的这一本质性区分关涉着"想象界的功能"：

> 在神经症患者的拒绝承认［误认］、拒绝和针对现实的设障中，我们注意到了对幻想的一种诉求。在此，我们拥有了"功能"——在弗洛伊德的语汇中，这一功能只能是指涉想象的界域。我们知道那一功能的范围，即在神经症患者的环境中，人和对象的意义整个地改变了；对于那一功能，名之为——只能采用普通语言学的用法——想象界是没有任何问题的。[3]

不仅如此，拉康还在动物的行为中寻找例证来确证想象的功能在动物身上的作用。在他的理解中，自恋形式的力比多投注之所以关涉着想象的界域，关键就在于它的运作是在幻象或像的层面进行的。拉康认为，被理想化的形象所捕捉的自恋现象甚至存在于动物的行为尤其是求偶行为中，在那里，雄性和雌性的动物主体被一种"格式塔"所迷惑，"在那个时刻，动物主体与像完全同一，像主导着某一特殊的动力行为的完全释放，而其本身又以某种方式引发

---

[1] Jacques Lacan, *The Seminar of Jacques Lacan, Book I, Freud's Papers on Technique 1953–1954*, p.90.

[2] 车文博主编，《弗洛伊德文集》第二卷，第652—653页。

[3] Jacques Lacan, *The Seminar of Jacques Lacan, Book I, Freud's Papers on Technique 1953–1954*, p.116.

着配偶的回应……"[1]。动物的这种行为与人的镜像认同颇为相近，都体现了像或形象对于动物性存在的格式塔构形的重要性，像成为自恋性认同的中介，成为自恋性主体进行想象的中介。

当然，人毕竟不同于动物，动物与像的关系简单而且直接，比如它常常就分不清物像和现实，人固然也受到像的诱惑，但其与自身统一形象（格式塔）的关系要比动物的情形复杂得多："对动物而言，在它的环境中，它的想象性结构与它感兴趣的东西之间，只存在着数量有限的先行确立的对应关系……相反，在人的情形中，镜子中的映射指示了一个原初的智性可能性，并引入了一种继发性自恋。其基本模式直接地就是与他人的关系。"[2]具体地说，在人的身上，自恋形式的力比多投注有一个十分重要的特征，就是它的兴趣不再只专注于性欲对象，而是会把力比多投注延伸到个体以外的想象的世界，用拉康的概念说，自我的自恋性认同既有对自身躯体的认同，也有对他人的认同，前者被称为原发性自恋，后者被称为继发性自恋，前者使人类获得了对自身躯体的统一感，形成了弗洛伊德所讲的"理想自我"，后者使人类进而在象征界去确立自我与他人之间的象征性关系，形成了弗洛伊德所讲的"自我理想"。

总之，自恋形式的力比多投注乃是想象界的本质，是自我的"原型"以及自我与世界之间的想象性关系得以构成的动力源，那么，通过这种力比多投注所确立的想象性关系是怎样的？或者说，主体在想象界形成的与世界的关系是怎样的？想象界究竟给主体或作为自我的主体提供了什么样的关系结构？拉康说：

> 想象界在此首先指的是主体与其构成性认同的关系，此乃是"想象"一词在分析中的真实意义，其次指的是主体与现实

---

[1] Jacques Lacan, *The Seminar of Jacques Lacan, Book I, Freud's Papers on Technique 1953–1954*, p.137.

[2] Jacques Lacan, *The Seminar of Jacques Lacan, Book I, Freud's Papers on Technique 1953–1954*, p.125.

的关系,其特征为这个关系是一种幻觉,此乃是想象界最常被强调的一面。[1]

想象界首先指的是主体与其构成性认同之间的关系,其次指的是主体与现实之间的关系,拉康的这个界定指示了想象界的结构特征,即它根本上是主体的自我与镜像、自我与他人以及自我与世界之间的一种关系结构,"自恋认同……继发性自恋的认同,乃是对他人的认同,在正常情形下,这一认同能使人确切地定位他与一般世界的想象的力比多关系"[2]。拉康沿用精神分析学传统的概念,称这种关系是一种"对象关系"(object relation)。可问题在于,这个对象关系的本质是什么?这是我们必须弄清楚的。

尽管"对象"(object)概念算不上是精神分析学中最为核心的概念,但肯定是含义最为含混的一个概念。在弗洛伊德那里,"对象"概念有其特定的含义,即它不是我们传统的认识论所理解的与主体相对的客观存在,而是与欲望或本能需要相关联的东西,如同精神分析学所讲的主体主要是一种欲望主体一样,精神分析学所讲的对象也主要是一种欲望对象,一种欲望满足对象。当然,正如弗洛伊德所指出的,不是任何一个客体或某一客体在任何时候都可以成为欲望对象的,因为能否成为这种对象不是取决于对象本身的性质,而是取决于它有没有满足驱力(drive)。并且作为驱力对象的东西不一定是整体的人,也可以是人的身体的某个部分或称部分对象(比如母亲的乳房),甚至还可以是与人相关的某个物(比如女人的丝袜这种物恋的情形)。

正是基于弗洛伊德的这一对象概念,精神分析学在其发展过程中出现了一种对象关系理论,其代表人物有梅兰妮·克莱茵、D.W.温

---

[1] Jacques Lacan, *The Seminar of Jacques Lacan, Book I, Freud's Papers on Technique 1953-1954*, p.116.

[2] Jacques Lacan, *The Seminar of Jacques Lacan, Book I, Freud's Papers on Technique 1953-1954*, p.125.

尼科特、迈克尔·巴林特（Michael Balint, 1896—1970）等，这些在"二战"前后汇聚到英国的分析家相互之间有许多不同，但他们一致地强调从环境或关系而不是从本能来考察主体的发展，强调人际关系在心理构成中的作用，尤其强调对象关系之于个体发展的重要性，由此形成了所谓的对象关系学派，成为弗洛伊德去世后国际精神分析运动内部唯一可与美国的自我心理学学派相抗衡的一个学派——尽管这两者间的对立可能并不如我们想象的那么大。

拉康与对象关系学派的关系颇为复杂，克莱茵的对象理论曾对他早期的家庭情结研究产生过很大影响，并且这一影响在1950年代仍在延续，但他极少正面承认这一点。在1950年代前几期的研讨班中，对象关系理论格外地受到他的关注，尽管他对其基本上持一种批评态度，但口气远不如对待自我心理学派那样激烈，而是时常会给自己适当的挪用留有余地。并且他批评的靶子很少直接指向克莱茵，而是指向了巴林特，这尤其体现在他的第1、2期研讨班中。

巴林特出生于匈牙利一个犹太家庭，是弗洛伊德的弟子费伦齐的学生和继承人，1939年移民英国，成为英国对象关系学派的代表人，其代表作之一是1952年出版的论文集《原初之爱与精神分析技术》，拉康在第1期研讨班中对它有专门的评论。在此我没法对巴林特的对象关系理论作详细介绍——因为那涉及太多的枝蔓——为了使问题更加集中，我只能围绕拉康那散漫杂乱的批评将巴林特的思想有选择地归纳如下：第一，针对精神分析学有被人误解为只关心单独个体的"一体心理学"（one-body psychology）的危险，巴林特提出了"双体心理学"（two-body psychology）的概念，希望通过人际关系的研究来丰富精神分析理论；第二，与克莱茵类似，巴林特认为，对象关系并不是驱力的产物，而是在生命之初就存在，他把那种处于前生殖阶段的原初对象关系称为"原初之爱"（primary love），在此阶段，母婴关系处在一种自然的被动状态，对象（即母亲）在婴儿眼里完全没有自身感（selfish），只是满足需要的对象；第三，随着原初关系的破裂，在自我内部就形成了一种"根本的缺陷"（basic fault），自我成为一个破碎的和断裂的东西，因而精神分析的过程就是要创造一种氛围，一种属于你自己的舒适的氛围，让病人通过所谓的"温和退行"（benign regression）重新获得曾经拥有后来又解体了的完整自我。

对于这些观点，拉康在不同的地方逐一进行了批评。对于巴林特的"双体心理学"，拉康指出，由于巴林特"缺乏引入主体间性关系所必需的理论机器"——拉康所讲的象征界——所以他的双体心理学仍是"对象对对象的关系"，就是说仍是一种建立在自恋基础上的"二元关系"[1]，而在分析经验中，由于言语或语言的进入，这种想象性的二元关系根本上是不存在的，或者说是虚幻的。对于巴林特的"原初之爱"的观点，拉康指出，如果说母婴之间真的存在这种前已确立的和谐关系，即婴儿的需要可以从母亲那里获得完全的满足，那这一关系对母亲而言也必定是真实的，她对婴儿的爱也必定有着在原初需要层面前已确立的和谐关系的特征，可为什么在澳大利亚的一些原始部落——当没有东西可吃的时候——会有食子的习俗呢？[2] 再者，巴林特把源自前生殖阶段的原初之爱界定为一种没有主体间性的直接对象关系，在那里，对象根本没有自身感，也不是主体，而只是满足需要的对象，那么，以他人之自身感作为前提的主体间性又来自何处呢？巴林特回答说，也是源自前生殖阶段，这显然与他整个的原初之爱的理论是相冲突的。"正是在这里，在理论阐述的层面，当人们把对象关系归属于满足的界域的时候，就会看到其所滑入的死胡同。"[3] 最后，从临床的角度说，巴林

---

[1] Jacques Lacan, *The Seminar of Jacques Lacan, Book I, Freud's Papers on Technique 1953-1954*, p.205.

[2] Jacques Lacan, *The Seminar of Jacques Lacan, Book I, Freud's Papers on Technique 1953-1954*, p.210.

[3] Jacques Lacan, *The Seminar of Jacques Lacan, Book I, Freud's Papers on Technique 1953-1954*, p.213.

特的观点也是站不住脚的,因为他所讲的对象关系根本上只是一种想象性的二元关系,而在他所论及的诸如性倒错这类临床现象中,所涉及的对象关系通常是与主体间性联系在一起的:"巴林特的对象关系理论在性倒错的现象学……和爱的现象学中都适用吗?完全相反!任何一种形式的性倒错现象,其结构——在其存在的每一时刻——都是由主体间关系维系的。"[1]

基本上,拉康对巴林特的对象关系理论的批评都是围绕着主体间性展开的,在他的理解中,他与巴林特之间的根本差异可以归纳为这样一点:巴林特理解的对象关系其实是没有自身感或自我感的对象对对象的直接二元关系,而他理解的对象关系是一种以像作为中介的主体间关系,更确切地说,对象关系必须以主体间关系作为基础或前提,拉康明确地总结说:

> 与巴林特的角度相反,而与我们的经验完全一致的是,我们必须从一种根本的主体间性出发,从主体完全被他人主体所接受出发。[2]

对象关系是一种想象的关系,拉康并不否认这一点,所不同的是,英国人把它看作对象之间直接的二元关系,而拉康把它理解为一种特殊的主体间关系。可主体间关系属于象征界,它怎么会出现在想象界当中呢?按照拉康的"三界"拓扑学逻辑,不论是从主体存在的角度还是从主体发生的角度说,象征界的运作都要早于想象界的运作,在自我形成之前,象征界就已经存在了,并已经对主体发生作用了,例如孩子还未出生,父母就按照自己的期望依照性别给"它"起好了名字,主体就在这一预期的行为中被注册到象征界

---

[1] Jacques Lacan, *The Seminar of Jacques Lacan, Book I, Freud's Papers on Technique 1953-1954*, p.214.

[2] Jacques Lacan, *The Seminar of Jacques Lacan, Book I, Freud's Papers on Technique 1953-1954*, p.217.

之中，就像拉康所说的，"一切都开始于命名的可能性"[1]。正是象征界的这一先行在场，使自我之于他人的想象性关系也将打上象征界的烙印，象征界的间性结构在想象的经验中也会得到体现。再有，在象征界，主体间关系是多方参与的，除相互交谈的主体以外，各方主体的自我也要卷入其中，可在想象界，主体尚未形成，或者说形成了却处在僵死的位置，参与关系的只有主体的自我，自我以想象地形成的他人（或他物）之像为中介来想象地理解其与作为对象的他人（或世界）的关系，这一关系仍被称作"主体间关系"，关键不在于这里面涉及自我和他人，而在于它有一个间性结构——他人之像——作为关系的中介，正是在这个意义上，拉康称属于想象界的对象关系是一种"想象的主体间性"（imaginary intersubjectivity）[2]，并称这一关系必须在自恋的框架里来理解。

所谓"想象的主体间性"，意思是，在想象界，自我与他人的关系有着主体间性的结构特征，那就是自我的构成是通过对镜像或他人形象的认同完成的，自我是在与他人形象或像的关系中建构出来的。需要注意，在这里，他人和他人之像是不同的两个东西，在想象界，他人根本上是一个敷设的空位，"它"并不实际地参与到关系中——参与关系的只有自我——但却构成关系的一个结构要素；至于作为关系中介的"像"，它是自我力比多投射出来的，是自我对他人的一种理想化，它也是自我的认同对象，是自我真正的欲望对象，进一步地，当自我以它为认同对象的时候，当自我让力比多从那里回投到自身的时候，自我就被对象化了，这时，想象界的关系就变成了自我对自身或对象化的自我的关系，所以那是一种自恋关系。拉康甚至说，自我本身作为力比多投注的对象一开始就被对象化了，并且只有通过自身的这种对象化，自我才能把他人对象化，

---

[1] Jacques Lacan, *The Seminar of Jacques Lacan, Book I, Freud's Papers on Technique 1953-1954*, p.219.

[2] Jacques Lacan, *The Seminar of Jacques Lacan, Book I, Freud's Papers on Technique 1953-1954*, p.217.

把外界对象化，进而形成自我与他人和世界的想象关系：

> 要想形成对象关系，就必须已经有自我对他人的自恋关系。而且，这是外部世界对象化的首要条件。[1]

因此，拉康所讲的想象界的对象关系并不是自我与自身之外的某个他人或物之间直接的主体—对象的关系，而是自我以像为中介形成的自我对自我的想象性关系，一种通过像的认同而确立起来的自恋关系，并且这个认同不是一次性地完成的，而是自我的力比多投注在自身与对象（"像"）之间循环往复的过程，是自我与对象之间的一种跷跷板游戏（the see-saw），自我首先在力比多的投注中被对象化，同时自我作为力比多的庞大贮存处也在把他人和外部世界对象化。这种力比多投注注定了想象界的对象关系是一种自恋性的关系，因为不论是自我的对象化还是外部世界的对象化，都是以格式塔式的完形作为中介，以自我和对象的理想化形象作为纽结点，自我和对象在理想形象的位置被视作同一的东西，自我就是在这里形成了躯体的协调感和形象的整体感。

那么，自我在这一对象关系中建构出来的自身认同之于主体而言意味着什么？或者说，想象界的这一结构运作对于自我或主体究竟有何影响？这涉及想象界的认同辩证法，拉康的精神分析精神在这类辩证法中总能获得精彩的表现。

从精神分析学的角度说，所谓认同（identification），就是主体在力比多投注中以投射的方式对自身以外的某个他人或对象的某些属性的承认、接纳和吸收，它是自我和主体之构成的一种运作机制。在拉康的理论中，认同分为想象性认同和象征性认同，它们分属想象界和象征界，前者形成了自我和理想自我，属于原初认同，后者形成了主体和主体的自我理想，属于继发认同。

---

[1] Jacques Lacan, *The Seminar of Jacques Lacan, Book II, The Ego in Freud's Theory and in the Technique of Psychoanalysis 1954–1955*, p.94.

拉康把想象界的认同又称为自恋性认同，意在强调这一认同的一个典型特征，即它是力比多投注到主体自己身上的结果。从发生学的角度说，这一投注首先指向的是个人主体即婴儿在镜子中的镜像，婴儿在镜子中看到自己的形象，便在原初力比多的驱动下欣悦地与之认同，故而拉康又称此为镜像认同。当然，这个认同不是一次就可以完成的，它是一系列的过程，因为力比多投注不是简单的由此及彼的单向运动，而是一种循环往复的流动，是主体与其镜像之间的一种"跷跷板"游戏，这一游戏的结果就是自我的构成，拉康称之为自我同一性或理想自我的形成。在第1期研讨班及其他许多地方，拉康引入光学研究中的一个说明花束倒置的镜子装置来图示这个认同机制：

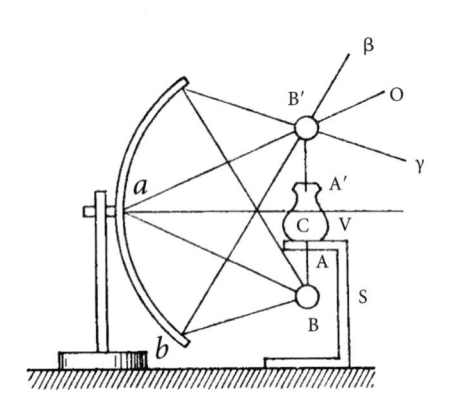

图示的左边是一面凹面镜，右边是一个盒子和一个花瓶。花瓶放在盒子上，盒子面对着凹面镜的一面是敞开的，里面隐藏着一束倒置的花。花束投射到凹面镜的光线被反射回来，并在花束的对称点上会聚：这样，当我们站在 $\angle \beta B'\gamma$ 的范围内时，就可以看到花束插在花瓶中的景象——其实花瓶里什么也没有，"你根本看不到真实的花束"，我们看到的只是花束的实像——因为"光线以会聚的形式刺激眼睛的特征就是它们产生了一个实像"——拉康称这个实像是一个"想象的花束"[1]。

这个光学模型可以说明什么问题呢？拉康说，不妨把这个模型中"花瓶与它所包含的花朵之间的关系"看作一个"隐喻"，那就是自我与其身体的关系的隐喻：眼睛或观看所在的位置是主体的位置——拉康称其是"主体的象征界"，即主体的想象之看常常是发生在象征界——插满花朵的花瓶的形象是身体的完形形象，在现实中，花束和花瓶是分离的，即现实的身体是破碎的、不完整的，但在眼睛所及的光线的会聚之下，或者说在力比多的投注之下，我们获得了一个完整的身体形象——花朵与花瓶合一的形象，在这里，"身体的形象赋予了主体第一个形式，使其得以定位什么是与自我有关的和什么是与自我无关的"[2]。由此，拉康得出结论说：

> 这就是原初的历险，通过这一历险，人第一次获得了观看自己、反思自己和非其所是地构想自己的经验——这是人的一个本质性维度，它整个地结构着他的幻象生活。[3]

镜像之看是一种想象的看，它结构了自我的同一性，使其获得了身体的完整感和协调感，获得了理想的"我"的形象，同时也结构了这个完整的自我与世界的关系。镜像认同虽然是在一个想象的空间中进行的，但它也具有时间的向度，只是这个时间不是线性发展意义上的从过去或现在指向未来的时间，而是一个逻辑时间，一个拓扑学时间，一个未来以预期的方式先行到来并决定着主体之历史的时间，也就是说，镜像认同的结构化过程包含着一种通过预期显示出来的时间辩证法。

前面已经说过，自我既是力比多投注的对象，也是力比多的庞

---

[1] Jacques Lacan, *The Seminar of Jacques Lacan, Book I, Freud's Papers on Technique 1953–1954*, p.78.

[2] Jacques Lacan, *The Seminar of Jacques Lacan, Book I, Freud's Papers on Technique 1953–1954*, p.79.

[3] Jacques Lacan, *The Seminar of Jacques Lacan, Book I, Freud's Papers on Technique 1953–1954*, p.79.

大贮存处。虽然自我是通过力比多投注产生出来的,可它在获得自我的原型以后进而会以此为范型来引导和构想自身与他人及世界之间的想象性关系,"Urbild(原型)这一堪比自我的统一体是在主体历史的某一特殊时刻被构成的,自我便是在那个时刻开始发挥其功能的"[1]。这一功能的一个本质方面就是主体的未来"预期"。

在拉康的精神分析经验中,预期(anticipation)和回溯(retroaction)是一对结构性的范畴,它们都与时间有关,我们不妨称前者是一种结构时间,后者是一种分析时间。简单地说,前者指的是以未来影响当下的方式,是主体从未来的状态来预设、构想、决定当下的存在的一种运作,后者是以当下和未来重建过去的方式,是主体从当下或未来的效果去综合和解释过去的事件的运作;以语法学的概念描述之,前者是将来的过去完成时,后者是过去的将来完成时。

根本上说,所谓预期,其实就是将"我"或理想自我置于未来的某个位置,让它在这个位置发挥功能,例如自我从这个位置观看和建构自己的存在,通过对这个位置的先行认同来构想自己与世界的关系。如此观之,预期不过是自我建构自身的存在及其与世界的关系的另一个想象性维度。如同对镜像的空间认同是一种想象性的认同一样,主体通过预期所完成的认同也是想象性的。正是认同的这种想象特征,引出了拉康的认同辩证法,这一辩证法可以从肯定的方面和否定的方面来说明。

具体来说,自恋性的镜像认同对自我或主体的结构功能体现为如下几点:首先它是对躯体的一种完形,是碎片化的身体现实的一种矫形术,婴儿通过认同于镜像而形成了完整的躯体感;其次它是自我的一种理想化,个体在有关自身躯体的完整心像中进而结构出了自我的原型,形成了理想的"我"的概念;进而它也是结构自

---

[1] Jacques Lacan, *The Seminar of Jacques Lacan, Book I, Freud's Papers on Technique 1953–1954*, p.115.

与他人和世界的关系的动因,通过镜像认同,有机体得以建立起与其现实之间的联系。从躯体到理想之我,从理想之我到世界,一系列的自恋性镜像认同就这样把自我建构为一个整体,使其获得了一种同一性。这一切都属于认同辩证法的肯定性方面。

可是,与这一系列的同一性建构辩证地共存的是另外一种触目的真实:与完整的躯体感对应的是破碎的身体现实,与整一的理想之我对应的是镜像作为一种他性的存在对自我的建构,与自我与世界之间的统一性对应的是自我与他人之间无法抹除的差异性。何以至此?关键的一点就因为人是一个早产儿,各种机能尚未发育成熟便降临于世,于是只能借助想象性的认同来弥合先天的不足。想象即是一种幻觉,一种虚构,而镜像认同的关键在于人总是沉溺于这个想象的统一性中,把这种统一性视作自我的真实,进而以其为原型来构想自身的一切。当认同沿着虚构的方向向前发展时,统一性的幻觉便掩盖了破碎的真实,但也仅仅是掩盖而已,它并不能因此抹除那个真实,因为后者根本上是无法抹除的。即便主体的心智功能成熟了,原初认同的那种幻觉并不因此消失或被克服,相反它会一直伴随着主体,直到死亡。正是在这个意义上,拉康说,自我的镜像认同根本上就是一种 méconnaissance(中译一般译作"误认")。

"méconnaissance"这个法语词对应着英语中的"misunderstanding"和"misrecognition",但在拉康作品的英译中,人们对这个词通常保留原文不译,以显示该词在拉康的使用中的特殊含义。就本义而言,"误认"即指把虚幻的看作真实的,把他人的看作自己的,把他在的看作此在的,就像自我关于自身的那一系列认识,它们本质上都是一种误认。可在拉康的使用中,误认还与弗洛伊德的 Verneinung(否认)概念相联系,有"矢口否认""拒不承认"的意思。[1]在弗洛伊德的精神分析化的理解中,"否认"作为一种心理活动有可能正是被压抑的愿望或欲望的表达,也就是说,它不

---

[1] 参见黄作《不思之说——拉康主体理论研究》第六章第一节。

仅证明了压抑的在场,而且可能是被压抑的东西在意识域的某种转换或返回。拉康也是在这个意义上称"误认"并非一种简单的不知或无知(ignorance),而是与自我的知识联系在一起的,甚至自我的知识整个就是一种 méconnaissance,它们都有着妄想症式的结构,都属于妄想性的知识。拉康说:

> 误认不是无知。误认代表着肯定与否定的某种组合,主体就附着于这个组合体上。因此,若是没有共同关联的知识,误认就是不可想象的。如果主体能够误认某个东西,那他必定知道这一功能是运作于何物。确实,在他的误认的背后,必定存在着对将被误认的东西的某种知识。[1]

例如,对一个生活在对亲人之死的误认状态——拒不承认亲人已死的事实,而是宁可相信亲人还活着——的谵妄患者来说,他的拒不承认绝不表明他分不清死去的人和活着的人,他只是不愿承认或拒绝承认亲人已死的事实,并且他的这一行为恰恰表明"他知道这里面有一种他不愿承认的事实存在"[2]。méconnaissance 的行为显示了一种肯定与否定的辩证法,对被否认或被拒绝的东西的肯定或者说认识恰恰以否认或误认作为前提。并且需要特别提醒的是,对误认的主体而言,误认并不等于虚假的认识,恰恰相反,在他的认识中,他正是把误认的知当作一种真知看待。

因此,如果说是对镜像的认同建构了自我的身份或同一性,那么这一认同的误认本质则显示了自我身份或同一性的虚幻性,拉康又把这称作自我或主体的异化。例如在预期中,自我本身看似是作为动因而发挥作用的,"他的躯体镜像是他在对象中构想的所有统一性的原则。现在,他仅仅从外部且以一种预期的方式来构想这一

---

[1] Jacques Lacan, *The Seminar of Jacques Lacan, Book I, Freud's Papers on Technique 1953-1954*, p.167.

[2] Jacques Lacan, *The Seminar of Jacques Lacan, Book I, Freud's Papers on Technique 1953-1954*, p.167.

特定镜像的统一性"[1]。而实际上，由于主体在镜像中借以预期其力量之成熟的完整躯体形式仅仅是以格式塔的完形方式获得的，就是说，他仅仅是在一种外在性中获得这个形式的，因此，这个预期恰恰也预示了他的异化命运。这就是拉康在《镜像阶段》中所讲的著名的"时间辩证法"：

> 这一发展过程可被体验为一种决定性地将个体的形成投射到历史之中的时间辩证法。镜像阶段是一出戏剧，其内在的冲力从欠缺猛然被抛入预期之中——它为沉溺于空间认同诱惑的主体生产出一系列的幻想，把碎片化的身体形象纳入一个我称作整形术的整体性形式中——最后被抛入一种想当然的异化身份的盔甲之中。这一异化身份将在主体的整个心理发展中留下其坚实结构的印记。从此，从Innenwelt（内在世界）到Umwelt（外在世界）的环路的断裂，将给自我求证带来无穷无尽的困扰。[2]

"异化"（alienation）是拉康经常使用的一个术语。与其他许多概念一样，在拉康那里，"异化"一词的含义与我们所熟悉的那种哲学理解——例如黑格尔和马克思的理解——有很大的不同，其中有几点需要特别注意：第一，"异化"也曾是精神病学用来描述精神分裂的一个范畴，拉康讲到的自我和主体的异化包含这个初始含义；第二，我们知道，在德国哲学中，比如在黑格尔那里，"异化"还有"外在化""对象化"的意思，拉康的运用偶尔也包含这个含义；第三，拉康所谓的"异化"主要是指一种心理现实，它与社会的异化事实无关；第四，拉康认为主体的异化是不可克服和无法消除的，它在主体认同之初就已经铭写到主体内部，并将终身伴随主体而发挥作用。

---

[1] Jacques Lacan, *The Seminar of Jacques Lacan, Book II, The Ego in Freud's Theory and in the Technique of Psychoanalysis 1954-1955*, p.166.

[2] Jacques Lacan, *Écrits*, p.78.

为什么认同带来的是主体的异化呢？这与镜像认同的结构有关。上面已经说过，主体在镜像中所认同的并不是自我本身，而是一个对象化的自我，一个以自身对体（alter ego）或他人形式所呈现出来的小他者（other），拉康所谓的"自我即是一个小他"说的就是这个意思。从位置上说，这个小他之于自我是一种外在性，从性质上说，它之于自我是一种异己性，两者合在一起构成了他者的异在性（alterity）。所以，当自我在认同中把这种异在性误认为自己的本质的时候，它实际上是把一个裂口、一种分裂内置到了主体之中，这样，由认同所结构出来的自我或主体只能是分裂的。由此我们可以进一步看到，在想象界，拉康所谓的主体间性——他称之为"想象的主体间性"——根本不是一个主体与另一个主体之间的关系，而是主体或自我与自身所认同的小他者之间的关系，主体间性不只是使镜像主体得以实现的前提，也是使这个主体的主体性获得变得本质上不可能的前结构。到了象征界，由于语言的进入，由于能指的作用，由于父之名的传唤，内在于主体的这种异化和分裂将被恒定化，主体间性的结构运作将更加强大有力。

对镜像的误认不仅在自我的内部植入了异化的因子，还引入了一种侵凌性的倾向。有关侵凌性，拉康在1930年代就已经有所涉及，比如他对埃梅和帕品姐妹的案例的研究以及对家庭情结的研究就都与侵凌性有关，而在1940年代末阐述镜像阶段时他更明确地把侵凌性同自我的自恋性认同联系在一起，其中最为集中的讨论是在《精神分析中的侵凌性》（1948）一文中，在那里，他强调侵凌性是存在于人类主体当中的一种普遍的精神结构，并且是与自我的镜像认同的关系结构紧密地联系在一起的（参见本书第三章第三节）。在自我把异于自身的对象凝定为一个理想的形象加以认同的同时，也就把自我与他人的紧张关系引入了自身内部而形成了一种内在的张力，也就是说，自我对他人形象的想象性认同在引入一种爱的结构的同时，也引入了一种敌对的结构，一旦那爱的结构发生裂隙——

且必定要发生裂隙——爱的能量就会转化为侵凌性的能量:

> 这种形式凝结于主体的内在冲突的张力中。此张力终将唤醒他对他人的欲望对象的欲望:在这里,原初的协作迅速演变为侵凌性的竞争,并由此生发出他人、自我和对象的三元组。这个三元组在奇观式的共享空间中闪烁着,并以其自身的形式结构铭刻在其中。[1]

在镜像中形成的原初自我构成了主体的第一次认同或原发认同,这一认同既结构了主体想象的同一性,也引发了主体的第一次异化,这意味着在镜像中以格式塔的形式所捕获的身体的理想形象同现实当中主体对碎片化的身体的知觉是不可能达成统一的,这一不可能性最终导致了主体对自己、对自己在镜像的诱惑中创造的自恋形象的一种持久的敌对性,使主体对自我的形象产生了一种既爱又恨的矛盾心理。从这个意义上说,自恋与侵凌性是一回事,爱和恨是同一枚硬币的两面——但不是对立的两面,而仅仅是正反的两面,因为爱的对立面并不是恨,而是冷漠,恨是爱的另一面。拉康甚至认为侵凌性是主体的想象性维度的一个前提,"侵凌性是一种与我称为自恋的认同模式相互关联的倾向,这种模式决定了人的自我的形式结构,也决定了人的世界所特有的实体域的形式结构"[2]。结果,侵凌性的累积与自我的自恋程度成正比,这就是为什么拉康称在理想主义者、改革家、教育家甚至慈善家的行动背后都隐蔽有一种侵凌性意向。

侵凌性是自我与他人的想象性关系的必然结果,只要主体把自己置于一个想象的自恋主体的位置,其对他人的关系就必定带有侵凌性的特征,即便那关系呈现为一种爱的形式。为什么会这样呢?根本的原因在于自我与对象的关系。自我是通过对对象的一种形式

---

[1] Jacques Lacan, *Écrits*, p.92.

[2] Jacques Lacan, *Écrits*, p.89.

凝定来完成其认同的,这一认同固然有助于自我的统一性的确立,但也在自我内部植入了一个异己的因素,一个时常会唤起自我的破碎感的因素,这就是说,在想象性认同中,自我与对象的关系终归是一种你死我活的关系,即便是在爱的关系中,自恋的主体爱的并不是他人,而只是他自己,只是在一般情况下,自我统一性的表象会把我们内心的侵凌性意向掩盖起来,或者说以一种爱的形式把它掩饰起来,再加上我们对自己的这种自恋的爱的误认——以为自己真的爱着对方,以为对方真的是因为我而爱——也导致了我们对那种侵凌性的拒认。当然,这并不意味着侵凌性必定要体现为进攻的行为,拉康特别地强调,侵凌性只是主体的一种精神结构,一种心理意向,攻击性则是这种心理意向的后果,但侵凌性不一定非要体现为直接的攻击性,人类的行为,尤其是有意识的行为,总归是一种表象,所以从行为本身根本无法判断该行为的性质,而只有进入自我与对象的关系结构中,我们才能看到隐藏在行为背后的实质,看到力比多能量的经济学运作。

还有一点就是,侵凌性并不一定只是指向他人,许多时候它恰恰是对自我本身的攻击,或者对他人的侵凌与对自我的侵凌常常共生性地存在着,就像埃梅和帕品姐妹,她们对自己一度倾慕的对象的攻击与对自己的攻击——拉康所谓的"自罚妄想"——是一体的,是她们的自恋的精神结构的高潮演出。

再比如《红楼梦》中的林黛玉。我们在这个角色身上所看到的那一切可爱或不可爱的品质,归根到底就因为她是一个只生活在自恋性的自我世界之中的存在,她拒绝让自己接受象征世界的秩序,拒绝那个污秽的世界施加于她的一切规制,她只活在自我的想象中,只活在以一种自恋模式投射出来的神话性盟约中,所以在她高兴的时候,她会把自恋的爱投射到一个理想的"我"即贾宝玉的身上——这个时候的他当然必须是不通世务的,即是不受象征秩序拘制的——在那里,她爱的与其说是贾宝玉这个人,不如说是贾宝玉作为她的镜像对象的那个自我完形,她在贾宝玉的不通世务上看到的只是自己的高洁和遗世独立。如果她的自我的完形受到威胁,忧郁和哀悼就是她从另一面来构形自我的常用手段,这时,那满地的残花就是她看到的自己:自己的处境、自己的命运、自己的洁净品质等,她不是因为生命的无常而忧郁,她也不是因为韶华的逝去而哀悼,她的忧郁和哀悼是为了让自己适应与对象的分离,为了在对对象的回忆与展望中、在对对象的过去与未来的意象的建构中来暴露和放大自我在当下的缺失,在一个残落的替代对象中来重寻自我的幻影。及至她对世界的拒绝使她的自我最终一无依持的时候,她就只有认同自己的病态乃至死亡,这一认同并不是她对世界的控诉——她不会控诉或质询世界,那是象征界的主体才会做的事,她只会误认、拒认那个世界——而是她对自我的绑架和胁持,是她的自恋结构的本体化,她要通过对自我的最后一击来确证"我"的完整与清洁,从这个意义上说,林黛玉最后对死亡的认同是把那个脆弱的自恋的"我"升华到了不死的"我"的境界,"我"通过杀死自己来证明"我"是不死的,"我"或者说"我的美"是不可毁灭的。而相对于作为读者的我们而言,这个不死的"我"就像是一个崇高的"物",一个不可趋近却又散发出迷人光辉的对象,一个以死亡来表明自己永生不死的对象。

二 象征界

拉康曾反复称精神分析学家本质上乃是象征功能的实践者,象征界是精神分析理论和实践运作的对象,由此足可见象征界这个维度在他心目中的重要性。但另一方面,由于拉康本人并没有专一就这个界域本身做出明确界定,而总是在不同语境中直接讨论它的运作及其效果,所以,面对这个看似较为容易理解的概念,研究者们却是人言人殊,不知从何谈起。更有甚者,基于拉康对属于象征界的父法与主体之构成的关系的讨论,有的人对象征界做出了一种文化主义的解释,而忘记了拉康对这种倾向早就表明了自己的反对意见。在此我们也许必须谨记一点:拉康虽然是在象征秩序中来讨论主体之构成,但他并不是传统意义上的文化或环境决定论者,如果说他有一种决定论,那也是一种偶然性、随机性的决定论,是一种多元的决定论;他也不是文化的表现主义者或象征主义者,他所谓的主体的构成及其症状并不是某个本质化的中心的表现或象征,而只是一种结构化的效果,是需要在象征秩序中来加以理解的东西。

虽然拉康把象征界运用于其分析理论和分析实践的各个方面,但有一个轮廓却是十分清晰的,那就是他在引入象征界的时候总离不开三个基本的维度:人类学的维度、语言学的维度和精神分析学的维度。这三个维度时常是并置在一起的,并最终都要归结到主体性和主体间性的问题上来。

拉康明确地告诉我们,他的象征界概念很大程度上是受益于克劳德·列维-斯特劳斯(以及莫斯)的人类学——但他没有提到瓦隆对他的启示,也没有提到其他精神分析学家比如对象关系学派在象征问题上给予他的教益。那么,列维-斯特劳斯的人类学究竟给了拉康什么样的启示?对于这个问题,我们可以从如下几个方面来看。

第一,无意识结构本质上是一种象征性的功能。在1949年发表的《象征的效力》一文中——拉康的象征界理论就是从这篇文章获得启示的——列维-斯特劳斯通过比较萨满教医疗术和精神分析治疗的异同,得出了一个重要的结论,即导致主体精神创伤的力量不可能来自其本身固有的特征,而是来自在社会文化中已预先存在的结构模式,主体的一切心理生活和后期经验都是由这个结构模式组织起来的,而其整体则构成了我们所谓的无意识,这一无意识结构本质上是一种象征性的功能:

> 无意识于是不再是一个难以名状的个体特殊性的庇护所、一间贮藏室,里头存放着一部使我们每个人都变成一个无法替

代的存在的独特的历史。无意识于是还原为一个我们用于称谓某种功能的术语：象征性功能，它无疑是人类所特有的，但它在一切人身上发挥作用时都遵守同样的法则；归根结底，它实际上是这些法则的总和。[1]

基于这一观点，列维－斯特劳斯进而还区分了下意识（the subconscious）和无意识（the unconscious），视下意识是个体记忆的贮藏室，而无意识是一个具有特殊功能的器官，"它仅仅止于把结构性法则……强加给来自别处的无序成分：冲动、情绪、表象、记忆等"，因此，下意识只是一部个人的词典，我们每个人都从中积累起自己的历史的语汇，而对我们个体而言，"只有当无意识根据它的法则把这些词汇组织起来，并把它们变为一套话语的时候，这些词汇才获得意义"[2]。就此而言，个体的词汇只是材料，而无意识的结构以及这一结构的象征性运作才是根本。

显然，列维－斯特劳斯是在以自己的方式来讨论弗洛伊德的无意识理论，这一讨论至为重要的地方在于无意识的结构化，弗洛伊德注入无意识的那诸多内容被彻底清空，所留下的只是一个结构功能，并且这一功能不再与个体的本能压抑或欲望移置有关，而是完全被挪移到一种文化的集体逻辑或所谓的"野性思维"中来思考。从这个意义上说，列维－斯特劳斯堪称是结构精神分析学的真正先驱。

第二，语言与乱伦禁忌是人类作为一种文化存在的两个基本前提。列维－斯特劳斯的结构人类学有一个远大的志向，就是要揭示人类社会的所有体系得以构成的基本法则。他以自然和文化的区分作为人类社会构成的基本标志，认为语言的运用和乱伦禁忌的确立是人从动物性的自然状态转向人化的文化状态的两个标志与前提。同时，他还以结构语言学的音位学原理为模型，认为语言的结构原

---

[1] 列维－斯特劳斯，《结构人类学》（1），张祖建译，北京：中国人民大学出版社，2006年，第215—216页。

[2] 列维－斯特劳斯，《结构人类学》（1），第216页。

则乃是人类社会其他功能体系的范本,从亲属称谓制度到神话叙事,从饮食规则到动物分类体系,但凡人类的文化实践,无一不是遵循像语言一样的原则,人类的社会结构就像句法一样,受到一定法则的支配,并以跟语言相同的方式无意识地运作着。这就是说,人类"野性思维"的无意识结构是像语言一样被结构和进行运作的。列维-斯特劳斯的这些观点在1949年出版的《亲属关系的基本结构》一书中有集中的论述,拉康的所谓"无意识是像语言一样被结构的"显然就脱胎于此。

第三,赠礼式的交换乃是人类社会结构的基本形式或法律。列维-斯特劳斯运用莫斯的赠礼理论探讨了包括婚姻制度在内的人类社会结构的基本运作规则,认为社会组织的结构化及其运行都是建立在礼物式的交换制度上的,人类的一切社会行为和文化行为很大程度上乃是对不可解决的现实矛盾所做的一种象征性解决,其结构性的要素在这一解决中充当着某种价值交换的功能。故而,这种交换的本质不在于用来交换的实物本身,而在于实物在交换制度中的象征意义,在于象征化的实物之于人类社会的结构化功能,就像婚姻制度中作为交换物品的妇女,其价值不在于妇女本身的存在,而在于妇女作为一个结构要素在男人主导的交换体系中所具有的象征功能。在下面我们将会看到,这一交换理论直接影响了拉康对象征界的功能的阐述。

最后,除以上这些具体而且明确可辨的方面以外,列维-斯特劳斯给予拉康的一个更具影响力的启示则在于方法论的方面,即正是因为列维-斯特劳斯对人类学与精神分析学之间的关系的论述,为拉康"回到弗洛伊德"提供了一个方法论的基点,就是在语言学的基础上把象征的功能置入精神分析学的语境中,去思考语言与无意识或无意识主体之间的关系,以确立象征界域在精神分析中的效能。而正是象征界的这种引入,开启了精神分析运动一次伟大的思维革命,正如拉康主义者安娜·杜楠(Anne Dunand)所说的:

今天，在精神分析学和人类学中赋予象征功能如此重要的地位似乎没什么可奇怪的。但是，我们应当记住，在拉康之前，在列维-斯特劳斯之前，精神分析学还漂浮于——实际上是遨游于——感受、情绪和情感的洪流中。象征功能被认为是表达情感的工具，情感被看作原因。是列维-斯特劳斯和拉康赋予了象征结构之于主体规定性的重要性，前者以此把亲属称谓制度和神话的结构形式化了，后者则以此证明了分析经验首要地是基于语言和言语的实践。接着，在其研究的进一步发展中，且由于这个第一步，他们才能够修正最初的研究，同时又不放弃这一革命性的概念：列维-斯特劳斯通过消除主体的维度，拉康通过转换和数学型，建立了主体与其对象的关系。[1]

正如杜楠所说，列维-斯特劳斯在其人类学中引入语言学来说明"野性思维"的无意识结构是为了消除主体的维度，而拉康在其精神分析学中引入语言学来说明主体的无意识结构则是为了重新确立主体性的维度，通过引入象征界，主体的构成及其命运将可以得到说明，精神分析的理论及其实践亦可以得到澄清，用拉康自己的话说，对于弗洛伊德的那些语义含混的术语，只有让其与人类学的"时下用语"即象征的效能之间建立起"同义关系"，才能澄清其含义。[2]

那么，如何在这两者间建立起"同义关系"呢？这一方面有赖于对象征界的功能的阐明，另一方面则有赖于对精神分析经验的理论化，而这两个方面又同时有赖于语言学分析模式的引入，有赖于在语言学的手术台上完成人类学和精神分析学的缝合。在此，如果我们把象征界当作一个理论的纽结点的话，那它的位置就处在人类学、语言学和精神分析学三者的交集之中，也就是说，虽然拉康在引入象征界时总离不开人类学、语言学和精神分析学三个维度，但

---

[1] Anne Dunand, "Lacan and Lévi-Strauss", in Richard Feldstein, Bruce Fink and Maire Jaanus(eds.), *Reading Seminars I and II : Lacan's Return to Freud*, pp.103-104.

[2] Jacques Lacan, *Écrits*, p.199.

它们并不是独立地运行的,而是相互交叠的,所以我们很难脱离其他两个维度在单一某个维度内来分别谈论所谓的象征界。

不过,尽管面临上面的困难,作为分析家的拉康还是为我们提供了一个进入象征界的切入点,那就是精神分析的经验,因为对他而言,引入象征界的目的之一就在于说明精神分析经验,其他两个维度的意义都必须在精神分析学的维度内来获得显明。在此,拉康再次回到了弗洛伊德那里,一个同样神话式的场景成为他用来描述个体进入象征秩序的结构性时刻。这就是所谓的"Fort / Da"游戏。

在《超越快感原则》(1920)中,弗洛伊德描述了1—2岁的儿童在母亲外出时玩的一个有趣的扔线轴游戏:儿童一手执着线,另一手拿着线轴,不断地把线轴扔出去,再用线拉回来,嘴里还不断发出"Fort!……Da!"("哦!……哒!")的声音,即"没有了……出来了"。弗洛伊德发现,这是儿童在母亲缺席时特别喜欢玩的一种游戏,并认为这整个游戏乃是儿童对母亲的"缺席与在场"的一种象征化,是儿童对挫败的现实及自己的应对的一种戏拟。弗洛伊德解释说:

> 母亲离开对孩子来说不可能是一件高兴的事,也不只是一件无所谓的事。那么,他把这个痛苦的经验作为一种游戏来重复,是怎样和快乐原则联系起来的呢?答案或许是现成的,离别一定是作为快乐返回的前奏,而游戏的真正目的就在于后者。[1]

就是说,儿童通过游戏的重复让自己身临其境扮演一个主动的角色,使自己成为环境的主人,以缓解母亲的不在场所引发的痛苦经验。

如果说拉康的精神分析学是一种有关(无意识)主体的阐释学,那么这个阐释学就是由一个又一个的(无意识)场景来结构的。如同镜像的凝视是自我发生的原初场景一样,弗洛伊德所描述的这个

---

[1] 车文博主编,《弗洛伊德文集》第四卷,第11页。

儿童游戏则被拉康看作主体发生的另一个原初场景。在他看来，这个游戏最典型地体现了主体进入象征界的最初时刻。[1]

按照弗洛伊德的理解，对儿童而言，爱的对象（即母亲）的缺席是他必要遭遇且无法更改的事实，面对由这一事实引发的情感挫折，儿童只能代之以游戏的方式、通过自己操控对象的在场与缺席来获得想象性的补偿；在这一操控中，线轴变成了母亲的象征，线轴的出没代表了母亲的在场和缺席，儿童通过重复扔出和拉回线轴来表达他已坦然接受了与母亲分离的事实，并通过这一控制自如的游戏来把自己变成环境的主人。拉康总体上接受了弗洛伊德的这个解释，但把它置放到了象征的维度加以理解：

> 在这个重复游戏中，主体性既控制了自己的遗弃状态，也宣告了象征的诞生。[2]

更为重要的是，在拉康的解释中，儿童于游戏过程中发出的那两个音节"Fort""Da"具有非凡的意义，所以他干脆称弗洛伊德描述的这个游戏为"Fort/Da"游戏。这一重新命名并非无谓之举，拉康在此是要把语言的维度引入对游戏的解释。在他看来，虽然线轴是母亲的象征，反复地扔出和拉回线轴代表着儿童对创伤性环境即母亲的缺席与在场的某种操控，但儿童对环境的真正象征化却是通过那两个音节含混的牙牙之语（拉康称之为"Lalangue"）表现出来的：

> 缠线板游戏伴随有一种语音化，从语言学家的观点看，这个语音化乃是语言奠定的标志，是人们把握语言问题即简单的对立的唯一路径。

---

[1] 拉康曾在许多地方援引这个游戏来说明不同的问题，例如缺席与在场的辩证法、欲望对象的失落、死亡驱力、创伤经验的重复强迫、欲望的象征化等，限于篇幅，我在此无法做太多的引申。

[2] Jacques Lacan, *Écrits*, p.262.

重要的不在于儿童说出了 Fort/Da 这两个词——在其母语中，它们相当于"不见了/出现了"——……而在于自一开始我们就有了语言的第一种表现。在这个音素对立中，儿童超越了在场与缺席的现象，进入了象征的界面。[1]

也就是说，"Ford/Da"这两个词在此是否有实际的意义并不重要，重要的是它们在儿童最初的言语行为中已具有了象征的功能，成为对母亲的在场与缺席的一种象征化表达。当然，儿童的这个牙牙之语还不是成人世界的那种制度化的语言，但通过"Fort"（/o/）和"Da"（/a/）这一对对立的功能音素，通过在这两者之间纯粹的差异性游戏，儿童已经进入了将不在场的东西带到眼前的秘密通道，那就像是一个给缺失的东西命名的仪式，以其特有的象征化方式表达着对对象的某种象征性支配，换言之，它们在儿童的牙牙之语中的差异性运作标志着儿童开始进入语言秩序，开始学会以象征化的方式来化解自我的失落感和挫败感，以言语的行为来预期对象的缺席和在场：

> 我们现在可以看到，主体在此不只是通过承受他的失落来控制它，他还把他的欲望提升为第二种力量。因为他的行动毁灭了对象，它通过预期对象的缺席与在场来引致对象的出现与消失。……这个对象当即在由两个初级的感叹词所构成的象征中得以具体化，它表明了主体对二分的音素的历时组合，现有语言则提供其共时的结构让他去吸收；儿童由此开始介入身边的具体话语的系统中，在他的 Fort！和 Da！中多少近似地重复着从那些话语中习得的词语。[2]

并且，在拉康看来，即便是儿童的这种看似没有任何实质意义的牙牙之语，也是后天习得的，其初级的音素对立不过是语言结构

---

[1] Jacques Lacan, *The Seminar of Jacques Lacan, Book I, Freud's Papers on Technique 1953-1954*, p.173.

[2] Jacques Lacan, *Écrits*, p.262.

形式的一种简单复制，因此，儿童对母亲的缺席与在场的这种象征化可看作个体从自然转向文化的开端，是个体在语言中实现其主体化的最初时刻：

>欲望人化的时刻即是儿童步入语言的时刻。[1]

主体步入语言的时刻即是主体在象征界登记注册其欲望的时刻，是主体的欲望人化的时刻，然而，这并不意味着欲望的满足或实现，甚至也不是欲望的替代性满足与实现，因为在此登记注册的与其说是主体对环境的控制、对母亲的不在场以及由此而来的主体创伤的某种象征性补偿，不如说是主体的欠缺与创伤本身，是主体对存在的原始失落的一种无奈接受。所以，在儿童的那一初始的象征化行为中，在主体步入语言的那个时刻，出现了一个辩证的颠倒，母亲的在场与缺席的象征化同时也是主体之欲望的结构化，这一结构化使主体成为一个欲望的主体，一个以他者的欲望来结构自己的欲望的有欠缺的主体，它标记着神话性的前主体状态——那是一个与母亲合为一体的完满状态——的永久逝去，它是对主体自身的杀戮，主体的欲望从此成了他者的欲望，而这个他者究竟欲望什么，是主体无从知晓的，即使知道了也无法满足，他者的欲望成为引发主体焦虑和痛苦的原因：

>Fort！Da！唯当此刻，幼儿的欲望已然成了另一个人的欲望，成了主导着他的自我对体的欲望，其欲望对象因此即是他的痛苦。[2]

在拉康看来，Fort/Da游戏表明，在精神分析学的创始之父那里，已经内在地引入了象征界的维度，只是这个维度被后来的人们遗忘了。在今天，为了复活它，就需要借用其他科学工具来对它重新阐

---

[1] Jacques Lacan, *Écrits*, p.262.

[2] Jacques Lacan, *Écrits*, p.262.

释，那就是索绪尔的语言学，以拉康的理解，这个语言学本质上就是能指的科学，如同无意识及无意识主体的结构化离不开能指的运作一样，象征的效能也需要在能指的场域中获得说明。"这就是为什么我打算今天要向诸位说明一个真理……那就是：对主体来说，象征秩序是构成性的，我要用一个故事[即爱伦·坡的《被窃的信》]来说明主体从一个能指的流转中所接受到的主要规定性。"[1]如同前面已经一再说过的，拉康的回到弗洛伊德就是要回到弗洛伊德的无意识场景。这一场景无论从其原初的构成还是从其结构化的效果显现来说，都离不开语言的维度，而且我们也只有从语言的维度出发，才能触及无意识这个闪烁躲避之物的隐秘内核。象征界作为无意识的运作场所就属于语言的维度，也只有通过语言的维度来获得说明。下面我们就在人类学、语言学和精神分析学的交集中具体看一下拉康对象征界及其与无意识主体的关系的阐述。

在《罗马报告》（1953）中，受列维-斯特劳斯的影响，拉康集中阐述了属于象征界的父法或原初大法（Law）的功能。原初的大法就像一个终极能指，成为构成人类社会的所有法则的原型。在那里，拉康说，象征界实际就是一个法的世界，一个契约的世界，"象征就是契约，它们首先是契约的能指，然后才构成所指"[2]。进一步地说，人的世界是因为这种契约而可能的，人能够言谈，不是因为他能使用象征，而首先是因为象征使其成为人。象征是先于主体而存在的，人在降生来到这个世界上之前，象征就已经与之结合成一体了，并将以一个总体的网络包围他的一生。如同语言的法则是无意识的一样，象征的结构也是无意识的，这个无意识的结构不仅主宰着人类社会的构成，也主宰着主体的构成和存在，甚至主宰着主体的生与死，拉康称这是主体一生都要肩负的"象征的债务"。在《罗马报告》中，他说：

---

[1] Jacques Lacan, *Écrits*, p.7.

[2] Jacques Lacan, *Écrits*, p.225.

象征事实上以一个如此周全的网络包围了人的一生，以至于在他降生到这个世界之前，象征就与"以骨和肉"生育出他的那些人结合为一体了；以至于它们在他出生之时就带给了他星座的礼物，即便不是精灵的礼物，至少也是他命运的提示；以至于它们准备好了言辞以测试他是忠诚的还是叛逆的，准备好了行为准则以引领他走上他还未达的正道，直至他死后的彼岸；以至于通过它们他的终结将在最后的审判中获得意义，在那里，圣言将赦免或指控他的存在——除非他对向死之在获得了主体性的认识。[1]

按照列维-斯特劳斯的研究，禁止同族内通婚的乱伦禁忌的出现乃是人类从自然状态向人化的文化状态迈进的第一步，而乱伦禁忌本质上是一种互惠的交换原则——一个社会集团的男人必须从另一个社会集团得到女人，为此他也必须把本集团的女人（如自己的姐妹）交换出去。这一互惠式的交换乃是人类社会的基本法则，用拉康的话说："原初的大法（Law）就是这样的一个法则，它在规范婚姻关系的同时又将文化的治权置于服从交媾法则的自然的治权之上。"[2]

列维-斯特劳斯还认为，人类社会的交换不仅是一种互惠式的交换，而且是一种符号式的象征交换，即在交换体系中，重要的不是交换物本身的实体性质，而是其在一定的交换体系中所发挥的象征功能，也就是说，交换物的意义不在于其自身，而在于它在交换法则中的象征性效用，在于交换体系对它的象征化。拉康称这个象征化的过程是对物的命名，是词语将物从混沌的总体带入秩序的世界的过程，"名称是对象的时刻，命名构成了一种契约，通过它，

---

[1] Jacques Lacan, *Écrits*, p.231.

[2] Jacques Lacan, *Écrits*, p.229.

两个主体自发地达成一致去确认同一个对象"[1]。

命名过程乃是物的象征化,这一过程有着重要的精神分析意义,拉康尤其强调了其中的两点。首先,命名的时刻正是在场与缺席辩证地颠倒的时刻:

> 通过词语——它是由缺席构成的一种已然在场——缺席本身在一个原初时刻获得命名,弗洛伊德凭借其天才在一个儿童游戏中已觉察到了这个时刻永恒的再创造。语言的意义世界就产生于在场与缺席这一所论及的对子,中国古代占卦术中划在沙子上的阳爻与阴爻也足以构成这个对子,物的世界则在这个对子中获得定位。[2]

这就是说,命名的本质不在于赋予物一个名称,而是物的在场的一种隐喻性替换,词语的在场是以物的不在场作为代价的,因而是对物之缺席的一种命名,是对物的谋杀。这是什么意思呢?如果你熟悉索绪尔把语言作为一个自足的符号体系的观点,或者如果你熟悉基督教传统中圣言(Words)的创世记时刻,这里所说的意思就不会那么突兀。不妨说,在神话式的前语言阶段,物之存在是一种充盈,一种无有缝隙的充实,那其实就是无可名状的太初之混沌,可随着语言的进入,秩序化便开始了,差异性也随之出现了,并通过语言本身刻写在人的无意识中。语言的象征化不过是在太初的混沌和充盈中打上一个裂口,把差异性和秩序化植入其间,如此,物之存在本身被遗失了,我们总只能通过词语的命名来召唤那原初的失落,召唤那个失落本身,那个缺席本身。于是,在语言的象征化中,在词语的命名中,物总只能以缺席的形式被召唤为在场;于是,在物被语言象征化的过程中,那被命名的不是物之存在或在场,而

---

[1] Jacques Lacan, *The Seminar of Jacques Lacan, Book II, The Ego in Freud's Theory and in the Technique of Psychoanalysis 1954–1955*, p.169.

[2] Jacques Lacan, *Écrits*, p.228.

恰恰是物之存在的虚无化，是物的缺席，是命名的原初时刻所留下的永久的裂隙或创伤。这便是拉康的所谓缺席与在场的辩证法。

进而，拉康又说，对物的这种命名或象征化不仅是对"物的谋杀"，是物的"无用化"和能指化，而且也是对主体的谋杀，也是主体之欲望的永久放逐。

> 象征首先体现为对物的谋杀，而这种死亡导致了主体欲望永不止息的永恒化。[1]

就像那个玩线轴游戏的儿童，他通过将母亲的缺席象征化，使母亲这个欲望对象成为自己可操控的对象，然后在不断发出"Fort/Da"这个牙牙之语的过程中实现自己的角色转换，以舒缓自己的欲望煎逼。但这也仅仅是"舒缓"而已，对不在场的物的命名固然可以使主体随意地将其召唤到面前，使不在场转换为一种在场，可这一象征性的转换也使那真实的不在场更加难以忍受，使主体不得不在不断的象征化重复中承受着欲望的煎熬。

> 在这个游戏中，儿童把一个物（而且与其本有的性质无关）扔到他的视线之外，然后把它拿回来，接着又重新使它消失；同时他还以独特的音节来描摹这个交替变化——这个游戏，我要说，以其根本的特质表现了人类从象征秩序接受到的规定性。
>
> 人实际上是把他的时间奉献给了结构的交替展开，在这个交替中，在场和缺席相互召唤其开始点。正是在这两者基本偶合的时刻，也可以说是在欲望的零点，人这个物就被扣押了，而这个扣押取消了人的自然性质，使人从此服从于象征的条件。[2]

在此，我们可以看到一种为否定性所主导的辩证颠倒：象征界

---

[1] Jacques Lacan, *Écrits*, p.262.

[2] Jacques Lacan, *Écrits*, pp.34-35.

作为一个法的世界是先于主体而存在且主导着主体之构成的秩序，主体必须通过认同这一秩序才能被主体化，才能获得其主体性的身份；可主体对象征秩序的认同，主体身份在象征界的注册，或者说语言对主体的铭写，亦是主体在象征界这个他者场域遭遇异化的过程，主体把自己托付给语言或象征的法律，也就是把自己抛入了在"存在"与"意义"之间必选其一的抉择，选择有意识的"存在"，主体就会连同"意义"一起消失，选择由能指之功能导出的"意义"，主体就必须以自身的一部分作为抵押，服从于象征的秩序。象征界决定了主体的命运，主体的认同本质上就是对象征秩序的认同，而这一认同最终把主体送上了欲望的不归路，导致了主体的离心化和分裂。

　　把象征界比作法的世界、秩序的世界对于精神分析学有着什么样的意义呢？前面的论述已经回答了这个问题：主要为了回应主体的认同。我们已经知道，在想象界，主体借助于镜像认同而完成了自我的构成，但自我并非真正的主体，它至多只是主体的一个部分，且是一个虚幻的部分，因为在那里，主体借镜像而构成的自我是一个想象性的存在，是一个在他人形象中以误认投射出来的理想自我，它本质上是主体的异形，是主体异化的盔甲。主体要想成为真正社会化的主体，还需要经历另一次认同，那就是在象征界的认同，即通过认同于社会化的象征秩序和法则，通过把外在于自身的社会的大法内化为自己的自我理想，使自己成为可以为大他者所承认的社会性存在。在精神分析学的理解中，这第二次认同的完成与一个家庭罗曼司的场景有关，这就是俄狄浦斯情结。关于俄狄浦斯情结，我会在下一章再给予讨论，在此只是强调一点：在拉康的逻辑中，主体的象征性认同的完成有赖于俄狄浦斯情结的解决，而这一解决的关键就在于主体对属于象征秩序和大他者场域的父亲功能、父法或者说"父之名"的确认，并且首要的是对父法的禁令即父亲的"不"的确认。唯当如此，主体才可内化父法所代表的超我的严律，才可获得自我理想，成为一个社会性的存在，也唯当如此，主体总是一个被阉割的主体，一个被划杠的主体，主体的欲望被阻隔在那个横线之下，只能屈从于能指对意义的坚持，沿着能指链所指示的方向滑行。

在1950年代初，拉康主要强调的是象征界作为法的世界对主体认同的构建功能，而自1950年代中期开始，通过引入索绪尔和雅各布森的结构语言学，拉康转向了对象征界的运作机制的阐述，其中能指理论构成了这一阐述的枢纽。在上一章，我已经论及了拉康对索绪尔能指理论所做的激进改写，并强调了那一改写根本上不是符号学的，而是精神分析学的，就是说，引导那一改写的力量或动机是为了对弗洛伊德的无意识发现做语言学的重述，是为了以语言学的工具来激活那一发现的伟大意义，让构成无意识主体的象征秩序获得科学化的说明。

有人可能会问，在拉康那里，象征与能指之间有什么不同吗？一定意义上说，这个提问并不准确，因为拉康既不关心单一的象征符号，也不关心单一的能指，它们就其本身而言是没有意义的，换言之，它们的意指价值或意义只存在于构成象征界和能指链条的关系网络中，就是说，我们能够提问的只能是象征界与能指链之间的关系。一般来讲，象征界和能指链是同一的，都是主体得以构成和进入言说的基本前提。但细究起来，两者间似乎又有些微的差异：象征界是主体赖以存在的基本秩序，能指链则是构成象征界的东西，但不是象征界唯一的东西，也就是说，象征界是一个总体性的概念，而能指网络是一个结构性的概念。象征的世界作为一个语言的世界指的是广义的法的世界，是抽象而又稳定的语言结构或像语言一样构成的社会结构。能指则是语言的质料，是语言的物质性支撑，能指网络是能指在语言结构中的运作，能指的法则即是语言的法则，同时也是象征界的法则。

那么，受能指法则统辖的象征界有什么特征呢？拉康对此同样有许多描述，但他最喜欢的一个说法就是称象征界是一架"自动机"（automaton）——这个概念其实是从亚里士多德那里借来的。

差异性是能指运作的基本原则，各能指之间依照这一原则而结成一个意指的链条，并形成一个自主的系统，而这个系统的运作是超越于主体之外的。这表明，依照能指法则运作的象征界也是一个自治的领域。在1954—1955年的第2期研讨班中，拉康据此称象征界是一架庞大的自动机器：

> 象征的世界即是机器的世界。[1]

在另一个地方，他还说：

> 机器的结构事实上与象征秩序有着家族相似，而且正是因此，它是一架供玩耍的机器，一架有战略的机器。[2]

在此，拉康所说的机器并非桌子和椅子这类简单的人造物，而是一种能体现人类功能或者说"人类最根本的象征活动"的自动装置，其在黑格尔时代的代表就是表现时间这一谜中之谜的机器——钟表，在弗洛伊德时代的代表则是用来生产能量的能燃机："在黑格尔和弗洛伊德之间，一个机器世界来临了。"[3] 这个机器世界在拉康时代的代表就是基于现代生物学和控制论的智能机器，而随着这个时代的到来，人实际上成为功能性的机器部件，人的问题变成了能量、象征符号及其运作的问题，机器成为人的隐喻，因此，对人的研究再也不能像传统那样从所谓共同的先天理性出发，而应从某种外在的共同性如机器结构出发。[4]

---

[1] Jacques Lacan, *The Seminar of Jacques Lacan, Book II, The Ego in Freud's Theory and in the Technique of Psychoanalysis 1954-1955*, p.47.

[2] Jacques Lacan, *The Seminar of Jacques Lacan, Book II, The Ego in Freud's Theory and in the Technique of Psychoanalysis 1954-1955*, p.182.

[3] Jacques Lacan, *The Seminar of Jacques Lacan, Book II, The Ego in Freud's Theory and in the Technique of Psychoanalysis 1954-1955*, p.74.

[4] 参见黄作，《不思之说——拉康主体理论研究》，第91页。

所谓机器结构当然不是指其"身体"的外在构造,而是指其内部的运作规则。机器靠什么运作?靠能量,如同在弗洛伊德之后,主体的运作是靠力比多一样——力比多是人的身体的能量。能量的运作规则是什么?随机性或机遇(chance)。什么是随机性?这包含两层意思:或者指没有任何意图,或者指有一个规则。如果我们非要说这仍是一种决定论,那也是一种没有任何意图的决定论,就是说,它的规则没有任何意图,机遇是意图的缺席:

> 固然,决定论告诉我们,没有原因,就什么也不可能发生,但那是一种没有任何意图的原因。[1]

实际上,在拉康那里,随机性并非没有规则,相反它遵循一种具有强迫特征的重复规则,这个规则之所以是随机的和没有任何意图的,乃是相对于有意识的主体而言的,即那个规则是意识主体所不知道和无从认识的,就如同言说的主体——在躺椅上做自由联想的主体——对于自己究竟在说什么以及为何要说,是无从知道的,因为支配其言说的能指结构和语言法则属于无意识的领域。言说活动以主体所不知或不愿承认的方式必然地发生着,可主体却以为那是偶然的、随机的、没有任何意图的。

随机性原则构成了象征界之能指机器的自动特征的本质方面。拉康举了一个猜单双游戏的例子来说明这一点。这个例子取自小说家爱伦·坡的小说《被窃的信》,是借神探杜宾之口叙述出来的。游戏很简单:游戏的一方捏弹子若干,要求另一方猜出弹子是单数还是双数。有一个八岁的小孩百猜百中:

> 比方说他的对手是个十足的傻瓜,这傻瓜伸出握紧的手掌问:"是单是双?"我们这位小学生猜"单"并且输了;可他第二次猜就赢了,因为他当时寻思,"这傻瓜第一次已出了双数,

---

[1] Jacques Lacan, *The Seminar of Jacques Lacan, Book II, The Ego in Freud's Theory and in the Technique of Psychoanalysis 1954–1955*, p.295.

而他那点儿机灵只够他在第二次出单数；所以我要猜单"——结果他猜单而且赢了。但若是遇上个比前一位傻瓜稍聪明一点的笨蛋，他就会这样来推究："这家伙看到我第一次猜的是单，他这第二次的第一冲动也会像刚才那个傻瓜一样，打算来一个由双到单的简单变化；但他的第二念头会告诉他这变化太简单，因而他最后会决定照旧出双。所以我要猜双"——于是他猜对而且赢了。[1]

拉康在第 2 期研讨班上分析《被窃的信》时讨论了这个游戏，不过出自神探杜宾之口的儿童游戏在拉康这里变成了人机游戏。这一置换并非无谓之举，它旨在强调机器在答案选择中无意图的随机性原则，因为"机器在与作为其对手的人的关系中绝不会把自己置于一个反思的位置"[2]，也就是它不会与人形成一种镜像式的认同关系，而是完全按照自己的随机性原则进行可能的组合，这样其与人的关系完全是一种受到语言法则支配的主体间关系。拉康通过运用一套复杂的控制论逻辑，对人机猜单双游戏的可能组合进行了分析[3]，分析的结果发现，机器的随机性原则其实遵循着一种概率论式的重复机制，而主体在这个原则面前除了服从之外毫无"运气"（chance）可言。

毫无疑问，拉康以机器的隐喻对象征界的能指法则的这种论述乃是为了强调象征界对于主体的某种"重复"功能：儿童自开始"Fort/Da"游戏的那一刻起，这个牙牙之语就给它注册了一种主体性，而随着它对象征法则的认同的完成，它就进入了主体化的状态，从此，他的存在就受到象征法则的支配，主体被能指之网所捕捉，为象征

---

[1] 爱伦·坡，《爱伦·坡集：诗歌与故事》（下），曹明伦译，北京：生活·读书·新知三联书店，1995 年，第 766—767 页。

[2] Jacques Lacan, *The Seminar of Jacques Lacan, Book II, The Ego in Freud's Theory and in the Technique of Psychoanalysis 1954–1955*, p.181.

[3] 接着在《关于〈被窃的信〉的研讨班》（1956）一文的"导论"中，拉康对这个游戏的随机性原则再次做了更为清晰的论述，参见 Jacques Lacan, *Écrits*, pp.35-39。布鲁斯·芬克曾在一篇论文中对拉康的分析有精彩的评论，参见 Richard Feldstein, Bruce Fink and Maire Jaanus(eds), *Reading Seminars I and II: Lacan's Return to Freud*, pp.173-191。

界这个能指"机器"所左右,从一个方面说,这也许可看作列维-斯特劳斯所讲的那种"象征的效力",而从另一个方面说,它也表明,主体在象征界的活动总具有某种"惰性",拉康称之为"象征的惰性"。

把象征界比作一架自动机器,看似只是为了强调象征界的自治特征而引入的一个隐喻,可对拉康而言,这个隐喻的运用有着战略的意图,那就是为了把象征界与弗洛伊德所讲的重复强迫现象及死亡驱力联系在一起。拉康说,弗洛伊德其实在许多地方讨论过无意识运作的随机性问题,只是在他那里,这一现象被称为重复强迫(wiederholungszwang; repetition compulsion),而与这一现象相关的心理机制就是主体的"死亡驱力"(Todestrieb; death drive)。

弗洛伊德在早期主要是从趋乐避苦的方面来阐述人的心理机制,即心理系统是依照快感原则来寻求释放积聚起来的兴奋和促进心理能量的平衡,而现实原则的运作则使造成痛苦的张力可以暂时被忍受。到1920年代,弗洛伊德发现,快感原则的假设无法解释某些临床实践,在有些时候,心理系统似乎与期待相反,故意增加能量张力,例如在反复出现的创伤之梦中,在儿童的来去游戏中,在受虐狂中,都可见到对快感原则的超越。在这些现象中,原初的创伤性经验的不断返回甚至重复强迫的特征使弗洛伊德猜想有一个基本的本能力量在发挥作用,这个力量不是寻求平衡和和谐,而是寻求冲突和瓦解,使有机体回复到无机组织的状态,弗洛伊德把它称为"死亡驱力"。

"死亡驱力"的假设在弗洛伊德后期思想中占有重要地位,但在弗洛伊德之后却受到忽视,只有对象关系学派的少数分析家对它给予了关注。拉康重新强调了这个概念的重要性,他甚至说,忽视了弗洛伊德的死亡驱力概念,就等于完全误解了他的理论。

拉康认为,弗洛伊德重视重复强迫现象,是基于一个重要的认识,即无意识系统中的东西有一种特别的"坚持"倾向,这一倾向是主体的自我所无法认知的,但它遵循着自己的法则,以自己的方式支配着主体的命运。重复强迫现象就是这种倾向的体现,为了凸显这一现象的自动性和随机性意义,拉康建议把弗洛伊德的"wiederholungszwang"(重复强迫)译作"automatisme de repetition"(重复的自动性),因为"自动性"的说法不仅能显示这个现象的强迫特征,而且还能显示其与属于象征界的能指系统作为一架自动机器的随机性的关联,显示能指在无意识层面来回运作的特征。

为什么在主体的身上会出现这种重复强迫呢?弗洛伊德已经说了,与死亡驱力有关。拉康强调,对于弗洛伊德的死亡驱力概念,应在其最初的激进意义上来理解,即在弗洛伊德那里,死亡驱力不是一种生物本能,而是主体的欲望人化的一种表现,并且这种驱力不只是指向他人的侵凌性和破坏性,因为弗洛伊德的目标在于思考一种自我破坏的力量,一种指向自身的原初侵凌性,指向他人的侵凌性根本上就是从这里产生的。就是说,死亡驱力作为一种侵凌性首先不是指向外部,而是指向主体自身,它根本上不是一种去谋杀的冲动,而是一种自杀的冲动,一种杀死自己的冲动。

然而,我们也不可在心理学的意义上去理解拉康所说的这种自我毁灭的冲动,因为拉康对死亡驱力的解释是同语言的功能联系在一起的。在他看来,死亡冲动或本能只有在语言学的能指矩阵即象征界的背景中才能得到理解:"死亡本能只是象征界的面具""象征界既是非存在同时又坚持去在,这正是弗洛伊德视死亡本能为最根本的东西时所提示的。"[1]在《罗马报告》(1953)中,拉康说:"一旦我证明了联结死亡本能和言语问题的深刻关系,我们就能看到一个主导着知识生产的严密逻辑在支撑着这些力量的结合。"[2]这里所谓的"这些力量"指的是生的驱力与死亡驱力,是古希腊哲人所讲的"爱"与"不和",它们在生命体中结合在一起,从而使生命成为海德格尔所讲的那种以时间性或历史性来获得象征性表现的"向

---

[1] Jacques Lacan, *The Seminar of Jacques Lacan, Book II, The Ego in Freud's Theory and in the Technique of Psychoanalysis 1954–1955*, p.326.

[2] Jacques Lacan, *Écrits*, p.260.

死之在",接下来他又阐述说:

> 这就是说,正如重复的自动性——那些想要分解其两个成分的人恰恰完全误解了它——不过是想把移情经验的时间性加以历史化一样,死亡本能本质上是主体的历史功能的限度的表现。这个限度就是死亡——不是作为个体生命可能的终局的死亡,也不是作为主体的经验确定性的死亡,而是如海德格尔所言,是作为"主体所内有的、无条件的、不可超越的、确定的并因此不可决定的可能性"的死亡——在此主体应理解为是由其历史性规定的。
>
> 事实上,这个限度存在于主体的历史得以完成的每一时刻。它代表着以真实形式存在的过去;那不是其存在已被废除的物理意义上的过去,也不是在记忆的作品中已被完善的史诗性的过去,亦不是人们在其中得到其未来的保证的历史性的过去,而是以某种颠倒的形式在重复中表现出来的过去。[1]

生命本质上是一个向死的存在,海德格尔的这一"此在"的时间性分析被拉康挪用为生命是向存在之界限即死亡的不断返回。在《罗马报告》临近结尾的部分,拉康还挪用黑格尔的主奴辩证法说,不仅生命,就连人的自由也是因死亡而得以可能的,"人的自由整个地就包含在一个构成性的三角中":主人为享受奴役的果实而通过威胁要杀死他人来迫使他人放弃自己的欲望;奴隶基于对死亡的恐惧而选择一种自杀性的舍弃——放弃自己的欲望——但同时他又通过劳动或物品的生产迂回地剥夺了主人的胜利,使其处于一种"非人的孤独"中;至于那些不愿放弃自己的欲望的人,他们则是基于对生命价值的尊重而自愿选择牺牲生命。[2] 拉康以其否定的辩证法指出,这些作为能指的死亡的形式尤其是奴隶的死亡形式乃是对生

---

[1] Jacques Lacan, *Écrits*, pp.261-262.

[2] Jacques Lacan, *Écrits*, p.263.

命的绝望的肯定,是生命为选择自由而必须付出的代价,拉康说:

> 当我们想要知道在言语的系列游戏之前,在象征诞生之前主体拥有的是什么时,我们看到的是死亡,从死亡中,主体之存在获得了其所拥有的全部意义。实际上,他是以死的愿望而彰显于他人面前的,如果他认同于他人,那就是他将自己凝定于其本质形象的变形中,并且,除了在死亡的阴影中,没有存在是由他召唤出来的。[1]

其实,拉康也曾在想象界的层面谈到死亡驱力,那就是自我的侵凌性冲动,不过他说,想象界的这种侵凌性常常是二元的,是主体之间你死我活的斗争,所以在那里无法建立起真正的主体间关系,只有在象征界,由于语言对欲望的调解或中介功能,由于主体在他者界域即象征界的相互承认,主体间的关系才可能确立,这时,自恋的侵凌性冲动将得到升华,所谓的死亡驱力将是象征地显现的,它指的是语言中的主体对自我的想象的同一性的瓦解,指的是能指对意义的坚持以及这一坚持的失败,指的是原初的创伤性经验借助能指且在能指场域的不断返回,指的是人类欲望在语言中、在能指的拓扑学链环中不断朝向死亡、朝向不可能性的原乐的本质和命运。总之,象征界作为一架重复的自动机指向的是存在的死亡以及因这死亡而来的自由——虚无中的自由。

把拉康对象征界的思考做一个简约式的归纳:从人类学的层面说,象征界是一个法的世界,在这个世界中,最根本的原始大法就是禁止母亲的欲望(包括作为他者的母亲自身的欲望和孩子对母亲的欲望)的乱伦禁忌;从能指的层面说,象征界是一架自动机器,能指的差异性法则以一种不为主体所知的方式主宰着象征界的运作,这一运作最终导致的将是能指与主体的缝合和能指对主体的切割;从精神分析的层面说,象征界是一种死亡驱力,是主体对原初失落

---

[1] Jacques Lacan, *Écrits*, pp.263-264.

的对象的一种不断返回,是主体对欲望对象的一种坚执或坚持,这一坚持最终导致了欲望的转喻性运作,导致了欲望驱力朝向能指之界限即死亡的飞蛾式跳跃。前面已经强调了,而这里的归纳也已经显示出来,这三个层面不是独立的三个层次,它们在每一个层面都是相互交叠在一起的,在此分开来描述只是为了便于理解。

那么,象征界之于主体的效能究竟是什么?如果说"三界"框架的任务之一就是用来描述主体之存在的各个界面,那我们就需要弄清楚象征界对主体而言意味着什么?对于这个问题,拉康同样给出了多个角度的描述,但从未得出一个最终的描述。这也就使后来的阐释者和应用者可以各取所需,但没有一种阐释可以自称是最终的阐释。在此关键的是要把握拉康在这个问题上的基本逻辑,即他的悖论逻辑和不可能性的逻辑,还有他在晚期教学中特别钟情的一种剩余逻辑。我在下面所提供的也只是一个初步的阐释,我所选取的角度也只是拉康用过的众多角度中的一种。

如果说作为自我的主体在镜像中的认同是一种自恋的想象性认同——在那里,自我对自身形象获得了一个想象的同一性、对外部世界获得了一种妄想症式的知识、同时也在自我与他人或世界的关系中置入了一个侵凌性的结构——那么,主体在言语的象征交换中形成的认同就是一种交互主体性的象征性认同——在那里,主体将在象征的世界中获得一个主体性的位置,主体终于看到了自我与他人的差异,并学会了在一种相互确认的间性结构中同他人进行言语交换。简而言之,如果说主体在想象性认同中获得的是"理想自我",那么其在象征性认同中获得的将是"自我理想"。

"理想自我"和"自我理想" 弗洛伊德讨论认同时提出的两个概念,如果要把他的运用做一个简单的归纳,不妨说,理想自我是自我力比多外投的结果,而自我理想则是社会力比多内投的结果,前者认同的理想形象是"曾经的我"的形象,是"我"曾经拥有的欲望满足，后者认同的则是"未来的我"，是社会所召唤的"我"。[1] 弗洛伊德的这个界定存在含混不清的地方，尤其是对"曾经的我"和"未来的我"的区分明显地缺乏经验的支撑。在这个方面，拉康的想象界和象征界的确显示了更强的阐述力量。

首先，按照拉康的理解，作为想象界之运作效果的自我和作为象征界之运作效果的主体并不是一回事，例如他在第1期研讨班中就明确地说，"如果自我是一种想象的功能，那就不能把它和主体相混淆"[2]。这当然不是说自我与主体毫无联系，恰恰相反，拉康强调的是，自我不过是主体的一种必要的想象功能，但我们绝不能因此把主体只还原为想象的维度，因为主体还有一个属于自身的最根本维度，那就是无意识的维度，"这个维度不再与自我相混淆。自我被剥夺了其在主体中的绝对位置。自我作为剩余获得了一个幻影的地位，它只是主体的对象关系中的一个方面"[3]。

自我与主体的这一区分在拉康那里有着多重的意义，仅就认同的问题而言，它旨在强调两种认同即想象性认同和象征性认同的差异，前者形成的是理想自我，后者形成的是自我理想，前者是基于自我在想象中对理想形象的误认功能，后者则是基于主体在间性结构中的确认欲望。

在想象界，自我把镜中之像——不论那像是自己的还是他人的，甚或只是一个物像——凝定为自己的理想形象，并以误认的方式将其视为自己的自我形象，以此来预期或投射自我的未来以及自我与世界的关系，可是，正如拉康指出的，这一想象性认同在结构自我同一性的同时，也在作为自我的主体中植入了异化的因子，一种妄想症的结构和侵凌性的意向与这种认同如影相随。原初的自我与想

---

[1] 参见车文博主编，《弗洛伊德文集》第二卷，第668页。

[2] Jacques Lacan, *The Seminar of Jacques Lacan, Book I, Freud's Papers on Technique 1953-1954*, p.193.

[3] Jacques Lacan, *The Seminar of Jacques Lacan, Book I, Freud's Papers on Technique 1953-1954*, p.194.

象中的对象形成了一种既爱又恨的矛盾关系。即便随着自我在与镜像的跷跷板游戏中逐渐发展出了一种较为成熟的自我意识,自我与对象之间的那一悖论结构还会继续发挥作用,主体还是会继续混淆自我和理想形象,也会继续把投射其理想自我的他人作为自己的竞争对手。同时,作为自我的主体还会继续把自己的理想形象或理想自我外投到外部世界中,继续以此来结构其与他人的关系和他对所有外部对象的妄想症知识。通过不断把自己的理想形象外投到外部世界,人甚至会把外部世界的一切都拟人化,例如,宠物的主人通常会在宠物身上看到人的形象——许多时候这恰恰是因为他们在人的身上只看到侵凌性,或者说他们是以对宠物的施爱来掩饰自己对人的侵凌性,虽然他们一定会把这种解释同样视作一种侵犯。

如果说理想自我是把自我的理想形象外投到外部对象身上,那么自我理想则主要是主体对外部对象的一种内投射,在此主体是把外部对象的某一特质内化为自身的一个结构性维度。更具体地说,自我理想是主体认同父亲形象的结果,它使主体进入法的象征世界,以缓和自恋和侵凌性的两难。正是在这个意义上,拉康称自我理想是想象界和象征界的一种结合。不妨说,正是理想自我提供给了自我理想一种预期的"形式",而自我理想则是这个形式在象征秩序中的一种"重构"。为了说明想象界和象征界或者说理想自我和自

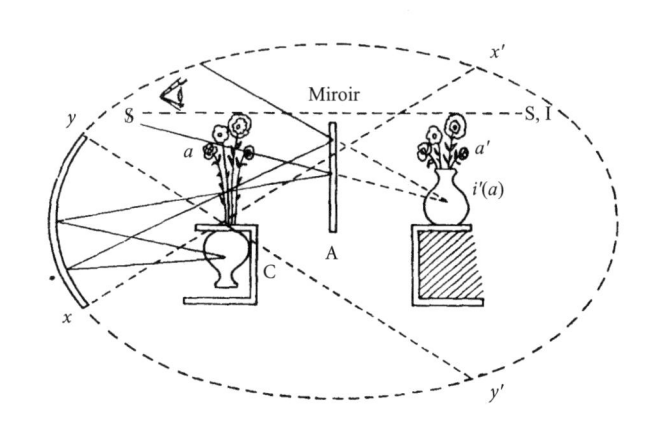

我理想的这一关系,拉康再次运用了他的光学模型[1]。

这是一个双重的镜子装置:图示左边是上面说到的想象界的镜子装置,不过交换了花束和花瓶的位置;图示中间是一个平面镜,其位置正是上个图示中的观看主体所在的位置,是主体的象征界,现在拉康把它标记为"A",即大他者的位置;图示右边是平面镜的虚拟空间中呈现出来的虚像,不过其中的花束形象(a')是左边真实的花束(a)的虚像——a和a'的标记表明它们之间是一种镜像关系——而花瓶形象则是左边真实的花瓶经凹面镜的光线会聚而成的实像的虚像,拉康把它标记为$i'(a)$,表明它其实是一个镜像(实像)的镜像,而这个作为实像的镜像本质上是源自理想自我(在拉康的符号式中,"$i(a)$"既表示"理想自我",也表示"镜像")。那么,观看主体现在被安置在哪里呢?在凹面镜的左前方,即 S 所在的位置,表明这个主体现在是一个无意识的主体,"其在平面镜中看到的形象对他而言就等于是真实对象的形象,观看者是在这个镜子以外、在主体看到其形象的那个点来看那对象"[2]。所以,与这个无意识主体相对的还有一个虚拟的主体,一个在象征秩序中想象地看自己的主体(S, I),后者实际就是我们在想象界的镜子装置中看到理想自我的位置。

同样地,这个图示可以说明的东西有很多。在此仅从认同的方面指出三点。

第一,它可以说明想象性认同和象征性认同的关系,即虽然想象性认同在主体发生学的意义上先于象征性认同,但在逻辑上主体的想象的看不可能孤立地发生,观看的主体先然地已在象征界中,先然地已是一个欲望的主体。"我的欲望是什么?我在想象的结构

---

[1] 这个模型在第 1 期研讨班上就已经出现,但后来又多次被讨论,并且有所完善。现在看到的这个图示并不是第 1 期研讨班上使用的,而是取自《评丹尼尔·拉加什的报告〈精神分析学与人格的结构〉》(1960),在这篇文章中,拉康对这个图示有更为详尽的说明,其中的符号都是新添加上去的。参见 Jacques Lacan, *Écrits*, p.565。

[2] Jacques Lacan, *The Seminar of Jacques Lacan, Book I, Freud's Papers on Technique 1953–1954*, p.140.

化中的位置是什么？这一位置只有当人们于想象界之外、在象征界的层面、在合法交换的层面找到一个指导时才可以想象——那种合法交换只有在人与人之间的言语交换中才能得到体现——这一主宰主体的指导就是自我理想。"[1] 由此拉康得出结论说，对观看的主体而言，若是没有"另一个维度"即象征界的维度的介入，其真正有效和完整的"想象性调节"就不可能确立起来：

> 现在，让我们假定平面镜的倾斜度由他人的话语决定。这不会在镜像阶段的层面发生，但它随后将贯穿于我们与他人的全部关系——象征关系。从这个意义上说，你们可以理解想象界的调节在多大程度上依赖于某种以先验的方式确定的东西……在这里，这种先验的存在不过就是人与人之间的象征性联系。[2]

正是象征性关系决定了作为观看者的主体的位置。正是言语这种象征性关系决定了想象的完善程度、完整程度和近似程度。这一表象使我们可以区分出理想自我和自我理想。自我理想主宰着关系的互动，而所有与他人的关系都有赖于这一互动。想象的结构的满足特征多多少少也取决于与他人的这一关系。[3]

第二，它还表明象征性认同根本上是对他者的认同，是在他者的位置对自我的观看，也就是说，所谓自我理想不过是主体以他者的目光看自己时得以凝定的形象，象征界的关系不仅影响了理想自我的形成，也决定了自我理想的形成：

> 自我理想是作为言说者的他人，是与我有一种象征性关系的他人，而这个"我"……与想象的力比多既相似又不同。象征性交换是把人们相互联系起来的东西，它实际就是言语，它

---

[1] Jacques Lacan, *The Seminar of Jacques Lacan, Book I, Freud's Papers on Technique 1953–1954*, p.141.
[2] Jacques Lacan, *The Seminar of Jacques Lacan, Book I, Freud's Papers on Technique 1953–1954*, p.140.
[3] Jacques Lacan, *The Seminar of Jacques Lacan, Book I, Freud's Papers on Technique 1953–1954*, p.141.

使主体的认同得以可能。[1]

第三，它当然还表明了象征性认同的双重效果：在凝定主体的自我理想的同时，也使主体成为一个分裂的主体。在第1期研讨班中，拉康把这表述为"虚拟主体对主体的取代"[2]，而在1960年的《评丹尼尔·拉加什的报告〈精神分析学与人格的结构〉》中，他称这是主体的"消隐"，是主体在他者场域的结构化效果。[3]

当然，拉康对象征性认同的讨论有许多通道，如果说光学模型主要是从自我理想的构成、从主体间的言语关系来说明这一认同的本质的话，那么从精神分析的经验进入就是他借以说明这一认同机制的另一个常用通道，在这里，自我理想的形成根本有赖于对父亲功能的认同。

拉康指出，以俄狄浦斯情结的角度看，象征性认同最初就是对父亲功能的认同。父亲功能意指着一种秩序、一种命令，它不仅要求你应该怎么做，还告诉你不准怎么做，在这个意义上说，父亲功能代表着禁止，代表着"不"。禁止什么呢？禁止母亲的欲望/对母亲的欲望。而实施或实现这一禁止的根本策略就是提供一个优先能指，即象征的菲勒斯能指。父亲承诺主体在将来可以拥有代表着权力与权威的菲勒斯，可以借菲勒斯能指的意指功能在象征秩序中获得一个主体性的位置，可另一方面，这一象征位置的获得不是必然的和无条件的，而是需要主体付出代价，需要主体做出牺牲，那就是接受父法的阉割，放弃对母亲的欲望。当然拉康的叙述比这里讲的要复杂得多，不过，仅就这里论及的要点而言，我们已经可以看到象征性认同的关键特征。

第一，象征性认同是以语言或言语的意指结构为中介的，这个意指结构构成了一个能指的链条或他者的场域，它在主体之间充当

---

[1] Jacques Lacan, *The Seminar of Jacques Lacan, Book I, Freud's Papers on Technique 1953–1954*, p.142.

[2] Jacques Lacan, *The Seminar of Jacques Lacan, Book I, Freud's Papers on Technique 1953–1954*, p.140.

[3] 参见 Jacques Lacan, *Écrits*, pp.565-567。

着调停者的角色，使主体在此可以获得某种确认，但所确认的并不是主体的本质，而只是他在这个象征秩序中的某个位置，就是说，主体在此成就的只是一个位置的主体，他在言语结构中占据着某个位置，能指链在该位置通过某个主能指的统摄而被锚定或扭结在某个意义所指上，然后再把这个意义缝合到主体的身上，使主体获得了某种身份性的存在。比如孩子（主体）通过菲勒斯这个优先能指而被缝合在某一性化的位置（男性主体的位置），成为一个将会拥有菲勒斯的主体，而拥有了菲勒斯，也就意味着主体将拥有该能指所代表的诸如权力、权威等意义。

第二，由于象征性认同是在他者场域借能指的作用发生的，所以主体认同的只是他者的欲望，是他者欲望的欲望（对象），主体身陷他者欲望的陷阱中无以自拔，而这个他者又是一个淫秽的他者，一个不知饱足的他者，他者的欲望是无止境的，它把主体一次又一次拖向质询、认同、再质询、再认同的无限循环，拖向撕裂的深渊，认同的主体成了一个异化的主体、一个分裂的主体。

第三，象征性位置的获得是以主体的牺牲为代价的，主体要想进入象征秩序，就必须接受属于这一秩序的父法对他的阉割，他必须学会有所放弃，这样才能有所得。象征秩序的这一切割使认同的主体最终成为一个有欠缺的主体，一个无意识的主体，他的存在中总有一部分无法被象征秩序所接纳，无法在象征秩序中得到实现。所以，象征界对主体的结构效果是悖论性的：在使他获得某个象征的主体性位置的同时，也在他身上划开了一道切口。

第四，象征的切割必将引发另外两个后果，即剩余和不可能性。所谓"剩余"，就是那个被切割掉的东西，那个被掩藏在无意识结构中无法被象征化的东西，那个时常出现在主体的梦境、口误、玩笑、症状中且引发主体的创伤性回想的东西；至于所谓的"不可能性"，指的是主体在他者场域的认同不可能完整，主体在认同后的欲望满足不可能实现，主体与对象的关系不可能以互为主体性的方式出现，主体间性是不可能的，拥有自主本质的主体性也是不可能的。

三　实在界

毫无疑问，在拉康的"三界"中，实在界是最难以从理论上加以厘定的。对于想象界和象征界，虽然拉康的论述同样存在技术上的悬疑效果，但我们总还是能够找到一些确定性的东西来描述它们，例如：在想象界，所发生的一个决定性事件就是自我的镜像认同，而在象征界，同样具有决定意义的事件就是主体对语言或父法的认同；又如，在想象界，存在的是自我与镜像或小他者之间的关系，这一关系的确立有赖于两者之间某种想象的相似性，而在象征界中，存在的则是主体与大他者之间的关系，这一关系的确立则有赖于两者之间某种无法根除的差异性；还有，在想象界，自我对他人的认同根本上是一种误认，而在象征界，主体对父法的认同根本上是认同一个空位，等等。可对于拉康的实在界，我们几乎找不出这类确定性的对应物，我们既不能说它发生于何处，也无法说它有什么东西可供主体认同。在想象界和象征界中，我们也看到了许多悖论的性质，但那是作为效果来呈现的，是在预期与回溯、在场与缺席辩证的倒转运动中才能发现的，而实在界本质上就是悖论性本身：它根本上只是一个"无"，一个充实性的非存在，一个不可能的可能性，一个只能在语言中现身但却不可能为语言所真正言及的东西；它是存在的一个创伤性内核，你可以看到那创伤的裂口和疤痕，却触及不到创伤的原因和界限；它是存在内部的彼岸，存在总要回到那里，可又无法与之相遇。

在拉康有关"三界"的诸多关系图中，实在界常被置于阴影的部分，这表明了它的不可抵达性和不可能性，同时也表明了它的不可认知性，故而许多人把它类比于康德的物自体——其实拉康自己在第7期研讨班中提出过类似的说法。不过需要注意的是，康德的物自体的本质特征并不在于它的不可知性，而在于它的某种存在论意义，即它虽然不可知，但却真实地存在着，而且还要对身为认知主体和实践主体的我们的存在与活动发生作用；对于拉康的实在界，我们亦可如是理解，即尽管它代表着存在的不可能性和不可知性，但它是真实地存在的。只是我们不可把这种真实的存在理解为客观世界的现实或对象，不可理解为经验意义上的实在，而是应当理解为作为经验之界限的绝对他在，无"有"之在，它总是以效果的形式、以不完整的面目呈现在我们的生活世界中。这意味着，拉康所讲的实在界的真正特征不只在于它的不可能性和不可知性，更在于它的悖论性，它就是以悖论性来运作的，就像康德的物自体，如若不是与物自体相关涉的那种二律背反，就不可能有康德哲学的哥白尼革命。

虽然拉康的实在界是随"三界"框架一起提出的，但在其长达近三十年的研讨班中，对实在界的论述在不同时期侧重点有所不同：在 1950 年代的研讨班中，拉康关注的重心是象征界和想象界，对实在界的考察往往是立足于其与另外两者之间的关系进行的，并且这一考察似乎缺乏足够的理论支撑，还存在诸多暧昧不清的地方；在 1959—1960 年的第 7 期研讨班《精神分析的伦理学》中，对弗洛伊德的返回似乎让拉康找到了进入实在界的路径，弗洛伊德的"物"（Ding）的概念让实在界的呈现获得了一个便利的入口；而到 1964 年的第 11 期研讨班《精神分析学的四个基本概念》中，实在界被说成精神分析实践的目标，并被置放到精神分析经验中加以考察，实在界从此成为拉康晚期教学的基本维度；在 1970 年代，拉康致力于用拓扑学尤其是纽结理论对精神分析经验施以形式化，实在界再次被置于"三界"的关系结构中得到界定。这一系列的变化是否意味着拉康在不断修正或否定自己的过去，或者说是不是存在一个"拉康反对拉康"这样的噱头？问题可能没有这么简单。的确，拉康的教学经历了多次理论的转向，可实际上，这种转向与其说是理论本身的改变，不如说更多体现了侧重点的转移和理论重构技术的变化。要知道，拉康特别喜欢"总是已然"（always already）的叙事方式，他总喜欢返回到自己的"已然"中，总喜欢在那个"已然"中填充和叠加新的材料，用"已然"来预期未来，用未来来重写"已然"。实在界的情形亦是如此。从1950年代到1970年代，他对实在界的理论阐述前后是相互重叠的，只是不断填入新的元素和角度，例如1950年代主要从实在界与想象界和象征界的关系来界定实在界的意义，1960年代侧重于阐述实在界与精神分析理论和经验的联系，原乐和对象 a 的引入让这一阐述获得了全新的界域；1970年代则着力以拓扑学为技术支撑重述"三界"的关系，剩余原乐、女性原乐以及话语的引入让这个重述变得迷雾重重。在这一节，我将着重考察拉康的实在界的基本含义，这一考察主要以1960年代的研讨班为参照。有关实在界与其他两界的交互作用，集中放在下一节来讨论。

虽然拉康界定他的实在界是不可言说的，但我们可能还是忍不住会问：这个不可言说的隐秘的界域究竟是什么东西？换句话说，我们能否找到一条可能的通道去接近这个世界？我们应当记得，拉康提出"三界"框架的目标之一就是对精神分析的理论和经验做出科学化的说明，因此，他在阐述每一个界域或秩序的时候都忘不了要回到弗洛伊德那里，例如他在讨论想象界的时候引入了弗洛伊德的自恋理论，在讨论象征界的时候引入了弗洛伊德的线轴游戏和重复强迫理论，至于实在界，他同样在弗洛伊德那里找到了依靠，他同样运用其出人意表的阅读技术从弗洛伊德的材料中挖掘出了他自认为的真义。

上面已经说到，虽然三个秩序或三个界域的体系是在1950年代一起提出的，但那时拉康对于其中的实在界还没有形成一个明确的认识，对它的讨论大多局限在与其他两界的关系中进行。不过，在那时，拉康也对实在界有所描述，比如他反复地说，"实在界没有裂隙""实在界是绝对抵制象征化的东西"，他甚至已经开始把实在界同弗洛伊德的强迫重复原则联系在一起，并已经注意到了实在界的悖论性质，只是所有这一切都还没有上升到真正的理论化层面。

对实在界的真正理论化开始于1959—1960年的第7期研讨班。该期研讨班的主题为"精神分析的伦理学",但我们决然不要以为拉康在此是想建立一个精神分析的伦理学体系,如果你带着这样的意念走进拉康的文本,肯定会被引入歧途,因为这种意念带有太强的学科意志,而拉康根本无意在这样的虚构线上行走,他根本不想在学科的意义上去探究所谓的精神分析伦理学,就像他在研讨班一开始就指出的,他根本无意去探究"为了以正确的方式行动,我们该作什么"[1]这样的问题,他所关注的是,精神分析作为一种言语实践和临床实践,其伦理的维度究竟存在于什么地方?正如他在该期研讨班的最后一讲中说的:

> 如果说有一种精神分析的伦理学——这是一个开放的问题——那一定程度上就是,分析将以这样或那样的方式,不论这方式是多么的简化,提供某个东西以作为我们行动的尺度——或至少它要宣称如此。[2]

那么,精神分析实践提供给主体的这个行动尺度是什么?就是拉康一再强调的"不要向欲望让步",不要屈从于自己的欲望。"不要屈从于自己的欲望",就是要求主体直视自身欲望的真相,即人的欲望总是他者的欲望,故而,那所谓的"不要向欲望让步"是指不要向他者的欲望让步,不要屈从于想象界和象征界提供的幻象所支撑的欲望满足,而是要认识到欲望的永恒化,要认识到欲望满足的不可能性,对分析师而言,就是要认识到分析技术所带来的欲望转移或升华的根本在于"把某个对象提升到'物'的地位"[3],因为主体的欲望不是对某个对象的欲望,而是对"物"(das Ding)

---

[1] Jacques Lacan, *The Seminar of Jacques Lacan, Book VII, The Ethics of Psychoanalysis 1959-1960*, p.19.

[2] Jacques Lacan, *The Seminar of Jacques Lacan, Book VII, The Ethics of Psychoanalysis 1959-1960*, p.311.

[3] Jacques Lacan, *The Seminar of Jacques Lacan, Book VII, The Ethics of Psychoanalysis 1959-1960*, p.112.

的欲望,"物"才是现代伦理理论所设定的道德律令的基础,也是精神分析的伦理实践赖以确立的出发点。正是在这里,正是在对弗洛伊德的"物"与伦理学的关系的讨论中,拉康第一次把他的实在界理论化了,并由此把精神分析的伦理学阐述为一种实在界的伦理学——当然它也是一种欲望的伦理学,一种原乐的伦理学。

那么这个"物"到底是什么?它与精神分析经验是如何关联的,又如何与实在界发生了联系?这需要回到弗洛伊德的一个早期文本,那就是《科学心理学纲要》(1895)。拉康说,这部早期作品揭示了弗洛伊德思想的基础结构,"其与弗洛伊德后来提供的对自身经验的整个阐述之间显见的关系使它尤为宝贵"[1]。

在这本书中,弗洛伊德依据能量的量的转移——一定量的能量从一个神经元转投向另一个神经元——详细地说明了心理的原发过程和继发过程的机制,其意图旨在思考引发神经症的精神装置的运作。弗洛伊德特别指出,在原发过程中,能量按照神经元的惯性原则自由地流动和完全地释放,而在继发过程中,能量受到约束成为束缚的能量,它要想从一个神经元传到另一个神经元,就需要借助于一种"侧面投注"(nebenbesetzung, side-cathexis)将其转投到第三个神经元上,就是说需要借助一个替代的过程,在此,侧面投注代表着一种原初压抑和自我的防御功能,其作用在于给受到阻碍的神经元提供一个替代性的观念或形象。可如果侧面投注遭遇失败,如果自我的正常防御无法成功,那被束缚的能量就会以异样的方式释放出来,从而引发主体的症状。

为了说明这个原理,弗洛伊德讲了一个病例:一位名叫爱玛的妇女因为害怕独自走进商店而十分痛苦,所以走进了弗洛伊德的诊室。在叙述中,爱玛把恐惧的发生归之于13岁时的一件往事,当时她走进一家服装店,发现两个售货员正在窃窃发笑,她很恐慌,逃

---

[1] Jacques Lacan, *The Seminar of Jacques Lacan, Book VII, The Ethics of Psychoanalysis 1959-1960*, p.35.

离了商店,她觉得那两个男人是在嘲笑她的服饰,她还告诉弗洛伊德,她确信自己对其中一个人产生了好感。可为什么她对13岁时的一件往事有如此清晰的记忆呢?经过弗洛伊德的分析,一个更久远的记忆浮现出来:实际上,在8岁那年,爱玛到一家食品店买糖果时,食品店老板透过她的衣服把手放在她的生殖器上,当时她并没有觉得自己受到侵犯,后来她还光顾过这家食品店。弗洛伊德于是对这两个场景之间的关系进行了建构:8岁时的那个场景及其性内容构成了一个原初场景,其意义是被压抑的,无法抵达爱玛的意识中,但它的某些细节如食品店老板的怪笑和他实施侵犯时透过的爱玛的衣服仍留存在记忆深处,且为通向13岁时的继发场景提供了一个联想的桥梁,即五年后发生的这个场景中某些要素的重复——售货员的讪笑和爱玛的服饰——才使原初场景中店老板的侵犯具有了某种创伤性的效果。

可是在这里有两个问题需要解释。第一,第二个场景明显地不具有什么性含义,为什么爱玛会把它读解为一种(性)侵犯,并把它视作自己害怕独自去商店的原因?弗洛伊德解释说,这里面有一种观念的置换或替代机制,就是说,在每一种强迫性的观念A——其程度或效果与它的实际内容并不一致——的背后,总隐藏有另一个的观念B,在神经症的强迫中,A潜入了B的位置,"A成为一个替代,成为B的一个象征"[1]。但A并不是整个地替代了B,因为B是一个观念的复合体,其中有一部分是可以进入意识的,还有一部分是受到压抑、无法进入意识的,就像在爱玛的病例中,与B相关的环境要素(笑、衣服)在A中以替代表象的形式呈现出来,至于那个引发主体焦虑或恐慌的核心观念仍保留在无意识中,更准确地说,那个受到压抑的内核只是在恐慌的症状中有所暗示,它只有一种"伪装的质子"(proton pseudos)。

第二,那个引起恐慌或焦虑的因素到底是什么?只是食品店老

---

[1] Sigmund Freud, *The Standard Edition of the Complete Psychological Works of Sigmund Freud*, vol. 1, trans. James Strachey, London: Hogarth Press, 1958, p.349.

板的性侵犯吗？弗洛伊德解释说，那实际上是一种可唤起兴奋的性经验，这个在儿童的幼年期必定会发生的经验只有在青春期到来时才有可能被理解，就像店老板的侵犯的真实意义，它只有在第二个场景中才被产生出来，才被回溯性地建构为一个创伤性的效果，爱玛的恐慌症状不是因为第二个场景让她想起了第一个场景中的性侵犯——那不过是一个外部刺激，她可以通过自我的侧面投注即让注意力转向自己的衣服和店老板的坏笑来成功地防御可能的不愉快经验——而是因为这第二个场景使她瞥视到了在原初场景中感受到的那种性兴奋经验，是因为与这一经验的突然相遇让她惊恐不已，尤其是当自我在此无法采取正常的防御手段（比如以转移注意力的方式来回避）来对抗那一引起恐慌的性经验时——因为这一次的刺激是来自主体自身，是来自主体的内部——它就只能采取一种"病态的"防御模式，让自我依照原发过程来运作。正是因此，弗洛伊德说，一个受到压抑的记忆，是"延宕性地"转变为创伤的，即创伤性场景的意义不是在它原发的时刻就出现了，而是在它成为记忆痕迹以后，由于一个类似场景的重复而被触及时，才变成了创伤性的，弗洛伊德把这称为创伤性效果的"Nachträglichkeit"（延宕性；后遗性；事后性），这意思是说，所谓的创伤性效果实际只是主体在新的经验的触发下依照某种回溯的逻辑对过往的经验进行重塑的结果。

需要顺便提及的是，虽然弗洛伊德自己对"延宕性"概念并未给出一个理论化的界定，但拉康却把它提到十分重要的位置，认为它对于理解分析技术中的逻辑时间及因果关系有着至为关键的作用。在拉康看来，澄清这个概念的含义有助于剔除各种新精神分析学派对它的简约化解释，因为后者常常据此把精神分析的主体历史还原为过往对现在的线性决定作用，认为人类所有的行为与欲望都可以通过回到儿童期的过往经验而找到其源头。而实际上，正如弗洛伊德明确地指出的，过往事件的意义是主体在延宕性的回溯中重构出来的，他甚至把过往经验的记忆痕迹在新经验中的重构称作一种重新登记注册、一种重新铭写。

回到前面弗洛伊德对爱玛的症状的解释,在他看来,爱玛的症状不过是延宕性地重构的创伤性效果的一种象征,那个创伤性的内核本身在此只是一个伪装的效果,其意义在替代观念中并不能直接呈现,就是说,它对主体而言依然是一个晦暗的不可知之"物"。

拉康的阅读正是从这里开始的。在第 7 期研讨班中,他依照主体与那个作为原质之"物"的坚硬内核的关系对爱玛的症状以及弗洛伊德的解释进行了重写:

> 症状中所出现的一切与衣服有关,与嘲笑她的服饰有关。但真相的道路却以一种伪装的形式在她的服饰的欺骗性 vorstellung(表象)中暗示出来。以一种晦暗的方式暗示的某个东西并未出现在第一个记忆的场合,而是出现在第二个。这个东西在开始无法被理解,而是回溯性地借助欺骗性的转换——proton pseudos(伪装的质子)——得到理解。因而,以那种方式,我们可以肯定一个事实,即主体与"物"的关系被标记为坏的关系——但主体只能通过症状来阐述这一事实。[1]

的确,在《科学心理学纲要》中,弗洛伊德对心理机制的探讨虽然采用的是神经生理学的模型,但其对神经元转移的思考却是围绕表象的替代来进行的。按照他的解释,那受到压抑的观念是一个复合体,知觉形象当然也是一个复合体,后者当中有一部分是与以前的记忆痕迹相吻合的,但也有一部分是与以前的经验不一致的,"知觉复合体分为一个持存的、不被理解的部分——'物'——和一个变化的、可理解的部分——物的属性或运动"[2]。心理机制的一个根本功能就是要在第一次注册的表象与后来注册的表象之间寻求同

---

[1] Jacques Lacan, *The Seminar of Jacques Lacan, Book VII, The Ethics of Psychoanalysis 1959-1960*, p.74.

[2] Sigmund Freud, *The Standard Edition of the Complete Psychological Works of Sigmund Freud*, vol. 1, p.383.

一性，或者说在记忆与知觉之间寻求一致性，问题在于，那个同一性的寻求似乎总是会遭遇失败，总是有某个东西会逃脱那个一致性，会从我们对同一性与一致性的"判断"中脱落，即成为我们的"判断"所无法理解与无法解释的东西。弗洛伊德正是在这个失败的空间中定位了"物"的功能："我们称作'物'的东西就是那从判断中逃脱的残余。"[1]弗洛伊德还说，正是因为这个以"物"的形式持存的剩余，正是因为在记忆与知觉之间寻求一致性的失败，才为无意识的"思维"提供了原动力，"它们之间的非一致性为思维活动提供了原动力，随着一致性的获得，思维活动就会再次停止"[2]。就像在爱玛的病例中，原初场景中有一部分要素以记忆痕迹的形式出现在继发场景中，但还有一部分是无法化为形象出现的，而只能以恐慌的症状这样一个伪装的变形暗示着它的存在，那这个引起恐慌但又无法辨认、无法象征化的东西是什么呢？经过分析就可以发现，那其实就是性欲，就是主体对性满足的渴望，主体在第二个场景中经验到的性亢奋让她瞥视到了自己所不愿承认、不敢面对的那个真实，并因为与它的这一偶然相遇而感到恐慌和焦虑。

"物"是使记忆和知觉达成一致的假定前提，但也是使这种一致性归于失败的原因，正是"物"的这一悖论性，为拉康的重述提供了突破口，让他在那里看到了定位实在界的可能。不过，要想完成这个任务，拉康还需要清除一个语言上的障碍。在德语中，表示"物"的词有两个："Sache"和"Ding"，而在英语和法语中，似乎没有对应的词来区分它们，因而都译成同一个词：英语译为"Thing"，法语译为"Chose"。拉康讨论的是"Das Ding"——也许把拉康理解的这个德语词译作"原质"要更为合适一些。在弗洛伊德那里，"Sache"和"Ding"常常是在同等意义上使用，并未刻意加以区

---

[1] Sigmund Freud, *The Standard Edition of the Complete Psychological Works of Sigmund Freud*, vol. 1, p.334.

[2] Sigmund Freud, *The Standard Edition of the Complete Psychological Works of Sigmund Freud*, vol. 1, p.328.

分，例如他在后来曾区分了两种不同的心理表象：衍生自事物的、视觉性的物表象（Sachvorstellung，thing-presentation）和衍生自文字的、听觉性的词表象（Wortvorstellung，word-presentation），并认为在前意识-意识系统中，这两种表象是结合在一起的，而在无意识系统中只存在物表象[1]；可偶尔他也把"Sachvorstellung"写作"Dingvorstellung"。

弗洛伊德说，无意识系统中只存在物表象，可按照拉康的观点，无意识是类似于语言结构一样的东西，这与弗洛伊德的说法不是相抵牾吗？拉康并不这么看，他认为，在精神分析学的语境中，德语词"die Sache"和"das Ding"表达的东西并不是一回事。前者指的是与人类文化实践或象征性行为相关联的"对象"："人类世界的事物是宇宙中的事物，是由语词所结构的，语言、象征过程主导和主宰着一切"；"Sache 明显地是这样的事物，是工业和由语言所主宰的人类行为的产物。"[2] 因此，明显地，"对象"属于象征界，是与语言或能指相关联的，用拉康的话说，"Sache 和 Wort（词）是紧密地联系在一起的；它们构成了一个对子"[3]。这就是说，弗洛伊德所谓的无意识系统中只存在物表象，其实是指无意识中与语词相关的、由语言结构出来的"表象对象"，是与能指具有同样结构的东西。而 Das Ding，按照弗洛伊德的描述，作为一种"持存的、不被理解的"东西，则是处在意指链条背后的东西，"Das Ding 存在于别的地方"[4]。存在于什么地方呢？存在于实在界。Das Ding 是实在界中的"物"，它整个地存在于语言之外，存在于意识之外，是我们所不可想象的，也是不可象征化的，因而它不可能作为表象

---

[1] 参见车文博主编，《弗洛伊德文集》第二卷，第497—498页。

[2] Jacques Lacan, *The Seminar of Jacques Lacan, Book VII, The Ethics of Psychoanalysis 1959-1960*, p.45.

[3] Jacques Lacan, *The Seminar of Jacques Lacan, Book VII, The Ethics of Psychoanalysis 1959-1960*, p.45.

[4] Jacques Lacan, *The Seminar of Jacques Lacan, Book VII, The Ethics of Psychoanalysis 1959-1960*, p.45.

出现,相反,属于象征界的那些表象——不论是"物表象"还是"词表象"——都以它为动力源:

> 正是世界在心理中逻辑地和历时地构成之初,Das Ding 这个东西孤立自身,表现出陌生的特征,而整个表象活动都围绕着它进行……而且整个适应性的发展也围绕着它展开,这一发展是人类所特有的,因为象征过程显示自身不可避免地要被编织在它里面。[1]

表象——不论是"物表象"还是"词表象"——属于象征界,是按照能指的可能性或者说按照能指的法则组织起来的,是在主体的话语或言语中呈现出来的;至于"Das Ding",它属于实在界,是表象的支撑场所或"表象代表"(Vorstellungrepräsentanz,representative representative)所表征的东西,是需要在无意识表象之重心的最初建立中来定位的一种"原初功能"。[2]这几句话看似简单,实际涉及一系列的问题,涉及"物"的诸多方面。

首先,所谓"物"作为表象的支撑场所或表象代表所表征的东西,实际说的是"物"与言语或语言的关系。这个关系是悖论性的:一方面,"物"只能在言语中且通过言语来呈现自身;可另一方面,"物"并不等同于语言,它不是象征法则,相反,它是激活语言的本质或为象征法则指定方向的东西,是召唤能指前来标记的场所。进而,这一悖论性还表现在:作为能指前来表征的场所,"物"本质上是不可表征的,"物"的位置标记的恰恰是一种不可表征性,就此言之,能指作为"表象代表"所代表的并非表象本身,而是非表象,其对"物"的表征其实是标记了某个东西对象征化的逃脱,标记了一种不在场、一种不在场的在场,或者说不在场与在场的二

---

[1] Jacques Lacan, *The Seminar of Jacques Lacan, Book VII, The Ethics of Psychoanalysis 1959-1960*, p.57.

[2] Jacques Lacan, *The Seminar of Jacques Lacan, Book VII, The Ethics of Psychoanalysis 1959-1960*, p.62.

元辩证结构,就像精神分析哲学家、英语世界著名的拉康研究者理查德·博斯比在《哲学家弗洛伊德:拉康之后的元心理学》(2001)一书中解释的,"能指之所以能够标记不可表征物的场所,能够敲定'物'——一种不在场——的位置,就因为能指的结构本身是以不在场为前提。如果说能指可以敲定欠缺表象的东西的位置,如果说能指作为'Vorstellungrepräsentanz'(表象代表)的功能就在于表征不可表征之物,那它得以如此也是借助了不在场的功能,因为正是后者构建了能指自身的二元结构。'Vorstellungrepräsentanz',拉康说,'是二元的能指'"[1]。

其次,从人类学的角度说,"物"作为一种"原初功能"需要在无意识表象的重心(即人类社会最初的象征法则)的建立中来定位。这"原初功能"到底是什么?原初的东西实际就是一种性驱力、一种原欲、一种原始欲望,可它通常是受到压抑的、被禁止的,无法直接表现自身,因而只能寻求以置换和凝缩的方式在无意识的表象中间接地获得呈现,人类社会的原初大法就是为此而确立的,就此言之,所谓"物"的原初功能就是它的被禁止、被排除。拉康说,原质之"物"作为一种"原初功能"就犹如弗洛伊德与列维-斯特劳斯所讲的乱伦禁忌和《圣经》中的"摩西十诫"的建立,这些原初象征秩序的出现就是为了压抑和禁止某个东西,也是通过压抑和禁止才得以确立,而那被压抑和被禁止的就是(对)母亲的欲望,这个欲望是不被满足的,只能通过象征化(即禁止和升华)被表象出来,"物处在中心位置只因为它是被排除的"[2],而人正是因为这个象征性的禁止而与动物相区分且成其为主体的。但另一方面,这个象征化不可能完整而彻底,它总是会留下一些剩余,象征化(能指)对实在界的侵入总是会在实在界留下一些洞孔,这些剩余和洞

---

[1] Richard Boothby, *Freud as Philosopher: Metapsychology After Lacan*, p.219.

[2] Jacques Lacan, *The Seminar of Jacques Lacan, Book VII, The Ethics of Psychoanalysis 1959-1960*, p.71.

孔就是那不可象征化的原质之"物",而主体也因为这个不可象征化的剩余而继续欲望着。还有,虽然主体是因为象征化或者说因为能指对实在界的侵入而成其为主体的,可这个象征化也是对"物"的谋杀,是对前历史之"我"的谋杀,它把死亡作为"我"之界限而带到我的面前,所以,"物"的象征化其实就是死亡的象征化,"物"的原初功能就是在它的被禁止中把死亡作为存在的界限带到我们的面前。拉康说:

> 法是物吗?当然不是。不过,我只能借助法来了解物。实际上,如果法没有说"你不应对它有贪念",我是不会对它心生贪念的。但是,物通过在我身上生产出各种贪欲而找到了一条路,这要感谢诫令,因为没有法,物就是死的。但即便没有法,我还是会活着。但是,当诫令出现时,物也闪现,物再次返回,而我便遭遇了我的死亡。对于我,自以为导向生的诫令最终却导向了死亡,因为物找到了一条路,借助诫令来引诱我;通过它,我欲望着死亡。[1]

这里说的其实是"物"与象征界的原始父法的关系以及"物"与欲望的关系。这一关系同样是悖论性的:法并不是"物",因为法属于象征界,而"物"属于无法抵达的实在界,可另一方面,我们又只能借助于法来了解"物";或者说,法是"物"的象征化,但这一象征化不可能是彻底的,"物"只是利用法在我们身上生产出各种贪欲来给自己开出一条返回的道路。返回到何处?返回到死亡。这里的所谓"死亡"是指象征秩序对神话性的主体的谋杀,指父法对主体在前俄狄浦斯阶段怀有的对母亲的欲望的禁止。"物"通过法而再次返回,可它并没有返回到主体之内,并没有被主体所获得,而是返回到主体的跟前,把主体又一次引向欲望及欲望的匮乏,

---

[1] Jacques Lacan, *The Seminar of Jacques Lacan, Book VII, The Ethics of Psychoanalysis 1959-1960*, p.83.

引向死亡这个绝对的他者、绝对的彼处。

欲望与法之间的辩证关系使我们的欲望只在与法的关联中闪现，通过法，欲望成为对死亡的欲望。仅仅因为法的缘故，罪……具有了过度、夸张的特征。[1]

"物"、法和欲望主体之间这一原初的拓扑论关系正好显示了"物"的原初功能同时也是道德法则赖以确立的前提，正是在这个意义上，拉康说：

……根本不存在至善——所谓的至善，即是物，是母亲，也是乱伦的对象，是一种被禁止的善，并且根本不存在其他的善。这就是弗洛伊德借以确立道德法则的基础。[2]

拉康这里的意思是说，道德法则作为人类社会的一种象征秩序乃是基于对"物"所代表的原初欲望的一种禁止，因此如果说存在所谓的"至善"，那就是对"物"、对母亲欲望的禁止，所谓的"至善"不过是一种被禁止的善。

在拉康的理解中，"物"并不就是实在界，"物"只是处在实在界之中，它是象征界侵入实在界之后所呈现出来的实在界之一角。但从这个一角已足以让我们看出实在界的特征，或者说，拉康对"物"的特征或功能的描述实际就是对实在界的一种描述。

比如，表象对物的象征化乃是对一个不在场的东西的象征化，之所以如此，就因为实在界是一个不在场的原因，是与主体保持着距离、令主体感到陌生的界域，也是主体所不可抵达的界域：

在"Vorstellungen"（表象）的层面说，物并不是什么也没有，

---

[1] Jacques Lacan, *The Seminar of Jacques Lacan, Book VII, The Ethics of Psychoanalysis 1959-1960*, pp.83-84.

[2] Jacques Lacan, *The Seminar of Jacques Lacan, Book VII, The Ethics of Psychoanalysis 1959-1960*, p.70.

它事实上只是不在。它的特征就是它的不在场、它的陌生性。[1]

物是我们所不可抵达的，它自一开始就已然是不可抵达的。[2]

"物"或实在界之所以不可抵达、不可象征化和不可结构化，根本上就因为它是一种对主体而言不在场的东西，是一种不可能性，它根本就"是"不存在，或者说它的存在只是一种假定，一种事后回溯的效果，可它却又是一切的原因。这是一个悖论。其实，拉康的实在界就是悖论性本身，对此，齐泽克有很清晰的论述：

> 因而，拉康所谓的实在界所存在的悖论在于，它是一个实体，尽管它并不存在（这是在"真正存在"、在现实中产生这个意义上说的），但它具有一系列的特性——它具有某种结构上的因果关联，它可以在主体的符号性现实中创造一系列的结果。[3]

> 这就是实在客体的精确定义：一个本身并不存在的原因——它只能呈现于一系列的结果之中，但总是以某种扭曲的、位移的方式呈现出来。如果实在界是不可能的，那么，要借助于其结果而去把握的，恰恰就是这种不可能性。[4]

又如，表象对"物"的象征化即是在实在界上留下一个又一个的洞孔，换句话说，对实在界的结构化就是让"物"呈现为"空"（emptiness）或"无"（nothingness）的形式，当然，这个"空"不是什么也没有，而是什么也不是，但也正因其"不是"什么，所以它永远"是"一种可能性，它只能为别的某个东西所代表：

> 这个物总是由空所代表，这恰恰是因为它不能为任何别的东西所代表，或者更确切地说，是因为它只能为别的某个东西

---

[1] Jacques Lacan, *The Seminar of Jacques Lacan, Book VII, The Ethics of Psychoanalysis 1959-1960*, p.63.

[2] Jacques Lacan, *The Seminar of Jacques Lacan, Book VII, The Ethics of Psychoanalysis 1959-1960*, p.159.

[3] 斯拉沃热·齐泽克，《意识形态的崇高客体》，第222页。

[4] 斯拉沃热·齐泽克，《意识形态的崇高客体》，第223页。

所代表。[1]

　　这所谓的"空"或"无",其实就是实在界作为一种不在场的核心,并且也正是这种空或无,使"物"成为人类文化创造——艺术、宗教和科学——的原初动力,拉康称其为"从无中创造"(creation ex nihilo),并以海德格尔式的语言分别讨论了"物"的"空"或"无"与人类的各种文化创造活动之间的关系,例如他说,所有的艺术都是围绕这种空建立起来的,都是为了表达与实在界中的"物"的关系,他称之为对"物"的"压抑"(Verdrängung; repression);所有的宗教形式则是为了回避或逃避这种"空"——"空"依然处在中心位置,他称之为对"物"的"移置"(Verschiebung; displacement);至于科学或科学话语,作为宗教的反题或一种"不信仰的现象学",所思考的还是主体与"物"的关系,他称之为对"物"的排斥或"除权"(Verwerfung; foreclosure)。[2] 总之,象征化得以可能,是因为实在界的不在场性,而象征化之所以总以失败告终,也是因为实在界的这种"空"或"无",因为实在界的不可能性。实在界代表着对一切可能性的删除,其最为纯粹的肯定性维度就是对纯粹的不在场、对象的原初失落和大他者的根本匮乏的肯定。

　　再如,虽然表象是"物"的象征化,但这个象征化是不可能彻底的,它总是会有剩余,因为实在界是外在于主体的,是不可象征

---

[1] Jacques Lacan, *The Seminar of Jacques Lacan, Book VII, The Ethics of Psychoanalysis 1959-1960*, pp.129-130.

[2] Jacques Lacan, *The Seminar of Jacques Lacan, Book VII, The Ethics of Psychoanalysis 1959-1960*, pp.130-131. 拉康的这些话听起来都十分费解,我们要抓住其中的一个核心逻辑,那就是艺术、宗教和科学作为升华的各种形式都是要借助各自的表象方式把"对象"提升到神秘的"物"的地位:艺术之为"物"的压抑是说它把对象纯化为神秘之"物";宗教之为"物"的移置是说它直接把神秘置于对象的位置;科学之为"物"的排斥是说它以所谓的绝对知识(那其实是一种妄想症的对象性知识)来驱逐"物"的神秘性。在另一个地方,拉康更明确地把这三种升华形式同他所关注的三种临床结构相联系:艺术类似于歇斯底里的结构机制,宗教类似于强迫性神经症的结构机制,科学类似于妄想症的结构机制(Jacques Lacan, *The Seminar of Jacques Lacan, Book VII, The Ethics of Psychoanalysis 1959-1960*, p.129.)。面对这些梦呓般的话语,我们其实不必太过认真,它们不过是拉康的超现实主义写作的一次技艺表演,是一种典型的"妄想症批评"。

化的,象征化的过程其实是凸显主体与实在界的距离或者说实在界的不可抵达性与不可能性的过程。另一方面,相对于主体而言,象征化的过程正是个体迈向主体化的过程,同时也是把实在界的创伤性内核——原初对象的缺席、失落和匮乏——带到主体面前并植入主体内部的过程。对于主体与实在界的这一关系,拉康杜撰了一个概念,称之为"外密性"(extimacy):

> 也许我们描述为中心位置、描述为亲密的外在性或者说"外密性"的东西,即我们描述为"物"的东西,将有助于我们为那些对史前艺术及其场所感兴趣的人揭开神秘性的谜团。[1]

所谓外密性,顾名思义,就是一种既外在又内在、既在外又在内、既不在外又不在内的关系。从主体的方面说,所谓"外密性",意指着主体对实在界的一种矛盾的、辩证的依存,即一方面主体性的原初确立、主体的言说以及主体的欲望和原乐皆以实在界为背景或参照,皆受到实在界的主宰[2],而另一方面,主体对躲在背后的这个背景和参照其实有一种无知,一种否认和拒绝,一种无意识的抵抗,这注定了主体不可能与实在界直接照面,主体虽然是因实在界而欲望,却永远也不可能抵达实在界的核心。而从实在界的方面说,所谓的"外密性",根本上意指着实在界本身即是一种悖论性,它是一种没有任何存在的存在,是一种使可能性得以开启的不可能性,它既外在又内在于主体,它决定着主体的构成,却又对主体构成一种彼岸,是主体之言说甚至生存的最后界限。

还有更为重要的一点:表象对"物"的象征化总是会留下剩余,成为主体之欲望总要"再来一次"的原因,这表明,实在界就是那

---

[1] Jacques Lacan, *The Seminar of Jacques Lacan, Book VII, The Ethics of Psychoanalysis 1959-1960*, p.139.

[2] 例如在第11期研讨班中,拉康说:"当主体讲述他的故事时,总有某个东西在潜在地发挥着作用,主宰着他的句法,使句法变得越来越凝练。这种凝练与什么有关?与弗洛伊德描述心理抵抗之始称作内核的东西有关。……那内核必定属于实在界。"参见Jacques Lacan, *The Four Fundamental Concepts of Psychoanalysis*, p.68。

总是要回到相同的地方、总要在相同的地方出现的东西。对于这一观点,拉康在 1950 年代就已经不断提及,但并未做更详尽的论述。而到 1964 年的第 11 期研讨班中,这个观点成为他讨论实在界的一个基点,并以此为基础提出了主体与实在界的"相遇"问题。再一次,弗洛伊德充当了拉康引出实在界的中介,他再次在弗洛伊德那里找到了支持实在界的理论和经验材料。

前已论及,在拉康那里,重复强迫现象体现了象征界的意指链的"坚持"特征,即能指在其差异化的过程中"坚持"返回或回复到某个地方或某种状态,那么能指的这种重复或执意返回对主体来说究竟意味着什么?弗洛伊德认为,重复强迫现象说明有机体有一种力求回复到事物的早先状态的死亡驱力,这一无意识的心理过程实际上是死亡驱力作用的结果。拉康曾经用能指的坚持对弗洛伊德的这个具有本能论意味的解释做了语言学的重写,现在他进而把能指的重复同实在界联系在一起,他指出,主体借自动重复向着创伤性经验的不断返回恰恰标识了无意识主体的生存经验中一个场所或界限的存在,标识了"我思"主体朝向这个场所或界限所做的一种失败的努力:

> 我们不妨看一下 Wiederholen(重复)是如何被引入的。Wiederholen 与 Erinnerung(回忆)有关。主体自身在回忆其生平的过程中,整个地只是朝向某个界限,即所谓的实在界。……在这里,实在界就是那经常回到同一地方去的东西,回到"我思"的主体遇不到它的地方去的东西。[1]

在精神分析学的意义上说,所谓的"重复",就是指无意识主体朝向某个不可抵达的界限、某种不可能性的不断返回;所谓的"回忆",则特指主体早期被压抑、被禁止的经验或经验残存在后来的生活中的一种坚执,因而它是一种无意识的心理过程,是与重复紧

---

[1] Jacques Lacan, *The Four Fundamental Concepts of Psychoanalysis*, p.49.

密联系在一起的，它与现实生活中有意识的经验回想无关。所有的重复或回忆都要朝向一个界限，那就是实在界。实在界是主体根本无法忆及的东西，不仅在有意识的活动中，就是在无意识的活动中、在我们的梦中，我们也无法触及它。它是一种彼岸，是引发主体不断重复和回忆的东西，是总在相同的地方等待着主体前来与之相会的东西。所谓"经常回到同一地方去"，其实是指无意识主体的重复强迫，指主体在重复行为中总是朝向的同一场景或同一对象，例如经受了创伤经验的人或创伤性神经症患者经常会在梦中梦到所经受的创伤事件或场景，似乎创伤经验有一种固执性，总要把主体拉回到他所不愿想起的原初场景中，这种重复现象正是主体的无意识思维力图捕获实在界的表现，拉康把这种思维作用称为主体与实在界的一种"相遇"（meet），也称为主体与实在界的一种"遭遇"（encounter）和"约会"（appointment），并认为精神分析实践的核心就是要从经验中去把握这个实在界，把握主体与实在界的这种相遇：

  没有一种实践像精神分析学那样把目标指向位于经验之中心的实在界的内核。[1]

可是，实在界是一种界限，是一种类似于彼岸那样的东西，是被现实所排斥的东西，重复现象除证明这个东西真实地存在着以外，还证明了它是超越于象征界、超越于能指网络这个自动机器以外的存在，它总在逃避我们，总在逃避主体在重复中的返回：

  我们会在什么地方遇到这个实在？因为我们在精神分析学的发现中所拥有的就是一种遭遇，一种基本的遭遇——一个我们总是应邀跟某个实在的约会，而这个实在总在逃避我们。[2]

  实在界超越于自动机之外，超越于返回之外，超越于回复

---

[1] Jacques Lacan, *The Four Fundamental Concepts of Psychoanalysis*, p.53.
[2] Jacques Lacan, *The Four Fundamental Concepts of Psychoanalysis*, p.53.

之外，超越于符号的坚持之外，借助它，我们发现自己受着快感原则的支配。实在界就是经常躲在自动机后面的东西。在弗洛伊德的整个研究中，很显然，他所关心的对象就是这个。[1]

既然如此，那我们可在哪里与实在界发生相遇呢？或者说我们该如何实现与实在界的相遇呢？如同在讨论能指或象征界的运作时从亚里士多德那里借用了"自动机"（automaton）的概念一样，拉康再次从亚里士多德那里借来一个概念："tuché"（机遇、运气、偶遇），不过，与亚里士多德把"tuché"也理解为一种幸运、一种好运气不同，拉康只采用了其"偶然性"的含义，并用它来译解"与实在界的相遇"（the encounter with the real）[2]，称"那被重复的东西，事实上总仿佛是偶然地出现的，就是说，表达告诉我们的许多东西都是其与 tuché 的关系"[3]。拉康此处的意思很明确：主体与实在界的相遇带有偶然的特征，实在界的东西总是不期而至，又不期而去，它的返回是主体所无法预期的，是在主体的无意识心理过程中发生的。这种相遇对主体而言也许是一种运气，但更多的时候是一种不幸，是一种"不幸的机遇"（dustuchia）[4]，这不仅因为那从实在界返回的东西总与创伤性的经验或这一经验的残存有关（"为什么原初场景总如此充满创伤？"[5]），而且因为那在梦中反复出现的东西并不就是实在界本身，我们在梦中、在梦与象征化的表象中所遭遇的常常只是实在界的"面孔"、实在界的"屏幕"，它们只是告诉我们，实在界就在那里，就在背后。换言之，我们与实在界的相遇只可能是一种错失的相遇，一种与之"失之交臂的相遇"（the missed encounter）：

---

[1] Jacques Lacan, *The Four Fundamental Concepts of Psychoanalysis*, pp.53-54.

[2] Jacques Lacan, *The Four Fundamental Concepts of Psychoanalysis*, p.53.

[3] Jacques Lacan, *The Four Fundamental Concepts of Psychoanalysis*, p.54.

[4] Jacques Lacan, *The Four Fundamental Concepts of Psychoanalysis*, p.70.

[5] Jacques Lacan, *The Four Fundamental Concepts of Psychoanalysis*, p.69.

"偶遇"（tuché）的功能，或实在界作为相遇的功能——这一相遇很大程度上可能是错失的，它本质上是一种失之交臂的相遇——在精神分析学的历史上首先是呈现为一种本身已足以引起我们关注的形式，即创伤的形式。[1]

虽然对主体而言是一种失之交臂的相遇，可终究还是一种相遇，一种可能谋面但却不为主体所知的相遇，或一种未及谋面却已经从主体身边滑过的相遇；而对实在界而言，它总是要在相同的地方返回，总是会回到相同的地方，在实在界中总有一些根本点，一些可称之为遭遇的根本点，它们总是出现在主体心理现实（如梦的表象）的原发过程中，使主体把心理现实视作"悬而未决之物"（souffrance）[2]，即其意义有待确定、无法确定但主体又无可躲避的东西。实在界就藏在这些遭遇点的背后，等待着主体的到来，主宰着主体心理的原发过程，并在这过程中偶尔一露那可怖的尊容。所以，对于现身实在界的原发过程，我们应在其裂隙的经验中，在知觉与意识的缝隙中，在非时间性的场所即"另一个地点、另一个空间、另一个场所或者说在知觉与意识之间"[3]来理解。为了说明在原发过程中主体与实在界的这种相遇，拉康在第11期研讨班中特别地讲到了两个例子。

一个是中国人再熟悉不过的庄周梦蝶的故事：有一天，庄子梦见自己变成了一只蝴蝶在风中翩翩起舞，怡然自失。醒来后，他发现自己又变成了庄周，不禁有些怅然和疑惑，他不知道究竟是庄周梦见了蝴蝶还是蝴蝶梦见了庄周，不知道自己现在是不是一只正在做梦的蝴蝶，梦见自己变成了庄周。庄子说，在现实中我们都知道庄周和蝴蝶不是一回事，可在这个蝴蝶梦中，在人生的一梦一醒之间，

---

[1] Jacques Lacan, *The Four Fundamental Concepts of Psychoanalysis*, p.55.

[2] Jacques Lacan, *The Four Fundamental Concepts of Psychoanalysis*, p.56. "souffrance"是一个多义的法语词，既有"悬而未决""待定"的意思，也有"痛苦"的意思，拉康在此是在这一多重意义上使用的。

[3] Jacques Lacan, *The Four Fundamental Concepts of Psychoanalysis*, p.56.

大道物化，哪有什么此与彼之分。

庄子是一个讲人生若梦的哲学家——他的意思不是说人生如梦一般虚幻，而是说梦才是生命的真实——他在书中给我们讲了许许多多的"梦"：他的"逍遥"是梦，他的"齐物"也是梦，他的"养生主"还是梦。但庄子的梦是弗洛伊德的梦吗？"是"，但也"不是"。说它"是"，因为它们都是被压抑的愿望的替代性满足；说它"不是"，因为弗洛伊德的梦是不可满足的欲望的坚执，是被切割的原质之"物"在表象之坚持中固执的返回，而庄子的梦恰恰是去欲望化的，是原初的失落的根本性遗忘，是那失落之物在遗忘中的悄然返回。在庄子和弗洛伊德之间做这样的类比对我们的"国学家"可能是一种冒犯——不过他们中的一些人很热衷于"被冒犯"、总在渴望着"被冒犯"——但庄子未必会这么想，说不准他梦中的那只蝴蝶就是弗洛伊德，甚至可能还是拉康和德里达。

拉康在这个梦中看到了什么？先看一下他的描述：

> 在梦中，他变成了一只蝴蝶。这是什么意思？这意味着，他在他的现实中看到了作为凝视的蝴蝶。真可谓栩栩然、翩翩然、嫣嫣然，若非这种故意的"展示"，它怎么能向我们标记凝视之本质的原初性质。真是绝妙无比，它是一只蝴蝶，与令"狼人"惊恐不已的那只蝴蝶没什么不同……庄子醒来后，自问是不是一只蝴蝶梦见自己变成了庄子。实际上，他是对的，并且绝对正确。首先因为这表明他不是傻子，他没有把自己与庄子绝对地等同，其次还因为他没有完全明白自己到底多么正确。事实上，就在他变成一只蝴蝶时，他领会到了他的同一性的根源之一就在于他本质上曾是且仍是那只蝴蝶，那只五彩斑斓的蝴蝶，也正是因此，他最终还是庄子。
>
> 有一个事实可以证明这一点。这就是，当他是一只蝴蝶的时候，他并没有产生疑惑，想到当他是醒着的庄子时，他还是

不是做梦梦见的那只蝴蝶。这是因为,当他梦见自己变成了蝴蝶时,他在事后无疑需要去证明他就是一只蝴蝶。但是,这并不意味着他被蝴蝶俘获了——他是一只被俘获的蝴蝶,但却是为虚无所俘获,因为,在梦中,他是一只不为任何人存在的蝴蝶。当他醒着的时候,他是为他人而存在的庄子,并被他人的蝴蝶网所捕获。

这就是为什么蝴蝶——尽管主体已经不是庄子而是"狼人"——会在他[狼人]身上激起病态性的恐惧的缘故,因为他意识到那扇动的小翅膀与因果的律动、与第一次以欲望之网标记其存在的原始条纹的律动只有一步之遥。[1]

拉康说得很对,庄子醒来之后的疑惑——"不知周之梦为胡蝶与?胡蝶之梦为周与?"——表明他不是"傻子",他没有把现实中的自己与"庄子"这个能指指认给他的角色或身份混为一谈,他知道他作为主体的同一性不过是象征符号的一种委任,是他者的能指之网对他的捕获。

但正如齐泽克解释的,这仅仅是拉康说到的一个方面,拉康在庄子的蝴蝶梦中还看到了另一个方面,那就是:

> 在大他者之外,在异化的符号网络之外,主体获得某些内容,是完全可能的。其他的可能性是由幻象提供的:把主体与幻象客体[幻象对象]作等量齐观。当庄子认为他是一只蝴蝶,梦见自己变成了庄子时,他在某种程度上是相当正确的。蝴蝶是客体[对象],它构成了幻象-认同的框架、中枢(庄子—蝴蝶之间的关系可以写为 $S \Diamond a$)。在符号性现实中,他是庄子;但在其欲望的实在界中,他是一只蝴蝶。成为一只蝴蝶,是其超越符号网络的实证存在的全部一致性[同一性]之所在。[2]

---

[1] Jacques Lacan, *The Four Fundamental Concepts of Psychoanalysis*, p.76.

[2] 斯拉沃热·齐泽克,《意识形态的崇高客体》,第 65 页。

齐泽克在此是从幻象与符号性现实的关系的角度来阅读的，不过，在拉康的文本语境中，对这另一面的考察是从实在界的凝视、从主体与实在界的相遇入手的。

拉康说到，实在界的凝视实质上就是已然失落的原初之"物"即对象 a 的凝视（参见本书第九章第三节），这一凝视在主体的符号性现实中是被省略、被遗漏或被拒认的，它只有在梦中才会偶露尊容，只有梦的表象可以"展示"它的存在，而这一"展示"将会使主体醒着时知觉和意识的同一性发生动摇。就像庄子，当他从梦中醒来时，他不知道究竟是一个名叫庄子的人梦见了一只蝴蝶还是一只蝴蝶梦见了一个名叫庄子的人，为什么？因为梦中蝴蝶的栩栩然、翩翩然、嫣嫣然让他明白了现实中的同一性不过是一个幻觉，他真正欲望的恰恰是被符号性现实所遮蔽且是他在意指结构的能指链条中无法界定和命名的东西，现在，这个东西在梦中以蝴蝶的表象呈现出来，在这个"欲望的实在界"，他变成了一只蝴蝶，他在这只蝴蝶的"展示"中看到了实在界的面庞，即不为他人而存在、不为他者欲望所捕获的大道物化。

那么，拉康是在拥抱庄子的"物化"哲学吗？不是的，拉康根本不关心庄子的智慧，他也不可能理解庄子的智慧，如同他也根本不理解中国的智慧一样——虽然他在研讨班中时常引用中国文化的例子。他在庄子的梦中看到的只是实在界的返回，是实在界作为失落的、引起创伤的原因在主体的无意识中的运作。所以，拉康说，在梦中变成了蝴蝶的庄子并没有想自己在醒来后会不会分不清现实中的"我"与梦中的蝴蝶，这一点足以证明醒来的庄子仍旧是庄子，庄子还是一个凡夫俗子，并不能摆脱他者欲望的捕获。

在拉康对庄周梦蝶的阅读中，有一个小细节不可忽视：他把庄子的蝴蝶和"狼人"的蝴蝶联系在了一起。"狼人"是弗洛伊德的一个患有动物恐惧症的小病人，他回忆自己很小的时候有一次追捕一只带黄色条纹的大蝴蝶，就在快追到那只蝴蝶时，他突然对它产生了极端的恐惧，于是丢下它跑开了。在弗洛伊德的分析中，病人对黄色条纹蝴蝶的恐惧以及对狼的恐惧本质上乃是对阉割的恐惧，只是恐惧的对象在此被转移到了有条纹的动物身上，后者在病人的记忆中作为原始意象反复出现恰恰反映出在那里隐藏着引起创伤的内核，正是那些原始意象把他带回到了莫可名状的焦虑的中心。拉康把"狼人"的蝴蝶和庄子的蝴蝶关联在一起，不过是想要告诉我们，庄子的蝴蝶也是那个让符号性现实中的主体性归于崩溃的令人惊骇之"物"，主体与实在界的相遇乃是主体的无意识过程对死亡或不可能性的提早赎回。

拉康分析的另一个例子是弗洛伊德在《释梦》（1900）的最后一章讲到的一个梦。弗洛伊德所叙述的梦是这样的：

> 一位父亲在他儿子病床边守候了几天几夜。儿子死后，这位父亲到隔壁房间躺下休息，但把门开着，以便能看到儿子被蜡烛环绕的尸体。他已雇了一位老人来看护尸体并低声祈祷。睡了几个小时后，这位父亲做了一个梦，梦见儿子站在他的床边，抓住他的胳臂低声责备："爸爸，难道你没有看见我在燃烧吗？"他醒了过来，看到邻屋传来耀眼的火光，便匆匆跑过去，发现那位老年看护已睡着，心爱儿子的裹尸布和一只手臂被倒下的一根蜡烛点燃了。[1]

拉康解释说，他之所以选择分析弗洛伊德讲述的这个梦，乃是因为它刚好出现在弗洛伊德论述梦的过程的最后时刻，而弗洛伊德本人又没有对它做出分析。[2]

是的，弗洛伊德并没有在这个梦上作太多的停留，在他的简短分析中，也没有提出特别新的东西，只是简单地强调了他一贯主张的两点：第一，梦是愿望的满足，弗洛伊德解释说，这个梦之所以

---

[1] 车文博主编，《弗洛伊德文集》第一卷，第 654 页。
[2] Jacques Lacan, *The Four Fundamental Concepts of Psychoanalysis*, p.68.

恰恰在急需醒来的情况下发生，就因为只有在梦中，小孩才能再一次复活，才能表现得像一个活着的孩子，父亲正是为实现这一愿望才延长了一会儿睡眠。第二，梦的内容是多元决定的，梦中孩子的话可能是源于他在实际生活中说过的什么，并与这位父亲认为很重要的事情有关，比如"我正在燃烧"可能就是孩子生病发烧时说过的话，而"爸爸，难道你没有看见……？"可能与某种我们所不知道的高度情感化的情境有关。但弗洛伊德接着强调说，这并不意味着梦的内容直接来自现实或现实感，构成梦的内容的心理过程是十分复杂的，现实的材料进入梦境必定经过了加工甚或变形，它们必须服务于梦中的情节，方可达成愿望的满足。就像孩子燃烧的梦中，现实的经历与梦的经验之间看似有一定的连贯性，实际却有着一道我们尚不明了的鸿沟，即一方面，是现实中儿子发烧（燃烧）的焦虑引发了父亲的这个梦；而另一方面，父亲又以燃烧的梦来延长孩子的生命，两者之间必有一个被压抑的心理现实在运作，只是对于这个运作的具体机制我们尚不清楚。

拉康的评论就是从这个地方开始的。在他看来，弗洛伊德所提的问题"梦为什么恰恰在急需醒来的情况下发生？"远比他给这个问题提供的答案（梦是愿望的满足）重要，因为这个时刻正是实在界前来与主体相会的时刻，是实在界以梦思的表象或幻象闯入原发（心理）过程的时刻，是知觉和意识的裂隙悄然打开的时刻，用拉康自己的话说，这个时刻最能够说明"醒来的功能和在此醒来中实在界的功能的含混性"[1]，即实在界不仅要逃脱意识的捕捉，甚至也要逃脱无意识梦思的能指逻辑的捕捉，我们与实在界的相遇总是偶然地发生，是稍纵即逝的，这是一种失之交臂的相遇，一种不可能与之交会的相遇。

沿着这样一个逻辑，拉康解释说，在梦中发生的那些事件，如蜡烛掉落、床单着火、轻微的响声等这些"现实中微不足道的因素"（它

---

[1] Jacques Lacan, *The Four Fundamental Concepts of Psychoanalysis*, p.60.

们正相当于弗洛伊德所讲的无意识心理过程中的"物表象")乃是"代表"实在界的东西,是"占据表象之位置"的东西,是"表象代表"[1],它们在无意识的心理现实中也许是微不足道的,可对于表征实在界的面孔却是至为关键,因为它们与梦中的另一个因素有着相同的结构性功能,那就是梦中儿子的责备性言语,拉康又把它称为"另一个现实"的所在。据此,弗洛伊德的问题("梦为什么恰恰在急需醒来的情况下发生?")被转换为:"那使睡梦者醒来的东西是什么?"拉康说,那使睡眠者从睡梦中醒来的东西不是别的,正是梦中的"另一个现实":

> 那决定主体醒来的现实就是干扰梦与欲望的帝国维持下去的轻微噪音吗?它难道不是别的什么东西吗?它不是在这个焦虑的梦的深处表现出来的东西吗——比如父子间最亲密无间的关系,这一关系与其说体现在那个死亡中,不如说体现在这样一个事实中,即它就是命运意义上的彼岸?[2]

拉康并不认同弗洛伊德把梦说成愿望的满足,因为父亲在梦中并没有想要说服自己相信儿子仍然活着,相反,死去的儿子抓着父亲的胳膊的可怕场景表明,在梦中,恰恰有一个"彼岸"在言说,想要被人听到。这个彼岸不是我们在意识状态所能听到或看到的,它只在属于大他者领域的无意识状态呈现,只能在梦中让我们听到,它只在梦中抵达。死去的儿子及其在梦中的话语指向的就是这个彼岸。因此这个"彼岸"成为拉康的实在界谜一样的体现,梦中的心理过程尤其是儿子的话语就是活着的父亲与死去的儿子相遇的见证。儿子站在父亲的床边,抓住父亲的胳臂低声责备:"爸爸,难道你没有看见我在燃烧吗?"正是这个责备,正是在梦中发出音信的儿子的这个话语,或者说正是儿子的言语所呈现的这个"错失的现实",

---

[1] Jacques Lacan, *The Four Fundamental Concepts of Psychoanalysis*, p.60.
[2] Jacques Lacan, *The Four Fundamental Concepts of Psychoanalysis*, p.68.

把做梦的主体召回到实在界来与之相遇；正是在这个心理现实中，在儿子的话语所唤起的创伤性残存中，活着的父亲（无意识主体）和死去的儿子（惰性的实在界）不经意地相遇了。拉康说：

> 实质上，不妨说，梦不就是一种向错失的现实——那现实除了在还未完全醒来时无止境地重复自身外，它再也无法呈现自身——致敬的行为吗？因此，如果相遇不是恰恰发生在火光偶然地或仿佛巧遇地前来与他[父亲]相会的时刻，又怎么会有与那永远惰性的存在——甚至此刻正被火光吞噬的存在——的相遇呢？在这个偶然中，现实若是不借助现实——在这个现实中，那个所谓看护尸体的人，甚至在父亲醒来现身后还一直在睡觉——来重复某个实际上更为重要的东西，它又能出现在哪里呢？[1]

所谓"现实借助现实来重复某个更为重要的东西"，前一个现实指的是"错失的现实"，是由孩子的言语所呈现出来的创伤性残存，它根本上指的就是死亡作为生之界限，指的是言语对实在界的某种穿刺；后一个现实指的是梦中的"心理现实"，它们是出现在梦中的"物"的表象和幻象，它们乃是一种"欠缺"，是一种不在场，它们出现在梦中不是为了呈现自身或表达什么确定的意义，而只是为了提示醒来的主体，占据表象位置的这些东西的"欠缺"背后，还隐藏有另一个现实，即在孩子的言语中呈现出来的"错失的现实"，两者结合在一起共同构成对实在界的指涉。

毫无疑问，拉康此处的论述有着一种超现实的逻辑。与弗洛伊德注重梦中物表象形成的心理过程不同，拉康对梦中孩子的话语的强调意在凸显与实在界的相遇的偶然性。在梦中，在睡眠的世界中，只有声音被听到，只有声音才是见证与实在界相遇的见证物，他甚至把梦中孩子的话语比作另一种"火光"（fire-brand），一种不同

---

[1] Jacques Lacan, *The Four Fundamental Concepts of Psychoanalysis*, p.58.

于梦中的火光的火光：

>这句话本身就是一个火光——是火光本身，它在烛火倒下的地方燃起了火焰——而且人们之所以看不到是什么东西在燃烧，是因为那火焰使我们看不到火光作用于 Unterlegt（悬而未决之物）、Untertragen（待定之物）、实在界的情形。[1]

因此孩子的话语是在提醒父亲，实在界就是那悬而未决之物或那未定之物，是那个处在背后的东西，那个在背后支撑主体或主体之欲望的东西，实在界是火光的携带者，可它悖论性地模糊了我们的视线，使我们根本看不清或看不到火光本身，仿佛那个燃烧的孩子的话语，那句闪耀着实在界之火的话语，它除了说明实在界本身的不在场以外，事实上不能说明任何东西。

燃烧的孩子的梦以一种创伤的形式把伤心欲绝的父亲召回到实在界的面前，令主体与实在界的相遇成为一种失之交臂的相遇，一种不可能的相遇。那么，这一相遇之于主体究竟有何意义呢？主体为什么非要把自己投向实在的空无性，非要飞蛾扑火般地朝向一个不可能交会的相遇场所呢？拉康并未明确地提出和回答这个问题，但他对实在界的一系列解释有助于我们清理出一个拉康式的回溯性逻辑。

需要记住一点：拉康所讲的实在界与我们通常理解的"实在""现实""存在""客观性"等皆无关系，虽然拉康说实在界是先于主体而存在的，但实在界并不是一个外在于主体的实存之物，相反，它只是一种生存秩序，是规定主体性的一种律令，是划定主体之大限的一个界域。实在界本身并不存在，它所谓的"存在"是我们依循主体之命运设定出来的，也就是说，它实际上仍是一种回溯性的效果，是我们为缝合主体之裂隙、解释主体之症状而在主体之历史中重构出来的。主体为什么会陷入想象性的误认？主体为什么要通过乱伦禁忌而与父法建立盟约？主体的欲望为什么是对母亲这个他

---

[1] Jacques Lacan, *The Four Fundamental Concepts of Psychoanalysis*, p.59.

者的欲望？主体为什么总要从症状中去获得原乐（即所谓的享受症状）？如此种种，皆离不开主体"诞生"的原始创伤，那就是对原质之物的排斥和压抑，这一原始的驱逐行为具有一种不可还原性，它使被驱逐物对于主体具有一种彻底的不可抵达性和他在性，而这个不可能性的场所就是实在界。可另一方面，也恰恰是由于这个驱逐和排斥，主体作为想象性认同和象征性认同的效果、作为在他者之匮乏中欲望的效果、作为被禁止的原乐享受的效果，注定要成为被禁止物的捕获品，它总想返回到那个原初的神话状态，总想以被切割掉的东西来填补自身的空洞，总想在一种强迫性的重复中重返那已经永远失落的对象，这便是拉康所谓的与实在界的相遇。正是由于主体与实在界之间的这一辩证地颠倒的共生性关系，才有了梦机器，才有了症状生产和症状阅读的机器，也才有了精神分析的机器。而对拉康而言，主体与实在界相遇的根本与其说是这一相遇的失败和不可能性，不如说是两者在此种相遇中构成的某种伦理结构，如我在本节的一开始所说的，拉康的精神分析伦理学本质上是一种实在界的伦理学。因此，与实在界的相遇之于主体的意义，就在于这一相遇所特有的伦理维度。那么，这一维度究竟存在于哪里？

需要明确的一点是，拉康意义上的伦理结构所关涉的并非我们通常理解的主体与他人或社会的关系，而是主体的欲望与其欲望对象或者更确切地说作为欲望之因的对象 a（对于这个对象 a，我在后面会给予更具体的解释，这里只是指出一点，它实际就是作为原质的"物"的另一种说法）的关系，因为在拉康的主体间性的世界中，所谓的他人、所谓的伦理责任、所谓的至善或良知，都必须参照主体的欲望方能获得说明。具体到有关燃烧的孩子的梦的情形，这不是一个关于愿望满足的梦，而是一个关于欲望的梦，伤心欲绝的父亲的欲望首要地还不是希望孩子能够复活，而是欲望与孩子的话语所指示的彼岸相遇，这个彼岸说到底就是死亡、他人的死亡。这一相遇之所以是伦理的，就因为死去的孩子及其责备的语调在此是作为对象 a 而被欲望的，换一个角度说，那死去的不是外在于自身的某个他人，而是自己的儿子，他早已化为自己血肉的一部分，他早已是自己的对象，是自己身为父亲的成因，他的失去即是自身存在的被切割，对象的失落叠印出了主体缺失的裂口，当这个永远失去的不可替代的对象在梦中重现时，它不仅不是希望孩子复活的愿望的满足，反而是以生者与死者、活着与死亡之间不可能的相遇关系先期把主体送向了一个无限的远点，主体在那里得以遭遇到实在界的脸庞，对死亡的瞬间瞥视让主体陷入了盲视，主体被实在之火灼伤了。

最后，与实在界相遇的失败对主体而言意味着什么？依照拉康的理解，这一失败的意义就在于主体的分裂，或者说我们在这一相遇的失败中可以看到主体的分裂。有关主体的分裂，我们已经讲了很多，在此只是引述一段拉康的话：

> 上次，我曾想指出主体之分裂存在于何处。这一分裂在醒来之后就体现在：一方面是实在界的返回，是世界之表象的返回——最后回到其现实，发现手臂被点燃，所发生的是多么可怕的事，他居然还在熟睡，多么可怖，多么愚蠢，多么白痴——另一方面则是不断在编织自身的意识，它知道自己所经受的所有这一切仿佛是一个梦魇，但同时，它还能控制自己，是我在经受着所有这一切，我不必掐自己就知道我不是在做梦。事实上，这一分裂在那里一直只是为了体现一个更深刻的分裂，后者就在于：一方面是在梦的机器中、在走近的孩子的形象中、在他的满是责备的眼神中指涉主体的东西，另一方面则是形成主体并让主体沉陷其中的东西，是那孩子的求助和他的语调，是凝视的诱惑——"爸爸，难道你没有看见……"[1]

在这里，我们看到了主体之分裂的双重显示。首先是主体在无意识与意识之间的分裂，即在无意识中，他遭遇了实在界的返回，

---

[1] Jacques Lacan, *The Four Fundamental Concepts of Psychoanalysis*, p.70.

以象征化的表象形式返回，而在意识中，他清楚地知道那只是一个梦，他以一种想象性的拒认或否认把所经历的可怕场景看作一个梦魇，意识在想象中的幻觉的同一性与无意识以象征的方式表象出来的实在界的面庞令主体遭遇了他的第一重分裂：他对实在界一无所知，但在梦思的运作中又感受到了它的存在，所以用一种想象的同一性来掩盖／掩饰自己的不知或分裂。在这一重分裂的背后，还有更深刻的分裂，那就是梦思的运作中象征化的表象和实在界的凝视的交互作用引发的主体的分裂，那些表象把主体带入了主体性的位置（身为父亲的位置），而实在界的凝视则让他瞥视到了自身欲望的空洞，瞥视到了主体之欲望的伦理困境，而这一瞥视把主体带入了一种极度的焦虑，带入了主体性的涣散和解体。

四　三界的拓扑学

现在该说说想象界、象征界和实在界"三界"之间的关系和交互作用。这个问题远比我们想象的复杂，拉康的运作是高度技术化的，简直达到了炫技的地步，其逻辑的缠绕远非一般人所能理解。例如，在第 1 期研讨班中，他曾从所谓的"存在"维度对"三界"与精神分析经验的关系做过一番解释，他说："正是在存在的维度中，将可以看到象征界、想象界和实在界的三分，若是没有这些基本范畴，我们就无法在我们的经验中区分任何事物。"[1]这句话看似简单，其实有着典型的拉康式晦涩，他这里所讲的"存在"并非我们常规理解的人类的纯粹生存状态，因为在他的认识中，这个状态并不存在，它只是我们的一种神话式构想，即我们想象人在进入社会和文化之前处在一种什么都不是的"自然"状态，而实际上，这个状态与其说是一种"有"，不如说是根本性的"无"，是根本性的匮乏。这个"存在"或"无"乃是"三界"运作的对象和场所，

---

[1] Jacques Lacan, *The Seminar of Jacques Lacan, Book I, Freud's Papers on Technique 1953-1954*, p.271.

精神分析经验既是"三界"在"存在"上面进行运作的经验，也是用"三界"来对那一运作过程进行理解和阐释的经验，例如——拉康接着说——精神分析学所关心的人类的三种基本情感就只有在"三界"的相互作用中才能获得界定："只有在存在的维度中，而不是在实在界的维度中，三种基本的情感才得以被铭写——在象征界与想象界的交界处，如果你愿意，可以称这个断层、这条交界线为爱；在想象界与实在界的交界处，是恨；在实在界与象征界的交界处，则是无知。"[1] 面对这类天书般的表述，我们需要有足够的耐心投入一场智力较量，既要在整体上把握拉康的具有超现实主义色彩的迷思方式，也要学会跳出他蓄意设置的心理陷阱。就像这里对爱、恨、无知三种人类情感——更确切地说，是处于分析情境中的主体情感——的拓扑学界定：它与其说是一种科学的描述，不如说是一种诗学的狂想；它并非没有逻辑，而只是遵循了一种超现实的无意识逻辑。简单地说，当主体在言谈情境中（象征界）只以其自恋的想象（想象界）来构想主体间的关系时，出现的就是爱的情感，欲望从对方身上获取自己所欠缺的，并假定对方能填补他的欠缺；而当对方装死（实在界），不以同样的爱（想象界）回应主体的要求时，主体就会产生恨的情感，并知道对方也是有欠缺的；爱和恨都是想象的激情，为什么会有这样的激情？因为主体的无知和不知：不知自己究竟欲望什么，也不知他者想要从他这里得到什么，对自己和他者欲望的无知即是对实在之物的不知，而正是这种不知导致了他在象征界域无知的言说。

上面的两段话是拉康在1953—1954年的第1期研讨班上说的，那时他还没有提出波罗米结，但已经在运用这个纽结的拓扑逻辑。是的，他的话语总是行进在未来的预期中，他的理论总是在未来的先期到来中使后来的回溯性的"总是已然"（always already）成为可

---

[1] Jacques Lacan, *The Seminar of Jacques Lacan, Book I, Freud's Papers on Technique 1953-1954*, p.271.

能，就像这里的情形，到1970年代，随着波罗米结的运用，你才发现有关"三界"拓扑学的那一套逻辑早在1950年代就"已然"在此了。

严格地说，在拉康那里，"三界"的拓扑学不仅包括三个秩序两两之间的关系，还包括三者之间的交互关系，有时甚至还指同一个界域内部的结构要素的变换，说得更明确一点，"三界"的拓扑学指的是"三界"或"三界"的要素以不同的组合在主体身上的交互作用，是它们共同作用于主体时的结构关系，这至少表明，拉康在"三界"的拓扑学中所要思考的是构成主体性的一种共时结构，是主体的三个存在维度在一个结构环路中的共时性功能运作。

我在前面已经提到，拉康的"三界"除了是对主体性的存在维度的描述以外，其本身就是一个结构化的框架，是一种透视主体之真相的认识论框架。作为框架，它们本身只是一个空框，一个空的结构，是一个结构矩阵，这就是说，对它们当中的每一个及其相互关系的说明与运用实际上都离不开精神分析学的经验与材料，离不开与主体性有关的具体"内容"，比如认同、欲望、原乐、临床实践、性关系或性别位置等。在拉康的研讨班中——尤其是1960年代以前——我们很少看到他对"三界"拓扑学的纯粹论述，也许在他的理解中，脱离了精神分析经验和临床实践的那种纯粹讨论是不可能的，如同每一种精神分析理论，若是脱离了经验的支撑，那它们就只是一个空洞的言述。在这个意义上说，并不存在一个纯粹的"三界"拓扑学，拉康所谓的"三界"拓扑学，实际只存在于主体性经验的阐释与建构中。

于此，有几个问题需要我们先行做出回答：第一，什么是拓扑学？第二，精神分析学与拓扑学之间有着怎样的关系？或者说拉康用拓扑学来叙说精神分析学的合法性何在？第三，在拉康的精神分析学中，语言学和拓扑学都是对主体的无意识构成的说明，那么这两者之间的关系又是怎样？第四，拉康的拓扑学到底有哪些东西？以及第五，究竟该如何看待拉康的拓扑学？

"拓扑学"（topology）[1]——"topology"这个词最初由德国哲学家和数学家莱布尼茨提出，指的是一种"位置分析"——属于现代数学的一个分支，其任务在于研究几何图形的这样一些性质：在图形经过剧烈的连续变形，以致所有的度量性质和射影性质都失去之后，它们仍保持不变。换用数学的术语来表述：对于几何图形 A 的任意一个性质，若在每一个拓扑变换下都保持不变，就称之为 A 的一个拓扑性质，而拓扑学就是研究处理图形的拓扑性质的几何学分支。为了理解这里的拓扑性质，不妨举一个最简单的例子：假设在一个方形的软木块上画一个圆和两条相互垂直的直径，如果我们均匀地挤压这个木块，比如把它压成原来宽度的一半，则里面的圆将变成一个椭圆：

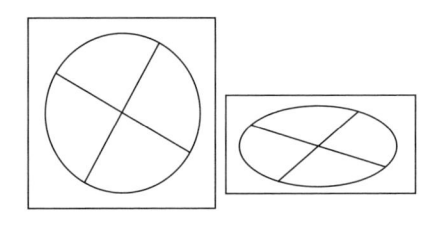

在此，不仅圆变成了一个椭圆，而且两个直径的夹角也不再是直角，圆周上的点到中心的距离也不再全都相等，原来图形中的许多几何性质在压缩后都被破坏了，但有一个性质却没有改变，即"中心平分直径"这个命题依然成立，这个性质就可以称为原来图形的一个拓扑性质。

当然，拓扑变换是有条件的，其中最基本的一个条件就是所谓的连续性，即在形变中不能使原来图形中不同的点熔化为同一个点，也不能产生新点，而是应当让两个图形中的点一一对应，原来是邻近的点在变换的图形中应当还是邻近的。比如用一个橡皮泥面圈捏

---

[1] 我下面有关拓扑数学的内容（包括图形），主要参考了：R. 柯朗、H. 罗宾，《什么是数学：对思想和方法的基本研究》（增订版），左平、张怡慈译，上海：复旦大学出版社，2007 年；M. 克莱因，《古今数学思想》（第 4 册），申又枨、冷生明译，上海：上海科学技术出版社，1981 年；张远南，《抽象中的形象——图形的故事》，上海：上海科学普及出版社，1990 年。

成一个带柄的杯子，不论你怎么拉长、挤压和变形——但不能切断或黏合——只要初始图形和结果图形的连通性保持一致，这个变换就是一个拓扑变换，对此可更为直观地图示如下：

但是，一个封闭的球面，若是不经过切割或挖洞，就无法形变为一个带柄的杯子，而一个橡皮泥面圈，若是不经过黏合，就无法做成一个不带空洞的碟子，所以这两种形变都不属于拓扑变换。不过，这不是说所有的拓扑变换都只能像捏橡皮泥那样进行，有的时候以切割和黏合的方法完成的变换也可能是拓扑学的，比如下面会讲到的纽结和克莱茵瓶，关键在于切割和黏合必须是在同一个点上进行，以保证"连续性"的定义的有效性。

在此没有必要对数学中的拓扑学内容讲得太多，要知道，那是一门极其艰深和专业的学问。但有一点却是我们需要知道的：拓扑分析作为一种位置分析原本是针对欧几里得几何学的一个传统提出的，即后者的图形分析通常是基于对图形的边、角、面积等的度量考虑而进行的一种量的分析，它总是在度量的基础上去讨论图形的相等或相似，而拓扑学的空间分析剔除了量的因素，它的图形分析只考虑位置的等价变换，于是，在它那里，一个矩形与一个圆是等价的图形，但一个线段与一个矩形或一个圆却不是等价，因为线段有两个端点，而在矩形或圆中，这两个端点——从理论上说——被黏合了。由于度量因素的剔除，使传统几何学建立在物理空间基础上的图形分析被一种抽象的空间分析所取代，由此引发了几何学的重大变革。这个变革的一个基本前提就是图形的几何位置的等价变换,而正是在这个地方,拉康看到了把拓扑学和精神分析学关联起来的结合点。

至少在拉康自己看来,精神分析学中的拓扑学运用并不是他的发明,早在弗洛伊德那里,这个观念就已经存在了。例如在《释梦》(1900)的第七章,弗洛伊德就运用空间或场所的比喻即所谓"心理位置"(psychical locality)的概念来描述他的心理装置或"精神机构":"这种比喻仅仅在于帮助我们理解精神活动的复杂性,将各种功能加以解析,并各使之归因于机构的不同组成部分。"[1]弗洛伊德特别地强调,他有关意识、前意识和无意识的精神装置系统就是一个"心理拓扑学"(psychical topography),故而不可把它和解剖学的结构混为一谈。在此,弗洛伊德引入空间的隐喻是为了说明梦的形成机制,说明梦中的行为场景与醒着时的"观念化生活"是不同的,因为前者是发生在无意识中的,而无意识是相较于前意识和意识而言的"另一个场景",是根本不同的心理场所。白天残余的记忆痕迹之所以能和无意识中被压抑的材料结合在一起并使其以形象的形式出现在梦中,恰恰是因为醒着时处在前意识和无意识两个系统之间的稽查机制在睡梦中会放松,使前意识的内容和无意识的内容可以自由交换,某一观念的强度被移置到另一观念中,然后在梦中以退行的方式出现。这意思是说,梦的工作实际是被压抑的观念通过拓扑式的位置置换在另一个场所出现。

在弗洛伊德那里,梦作为一个无意识系统就类似于一个空间结构,结构内部的各个要素依照一定的语法或规则进行拓扑式的置换和组合,由此生产出一定的意义效果。正是在这里,拉康找到了精神分析学与拓扑学的结合点,即精神分析本质上是一种结构分析,是对主体的无意识结构的分析,同时它也是一种位置分析,因为主体的无意识结构是相对于主体而言的另一个场景,主体的结构化效果与其在他者场域的结构关系中所处的位置有着一种相互引发的共

---

[1] 车文博主编,《弗洛伊德文集》第一卷,第675页。

生性关系。正如我们在拉康的"三界"理论中所看到的,不论是就主体的认同或主体性的构成而言,还是就主体间的关系而言,主体的存在与命运都离不开其在结构中的位置;不论是镜像阶段还是象征界域,所结构的都是一个位置主体,比如主体或是把自己投射到作为小他的理想形象的位置,或是从大他的角度来缝合自己在象征秩序中的角色。同时,主体的位置和位置的主体之间是一个互为因果的关系,它们实际都是先于主体而存在的结构的结果或效果,不论是在镜像结构中还是在象征结构中,主体与位置的缝合都要经过一个循环往复的过程。如果我们把这些镜像结构或象征结构视作一个拓扑空间进而以拓扑学的方式对其进行描述和分析的话,那就可以让精神分析实践摆脱直观的神秘性,就可以借助形式化的手段来透视结构之于主体的效果,还可以使分析培训和分析教学获得更科学的手段。

就像前面曾经谈到的,拉康引入拓扑学既是为了将精神分析理论和技术形式化,也是为了让分析实践摆脱传统分析的权威主义模式,摆脱想象性的移情,还是为了让自己的分析教学更易于为人们所理解——虽然它实际是增加了人们理解的难度。那么,作为一种结构分析和位置分析的拓扑学究竟在哪些地方可与拉康的精神分析学及其"三界"框架发生关联呢?关于这个问题,阿根廷精神分析学家阿尔弗雷多·艾德尔斯坦因在《欲望图:对雅克·拉康的著作的运用》(2009)中有一个较为完整的说明,虽然这个说明比较长,并且存在例证失当的情形,但还是有必要引述于此:

> 从对有关想象界、象征界和实在界的拓扑学观念的运用中,我们将对那一观念的含义获得有益的启示,这至少可从五个方面来考虑。第一,在拓扑学中,形状不在考虑之列,也就是说,形状在拓扑学中不起任何作用。所以,拓扑学又被隐喻性地称作橡皮泥的几何学:因为不论表面怎样被延展、折叠和挤压,

改变的都只是形状而不是结构。这一点十分重要，因为它可以帮助我们矫正有关临床结构的观念。在拉康之前，我们通常都是用"临床形式"来工作，即我们的诊断是依据现象（例如，那些具有临床经验的人自信已经发现强迫现象的背后时常隐藏有一个歇斯底里的结构）。在精神分析学中，形状或形式不起决定性的作用，所以，想象界在我们用作表征结构的东西中不可能扮演决定性的角色。

第二，在拓扑学中，不考虑距离或大小的度量功能。在精神分析学中，我们把这些属性运用于时间和空间。我想要说明这样一个事实，即距离和大小的度量功能全无用武之地，在精神分析学的时间和空间概念里，情形亦复如此。你知道，有时候，我们是度日如年，而有时候，几年的光阴就如白驹过隙，因此，时间维度根本不配作为度量的范畴：一个瞬息可能比几年还要漫长。至于空间，甚至一眼就能看到这个问题。在精神分析学中，空间维度并不是根据一个度量来发挥作用。我不是说我们精神分析学家可以不考虑空间或时间的维度；我所说的是，（正如在拓扑学中发生的）我们不能通过度量来考虑它们。在关系出现问题的父子之间，即便隔阂的形成是由于儿子移民国外，可有谁不会去问一问隔阂的临床特点（即便不是精神分析学家）？这意味着几千公里可能毫无作用。问题在于，在其空间维度（例如以公里作为度量）来考虑隔阂并不能解决冲突，就像在拓扑学的情形中。拓扑学所运作的结构不是由可度量的维度决定的。

第三，拓扑学使我们可以运用一种新的内外关系来工作。再一次，如同时间和空间的情形一样，我不是说没有人使用内部和外部的范畴。我所说的是，它们发生联系的方式与我们直观的（日常的）认识相悖。这个方面更难以解释；图示也许是研究这一问题的便利手段。（我们所有人都拥有的）有关内部和外部的想象性范畴以及它们的相互关系并不能帮助我们深入理解拉康的某些基本论述，例如无意识既是他者的话语又是主体最私人的内在之物。如果说无意识是主体从他者那里接收来的，那它怎么又成了最内在的东西？你也许没有以这种方式考虑过它，但还有一个问题，就是分析经验本身的结构。为什么有人会要求分析师去对他做分析？个体的概念（应该作为主体概念的反面来想）意味着"不可分"；但不要忘了，这是建立在内部与外部的对立的基础上的。个体是一个不可分的实体，但从内/外的角度看是完全可分的（他相对于世界而言是分离的）。因为，如果我们说把内和外区分开来毫无意义，那个体的概念又意味着什么？

第四，拓扑学颠覆了日常有关客体/主体的关系的认识；最为人熟知且常被我们运用的一个普遍认识就是：res extensa/res cogitans（广延的实体/能思的实体）。按照这一笛卡尔式的对立，我们说，广延实体是三维的（如果某个东西是广延实体，那它就是三维的，并且每一维相对于另外两维都是外部的）。另一方面，能思实体是"没有维度的"，我们都知道这句话："学海无涯"。在这个方面，拓扑学有其关联，因为它是用两维的对象和表面来运作。这意味着客体有三维的想法不是放之四海而皆准的；有一些对象或事物是两维的。这对我们很有用，因为拉康的精神分析学强调主体和对象 a 是两维的。因而，由于且通过精神分析学和拓扑学之间的关联，我们可以从三维/没有维度的对子转向两维的对象和主体。

你也许已经注意到，驱力的所谓对象满足与拉康的两维对象恰恰是不一致的。例如我们看一下光学模型中花的情形。以身体拥抱其对象（借助动情带）的方式去拥抱花：这就是拉康的对象 a 的概念吗？不是，因为花有三维，而对象 a 只有两维。这不是理论的混淆；而是主体的混淆：我们内在地就想要把两维的对象 a 变成三维。为什么？为了在实在的世界中找到它。

因而，拉康的治疗方向就是要攻击三维对象的概念。

第五（且是最后），拓扑学是用恒定性来运作。恒定性是结构的属性。

我不知道你是否有同感，但似乎我们说得越多，就越是不着边际。没有形状，没有大小，除了恒定性，一切都消失不见了；那就是结构。为什么我们需要恒定性？在拉康的教学中，我们到哪里去找结构的恒定性？"无意识是像语言一样被结构的"是拉康的一个恒定性。尽管有形状、大小、距离和主体的多样性（把主体分开单个考虑）的问题，但仍有东西是恒定不变的：例如无意识是像语言一样被结构的，这一事实对于所有主体都是确实的。[1]

归总起来，拓扑学与精神分析学的关联性就在于，前者可以让我们去重新思考精神分析学中内部与外部、原因与结果、主体与对象、连续性与切割、循环与断裂、恒定性与变化等之间的逻辑关系，之所以要引入拓扑学来完成这个工作，重要的一点就是无意识作为一个结构性的场所不可言说，它的形式结构只能"展示"，它的意义效果只能在言语和形象以外的"符号逻辑"中来"呈现"。就像拉康派分析家埃利亚·拉格兰（Ellie Ragland）和德拉甘·米洛瓦诺维克（Dragan Milovanovic）在《拉康：拓扑学地言说》（2004）一书的"导言"中说的："拓扑学不表征主体，它只是呈现主体的结构，呈现主体作为效果出现的位置，同时还呈现主体的位置的确立。"[2]

我想要解释的第三个问题是拓扑学与语言学的关系。与弗洛伊德称"心理拓扑学"的描述是一个隐喻不同，拉康在 1960、1970 年代对拓扑数学最为痴迷的时候——例如在 1965—1966 年的第 13 期研讨班中——就曾明确地表示，拓扑学不是结构概念的隐喻性表达，

---

[1] Alfredo Eidelsztein, *The Graph of Desire: Using the Work of Jacques Lacan*, pp.4-7.

[2] Ellie Ragland and Dragan Milovanovic(eds.), *Lacan: Topologically Speaking*, "Introduction", p. xvii.

拓扑学不是隐喻，它就是结构本身，是结构的"展示"。拉康这里讲的当然不是一般意义上的结构，而是无意识的结构，或者说无意识主体的精神结构，所以，对于拓扑学就是结构或结构的展示，我们也许应当把它颠倒过来理解，即主体的（心理）结构本身就是拓扑学的，进一步地说，对无意识的结构分析根本就是拓扑学的分析。可这样又会引出另一个问题：拉康称无意识是像语言一样被结构的，无意识的结构本质上就是一种语言结构，并要在语言行为中呈现，故而，对无意识的分析一定意义上就是对主体言语活动的结构的分析，那么，这一语言学的分析与拓扑学的分析之间又是什么关系？换言之，拓扑学究竟是语言学的补充还是语言学的替代？

对于这个问题，拉康的态度比较含糊。在 1950 年代拉康以语言学作为阅读弗洛伊德和对精神分析学的理论与实践实施科学化的最强有力手段的时候，他也同时用到了拓扑逻辑来阐述他的思想——其实，拓扑学的逻辑贯穿于拉康话语的始终——比如本节开头引用的那两段文字，甚至还使用了具有拓扑性质的图形来对主体的存在结构进行阐述，比如他的 L 图、R 图、欲望图等，可总体上，他在这个时期是把拓扑学视作语言学的一种补充手段，甚至这个时期的拓扑学对于他还只具有某种隐喻的意义，还不是 1960、1970 年代的那种高级拓扑学。到 1960 年代，语言学依然是拉康主要的分析工具，但拓扑学的地位日益重要，尤其是对于实在界这个不可象征化或不可能指化的结构内核，拓扑学成为最便利的描述工具，就是说，在 1960 年代，拓扑学与语言学是并行的。可从 1960 年代末开始，当拉康重新思考"三界"的关系时，发现结构语言学存在一个致命的缺陷，那就是它设定了一个总体化的语言系统的在场，能指的运作或者说主体与能指的关系总离不开对这个封闭系统的某个中心点的设定，而问题在于，按照拉康的观点，根本就不存在一个"元语言"可以保证语言结构的可靠性。于是，拓扑学成为他所痴迷的工具，拓扑学取代了语言学，但又不是简单地用一个替代另一个，而是用一个对另一个进行激进的重写。

所以，对于语言学和拓扑学在拉康理论中的关系，我们不能简单地理解为一种矛盾的对置，我们应当说，按照拉康的理解，精神结构是语言地构成的一种拓扑结构，它具有某些可语言地分析的拓扑性质，只是在拉康的运作中，前期比较重视语言学的技术，后期则更为重视拓扑学的技术。

接下来我要说一下拉康对拓扑学的运用。这一运用应当在两个方面来考虑：一是拓扑逻辑的运用，再就是拓扑图形的运用。

拓扑逻辑的运用在 1950 年代初就已经开始了。虽然拉康称（无意识）结构的实在界不可言说，但他还是以一系列的言说来呈现这个界域的逻辑运作，因为它虽然不可言说，却总是会在梦中、在症状中、在各种语言现象中呈现，且这一呈现总要遵循一定的拓扑学逻辑，拉康正是在这个层面认为以一定的逻辑形式来展示无意识结构的运作是可能的。

具体地说，在拉康的话语中，既然拓扑学主要涉及"三界"的交互运作，所以其逻辑的运用往往是在一系列的三元组概念系统中展开，比如爱—恨—无知、需要—要求—欲望、想象的菲勒斯—象征的菲勒斯—实在的菲勒斯、孩子—母亲—父亲、挫折—剥夺—阉割、镜像的观看—想象的凝视—对象 a 的凝视、原乐—他者原乐—剩余原乐等。但是要注意，这些三元组的概念与想象界—象征界—实在界的三元组并不完全是一一对应的，一定意义上，它们实际是"三界"交互作用——或是两两作用，或是三者共同作用——的结果。有关这些三元组的逻辑阐述，在后面我们会经常遇到。

至于拓扑图形的运用，是拉康教学的必要组成部分，也是他的拓扑学中最引起争议的部分。在研讨班的不同时期，拉康对拓扑图的运用也在不断变化。大体上，可以把它分为三个阶段或者说三种类型。

第一个阶段是 1950 年代或者说圣安娜医院的时期，我把它称为

"图示"（graph）阶段，主要包括 L 图、R 图、欲望图等，这些图示都是对主体的无意识结构及其运作的说明，所以"三界"的关系通常都可以嵌入其中来理解，比如，L 图就包含着想象界和象征界的关系，R 图和欲望图则包含着想象界、象征界和实在界的关系，在这里，"三界"的运作主要呈现为两两作用，比如想象界与象征界之间、想象界与实在界之间、象征界与实在界之间。

第二个阶段是 1960 年代或者说巴黎高师的时期，我把它称为"曲面"（surface）阶段，因为这个时期拉康运用的基本都是曲面拓扑，如莫比乌斯带（Möbius strip）、克莱茵瓶（Klein Bottle）、环形曲面（torus）、交叉帽（cross-cap）等。它们实际都是（无意识）结构的实在界的"展示"，拉康主要用它们来说明想象界和象征界对实在界的运作效果，说明无意识中不可象征化的创伤性内核的构成，所以他特别地强调了这些拓扑曲面的临床功能，强调了拓扑式的"切割"（to cut）或"切口"（cut）的作用。

第三个阶段是 1970 年代或者说法学院的时期，我把它称为"纽结"（knot）阶段，因为拉康在这个时期不断地用到所谓的"波罗米结"（Borromean knot）和其他纽结。他不仅经常和数学家朋友一起探讨纽结的问题，还自己在家里每天花大量的时间研究纽结，用绳子进行纽结变换，在纸上画各种复杂的纽结图形，并且在研讨班上给听众表演自己的操练，对纽结简直达到了痴迷的程度，比如 1975 年底他访问美国的时候，在耶鲁大学、麻省理工学院等学校做巡回演讲，差不多每到一个地方都在讲他的纽结，又比如在 1978—1979 年题为《拓扑学与时间》的第 26 期研讨班上，年迈的拉康干脆一言不发，只是在黑板上不断地画图，几乎达到了忘我的境界。在这时，纽结俨然成了拉康的形而上学，离开了纽结，一切都不可言说，因为"对象 a"作为不可言说、不可象征化的剩余现在被置于波罗米结的中心位置，"三界"的运作——不论是两两作用还是三者交互作用——整个地就是围绕它进行的。这表明，在这个时期，拉康对"三界"

的关注转向了实在界在象征界和想象界的运作，由于实在界的坚执，象征的认同和想象的幻象必定要遭遇失败。

最后一个问题：我们该怎么看待拉康的拓扑学？听说1975年他在美国的大学演示他的纽结时，连台下专事拓扑学的数学家们都听得一头雾水，根本不明白这个法国人在讲什么。在拉康研究者当中，对于他的拓扑学部分，有两种截然相反的态度："yes"或"no"。持前一种态度的以拉康派分析家居多，他们甚至认为这是拉康对精神分析学的重大贡献，并且把拓扑学模型广泛运用于临床实践和人文社会科学研究，但更多的时候，这些运用都只是噱头，是他们在分析情境中重新置入权威主义和神秘主义的手段。持后一种态度的多为运用拉康理论的批评家和非拉康派的研究者，在他们看来，拉康的这些东西充其量只是智力冒险，除了把我们拖向"伪科学"的诱惑之外，其本身全无理论价值和临床价值，所以最好的办法就是置之不理，或者以奥卡姆剃刀的方式将其从拉康的理论整体中切割出去。

毫无疑问，单从逻辑的角度说，拉康的拓扑学是一场智力游戏，因为他并不是在严格的数学意义上挪用拓扑学的方法与观念，他给自己找到的是一副行头，一个魔术道具，以让他的表演更具冲击力，更有晕眩的效果。但另一方面，因此而彻底置之不理或是对它调侃嘲弄几句就完事，似乎也失之草率，至少会对1960、1970年代拉康的研讨班造成一种强行的切割效果。很重要的一点在于：虽然拉康许多时候演示的拓扑变换不只是让别人不知所云，连他自己都可能说不出一个所以然，但有些时候它们对他的理论还是有帮助的：它们也许不能给他的理论添加更多的东西，但却能有效地发挥再生产的作用，因为通过那些图形，你可以把他的许多思想以叠加的方式来重新组织，比如他的系列"欲望图"，那其实就是拉康自己在图形上进行的一次理论叠加游戏，在那里，你至少可以对他的文字表述中那缠绕的逻辑获得一个更为凝练、清晰的认识。

所以，对于拉康的拓扑学，我们不要把它视作一种理论，它不是一种理论，而是一种理论阐发技术，一种以纯粹的字符或书写形式——因为拉康觉得文字甚至言语容易引起想象性的移情——整体地却又不确定地传达其理论的手段，拉康想当然地以为，这种整体性可以使理论的传达达到更理想的效果，同时其不确定性又可以避免人们对其理论做出单一的意义确定的解释。

上面已经说到，对于拉康的拓扑学，必须结合其具体的理论与精神分析经验来理解，在他那里，同一个拓扑图形是可以有多重解释的。在下面，我将从拉康的三个拓扑时期各选出一个图形作为例子，尝试对它们进行解读，但需要说明的是：第一，我的解读将主要围绕"三界"的关系和交互作用来进行，即我所涉及的只是"三界"的拓扑学；第二，我所阅读的只是"三界"拓扑的逻辑，虽然必定要关联到理论"内容"的方面，但具体的论证细节暂时只能割舍掉。

第一个时期我选择"R 图"作为代表。这个图曾出现在 1957—1958 年的第 5 期研讨班上，并在论文《论精神病的一切可能疗法的一个初始问题》（1958）中有充分说明。[1]

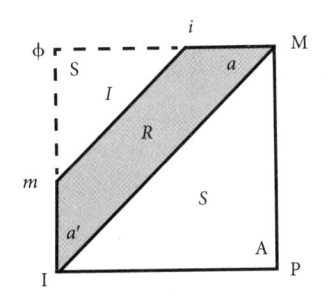

需要交代的是，在拓扑数学中，并没有 R 图这样的拓扑图形，但这并不妨碍拉康称这是一种拓扑学，因为第一，这个图形可以用来说明主体在"三界"秩序中的位置性，是对主体之存在的一种位置描述；第二，所谓"三界"的拓扑学，实际就是（无意识）结构

---

[1] Jacques Lacan, *Écrits*, p.462.

以拓扑学方式在主体身上的运作，就是说，这里面有一种拓扑学逻辑在发挥作用。

许多人把 R 图理解成 L 图的扩展，这其实是一个误解。虽然拉康对他的 L 图有过多种解释，但这些解释基本都是围绕主体与自我、主体与他者、言语与语言这些结构关系进行的，从"三界"的角度说，它呈现的是想象界与象征界的关系。而 R 图要呈现的是"三界"的关系，是结构的三重界域在主体那里的某种共时态运作。严格地说，拉康是把省略了实在界的 L 图叠加到了 R 图中，而不是用 L 图扩展出了 R 图，因为实在界原本就在那里，它只是被沉陷于想象和象征的主体"省略"了。

先看一下 R 图中的符号及其位置——这是阅读拉康的拓扑图时首先要做的。在这个图中，I 代表"自我理想"，它是主体通过对他者的象征性认同结构出来的；M 代表母亲或者说"母亲他者"（英语世界喜欢把它写作"mOther"）——既指母亲是相对于主体的一个他者主体，也指母亲自身是处在他者场域中且受他者逻辑支配的；P 代表"父之名"，即父亲功能所在的位置；φ 代表"想象的菲勒斯"，在精神分析经验中，这个想象的菲勒斯乃是就前俄狄浦斯阶段的母子关系而言的，即一方面母亲把孩子当作自己的想象的菲勒斯，另一方面孩子也欲望成为母亲的想象的菲勒斯，所以"φ"也是主体"S"所处的位置。至于 i 和 m，代表自恋关系的两个想象的项，即镜像和自我，它们与 a 和 a' 形成呼应，后两者也分别代表镜像和自我。那么，i 和 m、a 和 a' 如何区分呢？拉康并没有给出解释，我们大约可以这样来理解：前两者描述的是自我在想象界的想象性认同，后两者描述的是主体在象征界的象征性认同——这一认同因为是想象界和象征界的交互作用，所以有 M 与 a、I 与 a' 的对应。

再看一下 R 图的构成。它由三个图形构成：两个三角形和一个梯形。φim 所构成的三角形标示的是想象界（用斜体的 I 表示），代表前俄狄浦斯阶段婴儿（主体）、母亲、菲勒斯构成的想象的三角关系，亦代表主体 S 的原初认同（所以它与 Sim 构成的三角是重叠的），即主体通过把自己想象为母亲的菲勒斯来构型其理想自我的形象；IMP（但不能说成 a'aA，因为按照拉康的解释，a、a' 分别是线段 iM 所代表的从 i 到 M 的运动和线段 mI 所代表的从 m 到 I 的运动的结果，前者表示自我的自恋性认同中自我与他人之间一种"爱欲性的侵凌关系"，后者表示自我理想形成过程中自我"从镜像的原型到对父亲的认同"[1]）所构成的三角形标示的是象征界（用斜体的 S 表示），代表俄狄浦斯阶段儿童（主体）、母亲、父亲象征的三角关系，代表自我理想在象征界的构成或者说主体的象征性认同，这一认同之根本乃是对父亲之位的认同，是对处在大他者位置的父亲功能的认同；最后，由 imIM 构成的梯形标示的是实在界（用斜体的 R 表示）。构成想象界的两条边 ϕi 和 ϕm 是虚线，表示想象界中的镜像或自我都是一种想象性的存在，而梯形 imIM 表示的实在界是一团阴影，表示实在界是不可能性的场域，是一个黑暗的大陆，既是主体无法辨认的，也是象征界的言语无法言及的，是不可象征化的。

　　再看一下这三个构成部分之间的关系，或者说它们作为一个整体的共时态结构之于主体的功能。先看想象界：ϕim 是前俄狄浦斯阶段母婴关系的三角，"ϕ"是孩子所处的位置，它之于母亲而言是一个想象的菲勒斯，而它自己也欲望成为母亲的菲勒斯，在父亲尚未介入之前，它想象地以为自己就是母亲的菲勒斯，是一个菲勒斯格式塔，这就是主体在想象界所形成的自我（"m"），而处在他者秩序中的母亲（M）则被投射为自我的一个对体，一个主体所欲望的他人，一个镜像（"i"），这样，ϕim 在想象界就形成了一个原始的和谐关系。但由于母亲（M）也是处在象征秩序中的存在，是一个不完整的、有欠缺的他者，所以在这个原始的和谐关系中也存在一种侵凌性的关系，主体之自我必定会因为母亲他者的欠缺、

[1] Jacques Lacan, *Écrits*, p.462.

因为镜像的不完整而饱受挫折,所以拉康把这里的关系即从 i 到 M 的运动称为"爱欲性的侵凌关系",即象征界对想象界的侵入终将破坏母婴之间原始的和谐关系。

接着是象征界:象征界的认同本质上是对一种秩序、一种法则的认同,是主体欲望把自己置于父亲的位置,成为像父亲一样拥有菲勒斯的主体,主体认同父亲的功能,当然,这不是说只有父亲才是象征秩序的代表,许多时候正是母亲他者代为行使父亲的功能;通过对父亲功能的认同,主体将获得其自我理想,换言之,自我理想是作为象征性认同的结果出现的,所以,M、P、I 都属于象征界,它们之所以是象征性的,根本在于它们所标示的只是一种位置,是不同主体在象征秩序中所占据的位置。然而,象征性认同对于主体而言有着双重的效果,它不仅帮助形成了主体的自我理想,也导致了主体的分裂,因为对父亲功能的认同是要付出代价、做出牺牲的,那就是必须放弃对母亲的欲望,放弃想要成为母亲的菲勒斯的愿望,或者说必须接受或承受父法的阉割,承认父亲的"不"的功能,所以在象征性认同的过程中,主体的原初欲望是受到压抑的,那个想象的菲勒斯的角色是被禁止的,象征性的认同即是一种象征性的阉割,主体被分裂为作为自我理想的主体(I)和无意识的主体(S 或 $)、想象界的那个完整的理想自我的形象($m$)被切割、被撕裂。从这个意义上说,在象征界的认同中,实际是有四角在运作:M、P、I 和 S。

同时,从图示中还可以看出,在想象性认同中发挥作用的想象轴 im 在象征性认同中被另一个想象轴 aa' 所覆盖,这似乎意味着,虽然想象性认同不足以实现主体的构成,但象征性认同仍要以想象性认同作为必要条件,在那里,母亲他者将作为父法的想象性代理(a)发挥作用,而自我理想也不过是主体依照象征界的他者欲望来想象"我"的理想形象(a'),至于父亲,那是父之名所在的位置,其相对于母亲和主体而言都是一个他者位置。那么那个想象的菲勒斯(ϕ)呢?它现在被遗弃在一个黑暗的角落,被封存在主体的无意识中,它处在实在界的暗影中，处在象征界和想象界的彼岸。

在1950年代，拉康对实在界的思考尚不成熟，故而对"三界"拓扑学的阐述主要是围绕着想象界和象征界的关系进行。不过，在R图中，我们已经可以看到一个预期性的认识：实在界被置于想象界和象征界的中间，代表着它对两者的分离，代表着想象界和象征界的裂隙，也代表着对L图中所讲的语言之墙的重述，即所谓的语言之墙，就像是一个屏幕，既是言语得以呈现的背景，也是阻挡真理之实现的所在，它既揭示主体之构成，也遮蔽主体之真相，它是揭示和遮蔽的辩证法。这个认识到1960年代随着对作为原质之"物"（das Ding；Thing）的对象 a 的阐述便日益明确了。1966年《文集》出版的时候，拉康特地为R图添加了一个长长的注释来对它的作用进行说明——不过这时的他已经引入对象 a、幻象公式、切口、交叉帽、莫比乌斯带这些新奇的玩意儿了：

> 在R图中来定位对象 a 是一件有趣的事情，这样就可以说明它为实在（reality）的领域（对它划杠的领域）究竟贡献了什么。
>
> 尽管自写作这篇文章以来我一直都把重点放在发展这个领域上——通过宣布这个领域只有当被幻象的屏幕所封闭时才能发挥功能——可仍然需要对它格外关注。
>
> 或许有必要指出的是，R图展示的平面乃是一个交叉帽，虽然它对后来了解其结果的人来说是完全可以明白的，可在那时它就像是一个谜，当有人说要依靠它的时候尤其这样。
>
> 特别是，对于那些顶点，我并不是随意（或是为了好玩）选择一些字母——如 m M 和 i I——与之对应。借助这些字母，这个图示中唯一有效的切口（切口 $\overrightarrow{mi}$ 和 $\overrightarrow{MI}$）被框定了，它们足以指示出这个切口在领域中将划出一个莫比乌斯带。
>
> 这已经一言道尽了，因为这个领域从此只是幻象的纯粹所在，后者的整个结构是由这个切口提供的。

我的意思是说，只有切口能揭示整个表面的结构，因为它能分离出（我在幻象的算式（$S \lozenge a$）中所标记的）下列两个异质的要素：S——莫比乌斯带中被划杠的S，它在此有望出现在它事实上将要出现的地方，即去覆盖实在的领域R——和对应于I和S领域的 a。

因而，作为幻象中表象之代表（representation's representative in fantasy）——作为原初被压抑的主体——S，即被划杠的、欲望的S，在此支撑着实在的领域；而这个领域只能由赋予其框架的对象 a 的抽取来维持。

单单通过I领域向R领域的侵入，一切都被矢量化了，我在文中明确地将其阐述为只是自恋的结果。可是对增量的度量显示，我想要通过某个后门再度引入一个观点——这些结果（也就是我们所说的"认同体系"）可以以任何方式在理论上确立实在性——这显然是不可能的。[1]

这个注释尤其令人费解，它就像是一个多元决定的梦思，就像是一个思维奔逸者的一连串呓语，你根本无从下手抓住它的思绪。在此，拉康实际是从不同角度——对象 a、幻象公式和莫比乌斯带——对R图中代表实在界的部分进行说明。在这里，以阴影表示的实在界被看作横亘在想象界和象征界之间的一道横杠（bar），拉康称其是对R图划杠的领域，而在他的代数运算中，横杠代表着对意义的抵制，代表着切割，就是说，在这里，实在界是分离想象界和象征界的深渊，是想象界和象征界无法抵达的界域；可同时它又是后两者的参照，是定义后两者的最终视线，相对于后两者而言，它就是"实在的领域"，是幻象赖以维系的场所，但也是被幻象所屏蔽的领域，它是对象 a——那个被禁止、被阉割的 φ，这个 φ 现在已成为主体的创伤性内核，只能作为欲望之因、作为维系幻想的对象出现在基

---

[1] Jacques Lacan, *Écrits*, pp.486-487.

本幻象的结构中——所在的位置；它是一个曲面，是一个莫比乌斯带，一个交叉帽，是想象界和象征界侵入后在上面留下的一个洞孔，而残留在它上面的切口（即 $\overline{mi}$ 和 $\overline{MI}$）虽然框定了整个曲面的结构，却也使主体与那个创伤性的内核永远无法缝合在一起，使想象界和象征界的认同体系总是带给主体失败的命运。

第二个时期是拉康使用曲面拓扑的时期，其中常被提及的曲面有莫比乌斯带、克莱茵瓶、环形曲面和交叉帽，它们主要用于对临床结构的说明。

在拓扑几何中，莫比乌斯带又被称作单侧曲面，是德国数学家莫比乌斯（Möbius, 1790—1868）发现的。要做成一个莫比乌斯带很简单：取一段矩形长纸条，把它扭过 180°，再把两端粘在一起，就形成了一个连通的单侧曲面：

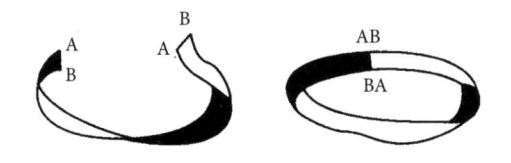

要证明莫比乌斯带是单侧曲面也很简单：一张普通的纸条总是有两面，即正面与反面，把它的两端粘起来形成一个圆筒，就有里面与外面，要把这整个纸条涂上颜色，一般地就要先涂满一面，然后再把纸条翻过来涂另一面；可对于一个莫比乌斯带，从某个地方开始，让刷子沿着带面连续地涂下去，当刷子回到起点处时，你会惊奇地发现，整个带面的"两侧"无须翻转就可以一次性地全部涂满。单侧性，这就是莫比乌斯带的拓扑性质。与这个单侧性相关，莫比乌斯带还有一种让人十分惊奇的效果：它还是单边的，或者说它只有一个边。如果让一只蚂蚁从某个点顺着边缘爬行，爬完一圈后，它不仅会回到出发点，而且会走完带的"两边"，且不用从"这一边"穿越到"另一边"。

莫比乌斯带的单侧性直接冲击了欧几里得式的几何空间的维度

观念,因为在一个两维或三维的世界里,空间的位置关系通常是依照一系列二元对立如正面/反面、里面/外面的逻辑来组织的,而在莫比乌斯带中,这个双侧面的关系不复有效,在这里,我们再也无法区分所谓的正面与反面或里面与外面,或者说并没有一条明确的边界可以指示给我们这个"两面"的区分,我们只知道,从"一面"走到"另一面"是在时间的维度中实现的。那么,这可以给予拉康的精神分析学什么样的启示呢?单从理论上说,如果把构成主体之无意识的结构比作一个莫比乌斯带——依照拉康的理解,它就是一个莫比乌斯带——那对于这个结构,我们是无法区分出所谓的内与外、真理与表象的,对于这个结构的效果主体,我们也无法在所谓的意识与无意识、爱与恨之间划出明确的界限,因为这一切的对立双方不再是各自独立的,而是相互连续的,它们是连通在一起的;因而从临床实践的意义上说,这也意味着受分析者与分析师的角色与位置是连续的或连通的,两者之间并无明确的分划线,同时还意味着主体的所谓"病态"和"正常"的区分是没有意义的,它们其实属于同一的结构,换言之,分析治疗的所谓彻底治愈也是不存在的,主体的症状不可能被彻底移除,它只能在时间的维度中被穿越,并且主体的这一从"里面"到"外面"的幻象穿越并不需要神话式的跳跃,而是有赖于分析时间或逻辑时间的介入,有赖于分析师对主体的莫比乌斯结构的某种切割。

"切割"(to cut)或"切口"(cut)是拉康拓扑学的一个重要概念。一般地,动词意义上的"切割"有多重含义:有"切除"的意思,如阉割或阉割威胁;也有"短路"的意思,如分析师在阐释病人的言语时对连篇的废话的处理;还有"划痕"的意思,如主体被划杠也可说成是能指在主体身上留下划痕、能指对主体的铭写;当然也许还有"割礼"的意思,以父之名实施的象征性阉割其实就是一种割礼。名词意义上的"切口"首先指的是一种结构,是意指链条的非连续性或不完整性,是他者之欠缺的能指,当然也是能指算式中横亘在能指与所指之间的那道横杠,总之,"切口"作为结构意指着结构本身的切割或缺口。拉康认为,主体之构成的悖论以及在主体那里的对象构成的悖论皆与结构的"切口"有关。不妨看一段文字,在《主体的倾覆和欲望的辩证法》(1960)中,拉康说:

> 为了我们的探寻不致徒劳无获,身为分析师的我们必须把一切都引回到作为话语之功能的切口上,其中最有意义的就是构成能指和所指之间的横杠的那个切口。在此我们碰到了我们感兴趣的主体,因为为了在意指作用中结合起来,他似乎要存身在前意识中。这把我们引向了一个悖论性认识,即认为分析会谈中的话语只有在迟疑甚或中断时才有价值——当话语成为空洞的言语,成为马拉美所说的从一只手"默默地"传递到另一只手的磨损的硬币时,如果会谈本身没有在虚假的话语中,或者说在话语所实现的东西中构成一个中断,那话语就没有价值。
>
> 意指链所造成的切口是唯一可证实主体之结构为实在中的非连续性的切口。如果说语言学使我们可以把能指看作所指的决定因素,那么分析就是通过使意义之洞成为其话语的决定因素来揭示这一关系的真相。[1]

这里说的就是语言"切口"的临床意义:在分析情境中,主体(病人)的言语总是一种"虚言",一种空洞的言语,但这并不意味着他的言谈毫无价值,恰恰相反,其言语的空洞正显示了无意识的运作,显示了主体的无意识因能指链的作用而留下的切口,换言之,言语的空洞性正是这个切口的功能效果,所以分析师的阐释工作必须从这里开始,从揭示意义之洞对话语的决定性作用开始。

在拓扑学中,切割与曲面的构成有着密切关系,例如莫比乌斯带实际就是克莱茵瓶的一种切割效果。所谓克莱茵瓶,是德国数学家菲利克斯·克莱茵(Felix Klein,1849—1925)设计的一种封闭的、

---

[1] Jacques Lacan, *Écrits*, p.678.

没有边界的曲面模型：

人们发现，把两个莫比乌斯带沿边界黏合在一起——这当然只能在一个想象的维度中进行——就得到了一个克莱茵瓶，反过来，把一个克莱茵瓶沿下图的虚线切开，就可以得到两个互为镜像的莫比乌斯带：

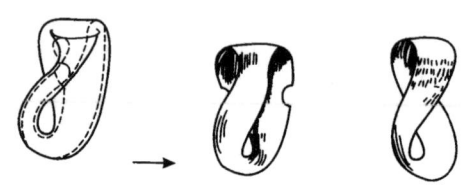

进而，如果我们把一个莫比乌斯带沿中心线剪开，会发现得到的并不是两个分离的部分，而是一个两倍长的内八字环带，并且这个环带是一个双侧曲面，还有两条边；可如果对这个新的曲面再沿中心线剪开，就会得到两条分开但相互套着的曲面，即拓扑学里面所谓的"交叉帽"：

由于切割，莫比乌斯带的结构消失了，这就好像精神分析学家通过阐释——这本身就是一种切割——来使主体的症状结构发生拓扑式的转换一样。我们不妨看一个拉康对切割的运用。在第 11 期研讨班中，拉康在说明移情和认同机制时就用了一个内八字的莫比乌斯带：

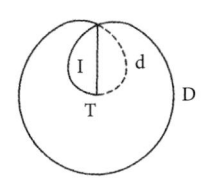

图中的 D 代表"要求线"，I 代表"认同的交叉线"，T 代表"移情点"，d 代表"欲望"。对于这个图，拉康自己解释说：

> 正是因此，移情的功能可以用我在《认同》的研讨班上已经引入的形式即我有时称作内八字的形式来给予拓扑学的描述。这就是你在黑板上看到的那个折叠过来的双曲面，其本质的特性就是：相互连接的两个半曲面中，一个和另一个在某一点上背对背相接。可以设想，如果曲面的某个半面没有折叠，你就会看到它覆盖在另一半面之上。
>
> 这还不是全部。由于这里是由切割界定一个平面的问题，所以你只需取一张纸，在几个同伴的帮助下，就可以确切地领会我对你说的意思。简而言之，很容易想象，由这个曲面形成的一个裂片在其返回点上覆盖着另一个裂片，而两个裂片又以一种边沿的形式构成自身。请注意，这里不存在任何矛盾，哪怕是在最一般的空间中——再者，为了把握它的轮廓，我们必须从三维空间中抽离出来，因为这里涉及的只是局限于曲面功能的一个拓扑现实的问题。因而你可以很容易地在三维中认识到：平面的某一部分，在另一部分通过其边沿返回到它那里的时刻，决定了那里的一种交叉。
>
> 这个交叉有一个外在于我们的空间的意义。它不用参照三维就可以通过曲面与自身的某种关系而结构地得到界定，因为在返回自身的时候，它在某个无疑是有待确定的点上穿过了自身。是的！对我们而言，这个交叉线正是可以使认同的功能象征化的东西。[1]

---

[1] Jacques Lacan, *The Four Fundamental Concepts of Psychoanalysis*, pp.270-271.

拉康的这段说明本身就是一个典型的拓扑表述,即使参照这个说明,想必我们还是无法理解他这里所说的意思,也无法理解这里所讲的东西与拓扑学有什么关系。首先我们要看到,这是一个莫比乌斯带(相当于主体的结构)被切割后(相当于分析过程)形成的一条内八字拓扑带(相当于分析效果),莫比乌斯带本来只有一个边,如同主体(受分析者)总是在言说中且通过言语来向他者(分析师)表达自己的要求(D),但是言语本身又构成要求的一种异化,在言语中要求异化为欲望,而这个欲望并不是主体自己的,或者说是主体所不知的和无从知晓的,因为他的欲望根本是他者的欲望,是对他者的欲望,是欲望成为他者的欲望(对象);现在由于分析的介入——这是一种切割,是对主体之结构的切割——主体(受分析者)与分析师的关系将沿着移情的道路(T)而得以构成,分析师被假定为能知的主体,成为接受分析的主体的欲望对象,这就形成了主体的认同(I),同时移情也将在主体身上造成一个切口,一个欲望的剩余总被留在另一边,被留在分析师的一边,成为对主体而言的一个不可解之谜(d);主体在移情的作用下总是把作为他者的分析师认同为或幻想为自己的欲望对象,可这个对象的不可知特性又使主体不断地向他者发出要求或质询:"你究竟想要怎么样?""你究竟想从我这里知道什么?"——莫比乌斯带被切割后形成了两条并不自交但又被一个内八字曲面折叠在一起的边沿线,主体不断地以要求的碎片来覆盖其欲望的碎片;但分析的切割也可以产生出一个新的空间,当分析师对主体的移情之爱中的欺骗、对主体在移情中显示出的侵凌性和抵抗能进行适当的移情分析时,主体的移情就可以沿着认同的边沿返回到某个切割点,返回到认同与移情的交叉点,即认同的空洞中,在那里窥视到自身欲望的晦暗角落,让先前的想象性认同转换为象征性认同,让在负向移情中被切割的失落之物返回到自己面前。

在1970年代,拉康转向纽结拓扑时并没有完全抛弃1960年代的曲面拓扑，只是他更为关注曲面的切割，关注克莱茵瓶、莫比乌斯带、交叉帽和环形曲面之间的变换。

从拓扑学的角度说，1970年代的拉康甚至可以说是一个纽结理论家，其中最著名的就是他的"波罗米结"：

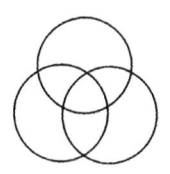

波罗米结又称波罗米环，其在拓扑数学中的名称为"三叶环"。这个链环的一个重要特性就是你剪断其中的任何一个环，三个环就会相互脱离。如果我们按照波罗米结的套法从一个环开始不断往里加环，就可以做成一个长长的环状套链，其拓扑性质将保持不变，即剪断其中任何一个环，整个链环就会解体：

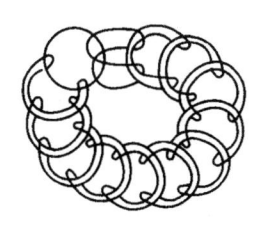

拉康第一次引入波罗米结是1972年初在第19期研讨班上，接着1973年在第20期研讨班上对它做了较为详尽的论述，到1974年的电视广播中，他开始把纽结的位置本体化，把它看作使结构得以可能的东西，例如，他说：

> 是实在使那把症状结合在一起的东西即能指的纽结得以有效地解结。在此，扭结和解结并不是隐喻，实际上，应把它们看作事实上是通过意指材料的发展链条建立起来的那种纽结。[1]

所谓纽结不是隐喻，根本因为隐喻是一种语言结构，是一种

---

[1] Jacques Lacan, *Television/A Challenge to the Psychoanalytic Establishment*, p.10.

象征结构，而纽结是建立结构的东西，它就是结构本身，不妨说，波罗米结就是"三界"的结构，或者反过来，"三界"交互作用的结构就是一个波罗米结，"三界"作为一个交互作用的机器就是像波罗米结一样结构起来的。在波罗米结中，任意两个环被结合在一起乃是因为有第三个环，换言之，剪断或撤掉其中的任何一个环，纽结就会瓦解，这意味着所有三个环是相互联结在一起的，任何两方都无法构成真正的关系，它们只有与第三方关联在一起的时候才有意义，就像"三界"的关系中，对任何两方的关系的思考都必须有第三方作为参照或背景。再者，在拓扑学的纽结理论中，重要的是对结点的解释。按照传统的几何学，点是没有维度的，可在拓扑学中，结点不仅有维度，而且还不止一个维度，只是它的维度不再是传统几何学意义上的空间维度，不再是几何学意义上的平面，而是拓扑学中的环面，是"作为一个切口且构成一个洞的空间"[1]，结就是这种环面扭曲的结果，"不论你用一个环面的面做什么，你都做不成一个结，但相反，用一个环面的场所，如这里所显示的，你就能做成一个结。就此言之，我可以告诉你，环面就是理由，因为它可以说明结"[2]。至于波罗米结，拉康称它是像圣三位一体一样既是一又是三的东西。

当然，仅仅这样来解释波罗米结的意义是远远不够的，在拉康那里，根本的是要用纽结来圈定在主体的构成中、在"三界"的交互作用中已然失落的那个对象，即他称为"对象a"的东西，在后面我们将会看到，对象a是激起欲望的对象-原因，是不可象征化的实在之物，是不可言说但又触发言语行为、不可象征化但又要在象征化的表象中现身的晦暗对象，是扭结"三界"但其本身又只是纽结的剩余、是要从纽结中脱落的创伤性内核，根本上说，对象a就

---

[1] Jacques Lacan, *The Seminar of Jacques Lacan, Book XX., Encore 1972-1973: On Feminine Sexuality:The Limits of Love and Knowledge*, p. 122.

[2] Jacques Lacan, *The Seminar of Jacques Lacan, Book XX.,Encore 1972-1973: On Feminine Sexuality:The Limits of Love and Knowledge*, p. 123.

是无意识的结构或结点，如果说主体的无意识是"三界"共同运作的结果或效果，那么对象 a 就是把"三界"扭结在一起的东西，也是在"三界"的共同运作中脱落的东西，它是一个空洞，且要以其空洞性而发挥作用。在 1970 年代，拉康把这个东西同维特根斯坦的不可言说之物联系在一起，而依照维特根斯坦的说辞，对于不可言说的东西，应当保持沉默，拉康把这一说辞理解为对语言的逻辑界限的限定，于是，那个不可言说者，那个应对其保持沉默者，就成了界定精神分析学的话语界限的东西，是只能以形式化的"书写"（writing）来加以"展示"的东西。

在 1974—1975 年题为《R.S.I》的第 22 期研讨班上，拉康用波罗米结对"三界"进行了彻底的重述，现在，"三界"不再是作为三个独立的界域来分别处理，而是被当作一个结构、一个波罗米结来理解，拉康说：

> 实在界、象征界、想象界——这三个词各有一个意义。〔于是〕有三个不同的意义。但〔单凭〕它们是不同的这一点就能使它们变成三个吗？如果它们如我所说是不同的，那岂不是会造成一个障碍？其共同的尺度在哪里？[1]

"三界"不再是相互分离的三种秩序，而是一个各方面相互依持、共同作用的结构，是一个波罗米结。波罗米结是一种"书写"符号，通过它，我们就可以说明那使"象征界、想象界和实在界变得同质化的东西"，而所谓的"同质化"，并非三者完全"相同"，而只是一定程度的"相似"[2]，是三者之间基于某个内核而形成的一种连贯性，那就是已然失落的实在之物——对象 a。所谓的"三界"以及"三界"之间的相互作用，都必须参照这个不可言述的实在之洞来理解。

---

[1] Jacques Lacan, *R.S.I*, 1974-12-10.

[2] Jacques Lacan, *R.S.I*, 1975-03-18.

那么，以对象 a 为实在之核确立起来的"三界"结构是怎样的呢？1974 年，拉康在罗马的一次题为《第三》的演讲中——这所谓的"第三"指的是"三界"中的实在界——提供了一个标准的波罗米结：

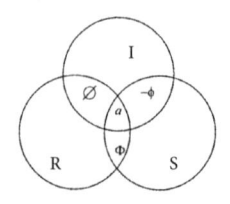

这里显示的就是"三界"运作的逻辑：在象征界（S）和实在界（R）的交集中是象征的菲勒斯（Φ），即象征界对实在界的侵入或切割（比如对无名之物的命名）产生了语言或父法；在象征界（S）和想象界（I）的交集中是想象的菲勒斯（-φ），即象征界对想象界的侵入或切割（比如阉割）导致了主体的牺牲，主体放弃成为母亲的想象的菲勒斯；在想象界（I）和实在界（R）的交集中是中心虚空的他者原乐（Ø），即想象界对实在界的侵入或切割产生的是他者的原乐，他者的欲望对处在想象界的主体而言永远是一个无以破解的谜。Φ、-φ、Ø 三者都是切割后的效果，是切割所产生的洞，处在中间位置的 a 就是切割的剩余，是不可除尽的余数，是标记"三界"运作的结。

拉康在 1970 年代对波罗米结的解释和运用十分繁杂，且充满语义的滑动，比如在 1975—1976 年有关乔伊斯的写作的第 23 期研讨班中，他又在三界的纽结中加了一个圆环：症候（sinthome）——该期研讨班的题目即为《症候》。在 1975 年 11 月 18 日的研讨班演讲中，拉康说："因此波罗米结必须被看作是四元的，第四方就是症候。……如果你在某个地方看到说明想象界、象征界和实在界的相互关系的图示——看起来是每一个与另外两个相分离——你就知道了……它们相互联系的可能性。因何而可能？因为症候。"可到底什么是症候？这个问题被拉康弄得十分复杂，需要另文阐述。在此我再引用 1975 年 11 月 25 日拉康在美国耶鲁大学的演讲中对纽结的一段表演与说明，其中症候是他关注的焦点：

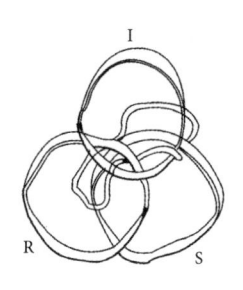

R、I、S 完全是独立的。如果把 S 往底下拉，完全往后拉，就会发现纽结在四个点上（这四个点无疑是连接在一起的）被拉到 R 的上面，但那需要我往上拉 S，这样就有了：

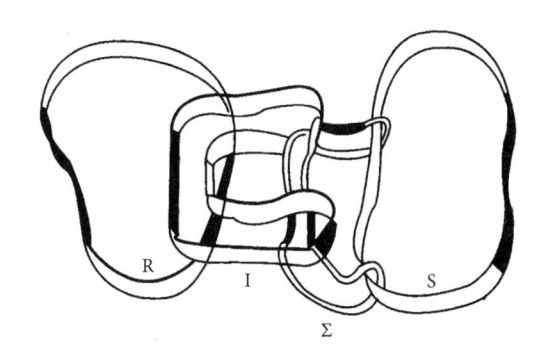

……第四个环是症候（Σ）。

在躯体——就其是被想象的而言——与联结它的东西（即言说的事实）之间，人们认为他在思。他在思是因为他在言说。这个言语会对他的躯体产生影响。谢谢这个言语，他几乎和动物一样聪明了。动物不用言说也能过得很好。

实在界：一旦引入这个方面，人们就会自问他在说什么。实在界不是外在于世界的；它也是人体，它与躯体有关。

……

象征界——超我就产生于此——与洞有关。

如果还有一个第四方，那就是症候所实现的东西，因为它用无意识做成了一个环。[1]

这个法国人到底在说什么？我们根本无从知道。面对他那神圣而肃穆的神情，我们只知道他在说一个神秘而不可言说的东西，面对他貌似充满知性的逻辑滑行，我们已经彻底崩溃，我们已经被彻底解除武装，成为一个"人渣"，而他则成为我们的症候，成为一个时代的症候。

是的，对一般读者而言，拓扑学就像是长在拉康的理论复合体上的一个阑尾，除了表示它存在着、它在那里运作着之外，毫无理论价值可言；而对许多拉康研究者而言，拓扑学又像是从拉康的理论中产生出来的一个鸡肋，食之无味但弃之可惜；可对拉康派的某些分析家而言，拓扑学则像是某个物恋对象，是组织拉康的言说却又在言说中已然遗失的对象 a，是某种临床秘示，那里面隐含了拉康已说和未说的一切。如此种种，都不过是在印证拉康式的精神分析学之于主体的诱惑，并且是一种致死之诱惑。

---

[1] Jacques Lacan, "Conférences et entreitiens dans des universities nord-américaines", *Scilicet*, nos 6/7, pp.39-40, 1976.

第九章

他者的逻辑

前面已经强调过，在后结构主义的语境中，尤其是在拉康那里，主体间性的概念所指称的不再是一个主体与另一个主体之间面对面的对象关系，因为这种互为主体/对象的自主主体根本就不存在，它们在作为言说主体或欲望主体存在之先就已然是自身之外的某个东西构建的结果，拉康把处在主体自身之外的这个东西称为语言或能指之网、法或父法、象征界等，相对于主体的生成与存在而言，它们总是一种先行的在场，同时又内置于主体性以及主体间性的结构之中，就是说，它们与主体之间是一种既在其内又在其外、既不在其内又不在其外的悖论性关系——拉康称之为"外密性"。这一关系显示了它们相对于主体的一种共性，这就是所谓的他性（otherness）或他在性（alterity），或者从空间的意义上说，它们总是占据着一个异于主体及主体间关系的他者之位，因此，拉康时常又把主体之外的这些构成性因素或原因径直称为"大他者"（Autre），并用大写的首字母"A"作为它的代数符号。

他者问题在拉康的主体性及主体间性理论中居有毋庸置疑的核心地位，我们甚至可以说，拉康的主体性及主体间性理论就是一种他者理论，其所谓的主体性或主体间性其实就是主体的他性或主体与他者的间性。因此，所谓精神分析对主体之真相的揭示，一定程度上也就是对构成主体的他者的逻辑的揭示；精神分析学作为主体性或主体间性的科学，根本上就是他者的逻辑学。

然而，同其他的许多概念一样，"他者"也是拉康著作中最为复杂的一个概念。在法国结构主义运动中，主体的退场和他者的登场就像一出双簧戏中的两个角色，可见的主体实即一个消隐的主体，需借着他者之口发出声音，换言之，占据主体之位的可视性存在却傀儡般地受到一个不可见的幽灵的操控，于此，谁才是真正的主体？谁又是那个作乱的他者？——它们其实是一个可任意换位的共生体。于此言之，拉康当是把这出双簧唱得最为精妙的一位，因为唯有他真正设置了一个主体—他者的共生体场景，让我们得以真切地窥见到镜影后的空幻。如果说离心化的主体或分裂的主体构成了传统主体理论的梦魇，那么他者则可以说是这个梦魇之眼，他者是导致主体性崩溃的崩溃点，是横扫主体性幻象的暴风眼。正是由于他者的在场，才标示了主体的欠缺，他者构成了主体的一个置换性概念，在拉康这里，这一点可能表现得最为明显。

一 无意识的构成

在进入主题之前，需要先对拉康的他者概念做一简单说明，以使我们对他在这个问题上的轮廓先行地有所了解。

首先是他者概念的提出。尽管拉康早年就使用过"autre"这个词，但并没有赋予它特别的含义，它指的就是一般意义上的"他人"。但1930年代科耶夫的黑格尔讲座无疑让拉康领略到了这个概念的神奇魅力，当1940年代中期他重新拾笔写作时，具有现象学色彩的"他人主体"已成为其思考主体问题时的一个重要向度，这一点在1945年有关"逻辑时间"的论文中表现得最为明显。不过，在同时期有关镜像阶段和1950年代初有关想象界的讨论中，"autre"的含义也在发生微妙改变，从最初指涉具体的他人变成了作为自我之对体的镜像或他者（他人形象），在自我与这个他者的跷跷板游戏中，他者既是自我力比多的投注结果，也是以力比多回投的形式来构成自我的力量。及至1950年代中期，随着语言学模式的引入，"主体"作为一个具体存在的地位被倾覆，"主体"成为语言能指的意指效果，成为主体间关系结构中的一个位置主体，"autre"变成了"Autre"，后者不再指"他人主体"，不再是与某个主体相对的另一个主体，而是相对于主体而言的一种异己性、他在性或他性,是一种既内在于主体又外在于主体、既是构成性的又是导致主体分裂与异化的力量。总之,对于拉康的"他者"概念,我们需要切记的一点,就是不可在"他人主体"的意义上来理解,虽然有的时候他也称另一个主体(比如相对于受分析者而言的分析师)为"他者",但那只是因为该主体占据了非人的语言他者的结构位置。

其次是这个概念的理论源头。这当然非黑格尔莫属。不只是拉康,几乎那整整一代的法国哲学家的"他者"概念都离不开科耶夫圣坛上的黑格尔,甚至可以说,这是黑格尔馈赠给20世纪下半叶法国思想的最大遗产。黑格尔是在阐述自我意识(主体)的确认欲望时引入他者(他人,另一个主体)概念的,他称其为"另一个自我意识"。黑格尔说,自我意识要想确证自身,就必须通过另一个自我意识,并要承认这另一个自我意识也是和自己一样的一个独立意识,由此便有了两个自我意识之间的确认之战,最后必有一方臣服于另一方,从而形成了所谓的"主奴关系",人类历史也由此而展开。科耶夫把这个确认之战解释为欲望之争,"人的欲望必须指向另一个欲望",主体的确认欲望必须有他者的欲望的进入才有可能获得满足,他者就这样作为主体确认自身价值的工具被嵌入主体之中。可独具迷思的法国人却从这个阐述中发现了主体之确认的裂缝:如果说主体的确证需要借助或者说"依赖于"自身之外的一个和自己一样有着确认欲望的他者,那何处才能找寻到主体的所谓自足性呢?!就这样,他者成为嵌入主体内部的一个分裂性的楔子,成为驱逐自主主体的幻象或者说对主体进行除幻的有效工具,当然不同的理论家和思想家运用的除幻技术各有不同。

再有就是他者概念的用法。拉康区分了两种他者,即小他者和大他者。前者写作"autre"(other),其代数形式为"a";后者写作"Autre"(Other),其代数形式为"A"。他说,"大写的他者,即就其不为所知而言的大他者,与小写的他者,即作为我、作为所

有知识之源头的小他者,两者之间的这个区分是根本的"[1]。拉康曾这样区分这两个他者:

> 前者,即小写的他者,是想象的他者,是镜像中的他性,它使我们依赖于我们的对体的形式。后者,即绝对的大他者,是这样一种存在:我们称其处在这个对体以外,我们不得不承认它超出了幻象的关系,它可能承认作为对方的我们或是被我们所拒绝,它时常欺骗我们,而我们从不知道它是否在欺骗我们,我们总是向其陈言我们自己。它就是这样一种存在,以至于向其陈言我们自己、跟它分享语言这样的东西这个事实要比处在它和我之间的任何攸关之物更为重要。[2]

埃文斯对拉康的这两种用法作了这样的界定:

> 1. 小他者实际上并不是他人意义上的他者,而是自我的一种折射和投射(在 L 图中,符号 *a* 能够互换地表达小他者和自我,其原因就在于此)。小他者既是对体,也是镜像,因而它整个地被铭刻在想象界中。
>
> 2. 大他者指示了一种根本的他在性,一种超越了想象界的幻想他者的他性,因为它无法通过认同而被同化。拉康把这一根本的他在性等同于语言和法则,因而大他者被铭刻在象征秩序中。实际上,就大他者为每个主体所分享而言,它就是象征界。因而大他者既是另一个主体,也是象征秩序,前者在于其根本的他在性和不可同化的独特性,后者则在于象征秩序在其与那另一主体的关系中的中介作用。[3]

一如埃文斯告诉我们的,在拉康那里,不论是"小他者"还是"大

---

[1] Jacques Lacan, *The Seminar of Jacques Lacan, Book III, The Psychoses 1955–1956*, p.40.

[2] Jacques Lacan, *The Seminar of Jacques Lacan, Book III, The Psychoses 1955–1956*, p.252.

[3] Dylan Evans, *An Introductory Dictionary of Lacanian Psychoanalysis*, pp.132-133.

他者"，都不是与主体相对的他人或另一个主体，而是异于主体的东西，当他人作为"小他者"或"大他者"出现的时候，他实际只是一个代理，实际只是因为他暂时地占据了"小他者"或"大他者"的位置。更确切地说，他者并不一定指称一个实际的存在，例如镜像只是自我力比多向某个位置投注出来的一个他者形象，现实的他人是否在场并不重要，即使在场，这个他者形象也与他人的现实存在无关；至于象征界的他者，许多时候，它只是一个场所、一个超我的律令，同样与现实中的他人主体无关。

具体到两个他者的区分，简单地说："小他者"属于想象界，"大他者"属于象征界，甚至就是象征界；"小他者"代表着自我的理想构型，"大他者"代表着根本上不可还原的他在性，它就是象征界的语言和父法，是构建言语的场所。其实，对拉康而言，不论是小他者还是大他者，至为根本的一点在于，它们都代表了一种异己性，一种他性的在场：在想象界，通过镜像认同确立的自我已经是一个小他；在象征界，他者更是处于一种根本的位置，主体在象征界的认同也就是把自身置于这个他性的位置。因此，在拉康那里，他者首要指的是处在主体之外同时又决定了主体构成的一种异己因素，一种不可还原的力量。

再有就是主体与他者的关系。拉康的主体实际就是无意识主体，这一主体的根本点就在于他的他在性，主体总是生活在他处的主体，总是为他者而在的主体，所以拉康的主体性哲学实际就是他者的哲学，主体与他者是同一枚硬币的两面，有主体的地方，必有他者在场。这意味着，拉康有多少种阐述主体或主体性的角度，也就有多少种论说他者的逻辑：主体之为无意识主体、主体之为言说主体、主体之为欲望主体、主体之为爱与恨的主体、主体之为原乐的主体、主体之为分析情境中的主体、主体之为性别主体，这背后都有实质相同但面目不一的他者逻辑存在。弄清楚这一点对于我们理解拉康的主体性和他者问题都至关重要。

最后要说一下对"autre"和"Autre"的翻译。英语世界比较好处理，分别译作"other"和"Other"，用字母的大小写来区分，一目了然，并且英语的"other"可以是"他人"，也可以是"他物"，与拉康的用法正好对应。汉字的书写形式没有大小写，而且用来表示"另一个"的代词不仅有性别之分（他/她），还有人和物之分（他/她/它），这给汉语世界翻译法语的"Autre"带来了很大困难，一般地，人们把它译作"他者"或"大他者"（小写形式则译作"小他者"），但这种译法略显累赘，所以也有人主张译作"大他"（小写形式当然就是译作"小他"）。还有人（比如成都精神分析中心的霍大同）可能是觉得"他者"的译法过于人本化，容易引起误解，所以主张译作"彼者"或"大彼者"（小写形式则译作"小彼者"），这个译法有可取之处，只是太过生硬。其实，汉语中的"他"除指"他人"以外，也有"他物"的意思，比如我们常说"他山之石""他乡""他日"，又何必舍近求远呢！所以，对于拉康的"Autre"，我仍然采用"他者"或"大他者"的译法，有时为行文方便，也会使用"大他"（或"小他"）。

下面我们就进入拉康的他者逻辑，从不同的角度看一下他者是如何结构主体及主体的位置的。我们首先要看的就是他者的最基本逻辑：转喻和隐喻。从拉康精神分析学的方面说，这两者乃是无意识被语言地构成的逻辑。

拉康的主体是无意识的主体，而无意识是像语言一样被结构的，或者说是按照语言的原则结构出来的。那么，结构无意识的语言原则究竟是什么？简单地说，就是能指链的差异性运作。拉康说，能指是对另一个能指表征主体的东西，而他者正是能指的场所，是能指的宝库，能指总是在他者的场域中出现，所以主体以及主体的无意识是在他者的场域中构成的，换言之，他者是无意识主体诞生和存在的场所。不仅如此，他者还是主体交谈的场所，是主体的言谈赖以发生和进行的场所，许多时候，主体的话语或言语的音信看似是向另一个主体发送，而实际是向自己的无意识、向结构其无意识的他者场所发送，以拉康的话说，主体的言说总是一种自言说，是主体的自我向无意识他者的言说，因此，主体间的关系本质上是主体与他者的关系，而不是与另一个主体的关系。这当然不是说后一种关系根本不存在，而是说它的出现有赖于主体的无意识在他者场域的照面和相遇，如果碰巧两者发生了交会，无意识的对谈就有可能出现。不过拉康更喜欢在一种悖论逻辑中来理解主体间的关系：在一个由语言或象征秩序即他者法则所统辖的领域中，主体与主体之间是无法直接照面的，主体间的关系根本上有着一种不可能性的特质，主体间关系的可能性必须以这一不可能性作为前提，是一种不可能的可能性关系。

不仅主体的无意识构成和主体间的关系，连主体在象征界的认同也是与他者关联在一起的，因为这一认同就是主体对处在他者场域的父法的认同，他者秩序乃是主体为成就自己而必要进入的领域。那么，处在象征界中心位置的他者与同样属于象征界的能指又是什么关系呢？对于这个问题，拉康的回答很明确，他者也是一种能指，不过，这并不意味着我们可以把他者和能指视为完全同一的东西，而应当把它们看作从不同侧面对主体与象征界的关系的描述。简单地说，当要强调象征界运作的自动性和自主性的时候，能指概念就具有某种优先性，而当要说明主体在象征界的认同的时候，他者就成为一个主导性的概念。所以，对于"他者也是一种能指"这个论断，更恰当的理解应当是：他者是无意识的场所，是能指的宝库，是众能指聚集的场所，"他者作为纯粹的能指主体的预设处所，甚至在作为绝对的主人出现于此之前，就已经在此占据了关键的位置"[1]。

他者是一种能指，他者是能指的场所，所以，能指的法则就是他者的法则，能指的逻辑就是他者的逻辑。何谓能指的逻辑？那就是能指链在象征界的运作原则。那么，象征界的能指链条到底如何

---

[1] Jacques Lacan, *Écrits*, p.683.

运作呢？拉康在语言学转向时期从雅各布森那里获得启示，称转喻（metonymy）和隐喻（metaphor）是能指运作的两个基本法则。

雅各布森的转喻和隐喻理论源自他对儿童失语症的研究。雅各布森在研究中发现，失语症中的语言紊乱现象恰好对应于索绪尔所讲的两种语言组合即横向的邻近性组合和纵向的相似性组合的紊乱：在邻近性组合紊乱的病人身上，呈现为把词语组织成更高级的语言单位的能力缺失，患者的言语主要局限在使用具有相似性质的词语；而在相似性组合紊乱的病人身上，情况正好相反，患者在处理相似性的素材时显得无能为力，只会大量使用邻近性的词语。进而，雅各布森指出，索绪尔的这两种语言组合方式与修辞学中的两种修辞格即转喻和隐喻有着紧密的联系：邻近性的横向组合方式是转喻的，相似性的纵向组合方式是隐喻的，前者是词与词之间历时的或句段式的结合关系，后者是词与词之间共时的或聚合式的选择关系；转喻和隐喻正好代表了语言的这两种组合模式，转喻作为一种邻近性结合活动和隐喻作为一种相似性选择活动恰好是语言的两种基本工作方式，它们一起构成了具体话语的意指原则："特定的话语（信息）是从所有的组成因素（代码）的库存中选择出来的各种组成因素（句子、词、音位，等等）的组合。"[1]雅各布森还说，在文学领域，浪漫主义和象征主义文学依据的是隐喻的相似性原则，而现实主义文学则更多是转喻的运用。他甚至也提到弗洛伊德对"梦的工作"的研究，称其中的所谓"移置"和"凝缩"是一种转喻形式，而认同和象征是一种隐喻形式。

雅各布森的这些观点其实有许多含混的地方，要对它们一一加以讨论，还需要补充许多语言学和修辞学的细节[2]，比如有关转喻和隐喻的区别及关系，转喻和隐喻的类型及其能指替代方式，

---

[1] 转引自特伦斯·霍克斯，《结构主义和符号学》，瞿铁鹏译，上海：上海译文出版社，1987年，第77页。

[2] 相关的讨论可参见 Russell Grigg, *Lacan, Languang, and Philosophy*, Albany: State University of New York Press, 2008, chap. 11。

在转喻和隐喻中"本体"（被替代的能指或潜在能指）与"喻体"（出现在句段中的能指或显在能指）之间的关系，修辞学意义上的转喻和隐喻与索绪尔语言学意义上横向的邻近性结合和纵向的相似性选择之间的联系，以及转喻和隐喻作为文学的修辞效果与作为语言的运作方式之间的区别和联系，等等。这些问题在雅各布森那里并非全都得到了理想的解决，而对它们的厘定也将一定程度上有助于我们去更好地理解拉康的挪用，至少目前人们针对拉康的转喻和隐喻理论的许多分歧和误解有一部分的原因就源于对这些问题的失察。[1]不过，我暂时还不想让自己纠缠于这些枝蔓，我所关注的只是拉康本人的论述，有些问题我会在相关的语境中给出简单说明。

雅各布森的失语症研究发表于1956年[2]，此时的他与拉康已密交多年，所以拉康很快就了解了这一研究的内容，并立即从中获得启示。在同年5月的研讨班上，拉康专题对转喻和隐喻概念进行讨论，接着在1957年的《字符的代理作用》一文中又对这两个概念作了进一步论述。需要指出的是，雅各布森对转喻和隐喻的阐述是语言学和诗学意义上的，拉康挪用了这一语言学和诗学的外壳，但其目标并不在此，他的意图是要把这两个概念精神分析化，以实现精神分析学与语言学之间的对接，也就是说，如同对待索绪尔的符号理论一样，他对雅各布森的这两个概念的挪用实际也是在对它们做精神分析化的激进重写，所以，面对拉康主观任意的理论嫁接，我们应当学会把握他的论述的具体语境，在语境中去领会他的思想，而不要过分纠缠于他的细节是否合理或是否合乎逻辑。例如，在雅各布森的理解中，转喻和隐喻的工作方式分别遵循邻近性原则（而邻近性又分语义的邻近性和位置的邻近性）和相似性原则（同样地，

---

[1] 在西方世界，对拉康的转喻和隐喻理论的阐释和评价，可以说是众口不一，语言学的、修辞学的、符号学的、实证主义的、女性主义的、解构主义的、精神分析学的等，各执一词，要去对它们一一加以辨析，几乎是一件不可能的事情。有兴趣的读者可去参读一下：Gilbert D. Chaitin, *Rhetoric and Culture in Lacan*，尤其是这本书的第一章的相关讨论。

[2] 那是一篇论文，题为《语言的两个方面和失语症的两种类型》，1956年收录于与人合作的一本书《语言的基础》中。

相似性也分语义的相似性和位置的相似性),可在拉康的解释中,很少强调这两个原则,在他的理解中,转喻就是能指的联结,隐喻就是能指的替代,他这样理解其实有自身的用意,就是要把这两种能指法则关联到对弗洛伊德的梦的工作机制的"科学"说明中。

首先,拉康依循其能指理论将这两个概念的修辞学功能解释为语言学意义上的能指运作。在修辞学的意义上,转喻是以物与物之间的邻近性关系(比如部分与整体、原因与结果等)为基础而进行的一种语词替代,其中一个典型的置换方式就是以部分代整体,例如以"帆"代"船",就像我们汉语中所说的"千帆相竞",拉康举了一个完全类似的例子"征帆三十"。在修辞手法中,"千帆"或"征帆三十"并不实指船的数量,而是形容船队规模之大,拉康指出,在这里,"帆"对"船"的替换是否来自现实中帆和船的关系——尽管这种关系是实际存在的——并不重要,关键在于,这里呈现的只是一个"词"与另一个"词"的联系,这是一种修辞联系。进而,他又从这种修辞联系跳转到索绪尔和雅各布森式的语言组合原则,把这一联系解释为能指间的替代:

> 由此可见,帆和船的联系只存在于能指之中,转喻是建立在词与词的这一联系本性之上的。我将用转喻来指称能指为赋予意义一个位置而构成的实际场域的一个方面。[1]

此处的跳接容易引起我们的混乱:第一,在传统的修辞学中,转喻性替代的可能是建立在对象或者说"本体"与"喻体"在时间或空间的邻近性关系上的,何以这一关系现在变成了词与词的联系,并进而转换为能指间的替代?拉康在此乃是基于索绪尔语言学的语境,在这一语境中,词或能指与指涉物的关系已经被切断,剩下的只是能指与所指(在拉康那里就是意义效果)的关系(例如,"船"和"帆"作为能指与其所指涉的概念的关系)以及能指与能指的关

---

[1] Jacques Lacan, *Écrits*, p.421.

系(例如，"帆"和"船"的替代关系)。第二，这里的所谓词与词的联系究竟指的什么？是句段中的还是转喻性替代中的？这个问题同样与索绪尔有关，雅各布森在把索绪尔的语言组合方式同转喻和隐喻联系在一起的时候，把话语中语词的横向结合类比为转喻的邻近性原则，而把语词的纵向选择类比为隐喻的相似性原则，于是，转喻和隐喻的修辞学意义变成了语言学中符号的运作，至于转喻中的所谓词与词的联系，既包括一个能指对另一个能指的转喻性替代，也包括句段中能指与能指之间的横向结合，拉康所讲的转喻也包括这两个方面，但他在此明显地是把它们混用了，他的第一句话（"转喻是建立在词与词的这一联系本性之上的"）说的是词与词之间的转喻性替代，而第二句话（转喻指称着"能指为赋予意义一个位置而构成的实际场域"）说的是能指间的横向组合，正是这个混用导致了理解的混乱。第三，所谓转喻是"能指为赋予意义一个位置而构成的实际场域的一个方面"又是什么意思？这句话说的就是能指的横向组合，拉康的意思是说，单单转喻本身并不能产生意义，而只是为意义的出现提供一个语境，因为能指的意义不是先行内在于能指之中的，它只是一种意指效果，是事后回溯的结果，在转喻中，能指的邻近性联结终归只是能指之间的运动，它至多只是表示了能指对意义的坚持，能指公式中的横杠并未被穿越，没有隐喻的纵向替代，没有对能指链的回溯性建构，意义效果是不可能出现的。

  类似的逻辑跳接也存在于对隐喻的说明中。在修辞学的意义上，隐喻是以物与物之间的相似性为基础而进行的一种语词置换，雅各布森将其引入语言组合系统，称话语中的纵向选择是隐喻性的，拉康据此说隐喻就是"以一个词代替另一个词"，并认为这属于能指间的一种替换，被替换的词或被压抑的能指成为新词或在场能指的所指，那个在场能指则在意指链中占据前者的位置，构成对前者的替换，拉康称这种替换将会产生出一种诗意的"创造性火花"：

> 隐喻的创造性火花……在两个能指之间闪烁,其中一个能指取代另一个能指,占据了另一个能指在意指链中的位置,但被隐没的那个能指凭借其与链环中的其他能指的(转喻)联系而继续显现。[1]

为了说明这里的意思,拉康举了一个例子:在雨果的诗句"他的麦穗既不吝啬也不怀恨"中,"他的麦穗"取代了专名"波阿斯"(《圣经》中的大财主),这一取代并无规则可言——因为两者之间并无任何关系——但却可以在意义的回指中产生诗意的火花。同样地,拉康在此继续了其在转喻的说明中进行的那种跳接,他对雨果的这个诗句——取自雨果的"小史诗"《历代传说集》中的《沉睡的波阿斯》——做出了一个语义繁复的过度阐释:

> 在雨果的诗句中,很显然,从麦穗既不吝啬也不怀恨这样的论断里发不出哪怕最微弱的一丝光亮,因为很清楚,麦穗并不具备这些特性中的那种优点或缺点。吝啬与怀恨,以及麦穗,都是波阿斯的所有物,波阿斯在以自认为合适的方式利用麦穗时就体现了这两种情感,只是他没有将他的情感告诉他的麦穗。
>
> 如果说"他的麦穗"回指着波阿斯——显然,情况确实如此——那是因为它在意指链中取代了为他准备的那个位置,是因为它通过扫除吝啬和怨恨而获得了提升。但麦穗也因此清空了波阿斯的这个位置;波阿斯现在被扔到了外面的黑暗中,在那里,吝啬和怨恨把他窝藏在它们的否定的空穴中。
>
> 但是,一旦"他的"麦穗就此篡夺了他的位置,波阿斯就再也不能返回。此外,将他系于那个位置的"他的"这根细丝也是一重障碍,因为它把这个返回与所有权的封号捆绑到了一起,而后者又把他扣押在了吝啬和怨恨的中心。他所谓的大度由此而被麦穗的慷慨缩减得丝毫不剩了……

---

[1] Jacques Lacan, *Écrits*, p.422.

但是，如果在这个丰盛中施予者带着礼物消失了，这只是为了让他重新出现在那包围了言语形象的事物之中，而他在这言语形象中被消灭了。因为这是生殖力的光辉，它宣告了这首诗颂扬的惊喜，也就是说，宣告了成就父性的许诺，这个老人在一个神圣的语境中得到的这个许诺。[1]

在此我没有办法去对拉康的这段评论作详细的解释，那需要结合《圣经》的典故、雨果诗句的语境、全诗的主题，以及拉康的症状式阅读技巧甚至他的菲勒斯理论才有可能。[2] 但简单地解释一下他的阅读的关键点还是必要的。在《旧约·路得记》中，波阿斯是一个年迈的老人，富有但却心地善良，摩押女子路得是一个寡妇，孝顺的她随婆婆一起迁居伯利恒，得到前夫的远房亲戚波阿斯的眷顾，波阿斯让她在自己的麦田里拾麦穗以解生活之困，并特地叮嘱下人"地下不妨故意留下点麦穗"。路得后改嫁给波阿斯，《圣经》中记载，大卫王就是他们俩的曾孙。雨果在他的诗中以朴素而略带神秘的语言讲述了这个温情的故事。"他的麦穗既不吝啬也不怀恨"这个诗句在原诗的语境中乃是对波阿斯人品的一个描述，从修辞学的层面说，在这里，由于所有格"他的"的运用，麦穗与波阿斯之间应当是一种转喻性的关系，但这个诗句的确是一个隐喻，麦穗占据和取代了波阿斯的位置，让波阿斯这个能指成为它的意义所指。需要注意的是，这一能指的替代并不是源于本体和喻体的相似性，如拉康所说，"麦穗既不吝啬也不怀恨"本身并不能产生一丝诗意的光亮，即"麦穗"作为一个能指并不表征"吝啬""怀恨"这样的意义，"吝啬"和"怀恨"可以用来描述人的品质，它们是波阿

---

[1] Jacques Lacan, *Écrits*, pp.422-423.

[2] 雨果的《历代传说集》的写作颇类似于鲁迅的《故事新编》，以"历代传说"尤其是《圣经》中的传说为素材，注入现代历史意识，表达了作者对人性和人类历史的认识。《沉睡的波阿斯》取材于《旧约·路得记》中记述的大财主波阿斯与路得的故事，该诗的全文见《雨果文集》第九卷（下），第641—645页（程曾厚译，北京：人民文学出版社，2002年）。拉康的阅读在细节上存在诸多问题，但也给文本的重读和意义叠加开出新的可能性空间。

斯的"所有物",但同样不是作为能指的"波阿斯"的意义,诗意的火花也不是来自这两种品性与波阿斯的关联。那么诗意的火花来自哪里?来自能指的替代。正是由于波阿斯和麦穗之间以及它们与"吝啬"和"怀恨"之间没有任何客观的相似性,才使这一能指的替代可以穿越语言的阻隔而产生出诗意的火花,正是通过能指的替代,麦穗的丰饶、麦穗的慷慨的馈赠与波阿斯的品性才恰恰构成一种"超现实"的对比。我们不妨说,这正是拉康理解的能指所具有的交换价值功能,一个出其不意的新词(麦穗)插入话语中,产生出全新的意义效果,让既不吝啬也不怀恨的波阿斯的品性得到根本的提升。不过,所提升的不是波阿斯不吝啬也不怀恨的品质本身,而是另外的东西,在这里,真正的关联在于麦穗的丰饶与生殖力的隐喻义与年迈的波阿斯的对比。在雨果的诗中,沉睡的波阿斯——路得就躺在他的身边——做了一个梦,梦见从自己的胸前长出一棵直达天际的橡树,树上爬满了他的族人,"国王在树下歌唱,天神在树上咽气"。这个孤寡的老人为此感到很惶恐,当然也很惊喜,因为他知道这是一个神示,如拉康所言,向他"宣告了成就父性的许诺"。所以,麦穗占据波阿斯的位置产生出的真正意义效果在于生殖力的光辉,麦穗的丰饶(转喻性地)刻写了但又(隐喻性地)驱逐了年迈的波阿斯的存在之匮乏,让他作为菲勒斯的功能重新出现,在 1960 年的一篇短文《主体的隐喻》中,拉康明确地说到,《沉睡的波阿斯》整个地就是围绕着菲勒斯打转,并且说,"这意味着,对人而言最严肃的现实,甚至唯一严肃的现实——如果考虑到其在维系他的欲望的转喻中的作用——只能在隐喻中达成"[1]。

看到这里,我们可能会心生一丝疑惑:拉康这么做是不是越绕越远了——原本没有那么复杂的诗句到他这里变得艰深莫测,就像弗洛伊德释梦一样枝节旁生?是的,拉康是很缠绕,但他在缠绕中总有一些自己的逻辑。比如在他引用的雨果诗句中,若是按照常规

---

[1] Jacques Lacan, *Écrits*, p.758.

隐喻修辞的理解，逻辑其实很简单：正是麦穗的丰饶与馈赠和波阿斯的既不吝啬也不怀恨两者间的这一品性相似，才使那个隐喻性的替换有了可能，且散发出一种诗意的光辉。可我们一定要注意，拉康的转喻和隐喻不是修辞学的[1]，甚至也不完全是语言学的和诗学的——这恰恰是雅各布森的方向所在，比如他明确地说过，转喻是散文化的叙事的语言，隐喻是诗歌尤其是现代诗歌的语言——而是精神分析学的，或者说，他的语言学和诗学实际是一种无意识的语言学和诗学，转喻和隐喻就是对构成无意识的能指逻辑的说明。就所引的雨果诗句而言，隐喻的根本不在于所谓的品性相似，麦穗作为能指和波阿斯作为主体——在这里，他也是一个能指——的联系不是基于两者有相同的品性，而是基于它们在能指链条中的位置，麦穗占据能指波阿斯的位置，就如同主体波阿斯在阉割中去认同父性功能，从而获得了菲勒斯特权，成就了父性的许诺。这才是拉康的逻辑所在。

在此有必要顺便解释一下另外一个问题：转喻和隐喻的关系。在雅各布森那里，隐喻和转喻作为对立的两极在话语的意义生产中是并存的，就是说，任何话语必然都涉及纵向选择和横向组合的共同运作。拉康是接受了这一观点的，他所讲的能指链的运作就包含横向和纵向两种运动。但对于在能指链的运作中转喻和隐喻究竟各自有什么样的作用，他提出了两种看似对立实际是相互补充的观点。

在第3期研讨班中，拉康说，"转喻自一开始就存在着并使隐喻得以可能。但隐喻属于和转喻不同的层面"[2]。为什么转喻是使隐喻得以可能的逻辑前提呢？因为任何语言或话语都是线性地展开的，能指链作为他者场域也具有这种线性特征，比如转喻——作为能指间横向组合的转喻——就是众能指在这个链条或他者场域中的

---

[1] 有许多拉康研究者，包括国内的一些研究者，喜欢用修辞学的例子来说明拉康的转喻和隐喻，这只会导致对拉康理论的任意切割。

[2] Jacques Lacan, *The Seminar of Jacques Lacan, Book III, The Psychoses 1955-1956*, p.227.

线性运动,是相互区分的能指以其"坚持"的品质和自治的原则形成的一种位置联系,对于任何言说行为,要想让话语的意义出现——这是隐喻的工作——当然先要等到能指的线性运动终止,就此言之,转喻是使隐喻的意义生产得以可能的前提。

但从意义效果的产生而言,转喻又只是必要的条件,例如在《字符的代理作用》(1957)中,拉康说,"尽管索绪尔视作话语链之构成的线性特征……事实上是必要的,可它是不充分的"[1]。就是说,话语的链条虽然离不开横向的线性运动,但仅有线性的运动(转喻)是不够的,还必须有纵向的垂直选择(隐喻),还必须看到话语在纵向上的多声部共鸣。为什么转喻只是意义效果出现的必要条件呢?因为转喻只是不在场的东西的一种替代,能指的转喻性链条只是给意义生产形成了一个意指语境,能指在链条上的不断滑行只会带来一种不确定的否定性,并只会使已然失落的对象与主体越来越分离,使失落变得越来越不可克服,或者说使概念或意义的充分显现变得越来越不可实现,正如著名的拉康研究者吉尔伯特·柴廷所说的:"总之,转喻,或者说意在命名我们自己及世界、意在标示存在之意义的语言结构,必然会造成主体和陈述、意义和存在的分离。意指结构——转喻——就这样清空了存在当中的意义,并通过这一过程使纯粹存在的概念得以可能。"[2]

如果说转喻只是意义呈现的必要条件,那么隐喻就是使意义呈现的充分条件,并且是既充分又必要的条件。理由很简单:隐喻是对能指链的横杠的穿越,是众能指的意义的扭结,同样引用柴廷的话说:"通过把众能指扭结在一起,填充语言在存在上打开的裂口的任务落在了隐喻身上。"[3]

转喻是能指的联结,这一联结并不产生新的意义,它只是为意

---

[1] Jacques Lacan, *Écrits*, p.419.

[2] Gilbert D. Chaitin, *Rhetoric and Culture in Lacan*, pp.53-54.

[3] Gilbert D. Chaitin, *Rhetoric and Culture in Lacan*, p.54.

义生产提供一个意指语境，也就是在意指关系的场域中为意义提供一个可能的位置；至于隐喻，它是一个能指取代另一个能指，通过这一取代，产生出的也只是一个意指效果，一个创造性的诗意火花。这些便是拉康通过对雅各布森的强力重读而得出的转喻和隐喻的语言学界定。进而，为了便于人们掌握和理解他说的东西，拉康还对这两个概念做出了形式化的说明，在《字符的代理作用》（1957）中，他提出了转喻和隐喻的代数表达式。

转喻的表达式为：

$f(S...S') S \cong S(-) s$

在这里，等式左边括号外的 $f S$ 代表能指链的意指功能，但也可在代数式的意义上把它理解为能指（链条）的函数式，括号里的 $S...S'$ 表示能指与能指的联结，等式右边的 S 代表能指或能指链，s 代表所指或意义，横杠符号"—"表示"对意义的抵制"。对于这个表达式所表示的含义，拉康解释说：

> 这就是转喻的结构，它表明：正是能指和能指的联结使那个省略成为可能，借着这一省略，能指得以在对象关系中安置存在之缺失（lack of being），并利用意指的回指价值将欲望投注其中，而这欲望的目标正是能指所维系的那种缺失。置于（）之间的符号"—"在这里代表着横杠"—"的坚持，这个横杠在原初的算式中标示着对在能指与所指的关系中构成的意指的抵制的不可还原性。[1]

这是一种典型的妄想症句法，但其妄想症式的逻辑还是给我们的索解留下了可能。它的意思可在两个层面来理解：能指与能指的联结使意义的省略成为可能，即能指的联结并不产生新的意义，它只是为意义的产生提供了一个意指语境，在那一语境中，能指与所指之间的横杠一直被维持着，代表能指不可能抵达所指，在能指链

---

[1] Jacques Lacan, *Écrits*, p.428.

的滑行中所维系的意义的缺失是不可还原的——这是"字面"意思，在此我们可以把那个表达式读作"能指与能指的联结所形成的意指功能（等式的左边）相当于是分隔能指和所指的横杠所代表的抵制的坚持（等式的右边）"；另一层意思是，能指间的转喻式联结在主体的对象关系中建立了一种存在之缺失，因为能指间的转换或滑行可转喻性地理解为主体欲望的不断坚持，而这欲望不是别的，就是存在的缺失或欠缺，是在能指即欲望的坚持中所维系的缺失或欠缺本身——这是转喻的"引申义"，是依凭精神分析经验做的再度阐释，依此可把表达式读作"能指间转喻式联结的意指功能（等式的左边）相当于是能指或欲望对存在之缺失的坚持（等式的右边）"。

隐喻的表达式为：

$$f(\frac{S'}{S})S \cong S(+)s$$

在这里，"$\frac{S'}{S}$"表示"一个能指取代另一个能指"，"+"表示"对横杠的穿越"。拉康对这个表达式同样有一个解释：

> 隐喻的结构表明，正是在能指对能指的取代中产生了某种诗意的或创造性的意指效果，换言之，正是在那一取代中使所论的意指效果出现了。置于（）之间的符号"+"在这里代表着对横杠"—"的穿越，以及这种穿越对于意指效果的出现所具有的构成价值。[1]

这段文字倒是有着难得的清晰，其意思是说：当用一个能指（S'）取代另一个能指或其他能指（S）时，原初能指的意指效果将在新能指与其所意指的意义的关联中获得呈现，这一呈现可看作对横亘在能指与所指之间的横杠的穿越——但也仅仅是"穿越"，而不是"废除"，因为那个压抑性的横杠是不可还原、不可废除的；换言之，那一穿越所产生的只是"某种诗意的或创造性的意指效果"。因而，

---

[1] Jacques Lacan, *Écrits*, p.429.

在此我们可以把那个表达式读作"能指间的隐喻性替代所产生的意指效果相当于是对横杠的穿越"。

前面已经提到,拉康对转喻和隐喻的工作方式的叙说是基于一个先行的精神分析化的动机。由于这一动机的驱使,在他对转喻和隐喻的说明中,实际存在一种双向运动,即一方面把转喻和隐喻关联到处在他者场域的能指的运作中,另一方面又把主体的构成回溯到属于另一个场景的能指结构那里,这样,主体的存在及其命运就被绑缚到能指的链环中,成为能指的傀儡,成为转喻和隐喻在他者场域中进行能指游戏的牺牲品。那么,如何以能指结构为结点把转喻和隐喻的运作同主体的无意识构成关联在一起呢?

正如我一再强调的,在拉康对弗洛伊德的返回式阅读中,始终回荡着一个坚定的声音,那就是弗洛伊德的发现与语言学的关系。拉康曾以一种不无夸张的口吻说:

> 在弗洛伊德的全部著作中,每三页中就有一页涉及语文学,每两页中就有一页涉及逻辑推理,至于对经验的辩证理解,则是无处不在,其中越是直接关涉无意识,语言分析的分量就越大。[1]

拉康认为,弗洛伊德其实早就以最精确明晰的方式在无意识中给"能指的构成作用"指派了位置,只是我们一直没有意识到而已,在今天,回到弗洛伊德的文本就能看到,"他的技术与他的发现之间有着绝对的一致性",这意味着,我们对精神分析学的任何修正,都必须"回到那一发现的真理,这一真理在其原初时刻不可能模糊不清"[2]。正是在这一动机的引导下,拉康把转喻和隐喻同弗洛伊德所讲的梦的工作即移置和凝缩联系到了一起:

> **Verdichtung**,即"凝缩",是能指的重叠结构,隐喻在此

---

[1] Jacques Lacan, *Écrits*, p.424.

[2] Jacques Lacan, *Écrits*, pp.426-427.

可以找到自己的领域……Verschiebung，即"移置"，这个德语词更接近于转喻所展示出来的意指作用的转移。[1]

在《菲勒斯的意义》（1958）中，他还说：

> 问题的关键是要在支配那另一个场景——弗洛伊德在讨论梦时已将其称为无意识的场景——的法则中重新找到在构成语言的那些实质上很不稳定的因素链条的层面所发现的效果：这些效果是由能指依照产生所指的两根轴线即转喻和隐喻进行组合和替代的双重游戏时决定的，这些效果是构建主体的决定性要素。[2]

还有在《主体的倾覆和欲望的辩证法》（1960）中，为了强调弗洛伊德的语言学洞识，拉康不惜把奠基结构主义的语言学源头移置到俄罗斯，并让两个历史时间来维系弗洛伊德洞识的独立性，可怜的索绪尔则在能指的省略中被遗忘：

> ……不要忘记，西方结构主义的领头科学的源头在俄罗斯，它首先在那里孕育了形式主义。1910 年的日内瓦和 1920 年的彼得堡已足以解释为什么弗洛伊德没能拥有这个特殊的工具。但是，历史造成的这一缺失使下面的事实更具启发意义：弗洛伊德描述的支配无意识之原初过程的那些机制恰好对应于这个语言学学派认为决定着语言效果的最根本的轴线即隐喻和转喻的功能——换言之，这就是能指在存在于话语中的共时和历时维度的替代和组合的效果。[3]

总之，梦的工作机制跟语言的运作机制是一样的，它们都遵循能指的法则，所谓"无意识是像语言一样被结构的"说的就是这个

---

[1] Jacques Lacan, *Écrits*, p.425.
[2] Jacques Lacan, *Écrits*, p.578.
[3] Jacques Lacan, *Écrits*, pp.676-677.

意思。

在拉康看来，弗洛伊德所讲的凝缩和移置与作为能指法则的隐喻和转喻之间的对应关系是不言而喻的。事实真的如此吗？这两组概念之间真的完全等值吗？我们如果细读一下弗洛伊德、索绪尔与雅各布森各自的文本对这些概念的阐述，也许会觉得拉康的嫁接太过自信和轻率。可同样地，如果我们已经熟悉或习惯了拉康对别人的理论惯常的劫持式挪用伎俩，就不会对此感到惊讶了。

简单地说，弗洛伊德所谓的"移置"（displacement）指的是心理能量借由替代物（例如物表象）而进行的转移，例如在梦中，梦的隐意被移置到显意中，隐在内容中最重要的成分被一些无足轻重的细节所代表；而所谓的"凝缩"（condensation）指的是某一表象因受到能量的投注而独自代表由它联结起来的几条联想的链条，使该表象具有了多元决定的凝缩性，例如在梦中，与隐在内容相比，显在的叙事看起来要简括得多，而实际上它对应的可能是多个复杂的潜在含义，或者是某一个潜在含义附着在多个表象上。总之，在弗洛伊德那里，移置和凝缩都是无意识的运作，两者的作用过程最终导致梦境的意义成为像字谜一样难解的东西，它们的运作好像只是为了产生一个能指网络，而其潜在的意义或所指的部分只是在能指链的下方不停地滑行。

至少从形式上看，不论是移置和凝缩还是转喻和隐喻，都是用此物来喻彼物，就是说，无意识的运作方式和语言的运作方式具有某种等值性，雅各布森敏锐地捕捉到了这一点，虽然他错误地把弗洛伊德的这两种无意识工作机制都视作转喻。拉康沿用和发展了雅各布森的思路，认为移置是转喻，凝缩是隐喻。通过这一富有创意的对接，语言结构被引入了无意识的构成当中，无意识不再是个体的本能或冲动遭到意识压抑的结果，而是语言切割的结果。于是，移置不再意味着心理能量的转移，不再是表象以扭曲的形式来呈现无意识愿望的过程，而是能指在链条上不断滑行的过程，是能指对意义呈现的一种坚持，但无意识上方的横杠难以被穿越；而凝缩也不再单单意味着表象的多元决定，不再只是无意识隐义的复杂化，而且还是使隐义获得呈现的过程。

同样是基于这样一个先行的精神分析化的动机，拉康不仅以转喻和隐喻来解释无意识在梦中的构成和运作，进而还把它们嫁接到对无意识主体的说明中，由此得出：欲望是一种转喻，症状是一种隐喻，并称这些都不是比喻的说法，而就是欲望和症状的机制本身，是它们的语法。

所谓欲望是一种转喻，是说虽然欲望总是他者的欲望，但欲望作为存在之匮乏根本上是无法满足的，欲望的一个特征就是它是欲望对象无限延宕的过程，是欲望本身或欲望满足永远的延搁，由此形成一个欲望链条，一个意义和真理始终不出场的转喻性场域，在《治疗的方向及其权力的原则》（1958）中，拉康进一步地把这一点明确为"欲望即是匮乏的转喻"。而所谓症状是一种隐喻，是说主体症状——在拉康那里尤其指神经症症状——的机制有着隐喻的结构，因为所谓的症状就是替代物的形成，在这一过程中，被压抑的东西以另样的形式呈现出来，在这个意义上，症状亦可被看作被压抑物的返回，是其剩余意义出现在替代物中，而这正是隐喻的运作方式，因此，拉康又称"症状是像语言一样被结构的"。

不只有欲望和症状是像语言一样被结构的，在拉康那里，整个主体都是像语言一样被结构的，用他自己更喜欢的说法，"无意识是像语言一样被结构的"。如同前面已经说过的，拉康的这个宣言式的警句对主体而言有着多重的意味：它不仅意味着主体是被构成的，是在"另一个场景"中形成的，而且意味着主体的言说不是主体在说，而是无意识在说，主体或无意识的话语乃是他者的话语，还意味着主体是异化的、分裂的、离心化的，主体根本上就是一个他者。而从他者的层面说，无意识的结构化之于主体的这诸多效果，都是他者逻辑的一种体现，就此处所论而言，都是转喻和隐喻运作的后果。在一般语言学、诗学或修辞学中,转喻和隐喻被视作意义生产机制,可在拉康这里,基于对能指的优先性及能指的"坚持"性质的强调,不论是转喻还是隐喻,都恰恰显示了意义的不可能到场,显示了意义的不可抵达性——隐喻对横杠的穿越所产生的也只是创造性的诗意火花,是意义的碎片在能指替代的间隙中、在能指与主体缝合的某个特殊时刻的灵光乍现,而非意义本身——由此导致的后果就是无意识的断裂或"不连贯性":"因此,不连贯性是一种基本形式,在那里,无意识首先是作为一种现象即不连贯性呈现给我们的,在那里,总有某个摇摆不定的东西自身显现。"[1]而无意识的这种不连贯性在主体身上就体现为主体的分裂,体现为症状的多元决定,体现为主体日常语言的意义滑脱。

二 父之名

如果说转喻和隐喻是从语言或能指的角度对无意识的构成并因此也是对主体之构成的他者逻辑的说明,那么,"父之名"则是从人类学角度对精神分析经验中最为典型的一个结构情境——作为社会之缩影的家庭——当中存在的他者功能的分析,这一分析依然是为了说明无意识及主体的构成。在此我所谓的"人类学角度"不是指纯学科意义上的人类学方法的运用,而是指拉康的一种问题意识,一种架构问题的观念形态,那就是:在考察诸如家庭这样的社会单位的时候,他不是把它当作传统精神分析学或心理学意义上导致主体(儿童)压抑、创伤和认同的私人生活场所,而是将其视作与更大的总体性即社会总体性和文化总体性相关联的一个实践场,从而使精神分析理论和实践摆脱只局限于具体的个人经验的印象。

当初,弗洛伊德在创立精神分析学的时候,为探寻无意识形成的机制,曾给我们设置了一个场所——家庭。在他那里,家庭内部

---

[1] Jacques Lacan, *The Four Fundamental Concepts of Psychoanalysis*, p.25.

父母与子女之间的结构关系就像是一个压抑性的装置,不仅孩子的受到压抑的本能与愿望构成了无意识的基本内容,而且在这个场所中通过那个压抑装置上演的一幕幕神话般的奇幻剧情构成了几乎所有的分析实践都必要回溯至此的原始场景。当然,正如德勒兹和加塔利在《反俄狄浦斯》(1972)一书中指出的,弗洛伊德的家庭模型其实是资产阶级的那种核心家庭,其所描述的那些"家庭罗曼司",如俄狄浦斯情结、阉割焦虑、阴茎妒羡、童年创伤等都是这种历史的产物,它们不过是以"性"作为具有生殖力的隐喻性语码——因为资产阶级的家庭意识形态的一个重要内容就是将"性"私人化——来完成对欲望的空间化和地域化,以使资产阶级意识形态——不仅包括家庭意识形态,也包括资本主义总体性的社会意识形态——合法化和永恒化。

是的,家庭或者说家庭成员间的结构关系是弗洛伊德完成精神分析的主体叙事——那整个地就是一个传奇——的涉渡之舟,个体的成长、个体的社会化以及个体的心理障碍都与其童年时代在这个场所中的境遇密切相关,而其中,母子(女)关系和父子(女)关系可以说是最为关键的两个轴线。围绕这两个轴线,精神分析学在心理学、宗教学、人类学及文学艺术等领域对母亲形象、父亲形象之于个体的关系作了深入系统的思考。拉康的主体理论虽然不是以主体的发展为主轴,但主体成长的"家庭环境"仍是他走进主体之真相的重要角度,换句话说,对"家庭关系"的思考是拉康在发生学层面结合精神分析经验探讨主体如何进入象征界的一种路径,只是这里的"家庭环境"和"家庭关系"并非现实意义上的,它们是一种结构化的场景的隐喻。[1]

母亲、父亲、孩子构成一个核心家庭的基本三角,相对于对无

---

[1] 中国人有一个说法叫"家国同构",其实就是这个隐喻的典型运用,不妨说,在人类社会生活中,只要有权力结构的地方,就一定有"家庭关系"的模式,所以精神分析学以家庭为对象来分析主体的构成并无什么不可理喻的地方,根本的一点在于,我们不可局限于经验的层面来理解这种分析。

意识及主体构成的作用而言,弗洛伊德更为重视这个三角中父亲的功能,他所谓的俄狄浦斯情结说到底就是一种父性情结,而克莱茵更为重视母亲的功能,她所谓的对象关系根本上就是母婴关系。拉康则运用"三界"框架对这个家庭三角做了根本的重述,在这个重述中,母子(女)关系和父子(女)关系受到同等的重视且被赋予了全新的意义,它们不再是局限于家庭内部的那种个体性关系,也不是简单的二元论对象关系,而是帮助个体实现其欲望人化的一种结构功能,是人类学意义上主体完成其象征性认同的场域,其中"父之名"(Nom du Père, Name of the Father)作为这个场域中的他者维度的引入最可以说明这一点。

与拉康的其他许多概念一样,要引入他的"父之名",需要经历一段漫长的迂回,而在这个迂回中又存在许多分叉和叠加,比如,除涉及"三界"框架和他者理论以外,在这个概念中至少还编织了欲望、菲勒斯能指、认同等一些复调式的织体,所以,在许多东西尚未被澄清之前,我下面的叙述在某些地方只能简约地进行。我将从母子关系入手来引入"父亲功能"(父之名),然后再讨论这个功能对于主体的意义。在拉康那里,从母子关系到父子关系的这一转移整个地与精神分析学中的俄狄浦斯情结有关。[1]

有两个场景——精神分析学总是离不开某些原始场景,拉康的理论尤为如此——在拉康对母婴关系的思考中至关重要:一是婴儿在镜前的观看,二是幼儿的"Fort/Da"游戏。这实际是两则神话式的场景——因而我们不可凭现实的经验来揣度它的效用——前一则神话与婴儿的自我认同有关,主要涉及想象界的运作;后一则神话则与语言维度的引入有关,属于准象征界的运作。母婴关系在这两个场景中有着不同的表现形式。

在镜像阶段,婴儿从镜子中首先看到的除自己的形象外,大约

---

[1] 拉康在第4、5期研讨班中对俄狄浦斯情结各阶段有详尽的讨论,有关这一讨论的论述,可参见 Lorenzo Chiesa, *Subjectivity and Otherness: A Philosophical Reading of Lacan*, chap. 3。我下面的内容部分地参照了这本书,其中有关拉康著作的一些引文也主要来自这里。

就是母亲的形象,这时,母亲作为婴儿的一个小他者发挥着作用,结构着婴儿的原初认同。当然,镜像中的这个小他并非现实母亲的物理镜像,它是原初的性欲力比多投注到对象身上形成的一个对体、一个意象,因而,按照拉康的逻辑,婴儿对这个镜像的认同是一种自恋的想象性认同。

然而,在1956—1957年的第4期研讨班《对象关系》中,拉康对这个镜像关系提出了一个更为复杂的版本,其叙事的生长点不再是自恋性的力比多沿着外投射的轴线进行的想象性认同,而是欲望的匮乏,是主体的欠缺与挫折,以及由此而生的一系列欲望对象的转喻性替代。

孤立无助的婴儿还无法靠自己来满足自己的生理需要,因而完全有赖于他人尤其是母亲的照料,这时,婴儿与母亲之间通过母亲的乳房而形成了一种"直接关系"。虽然婴儿在这时还无法把乳房想象为一个对象,但它却可以作为直接的需要对象发挥作用,"在主体能把乳房想象为一个对象之前的很长一段时间里,乳房就开始影响着主体的关系"[1]。至于母亲,她只是那一实在对象的代理,她是一个象征的母亲,象征着对象(乳房)的在场与不在场。母亲是一个能满足需要的对象代理,并且需要的这一满足是即时性的和直接的,只要婴儿发出召唤——当然此时的它还不能用语言来发出召唤,而只能用啼哭来表达自己的需要——母亲就会以直接给予的形式做出应答,比如立即把奶头塞到孩子嘴里,故而,拉康把这个阶段称为主体发展的前俄狄浦斯阶段,因为这个阶段的母婴关系被想象为是完满的,没有挫折发生的,婴儿的需要总能及时地得到满足。[2]

---

[1] Jacques Lacan, *Le Séminaire de Jacques Lacan, Livre IV, Le relation d'objet 1956-1957*, Texte établi: Jacques-Alain Miller, Paris: Éditions du Seuil, 1994, p.66.

[2] 其实,在这个阶段并不是不存在挫折,只是挫折没有被意识到,因为按照拉康的解释,自主体(婴儿)离开母体呱呱坠地的那一刻起,挫折就已经被写入它的体内,并且与母亲的原初分离是不可还原的,这是一种原始的创伤经验,主体后来在"三界"中的活动都与这一经验有关。

婴儿饥饿时，便以啼哭表达其需要，母亲立即以奶头满足其需要，一旦需要得到满足，奶头便被撤回，直到啼哭再次出现。需要对象的这一在场与不在场的运动渐渐让婴儿觉得自己的某一个行为是可以获取母亲的关注的，只要啼哭，对象就会被提供，需要就可以得到满足，于是，啼哭不再只是用来召唤生理需要的满足，也开始用来召唤别的东西，尤其是用来召唤母亲无条件的在场和无偿的给予，拉康把这理解为一种索求无偿给予的爱的需要，实际上，这已经不是一种生理的需要，而是一种"精神"上的需要，是一种"要求"。

在此要解释的一点是，婴儿的要求并不是婴儿自己的，而是在他者场域由他者结构出来的，是他者的要求，因为在母亲对孩子的啼哭的回应或"解释"中，她送出的往往是一些能指——需要的能指，比如她总是问："你要的是这个吗？""你是哪里不舒服吗？""你到底想要什么？"等，可孩子需要的不是需要的能指，它需要的是需要的即时满足。他者的回应不只是把即时的满足送入了一个无限期的延宕，而且还以提问的方式把需要转成了要求——他者的要求——并以言语或能指的形式回送到孩子那里，使孩子——它暂时只能依赖于他人或他物来存活——最终把对对象的直接需要转成了对他者的要求的需要，这就是爱的要求。有关这一点，马克·德·柯赛（Marc De Kesel）在其研究拉康第 7 期研讨班的论著中有一个解释可以作为参照：

> 想象界的狡计在于提供给力比多存在一个初始的策略，以让它摆脱创伤的处境。在那里，它接收到的不再是直接的、可给予快感的平复，而是需要一个过程的异化的能指。它恰恰就是从这些能指所对应的匮乏中来构成自身，这些能指的特征就是构成性的匮乏，因为它们在结构上与其意义即它们的所指是相脱离的。它们首先不是指向"所指"（正如古典的语言理论所说），而是指向其他能指（正如索绪尔所言明的）。它们总

是需要另一个能指去言说它们意味着什么，这一欠缺对它们的运作而言是构成性的。恰恰由于这一欠缺，能指才能对婴儿的力比多存在的创伤性问题构成一种解决。它使婴儿能够把自己的引导驱力的匮乏看作能指的匮乏，以便在这一想象的层面去误认所有的匮乏。尤其是，婴儿将把她的"自我"构建为对他者要求的一个应答，或者以语言学的方式说，主体将把自身维持为从他者要求那里接收到的能指的所指。

婴儿也许会与其对他者的爱的要求保持一致；然而，其想象的狡计就在于她表现得就好像是他者在发出要求。这可以使婴儿觉得她自己就是对假定的他者要求的唯一应答。她"就是"关系中的一个对象，这样她就可以在他者中被定位；婴儿表现得就好像她完全就是他者所要求的对象。她就这样把自己构建为所有格的双重意义上的"他者要求"/"他者的要求"（the Other's demand）。一方面，她是指向他者的一堆要求；但另一方面，她可以通过把自己视作他者要求（他者对她的要求）的应答来继续无视那个创伤性的事实。为了"创造"一个自我，她把自己视作"他者的所指"，并以这种（想象的）方式误认自身的匮乏和他者的欠缺。[1]

更重要的是，婴儿对无偿给予的爱的要求还因为另一个事件的发生而倍加紧迫。即便在前俄狄浦斯阶段，婴儿的需要也不是时时刻刻都能得到满足，当需要得不到满足时，或者当母亲拒绝满足孩子的需要时，它随之就会把这理解为爱的需要或要求也遭到了拒绝，这时，它就会有一种挫折感，就会对母亲产生一种侵凌意向，例如把母亲或自己想象为克莱茵意义上的那种坏的对象。拉康认为，婴儿的需要被拒绝对婴儿而言有着非同一般的意义，因为那远不只是生理的需要未获满足，更代表着爱的要求也遭到了拒绝，婴儿的挫

---

[1] Marc De Kesel, *Eros and Erhics: Reading Jacques Lacan's Seminar VII*, pp.27-28.

折感就由此而生,并且拉康特别地强调,这一挫折感与伴随诞生而来的那种原始挫折——与母体的分离——是不一样的,后者是在生命体诞生的那一刻就被刻写到主体之中的,是存在的宿命,前者则是源自母婴关系,是在某一象征秩序中发生的,它根本上只有在要求和给予的关系中来理解:

> 挫折,不妨说,它首先不是纯粹意义上的满足对象被拒绝。满足就是一种需要的满足,我无须在这一点上再多说什么……让我们说,在源初意义上,挫折——不是说不管哪种挫折,而是在我们所讲的辩证法中可抵达的那种挫折——只有作为对无偿给予(就无偿给予是爱的象征而言)的拒绝才能被理解。[1]

需要得不到满足,或满足被延宕,比如我要求的本来是这个,母亲给的却是那个,我要求的本来是母亲的时刻在场和无条件的给予,可她只知道塞给我乳头,这一切现在都被理解为爱的要求遭到拒绝,都只会导致挫折感的加深。由此母婴关系就从那一神话性的完满阶段进入了另一个阶段,一个母婴关系出现了撕裂的阶段,拉康在第5期研讨班中称此为"俄狄浦斯情结的第一阶段"。

那么,在这个阶段究竟会发生什么事情呢?第一,主体(婴儿)在前一阶段用啼哭来召唤的直接满足需要的对象即乳房现在变成了一个象征对象,一个作为"礼物"的对象,用来象征母亲无偿给予的爱。第二,在一开始,孩子认为母亲是无所不能的,因为它需要什么,母亲就给予什么,而现在,(婴儿)所需要的东西和(母亲)所给予的东西之间出现了裂隙:我需要的是拥抱,是无条件的爱,可你给予的还是乳房,爱的要求总是遭到拒绝。于是第三,为了获取母亲的爱,孩子必须迎合母亲,取悦母亲,虽然母亲就其本身而言是象征秩序的一部分,是"母亲他者"(mOther),可在孩子眼

---

[1] Jacques Lacan, *Le Séminaire de Jacques Lacan, Livre IV, Le relation d'objet 1956-1957*, pp.180-181.

里，她只是一个可以给予它爱的人，并且她爱的是它的全部，是它之所是的形象，这样就形成了孩子对母亲的另一种想象性关系，一种自恋但又充满侵凌性的爱的关系。可是第四，母婴之间的这一爱的关系是不对称的：孩子要求母亲爱它，并要求母亲爱它的全部，要求这个爱是无条件的，是无偿地给予的，可母亲的爱真的是无条件的吗？更确切地说，母亲真的爱它的全部吗？母亲就其本身而言已然是象征秩序的一部分，是一个欲望的存在，其所欲望的优先对象是菲勒斯，她爱她的孩子是因为孩子就是她的菲勒斯，是她所欲望的菲勒斯的一个替代，也就是说，母亲爱她的孩子是因为孩子是她的一个想象的菲勒斯，是已然失落的对象的一个想象性替代，"如果说女人可以在孩子那里获得满足，那恰恰因为她在它那里找到了某个东西，该东西可在不同程度上平复她对菲勒斯的需要"[1]。正是这一不对称的母婴关系，在孩子的爱的要求上打开了一个裂口，由此把孩子抛入了挫折的深渊。因此第五，挫折是俄狄浦斯情结第一阶段的结构性要素，甚至说，它就是结构本身，在第4期研讨班中，拉康称这个阶段的本质就在于"挫折的辩证法"。

如上所言，挫折是由于爱的要求得不到满足，而实际上，它也不可能得到满足，因为主体（孩子）现在需要的不是直接的实际对象，而是象征对象，是作为"礼物"的对象，而象征化总意味着剩余，意味着仍有某个东西处在象征的彼岸，甚至在某一特殊要求被满足后，孩子仍觉得"礼物"是令人受挫的东西，于是要求立即又把自己投射到别的东西上，投射到"象征性的礼物链条"[2]上。总之，在挫折的辩证法中，无条件的爱的要求的满足总是被延宕，象征对象的在场总是把欲望引向要求的彼岸，挫折的辩证法就是挫折无尽的回转。

对于挫折的辩证法，我们还可以从另一个角度即语言与欲望的

---

[1] Jacques Lacan, *Le Séminaire de Jacques Lacan, Livre IV, Le relation d'objet 1956-1957*, p.70.

[2] Jacques Lacan, *Le Séminaire de Jacques Lacan, Livre IV, Le relation d'objet 1956-1957*, p.101.

关系的角度来阐述它。婴儿一开始只是以啼哭来表示对母亲的无偿给予的爱的要求,在此尽管已经有了言语的维度,但那还不代表着象征秩序的引入,因为属于象征秩序的真正言语应当是一种能够命名欲望的言语——"欲望出现在它具体化为言语的时刻,它与象征一同出现。"[1]——这种言语只有在幼儿的"Fort/Da"游戏中才有初始的呈现。前已论及(参见第八章第二节),拉康把这个游戏解释为主体进入象征界的最初时刻。幼儿通过对出没的线轴的操控和自己的牙牙之语,象征性地表达了对母亲不在场或者说自己遭遗弃的现实的默认、接受和替代性补偿,从而为象征维度的引入打开了一条通道,因为他不仅以线轴的出没把母亲的在场和缺席符号化了,而且以自己的牙牙之语、以语音的差异化运作对此进行了命名。幼儿正是通过这一象征性行为逆转了和母亲的关系,使母亲不在场的状况变得可以忍受。

在此有两点需要注意。一方面,在这个游戏中,被符号化的母亲的在场与缺席与现实中母亲的实际在场与缺席并无必然关联,相反,自这一刻起,即使现实中母亲是实际在场的,可如果她对孩子的召唤没有给予应答,那她也形同不在场,就是说,她是一种在场的不在场(看似在场,实际是不在场)和不在场的在场(真正在场的是她的不在场),此时,孩子先前因爱的召唤遭到拒绝而造成的挫折感只会倍加深刻。当然,如果母亲及时地满足了孩子的需要,有时甚至只要她在场,那爱的挫折固然可以暂时得到补偿,可母亲的拒绝和缺席造成的那一创伤是无法抹平的,因为母亲的在场与缺席已被符号化,已被写入主体之中。

另一方面,拉康也强调,"Fort/Da"游戏中母亲的在场与缺席的符号化只是为象征维度的引入打开了一个缺口,还算不上是象征秩序的完全确立。因而,在这里,尽管主体和他人作为一个缺失者

---

[1] Jacques Lacan, *The Seminar of Jacques Lacan, Book II, The Ego in Freud's Theory and in the Technique of Psychoanalysis 1954–1955*, p.234.

已被标记出来,但还没有真正完成在象征世界的登记注册——这个时刻要到父亲角色进入母子世界以后才能到来,在那时,母亲对于主体才真正是象征的母亲、能指的母亲、作为大他者的母亲。所以,在"Fort/Da"游戏的阶段,母子关系仍属于想象性的关系,只是关系的性质与最初的母婴阶段相比已有了根本的变化。

拉康说,"Fort/Da"游戏的符号化行为乃是对"物的杀戮",而这一杀戮所导致的结果就是"主体欲望无休止的永恒化"[1]。这句话的意思我们不妨这样来理解:这一符号化的行为不仅是对欲望对象(母亲)的杀戮,也是对主体自身(孩子)的杀戮,这所谓的"杀戮"当然不是指实际的谋杀行为,而是指通过把他人和自身铭写在象征符号中来标记两者的缺失,自此主体意识到曾经无所不能的母亲也是一个不完满的存在。对主体而言,这个觉醒实在是一个转折点,不仅曾经完满的母婴关系被打开了一个缺口,而且主体也因为爱的挫折、因为爱的要求得不到满足而成为一个欲望的主体——拉康称之为欲望的"人化","它"终于学会了用"我"来命名自己的存在——并且其欲望即是他人的欲望:"Fort!Da!唯当此刻,幼儿的欲望已然成了别人的欲望,成了主导着他的自我对体的欲望,其欲望对象因此即是他的痛苦。"[2]

何以"幼儿的欲望已然成了别人的欲望"?这个"别人的欲望"究竟是什么?何以其欲望对象即是他的痛苦?对这些问题的思考与回答将把我们引向拉康母子理论的那个锚定之点——菲勒斯和父之名,而其幽隐的逻辑行进尚需我们以超乎经验的"野性的思维"方可明了。

母亲的不在场对孩子来说意味着母亲是不完满的,是有欠缺的,这个想象的完整性存在其实也是一个匮乏的对象,她也在欲望着什么东西,她也是一个欲望主体。为了捕捉这个东西,为了弥补与母

---

[1] Jacques Lacan, *Écrits*, p.262.
[2] Jacques Lacan, *Écrits*, p.262.

亲之间的裂口，孩子只有让自己成为母亲所欲望的东西，就是说，把自己认同为可以弥补母亲缺失的对象。因此，所谓"幼儿的欲望已然成了别人的欲望"，意思是说孩子的欲望就是对母亲的欲望，是对母亲所欲望的东西的欲望，换言之，他的欲望即是他人的欲望。

那么母亲究竟在欲望什么？按照弗洛伊德的观点，女人欲望有一个孩子是因为她有一种阴茎妒羡，她羡慕男人有一个她所没有的活物，她觉得她之所以没有这个东西，是因为她被阉割了，所以她要通过有一个孩子作为替代物来弥补这个缺陷。拉康承袭了这一观点，认为孩子对母亲而言常常就是她所欠缺的某个东西的替代，只是他不再称这个欠缺物为阴茎——这个词太容易引发生物学的联想——而是称其为"菲勒斯"。[1]因此，菲勒斯是母亲欲望的能指，母亲欲望它是因为母亲不拥有它，反过来，母亲不拥有它，正说明母亲作为孩子的他者也是一个有欠缺的存在。

拉康还强调说，孩子这个替代物并不能真正地让母亲获得满足，因为他毕竟只是一个替代物，他拥有的只是一个"菲勒斯格式塔"，一个想象的菲勒斯。而孩子也很快就会认识到他并不能完全满足母亲的欲望，因为她欲望的是他以外的或者说他所不能给予的某个东西。这一认识令孩子在母亲的欲望面前焦虑不已，"焦虑就在于这样一个事实：他可以判定他之被爱的东西和他能够给予的东西之间全部现有的差异"[2]。在此，"他之被爱的东西"就是孩子的整个身体作为一个菲勒斯的格式塔形象，而"他能够给予的东西"就是孩子的真实的小玩意儿——它大约连"阴茎"都称不上，我们不是习惯把它叫作"小鸡鸡"吗？！对差异性——这并非生理意义上大小的差异，而是想象性的功能差异——的这一认识带给孩子的不只是焦虑，还有一种"根本性的失望"，因为他由此认识到自己并非母亲唯一的和真正的欲望对象。于是，对于挫折的辩证法，我们可

---

[1] 有关菲勒斯这个概念，我将在下一章给予论述。

[2] Jacques Lacan, *Le Séminaire de Jacques Lacan, Livre IV, Le relation d'objet 1956-1957*, p.243.

以用菲勒斯来对它做一个重述：在这个辩证法中，母婴之间存在一种爱的关系，作为主动去爱的一方，孩子爱母亲是因为他想要从母亲那里得到无偿给予的爱，他想要被爱，想要成为他者爱的对象，并想象性地认为母亲会把他当作一个整体来看待；在母亲的方面，她爱孩子则是因为她欠缺某个东西，她把孩子当成了一个菲勒斯形象，她想拥有这个对象。由此爱的位置发生了颠倒，爱的主体因为他者的存在而变成了（渴望）被爱的对象，而作为被爱者，孩子和母亲都能给予对方所没有的东西：在母亲眼里，孩子是她所缺失的东西的替代，在孩子眼里，母亲被认为是无所不能的，能满足其全部的需要。

爱的要求的受挫让孩子深感失望，为了赢得母亲的爱，他必须去讨好、迎合母亲的欲望，但在开始，他并不知道母亲欲望的是菲勒斯，于是，在他的心中，总有一个挥之不去的问题："你究竟想要什么？"他总想破译这个谜一样的欲望，他总想为这个问题找到一个答案。终于在某个时刻（弗洛伊德称其为"菲勒斯阶段"），孩子通过父亲获得了性差异的知识，知道了母亲欲望的东西，于是，"你究竟想要什么？"这个问题就变成了哈姆雷特式的"生存还是毁灭"(to be or not to be)的生存论疑难："成为或是不成为菲勒斯"。这又是一个"要钱还是要命"的被迫选择：成为菲勒斯，就可以满足母亲的欲望，从而得到母亲的爱，进而使自己的欲望也得到满足，但父亲的在场将告诉他，这是一个不可能的选择；反之，不成为菲勒斯，就意味着必须放弃对母亲的欲望，放弃从母亲那里获得欲望满足，转而去拥有一个象征的菲勒斯。显然，在这一成为或是不成为的游戏中，孩子的欲望完全受到母亲欲望——对母亲的欲望和母亲自身的欲望——的支配，主体因那个挥之不去的问题而饱受煎熬，欲望对象带给主体的总是无以平复的创痛，并最终成为痛苦之源。在《菲勒斯的意义》（1958）中，拉康对挫折的辩证法有这样一段总结性的描述：

爱的要求只会因一个欲望而遭受痛苦，因为这欲望的能指对它而言是全然陌生的。如果说母亲所欲望的就是菲勒斯，幼儿为了满足她的欲望，就只有成为菲勒斯。这样，欲望所内有的分裂已然借着在他者的欲望中被体验到而为其自身感觉到，因为这个分裂已然存在于主体满足于给他者提供他可能"拥有"的、与菲勒斯相对应的真实[器官]的方式中；因为从他的爱的要求——这一要求使他想要成为菲勒斯——来说，他所拥有的不见得比他所不拥有的更好。[1]

当孩子终于认识到母亲欲望的是菲勒斯之后，母婴之间的二元关系为一种想象的三角关系所取代，即在母亲和孩子之间，还有一个想象的菲勒斯的维度，甚至可以说，正是菲勒斯的介入，才使母子之间的想象关系得以可能："如果不把菲勒斯当作一种第三者的元素……那么，对象关系的概念就不可能理解，同样也无法被操作。"[2] 更关键的是，因为这个菲勒斯的维度，父亲角色被引入了，主体由此进入了俄狄浦斯情结的第二阶段，拉康对这个阶段的阐述主要集中于两个东西：以母亲的方面说，核心在于父亲/男人的"剥夺"，以孩子的方面说，核心在于对父亲的敌视加认同，我们不妨用一个矛盾修辞法称其为"侵凌性认同"。

细心的读者也许已经看出来，在上面对菲勒斯作为母亲的欲望对象的论述中，有一个问题始终蛰伏其间：母亲为什么没有菲勒斯？这个问题看起来很荒谬，因为女人当然没有只有男人才拥有的东西。其实，问题的根本完全不在这里。男人拥有的只是阴茎，一个也许可以让他更像一个男人、但也许会让他变得根本就不是一个男人的东西，而女人所欠缺的并不是男人的生殖器，这个玩意儿也许可以满足她的（生理）需要，但并不能解决她的欲望。这就是说，男人

---

[1] Jacques Lacan, *Écrits*, p.582.

[2] Jacques Lacan, *Le Séminaire de Jacques Lacan, Livre IV, Le relation d'objet 1956–1957*, p.28.

和女人的差异不在于有没有某个生殖器官,而在于是否拥有可标记其欲望和主体位置的菲勒斯,弗洛伊德就说过,性别对立不是生殖器的对立,而是拥有菲勒斯与被阉割之间的对立。拉康接受了弗洛伊德的这个观点,在他看来,母亲原本是拥有菲勒斯的,比如在最初的母婴关系中,无所不能的母亲在婴儿眼里就是一个"菲勒斯母亲",只是在"Fort/Da"游戏打开象征维度的缺口以后,儿童才意识到母亲是不完满的,她与菲勒斯是分离的,她并不真的拥有菲勒斯。女人或母亲为什么没有菲勒斯?因为她是被阉割的,是被剥夺的。[1]被谁阉割?父亲或者说父法;被谁剥夺?丈夫或者说代表着父权的男人,所以"父亲"还是"剥夺者"的隐喻。至此,母子之间想象的三角关系又被加上了一个维度——父亲。在拉康看来,这个维度的进入将是主体真正进入象征世界的标志,其对于我们理解主体的象征性认同将具有重要意义。

然而,父亲是怎么进入母亲、孩子和菲勒斯的想象三角的呢?从传统精神分析学的角度说,这个问题看似很简单,只需用俄狄浦斯情结就可以把它打发了,可对拉康来说,要回答这个问题,必将枝蔓缠绕,因为有一系列的三元组概念围绕这个问题而相互扭结在一起,比如实在的母亲/象征的母亲/想象的母亲、实在的父亲/象征的父亲/想象的父亲、挫折/阉割/剥夺、实在的菲勒斯/象征的菲勒斯/想象的菲勒斯等[2],而拉康本人对这些三元组概念的使用又极其不规范,有时还前后矛盾,我们根本没法对它们给出一个确定的定义。面对这座语词之城,我们除了要谨慎应对之外,所能采取的策略就是尽可能切近拉康文本的语境来加以理解。

---

[1] 在拉康那里,对于主体不拥有菲勒斯有两种解释:一种说那是因为"剥夺",另一种说那是因为"阉割"。怎么区分这两种解释呢?关键看主体与作为欲望能指的菲勒斯的关系或者说主体在那一关系中处在何种位置:阉割的对象是想象的菲勒斯,如拉康所言,阉割乃是想象的对象的象征性缺失,它既针对男人,也针对女人;剥夺的对象是象征的菲勒斯,以拉康的话说,剥夺乃是象征的对象的真实缺失,它只针对女人。

[2] 有关这些概念的界定,可参见埃文斯《拉康精神分析介绍性辞典》中有关"母亲""父亲""匮乏""菲勒斯"等条目。

在此我们需要回到弗洛伊德描述的那个著名的家庭神话剧的场景。在讲述主体的无意识及欲望构成的源头时，弗洛伊德借用古希腊的俄狄浦斯神话提出了"俄狄浦斯情结"的概念。这则神话寓意深广，弗洛伊德冒着简约化的风险以一言道尽其所隐含的欲望谜底：每个儿童在潜意识中对自己的父母都有敌视与自己同性别的一方和爱恋与自己不同性别的一方的倾向，俄狄浦斯王在无意识中兑现的杀父娶母的命运虽是一个特例，但最为典型地体现了这一倾向的力量，故名之为"俄狄浦斯情结"，俗称"弑父娶母"。弗洛伊德的这个神话续写当然是一个隐喻的说法，其真正的意思是指主体在其成长过程中对双亲抱有的爱恋与敌意的欲望机制：男孩子是依恋母亲而敌视父亲，女孩子则相反，她最初是依恋父亲而敌视母亲。可随着儿童走出其对异性父母的性幻想阶段，最初的那种嫉恨欲望会转而变成一种认同，只是在男孩和女孩身上有不同的表现形式：男孩子转而去认同父亲，而女孩子在某一个时期会继续其对父亲的欲望。为什么会出现这种转变，且会呈现出这样的性别差异？因为阉割情结。

弗洛伊德是在一个名叫小汉斯的儿童的病例——拉康在第 4 期研讨班中专门分析了这个病例——中发现阉割情结的。他说，不同性别的儿童在解剖学尤其是生殖器官上的差异令他们产生了一种幻象，认为女孩子没有阴茎乃是被阉割的结果。这一幻象在男孩和女孩身上产生了不同的后果：男孩害怕被阉割，产生了阉割焦虑，并把实施阉割的主体归之于父亲；女孩只能无奈地接受现状，产生了一种被称为阴茎妒羡的复杂情感。进而，处在俄狄浦斯情结阶段的男孩因为害怕被阉割而放弃对母亲的欲望，且去认同父亲，从而使他的俄狄浦斯情结得到解决；女孩则因为阉割情结而怨恨母亲，认为是母亲剥夺了她的阴茎，这种怨恨使她再次把她的力比多驱力转投向父亲，继续把父亲当作欲望对象，期望父亲能提供给她一个孩子来作为所欠缺的东西的象征性替代。这自然不可能有什么结果，所以她最后只能通过与另一个男人结婚生子来获得一个想象性的补偿，女性的俄狄浦斯情结由此得到"解决"——其实根本没有得到解决，至多只是有所舒缓，因为她在孩子那里所获得的终究只是一个想象的菲勒斯，且因此她还需要找一个男人来提供给她真实的阴茎。

对于弗洛伊德的俄狄浦斯情结和阉割情结的概念，历来的精神分析学家和理论家总怀有一种情绪上或道德上的推拒性，态度含混、暧昧。相较之下，拉康则在其理论中赋予了俄狄浦斯情结一种特殊的地位，将其视作与主体相关的许多问题的一个基石。当然这一切同样需要在对弗洛伊德的概念进行改写的基础上来进行。我在此没有时间去详细讨论弗洛伊德和拉康有关俄狄浦斯情结的所有细节，但围绕女性阉割的问题有几点需要稍作说明：第一，所谓的阉割不是现实地发生的行为，也从未现实地发生过（所以它与某些宗教中所讲的割礼也不等同），它只是主体在"菲勒斯阶段"通过一种事后回溯而产生的神话学幻想；第二，男性和女性的性别差异不在于有没有被实施（生理性的）阉割，而在于是否拥有（象征性的）菲勒斯，也就是说，男性和女性的性别差异与生理器官的解剖学差异无关，而是与主体在性化过程中相对于菲勒斯能指的位置有关；第三，女性主体实际经历了两次阉割，第一次是在其俄狄浦斯情结的阶段，那时她是作为一个孩子（女儿）被父亲阉割，第二次是在其哺乳阶段，那时她是作为孩子的母亲被男人阉割，拉康为区分这两次阉割，而称前者为"阉割"，后者为"剥夺"，它们同属于对象的缺失或失落，区别在于主体与菲勒斯能指的关系；第四，围绕着作为欲望能指的菲勒斯的缺失，主体在其俄狄浦斯情结的不同阶段把自己置于什么样的位置，将会随之遭遇到不同的问题，如"（母亲和我）有没有菲勒斯？""（我）是不是（母亲的）菲勒斯？"和"（我）要不要成为（母亲的）菲勒斯？"等，这些问题对于主体通过认同解决其俄狄浦斯情结皆为至为关键。

现在我们看一下拉康对俄狄浦斯情结第二阶段的阐述。首先是剥夺。所谓剥夺，当然是指父亲剥夺母亲的作为菲勒斯的孩子。不过这一剥夺既是指向母亲的，也是指向孩子的，其所禁止的就是母亲和孩子的乱伦欲望：对于母亲，是不准她把孩子当作自己的菲勒斯（"你不可和你的孩子重新结合！"）；对于孩子，则是不准他把母亲当作欲望对象（"你不可和你的母亲睡觉！"）。

在此我们可能会问：父亲是什么时候介入挫折的辩证法或者说母婴之间的爱的关系的？在家庭中他不是自一开始就在场么！何以到现在才出场，才想起乱伦的禁令？对于这个问题，洛伦佐·切萨有这样一个回答：

> 父亲第一次说出"不"——法的声音——的那个时刻与孩子认识到母亲（以及他自己）缺乏菲勒斯并因此想要直接认同它、想要成为母亲的菲勒斯的时刻在逻辑上是一致的。在挫折的辩证法期间，孩子并不了解菲勒斯格式塔：这就是父亲还没有公开介入的原因。只有在母亲真正地被剥夺以后，孩子才开始侵凌性地同（想象的）父亲竞争，以便成为母亲的菲勒斯。[1]

实际上，在拉康的理解中，父亲在母子关系中不仅一开始就在场，而且自始（包括前俄狄浦斯阶段）就在发挥作用，最初当然主要是对母亲发挥作用。更重要的是，在拉康那里，所谓俄狄浦斯情结的诸阶段，并不是一个历时的概念，而是一个逻辑的概念，是有关主体如何从想象界运动到象征界的一个回溯性叙事。所以，所谓父亲介入挫折的辩证法的时刻，实际是一个结构性的时刻，是一个"逻辑时间"。

父亲对母子关系的介入其实就是父法的介入，拉康把这称作"父之名"。熟悉西方文化的人一看到这个术语可能立即会想到基督教中常说的"以圣父、圣子、圣灵的名义"，拉康曾在某个地方提到

---

[1] Lorenzo Chiesa, *Subjectivity and Otherness: A Philosophical Reading of Lacan*, p.76.

他的用法是受到了宗教的启发[1]。"父之名"这个短语的首次使用是在1953年的《罗马报告》中。在讲到象征界和主体的象征性认同时，拉康说：

> 象征认同的这同一功能——它使原始人相信自己是某个同名先辈的再世，而在现代人身上，它甚至决定了某些性格的交替重现——在遭受父子关系紊乱的主体身上可导致俄狄浦斯情结的解体，在那里，必定可以看到其致病效果的持久源头。确实，父亲的功能甚至在由某个人来代表的时候，其本身也集中了想象的和实际的关系，这些关系总是或多或少无法对应于本质上构成它的那种象征关系。
>
> 我们必须在父之名中来确认象征功能的基础，自远古开始，这个功能就将父亲本身等同于法的形象。这个概念使我们在病例分析中可以明确地把这一功能的无意识效果与主体同体现这一功能的人的形象和行为保持的自恋关系甚或实际关系区分开来。[2]

这里的语境是列维-斯特劳斯意义上的象征法则，对于这种法则或法律，拉康时常采用大写的形式："Loi"（Law），我们可以把它译为"父法""法""大法"。父法不是指某个特殊的法律条文，而是指维系社会存在与社会关系的根本大法——它实际就是乱伦禁忌——其功能就类似于语言结构的法则，它"是使社会存在得以可能的普遍原则，是支配所有形式的社会交换——不论是赠礼、亲属关系还是契约构成——的结构"[3]。并且，按照列维-斯特劳斯的观点，社会交换的最原初形式就是女人的交换，乱伦禁忌就是维系这一交换的根本大法。弗洛伊德在《图腾与禁忌》（1913）中

---

[1] Jacques Lacan, *Écrits*, p.464. 在1963年有关"父之名"的研讨班中——该期研讨班只举行了一讲，接着就因为研讨班移师巴黎高师而换题——拉康更明确地把"父之名"和犹太-基督教的"父"联系在了一起。

[2] Jacques Lacan, *Écrits*, p.230.

[3] Dylan Evans, *An Introductory Dictionary of Lacanian Psychoanalysis*, p.98.

也描述了父法与乱伦禁忌的原始关系：原始部落的父亲不仅是法的制定者和执行者，其本身就是法的代表，他就是法，他占有和享用部落里的所有女人；原始父亲的暴虐招致了子民的反抗，子民联合起来谋杀了父亲；可子民发现，要想避免谋杀父亲这种事情的重演，就必须尊重父亲的法，禁止乱伦，所以他们确立了对父亲或祖先的图腾崇拜。

要注意，在拉康那里，"父亲""父之名""父性功能""父法"这些说法大约是等义的，它们都意指一种权力，一种功能，一种命令或律令，一种社会的象征法则和象征秩序。它们都是以父亲的名义宣讲出来的。至于"菲勒斯"，它是一个能指，指示着父亲话语发出的位置，指示着发出权力话语的主体的某种父性功能。

还有一点需要在此提及，在法语中，"Nom du Père"（父之名）和"non du père"（父亲的"不"）两个短语的发音相同，所以拉康常常以一种意义双关来揭示父亲功能或者说父之名的含义：一方面，父亲依靠某个能指的作用以象征的名义占据权力的位置，召唤主体前来认同这个位置；另一方面，父亲也代表着文化中的各种禁止，尤其是在俄狄浦斯情结的语境中，他代表着对乱伦的禁止，不只是禁止儿童，也禁止母亲。一句话，父之名作为一种父亲功能，就是要告诉孩子和母亲什么是可以做的以及什么是不可以做的，"父之名"本质上就是父亲的"不"，是父亲通过话语宣讲出来的象征性的禁止。

不过，拉康说，在第二阶段，介入挫折的辩证法的父亲（相对于孩子而言）既非象征的父亲，亦非实在的父亲，而是想象的父亲。为什么是想象的父亲？想象的父亲不是现实的父亲的形象，而是在想象中建构出来的一个有着父亲般威严或权力的形象与角色，其之所以是"想象的"，根本在于这个角色常常是由母亲来承担，因为母亲作为象征秩序的一部分已经把父法内在化了，她已经卷入了象征秩序，代行父法的禁令，她已经成为让孩子认识到母亲是被剥夺的这一事实的中介。在第 5 期研讨班《无意识的构型》中，拉康说：

> 父亲的功能，父之名，是与乱伦禁忌联系在一起的，但没有人……相信父亲有力地颁布了乱伦禁忌的法则……母亲自己就可以让孩子明白他提供给她的东西是不足够的，并会用新的手段向孩子宣布那禁令。[1]

拉康这里的意思大约是说，在第一阶段，母亲把孩子当作想象的菲勒斯来作为其第一次阉割（作为孩子的阉割）导致的象征性匮乏的补偿，可这终究只是一种替代性的补偿，她的欲望并不会因此而彻底得到平复，孩子并不是实在的菲勒斯，她必须到别的地方去寻找自己所要的。可是孩子总是要求母亲只把他自己当作唯一的欲望对象，他总想控制和独自占有母亲，所以母亲只好假借父法的禁令告诉他"不可以"。从这个意义上说，女人的第二次阉割（作为母亲的阉割）或者说父法对母亲的剥夺对母亲本身而言导致的将是一种内心挣扎，是母亲同自己的内心斗争。

父法的禁令本属于象征秩序，只是现在假借母亲之口、以母亲的言语为中介呈现出来，其效果对母亲构成的是剥夺，使她再也不能把孩子当作欲望对象即想象的菲勒斯来补偿自己的象征性匮乏。可对孩子而言，他已经在第一阶段认识到了母亲的匮乏，并知道母亲欲望的是什么，他极力想要成为母亲的菲勒斯，而（想象的）父亲的介入使他的愿望不可能实现，于是就形成了其对父亲的一种矛盾态度：一方面，（想象的）父亲的"不"以及父亲对母亲的剥夺让孩子对父亲产生了一种侵凌性，他把父亲视作自己的竞争对手，视作自己的一个嫉恨对象；可另一方面，父亲假借母亲之口说出的"不"让孩子明白了母亲的背弃全都是因为父亲拥有可让后者获得满足的菲勒斯，所以要想成为母亲的菲勒斯，就得像父亲一样自己拥有菲勒斯，而不是靠取悦母亲来达成愿望，这样，就形成了孩子对父亲的一种既嫉恨又钦羡的矛盾心理，一种侵凌性的认同。

---

[1] Jacques Lacan, *Le Séminaire de Jacques Lacan, Livre V, Les formations de l'inconscient 1957-1958*, Texte établi: Jacques-Alain Miller, Paris: Éditions du Seuil, 1998, p.187.

父亲剥夺母亲的欲望能指,禁止母亲从孩子那里享受其欲望的满足,这一剥夺中断了挫折的辩证法中母子间的爱的关系,使孩子的欲望满足也遭到剥夺,从而把享乐的可能性/不可能性先期送给了孩子。面对父亲的"不",孩子必须做出选择:要不要成为母亲的菲勒斯?换一个说法,是接受还是不接受父亲对母亲的剥夺?这还是一个类似于"要钱还是要命"的被迫选择,就是说,你必须在二者当中做出选择,如果选择不接受母亲的剥夺(即选择要做母亲的菲勒斯),结果就像选择"要钱"一样,钱没有了,命也丢了:你的欲望依然得不到满足(因为母亲已经背弃了你),而同时你的俄狄浦斯情结也无法获得解决,即你将永远地纠缠于想象的幻念,无法从想象界运动到可使你获得主体性位置的象征界;如果选择接受母亲的剥夺(即选择不成为母亲的菲勒斯),那就只有转而去认同父亲,但这意味着你将要接受阉割的命运,就像选择"要命"一样,命保住了,钱没了,总之,要想不让自己陷入精神病的结构,要想获得主体性,就必须做出牺牲。这样就进入了俄狄浦斯情结的第三阶段。

在第三阶段,孩子已经认识到父亲是拥有菲勒斯的人,但这个父亲不再是假借母亲的话语发挥其象征功能的那个想象的父亲,而是一个实在的父亲。何谓"实在的父亲"?拉康在1950年代对这个提法没有给出明确的界定,但在1969—1970年的第17期研讨班中,他对这个父亲角色做了专门讨论。实在的父亲并非指现实中生育你的那个人,就是说他不是生物学意义上的父亲。那么他到底是什么?拉康说,他是实施象征性阉割的代理,可在我们的理解中,阉割难道不是由象征的父亲来实施的吗?这里面涉及太过复杂的概念纠缠,但也显示了拉康在构建其三元组的概念时所面临的逻辑困境。我们也许可以这样来辨析:象征的父亲是处在象征秩序中的父亲,是把父法强加于主体身上的父亲功能,相对于主体而言,它是主体需要去认同的秩序和位置;实在的父亲是在象征秩序以外的父亲,实在的父亲并不存在,他是接受阉割的主体回溯性地建构出来的,即主体认为有一个父亲拥有菲勒斯且没有被阉割,这个父亲不仅享有无上的权力,还能享用所有的女人,所以父亲的实在是一种语言的实在,而非生物学的实在,它其实是一种不可能性,是一个被谋杀的或已死的父亲,因为根本就不存在没有被阉割的父亲;至于想象的父亲,乃是象征的父亲在想象界的功能呈现,是主体在想象性的母子关系中侵凌性地认同的对象,但也是主体通向象征性认同的一个前提。拉康说:

> 正是在通向想象性犯罪[同父亲侵凌性的敌对]的道路上,[孩子]才进入了法的秩序。然而,如果——至少在此时此刻——他没有遇到一个真实的伙计,那他就不能真正地进入这个法的秩序。[1]

孩子发现实在的父亲是拥有菲勒斯的人,是真正地向母亲说"不"的人,其作为实施父法的唯一代理可以随时剥夺或送出被禁止的菲勒斯,这意味着孩子将不得不接受母亲被剥夺的事实,不得不放弃对母亲的欲望,并转而去认同这个父亲或者说认同这个父亲所体现的象征父亲的功能。这一认同对孩子而言有着双重的意义:一方面它标志着自我理想的出现,标志着孩子由此从想象界运动到了象征界,成就了其在文化秩序中主体位置(首先是在性化公式所占有的位置),俄狄浦斯情结因此获得解决,可另一方面它也标志着主体的阉割,标志着想象的对象(菲勒斯)的象征性匮乏,即他不再欲望成为母亲的欲望对象,而是以这种否定性的方式或以自我牺牲为代价让自己拥有象征的菲勒斯,从而把自己送上了欲望的转喻性链条,送上了求原乐意志的道路。

孩子认同实在的父亲根本上是因为这个父亲拥有菲勒斯,也就是说,他认同的实际是这个父亲在象征秩序中的位置,是他所体现

---

[1] Jacques Lacan, *Le Séminaire de Jacques Lacan, Livre IV, Le relation d'objet 1956–1957*, pp.209-210.

的父亲功能，（象征的）菲勒斯则是这一功能的优先能指。在第 5 期研讨班中，拉康运用其隐喻理论对父亲功能及其菲勒斯能指的作用进行了阐述，这一阐述随即也出现在《论精神病的一切可能疗法的一个初始问题》（1958）一文中。

拉康的一个基本界定是："父亲是一个隐喻"。正如我们已经看到的，隐喻是一个能指替代另一个能指并由此产生出意义效果的无意识运作。在俄狄浦斯情结中（当然指的是第三阶段），父亲或父之名对母亲或母亲的欲望（既指孩子对母亲的欲望，也指母亲自己的欲望）的替代就是一种隐喻性的替代，前者的能指是象征的菲勒斯，后者的能指是想象的菲勒斯，依照拉康的隐喻公式，被替代的能指（母亲的欲望的能指）在新的意指作用中处在所指的位置，但在原初的意指关系中它作为能指意指的是一个可用 x 来标记的未知的谜（这个谜对孩子而言就是："她究竟欲望什么？""她究竟想从我这里得到什么？"对母亲自己而言则是："我究竟想要什么？""我到底是谁？"），现在通过父亲的替代，通过父亲功能的作用，那个未知之谜的意义可以得到揭示，其所隐含的那些问题可以得到回答，即那个 x 指的就是菲勒斯，菲勒斯就是母亲的欲望的意义所指。用公式来表示就是[1]：

$$\frac{S}{S'} \cdot \frac{S'}{x} \rightarrow S(\frac{I}{s})$$

拉康解释说，在这个公式中，大写的 S 是父之名的能指，S′是母亲的欲望的能指，x 是未知的意义（母亲的欲望的所指），小写且斜体的 s 是隐喻引出的作为意义所指的菲勒斯，而隐喻就存在于 S 替换 S′的意指链中，S′被加上斜杠表示对 S′的抹除，这种抹除乃是隐喻成功的条件。[2] 如何理解呢？可以这样来读解：一个能指对另一个能

---

[1] Jacques Lacan, *Écrits*, p.464; 也可参见 Jacques Lacan, *Le Séminaire de Jacques Lacan, Livre V, Les formations de l'inconscient 1957–1958*, p.175。

[2] Jacques Lacan, *Écrits*, p.465。

指的取代即是前者对后者的压制，这一压制的成功实现将把被压制的能指与其所追求的未知意义之间的关系变成或者说导向新的能指对其所指的意指关系。但是，公式右边的"I"又代表什么？这需要看一下拉康导入父亲功能的文字表达式：

$$\frac{父之名}{母亲的欲望} \cdot \frac{母亲的欲望}{主体的所指} \rightarrow 父之名\left(\frac{A}{菲勒斯}\right)$$

当主体还处在想象界的作用中的时候，母亲的欲望是其欲望的能指，但母亲究竟欲望什么，不仅对孩子，就是对母亲自己，这个意义所指都是一个谜，所以"主体的所指"居于上面的代数式中"x"的位置；但随着父亲的介入或者说随着父之名对母亲的欲望的替代，当初的母子关系被破坏，对母亲的欲望被压制，父亲功能成为认同对象，主体通过这一认同而被给予了菲勒斯拥有者的位置，或者说，通过父亲功能，主体在他者场域获得一个象征性的位置，母亲的欲望的能指即想象的菲勒斯现在则作为意义所指被压抑在主体的无意识中，主体成为在他者场域存在的无意识主体。

但是，拉康不是说菲勒斯是能指的能指或优先能指吗（参见第十章第二节），在这里怎么又成为所指呢？简单地说，这涉及所论问题的不同语境：所谓菲勒斯作为能指的能指或优先能指，是就其与被阉割的主体的关系而言的，接受了阉割的主体已经是一个欲望主体，欲望在语言中的运作不过就是能指链的转喻性置换，而（象征的）菲勒斯就是这诸多能指的一般能指，换言之，主体欲望的根本就是已被送到匮乏或欠缺的位置的菲勒斯；至于说菲勒斯既是能指又是所指，则与父之名对母亲的欲望的替代有关，相对于母亲的欲望而言，想象的菲勒斯是其能指，而相对于父之名而言，象征的菲勒斯是其能指，通过父之名对母亲的欲望的替代，象征的菲勒斯又成为想象的菲勒斯的能指，想象的菲勒斯则成为其所指，成为被压抑、被阉割的东西，这代表着已经认同了父亲功能的主体与母亲的无法被参透的欲望的隔离,母亲的欲望已经被划杠、被擦除,成为主体无法跨越的彼岸,成为主体永远要去质询的他者欲望之谜。

主体在象征界的注册有赖于其对父法或父之名的认同,可在现实中,并不是所有的主体都能顺利地完成这个认同,恰恰相反,由于这一认同需要借助语言或言语的作用(如父亲的"yes"或"no"),或者说总伴随有能指的介入,故而总有一道语言之墙横亘在主体与他者之间,使父之名无法真正进入象征化的秩序,主体的认同因此变成了一个失败的创伤。父之名在象征秩序中的这种脱落或者说主体的认同失败究竟会给主体带来什么样的严重后果呢?拉康的回答是:精神病(psychoses)。为了说明这一点,他特别地分析了精神分析学史上极其有名的大法官施列伯的病例。

丹尼尔·保罗·施列伯(Daniel Paul Schreber)出生于1842年,其父是一个有名的外科医生和教育改革家。施列伯本人曾在萨克森地方法院任职,后晋升为首席法官。1884年10月,他作为一名候选人参加国会议员的选举,结果惨败。他的第一次精神崩溃就发生在这次落选之后,像许多人一样,他也把自己的发病归因于工作压力过大。经过一段时间的治疗和疗养之后,到1885年底,他已经完全康复,之后再次被任命为法官。在接下来的几年里,他的生活还算正常,唯一遗憾的是他和他的妻子一直没有孩子。

由于精明能干,1893年,施列伯被调升到最高法院,成为一名首席法官。但之后不久,他又一次发病,其初期症状为失眠、杂音式的幻听、忧郁及自杀念头,后转为一种被害妄想,幻听到他上一次得病时的主治大夫弗莱西斯(Flechsig)——他称之为"灵魂的谋杀者"——及其他人或鬼魂对他说话,并自认是位遭到猥亵的年轻女子,阴茎被扭断,全身器官都毁损了,很想以自杀来解脱,而陷害他的人正是弗莱西斯教授。不久,这个被害妄想演变为夸大妄想:他开始感到自己和上帝在发生接触,他的器官经由神迹得以复原,成为不死之身;他也开始认为自己身负救赎人类的重任,使人类重新回到业已失落的极乐世界,而为了履行这一神圣的使命,他必须经历数世纪慢慢转变为女人,再经由上帝的神迹使他受孕,产生新的人种,然后他与其他人类会自然死亡,大家重新获得喜乐状态;他甚至出现了这样的妄念,觉得女性的神经已经遍布他的全身,尤其是胸部,他必须不断地从镜子中欣赏他的胸部并接触女性用品,运用想象力让自己如同一个女人一般不断地享受与上帝交媾的快感,否则上帝会当他是白痴而中断与他的接触。

施列伯这次的病情比较严重,医院方面一直不同意让他出院。也许是为了证明自己已经康复,他于1897年开始写自传,记述和评论自己的病情。1902年施列伯60岁的时候,法院终于判准他出院。第二年,他的篇幅庞大的自传以《一个精神病患者的回忆录》（Memoirs of a Neuropath）为题出版,上面所述的那些幻念就出自他写的这本书。此后,施列伯过了几年似乎还算平静的生活,但1907年,他又一次发病住院。1911年,施列伯因心肺衰竭在医院去世。

施列伯在回忆录中不仅叙述了自己的病情,而且建构了一个雄心勃勃的宇宙理论,其中还包含一些极其庞杂的神学观念。他以其富有想象力的诗学辞藻、纷沓而至的神学意象、神迹遍布的神话性叙事和令人叹为观止的细节描述最为充分地展示了一个癫狂心灵的逻辑,成为异常心智以及拉康意义上的"分裂书写"或妄想症书写最为宝贵的见证。所以,他的自传出版之后,立即引起了精神病学家和精神分析学家的关注。弗洛伊德大约是在1909年接触到施列伯的《一个精神病患者的回忆录》的,那时候,他正热衷于利用历史人物的传记材料去实践或"扩展"他的临床精神分析方法。1910年12月,弗洛伊德完成了有关施列伯的分析报告:《精神分析对一个妄想症病例的自传性叙述的说明》。在弗洛伊德的分析中,有两点值得我们注意：

第一,对施列伯的迫害妄想的解释。弗洛伊德把施列伯幻念中的世界图像解读为一组具有连贯性的变形,认为施列伯做这种变形的目的是让一些他不能承受的事情变得可以承受,而在这些幻念中,施列伯之所以会把力量加诸迫害者(不管是上帝还是弗莱西斯医生)的身上,是因为他们都是他生命中极为重要的人,或者说曾在他的情感生活中扮演了极为重要的角色。现在这一情感强度被投射出来,并以外在力量的形式呈现,但本质却发生了根本的转变,曾经深爱的人现在被当成了迫害者。所以在弗洛伊德看来,迫害妄想的本质机制就是颠倒(reversal)与投射(projection),一个人妄想症的核心在于其对另一个人的爱恋所形成的幻象,妄想症患者首先会把"我爱他"这个宣示转化为"我恨他"(颠倒作用),然后他会说,我恨他是因为他恨(迫害)我(投射作用),在此被投射的乃是自身内部受到压抑的恨的情感,因此妄想症的颠倒与投射实质上是一种防御。

第二,对施列伯的女性化妄想的解释。弗洛伊德认为,施列伯的女性化妄想是一种同性恋谵妄,是同性恋力比多在某个特殊时刻的突然迸发。按照弗洛伊德的力比多理论,性欲力比多在从"自体情欲"到"对象之爱"的发展过程中,要经历一个以主体自身为爱恋对象的"自恋"阶段。在自恋阶段,自我常常会把自己的身体甚至生殖器官选作爱的对象。由自体情欲进展到对象之爱的这个过渡阶段本来是一种无可避免的正常现象,但有的人似乎在这个阶段很不寻常地徘徊不前,同时也把这个阶段的许多特征带到其力比多发展的下一阶段,结果导致选择具有相同生殖器的外在对象,这就是同性恋式的对象选择。弗洛伊德说,对大多数主体而言,即使顺利地抵达了异性恋的对象选择阶段,同性恋的倾向并不会就此远离,它只是改变了方向,原先的性欲力比多结合一部分自我欲力,变成了一种社会欲力,将其中的情欲因素转而投注到友情、同志之谊、团队精神以及对人类的大爱之上。而对于那些力比多发展受到阻挠的主体,由于难以抗拒或摆脱那种同性恋情欲,于是会在心理上形成一些特别的"固着点",使异常强烈的力比多找不到其他宣泄出口,结果就会出现力比多的倒转，在某些特别的时刻寻找最脆弱的地方溃决而出。施列伯的发病就是这种同性恋力比多与脆弱的社会欲力在对决中最终获胜的结果。

一个妄想症患者写了一本谈论自己的妄想的书，可以想见，对于施列伯这一典型的妄想症书写，这一把妄想和书写融合在一起并以书写来揭示自身力比多真相的妄想症状，拉康自然不会轻易放过。拉康第3期研讨班（1955—1956）的主题是"精神病"，其中施列伯的回忆录以及弗洛伊德的病例分析就是该期研讨班主要的讨论对象。接着在1958年，拉康又把研讨班的内容浓缩成了一篇论文《论精神病的一切可能疗法的一个初始问题》。在此我没有办法对拉康的讨论做全面论述，只能围绕父之名的问题对他的分析做一说明。

虽然说精神分析学作为一种治疗技术主要是以精神异常作为实践对象，但这种非药物性的谈话疗法实际处理的对象范围是很有限的，例如在弗洛伊德那里，较多涉及的是神经症的现象。不过从另一方面说，精神分析学真正关心的不是精神医学的分类学范畴，而是不同病症的症状结构和起源机制，例如弗洛伊德不仅依照病因机制的不同而把神经症区分为"现实型神经症"组群和"精神型神经症"组群，而且还在起源机制上区分了神经症、精神病和（性）倒错。[1]但是弗洛伊德对除神经症以外的精神异常现象的心理机制的解释含混而且不充分，例如他对施列伯病例的解释更多地依赖的是神经症的解释模式，所以拉康在其对弗洛伊德幽隐曲折的返回中实施了一系列的修正。

拉康承袭了弗洛伊德的分类，把神经症、精神病和倒错视为精神分析学首先应当关注的三大异常现象，并把关注的焦点集中在三者的"临床结构"的分析上。他从弗洛伊德那里挪用了三个范畴，即"Verdrängung""Verwerfung"和"Verleugnung"，分别对应于"压抑"

---

[1] 有关弗洛伊德对这些异常现象的界定和解释，可参见拉普朗虚、彭大历斯的《精神分析辞汇》中的相关条目。

(refoulement; repression)、"除权"(forclusion; foreclosure)和"否认"(déni; disavowal),以描述神经症、精神病和倒错的基本运作机制。[1]并且他在不同场合对这些机制及其临床运用分别给予了详尽的论述,其中对施列伯病例的分析就涉及"除权"这个范畴。

拉康认为,施列伯的病例最为典型地证明了父亲的隐喻(即父之名)在主体完成其认同的过程中的决定性作用,即如果欠缺了父亲这个纯粹的能指,或者说,如果这个能指在主体认同的过程中被排除了,那主体必然会出现精神病:

> 因此我将把"Verwerfung"视为对能指的"除权"。在父之名被召唤的那个地点……一个纯粹而简单的洞将在他者中回应这个召唤;但由于隐喻效果的缺乏,这个洞将会在菲勒斯意义的位置上引起一个相应的洞。[2]

"除权"本是一个法律概念,法国语言学家皮雄等人将其挪用到语言学中以指称某些语言要素所暗示的对可能性领域的排除,例如在"Mr.Brook is not the sort of person who would *ever* complain"(布鲁克先生不是那种会发牢骚的人)这个句子中,"ever"这个词就暗示了对布鲁克先生会发牢骚的可能性的排除。[3]拉康的"除权"概念是从皮雄那里借来的,但用法已完全不同,在他看来,那被除权的不是某个事件会发生的可能性,而是那使不可能性的表达得以可能的能指本身。因而,"'除权'不是指言说者在陈述中宣称某个东西之不可能的事实——这个过程更接近于否认——而是指言说者缺乏使陈述得以发生的语言学手段这个事实"[4]。在第3期研讨班中,拉康说:

---

[1] 有关拉康的这三个范畴及其分别与弗洛伊德的范畴之间的关系,可参见埃文斯的《拉康精神分析介绍性辞典》中的相关条目。

[2] Jacques Lacan, *Écrits*, pp.465-466.

[3] 参见 Russell Grigg, *Lacan, Language, and Philosophy*, pp.3-4。

[4] Russell Grigg, *Lacan, Language, and Philosophy*, p.4.

当我说到 Verwerfung 的时候关键的是什么？关键是某个原始能指遭到拒斥而进入外部的幽暗中，从此该能指在这个层面是错失的。这就是我视作妄想症之基础的基本机制。它实际上是某个源头的原始排除过程……[1]

在施列伯的病例中，弗洛伊德解释说，正是施列伯对待弗莱西斯医生——作为父亲缺席的替代——的那种情欲性的同性恋关系，以及这一欲望在他身上产生的冲突（对待父亲的那种同性恋关系受到压抑），才导致了他发病时的被迫害幻觉，这一幻觉体系经过充分的发展，最终集中到施列伯与上帝的特殊关系上。这一解释所依据的依然是受到压抑的力比多能量的转移性运作。[2] 拉康认为，压抑的运作总是与被压抑的东西以各种伪装或扭曲的形式的返回联系在一起，例如在梦的工作中，在症状的结构中，在日常的语言错失现象中，压抑的过程恰是被压抑的东西隐秘地返回的过程；而在除权中，被除权的东西根本就没有进入主体的世界，而是被留在了外面，这样，主体在象征界就留下了一个永远无法弥补的空位，一个"纯粹而简单的洞"，就像在施列伯那里，由于基本能指父之名的除权，使施列伯在象征界的菲勒斯认同未能完成，从而无法在象征秩序中注册自己的主体性，尤其是自己的性别化的主体身份。其结果就是母亲的欲望始终无法获得命名，"父之名"所代表的菲勒斯意义无法在他者中被锚定，于是，面对母亲那无法参透的谜一般的欲望，主体缺乏足够的手段给予回应（而不像在神经症中，被压抑的东西多多少少可以通过压抑的运作获得替代性满足）。

不过，在象征界被除权的东西并没有被彻底废除，它只是被关在了门外，它也要返回，不过，与被压抑的东西总是在各种无意识

---

[1] Jacques Lacan, *The Seminar of Jacques Lacan, Book III, The Psychoses 1955–1956*, p.150.

[2] 实际上，弗洛伊德对神经症和精神病的运作机制也进行了区分，认为在神经症中，患者的被撤回的对象投注转向了其内心世界的某个幻想对象，而在精神病中，这一被撤回的对象投注转向的是患者自己的自我。这就是说，不论是在神经症中还是在精神病中，根本上都是通过压抑在运作，所不同的只是受到压抑的或者说被撤回的力比多能量转投到了不同的对象上。

的现象如症状中返回不同,被除权的东西是从主体的外部返回,从实在界返回,并且是借各种妄念的形式尤其是谵妄的言语(它们最适合拿来命名那不可命名的东西)在实在界中返回,这一返回的效果可以在言语穿刺象征界和想象界时留下的洞孔中看到。所以,拉康在对精神病临床结构的分析中特别地强调了言语的作用,因为它不仅能最充分地体现谵妄的各种形式,以其复杂多样的能指结构揭示种种谵妄现象的隐在逻辑,而且其本身所具有的创造力就构成了主体与实在界的一种相遇,在那里,主体通过那些漂浮的能指,通过那些因能指与所指之间锚定点的缺乏而导致意义断裂的言语,不断地询唤那缺失的父之名的返回。在第3期研讨班中,拉康对施列伯的妄想症自传写作玩味不已,以同样散发着神性光芒的话语去探究那些谵妄的能指在实在界的返回,探究菲勒斯意义的缺席所带来的非凡的想象力的跳跃,尤其是探究了施列伯的言语中所显示的朝向女性的推力与其性欲驱力转移(例如主体的女性化)的关系。

父之名的除权导致了菲勒斯意义的缺席,主体无法在象征界找到自己"正常的"性别身份或性化的位置,于是其性欲驱力只能在实在界以想象的形式纠缠不休,就像在施列伯那里,在他的分裂书写中,那些散发着神圣光芒的谵妄的言语以其惊人的铺陈能力和非凡的谵妄性隐喻创造出了一个有关谵妄的谵妄性结构,为了说明这个结构,拉康从R图(参见第八章第四节)变形构建了一个所谓的I图:

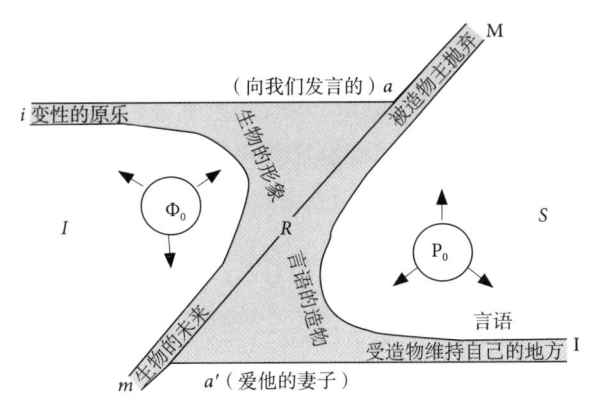

这一结构包含有一个基本的三元组要素：造物主（上帝）、言语的造物（出现在幻念中的各种生物）和受造物（主体或施列伯），其中上帝－造物主是主体－受造物（施列伯）唯一的他者，两者的关系是通过言语建立的，至于出现在幻念中的生物，它们不过是谵妄性言语的创造物，是静默的能指（因为父之名的除权）从幽暗的实在界流星般显现出来的踪迹。I 图所呈现的是这三个要素的结构关系。对应于 R 图（参见第八章第四节），主体－受造物仍用"I"（自我理想）来表示，但现在处在"P"的位置，需要提醒的是，把主体置于这个位置并不意味着他已获得了自我理想或拥有了菲勒斯意义，他只是象征性居于这个位置，如拉康所言，这个位置因父法的缺席而成了一个"空位"；上帝－造物主则占据了原先属于象征的母亲"M"的位置，这同样不是说造物主成为象征的母亲，由于父之名的除权，母亲欲望的原初象征化已无法实现，母亲不再是一个象征化的能指，而恢复成了一个想象的存在，一个欲望菲勒斯的存在，上帝就是这个欲望的化身；至于言语的造物，它们占据着无法生育出来的孩子的位置，由于不能生育子女，极其失望的主体只能在幻想中把言语的造物想象为自己的子女。

图示呈现了一个妄想症主体在三大界域中的谵妄性存在。首先是处在右半部分的象征界。我们看到，象征界的外围是一条联结造物主和被造物的抛物线，这条线"环绕着因父之名的除权而在能指领域挖出的那个洞"：

> 在这个洞里，主体缺乏意指链的支持，正如我们看到的那样，这一点无须变得难以言喻就足以引起恐慌。正是在这个洞的周围发生了所有的斗争，主体就在这场斗争中重建了自己。[1]

这里所谓主体在斗争中重建自己，指的就是在联结造物主和被造物的抛物线上所发生的事情：主体通过谵妄的能指或言语在实在

---

[1] Jacques Lacan, *Écrits*, p.470.

界"召唤""询唤""呼叫"那个被除权的父之名从外部返回,但这个返回是不可能的,抛物线的两端无限接近自我理想 I 和原初的母亲 M,但永远不可能与之重合,这表明主体最终既不可能实现他的使命,也不可能完全将上帝作为他的欲望对象。至于处在抛物线顶端的作为言语之造物的"孩子"(属于新人类的生物形象),它们不过是丧失了菲勒斯意义的主体以谵妄的能指创造出来的一系列谵妄的隐喻。总之,父之名的除权乃是引发主体精神病的装置,也是引发谵妄的言语的装置:

> 对将被引发的精神病而言,父之名——被除权的父之名,也就是说,从未到达他者的位置的父之名——必须在与主体的象征性对立中被召唤到那个位置。
>
> 正是父之名在那个位置上的缺失,才在所指中打开了一个洞穴,并由此引发了能指的一连串变迁,而想象中那日益扩大的灾难就是从这些变迁中产生的,直至最后能指和所指在一个谵妄的隐喻中稳定下来。[1]

图示的左半部分是想象界。拉康说,作为对象征性隐喻的缺席的回应,在想象的领域也会对主体打开一个缺口。其实这个缺口原本就存在着,并且要想弥合它,主体就必须完成阉割,完成对父之名的认同,可现在这个认同已经不可能了,所以主体唯一能做的就是在想象的层面把自己变成一个女人,"毫无疑问,无意识发出的预言早就在预告主体,虽然他不能成为母亲缺失的菲勒斯,但他还有一个解决办法,那就是成为男人们缺失的女人"[2]。为什么可以这样呢?拉康解释说,那是因为"尽管这和拥有[菲勒斯]在理论上互不相容,可它们在涉及关键的缺失时至少就结果而言是可以交

---

[1] Jacques Lacan, *Écrits*, p.481.

[2] Jacques Lacan, *Écrits*, p.472.

叉重叠的"[1]。

因为不拥有菲勒斯而退行到成为菲勒斯,成为男人们缺失的女人,这是否如弗洛伊德所言,意味着施列伯是一个同性恋?拉康不同意这个解释,在他看来,对于主体的这种女性化,同样要作为父之名被除权的效果来理解,由于这个除权,主体缺失菲勒斯意义,所以只能在想象的层面以妄想的方式——既有自大妄想,也有迫害妄想——让自己成为神的配偶、神的欲望对象,通过与神的交欢生育出新的人类,进而完成拯救人类的伟业。这也就是说,施列伯的女性化不是由于其同性恋的倾向,而是由于其妄想症的主体结构使他环绕想象界的那个洞在另一条抛物线上进行了另一个系列的斗争,这另一条抛物线的一端是主体的理想自我(m),一端是作为对体的镜像(i):在理想自我的一端,主体将自己想象为神的配偶,在镜像他人的一端,主体最大程度地获得了自恋快感,也就是"变性的原乐"(transsexualist jouissance)。而在这个抛物线的顶端,是那些在妄想的能指中创造出来的生物的形象(例如施列伯描述的会说话的鸟),它们在能指的层面上正好与少女等值。

再下来是处在图示中间的实在界。这是一个混沌的世界,是一个日常语言无法进入的世界,所以用阴影表示它的存在。但对不拥有菲勒斯的主体而言,这个世界是真实的,甚至是唯一真实的,其在象征界和想象界的那一系列谵妄性想象实际都是在实在界借由谵妄的言语进行的。在实在界中,我们看到了相对于两条抛物线而言的三条渐近的直线。处于上方的渐近线表示主体在实在界对造物主的想象性认同,由此产生了"向我们发言"的他人(a);处于下方的渐近线表示主体在实在界对位于父亲空位的理想自我的象征性询唤的回应,由此形成了"爱他的妻子"的自我镜像(a')。至于中间的那条对角线,两端分别指向两条抛物线的一端:指向(想象界的)理想自我的那一端——"生物的未来"——表示主体想象性的自大

[1] Jacques Lacan, *Écrits*, p.471.

妄想，幻想自己肩负拯救全人类的伟大使命，为了这一使命，他必须做出牺牲，把自己变成女人，通过与神的交合生育新的人类；指向（象征界的）母亲的那一端则表示因菲勒斯意义在象征界的缺席而导致的主体对父亲隐喻的无效询唤以及因这一失败而来的象征性效果——"被造物主抛弃"。

我不知道读者们究竟有多大的信心和耐心去理解拉康所说的这些，如果你认为拉康对施列伯病例的分析整个地就是在胡言乱语，是另一个妄想症的分裂书写，那么我需要强调的一点是：拉康所谓的神经症、精神病和倒错的"临床结构"与精神病学家、医学专家或医疗机构所讲的那种临床结构根本不是一个概念，确切地说，后者正是拉康要极力反对的。拉康的临床结构本质上是一种主体结构，是无意识主体在语言幕墙背后的运作机制，这个机制不只是存在于医学所定义的"不正常"的人的心智中，也存在于我们所有人的心智中，就像拉康对帕斯卡尔的名言"不疯癫只是另一种形式的疯癫"加以引申后所说的，"没有疯癫，就无法理解人的存在，而且如果不把存在里面的疯癫当作人的自由的界限，也就不会有人的存在"[1]。其实，在拉康那里，疯癫、死亡和原乐，不仅构成了人的自由的界限，而且也是人的自由的条件。若是忽视了这样一个讨论语境，拉康的许多理论都将变得难以理解。

最后再引用拉康的一段话，在这里我们将看到他对无意识、语言、他者和精神病之引发的关系做的一个总结性的阐述。在《论精神病的一切可能疗法的一个初始问题》一文的"后记"中，拉康说：

> 追寻弗洛伊德的足迹，我教导人们：他者乃是他借"无意识"之名发现的那种回忆的场所，他把回忆看作一直没有得到解答的一个问题的对象，因为这个对象规定了某些欲望的不可消解性。对于这个问题，我将用意指链的概念给予回答，因为一旦

---

[1] Jacques Lacan, *Écrits*, p.479.

这个链环被原初的象征化（该象征化在弗洛伊德视作重复的自动性之源头的"Fort！Da！"游戏中已经得到体现）所启动，它就会按照逻辑的关联来展开，这些关联对所要意指的东西即实体之存在的制衡，是通过我描述为隐喻和转喻的意指效果来实施的。

正是在这个界域里的一个事故，正是发生在这个界域里的一个事故——那就是父之名在他者场所的除权——正是我称之为欠缺的父亲隐喻的失败，为精神病及其区分于神经症的结构提供了本质的条件。[1]

三　他者的凝视

在拉康的精神分析学中，对自我与主体的构成的说明都与某个特别的结构性时刻关联在一起，其中一个与观看有关，另一个与言说有关：自我的完形是通过观看即镜像之看完成的，主体性的认同则是通过语言或言语的调停实现的。

自1930年代开始，拉康就已经在讨论视觉性，讨论观看行为对于自我或想象性主体的作用，并先后引入"镜像阶段"和"想象界"来对此做理论化的阐述；相应地，拉康对象征界的讨论基本是在语言的维度进行，并且随着1950年代中期语言学转向的完成，能指的逻辑和言语结构分析成为他最主要的兴趣点，对观看的讨论并不是没有，而是少有拓展。可是到1964年的第11期研讨班上，他突然重新回到了观看的主题，以"凝视"（regard；gaze）的概念对这一行为做了激进化的处理，并使其越出想象界的范围，不仅在凝视的机制中嵌入了他者的结构功能，而且还引入了实在界的维度。观看的问题因他的这一次进入而变得迷雾重重。

是的，对于拉康的几乎每一个理论，我们都可以从不同的角度

---

[1] Jacques Lacan, *Écrits*, p.479.

进入。例如他的镜像阶段理论，我们既可以从力比多的投注、从自我的想象性认同或自我与小他的关系来加以说明，也可以把自我对镜像的凝视当作一个隐秘的入口去考察这一行为的机制。自个体走向镜子向里探视的那一刻起，自我朝向异化的戏剧就一幕接一幕悄然上演，正如拉康自己反复地提到的，他的镜像阶段理论其实是建立在一个镜子装置的基础上的，我们未尝不可以把这个镜子装置同时看作一个观看装置，一个捕捉和结构我们的视觉活动的装置——自我作为他人而存在不就是通过认同我在镜中所看到且是想象地看到的那个镜像而完成的吗？！在个体进入语言的世界之前，指认自我的最根本方法大约就是观看了，观看或凝视正是使力比多投注得以完成、使自我与他人的关系得以建立的一种行为。

不仅自我或者说理想自我的形成有赖于镜前的观看，就连自我理想的形成也是在镜前开始的。拉康在许多地方都提到，当父母抱着婴孩出现在镜前，指给他某个理想的认同形象时——例如父母对着镜中的形象说，"这就是我们的漂亮宝宝""这就是我们的小天才"等——或者当婴孩以父母的形象或父母的期许、认可与赞赏作为参照来"完形"自己时，象征界的他者就在此发挥作用了，主体在这个镜像认同中完成的就不再只是理想自我，而是还有自我理想。这就是说，在主体对镜像的观看中，不仅有属于想象界的自恋性认同，还有属于象征界的他者认同，前者形成的是理想自我，后者形成的是自我理想，前者是自己对自己或与自己相似的对体的看，后者则是以他者的目光来看自己，按照他人指给自己的理想形象来看自己，以使自己成为令人满意的、值得爱的对象，换用拉康喜欢的拓扑学方式来说，与自我理想对应的观看方式是"我""想象地"看那"象征地"看着我的他人，由此形成了我"想象地"看自己的"象征形式"。在这个时候，至少可以说，触发主体进入象征秩序的东西不仅有言语或他者的话语，而且还有他者的看或凝视，因为那在看我的人（比如父母）已经是象征秩序的一部分，他们对我的看已然是象征的看。

上面的简单讨论已经表明，观看的行为从来不是自足主体的自主行为，它必定要涉及主体间性的问题。这一点拉康早在1930年代就已经感觉到了，只是那时他还没有从黑格尔和现象学家那里得到主体间性的概念。在1953—1954年的第1期研讨班上，拉康在讨论对象关系时正式地引入了主体间性的结构，所以米勒在编辑该期研讨班时有一讲的题目就叫作"对象关系与主体间关系"，也正是在这一讲中，拉康特别地提到了萨特在《存在与虚无》(1943)中对"凝视"（中文又译作"注视"）所做的著名讨论，并强调这一讨论中有些东西"尤为令人信服"。拉康说：

> 作者的整个论证都围绕着他称作凝视的基本现象进行。在我的经验领域中，人类对象原本就与众不同，不能因为成为正在看我的对象而将其同化到其他任何知觉对象中。在这一点上，萨特做了十分细微的区分。我们不可把所论的凝视与——例如——看见他的眼睛这一事实相混淆。我在某人的凝视下觉察到自己的存在，而我甚至都没有看到也无法分辨那人的眼睛。完全可能的一点就是向我指示某个东西，即那里有他人存在。这扇窗户，如果它比较暗，如果我有理由认为它的背后有人，那它直接地就是一种凝视。从这个凝视存在的那一刻起，我已经是某个他人，因为我觉察到自己正在成为他人凝视的对象。但是，在这个位置——它是相互的——他人也知道我是一个知道自己将被观看的对象。[1]

那么，萨特的论述中是什么东西令拉康感到信服呢？首先，在萨特那里，凝视不是指我对他人的凝视，而是指他人对我的凝视，所以凝视揭示了他人的存在对于"我"的结构性功能，或者说我的"为他结构"；其次，萨特强调说，凝视不是指别人的目光，不是说真

---

[1] Jacques Lacan, *The Seminar of Jacques Lacan, Book I, Freud's Papers on Technique 1953-1954*, p.215.

的有某个人在远处看着我或我看见某个人的目光在盯着我,而是说我"觉得"有某个他人在凝视着我;再者,凝视表明我是一个为他的存在,我在他人的凝视中发现了自己,我即是他人。萨特所论的这几点与拉康对对象关系的思考恰好是对应的——至少在这个时候他是这样认为的——所以拉康几乎照原样对萨特的观点进行了重述,这在他那里是甚为难得的,要知道,他对同时代的这位哲学家并不怎么信任。

不过,在1950年代,拉康虽然时常会关注观看的行为,对凝视的问题却并未做更深入的思考——上面的简单讨论已经让我们看到,在他那里,观看和凝视并不是一回事:观看是我在看,凝视是我想象别人在看我。直到1964年,他才重新回到这里,而这一次,是另一位同时代的哲学家给了他启示,那就是莫里斯·梅洛-庞蒂(Maurice Merleau-Ponty, 1908—1961)。同时,在这一次,萨特的凝视理论再次被提及,不过是作为批评的对象。

1964年,梅洛-庞蒂的遗著《可见的与不可见的》被整理出版,拉康在第一时间拿到了样书,于是即刻开始了同它的对话——他甚至称这本书的某些观点乃是他同梅洛-庞蒂对话的结果(他们是在一次学术会议上认识的)。

梅洛-庞蒂认为,在主体的"我"与世界的关系中,或者说在"我"对可见世界的知觉中,总有一种先行存在的不可见的凝视、一个柏拉图式的"全视者"(seer)在看着我,使我的观看不再是传统现象学意义上的主体的知觉建构,而是主体与他者的"共同世界"为显现自身而对"我"的利用,例如,梅洛-庞蒂说:

> 无论如何,他者的体验对我来说并不是乌有,因为我是相信他者的——而且这个体验和我自己是相关的,因为它作为投射于我的他者眼光而存在着。这张熟悉的面孔就在这里,这笑容,这嗓音的抑扬也都在这里,我很熟悉它们的风格,就像熟悉我

自己一样。在我生命的许多时刻,他者对我来说也许都化入了这个可能是一种诱惑的景象之中。……在这些目光后面的某处,在这些动作后面的某处,或毋宁在它们面前的某处,或者更是在其周围,不知从什么样的空间双重背景开始,另一个私人世界透过我的世界之薄纱而隐约可见。一时间,我因它而活着,我不再是这项向我提出的质问的答复者。……至少,我的私人世界不再仅是我的世界;此时,我的世界是一个他者所使用的工具,是被引入我的生活中的一般生活的一个维度。[1]

拉康说,梅洛-庞蒂对不可见的凝视的这一关注指示了极为重要的一点,就是"可视者对将我们置于全视者的目光之下的东西的依赖",是全视者对我们的"瞄准"(shoot),拉康将这称为"凝视的前存在"(the pre-existence of a gaze),即主体在向外观看的同时也被另一个东西所注视,主体总是处在来自另一个领域的目光的包围之下:

我只能从某一点去看,但在我的存在中,我却在四面八方被看。[2]

一定意义上说,梅洛-庞蒂引入他者的看是为了把主体置于一个主体间的"共同世界"来考察,而拉康把他者的看称作"凝视的前存在"却是为了瓦解"共同世界"的共同性,他所讲的"凝视的前存在"不仅指他者中的凝视在主体之外和之先的存在,更包括因语言而异化的主体的"视界驱力"(scopic drive)在实在界的运作对于主体之看的先在规定性。所以,尽管拉康在多个不同场合都曾对梅洛-庞蒂及其哲学致敬,可他并没有太多地追随后者,就像在观看的问题上,他就说道:"我们并不是非要在可见与不可见之间穿行。

---

[1] 梅洛-庞蒂,《可见的与不可见的》,罗国祥译,北京:商务印书馆,2008年,第20—21页。

[2] Jacques Lacan, *The Four Fundamental Concepts of Psychoanalysis*, p.72.

我们所关心的分裂并不是从一个事实而来的那个距离，该事实就是：有些形式是现象学经验的意向性指示给我们的世界所强加的——故而是我们在可见性的经验中必要遭遇的界限。凝视只会以一种陌生的偶然性形式呈现给我们，[它是]我们在地平线上所发现的东西——作为我们的经验的推力，这也就是构成阉割焦虑的匮乏——的象征。"[1] 这就是说，拉康所关心的不是主体在可见性与不可见性之间的穿行或辩证运动，而是主体的分裂，或者说是主体的分裂在观看行为中的体现，这就是"眼睛与凝视的分裂"：

> 眼睛与凝视（the eye and the gaze）——这就是对我们而言的分裂（the split），在那里，驱力得以在视界领域（the scopic field）的层面呈现。[2]

这句话可以说是拉康的整个凝视理论想要表达的中心思想，但要想弄清楚它的含义，可能得费一番周折。我不妨从后半句——"驱力得以在视界领域的层面呈现"——包含的两个概念"驱力"和"视界领域"开始。

还是要回到弗洛伊德那里。在第 11 期研讨班中，拉康把"驱力"看作精神分析学的四个基本概念中的一个，所以对它做了详尽的分析，更确切地说，是对弗洛伊德的驱力概念的强力重写。不过我暂时还不能进入这个重写的全部过程，相关的细节需要留到下一章再说（参见本书第十章第四节），在此我只能涉及其中与观看和凝视有关的部分。

1915 年，弗洛伊德就驱力的构成、功能及其转化等问题写了一篇论文：《驱力及其转化》。[3] 在论及驱力的功能及其转化时，弗洛伊德说，驱力的功能主要体现为主动与被动、主体与对象、快感

---

[1] Jacques Lacan, *The Four Fundamental Concepts of Psychoanalysis*, pp.72-73.
[2] Jacques Lacan, *The Four Fundamental Concepts of Psychoanalysis*, p.73.
[3] 中文习惯译作"本能及其变化"，参见车文博主编，《弗洛伊德文集》第二卷，第 676—701 页。

与不快感这三组对立的形式，驱力的转化指的就是这三组功能的共同作用机制，他特别地分析了两种特定的转化情形：向对立面的转化和向主体自身的转化。前者主要指从主动转向被动，如从施虐狂转到受虐狂、从窥视癖转到裸露癖，这一转化只涉及驱力目的的变化，即从主动性的目的（施虐、观看）转到被动性的目的（受虐、被观看）；后者则只涉及驱力对象的转化，即从以他人为对象转向以自我为对象，如受虐狂是把施虐转向自身，由此分享着对自我攻击的快感，裸露癖则是把窥视转向自身，由此分享着展示自我的快感。弗洛伊德还把这两种转化结合为一个共生的过程，提出了驱力转化的三个阶段：以别人为对象（此时的主体为施虐狂、窥视癖）、以自己为对象（主体从主动转向被动）、新主体的出现（受虐狂、裸露癖），并借用语法学的概念分别称这三个阶段为三种"语态"（voice）：主动的（active）、反身的（reflexive）和被动的（passive）。拉康沿用弗洛伊德的说法，但以结构的原则将三个阶段重述为共时的运动：

> 弗洛伊德借用一种最传统的方式给我们介绍了驱力，他把语言的资源运用于每一时刻，并毫不犹豫地把自己的观点建立在只属于某些语言学体系的三种语态之上，即主动的、被动的和反身的。但这仅仅是一个外壳。我们必须看到，这一意指的反转是别的某个东西……在每一驱力的层面，根本的东西是那在其中结构它的往返运动。[1]

拉康指出，弗洛伊德描述的驱力的三个转化阶段其实是驱力发生的三个结构性时刻，而这三个时刻标示出驱力的运动根本上是一种"循环"（circuit）：

> 我们必须识别出在第三个阶段出现的——但也没有出现——那向驱力之循环的回返。就是说，应这样来理解新主体

---

[1] Jacques Lacan, *The Four Fundamental Concepts of Psychoanalysis*, p.177.

的出现,即不是在已然有一个主体即驱力的主体的意义上,而是在新的东西就是有一个主体出现的意义上。这个主体——它其实是他者——得以出现是因为驱力能够显示它的循环路线。只有随着主体在他者的层面出现,才有驱力的功能的实现。[1]

这就是说,在前两个时刻(主动的和反身的),还无所谓"主体",比如在主动的语态中是"我"在看,在反身的语态中是"我"在看自己的某个玩意儿,这个"我"其实都是自我,因为这两种语态下的看都是一种想象的看,只有到第三个时刻(被动的),驱力进入其循环的最后"阶段",才有一个"新的"或真正意义上的主体出现,因为这时是"我"让自己的某个玩意儿被他人看,这个使自己被看的"我"就是作为看的对象的"新"主体,其所谓的"新"就在于想象的"我"终于在他者场域完成了对象征的"我"的确认。

并且,尽管第三个时刻是被动的,可驱力本质上总是主动的,因此第三个时刻的所谓"被看",实际是某人"使自己被看"。通过使自己被看,"我"终于成为他人的欲望对象,我通过对(想象的)"我"的否定而把自己建构为一个主体。这就是驱力的循环,是驱力在"视界领域"的呈现,也是拉康所讲的"视界驱力"的基本结构,而构成这一结构的基本对立形式就是看与(使自己)被看,眼睛(代表看的功能)与凝视(代表被看的先行在场)的分裂就存在于这个非同一性的辩证反转中。

那么,何谓"眼睛与凝视的分裂"?在我们的日常理解中,眼睛不就是看和凝视的器官吗?它们的分裂从何而来?这涉及拉康对凝视概念的独特运用,对此我在上面已有所提示,下面我再简单强调一点:拉康的凝视理论要讨论的不是我们的眼睛能够看到什么和如何去看,也不是我们所看到的东西——视像——的结构或结构背后的意义,而是我们的看的行为是怎样发生的,更确切地说,我们

---

[1] Jacques Lacan, *The Four Fundamental Concepts of Psychoanalysis*, pp.178-179.

的观看是如何因为凝视而可能的，又是如何因为凝视而不可能的，换言之，如果说拉康所谓的"看"是指主体的看，那他所谓的"凝视"则是指主体以外的某个东西的凝视，而且是在他者那里失落的原质之"物"即对象 a 的凝视，是不可能之物的凝视，如果说观看代表着眼睛的功能，那么凝视就是使观看变得可能（我看 / 我被看）和不可能（看而不见；见而不看）的原因与机制。对于那可能的看，拉康称那是因为有"想象的凝视"，对于那不可能的看，则是因为有"对象 a 的凝视"，它实际上就是"实在界的凝视"。

我们就从想象的凝视开始。刚刚已经说过，镜像之看是一种想象的看，而且这个看自一开始就受到了他者的看的染指，这意味着，主体在这个看中不仅形成了统一的理想之我的原型，而且形成了作为其超我律令的自我理想。所以，所谓的"想象的凝视"并不单单限于主体在想象界的看与被看，而是主体在想象界与象征界的交互空间中的看与被看。

拉康说，动物也有想象的凝视，其最典型的体现就是动物学家所讲的那种"拟态现象"（the phenomenon of mimicry），即有些动物甚至生物可以依据环境模仿性地改变自己的视觉形态——例如身体的颜色——来达到保护自己或攻击敌人的目的，这种拟态性的改变或变形——它有三个重要的维度：效颦（travesty）、伪装（camouflage）和恫吓（intimidation）——并非如传统所说单纯为了适应环境，而是动物依据"他者"的存在而对自身存在的某种构型，拉康把这称为动物眼睛的"色斑功能"（the function of the stain），它恰好标记了"被看者假定被看的前存在"（the pre-existence to the seen of a given-to-be-seen）[1]。

动物因为想象自己将被看而对自身形体可能的视觉效果做出拟态性的改变，这一假定被看的前存在也是人的想象的凝视的本质所在，即在人的镜像之看中，真正发挥作用的不是我在看，而是我可

---

[1] Jacques Lacan, *The Four Fundamental Concepts of Psychoanalysis*, p.74.

能被看，我是因为想象自己有可能被看而看自己的，并且是用他人的目光看自己。在这一点上，人的想象的凝视的功能与动物眼睛的色斑功能可谓异曲同工："它既能最为隐秘地主宰凝视，还总是能够逃脱那一视觉形式的掌控，满足于把自身想象为意识。"[1]

所谓"满足于把自身想象为意识"，在拉康那里有两重意思。首先，这意味着理想自我和自我理想的形成是在这一想象的凝视中完成的，主体一方面把想象的他者的凝视投射到自我之上，从而造成自我完满性的效果或幻觉，另一方面还通过认同他者的目光把这一凝视内化为自我的理想。拉康把这称为"凝视的效果"。他说：

> 这就是在处于可见性中的主体之建制的中心所看到的功能。那在可见性最为深刻地决定我的东西，就是处于外部的凝视。透过凝视，我进入光亮中，从凝视里，我接受其效果。因此可以说凝视是这样一种工具：透过它，光线被形体化；透过它——如果允许我像往常一样以肢解的方式使用一个词——我"被摄入像中"（photo-graphed）。[2]

其次，这还意味着我是"看到自己在观看自己"（seeing oneself seeing oneself）[3]。我的看本来是由他者的凝视主宰的，我本来是被看的，可在我的想象中，在我的意念和意识中，我看不到——更有可能是我不承认、我否认——他者的这个凝视，我不觉得、也不认为我的理想自我和自我理想是我为了迎合他人的目光才显得这样的，透过想象，我避开了他人在看我这样一个事实，于是我的观看模式就变成了"看到自己在观看自己"。拉康把这称为"凝视功能的逃避"，是"凝视的省略"，是想象的凝视的一种"意

---

[1] Jacques Lacan, *The Four Fundamental Concepts of Psychoanalysis*, p.74.

[2] Jacques Lacan, *The Four Fundamental Concepts of Psychoanalysis*, p.106.

[3] Jacques Lacan, *The Four Fundamental Concepts of Psychoanalysis*, p.74.

识幻觉"[1]。

拉康指出，笛卡尔的我思主体就是处在这种意识幻觉中的主体，他不知道那在思的并不是有意识的"我"，而是无意识的"它"，不知道正是那个不可见的"它"的"凝视"才使主体之思好像是"我"在思："那使我们成为意识的东西，是通过和洁净的镜面一样的手法来建构我们的。"[2]

同样地，萨特所讲的凝视也是这种自己对自己的观看，在他那里，他人以同样的方式被悬置了，被部分地"去现实化"了，因为他把凝视理解为"让我大吃一惊"的凝视，理解为使我的世界彻底改变，并从我所是的虚无的点来规整我的世界从而使我在凝视中彻底消失的凝视，也就是说，在萨特那里，由于把主体与凝视的关系转换成了"我"作为看的主体与"我"作为被看的客体的关系，我的看就成了我对自己的看，我的"大吃一惊"就是由此而来，因为我对自己的这种看让正在窥视的我油然而生一种羞耻感。拉康说：

> 这是一种正确的现象学分析吗？不是。事实根本不是这样：当我处在凝视之中时，当我勾引一种凝视时，当我抓住一种凝视时，我并不把它当作一种凝视去看。……
>
> 那凝视看见了自己——确切地说，这就是萨特所讲的凝视，令我大吃一惊的凝视，让我感到羞愧的凝视，因为这种羞愧感是他认为最为重要的情感。我所遭遇的凝视——在萨特自己的文字中可以找到这一点——不是被看的凝视，而是我在他者的领域想象出来的凝视。[3]

那么，为什么在想象的凝视中会有这种自己对自己的观看呢？是什么东西导致了凝视的消失或省略呢？如果单纯按照镜像理论的

---

[1] Jacques Lacan, *The Four Fundamental Concepts of Psychoanalysis*, p.74、p.75、p.83.

[2] Jacques Lacan, *The Four Fundamental Concepts of Psychoanalysis*, p.75.

[3] Jacques Lacan, *The Four Fundamental Concepts of Psychoanalysis*, p.84.

说法，那这种省略显然是误认的结果，即是我把自己对他者凝视的想象投射到自己身上的结果。可前面已经说了，想象的凝视并不只有想象界在其中发挥作用，他人在他者领域的象征的看以及主体对这个位置的看的认同才是根本的，如果说镜像之看还只是把主体凝定在一个缺乏流动性的完满自我之上，那么，透过象征界的介入，透过父亲功能作用在主体身上的阉割效果，理想自我的完满形象也将随之受到质疑，主体将只有通过认同代表象征秩序的父法，接受象征秩序赋予他的位置，他的欲望才可以在语言中获得适当的表达——尽管那已是一种异化的欲望。因此真正的问题应当是：在这种认同中何以会出现对他者凝视的省略？这与父法秩序的权威性的获得有关。

按照拉康的理解，主体在其象征认同的过程中常常会把处在他者领域中的父法代理——比如实在的父亲——想象为一个"能知的主体"（the subject supposed to know），就好像处在分析情境中的分析师一般，这个全能的他者似乎能洞悉主体的一切。这当然只是主体的想象，可他者秩序的权威性及其确定性就是这一想象的虚拟反转到主体身上而产生的效果，进而，主体还在这个想象的虚拟和反转中用那一效果来保证其所认同的自我理想和现实形象的一致性，他者的凝视转而隐退到了一个消失点上，一个类似于透视法的灭点上。拉康恰好用了西洋绘画中的透视法来说明这一点：透视法看似是主体站在自己的位置把眼睛所及的事物按照距离的远近、比例的大小及次序的安排"正确地"配置在画面中，让观众觉得他所看到的就是现实的再现，甚至消失在远处的景物也都存在于画框之中，可事实上，真正主导这一系列安排的恰恰是消失在无限远景中的那个几何学的灭点，是它保证了再现的一致性。想象的凝视就是这样的一种观看。主体本来是被看的，是被凝视的，而通过想象的反转，这个不可见的凝视被删除了，结果就成了看到自己在看自己，殊不知主体的这一自己看自己乃是一种几何学的看，一种幻觉的看，一种欺骗的看,就像拉康所说的,"几何学的维度可以让我们瞥视到我们所关切的主体在视觉领域是如何被捕捉、被操控、被俘获的"[1]。也正是在这个意义上,拉康称想象的凝视中眼睛的功能是一种"屏幕"(screen)功能,它屏蔽了视像背后的凝视,它让使观看得以可能的"光源"——那个在远处闪动的光点——消失在可见性之外。拉康说:

> 在我们与事物的关系中,就这一关系是由视觉方式构成的且在表象形态中被排列得井井有条而言,总有某个东西在滑脱,在穿行,被传送,从一个舞台送到另一个舞台,且在某种程度上总是躲藏在里面——那就是我们所说的凝视。[2]

总之,在拉康看来,如果主体只是停留在想象界去观看,只做纯粹的镜像之看,他所看到的就只能是自己眼前所见的一切,而无法看到视像背后的东西,他甚至根本就不承认那背后有什么东西。同样地,如果主体是处在想象的凝视中,那么处在象征秩序中的他者的凝视固然可以暂时地缝合他的视像的不确定性,让他完成对自我理想的想象性建构,但是,在这一意义缝合和身份建构的过程中,因为眼睛的屏幕功能,他看不到那个象征的权威本身只是寄生在他者之中的一个替代,他的所见依然是想象的,那背后的东西依然被屏蔽,如拉康所言,"在这一可见性的情形中,一切都是陷阱"[3]。对于这两种看——在想象界中镜像的看和在象征界中想象的被看或想象的自己看自己,实际上,拉康的"想象的凝视"同时包含这两种看,因为所有镜像的看都必定包含象征的维度——的机制,拉康用两个图示对其做了一个分解性的描述:

---

[1] Jacques Lacan, *The Four Fundamental Concepts of Psychoanalysis*, p.92.

[2] Jacques Lacan, *The Four Fundamental Concepts of Psychoanalysis*, p.73.

[3] Jacques Lacan, *The Four Fundamental Concepts of Psychoanalysis*, p.93.

```
        物     像          几何点
```

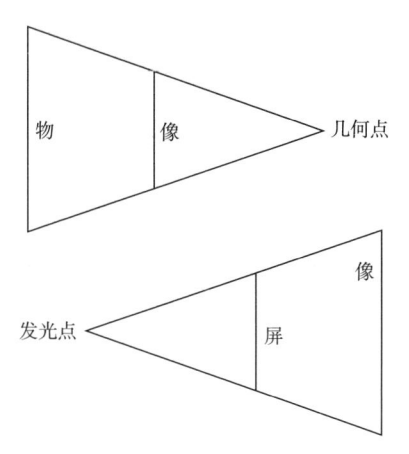

```
                    像
  发光点        屏
```

上图描述的是主体的看的行为，类似于透视法的成像机制，即处在几何点的主体眼睛里所看到的对象的视像。下图描述的是这一看的行为背后的无意识机制，屏幕相当于眼睛的功能，即有意识的主体所处的位置，他只看到眼前的图像——并且这就是他自己的像，他看到自己在看自己——而看不到背后处在发光点位置的他者的凝视。

进而，拉康把这两个图合并在一起，构成对视界秩序中的凝视本身的一种描述。

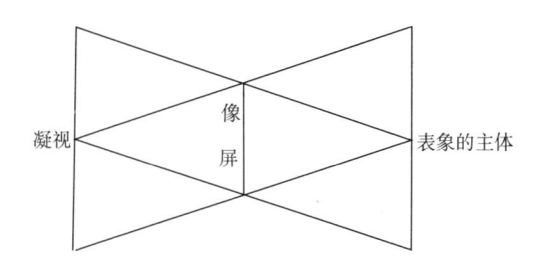

```
                    像
   凝视              屏           表象的主体
```

拉康自己是这样解释的：

在此，我画下了前已介绍过的两个三角图形：第一个是将在几何学领域我们所处的位置换成表象的主体，第二个则是将"我"转换成一个像。这样，在右边那条线上安置的是第一个三角图形的顶点即几何学主体的点，而在那条线上［这里指的是中间那条线〕，"我"也把自己转换成了处在凝视之下的一个像，凝视则被铭写在第二个三角图形的顶点。这两个三角图形在此叠加在一起，事实上它们记录的是视界领域的功能。[1]

如果单从结构的方面理解，拉康这里所描述的情形十分类似于柏拉图所讲的"洞穴比喻"：长年身居洞穴中且躯体完全被锁缚的奴隶，眼睛所见只是物体通过他身后的那堆火投影到前面的墙壁上的暗影，并深信自己所见即是物体的本相，而不知"知识"之来源是那看不见的火光；即使某一天他终于走出那洞穴，看到了真理的光源，也会惰性地视这光源是令他目盲的原因。拉康所描述的主体在其对自己的观看中对他者领域的凝视的想象性省略就是柏拉图的这种洞穴式的观看。

主体的看以及由此而来的认同效果之所以可能，是因为他想象在他者的场域有一种凝视，有一道不可见的目光在引导、引诱和调节他对自己的看，可在主体的这一想象的观看中，这个他者中的凝视却是被省略的。这个省略对主体的看而言有着双重的效果，即一方面主体正是凭借对凝视的省略来确保其所认同的形象与位置的确定性和一致性，而另一方面这个省略只会给主体的看埋下致命的诱惑，因为主体在想象的凝视中所完成的认同只是一种暂时的缝合效果，是主体的欲望在象征的能指域偶然的锚定，这意味着其所获得的确定性和一致性随时有可能被揭穿。缝合的效果一旦被揭穿——并且必定会被揭穿——被建构的主体将会发现，其所面对的并不是全视的他者，而是一个不完满的、有欠缺的他者，一个被划杠的他者；主体终将明白：我想从他者的观点来观看和建构自己的统一性的尝试终究是徒劳，我认为他者握有关于我的全部秘密也只是一种幻觉，我所面对的根本上是一种不可能性，是在我的认同之初就已经被先期送出的令人惊骇之物，真正主宰着我的观看行为的就是这个不可

---

[1] Jacques Lacan, *The Four Fundamental Concepts of Psychoanalysis*, pp.105-106.

能性，是这个在实在界闪烁不定的坚硬内核，是它在凝视着我。至此我们来到了拉康的另一种凝视的门口：不可能之物的凝视或实在界的凝视。不过拉康本人更喜欢另一个说法——"作为对象 *a* 的凝视"（the gaze as objet petit *a*）："凝视本然地就包含着拉康的代数式'对象 *a*'。"[1]

可什么是"对象 *a*"？这个令人惊骇的代数式到底代表着什么？它与凝视又有什么关系？对于前两个问题，详细的回答需要留到后面（参见第十章第四节），在此只能结合这里的语境简单地给出一些结论性的东西。

在拉康那里，对象 *a* 包含有对象的含义，但它不是众多欲望对象中的一个对象，而是唤起欲望的对象-原因，是引发欲望对象或者说使某个对象成其为欲望对象的东西，如果非要说它也是一个对象，那这个对象的本质就在于它是一种不可能性，是不可能之物，用拉康的话说，是一种彻底的匮乏。但是，在拉康那里，造成对象匮乏的原因有很多，挫折是一种匮乏结构，剥夺和阉割也是一种匮乏结构，对象 *a* 作为一种根本性的匮乏甚至在挫折的辩证法开始之前就已经存在了，它在儿童"Fort/Da"游戏的原初象征化过程中就已经发生了，它是在欲望人化的过程中已被先期切割掉的东西，是一个不可能的剩余。进而，这所谓的"被先期切割"不是说它曾经存在过，后来因为语言或父法的介入而不存在了，实际上，它原本就不存在，从来未曾存在，它的被切割是回溯的结果，是我们依照主体化的效果即主体在语言中的异化和分裂对根本不存在的前主体状态的一种神话性想象，斜体的小写符号"*a*"就体现了它的这一想象的特质。不过，这并不表明对象 *a* 只存在于想象界，相反，它属于实在界，是存在于实在界的那个不可能的晦暗之物，是主体无法企达的东西，而它的被切割的效果乃是由于实在界、象征界和想象界的共同作用。至于对象 *a* 与主体的关系，简单地说，它既在主体

---

[1] Jacques Lacan, *The Four Fundamental Concepts of Psychoanalysis*, p.77.

之外，也在主体之内，尽管它是主体永远无法企及、无法把捉的，可它作为引发主体欲望的原因又是无所不在的，它总在躲避主体的看和思，但从来不会出现在主体的视觉和意识中，致使这个躲避本身成了其对于主体的最大诱惑。主体在自己的欲望之路上一次一次地追逐它的踪影，可就是无法把它召唤到眼前，主体在躲避与追逐的不对称的辩证法中陷落了，而对象 a 就是主体陷落的地方。

明白了拉康的对象 a 概念以上的含义，我们大约就可以理解实在界的这个不可能之物与凝视的关系了。对象 a 其实就是那被省略的东西，主体的看是因为它而可能的，更确切地说，主体之所以看、之所以让自己被看，就是因为有它躲在远处凝视，它就是主体朝向视界秩序的驱力，它的目光对主体有一种难以克服的诱惑。但另一方面，主体永远也看不到它，这不仅是因为处在象征界的主体没有办法与之真正相遇——主体与实在界的东西总是失之交臂——而且也是因为已然成为象征界之一部分的主体根本无法承受来自这个凝视的目光——那是一道令他感到晕眩、令他目盲的火光。

主体虽然与不可能之物总是失之交臂，故而根本看不到来自对象 a 的凝视，但是它们毕竟要在某个地方交会，就像阿喀琉斯与乌龟的赛跑，不是阿喀琉斯跑得太快，就是乌龟爬得太慢，反正两者始终无法照面，只是在一瞬间擦肩而过，但终归还是有擦肩的时刻。而正是这个时刻，正是主体与对象 a 一擦而过的这个相遇，让主体的观看以及主体因想象的凝视好不容易确立的象征权威顷刻间化为乌有，主体自以为稳固的象征秩序实际只是一个彻底的匮乏的补充，此时此刻，焦虑油然而生。为说明主体与凝视的这种相遇，拉康讲了一个小故事，他说这是他亲身经历的一个真实的故事。

"在我二十来岁的时候，那时，我当然还只是一名初出茅庐的知识分子，我下定决心想要离开学术界，去见见世面，投身于实践领域和现实领域，用我们的俗话说，到大海里遨游一番。"有一天，我们的主人公和布列塔尼的渔夫们一起坐着一只小船出海捕鱼。就在大家正等待收网的时候,一个漂浮在海面上的沙丁鱼罐头在阳光下闪烁着,一位渔民指着罐头对拉康说:"你看到那个罐头了吗?你看见它了吗?对了,它可看不见你!"[1]

这个渔民的话让拉康想到了一个问题:"为什么他觉得这件事这么有趣而我却不觉得?"为了回答这个问题,拉康开始思考。首先,他认为他与渔民之所以对这件事有不同反应,是因为相对于那些为生计忙碌、成天同无情的大自然作斗争的人而言,"我在世上显得一文不值。简言之,我完全游离于那个画面之外"。此刻的拉康觉得自己像是陌生人、外来者,无法融入苦中作乐的渔夫们的幽默中。也就是说,这个反差一瞬间把拉康自己在现实中的孤立境况凸显了出来,就像是被沙丁鱼罐头的反光所探照一般,一下子把他抛入了尴尬和焦虑的境地,因此,拉康说,如果说那个渔夫的话"它可看不见你"有什么意义,那也是因为"它始终在注视着我"。透过这个注视,我在象征秩序中的意义链条断裂了,就在我的目光与罐头的反光的交汇处,就在那个不确定的暧昧的空间,我在象征秩序中的位置被倾覆,我被置于象征他者的缺口,我无能掌控的匮乏的征兆被暴露出来——这就是那个在我的日常经验中不可能与之相遇的东西带给我的无以平复的创痛。拉康说:

> 在那向我呈现为光的空间的东西中,那所谓的凝视总是光和暗的一种游戏。它总是闪烁的光——它就处在我的小故事的中心——它总是在每个点上阻止我成为一个屏幕,阻止我把那光看作像是一道彩虹而把它淹没。简言之,凝视之点总是有着宝石一样的模糊性。
>
> 再者,如果说我是那画面中的某个东西,那通常也是以屏幕的形式存在,此即我先前所说的色斑、斑点。[2]

---

[1] Jacques Lacan, *The Four Fundamental Concepts of Psychoanalysis*, p.95.

[2] Jacques Lacan, *The Four Fundamental Concepts of Psychoanalysis*, pp.96-97.

那么这个神秘之物所唤起的到底是一种什么样的创痛呢？它其实就是主体进入象征界的那一刻在无意识中所刻下的原始创伤，不论这创伤是体现为言语的原初象征化中能指对主体的谋杀，还是体现为父法对主体的原始阉割或者说菲勒斯能指所代表的实在界的匮乏，反正这创伤是主体所认同的象征秩序本身所无法平复的，也是主体在象征秩序下永远无法触及的。

由此我们可以总结一下作为对象 a 的凝视在主体的视界领域所造成的效果。

从凝视的方面说，按照拉康的理解，如果说主体在想象的凝视下还能借助象征性的认同来获得匮乏的临时替代物，还能通过对想象的凝视的确认与省略来缝合他者中的缺口而成为他者领域的一部分，那么实在界的凝视就只会把主体抛入一个彻底的虚无，一个介于主体和他者之间的不可能的空间，主体在此体验到的将只能是他的分裂，他的创伤性的匮乏。总之，凝视早就在看着我们，并在不断地诱惑着我们，是它让我们去看，因而也让我们成为被看，是它让我们可以看见，因而也让我们无法看见，是它让我们忘记了那根本的匮乏，因而也使那匮乏的再次返回让我们难以承受。所以，不论是想象的凝视所维系的他者秩序的权威，还是实在界的凝视所暴露的创伤性缺口，都隐含着看与凝视之间的距离的运作，隐含着眼睛与凝视的分裂：

> 自一开始，我们就在眼睛和凝视的辩证法中看到，这两者之间根本不存在一致性，而是相反，存在的只是引诱。当陷入爱河的我迷恋于一种观看时，那根本上不满足且总是错失的东西就是——"你从我看你的位置根本看不到我"。[1]

"我看你的位置"既可以指对象 a 被象征化到他者的位置，也可以指它在实在界的位置，不论是在哪个位置，主体与它在视界领

---

[1] Jacques Lacan, *The Four Fundamental Concepts of Psychoanalysis*, pp.102-103.

域的关系都是非对称的：它一直在那里凝视，主体却看不到它，主体的看是一种不可能的看。

从主体的方面说，主体为了维系其与不可能之物的凝视之间的距离，总想用幻象来掩盖创伤，用眼睛来取代凝视，用替代性的对象来置换真正的欲望对象 – 原因，视界的驱力就在这一系列的两者之间重复往返，以满足其求原乐的意志。然而，在这所有的替代以及由此而来的满足中，总是有某个东西从主体那里滑脱，每一次的替代和满足最终总是把主体引向根本性的匮乏，每一次的观看最终总是把主体引向与凝视的错失的相遇，主体最终只能发出一声绝望的哀叹："我所看到的根本不是我想要看的。"

同时这也表明，肉眼的看根本是一场"游戏"，是一种"欺骗的游戏"，在眼睛与凝视的对峙中，结局总是"凝视战胜眼睛"[1]，把眼睛捕获在无法看透的空间中。就像古希腊两位画家——宙克西斯和帕拉西阿斯——举行的那场著名的绘画比赛：宙克西斯因成功地画了一串葡萄而引来飞鸟啄食，即其逼真的程度连鸟儿的眼睛也被它欺骗了；可帕拉西阿斯更胜一筹，他在墙上画了一块布帘，这布帘如此之逼真，以至于宙克西斯转身想要掀开它去看看里面到底画了什么东西，在此，拉康说，问题的根本不在于逼真性本身，而在于凝视对视界驱力的建构，眼睛会受到欺骗不是因为逼真，而是因为主体满足于欺骗的游戏，满足于"驯服的看"，同时也是因为凝视战胜了眼睛，凝视在引诱眼睛：

> 鸟儿凭什么会看以如此不同寻常的逼真性描绘出来的葡萄呢？那一定是：对鸟儿而言，在再现葡萄的东西中有更多的东西被简化了，有某个东西更接近于符号。但是帕拉西阿斯的反例清楚地表明，如果想要欺骗一个人，只要呈现给他一幅画着

---

[1] Jacques Lacan, *The Four Fundamental Concepts of Psychoanalysis*, p.103.

布帘的画，就是说，引诱他去问那布帘的后面是什么。[1]

因此，如果说想象的凝视让主体变成了一个被（他者）欲望的主体，一个欲望他者之欲望的主体，一个被看且是欲望被他者看的主体，那么，不可能之物的凝视则引诱主体变成了一个欲望的主体，一个欲望透过看来弥合他者之缺口而最终总是要被那道无法穿透的凝视之点撕成碎片的主体，进而，如果说想象的凝视可以暂时地让主体在幻象的支撑中获得存在的意义，那么，来自不可能之物的凝视就只会使主体再次去面对存在的挫败，匆匆踏上赴约之路，不过那是死神的最后的邀约。

四　移情与爱

我这里的标题是"移情与爱"，而不是"爱与移情"，表面上看，这不过是同一连接词前后两个语词的顺序做了一个颠倒，而实际上，字符位置的这一差异化意味着意义的缝合将完全不同，并且这个不同并不在于我们是因移情而爱还是因爱而移情——这实在是一个愚蠢的重复，就像鸡与鸡蛋的问题一样——而在于给问题设定的语境的差异，即在移情的语境中讨论爱和在爱的语境中讨论移情，这实际是根本不同的两种运作。我在此关注的是精神分析实践中一个极其关键的问题，那就是分析情境中的关系结构，这个结构常常跟一个装置——移情（transference）——联系在一起。而"爱"之所以出现在这里，仅仅是因为它作为一个隐喻可以为我们讨论移情关系提供最好的脚注，也就是说，这里所讲的"爱"不是男欢女爱的"爱"——虽然也不是毫无关联——甚至也不是爱的情感——尽管你也可以做这样的联想——而是爱作为一种关系结构的表征、作为一种配置主体之位置的功能在移情装置中的作用，当然，如果你愿意，完全可以用"恨"来取代这里的"爱"——要知道，恨并不

[1] Jacques Lacan, *The Four Fundamental Concepts of Psychoanalysis*, pp.111-112.

一定就是爱的对立面,尤其是在分析性的关系中,恨常常是爱的必要补充,比如我们常常说"因爱生恨"。

移情是我们日常经验中一种极其普遍的心理现象,按照通俗的理解,它指的就是爱与恨这类情感的转移与投射,但在精神分析学中,对移情的关注并不是集中于作为其情感表象的那些心理现象本身,而是集中于移情作为一种分析装置的功能,这意味着,精神分析学总是在一种分析情境中来讨论移情的问题,移情被看作精神分析得以进行的一个必要条件,而对移情的分析也被看作精神分析治疗的一部分。

那么,精神分析学意义上的移情究竟是一种什么样的现象?其在治疗中的功能到底怎样?分析师该如何面对和处理病人的移情?对于这类问题,就连创始之父弗洛伊德的回答也是歧义迭出。在此我不想花太多的时间去讨论具体的细节,我只能列举出弗洛伊德的这个概念比较重要的几个方面,当然我也会同时提及拉康本人对这几个方面的回应和修正——但算不上是拉康的终极结论。

首先是对移情的界定。弗洛伊德的界定主要有两种。一种把移情视作被压抑的无意识观念在前意识的材料或表象中的转移或移置,这一说法主要见于《歇斯底里研究》(1895)与《释梦》(1900),例如在《释梦》中,弗洛伊德说:"潜意识观念本身是无法进入前意识的,它只有与已经属于前意识的观念建立某种关联,将自身的强度移置于这一观念之上并以之为'掩饰',才能在前意识中施加某种影响。这里我们就碰到了'移情'事实。"[1]在此,弗洛伊德显然把移情看成梦的一种类似于移置的工作方式,在梦中,主体的被压抑的无意识冲动附着在白天的残余或记忆的踪迹上,以歪曲的形式来表现自身,所以移情实际是力比多的转移,是表象的移置。若是切换到拉康的语境中,这个意义上的移情其实就是一个能指替换另一个能指的意指运作,的确,拉康也偶尔在这个意义上使用移

---

[1] 车文博主编,《弗洛伊德文集》第一卷,第697页。

情的概念。不过,不论是在弗洛伊德那里还是在拉康那里,这种表象移置或能指滑行都不是移情的本义,虽然拉康承认能指的运作在移情中有至关重要的作用。

第二种界定是把移情看作在分析治疗过程中出现的一种涉及受分析者与分析师的关系的特定现象,尤其指的是受分析者因为把自己的无意识观念转移到分析师身上而产生的对于分析师及分析过程的某种情感反应。在弗洛伊德那里,这个观点同样早在《歇斯底里研究》中就有所暗示,但真正的发展完善却是以后的事。在这个界定中,移情被看作发生在分析实践中的一种心理现象,它是治疗过程中一个必要的组成部分,也是分析实践必须处理的对象。

拉康并不否认移情是分析情境的一个重要组成部分,也不否认其所涉及的是处在这个情境中的主体相互之间的关系,但他对这个关系的性质做了十分激进的修正,这一修正最典型地体现在以下几个方面:第一,移情不只是精神分析治疗过程中的特有现象——这一点弗洛伊德也承认,但未做太多强调——但凡存在分析性的关系的地方,例如学生与老师之间、告解者与神父之间、领袖与群众之间、参与言语交谈的主体之间、读者与作者之间甚至阐释者与文本之间,都会有移情的现象发生;第二,移情并不单单是受分析者对分析师的移情,其实,在分析情境中,所有的人都是从事分析的人,即他们既是自己和他人的分析师,也是相对于他人而言的受分析者,且许多时候他们是"主动"把自己置于这一"受动"位置的,这表明移情是共生性的,它不是单向地发生的,而是主体间的一种关系构成;第三,在移情装置中,参与者并不只有作为主体的受分析者和分析师两方,而是还有他们各自的自我,并且还有语言或言语的作用,移情关系并不单单是一个主体和另一个主体的关系,而是主体在他者境域中参与的一种多方关系运作。

其次是关于移情的类型及其功能。弗洛伊德把移情分为两种:一种是正向的、温和的移情,其主要的情感倾向是爱,即受分析者把其性欲力比多投注到分析师的身上而产生的一种温惠感觉,这种情感将有助于分析过程继续下去;另一种是负向的、敌对的移情,其情感倾向主要体现为受分析者对分析师的某种怨恨和侵凌性,这一倾向将不利于分析的进行,它有可能构成对分析的一种抗拒直至中断治疗。弗洛伊德说,随着治疗过程的发展,移情必定会出现,并且那两种移情有可能同时存在,这样移情就具有了一种悖论的性质,一方面是帮助分析过程的完成,另一方面则是对分析的抗拒。如何解释并解决这个悖论似乎成了弗洛伊德及其追随者们的一个难题,一定程度上说,精神分析学家对治疗过程中移情现象的处理主要是围绕这个悖论进行的。

拉康也把移情分为两种,但不是像弗洛伊德那样按照移情的情感性质与取向分出正向移情和负向移情——在第11期研讨班中,拉康称正向和负向的区分是一个"极其含混的区分"[1]——而是按照分析情境中主体间的关系结构把移情分为"想象的移情"和"象征的移情"。在前一种关系结构中,受分析者依照一种想象的激情把分析师看作自己的对体,看作和自己一样的镜像他人,其对对方的爱实际是一种自恋性的自爱,是一种具有侵凌性的爱,因为他不能忍受那个他人的差异,他对所爱的对象总怀有一种敌对性和嫉妒心,就是说,在那里,爱和恨不能截然分开,而是辩证地扭结在一起;而在后一种关系结构中,主体在言语或语言的调停作用下进入了一个主体间性的场域,在这个场域中,所谓的受分析者和分析师不再是具有某一特定心理倾向或情感倾向的个体,而是主体在分析话语中所处的关系位置,其所谓的移情就不再只是病人对医生的移情,而是两个主体在言语交换中对各自位置的辨认和认同,就是说,这里的移情不再是一个主体对另一个主体的情感取向,而是主体对某一符号性的位置的指认,所以它是一种象征的移情。

拉康的这个区分不只是为了对应弗洛伊德的移情类型,例如我

---

[1] Jacques Lacan, *The Four Fundamental Concepts of Psychoanalysis*, p.123.

们不可简单地认为拉康只是用想象的移情取代了负向移情,用象征的移情取代了正向移情。根本上说,拉康的区分不是源自分类的需要,而是为了处理移情的悖论。在分析过程中,移情是必定要出现的,移情的悖论也是必定会存在的,所以问题的关键在于如何"面对"而不是如何"解决"这个悖论。因为从终极的意义上说,既然是悖论,它就是不可解决的,分析家所能做的就是面对这个悖论,进而在这个悖论中找准自身的位置,调停好主体间的关系。想象的移情和象征的移情的区分就是为了明确主体间位置关系的配置而提出的。

还有移情出现的根源。移情到底是怎么出现的?它是分析情境所引发的一种现象还是出于病人的某种自然倾向?如果是分析情境所引发的,那到底是分析师个人的责任还是由分析程序所致?进而,如果是分析程序的问题,那到底是哪个环节上导致了这样一个结果?对于这些问题,弗洛伊德在不同场合给出的回答并不完全一致:例如在1901年的杜拉病例研究中,他认为移情作为一种必然要出现的现象其责任不在精神分析学,而在于病人自身的无意识倾向;在1912年的论文《移情的机制》[1]中,他认为移情的机制乃是"抗拒"和"探究"的一种折中,通过这一折中,受分析者被压抑的冲动获得了表达,但却是通过把它投注到分析师的身上来完成的,这就是说,移情根本上还是受分析者的问题。而在1914年的一篇有关移情与爱的观察报告中,弗洛伊德又称移情是由分析情境引起的,不能怪罪到病人头上。反正弗洛伊德对移情的根源的解释一直摇摆不定。

相比之下,拉康对这个问题的解释要明确得多,也激进得多。他认为,不论是想象的移情的出现还是象征的移情的出现,分析师都起到了关键的作用,因为分析过程中的移情不只发生在受分析者身上,也同样发生在分析师身上,他甚至断言,在精神分析中,只有一种移情,那就是分析师的移情,病人的移情许多时候实际是因

---

[1] 该论文收录在 Sigmund Freud, *The Standard Edition of the Complete Psychological Works of Sigmund Freud*, vol. XII, trans. James Strachey, London: Hogarth Press, 1958, pp.99-108。

分析师的移情或者说分析师对移情的悖论处置失当而起。那么分析师的移情又来自哪里？对于这个问题，拉康的回答也比较明确——来自分析设置和分析情境，因为精神分析唯一的媒介就是言语，而言语行为只能在主体间的关系结构中发生，这也就意味着发话者与受听者各自对自身及对方位置的认定将直接影响到话语的音信流通。如果说在分析语境中病人总是把分析师设想为一个"能知的主体"，即认定分析师能洞悉他的一切，能帮助他解除内心的纠结，那么，分析师自己如何去确认自己的这一角色，是真的把自己认同为这样的全知全能者还是只把分析师的位置当作一个能指、一个象征的位置，这将直接影响到受分析者的移情的发生及其主体性的建构，并最终影响到治疗的效果。

再就是上面已经提及的分析师与移情的关系。弗洛伊德承认，没有移情，就不可能有精神分析治疗。可面对移情的悖论性质，分析师该如何去处理呢？病人的正向移情固然有助于分析过程的继续，但如果分析师处理不当，它同样会成为分析的障碍，而负向移情虽说是一种抗拒性的移情，但若能加以正确利用，也会变成一种积极的力量。因此，问题的关键在于分析师应当如何理解自己在分析过程中的位置和角色，如何通过自我分析来应对病患对他的移情倾向，在弗洛伊德的理解中，这些都是决定分析成败的关键。

实际上，分析实践表明，抗拒分析本就是分析过程的一部分。弗洛伊德指出，在分析过程中，病人本来想利用医生来探究其受到压抑的原欲冲动，但其无意识的症结总是出来干扰和阻止他，就是说，总有一种重复的驱力迫使他把自己的症状投射到对医生的敌对关系上，于是这种负向移情就构成了分析过程中的阻力。那么医生该如何解决这种抗拒移情呢？只有利用病人的正向移情，因为在这种充满温惠感觉的情境中，病人很容易接受医生的暗示去继续他的自由联想和探究他的被压抑的性冲动。所以，面对移情的悖论，唯一的解决办法就是用正向移情中的暗示去对抗负向移情中的重复，在《移情的机制》中，弗洛伊德称移情中的这场战斗乃是"医生和病人之间、理智的生活和本能的生活之间、理解行动和力图付诸行动之间的斗争"[1]。1914年，弗洛伊德又写了一篇论文《回忆、重复和逐步突破》[2]，专门讨论分析过程中的阐释与病人的回忆之间的关系，强调分析师应承认抗拒的存在并通过阐释尽可能让引发抗拒的原因回到病人的意识中，这样病人才能继续他的自由联想，回忆起记忆中的断裂，并通过症状的重复和回忆的逐步突破最终获得一个连贯、完整的历史。弗洛伊德的这些说法始终在强化一点，那就是阐释的效力，他寄希望于分析师以他的理智、理解和职业良知来解除移情的干扰。

在这里，我们看到，医生的权威得到了特别的强调，就像柴廷所总结的，弗洛伊德为移情的悖论设想的解决表明，抗拒分析根本上就是"用暗示作为克服重复的手段，用医生的权威去战胜病人的抗拒"[3]。可是，弗洛伊德也许没有意识到，他的观点很容易让人得出这样的结论：在抗拒分析中，医生、理智和理解力属于一方，病人、本能和"付诸行动"（acting out）[4]属于另一方。自我心理学学派就是依据这一点而把能否适应现实作为区分医生和病人的标准。对于这一等级式的阐释政治，拉康不遗余力地给予了批判，强调这一区分整个地是基于一种经验主义的认识论，是一个天真的幻想。拉康指出，认定分析师具有比受分析者更强的适应现实的能力故而可以通过阐释来解除后者对移情对象的错觉，这根本就是一个逻辑谬误，因为移情只有以移情本身为基础并以移情本身为工具才

---

[1] Sigmund Freud, *The Standard Edition of the Complete Psychological Works of Sigmund Freud*, vol. XII, p. 108.

[2] 该论文收录在 Sigmund Freud., *The Standard Edition of the Complete Psychological Works of Sigmund Freud*, vol. XII, pp.145-156。

[3] Gilbert Chaitin, *Rhetoric and Culture in Lacan*, p.154.

[4] 在精神分析学中，"付诸行动"是一个有着特定含义的术语，指的是受到压抑的过去的事件以重复的方式在行动中表现自身，也就是说，当主体无法回忆起过去的事件的时候，他就会以付诸行动来重复它。反过来，精神分析治疗的目的就在于打破这一重复的循环，帮助病人回忆。

能被阐释，也就是说，分析师不可能脱离移情、不可能超然于移情之外来提供阐释，而受分析者也必定是在移情的关系中来接收和理解分析师提供的阐释。再者，不管是移情还是阐释或者对阐释的接收，都离不开言说主体所处身的语言结构，有言语的地方，必定就有移情，而有移情的地方，必定离不开话语结构的规制，所谓移情的元语言是根本不存在的。

　　弗洛伊德把移情或者说移情的悖论当作需要在抗拒分析中加以克服的对象，可实际上他提供的解决方案不论在理论上还是在实践中都存在致命的缺陷，如何克服病人的抗拒这个问题并没有真正得到解决。拉康在许多地方对移情的讨论也都是围绕这个问题展开的。他认为，移情的悖论根本上就是分析师的位置的悖论，即分析师自己在抗拒分析中也有想象的移情和象征的移情：如果分析师认同于病人在想象性投射中建构出来的那个"他人"即分析师自己的自我形象，那他就落入了想象的移情；如果他知道主体（受分析者）的言语总是在他者的场域中发生，总受到他者法则的主导，进而用一种能创建意义的充实的言语（实言）去回应主体对处在他者之位的他（分析师本人）的要求，那他就可以在一种象征的移情中重建主体间的关系。总之，抗拒分析的目的不在于让病人克服移情以便去重拾失去的记忆，而在于让病人在他的言语行为中、在他的付诸行动中绽开其身为无意识主体的真理，这意味着分析师必须首先对自己的抗拒移情进行分析，让自己摆脱想象的移情的控制。

　　从上面对弗洛伊德移情理论的简要说明我们可以看到，这个理论关涉着精神分析技术的诸多问题，也关系着精神分析实践的成败。所以不难理解，拉康在他的研讨班以及《文集》中何以要不断地返回这里，并且每当他把一个新的概念或阐释框架引入精神分析学中的时候，总会用它来重述移情的问题。在这里，要想对这些重述做完整的叙述是不现实的。[1]下面我想追随拉康思考移情问题时那不断转移的脚步，描述一下他的移情理论大致的轮廓，在此我们将看到，移情的悖论乃是其整个思考的出发点，以此为基础，拉康的探讨集中在两个方向来展开，这就是分析师的位置和分析师的欲望——它们许多时候是折叠在一起的。

拉康第一次较为系统地介入移情的问题是1951年，这一年，他在一次学术会议上做了一个题为《论移情》的发言。一上来，拉康就明确地指出，对于精神分析经验，应当在主体对主体的关系中来理解，而不能简单地将它归入心理学意义上的某一个体气质的"对象化"。而在分析中的一个重要事实就是，主体乃是通过话语被构成的："单单精神分析师的在场——在他做出任何干预之前——就带来了对话的向度。"[2]再有，分析的目的就是揭示主体的真理/真相，把主体的无意识经验引入"现实"中，而这正是分析性的阐释或探究的功能。在此我们看到了构成分析实践的三个前提性要件：主体间性（拉康这时还没有用到这个概念，而是用的"主体对主体的关系"）、话语和阐释。进而，拉康把这些要件纳入黑格尔式的辩证颠倒的框架，声称"精神分析学是一种辩证的经验"[3]，然后以此为基础进入对移情的辩证分析，其所讨论的文本是弗洛伊德关于一个女歇斯底里患者的案例研究，这就是精神分析病例史上十分著名的杜拉案例。

杜拉是弗洛伊德的一位女患者，患有神经性的咳嗽和轻微的歇斯底里。她16岁时首次踏进弗洛伊德的诊疗室，两年后开始接受弗洛伊德的治疗，不过治疗进行不到两个月就中止了，杜拉放弃了治疗。1901年，杜拉放弃治疗后不久，弗洛伊德迅速完成了对她的病例分

---

[1] 有关拉康对移情问题的阐述，可以参见 Gilbert Chaitin, *Rhetoric and Culture in Lacan*, chap. 5；以及 Dany Nobus, *Jacques Lacan and the Freudian Practice of Psychoanalysis*, London and Philadelphia: Routledge, 2000。

[2] Jacques Lacan, *Écrits*, p.176.

[3] Jacques Lacan, *Écrits*, p.177.

析报告（该报告直到 1905 年才得以出版）。就像弗洛伊德在报告的序言中所说的，如果人们抱有淫秽的心理去阅读这份报告，那他们看到的将只是一个类似于淫秽小说的情欲生活，而他所做的却是极其严肃的科学的工作，其中分析治疗中移情的出现及其对分析进程的影响将是这个科学工作首先要探讨的。

　　故事主人公杜拉的父亲深受肺结核和梅毒后遗症的折磨，母亲则是一个愚蠢而又抑郁的家庭主妇。杜拉一家与 K 家关系密切，K 太太曾在杜拉父亲一次重病时照顾过他，而杜拉则与 K 先生走得比较近，与 K 太太也一度相处融洽。杜拉 16 岁时出现了若干歇斯底里症状，包括失音、间歇性沮丧、非理性的敌意，偶尔还有轻生的念头。所以他的父亲（他也是弗洛伊德的病人）把她带到了弗洛伊德那里。杜拉把自己的不快处境解释为 K 先生曾经对她有性侵犯，但 K 先生矢口否认，并认为杜拉是因为看多了淫秽书刊而满脑子性幻想，她的父亲也相信 K 先生的说法。不过弗洛伊德对杜拉开始治疗分析后发现，杜拉的病症另有隐情，那就是她发现父亲与 K 太太关系暧昧，而父亲之所以不相信她对 K 先生的行为的指控，也是为了这位 K 太太，就是说，为了继续和 K 太太的关系，父亲把她当成一个交换品送给了 K 先生，这让她极度愤怒和绝望。那么，这一令人瞠目的性纠葛中的关键到底是什么？弗洛伊德把所有线索集中到一个问题上：杜拉的欲望对象到底是谁？他发现在杜拉身上有三种爱欲：一是以 K 先生为对象，二是以父亲为对象，三是以 K 太太为对象。换言之，正是忘年恋、乱伦和同性恋的欲望的相互角逐引发了杜拉一系列的歇斯底里症状，而其中渴望得到父亲的爱最为关键：面对父亲的出轨，她给父亲的选择是："或者要我，或者要 K 太太"；当这一要求得不到满足时，她便渴望成为 K 先生的太太；可当 K 先生对她表示亲昵主动时，对父亲的爱的渴望又说服她断然拒绝了 K 先生；至于 K 太太，杜拉自然是对她充满敌意，弗洛伊德解释这个敌意的背后实际隐藏着杜拉对 K 太太的某种同性恋式的认同情感，因为 K 太太代表着父亲的爱的对象,杜拉想成为像 K 太太一样的女人,这样才能赢得父亲的爱,可一旦父亲爱的对象的位置真的被 K 太太所占据,那种同性恋式的认同就转而变成了对 K 太太的某种敌意。

  在精神分析学的病例史上,弗洛伊德有关杜拉的文本的重要性不在于它讲述了一个少女对其父亲的性幻想的故事,而在于弗洛伊德在此第一次明确地提出了移情与分析进程的关系问题。弗洛伊德承认杜拉中途退出治疗是因为他没能成功地控制住移情关系:起先杜拉把他想象为她的父亲的替身——正向移情,后来又把他想象为 K 先生的替身——负向移情,而他没有很好地抓住这两次机会进行移情分析,最终导致了杜拉的离开。

  杜拉病例是拉康最喜欢援引的分析例证之一,他用这个病例讨论过许多问题。在《论移情》中,拉康围绕弗洛伊德的阐释的一系列辩证反转以及主体(杜拉)的无意识观念的相继发展对弗洛伊德的整个案例进行了重构,并把杜拉的负向移情归咎于弗洛伊德未能在阐释中完成一个关键的反转,即引导杜拉去认清她对 K 太太的认同不是因为后者是她的父亲的爱的对象,而是因为后者体现了"女性的秘密"。弗洛伊德的失误在于他没能对主体(杜拉)的欲望做出合理的解释和恰当的回应,按照拉康在其他地方的说明,对杜拉而言,这一所欲望的"女性的秘密"就是:"我是谁?""我身为女人究竟是什么?""我的身体对男人而言意味着什么?""男人到底想从我这里得到什么?"弗洛伊德之所以出现这样的失误,是因为他过于相信 K 先生一定唤起过杜拉的爱,他太过把注意力放在了解释杜拉对 K 先生的情感上,这让杜拉产生了一种重复的移情,觉得弗洛伊德和那两个男人一样,也把她当成了一个交换的赠品,而忽视了她身为女人的欲望,最终她只能失望地转身,愤然离去。

  与弗洛伊德在研究报告中把杜拉的移情解释为性欲力比多的转移投注不同,拉康通过探究阐释的辩证反转与主体之"真理"的展开的关系,指出移情的发生不是因为主体的某种神秘情感,而是因为在分析话语中不断重构的主体对主体的关系的辩证反转：

> 因而，移情不是基于情感的任何神秘特性，即便它是以某一情绪伪装显示出来，这个伪装也只有作为产生它的辩证时刻的功能才有意义。[1]

《论移情》只是一个开始，但也是一个开启，它开启了拉康对分析话语中阐释的功能的重视，即阐释一方面是要探究主体的无意识真相，揭示主体的欲望；另一方面又要通过不断的探究、质询甚至询唤把主体牵引到话语中的某个位置，帮助主体去建立其与欲望对象之间的关系。这就是说，正是在话语中且通过话语，主体与其欲望对象之间以及主体与主体之间的关系才得以确立，主体的无意识冲动才能显示为一种心理"现实"，在这里，分析师的话语就像是赠予受分析者的一份珍贵的赠礼，存在的意义因这个赠礼而变得充实。所以，到1953—1954年第1期研讨班的时候，由于"三界"框架的提出，尤其是通过把象征界的运作引入对分析话语——现在被称作"言语"——的分析，《论移情》中隐含的主体间性——这个概念现在被正式使用了——的象征化维度被进一步明确。

现在，拉康把移情说成言说主体之间的一种符号交换，而言语又可分为空洞的言语（虚言）和充实的言语（实言），与之相对应，移情则被分为想象的移情和象征的移情。在虚言中，通过话语确立起来的主体间的关系是一种想象的对象关系，故而发生在这一言语行为中的移情是一种想象的移情；而在实言中，主体间的关系或者说主体在话语中的位置是由构成话语的语言结构决定的，主体在这个界面的移情属于象征的移情。

想象的移情比较好理解：在受分析者的方面，它体现为主体把分析师认同为自己的镜像，把自己的力比多愿望投注到对方身上，形成一种自恋式的幻觉自我，并在言语中曲意奉承对方的欲望；而

---

[1] Jacques Lacan, *Écrits*, p.184.

在分析师的方面,则体现为分析师对受分析者的想象性投射的认同,并同样以空洞的言语去迎合对方的需要。

象征的移情则要复杂一些,它的形成基于一个重要的前提:言语或者说言语的语言结构——例如分析交谈的基本规则——在主体之间充当着欲望调停的中介,交谈必须建立在双方对语言结构共同认可的基础之上,并在这一基础上达成各自对对方位置的确认或承认。所以,拉康说:

> 移情的维度自一开始就存在,明确地说,在分析开始之前,在分析中的这一情人关系引发它之前,它就存在了。[1]

正是由于言语的这一调停作用,分析师的位置真正成为给予言语赠礼的位置,即他可以在言语中且通过言语来探究主体的无意识真相,把主体引到其无意识真理的所在,这时,即使受分析者出现了想象的移情,分析师也可以用他的具有揭示功能的实言把受分析者引入象征的移情,让后者在那里找到填补欲望缺口的东西。正是在这个意义上,拉康说,象征的移情是一种"有效验的移情":

> 本质上,我们认为有效验的移情其实就是言语行为。每当一个人以诚恳、充实的方式向另一个人言说时,就会有真正意义上的移情——象征的移情,在那里所发生的事将改变两个在场存在的性质。[2]

在第 1 期研讨班的时候,拉康正沉迷于海德格尔式的现象学言语观,所以他的移情理论是一种移情的现象学,主要立足于言语的意义创建功能来阐述象征的移情的效能。可到第 2 期研讨班的时候,拉康迈出了关键的一步,一度居于幕后的语言结构现在走到前台,

---

[1] Jacques Lacan, *The Seminar of Jacques Lacan, Book I, Freud's Papers on Technique 1953-1954*, p.271.

[2] Jacques Lacan, *The Seminar of Jacques Lacan, Book I, Freud's Papers on Technique 1953-1954*, p.109.

并被描述为一架自动的象征机器,而这架机器的运作遵循的是重复强迫原则,代表着被压抑的愿望在这里有一种坚持,一种想要返回的坚决要求;进而,具有现象学色彩的言谈情境也因为大他者概念的提出而被修正,虽然主体间的关系依然被认为是可能的,但这一可能性因为他者的介入而被切开了一个裂口,因为他者是言谈赖以发生和展开的场所,主体在象征界的言说不再是面对另一个主体的直接言说,而是在他者场域中的言说,是对处在他者场域的他者主体的自我言说。而紧接着在第3期研讨班中,通过能指及能指法则——隐喻和转喻——的引入,这个大他者的场域又被视作能指的宝库及能指运作的场所,故而也是无意识得以构成的场所,他者不仅成为象征界的核心构成,而且成为众能指的组织者。

象征界现在不再是作为言语赠礼的赠予者——比如赋予主体间的言谈行为某些共同的规则——发挥作用,而是作为重复强迫的机器与主体发生联系,相应地,移情也被纳入这个象征机器的重复中来思考。移情的发生不再是基于言语本身的性质——虚言或实言,而是基于主体的受到压抑的冲动想要超越快感原则在象征秩序中不断返回的要求,更确切地说,是基于象征机器的坚持。主体只要进入了言谈的情境,就必定要在象征界注册,他的欲望就必定要绑缚在象征机器上以重复的方式流转循环,移情过程中所发生的一切都与象征界的这一运作有关,甚至可以说,移情就是重复强迫。[1]在此我们看到,拉康实际上是把移情现象泛化了,移情不再只是一种临床现象,而被看作主体的欲望借助能指在象征界的坚持以表征自身的一种方式。

虽然侵凌性和力比多冲动仍被归于想象的移情的主体间关系——它仍然是主体的自我与作为镜像对体的小他者的关系——但在象征的移情中不再是主体对主体的关系,而是主体对作为位置能

---

[1] Jacques Lacan, *The Seminar of Jacques Lacan, Book II, The Ego in Freud's Theory and in the Technique of Psychoanalysis 1954–1955*, pp. 210-211.

指的大他者的关系，分析师至多只是他者位置的一个代理，就是说，现在重要的不是他的言语的内容，不是他的言语的揭示功能，而是他作为分析师在言谈结构中所占据的位置，是主体对分析师所处的这个他者位置的辨认和认同，就像拉康在同时期的论文《典型疗法的变体》（1955）中所说的，"他在回答中所说的内容远不及他做出回应的位置重要"[1]。

从强调言语的揭示功能到强调象征机器的重复原则再到强调他者作为言语展开之场所和众能指的组织者的作用，拉康在主体间的对话场景中不断植入新的元素，最终使移情的悖论集中到了一个根本的问题上，那就是分析师在言谈情境中的位置。这一位置可以用 L 图来表示：

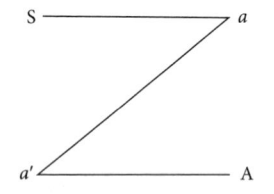

$$
\begin{array}{ccc}
S & \longrightarrow & a \\
& \diagdown & \\
a' & \longrightarrow & A
\end{array}
$$

前面我们已经看到（参见第七章第三节），拉康曾用这个 L 图来说明主体间言谈行为的结构（也可以用来说明象征界和想象界的关系），并称这是一个四方参与的四角游戏：大写的 S 代表那个不可名状的愚蠢的主体，那个神经症或精神病患者，只会毫无征兆地自由联想，只会喋喋不休地言说，而根本不知道自己在说什么；小写的 a 代表主体的言说对象，也就是他人或他人的自我；小写的 a′ 代表主体的自我；大写的 A 代表他者，它既是言语展开的场所，也是作为他人主体的分析师所处的位置，是他者向主体提出其存在的问题的地方。其中 a—a′ 是想象的轴线，代表主体间的言语活动总是主体的自我与镜像的他人在想象层面的往返交流，现在你可以把它看作想象的移情发生的地方。在 S 和 A 之间因为总有一堵"语言之墙"

---

[1] Jacques Lacan, *Écrits*, p.287.

阻挡，所以两者无法直接照面，表示主体与他人主体之间的言语交流难以真正实现，言说者的音信无法抵达受听者那里：主体的每一次言说看似是指向他人主体，实际是在对自己言说，是对作为自己的无意识场所的他者言说；再者，主体对他人主体言说实际是希望从对方那里得到回应，这一为了引发他人的回应而发出的言语不免会受到想象的激情的干扰，会朝向想象的移情的道路发展；并且即使他人主体做出了回应，这一回应指向的也是作为其无意识场所的他者。总之，不论是主体言语的引发还是他人的回应，都因为由能指织成的语言之墙、因为他者的介入而止步于一个不知所往的场所，一个无法穿透的黑洞。

如果主体间直接的言语交流是不可能的，那么所谓的四方游戏又如何进行呢？拉康说，对主体及其自我而言，其关系就像是桥牌游戏中"叫牌家"与"明家"的关系，"叫牌家"（即主体）叫完牌时，与他同家的"明家"（即自我）就必须把自己的牌摊开，让其余各家看到，也就是说，当主体言说时，主体的自我也必须毫无保留地展现出来，"摊开"自身，以求获取各家的认可进入游戏。分析师及其自我又该如何介入分析的辩证法，应对来自主体的想象的移情呢？拉康说，分析师应当学会用无意识去倾听，并且是默默地倾听，因为沉默就包含着言语，沉默就是一种应答。[1] 在《弗洛伊德的事务或在精神分析学中回归弗洛伊德的意义》（1955）一文中，拉康这样来解释分析师及其自我的沉默：

> 这意味着分析师要具体地介入分析的辩证法，只有通过装死——如中国人所说，"尸化"他的位置——或者通过他的沉默，这时他是大写的他者，或者通过取消自身的抗拒，这时他是小写的他人。在这两种情形中，分别通过象征界和想象界的作用，他都使死亡在场。

---

[1] Jacques Lacan, *Écrits*, p.291.

不过，他必须辨认并因此区分他在这两个界域中的行为，以便知道他为什么要介入，什么时候是介入的时机，以及如何运用这个时机。

为此的原始条件是，分析师应当深知他的言语所向的大他者与他在受分析者面前看到的第二个他人之间根本的差异，因为在展现于他面前的话语中，第一个他人向其言说的正是这第二个他人，且是借这第二个他人而向他言说。只有这样，分析师才能成为话语为之发送的那个人。[1]

拉康认为，主体的无意识只有通过移情才能实现出来，并且这一实现还需要借助主体（受分析者）把分析师当成欲望对象，在想象的关系中将其置于小他的位置。如果这时分析师受到想象的关系的诱惑，取消自己的抗拒，拒不承认受分析者的他在性，而是以自己的爱、恨或无知这类想象的激情加以回应，言谈过程就会暂时甚或永久地中断。为了避免这一后果，分析师就必须在大他的位置通过保持沉默以引诱受分析者前来确认他者的地位和功能，让后者向他者言说，让主体受到压抑的无意识冲动参与到能指游戏中，以完成对移情的分析和阐释。正是在这个意义上，拉康后来说，分析实践本质上是一种伦理实践。

在1950年代，拉康主要还是从主体间的关系来考察移情的问题，希望通过厘定分析师的位置来妥当地处理移情的悖论，在那时，他也许认为，通过把受分析者引向象征的移情，是可以"解决"那个悖论的。可是到1960年代，随着研讨班的重心转移到实在界，转移到欲望的辩证法和原乐的伦理学，他又"倾覆"了自己此前的观点，在移情和主体间性之间、移情和重复之间作了明确的切割。分析师的位置被另外一个主题所取代，那就是分析师的欲望。这一自我修正的分水岭就是1960—1961年的第8期研讨班《移情》。

---

[1] Jacques Lacan, *Écrits*, pp.357-358.

前面已经说过，只要有分析性的关系的地方，就会有移情。在精神分析过程中，移情是一个必然的事实，也是使分析得以进行的一个必要前提。在我们的日常经验中，最能体现移情效能的莫过于爱的关系：有爱的地方，必定有移情；反之，有移情的地方，爱一定也会频繁现身。还有，对拉康本人而言，最大的移情场所莫过于他的研讨班。研讨班作为拉康进行培训和教学的舞台，老师和学生的关系无疑是最大的移情关系。分析过程中的移情，爱的移情，教学中的移情，拉康在第8期研讨班中现身说法，以柏拉图《会饮篇》中苏格拉底和阿尔基比亚德的关系为这三种移情关系的原型，将它们融为一体，尽显移情的本相，同时也一展拉康自己作为分析家（但拉康在晚期研讨班中也称自己是受分析者，是做分析的人）、导师和被爱者引发移情的魅力。

在移情的框架内来讨论爱，或者说以一个谈论爱的文本来揭示移情的结构，拉康的这一谈论方式本身已经显示了他的言谈方向并不是我们日常意义上的爱情或性爱，但这并不妨碍你从这个日常的角度去理解，只是需要明了一点：在精神分析学中，爱对主体而言总是一种灼伤。是的，在人类的情感和关系中，爱的情感与爱的关系常常被视作最难以言表的东西，但也是被人们说得最多的东西：要知道，言说不可言说者，这正是人所难以抗拒的诱惑。从柏拉图的爱的阶梯到罗马人的爱的艺术（技术），从中世纪骑士的玫瑰传奇到莎士比亚的爱的哀歌，从理性时代的"傲慢与偏见"到浪漫主义的爱的宗教，西方世界的爱的话语在时间的长河中汩汩流淌。但是，在人们对爱的喋喋不休中，在无数的爱的话语中，又有几多言说了爱的真相呢？又有谁敢说自己言明了爱的真理呢？至于那些在爱的世界里嬉戏、纠缠和挣扎的主体，又有谁能看到自己所露出的蠢相呢？"将爱情进行到底"，当代人的这个爱情宣言就是拉康所讲的愚蠢主体的最佳表征。其实，我们也许更应当说：在弗洛伊德之后，爱已成为往事。戳穿爱的神话，穿越爱的幻象，弗洛伊德和拉康的爱的哲学的宗旨尽在于此。

　　《会饮篇》是什么？哲学史家告诉我们，那是一部有关爱之真义的哲学戏剧。那它是古希腊人的"爱经"吗？不是，它谈论的不是性爱的技术，甚至也不是性爱的艺术。它谈论的是另外一种爱，是哲学史家们喋喋不休地对真理或智慧的爱，是理念的爱，是爱的理念，是心灵借着爱欲的力量、借着美的阶梯的逐级上升。但它只是这样吗？它真的与性爱无关吗？如果我们把苏格拉底的话语暂时地搁置一旁，先只看它前面的五个对话和最后阿尔基比亚德的故事，然后再把苏格拉底的对话回置原位，你难道不觉得它其实就是一个有关性爱的剧情，苏格拉底的对话则是这个剧情的一个外帘——以一种高超的遮蔽技巧来达成暴露的另样效果？我这么说不是为了颠覆神圣的爱的意义——它虽然根本就不存在，但我们还是愿意相信那只是它还未到场，这就是它之于我们的意义——而是为了提醒自己在对正典的阅读上不要陷入学院派的那种自以为是和虚伪做作，尤其是当我们身边充斥的只是一些伪学院派的故作高深的时候。对于《会饮篇》，我们又何尝不可以把它看作古希腊文化名流们私人化的情感生活的一部传记，是他们对阿芙洛狄忒的裙角的一次集体掀看：宴饮——俗世中最为世俗的一个场景；爱——俗世中最令人神迷的一种体验；谈爱——俗世中最具催情效力的一个行为，这一切都因为一帮擅长修辞的名流的参与而被赋予了些许优雅、严肃和巧智的色彩，更因为一个绝对智者的出场而被提升为心灵的一次从炼狱到天堂的游历。

　　是的，正如许多古典学家和哲学史家所言，《会饮篇》无论在布局结构上还是在论证推进上都堪称"哲学戏剧"的典范。这次宴饮闲谈的主题是赞美贫乏和丰饶之子——爱神（Eros），在那些"前苏格拉底"的自视为有知者的才俊们以或雄辩、或博学、或华丽、或戏谑的风格完成其"无知"的巧智表演之后，苏格拉底正式登台，这位自知无知的爱智者假借一位女巫之口——狄奥提玛的女性身份这个文本细节并非毫无意义，要知道，宴饮开场的第一宗事就是清场，把女人都赶出去——以一种庄严而不失热情和巧智的崇高文体展示了一个追求智慧的哲人的道路，一个爱与美逐级上升的阶梯，一个追逐真理的心灵从现象之观通达理智直观的辩证法。戏剧至此达到了它的高潮。可接下来的情节"突转"令后世的批评家有点措手不及：苏格拉底发言完毕，所有的人都为之折服，只有喜剧诗人阿里斯托芬好像有话要说，突然，一阵喧闹声打断了客人们的兴致，苏格拉底的追求者阿尔基比亚德醉醺醺地闯了进来，他没有依循规则去赞美爱神，而是选择赞美苏格拉底。一场严肃的讨论就此戛然而止，一个混合着悲剧和喜剧风格的哲学文本因为这个插曲而显出某种裂口，令后世的批评家只能对它三缄其口，认为阿尔基比亚德那冗长而平实的叙述充其量只是刻画了一个爱智的哲人的性格和品行，一种以行为践行其知识的应当的、哲学的生活，或者说刻画了苏格拉底身上体现的对纯粹知识的爱欲以及这种爱欲和这种知识对存在的效能。反正这个插曲即使算不上是柏拉图的败笔，也至多只具有历史文献的价值，或者柏拉图不过是想借阿尔基比亚德之口为他的老师苏格拉底做做翻案文章。

可是拉康一反常规，其阅读的注意力正好整个地倾注到了这个文本的裂口上，认为阿尔基比亚德这个形象对于理解柏拉图的爱欲理论至关重要。与传统只把《会饮篇》看作一个哲学文本不同，拉康首先把它看成一个修辞学的文本，故而不厌其烦地讨论它的文体类型、话语语境、叙事程式、戏剧模式、言语结构乃至那些属于纯粹能指游戏的妙语的策略，并把女巫狄奥提玛的发言置于整个修辞的织体和话语的辩证法中，以显示出柏拉图安排阿尔基比亚德突然闯入不是偶然的，而是为了从文本内部构成对狄奥提玛的话语的一种反讽式批判——如同狄奥提玛的话语乃是对"前苏格拉底"的话语的反讽式批判一样——因为正是阿尔基比亚德的贸然闯入，再加上"前苏格拉底"的巧智之士的混唱，柏拉图的文本变成了一个多种话语的在场，一个众语喧哗式的话语狂欢。传统阅读所演示的层层推进的等级式辩证法被一种互文性并置的辩证法所取代，在那里不再有关于爱的单一的哲学教义，而只有爱的意义的流转，只有单一语义的短路，阿尔基比亚德的出现就充当了这一短路的功能。

据史料记载，阿尔基比亚德是一个年轻的有野心的政治家，为实现其梦想和权力的欲望可以不惜一切，甚至不惜背叛他的祖国，所以拉康把他描述为"欲望人""寻求原乐之人"，总在想方设法追求欲望的满足和快感的享受。拉康说，欲望人有一种特别的激情，就是他不仅欲望着一切，也欲望着"欲望的知识"，即他总想知道那指导、主宰其欲望的东西究竟是什么：我欲望，可我到底欲望什么？我所欲望的是我真正想要的吗？所以欲望人的悖论就在于：他欲望，但缺乏欲望的知识，他对自己所欲望的东西一无所知。于是他寻求从他人那里得到回答，仿佛他人拥有他所缺乏的东西，仿佛从他人那里能了解到他的欲望的真相，这样，"我欲望什么"就变成了"你想要什么""你想从我这里得到什么"。当欲望人把他的这一知识的激情投射到一个理想的对象身上时，一种爱的关系就出现了。就像阿尔基比亚德，他把自己的性欲力比多投注到苏格拉底的身上，把苏格拉底视作爱的对象，视作可教给他爱的知识的导师，认为对方拥有他所缺乏的欲望之物，并知道他所欲望的是什么。正是由于这一想象的投射，在《会饮篇》中，阿尔基比亚德为了颂扬苏格拉底，将其比作森林之神西勒诺斯的雕像，这些雕像虽然相貌丑陋——就像苏格拉底，不光是其貌不扬，还邋里邋遢——但里面却装有"小神像"（agalma）这样的宝物：

> 看到苏格拉底，最能使我联想到的是那些矮小的西勒诺斯，你们可以在圣所的林地里看到他们的雕像。我说的意思你们肯定懂，他们被雕成手里拿着管笛，如果把这些雕像从中间打开，

里面还有小神像。[1]

我不知道是否有人曾在他严肃的时候把他的内心打开,看到里面隐藏的神像,但我曾经见过一次。我发现它们是那样的神圣,珍贵,优美,奇妙,使我不由自主地五体投地,一切服从他的意志。[2]

阿尔基比亚德认为苏格拉底身上有一种独特的迷人的品质,一种神性的东西。这个东西、这个"agalma"是身为欲望人的阿尔基比亚德所欠缺的,所以是他的欲望对象,也是激起他的欲望的原因,是他的"对象 a"。

那么,苏格拉底呢?如果说阿尔基比亚德是一个欲望人,一个欲望的主体,那么,苏格拉底就是一个知识人,一个"科学的主体",一个被认为可以给予欲望人有关欲望的知识的主体,而且他还是一个尝试以教育的方式来帮助欲望人辨认自己的欲望的主体,他可以用"知识型"来思考欲望,用能指来铭写和阐述欲望。所以,他也被欲望人视作完美导师的理想。所以,苏格拉底和阿尔基比亚德之间既是一种爱的关系,也是一种师生关系,还是一种类似于精神分析学中分析师和受分析者之间的分析关系,在《会饮篇》的场景中,这一分析关系的本质在于帮助深陷知识的激情中的欲望人学会"如何去爱"[3]。

作为第一个"精神分析家",苏格拉底可谓深谙分析之道,他是一个述而不作的人,是一个只以言语、以各种修辞性的能指、以不断的质询来把"受分析者"逼到主体性的绝境从而领悟到自身欲望之真理的人。尤其重要的是,苏格拉底是一个把知识的欲望同无知的激情结合在一起的人,他总是在对话的一开始就宣称自己一无

---

[1] 《柏拉图全集》第二卷,王晓朝译,北京:人民出版社,2003 年,第 259 页。

[2] 《柏拉图全集》第二卷,第 262 页。

[3] Jacques Lacan, *Le Séminaire de Jacques Lacan, Livre VIII, Le Transfert 1960-1961*, Texte établi: Jacques-Alain Miller, Paris: Seuil, 1991, p.28.

所知，他唯一知道的就是他无知，他自知无知。可正是这样一个话语策略，使苏格拉底在论辩中常常可以把自己置于无往不胜的优越位置，使他可以区别于那些自夸的诗人、哲学家、科学家和诡辩家而成为真正的能知者。苏格拉底的自知无知是一种拒绝，甚至可以说是一种歇斯底里式的拒绝。拒绝什么？拒绝在想象的移情的诱惑下顺从对话者的意愿把自己置于能知主体的位置，拒绝让自己成为被爱的对象，因为那是一个将把自己拖向爱的激情／痛苦的陷阱。

但是，自知无知的苏格拉底却多次宣称自己在一个东西上很在行，那就是爱：在《会饮篇》中，他一上来就声称爱是他在这个世上唯一懂得的东西，在《斐德罗篇》和《泰阿泰德篇》中也有类似的说法。他拥有爱的知识——而不是爱神的知识——而爱根本上就是一种爱欲，就是说，他拥有欲望的知识，他懂得引诱的技巧，所以连阿尔基比亚德这样貌美俊秀且有政治野心的年轻人都受到他的诱惑，想要从他那里知道那指引他们去追逐权力与财富的欲望究竟是什么，即"我到底想要什么"。可苏格拉底的高明之处在于：他并没有因此而陷入提问者想象的移情的陷阱，没有把自己设定在能知主体的位置，直接告诉对方你要的是这个或那个，而是在确认自知无知的前提下不断告诫对方要"认识你自己"。这一告诫的本质不在于确证每个人都可以凭自己来认识自己，而在于告诉对方他所拥有的欲望的知识就是他知道他不拥有欲望的知识，他只知道自己无知，这就是他的最高的知识，也是他的爱的知识，他就是凭借这一知识、这一自知无知的知识而成为有学识的无知者的。

苏格拉底的这一姿态恰好显示了分析会谈中受分析者与分析师之间的关系：如同在苏格拉底的教育情境中一样，在分析情境中，把受分析者和分析师关联起来的也是一种知识的激情／痛苦，受分析者感觉到内心的煎熬，但却不知道那到底是因为什么，他对自己的痛苦有一种不知甚或是不想知，他把那能知的位置转移或投射到了分析师的身上，甚至在走进分析师的会谈室或躺在躺椅上之前，他就假定分析师能知晓一切，能告诉他产生痛苦的原因和如何消除痛苦，移情就此开始，爱或恨的关系就此展开。但是，在这个移情关系中，受分析者迷恋的并不是分析师本人，而是其在分析师身上想象出来的、用来弥合自身之存在欠缺的欲望对象，也就是说，受分析者对分析师的爱本身只是一个替代，是一个隐喻，分析师的功能首要的就是要认识到自己在移情关系中的这一隐喻化处境，拒绝让自己成为受分析者的欲望对象，就像苏格拉底在自知无知中所做的那样。

移情的关系即是一种爱的关系，当然你也可以反过来说，爱的关系即是一种移情关系，反正这都意味着移情有着和爱相同的结构。那么，爱的关系到底是一种什么样的关系？与传统把爱的关系揭示为主体对主体的关系不同，拉康强调，在爱的关系中固然有爱的一方和被爱的一方，但两者的关系并不是一个主体对另一个主体的关系——那不过是一种互为镜像的想象性关系——而是主体对对象的关系，是一种非对称的、不一致的关系。如同在人的欲望总是他人的欲望的逻辑中所显示的——在那里，他人的欲望既指主体想要把他人建立为自己的欲望对象，同时也指主体想要自己成为他人的欲望对象——在爱的关系中，当爱的主体向对方说"我爱你"的时候，同时也在期待着对方给出相同的回答"我也是"。可正是在这个期待中，我们发现，主体的位置发生了翻转：爱的主体因爱的激情而把自己变成了被爱的对象，他把自己投射到这个被爱的位置，于是"我爱你"变成了"我爱的是处在被爱位置的我"，我爱的只是我自己，爱总是自恋性的，换句话说，在"我爱你"这个爱的话语中，"我"和"你"实际是两个虚拟的形象，每一个都是作为他人的镜子而发挥功能，那所谓的"爱"不过是主体间的差异性的一个伪装，是一个假面，是主体对某个位置的一种误认。

拉康所谓的爱的关系实际就是指爱的结构或爱的关系结构，它本来是非对称性的，但在爱的主体的镜像式误认中，这个关系总呈现出一种似乎的对称性，主体迷失于这个对称性中，以爱的假面来无意识地弥合因主体间的差异、因能指的差异性运作而来的那个非对称的结构性缺口,拉康把这一爱的能指的游戏称作"爱的隐喻"。为了说明这个隐喻的本质,他设计了一个所谓的"神话学"模型:

> 想象有一只手正伸向果子、玫瑰或不时地冒着火星的圆木:它那快要触及果子、正在摘取玫瑰或煽动火苗的姿势与果子的成熟、花朵的美丽和火苗的颤动是紧密关联的。但是,如果在这一趋近的运动中手伸得足够远,如果从果子、花朵和圆木那里有另一只手伸了出来,且与你的手相碰,在这个时刻,你的手就凝固在成熟的果子或花朵的开与合中,凝固在发出火光的手的爆裂中——此时此刻,那所发生的就是爱。[1]

拉康说,从另一个地方伸出的这只手可谓是"奇迹",是爱的奇迹,是爱的神话。这就是爱的隐喻,它意味着爱是一个隐喻。什么意思呢?你不妨把成熟的果子、玫瑰或灼热的圆木理解为被爱的对象,把你的伸出的手理解为爱的召唤或爱的期待,在你伸出手的那个时刻,你不就是在召唤或期待着爱的奇迹出现吗?!你不就是在期望那被爱的对象能奇迹般地突然现身,从你所欲望的对象变成欲望你的对象吗?!爱的隐喻意味着爱是一种替代,让自己去占据被爱的位置,这时你作为爱的主体才会出现。

如同我们已经知道的,在拉康的理解中,隐喻作为一个意指过程、作为能指间的替代游戏有一个重要的功能,那就是创造新的意义或者说为某个未知的东西提供一个替代性的补偿,换句话说,隐喻的意指过程是通过用一个能指来替代另一个其所指尚属未知的能指来把能指和所指结合起来的方式。在爱的情形中,所涉及的两方自然是爱的一方和被爱的一方,作为能指,前者是一个欲望主体,是一个欲望人,他的存在中总是欠缺某个东西,而后者在爱的关系中总是被认为隐藏有某个宝贵的、令爱的主体心醉神迷的东西,所以是

---

[1] Jacques Lacan, *Le Séminaire de Jacques Lacan, Livre VIII, Le Transfert 1960–1961*, p.67.

爱的对象。我们常说，在爱的关系中，总有一方是主动的，而另一方是被动的，可在拉康的爱的结构中，主动与被动之间存在一种拓扑式的置换，主动的爱的主体（即我们所谓的求爱者）的主动性就在于他能够隐喻性地把自己置于被动的位置：主动地占据被动的位置。在这个意义上说，爱的隐喻就是位置的隐喻化，通过这一隐喻化，爱的主体把自己变成了被爱的对象——使自己成为被爱的——然后向对方重复地提供或反复地显示出自身可爱的一面或作为他人之欲望对象的一面。"我爱你"的背后其实是"我，且只有我，值得你爱""我只能被你爱""你只能爱我"——这就是爱的无意识策略，是爱的欺骗和狡计，是爱的引诱的形而上学。所以拉康说：

> 当爱的一方——就其是有欠缺的主体而言——的功能前来占据、取代被爱对象的功能时，爱的意义就产生了。[1]

在提供了自己的爱的神话学隐喻之后，拉康接着对《会饮篇》的整个结构安排以及每个人的发言尤其是喜剧家阿里斯托芬的发言进行了详细的阅读，相较而言，对于苏格拉底假借女巫狄奥提玛之口所作的爱的颂词，拉康没有像学院派评论家那样将其置于唯一核心的位置。例如，对于阿里斯托芬的神话，拉康说它表明"整一"或"一"并不存在，它原初就已经被宙斯的言语所切割，故而所谓的"整一"或"一"不过是爱的激情的一种幻象；至于狄奥提玛的颂词，拉康说，它的本质在于如何使爱的主体变得更加可爱，直至达成完满，可这恰恰表明爱是主体之自我以想象或自恋的方式不断完成内在转变的过程，是理想自我的形成过程，而这一过程之根本在于自我必须把自身指向主体所欠缺的某个对象，爱的运动是自我和主体的异化。[2] 不过拉康真正感兴趣的其实是阿尔基比亚德的部分。如果说在阿尔基比亚德之前所有关于爱的谈论都是一种爱的话语——

---

[1] Jacques Lacan, *Le Séminaire de Jacques Lacan, Livre VIII, Le Transfert 1960-1961*, p.53.

[2] Jacques Lacan, *Le Séminaire de Jacques Lacan, Livre VIII, Le Transfert 1960-1961*, p.156.

所以它们无一例外地要假借着神话、诗学、科学等的伪装——那么阿尔基比亚德的出现则意味着柏拉图的对话将转向一种爱的行动,并且是对此前的话语——包括苏格拉底-狄奥提玛的话语,它实际也被视作柏拉图本人的爱的话语——的一种反讽,是对话语本身的一种切割,是对爱的知识的幻象的一种颠覆。

如同我们所知道的,烂醉如泥的阿尔基比亚德的出现改变了一切:对话的惯例被宣布作废,谈论的对象被改变——不再颂扬爱神,而是颂扬苏格拉底——事先约定不喝酒的规则也被打破,直至终了,客人们一个个喝得酩酊大醉,只有苏格拉底还貌似清醒。反正就像拉康所说,由于阿尔基比亚德的闯入,现在再也不是"一帮老酷儿们的集会",而是爱在行动,会饮的真正主角——爱——登台了。[1] 一上来,阿尔基比亚德就不断保证自己说的全是真话,这样他事先给自己披好了自卫的盔甲,让苏格拉底面对他的嬉笑怒骂无从下手。一番调笑打逗之后,他开始了对苏格拉底的赞美,称丑陋的苏格拉底内心隐藏着许多小神像,"神圣,珍贵,优美,奇妙",令人不由自主地五体投地,尤其是苏格拉底的言语,对所有人都会产生一种奇异的效果,甚至会让人为自己感到羞耻。阿尔基比亚德说,他就是因为这种神奇的影响而陷入了对苏格拉底的迷狂。在此,拉康说,阿尔基比亚德的"小神像"的比喻揭示了爱的本质:爱的关系或对象的在场既打开了主体内部的裂口,让主体为自身的存在或存在之欠缺深感羞愧,但也以其珍贵奇妙的品质令爱的主体心醉神迷,帮助缝合他的裂口。更为重要的是,这个比喻还表明,爱的对象在爱的主体那里总是呈现为一个"对象 a",一个部分对象,它呈现为身体的某个部分,尤其是那些边缘或边沿的部分,那些有缝隙或裂口的部分,那种可称为"力比多身体"的东西,比如嘴唇、肛门、龟头、阴道、眼睑和眼睛、耳孔等,正是这些部分对象激起了主体的欲望,成为主体的欲望对象-原因,只是主体并不知道这个对象-

---

[1] Jacques Lacan, *Le Séminaire de Jacques Lacan, Livre VIII, Le Transfert 1960–1961*, p.161.

原因本质上是一种匮乏，他身为欲望之人对自身存在的欠缺有一种根本的无知。

那么苏格拉底呢？——他不是也对爱的知识有一种特别的渴望吗？他不也是一个欲望的主体吗？在阿尔基比亚德的叙述中，苏格拉底对美少年总是表现出特别的欲望，所以他很自信地以为苏格拉底一定会爱上他；可是，当他拼命去追求苏格拉底的时候，当他主动地从被爱的位置转向爱的位置的时候，却发现对方拒绝给出任何爱的信号，拒绝成为爱的主体，他的爱始终无法与苏格拉底发生相遇。苏格拉底之所以拒绝发出爱的信号，根本在于他知道激发阿尔基比亚德欲望的不是美，而是对方在他身上看到的那个独特对象，而他又知道自己并不拥有这个对象，就像苏格拉底自己说的，"你也许看错了，我实际上毫无价值"[1]。拉康没有把苏格拉底的拒绝读作一个哲学家的自知之明，而是把它读作一个分析师的引诱技巧，一种禅宗的棒喝式的教学方式。苏格拉底因为这个拒绝而散发出异样的光辉，它通过拒绝占据被爱对象的位置而给阿尔基比亚德留下了欲望的空间，引诱后者不得不永远把自己置于欲望主体的位置；同时，通过这一拒绝，通过声称自己毫无价值，他就可以回过头来把那个欲望主体扔到欠缺的深渊，让他认识到其所欲望的不过是一个虚无、一个幻影、一个根本性的欠缺和匮乏，而欲望主体一旦确认了其他者欲望或欲望对象的欠缺，就会转而走上欲望的正道，即转出自恋之爱的切面，逃离他者的欲望的陷阱。所以，同样表现为欲望的主体，苏格拉底的高明之处就在于他能够在爱的结构中把自己置于一个绝对的位置，而他的策略恰恰也是一种无知，即通过宣称自知无知，他让自己摆脱了爱的激情的陷阱。进而，同样表现为一种无知，爱的一方和被爱的一方实际被置于了一种不对称的结构关系中，对于这一点，达尼·诺布斯解释说：

---

[1]《柏拉图全集》第二卷，第264页。

在拉康看来，事实上，爱的一方欠缺的是有关存在的知识，而这一欠缺的地位足可以证明该欠缺是无意识的。当被爱的一方意识到他人的爱时，就会认识到自己必定是有某个东西激发了他人的兴趣，只是对于那个东西到底是什么还毫无头绪。因此，爱的一方和被爱的一方都处在部分无知的位置，但他们的无知是不一样的。爱的一方对内在的欠缺一无所知，但知道被爱的一方可以消除这种无知；被爱的一方并不知道自己拥有什么，但知道爱的一方需要它。爱的一方的无知更多地关联着一种缺席（他所错失的东西），而被爱的一方的无知更多地关联着一种在场（他所拥有的东西）。[1]

而正是爱与被爱的这种不对称性，使两个主体在爱的结构中不可能真正地相遇，他们总是失之交臂：爱的一方在被爱者那里看到的不过是对方根本不拥有的幻想对象，而被爱者虽然知道自己拥有对方所欲望的东西，但却无从确定这东西究竟是什么。把这一爱的关系置换为分析情境中的关系，受分析者就处在爱的主体的位置，分析师则处在被爱者的位置，后者在移情的作用下被想象为一个能知的主体、一个假定有知的主体，受分析者欲望从他那里获得有关自身之存在或存在之欠缺的知识，并且正是基于这样一个欲望或想象的激情，受分析者才会走进分析师的诊室。

分析师被想象为能知的主体，这是一个必然的事实，也是分析过程得以进行和展开的必要前提，问题的关键就在于分析师如何处理自己的欲望。在第 8 期研讨班中，拉康通过对苏格拉底在爱的结构中的回应方式的分析强调分析师应当避免进入爱的隐喻，避免受想象的激情的诱惑卷入爱的关系，尤其是要拒绝把自己认同为假定能知的主体。拉康在其他许多地方不断地重复着这一观点，例如在 1964 年的第 11 期研讨班中——在那里，移情被当作精神分析学的四

---

[1] Dany Nobus, *Jacques Lacan and the Freudian Practice of Psychoanalysis*, p.124.

个基本概念之一加以讨论——他指出,只要有假定能知的主体出现的地方,就必定有移情,在这时,被假定为能知主体的分析师需要做的不是去给受分析者提供所需的知识,而是要去寻找自己和对方的无意识欲望,并帮助对方从对分析师的移情的要求转向直面自身的欲望:

> 就分析师被假定为能知而言,他也被假定为应着手寻找无意识的欲望。这就是我称……欲望是轴心、枢纽、把手、锤子的原因所在,借此就可以对病人在话语中首先阐述为要求的东西背后所潜藏的惯性即移情施以作用力。轴心……就是分析师的欲望,我在此称其为一种本质的功能……因为在欲望对欲望的关系中,唯一能说明的恰恰就是这一点。[1]

在此,所谓"欲望对欲望的关系"不是指一个主体的欲望对另一个主体的欲望的关系,而是指主体的欲望对自身内有的他者欲望的关系,也就是"人的欲望即是他者的欲望",主体——不论是受分析者还是分析师——只有当意识到这样一点的时候,只有当他认识到那所谓的欲望对象不过是自己依照他者欲望所构想出来的一个幻象时,才有可能穿越那欲望的幻象,在象征性的移情关系中重构自己的主体性。

---

[1] Jacques Lacan, *The Four Fundamental Concepts of Psychoanalysis*, p.235.

第十章

欲望的辩证法

在1964年的第11期研讨班中，拉康专题讨论了精神分析学的四个教义学式的"基本概念"：无意识、重复、移情和驱力。我们知道，这全是弗洛伊德的概念，拉康借讨论这四个概念重述了他对弗洛伊德的精神分析理论与实践的理解。然则，这一假借"返回"的名义进行的讨论对拉康而言还有着更深层的意图，那就是阐述他自己的"基本概念"。如果我在此说拉康的精神分析学也有四个教义学式的"基本概念"，想必不会让人感到太过突兀。这四个概念就是：主体、他者、欲望和原乐——它们与上面那四个概念并不是完全一一对应的，而是交叉重叠的。

当然，对拉康而言，称那是他的四个基本"概念"并不完全准确，因为它们在拉康的论述中远不止是充当"概念"的功能，而且是展开其理论的场所。如果说主体或主体性的问题是拉康精神分析学所关注的核心，可能和不可能的主体间性是他进入这个核心的根本角度，实在界、象征界和想象界是他用来结构问题的基本技术框架，那么，主体、他者、欲望和原乐就是他的话语运作的基本场所。再者，在拉康那里，这四个"概念"或"场所"并不是各自分离的，而是相互交织在一起的，我在本书中把它们分开讨论实属出于无奈，是为论述的方便而采取的一种权宜之计。在前面我已经分别讨论了拉康的"主体"和"他者"，在这一章我将围绕他的"欲望"理论来对他的主体和他者进行重述。

在第七章，我已经依据"需要—要求—欲望"这一三元组的概念对拉康的欲望主体做了初步介绍，在这一章，我将更具体地讨论欲望的运作机制。拉康自己把欲望的运作描述为"欲望的辩证法"，但我们切切要记住一点,他所讲的"辩证法"虽然取自黑格尔,可其含义已有根本变化。简单地说,拉康的"辩证法"不包含黑格尔意义上矛盾双方的"相互性"——相互对立、相互依存、相互否定、相互发展,直至相互统一——相反,他的"辩证法"是一种非同一性的辩证法,是一种辩证的非对称性,在他那里,辩证的各方虽然有着交互的运作,但这一运作并不指向一个目的论的方向,不指向矛盾的解决,也不具有各方同进共退的一致性,在那一非对称性的运作中,总有某个东西在脱落,总有一个剩余残留在那里重复地生产。对拉康而言,欲望的辩证法实际是欲望满足根本的不可能性与在不可能性中寻求可能性的辩证法。

一 他者的欲望

"人的欲望就是他者的欲望",这句格言可以说是拉康欲望理论的一个基本原则,是他的欲望辩证法的第一法则,也是他用来测试自己的理论和实践的一个试金石。如同对待其他格言一样,对于这个格言,人们的理解往往满足于表面的结论,而忽视了拉康建立和运用这一原则时的语境与逻辑,从而使隐含于其中的复杂的多义性大打折扣。

是的,正如拉康自己告诉我们的,他的这个话语得益于黑格尔——更确切地说,是科耶夫所阐释的黑格尔——的自我意识的辩证法。在科耶夫的阐释中[1],黑格尔的自我意识根本上就是一个欲望主体,因而自我意识的辩证法根本上就是欲望的辩证法,自我意识的发展或展开实际就是欲望的历史化和历史的欲望化。那么,拉康从科耶夫式的黑格尔的欲望辩证法中究竟学到了什么?或者说科耶夫式的黑格尔的欲望辩证法究竟给拉康提供了什么?要把这个问题说清楚并不是一件容易的事,它不仅关涉黑格尔说了什么,还关

---

[1] 这一阐释集中体现在科耶夫对《精神现象学》第四章 A 节的注解中,也许正是考虑到它的重要性,科耶夫研讨班的编辑者最后把它作为"代序"放在《黑格尔导读》的开篇。

涉科耶夫对黑格尔的阐释，以及海德格尔甚至马克思为科耶夫的这一阐释所提供的增补，最后当然也关涉拉康对科耶夫的阐释的阅读。在此我不想去对这些环节逐一加以考察，我只是直接面对科耶夫的文本把他的基本观点摆出来。

在科耶夫对《精神现象学》的阅读中，最显示其"求真意志"的部分当属他对"自我意识"那一章的阐释，其对欲望辩证法的论述也集中于此。下面是他的主要观点。

第一，人是因为欲望而成其为人的，或者说人的存在必须以欲望为前提。科耶夫说：

> 正是欲望把在真正的认识中通过自身显示自己的存在变成通过一个不同于客体和与之"对立"的主体向一个"主体"显现的"客体"。正是在"他的"欲望中，通过"他的"欲望，更确切地说，作为"他的"欲望，人才成为人，并且——向自己和他人——显现为一个自我，本质上不同于和完全对立于非我的自我。（人的）自我是一种欲望——或欲望的自我。人的存在本身，意识到自己的存在，意味着欲望，必须以欲望为前提。[1]

第二，人的欲望不同于动物的欲望，更确切地说，人的欲望虽以动物性的欲望为必要条件，但人的欲望本质上和实际上必须超越他的动物欲望。科耶夫说：

> 人类发生的欲望不同于动物的欲望（动物的欲望构成一个自然的、仅仅活着的、只有其生命感觉的存在），因为人的欲望不针对一个实在的、"肯定的"、给定的客体，而是针对另一个欲望。比如，在男人和女人的关系中，只有当一个欲望不是针对身体，而是针对另一个人的欲望时，只有当一个欲望试

---

[1] 科耶夫，《黑格尔导读》，姜志辉译，南京：译林出版社，2005年，第4页。

图在其人的价值中和在其人的个体的实在性中"被欲求"或"被爱"或"被承认"的时候，欲望才是人的欲望。[1]

第三，人的欲望就是他人的欲望，或者说，人的欲望就是欲望他人所欲望的东西，一个人所欲望的对象也将是他人所欲望的对象。科耶夫说：

> 同样，只有当欲望通过另一个人对同样客体的欲望"被间接化"，针对一个自然客体的欲望才是人的欲望：欲求其他人所欲求的东西的欲望是人的欲望，因为其他人也希望得到它。因此，从生物学观点看完全无用的一样东西（如装饰品，敌人的军旗），却是人们所欲求的东西，因为其他人也试图得到它。这样的一种欲望只能是人的欲望，人的实在性不同于动物的实在性，只能通过满足这样的欲望的活动产生：人的历史是所欲求的欲望的历史。[2]

第四，人的欲望必须通过否定行动而得到满足，因为获得满足之前的欲望只不过是一种被揭示的虚无，一种非实在的空虚，人的存在要想获得其实在性，就只有通过否定的行动、通过欲望的满足来接受一种实在的肯定内容。

> 由欲望产生的行动倾向于使人满足，但只能通过"否定"、破坏或至少改变所欲求的客体才能做到这一点：例如，为了果腹，无论如何应该破坏和改变食物。因此任何活动都是"否定的"。……一般地说，欲望的自我是仅仅通过否定活动接受一种实在的肯定内容的空虚，这种否定活动在破坏、改变和"消化"所欲求的非我的时候，满足了欲望。[3]

---

[1] 科耶夫，《黑格尔导读》，第6页。
[2] 科耶夫，《黑格尔导读》，第6—7页。
[3] 科耶夫，《黑格尔导读》，第4页。

第五，人的欲望是他人的欲望还意味着人的欲望是朝向或者说"针对"他人的欲望，因为人的欲望不能像动物的欲望那样只针对一个自然的给定物，那种欲望激发下的否定活动只会产生出一个与给定物一样的自然的自我，而人的欲望是要产生一个不同于动物的"自我"的自我，这种属于人的自我只有当否定的行动是"针对"他人时才有可能。

如果欲望针对一个"自然的"非我，那么自我也是"自然的"。通过这样的一个欲望的主动满足而产生的自我，将具有与这种欲望所针对的东西相同的性质：这是一个"对象性的"自我，一个仅仅活着的自我，一个动物的自我。……它永远不可能到达自我意识。

因此，为了产生自我意识，欲望必须针对一个非自然的客体，针对超越给定现实的某种东西。然而，能超越给定现实的唯一东西是欲望本身。……因此，欲望针对另一个作为欲望的欲望，通过使之满足的否定和消化活动，将创造出一个本质上不同于动物的"自我"的自我。[1]

第六，这个针对他人的欲望其实就是一种要求得到他人的确认或承认的欲望，希望他所代表的价值正是他人欲望的价值，希望他的欲望得到他人欲望的认可。

归根结底，欲求另一个人的欲望，就是希望我所是的价值或我所"代表"的价值是另一个人所欲求的价值：我希望他"承认"我的价值就像承认他的价值，我希望他"承认"作为自主的价值的我。换句话说，人的每一个欲望，人类发生的、源于自我意识和人的实在性的欲望，最终和"承认"的欲望紧密地联系在一起。[2]

---

[1] 科耶夫，《黑格尔导读》，第5页。

[2] 科耶夫，《黑格尔导读》，第8页。

第七，但这个他人也是一个欲望主体，他也欲望被承认或被认可，同时，人要真正地成为人，就必须超越保存生命的单纯动物式的关注，甘愿为了他作为人的欲望而冒付出生命的危险，这就导致了主体之间为获得对方的承认或确认而进行的生死之战：

> 谈论自我意识的"起源"，就必须谈论为了得到"承认"的生死斗争。

> 如果没有这种为了纯荣誉的生死斗争，也就没有在世界上的人。事实上，只有与针对另一个欲望的一个欲望，即最终说来——一种承认欲望相关，人的存在才能形成。……只有在这种斗争中和通过这种斗争，人的实在性才能产生，形成，实现，并向自己和其他人显现。人的实在性只能作为"得到承认的"实在性而实现和显现。[1]

第八，这一为了确认的生死之战最终导致了主奴关系的形成，获胜的一方成为主人，失败的一方因为恐惧死亡只得放弃自己的欲望，屈从地成为奴隶。主奴关系的形成意味着人类历史的真正开始，黑格尔的自我意识的辩证法于此暂告一段落。

为了人的实在性能成为"得到承认的"实在性，两个对手必须在斗争之后仍然活着。然而，只有当他们在斗争中有不同的行为时，这才是可能的。通过不可还原的，甚至不可预测的或"不可推断的"自由行为，他们在这种斗争中和通过这种斗争必须是不平等的。虽然不是"命中注定"，但一个对手必须害怕另一个对手，必须拒绝冒生命危险，以满足他的"承认"欲望。他必须放弃自己的欲望和满足另一个对手的欲望：他必须承认其对手，但没有得到对手的承认。不过，这样的"承认"，是承认其对手是他的主人，承认自己并且也使人承认他是主人

---

[1] 科耶夫，《黑格尔导读》，第8页。

的奴隶。[1]

对于科耶夫的这些观点，拉康究竟吸收了哪些东西？又做了哪些改造？在此我简单交代一下较为重要的几点。[2]第一，在欲望的问题上，黑格尔—科耶夫对人的欲望与动物的欲望的区分对拉康的思考无疑产生了重要影响，但拉康的理解已与黑格尔—科耶夫的理解完全不同。例如，对于动物性的欲望，黑格尔—科耶夫把它视作人的欲望的必要条件，拉康则在它们之间做了根本的切割，他把动物的欲望等同于生物学意义上的本能，使其与欲望概念彻底脱钩，对于人的动物性，他称之为"需要"，人的需要与动物的欲望根本的不同在于前者自一开始就受到了语言符号的染指，就已经是一种文化性或社会性的活动。第二，在确认或承认的问题上，黑格尔—科耶夫是在主体间性的框架内把确认界定为一个主体与另一个主体之间的相互承认，而拉康所理解的主体间的确认或承认要以语言或言语作为调停的中介，他认为两个主体之间镜像式的相互确认是想象性的且根本上是不可能的，真正的承认只能在象征秩序中经由一个第三者——大他者——来实施完成。第三，在他人（他者）的欲望问题上，黑格尔—科耶夫的所谓"人的欲望就是他人的欲望"包含三重意思：人欲望他人所欲望的，人的欲望是朝向他人的欲望，人欲望成为他人的欲望或者说成为他人所欲望的，拉康则认为，人的欲望根本上"就是"他人或他者的欲望，人的欲望的实现或者说人的主体性的获得是在他者的场域中完成的，所以，"人的欲望就是他者的欲望"见证的不是主体的在场，而是主体的消失，是主体的分裂和离心化。第四，在否定的问题上，黑格尔—科耶夫把否定的行动视作主体在欲望激发下的一种主动性施为，视否定（对作为对象的物或他人的否定）为欲望的一种满足和主体性的一种实现，

---

[1] 科耶夫，《黑格尔导读》，第9页。

[2] 对于这两个问题，国内的拉康研究者黄作曾给予了较为全面的讨论，参见黄作，《不思之说——拉康主体理论研究》，第226—230页。

而拉康则视否定为力比多的一种跷跷板游戏，自我对他人的否定所确证的不仅不是主体存在的意义，反而是主体的虚无和欠缺。

不管怎么说，拉康的欲望理论受惠于黑格尔—科耶夫的地方要多于弗洛伊德，他不仅利用黑格尔—科耶夫来修正弗洛伊德，把欲望提升到其整个理论的本体层面，而且大量挪用前者的观点，把它们嫁接到语言的维度中，嫁接到精神分析的经验中，把"人的欲望就是他者的欲望"提升为其精神分析学的一个基本原则。

其实，早在1953年开始其语言学转向的时候，拉康就提出了他的这个命题。例如在《罗马报告》中，他就分别在黑格尔和弗洛伊德的语境中论断说：

> 总而言之，再明确不过的是，人的欲望是在他人的欲望中发现其意义的，这不是因为他人掌控有所欲望对象的钥匙，而是因为他的首要目的在于得到他人的承认。[1]
>
> Fort！Da！唯当此刻，幼儿的欲望已然成了另一个人的欲望，成了主导着他的自我对体的欲望，其欲望对象因此即是他的痛苦。[2]

同样的观点在同时期的第1期研讨班中有更为系统的论述。不过，在这时，拉康还没有提出大他者的概念——这个概念的第一次提出是在第2期研讨班中——也没有在索绪尔和雅各布森的意义上阐述欲望运转的语法——这个阐述要到第3期研讨班才出现——所以，他在此讲的都是他人的欲望、小他的欲望，主体与他人或小他之间的欲望关系还处在想象性的层面："既然诸位十分乐意今天随我重新开始，我没有理由不首先提醒大家注意黑格尔的一个根本论题：人的欲望就是他人的欲望。这恰恰是平面镜的模型说得很明白的东西。"[3] 在此，拉康从欲望的角度对镜像阶段进行了一次重述，

---

[1] Jacques Lacan, *Écrits*, p.222.

[2] Jacques Lacan, *Écrits*, p.262.

[3] Jacques Lacan, *The Seminar of Jacques Lacan, Book I, Freud's Papers on Technique 1953-1954*, p.146.

并称镜像阶段的自我构型是欲望的跷跷板游戏。

在镜像阶段之前，婴儿只能感受到其碎片化的躯体，其力比多活动尚处在一种无法确知的混乱状态，还无所谓真正的欲望。到镜像阶段时期，力比多的投注以某种自恋形式出现，原初的性欲力比多发展成为自我力比多，自我亦由此而形成。自我是力比多投注到镜像或他人身上的结果，自我的构型本质上是对镜像或他人的一种想象性认同，通过这一认同，自我获得了自身的同一性，破碎的躯体被整合为一个完整统一的躯体。欲望就是在这个时刻出现的，它最初是借助镜像或他人并通过镜像和他人呈现出来的：

> 主体最初不仅是以自身的镜像为中介，而且是以同伴的躯体为中介来定位和辨认欲望的。恰恰是在那个时刻，人的意识以自身意识的形式辨识出自身。正因为他是在他人的躯体中辨认出自身的欲望的，交换才可以发生。正因为他的欲望朝向了他人的一方，他才可以把自己同化于他人的躯体，并辨认出作为躯体的自己。[1]

但另一方面，在镜像阶段，自我与力比多之间有一种类似于跷跷板的游戏。自我本来是力比多投注的结果，可它一旦形成，自身便成为力比多的贮存库，不仅把自己想象为一个理想的"我"，还进而以这个理想形象占据他人的位置发挥其功能，以自我的欲望形式去想象自我与他人和世界的关系，把异于自身的世界想象为一个内在于自身的统一世界。殊不知这个自我本质上就是一个他人，这个自我的欲望其实就是他人的欲望，当它以自己的欲望形式来想象他人和世界的时候，那其实已经是一种误认。也正是因为这个误认，在自我与他人和世界之间就开始了一场无穷无尽的求证过程，自我总想从他人那里辨认出自身，殊不知其本身就是一个他人，其对他

---

[1] Jacques Lacan, *The Seminar of Jacques Lacan, Book I, Freud's Papers on Technique 1953–1954*, p.147.

人形象一次又一次的认同带来的并非自我欲望的满足，而是欲望在他人那里的一种达成，就是说，自我的欲望形式与力比多的投注之间总是存在一个无法弥合的裂缝，这个裂缝恰恰显示了欲望满足的不可能性，显示了欲望的否定性。拉康说：

> [自我的原型与力比多之间的]这个鸿沟意味着欲望的满足与对欲望达成的寻求之间存在着一种根本的差异——欲望本质上是一种否定性，它是在某个时刻被引入的，这个时刻尤其不是原初的转折点，但却是关键的转折点。欲望最初是在他人那里并以一种最为混乱的形式被把握的。与他人的欲望相关的人的欲望的相对性是我们在每一种敌对性、竞争的反应中，甚至在文明的整个发展中被辨认的东西。[1]

从欲望的角度说，自恋的想象性认同是为了从他人那里获得对自身的辨认，在这里，他人并不是作为一个独立的欲望主体而存在的，在想象界的层面，自我与他人的关系是一种想象关系，它们之间并非如黑格尔和科耶夫所说是一个独立的自我与另一个同样独立的自我之间的关系，就是说，不是一个欲望与另一个欲望之间的关系，而是欲望与欲望对象之间的关系，自我欲望从他人那里辨认出自己的理想形象，它想占据直至取代他人的位置，因此，自我对他人的想象性认同实际上是一种你死我活的斗争，换句话说，在想象的层面，所谓人类共存的局面根本上是一种不可能性：

> 在欲望学会通过象征辨认出自身——让我们现在说到这个词——之前，它只在他人中才能被看到。
>
> 起初，在语言之前，欲望只存在于镜像阶段的想象关系的单一层面上，它被投射到他人中，它在他人中被异化。因此，它激发的张力缺乏一种结果。那就是说，它唯一的结果——黑

---

[1] Jacques Lacan, *The Seminar of Jacques Lacan, Book I, Freud's Papers on Technique 1953-1954*, p.147.

格尔教导我们说——就是他人的毁灭。

从其所朝向的对象的观点看，主体的欲望只有通过一种竞争，通过同他人的一种绝对敌对性才能在这一关系中得到确证。并且每当我们走近某一给定主体中的这一原始异化，最根本的侵凌性就会出现——这就是欲望他人消失，因为是他支撑着主体的欲望。[1]

要注意，所谓人类共存的局面是不可能的，这并非社会现实意义上的，拉康所讲的这一切都是一种"心理现实"，一种"无意识现实"。"欲望他人消失"并不是真的要去对他人实施谋杀，它指的是自我的那种侵凌性，是停留于想象的自恋中的主体的无意识之"思"——社会现实中人与人之间的尔虞我诈就是这种无意识思维的体现。在此，拉康整个的思想在于：只要主体还停留在想象界，只要主体还在以想象的自我和自我的想象去面对他人和世界，主体间的关系就是一种侵凌性的关系。可有人也许会说，我们在现实中不是也看到了人类主体之间的共存甚或和平共处吗？！如果主体真如拉康所言总是以自我的侵凌性来处理与世界的关系，那这种现象又当如何解释呢？拉康会这样解释：只要主体还处在想象的关系中，就不可能有真正的和平共处，因为在那里每个人爱的都只是自己，他爱别人只是因为他欲望自己被别人爱；进而，好在主体还有象征界可以进入，好在象征界的"语言"——比如社会规则、道德律令这样的东西——可以在主体之间充当调停的作用，使人类能够共存共处。

在镜像阶段，欲望是依附在镜像之上并借助于像的统一性浮现出来的，但像并非欲望的真正对象，像的统一性不仅无助于欲望的满足，反而会阻挡欲望去寻找其真正的对象，当自我的欲望满足于认同他人形象的时候，自我所获得的不过是一个异化的盔甲。自我是分裂的，这不仅是说自我总是在误认的陷阱中失落了自身，也在

---

[1] Jacques Lacan, *The Seminar of Jacques Lacan, Book I, Freud's Papers on Technique 1953-1954*, p.170.

另一个方向上说明了自我的欲望不可能满足于替代的对象,它总是处在对其对象的不断寻求中。更重要的是,主体不可能止步于自我的想象性认同,他必定要进入象征秩序。一旦进入了象征秩序,一旦主体开始学习说话,主体的欲望就从对像的依附转移到对言语的依附。这时,欲望就开始接受语言的调停(mediation):

> 言语就像是水车轮,人类欲望在此通过进入语言系统而不停地受到调停。[1]

如果说镜像认同是主体发展的第一个时刻,那么,对象征秩序的认同就是主体发展的第二个时刻;如果说在前一个时刻,主体的欲望主要以自我的形式在他人中且通过他人辨认出自己,那么,在后一个时刻,主体的欲望则是在他人之中且通过他人而得到确认或认可。[2] 所谓"mediation",在拉康那里,既有"中介"的意思,也有"调停"的意思,更确切地说,当单指象征秩序本身的存在时,语言便是登记、注册欲望的一个"中介",若是主体进入象征秩序,进入同他人的言谈,语言便是主体的欲望与他人主体的欲望的一种"调停"。拉康说,主体在镜像阶段的跷跷板游戏也是一种调停,一种以像为中介的调停(在像中实现自我辨认),不过这一调停总归是想象性的,是不可靠的,真正的调停是象征秩序的语言的调停,因为在那里主体完成的是相互承认和确认——尽管这一承认和确认同样不可能彻底实现。

> 在人类主体中,欲望是在他人中、通过他人实现的……那是第二个时刻,[第一个时刻是]镜像时刻。在这个时刻,主

---

[1] Jacques Lacan, *The Seminar of Jacques Lacan, Book I, Freud's Papers on Technique 1953-1954*, p.179.

[2] 在拉康那里,"辨认""承认""确认"或"认可"用的是同一个词:"reconnaissance",但在想象界,涉及的主要是自我对自身欲望的辨认或误认,在象征界,则主要涉及他者或他人对主体欲望的承认、确认或认可,但有时也指主体对自身欲望的辨认,不同语境的意思有着细微但却至关重要的差异。

体已经整合了自我的形式。但他只能在最初时刻为了他在他人那里看到的这个欲望而交换他的自我的跷跷板游戏之后整合它。从此，他人的欲望——此即人的欲望——进入了语言的调停。正是在他人中且通过他人，欲望被命名。它进入了"我"和"你"的象征关系中，进入了一种相互承认和超越的关系中，进入了一个已经准备好容纳每一个体之历史的法则的秩序中。[1]

需要注意，此时的拉康尚没有引入能指理论，其对语言和言语的理解还是人类学的和现象学的，例如他视处在象征秩序的语言是人类共同体的一种契约，视言语是语言在人际间的一种流通；同时，他对他者或他人的理解也主要是主体性意义上的。所以，所谓"在他人中且通过他人，欲望被命名"，既指"我"和"你"的欲望在象征秩序中的相互承认或认可，也指欲望本身在象征秩序中的注册，在象征秩序或所谓"超越的关系"中获得某一可辨认的位置。在这时，充当象征功能的不一定是作为欲望对象的他人，也可以是某个符号化的"物"，比如在儿童的"Fort！……Da！"游戏中，在牙牙之语的中介/调停作用下，儿童的欲望被注册、被象征化到某个对象上，即对象被象征化为欲望的符号，拉康说：

> 这个例子说明了儿童自然地进入这一游戏的方式。他开始把玩对象，更确切地说，开始把玩对象在场与不在场这个简单的事实。因此这是一个被改变了的对象，一个具有象征功能的对象，一个失去了生命活力的对象，它已经是一个记号。当对象在那里时，他把它赶走，当它不在了时，他又呼唤它。通过这些最初的游戏，对象仿佛是自然地走向了语言的层面。象征符号出现了，成为比对象更为重要的东西。[2]

---

[1] Jacques Lacan, *The Seminar of Jacques Lacan, Book I, Freud's Papers on Technique 1953–1954*, p.177.

[2] Jacques Lacan, *The Seminar of Jacques Lacan, Book I, Freud's Papers on Technique 1953–1954*, p.178.

那么语言的调停功能如何来体现呢？在言语中。因为言语是欲望进入象征秩序的通道，也是欲望得到承认、认可或辨认的场所，用拉康的话说：

> 言语是这样一个维度，通过它，主体的欲望被真正地整合到象征的层面。一旦欲望在他人的在场中被表达、被命名，它——不论它是什么——就在最充分的意义上被确认了。这不是欲望满足的问题……而恰恰是欲望确认的问题。[1]

所以，精神分析治疗的目标就是让受分析者在象征的维度去确认其欲望的位置，在精神分析实践中，重要的是教会主体去命名、表达、阐述他的欲望：

> 主体应当去确认和命名他的欲望，这就是分析的有效作为。但这不是确认某个完全给定的、易于接合的东西的问题。在给欲望命名的时候，主体可在世界上创造、产生一种新的在场。[2]

欲望通过象征界的言语而得到确认、认可或辨认，这与欲望通过想象界的像而得到辨认究竟有何不同呢？这不也是一种想象性的跷跷板游戏吗？拉康并不这么认为。简单地说，在镜像关系中，涉及的是自我（欲望）与镜像（作为对体的理想形象）之间的对象关系，这一关系之所以是想象性的，根本上在于它其实是自我的独角戏，是自我的力比多在自我与作为对象的像之间的来回运动，在这时，自我就是他人，所谓"人的欲望就是他者（他人）的欲望"，既指自我指向他人（像）的欲望投射，也指自我在他人（像）那里辨认自身的欲望。而在象征界，涉及的将是三元甚至四元的关系，在主体进入象征秩序之前，语言就已经在那里了，主体的欲望就已经在

---

[1] Jacques Lacan, *The Seminar of Jacques Lacan, Book I, Freud's Papers on Technique 1953-1954*, p.183.

[2] Jacques Lacan, *The Seminar of Jacques Lacan, Book II, The Ego in Freud's Theory and in the Technique of Psychoanalysis 1954-1955*, pp.228-229.

那里被注册了,在这时,语言结构构成了主体与他人相遇的场所,主体与他人的相遇必要借助已然在此的语言,于是,所谓"人的欲望就是他人的欲望",既指主体的欲望只有通过语言或言语在他人那里得到确认,也指主体只能在这个异于自身的场所来辨认自己的欲望,就像在弗洛伊德所分析的杜拉病例中,对杜拉而言,真正的问题不在于主体的欲望对象,而在于主体所欲望的位置,即 K 太太所占据的位置,因为那个位置正是父亲的爱的对象所处的位置,是父亲的欲望(他人的欲望)所朝向的地方。[1]这就是说,位置在此是一个象征性的记号,是主体与他人的欲望相遇的场所,主体只有把自己置于这个位置,才能辨认出自己的欲望,主体欲望的视线是由他人的欲望(如杜拉的父亲的欲望)所朝向的这个位置决定的。

1950 年代中期以后,随着索绪尔和雅各布森语言学的引入,无意识被界定为一种语言结构,能指链在其中按照隐喻和转喻的原则运作,欲望作为对永远失去的对象的欲望总是指向另一个东西,故而只能以转喻的方式被表达,且是在作为能指之场所的他者场域被表达,这样,早先的"他人"或"小他者"(other)被"大他者"(Other)所取代,早先的欲望公式现在变成了:"人的欲望就是大他者的欲望"(Man's desire is the desire of the Other)。

"Man's desire is the desire of the Other",虽然与此前的表述仅一个字母大小写的差异,但含义已有所不同。如果说以前的那个他者欲望还主要是指处在象征界中的他人主体的欲望,那么现在的这个他者欲望则在此基础上增添了一个语言学维度:"他者"现在指的是一种他在性的结构力量,是相对于欲望主体之存在而言的"另一个场景",是构成主体的能指链条展开运作的场所,是主体之言说借以发生的地方,因而也是主体间的关系赖以确立的结构性场域。就此言之,"他者的欲望"现在不单是指处在象征秩序中的他人主

---

[1] Jacques Lacan, *The Seminar of Jacques Lacan, Book I, Freud's Papers on Technique 1953–1954*, p.184.

体的欲望,更是指主体在象征秩序中的欲望,指主体之欲望在象征界的构成或在能指链条中的结构化,换言之,所谓"人的欲望就是他者的欲望",首先是指人的欲望在他处的绽出。在《治疗的方向及其权力原则》(1958)一文中,拉康说:

> 如果欲望是主体的需要穿过能指的峡谷这一条件——它是由话语的存在强加给主体的——在主体身上的一种效果;
>
> 如果如我在前面宣布的那样,通过打开移情的辩证法,我们必须确立一个大写的他者的观念,以之作为言语展开的场所(弗洛伊德在《释梦》中称之为另一个场景);
>
> 由此就必须指出,作为受语言制约的一种动物的一个特征,人的欲望就是大他者的欲望。[1]

人的欲望总是一种无意识的欲望。如同无意识是像语言一样被结构的,欲望也是在语言中且以语言的方式被结构的;如同无意识总是要通过梦、口误、玩笑、症状等表现出来一样,欲望也总是发生在另一个场景中。这意味着我们对主体之欲望的解读从此需要到他者场域中去寻找,意味着我们必须从他者的逻辑来了解欲望的结构机制,在《治疗的方向及其权力原则》(1958)一文中,拉康借用弗洛伊德讨论过的一个歇斯底里女患者的梦说明了这一点。

弗洛伊德在《释梦》(1900)中分析过一个肉店老板娘的梦:针对弗洛伊德说梦是愿望的满足,这位女患者向他讲了一个截然相反的梦,在梦中,她的愿望恰恰没有得到满足。梦的内容很简单:

> 我打算举办一次晚宴,但家中只有熏鲑鱼,其他食品都没有。我想出去买些东西回来,但想到这是星期六下午,所有的店铺都关了门。接着我又想打电话订一些菜送上门来,但电话又出了故障。因此,我只好放弃了办晚宴的打算。[2]

---

[1] Jacques Lacan, *Écrits*, p.525.

[2] 车文博主编,《弗洛伊德文集》第一卷,第366页。

是的，如肉店老板娘所言，这是一个愿望没有达成的梦，在分析中，弗洛伊德先是假装同意患者的看法——在梦中她的愿望没有得到满足——但接着就问"是什么引起了这个梦？"，就是说，是什么东西使她产生了这个无法满足的愿望？是什么东西使她在梦中去欲望一个愿望的无法满足？为回答弗洛伊德的问题，病人讲述了一些背景：她有一个很能干的丈夫，经营着一家肉店，丈夫觉得自己太胖，想要减肥，并为此决定拒绝一切晚宴的邀请；她有段时间很想吃鱼子酱三明治，她知道如果向丈夫提出这个要求，她的愿望可以立即得到满足，但正相反，为了逗弄丈夫，她要求他不要给她买鱼子酱。弗洛伊德从这个鱼子酱中找到了蛛丝马迹，它说明这个女病人在现实生活中编造了一个"未被满足的愿望"，就是说，她愿望她的愿望得不到满足，可她为什么要坚持一个得不到满足的愿望呢？

再度分析让弗洛伊德获知了病人在做梦前一天发生的一件事：那天她去拜访了一位女友，她很嫉妒这位女友，因为她的丈夫即那个肉店老板总是称赞她——虽然他更喜欢丰满体型的女人，而这位女友却长得很瘦。那天，女友再次抱怨自己长得太瘦，并希望肉店老板娘能邀请她到家里饱餐一顿，而她最喜欢吃的就是熏鲑鱼。于此，梦的意思清楚了，弗洛伊德向他的病人分析说："其实，在她要你请客时，你是在对自己说，'想得倒好！我请你到我家吃饭，吃胖了好更能勾引我丈夫。我才不再搞什么晚宴呢！'这个梦说的是你不能搞晚宴，这就满足了你不想帮助你的朋友长得丰满的愿望。你丈夫为了减肥而决定不接受任何赴宴的邀请也使你明白了一个事实，即一个人在别人家的餐桌上会吃胖的。"[1]

进而，弗洛伊德说，这个梦还有更深的一层意思。病人在梦中放弃一个愿望的同时，在现实生活中也试图放弃一种愿望——对鱼子酱三明治的愿望——而她的女友又有想长得胖一些的愿望，因此，病人在梦中梦见女友想要饱餐一顿的愿望得不到满足，是因为那就

---

[1] 车文博主编，《弗洛伊德文集》第一卷，第367—368页。

是病人所愿望的——她在梦中把自己"等同于"女友了:"在梦中以她自己取代了女友,并以自己等同于她而编造出一个症状——放弃的愿望。这一过程可以描述如下:我的患者在梦中把自己放在了她朋友的位置,因为她朋友正在替代她同她丈夫的关系,还因为她想代替她的女友而取得她丈夫对她的好评。"[1]

很显然,这是一个有关欲望及欲望满足的梦,如何把握弗洛伊德的分析的逻辑呢?有一个点很重要:我们在他的分析中可以明显地看到两组欲望的交织。第一组欲望有一种奇异的对称性:肉店老板想要减肥,并因此拒绝接受晚宴的邀请;患者的女友想要长胖,并因此希望得到赴晚宴的邀请。第二组是两个未被满足的欲望:老板娘在现实生活中放弃对鱼子酱的欲望和梦中女友对晚宴的欲望没有被满足。弗洛伊德在第一次分析中称老板娘是出于嫉妒而在梦中拒绝帮助女友满足长胖的愿望,就是说,她试图在梦中把女友想要长胖的欲望维持在不能满足的水平,而在进一步的分析中,弗洛伊德称病人是通过在梦中把自己等同于女友来取代后者在丈夫心目中的位置。这一分析让我们看到了一个关键的东西,那就是两组欲望的交织使肉店老板娘陷入了一个欲望的谜题:丈夫口口声声要减肥,却对丰满的女人有特别的喜好,但同时,他似乎又很喜欢老板娘的那个瘦弱的女友,那么丈夫到底欲望什么?用拉康的话说,"另一个女人怎么会……被一个不可能对她满意的男人……爱上呢?"[2]于此说来,老板娘的梦实际就是对丈夫的欲望所做的一个破解,也就是说,这整个地是一个有关主体欲望的梦,而从弗洛伊德解读出来的梦的运思机制可以看出,主体的欲望即是他者的欲望。拉康的分析就是围绕这一点进行的。

正如弗洛伊德所分析的,这仍是一个有关愿望达成或愿望满足的梦,其所满足的恰恰是肉店老板娘的无意识愿望:不想让女友的

---

[1] 车文博主编,《弗洛伊德文集》第一卷,第 369—370 页。
[2] Jacques Lacan, *Écrits*, p.523.

愿望达成。不过，拉康的欲望分析要更为复杂。在他看来，梦与其说是愿望的达成，不如说是欲望的能指化和结构化，是无意识的欲望在另一个场景中的构成，因此，问题关键就是要区分出欲望在不同界域的运作。

首先是肉店老板娘在现实生活中的欲望，拉康称其为"一个欲望的欲望"或"对拥有一个未被满足的欲望的欲望"，不妨说，老板娘的欲望就是欲望着某个欲望不被满足。这个不被满足的欲望的能指就是鱼子酱：她本来对鱼子酱有强烈的欲望，可在现实中她故意让这个欲望得不到满足，"那个歇斯底里患者对拥有一个未被满足的欲望的欲望是由其对鱼子酱的欲望来指示的"[1]。

可为什么这个主体要欲望着欲望的不被满足呢？这正是主体的歇斯底里症状，鱼子酱作为不被满足的欲望的能指表明，主体的欲望乃是源自存在的匮乏和欠缺，通过把鱼子酱这个欲望对象送到一个不可企及的位置，歇斯底里的主体使存在的匮乏和欠缺得以能指化。拉康说：

> 暂时要提示的是，若是所论的欲望被表示为未被满足的欲望，那它就是由能指"鱼子酱"来表示的：因为该能指象征了这一欲望的不可企及。然而还要提示一点：一旦这个欲望作为欲望滑行到鱼子酱中，对鱼子酱的欲望就成了该欲望的转喻——这是该欲望得以维系自身的存在之欠缺（the want-to-be）的必然结果。[2]

进而，在梦中，这个欲望的欲望变成了一个欲望对另一个欲望的替代，即女友对熏鲑鱼的欲望替代了病人自己对鱼子酱的欲望，拉康把这个替代称为"一个能指对另一个能指的替代"[3]。这正是

---

[1] Jacques Lacan, *Écrits*, p.518.

[2] Jacques Lacan, *Écrits*, p.520.

[3] Jacques Lacan, *Écrits*, p.519.

梦的运作机制，是欲望在无意识场景中以语言的方式被构成的过程，梦揭示了这一构成的效果。

在现实中，病人的症状虽然显示了其对某个不被满足的欲望的欲望，可她自己对此一无所知，其对鱼子酱的激情是一种能指的激情，是能指在主体的无意识中的一种自主运作。而在梦中，通过能指的替代，那个不为主体所知的欲望得到了"辨认"："梦是为辨认……欲望而谋划的"[1]。由谁来辨认？当然是分析家——通过分析家的阐释，欲望被构成的真相才得以显露，就像肉店老板娘的梦，通过对梦中能指的替换逻辑的解释，主体的无意识欲望的真相便可以被揭示。

肉店老板娘有一个疼爱她且男人气十足的丈夫，可以随时满足她的生理需要，可她需要的不只是这些，她真正需要的是无条件的爱，为了证明丈夫的爱是无条件的，她故意让自己的需要得不到满足——鱼子酱本身并不是她真正想要的，它只是作为她——拉康称她是一个"机智的"女人——无条件的需要或爱的要求的能指在发挥作用。可问题在于，她的丈夫究竟想要什么？喜欢丰满女人的他怎么会对一个并不会令他满足的瘦弱女人赞不绝口？当她的女友为了让自己长胖一些而提出要到她家来饱餐一顿的时候，这个机智的患者似乎在丈夫的欲望与女友的欲望的交叉中突然意识到了什么，她为这一模糊的意识感到很焦虑，所以做了那样一个能指替代的梦。拉康说，正是在这里可以看到，那个歇斯底里的女人"认同的是男人，一片熏鲑鱼前来占据了他者之欲望的位置"[2]。就是说，这个患者真正欲望的是想要成为男人的欲望对象，想要成为菲勒斯，哪怕是一个"显得有点瘦削的菲勒斯"[3]。菲勒斯才是她最终的欲望能指，是她真正要认同的对象，她之所以在梦中以女友的欲望能指即熏鲑鱼来取代自己的欲望能指即鱼子酱，并不是——如弗洛伊德所言——

---

[1] Jacques Lacan, *Écrits*, p.521.

[2] Jacques Lacan, *Écrits*, p.523.

[3] Jacques Lacan, *Écrits*, p.523.

仅仅为了让自己去占据女友的位置，而是因为女友的欲望为她通向自己的无意识欲望打开了一个缺口，或者说她在梦中把自己置于女友的位置实际是为了去探究作为他者的丈夫的欲望与爱。由此可见，人的欲望是在他者场域中且由他者（他人主体）的欲望结构出来的，人的欲望根本上就是他者的欲望。拉康说：

> 这关系着与前面提到的原初认同的功能完全不同的另一种功能，因为它涉及的不是主体对他人的徽章的承接，而是主体于能指效果在对其代表着他者——因为他的要求就从属于他们——的那些人身上打开的同一裂口中发现的构成其欲望的结构的条件。

说得更清楚一点：肉店老板娘是一个"机智的"病人，她本来享受着丈夫的爱，可她对这个他者的欲望一无所知，为了探究这个他者的欲望，她把鱼子酱当作能指，通过拒绝丈夫提供给她鱼子酱而让它从要求的对象转化为无法填满的欲望的能指，进而，她在梦中以能指的替换来探寻与她处在相同位置的另一主体的欲望，也是为了探究他者（丈夫）的欲望，这一探究显示出，这个老板娘欲望的正是他人（她的女友）所欲望的，或者说她正是通过他人（她的女友）所欲望的而知道了自己所欲望的，而她所欲望的不过是为了成为他者（丈夫）的欲望，成为他者的欲望对象。

主体的欲望是在他者那里并通过他者的欲望被结构出来的，于是，主体的欲望辨认不再是一个主体与另一个主体的关系，而变成了主体与他者或者说处在他者场域中的欲望的位置的关系，变成了主体在语言中且通过语言表达出来的要求与受到语言压抑且在能指链的下方不断滑行的欲望所指即需要之间的关系，在第 11 期研讨班中，拉康说：

> 这一关系［欲望与欲望的关系。——引者注］是内在的。

人的欲望就是他者的欲望。

在此再重复一遍，不是存在我在主体本身的根基中指明给你们的异化方面吗？如果人只能在他者的欲望的层面来辨认他的欲望，此处不是存在某个东西必定会向他显现为一种障碍以阻止他的消隐吗——在这个地方，他的欲望根本得不到确认？这个障碍并没有被升级，也不会被升级，因为分析经验告诉我们，当看到一个完整的链条在他者的欲望的层面嬉戏的时候，主体的欲望便被构成了。[1]

人的欲望就是他者的欲望，这是拉康欲望理论的基石，也是他思考主体间性的问题的一个基础。虽然在今天我们可以把他的这个理论广泛运用于文化研究和批评实践，但拉康自己的探讨主要还是基于精神分析的经验和临床，所以在不同的语境中，或者在面对不同的临床结构时，他对这一命题的具体展开常常有许多分叉。在此我没有办法逐一介入那多样的语境，比如幻象的结构、对象a、原乐、性别差异、话语等，但从主体认同的方面对拉康的论述逻辑做一简要梳理还是十分必要的。

在精神分析学的神话性叙事中，主体的欲望的最原初形式——那其实也是一种需要——是隐喻意义上的乱伦欲望，是（前）主体对母亲的欲望，欲望重返母体，回到与母亲合一的神话状态。但由于父亲角色的介入，由于父之名或父亲的"不"的功能，主体对母亲的欲望受到压抑，主体通过认同父之名、认同菲勒斯功能而使自己原初的乱伦欲望得以人化，主体成为真正的欲望主体，其原初的欲望对象（母亲）因这一象征性的阉割而成为一种不可能之物，成为永久失落的对象，从这个意义上说，主体的欲望乃是存在之欠缺的欲望，而这一存在之欠缺乃是他者的阉割所造成的。这是"人的欲望就是他者的欲望"的一个基本含义，它表明理解人的欲望必须

---

[1] Jacques Lacan, *The Four Fundamental Concepts of Psychoanalysis*, p.235.

以存在的根本性欠缺为参照。

再者,在前俄狄浦斯阶段,孩子对父母的关系是镜像式的关系,然而就父母的方面而言,这一关系一开始就已经有象征维度的介入:孩子向父母提出要求,且欲望他的要求无条件地得到满足,因为在他的想象中,父母是无所不能的;但是处在象征秩序中的父母也会按照自己的欲望向孩子提出要求,此时他们的欲望就代表着他者的欲望,是他者欲望的能指。在孩子与父母的这场欲望斗争中,孩子通常是失败的一方,经过俄狄浦斯阶段对父之名的认同,他终于获得了自己的主体性,在他者场域赢得了一个位置,就是说,通过屈从于他者,他终于成为一个主体。但这是一个语言的主体,一个在能指的链条中作为意指效果指示出来的主体,一个被语言所切割的主体,或者说是一个被划杠的主体,一个分裂的主体。从此,主体的欲望只有通过能指、通过对能指意义的缝合与认同在他者的场域中被表述出来。这是"人的欲望就是他者的欲望"的又一重含义,它表明,主体是在他者中且通过他者而欲望的,他者是构成主体的欲望的条件。

但是,这个他者的欲望对主体而言并不是自明的,许多时候父母并不明确地告诉孩子他们到底需要什么,而只是以"不许这样""不许那样"的命令来告诉孩子他们不需要什么;即使父母告诉孩子他们需要什么,可他们的言语的音信并不是透明的,有时他们说的是这个,而实际上要的却是那个,孩子无论怎么做似乎都无法满足父母的期许。为了赢得父母的赞赏和逃避因不遵从而带来的责备与惩罚,孩子就必须不断去揣摩父母的喜好和愿望,总想弄清楚"他们究竟需要什么""他们究竟想要我怎么做"。于是父母(他者)的欲望成为孩子自己的欲望,为了满足父母的心愿,孩子只有让自己成为被欲望的对象,成为令父母满意的可欲望的对象。这是"人的欲望就是他者的欲望"的再一重含义,它表明,主体所欲望的就是成为他者欲望的对象,主体的欲望就是欲望成为他者的欲望。

进而，随着主体欲望的人化，随着主体对象征秩序的认同，主体成为社会的人、文化的人，这时，社会建制、文化规制、各种意识形态机器等成为他者的代理，主体的欲望现在不仅受到父母的欲望的规定，也受到这一更具强制力的他者欲望的规定。"他们究竟需要什么？"这个问题变得更加难以捉摸，也更加令人焦灼和紧迫，他者的欲望对主体而言成了一个永恒之谜，一个永远无法获得解决的未知之物。为了弥合主体的欲望与他者的欲望之间的这一裂隙，主体只有把自己的欲望凝定在某个自认的原因之上，以一个基本的幻象来投射他的欲望与他者的欲望之间的关系，由此就形成了拉康所谓的幻象公式"$S \lozenge a$"，在此，被划杠的 S 代表分裂的主体、欲望的主体，小写斜体的 a 代表欲望的原因，代表已经永远失落的欲望对象，代数符号"$\lozenge$"则表示两者之间的关系。依照幻象的公式，主体总是想当然地以为他者的欲望与自己的欲望是一致的，他者所欲望的正是主体自己想要的。主体正是通过这样一个幻象的运作而把他者的欲望看作自己的欲望，这同样是"人的欲望就是他者的欲望"所内含的一层意思。

不过，拉康说，把他者的欲望看作自己的欲望终究只是主体的欲望的幻象，其在主体身上所引发的与其说是欲望的满足，不如说是焦虑，因为那个作为欲望之原因的小 a 根本上是一个欠缺，是主体在实在界打开的一个空洞，它提供给主体的或者说它在主体身上所唤起的总是那个原始的创伤经验，那个不可能的内核，主体与它的相遇只会是一个错失的相遇，这一相遇只会让主体陷入蒙克式的焦虑。所以，精神分析的根本目标就在于让主体穿越这个幻象——拉康所谓的"不要向欲望让步"其实就是指不要向他者的欲望让步——让主体在他者的欲望的欠缺中辨认出自己的欲望的不可能性。在这个意义上说，"人的欲望就是他者的欲望"所导向的既是主体的倾覆，也是他者的倾覆，一旦主体不再把他者的欲望看作自己的欲望，而是通过对他者欲望的命名或能指化来消解他者欲望的诱惑，主体就可以抵达其无意识的真理的位置,这时,被划杠的主体"$"就进入了与被划杠的他者的能指"S（A）"的游戏,可以通过他者欲望的能指来指认自身欲望的界限。

总之,按照拉康的逻辑,由于人的欲望是在他者中且通过他者而被结构的,所以有了下面的一系列结果:第一,欲望的主体已然是一个分裂的主体,并且这一分裂是不可弥合的;第二,主体间的关系是不可能的关系——这不是说主体间的关系是不可能的,而是说这个关系是一种不可能的关系、一种非对称的关系;第三,主体的欲望是永无满足也不可满足的欲望,是朝向死亡的致命的欲望;第四,主体对欲望满足的坚执最终只会导向主体性的崩溃,导向他者秩序的崩溃,欲望主体根本上是一个歇斯底里的主体,主体的命运就是以其歇斯底里不断地质询、拷问他者的权威。

二 菲勒斯的意义

记不起曾经在什么地方看到发生于弗洛伊德与其女儿安娜之间的一则故事:有一天,安娜与父亲在一起谈论精神分析学,安娜对父亲说:"有一个东西我一直不太清楚它的意义:什么是菲勒斯?"弗洛伊德回答说:"行,我现在就可以向你说明,不过我们最好到办公室里去谈。"父女俩进了办公室,弗洛伊德关上门,解开裤带,褪下裤子,对女儿说:"看,这就是菲勒斯。"安娜回答说:"哦,我看到了,它就像阴茎,只是个头更小一些。"

这则故事究竟有多大的真实性,我不太清楚,也没必要非要弄清楚。但不论真实与否,人们把这则故事安放在弗洛伊德的身上并像我在此所做的这样津津乐道,这本身就说明,这个故事正在发挥着生产机器的作用,正在生产着我们的欲望或幻想,我们乐于谈论它,恰恰是因为它可以给予我们一种剩余的快感满足,可以让我们以言谈的方式来展示或"暴露"自己身上的某个部分对象。当然,我这样讲不是要刻意去强调这则故事的淫秽性,它本身一点也不淫秽,它只是时常充当了淫秽的触发器。更确切地说，这则故事喻示了精神分析学一个非凡的特质，那就是唤醒我们去面对自己内心的某种"罪业"：对但凡被奇观化的物事——比如遮蔽常常就是奇观化的手法之一——我们总是怀有一种令人惊骇的坚执，而精神分析学就是要告诉我们，在这种坚执中，我们的欲望常常会显出一种朝向死亡的特殊气质。精神分析学只是以其特有的方式把这个奇观化的对象称为"菲勒斯"。

"Phallus"是一个希腊词，特指勃起的男性生殖器的偶像或具象性表征（所以这个希腊词的词源学意义有"肿胀""雄起"的意思），例如在古希腊酒神节这样的宗教活动中，人们要抬着酒神与生殖之神狄奥尼索斯（Dionysus）或神之信使赫尔墨斯（Hermes）的阳物模型游行，然后献上颂歌。这种菲勒斯崇拜不只在希腊盛行，远古时期，它在世界的许多地方都曾出现，属于生殖崇拜的一种典型形式。若是在汉文化传统中去寻找"phallus"的对应概念，我觉得有一个汉字最能与之匹配：祖宗的"祖"。从人类学的意义上说，汉民族的祖先崇拜其实就是一种父性功能崇拜，一种菲勒斯崇拜，直到今天，我们依然可以在这个汉字的象形层面看到阳物形象（"且"）的踪迹，这最能佐证"祖"的菲勒斯功能——"祖"是对菲勒斯的崇拜或认同，主体借此可在宗族谱系中获得其合法的位置与身份，同时"祖"也是对菲勒斯的一种献祭或牺牲，这意味着主体性身份的获得是以某种付出、以主体的臣服作为代价的。

需要明确的是，在菲勒斯崇拜中，男性生殖器的具象只是一个记号、一个象征符号，代表着某种神奇的力量与威权，正如一位精神分析学家所说的："在远古时代，勃起的阳具象征着统治权势、魔法或超自然之超验阳刚特质，而非雄性能力各种纯然淫秽的变貌，象征着对复活以及能使其产生力量之希冀，象征着光明原则，不容阴影、繁复，且其维持着存在永生不息之统一体。具有勃起阳具之神，赫梅斯（Hermes）与奥希理斯（Osiris）具现了此种根本启示。"[1]也就是说,对于"phallus",我们不可将其与解剖学意义上的"penis"(阴茎)混为一谈。

"菲勒斯"成为一个学术术语很大程度上得益于精神分析学的关注。然而,令后世的精神分析学家和批评家略显尴尬且争论不休的是,在弗洛伊德的著作中,恰恰是解剖学意义上的阴茎概念一度在两性的性别角色结构中起着重要的作用,因为男孩和女孩最初正是因为看到两性之间在生殖器官上的差异而发现有些人并不拥有阴茎,由此产生的重要心理后果就是在男孩身上引发了一种阉割恐惧,在女孩身上则引发了一种阴茎妒羡,这使主体在其俄狄浦斯阶段必定要面对一个选择:或是拥有阴茎,或是被阉割。与此相对应,我们看到,"菲勒斯"作为一个独立术语在弗洛伊德的著作中则很少出现。弗洛伊德的确在形容词的形态上使用过"菲勒斯阶段"(phallic phase)的说法,不过他似乎并没有因此而在菲勒斯和阴茎之间做出严格的区分,因为他所谓的"菲勒斯阶段"指的是男孩和女孩在某个发展阶段认识到人类原本只有一个生殖器官,那就是阴茎。

可即便如此,弗洛伊德对阴茎的逻辑意涵的阐述还是让我们隐约地觉察到他的使用中总有某些别样的含义。例如他曾在1917年的一篇论文中提出过一个象征等式:阴茎=排泄物=小孩=礼物,在这个等式中,阴茎显然不是指真实的器官,而是指那一器官所代表的象征功能,比如他特别指出,女孩在成年后会通过欲望拥有一个孩子来解决其阴茎妒羡,取代其渴望获得父亲的阳具的欲望,孩子与阴茎之间的这个等式明显地是在阴茎的象征功能上来说的。

毫无疑问,在阴茎与菲勒斯之间,拉康必定是取后者而弃前者,在他那里,菲勒斯首要地是作为男根的一种想象的和象征的功能使用的,它根本上与真实的或解剖学意义上的阴茎无关,与两性间的生理差异无关。所以,在拉康那里,阴茎和菲勒斯并不构成一组对比性的概念,他根本不关心作为生理器官的阴茎,他引入菲勒斯的

---

[1]转引自拉普朗虚、彭大历斯,《精神分析辞汇》,第336页。

概念不是为了去说明两性的生理结构对性心理乃至主体人格的发展的影响——就像弗洛伊德所做的那样——而是为了利用菲勒斯的象征功能去说明欲望主体的构成和欲望运动的辩证结构。

在1958年的论文《菲勒斯的意义》中，通过引入语言或能指的维度去讨论无意识主体的形成及其分裂，拉康指出，主体与能指的关系——主体的构成是由能指的法则决定的——赫然表明，能指的激情已经成为人类状况的一个新维度，人身上的所谓自然本性其实是语言结构的效果，主体作为言说主体并非人在说，而是弗洛伊德的那个"它"在人身上且通过人在说，是"它"在他者的处所言说，主体的位置实际是由这另一个场景的"它"的位置决定的，总之，由于与能指的关系，主体无论就其构成而言，还是就其作为一种言说的存在而言，都只能以分裂作为其构成和存在的代价。那么，我们该如何在主体的身上来确认能指的这种功能呢？或者说，我们用什么东西可以指明能指在主体身上造成的这种分裂效果呢？拉康说，借助一个特殊的能指即菲勒斯的功能可以说明这一点。主体与能指的关系于此就变成了主体与特殊能指菲勒斯的关系。

> 于此，菲勒斯在其功能的基础上可以得到更好的理解。在弗洛伊德的教义中，菲勒斯不是一种幻象，如果我们把幻象看作一种想象性的效果的话。它也不是一种对象（部分的，内在的，好的，坏的，等等），因为"对象"这个词倾向于在一种关系中来看待相关的事实。它更不是它所象征的器官——阴茎或阴蒂。弗洛伊德以它在古人那里表现出的拟像作为参照物并非偶然。
>
> 因为菲勒斯是一个能指，其功能在分析的内在主体的经济学中可以揭去其在神秘性的事物中发挥的功能的面纱。因为菲勒斯是一个能指，所以它注定要作为一个整体来指明那些意义效果，因为这个能指以其作为能指的在场而规定了这些效果。[1]

---

[1] Jacques Lacan, *Écrits*, p.579.

这所谓的意义效果当然就是指主体的分裂，它源自一个基本的事实，即无意识的主体总是言说的主体，同时也是欲望的主体，在言说中，主体的需要以要求的形式在言语中得到表达，这一表达因为能指的作用而不可能是完整的，总是会有一些东西从表达中滑脱，构成一种剩余，并因为这剩余，主体滑向下一个要求，如此往复，主体在言语的链条中不断朝向不可抵达的剩余，言说的主体因此而呈现为一个欲望的主体。如前所说，拉康认为，欲望是不可满足的，欲望没有确定的对象，但它总是在追寻对象，它总想把自己凝定在一个能指之上，以标记自己的存在。菲勒斯就是这样的一个享有特权的能指，它在其标记中把"逻各斯的作用和欲望的出现结合到了一起"[1]。那么，为什么菲勒斯可以享有这样的特权呢？拉康描述说：

> 可以说，之所以选择这个能指，就因为它是交媾行为中可作为现实来把握的最触目的因素，而且，在这个词的字面（拓扑学的）意义上说，它也是最具象征性的因素，因为它在交媾中相当于（逻辑的）系词（copula）。我们还可以说，它凭借其肿胀而成为生命流的形象，因为它在生命的繁衍中传递着。[2]

这还不够淫秽吗？！是的，拉康的这段文字有着最为触目的淫秽性，它可以说是超现实主义意义上的那种淫秽诗学，现实的阴茎从勃起到疲软的种种意象、交媾的致死之快感、从肿胀的雄起到肿胀消退的英雄落寞，这一切皆被嫁接到菲勒斯的象征功能的具象呈现中，构成淫秽性的全部要素不是全都聚集于此了吗？！但是，这种淫秽性与作为参照的现实的阴茎并无关系，我们要知道，拉康对生物意义上的性、对生物意义上的交媾行为全然没有理论的兴趣，恰恰相反，其对菲勒斯的象征功能的坚持正是为了剔除人们对这个

---

[1] Jacques Lacan, *Écrits*, p.581.

[2] Jacques Lacan, *Écrits*, p.581.

意象的淫秽想象，他的淫秽诗学不是来自闺房里的性学，而是来自欲望的某种超现实的"淫秽"特质，那就是其对原乐的追求、对过度兴奋的追求。所以，他以现实的阴茎为参照描述出的上述种种只是为了达成一种诗学的效果，意在强化菲勒斯这个特殊的欲望能指在场（显形）与缺席（消隐）的辩证法所具有的非凡的指涉力量，那就是欲望的不可满足性以及欲望和滞留于欲望之上的那种剩余原乐的悖论性。

再者，正如我们在拉康的象征界理论中已经看到的，在他看来，主体之构成（包括性别主体的构成，有关这一点，我在下一章还会具体论及）自始便是在象征界中完成的，象征界是一个法的世界，一个以禁止或"不"的禁令确立起来的世界，交换法则是它赖以建立的初始法则。依照人类学家列维-斯特劳斯的说法，人类社会交换法则的确立乃是基于一种乱伦禁忌，在那里，妇女是最初的交换对象——这大约会令女性主义者觉得受到了侵犯——其基本的象征功能就是用来交换合法的阴茎快感。而随着法体系的全面确立，将会有越来越多的"妇女-物品"参与到这一交换过程中，它们构成一个能指的聚合。渐渐地，在这众多能指中，菲勒斯成为一个优先的能指。这一过程颇类似于马克思讲的一般等价物即黄金作为货币的形成过程：

> 一般等价形式是价值的一种形式。因此，它可以属于任何一种商品。另一方面，一种商品处于一般等价形式（第三种形式），是因为而且只是因为它被其他一切商品当作等价物排挤出来。这种排挤最终限制在一种特殊的商品上，从这个时候起，商品世界的统一的相对价值形式才获得客观的固定性和一般的社会效力。
>
> 等价形式同这种特殊商品的自然形式社会地结合在一起，这种特殊商品成了货币商品，或者执行货币的职能。[1]

---

[1] 马克思，《资本论》第一卷，中央编译局译，北京：人民出版社，1975年，第85页。

如同黄金从众多商品中脱离出来而成为其他商品价值的等价物一样，菲勒斯从众多能指中脱离出来而成为所有能指的功能的代表，就像拉康所说的，菲勒斯这个能指注定要"作为一个整体来指明那些意义效果"，因为那些意义效果乃是这个能指以其"作为能指的在场"而规定出来的——单就逻辑的层面而言，在这里，拉康与马克思之间有什么不同吗？！[1]

但我们可能还是会感到疑惑：既然毫无淫秽的企图，那为什么非要选用菲勒斯这个"淫秽"的意象来描述欲望的辩证法呢？这就得从精神分析学所特有的有关主体之构成和发展的"逻各斯"说起——那里面似乎已经浸透了一种"淫秽"的血统，因为在这个"逻各斯"的中心，有一个创伤性的内核就与那个"淫秽"的小玩意儿有关，那就是"阉割"。

"阉割"（castration）或曰"阉割情结"（castration complex）是弗洛伊德为阐释两性间的解剖学差异给主体带来的心理影响而提出的一个结构性概念。当男孩和女孩偶然地发现两性生理器官的不同构造时，首先想到的不是男女生殖器官本身的差异，而是两性之间一方"拥有"而另一方"不拥有"阴茎；同时他们都认为，在原初的意义上，两性本来都拥有阴茎，所以一方的阴茎缺失是因为被阉割，由此便引发了所谓的阉割焦虑，弗洛伊德说，这一焦虑在男孩和女孩身上都同等地存在，就是说，他们同等地面对着一个问题：拥有还是不拥有阴茎。正如后来的女性主义者不断地抱怨的，弗洛

---

[1] 在拉康的菲勒斯和马克思的黄金（货币）之间进行这种类比并非我的独出心裁，美国的马克思主义批评家弗雷德里克·詹姆逊早就有这种说法："对不同的东西的价值分别进行的研究所得到的十分相似的内容，如马克思对货币和商品的研究，弗洛伊德对情欲的研究，尼采对伦理学的研究以及德里达对语言的研究，本身就是决定这些不同对象的东西：黄金、阳物、父亲或君主或上帝以及口说语言相互之间的隐藏关系的一个标志。这些绝对标准的产生的范式就是马克思所说的交换机制的四个阶段：简单阶段（一对一的时期，等于拉康的镜像阶段），高级阶段（一种多形态的价值系统），概念阶段（出现了共同价值这一抽象概念），以及最后一个货币的或绝对的阶段（这时黄金已从商品流通中排除，成为绝对的标准，就像父亲被杀，转为父亲的名义，也像拉康的精神分析中象征性的阉割把性欲定在生殖器阶段一样）。"（弗雷德里克·詹姆逊，《语言的牢笼》，钱佼汝译，南昌：百花洲文艺出版社，1995年，第152页。）还有齐泽克，他在《因为他们并不知道他们所做的——政治因素的享乐》（2002）中也有完全类似的论述。

伊德以阉割来解释人类对两性间的解剖学差异的最初认知乃是基于一个理论预设，那就是阴茎的优先性，或曰菲勒斯中心主义。弗洛伊德接着说，这一被阉割的幻念在男孩和女孩身上引发了不同的心理效果：男孩产生了阉割恐惧，女孩则产生了阴茎妒羡；前者因此而转向去认同阉割的执行者——父亲或父法，成年后他自己便成为那个威风凛凛之物的拥有者，而后者因为一开始就把自己想象为是被阉割的，所以先是投入了渴望占有父亲的阴茎的冒险，而后又欲望通过生育一个孩子来补偿自己原初的缺失。当然，如果阉割焦虑未能以这种正常的方式获得解决，就会导致主体的心理结构异常，比如弗洛伊德的病人"小汉斯"。

对于弗洛伊德的这个理论，女性主义者总是抑制不住她们愤怒的火焰，认为这是男权文化的厌女症的一种典型表现。她们的这种愤懑是可以理解的，但却是基于她们对弗洛伊德理论的一种"弱"阅读，即把弗洛伊德的描述简约化地视作一种有关男女生殖器官的"自然哲学"，视作男权意识形态的无意识流露，而忽视了弗洛伊德精神分析话语的神话要素，忽视了弗洛伊德的性隐喻的另一种文化逻辑，例如在《图腾与禁忌》中描述的子民对原始父亲的谋杀及其对父法原罪式的认同。[1]对这个逻辑的挖掘则需要一种"强"阅读，拉康就以其特有的强力阅读对弗洛伊德的阉割理论进行了去生理化的理解。

在拉康的理解中，阉割根本上关涉的是主体在其构成过程中必要遭遇的对象"缺失"或"匮乏"（lack of object）。在上一章讨论"父之名"的时候，我们已经接触到了这个问题，在此再从菲勒斯能指的角度对它做一简要重述。

前面已经说到，"对象"是精神分析学中意义最为含混的概念

---

[1] 我这样谈论女性主义，并不等于说我认同男权主义，恰恰相反，我认为，男权文化的性别压迫和性别政治不只是针对"女人"的，同时也是针对"男人"的，其最为典型的一种存在形态就是父权政体，它的恶无所不在，且施及每一个个体。所以，当女性主义者把男权政治的焦点唯一地集中于性别政治的时候，其实常常会成为这种政治的帮凶。

之一,至少在拉康那里,它有时候指的是原初失落的对象——这属于对象的根本性匮乏;有时候又指与欲望满足有关的东西,比如部分对象甚或幻想的对象——我们不妨把这理解为对象的缺失。不论哪一种情况,"对象"这个概念总是与对象的"失落"(loss)联系在一起,故而也总是与存在或存在意义的欠缺与匮乏联系在一起。

说得更明确一点,对象的匮乏与存在的匮乏同属本体论层次,指的是生命在诞生时刻与母体的分离,精神分析学称作最原初的诞生创伤,这不是说脱离母体这个事件已经给主体带来了创伤,而是说主体在后来的创伤经验中会以某种回溯的方式把这个事件建构为创伤的源头,比如我们为什么渴望他人的爱?我们为什么需要诗歌、艺术和宗教来安抚心灵,爱因斯坦为什么要提出宇宙统一场的理论,诸如此类,皆因人类基于现实的匮乏而想象自己经历了一个原初的失落,并隐喻性地认为正是与母体的原始分离导致了完整的"一"的状态的彻底丧失。拉康把在这一分离中失落的对象命名为原质之"物"(das Ding),并称人类的文化实践——艺术、宗教、科学——皆是为了把某个对象升华到"物"的位置,让失落的原初对象在那里返回。

再就个人主体的层面而言,对象的缺失是与主体进入象征秩序、进入语言的世界联系在一起的,是与父之名的阉割功能联系在一起的,由于菲勒斯能指的作用,主体在认同父亲位置的同时,必要放弃对母亲的欲望,拉康称这个母亲-对象是在能指运作中被切割的对象,是在语言的意指游戏中脱落的对象,是被父法所禁止的对象,是主体在象征性认同中被迫牺牲的对象,也是主体追求欲望满足时的对象剩余,更确切地说,是主体不可能的欲望满足的残留物,所以拉康称这种对象缺失是引起欲望的原因,并把这一引起欲望的对象命名为"对象 a"。[1]

---

[1] 许多研究者把拉康的"物"和"对象 a"视作等义的两个概念,或认为较晚提出的"对象 a"的概念乃是前一概念的替代。这种说法显然不够严谨,因为它模糊了拉康阐述这两个概念时的逻辑语境。

前已论及，拉康在讨论主体的俄狄浦斯阶段时曾提出三种对象缺失或导致存在匮乏的三种结构：挫折、剥夺和阉割。这三者每一个都处在不同的秩序，每一个都由不同的代理引发，每一个都涉及不同的对象。挫折是某个实在的对象（比如母亲的乳房）的想象性缺失，引发这一缺失的代理是象征的母亲；剥夺是某个象征对象即象征的菲勒斯的实在性缺失，引发这一缺失的代理是想象的父亲；阉割则是某个想象对象即想象的菲勒斯的象征性缺失，引发这一缺失的代理是实在的父亲（参见第九章第二节）。这些缠绕的关系可以用一个图表来说明[1]：

代理	欠缺	对象
实在的父亲	象征的阉割	想象的菲勒斯
象征的母亲	想象的挫折	实在的乳房
想象的父亲	实在的剥夺	象征的菲勒斯

也许你会觉得这种逻辑缠绕本身就是拉康对你的主体性的一种挫折/剥夺/阉割，但只要你坚持想要弄清楚他的菲勒斯理论，就有必要在这个拓扑逻辑上稍作停留。我们可以换一个角度来说明这里的结构关系。在这三种缺失或匮乏的形式中，都涉及主体、他者和对象的关系。在挫折的辩证法中，主要是针对婴儿主体对母亲他者（象征的母亲）的关系，在那里，母亲的在场和不在场是由一个实在的对象即母亲的乳房来象征地表示的，这就是说，婴儿所感受到的挫折之为想象的挫折，是相对于其对母亲的想象性关系而言的，而这个母亲之为象征的母亲，则是相对于对象（实在的乳房）的获得与失去对母亲这个他者在场与不在场的象征化而言的。在剥夺的缺失中，一定意义上说，所涉及的主要是母亲/女人与父亲的关系，这是一种实实在在的缺失，因为母亲/女人确实缺乏一个实在的对象即阴茎。不过，在拉康的俄狄浦斯场景中，剥夺依然是依据孩子

---

[1] 参见 Dylan Evans, *An Introductory Dictionary of Lacanian Psychoanalysis*, p.95。

主体与母亲他者之间的关系来阐述的。按照他的理解，父亲对母亲的剥夺是在双重的场景中实施的，先是母亲作为女儿被剥夺了想象的菲勒斯，这实际是一种象征的阉割，进而她又作为孩子的母亲被剥夺了象征的菲勒斯，因为没有菲勒斯的母亲还可以通过象征的礼物即她的孩子来拥有所欲望的对象，即她可以把孩子当作想象的菲勒斯的替代来弥补因第一次剥夺而来的匮乏与欠缺，但父亲的"不"再次剥夺了母亲的这个象征对象。可从孩子的方面说，剥夺被想象为母亲他者的一种根本性欠缺，并且在实在的父亲实际地介入主体与母亲他者的关系之前，发出"不"的禁令的并不是父亲，而常常是已经认同或内化了乱伦禁忌的母亲自己，是母亲这个他者在以言语的形式行使父法的功能，就是说，这一剥夺的代理实际只是一个想象的父亲。最后在阉割的功能中，所关涉的主要是孩子与父亲或父之名的关系，阉割的行为并非实在地发生的，而是象征性的，是实在的父亲以父之名取代母亲的欲望的结果，在此，母亲的欲望既指母亲自己对菲勒斯的欲望，也指孩子对母亲的欲望的欲望——欲望成为母亲的菲勒斯，欲望能够满足母亲的欲望，也就是孩子把自己投射为一个想象的菲勒斯。父之名对前一种欲望的取代属于剥夺的行为，而阉割是发生在孩子与父亲之间，是父之名对后一种母亲欲望即孩子对母亲的欲望的取代，所以阉割的对象是想象的菲勒斯，主体（孩子）通过放弃对母亲的欲望和认同父亲的功能而在他者场域获得了一个位置，一种主体性。

由此我们可以看到，在三种对象缺失的结构中，他者或者说处在他者位置的母亲的缺失对于主体的欲望构成起着至关重要的作用，这一点也充分表明：拉康是把主体的构成中充当母亲角色的形象先行送到一个不可能的位置，再通过引入菲勒斯能指的功能来描画主体的欲望路线图。可在此，我们看到了拉康的一个纠缠，即在他那里，菲勒斯一会儿作为对象，一会儿作为能指，这两者有什么分别吗？简单地说，菲勒斯作为对象是相对于主体的对象欠缺而言的，这时它又有想象的菲勒斯(ϕ)、象征的菲勒斯(Φ)和实在的菲勒斯(Π)之分：在阉割中是欠缺想象的菲勒斯（因为对母亲的欲望被父之名取代了），在剥夺中是欠缺象征的菲勒斯（因为剥夺一方面意味着母亲/女人无法获得象征的菲勒斯，另一方面也让主体看到了菲勒斯母亲或母亲他者的欠缺），至于实在的菲勒斯，拉康甚少论及，它作为欠缺的对象大约是相对于母亲作为女人的欠缺而言的——她没有一个实在的器官。那么，欠缺的对象是否就是欲望对象呢？就无意识欲望的最终指向而言，它的确就是欲望对象，但就主体的欲望构成而言，它恰好是欲望生成的原因，因为正是对象的欠缺，把主体引向了寻求欲望满足或可提供满足的对象的道路。可还是因为对象的欠缺和匮乏——它使对象成了不可能的对象——使寻求满足的过程变成了主体与欠缺和匮乏的一次次相遇，并因此把主体引向了一个又一个的对象替代，后者作为具体的欲望对象恰是菲勒斯能指运作的结果。菲勒斯作为能指乃是欲望的能指，它通过对另一个能指的替代或压制来表征主体，故而它也有想象的维度、象征的维度和实在的维度：它对另一个能指表征主体的时候就呈现为象征的维度，而那另一个能指呈现的就是想象的维度，至于其实在的维度，指的就是母亲的实在的欠缺，即实在之洞。比如，在《菲勒斯的意义》（1958）中，拉康说：

> 菲勒斯是一个能指这个事实意味着主体只有在他者的位置上才能抵达这个能指。但是由于这个能指在那里总是被遮盖着的，并且是作为他者的欲望的理由而存在，所以这个他者的欲望本身恰是主体需要去辨认的，换言之，他作为他人就是因为他本身是一个被意指链的断裂所分裂的主体。[1]

这段话看似清晰，其实有着十足的含混性，比如这里的"菲勒斯"（能指）、"他者"、"他者的欲望"到底指的什么，不仔细

---

[1] Jacques Lacan, *Écrits*, pp.581-582.

对应上下文的语境以及此处隐藏的"字眼"——比如"遮盖"——就很容易只在象征的维度来理解，比如把首句的菲勒斯"能指"理解为父法位置的能指，可这样的话该如何解释接下来的那句话呢？即这个能指何以是"被遮盖着的"呢？我在此提出一个我个人的解读："菲勒斯是一个能指"指的是母亲欲望的能指，即象征的菲勒斯作为想象的菲勒斯（欲望对象）的能指，这个事实意味着，主体只有通过占据拥有象征的菲勒斯的他者之位才能达成欲望的满足；可是，母亲的欲望在那个他者场域是被划杠的，母亲欲望的能指必要被主能指即象征的菲勒斯能指所取代；并且母亲他者自身也在欲望着一个菲勒斯，而她的实在的欠缺、她作为一个实在之洞或者说其欲望能指的空洞性使她的欲望对她自身和主体而言永远是一个谜，是主体需要去辨认的；面对这个谜一样的他者欲望，面对是"拥有"象征的菲勒斯还是"成为"想象的菲勒斯这个被迫的两难抉择，主体成为一个分裂的存在。

菲勒斯作为一个"享有特权"的能指，其特权或特殊性就体现在它的意指功能上。前面已经说过，主体的构成有赖于其对父亲或父法秩序的认同，当主体在母亲他者的欠缺中辨认出了拥有或不拥有菲勒斯的差异时，他就决定放弃对母亲的欲望，进入父法的世界，接受对想象的菲勒斯的象征性阉割，借象征地获得的菲勒斯能指从他者那里赎回已然失落的对象。

那么，菲勒斯的这一特殊的意指功能到底是什么？它作为众能指中的一个优先能指对主体之构成而言究竟意味着什么？在《主体的倾覆和欲望的辩证法》（1960）一文中，拉康回答了这个问题，在那里，他运用一种特别的代数式运算对菲勒斯能指的意义给出了一个令人惊骇的说明，称菲勒斯这个勃起的器官等于 -1 的平方根（$\sqrt{-1}$）。拉康的这个等式堪称是他的妄想症书写的一个典范，以至于后来的许多研究者或者斥之为一种无聊的数学游戏，或者干脆对它三缄其口，好在布鲁斯·芬克对它倾注了极大的热情，在一篇文章中专门为我们提供了一个详尽的解释，芬克自己说，他为此皓首穷经，耗时数载[1]，但遗憾的是，他在一些重要的环节上好像还是没有说清楚。

要理解拉康的那个等式，必须先看一下他在同一篇论文中对能指算式的重新阐释：

> 至于我，我想从 S（A）这个缩略语所阐述的东西——首先是存在一个能指——开始。我对能指的定义（再无其他）如下：能指是对另一个能指表征主体的东西。这后一个能指因此是所有其他能指皆对它表征主体的能指——这意味着，如果该能指错失了，所有其他能指就什么也不表征。因为表征只能是针对某物的。
>
> 就能指的宝库而言，它是完整的，而该能指只是它的圆圈上的一条线，并且不能算作其中的一部分。这可由众能指的集合中固有的一个（-1）来象征。
>
> 故而它本身是不可言述的，但它的运作并非如此，因为每当说出一个专名时，这个运作就会发生。它的陈述等于它的意义。
>
> 因此，可以按照我使用的代数式来运算这一意义，那就是：
>
> $$\frac{S（能指）}{s（所指）} = s（陈述）$$
>
> 由 S=（-1），可以得：s=$\sqrt{-1}$。
>
> 这就是当主体以为他可以被他的我思所言尽时错失的东西——他所错失的就是关于他的不可想象之物。[2]

"能指是对另一个能指表征主体的东西"（a signifier is what represents the subject to another signifier），这句话的意思我在前面已经有过解释，在这里，拉康要说明的是那"另一个能指"，所有其

---

[1] 参见 Bruce Fink, *Lacan to the Letter: Reading Écrits Closely*, chap. 5。
[2] Jacques Lacan, *Écrits*, pp.693-694。

他能指对其表征主体的那个能指。所有其他能指构成为一个能指集合或能指宝库，它们就处在大他者的场域，故而可以用大写的"A"来代表。这一假定的能指集合就其本身而言是完整的，就像一个圆，因为它包括了所有能指；但是它们对其表征主体的那"另一个能指"却被遗落在外，它不属于这个完整的集合，而只是以某种方式动摇着这一集合的完整性，这表明，大他者也是有欠缺的，它错失了某个东西，这一有欠缺的大他者可以用被加上斜杠的 A 来表示：Ⱥ，而那个在大他者中错失的能指则可以写成"S（Ⱥ）"，即"他者中某个欠缺的能指"。拉康说，这个能指，这个在众能指的集合上打开了一个裂口的能指，指示了能指集合中内在地就含有一种欠缺，对于能指集合的这个欠缺，可以用"-1"来表示。在拉康的代数学中，负号"-"代表着缺失、不在场，阿拉伯数字"1"代表着能指或能指的在场，因而，"-1"乃是能指在场与不在场的辩证法的符号化表达：因某个能指的在场（"1"）而显出众能指集合的不完整性（"-1"），因某个能指的不在场（"-"）而显出能指集合只有一种"假定的"完整性（"-1"），总之，能指集合的完整性是因为欠缺、因为对处在集合边缘的另一个能指的排除而完整。

进而，拉康说，那另一个能指，那个指示了大他者之欠缺的能指是不可说出的，因为它总是被错失，它因错失而存在，即便在它到来的那一刻，它也是错失的，它在错失中到来，在到来中错失——它实际就是欲望主体在寻求欲望之满足中所朝向的那个创伤性的内核，那个因语言的切割、因父亲的阉割而被遗落在外且再也不能复返、不能被语言赎回的东西的能指，说得再明确一点，它实际就是母亲欲望的能指。但是，它的运作是可以捕捉到的，每当能指机器开始启动，每当主体进入言说行为，它就会从错失中返回，并前来主宰意指过程的意义生产。

接着，拉康用"专名"（proper name）的例子来说明意指过程的意义生产：每当一个专名被说出，即每当一个人在意指场域中获得了一个主体性的位置，比如我说"我是一个教授"，"陈述"就等于它的意义，即"我是……"中的"我"作为一个陈述主体就获得了一个意义所指，他者场域的一个能指——"教授"——被缝合在"我"的身上，成为"我"的专名，"我"因这个专名而在他者场域被指认或被确认为一个有学问的人、一个有道德教养的人，至于我的学问是不是抄袭来的、我的教养是不是一种伪装，根本就不重要，"教授"这个能指与"学问""教养"这些意义领域根本没有必然的关联，因为在这里重要的是他者场域指认给"我"的这个位置，重要的是那个专名可以把那些"意义"缝合到我的身上，用拉康的话说，专名的陈述等于它的意义。进而，用代数式来表示这一意指过程，就是：$\frac{S}{s}$=s。等式的左边$\frac{S}{s}$（能指在所指之上）是能指的算式，能指的运作最终产生了"s"（意义），但这不等于说"意义"是能指（"S"）和所指（"s"）的结合，拉康在这个语境中所说的"意义"是能指（专名）在陈述中生成的一个意义所指，即等式左边所产生的"意义"与等式右边是等同的："意义＝陈述；$\frac{S}{s}$=s"。正如芬克所解释的，这里事实上有一个"双重"等式："因为拉康也暗示出，当一个专名被说出时，所言述的东西就等于该专名的所指；换言之，当一个专名被说出时，所言述的东西和它的意义之间没有差别（因为一个专名只指称那个名称所熟知的东西）。"[1]就是说，这里隐含着这样一个等式：陈述＝所指＝意义，所以在代数式中所指和陈述都是用"s"表示。

一般地，当我把自己置放在"教授"的位置时，我也就认同了这个专名指认给我的"意义"，"教授"就等于有学问、有道德的人，但拉康说，这只是我们的一种误认，能指下的横杠是不可跨越的。更关键的是，他者场域提供给我的这个能指是一个创伤之物，在他者的律令或要求中，你选择了做"教授"，就不能选择做"禽兽"，

---

[1] Bruce Fink, *Lacan to the Letter: Reading Écrits Closely*, p.133.

就不能干剽窃的勾当——这些"不准"当然没什么不对,真正的关键在于,你选择了一个"空洞的"专名,但却要"真正"放弃专名所属的他者秩序以外的任何享乐,"教授"作为能指缝合给主体的只是一个空洞的"意义",但主体却要以牺牲真实的或实在的享乐作为代价,这个牺牲恰恰反映了他者的欠缺,反映了能指对主体的切割效果。这就是拉康的"S= -1"这个"等式"的含义。把这个"等式"代入专名陈述的等式中,就有了:

由 S= -1,可得 $\frac{-1}{s}$ =s,即 s^2= -1,运算得 s= $\sqrt{-1}$。

你大约会说:"这个运算我倒是明白,它不过就是数学中的开负根。"错了,这不是数学运算——虽然它运用了数学法则——而是能指运作的符号化说明,其意涵必须依照能指的法则来理解。

首先是"S= -1"的含义。上面已经说了,"-1"是既缝合又撕裂众能指集合的特殊能指在场与不在场的辩证法的符号化表达,它代表着能指集合的欠缺,它的出现/它的不在场显示了已有集合的不完整性。

再就是"s= $\sqrt{-1}$"。"s"是在能指运作中生成的意义所指,是能指在陈述中产生的意义,"$\sqrt{-1}$"表示一种不可能性,如同代数学中负数的平方根是不可想象的一样,一个能指(专名)所意指的东西也是不可想象的,一个在能指的缝合中、在言语的陈述中表征出来的主体是不可想象的,因为这一缝合之可能乃是源自一个错失("S= -1"),因为在这一缝合中终归会有一个东西被错失(那个特殊能指即使到来了,也只是已有圆圈上的一条线,而不能算作其中的一部分)。所以,拉康说:

> 这就是为什么我非要冒招惹骂名的危险去指出我在恶搞所使用的数学算式方面走得有多么的远:例如我所使用的$\sqrt{-1}$,在复数理论中又被写作"i",只要我放弃说它能在接下来的运

作中被自动运用,它显然就可以得到证实。[1]

这意思就是说,对于"$s=\sqrt{-1}$",不能在数学的意义上和以数学的方式自动运用,而只能对它做隐喻性的理解,即隐喻性地把它联结到能指与由它所表征的主体(意义)的关系中,"$\sqrt{-1}$"作为一个能指的意义,所指示的不过就是主体及主体之欲望的不可思议性:"我是什么?""我欲望什么?"当某个能指以专名那样的方式前来回应我的这些问题时,它不过是把我引向了另外的能指,在这中间,总是有一个东西在滑脱,总是有一个能指在诱惑我、在凝视着我。就像笛卡尔的我思主体,当这个主体说出是"我"在"思"时,他不知道这一专名意义上的"我"在陈述中只是一个有意识的存在,而当他进而以这个有意识的存在来断言"我在"时,或者说当他以为通过"我思"就可以言尽"我"的存在时,有一个东西就在此被错失了,那就是陈述主体背后的那个言说主体,那个无意识的主体,那个关于"我"的不可想象之物,"我在"的意义缝合在此显示的只是"我"的一个根本性缺失。

那么,这一系列的辩证反转与菲勒斯有何关联呢?看一下拉康在同一篇论文中的另一段话:

> 因而勃起的器官——不是作为其本身,甚至也不是作为一个形象,而是作为在被欲望的形象中错失的一个部分——前来将原乐的场所象征化,这就是为什么勃起的器官可以等于原乐的$\sqrt{-1}$,即前面提出的意义的符号,它以它的陈述的系数复活了某个错失的能指的功能:(-1)。[2]

比起上面那段话,这段话的意思更加隐晦,因为在它的背后包含着更多潜文本的穿行,这些潜文本在此一上下文的语境中有的有所提示,有的则付之阙如。

---

[1] Jacques Lacan, *Écrits*, pp.695-696.

[2] Jacques Lacan, *Écrits*, p.697.

还是先看一下这一段文字本身的逻辑。拉康在此称菲勒斯是一个"勃起的器官",但他给这个淫秽的形象做了注解:它不是作为一个真实的生物学器官,也不是作为一个想象的视觉形象,而是作为在被欲望的形象中错失的一个部分,就是说,是作为阉割的对象发挥其功能的——这一功能就是将原乐的场所象征化。前面已经说了,阉割是对一个想象的对象的象征性切割,其结果是想象的菲勒斯被象征的菲勒斯所替代,现在,拉康要把这个阉割结构、把阉割后的菲勒斯功能同原乐场所的象征化结合起来。菲勒斯作为一个想象的能指,或者说想象的菲勒斯,是受到阉割威胁的东西,父母以种种可怕的后果相威胁,禁止儿童从生殖区域——比如以手淫的方式——获得快感或原乐。于是,在儿童的想象中,这个在身体上突起的器官成了一个象征的能指,并被赋予了一种非凡的神秘力量:由于它被父母赋予了一种否定性的功能,所以儿童为成为被父母所欲望的形象,就只有接受被阉割或被剥夺的现实,把它从原乐对象的世界中切割出去;由于它作为通向原乐的通道是被禁止的——别说自我抚慰,有时连窥看都是不允许的——所以它成了激发欲望的求原乐意志最有力的对象,成了原乐场所的象征;更由于它与原乐的禁止相关联,所以,主体因僭越禁令而来的负罪感总是与对原乐的回想共存,所以,它作为欲望能指的功能更加坚执,主体投射到它上面的色欲幻想更加淫荡,以至于它都成了主体赎回被禁止的原乐的最优先能指。

现在可以看一下拉康的那个等式:勃起的器官等于原乐的$\sqrt{-1}$。"勃起的器官"是主体为成为被欲望的形象而错失的一个部分,是一个被阉割的东西,它实际就是母亲的欲望中那个想象的菲勒斯。勃起的器官作为一个错失的能指可以写作"$-\varphi$"——代表想象的菲勒斯或母亲的欲望的能指是被切割的、被禁止的——把这个能指导入上面有关专名的代数式中,就有了"$-\varphi$"等于"$\sqrt{-1}$"。"$\sqrt{-1}$"是能指集合错失的那个能指在意指过程中产生出来的意义,可这个意义是不可想象的,也就是说,通过对想象的菲勒斯的切割,主体在他者场域中获得了一个位置,其对母亲的欲望被压抑到无意识中,成为对主体而言的不可想象之物,成为一个晦暗的结构的要素,也成为主体错失的原乐的场所,因为这一以屈从阉割而生成的主体的欲望不过是一个有欠缺的他者的欲望,因为那个被象征化的原乐的场所实际只是被禁止的他者原乐的场所,主体在这个场域的欲望实现和原乐满足都不是主体自己的。

但是,那个勃起的器官终究也是一个象征的能指,是儿童接受阉割而得到的象征的菲勒斯(Φ)。称它是"象征的",是因为主体现在学会了借其他东西——比如为父母和社会所认可的行为与品质——来证实自己的价值,确立自己的主体性,就是说,这个象征的能指具有一种肯定性的功能,可以让主体在他者场域中找回一个位置以填充阉割所造成的缺口,补偿被禁止的原乐。对于错失的能指的这一象征性功能,拉康是这样描述的:

> ($-\varphi$)(小写的菲)作为菲勒斯形象从想象界和象征界之间的等式的一方移到另一方,这使它在任何时候都成为肯定性的,尽管它是填充了一个欠缺。虽然它是(-1)的支撑,可它在那里变成了Φ(大写的菲),变成了不可负化的象征的菲勒斯,原乐的能指。[1]

"$-\varphi$"代表着阉割,想象的菲勒斯的阉割,这个阉割的在场($-\varphi$)又恰恰是实施阉割的象征的菲勒斯的符号化,它是阉割的能指。可是,当主体接受了这一阉割,并在阉割所造成的缺口上填充以一个象征的菲勒斯(Φ)的时候,或者说当象征的菲勒斯取代想象的菲勒斯并把后者变成新的等式中的一个所指的时候,"$-\varphi$"就与"Φ"叠置在一起了——实际是"φ"被"Φ"遮盖了——那个欠缺的能指就具有了象征化的功能,就成了"原乐的能指",这时,"Φ"就

---

[1] Jacques Lacan, *Écrits*, p.697.

等于"-1"。[1]这样,我们就可以对原先的能指等式重新进行运算:

由"意义＝陈述",可得:Φ/-φ＝-φ

解这个等式得:Φ＝(-φ)²

在数学中,负数被平方,结果为正,所以,公式表明,"Φ"作为原乐的能指是"不可负化的象征的菲勒斯"。这意思就是:阉割情结的克服需要主体把对菲勒斯的欲望从想象界转移到象征界,把菲勒斯能指从负性价值转移到正性价值,以补偿想象对象的丧失。

在语言中或通过语言,把原初他者的欠缺或缺席象征化,把对象的缺失象征化,把欲望的匮乏象征化,把原乐的丧失象征化,最终让主体在他者的场域赎回自己的主体性,这就是菲勒斯能指的特殊功能。在《菲勒斯的意义》中,拉康反复强调,菲勒斯作为一个优先能指在其标记中把"逻各斯的作用与欲望的出现结合到了一起""菲勒斯只有被遮盖后才能发挥作用""菲勒斯就是扬弃本身的能指,它以它的消失来启动(导入)这个扬弃""菲勒斯作为能指为欲望提供理由"[2],等等,这一切都向我们清楚地表明,在他那里,菲勒斯能指作为一个优先能指,首先是母亲的欲望的能指,其次才是表示母亲的欲望被取代或被禁止的能指,并因为父亲功能对母亲的欲望的这一取代或禁止,分裂的效果被引入能指主体中,欲望的原因被引入欲望主体中,他者的原乐被引入原乐主体中。

三 欲望图

拉康的欲望理论真正要探究的不是欲望是什么,而是欲望如何运作以及这一运作如何导向了主体性及主体间关系的不可能,换句话说,他是要对欲望的构成及运作机制做拓扑学的描述,这一描述最集中地体现在他所谓的"欲望图"(graph of desire)中。

拉康最早引入欲望图是在第 5 期研讨班上,后来在第 6 期和第 8

---

[1] 在此我们要注意一点:在拉康那里,说"-φ"和"Φ"等于"-1",指的是它们作为错失的能指;说它们等于$\sqrt{-1}$,则指的是它们作为错失的能指所意指的意义。

[2] Jacques Lacan, *Écrits*, p.581.

期研讨班中也多次使用——但到 1960 年代以后，欲望图一度从他的讲座中消失了，只是在第 14 期（1968—1969）又做过一些评论——现今我们讲他的欲望图时所依据的文本大多是他于 1960 年在一次主题为"辩证法"的国际哲学会议上所作的学术报告《主体的倾覆和欲望的辩证法》，在这个报告中，他运用其拓扑学的逻辑对欲望的辩证法做了十分完备的叙述。

《主体的倾覆和欲望的辩证法》一文可以说是拉康对自己在 1960 年代以前的思想的一个总结或重述，同时也是对自己此后几年的理论目标的一个预期，所以其重要性是毋庸置疑的。但另一方面，它也公认是拉康《文集》中最为艰涩难懂的一个文本。造成这种艰涩的原因有很多，其中最重要的一点就是他的理论嫁接技术：在那里，你可以看到他的能指替代运作、"三界"拓扑学、认同的辩证法和欲望三元组，还可以看到主体与能指、欲望与他者、言说与陈述、欲望与幻象、能指与原乐、驱力与身体等的辩证扭结，还有有关神经症、精神病和倒错的临床结构分析，以及对菲勒斯能指的运算、对幻象公式和驱力公式的阐述，等等，这一切杂糅在一起，且依照一个循环往返的拓扑逻辑被配置在相互叠加的四个图形中，形成了一个巴洛克式的七宝楼台。于是，在那个文本中，所呈现的只是枝蔓迭出的论述：各种数学型在里面麋集，众多的概念和理论相互缠绕，同一论题在不同语境中不断地返回又不断地外溢，再加上高度凝缩的文字风格和充满隐语的修辞手法，整个地就像一个因年代久远而被风化的石林，让人根本找不到确定的入口和出口——它也许根本就没有一个确定的入口和出口。面对这一切，即便是专业的研究者，也会望而生畏，所以，在一般的拉康研究中，对四个欲望图通常都采取绕行的方式——至多是对文本有一些寻章摘句的引述。[1] 在此，

---

[1] 但值得一提的是，最近几年，英语世界的拉康研究在文本阅读方面已经有根本性的突破，与 1970—1990 年代的研究相比，其水平已不可同日而语。具体到《主体的倾覆和欲望的辩证法》这个文本，目前我看到有两本专著都专一地以它为阅读对象，参见 Philippe Van Haute, *Against Adaptation: Lacan's "Subversion" of the Subject*; Alfredo Eidelsztein, *The Graph of Desire: Using the Work of Jacques Lacan*。

我贸然想要去做一次攀爬，并不等于说我有足够的信心攻克它的每一个山头，我只是想在这里跟随拉康的逻辑体验一下欲望辩证法的历险——要知道，这对每一个沉浸于主体之思的人而言都是极具诱惑力的。为了方便大家理解，在进入系列欲望图之前，我想就如何阅读它们先做几点说明。

首先是欲望图的功能。"在弗洛伊德的无意识中主体的倾覆和欲望的辩证法"，这个题目已经显示了文本的根本意图：以弗洛伊德的无意识去倾覆笛卡尔以来那个自主的"我思"主体的中心位置；在精神分析学的语境和逻辑中展现或揭示欲望的辩证法。总之，它是想以返回的策略沿着弗洛伊德铺就的路线接着讲，它是要提供给人有关无意识主体及主体之欲望的一个完整叙事，即在这个返回策略的背后，其实还隐藏着一个"从弗洛伊德到拉康"的意图运作，在已有的那个题目下面，还叠加了一个隐迹书写——"自拉康的无意识以后主体的倾覆和欲望的辩证法"。

前已述及，拉康所讲的主体不是笛卡尔式的我思主体，而是弗洛伊德在对梦、口误、病人的症状等的分析中所揭示出来的无意识主体。通过引入语言学的模式来说明无意识的构成与性质，拉康确立了他的主体理论的两个基本原则：无意识是像语言一样被结构的；无意识是他者的话语。它们无非是说，主体是他者场域的结构效果，主体的意义实现也只有在他者场域中进行。如果说 1953 年的《罗马报告》和 1957 年的《字符的代理作用》两篇论文都重在说明主体的无意识构成，说明主体之言说与言语结构的关系，而 1958 年的《治疗的方向及其权力原则》和《菲勒斯的意义》重在说明人的欲望作为他者的欲望的异在性，说明欲望主体在需要和要求中的异化，那么，《主体的倾覆和欲望的辩证法》一文则是在综合和发展这一系列观点的基础上对欲望运作的说明。但欲望图的功能并不只是为了呈现欲望的辩证法，而且还是为了给这个辩证法提供一个形式化的图示说明，以拉康自己的理解，是为了让人们对欲望的运作获得一个整体性的把握。

其次是四个欲望图之间的关系。拉康的四个欲望图是一个整体，但它们之间并不是一个时间上的线性系列，而是一种逻辑上的层层递进，是在同一个拓扑学图形中以要素叠加的方式进行的变脸术。他先是总体性地勾画出能指链的运作与主体构成之间的关系（欲望图一），接着在能指的象征维度里加入言语的结构，以说明主体的想象性认同和象征性认同（欲望图二），再接着把欲望或他者欲望的维度嵌入主体的认同过程，以引出失落的对象（对象 a）和幻象的基本结构，进一步说明欲望主体的内在撕裂（欲望图三），最后则在主体对失落的对象的寻求中加入原乐的维度，围绕原乐这个原罪般的动力机制来阐述欲望与幻象、欲望与驱力、欲望与他者之欠缺的关系，并对此前各"阶段"进行回溯式重构，以此完成一个复杂的结构环路（欲望图四）。

再有就是对欲望图的解读。究竟该如何来解读这一系列的欲望图示呢？毫无疑问，可以有多种可能性的解读。例如斯拉沃热·齐泽克主要结合阿尔都塞的意识形态主体建构而从主体性认同的角度来解读[1]，而布鲁斯·芬克则主要是从欲望与他者的关系来解读[2]，他们的解读看似清晰，实际是一种"省略"，尤其省略了拉康论述的"细节"，可对作为一种阅读技术的精神分析学而言，没有了"细节"，就谈不上真正的"阅读"，"分析"也就无从进行。

可过分专注于文本的细节又容易落入拉康刻意设置的另一个陷阱，会使我们变成他者原乐的工具，成为拉康意义上的那种愚蠢的主体，或露出那种主体的蠢相，就像前面我对其中有关菲勒斯能指的几段文字的讨论，那大约就是蠢相的一种吧。因此，如何解决简约化和细节化的矛盾，如何在两者之间找到恰当的平衡点，当是我们阅读拉康的这个文本——甚至所有文本——时特别需要考虑的。

---

[1] 参见斯拉沃热·齐泽克，《意识形态的崇高客体》，第 139—179 页。

[2] 参见 Bruce Fink, Lacan to the Letter: Reading Écrits Closely, pp.106-128。

在此，我想就阅读该文本和欲望图提出几点原则——虽然基于篇幅的原因我下面的阅读不可能充分地贯彻它们：第一，既然拉康对自己已有思想的重述采取的是多个主题叠加、并置的策略，那对他的阅读就要尽可能避免用一个主题统摄全体的做法；第二，既然拉康在解说每一个欲望图时采用了拓扑学的逻辑，那我们的阅读就要避免把每个图示的意义凝定在单一的方面，虽然具体到表述的时候总是会有一个角度；第三，既然该文本是拉康1960年前后多期研讨班的观点的凝练，那就要求我们的阅读必须在一种互文性的参照中进行，尤其是对于文本中某些具有意义但拉康自己在此又未加说明的"细节"，我们更需要在研讨班中、在《文集》的其他地方去寻找解释；第四，既然四个欲望图是一个在结构中运作的整体，那我们的阐释就不能依循时间或因果递进的发展逻辑，而应依照结构要素的拓扑学变换，在预期和回溯的双重运动中来建构拉康的环路。

拉康的欲望图一共有四个[1]，其中第一个图被说成这欲望图示的"基本细胞"（elementary cell），这是否意味着其他三个图示都是在此基础上发展出来的呢？刚刚我已经说了，拉康的四个图示之间不存在这种时间的甚至逻辑的发展关系，所以，对于图一作为"基本细胞"，应该从另一个角度来理解：它是一个结构的母体或基型，并且这个母体不具有生产性，相反，它是在一种回溯运动中还原出来的。实际上，拉康的欲望图只有一个，那就是图四，图一、图二、图三都是作为一种教学手段从图四中分解出来的。对此，阿尔弗雷多·艾德尔斯坦因有一个精彩的说明：

> 因此，从临床上说，图一、图二、图三并不存在。它们不过是传达手段。我们甚至可以更激进地说：它们是教学手段，拉康发明它们不过是为了系统地说明欲望图的结构。[2]

第一个图示是：

---

[1] 严格地说，欲望图只有一个，那就是图四。
[2] Alfredo Eidelsztein, *The Graph of Desire: Using the Work of Jacques Lacan*, p. 74.

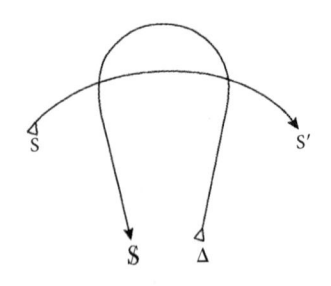

芬克说，拉康的这个图乃是对索绪尔在说明意指过程中能指和所指的关系时提出的那个著名图示——有关两个漂浮的王国的图示——的一个改写。[1]但拉康自己明确地说到，他要在欲望图的结构中来显示"欲望相对于借由能指在阐述中规定的主体而言的位置"[2]，也就是说，他现在对能指运作的阐述是与定位欲望的位置联系在一起的。可是在图一（包括图二）中，我们并没有看到"欲望"。这一点很好理解，图一只是基于教学需要"还原"出来的，它呈现的是完整欲望图即欲望结构的"基本细胞"，这个"基本细胞"就是能指链的运作对于主体的构成功能。

按照拉康的解释，索绪尔有关两个"漂浮不定的王国"以及符号的意义生产的图示与其说指示了能指与所指之间的对应关系，不如说指示了能指链的构成，指示了所指在能指的下方永无止息的滑动。拉康这么解释当然不是为了去建立一个有关意义生产的符号学，而是为了说明主体在能指链中的构成。更确切地说，主体是作为能指链运作的意义效果出现的，而这个意义效果的产生又有赖于能指链结构在历时和共时两个层面的运动，就是说，能指链的意义效果并非单一能指内在地具有的，也不是运用能指的主体内在地赋予的，而是在能指链条的差异性运动中产生的。

在历时的层面，能指链呈现出预期与回溯的双向运动：如果把"预

---

[1] Bruce Fink, *Lacan to the Letter: Reading Écrits Closely*, p.111. 在《字符的代理作用》中，拉康已经对索绪尔的这个图示做出了自己的解释（参见本书第八章第三节），但没有提供替代的算式或图解。

[2] Jacques Lacan, *Écrits*, p.681.

期"视作能指链的线性展开,那么"回溯"就是这一滑行在某个时刻的暂时终止,就是能指链的意义的一种完成,是借由某个能指对能指链的一种扭结或缝合,拉康把这称作"锚定点":

> 锚定点的历时功能在句子中可以找到,因为句子只能伴随其最后一个词才终止它的意指活动,每个词都在由其他词所形成的结构中被预期,并且相反,其意义都要通过它的回溯效果方能揭示出来。[1]

预期与回溯属于能指链的历时结构,它充其量只是给意义生产提供一个意指语境,而意义效果的出现还有赖于能指链在共时层面的运作,因为只有在那里,能指主体才能真正作为意指效果隐喻性地浮现出来:

> 但是,共时结构要更为隐蔽,而把我们带到起源处的正是这个结构。就第一个属性是在这里构成而言,这个结构乃是一个隐喻。

前面已经讨论过了,隐喻的运作是一个能指对另一个能指的替代,通过这一替代,主体或主体的属性就像诗意的火花一般从能指的缝隙中浮现出来。

现在我们来看一下图一的结构——在四个图中,这个图的结构最为简洁明了。图中从左到右的矢量线"$S \to S'$"代表能指的链条,代表能指链在历时层面的展开。从右向左的马蹄形矢量线"$\triangle \to \$$"则是主体之构成的矢量线,代表着主体通过能指链条得以形成的过程:居于矢量起始点的符号"$\triangle$"指的是人作为一个活的有机体的存在,一个生物性的存在,因而代表人还处在前语言、前符号、前主体性的状态,如果非要把它视作一个主体,那也是一个神话性的主体,一个依赖于单纯的需要而存在的主体;居于矢量尾端的符号

---

[1] Jacques Lacan, *Écrits*, p.682.

"$"则是指人类主体，当然，这是一个分裂的主体，一个因为语言的引入而被划杠或者说被语言所切割的主体，在下面我们还将看到，它也是一个因为父法或大他者的引入而被阉割的主体，一个因为言说而使要求异化的主体，进而它还是一个驱力主体，一个追求原乐的主体；"△→\$"从右向左运动，且向上穿过能指链，与后者形成双重的交叉，这代表了能指意义在回溯运动中的产生过程，代表了锚定点的形成，它一方面表明能指链永无止息的滑行在此停止了，"通过锚定点，能指停止了其否则会无限地进行下去的意指滑动"[1]，另一方面也表明意义生产的回溯运动是共时的、逆向的，是从 S′ 到 S 的过程。也就是说，单一的能指本身是没有意义的，处于漂浮状态的能指链本身也无法产生意义，能指或能指链的意义只有通过在某一时刻对句子的语境化运作、通过逆向的回溯运动，或者说通过锚定点对能指的缝合才有可能被揭示。从主体的方面说，这一回溯性的意义建构过程乃是主体或主体的言语的意义在某个时刻通过锚定点而被凝定的过程，同时也是主体的（生物性）需要在言语中被异化的过程，语言的获得即是主体的社会性的获得，这一获得必定要以丧失作为代价，所以矢量线 △→\$ 的末端是被划杠的主体。

那么，建构意义的回溯性运动是如何开始和完成的？那个凝定意义的锚定点究竟如何确定？是谁或是什么东西使主体的构成自一开始就成为创伤性的？要回答这些问题——它们实际都关涉着主体的认同机制——就必须引入言语的结构，必须在能指的场域中来定位他者的功能，在想象界和象征界的交互作用中说明主体的认同，这就是图二：

———————
[1] Jacques Lacan, *Écrits*, p.681.

首先要认识一下图中的符号所代表的含义。$ 在此代表经由能指运作结构出来的无意识主体，它现在也是运用能指的言说主体。A 代表"能指的宝库"，代表作为能指之宝库的他者场域，但也可以表示在象征秩序中占据他者位置的他人主体（例如家庭秩序中的父母、精神分析情境中的分析师、教学场景中的老师等）。s（A）中小写且斜体的 s 代表所指，A 代表他者，故而这个数学式可一般地读作"由他者提供的所指（或意义）"[1]，拉康自己解释它是"可称作句读的东西，在那里，意指活动最终以一个完成的产品告终"[2]，把拉康的这个意思说得明白一点，s（A）既代表了他者提供给主体的意义，也指主体的要求经由他者或在他者那里被阐释出来的意义。I（A）指的是主体通过认同大他者（的理想）而获得的自我理想，它代表主体的象征性认同；m 指的是主体在想象性认同中形成的自我、理想自我，i(a) 指的是小他或他人的理想形象、镜像或自我在镜子中的对体。

如何理解这个欲望图二呢？我们可以把它先分解成两个部分：一个部分是欲望图一的结构变换，另一个部分是在这一变换基础上叠加的一个四角的结构环路。

我们先看结构变换。图一上方的水平矢量现在变成了"能指→声音"，这里的"能指"指的是能指链。为什么能指链的右端被标明为"声音"？不妨先看一下齐泽克的解释：

> 要想解开这个谜，我们必须以严格的拉康方式设想声音：不能将其设想为内涵充足、自我呈现的意义的承载者（像德里达那样），而要将其设想为一个无意义的客体，意指操作、缝合的一个客体性残迹、残余：声音就是在我们从能指中减去制造意义的回溯性"缝合"操作之后，所剩下的废料。声音的客

---

[1] Bruce Fink, *Lacan to the Letter: Reading Écrits Closely*, p.118.

[2] Jacques Lacan, *Écrits*, p.682.

体性地位的最清晰具体的体现，是催眠的声音：当同一个单词无限地重复着涌向我们时，我们就会如坠五里雾中，那一单词也就失去了其意义的最后踪迹，所剩下的只有它迟钝的在场，行使着一种催眠的权力——这就是作为"客体"的声音，作为意指操作的客体性残余的声音。[1]

其实，拉康自己有一段话暗示了对这个"声音"的说明：

> 主体对能指的屈从就发生在从 $s(A)$ 到 A、再从 A 回到 $s(A)$ 的循环中，这一屈从的确是一个圆圈，因为在那里建立的论断只能终结在自身的音节上，换言之，它只会使其发现自身确定性的行为归于失败，而那论断反过来指向的只是其自身在能指组合中的预期，而它本身是无意义的。[2]

主体对能指的屈从造就了一个被划杠的无意识主体，该主体在他者场域中的言说是一个封闭的循环：主体向他者场域或他人主体发送音信，可由于语言之墙的作用，该音信又从他者那里以倒转的形式回馈到主体，主体的言说构成了一种自言说，他以为他是向他人言说，而实际上他是在向自己的无意识-他者言说，是无意识-他者在对他说，只是他根本没有意识到这一点，他不知道无意识的话语即是他者的话语。由于这种无知，所以主体根本无法在言说中或通过言说找到自身的确定性，比如"我到底欲望什么？"这个问题在表达"要求"的言语中——言语表达的总只是"要求"——是找不到答案的，音信的循环回送给主体的只是一个又一个的预期，其本身根本上是无意义的，就像病人的言语，他对于自己到底在说些什么、到底想要得到什么根本处在无知的状态，他只会发出一些不连贯的、无意义的话语，他无法从这话语中辨认出自身（的欲望），在音信的循环中，除了那时断时续的声音剩余，主体什么也听不见。

---

[1] 斯拉沃热·齐泽克，《意识形态的崇高客体》，第143—144页。

[2] Jacques Lacan, *Écrits*, pp.682-683.

在图二的马蹄形底部，我们看到了两个"数学型"：$ 和 I（A）。图一中处在右下端、代表着主体前语言状态的"△"现在为被划杠的主体"$"所取代，而图一左下端的"$"现在被替换成了代表自我理想的"I（A）"，这样，图一中的马蹄形矢量线现在变成了$→I（A）。拉康自己是这样解释这一结构变换的含义的：

> 这里由记号 I（A）所标记，我必须在这个阶段以它来替代 $ 这个逆向矢量上被划杠的 S，而 $ 则从那一矢量的末端移到了其始端。
>
> 这是一个逆转效果，主体在每一阶段经由这一效果而成为他以前的曾是，至于"他之将是"只能以未来完成时态来宣布。[1]

拉康的这个解释的确令人费解。它同样包括两个反方向的运动，即从 $ 到 I（A）的前进运动和从 I（A）到 $ 的回溯性运动。现在，主体是作为能指之效果的无意识主体，$ 被置于矢量线的始端表明处在象征秩序或能指领域的主体先行地就是分裂的、不完整的，可主体并不知道自身的这一处境，相反他甚至会无意识地否认或拒认自己的裂口，他会以各种方式穿越能指的领域去建构自己的认同，形成自我理想，这个自我理想相对于现在的他而言只是"他之将是"，它以一种未来完成时态被宣布出来，这就是所谓的"'他之将是'只能以未来完成时态来宣布"，也就是图示中标明的从 $ 到 I（A）的前进运动。至于回溯性的运动，则是指从 I（A）到 $，由于自我理想根本上是由他者在他者的领域召唤出来的幻觉的"我"，所以从这里回溯就能看到他者领域对主体先行的结构过程，就能得到"他以前的曾是"，即那个被划杠的主体，所谓的"逆转效果"，就是指通过这一回溯所得到的那个主体。

那么，主体的认同或者说自我理想的形成究竟是如何实现的呢？这就是那个叠加的结构性环路所要说明的。在这里，拉康区分了两

---

[1] Jacques Lacan, *Écrits*, p.684.

种认同，即想象性认同和象征性认同。

想象性认同发生于镜像阶段，但并不只存在于镜像阶段。自我经过镜像阶段以后，自我与小他之间的镜像关系模式在主体的成长中会继续发挥作用。想象性认同是对像的认同，这个像可以是主体自己的镜像，也可以是他人（最初是母亲）或映射在镜子中的他人形象，用数学型来表示就是"$i(a)$"。主体通过把力比多自恋性地投射到这个形象之上，而形成理想之我的原型，即自我（"m"）。

镜像认同的机制表明，自我本质上是一个他人，自我是通过对处在小他者位置的像的认同而构成的，当然，自我的这种构成不是一次镜像过程就能够完成的，它是力比多在自我和镜像之间往返循环的结果。并且，在拉康的理解中，想象性认同时常被设想为认同的一种理想状态，因为就自我的形成而言，完全自足的想象性认同实际是不存在的，自我与他人之间的镜像关系自始就受到了象征秩序的侵入。例如处在镜像阶段的婴儿，父母（他者）常常会指着镜中的它的形象说："你看，这就是你，这就是我们可爱的小宝宝。"从婴儿的角度说，父母所指认的这个形象（可爱）乃是它的理想自我的一个凝定点，它从这里获得了对自我的一种欣悦认定；可从主体-他者关系的误认结构说，父母的这一指认其实是他者的一种凝视，是处在象征秩序中的他者的一种凝视，主体从他者的这个凝视中得到一个讯息、一个指令或一种朝向未来的期待，并且去认同它，将它内化为自己的自我理想，以此完成其象征性认同。

在象征性认同中，根本的一点在于（大）他者的引入。在此，他者并不是现实的他人，不是站在镜子面前给孩子指认其理想认同对象的现实的父母，而是代表着象征秩序的父母所在的位置，是父母以期许的目光、以预期的话语指示出来的那个场所，所以，图示中 A 处在能指链循环的一端，另一端即 $s(A)$ 则代表着他者话语的意义，这个意义当然要通过对能指链的回溯性建构来获得，主体正是通过对他者话语的意义的认同而完成其象征性认同的。

那么，由 A → $i(a)$ → m → s(A) 所构成的结构性环路本身又该如何理解呢？它无非表明，处在能指机器中的主体的认同乃是想象性认同和象征性认同协同作用的结果，是这两种认同之间的一种循环往复。在此，s(A) 就像是整个认同过程中的一个凝定点，也是能指链上的一个缝合点，它指示父母在他者的位置、透过他者的凝视并以他者期许的形式提供给主体一个认同对象。因此，镜像的想象性认同固然可以在自我与他人的二元关系中预期出自我的最初形式，但它并不足以完成或实现自我的构成，因为这种完成只有当自我理想或者说他者的位置被建立起来时才是可能的，换言之，想象性认同必须有象征性认同的进入才算是完整的。对于这个循环结构，拉康自己是这样解释的：

> 这一从镜像到自我构成的想象性过程与经由能指而完成的主体化道路相伴而行，其在我的图示中是由 $i(a)$ → m 的矢量来指明的，这个矢量是单向的，但却被双重地表述：先是作为矢量 S → I (A) 的一种短路，继而作为矢量 A → s(A) 的返回路线。这表明，自我只有被表述为话语意指过程的一个转喻而不是话语中的"我"才能被完成。[1]

我们需要记住，在拉康那里，想象性认同是对小他的像的认同，其所构成的是理想自我，这个自我总是以"我之曾是"（即前主体状态的那种神话性统一）来牵引自己的力比多投注，故而这个"我"总是活在自居的妄想中。许多时候，主体不仅以这种自恋的想象来结构其理想自我，进而还把理想自我的形象投射到自己的未来中形成自我理想，以结构"我之将是"——结构环路的底部矢量线 S → $i(a)$ → m → I (A) 所指示的——拉康把这称为主体之认同的象征性链环的"短路"，因为主体不知道他的理想自我的构成本身就有赖于他者（小他者和大他者）的介入。

---

[1] Jacques Lacan, *Écrits*, p.685.

而在象征性认同中,主体认同的乃是他者所提供的意义或者说他者位置的凝视,其所形成的自我理想总是以"我之应当"来评判自己,故而这个"我"总是活在他人的目光下,"我"总是把他人对"我"的象征的看转换为"我"对自己的想象的看——A → i(a) → m → s（A）这个结构环路所指示的"返回路线"——以此来结构"我"的意义。比如许多想成为艺术家或自视为艺术家的人常把自己弄得一副不修边幅的样子,因为他们已经认同艺术家尤其是天才艺术家应当就是这个样子,这些人以艺术家自居,以不修边幅的形象为理想自我的形象,这就是他们的想象性认同,他们想象地以为不修边幅就等于固穷守节,等于不拘形迹,等于落拓不羁;可问题在于,他们为什么要以不修边幅的形象自居,把不修边幅同诸如追求个性、独立不羁、自由放纵等品质联系在一起呢?或者说,当他们以艺术家自居的时候,是谁在注视着他们呢?是社会这个大他者,因为社会总认为天才的艺术家通常都有一些怪癖,比如不修边幅。在社会的集体无意识中,这个形象是一个能指,代表着诸如落拓不羁这种独特的艺术气质,正是社会大他者的这种期待,让那些自诩为艺术家的人无意识地以想象的方式对其施以象征性认同,觉得艺术家就应当是那个样子,由此形成自我理想。

不论是想象性认同还是象征性认同,都离不开他者维度的规定性。那么这一规定性的本质是什么?拉康对此有一个说明,他说,他者不仅是"言语的场所"（the locus of Speech）,也是"真理的见证"（Truth's witness）。[1] 初一看,这句话并没有什么问题:言语的场所不正是主体暴露其无意识真理或真相的所在吗!可往下看拉康对言语和"真理的见证"的解释,我们将再一次被语词的迷雾所淹没:

> 若是没有他者构成的维度,我们就无法把言语的欺诈和伪装区分开来,后者是完全不一样的,且时常出现在战斗或性展

---

[1] Jacques Lacan, *Écrits*, p.683.

示中。伪装是施展在想象的捕获中的，它是构成原始舞蹈的前进与后退的游戏的一部分……而且，动物在被追逐的时候也显示会有这样的行为，它们会试图先朝一个方向逃跑，给捕猎者留下一些气味作为诱饵，然后改变方向。……但动物不会伪装作伪。它不会制造具有欺骗性的踪迹，即它们本来是真的，或者说那些踪迹本来暗示了正确的路径，却被人看作是假的。动物也不会擦除踪迹，那样的话，就相当于它已经把自己看作能指的主体了。

所有这一切已被哲学家们说得混乱不堪了，虽说他们都是职业的。但是很明显，只有当言语从伪装进入能指的秩序，言语才能开始；并且，为了使能指所维持的言语会撒谎，即装作真理的样子，能指需要有另一个场所，即他者的场所，作为见证的他者，作为他者而非任何同伙的见证。[1]

他者作为言语的场所，是主体前来表达其要求的地方，可是主体的言说有想象的维度和象征的维度之分，伪装属于前一个维度，欺诈属于后一个维度。

所谓伪装是想象的，指的是言谈者相信言语是透明的，所以总是且只是以自恋的方式来理解（误认）言语的意义，伪装的言语的伪装效果就是在这种想象的捕获中产生的。比如动物与捕猎者，动物做出伪装，并相信他者（捕猎者）会被欺骗；如果猎人也处在想象的捕获中，他的选择会是这样的：或者果真朝着伪装的方向追捕，这时他的愚蠢是天真的愚蠢，或者他凭经验知道那是一个伪装，所以向相反的方向追捕，依照拉康的理解，这后一种情形依然是想象的，因为这个猎人把伪装只是看作伪装，他把自己当作追捕和逃跑的游戏的一部分，把自己置于了与他者（猎物）的对称性关系。

但我们还可以按照拉康在关于《被窃的信》的研讨班中讨论的

---

[1] Jacques Lacan, *Écrits*, pp.683-684.

猜正反游戏来设想另一种情形。假如被追捕的动物是一个智能动物，知道推理和计算，它就会这样想：我在这里留下伪装，一个有经验的猎人就会猜想我肯定是跑向了另一个方向，所以我要向伪装的方向逃跑。甚至为了把猎人引向误认的效果，这个动物可以在伪装点故意做出伪装的痕迹，以拉康的话说，伪装作伪，以达到欺诈的效果。这时，伪装本身变成了一个能指，伪装的主体变成了运用能指进行欺诈的主体。不过拉康说，动物不会伪装作伪，也不会擦除踪迹。动物不会计算，不会针对另一个能计算的主体来决定自己的行动，要是那样的话，它就成了一个能够计算的能指主体了。人类也具有动物性的那种想象的捕获，但人类之所以不同于动物，就在于他/她还能把想象的记号能指化，以欺诈的手段把主体的真理/真相注册在言语的结构中。因此，所谓他者作为真理的见证，就是指真理在言语的场所总是以倒置的面目出现，真理的结构就是能指的结构，但真理本身在这个结构中恰恰是被擦除的，它是以留下作伪的痕迹来呈现自身之真实，言语是它在场的"见证"，而非它的在场本身，换言之，正是言语结构了它的在场和不在场的辩证法。

通过想象性认同和象征性认同的交互作用，主体的自我理想的建构得以完成，可这一建构是不可能彻底的。不论是想象性认同还是象征性认同，对主体而言都是一种误认，都会在主体身上划出一道裂痕，留下一道开口。固然，我们时常觉得，认同恰恰是对开口和裂隙的一种缝合，是对存在之缺失的一种补偿，可在精神分析学的意义上说，人是带着原始创伤来到这个世界的，不仅与母体的分离意味着伊甸园的原初统一的失落，而且人所特有的"早产"现象也会在人身上引起一种无助感，更加上断奶时期部分对象（母亲的乳房）的失落，人自一开始就沦入了无以弥合的焦灼状态，存在自一开始就是一种欠缺，这预示着主体此后的一切弥合创痛的尝试都将有一种命定的不可能性相伴。因此，按照拉康的逻辑，正是由于原初的失落和欠缺，主体才去寻求各种认同，可也正是由于认同离不开他人或他者的介入，使所有的弥合都必定要留下不可能性的残余，而也正是因为这个残余，主体又开始了下一轮的欲求。如此循环往复，主体最终沦入了欲望的无有终止的转喻性链条，承受着无尽的欲望的煎逼。因此，在完成对主体认同的说明后，拉康接着又在能指机器中引入了欲望或他者欲望的维度，于此便有了图三：

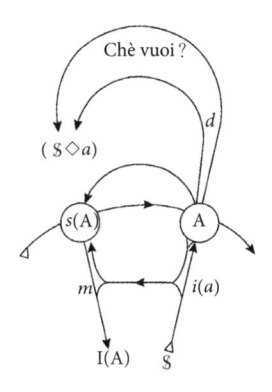

认同的不完整就体现在图二中的那个结构性环路不可能完全闭合，它总是会出现裂隙，会留有开口，主体的欲望总要从这开口处外溢，由此就有了图三顶部的那个既像一个问号又像一个鱼钩的图形。

先顺便解释一下欲望的代数符号：为什么欲望被标记为小写斜体的"d"？按照拉康常规的用法，首字母斜体小写往往表示所论的对象或术语属于想象界，那么"d"的表示法是否意味着欲望属于想象界呢？不是的。拉康的意思是，虽然欲望总是在发出要求的言语结构中——言语结构属于象征界，所以拉康在图四中把"要求"标记为"D"——呈现，但它却处在言语或要求之外，是属于象征界的言语或要求所难以表达的，"d"的写法就是为了表示欲望的这一难以言述的特质，也是为了表示欲望在幻象结构"$S \lozenge a$"中得以实现的想象特质。

为什么开口是出现在他者的位置？为什么在那里出现的是问号或鱼钩一样的图形？为回答这两个问题，拉康从三个层面或角度为

第十章
欲望的辩证法

我们铺陈了一个欲望实现的路线图：父亲的功能、需要和要求的断裂以及他者的欲望。对于这三个层面，我在前面都已经有所论及，这里再就拉康"隐藏"在解释中的某些"细节"做一概述。

拉康明确地指出，精神分析学对于欲望之谜的思考不能从受到压抑的本能中去寻找答案，也不能单单停留于主体历史中被视作创伤的偶然事件，而应当进入主体的欲望得以构成的结构要素，那就是父亲或父亲的功能。前已论及，父亲的功能是通过一个能指（象征的菲勒斯）对另一个能指（想象的菲勒斯）的取代来实现的，而现在，拉康要谈的是"另一个"父亲，即作为原初立法者的原始父亲（Father），他依照弗洛伊德《图腾与禁忌》（1913）中的俄狄浦斯神话解释说，这个原始的父亲是一个"死去的父亲"（the dead Father）[1]，它处在一个空位，它作为原初的能指指示的恰恰是能指宝库或他者中的欠缺：

> 至关重要的是，我必须在这里［指 S（A）］安置弗洛伊德神话中的死去的父亲……尸首无疑就是能指，但摩西的墓穴对弗洛伊德而言是空的，如同基督的墓穴对黑格尔而言是空的一样，亚伯拉罕没有对他们俩泄露任何天机。[2]

按照弗洛伊德的俄狄浦斯神话，子民在认同父法秩序之前已然实施了对原始父亲的谋杀，原始父亲其实是一个死去的父亲，尸首就是它的能指。可是许多人恰恰忘记了这一点，就连弗洛伊德和黑格尔也没能领会到这一点的真正意义：前者作为一个犹太教徒只知道摩西的墓穴是空的——按《旧约·申命记》最后一章的记述，摩西死后，耶和华将他葬在摩押地的山谷中，但没有人知道他的坟墓在哪里；后者作为一个基督徒只知道基督的墓穴是空的——按《新约》的记述，基督死后第二天，他的尸首不知所终。摩西和基督是

---

[1] Jacques Lacan, *Écrits*, p.688.
[2] Jacques Lacan, *Écrits*, p.693.

原初立法者的代表,他们的尸首或空的墓地作为原始父亲的能指恰恰指示了原初能指的空无和能指结构本身的欠缺,弗洛伊德和黑格尔看到了这种能指的空无性——弗洛伊德称原始父亲是死去的父亲,黑格尔把死亡设定为生命的绝对主人——但他们没有看到这个空无性的真实意义,即两个空墓的出现皆与亚伯拉罕——犹太教和基督教的共同始祖——的"天机"(mystery)有关。这个天机就是亚伯拉罕与上帝的原始密约,对此,拉康"欲望图"的研究者阿尔弗雷多·艾德尔斯坦因有一个解释:"思考一下专名及其与'-1'的逻辑问题的关系,我敢发誓,拉康提到的与亚伯拉罕有关的天机就是密约:亚伯拉罕与上帝的密约。这个密约是后来发生在摩西和基督身上的事件的源头。"[1]什么样的密约呢?请看《旧约·创世记》中的记述:亚伯拉罕原名亚伯兰,在他九十九岁的时候,耶和华向他显灵,对他说,"我与你立约:你要作多国的父,从此以后,你的名不再叫亚伯兰,要叫亚伯拉罕,因为我已立你作多国的父",上帝接着又对亚伯拉罕说,"你和你的后裔,必世世代代遵守我的约。你们所有的男子,都要受割礼。这就是我与你,并你的后裔所立的约,是你们所当遵守的"(《旧约·创世记》,17:1-10)。显见,这个密约与专名的获得及菲勒斯的阉割有关,依照拉康的逻辑,这个密约显示了能指结构的悖论性功能:主体性身份的获得必要以接受阉割作为代价。不过拉康现在要说的不是这个方面,他要说的是,原始父亲作为死去的父亲,其墓穴的空无性表明原初能指总是一个空洞的能指,其功能是局部性的,是不可能超越于能指结构之外的。换句话说,正是由于能指结构的功能的悖论性,使主体总是想象有一个原始父亲是不受这个悖论制约的,即原始父亲作为一个绝对的主体是不需要接受阉割的,正是他的这一绝对性,才使其成为后来一切主体必要加以认同的绝对能指。但问题是,存在这样一个超越于一切主体之外的父亲吗?!存在一个绝对的能指吗?!拉康的回

---

[1] Alfredo Eidelsztein, *The Graph of Desire: Using the Work of Jacques Lacan*, p.240.

答十分肯定：根本不存在。既然原始父亲是一个死去的父亲，既然作为其能指的尸首或墓穴是空无，那就表明，根本没有一个他者的他者可保证能指结构的完整。拉康说：

> 让我们从作为能指之场所的他者概念开始。任何权威的陈述除其本身的言说外，不可能有其他的保证人，因为在另一个能指中去为陈述寻找保证人完全是徒劳，因为能指不可能出现在能指的场所之外。归纳地说，根本就不存在可被言说的元语言，或者换用格言的方式说，根本就没有他者之他者（there is no Other of the Other）。如果有立法者（声称要制定法律的人）敢出来充当这个角色，那他肯定是一个冒牌货。
>
> 但法律本身并不是冒牌货，在法的基础上授权行动的人也不是冒牌货。
>
> [原始]父亲被当作法律权威的原初代表，这个事实要求我们去说明他是凭着什么样的优先在场模式而让自己处在主体之外的，后者实际已被带去占据他者即母亲的位置。[1]

"根本就没有他者之他者"，你既可以把这理解为根本不存在一个超越于能指结构之外的原始父亲，也可以把它理解为根本不存在一个完整的能指集合，还可以把它理解为根本不存在母亲他者（母亲作为主体的原初他者）的他者。

对死去的父亲的能指功能的说明告诉我们，根本没有他者的他者，也没有可诉诸言说的元语言，主体的存在与行动注定摆脱不了能指结构或言语结构的纠缠，主体的欲望也只能在言语结构中来呈现，但言语结构固有的异化效果又会使欲望的实现陷入一种难言的晦暗性，那就是要求与需要的分离——欲望总是只能在两者的裂隙中闪现。

---

[1] Jacques Lacan, *Écrits*, p.688.

我现在要说明一下这种晦暗性以何种方式在一定意义上构成了欲望的实体。

欲望在要求与需要分离的边缘得以显形，这个边缘是要求——它的诉求仅仅相对于他者是无条件的——以需要在此生发的裂隙作为掩护开辟的，因为需要根本得不到普遍的满足（这就是所谓的"焦虑"）。[1]

欲望产生于要求与需要的分离，它总是出现在要求的边缘，即它既在要求之中，又在要求之外。前面已经说过，所谓欲望在要求之中，是指它只能借助表达要求的言语来呈现；而所谓它又在要求之外，是指要求作为需要的语言表达总是不完整的，在言语结构中，需要总是有一部分被切割出去，构成引起欲望的失落对象。虽然要求相对于需要的特殊性、相对于他者而言是无条件的，可这种无条件性在其晦暗的边缘变成了欲望的绝对条件，"欲望颠倒了爱的要求的无条件性……以便把它提升到绝对条件的威力中"[2]。

更关键的是，前面也已经说到，主体的爱的要求根本上是他者的要求，是主体对他者要求的一种确认，所以，人的欲望根本上是他者的欲望，这既意味着人是作为他者来欲望的，也意味着人总是欲望他者所欲望的，还意味着人总是欲望成为他者的欲望（对象）。

死去的父亲的功能，要求与需要的断裂，他者的欲望，此三者结合在一起，把我们引到了欲望图三的那个问号或鱼钩面前。

当主体进入语言秩序来表达自己的要求或愿望时，欲望就会在那里显现，可语言的隐晦性又总是让主体的欲望落入意义的碎片中，用齐泽克的术语说，符号委任的断裂总是让主体一次次陷入意义的询唤中无以自拔。当主体以言语的形式把自己的需要转变为要求而向他者表达时，他者总是以扭曲或变形的方式加以回应，即主体所

---

[1] Jacques Lacan, *Écrits*, p.689.

[2] Jacques Lacan, *Écrits*, p.689.

欲望的东西总是以他不想要的样子来到他面前，从而使主体的要求中总有某个东西从语言中逃逸。总之，他者的在场使主体的欲望一次又一次陷入意义的询唤和对他者欲望的探询中，最后主体只有发出那个绝望的质询："Chè vuoi？"（你究竟想要什么？）拉康说：

> 这就是为什么说他者的问题——它采取"Chè vuoi？"（你究竟想要什么？）这样的形式，且要从主体期待一个神谕性的回答的地方回到主体这里——是最适于把主体导向自身欲望的道路的问题，因为——这要感谢被称作精神分析家的搭档的全知——他能以"他究竟从我这里想要什么？"这种形式来提出那个问题，尽管他自己对该问题一无所知。[1]

"你究竟想要什么？""你究竟想从我这里得到什么？"这个绝望的、歇斯底里式的质询乃是无处逃遁的欲望主体直面他者的隐晦性时向自己和他者同时提出的。是的，所有的主体，不论身份、地位如何，只要身处欲望之涌流中，只要摆脱不了以他者的凝视来确认自己，他就必然受到这个他者问题的煎逼，许许多多的时候，面对建制机器的倒错与无常，面对那些身陷幻觉而不自知的主体残余、残渣——更确切地说，"人渣"——我们除了绝望地质询"你究竟想要我怎么样？"之外，还有别的路可走吗？！所以，拉康的问号在这里显示了一种非凡的力量，一种让主体直面自身真相的力量。对于这个问号的引入及其含义，齐泽克有一个十分清晰的解释：

> 想象性认同与符号性认同之间的循环运动，绝不会不留任何残余地产生出来。"缝合"能指链会回溯性地固定其意义，在每一次"缝合"之后，总是保留着一定的缺口，一个开口；缺口、开口是由著名的"Chè vuoi？"在第三种图标形式中补偿来的。"Chè vuoi？"的意思是："你正在告诉我那个，但

---

[1] Jacques Lacan, *Écrits*, p.690.

你想用它干什么,你目的究竟何在?"

出现在"缝合"曲线之上的问号,暗示出了言语与其阐明之间存在的缺口具有持久性:在言语的层面上,你正说着这个;但你想用它,通过它,告诉我些什么?……恰恰是在位于言语上方的问题的位置上,在"为什么你告诉我这个"的位置上,我们要在欲望与要求之间的差异中,确定欲望的位置:你要求我做某事,但你真正想让我做什么,你要通过这一要求达到什么目的?要求和欲望之间的裂口,恰恰可以用来判定歇斯底里主体的位置:根据经典的拉康公式,歇斯底里的要求所包含的逻辑是,"我正在要求你这样,但我真正要求你的,是反驳我的要求,因为此要求非彼要求"[1]。

可是,图三的问号中除了这个问句以外,还有一个数学型:$S \Diamond a$。被置于问号开口处的这个数学型被称作幻象的结构公式。公式中的"S"为被划杠的主体、欲望主体或在欲望中分裂的主体;"a"在此代表着欲望对象,代表着永远失落的对象,也代表着欲望主体被象征界切割后的剩余,后来拉康进一步把它命名为"对象a",至于符号"$\Diamond$",拉康在《治疗的方向及其权力原则》(1958)一文的一个注释中有专门的解释:"符号$\Diamond$表示的是这样的关系:围合—发展—连接—分离。"[2]所以,数学型$S \Diamond a$可以读作"S在欲望对象面前的消隐"[3],表示的是被划杠的主体与欲望对象之间既围合又发展、既连接又分离的悖论性关系。拉康强调说,对于这个算式,可以有上百种不同的理解或读法,只要这些读法是依据算式的法则得出的。有关这个算式所要说明的主体与对象的关系或者说欲望与幻象结构的关系,我将在本章的下一节予以说明,在这里我们只需

---

[1] 斯拉沃热·齐泽克,《意识形态的崇高客体》,第154—155页。

[2] Jacques Lacan, *Écrits*, p.542. 在第11期研讨班中,拉康对这个符号做了一个更为复杂的拓扑学分析,认为它显示了主体因为与他者场域中的能指的关系而形成的异化和分离的双重效果,参见 Jacques Lacan, *The Four Fundamental Concepts of Psychoanalysis*, pp.209-215。

[3] Jacques Lacan, *Écrits*, p.542.

要记住一点：在拉康的理解中，幻象的结构是主体为了填补象征秩序的缺口、为了回答他者欲望的问题而建构出来的一个想象性脚本。就像齐泽克所解释的：

> 幻象显现为对"你到底想怎么样？"的回答，显现为对他者欲望的无法忍受之谜的解答，显现为对他者中的短缺的回应；但与此同时，可以说，也正是幻象本身，提供了我们欲望的坐标系——它建立了一个框架，使我们能够欲求某物。幻象的通常定义（"象征着实现了欲望的一个想象出来的场景"）因此就具有某种误导性，或至少是含混不清的：在幻象的场景中，欲望不是被实现、"满足"，而是被构建（提供其客体，等等）——通过幻象，我们学着"如何去欲求"。在这一中间的位置上，出现了幻象的悖论：它是调整我们欲望的框架，与此同时又是对"你到底想怎么样？"的防御，是隐藏他者欲望的缺口、深渊的屏障。把这种悖论加深到极限，将其变成一个重言句，我们就会说，欲望本身就是对欲望的抵御：通过幻象构建起来的欲望就是对他者欲望，对"纯粹"的超幻影欲望（即以其纯粹形式表现出来的"死亡驱力"）的防御。[1]

因此，对于欲望图三的上半部分，我们可以这样来读解："d"被置于他者结构的开口处是为了表示人的欲望就是他者的欲望；"$S \lozenge a$"被置于问号的首端指示了人的欲望在他者欲望的引导下必要朝向的道路；至于处在问号当中的问句"Chè vuoi？"，在此表明了欲望根本的异化性质；整个问号就像是一个鱼钩，欲望对象是诱饵，他者是放钩的人，主体是吞食鱼钩的鱼，是他者欲望的牺牲品。

从整个图来说，主体为完成在他者那里的认同或者说为得到他者的承认和认可，就只有去认同他者的欲望，去认同他者为主体提

---

[1] 斯拉沃热·齐泽克，《意识形态的崇高客体》，第165—166页。

供的意义；可是，这个他者也是一个欲望的存在，是一个有欠缺的东西，其借助能指结构提供给主体的意义总是不确定的，总有某个东西从语言中滑脱，主体的认同总是留有无法缝合的缝隙。最终，主体因欲望的不可满足而开始了其歇斯底里式的质询："你究竟想要什么？""你究竟想要我怎么样？"主体的这一质询既是提给他者的，也是提给自己的。面对这一质询，主体以幻象的形式给予回答，或者说，为回应那个质询，主体穿越能指链条建构了一个幻象的结构，欲通过对对象 a 的不断运作来标识出欲望的位置。

但是，幻象的结构并不是对欲望之不可满足的解决，它只是提供了一个想象性的脚本，一个调整欲望的框架，一个隐藏他者欲望的缺口的屏障，以暂时地平复那个令人焦灼的问题在主体身上引发的意义的晦暗性。换个角度说，a 并不能提供给主体欲望的满足，哪怕是暂时的满足，恰恰相反，它是引发欲望的原因，它把欲望不断地引回对象的原初失落，引回无意识主体在能指链中遭受原初压抑的场景中，以在那里标识出主体的消隐或分裂。正是幻象结构的这种悖论性，开启了精神分析的"结论时刻"，那就是穿越幻象。所谓"穿越幻象"，就是要穿越他者欲望的幻象，就是不要屈从于他者的欲望，即拉康在《精神分析的伦理学》中反复申明的"不要向欲望让步"。就像齐泽克所解释的，"不要向欲望让步"，意味着完全放弃那建立在幻象脚本基础上的丰富多彩的欲望。[1]更进一步地说，"不要向欲望让步"，意味着必须超越弗洛伊德意义上的快感原则，必须超越能指秩序对欲望的定位，超越象征秩序的父法世界对主体的纯粹欲望的钳制，让欲望朝向与原初的失落对象相关联的原乐方向。这样，我们就来到了第四个也是最后一个所谓"完整的"欲望图的面前，它是在图三的基础上追加了一个新的矢量——原乐（jouissance）的矢量，并在这个矢量中叠加了另一个结构性的环路，即 $\$ \diamond D$ 到 $S(\bar{A})$ 的环路：

---

[1] 斯拉沃热·齐泽克，《意识形态的崇高客体》，第 166 页。

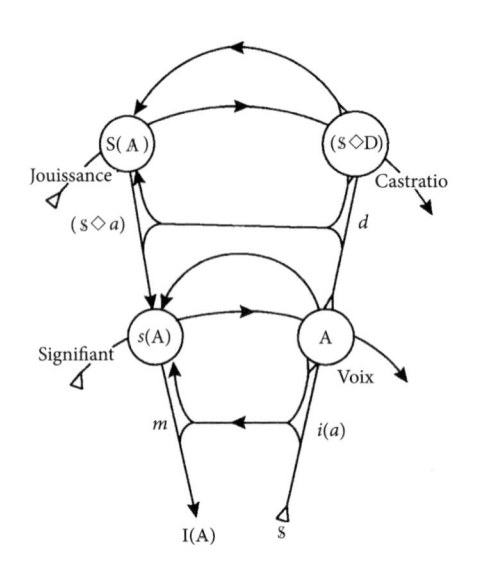

同样地，先说明一下图示中新增加的两个数学型：S（A）和 S◇D。"S（A）"在此可直接读作"被划杠的他者的能指"，但它实际指的意思在上一节我们已经看到了，即它指的是"在他者中一个欠缺的能指"。为何作为能指之集合的他者是被划杠的，因为它是有欠缺的，是不完整的，它总是错失一个能指，错失那个真正具有缝合功能的东西，即想象的菲勒斯的能指，这就是说，在他者场域所提供的能指并不能构成一个完整的意义，总是有一个对主体而言不可思议或不可想象的东西从那里滑脱，那实际就是在语言的原初压抑中所排除掉的东西，主体在神话性的前主体阶段所欲望的东西，比如对母亲的欲望。

当然，我们也可以把这个被划杠的他者理解为处在他者位置的他人主体，这个主体也是一个欲望主体，并且也是被阉割的、有欠缺的和匮乏的存在，正是这个存在不断地向主体提出质询，使主体身陷充满迷惑的幻象之城，并总想去弄清楚他所面对的这个他者的欲望或者说指示其匮乏的欲望能指究竟是什么。拉康在1958—1959年的第6期研讨班中有关哈姆雷特的评论就是围绕这个欠缺的他者及其欲望能指来进行的,在此我没有时间去详细讨论拉康的这个评论,但归纳一下其中相关的思想还是必要的。

按照拉康的解读,哈姆雷特纠结于内心的一个关键问题就是母亲的欲望:在母亲的欲望中他到底处在什么位置?他对母亲而言究竟意味着什么?母亲到底想要从他这里得到什么?换言之,哈姆雷特想要弄清楚:母亲到底欠缺什么?到底该怎样去命名母亲所欠缺的东西?拉康从哈姆雷特劝母亲离开杀父仇人从而引起母子争执的那场戏读到了哈姆雷特的答案:他的母亲是一个真正以性欲为中心的母亲,她不愿在她的亡夫和杀夫仇人之间做出选择,归根结底就是因为她是一个有欠缺的他者,一个欲望享受菲勒斯、欲望从菲勒斯那里获得原乐之满足的他者,她对杀夫仇人的迷恋就是因为她不愿放弃这一原乐追求。所以,哈姆雷特在复仇时间上的犹豫不决不在于他缺乏勇气或气质上的优柔寡断,而是因为他不知道母亲究竟想要什么,或者说是因为他想要弄清楚母亲何以会如此迷恋的那个凶手的婚床,后者究竟有什么东西吸引了母亲。

不过,在《主体的倾覆和欲望的辩证法》中,拉康对"S(A)"这个数学型的解释更为抽象:它表明,根本不存在"他者的他者"。意思是说,对于他者或者说发生在他者场域的言说——不论那是他者对主体之质询的回应,还是他者对自身之要求的表达——根本不存在一个不受阉割威胁的原始父亲来保证其言说的有效性,也根本不存在一种科学性的元语言或元话语来保证其言语的意义透明。于是,我们看到,在图三中,他者是提供了某个意义的:$s(A)$,而现在——在图四中——居于上方的"S(A)"表明他者什么东西也没有提供,或者说他者所提供的只是一个欠缺的能指或一个能指的欠缺,是对主体而言根本无法理解的谜,这意味着主体从他者那里根本找不到有关自身存在的真理,意味着不管在哪种情形下,主体的欲望都是一个欲望的悲剧:如果主体把自己的欲望托付给他者的欲望,那他只能成为一个异化的主体;或者如果主体所欲望的是他者所欠缺的,是他者自身也无法命名故而也无法给出的,那他只会把自己送到死亡的墓地,在那里去与那个错失的东西相遇。

至于有关驱力的数学型"$S \lozenge D$",指示的是被划杠的主体与驱力之间的关系算式,拉康把它解释为"主体在要求的切割中的消隐"[1];或曰"驱力就是主体消失时产生要求的东西"[2]。在此,大写的 D 表示的是"要求"——因为要求是在言语中表达的,因为在他者场域通过语言表达出来的要求都是象征性的,即它并不是对某个具体对象的要求,而是对无条件的爱的要求。那么驱力与要求是什么关系呢?在拉康的概念中,欲望是单数的,它只是对失落的对象的欲望,而驱力是复数的,驱力总是部分驱力,它把欲望引向不同的对象——部分对象。在欲望能指的运作中,总是会有一些快感的剩余物、一些快感的碎片要从他者的意义缝合中逃逸出来,散播在躯体的所谓"动情带"(the erogenous zone)周围,驱力就围绕这些残余循环和流布,它驱使那分裂的主体在意义缝合失败后再次发出要求。所以,对于拉康的驱力公式,可以解读为分裂的主体与失败的要求既围合又发展、既连接又分离的悖论性关系,解读为主体的求原乐意志与承载要求的能指之间不可能的连接,解读为失败的主体对欲望之悲剧的可怕的坚执。

对于"完整的"欲望图,我们从整体上可以看到两个层次:第一个层次是图示的下半部分,即有关意义生产和主体之构成的部分,它标记了意义即"$s(A)$"在他者领域的产生机制及其对主体的效果,那就是主体因为语言的引入而丧失了其前神话的状态,成为一个分裂的主体,这个分裂的主体进而通过想象的认同和象征的认同而分别形成了理想自我和自我理想,这些认同都是在他者场域发生的,且都是以意义效果的回溯性生产为基础的。当然你也可以说这个层次本身是由两个层次构成的,即由"$S \rightarrow i(a) \rightarrow m \rightarrow I(A)$"构成

---

[1] Jacques Lacan, *Écrits*, p.542.

[2] Jacques Lacan, *Écrits*, p.692.

的想象的层次和由"$S \rightarrow A \rightarrow s(A) \rightarrow I(A)$"构成的象征的层次,不过,由于拉康对想象性认同的纯粹性或独立性并不十分确定,所以把它包裹在象征秩序中来理解是没有问题的。

第二个层次为图示的上半部分,它是图三上半部分的完成,标记了欲望(d)穿越能指链的过程及其效果,或者说标记了原初的失落对象在原乐的位置的出现及主体穿越能指的幻象后所面对的惊骇之"物"。如果以两条水平矢量即下方的"能指→声音"和上方的"原乐→阉割"来界定,那我们就会看到,下方的水平矢量指示了主体在想象界和象征界的运作情况,上方的水平矢量则指示了主体在实在界的运作情况,更确切地说,是指示了想象界和象征界共同作用于实在界的情况。也就是说,我们完全可以把完整的欲望图看作"三界"拓扑学的又一个图示。拉康对完整欲望图的说明主要集中于这第二个层次。

先看一下第二个层次中从 $\$ \lozenge D$ 到 $S(A)$ 的结构性环路。一定意义上说,这个环路乃是对负有象征债务的欲望主体穿刺实在界的结果的说明。主体欲望着成为他者的欲望(对象),可他者并不能真正地阐释主体的要求,或者说在他者的失败的阐释中总是有一些残余、剩余要从能指链的意义回溯中逃离,它们倒转回到主体这里而形成以躯体的部分对象为目标点的驱力($\$ \rightarrow A \rightarrow \$ \lozenge D$);可驱力也是不可满足的,它只能环绕着所谓的"部分对象"(乳头、粪便、菲勒斯、尿液,以及音素、凝视、声音、空无等)(参见本章第四节)作切割运动,而这些对象之所以能够作为部分对象发挥功能,"不是因为这些对象是某个总体对象——比如躯体——的一部分,而是因为它们只是部分地代表了使它们得以产生的那个功能"[1]。在拉康的理解中,部分对象乃是躯体被象征秩序切割后留下的剩余或残料,是躯体的不可象征化的部分,是实在界的空无,也就是他所谓的"对象 a"。所以,驱力环绕部分对象做的切割运动标记的不

---

[1] Jacques Lacan, *Écrits*, p.693.

是意义的产生，而是意义的不可能，是导致象征秩序内部产生缺口和裂隙的坚硬的原质（"物"）在欲望之边缘的坚执，这就是图示中 $S \lozenge D \rightarrow S(A)$ 的矢量线所标识的。拉康说：

> 图示现在提供给我们的东西就处于这样一个点上，在那里，每个意指链都以封闭其意义为荣。如果我们期待着从无意识的言说中得到这样的效果，那它就处在 S(A) 的位置，我们可以把这个数学型读作"他者中一个欠缺的能指"，这个欠缺就内在于他者作为能指之宝藏的功能之中。而且，当他者被询唤（Chè vuoi）来为这个宝藏的价值负责时，即当他者被当然地询唤来为其在下层链环中的位置负责时，情况也是这样，不过这一询唤借助的是构成上层链环的能指，换言之，它依据的是驱力。[1]

S(A) 指示着他者中一个欠缺的能指，这个能指之所以不意指任何确定的意义，还有一个原因就是它是所有其他能指为其表征主体的能指，是一个零度能指，一个空位能指，如果这个能指缺失了，所有其他能指就什么也不表征；而同时，就能指集合而言，这个能指并不是能指集合的一个部分，而是能指集合所固有的欠缺的能指，前面已经说了，拉康把这个欠缺的能指标记为"-1"，并以其代数式运算得出"$s=\sqrt{-1}$"，即能指集合因为这个欠缺的能指而被引向了一个不可思议之物，它不意指任何实质性的意义，或者说它只意指着某个根本的缺失，意指着他者的根本欠缺。因为这一欠缺，主体的问题（"我是什么？"）从他者那里是得不到任何回答的，穿越了能指秩序的"我"在这一零度能指中所得到的将是一系列减法后的剩余。比如面对"我是谁？"这个问题，社会秩序可以用一系列的能指对你进行符号性的委任，为你注册一个又一个符号化的身

---

[1] Jacques Lacan, *Écrits*, p.693. 需要注意，在完整图的上半部分，$S \lozenge D \rightarrow S(A)$ 的结构性环路实际是由两条同向的矢量线构成，拉康在《主体的颠覆和欲望的辩证法》中并未对此做出特别说明，我们大约可以把它们理解成与要求有关的驱力（如口腔驱力和肛门驱力）和与欲望有关的驱力（如视界驱力和声音驱力）的不同运动。

份，让你在象征性认同中觉得自己找到了问题的答案：我是父亲，我是丈夫，我是男人，我是教授，我是懦夫，我是草根，等等，但所有这一切都不过是移情的幻觉，是遮蔽或抵御我的欲望的屏幕，而不是那个在欲望中寻找存在之谜的"我"的真理。面对一次又一次意义缝合的失败，面对他者之威权在某个时刻轰然坍塌，穿越了社会幻象的主体终于意识到：父亲不是"我"的真理、丈夫不是"我"的真理、男人不是"我"的真理……最后主体只能说："我只是我""我就是那个不可言述的东西""我就是那个把一切符号性的委任都减去后所留下的剩余"——"我"只是那个残余、那个废料；"我"只是一个残渣、一个渣滓；根本上说，"我"只是一个"人渣"，一个不可符号化的、无名的遗落物：

> 我处在这样一个位置，从那里，我可以听到这个声音："宇宙是纯净的无中的一个缺陷。"[1]

然而，渣滓、人渣并不意味着一种消极性，并不意味着一无所是，相反，它是一种纯粹的主动性，是一种为欲望而欲望、为欠缺而欠缺的存在。那么是什么东西在支撑着这种主动性？是什么东西让我们很享受那种为欲望而欲望、为欠缺而欠缺的状态？拉康说，是原乐。这就是欲望图中原乐的矢量所要指示的。

原乐是拉康后期教学中的一个重要概念，有关他对原乐问题的阐述，我在后面会给予说明（参见本书第十一章），在此只是简单地提示几点：第一，所谓原乐，指的是人对过度亢奋状态的追求，是主体对使兴奋降低到最低限度的快感原则的超越；第二，原乐是对因欠缺而来的欲望的享受，所以是维持欲望的东西；第三，原乐是一种僭越，是对法或者说法的禁止的僭越，对快感原则的僭越，故而它也是一种罪、一种纯粹的恶；第四，法、能指、快感原则等属于象征界的一切固然是原乐的禁止，可也是激发原乐追求的祸因，

---

[1] Jacques Lacan, *Écrits*, p.694.

正是建立限制的法令和法则为原乐的僭越提供了参照和方向；第五，原乐的产生与弗洛伊德在《图腾与禁忌》中描述的子民对原始父亲的谋杀有关，与父亲功能所代表的阉割和乱伦禁忌有关，所以也与菲勒斯有关，"菲勒斯是赋予躯体原乐的东西""勃起的器官可拿来象征原乐的位置"[1]。

那么，在欲望图中加入原乐矢量的意图何在呢？如何解读这个矢量的逻辑和意义呢？

前面我已经说到，拉康提出欲望图主要是为了做两件事：倾覆笛卡尔式的我思主体的透明性，以及在弗洛伊德的伟大发现的语境中重述欲望的辩证法。如果说前三个欲望图主要是通过引入能指和他者来完成第一个任务的话，那么第四个欲望图就是在它们的基础之上对欲望的辩证法的完整呈现，从这个意义上说，原乐维度的引入乃是其欲望的辩证法的最后环节（神话性的前语言存在是第一个环节，能指及他者的作用是第二个环节）。把原乐置于图示的顶部，意在强调人不只是在语言之中的存在，不只是能指机器运作的结果，也不只是诸多认同交互作用的产物，同时还是一个总想超越结构、超越能指机器的运作、超越象征秩序的欲望性存在，是一个永无止息地追求不可满足的欲望之满足的原乐主体，正如芬克所言："如果说语言是使我们与动物区分开来的东西，那么原乐就是使我们与机器区分开来的东西。"[2]

原乐总是被禁止的，被嵌入矢量线的 S（A）就标示了这个禁止，标示了原乐本身的缺失，所以，在他者的能指集合中欠缺的能指其实也是原乐的能指，原乐主体必要与这个优先的零度能指相遇，它实际上就是菲勒斯，并且是指示意义和原乐的缺失的菲勒斯，即那个被语言和父法所切割的原初对象，那个已然失落却又在不可见的他处引诱我们的对象，拉康把它写作"φ"，他说：

---

[1] Jacques Lacan, *Écrits*, p.696、p.697.

[2] Bruce Fink, *Lacan to the Letter: Reading Écrits Closely*, p.111.

因而勃起的器官——不是作为其本身，甚至也不是作为一个形象，而是作为在被欲望的形象中错失的一个部分——前来将原乐的场所象征化，这就是为什么勃起的器官可以等于原乐的 $\sqrt{-1}$，即前面提出的意义的符号，它以它的陈述的系数复活了某个错失的能指的功能：(-1)。[1]

关于这段话，我在前面已经做了比较详细的解读，这里不再重复。总之，拉康的意思是：菲勒斯作为欲望的能指以及被阉割的对象构成原乐场所的象征化，也是原乐的被禁止和原乐的不可满足的象征化。但是，对原乐的彻底禁止是不可能的，主体的求原乐意志不可能因禁止而熄灭，主体也不可能因为原乐不可满足而不再追求原乐——虽然也有人觉得再活下去已经没有意义，所以选择自杀了事，但选择死亡恰恰是朝向原乐的蹦极跳，一种绝对的自由意志的体现不就是选择死亡的自由吗？！原质—原乐是不可象征化的，也是不可消除的，它总是要寻求驱力的替代性满足，总想用驱力的满足来补偿原乐的缺失。这就是驱力的数学型 $\$ \lozenge D$ 在原乐矢量中的位置。

进而，如同上面所说，被阉割的主体与驱力之间的关系也是不可能性的关系，驱力同样是不可满足的，它只能环绕躯体的部分对象做切割运动。这一切割运动的功能与其说是提供给主体意义，不如说是把主体再次送上实施阉割的圣坛，对原乐的追求、对原乐的原始缺失的补偿，把主体一次又一次带回到阉割这一原始创伤的场景中，而主体也因为对这个原始创伤的回想、因为父法的禁止和原始对象的失落而一次又一次在僭越中享受着那难言的快感。这就是从原乐到阉割这条矢量线要说的意思。

于此，我们完成了对拉康的欲望图的描述，虽然这个描述看起来已十分繁杂，但它充其量也只能算是一个初步的描述。那么，整

---

[1] Jacques Lacan, *Écrits*, p.697.

个欲望图系列到底在说什么？我已一再暗示，对此没有唯一确定的回答，但在我此处所论的语境中，我想说的是，欲望的辩证法根本就是主体异化的辩证法，是欲望和原乐之实现根本上不可能的辩证法，欲望的辩证法是非同一性的辩证法，是辩证法的非同一性，而居于这个辩证法之核心的东西就是主体之死亡，是主体朝向死亡之途的一次次艳舞表演，是主体为自己的原初丧失举行的一次次哀悼。在《主体的倾覆和欲望的辩证法》一文的最后，拉康有这样一段结束语：

> 分析经验所证实的是：不论是在正常或是反常的情形中，都是阉割在调节欲望。
>
> 只要阉割是在 $ 和幻象中的 a 之间来回摆动，它就会把幻象变成一个灵活但又不可延展的链环。通过这个链环，那无法超越某些自然界限的对象投注的凝定可以起到一种超越性的功能，那就是保证他者之原乐，并通过这一功能以法的形式把这个链环传递给我。
>
> 任何人，只要确实想要和这个他者展开较量，就必要走上承受他者的要求而非它的意志的道路。这样，他或者是把自己实现为一个对象，变成佛教入门仪式中的木乃伊；或者是满足铭写在他者之中的阉割意志，最终导向对"失落的原因"至高的自恋（这就是希腊悲剧的道路，克洛岱尔在一种绝望的基督教中重又发现了这条道路）。
>
> 阉割意味着原乐必须被拒绝，为的是在欲望之大法的相反层级上可以得到它。
>
> 我就讲到这里。[1]

---

[1] Jacques Lacan, *Écrits*, p.700.

四 作为欲望之因的对象 a

拉康很自负地对他的研讨班听众说，他对精神分析学的一个重要贡献就是发现了"对象 a"（*objet petit a*，读作"对象小 a"）。[1] 拉康正式使用"对象 a"这个提法是在 1950 年代末——但对其意涵的阐述在这之前就已经开始——自这以后，尤其是在有关焦虑的第 10 期研讨班（1962—1963）以后，对象 a 便成为拉康精神分析学的一个核心概念，几乎在每期研讨班中都会涉及。但另一方面，在拉康的词汇中，对象 a 也是含义最为暧昧复杂的一个概念，它似乎始终处在未完成的、难以言尽的或者说不可定义的状态，其含义之曲折回转和游移不定，令人难以把捉——这一点倒是与"对象 a"本身的特质极其相符。自 1960 年代到 1970 年代，拉康一直在修正和重述他的这个概念，并把它延展到其精神分析理论的各个方面，使它成为一个理论的缝合机器，似乎所有的一切最终都可以回溯到这里，所以，布鲁斯·芬克评论说：

> 拉康认为，对象 a 是他对精神分析学做出的最重要贡献。在拉康的作品中，很少有概念被如此广泛地阐述，从 1950 年代到 1970 年代被给予如此重大的修正，在如此多的不同角度被讨论，在我们对欲望、移情和科学的常规思考方式中需要做如此多的改变。同时，在拉康的著作中，也很少有概念有如此多的变身：小他、"agalma"（小神像）、黄金数字、弗洛伊德的原质之"物"、实在界、异形、欲望之因、剩余原乐、语言的物质性、分析师的欲望、逻辑连贯性、大他者的欲望、类像／赝品、

---

[1] 关于这个词的译法，英语世界通行译作"object a"，但拉康自己有一个声明，声称这个概念是不可翻译的，所以现在有更多的人倾向于保留原文不做译译。在汉语世界，流行两种译法："对象 a"和"小对形"，后一种译法太过艰涩，所以我取了前一种译法（牛宏宝和陈喜贵把它译成"小玩艺 a"，这个译法在表达这个概念的淫秽性方面不失其传神之处——译者在无意识中对这个概念的含义显然有一种心领神会。参见玛尔考姆·波微，《拉康》，第 185 页以下）。

失落的对象，等等。[1]

实际上，我们可以把"*objet petit a*"看作拉康的一个数学型，其含义可按字面直接理解为"小 a 作为对象"或"作为对象的小 a"。在精神分析学中，"对象"通常指的是欲望或欲望满足的对象，但对象 a 不是一般意义上的欲望对象，而是使某个东西成其为（欲望）对象的对象，它是引发欲望的对象-原因，同时也是使欲望之满足变得不可能的对象。"对象 a"中小写且斜体的符号"a"，在1950年代它指的是小他、镜像、对体，现在则是一个不确定的未知，是一个"x"，一个其本身不指涉任何意义的纯粹字符，它的小写且斜体的书写形式，一方面显示了作为对象-原因的 a 的不确定性、不可定义性，另一方面则表示它与想象界或者说主体的想象的激情紧密关联。

"对象 a"究竟有多诡异？它真的就像拉康自己以及拉康研究者所说的那么不可捉摸吗？不妨选择几期研讨班来简单看一下拉康在属于他自己的这块地盘上的游移、盘旋。

拉康最早是1958—1959年在第6期研讨班《欲望及其阐释》上明确地使用了"对象 a"的提法，而在此之前，他已经在第4、5期研讨班中集中地讨论了精神分析经验中那个原初的、已然失落的对象的品质和功能，只是在那时它还未正式获得"对象 a"的命名。在第6期研讨班中，围绕着莎士比亚的《哈姆雷特》——拉康称它是一出有关欲望的悲剧——拉康在幻象的结构中探讨了欲望与对象 a 的关系，称对象 a 是永远失落的对象、不可能的对象，是被剥夺了的菲勒斯，可正是对象 a 的这一不可能性的品质，使它成为欲望的原因，成为欲望主体在幻象中通过对象的不断替代来寻求的东西。不妨直接引述一段该期研讨班的文字：

---

[1] Bruce Fink, *The Lacanian Subject: Between Language and Jouissance*, p.83. 正是基于对象 a 变身的这种多面性，芬克说，要阐述这个概念，甚至要一本书的篇幅才能完成——至于能否说清楚还另当别论。

"对象a",本是主体的镜像、主体的"病苦";在对它的关切中,是主体设身处地想象自己是它物。这种对象并不能满足什么需要,因为它自来就是相对的,即相对于主体而言的。从朴素的现象学——待会儿我还要回到这个话题——观点看,显然主体就呈现于幻象之中。而对象之所以是欲望的对象,也完全因为它是幻象的末项。我是想说,这种对象代替了主体——在象征界的进程中——被剥夺了的东西。

……什么是主体被剥夺的那个东西呢?是"菲勒斯";正是从"菲勒斯"那里对象获得了它在幻象中的功能,进而,从"菲勒斯"那里,欲望由作为欲望指向的幻象所构成。

幻象的对象,作为主体的镜像与"病苦",就是那代替了主体在象征界中被剥夺之物的另一元素。因此,这种想象界对象就在自身之中浓缩了存在的功德或尺度,成为十足的"存在的诱饵"——这是西蒙娜·薇依讨论过的话题,她曾经致力于思考一个人与他的欲望对象的那种最密切、最隐晦的关系,譬如莫里哀剧中的吝啬鬼与他的钱匣子的关系:人类欲望对象的物恋性质,在这里表现得淋漓尽致。确乎人世间的一切对象都具备这个性质,起码从某一角度看是这样的。[……][1]

可接着在1959—1960年的第7期研讨班中,"对象a"这个概念突然又消失了,在那里,拉康把原初的失落对象不是界定为"对象a",而是界定为弗洛伊德的"物",并从实在界的维度讨论了这一对象的伦理品质。那么"物"和"对象a"之间有何关系呢?许多人认为拉康的这两个概念是对等的,"物"的概念不过是"对象a"的早期版本——在第7期研讨班之后,"物"作为一个概念在1960、1970年代的研讨班中几近消失了,似乎被"对象a"所取代。

---

[1] 拉康,《欲望及对〈哈姆雷特〉中欲望的阐释》,陈越译,载《世界电影》1996年第2期,第198—200页。基于术语统一的考虑,我对译文中的个别地方有所改动;再有,该文的标题译作"《哈姆雷特》中的欲望及其阐释"似乎更为妥当。

这个说法有值得商榷的地方：要知道，在拉康那里，"对象 a"的使用要早于"物"的使用。的确，从拉康的解释来看，"物"与"对象 a"之间有诸多重叠的地方，比如它们都代表着原初的失落对象，都代表着一种不可能性，是主体的欲望所不可趋近的，但据此把它们等而视之也是不妥当的，因为与这些重叠相比，它们之间的差异也许更为关键：作为原初的失落对象，拉康明确地把"物"定位在实在界，并强调主体只有借助象征界的能指运作的回溯效果来获知它的存在——作为不在场的存在；而对象 a 则主要关联着欲望的幻象结构，关联着象征界、想象界和实在界的交互作用，它固然属于"物"的领域，是"物"的一种回声，可它的出现有赖于"物"的象征化，有赖于语言对身体的切割。

再接着在1960—1961年有关移情的第8期研讨班中，"对象 a"被嵌入移情—爱的关系结构中，在那里，苏格拉底被匮乏的欲望主体当作欲望的对象，想象在他的身上隐藏有许多的"agalma"（小神像、宝藏），它具有一种迷人的品质，一种深不可测、难以接近和难以理解的特质。尤其是，"agalma"作为真正的欲望对象、作为对象 a 不仅代表着主体之欲望的一种根本性欠缺，还代表着一种欺骗，欺骗主体去把它当作可填充欠缺的礼物加以欲望。就如同阿尔基比亚德对苏格拉底的移情之爱，他想象苏格拉底的身上具有其所欠缺的东西，欲望以一种爱的狡计把苏格拉底拉进爱的隐喻的游戏中，可苏格拉底洞穿了这个爱的伎俩，他知道自己毫无价值，知道自己所拥有的并非阿尔基比亚德真正欲望的。作为第一个"精神分析师"，苏格拉底以其自知无知的辩证狡计揭示了对象 a 的匮乏品质。对象 a 是一种彻底的欠缺和匮乏，并因这欠缺和匮乏而成为欲望之因。

接下来在1962—1963年有关焦虑的第10期研讨班中，拉康进一步探讨了对象 a 作为欲望之因的构成功能。他指出，焦虑并非如弗洛伊德所言完全没有对象，而是其对象对主体而言是未知的，这个对象就是幻象公式"$S \lozenge a$"中的那个"a"。对象 a 不是任何具体的欲望对象，也不是欲望的目标，相反，它是欲望的成因，是引起欲望的东西,是欲望的对象-原因。如何理解对象 a 不是欲望的对象?简单地说,欲望对象是欲望在能指的转喻性链条上进行替代和置换运作的对象,所以是象征界的对象,而对象 a 正是引起对象替代和对象置换的东西,它不属于象征界,但可以现身于象征界,这时,它指示着象征界的欠缺和缺失。当然,在某个根本的层面上说,我们也可以称对象 a 是一种对象:一种不可能的对象、不确定的对象、一种能指永远地向其运动的对象,一种不为欲望所知但却决定着欲望的命运的对象,更确切地说,它是一种召唤主体去欲望与之相遇但又总是与主体失之交臂的对象,而正是这种错失的相遇引发了主体的焦虑。

再下来在 1964 年的第 11 期研讨班中,"对象 a"又被置于观看的机制中,不可能的实在在他者场域中的凝视成为对象 a,成为捕获主体的欲望并引发主体的分裂的机器,同时,通过引入驱力的循环机制,"对象 a"与被语言切割的身体结构联系在一起,成为驱力借以运转起来的"部分对象"。

进而在 1966—1967 年的第 14 期研讨班《幻象的逻辑》中,拉康再次回到基本幻象的公式"$\$ \diamond a$",通过对能指的意指机制即能指的失败的重新说明,讨论了"a"在幻象公式中的位置和作用,讨论了幻象关联于"a"的逻辑,以及"a"对于主体性别位置的确立的作用。在那里,对象 a 依然被界定为原初的失落对象,是不可同化的剩余或产品,它属于实在界,是产生主体的原初能指于绝对的差异中重复自身时在实在界上打开的切口。

还有在 1968—1969 年的第 16 期研讨班《从小他到大他》中,拉康宣称马克思发明了剩余价值,而他则发明了对象 a,并在这两个概念之间进行等价交换,说幻象公式中的"a"就是剩余原乐。"a"(小他)就在"A"(大他)之中,然而它是在 A 那里打开了一个洞,正是对象的失落在身体与身体之享乐之间创造了一个裂隙,这就是对象 a 在大他场域中的效果,是主体从小 a 运动到大 A 的效果,而受到部分驱力的作用,主体为积累剩余原乐,必定还要从大 A 运动到小 a。到紧接着的第 17 期研讨班《精神分析学的另一面》（1969—1970）中，拉康又把"a"置于四种话语的结构中，继续讨论对象 a 同知识、原乐或剩余原乐的关系，并称它就是作为"科学"的精神分析学的研究对象。到此时，对象 a 就像是一个散落的珍珠，遍布于拉康的话语的各个角落，它已经成为一个真正不可言说的神秘之物，一个弗洛伊德意义上不可思议的、令人惊骇的原质和创伤性内核。

总之，在拉康那里，对象 a 就像是一个语义叠加的机器，一个精神分析的黑洞，总是躲在某个角落变换各种各样的假面，让主体朝向它、围绕它做飞蛾扑火般的终极飞行，而最后再由它在墓穴旁为主体的失败举行哀悼的仪式。它令主体最为绝望的地方就在于：主体明知朝向它的过程将是一次与之错失的相遇，可主体却没有办法让自己停下脚步，因为没有这个不可能的相遇，主体也就不复存在了。以此言之，对象 a 无疑是拉康抛给我们的一个诱惑、一个陷阱，一个原初就已经陷落但其碎片四处播撒的神秘城堡。面对其幽灵般的四处出没，我们该从哪里去捕捉它的踪迹呢？——欲望。欲望总是以朝向对象 a 的运动作为驱力目标：欲望因它而呈现，也因它而成为欠缺的欲望；欲望的欠缺因它而被缝合，也因它而把主体引向迷乱和更深的欠缺。反正不管怎么说，脱离了欲望的视线，我们就无法走进对象 a 的幻形世界。

欲望的视线是引领我们进入对象 a 的阿里阿德涅之线，而上面的简要叙述又显示，在这条阿里阿德涅之线中，隐藏着一系列的环节，其中最为关键的环节有三个：语言或能指对主体的象征性切割、基本幻象的结构和朝向部分对象的驱力。一定程度上说，把握了这三个环节，就可以抓住对象 a 的基本逻辑。下面我想从幻象的结构入手来讨论上面的这些环节——因为对象 a 总是在那里出现。

先要弄清楚什么叫"幻象"（fantasy）？首先，"幻象"不是一个与"现实"对立的概念，在精神分析学的语境中，所谓的"现实"实际都是心理构成物，是心理现实，用拉康的话说，它是语言或能指在无意识领域运作的结果,换句话说,精神分析学所讲的"现实"不是给定的知觉对象,而是无意识主体的幻象依照一定的能指逻辑结构出来的效果;其次,所谓的"幻象"不是指那种虚妄不实、荒诞不经的形象,幻象是一个场景,是主体借以投射其欲望的场所,幻象的场景可以存在于意识的层面,也可以存在于无意识的层面(这时,拉康将其称为"基本幻象"),但不论它是虚妄不实的还是确实残留有记忆的踪迹甚或就是主体之历史事件的某种重现,其对主体而言都是欲望实现的某种真实机制,所以,幻象的结构是与欲望的辩证运动关联在一起的;再者,按照拉康的解释,幻象还是一种防御方式,是主体面对父法的阉割、面对存在的匮乏和他者之欠缺而采取的一种相对固定的防御措施,换言之,幻象的结构具有临床意义,因为在每一种临床结构中,都存在一个幻象的场景,它是主体用来屏蔽、遮盖欲望的欠缺和匮乏的手段,例如神经症的幻象公式是"$ \$ \lozenge a $"(可理解为"分裂的主体对 a 的欲望"),而倒错的幻象公式正好颠倒过来:"$ a \lozenge \$ $"(但不能把它理解为"$a$ 对主体的欲望",而应理解为主体把自己置于驱力对象的位置,视自己为他者的求原乐意志的手段或工具);最后,虽然拉康把"$ \$ \lozenge a $"视作神经症的幻象公式,但他也把它看作一般的幻象公式,视其为基本幻象的结构的表达,拉康对幻象的逻辑的思考大多是针对这个结构公式进行的。

在1966—1967年的第14期研讨班中,拉康专题讨论了"幻象的逻辑"。正如他一开始就指出的,这里的"逻辑"既指幻象结构("$ \$ \lozenge a $")本身的逻辑,也指构成幻象的意指链条的逻辑,还指对象 a 在幻象结构中出现的逻辑:

> 这个公式所建立的是一种联系,是作为被构成物的这种主体与被称作小 a 的另一东西之间的连接。小 a 是一个对象,其地位——我今年所谓"建构幻象的逻辑"就是为确定它的地位——确切地说,就在于一种关系,恰当地说,在于一种逻辑

关系。[1]

当然，真正的问题在于被划杠的主体与"小 a"之间的逻辑关系是如何建立的？——这正是拉康的"幻象的逻辑"的核心所在。在第14期研讨班中，他把能指的运作、他者的欠缺、阉割、主体的性化、对象 a 等融汇到一个非同一性的剩余逻辑中，对幻象的结构做了十分复杂的阐述。

首先是 S，主体之为被划杠的主体。对此，前面已经多次涉及，归纳起来，拉康对 S 的讨论主要有两个维度：语言学的维度和人类学的维度，前者涉及能指的运作，后者涉及父法的阉割，两者说的实际是一回事，那就是象征机器对主体的象征性切割。

从能指的方面说，按照拉康的能指理论，能指是对另一个能指表征主体的，拉康把对其表征主体的另一个能指称作"主能指"（master signifier），并且用符号"S_1"来表示，其他能指又称作他者场域中能指的集合，用符号"S_2"来表示，在这两类能指当中，S_1 并不包括在 S_2 之内，相反它是指示 S_2 的欠缺的能指，用代数式来表示就是"$S(A)$"，即"他者之欠缺的能指"，这意味着，根本就不存在一个"能指的总体"，能指的集合在其意指的过程中总是会错失某个东西，某个对主体而言构成认同的条件但又是主体无法思及的东西。于是，主体在能指的意义缝合中被分裂为话语中有意识的存在和隐藏在言说背后的无意识的存在。正是因此，拉康称语言或能指的意指功能其实是对主体之存在的一种切割，是在主体的身上划出一个切口——就像在 S 上加一个斜杠的符号"$\$$"所表示的。

那么，语言对主体的这一切割究竟意味着什么？它到底会给存在的经验带来什么样的影响？这可以用人类学的方式来思考。按照弗洛伊德对图腾与禁忌的人类学考察，子民对原始父亲的谋杀不仅没有倾覆父法的权威，反而是强化了这一权威的效能，父法成为深

---

[1] Jacques Lacan, *The Logic of Fantasy, 1966-1967*, 1966-11-16.

怀罪感的子民的认同对象,被内化为超我的律令。拉康把主体对父法的这种认同又称作父法对主体的一种阉割,菲勒斯作为优先能指在其中发挥着关键的作用,只不过在认同中所认同的是象征的菲勒斯,而在阉割中被切割的是想象的菲勒斯,即一方面,主体可以通过认同父亲功能而在他者秩序中获得一个象征性的位置;可另一方面,主体是要为此付出代价的,那就是接受父法的阉割,压抑对母亲的欲望,放弃想要成为母亲的(想象的)菲勒斯的愿望。这也正是菲勒斯能指的悖论性功能。

其实,主体之所以愿意放弃对母亲的欲望,不仅是由于父法的淫威——父亲威胁要阉割他的实在的菲勒斯;也是由于父法的权威——父亲承诺可以保证他拥有象征的菲勒斯;还是由于母亲他者原本就是有欠缺的——她欠缺实在的和象征的菲勒斯,所以让孩子充当其想象的菲勒斯。实际上,在主体接受父法的象征性阉割之前,就已经在母亲他者那里遭遇了挫折,他的要求——无条件的爱的要求——无法被他者满足,他无法确定自己是不是母亲唯一的爱的对象,因而无法从母亲他者那里获得对自己的主体位置的指认,无法称自己是一个真正意义上的主体,更确切地说,他在他者之欠缺中充其量只能把自己定位为一个失败的主体,一个有欠缺的主体。并且这一定位的真正完成还必须等到俄狄浦斯情结解决之后,只有在主体接受阉割之后,他才能把自己在他者那里遭遇的失败命名为主体的失败,把那个曾受困于挫折的辩证法无以自拔的主体命名为失败的主体。

为什么会有主体的失败呢?因为切割的剩余。拉康说,能指对主体的表征不可能是完整的,能指集合构成的他者场域总是有所缺失,语言的切割总会有所剩余,在能指链的回溯性生产中,总有某个意义剩余是能指所无法捕捉到的。换从认同和阉割的角度说,主体对他者的认同不可能完满,他者的欠缺总让主体陷入无尽的欲望煎逼,同样地,父法的阉割也不可能彻底,对母亲的欲望并不会因为受到压抑而彻底熄灭，反而会激发主体一次又一次的欲望寻唤。总之，在主体的欲望构成中，总会有一个剩余在那里运作，把主体引入幻象的结构中，幻象公式"$S \Diamond a$"就表达了分裂的主体与这个剩余的结构关系，在此，"a"指的就是能指链的那个意义剩余、那个从象征的菲勒斯能指中滑脱的对象残余，它将以幻象的形式呈现在主体的面前。

那么，这个剩余、这个不可象征化的残留物到底是什么？它指的就是原初的、已然失落的对象，是在前主体阶段的欲望对象——母亲或母亲的欲望。尤其是，拉康强调说，所谓"原初的、已然失落的对象"实际是经历了创伤经验的主体事后回溯的结果，是主体在自身的失败中构建出来的，而不是说原初真的有这么一个对象存在，只是后来失落了，比如母婴之间的原初一体性原本就不存在，它是经历了母亲不在场或断奶创伤的儿童事后构想出来的，这时，母婴之间的原初统一性就成为激发欲望的原因，在此用符号 a 来标记这个对象-原因乃是为了强调其在回溯性建构中呈现出的已然失落、永久失落的独特品质，也是为了强调该对象-原因的不确定性和未知性，强调它是不可象征化的，是能指的网络所无法捕捉的。

于此，我们可以暂时就象征性切割的失败与主体的欲望之间的关系定位出对象 a 的一系列悖论性质：

第一，对象 a 是象征性切割的剩余，是主体在他者场域的构成的剩余，故而与语言能指有着密切关系，其与能指的悖论关系可简单地表述为：没有能指，对象 a 就不可能出现，但对象 a 又是抵制象征化的东西，确切地说，它是对在能指界域中总是呈现为失落的东西的一种象征化。对象 a 是一种不可为想象和象征所吸纳的剩余，它是属于实在界的不可能的对象，是实在之物。

第二，对象 a 是悬置在主体与他者之间的东西，它既属于主体和他者，但也不属于这两者。它是内部与外部的悖论性结合，其与主体是一种外密性关系，即它既在主体之内，是主体自身最隐秘的一部分,但又不属于主体,它总是出现在主体以外的他处,总是躲避主体对它的捕捉。

第三,甚至对象 a 与实在界的关系也是悖论性的,它虽然属于实在界,是实在界的不可象征化的内核,但它又只能在他者之欠缺中以想象的形式获得其原初的表征,并以这些表征来标记可想象的东西的界限,标记他者场域的能指集合的界限。在这个意义上说,对象 a 的不可能性根本指的是其在"三界"的任何一个界域中的不充分性。

所以第四,对象 a 代表着存在的原初缺失,它在标记想象的界限及他者之欠缺的同时也标记了主体的被划杠,标记了主体的匮乏和欠缺,在第 11 期研讨班中,拉康说:

> 对象 a 是这样一种东西:为了构成自身,主体必须让自己与这个东西分离,就像与一个器官分离一样。它是欠缺的象征,也就是说,是菲勒斯的象征,但不是菲勒斯本身,而是就其是欠缺而言的。因此,它必定是这样一个对象:首先是可分离的,其次是与欠缺有关系的。[1]

对象 a 与存在之欠缺的这一关系对于主体性的构成有着根本的影响。一方面,对象 a 是对主体之欠缺的命名,是对能指的失败的命名,通过这一命名,主体的失败被翻转为失败的主体。拉康说,这正是幻象结构的功能所在:通过把自己建构为失败的主体,那个失落的原初对象将可以在替代对象的形式中以幻象的面目被重新召回。拉康特别地强调了这一召回的回溯特征,强调了在这一召回过程中对象 a 作为欲望的"对象-原因"的特质。一般地,我们倾向于假定,在欲望把自身凝定于某个对象上之前,必定先有一个欲望主体存在。可拉康相反,他坚持认为,在欲望主体被构成之前,总是已然先有一个欲望对象;当然,这个对象不能是任何一个对象,而必须是作

---

[1] Jacques Lacan, *The Four Fundamental Concepts of Psychoanalysis*, p.103.

为欲望之因发挥作用的对象，是原初已然失落的对象，是主体本质上欠缺的对象，是在出场之前就已然缺席的对象，是主体在能指之失败中回溯性地重构的对象，即对象 a 的存在源自它的非存在，源自其在想象和象征的可表征之物中的不充分性。

另一方面，虽然对象 a 无法被象征化，无法在象征秩序中获得确定的意义，但它总是以驱力或部分驱力的形式作用于主体化的进程，比如它会因此而影响到主体在两性关系中的性化位置的确立。在第 11 期研讨班中，拉康说：

> 不论那使人类朝向他者场域的是驱力或部分驱力，抑或只有部分驱力是有关性化结果的心理的代表，这都表明：性化在心理上是由主体的某种关系来表征的，而这一关系又只是得自性化本身。性化是通过欠缺的方式而在主体的场域中建立起来的。
>
> 在此有两种欠缺交叠着。第一种出自中心的不足，主体的降临与其自身的存在相较于他者而言的辩证法就是围绕着这一不足旋转的——因为事实上，主体有赖于能指，而能指首要地属于他者的场域。这个欠缺衔接着另一个欠缺，后者是实在的、更早的欠缺，可在生命的到来中或者说在两性的繁殖中来定位。实在的欠缺是生命在通过性方式繁殖自身的过程中所失落的东西，是作为生命的他自身的一部分。这个欠缺之所以是实在的，就因为它与某个实在之物有关，即生命——通过成为性别主体——已经受到个体之死的致命影响。[1]

总而言之，对象 a 是主体接受象征界切割后的剩余，它处在语言的彼岸，它被留在了实在界，成为能指不可穿透的晦暗之物，它的在场——缺席形式的在场——不仅见证了主体的分裂，而且见证了能指链所在的他者场域的欠缺和不完整，见证了主体与能指的缝

---

[1] Jacques Lacan, *The Four Fundamental Concepts of Psychoanalysis*, pp.204-205.

合的不彻底或不可能。

再回到幻象的公式"$S \diamond a$":被阉割的主体对幻想的对象"a"的欲望。在这里,"对象 a"正是主体借以命名自己的东西,通过它,主体可以在想象的层面把象征的切割象征化,把自己对母亲的原初欲望象征化,把自己的失败象征化,把原初的失落对象象征化,因为对象 a 在幻象结构中被视作那一切的替代。

拉康在描述幻象结构的时候,时常喜欢举倒错的例子,尤其是受虐和物恋的例子,其中弗洛伊德关于"孩子被打"的受虐幻想最为他津津乐道,在研讨班中时有提及。所谓"孩子被打",说的是孩子看到别的小孩(比如他的兄弟)因调皮挨打,于是想象自己被父母打,弗洛伊德在1919年曾为此写了一篇论文进行分析,并将其视作受虐幻想的一种初级形式。拉康的分析的重点在于:挨打的幻想是孩子为进入象征秩序而采取的一种手段,通过把自己置于被打的位置,他可以把自己的缺失——爱的缺失——象征化,把因缺失而来的挫折象征化;而完成这一象征化行为的能指就是想象中实施惩戒的工具,比如一根筷子[1],后者在此是作为一个替代的菲勒斯能指发挥作用。为什么孩子要想象这样一个被打的场景呢?弗洛伊德和拉康的回答是:"在被打中,孩子感到自己被爱。"换言之,通过这一幻想的行为,孩子最终可以把自己建构为一个主体,一个有欠缺的主体,让他在想象中觉得爱是存在的,尽管是以否定——不被爱——的方式存在。若是想进一步以能指的逻辑来阐释这一被爱的幻象,不妨说,在此,孩子是通过想象自己被爱而把自己置于一个想象的菲勒斯的位置,而这一位置的获得又是借助某一象征性的工具——比如筷子——想象自己被打而完成的,所以,在这个幻象的场景中,孩子是相对于父母的欲望而言的想象的菲勒斯,而筷

---

[1] 在中国文化中,筷子在组织中国式的家庭关系结构方面大约是最具象征意味的一个器具,一个菲勒斯器具/手段,它的形状、它的摆放、它的握法、它与口腔快感的关系、它在主体间关系中的位置逻辑,它作为父母最便利或最容易上手的惩戒工具等,这一切都使它独具一种可被精神分析化的气质:"筷子的精神分析:中国文化的菲勒斯能指"。

子是相对于孩子的被阉割而言的象征的菲勒斯。就这样,孩子通过在想象中召唤那个象征的能指的到来既命名了自己的欠缺和爱的缺席,又实施了这一欠缺的缝合,让缺席以在场的形式到场,从而使自己成为一个有欠缺的主体。这就是幻象结构的功能——一种既阐释又掩盖、既框定又遮蔽主体之欠缺的屏幕功能。

通过上面的论述,我们可以看到,拉康所谓的幻象结构,实际就是想象界和象征界借助同一个对象、一个欠缺的对象(即对象 a)在主体身上的交互作用。而这个对象之为欠缺的对象是在双重意义上说的:就其与母亲的关系言之,它是母亲他者欠缺的对象,是主体在母亲他者中欠缺的对象;而就其与主体的关系言之,它是主体象征性的欠缺(阉割)的对象,是主体在想象的投射中象征性地认同(想象性地赎回)的对象。所以,在幻象的结构中,主体通过对欠缺对象的能指的象征性认同而表征自己为并"不是不拥有它"(is not without having it)。如同在女性的性化过程中主体(女性)把"不拥有"(菲勒斯)当作象征地"拥有"的一种形式一样,在幻象的结构中,主体实际把"拥有"转换成了一种象征性的"不拥有"的形式:他因为父亲而"拥有"了象征的菲勒斯,但却失去了想象的菲勒斯,他"支付"他的所是或将是(想象的菲勒斯)来维持自己在他者秩序中的主体化,也因此他所维持的只是一个有欠缺的主体化,一个以失去作为拥有之条件的主体化,也因此才有他在幻象中对自己的欠缺的想象和能指化,才有他作为一个有欠缺的主体对失落的对象的欲望。

所以,在幻象结构或所谓的"基本幻象"中,"a"是欠缺的想象性代表,是象征的菲勒斯在主体身上产生的切割或阉割效果的想象化,换言之,是想象的菲勒斯和象征的菲勒斯在幻象结构中交互作用的效果。但是,对于幻象公式中的"a",我们还应当记住它的另一个更为根本的维度,即它作为不可象征化亦不可想象化的原初失落对象的实在的维度。在第 6 期研讨班中,拉康已经称"对象 a"

是已然失落的实在的对象,接着在第7期研讨班中,他运用"物"的概念讨论了这一实在的对象的晦暗性质,进而到第10期研讨班中,他又讨论了这种对象与焦虑的关系。

第10期研讨班的主题为"焦虑"。[1]与弗洛伊德称焦虑没有一个确定的对象不同,拉康明确地说,焦虑"不是没有一个对象"。我们在第6期研讨班中已经看到了拉康使用的这个句型:"不是不拥有菲勒斯"。就像罗贝托·哈拉里所说,这个双重否定实际是对所论对象"幽隐的、不确定的状态"的一种说明[2],它一方面显示了对象的在场,而另一方面又把这个在场之物置于一种晦暗性、模糊性、不可接近性的位置,赋予了它一种不同于一般对象的非凡特质。焦虑不是没有一个对象,它只是关涉着一个特殊的对象,一个不可象征化的实在之物,那就是"对象 a"。

"对象 a"何以成为引起焦虑的实在之物?这仍要从欲望的辩证法——人的欲望就是他者的欲望——说起。前已论及,这个"他者的欲望"要在多重意义上来理解。

首先,就他者作为能指之宝库而言,主体是在他者之中来欲望的,可这个他者是有欠缺的,总有一个能指在那里被错失,所以主体在他者之中的欲望总要借助一个替代能指,由此形成一个欲望的转喻链条。但另一方面,并不存在一个他者的他者,就是说,他者本身是有欠缺的,其在主体身上的运作总会产生出一个纯粹的意义剩余即对象 a,主体因这个剩余而再次把自己投向他者的欲望。

其次,就他者是处在他者场域中的他人主体比如母亲他者而言,主体的欲望实际就是对母亲他者的欲望,是对母亲他者之欲望的欲望,欲望成为母亲他者的欲望对象。而这个他者本身也是一个有欠缺的存在,她有一种实在的欠缺,她就是欠缺本身,她所欲望

---

[1] 有关该期研讨班的思想,可参见 Roberto Harari, *Lacan's Seminar on "Anxiety": An Introduction*。至于拉康在不同时期对于焦虑的阐述,可参见埃文斯的《拉康精神分析介绍性辞典》中有关"焦虑"的条目。

[2] Roberto Harari, *Lacan's Seminar on "Anxiety": An Introduction*, p.34.

的是她自己所不拥有的,也是主体(孩子)所无法给予的。所以,面对母亲他者不断的要求,面对其匮乏所具有的不可言喻的坚执性,主体的欲望只会遭遇一次次的失败,他总是只能在一种焦灼的质询中——"你究竟想要什么?"——等待着他者的应答,而后者所能给出的只是一个失败的应答,是另一个质询——"我是谁?""身为女人的我究竟是什么?""你究竟想从我这里得到什么?"主体的欲望在母亲他者那里最后遭遇到的只是那个令主体和母亲他者备感创伤的内核,是母亲的谜一样的欲望,是母亲对被阉割和被剥夺的菲勒斯的欲望,其相对于主体而言其实就是一个在回溯中才可想象的实在的欠缺。在这个意义上说,主体对他者的欲望、对他者之欲望的欲望不过就是对一个欠缺的欲望,主体欲望的是欠缺的欠缺,是在母亲那里就已然失落而后经由主体(孩子)回溯性地菲勒斯化的原初对象或"对象 a"。拉康说,由"对象 a"所指示出来的这一双重欠缺正是引起焦虑的原因。

进而,就他者还是处在象征之位的父亲他者而言,主体的欲望作为他者的欲望是由象征的菲勒斯主导的。主体为拥有这个象征的菲勒斯,就必得接受阉割,放弃想要成为想象的菲勒斯的愿望,这是主体的象征之债。但是,想要成为想象的菲勒斯的欲望并不会因此而熄灭,它只是被象征地切割,被置于象征的菲勒斯能指的横杠之下,成为在自我意识中永远不可企及之物,成为一个无意识的实在之核,它是阉割后的剩余,并要继续以基本幻象的结构形态投射为"对象 a",以便主体重新将它赎回。在这里,"对象 a"可理解为象征的能指穿刺实在界所产生的后果,是存在于他者秩序中的一个实在之洞,是实在界的残余,其对主体来说同样是在想象的回溯中实现出来的,是主体在与实在界的相遇中遭遇到的引发焦虑的惊骇之物。

总之,不论我们在哪个层面来理解他者的欲望,都要关涉那个原初的失落之物,关涉他者的根本性欠缺,以及这个欠缺在幻象中的想象性返回；并且，通过把对象 a 置于实在界的维度来考察，拉康称对象 a 不是欲望对象本身，而是引起欲望的对象–原因，也是引起焦虑的原因。

其实，拉康对欲望、幻象与对象 a 的关系的阐述远比上面说的复杂，为了让大家对此有一个更为系统的理解，我在此不妨引述拉康研究者洛伦佐·切萨的一个归纳。在《主体性与他者：拉康的哲学阅读》（2007）一书中，围绕着对象 a 与幻象的关系，切萨总结了对象 a 的几个方面，这个总结有点冗长，也有点缠绕，但把问题说得比较清楚：

> 在此阶段，我们应该可以区别出对象 a 的五个交叉重叠且全都仰赖于 S◇a 的功能。
>
> （1）在基本幻象中，对象 a 是匮乏的想象性表征，是作为 S(A) 而存在的 Φ 产生的切口的形象，就此言之，我们也可以把它理解为阉割的结果（-φ）。
>
> （2）对象 a 是可分离的部分对象，后者是从主体那里想象地切割下来的东西，因而，依照定义，是"一个剩余"；在这个意义上说，与上面的（1）相反，对象 a 和想象的菲勒斯 φ 不是相互排斥的。在第 6 期研讨班中，拉康明确地把对象 a 界定为由 Φ 引起的阉割的"效果"，而把想象的菲勒斯界定为阉割的"对象"；然而，这一区分因为一个事实而变得复杂起来，即部分对象也被称作对象 a，且首要的是，有一个部分对象恰恰就是 φ。（除此之外，前生殖阶段的部分对象，比如乳房和粪便，在基本幻象形成时，也通过 φ 而被回溯性地菲勒斯化。）
>
> （3）对象 a 是实在的欠缺，然后才在幻象中被想象化；它是被划杠的 A，然后才在产生上面的（1）的 S(A) 中被能指化。在这个意义上说，对象 a 是已然失落的实在的对象，且首先是母亲的乳房，它的失落将在基本幻象中通过 φ 而被回溯性地菲

勒斯化,从而成为没有在实在界失落的唯一的部分对象。人们完全可以证明(2)和(3)的功能终究说的是一回事;然而,这一区分有着教学上的旨趣,因为它显示了拉康——到第6期研讨班的最后,且尤其在第10期研讨班中——是如何渐进地阐发对象 a 的实在维度的,即它是作为象征界中的欠缺而存在的一个实在之物,是一个"非理性的剩余",该剩余是"他者的他在性的唯一保证"。不用说,对象 a 的前两个(相反的)功能在逻辑上依赖于第三个功能。

(4)对象 a 是(母亲)他者([m]Other)的谜一样的欲望;显而易见,这一点与功能(3)有关。乳房在(母亲)他者的欲望引起原初的挫折之时原本就被孩子遗失了;这一欲望是后来在剥夺的时刻被想象成如此的,并在阉割后被回溯性地能指化/"缓和"。对象 a 作为(母亲)他者的欲望对应着主体的一个实在的欠缺,因为它就是(母亲)他者的实在的欠缺本身。对象 a 的这第四个功能显然可以说明它何以被看作主体之欲望的"原因",是处在"欲望彼岸"的东西,它先是在一个"外部",然后才被"内部化"。在主体之欲望出现之后,(母亲)他者的欲望作为对象 a 才成为欲望的对象。

(5)在自我意识中,对象 a 与拉康所谓的"agalma"即在他人那里而不是自己这里隐藏的珍贵的对象有关,主体也是因此而根本上欲望着那个他人。这不过就是必定要隐藏的部分对象 φ,这个对象总是在自我意识中错失,并且只能作为 $-\varphi$ 否定性地呈现自身。[1]

绕了一圈又一圈,有人可能已经被绕糊涂了,越来越不知道"对象 a"究竟是何物了。其实,"对象 a"是什么东西并不重要,重要的是它在主体存在的三个界域的流转以及在这一过程中对主体的欲

---

[1] Lorenzo Chiesa, *Subjectivity and Otherness: A Philosophical Reading of Lacan*, pp.161-162.

望和幻象的结构功能。不妨说，现实中任何一个东西都可能是你的"对象 a"：LV 女包、某个歌手的口齿不清、流浪汉"犀利哥"的混搭和烟圈、某个女星的中性化长相、某个偶像的性取向甚至自杀，这些都可能是捕获你的欲望的"疯狂的石头"；但它们又不是真正的对象 a，它们只是"对象 a"的替代或类像，是"对象 a"以替代对象的形象把自己送到欲望的面前。所以，所谓"对象 a"，就是你总是在欲望它但并不知道它到底是什么，你总是在它的替身中来寻唤它但在面对面中又总是与之错失，你在它的面前总是遭遇失败但这个失败却使你对它更为坚执。

对象 a 是引起欲望的对象-原因，那么，对象 a 作为欲望之因的功能是怎么实现的，或者说对象 a 是怎么从实在界返回到想象界和象征界的？拉康的回答是：通过驱力的机制。不过，要说明驱力与对象 a 的这一关系，还得先说说拉康在第 11 期研讨班中对弗洛伊德的驱力概念所做的激进重写。

简单地说，拉康的重写着重在三个方面。

第一，驱力二元论。正如拉普朗虚和彭大历斯所说的，弗洛伊德的驱力理论始终是二元论的，早年他曾提出性驱力和自我驱力或自我保存的驱力的二元对立，后来他又提出了生命驱力（早年的二分驱力被合为一种）和死亡驱力的二元对立，并从此再未改变。所谓"生命驱力"，指的是生命中欲求保存现有的生命统一体并想借此把自身建构为更具包容性的统一体的倾向，其典型的形式就是性驱力和自我保存的驱力；而所谓的"死亡驱力"，指的是生命中欲求破坏已有的生命统一体、想要回复到原初的无机状态的一种惰性倾向，其典型的形式如破坏欲、掌控欲、权力意志等。弗洛伊德说，作为相互对立的两种生命倾向，生命驱力和死亡驱力并非独立地存在着，而总是依照一定的比例混合在一起，例如在施虐—受虐这一近乎共生的现象中，前者就与生命驱力有关，后者则与死亡驱力有关。

在精神分析学的世界中，死亡驱力是一个时常引起非议的概念。

弗洛伊德自己也说死亡驱力概念的提出主要是出于一种诗意的玄想，但他又觉得精神分析的许多临床事实，如受虐狂、侵凌性、重复强迫等，都要借此方可获得解释。正是由于死亡驱力的这种玄想性，使他的信徒们对这一概念表现出强烈的抵制，唯有克莱茵学派把它置于对象关系理论的重要位置。拉康大约是受到克莱茵的影响，对死亡驱力尤为重视。早在"二战"前有关家庭的论文中，他就把死亡驱力描述为生命对已经失去的原始和谐的一种怀乡病，是一种想要回到与母亲的乳房结合为一的前俄狄浦斯阶段的欲求。到1950年代建立"三界"学说的时期，拉康明确地把死亡驱力置于象征界来讨论，认为它是象征界的面具，是象征秩序的一种根本倾向，与生物学的本能无关，因此，对于弗洛伊德针对死亡驱力的那些带有本能论色彩的描述，应当加以隐喻性的理解。到1960年代，拉康又把死亡驱力置于实在界的维度来讨论，称它是欲望主体的一种想要超越快感原则以抵达极度原乐的王国的倾向。

对于弗洛伊德的驱力二元论，拉康的态度比较明朗，认为它最好地体现了驱力的悖论性质，不过，他是依据"三界"学说来说明这一点的：生命驱力对生命统一性的追求乃是想象界的一种运作，而死亡驱力欲求回复到无生命状态的倾向则在象征界的强迫重复或重复的自动性现象中获得了体现。同时，他又认为，所有的驱力都属于性驱力，而每一种性驱力又都包含一种死亡驱力，因此，弗洛伊德所谓的驱力二元论并不是说存在着两种驱力，而是说驱力在想象界和象征界有着不同的运作效果，不论是作为性驱力的生命驱力，还是遵循强迫重复原则的死亡驱力，它们都不是一种独立的驱力，而是每一驱力的两个基本方面："就生命驱力和死亡驱力体现了驱力的两个方面而言，这一区分是正确的。"[1] 拉康甚至说，每一种驱力实际都是死亡驱力。

---

[1] Jacques Lacan, *The Four Fundamental Concepts of Psychoanalysis*, p.257.

第二，驱力的构成。弗洛伊德在1915年的论文《驱力及其转化》[1]中曾提出构成驱力的四个基本要素：驱动力、目的、对象和来源。驱动力（Drang）是驱力的动力因素，如饥饿感及其强度；目的（Ziel）是驱力对满足的寻求，如力图释放或解除饥饿感；对象（Objekt）是驱力为实现目的所借助的事物，如食物；来源（Quelle）则是驱力获得其心理表征的身体过程，如口欲快感。拉康在第11期研讨班中逐一讨论了这四个方面，这一讨论同样旨在强调驱力与本能的区别。他说，驱动力作为驱力的动力因素是一种由刺激产生出来的释放倾向，但这不是动物式的那种外部刺激，例如食物刺激产生的饥饿感，而是一种内部刺激，一种因为心理投注引发的持久的力，因而与动物式的需要的驱动力无关；目的作为驱力的满足决然不是动物式的满足，驱力的满足本质上是不可能的，"在驱力与满足这两个要素之间，所确立的是一种极端的对立，这一对立提示我们，驱力的功能作用，在我看来，不过是为了质疑满足所指涉的意思"[2]。在精神分析的经验中，满足是悖论性的，因为驱力的目标根本上是一种不可能之物，它的满足只会带给主体或病人更大的痛苦。因此所谓驱力的对象，根本上是无关紧要的，"该如何设想驱力的对象，以便人们可以说，在驱力中，不论是什么样的驱力，它都是无关紧要的？例如，就口欲驱力而论，那显然不是食物的问题，也不是对食物的记忆的问题，亦不是食物的反射或母亲的照料的问题……"[3]。对象对驱力来说是最为多变的，并不是一开始就与驱力相关联，任何对象都可以成为驱力的对象，只要其与驱力相称，并且是驱力使其成为合适的驱力对象的。最后是驱力的来源，它不是来自躯体的某一部分的生物性机能，而是来自所谓的"动情带"（erogenous zone），因为所有的驱力都是一种部分驱力，即所有的驱力都只与

---

[1] 参见车文博主编，《弗洛伊德文集》第二卷，第676—701页。

[2] Jacques Lacan, *The Four Fundamental Concepts of Psychoanalysis*, p.166.

[3] Jacques Lacan, *The Four Fundamental Concepts of Psychoanalysis*, p.168.

身体的某一特定部分有关，如口腔、肛门，但这些部分不能作为器官机能来理解，而只能在结构的意义上来理解。拉康以一种隐喻的方式描述说，动情带就处在身体的洞孔和裂隙中，它有一种类似于圆环（rim）的结构，驱力就是在这里围绕着某个对象运转的。

通过这一讨论，拉康称驱力就像一台动力机，其四个要素以悖论的方式构成了一个"蒙太奇"式的组合，一旦其中一个要素被启动，其他要素就会跟着运转。他说：

> 驱力的蒙太奇首先是一种无头无尾的蒙太奇——是人们在超现实主义的拼贴中谈论的那种蒙太奇。如果我们把刚刚在驱动力的层面、在对象的层面、在驱力的目的层面界定的那些悖论组合在一起，我认为所获得的形象可以显示出跟一个活气塞联结在一起的动力机的运作，一只孔雀开屏了，逗弄着正躺在那里欣赏美景的美少妇的肚腹。确实，这个事实使事情变得饶有趣味了，驱力——在弗洛伊德看来——规定了人们翻转这种机器的种种形式。[1]

第三，驱力的转化。弗洛伊德曾分析了驱力转化的两种特定情形——向对立面的转化和向主体的自我的转化——提出了驱力转化过程的三个阶段：以别人为对象、以自己为对象和新主体的出现，并借用语法学的概念分别称这三个阶段为三种"语态"：施动的、反身的和受动的。拉康沿用弗洛伊德的说法，但以结构的原则把弗洛伊德的历时性阶段重述为共时的结构化运动，"在每一驱力的层面，根本的东西是那在其中结构它的往返运动"[2]。

拉康指出，弗洛伊德描述的驱力的三个转化阶段其实是驱力发生的三个结构性时刻，而这三个时刻标示出驱力的运动根本上是一种"循环"，通过这一循环，最终会出现所谓的驱力主体：

---

[1] Jacques Lacan, *The Four Fundamental Concepts of Psychoanalysis*, p.169.

[2] Jacques Lacan, *The Four Fundamental Concepts of Psychoanalysis*, p.177.

这个主体——它其实是他者——得以出现是因为驱力能够显示它的循环路线。只有随着主体在他者的层面出现,才有驱力的功能的实现。[1]

那么,"对象a"与驱力或死亡驱力有什么关系?拉康说,每一种驱力根本上都可看作死亡驱力,因为死亡驱力包含了驱力的最纯粹本质——寻求自身的满足或者说寻求自身的熄灭,换用拉康的术语,每一种驱力都包含着朝向实在界的返回倾向。死亡驱力既回溯性地想把原初的实在对象转变为象征的对象,也倾向于把象征界变成无机的实在界的东西。可另一方面,死亡驱力具有一种悖论性质,它朝向实在界的原质之"物"却又无法抵达"物",它总是与这个"物"失之交臂,驱力与实在界或"物"、对象a的这一错失的相遇使主体的欲望过程变成了在象征界的一种强迫重复。如此就有了驱力运作的一系列后果:第一,死亡驱力的目标在于失落的对象,并且是部分对象,比如母亲的乳房,驱力的运动总是在围绕这个对象进行循环,同时又永远不能抵达这个对象;第二,驱力的运动打开了永远不能满足的欲望的无限循环,如果说欲望的运作主要是在象征界进行,那么驱力因其与实在界的关联将会把欲望投向一个根本的欠缺,欲望和驱力一旦在实在的欠缺中发生了联系,它们就会把幻象的主体永恒化,以遮盖这个欠缺;进而,第三,驱力的蒙太奇组合以及这一组合与对象a的悖论性关联使有欠缺的主体在驱力机器中召回的总只是一个剩余(residue),主体总是作为一种剩余、一种残留物、一个空洞化的效果出现。所谓"剩余"(residue),不是说它还留有什么,而是说它没有留下什么、它留下的不是什么;"residue",与其说是一种"是",不如说什么都不是。主体是一种剩余、一种残渣,更确切地说,主体是一个"人渣"。

最后还需要简单解释一下拉康对作为对象a的"对象"的形态

---

[1] Jacques Lacan, *The Four Fundamental Concepts of Psychoanalysis*, pp.178-179.

描述。在《主体的倾覆和欲望的辩证法》（1960）中，拉康曾提到一系列"部分对象"：乳头、粪便、菲勒斯、尿液，以及音素、凝视、声音、空无等，并称这些对象之所以能够作为部分对象发挥功能，"不是因为这些对象是某个总体对象——比如躯体——的一部分，而是因为它们只是部分地代表了使它们得以产生的那个功能"[1]。在拉康的理解中，部分对象乃是躯体被象征秩序切割后留下的剩余或残料，是躯体的不可象征化的部分，是实在界的空无，也就是他所谓的"对象 a"。在第10期研讨班（1962—1963）中，他提到五种对象 a：口腔对象、肛门对象、菲勒斯对象、视界对象和声音对象；可在第11期（1964）和第20期（1972—1973）研讨班中，五种被简化为四种：乳房、粪便、凝视和声音。

如何理解拉康列举的这五种或四种对象 a 的形态呢？通观拉康在上面提到的各期研讨班中的讨论，我们可从几个方面来思考这个问题。

第一，要明确一下对象 a 的数目：到底是五个还是四个？换句话说，菲勒斯到底是不是对象 a？既是又不是。说它是对象 a，是指它作为想象的菲勒斯，作为被阉割的对象（-φ）。那这个对象的器官代表——按照拉康的理解，对象 a 作为切割的剩余总会在身体上留下标记——是什么？拉康没有说，我们也许可以把阴蒂看作阉割后的一种无用的剩余，就像弗洛伊德所说，女性的这个组织就像是阴茎的一个缩小版，但它不具有阴茎的功能。说菲勒斯不是对象 a，是指它作为象征的菲勒斯，作为菲勒斯能指，这时它是欲望之欠缺的象征化，而不是对象 a 所代表的欠缺本身。也许正是由于菲勒斯功能的这一含混性，所以拉康后来在他的对象 a 列举中干脆把菲勒斯对象剔除在外。

第二，在拉康列举的五种对象中，有三种对应于弗洛伊德描述前生殖阶段的力比多发展时提出的三个阶段的对象，即口腔阶段的

---

[1] Jacques Lacan, *Écrits*, p.693.

乳房、肛门阶段的排泄物和菲勒斯阶段的菲勒斯——另外两个对象即凝视和声音则是拉康从自己的精神分析经验中扩展出来的，但它们并非与弗洛伊德毫无关联，例如凝视与弗洛伊德对视界驱力的讨论有关，声音则与分析进程中的分析话语有关。与许多人单从主体发展的角度来看待弗洛伊德的阶段理论不同，拉康从结构的角度看到了这些"阶段"的构成性意义，比如各个阶段对象的功能、主体与对象的关系模型（口腔阶段的吃与被吃、肛门阶段的主动性与被动性和菲勒斯阶段的拥有与阉割）、驱力围绕对象的运转方式和主体有关对象或对象失落的幻象结构等。

第三，在第11期研讨班中，拉康明确地讲到作为对象 a 的对象需具备两个条件：与身体相分离和原初对象的已然失落。对于这两个条件，我们不可从字面上来理解，以为那种分离和失落是现实地发生的。实际上，所谓"与身体相分离"不过是在强调这种对象作为部分对象的特征，而所谓"原初对象的已然失落"不过是在强调对象 a 相对于主体而言永难弥合的"间隙"与"距离"。而这两点都与象征界的切割有关。但需要再次强调的是，与克莱茵的对象关系学派认为主体与对象之间原初有一种和谐的关系，只是后来因母婴分离才导致了对象的失落不同，拉康指出，所谓原初的和谐，实际是承受了阉割或切割的有欠缺的主体对前主体状态的一种回溯性想象，对象的失落在主体诞生的那个时刻就已经刻写在主体身上了，失落之于主体是一种已然的存在，也就是说，对象的失落作为象征性切割的效果是在回溯中建构出来的，是一种逻辑效果。

第四，拉康一方面称对象 a 是原初失落的对象、可出让的对象，另一方面又称它是无用的剩余和残渣，是部分对象。一定程度上说，前者是相对于主体与对象的关系而言的，而后者是相对于对象与身体的关系而言的。对于前一点，我已经解释了很多，这里再说一下后一点。按照拉康的理解，精神分析语境中的身体并非生物学的身体，而是被言语铭写或被语言切割的身体，但言语的铭写和语言的切割并不完整，能指在身体上的运作总是有所剩余，总有某些部分是无法被象征化的，这些剩余的部分就是对象 a，它们位于身体的裂隙处、凸起处或身体的洞孔的边缘，且常常有着环状的结构，它们是身体的"动情带"，是驱力朝向的对象。并且，如同作为对象 a 的对象与主体之间是一种悖论的外密性关系一样，这些对象与身体的关系也是如此，它们之为部分对象不是因为它们是身体的一部分，而主要是因为它们作为身体的无用的剩余构成了驱力在身体结构上展开其运作的场所。拉康依照身体的裂隙或身体洞孔的边缘这类解剖学特征来定位对象 a 的所在无非就是为了强调后者的切割效果，强调后者作为"剩余"的价值。

第五，具体到各个对象形态与欲望主体的关系，拉康在他的研讨班中有十分多的论述。[1] 简单地说，口腔对象和肛门对象更多地是与（他者的）要求有关，而菲勒斯对象、声音对象和凝视对象则与纯粹的欲望（对原初母亲的欲望）有关。对于后三种对象与主体的关系，前面在不同的地方都已经给予了说明，这里再对前两种对象的情况稍微做一解释。

先看一段拉康自己的论述。1963 年底，拉康与法国精神分析学会的决裂已成定局，其在圣安娜医院的研讨班也因此而走到了尽头，11 月 20 日，按照惯例，将是新一期研讨班开班的日子，拉康如期来到圣安娜医院的演讲厅，宣布这将是他在这里的最后一期研讨班，该期研讨班的主题是"父之名"，它实际只举行了这一次——第二年年初，拉康的研讨班移师巴黎高师，主题也变成了"精神分析学的基本概念"——"父之名"被阉割。在 11 月 20 日的开讲辞中，拉康回顾了上一期研讨班——有关"焦虑"的第 10 期研讨班——的基本思想，其中特别对"对象 a"的五种对象形态做了一个简要描述。他首先谈到了口腔对象和肛门对象，他说：

---

[1] 比如在第 10 期研讨班中，拉康甚至参照欲望图提出了一个关于五种对象 a 的欲望图解，参见 Roberto Harari, *Lacan's Seminar on "Anxiety": An Introduction*, chap. 7-8。

我首先要向各位简要地回顾一下去年我跟你们讲到的各种形式的小 a 的功能的意义。我真的很为那些追随我的人担忧，他们已经可以看到自己止步的地方——在焦虑中。

这个 a，即对象，失落了。这个失落是原初的。应当把失落的对象所采取的多样的形式与主体领会大他的欲望的方式联系起来。

这可以解释口腔对象的功能。正如我已经反复地强调的，只要把与主体相分离的对象引入大他的要求中，引入母亲的召唤中，那一功能就可以得到理解，它勾勒了一个空间，在该空间之外，在一个帷幕的背后，隐藏着母亲的欲望。那一行为——在那里，孩子令人惊讶地把头转向一边，放弃了乳房——表明，乳房明显地只属于母亲。在这个情形中，生物学的指涉颇具启示性，乳房确实是哺乳情结的一部分，后者在不同的动物物种中有不同的结构方式。就此言之，它就是附着在母亲胸脯上的一个部分。

第二种形式：肛门对象。我们是借助赠礼的现象学即在焦虑中馈赠的礼物了解它的，孩子排泄时，会把粪便当作主导他者之要求的东西第一次呈现出来，也就是：他的欲望。有些作者已经认识到，所谓的慷慨的支撑点就在肛门的层面，但与这一认识相比，他们不知道的东西要更多，比如该如何来定位这个支撑点呢？正是通过真正的手腕——这本身就暗示着有人知道面对焦虑时的恐慌是什么——慷慨的姿态才在生殖行为的层面得到定位。[1]

如果说精神分析学存在一种性理论，那么男人的"菲勒斯"和女人的"乳房"在其中一定居有重要位置。顺带说一句，精神分析学被道学之士指斥为一种泛性论并非全无道理——它太关注性欲

---

[1] Jacques Lacan, *Television/A Challenge to the Psychoanalytic Establishment*, p.85.

或性生活对主体的作用了。可从另外的角度看，这种指斥乃是源自对精神分析学的性理论的一种误解，更确切地说，是源自人们对精神分析学所讨论的性欲或性行为的某种自居式想象：一看到"性欲""菲勒斯""乳房"这样的字眼，心中首先想到的就只是淫秽、淫荡，进而又做出一副嫌恶的样子，然后装作道德的化身对他人污名化。殊不知这种高调的道德主义恰恰是产生于一个污秽的主体才会有的性逻辑："污秽"的字眼唤起了他们污秽的想象和污秽的欲望——这其实是因为他们的欲望本身就是污秽的，这种污秽的欲望发挥到极致的时候，任何字眼都会变成污秽的；但基于文明教化的压抑机制，这个欲望令他们焦虑和恐惧——因为他们的意识根本不承认自己有这样的欲望，他们对自己产生这样的欲望深感不安；所以他们要把淫秽转移到他人的位置，再搬出道德这个压抑机器给自己灭火。根本说来，淫与不淫，全在主体自身，鲁迅先生有关《红楼梦》的那段著名说辞不是已经说得很清楚吗！

其实，按照拉康的观点，对于弗洛伊德理论中所有带有本能论或泛性论色彩的术语与概念，我们都应当在"结构主义"的层面上加以理解，即应当剔除其中带有生物主义色彩的性含义，把它们首先看作构成主体性的功能要素。如同"菲勒斯"这个男性生殖器符号可被看作一个能指一样，女性的"乳房"也具有能指的作用：它在主体的构成和发展中、在人类文明及文化实践中常常充当着某种符号功能，这一事实已经充分说明了这一点。

在精神分析学的历史中，克莱茵学派首先对乳房的功能给予了最为充分的关注，母亲的乳房被看作一个特别的优先对象，所谓的"对象关系"根本上就是从主体与母亲的乳房的关系开始的。拉康对母亲的乳房的关注无疑是承袭了克莱茵学派的传统，尤其是后者有关乳房作为"坏"对象的一面在他这里得到了特别的强调。

按照第4、5期研讨班中的讨论，在俄狄浦斯情结的第一个阶段，母亲的乳房被看作一个象征的"礼物"，是孩子无条件的爱的要求的一个象征对象。但这个对象也是带给主体最初的创伤的东西，尤其是在断奶阶段，乳房作为口腔对象的代表指示了对象的分离和失落，指示了原初母婴关系的丧失，拉康强调，这个分离和丧失是孩子为成其为主体而不得不面对的一种牺牲，他出让对象－乳房是为了抓住母亲他者的欲望，为了在他者的欲望中使自己作为主体、作为剩余的替代去填充欲望欠缺的空位，就像理查德·博斯比解释的，"在拉康看来，主体是作为一种剩余、作为在对象的出让中挖出的否定性空间的一种效果而出现的。作为对象 a，这个对象不等于主体，而是主体的一种否定性代表。对象 a——拉康说——'是主体的替代'。但说对象 a 是主体的替代，也等于是强调两者间的某种分离"[1]。

在多种对象形态中，母亲的乳房是最早与对象失落联系在一起的，也许在主体进入象征秩序之前，在主体学会用语言或能指来命名其对象之前，它就已经作为"a"在发挥功能了。并且在那时，它可能就是主体的一切，对嗷嗷待哺的婴儿而言，母亲的乳房构成了其世界的全部，而它的不在场或被剥夺使其成为一个晦暗的实体，成为母亲的欲望之谜的象征物。

如果说母亲的乳房作为对象 a 勉强还可以理解，那么，对于另一个对象形态即肛门对象作为欲望的原因，我们一定会感到诧异，因为拉康把身体的排泄物——比如粪便、尿液等——视作这一形态的代表物质。实际上，拉康的这个思想还是来自弗洛伊德，比如在有关"狼人"的病例研究（1914）中，弗洛伊德就说过这样的话："粪便正是人所能提供的第一份礼物，幼儿的第一次欣喜的奉献，是出自他身体的一个部分，也是只送给为他所中意的人们的。"[2]不只是这样，弗洛伊德还把排泄同阉割联系在一起来思考，他说："既然柱状的粪便能够像阴茎刺激阴道黏膜那样给肠道黏膜带去刺激，

---

[1] Richard Boothby, *Freud as Philosohper: Metapsychology After Lacan*, p.248.

[2] 弗洛伊德，《狼人的故事》，李韵译，上海：上海社会科学院出版社，2007年，第297页。其实，有关孩子的排泄物作为"礼物"的观点，弗洛伊德在之前的《性学三论》（1905）中就有明确的表述，参见车文博主编，《弗洛伊德文集》第二卷，第548页。

它也就扮演起一个类似于运动器官的角色,也就是说,它在直肠中的运动正与阴茎前部的活动无异。出于对某人的爱而将大便排出,也就成为阉割的原型。对个体而言,这也是第一次有身体的某个部分为赢得某人的爱而被抛弃。所以说,人对自己阴茎的爱总是带有某些肛门爱的痕迹,否则就是自恋。"[1]这说得还不够明确吗?!拉康不过是在重述弗洛伊德的观点而已。

在日常经验中,基于某种卫生学的理由——其实更多时候是一种身体政治学的运作后果——我们对身体的排泄物总持有某种厌弃或漠然的自然态度,可我们不要忘记,在生命发展的某一个时期,婴儿的排泄功能是母亲最为关注的,排便的次数、多寡,排泄物的颜色,等等,是母亲每天都要关心的,进而到一定阶段,连排泄方式也成为每个婴儿都必要经历的培训课程,母亲甚至会针对孩子的表现施以惩戒或奖赏,故而排泄物与他者要求的满足有着特别的联系。拉康(以及弗洛伊德)正是在这个意义上看中了粪便的功能,例如在1964年的第11期研讨班中,在解释口腔驱力向肛门驱力的"过渡"时,他就把婴儿的排泄同(母亲)他者的要求联系在了一起,他说:

> 从口腔驱力到肛门驱力的过渡不是成熟过程的结果,而是不属于驱力领域的某个东西介入的结果,是他者的要求介入或抛出的结果。[2]

有关排泄物作为对象 a 的功能,同样看一下理查德·博斯比的解释:

> 肛门承载着他者的要求。因此,肛门括约肌……是最具社会意义的身体器官。在那个位置,最基本的生理功能、有节奏的蠕动与主体在对他者的爱或拒绝的体验中所展现的最微妙的心理机制和人际机制交织在一起。在如厕教育中,肛门——用

---

[1] 弗洛伊德,《狼人的故事》,第300页。
[2] Jacques Lacan, *The Four Fundamental Concepts of Psychoanalysis*, p.180.

一个颇为贴切的双关语说——被他者的欲望所"殖民"。在个体未来的生活中，肛门组织的收缩与放松必定会即时地唤起更广泛的意涵，如控制与屈从、独立与依赖。

考虑到这一生理—心理的复杂性，粪便被赋予的意义是对待排泄物的所有自然的或动物性的态度所望尘莫及的。按照弗洛伊德的已为人们熟知的象征等式，粪便是爱的交换中的特别象征物——排泄物被看作原初的礼物。人们以此来完成对"所有价值的根本重估"。通过对实质上最无价值的东西的关注，人类欲望的可能对象的范围由此变得无穷无尽、包罗万象，甚至囊括了最卑微、最令人作呕的东西。……真正说来，人类进入文明生活就借助了力比多趣味在其肠道功能中非自然的投注。文明的大厦是建立在人们无意识中对排泄物力比多化的基础上的。[1]

我们当然可以断然地说这一切不过是精神分析学的淫秽诗学的一个组成部分，但在做出这样的断语之前，我们可能要记住一个事实：精神分析学对主体问题的思考总是以"病态"的主体作为参照，在那里，他者世界的任何一个要求——不管它看起来多么的微不足道——都可能是引发症状的原因，都可能会成为主体日后转喻性地出让自己的欲望对象的触发点。弗洛伊德和拉康在身体的"剩余"中、在身体快感的"动情带"来定位驱力对象固然是一种冒险，但如果你注意到它们同时也是被（象征秩序）禁止的对象、是身体的禁忌部分，想必对两位的冒犯也会获得一种理解。

---

[1] Richard Boothby, *Freud as Philosohper: Metapsychology After Lacan*, p.250.

第十一章

原乐的伦理学

我们常说，1960、1970年代是法国结构/后结构主义运动最为鼎盛的时期，可说起来也许有点奇怪，在这样一个极力以结构或结构的他在性取代主体的自在位置的时代，我们居然看到有一个与主体或者说主体的某种终极性体验密切相关的概念在那一代人的理论文本中萦绕不去。罗兰·巴特、米歇尔·福柯、吉尔·德勒兹、朱丽娅·克里斯蒂娃以及与这个结构时代相交或相切的乔治·巴塔耶、伊曼纽尔·列维纳斯等，都曾在理论的意义上使用过这个概念，雅克·拉康更是把它当作精神分析学的一个核心概念加以讨论——这就是"原乐"（jouissance）。

在拉康那里，"jouissance"这个词被用于诸多不同的语境中，其含义也各有不同。[1] 总体上，有五点是我们要把握的：第一，拉康使用这个词时虽然突出了其性快感的含义，但它并不完全等于性快感，而是一种与性快感相类似的极度亢奋状态，是一种极乐，一种过度的逸乐或享乐；第二，拉康尤其强调了这一快感的悖论性质，即它是一种与宗教般的原罪相联系的僭越性快感，是一种带给人痛楚和罪感的快感，一种令人战栗的神秘体验；第三，拉康还在精神分析学的意义上把这种特殊的快感同欲望及欲望的享用联系在一起，同死亡驱力联系在一起，同焦虑联系在一起，同作为欲望之因的对象缺失联系在一起，也就是说，这种快感与满足的经验无关，与一般意义上从具体对象中获得的享乐无关；第四，拉康还在身体享用的意义上使用这个词，视它是与原初的爱欲联系在一起的一种快感

---

[1] 有关拉康对这个词的使用，可参见 David Macey, *Lacanian in Contexts*, pp.200-206; Dany Nobus (ed.), *Key Concepts of Lacanian Psychoanalysis*, "From Kantian Ethics to Mystical Experience: An Exploration of Jouissance", New York: Other Press, 1998, chap. 1.

享受，这时，这种快感所包含的性含义不再是日常意义的，而是具有一种幻想或想象的特质；第五，尤其是，在拉康及许多法国人那里，"jouissance"因其僭越和过度的特质而具有一种特别的伦理学维度，在拉康那里，"jouissance"总是与对原始父亲的谋杀、对父法之禁令的僭越、死亡的凝视、他者欲望的捕捉等联系在一起，因而成为他界定所谓的精神分析伦理学的一个根本视线。

"原乐的伦理学"，因其把我们引向死亡的境域，故而可以说是一种有关不可能性的伦理学，主体总是且只能在不可能的实在中跳着死亡的舞蹈，那致死之快感/享受便是主体的抒情诗般的内核，是主体朝向其本真之在的最后一跃。"不可能性的伦理学"，主体性的这一特殊境况根本上喻示了一种文化境遇，喻示了"上帝死了"之后西方现代性的某一伦理朝向：主体因其对极度原乐的追求而把自己引渡到了死神的宝座前，为逃避面对虚无的恐惧与战栗，主体不惜让自己加入一场与死神共舞的化装舞会中。

一　原乐的悖论

对于法语词"jouissance"的原始语义的多样性和含混性，大卫·梅西有这样一段考证：

> jouissance 的原始意义涵盖了快感和合法性的语义范围，其所具有的核心内涵"享用—占有"使其语义总是摇摆于两者之间。这个术语既意指着对权利、特权或财产的享用—占有，也意指着对某个能引发快感的对象的享用—占有。在更为流行的用法中，它有"性亢奋"的意思，其动词形式"jouir"则相当于"真来劲"（to come）。但是，"jouir"可反用来指涉伴随有暂时失去知觉的强烈的痛苦经验；理查德·克拉肖（Richard Crashaw）有关圣女特烈莎的诗句中所谓"甜蜜的微妙痛楚"和"难以承受的快乐"就是这种含混性的最佳例证。[1]

---

[1] David Macey, *Lacanian in Contexts*, p.202.

在此我们看到，在其原始语义中，"jouissance"作为一个与特殊的快感经验有关的术语至少包含三个层面的含义：首先是政治和法律意义上的，指的是因法权和财产权的获得与享用而引发的快感；其次是生理和心理意义上的，指的是"性亢奋""享乐""极乐""快感的满足"等；再次是宗教意义上的，指的是一种神秘的、带有痛楚的快感，比如圣女特烈莎的狂喜。

多重含义的叠置使法语中的"jouissance"一词在他种语言中很难翻译：汉语世界流行的译法有"快感""享乐""至乐""狂喜""原乐""愉悦""欢愉""执爽"等[1]；英语世界通常将其译作"enjoyment"（享受、享乐）或"pleasure"（快感），有人为强调其宗教的含义甚至将其译作"bliss"（极乐、至福），但这每一种译法都无法完整地涵盖那个法语词固有的复杂含义，因而英语世界现在有越来越多的人干脆把它当作一个新词引入，保留法语原文不加翻译。

一种语言中的某个词汇存在多重含义的纽结，这本来不是什么稀奇的事，但当这个词汇成为一个重要的理论术语并因其多重含义的叠置而焕发出一种特别的生殖力时，有可能就会在跨语际的交流中引发严重的问题。就像法语词"jouissance"，不论是对于汉语世界还是对于英语世界，在翻译中如何处理它，所涉及的将不仅是翻译的技术问题，更是文化表征实践的问题，因为在法语中，这个词就像一个具有共生性结构的意义生产机器，生理层面上的情欲亢奋或性快感、心理层面上的享乐或满足、政治和法律层面上的财产或权利的占有与享用，甚至宗教层面上的极乐和伦理层面上的过度，

---

[1] 这些译法都不够准确——最后一个译法"执爽"是一种音译，在台湾地区比较流行——且容易把我们导向这些词在汉语中的惯有含义，从而大大偏离或削弱法国人赋予这个词的多义性。其实，当代汉语的流行语中有一个词意思与之颇为接近："暗爽"。所谓暗爽，实际是一种未被实现的（性）快感，一种因为他者之凝视而来的快感，这个快感靠着种种幻象的支撑就悬搁在那里，维系着主体的欲望与欲望之匮乏。不过，"暗爽"这个词太过口语化，且涵摄的意义层过于单一，所以我个人仍比较倾向于将"jouissance"译作"原乐"（但有时也会依据语境而译作"享乐"或"快感"），因为在拉康那里，"jouissance"作为一种快感总是与性快感联系在一起，而性快感在精神分析学中时常被等同于一种原欲，"jouissance"就是对这种原欲之满足的一种追求和享受。至于这个词的动词形式"jouir"，我则把它译作"享受"。

这一切的含义都被缝合在一个词语里面，使别种语言面对它的时候时常会唤起一种类似于阉割的创痛记忆。围绕这个法语词的翻译所引出的文化表征实践的种种问题，一度在英语世界的女性主义者当中闹得沸沸扬扬，但多数时候都是言之无物。虽然这一翻译的政治学问题并非我所要关注的焦点，但在此引述美国著名女性主义批评家、拉康文本的研读者简·盖洛普的一段评论还是很有必要的：

> jouissance 拥有一种权力，即摧毁各种基石与分类并撼动意识形态的权力。……在法国女性关于 jouissance 的概念中，得到颂扬的，正是这种摧毁意识形态得以建构的观念基石的权力。但是，拒绝对 jouissance 进行翻译，将该词引进一个将使其失去含混性与歧义性的场景之中，在这个场景中，它有时会和 pleasure 词形不同而意义相同，将会终结对于二元对立结构模式的冲击与震荡，并使两个单词之间的区别变得稳定和明确。在过去的十年当中，至少在用英语发言的语境之下，jouissance 一词已经成为一个教条化的概念：显得单一、缺乏含混性与歧义性，稳定而且严密。

据说，jouissance 一词直接进入英文使用，是因为我们的语言中缺乏一个能够完全和它对应的单词的缘故。确实，我们或许可以说，一旦某个单词未加翻译便进入另一种语言体系的话，它实际上就表明了另一种语言体系在某种意义上的匮乏，以及这一单词本身所属的语言体系的某种程度上的完备性与丰富性。这种低人一等的感觉最最明显地体现在理查德·霍华德对于《文本的快感》一书所作的翻译的注释当中。霍华德这样写道："法语拥有一种非常突出的优点……就是它拥有表现本能欲望的词汇……但是，又能使其散发出既不是来自实验室、又不是来自下水道的气味，而仅仅是——无微不至、一丝不苟地——说明了事实。"噢，那些法语！

> 现在，在盎格鲁-撒克逊国家之内，法语很可能从一种长期以来就存在的声誉中获益良多，那就是，正如我们所说的那样，法语在表达欲望本能方面具有一种超级的本领：如果要对这一传统进行研究是很有意思的，因为这可以揭开一个谜底，即它承载的究竟是什么样的意识形态重负、什么样的大众观念的投射，以及什么样的压抑。[1]

不过，与这个词汇如此丰富的语义叠加不相适应的是，在法国传统的哲学和精神分析学的写作中，至少在结构主义时代到来之前，"jouissance"并没有作为一个特别的理论术语出现。倒是文学家们对它情有独钟——这应该比较容易理解——尤其是在诸如后期象征主义、超现实主义这样的先锋写作中，我们总能看到对极度快感的某种痴迷，在那些先锋的文学文本中，时常会出现对"jouissance"现象的描述，借助于这些描述，作家们可以把性、死亡、神秘体验、疯癫、倒错的快感等同生命的极限体验扭结在一起，以展现他们对存在之奥秘的那种瞥视。也许是受到先锋写作的影响或启示，但也许是因为这种先锋气质本然地就是这个时代的一种文化倾向，到1960年代前后，"jouissance"逐渐赢得巴黎一代先锋文人的青睐，许多哲学家和批评家喜欢用它来完成各自欲望辩证法的高潮篇章，主体的倾覆与原乐的返回相辅相成，构成了结构主义时代欲望历险中最后的蹦极跳。拉康正是在这样的背景之下第一个把"jouissance"作为一个概念引入精神分析学。

虽然是拉康第一个把"jouissance"纳入精神分析学的概念系统，但他第一次使用这个词时也没有赋予它特别的理论内涵。例如在1953—1954年的第1期研讨班中，当论及黑格尔的主奴辩证法时，拉康说："确实，以一个神话式的情境作为开端，一个行动被付诸实施，由此确立了享乐（jouissance）与劳动之间的关系。一条法律

---

[1] 简·盖洛普,《通过身体思考》,杨莉馨译,南京：江苏人民出版社,2005年,第192—193页。

被强加于奴隶,即他应当满足他人的欲望和享乐。"[1]这里说的是主奴辩证法中劳动与享乐的关系,即主人通过迫使奴隶劳动来生产供自己享乐的物品,而奴隶通过劳动来满足他人的欲望和享乐要求,很显然,"jouissance"在此是在一般意义上使用的,指的是对某种权利或特权的享乐、享用和享受。

虽然开端处的这个使用未见有明显的理论化运作,但劳动与享乐的关联在后来的理论化进程中却是一个重要的结构维度,尤其是在1960、1970年代的研讨班中,拉康将不断返回到主奴关系的这个享乐场景中,以他的拓扑学技术来呈现享乐的政治效果和伦理效果,呈现主体之间非对称的享用关系,呈现原乐、知识和真理在主体那里的复杂扭结。

到1950年代中期,"jouissance"一词所隐含的性快感的含义开始得到强调。例如在1956—1957年的第4期研讨班中,拉康提到了"手淫的快感"(masturbatory jouissance)[2];而在1958年为一次有关女性性欲的学术会议所准备的主题发言中,他还使用了"女性快感"(feminine jouissance)和"阴蒂快感"(clitoral jouissance)这样的说法[3]。在这些使用中,"jouissance"一词显然与生物学意义上的性满足或者说性快感是等义的。并且在这里,这个词仍没有成为一个理论性的术语,就像埃文斯所说的:"在1958年以前,拉康偶然使用的'jouissance'这个词似乎与常规用法是一致的;它是快感(pleasure)尤其是动物式的肉体快感的同义词,其基本范式就是性亢奋的快感。"[4]

不过,也正是自这个时候开始,拉康拉开了对"jouissance"理论化的序幕。在1957—1958年的第5期研讨班上,他第一次正面提

---

[1] Jacques Lacan, *The Seminar of Jacques Lacan, Book I, Freud's Papers on Technique 1953–1954*, p.223.

[2] Jacques Lacan, *Le Séminaire, Livre IV, La relation d'objet 1956–1957*, p.241.

[3] Jacques Lacan, *Écrits*, p.612.

[4] Dany Nobus (ed.), *Key Concepts of Lacanian Psychoanalysis*, p.5.

出了享受与欲望的关系问题。他对他的学生说，虽然在思考欲望的时候已经隐含了享受的维度，但还是必须把这两者区分开来："主体不是简单地满足欲望，他在享受欲望，而这正是他的 jouissance（享乐/享用）的一个本质维度。"[1]这句话隐含了一个基本思想："jouissance"不是一般意义上的享受或享用，而是对欲望和欲望过程的享受或享用，我们不妨把主体对不可满足的欲望或欲望过程的这种享受和享用称作主体的"原乐"，就像埃文斯说的，"对原乐与欲望之间的关系的这一最初论述表明，原乐是维系欲望的东西，因为它是对为欲望而欲望的过程的一种享受，这一享受使人在满足的缺席中欲望着"[2]。

在拉康看来，欲望不是对某个现实对象的欲望，而是对他者及他者之欲望的欲望，而这个他者与他者之欲望原本就是一种欠缺，主体的欲望总是被这个他者及他者的欠缺规定着和限制着。欲望与他者间的这种关系还表明，欲望无法通过占有某个现实对象获得满足，相反，欲望之为欲望，恰恰是由于欠缺一个能够满足它的对象。因此对于主体的欲望过程，我们必须理解为一种只能不断地去寻找、不断地去欲望的运动，主体只能在欲望中欲望着，或者说在不满足中欲望着那个不可能的满足，主体享受着这个不断寻找、不断欲望的过程，并从中获得一种快感、一种原乐。也正是在这个意义上，拉康后来又称欲望即是对原乐的追求，例如在1962—1963年有关"焦虑"的第10期研讨班中，他就称欲望总把自己表现为一种"求原乐的意志"（will to jouissance），只是这个求原乐的意志总是会失败，会"遭遇到自己的界限、自己的遏制"[3]。为什么呢？因为原乐总是要求超出快感原则以得到更多，它总是要求"再来一次"（"Encore"，第20期研讨班的题目），可它的要求总是受到象征界域的能指的规

---

[1] Dany Nobus (ed.), *Key Concepts of Lacanian Psychoanalysis*, p.5.

[2] Dany Nobus (ed.), *Key Concepts of Lacanian Psychoanalysis*, pp.5-6.

[3] 转引自 Dany Nobus (ed.), *Key Concepts of Lacanian Psychoanalysis*, p.6.

定或划杠，它的要求总是因他者的在场而受挫，从而把欲望引向无有终止的"彼处"。

1958年以后，原乐成为拉康的一个核心概念，几乎在每一期研讨班中都会直接或间接地涉及，但其含义又常随语境而变化，以至于我们很难去逐一加以讨论。可以说，拉康精神分析学的几乎所有问题都与原乐有着这样或那样的关系，我们甚至可以做这样的设想：如果以原乐为基点去全面叙说拉康的理论，也许将会图绘出另一个版本的拉康。在此我没有能力去做这样的阅读，因为那需要设计一个与本书全然不同的框架。我暂时只能就这个概念本身做一些基础性的说明——可即便如此，这里面也依然是盘根错节、迷途重重。

虽然"jouissance"是拉康教学中的一个基本概念，可他并没有就这个概念提出一个相对统一的、封闭的界定，比如他在1950年代末的研讨班中主要在享受/享用的意义上把它和欲望过程联系在一起，在1959—1960年的第7期研讨班中他把它和超越快感原则的僭越行为联系在一起，在1962—1963年的第10期研讨班中他又把它和焦虑联系在一起，并提出了他者原乐的概念，在1960年代末的研讨班中他还把原乐嵌入身体的享用中来说明两性之间的关系，而到1972—1973年的第20期研讨班《再来一次》中，他又进一步以女性原乐来定位他者原乐——该期研讨班看似是讨论"女性性欲"，实际是在讨论"他者原乐"或"女性原乐"。总之，拉康总是把原乐置于与其他概念或问题域的关系中，在具体的语境关联中玩着语义漂移的把戏，就像大卫·梅西所说的，"其意义是语境的而非定义的"[1]。面对拉康有关"jouissance"的这种种非定义式的论述，我们该如何进入或者说该从哪里开始呢？分析家们会说：临床。是的，从临床的意义上说，原乐以及与原乐有关的对象 a 算得上是拉康的最具临床价值的两个概念，不论是在弗洛伊德有关杜拉、小汉斯、"鼠人"、"狼人"或施列伯的症状结构分析中，还是在拉康本人区分

---

[1] David Macey, *Lacanian in Contexts*, p.201.

的神经症、精神病和倒错的临床结构中，原乐与对象 a 都是弗洛伊德在《论反复无常》（1916）中描述的那种令人惊骇之物，都可以作为分析的瞄准点。[1] 不过，我在此不打算这样做，我更倾向于拉康本人的理论化道路，虽然这条路走起来要跟跄得多。

其实，在拉康把"jouissance"当作一个概念引入之初，就已经给我们提供了一个理论入口，那就是原乐的伦理维度。在有关精神分析伦理学的第 7 期研讨班（1959—1960）中，拉康特别地讨论了原乐的这个维度，这一讨论照例是千回百转，不同界域的概念以一种典型的超现实主义逻辑被扭结和叠加在一起，而最终都汇合在一个东西下面，那就是原乐与纯粹欲望的伦理学。

我在前面已经提到（参见第八章第三节），拉康讨论精神分析的伦理学不是出于通常意义上的学科意志，而是基于分析实践本身所具有的伦理维度，基于受分析者与分析师的互动情境所内有的伦理含义，比如移情关系、他者的欲望、基本幻象的构成等这些问题皆关涉着主体间的伦理结构。我还提到，由于拉康把主体的无意识构成和欲望辩证法同实在界、同属于实在界的原质之"物"的运作联系在一起，所以他的伦理学实际是一种实在界的伦理学，但正如阿伦卡·祖潘西卡所说，对于这个实在界的伦理学，不可以片面地理解为有关实在界的伦理学，而应理解为依据在伦理实践中运作的实在界的维度来重新思考伦理学[2]，这就是说，实在界在这里是作为一个认识论框架发挥作用的，其本身并不构成精神分析伦理学的对象，它根本上是规定我们的伦理学思考的一种视线。

按照拉康的理解，精神分析伦理实践的运作对象根本就是主体的欲望，并且这不是一般意义上由他者的欲望来规定的那种欲望，那种受到象征机器制约的欲望，而是一种"纯粹的欲望"，一种朝

---

[1] 例如，分析家 Willy Apollon、Danielle Bergeron 和 Lucie Cantin 在《拉康之后：临床实践与无意识主体》(*After Lacan: Clinical Practice and the Subject of the Unconscious*, New York: State University of New York, 2002) 一书中就从临床的方面讨论了"jouissance"的意义。

[2] Alenka Zupančič, *Ethics of the Real: Kant, Lacan*, p.4.

向原初实在界的原质之"物"的欲望,一种服从于求原乐意志的欲望。所以,拉康的实在界的伦理学实际也是纯粹欲望的伦理学,是主体的求原乐意志的伦理学。于此,我们所面对的问题是:欲望主体的这一求原乐的意志到底是什么?原乐的所谓伦理维度究竟是怎么引入的?我们不妨从拉康在第 7 期研讨班中对博爱伦理的一段分析来进入这里的问题。

要知道,在拉康的理解中,爱,从广义上说,指的是人与人之间的某种移情关系。爱本质上具有一种自恋性结构,我们爱他人其实爱的是我们自己或者说我们的自我,我们因为爱的冲动而在他人身上投射一个"镜像幻影",并把自己设想为被爱的对象,想当然地以为在那里他人能够以我们想要的方式来爱我们,由此形成一种相互性的幻觉,而实际上,这种相互性只是一种欺骗,一种自欺。

我们常说,爱是无条件的,是不求回报的,我们爱一个人,不是出于某种自私的目的,而只是出于我们爱的本心,所以即便那个人是我们的敌人,我们也应当像爱自己一样地爱他,这才是真正的爱,有这种爱的人才是真正有德行的人,因为他懂得爱的价值和意义,他知道只要是爱,就必须是无条件的。可是,弗洛伊德对这一博爱的理想有另一种理解。在《文明及其缺憾》(1930)中,弗洛伊德对"爱邻人如爱己"这一神圣的道德律令做了一段极其精彩的分析:我的爱对我来说是一件很宝贵的东西,我无权随便就把它抛弃;爱意味着一种责任,意味着为实现我的爱就需要做出牺牲。所以,假如我爱一个人,一定是这个人有值得我爱的地方,比如,若是他能在某些重要方面如此爱我,以至于我能在他身上爱我自己的话,他就是值得爱的;又比如,若是他比我完善得多,以至于我能在他身上爱我自己的理想的话,他就是值得爱的;还比如,若他是我朋友的儿子,我就一定会爱他,因为他如果有什么不幸,我的朋友的痛苦将会让我也痛苦。但是,如果这个人对我来说是一个陌生人,并且又没有什么对我而言有价值的东西可以吸引我,那我就很难爱上他;

尤其是如果这个陌生人不仅没有值得我爱的东西，而且还是一个坏人，一个对我有敌意和仇恨的人，我还要如圣训所说"爱你的敌人"，那这种爱简直就不可理喻。

对于弗洛伊德的这段不无残酷意味的分析，我们很容易陷入浅表的理解，以为他只是在宣讲一种"人对人是狼"的食人哲学或工于计算的功利主义伦理学，比如在接下来分析这种博爱伦理得以出现的社会根源时，弗洛伊德就把它还原到了人性的攻击性本能，他说：

> 这种攻击性倾向的存在可以在我们自己的身上发现，我们还能正确地假定在别人身上也有，这就是干扰我们同邻居的关系，迫使文明必须施行很高的（能量）消耗的那个因素。由于人与人之间这种原始的相互敌意，文明社会不断地受到分裂的威胁，他们在共同工作中的利益不会使他们结合到一起来；本能的热情比理性的兴趣更强烈。为了建立能抵御人的攻击性本能的屏障和用心理上的反相作用（reaction-formation）来控制它们的表现，文明就必须召唤一切可能的力量。然后，人类就会被这些方法的使用驱赶到自居作用和受目的制约的爱的关系中；此后又会对性生活加以限制，再以后还有它的爱邻犹爱己的理想的命令。[1]

可是，拉康不这么看。他认为，弗洛伊德对博爱伦理的分析与其说是对人性的攻击性倾向的揭示，不如说是对上帝死了之后的现代文明图景的一种描绘，也就是说，那根本是对资本主义文明的一个症状分析，其所揭示的乃是这个文明内有的文化逻辑。在这一点上拉康说得没错，弗洛伊德的确是想要做尼采在《论道德的谱系》（1887）中已经做过的工作，那就是揭示在道德原则背后真正起支

---

[1] 车文博主编，《弗洛伊德文集》第五卷，第 260 页。

撑作用的能量的运作,揭示"道德的谱系"。[1]

实际上,真正令弗洛伊德如鲠在喉的并非邻人之爱的观念本身,而是它作为一个律令的存在,即它要求我们毫无分别地、像爱自己及自己的亲朋一样地去爱每一个人。文化怎么能要求我们如爱自己一样去爱每一个人呢?虽然对人而言没有什么比爱的关系更具安慰的效力,可也恰恰是因为这一点,爱对于我们每个人才是真正宝贵的,我轻易地就把它施舍出去,那只会贬低爱的价值。尤其是,那样做可能是极其危险的,因为一方面,我根本无法确定我的爱能否由此而得到同样慷慨的回报;另一方面,如果我就这样天真地把自己的爱奉献出去,我得到的更有可能不是被爱,而是我的爱被滥用,我会因此成为爱的不确定性的牺牲品。

但你也许还是会说,邻人一定就是坏人吗?即使他是一个坏人,即使他对你充满敌意和仇恨,去爱你的敌人不是正好可以显示伟大的爱的力量吗?这不正是伦理学所应当召唤的吗?但问题的关键不在这里。在那一爱邻人如爱己的律令中,邻人是好人还是坏人的确不是我们要不要去爱的条件,弗洛伊德强调邻人的侵凌性的真正意图在于围攻传统伦理学的一个未加省思的前提:邻人是像我们一样为善的,为善者必有善报。单从形式上说,这个前提难道不是和侵凌性的假设一样的不可思议吗?!还有更重要的一点,我们为善,我们无私地爱他人,这里面难道就没有侵凌性的因素吗?我们果真

---

[1] 在《论道德的谱系》中,尼采对于基督教的博爱伦理有一段极为尖利的说辞,与弗洛伊德的分析正好呼应。在讨论犹太人的仇恨与基督的爱之间的关系时,尼采说:"从那报复的树干中,从那犹太的仇恨中,从那地球上从未有过的最深刻、最极端、能创造理想、转变价值的仇恨中生长出某种同样无与伦比的东西,一种新的爱,各种爱中最深刻最极端的一种:——从其他哪根树干中能够长出这种爱?……但是也不要误以为这种爱是对那种报复渴望的否定,是作为犹太仇恨的对立面而萌发的!不是的!事实恰好相反!这种爱正是从那树干中长出来的,是它的树冠,是凯旋的、在最纯洁的亮度和阳光下逐渐逐渐地伸展开来的树冠。即使在光线和高度的王国里,这树冠也似乎以同样的渴求寻求着那仇恨的目的、胜利、战利品、诱惑,这种渴求使那种仇恨的根在所有的深渊中越扎越深,在所有的罪恶中越变越贪。拿撒勒斯的这位耶稣,爱的人格化福音,这位把祝福和胜利带给贫穷人、病患者、罪人的'救世主',——他难道不正是最阴险可怕、最难以抗拒的诱惑吗?这诱惑和迂回不正是导向那些犹太的价值和理想的再造吗?"(尼采,《论道德的谱系》,周红译,北京:生活·读书·新知三联书店,1992年,第19—20页。)

可以确信我们的善和对他人的爱是全然无私的吗？或者说，这种绝对的善和无私的爱果真存在吗？我们自以为我们有关善和爱的知识是自明的，我们的善和爱的行为是出自本心自主地选择的，可我们真的是自己的主人吗？我们自以为我们设计的善和爱是人人都具有的，凭借人性的这种共通性，我们就可获得幸福和快乐，可这一共通性的观念难道不是出于我们的幻觉吗？拉康虽然没有直接设置这样的诘问，可他明确地指出，以亚里士多德为代表的传统伦理学实际就是建立在这一自欺的善和爱的知识的基础上的，这种伦理学以所谓的良善或至善为目标，认定一个人只要认识到了这种善，只要在行为中践行了这种善，就称得上是一个有德行的人，就可以获得幸福和快乐。而实际上，拉康说，这一利他主义的至善根本就不可能，因为"我所需要的是处在我自己的镜像中的他人的善"[1]。这意思是说，我们所谓的"善"、所谓的"爱邻人如爱己"，实际是建立在主体与他人之间想象的同一性或相似性之上的，我们为善、我们施与无私的爱，是因为我们以为且渴望他人会如我所愿地把我们视作善的和有爱的，并如我所愿地把同样的善和爱施与我们自己，而问题之根本在于，在道德或法的世界中，我和邻人之间的关系是象征性的，是由依照差异性原则来运作的大他者指认出来的，在这时，在我和邻人之间的爱的交易中，其实存在着一种不对称性。

正如弗洛伊德所说，在邻人之爱的律令中，隐藏着一种残酷性，一种会让我们在那里遭遇到"无意义"的危险性，只是他没有看到这个"无意义"的真正"意义"，拉康说，那就是寄居在我们每个人心里的"恶"。这个"恶"不是道德意义上的，而是伦理意义上的，它根本上就是"原乐"，即我们对过度享乐的欲望，对超越快感原则的极度快感的追求，对被法所禁止的实在之"物"的渴望。弗洛伊德只看到了邻人的"恶"，而没有看到这个"恶"实际是我们每

---

[1] Jacques Lacan, *The Seminar of Jacques Lacan, Book VII, The Ethics of Psychoanalysis 1959-1960*, p.187.

个人都具有的一种追求极度快感的倾向，所以他"诚实"地承认自己会因为不愿分担朋友的丧子之痛而去爱朋友的儿子，这就是说，弗洛伊德仍没能摆脱快感原则的牵制，从而错失了通向原乐的道路，拉康评论说：

> 弗洛伊德有关这一点［我的爱是宝贵的］的评论是很正确的，他接着评论了值得去爱的主体［朋友的儿子］。……在这个诚实的人［弗洛伊德］身上，依然存留着亚里士多德的整个善的概念；对于我们的爱因何而成为值得分享的善，他给了我们最感性、最合理的回答。但是，他可能忽视了一个事实，那就是：恰恰因为我们走了那样一条路，所以才错失了通向原乐的路。
>
> 它就处在利他主义的善的本性中。但那并不是邻人的爱。弗洛伊德让我们觉察到了这一点，但没有充分地展开。我们现在可以尝试沿着他的思路不做任何强加地往下说。
>
> 我们可以这样展开我们的观点，即每当弗洛伊德在爱邻人的律令的结果面前恐惧地止步不前时，我们就会看到那寄居在这个邻人心中的根本的恶的在场。但是，如果真是这样，那它也寄居在我的心中。在这个心中，寄居着我的原乐，我不敢走近的原乐，还有什么东西比这更邻近我的？因为只要我走近它，就像《文明及其缺憾》所说明的，就会产生我极力想要逃避的不可测度的侵凌性，我想转身背对着它，并且，就在已经消失的法的位置，它对那阻止我跨越"物"的边界线的东西施加其影响。[1]

在拉康看来，所谓的"善"（Good）本质上是力比多经济学的一种运作，是主体为满足自身需要而在象征界设定的一种交换物品，它就是"物品"或"商品"（goods），按照象征世界的交换原则，

---

[1] Jacques Lacan, *The Seminar of Jacques Lacan, Book VII, The Ethics of Psychoanalysis 1959-1960*, p.186.

我供应给你一些"善/物品"，我也要求从你那里得到相应量的"善/物品"作为回报，爱邻人的伦理也可以在这一"善/物品"的交换逻辑中来理解，弗洛伊德发现了这一博爱伦理可能的残酷含义，但没有把它放置在"原乐"的领域来思考。

为了进一步阐明善与原乐的关系，拉康举了一个例子，说的是法国历史上最伟大的善人圣马丁的古老传说。

图尔的马丁（Martin of Tours，约316—397）是高卢隐修制度的创始人，也是西方教会隐修制度的创始人，法国的主保圣人，年轻时曾是罗马军队的一名军官。传说马丁有一天遇到一个衣不蔽体的乞丐在寒冬中冻得全身发抖，他毫不犹豫地挥剑把披在身上的大衣割成两半，一半送给了乞丐。当晚，他梦见基督披着他送给乞丐的那半件大衣，这个神迹般的见证使他成了一名虔诚的基督徒。为了纪念马丁的善行，西方世界后来把每年的11月11日定为圣马丁节。

拉康在这个故事中看到了什么？一般地，我们说，在凛冽的寒冬中，一个衣不蔽体的乞丐所要求的当然是一件可以御寒的衣服，可拉康说，这看似是满足了乞丐的生理需要，而实际上圣马丁在此将遭遇到乞丐的所有需要。就是说，那个乞丐"需要"的远不只是御寒的衣服，他可能还"要求"别的东西，那就是他人的无条件的爱，为了向自己证明你的爱的确是无条件的，他甚至会请求你干脆"杀了他或是奸淫他一顿"，在这里，"对慈善的回应和对爱的回应在意义上存在着巨大的差异"[1]。之所以会出现这一差异，之所以良善的行为最终获得的是一个倒转形式的回应，根本在于：主体间性总是且只是一种差异性，每个欲望主体都有一种求原乐的意志，当这一意志被编织到主体间想象的镜像关系结构中的时候，就会表现为一种侵凌性，在那一情境中，且不说恨或攻击性的行为本身，就连爱或善的行为都包含有一种侵凌性的倾向，都属于求原乐意志的

---

[1] Jacques Lacan, *The Seminar of Jacques Lacan, Book VII, The Ethics of Psychoanalysis 1959-1960*, p.186.

一种自我享受。原乐意志是一种恶的意志,它就在我们每一个主体的内部,它实际就是我们最邻近的邻居,只是我们并不知道或拒绝承认它的存在,故而才对我们显得是陌生的、怪异的,是他人的原乐。所以,要我们爱邻人如爱己,实在是一个残酷至极的律令:"去爱他,如爱己一样地爱他,必定会走向某种残酷性。"[1]

拉康对邻人之爱的律令和圣马丁的故事有如此出人意表的解读,根本在于,他是要从欲望及欲望之满足的角度来思考伦理学,他认为,欲望的满足不能在幸福和善中去寻找,也不能在功利主义伦理学所主张的最大多数人的最大幸福中去寻找,而只能在超越于善和幸福之外的原乐中去寻找。按照拉康的理解,如果说传统伦理学的力量就来自它总是以某种方式来界定善,以帮助主体远离原乐——因为那种伦理主体所要求的只是适度的快感,他们所谓的"幸福和快乐"不过是在厮守一种中庸之道,而原乐的极度快感是这种主体根本无法承受的——那么,精神分析的伦理学恰恰就是要面对主体的原乐,要为主体的欲望打开朝向原乐的道路。精神分析学不仅不能忽视或远离原乐,反而要以它为纽结点去走进主体的不可能性的世界。如果说传统伦理学对德行和至善的追求是出于一种快感原则,那么,精神分析伦理学的目标就是要超越快感原则,通过揭示原乐的悖论性而让主体最终穿越幻象,直面和担当自己的欲望。

原乐意志是一种恶的意志,并且是一种绝对的恶的意志。仅仅这么说还无法理解拉康的原乐伦理学的真正内核,我们还需要进入他的理论内部、进入实在界的层次来看一下他对这个绝对的恶的意志的逻辑阐述。

前已论及(参见本书第八章第三节),拉康在第 7 期研讨班中对实在界的讨论是从弗洛伊德的作为原质的"物"的概念开始的,按照他的理解,属于实在界的"物"是不可象征化的,"物"不是欠缺、失落或不在场的表征,相反,它就是这些东西本身,"物"

---

[1] Jacques Lacan, *The Seminar of Jacques Lacan, Book VII, The Ethics of Psychoanalysis 1959-1960*, p.198.

的特征就是"它的不在场、它的陌生性"[1]。就"物"与主体的关系而言,"物"总是作为永远失去的对象偶然地出现在主体的面前,主体及主体的欲望都是围绕它而运转的,"无意识的主体世界是围绕着它在一系列意指关系中被组织的"[2];"物"作为原初失落的对象既外在于主体,但又处在主体的中心,是主体所欲望或者说引发主体欲望的东西,从这个意义上说,它与幻象结构中的"对象 a"的功能是重叠的。

进一步地,从精神分析的经验说,主体最初欲望的这个"物"其实就是母亲,"母亲占据着这个物的位置",或按照弗洛伊德的说法,儿童对母亲的欲望是乱伦的欲望。这当然只是一个神话式的设想,我们何以知道主体最初有这样一种不可思议的欲望呢?通过对能指网络所构成的象征秩序的回溯,我们就能找到一个结合点,不过是主体与原初欲望之被禁止的结合点,那就是处在法之源头的乱伦禁忌。"我们必须牢记这个思想。弗洛伊德把禁止乱伦视作原始法的根本原则……同时,他又把乱伦看作基本欲望。"[3]进而,列维-斯特劳斯的人类学也向我们确证了这一点,他也把乱伦禁忌看作最基本的禁忌形式,是结构人类社会的关系和法则的基本模型。拉康说:

> 我们在乱伦法则中发现的东西就这样在无意识的层面与"物"关联着。对母亲的欲望不可能获得满足,因为它就是目的,就是终点,是全部的要求世界的废除,这个要求在其最深的层次上说乃是结构人的无意识的东西。[4]

乱伦禁忌是结构人类社会生活的原初法则,在它出现之前,原

---

[1] Jacques Lacan, *The Seminar of Jacques Lacan, Book VII, The Ethics of Psychoanalysis 1959–1960*, p.63.

[2] Jacques Lacan, *The Seminar of Jacques Lacan, Book VII, The Ethics of Psychoanalysis 1959–1960*, p.71.

[3] Jacques Lacan, *The Seminar of Jacques Lacan, Book VII, The Ethics of Psychoanalysis 1959–1960*, p.67.

[4] Jacques Lacan, *The Seminar of Jacques Lacan, Book VII, The Ethics of Psychoanalysis 1959–1960*, p.68.

始社会是否真的存在所谓的乱伦，这并不重要，重要的在于人类社会正是凭着那一神话性的想象——想象曾经有一个时期，男人只是享用本部落内部的女人——才确立了这个原初大法。乱伦禁忌是结构主体之欲望的最初力量，这一结构的过程本质上是一种禁止，是对主体和母亲同时说"不"的过程，所以处在象征秩序中的主体的欲望根本上是对已经永远失去的对象的欲望。很显然，这个欲望是不可能得到满足的。于是，这个原始欲望以转喻的方式嫁接到其他对象上，由此构成一个欲望的转喻性链条，存在的命运就在这个链条中流转着，主体在这个链条中成为一个不断朝向不可能性的欲望主体。

主体在不可满足的欲望过程中欲望着，这一终极的不可满足性构成了欲望主体的界限，但欲望的戏剧也正是因为这个界限而悄然上演，其中一个重要的剧情导引就是弗洛伊德所讲的快感原则。我们已经知道，在弗洛伊德的能量经济学中，快感原则作为心灵的一种调节机制乃是指心灵的趋乐避苦的倾向，因为痛感或不快感会使能量的紧张增强，而快感或快感的获得可以减轻或释放这种紧张与兴奋。可见，快感原则实际就是寻求心理组织的平衡和恒定性，旨在把兴奋维持在最低的功能水平，用拉康的话说，快感原则的本质就是"尽可能少地享受"，或者如弗洛伊德最初的说法，它其实是一种"不快感原则"——因其目标在于降低或释放因紧张而来的痛感。把这一原则运用于主体的欲望过程：主体对作为"物"的母亲的欲望永远不可能得到满足，但快感原则可以通过生产出许多能指、通过把主体从一个能指引向另一个能指来调节主体与"物"的关系，使主体与"物"之间保持一定的距离，让调节整个心理机制功能的张力维持在一个尽可能低的水平——在这个意义上说，快感原则充当的就是乱伦禁忌或者说父法的功能。

需要顺便提及的是，在这里，拉康所谓的"快感原则""乱伦禁忌""法"实际上都指的是象征秩序的功能，都属于能指的运作，它们对于原乐的作用实际都是一种禁止（但下面会说到，禁止原乐实际也是在生产原乐），所以对于此处论及的原乐与快感（原则）的关系，我们也可以从语言或言语的角度来理解。例如在《主体的倾覆和欲望的辩证法》（1960）一文中，拉康说：

> 我们必须谨记，对于任何言说者来说，原乐都是被禁止的，或者换一个说法，原乐只能流露于法之主体的字里行间，因为法就是建立在这个禁止之上的。
>
> 确实，即使法命令说"享乐吧！"（Jouis!），主体也只能回应说"我听到了"（J'ouïs），在这里，原乐只是被领会到。
>
> 但是，并不是法本身阻挡了主体通向原乐，它只是从一个几乎自然的阻隔内制造了被划杠的主体。因为给原乐设置限制的是快感，这快感就像是把不统一的生命捆绑在一起的东西，直到另一种禁止、一种不可挑战的禁止从弗洛伊德作为快感的原发过程和相关律法制订的规则中生发出来。[1]

可充满悖论意义的是，快感原则对主体欲望的这种调节是不可能彻底的，换句话说，虽然象征秩序自始就构成了对主体的原始欲望的压抑，但这个欲望并不会因此而彻底熄灭，它只是被调节，只是被语言所延宕，它对意义或者说欲望之满足的坚持依然执着，并且，恰恰是这种调节、这种延宕、这种意义的匮乏和不在场使欲望的驱力更为固执。这样，受到快感原则调节的能指法则在结构着主体的欲望的同时也在生产着主体的欲望，它使主体更为急切地奔向所欲望的那个"物"，主体总想超越快感原则，僭越父法的禁令，如拉康所说，"快感原则的功能就是使人一直去寻求他不得不再次发现、但却不可能获得的东西"[2]。

---

[1] Jacques Lacan, *Écrits*, p.696.

[2] Jacques Lacan, *The Seminar of Jacques Lacan, Book VII, The Ethics of Psychoanalysis 1959-1960*, p.68.

快感原则本来是要调节主体的欲望,可结果却成为生产欲望的机器,正是在这里,拉康把快感原则的这一悖论性功能同原乐联系在了一起,指出原乐的根本就是要"超越快感原则",僭越快感原则所立的禁令和法则。我们不妨说,"超越快感原则"就是拉康的原乐原则,是拉康的纯粹欲望批判的"先验原理",而建立在这个原理之上的"先验律令"就是:不要向欲望让步——因为人的欲望总是他者的欲望。

为了进一步说明原乐对快感原则的这种僭越及其后果,拉康接着又讨论了法与罪(sin)的关系,而其源头性的文本便是弗洛伊德早期的《图腾与禁忌》(1913)和晚期的《摩西与一神教》(1939)。

《图腾与禁忌》是弗洛伊德的一部人类学著作,在那里,他以一种史诗般的想象把弑父的俄狄浦斯情结运用到人类社会的早期历史中,以说明乱伦禁忌和法的起源,其中的主要观点在他的绝笔之作《摩西与一神教》中有更精练的表述:原始初民的部落通常都受着一个强壮的男性的统治,这个男人是整个部落的主人和父亲,他权力无限但却十分野蛮,他禁止部落的子民和他一起分享部落的女人;受到威胁的儿子们于是联合起来杀死了父亲,并分食他的尸体(这一分食行为也表明了儿子们对父亲的认同或矛盾情感);接着为保障自身安全及社会秩序,儿子们达成了一个契约,"每个人都放弃了他想要获得其父亲的地位和占有他的母亲及姐妹的想法"[1],这样便产生了乱伦的禁忌和禁止族内通婚的禁令。人类社会的最初法律和文化就这样形成了。

可这一通过谋杀父亲来建立禁忌与图腾崇拜的行为似乎并不能解决问题,相反,对父亲的谋杀使一种负罪感越来越强烈,这种情况最终在一些民族那里导致了一神教的出现。在《摩西与一神教》中,弗洛伊德接着解释了犹太教和基督教的这一心理根源。他说,犹太

---

[1] 车文博主编,《弗洛伊德文集》第五卷,第388页。

民族中一神教的建立正是基于子民们对待原始父亲的那一矛盾情感以及因谋杀父亲而来的负罪感,在那里,人们把负罪感的历史根源追溯到所谓的原罪——这种应当以死来报效的原罪就是谋杀了后来被尊奉为神的父亲。而基督教的赎罪幻想就是对这种负罪感的一种想象性解决,通过一个儿子的牺牲来平复对父亲犯下的原罪:

> 上帝的一个儿子,本来没有罪,却通过把自己杀死而自己承担了所有的人的罪恶。他必须是一个儿子,因为他杀害的是个父亲。[1]

所以,在弗洛伊德的解释中,被奉为"救世主"的基督不是别人,正是杀死父亲的兄弟群体中的领头人,或者说如果有过这么一位领头人,那么基督就是他的继承人,是他的化身。基督徒对基督的崇拜就是向父亲赎罪的行动,只是摩西宗教(即犹太教)的"父亲宗教"在此变成了一种"儿子宗教",基督(儿子)取代了古老的上帝(父亲)的位置。

毫无疑问,非要去追问这种解释的历史有效性是极其愚蠢的,因为弗洛伊德在此关注的并非可见的社会事实层面,而是人类的无意识之思,他提供的是一出人类的集体梦幻剧,就像拉康所说,他讲述的是一则"神话",是现代世界所能给出的"唯一神话"[2]。拉康甚至以此把弗洛伊德描述的法和一神教的起源神话说成现代西方杀死上帝的时代的神话:

> 法的起源的神话就体现在对父亲的谋杀中;正是从这种谋杀中,出现了一系列的原型:先是我们所说的动物图腾,接着是或多或少有力的和嫉妒的神,最后是唯一神——圣父。谋杀

---

[1] 车文博主编,《弗洛伊德文集》第五卷,第 392 页。

[2] Jacques Lacan, *The Seminar of Jacques Lacan, Book VII, The Ethics of Psychoanalysis 1959-1960*, p.176.

父亲的神话即是上帝死了的时代的神话。[1]

在这则神话中，真正值得关注的是人类社会原始法的确立与儿子对父亲形象的矛盾情感（俄狄浦斯情结）的关系。在弗洛伊德的理解中，法的确立既是基于子民因谋杀父亲而来的罪疚感和赎罪感，也是基于其对父法本身以及由这父法所赋予的父亲（权威）位置的某种认同。而拉康在分析子民们建立原始法的行为时则把原乐引入了那一复杂的父子关系中，让这则神话的逻辑围绕着法、原乐及与之伴随的欲望运转。拉康说：

> 就这样，诸如法的秩序这样的东西得以被传递，它必定要沿着《图腾与禁忌》中阐述的原始戏剧——谋杀父亲及其后果——所划出的道路往下传递。那是文化源头处对某个角色的谋杀——人们对这个角色说不出什么，只知那是一个可怕的、内心充满恐惧而且多疑的角色，是原始部落里最强大有力且半人半兽的生物，他被他的儿子们杀死了。其结果——而且这里的阐述至关重要——就是初始契约的确立，这对于法的制定是很关键的，弗洛伊德竭力把它和对父亲的谋杀、与矛盾情感的认同联系在一起，而那一认同恰好构成了儿子和父亲的关系的基础，换言之，一旦那一行为被实施，与矛盾情感的认同就涉及爱的返回。

> 全部的奥秘就在那一行为中。其目的旨在掩藏某个东西，

---

[1] Jacques Lacan, *The Seminar of Jacques Lacan, Book VII, The Ethics of Psychoanalysis 1959-1960*, p.177. 需要注意，拉康所讲的"上帝死了"不是尼采意义上的，他的这个短语实际是从弗洛伊德的"儿子宗教"取代"父亲宗教"的观点中演绎出来的，其真正的含义指的是，如同孩子与母亲的原初统一根本未曾存在一样，"上帝"起先作为原始的父亲，后来又作为至善、作为全能的"太一"（One），从来就未曾存在过，"上帝"原本就已经死了，所以谋杀父亲只是一个神话，是有关法的起源的神话。"我们应该注意，唯有基督教通过受难的戏剧赋予了我们称作上帝死了的真理的自然性以丰富的内涵。……其实，基督教提供的戏剧实际是为了呈现那一上帝之死。也正是基督教把那一死亡同法的出现联系在了一起，也就是说，根本没有对父法的破坏，就我们所知，而只有对父法的取代，对父法的总结，在废除父法的过程中使其得到提升……"（Jacques Lacan, *The Seminar of Jacques Lacan, Book VII, The Ethics of Psychoanalysis 1959-1960*, p.193.）

即谋杀父亲不仅不能打开通向父亲在场时所禁止的原乐的道路，事实上反而会强化那一禁止。整个的问题就在于此，不论在事实上或在理论上，那里就是差错之所在。虽然谋杀的结果是移除了障碍，可原乐依然被禁止；不只如此，那禁止反而被加强。[1]

谋杀父亲乃是为了获得被父亲所禁止的原乐，可结果却是父法的禁令得到了强化，由于谋杀父亲后重又认同于父法，对原乐的禁止被进一步加强。可问题并不会因此而完结。受到禁止的原乐还会以别的方式寻求表现自身，并且法本身恰恰是原乐的这种坚持的保证。为什么会这样呢？这涉及法、罪和原乐之间辩证的关系翻转。

事实上，我们被引到了一个点，在那里，我们接受这样一个表述：没有僭越，就无法通向原乐。并且返回到圣保罗那里，那恰恰就是律法的功能。原乐方向上的僭越要想发生，唯有它受到相反原则、受到法的形式的支撑。如果通向原乐的道路上有某个东西消失了，使那道路行不通了，那我可以说，禁令就成为它的全地形式的车（all-terrain vehicle）、它的半履带式的车（half-track truck），使它偏离运行的轨迹，绕一个圈子又把人带回来去寻求瞬间的、原地踏步的满足。

那就是我们的经验所导向的点，条件是要以弗洛伊德对问题的阐述作为指导。罪需要法，圣保罗说，所以他成了一个伟大的罪人——当然没有什么可以断定他真的是罪人，但他可以这样来想象那一可能性。[2]

拉康说，法的一个本质功能就是禁止，禁止原乐或切断通向原乐的道路；而原乐的一个本质方面又恰恰是它的僭越性，"没有僭

---

[1] Jacques Lacan, *The Seminar of Jacques Lacan, Book VII, The Ethics of Psychoanalysis 1959-1960*, p.176.

[2] Jacques Lacan, *The Seminar of Jacques Lacan, Book VII, The Ethics of Psychoanalysis 1959-1960*, p.177.

越，就无法通向原乐"。对什么东西的僭越？当然是对法的僭越，对法的禁止或禁令的僭越。由于法的禁令根本上是为了禁止对母亲的欲望——也禁止母亲自身的欲望——所以对这一禁令的僭越就具有了罪的特质，其后果不仅是导致了乱伦欲望的返回，也导致了谋杀原始父亲的行为的重演。反过来说就是："人的罪需要法"。正是因为有法，我们才知道什么是罪；正是因为有法，才有对法的僭越，才有所谓的"违法"；也正是因为有法，对法的僭越才构成一种诱惑，被禁止的欲望才有了一种求原乐的意志，"原乐方向上的僭越要想发生，唯有它受到相反原则、受到法的形式的支撑"。拉康甚至引用《圣经》中保罗的话来说明法、欲望与罪之间的这一关系："律法是罪吗？断乎不是。只是非因律法，我就不知何为罪。非律法说，'不可起贪心'，我就不知何为贪心"（《新约·罗马人书》，7：7）。

我们不妨把拉康在多个层面交互运作的逻辑再做一简约化的表述。就欲望的层面说，主体在神话性的实在界的原初欲望即对"物"的欲望是乱伦的欲望，可这一欲望因为父亲的介入或者说因为父法的确立而被转移或被延宕，主体从此成为一个有欠缺的主体，一个其欲望要借助象征性的阉割才能得到承认的分裂的主体，但是主体对那已然失落的原初对象的欲望并没有因此而消失，相反，后者现在成为主体的欲望之因，并会借幻象的结构以对象 a 的形式出现，原乐也会在这个剩余、这个欠缺的幻影中辨认出自身。就驱力的层面说，驱力驱使主体不断去欲望，可目标在于让主体"尽可能少地享受"的快感原则却使主体的欲望永远得不到满足，于是死亡驱力以其坚执的姿态不断撞击着快感原则的冷酷链条，企望在重复强迫中把遭禁止的原乐召回到主体跟前。就法的层面说，法的功能在于禁止，禁止欲望不知餍足的原乐追求，可事实上，法的存在也为主体僭越法的界限提供了可能的入口，换句话说，有法的地方，必定有僭越；有僭越的地方，也必定有法。就原乐主体的方面说，谋杀父亲是为了打开通向原乐的道路，可这一俄狄浦斯式的谋杀最后却是强化了禁止的力量，主体因转而认同于法的禁止而被抛向了原乐的丧失。就罪的层面说，法的建立是因为罪，是为了赎罪，也是为了禁止罪的再次发生，可另一方面，我们所谓的罪、罪感、赎罪感、犯罪感却都是因为法而被界定、被强化，法固然不是罪，可法是罪的渊薮。最后，就原乐的层面说，原乐之根本在于它的僭越性，对法的僭越，对快感原则的僭越，可这种僭越不仅不会打开通向原乐的道路，反而会使原乐的获得越来越不可能，会把原乐引向罪，并最终引向致命的诱惑——死亡。

所以，原乐不是享乐，不是快感，不是对快感的享受，甚至也不是对痛感的享受，因为对痛感的享受终究还是一种"享受"、一种快感、一种夹杂着痛感的快感，比如在受虐狂那里，对痛感的享受往往是获取快感的手段。原乐本质上是对快感和不快感（原则）的一种僭越，是对亢奋的过度追求，它根本上是一种"mal"。"mal"这个法语词有两个基本含义："恶"和"痛苦"，拉康把这两个意思兼而用之。为什么说原乐是一种恶？因为一方面，原乐源自对法或禁令的僭越，这是主体对法所犯下的罪，是原乐的第一重恶；而另一方面，原乐的僭越带来的不是禁令的废止，而是禁令的强化，这是原乐的第二重恶，也是更大的恶。为什么它又是一种痛呢？因为主体只能承受一定量的快感，超出了这个限度，快感就成了痛，就是说僭越快感原则的结果获得的不是更大的快感，而是一种痛，一种纯粹的痛。这就是原乐的悖论性质。

简而言之，原乐的悖论性质乃是源自它的僭越效果。在此我不停地说到原乐的僭越，可到底何谓原乐的"僭越"（transgression）？在第7期研讨班的一开始，拉康就提出并回答了这个问题：

> 这种僭越是什么？它与病人怀着受罚或自罚期待去犯罪的那种僭越当然不是一回事。当我们谈论对惩罚的需要时，当然指的是这样一种僭越，它就在这一需要的道路上，它被寻求是

为了获得这种惩罚。但是，这种寻求惩罚的方式距离某个更加晦暗的僭越还只是前进了小小的一步。

那它是弗洛伊德的著作自一开始讲到的谋杀父亲——他把这个伟大的神话置于文明发展的源头处——这种僭越吗？或者是他在著作末尾用一个术语——死亡本能，一定程度上，人发现自己就深深地锚定在这一本能可怕的辩证法的内部——所表达的那个甚至更为晦暗和原始的僭越吗？[1]

这段话其实是拉康在第7期研讨班中讨论原乐概念的一个内容提要：原乐与快感或快感/不快感原则的关系；原乐与罪的关系；原乐与死亡驱力的关系。拉康讲到，原乐的僭越不是为满足自罚妄想而走向犯罪的僭越，因为这种犯罪充其量只是为追求一种受罚快感的满足，它是一种快感原则的运作，而原乐的僭越是一种更为"晦暗和原始"的僭越，它是朝向实在界原初失落的对象的一种运动，是一种原初的罪，也是一种原初的恶与痛。在此我们还看到，拉康在界定原乐的僭越时剔除了单一的快感或不快感的维度，而是把它置放到了罪与死亡的坐标维度上。原乐的僭越是一种罪，是一种纯粹的恶，一种追求过度兴奋的恶——注意，这里的罪与恶同我们在日常道德意义上所讲的"罪"与"恶"无关，它不是道德的问题，而是伦理的问题[2]——这种罪或恶的本质与其说是源自对原始父亲的谋杀，不如说是源自在图腾崇拜或一神教中以认同和效忠父法的形式、以罪感和赎罪的形式所显示出来的那股隐秘的死亡冲动，那股令欲望在法的边界转喻性地捕捉已经永久失去且被永久禁止的东

---

[1] Jacques Lacan, *The Seminar of Jacques Lacan, Book VII, The Ethics of Psychoanalysis 1959-1960*, p.2.

[2] 很多时候，尤其在中国，人们总是把存在的道德维度和伦理维度混为一谈，以道德尺度取代伦理价值，于是我们常常会看到一种没有伦理的伦理学或者说一种没有伦理根基的道德学。而我更愿意在尼采和拉康的意义上说，道德是弱者进行自我防御和用来囚禁他人的武器，伦理则是强者用来彰显差异的星空。按照拉康的理解，伦理的律令不是"我欲望"——因为那实际上是他者在欲望，是我在欲望他者的欲望——而是"我享受欲望"，且是在欠缺中"享受"纯粹的欲望，"享受"欲望的不可满足。

西的野蛮之力。

我们已经知道，在弗洛伊德那里，死亡驱力作为生的驱力或爱的驱力的对立面乃是指生命体要求回复到原初的无机状态的倾向，它本质上指的是生命对永久失去的原初对象（如作为欲望对象的母亲）或神话秩序（与母亲的原始同一）的一种返回倾向。拉康把这一倾向置于象征界的能指运作中来理解，称其在主体身上主要体现为一种能指的"激情"（passion）——坚持的激情和重复的激情，对本已缺席、不可获得的意义（所指）的激情，而这种激情也是一种"受难"、一种痛苦。[1]正是基于对死亡驱力的这种认识，拉康说，原乐的僭越与悖论性质实际就具有死亡驱力的特点：

> 在此所关涉的难题就是原乐的问题，因为原乐总是把自己深埋于一个领域的中心，且具有不可抵达、隐晦、不透明的特征；进而，那一领域被一个屏障包围着，使主体根本无法靠近那个不可抵达之点，因为原乐的出现并不单纯只是作为需要的满足，而是作为驱力的满足——驱力这个术语需要在我在本期研讨班有关这一主题的复杂的理论语境中来理解。
>
> 正如上次已经告诉各位的，驱力这个东西，对谨慎地思考它并力图理解弗洛伊德的相关阐述的人而言，是极其复杂的。我们不可把它简约为最广义上理解的本能的复杂性，把它同能量关联在一起。它体现了一种历史维度，这一维度的真正意义有待我们去认识。
>
> 这个维度尤其突出的重点可以描述其表象的特征；它回指某个可忆及的东西，因为它存在于记忆中。记忆、"历史化"，是与我们称作人类心理的驱力的功能共存的。毁灭也在那里注册，它也进入了经验的界域。[2]

---

[1] 在法语及英语中，"passion"既指激情、热情，也指痛苦，还特指基督的受难。

[2] Jacques Lacan, *The Seminar of Jacques Lacan, Book VII, The Ethics of Psychoanalysis 1959-1960*, p.209.

原乐就是驱力的满足,对于这个界定,我们不可简单地理解,因为拉康在此特别地强调了其所讲的驱力的复杂性,这一复杂性将在 1964 年的第 11 期研讨班中得到更为系统的阐述,在那里,通过对部分驱力的讨论,拉康反复地强调,驱力的整个目的就是在强化欲望满足的不可能性,强化满足的悖论性。总之,原乐的满足既不是需要的满足,也不是要求的满足,亦不是欲望的满足,而是与驱力相联系的满足。这是一种很特殊的满足,因为一般意义上的"满足"总意味着一种完成,意味着目标的实现,可弗洛伊德在讲到"满足的经验"时特别地强调它与人原初的创伤经验有关,尤其是与"人类最初的无助状态"有关[1],即是说,这一原初经验、这一最初的无助状态构成了主体满足的界限,使现实中欲望的任何一次满足都必有一个剩余是不可满足的,这个剩余实际就是处在实在界的"物",它"深埋于一个领域的中心,且具有不可抵达、隐晦、不透明的特征"。在这个意义上说,拉康所谓的"驱力的满足"并非指真的有一种满足被实现,而是指驱力作为一种持久的力、一种驱使主体无止息地寻求失落的对象的推力,为主体的求原乐的意志打开了超越于满足之外的维度,因为正是它为主体在意指链中的欲望表达提供了一个参照点,一个超出本能满足以外的参照点,一个不可企达或不可满足的参照点,也就是那个晦暗的"物",从而为主体建立了"历史"的东西(拉康的所谓主体的"历史",乃指言说主体在其欲望表达中实现其主体化的过程),建立了"可忆及"的东西(所谓"可忆及"的东西,乃指原始的失落对象,主体欲望的过程实际就是与这个东西相遇的过程,是以意指链来捕捉、"回忆"它的过程)。简而言之,如果说欲望因其总要通过意指链呈现出来而属于"物"的象征化界域,那么驱力作为一种持久的力则总是在把欲望引向满足以外的"彼处",引向那个晦暗的"物"的领域的中心,而就在驱力寻求突破意指链的环路的这一过程中,原乐出现了。这就是拉康的所谓原乐是驱力

---

[1] 参见拉普朗虚、彭大历斯,《精神分析辞汇》,第 161—162 页。

的满足的第一层意思。

也正是在这里,驱力的满足与死亡发生了联系。与弗洛伊德把死亡驱力理解为有机体的一种想要返回无机界的平衡状态的本能倾向不同,拉康强调死亡驱力不是那种直接的求毁灭的本能倾向,而是一种以重复强迫的方式寻求突破意指链去获得满足的意志,拉康称其为一种"求毁灭的意志""求重新开始的意志",一种"对某个大他者-物的意志":

> 如果说内在于或内含于自然事件的链条中的一切都必要从属于所谓的死亡驱力,那只是因为存在一个意指链。弗洛伊德在这个问题上的想法要求我们把所论及的东西看作一种毁灭驱力,因为它挑战既有的一切。但它也是一种从零开始创造的意志,一种寻求重新开始的意志。[1]

这种意志之所以与死亡有着隐喻性的关联,就因为它把主体引向了一个不可探测的点,它揭示了那个场域的结构,揭示了处于其中心的"物"的不可企达性;这个"物"总是处在"彼处",并散发出一种令人目眩的美的光辉,对欲望主体构成了致死之诱惑,它使主体不断以僭越的方式去重新开始,甚至像安提戈涅那样为了接近那个晦暗的领域而不惜以决绝的姿态朝向死亡做最后的一跃。在这个意义上说,拉康所谓的"驱力的满足"其实也就是他所讲的"不要向欲望让步",不要屈从于大他者的欲望,而这也正是他的原乐的伦理学的要义之所在。

二 康德同萨德

就对原乐概念的阐述而言,拉康的第7期研讨班无疑具有重要的意义,这不仅因为他在此第一次明确地讨论了原乐的僭越及其悖

---

[1] Jacques Lacan, *The Seminar of Jacques Lacan, Book VII, The Ethics of Psychoanalysis 1959-1960*, p.212.

论特质，也不仅在于他把超越快感原则的求原乐意志设定为精神分析伦理学的基石，更在于他运用原乐原则重读了西方伦理学的现代性话语，从原乐出发重新绘制了启蒙伦理的地图，并以原乐为崩溃点瓦解了自足的伦理主体的神话。而这一切运作的一举完成，乃得益于一个奇特的并置："康德同萨德"（Kant avec Sade）。

"康德同萨德"[1]，一个是一生都在仰望庄严的星空且过着单身的禁欲式生活的哲学家和伦理学家，一个是一生都在寻求性暴力的极度快感且因此而屡屡入狱的施虐狂和淫秽作家，启蒙时代的两个截然相反的人物被如此地并置在一起，这本身就显示了拉康的一种挑衅姿态，就像齐泽克所说："它意味着把两个截然相反的两极融为一体。它断言，崇高、无私的伦理态度与无限地沉溺于暴力享乐，是不谋而合的。许多事情（或者所有事情）在此都濒临危险：在康德的形式主义伦理学与残酷无情的奥斯维斯杀人机器之间，是否存在着分水岭？……集中营和大屠杀是否就是启蒙主义坚信理性自治的固有产物？"[2]但齐泽克只说对了一半，"Kant avec Sade"，把两者联系在一起的这个法语介词"avec"（with），依照拉康自己在第 7 期研讨班——在那里，他第一次把康德同萨德并置在一起——中解释同义的希腊词"Μετά"时所说的，"Μετά，确切地说，意味着一种断裂"[3]。这表明：把两个截然相反的人物或启蒙时期的两种看似截然对立的伦理体系并置在一起固然是为了揭示两者之间那不可思议的关联性，但也是为了显示一种断裂——不仅仅是两个人

---

[1] 1963 年，拉康受命为即将出版的某萨德选集中收录的《闺房里的哲学》（*Philosophy in the Bedroom*）写一篇导言，"康德同萨德"便是这个长篇导言的题目，但编辑觉得他写得太过晦涩，所以该导言未被采用。于是，拉康把它发表在了一份杂志上，1966 年又把它收入了《文集》中。由于《文集》的巨大成功，出版商又再次要求拉康同意把这篇论文收入同年出版的《萨德全集》中。拉康对此当然很是不满，但好像还是为了自己的欲望——被他者认可的欲望——而让步了。

[2] 斯拉沃热·齐泽克，《实在界的面庞》，季广茂译，北京：中央编译出版社，2004 年，第 1 页。

[3] Jacques Lacan, *The Seminar of Jacques Lacan, Book VII, The Ethics of Psychoanalysis 1959-1960*, p.265.

物或两种思想之间的断裂，也是西方现代性的逻辑的某种断裂，并且这个断裂乃是该逻辑所内有的。甚至说，正是因为这一断裂，两者之间的并置才具有了可能，两者之间不可思议的关联性才具有了重要的意义；也正是因为这一断裂，才为定位弗洛伊德精神分析学的伦理价值提供了参照，为缝合精神分析实践的伦理维度开启了可能的入口。

对于康德（Immanuel Kant，1724—1804），我们至少自认为比较熟悉——虽然未必真的理解了他的思想。这位一生隐居在普鲁士王国东部边陲城市柯尼斯堡的哲学家以其对启蒙主义精神的基础重置而被誉为西方近代哲学发展中的哥白尼，他的著名的"三大批判"以看似谦逊而实际激进的方式为启蒙哲学的完成奠定了拱心石，以至于在他之后的西方近现代哲学很大程度上可称为"后康德哲学"。在此没有必要去过多谈论康德哲学的哥白尼革命，不过，针对拉康对康德的阅读，有一个背景是需要交代的。

人们常说，第二次世界大战后法国哲学的时代是"三H"即黑格尔、胡塞尔和海德格尔的时代，而1960年代又因三位"怀疑大师"即马克思、尼采和弗洛伊德的进入而使德法思想的融合达到了前所未见的新高度。相较于这六位德语思想家而言，康德在这个时期法国哲学中的地位显然不如他们显赫，但也不是可有可无。在1960年代之后的法国思想家当中，谈论康德的人虽然为数不多，但都是重量级的人物，除拉康以外，福柯、德里达、德勒兹、布迪厄等都对康德有专门论述。当然，这还不是主要的。更重要的在于他们回视康德的视线，这就是：他们一致地把康德置放于西方现代性发展的某个节点来加以论述，所以，他们较少直接关注康德的"三大批判"本身，而是意图以一种知识考古学的方式在文本及文本间性的操弄中来凸显西方现代性文化逻辑内在的不一致性。这就是说，康德成了西方现代性话语的一个纽结点，但也是这个话语的一个崩溃点，他在给现代性话语奠定拱心石的同时，也在它的基座内安置了一个爆破装置。

　　拉康进入康德亦是这种时代文化的集体无意识的表现，所以他用以阅读康德的视线也隐含有一个现代性的问题框架，而结构这一框架的核心论题就是：启蒙时代确立的那种理性主义真的如人们所说完全脱除了理性的淫秽本性吗？绝对理性的主体不就是一个倒错的主体吗？康德的伦理学不就是有关这个主体的一种话语吗？明白了这一点，我们就不会对拉康把康德同萨德并置在一起感到奇怪了。

　　至于萨德侯爵（Marquis de Sade，1740—1814），我们熟悉他是因为他代表了一种（性）倒错文化（sadism）。他的存在本身就像他那个时代法国宫廷贵族们用来取乐的那些富有创意的戏剧化装置，他就是一个制造快感的装置，你只要进入他的生活世界和文字世界，就会被这种自动装置带入一个又一个让你惊恐不已但却快感激荡的性虐场景中：捆绑、鞭笞、刀割、烙铁、浇蜡、强奸、轮奸、肛交等，以至于人们后来干脆以他的名字来命名"施虐淫"（sadism）。但是，我们看似已经一眼看穿的这个淫棍真的只是一个变态吗？许多法国作家和思想家可不这么看，在他们眼里，大革命时代的这个"分离者"实际是时代的先觉者。依我看来，在萨德的世界中，真正的内核与其说是淫秽和倒错，不如说是"残酷"，他的那些被称为"淫乱小说"的作品实际构成了一部残酷戏剧，淫秽和倒错只是再现残酷的表象，是结构残酷的外显装置，故而我刚刚所谓的"快感激荡"并非指一般意义上的性满足，它其实是残酷性的某种外显形式——正人君子读到那些性虐场景的时候，只会直喊"恶心""禽兽"，那其实是因为他们不敢直视这种残酷性，不敢承认这种"残酷性"实际就隐藏在他们的心中。

　　不唯我们这些礼义之士觉得萨德是一个十恶不赦的淫棍，法国人自己很长一段时间也是这么认为的，并假借公共道德安全的名义把萨德的作品列为禁书之首。然而，也总有那样一些人、那些喜欢挑战或僭越公共道德底线的"堕落者"对萨德投以别样的激情，例如超现实主义的作家和诗人,再如巴特、福柯、巴塔耶、布朗肖、克洛索夫斯基等这样的思想家和批评家,都曾以各自的方式向这位禁书作家表达过敬意。在他们的阅读中,萨德的恶的挑战书被置放到一个全新的伦理境域来理解,这个伦理不是柏拉图和亚里士多德要求的凭借理智去认识和实践的至善,也不是基督教要求的以悔改和朝向圣灵的爱来换取的永世的救赎,更不是功利主义者要求的借理性之计算来赚取的所谓最大的幸福,它是一种超逾了道德范围的极度的恶,是一种尼采式的求强力意志,是借对象的痛苦与毁灭来完成"我"的原乐满足的追求。

是的,必须承认,就其与社会或文明的关系而言,萨德是邪恶的、淫荡的、残忍的,是掩藏在文明背后的巨大暗影;但相对于社会或文明的虚伪——因为它总是要求人们"尽可能少地享受"——而言,萨德至少是真诚的,他只效忠于自己求原乐意志,他的伦理律令就是:"我享乐,故我在""我淫秽,故我在"。萨德根本上是一个淫秽的主体,因为——正如拉康所认识到的——这个主体所面对的他者有一种根本的淫秽性。[1]所以,当拉康通过引入萨德来挖掘康德的道德律令隐含的淫秽性时,这一点也不奇怪。

正如许多人已经看到的,把康德和萨德并置在一起并不是始于拉康,而是始于霍克海默和阿多诺。法兰克福学派的这两位哲学家在流亡美国期间曾合作完成了一本书:《启蒙辩证法》(1947)。在书中,两位流亡思想家以一种"奇异的"方式思考了法西斯主义与西方启蒙精神及资产阶级主体之间隐秘的逻辑关联,那就是:当启蒙以追求纯粹知识的理性来驱逐神话的时候,实际是在强化那一神话的逻辑,并在此基础上把理性本身也变成了一个神话,一个以

---

[1]"淫秽性",我在此决然不是在道德的意义上使用这个词,它指的是拉康意义上的"过度",是欲望的求原乐的意志,在这个意义上说,我们每一个人都是一个主体,不论你是一个道德洁癖者,还是一个梦想着为他人或理想而献身的苦行者,也不论你是一个每天在寻找自己的社会身份的草根,还是一个以教授自居的权威代言,都是淫秽的主体,只是我们都喜欢用各种异化的盔甲来遮盖自己的这种淫秽性。至于所谓"他者的淫秽性",当然指的是他者的欲望,拉康的"你究竟想从我这里得到什么"的质询说的就是此种欲望的淫秽性。

工具化的计算来掠夺和压迫自然与他人的神话,而法西斯主义和反犹太主义不过是这个神话逻辑的一种极端表现。其中在第二个附录"朱利埃特或启蒙与道德"中,两位作者更是把康德的实践理性或伦理主体所必要遵循的定言律令同萨德笔下的主人公的快感律令两相比较,以此表明萨德的主体的冷酷无情正是对康德的律令所内有的伦理内涵的一种反向实践,萨德的主体正是"摆脱了所有监护的资产阶级主体",是康德在其启蒙谋划中所寻求的自律的主体的真正践行者。

霍克海默和阿多诺的逻辑的"奇异"之处就在于:当他们把法西斯主义和反犹太主义的出现视作西方启蒙理性的一种逻辑必然时,其种族式的政治怨恨就被转换成了一种普遍化主体的文化怨恨,于此,法西斯主义和反犹太主义就不再只是极少数人性邪恶者的求原乐意志的表现,而成为整个资产阶级理性主体的另一面,成为福柯所谓的"存在于我们所有人当中的法西斯主义"。在这个意义上说,《启蒙辩证法》真正的激进之处并非在于人们通常说的对启蒙理性及资产阶级意识形态的社会批判,而在于它开启了一种后现代伦理学的维度(阿多诺后来的所谓"奥斯维辛之后"其实是对这个方向的一种明确),这一伦理学的使命之一就是福柯在为德勒兹和加塔利合著的《反俄狄浦斯》(1972)一书写的"序言"中所说的:"我们该如何使我们的言语和行为、我们的心灵和享乐摆脱法西斯主义?我们该如何刺探出我们的行为中根深蒂固的法西斯主义?"[1]

不过,虽说霍克海默和阿多诺的论说对象和论题取向与拉康有重叠之处,但没有证据表明拉康在1960年代讨论康德与萨德时受到了他们的影响。并且重要的是,拉康进入康德—萨德问题的路径与霍克海默和阿多诺完全不同,后两者是从启蒙理性的悖论性矛盾——一方面视理性为一种与对象无涉的纯粹知识形式,而另一方面又把

---

[1] Gilles Deleuze, and Félix Guattari, *Anti-Oedipus: Capitalism and Schizophrenia*, trans. Robert Hurley, Mark Seem, and Helen Lane, New York: Viking Press, 1977,"Preface", p.xiii.

理性的抽象律令强加于对象之上——入手去揭示康德的伦理主体与萨德的快感主体之间的隐秘联系,而拉康是从欲望主体的求原乐意志的悖论性效果——法和享乐的悖论性关系——出发把萨德视作康德的邻居。所以,对拉康而言,康德同萨德的并置并不是要去比较他们之间的异同,而是要在他们的某种非对称性的邻里关系中来显示现代性的伦理谋划那不可思议的另一面,用拉康自己的话说,他是要用萨德来显示在康德那里以压抑的方式潜行返回的真理:

> 萨德在此代表着倾覆的第一步,康德——他同样刻薄地依据人本身的冷酷性——则代表了那一倾覆的转折点,就我所知,这一点从未被人指出过。
>
> 《闺房里的哲学》比《实践理性批判》晚八年问世。如果在说明两者间的连贯性之后我能证明前者是后者的完成,那我就能说前者收获了《实践理性批判》的真理。[1]

那么,《实践理性批判》(1788)的"真理"是什么?萨德是如何从后门溜进康德的卧室、让柯尼斯堡的这位独身哲学家贞洁不保的呢?这要从拉康对西方伦理学史的思考说起,而这一思考整个地是以欲望和法的关系为出发点,以主体的朝向原乐的意志为指归的。

传统伦理学——拉康指的主要是亚里士多德所代表的古典伦理学——以德行和至善为对象,同时还以一种知识论为前提视德行和至善是存在之本质的一部分,是主体凭借其理性能力能够认识且能够加以践行的对象,用我们中国人的话说,就是理性基础上的"知行合一"。拉康认为,这种伦理学有太多难以厘清的僵局,这些僵局以及人们为解开它们而做的各种努力使传统伦理学自一开始就面临着危机。

例如,由于它把"行"建立在"知"即有关"什么样的事当做"

---

[1] Jacques Lacan, *Écrits*, pp.645-646.

的科学的基础上,进而又在这一无可争辩的科学秩序中来界定所谓的性格常态或习惯,于是就有了一个问题:这一秩序在主体身上是如何建立起来的?或者说主体要怎么样才能达到一种充足的形式来使其进入那个秩序、委身于那个秩序,并使自己的习惯和所谓的至善保持一致?拉康的这个提问的意思是:伦理学不是一种建立在知识论基础上的"科学",而是一种有关主体与作为伦理秩序之大他者的关系的"实践";主体有关善与至善的"知"并非来自主体自身理性的认知能力,而是由大他者决定的,是处在大他者位置的"主人"/"导师"以某种方式宣讲出来的,故而主体与大他者之间的关系自始就是一种政治关系,一种实践关系,而非简单的知行合一的关系。"因此,他[亚里士多德。——引者注]的伦理学是局部性的,我几乎要说是局限于某一社会类型即有特权的闲暇代表的。"[1]

又如,为了保证知和行的纯粹性以及两者间的绝对统一性,传统伦理学把欲望当作非理性的因素完全排除在伦理学的范围以外,可另一方面,它又认为"知"是一种爱的行为,是对纯知识的爱,就是说,"知"与提供热情和动力的欲望因素实际是分不开的,那么,如何保证"知"的纯粹性呢?对欲望进行净化,为欲望提供一个幻象框架。正是因此,亚里士多德的伦理实践最后变成了一种美学实践。这样做又有何不可呢?在拉康看来,美学的幻象并不构成对欲望的解决,而只是给欲望的实现提供了一个屏障,所以,以为以美学形式让欲望得到升华就可以保证"知"的纯粹性,这根本上只是一个幻觉,面对淫秽的他者的不断要求,亚里士多德意义上的伦理实践终归是不可能的。

再如,传统伦理学以"至善"作为其伦理实践的最高理想,并且为了保证至善理想对所有主体的普遍有效性,它又假定存在一个绝对的他者,如理性或上帝,把无条件地听从他者的律令视作伦理

---

[1] Jacques Lacan, *The Seminar of Jacques Lacan, Book VII, The Ethics of Psychoanalysis 1959-1960*, p.23.

主体的绝对义务。可是，正如弗洛伊德在《文明及其缺憾》（1930）等著作中已经暗示的，根本就不存在"至善"，拉康进而解释说，所谓的"至善"，其实是一种"被禁止的善"，是在人类道德法则建立之初作为最大的恶而被禁止的善，所谓的"至善"，其实"是物，是母亲，也是乱伦的对象"[1]。拉康在此说的是什么意思呢？他实际是在用弗洛伊德以及列维－斯特劳斯的人类学认识来解释作为道德法则之基础的至善观念的形成，因为按照那一解释，人类道德法则的构成有赖于乱伦禁忌作为根本大法的确立，而处在乱伦禁忌之中心位置的就是作为原初对象的"物－母亲"，至善作为一个象征法则、作为一种在他者领域结构的道德理念，本质上就是被禁止的"物－母亲"的象征化，是人类对那一被禁止的对象的一种怀乡式回想。

还有所谓的"快乐"和"幸福"，这是传统伦理学给自身设定的伦理目标，可是当它们进而被规定为一种"适度"的快感的时候，不免就落入了弗洛伊德所说的快感原则的范畴，也就是说，传统伦理学看似是承诺要主体享受幸福和快乐，而实际是要求人尽可能少地享受。拉康说：

> 弗洛伊德以前的其他人把快感说成伦理学的一种指导功能。亚里士多德不仅用它来构建宏篇大论，而且发现不把它置于其伦理教学的核心位置是不可能的。如果伦理学不包括快感的花朵，那幸福会是什么？《尼各马可伦理学》最重要的讨论就旨在把快感的真正功能回复到恰当的位置；可十分奇怪的是，以这种方式引入的快感被赋予了一种不仅仅消极的价值。在亚里士多德那里，快感是一种可与青春的活跃性释放的活力相匹敌的活跃性——如果你愿意，它就是一种光辉。[2]

---

[1] Jacques Lacan, *The Seminar of Jacques Lacan, Book VII, The Ethics of Psychoanalysis 1959-1960*, p.70.

[2] Jacques Lacan, *The Seminar of Jacques Lacan, Book VII, The Ethics of Psychoanalysis 1959-1960*, p.27.

正如弗洛伊德已经指出的，追求快感之满足的原则本质上是一种惰性原则，其功能旨在通过一种"自动性"来调节造成心理紧张和痛苦的一切，让那种紧张和痛苦得到释放，换言之，快感原则的本质在于减少快感，让人尽可能少地享受快感。传统伦理学的知行合一、至善理想乃至各种道德律令都不过是按照这一快感原则设计的，这个原则在亚里士多德伦理学中就体现为主体在欲望（快感）与理性之间寻求一种"中庸"式的和谐。

快感原则的功能就在于调节主体的欲望，阻碍主体的求原乐意志，但这一调节和阻碍不可能彻底，原乐的原则就是超越快感原则，主体的朝向原乐的冲动是不可能熄灭的。正是由于主体的原乐驱力或者说想要回到实在之物的死亡驱力的这一坚执，使传统伦理学经常是危机重重。反过来，弗洛伊德正是因为把主体的欲望、主体的求原乐意志设定为道德原则赖以确立的基石而彻底倾覆了传统伦理学有关至善和幸福的幻想，从而为伦理学的发展开启了全新的境域。而康德和萨德正好就处在从传统伦理学到精神分析伦理学的转折点上，因为正是康德第一个通过把幸福和良善意志对立起来而确立了道德律令的绝对必然性和伦理主体的自主性，而萨德则从康德伦理学的另一面把遭康德放逐的原乐驱力召回到了伦理主体的中心，这样，康德和萨德就构成了同一道德律令——听从"良知"或自由意志的召唤，且唯一只听从"良知"或自由意志的召唤——不对称的对偶体：在康德那里，"道德成为普遍公设的纯粹运用"，而在萨德那里，道德则成为"纯粹的对象"[1]。换言之，如果说康德只是为道德律令设定了一种无内容的纯形式——真正自主的道德行为只关涉"应该"而不关涉"对象"，那么萨德则给这一纯形式的律令填充了最实在的内容——（应该）尽情追求自己的快感，（应该）尽情享用他人的身体。进而到弗洛伊德那里，则把萨德的内容重新定义为纯形式的存在——主体本质上只是一个欲望的主体，一个以

---

[1] Jacques Lacan, *The Seminar of Jacques Lacan, Book VII, The Ethics of Psychoanalysis 1959-1960*, p.70.

致死之驱力寻求不可能的欲望满足的主体,最后拉康自己再在弗洛伊德的纯形式中装入了真正的实在之物——主体的纯粹欲望根本上就是对母亲的欲望,主体的欲望的驱力本质上就是一种寻求满足的求原乐意志,是对他者欲望之欠缺的一种过度享用,面对这一欠缺,主体唯一能做的就是不要屈从于他者的欲望,而要在纯粹的原乐追求中享受纯粹的欲望满足。所以,在1963年的论文《康德同萨德》中,拉康一上来就以一种挑衅的姿态把萨德置于西方伦理学史的一个特别的位置,并让弗洛伊德和他本人在后萨德时代的伦理学谱系中各就其位:

> 我坚持认为,萨德的卧室与古代哲学学派借以得名的那些场所处在同样的高度:阿卡德米、吕克昂、斯多葛。此处即是彼处,一个人通过调整其伦理立场而为科学打开了道路。在这个方面,萨德实际上开始了一个奠基工作,这一工作百余年间在趣味的深处向前发展,为弗洛伊德打通了道路。又过了六十年,一个人可以说这是为什么了。[1]

现在我们要看一下拉康是如何阐述康德在伦理学领域的哥白尼革命的。

在拉康看来,伦理学的关键问题就在于欲望与法的关系,但由于人的欲望总是他者的欲望,故而欲望之满足带来的不是主体性的实现,而恰恰是主体性的陷落,拉康称这是西方伦理学自始就面临的一个危机。为解决这个危机,古典伦理学——不论是亚里士多德的伦理学还是基督教的伦理学——设定了一个他者之他者作为最高的存在来保障欲望和法的一致性,在那一设定中,幸福和至善被视作存在之基础,亦是主体所欲望的目标,道德法则是最高存在之本质的一部分,故而,对道德法则的遵从与人的自我实现是并行不悖的。及至启蒙时期,随着最高的存在被移出中心的位置——这自然是哥

---

[1] Jacques Lacan, *Écrits*, p.645.

白尼到牛顿的科学革命引发的一个伦理后果——启蒙主体自身成为立法者,成为法的代表,"善"不再是存在之基础,而仅仅是道德法则的效果,是边沁意义上的"虚构",曾经的唯一的"至善"(Good)现在变成了复数的"善"(goods),更确切地说,变成了"商品"的计算。现代性的伦理危机成为不可避免的事实,"自由"和"理性"作为启蒙的两面旗帜在伦理实践中恰好构成了一个悖论性的纽结:自由的道德法则如何在保障自由的同时又不至沦落为唯意志论的牺牲品。康德伦理学就致力于解决这个悖论。

康德强调,他的"批判哲学"有双重含义:既是对既有知识的否定性批判,也是对科学知识得以可能的前提的建构性批判。这一点在他的三大批判中都有充分体现,对此哲学史家们已经说了一遍又一遍,我就不再赘述了,但有一点还是要强调一下:在"纯粹理性批判"中,康德通过对人类知识范围的考察最终为"理论理性"的运用划定了一个界限,即它只适用于现象世界的理论知识,而不能用于把握理念世界的"物自体",如心灵、自由、上帝等。比如自由,只要我们在现象领域把自然整体当作认识对象来认识,就必定会陷入自由与必然的二律背反,要解决这个矛盾,就只有从理论理性过渡到实践理性,在人的自由的领域来确立自由和(道德)法则的关系。在"实践理性批判"中,康德将批判的目标直指近代功利主义伦理学,指出这种伦理学以快乐、幸福或利益作为判断人的行为的道德标准,其结果只会导致道德相对主义,因为其所谓的道德法则归根到底不过是以自然因果律——人完全是受自然本能支配的自然存在——作为基础的经验的法则,是一种把可能的行为实践视作达成可能的愿望的手段的"假言命令",而真正的道德行为必须是出自主体的自由意志的行为,是以道德法则本身作为行为的目的自主行为,就是说,对主体而言,道德法则之为道德法则必须是先验的,是一种"定言命令",一种"应该",并且必须是一种无条件的"应该"。可以看到,康德对近代伦理学的这个批判是釜底抽薪式的，他把道德法则从经验的"可能"层面提升到先验的"应该"层面看似只是一个认识论的转向，实际是一种本体论的突破，就像拉康所描述的：

> 在［康德。——引者注］那里，采取了决定性的一步。正如我们所说且不得不说的，传统道德关心的是：一个人可以做什么乃是"因为那是可能的"。在此需要揭示出来的是道德借以运转的点。那不过就是我们得以辨认出我们的欲望的拓扑学的不可能性。康德实现了这个突破，他认为，道德律令关心的不是可以或不可以做什么。一定程度上说，它利用的是实践理性的必然性，即义务将断言一种无条件的"Thou shalt"（你应该）。[1]

在拉康的理解中，康德把隶属于自然或必然性领域的快感及引起那一快感的对象从伦理领域中排除出去，从律令的层面"质疑那些应当被质疑的原则"[2]，把伦理学建立在超越了快感原则的东西之上，从而为解决18世纪道德领域的危机提供了根本的基础。

可这个基础到底是什么？或者说康德的道德哲学的本体论突破到底在什么地方？我们知道，那就是实践主体的先验自由，就是说，道德法则作为一种无条件地"应该"的定言律令，根本上有赖于把实践主体先验地设定为自由的主体，是不依赖于外在的东西——比如对象的性质、利益的关涉、主体个人的好恶等——而自主地行动的主体，概而言之，自由是道德法则的存在条件。不过，康德所理解的自由不是人可以凭自己的好恶任意行动的自由，而是一种超越于经验现象之外的先验的自由，它实际指的是理性主体的一种自律，一种道德法则内化为良知后的自主意志，这意味着，作为道德法则

---

[1] Jacques Lacan, *The Seminar of Jacques Lacan, Book VII, The Ethics of Psychoanalysis 1959–1960*, p.315.

[2] Jacques Lacan, *The Seminar of Jacques Lacan, Book VII, The Ethics of Psychoanalysis 1959–1960*, p.70.

之存在条件的自由必须假借道德行为的事实来加以认识，就是说，只有道德法则可以让我们认识到自由的概念，只有从主体行为的"事实"——它是不是出于主体自律的选择——出发才能判断他的行为是不是真正道德的行为。[1]这样，在康德的先验自由的设定中，我们似乎看到了一种悖论，一方面实践理性的先验自由是道德法则的存在条件，可另一方面这一先验的自由又只能经由道德法则而被认识和获得确证。康德自己也意识到了这个悖论，可他的解决甚为果决。他认为，道德法则之为道德法则，根本在于它的存在是一个"理性的事实"，是实践理性或自律的主体自觉到的一个事实，也就是说，对纯粹的实践理性而言，道德与自由是合一的，"你应该"和"你能够"是一体的。

为了说明自由与道德律令的这种悖论性关系，康德在《实践理性批判》（1788）中举了两个例子：

> 假定有一个人，他伪称自己有淫欲的禀好，如果有可爱的对象和行淫的机会出现在他面前，这种淫欲就是他完全不能克制的：如果在他遇到这种机会的那所房屋的门前树起一座绞架，以做在他宣泄了淫欲之后将他吊在上面之用，这样他是否还不能抑制他的禀好？人们无须费时猜测他将如何作答。但是，倘若问他说，如果他的君主以立刻将他处死相威胁，要他提出伪证以控告一位这个君主想以堂皇的口实处死的正人君子，那么在这种情形下他是否认为有可能克服他的贪生之念，而不论这个念头是多么强烈呢？或许他不敢肯定，他会这样做还是不会这样做；但是他必定毫不犹豫地承认，这对于他原是可能的。因此他就判定，他之所以能够做某事，乃是由于他意识到他应当做这事，并且在自身之中认识到自由，而如无道德法则自由

---

[1] 有关康德对自由与道德的关系的论述，参见张志伟，《康德的道德世界观》，北京：中国人民大学出版社，1995年，第三章第二节。

原本是不会被他认识到的。[1]

对于第一种情形，康德的回答很肯定：没有人会为了一夜的淫乐而甘冒被处死的危险；至于第二种情形，康德的回答是，不能排除会有人出于对道德法则的敬重而选择宁可上绞刑架也不做伪证。正如拉康以讥讽的口气说的，康德的回答实在太过"天真"，是"天真的诓骗"[2]。康德的"天真"之处在于，他在第一种情形中忽视了现实中处处可见的一个事实：面对自己心仪已久的女人，若是机会来临，总有一些人甘冒被绞死的危险也要与她一夜销魂。康德的"诓骗"则在于，他在第二种情形中通过掩盖伦理选择的真正代价——不做伪证就要被处死——而把抽象的道德原则强加在主体身上，换言之，由于道德原则的设定，主体的伦理选择看似"更加"有理由，而实际上是向你掩盖了这一选择的真正意义。所以拉康说：

> 在第一种情形中，快感和痛苦都被装在同一个袋子里任由取舍，因为你在规避风险的同时也放弃了原乐。在第二种情形中，则只有快感或痛苦。我强调这一点并非毫无意义，因为这一选择注定会在你身上产生某种"更加有理由"（a fortiori）的效果，可结果，对于问题的意义，你可能会受到蒙蔽。[3]

拉康认为，在第一种情形中，之所以会出现与康德的回答正好相反的事实，之所以有人做鬼也要做风流鬼，是因为面对自己的欲望对象，主体总是会将它理想化，弗洛伊德称此为"对象的高估"，拉康则称之为"对象升华"，并且是对象的过度升华。[4] 这实际上

---

[1] 康德，《实践理性批判》，韩水发译，北京：商务印书馆，1999年，第30—31页。

[2] Jacques Lacan, The Seminar of Jacques Lacan, Book VII, The Ethics of Psychoanalysis 1959-1960, p.189.

[3] Jacques Lacan, The Seminar of Jacques Lacan, Book VII, The Ethics of Psychoanalysis 1959-1960, pp.189-190.

[4] Jacques Lacan, The Seminar of Jacques Lacan, Book VII, The Ethics of Psychoanalysis 1959-1960, p.109.

就是主体的求原乐意志——不惜以朝向死亡的形式追求过度的兴奋。康德的天真就是因为他没有看到这一点，他只是基于某种"现实原则"——比如我们因死亡恐惧而采取的自我保护原则——而认定我们为规避风险必定会选择放弃原乐的追求，而事实上，"任何人都能看到，如果说道德原则在这里确实能发挥某种作用，那恰恰就是它作为所论的原乐的支撑"[1]。意思是，正是"不准淫人妻女"这个道德禁令让风流成性的主体甘冒上绞架的危险来践行其追求原乐的恶的意志。而在第二种情形中，康德之所以是诓骗，同样与原乐有关，只是与第一种情形中原乐乃基于对象的升华不同，在这里，原乐是一种倒错的原乐，主体之所以在生与死的选择面前颇费踌躇，根本是因为"不准撒谎"的道德律令给主体提供了一种倒错的享乐，因为那出自良知的声音让主体确信在无条件的绝对律令的背后隐藏有"物"的界域，隐藏有对"物"的享用，道德行为的取向就来自这个界域，"当主体想要做伪证以抵抗'物'的时候，也就是说，当主体处于欲望的位置时，不管那欲望是倒错的还是被升华的，正是这个界域使主体犹豫不决"[2]。实际上，做证的情形与前面分析过的邻人之爱的情形极其相似：不做伪证的选择就类似于对邻人的无条件的爱，可是，邻人和我一样，都有一种恶的求原乐的意志，主体在道德选择面前的犹豫不决就与邻人（同伴）的这个原乐意志有关。

其实，康德所描述的第二种选择更类似于拉康后来在第 11 期研讨班所讲的"要钱还是要命"的被迫选择。面对强盗的威胁，主体的选择看似有着某种先验的自由，可这种自由是一种被迫的自由：选择要钱，结果就是人财两空，选择要命，结果就是主体必须失去

---

[1] Jacques Lacan, *The Seminar of Jacques Lacan, Book VII, The Ethics of Psychoanalysis 1959-1960*, p.189.

[2] Jacques Lacan, *The Seminar of Jacques Lacan, Book VII, The Ethics of Psychoanalysis 1959-1960*, pp.109-110. 需要注意：在这里，所谓主体"处于欲望的位置"，指的是他者的欲望；至于接下来那倒错的或被升华的"欲望"，则指的是主体自身的欲望。

某个东西。就像康德的要不要做伪证的主体：选择不做伪证，选择遵从"不准撒谎"的道德律令，他固然可以获得一种倒错的原乐，但他和他的朋友都必定要死；选择做伪证，让自己处在满足自身及他人欲望的位置，他就得面对道德法庭的审判，两种选择都注定主体要沦入痛苦的深渊。

可是，康德的道德良知的力量就在于，主体作为自律的主体，他的道德选择只是出于"应该"的律令，而与主体的欲望无关，主体的善良意志与幸福并无必然联系——但也不是绝对对立；道德律令本质上是内容的空洞，是纯粹普遍的形式，它不关心个体的任何特殊的快乐、欲望或兴趣。为此，康德在确立其道德律令的绝对必然性时把与现象世界有关的一切作为"病态的激情"加以排除了。正如阿伦卡·祖潘西卡所说，康德所谓的"病态"并非"正常"的对立面，相反，按照康德的理解，我们"正常"的日常行为多多少少总是病态的，"当我们的行动受到某个东西的驱使——或是促使我们向前，或是迫使我们往后——时，我们的行为就是病态的"[1]。这就是说，康德所讲的"病态"的对立面不是"正常"，而是自由、自律这样的东西，是自由意志形式上的决定性。康德所排除的"病态"恰是主体对具体对象或欲望的意志，而在拉康看来，这被禁止的对象恰好就是已然失去的"物"，正是这个不可能的实在之物给康德的道德律令提供了基础。在《康德同萨德》（1963）中，拉康说：

> 让我们思考一下这个悖论：恰好在主体面前不再有任何对象的时刻，他遇到了一个法，这个法不是别的现象，而就是某个已经在意指的东西，后者是从良知的声音获得的，即是在良知中以一个公设的形式阐述出来的，它在那里提出了纯粹实践理性或意志的命令。[2]

---

[1] Alenka Zupančič, *Ethics of the Real: Kant, Lacan*, p.7.

[2] Jacques Lacan, *Écrits*, p.647.

在康德那里，道德律令以绝对命令的形式矗立在主体面前，它实际就是一种超我律令，是以法的形式阐述出来的他者的律令，道德律令的"你应该"实际表达的是已经内化为主体的良知的他者的欲望，当主体只听从这一内在良知的召唤时，当主体把"你应该"内化为"我应该"的时候，他的自由和自律就得到了确证。可正是在这里，拉康找到了康德与萨德的共通点，那就是他们都设定了他者对主体的绝对主导地位：在康德的只听从良知的声音即"你应该"的律令中，那看似发自主体之自律性的声音实际是一个异于主体且不容主体置疑的绝对他者的声音，而萨德的"我有权享受你的身体"的律令正是在这一自主的伦理主体的前提下设定的，他只是以倒置的形式把康德的良善意志改装成了一个绝对的恶的意志，一个只追求原乐的淫荡的他者的意志：

> 当然，这两种律令——道德生活可以在它们之间延展，尽管那会打乱了我们的生活——是强加于我们的，按照萨德的悖论，仿佛是强加于他者而不是强加于我们自己的。
>
> 但是这只是初看起来与康德的观点有所不同，因为道德律令同样在潜在地发挥作用，因为它的命令要求把我们当作他者。[1]

所谓"把我们当作他者"，指的是在萨德的律令中原乐的主体把自己变成了享乐的工具，确切地说，是变成了他者之原乐的工具。对于这一点，我在下面会做进一步的讨论。反正在拉康的理解中，萨德的原乐律令乃是康德的道德律令的逻辑后果，而在它们的背后，都隐藏有一个淫秽的他者，只是在康德那里，这个淫秽的他者被升华为一种良善的意志，而在萨德那里，这个他者借助主体的原乐意志直接现身为一种绝对的淫秽性。正是在这个意义上，我们看到，康德不过是一个隐藏的萨德主义者——但我们不可反过来说，萨德是一个隐藏的康德主义者——也正是在这个意义上，拉康说，萨德

---

[1] Jacques Lacan, *Écrits*, pp.649-650.

比康德更为诚实：

> 萨德的公设是从他者之口发出的，它比康德的诉诸心内的声音更为诚实，因为它揭示了主体中通常被掩盖起来的分裂。[1]

除了确认他者之于主体的绝对主导性这一点以外，康德与萨德之间非对称的重叠还体现在其他方面。康德的自由要通过抽象的道德律令来实现，萨德的自由恰恰也是建立在一个抽象的"我应该"的原则之上的，只是在前者那里，道德律令的无条件性取决于对欲望对象的排除，而在后者那里，追求极度快感的无条件性则取决于对对象的无情占有和剥夺，两者都关涉着对对象的冷漠或冷酷。再有，从主体的方面说，这两种冷酷都会造成痛苦的效果，只是前一种是主体自己的痛苦，[2] 后一种则是主体施加于他人的痛苦，而这两种痛苦本质上是一回事。拉康说：

> 简而言之，康德和萨德的观点是相同的。为了绝对地抵达"物"，为了打开欲望的闸门，萨德在地平线上向我们展示了什么？本质上，就是痛苦，他人的痛苦与主体自己的痛苦，因为很多时候它们完全是一回事。[3]

为更好地理解康德和萨德之间结成的这一非对称性的绝配，我们需要回过头来再看一下萨德的伦理学。

萨德是一个作家，但他又不只是一个作家，他还是一个哲学家，他的小说常常为一种哲学话语所主导，确切地说，他是一个以小说的形式表达其思想的哲学家，如同柏拉图以对话、寓言、神话和比喻来讲述他的哲学一样。萨德的哲学是一种"道德"哲学，一种有

---

[1] Jacques Lacan, *Écrits*, p.650.

[2] 在《实践理性批判》中，康德说："作为意志决定根据的道德法则，由于抑制了我们的一切禀好，必定导致一种情感，这种情感可以名为痛苦。"（《实践理性批判》，第79页。）

[3] Jacques Lacan, *The Seminar of Jacques Lacan, Book VII, The Ethics of Psychoanalysis 1959–1960*, p.80.

关道德的哲学,一种反道德的哲学,这一哲学的主题词是:性爱、极度快感、倒错、罪与恶、冷酷、痛苦、僭越、毁灭、死亡等,而贯穿这些主题词的两个枢纽性的概念却是近代启蒙哲学所提供的"自然"和"自由"。[1]萨德的道德哲学最集中地表述在《闺房里的哲学》(1795)中。[2]这是一部由七篇对话组成的"教育"小说,不过不是教育人如何为善,而是教育人如何堕落和放纵,书中满目皆是极其残酷和露骨的色情描写,处处都在赞美对极度快感的崇拜和追求。在其中的第三和第五次对话中,作者长篇大论亮出了他的哲学底牌。

萨德称自然是一种流动的、毁灭的力,"'毁灭'是大自然的主要律则之一,毁灭的力量不可能是罪恶"[3]。毁灭不过是改变形式,把本属于大自然的元素归还给大自然,再由大自然那巧妙的手重新创造出其他生命,我们天真地以为,如果人类被消灭的话,大自然就会毁灭,可实际上,"整个人种的灭绝,是把大自然交托给我们的创造能力归还给它,如此使它复生"[4]。

毁灭的原则是大自然最根本的原则,也是人性的最根本原则,遵从这个原则就是遵从自然的律令,反之,违背这个原则就是违背自然的最高律令,就是最大的不道德,所以人世间的宗教、道德、法律等都不过是伪善的托词:

> "上帝"这种可鄙的幻影是源于一部分人的恐惧以及另一部分人的脆弱。这种幻影对于地球的计划并没有用,一定会伤害到它,因为上帝的意志必须是公正的,永远不会与大自然所宣称的"本质不公正"结盟;因为上帝必须经常要求"善",而大自然必须只欲求"善"来补偿那种有助于大自然律则的"恶";

---

[1] 有关萨德的哲学,可参见 Timo Airaksinen, *The Philosophy of the Marquis de Sade*, London and New York: Routledge, 2001.

[2] 台湾的中译本把书名译作《卧房里的哲学》。

[3] 萨德,《卧房里的哲学》,陈苍多译,台北:新路出版有限公司,2001年,第71页。

[4] 萨德,《卧房里的哲学》,第71—72页。

因为上帝必须经常发挥自己的影响力,然而大自然的律则之一是永恒的活动,只能与上帝竞争,不断与上帝作对。[1]

美德只不过是一种怪物,对它的崇拜完全在于永恒的供奉,在于无数次的违反天性的感召。这些倾向难道可能是自然的吗?难道大自然会赞许那种冒犯自己的行为吗?[2]

法律是无情又不具人格的,完全昧于人类的激情,而人类的激情能够为人类的残酷谋杀行为提供正当的理由。人类从大自然接受印象,大自然能够原谅他们这种行为。相反,法律总是与大自然对立,没有从大自然接受什么,所以没有权利表现这种过度的行为。法律不具有同样的动机,所以不可能具有同样的权利。……

死刑不曾压抑罪行的产生。罪行每天都在断头台旁产生。简言之,废除死刑的原因是:这是一种最差劲的计算方法。一个人因为杀死了另一个人而被处死。就现在的情况而言,其明显的结果并不是"少了一个人",而是"忽然少了两个人"。[3]

毁灭的意志就是大自然的意志,是大自然赋予人类的最高律令,因此,如果说人类有什么最高的价值,那就是去倾听大自然的声音,打破一切的偏见和束缚,让自己的激情充分地、毫无顾忌地表现出来,换言之,人性的最高原则就是自由地表达自己的激情,满足自己的欲望,并且要不惜以牺牲他人来满足自己的快感追求。萨德的残酷诗学就由此而来,在他看来,人类的最高道德就是无视对象的一切利益去追求极度的快感,追求"残酷的快感",一种只有在别人的痛苦中才能求得的更大的快感:

我们希望被激起欲望,希望心中受到骚动,这是每个追求

---

[1] 萨德,《卧房里的哲学》,第38页。
[2] 萨德,《卧房里的哲学》,第36页。
[3] 萨德,《卧房里的哲学》,第161—162页。

快感的人的目标；我们会被最积极的手段所动。以此为出发点，问题就不在于"去了解我们的行动是否取悦那个有助于我们的对象"，而纯粹在于"让我们的神经系统接受最暴烈的冲击"。我们无疑比较容易受到痛苦的强烈影响，比较不容易受到快感的影响。当别人产生痛苦的感觉时，其对我们所造成的反射作用，会比较有力，比较尖锐，会在我们身上造成更有力的回响。[1]

"残酷"绝不是一种恶德，它是大自然灌注在我们所有人心中的第一种情绪。……"残酷"是自然的。我们所有的人出生时都具有"残酷"的成分，教育才在以后加以缓和，但是教育不属于大自然，教育会使大自然的神圣作用变形，就像树木的培植会使树木变形一样。[2]

所以，为了自己的快乐而伤害别人，这是完全合理的，符合大自然的原动力：

别人的痛苦会造成一种令我们快乐的感觉。如果一个人的一种感觉（痛苦），能够使我们有另一种感觉（快乐），那么，我们为何应该温和地对待这个人呢？如果我们确定，一旦在一个人身上施加痛苦，我们就会感觉到很大的快感，那么，我们为何不应该在他身上施加一种不会让我们流一滴泪的痛苦？喜欢你自己，爱你自己，无论是以谁为牺牲代价。……大自然的讯息是最具利己成分的，我们在其中最清楚地体认到的，是一种不变又神圣的意见：喜欢你自己，爱你自己，无论是以谁为牺牲代价。[3]

好了，已经够了，萨德的这些言论已足以让我们领略到他的反道德的道德哲学的基本宗旨。就像拉康所说的，萨德用来证明其反

---

[1] 萨德，《卧房里的哲学》，第88页。
[2] 萨德，《卧房里的哲学》，第90页。
[3] 萨德，《卧房里的哲学》，第88—89页。

道德的立场的东西恰恰就是康德式的准则，他的追求极度快感的意志实际就是一种求原乐的意志，他的毁灭原则实际就是一种原乐原则。于此，我们可以把康德和萨德之间非对称性的对称关系做如下的描述：

如同康德把道德律令抽象为一种无条件的纯形式法则一样，萨德的原乐原则也是这样的一种法则，只不过其所遵从的是一种自然律令；如同康德在其纯形式的律令中剔除了一切关乎对象的快感与痛感、主体对对象的特殊兴趣和欲望这类"病态"的东西一样，萨德在其自然的原乐意志中也把对象的考虑彻底地排除在外；如同康德的道德律令根本上满足的是大他者的欲望一样，萨德的原乐原则也是基于一个大他者的意志，即大自然的意志；如同康德要求伦理主体对对象绝对保持无动于衷的"冷漠"一样，萨德为了享受自己的快感也表现出对他人的一种令人发指的"残酷"；如同康德在超我般的律令的强制性和威压下感受到了一种纯粹的痛苦一样，萨德也在自己的残酷的快感中感受到了一种痛苦，只不过前者感受到的是主体自身的痛苦，后者感受到的是他人的痛苦；还有，如同康德为悬置对象以及对象可能激发的"病态"的欲望而需要在美学中把对象"升华"为无关利害的纯形式的合目的性一样，萨德为了获得毁灭的快感而总是把他的欲望对象虚构为具有承受苦难的力量的形象。

现在我们再具体地看一下拉康对萨德的阅读以及在这一阅读中对康德的参照。

如前所言，拉康之所以要用萨德来阅读康德，之所以认为萨德表达了康德的真理，乃是基于其对西方近代以来的伦理学谱系的一种认识。在拉康看来，如果说康德的伦理学代表着对传统伦理学的快感原则的一种倾覆，那么萨德就代表了随这一倾覆而来的后果。康德在确立道德律令的自主性和专横性的时候，虽然从前门把现象界的对象驱逐出了伦理的领域，但又从后门引入了一个淫秽的他者，那个引发主体纯粹的痛苦的良知的声音，在这个意义上说，康德的伦理主体天然地隐含了一种倒错的维度，萨德就是站在这个维度上把康德的"你应该"的律令发挥到了极致，萨德的原乐意志所追求的正是一种倒错的原乐，一种彻底无视对象的痛苦的原乐，一种与康德的冷漠的伦理激情相互映照的残酷的原乐。简而言之，康德在其道德律令中肯定了一种绝对的"你必须"，但同时也在此留下了一个"虚空"——只要对康德的定义加以严格运用就会出现的一个虚空——那就是"[他者的]欲望所占据的位置"，拉康说：

> 我已经向你们表明，人们如何可以轻易地以萨德式的原乐的幻象来代替康德的"你必须"，这种原乐的幻象被提升到了律令的高度——当然，它是一种纯粹的、近乎是荒谬的幻象，但它并不排除有可能被提升为一种普遍的法则。[1]

康德的纯粹痛苦是伦理主体自身的痛苦，是主体因为害怕受到良知的声音的责罚而来的痛苦，只是康德没有认识到这一痛苦具有倒错的性质，他用了一种现实原则来解释这一痛苦，忽视了道德行为恰是以这一过度的倒错享乐作为支撑。萨德的主体看似只以冷酷地享受他人的身体为目标，看似只是以他人的痛苦为享乐的源泉，而实际上这个主体也有一种超验的痛苦，那就是他无法永久性地毁灭一个人，无法对一个人实施"第二次谋杀"。按照萨德对大自然的毁灭律则的论述，谋杀只是改变对象的形式，使对象分解为其他元素复归于大自然生生不息的循环中，就是说，对他人的谋杀只是夺走他人的第一次生命，可主体要想彻底地忠实于大自然的毁灭律则，就必须再实施第二次谋杀乃至第三次谋杀，可这是主体的能力所不济的。对主体而言，大自然的生生不息构成了毁灭律则的一个悖论，除了大自然自身，主体永远无法完成永恒的毁灭，于是只能在毁灭的意志中不断重复着那死亡的冲动，这就是主体的超验的痛

---

[1] Jacques Lacan, *The Seminar of Jacques Lacan, Book VII, The Ethics of Psychoanalysis 1959-1960*, p.316.

苦。拉康说，萨德的主体之所以永恒地让他人去承受残酷的过度痛苦，其根本的缘由就在于这第二次死亡总是在重复的能指链条中被错失，主体总幻想着能利用同一个受害者来完成永恒的毁灭：

> 毕竟，人类传统从未忘记这第二次死亡，反而不停地在那里置入引起我们痛苦的目标；同样地，人类传统也从未停止想象第二种形式的痛苦，那种超越了死亡的痛苦，而是将它无限地维持着，因为需要穿越第二次死亡的界限是不可能的。并且，这也是为什么地狱的传统以不同形式一直在持续，在萨德那里，这一传统始终呈现为一种想法，即希望使加诸受害者的那些痛苦永远持续下去。[1]

也正是在这一超验的痛苦的煎逼下，主体投入了与其享乐的对象欲罢不能的纠缠，同样地，也正是为了显示对象之毁灭的残酷性，在萨德的作品中，所有的受害者都有一个共同的特征，那就是她们的身上总散发出一种不可毁灭的美，就像是幻象结构中激发欲望的那个部分对象，她们越是受到摧残，其美的光辉就越是楚楚动人，美的品质就越是坚韧，主体对她们的欲望就越是坚执，且越发灌注着死亡的气息，就像以研究拉康的文学阅读著称的让-米歇尔·拉贝特所言，她们的美被用作一个"跳板"，以使萨德笔下的浪荡子们的幻想能够在所施加的可怖的暴行中飞翔，"以便验证一种更加恐怖的麻木或者上帝一般的冷漠"[2]。拉康说，萨德笔下的这一美的幻象与康德的无涉于对象本身的美的形式之间，以及萨德的浪荡子们对对象的残酷与康德的伦理主体对对象的冷漠之间有着异曲同工之妙：

> 在典型的萨德式的脚本中，苦难不会达到让受害者肢解和

---

[1] Jacques Lacan, *The Seminar of Jacques Lacan, Book VII, The Ethics of Psychoanalysis 1959–1960*, p.295.

[2] Jean-Michel Rabaté, *Jacques Lacan: Psychoanalysis and the Subject of Literature*, p.91.

毁灭的地步。相反,遭受所有折磨的对象具有成为一个不可摧毁的支撑的能力。分析明确地表明,主体与自身的对体是分离的,后者被造就为不可毁灭的,以便使其作为支撑,若是从美学领域借用一个说法,不妨称这是痛苦的游戏。因为所论的空间与美学现象在其中嬉戏的空间——自由的空间——是一样的。并且,在那里可以看到痛苦的游戏和美的现象之间的连接,虽然从未被强调……

我要向你们指出一点,在萨德的文本中,这一连接是如此之明显,以致人们都忽视了它。受害者通常不仅有着各种各样的美,而且优雅迷人,整个地就是美的花朵的极致。若是不借助一个事实——我们必定会看到,它就隐藏在……受害者的动态呈现中,或者说隐藏在各种形式的美中,这种美太过明显,太过显眼,以至于男人望着它那剪影般的形象都无言以对,并想威胁它——我们该如何解释这一必然性。但那一威胁究竟是什么——既然那并不是毁灭的威胁?

这整个的问题是如此之关键,所以我希望你们读一下康德的《判断力批判》中有关美的本质的段落;它们格外的准确。我暂时只想提示一点:康德告诉我们,在认识中起作用的各种形式只对美的现象感兴趣,而不涉及对象本身。我认为你们可以见出这和萨德式的幻象类似,因为这里的对象不过就是支撑一种苦难形式的力量,其本身不过就是一个界限的能指。苦难被看作一种静态平衡,以确保那出自虚空的无法再返回到虚空之中。[1]

拉康强调,萨德式的幻象是绝对的原乐那纯粹的、近乎荒谬的幻象,关键在于萨德把这一幻象提升到了普遍法则的高度。那么这个幻象的结构是什么样子呢?在《康德同萨德》一文中,拉康着重

---

[1] Jacques Lacan, *The Seminar of Jacques Lacan, Book VII, The Ethics of Psychoanalysis 1959-1960*, p.261.

讨论了这个问题。

正如拉康指出的，萨德的原乐原则其实是建立在近代西方的人权理论之上的，但也是对这一理论的一种反讽式的倾覆。按照人权理论，每个人都有权以自己的方式享用他的财产，但同时又限制说每个人都不能把他人视作自己的财产。萨德式的黑色幽默就在于他用享用的权利或者说原乐的权利倾覆了那一妨碍享乐的限制。这一倾覆的完成实际有赖于萨德在其有关原乐权利的话语中对他者位置的某种颠倒，即把"自由的他者——他者的自由——设置为话语的言说主体"，而这一方式与"从每一律令致命的深处所发出的'Tu es'并无不同"[1]。什么意思呢？"Tu es"（你是）是作为言说主体的他者向"我"发出的召唤，"我"通过认同来自自由他者的这个召唤而把自己建构为一个自由的主体，"你应该……""你有权……"变成了"我应该……""我有权……"，但这个"我"只是一个有意识的"我"，是一个有意识的主体，一个陈述的主体，它的被建构有赖于那个无意识的言说主体在他者的位置对"我"的询唤，所以"我"的自由只是显示他者的自由的一个工具，"我"的原乐只是实现他者的原乐的一个手段，拉康也称这是律令所揭示的主体的分裂，即无意识的言说的主体与有意识的陈述的主体之间的分裂。更重要的一点还在于：在"Tu es"（你是）这个律令的背后还回荡着一个被压抑的声音，那就是"谋杀"，因为在法语中，"Tu es"（你是）与"Tuez"（谋杀）发音相同，就是说，来自他者的那个绝对律令实际有着谋杀的本质。拉康以这样一种语音或意义的翻转把萨德书写成了大革命时代最彻底的革命者。

在此基础上，拉康指出，在萨德的原乐追求中，那个发出绝对律令的他者不仅是一个不知满足的淫秽的他者，而且是一个邪恶的他者，是一个邪恶的上帝。正如我们在萨德的道德哲学中已经看到的，追求原乐之所以是我们无条件的义务，就因为这是"大自然"的根

---

[1] Jacques Lacan, *Écrits*, p.650.

本要求；"大自然"创造我们不是为了别的，就是要我们竭尽所能去享受他人的身体，尽可能地满足自己的快感。康德因其"为法则而法则"的义务论而无视上帝的原乐，更确切地说，他是被迫远离了上帝的原乐，其斯多葛式的不动心的伦理经验让他不敢直视上帝这个绝对的他者的淫秽本性；萨德则以其萨德主义的方式建构了一个邪恶的上帝的幻象，让那个淫秽而残酷的他者在幻象的结构中得以返回。在这个幻象结构中，主体不过是帮助实施他者之原乐的一个工具和仆役，主体的欲望虽可称为是一种"原乐意志"，可这并不意味着他的欲望就是他自己的，也不意味着他的欲望有一种属于自己的意志，相反，他只是他者的仆役，他并没有属于自己的真实的欲望，他的原乐只有借倒错的形式在幻象中以稍纵即逝的快感来加以维持；至于那用来满足原乐的对象，虽然它不再是不可抵达的，而是"受难代理的在世之在或'Dasein'（此在）"[1]，但它与主体是分离的，它具有一种晦暗的超验性，它是欠缺真实的欲望的主体在幻象中用来引发原乐的一个工具。于此便有了萨德式的幻象的结构图：

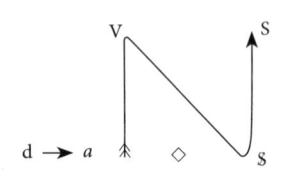

$$d \to a \quad \Diamond \quad \substack{V \\ \\ S} \quad S$$

拉康称这个图示是幻象公式"$ \$ \Diamond a $"（被划杠的主体对 a 的欲望）的一般形式的一个变体，它表达了主体的原乐与他者的原乐之间一种"绝对的非相互性"。在这里，"d"代表欲望，"a"代表引起欲望的对象–原因，"V"代表意志，"S"代表"原始的快感主体"或康德式的"病态主体"，至于"$ \$ $"，当然指的是分裂的主体。拉康自己是这样解释这个图示的：

---

[1] Jacques Lacan, *Écrits*, p.651.

最底下一行说明的是幻象的秩序，因为它支撑着欲望的乌托邦。

曲线描述的链条可说明主体的计算。它指向东边，它的指向在此构成了一个秩序，在那里，对象 a 出现在原因的位置可由其与原因范畴的关系的普遍性来解释；这一普遍性打开了对象 a 通向康德的先验演绎的道路，并在不纯粹性的关节点上建立了一种新的理性批判。

接下来是在此占据着敬重位置的 V，它似乎强行要意志来主导整个事务，但它的形状也唤起了它所分裂的东西的结合，这要借助于把它和一个"vel"扭结在一起，也就是说，借助于提供一个选择来从原始的快感主体（"病态"的主体）S 中创造出实践理性的 $。[1]

这个解释照例有着十足的晦涩。我把它简化一下：标准的幻象公式"$ ◇ a"以倒置的形式"a ◇ $"被置于下方表示萨德式的主体的欲望是由倒错的幻象来支撑的，这是整个图示要说明的一个基本意思；上方的曲线表示欲望的运行轨迹，对象 a 作为原因引起欲望及原乐意志，可这个欲望和意志都不是主体自己的，而是淫秽的他者提供的，主体意识到了他者的这一绝对的淫秽性，所以在他者的淫威之下他只能把自己提供出来作为他者享乐的工具，他通过无条件地实施他者的律令而把他者的原乐意志置于康德意义上的"敬重"的位置，以此来换取自己稍纵即逝的快感享受，让自己成为原始的快感主体；同时，为执行他者的残酷意志，他必须把享乐的对象置于受害者的位置，并在幻象中把这个受害对象建构为美的形象，建构为自己的"对象 a"，通过毁灭来实施对对象的第二次谋杀，可悖谬的是，对象的美固然可以激发欲望，但也是欲望的阻挡，是主体在幻象中投射对象的第二次死亡的屏幕，所以在这里，享乐的意志

---

[1] Jacques Lacan, *Écrits*, pp.653-654.

必要遭遇一个被迫的选择——"vel"就代表这个被迫的选择[1]——或者选择遵从他者的意志成为原始的快感主体"S",或者选择对象 a 的屏幕作用成为遵从律令的被划杠的主体"$\bar{S}$",但不论是哪一种选择,主体注定要遭遇失败和痛苦,面对他者律令的强制,他只能在幻象的快感丛林中把自己想象为满足他者原乐的工具,在这个意义上,萨德的幻象公式构成了对理性主体的一种新的批判——一种纯粹欲望批判。正是因此,拉康再次把康德和萨德并置在一起,他说:

> 如果我们解释说这个通过异化被重新建构起来的主体只能以成为原乐的工具作为代价,那么显然,在这个意志的位置上遭遇到的正是康德的意志,这个意志只能说是一个原乐意志。因此,当人们"以萨德"来质问康德时——也就是说,与在萨德的萨德主义(虐待狂)中一样,在我们的思考中,萨德在此的作用是作为一个工具——康德必定会承认在"他究竟想要什么?"这个问题中显而易见的东西,这个问题从此以后将成为每个人的问题。[2]

至此,我们大约可以把拉康的观点归纳如下:萨德的原乐主体的激进性就在于他以一种倒错的姿态暴露了"上帝"或"大自然"这个绝对他者的倒错式享乐,萨德以尊重人权的名义对充当他者淫乐机器的社会建制的强力批判不过是从康德的另一面揭示了康德伦理学的真正前提,那就是被康德刻意遮盖起来的他者的原乐,康德的伦理主体的自由意志实际只是淫秽的他者的享乐意志。既然萨德是康德的真理,所以精神分析伦理学的革命性跨越必须从萨德出发,这就是为什么从1960年代到1970年代萨德还会频繁出现在拉康的研讨班中的一个重要原因。于此,如果还要接着往下思考——在此

---

[1] "vel"在拉康的代数式中表示"或者……或者"的意思。

[2] Jacques Lacan, *Écrits*, p.654.

可以套用拉康自己的说法——那我们的问题也许应当是:"萨德同弗洛伊德"以及"萨德同拉康"。

三 他者的原乐

在拉康对原乐的思考中,有一个维度自始都在结构着他的讨论,那就是他者的维度,在这个维度下,拉康提出了"他者的原乐"(jouissance of the Other)或"他者原乐"(Other jouissance)的问题。[1]例如在第 7 期研讨班中讨论"爱邻人如爱己"的格言时拉康就说道,"我的邻人的原乐,他的有害的、恶意的原乐乃是对我的爱提出的一个难题"[2];而在接下来讨论康德和萨德的伦理学时,尤其是在《康德同萨德》(1963)一文中,正如我们已经看到的,享乐的主体直接被看作满足他者原乐的工具,主体的享乐实际就是他者的原乐,是淫秽的超我律令的原乐。

进而,就在写作《康德同萨德》一文的同时,拉康在有关焦虑的第 10 期研讨班(1962—1963)中再次谈到了他者原乐的问题,并再次提到萨德。他重申,对萨德式的施虐狂来说,他者是绝对的本质。在该期研讨班上,拉康把原乐、焦虑和欲望三者置于一个结构性的框架中加以思考,指出焦虑是连接原乐和欲望的一个中介点。一方面,焦虑的出现源自欲望的问题,即面对他者的欲望,欲望主体总是被一个问题所纠缠:"你究竟想要什么?"可这个问题在他者那里是

---

[1] 对于这两个短语,拉康本人并未做明确区分,他一般地使用的是"jouissance of the Other"。第 20 期研讨班的英译者芬克在一个注释中说,对于"jouissance of the Other"这个短语,我们既可以理解为"他者的原乐"(the Other's jouissance),也可以理解为"某人的原乐/他者的享乐"(one's jouissance/enjoyment of the Other)。(Jacques Lacan, *The Seminar of Jacques Lacan, Book XX, Encore 1972-1973: On Feminine Sexuality: The Limits of Love and Knowledge*, p. 4, 注释 12。) 如果说芬克的这个解释还不够明确,那么洛伦佐·切萨的说法大约可以帮助我们把握这两个用法之间的差异,在《主体性与他者性》一书中,切萨说,对于"他者的原乐"和"他者原乐"不可等义看待,"他者的原乐"指的是"菲勒斯原乐",而"他者原乐"指的是"女性原乐"(Lorenzo Chiesa, *Subjectivity and Otherness: A Philosophical Reading of Lacan*, p.186.)。

[2] Jacques Lacan, *The Seminar of Jacques Lacan, Book VII, The Ethics of Psychoanalysis 1959-1960*, p.187.

得不到回应的，至少是无法获得一个确切的终极答案，因为主体所面对的他者根本上是一个有欠缺的他者，因为这个他者所可能给出的任何一个回答只会引出新的问题。当主体的质询无法从他者那里得到回应时，当主体的欲望总是只能作为问题被维系时，焦虑就会出现。在这个意义上说，焦虑是欲望的记号，是他者的欲望的记号，它总是与他者的欲望之谜联系在一起。另一方面，焦虑也是原乐的记号，是他者原乐的记号，因为焦虑并不是没有对象，而是有一个特殊的对象，那就是不可象征化的"对象a"，那个从能指之网中脱落的欠缺的对象，即精神分析经验中作为原质之"物"的对象－母亲。从接受了阉割的主体的角度说，这个对象乃是主体经受父法的象征性阉割时留下的剩余，从欲望的角度说，这个对象就是在幻象结构中以未知的"a"的形式呈现出来的幻影，而从前主体的神话的角度说，这个对象正是神话性的完整他者即原始父亲的享受对象，所以主体对"对象a"的欲望实际是在欲望一个他者享乐的对象，主体由此获得的快感满足实际只是在享受他者的原乐。当主体在其欲望的幻象结构中过于接近这个他者的原乐时，也会产生焦虑，因为这个原乐、这个已经被查禁的极度快感是主体根本无力承受的。简单地说，如果说欲望引发焦虑是因为他者的欠缺、因为快感的不足，那么原乐引发焦虑则是因为主体过于接近那个不可能之物，因为他害怕被那一过度的享乐所灼伤，他无力承受由谋杀原始父亲那个绝对他者而来的深重的罪疚感。

也正是在原乐、焦虑和欲望的这一结构框架中，拉康思考了施虐和受虐的关系。拉康说，受虐并非施虐的对立面，它们之间有一种非对称的关系。比如所谓的受虐，不过是主体想象自己处在对象的位置，并且是作为被虐的对象，受虐狂在这里所要求的不仅是他者的原乐，而且还有他者的焦虑，他通过把自己置于卑下对象的位置而把他的欲望强加给他者，以便让自己去享受他者的原乐并让他者承受焦虑。至于施虐，表面上看，施虐狂是在寻求他者的焦虑，以残酷无情的凌虐对待他人，可事实上，他在寻找的是对象 a，他对对象的施虐不过是为了寻得主体的另一面，受虐者的身体不过是他与对象 a 相遇的地方，是他与他自己的焦虑相会的场所。所以，对于萨德式的施虐狂，从追求原乐的主体与邪恶的上帝的关系而言，主体虽然只是满足他者原乐的一个工具，但主体也可以借此把自己成就为原始的快感主体；而就这同一个主体与作为对象的受害者的关系而言，基于对象 a 在幻象结构中的作用，当主体把对象沦为获得快感的工具时，他与对象 a 错失的相遇只会把他引渡到焦虑的位置。

总体上，从 1960 年代初开始，拉康在思考原乐的问题时就已经嵌入了他者原乐的维度。如同人的欲望总是他者的欲望一样，人的原乐总是他者的原乐，并且如同那个他者欲望的逻辑总是有着多重的拓扑式翻转一样，他者原乐的逻辑也当如此，即所谓的"他者原乐"，既可以是主体对他者的享用或享受，主体依照他者之律令去享用和享受，主体欲望被他者享用和享受——它们实际是一回事，不妨都称之为"他者的原乐"；也可以是他者本身的欲望享受，是主体无法穿透但却存在于他的想象中或者说他只能以幻象的方式来假定他者享乐，故而不妨称之为"他者原乐"。不过他者的原乐的这一逻辑缠绕直到 1970 年代才得到充分阐述，其中最直接的体现就是 1972—1973 年的第 20 期研讨班。

题为《再来一次》（*Encore*）的第 20 期研讨班的主题名曰"女性性欲"，实际通篇都是在讨论"女性原乐"或者说"他者原乐""他者的原乐"。这意味着拉康既是在他者原乐的语境中来讨论女性性欲，也是在女性性欲的语境中来讨论他者原乐，两者是二而一的关系，所谓"再来一次"其实就是对女性原乐或他者原乐的本质的一种描述。

在该期研讨班中，拉康一上来就直接切入原乐的主题，开讲的第一句话就是："十分凑巧，我没有出版《精神分析的伦理学》。"[1]

---

[1] Jacques Lacan, *The Seminar of Jacques Lacan, Book XX, Encore 1972-1973: On Feminine Sexuality: The Limits of Love and Knowledge*, p. 1.《精神分析的伦理学》直到 1986 年才由雅克－阿兰·米勒编辑整理出版。

现在，经过一段时间的沉淀，他觉得他对其中的问题——原乐的问题——可以多说几句，虽然他紧接着又故作谦虚地告诉人们"我对此什么也不想知道"，可他"还是"（encore）在一系列的文字游戏中通过语义的滑行暗示出，他将回到第7期研讨班的主题去对原乐概念"再来一次"，只是这一次他要从另一个角度来谈：女性原乐或他者原乐。可以想见，在这样一个语境中，必定要涉及精神分析学惯常的系列论题：爱、女性性欲、性别差异等；而按照拉康惯常的修辞风格，同样可以想见，对于所有这些论题，他一定会有惊人之语。是的，他真的做到了语不惊人死不休："女人并不存在""根本不存在性关系这样的东西"，还有如"根本不存在'一'这样的东西""女人非一""他者的原乐不是爱的记号"等这类话语就像音乐的织体一般组织着他对原乐和女性的阐述。但我们绝不可被这种表述的宣言式腔调所迷惑——就像英美许多追逐和反对拉康的女性主义者所做的那样，她们已经被拉康的"再来一次"弄得晕头转向了，以至于时常只能以挑衅的姿态来"享用拉康"——以为拉康在宣讲一种恶劣至极的菲勒斯中心主义和男性强权。面对这些惊人之语，我们首先需要做的和所能做的就是：回到拉康，回到拉康话语的语境和逻辑。这当然不是说，我们可以还原出一个"本来的"拉康——我必须再次强调，并不存在一个"本来的"拉康——而是说，我们对拉康的每一次/每一种返回都应当从阅读/重读开始，并且这每一次/每一种的返回必须是回到拉康已经奠定的基础那里——就像拉康在回到弗洛伊德时所做的那样——而不是如许多女性主义者那样回到拉康之前。

如上所言，拉康对女性性欲的讨论是从他者的原乐/他者原乐切入的，所以，在进入女性的话题之前，我们需要先看一下拉康这一次对他者的原乐的思考。何谓"他者的原乐"？拉康首先从否定的方面做了一个界定：

"他者的原乐",首字母大写的他者的原乐,"象征着他者的他者身体的原乐,不是爱的记号"。[1]

可以说,这个否定性的界定乃是第20期研讨班的一个"开场白",对女性性欲或女性原乐问题的阐述是建立在对这个"开场白"的逐级说明之上的,或者说他是从这个开场白绕行到所要讨论的主题的。

"他者的原乐",或者说象征着他者的他者身体的原乐,"不是爱的记号",拉康自己说,在这个界定中,有四个关键词:"原乐、他者、记号和爱"。[2]所以他在该期研讨班中对这四个概念进行了说明。是的,对拉康研讨班的听众而言,这四个概念并不陌生,至少自1950年代中后期开始,他就一直在同它们打交道。不过,他这一次照例要以断裂的方式来完成他的自我返回,他照例要对它们做出激进的重写,并照例要在新语境中对它们的逻辑关系加以重构——要知道,"再来一次"还有一重意思就是"再多来一点"。

其实,拉康的那个否定性界定虽然涉及四个关键词,但他对它们的阐述始终是围绕着一个问题进行的,那就是他在1960年代末的研讨班中已经反复讨论过的"知识"与"原乐"的关系,四个关键词是以某种逻辑的方式被嵌入这个关系中的。在这里,所谓的"知识"既指主体通过象征性认同或能指的法则而获得的呈现于心理现实中的知识,比如自我理想,也指主体在认同中错失的无意识知识,对应地,原乐也就有象征的原乐(他者的原乐)和实在的原乐(他者原乐),所以,在知识与原乐之间,不只有一种确定的关系,而是随主体与能指和他者的关系的不同而有多种可能的形态,在1960年代,拉康较多关注的是象征的原乐,因为那时他强调的是象征界和想象界对实在界的切割,而在1970年代,他更为关注实在的原乐或

---

[1] Jacques Lacan, *The Seminar of Jacques Lacan, Book XX, Encore 1972-1973: On Feminine Sexuality: The Limits of Love and Knowledge*, p. 4.

[2] Jacques Lacan, *The Seminar of Jacques Lacan, Book XX, Encore 1972-1973: On Feminine Sexuality: The Limits of Love and Knowledge*, p. 39.

这两种原乐之间的关系,因为他现在更为强调实在界对象征界和想象界的穿刺和渗透。

先说原乐。拉康再次提到了法与原乐的关系。我们已经知道,在第7期研讨班上,他重点关注的是法的禁止功能和原乐的僭越性:法是对原乐的禁止,而原乐是对法的僭越,是俄狄浦斯式的主体对法所犯下的罪。而现在,拉康转向了"原乐"这个法语词的另一面,把它同法律意义上财产权的享用即所谓的"用益权"(Usufruct)联系到了一起:

> 所谓"用益权",意味着你可以享用你的财产,但不要滥用。当你对某个遗产有用益权的时候,你就可以享用这个遗产,只要你不利用过度。法的本质显然就是去划分、分配或重新配置可视作享乐(jouissance)的一切东西。[1]

注意,在这里,拉康对用益权的法律含义作了一种反讽式的阅读。在法律中,用益权一方面指对合法财产的享用,但另一方面这个享用必须适度。于是,享乐/原乐与用益权在快感上的交集恰好是一个空集:法律允许对财产权的合理享用,可这种享用带来的只是快感的满足,这属于法律的快感原则——尽可能少地享受快感;而原乐恰恰来自用益权所禁止的那种不合理的滥用,所以它的快感是一种僭越的快感,是因用益权的过度使用而来的快感。正是在这个意义上,拉康接着说,"何谓原乐?在此它不过是一个否定性的代理。原乐不为任何的目的服务"[2]。原乐作为否定性的代理,不可把它还原为快感原则,还原为发泄兴奋的需要,也不可把它归为自我保护的要求;原乐之为原乐,就在于它不为任何的权力所左右,也不屈从于任何的权力,因为它乃是无意识主体的超我的要求,"超

---

[1] Jacques Lacan, *The Seminar of Jacques Lacan, Book XX, Encore 1972–1973: On Feminine Sexuality: The Limits of Love and Knowledge*, p. 3.

[2] Jacques Lacan, *The Seminar of Jacques Lacan, Book XX, Encore 1972–1973: On Feminine Sexuality: The Limits of Love and Knowledge*, p. 3.

我就是原乐的律令",这个律令就是:尽情地"去享受/享用吧"[1]。

原乐的律令就是召唤我们尽情地去享受/享用我们的欲望及随欲望满足而来的快感,可问题在于,我们的欲望总是他者的欲望,是对他者之欲望的欲望,我们的欲望满足总是因为他者的介入而落入空无。这也就是说,我们的原乐或者说我们的求原乐意志总要受到他者及他者的原乐的纠缠。那么,什么是他者?他者的原乐又是什么?

我们现在已经知道,拉康对他者的界定有一系列的维度:在语言学的维度中,他者被视作能指的宝库,是能指链运作的场所,是以语言的方式写入无意识的异己的结构性力量,所谓无意识是像语言一样被结构的,实际就是无意识是被他者结构的;在人类学的维度中,他者就是父法、父之名或父亲的功能,是人类社会确立的原初法则或禁令赖以存在的场域,是主体在社会或者说主体间关系中"必须怎样""只能怎样"和"不能怎样"的契约,简言之,这个他者秩序是主体需要去认同的东西,是主体建构其自我理想的场所;在精神分析实践的维度中,他者是主体间的言谈得以发生的场所,因而也是移情赖以发生的场所,是规定欲望的指向的东西,同时他者也指处在他者场域或能指秩序中的他人主体,比如相对于受分析者而言的分析师、相对于孩子而言的父母、相对于学生而言的老师等。在拉康有关他者原乐的讨论中,他者的这诸多维度依然被保持着,但也有所修正,其中最重要的修正就是从实在界的层面对他者的思考,他者原乐就是在这一思考中提出的。

拉康把他者区分为作为能指的他者和作为能指他者之象征的他者身体:前者属于能指集合的领域,属于象征界,其与原乐主体的关系是围绕菲勒斯这一优先能指来构成的,在那里,主体寻求的是一种菲勒斯的满足或快感,所以拉康把这一发生于象征界的原乐又

---

[1] Jacques Lacan, *The Seminar of Jacques Lacan, Book XX, Encore 1972-1973: On Feminine Sexuality: The Limits of Love and Knowledge*, p. 3.

称为"菲勒斯原乐"（pallic jouissance）；后者即所谓的"他者身体"则属于能指集合以外的领域，属于主体总想与之相遇但又总是与它失之交臂的实在界，他者身体属于对象 a，更确切地说，属于在幻象结构中无法被缝合的剩余，其与原乐主体的关系是一种不确定、不可能的关系，因为连接两者的是他者身体的"非一"（not-One）的存在，所谓"他者原乐"（Other jouisance）或"他者身体的原乐"（jouissance of the Other' body）指的就是主体与这种"非一"的存在的关系。并且由于他者身体的这种"非一"的存在是在他者之内的，它指的是他者本身"不具有'一'"或者说以"不具有'一'"的形式而具有的一部分，是作为能指的他者所无法捕捉的，故而他者或他者身体的原乐是超越了菲勒斯原乐的另一种原乐，它实际就是"女性性欲"或者说"女性原乐"。可到底什么是他者身体的"非一"的存在？究竟该如何理解菲勒斯原乐和他者原乐之间的区分，或者说这一区分究竟是如何产生的？要回答这两个问题，就必须从外面往里绕，就必须对拉康以前的某些理论"再来一次"，有些甚至是已经"再来一次"之后的"再来一次"。

所谓两种原乐的区分，涉及原乐与能指的关系。其实早在1950年代末至1960年代初开始在欲望的辩证法中引入原乐的维度时，这一区分就隐然出现了。例如在1960年的《主体的倾覆和欲望的辩证法》一文中，通过对弗洛伊德有关原始父亲以及子民谋杀父亲的神话的修正，拉康就指出，言说主体的原乐是被禁止的，这被禁止的原乐实际就是原始父亲所享受的那种原乐，那是一种超越于原始大法之外的纯粹原乐——至少在神话性的回溯意义上看是这样——而在原始大法即乱伦禁忌确立之后，主体的原乐就只有借助菲勒斯能指的法则即通过接受父法的阉割才有可能。在这里，我们隐约看到了一种区分：被菲勒斯能指禁止的原乐和通过拥有菲勒斯能指而获得的原乐。进而在有关康德与萨德的讨论中以及在有关焦虑的第10期研讨班中，我们又看到了欲望主体因僭越法的禁令而来的原乐和隐藏在道德律令背后的绝对他者、上帝或至高的邪恶存在的原乐的区分，有时，他还用他者的原乐来特指处于卑下对象这一受虐位置的女性的原乐，但这个原乐并非女性自己所拥有的，而是处在另一位置的男性想象出来的，所以这个"他者的原乐"实际是主体因享用他者而来的原乐，也是主体在享用他者时想象出来的他者原乐。

在1960年代，有关原乐的这些区分都只是已然存在于此，并未被理论化，可是，到第20期研讨班中，原乐的区分已经成了全面讨论女性性欲的基础，并且对于区分本身也已经有了理论化的说明。现在，接受了象征性阉割的主体的原乐被称为"菲勒斯原乐"，有时也称其为"象征的原乐"，而通过菲勒斯原乐回溯性地指认出来作为终极原因的原乐则被称为"他者原乐"或"他者身体的原乐"。

在此，我们要接着看一下拉康对"身体"概念的特殊运用。在法国结构主义的语境中，自足的主体或理性被驱逐之后，获得解放的恰恰是"身体"和"欲望"，尤其是在罗兰·巴特、米歇尔·福柯和吉尔·德勒兹等人那里，身体既被视作文化和社会建制力图规训与编码的对象，是文化和社会的构成物，也被看作一个像内燃机一样的欲望机器，是自我的快感享用的隐秘处所，是求真意志所指向的伦理内核。就是说，在1960年代的法国理论中，身体沿着两条切线被指认：一条是构成主义的，一条是伦理主义的。前者更多地指示了身体的政治学维度，指示了话语或权力在身体上的运作；后者则更倾向于身体的伦理学维度，更倾向于从身体的快感享用或原乐追求来寻求对社会和文化规训的僭越，让作为建制运作的场所的"政治化"的身体在对建制的逾越中返回其伦理－本体论的维度。

相较而言，在拉康的理论中，"身体"并不是一个核心概念——至少相较于无意识、他者、欲望、对象等概念而言是这样——但他在各个时期也都涉及身体的问题。[1] 比如在1950年代初的镜像阶

---

[1] 有关拉康对身体的认识，可参见 Paul Verhaeghe, *Beyond Gender: From Subject to Drive*, New York: Other Press, 2001, pp.65-97.

段理论中，主体的自我同一性主要就是由想象地建构的身体的协调性和统一性标记的，后者实际是通过镜像中理想的他人形象组织起来的，即所谓"我的身体"不过是我所认同的他人身体的一种投射，这一投射之所以发生，一个重要的原因就是我的身体在现实中是破碎的、不完整的、孤立无助的，它标记了存在的一种根本性匮乏。进而，随着主体进入社会和文化的象征秩序，我的想象的身体形象将受到象征界的侵入，我的身体成为一个由他者场域的能指所建构的"所指身体"，比如母亲作为第一个他者即"母亲他者"（mOther）把自己的欲望投注到孩子的身上，孩子由此获得对自己的身体的意识，把自己想象为母亲所欲望的菲勒斯，并欲望成为母亲所欲望的菲勒斯——所谓的"菲勒斯格式塔"实际就是一种"格式塔身体"，一种理想的身体完形——但是父亲的介入既剥夺了母亲他者的身体形象的完整性，也在主体身上划出了一道阉割之痕。更重要的在于，在象征秩序中，他者的欲望不仅决定了身体的形象，决定了主体对自己的身体的想象（比如我们依照时装杂志推荐的潮流或明星的穿着来决定自己穿什么），而且决定了身体的享乐方式（比如从口腔阶段、肛门阶段到菲勒斯阶段的快感追求），总之，主体在象征界通过认同构成的作为自我理想的身体是由他者场域的能指或处在这一界域的他者欲望决定的，是被语言所切割的，我的身体从来就不是我自己的，它是由他者的欲望铭写出来的。进而，由于他者总是一个有欠缺的他者，一个以无止境的要求来询唤和面质主体之欲望的他者，故而对主体而言，他者的欲望总是一个谜，主体的欲望与他者欲望的相遇总是导致失败，面对他者无止境的欲望之谜，主体只能不断绝望地发出这样的质问："你究竟想要什么？""你究竟想从我这里得到什么？"在这时，那个象征化的身体就变成了一个"歇斯底里化的身体"，不妨说，象征界的身体实际就是一个歇斯底里化的身体。

不过，到1960年代，比如在第11期研讨班中，拉康对身体的认识有了重要的转变。以前,身体主要是指想象的身体或被语言所切割的所指身体,而现在,身体被界定为一个"实在的器官",一种无法被象征化的物质性;以前,身体不论是作为想象的效果还是作为象征的效果都被视作完整的存在,而现在,身体成了一个由洞孔、裂缝和边缘所标记且经由驱力发挥作用的部分对象;以前,主体及其身体是由象征界和想象界的交互作用建构出来的,而现在,实在界进入这一交互作用中,曾经的语言切割因为他者的欠缺而总是留有剩余,总有某个东西因为能指无法捕捉到而被留在实在界,在那里引诱主体,而主体又只能在强迫重复中偶然地与之相遇,并且这是一种失败的相遇,一种失之交臂的相遇。正是在这里,拉康把他者场域的那一根本性的欠缺同身体的实在界联系到了一起,视身体的实在界是引起创伤经验的根本原因,但这个身体已不再是作为整体的存在,而是与主体相分离的器官,是身体的边缘、缝隙或洞孔,是身体的动情带。它们被称为身体的实在界,主要因为它们无法被能指化和象征化,它们代表着存在的原初欠缺,也代表着语言的象征性切割的失败,还代表着部分驱力朝向的对象。这表明,拉康的身体概念已经从1950年代带有构成主义色彩的理解转向了另一个向度,这个向度虽然隐含有某种伦理主义的可能,但并不完全是伦理的,或者说并不只是伦理的。

到1970年代,拉康进而把这一器官的身体说成一个纯粹的"实体"(substance)[1],一个被掏空了一切内容的空洞能指;身体是无性别的,或者说它的生理性别是无关紧要的,"身体的存在当然有性别之分,但那是次要的"[2]。尤其是,拉康特别地强调了他者身体——实际就是女性身体,但不是生理意义上的女人的身体,而是心理意义上的女性身体,是在性关系中居于女性位置的"非一"

---

[1] 拉康的"实体"概念来自亚里士多德,但它指的不是"个别的具体事物",而是单纯的"是其所是",是就其自身而言的"是"或"存在"。

[2] Jacques Lacan, *The Seminar of Jacques Lacan, Book XX, Encore 1972–1973: On Feminine Sexuality: The Limits of Love and Knowledge*, p. 5.

的身体——非性别化、非人化的特征，强调了这一身体之存在那触目的物质性，如同单一的能指是没有内容、没有意义的语言材料一样，他者身体也是这样一种不确定性的空洞实体。

拉康把他者身体看作他者的"象征"，初看之下，这并没有什么新奇之处，身体当然是存在的符号，是存在的踪迹，可是拉康反对对身体做象征主义的理解，他甚至也不再认同构成主义的观点，即他者身体之所以能作为他者的象征乃是因为身体本身就是符号或语言的构成物，确切地说，他想要倾覆这种有滑向本质主义危险的构成论，而这一倾覆是通过重述其能指和记号的概念完成的。

需要顺便说明一下，在第20期研讨班上，拉康对"记号"（sign）和能指做了一个明确的区分：

> 我最后想要说明一下把记号和能指区分开来的方面。
>
> 能指的特征，正如我已经说的，就在于一个事实，即它是为另一个能指表征主体。在记号中涉及什么？有关知识或世界观的宇宙理论总是喜欢用一个著名的例子：无火不成烟。因此我干吗不提出我对它的思考？烟雾的确可以被看作生烟者的记号。它本质上也总是如此。烟雾总是生烟者的记号。大家都知道，如果你在靠近一个荒岛时看到了烟雾，立即就会对自己说运气不错，那里有人知道如何生火。只要事情没有大的改变，那里是有一个人。因而，记号不是某个东西的记号，而是一个效果的记号，该效果就是通过能指的功能设想出来的。[1]

简单地说，记号与指涉物之间有某种对应关系，我们看到一个记号，比如烟雾，就可以推论烟雾升起的地方必定有某个制造烟雾的东西存在；可是能指并不指示指涉物的存在，能指对主体的表征不是表征主体的存在，它只是把主体表征为一种意义效果。就像你

---

[1] Jacques Lacan, *The Seminar of Jacques Lacan, Book XX, Encore 1972-1973: On Feminine Sexuality: The Limits of Love and Knowledge*, p. 49.

看到记号烟雾，推定那里有一个人比如一个吸烟者存在，可这个人到底是什么，你从记号是无从把握的；如果这个人恰好手上拿着一支"中华"牌香烟，这个香烟就可以算作一个能指——当然这不意味着你由此就能直接推断出这是个什么样的人，比如你说这是一个有钱人，那还是犯了记号推断的错误——说不定那个抽"中华"牌的人恰是一个贪官——香烟作为能指实际是从主体与该能指的关系说的，即这是一个什么样的人，要看这个人认同的是该能指的何种"单一特质"，比如他抽"中华"牌香烟可能只是因为他觉得有钱人都抽这个牌子或者社会把抽这个牌子的人都视作有钱人，虽然他实际上是一个穷光蛋。下面我们就会看到，拉康在记号和能指之间做出这一区分是有其用意的。

回到身体的问题。实际上，拉康首先把身体看作一种"实体"，一种晦暗的纯粹的物质性，一种实在界的东西，然后才有对身体的象征化过程，但这一过程并不是把意义添加到身体之上，并不是对身体的意义凝定，比如以女性的身体来代表流动的、非理性的欲望，以男性的身体来代表理智和理性，或比如把眼睛当作心灵的窗户，把生殖器官当作动情带，把身体的排泄物等同于污秽，等等。在拉康看来，对身体的象征化过程实际是能指在身体上进行的一种"切割"和铭写，是身体在象征界的注册。虽然能指的运作总是会在身体上产生一种意义效果——拉康现在把这称为能指的"能指性"（signifierness）——但更重要的是，正如他早先的能指算式 $\frac{S}{s}$ 所表明的，在能指和意义效果之间，总是有一道横杠需要被穿越，能指的能指性并不指示能指具有赋义的作用，而仅仅指示有能指在运作，指示能指是独立于任何意义而存在的，指示能指的实体（比如声音或字符）是超出符号功能之外的，所谓的"意义效果"乃是在对能指链的回溯中获得的，而非能指本身所具有的。拉康现在甚至认为，能指链的运作本身并不产生意义，它只是能指的差异化，是能指的滑行，用德里达的概念说，是能指的嬉戏。正是在这个意义上，拉康自造了一个新词："linguisterie"，芬克把它翻译为"linguistrick"[1]，有"语言淫技"或"语言欺诈"的意思。拉康用这个自造词来指示自己的精神分析语言学，指示这一语言学所理解的能指的嬉戏功能，以便同索绪尔和雅各布森所代表的语言学区分开来。也正是在这个意义上，拉康说，能指在身体上的铭写并不是对身体的赋义，而只是在那里留下能指的踪迹，留下语言切割实在的划痕。

作为他者的能指链对身体的切割或铭写带来的一个重要后果就是使身体成为他者的身体，成为他者在场和欠缺的象征，换用我们已经熟悉的话说，通过能指的铭写，主体成为无意识的主体，成为言说的主体。但由于这个铭写过程并不赋予整个身体或身体的部分以确定的意义，而只是在那里留下字符一样的踪迹，并且在这个铭写过程中，能指总是会遭遇到一道无法跨越的横杠，总是会有一些地方或一些东西是能指的能指性所无法抵达的，从而使身体这个实体成为一个分裂的东西，如同主体因能指的介入而成为分裂的主体一样。由于他者的欠缺，在身体—实体被能指铭写的过程中，总有一部分被切割下来，被剩余下来，成为实体的晦暗部分，成为能指永远无法抵达的内核，那就是实在的身体，是主体幻想的他者原乐所享受的身体。至于已被铭写的部分，它其实是符号化的身体，是性化的身体，是菲勒斯原乐所享用的身体，换言之，是主体所享受的作为能指之他者的身体。正是在这个意义上，拉康说：

> 能指是原乐的原因。没有能指，我们如何能接近身体的那一部分？没有能指，我们如何能集中于作为原乐的质料因的某个东西？不论它可能是多么的模糊或混杂，反正在这一投入中被意指的只是身体的一部分。[2]

---

[1] Jacques Lacan, *The Seminar of Jacques Lacan, Book XX, Encore 1972-1973: On Feminine Sexuality: The Limits of Love and Knowledge*, p. 15. 不过，也有人认为拉康的"linguisterie"一词乃是法语的"linguistique"（语言学）和"hystérie"（歇斯底里）的组合，故而可将其理解为"语言癔症"。

[2] Jacques Lacan, *The Seminar of Jacques Lacan, Book XX, Encore 1972-1973: On Feminine Sexuality: The Limits of Love and Knowledge*, p. 24.

在 1960 年代，拉康称能指是对原乐的禁止，可现在他又说能指是原乐的原因。这并非拉康的自相矛盾，他只是做了一个拓扑学的转换：所谓能指（这主要指的是菲勒斯能指）对原乐的禁止，说的是父亲功能的"不"，是父法对主体的象征性阉割，主体接受阉割的条件之一就是要放弃自己对母亲的欲望，牺牲自己的原乐追求；阉割导致了主体的欠缺或存在的匮乏，导致主体成为一个欲望的主体，并且主体的这个欲望是悖论性的，它一方面因为欲望对象的永远失去而根本无法得到满足，但另一方面又只能在欲望中以基本幻象的方式去召回那原初的失落对象，在这时，他者或他者之身体就想象性地成为主体的欲望对象，成为激发主体之欲望的原因，能指作为原乐的原因指的就是象征着他者或他者之身体的那个纯粹能指、那个纯粹的物质性。主体正是通过这一能指、通过这个能指的能指性的"投入"才得以接近身体的被铭写的部分并得以想象其未被铭写的部分。

于此我们至少看到了三种身体或者说身体的三个面相：想象的身体——它不过是自我所虚拟的格式塔身体；象征的身体——它不过是语言所切割的符号化身体，以及实在的身体——它虽然是身体中无法被符号化的晦暗的物质性，但却是另外两种身体的质料因，是在想象界和象征界的作用下所残留的剩余。相应地，就主体与身体的关系而言，也就有了三种原乐或三种身体享用方式——它们实际是"三界"之间交互作用的结果或效果：象征界与想象界的交互作用产生的菲勒斯原乐（主体在法的限度内获得的原乐）；想象界与实在界的交互作用产生的他者原乐（主体想象有一个绝对的他者在享受实在的身体），象征界与实在界的交互作用产生的剩余原乐（主体以能指穿刺实在之洞而获得的原乐）。但不论哪一种原乐，都与能指铭写的失败有关，与不可能的对象 a 有关，与剩余有关。比如，正是能指铭写的失败，使被阉割的主体总想以整一的他者的幻象来弥合自己的欠缺和匮乏；正是能指铭写的失败、正是主体的享用不足，导致主体想象有一个超越于能指之外的他者比自己享用更多；也正是能指铭写的失败，使主体总是寄希望于以自认为合适的方式来追求对对象的过度享用，就像资本家以再生产、以对劳动者创造的剩余价值的掠夺来完成其资本积累一样。

由于能指的介入以及这一介入的失败，身体分裂为能指化的身体和不可能指化的身体，主体则因其与能指的关系或者说因其在能指的象征结构中占据的不同位置而获得了所谓的菲勒斯原乐和他者原乐——在第20期研讨班中，拉康很少讨论剩余原乐。拉康认为，菲勒斯原乐代表着原乐享用的不足，主体因这一不足一方面把他者想象为整一的他者，另一方面则想象地认为他之所以享用不足是因为有一个特别的他者比自己享用更多，这意味着原乐总是与"知识"、与主体有关他者的知识联系在一起，换句话说，能指与原乐的关系实际就是知识与原乐的关系，而这一关系很大程度上是围绕他者的身体来结构的。

那么，能指或知识与原乐之间究竟是怎样的关系？有关这个问题，我在下一章还会回过头来讨论，这里只看一下拉康在第20期研讨班中的解释。为了回答这个问题，拉康引入了他的科学史叙事学——这已经不是第一次这样做了，自1950年代开始他就在讲他的科学史，现在不过是"再来一次"。

有关拉康对科学史的叙事学解释，有几点需要说明。第一，拉康的科学史叙事的模型主要得益于同时代的哲学家和科学史家柯瓦雷，在《伽利略研究》（1939）、《从封闭世界到无限宇宙》（1957）、《天文学革命》（1961）和《牛顿研究》（1965）等著作中，柯瓦雷从不同的层次和角度描绘了17世纪科学革命的全貌，在他看来，相较于古典的宇宙观和空间观而言，17世纪科学革命的关键是统一的宇宙图景的解体和理想的空间秩序的几何化，即人们不再把世界看作一个有限的、封闭的和等级有序的整体，可同时，空间仍被等同于欧几里得的几何空间，在各个方向上都是无限延伸的。柯瓦雷的历史叙事是一种典型的宏大叙事,他的科学史不是单一的科学思想史,而是以科学为纽带勾勒的人类思想史,是一种思想类型学。拉康所汲取的只是其中有关人类(西方)思想图景的某些部分。第二,拉康所考察的不是具体的科学知识的形成和发展,而是西方世界借以表征世界的知识范式的变化,是人类的无意识结构与知识表征之间的关系的变化,虽然其模型与福柯的知识型有很大差异,但我们不妨说这就是拉康的"知识考古学"。第三,与他的哲学史叙事一样,拉康对科学史的书写也是典型的妄想症书写,即他并不是要对科学史本身给出实证的描述,而是要对它做出一种妄想症式的批评,所以我们不能把他的叙事同学院派科学史家的叙事混为一谈,我们应当看的是他的叙事中幽隐的妄想症阐释逻辑。第四,拉康的科学史考察有一个重要的动机,就是想把弗洛伊德的伟大发现纳入"科学史"的范围,以便发掘那一发现之于主体之知识的伟大意义,剔除现代心理学及新弗洛伊德主义在主体问题上所陷入的迷雾,所以我们在他的思考中常常会看到一种精神分析化的切割。

拉康的考察是从"词"开始的,这个"词"不是简单的一个概念,而是一种话语,一种表征"物"的话语。他首先谈到的是古希腊的"物表象",其表象之代表就是"一"(One),我们当然也可以把这个词译解为"整一""太一"。"一"就是古代科学借以表征其世界图景的基本话语。拉康说:

> "一"孕育科学。不是度量意义上的"一"。现在重要的不是在科学中被度量的东西,而且相反,是人们思考的东西。把现代科学和古代科学——后者是基于"νουζ"与世界之间、思的东西与被思的东西之间的相互性——区分开来的恰恰就是"一"的功能,我们假定,只有"一"能在那里表征孤寂的世界。[1]

---

[1] Jacques Lacan, *The Seminar of Jacques Lacan, Book XX, Encore 1972-1973: On Feminine Sexuality: The Limits of Love and Knowledge*, p. 128.

古代科学的世界观乃是基于一个幻象,即"νουζ"(心灵)与世界之间、思的东西与被思的东西之间前定和谐的幻象,这一幻象可以追溯到柏拉图和亚里士多德那里,可以追溯到说明两性关系尤其是两性交配的隐喻。比如铭写这一关系的"主动"与"被动"的隐喻,就主导着柏拉图和亚里士多德这样的古代理论家对形式与质料的关系的阐述,由此就有了形式决定质料,形式是主动的而质料是被动的,形式穿透和产生物质等,也就是说,在形式与物质之间、主动与被动之间、男性原则与女性原则之间,存在一种关系,一种决定事物之性质的基本关系,而所有这些关系又都是基于一个根本的幻象,那就是有关性关系的幻象,即认为性关系是存在的,对于但凡不可言说的东西,人们就用性关系作为隐喻去加以阐述。在古代,所有的知识都分享有铭写两性联系的幻象,即想象存在着性关系这样的东西,知识与世界之间的关系与这一交配的幻象是一致的,拉康甚至说,"若不是分享有铭写两性联系的幻象,知识就是不可想象的。人们甚至都不能说古代知识理论的主体没有认识到这一点"[1]。

拉康的这个源头性叙事真的如我们认为的那么不可思议吗?需要指出一点,拉康在此思考的不是具体知识的起源,而是人类知识赖以构成的无意识机制。如果我们回视一下人类文化的某些源头性文本,就不会觉得拉康在知识与性关系之间建立的联系有那么突兀了。比如柏拉图在《会饮篇》中借阿里司托芬之口说出的有关两性和爱的起源的神话:依照那一神话,两性的出现是原初的整一性分裂的结果,爱即是人对已然失落的完整性的寻求,是人对随其产生而来的原初分裂的一种想象性解决,而当苏格拉底把这一寻求完整性的爱的神话提升为心灵对至善至美的渴望的时候,性爱的欲求就变成了一个有关永恒的"一"的知识神话的隐喻。还有希伯来文化

---

[1] Jacques Lacan, *The Seminar of Jacques Lacan, Book XX, Encore 1972–1973: On Feminine Sexuality: The Limits of Love and Knowledge*, p. 82.

中的伊甸园神话，中国文化中盘古开天的神话以及"道"或阴阳化生万物的观念，这些神话不是都有一个基于性关系的隐喻吗？对拉康而言，在这个隐喻中有两点至为关键：一是它们都存在一个男性原则和女性原则的二分模式，再就是它们都存在一个有关整一或"一"的原始和谐的基本幻象。这两点恰恰是拉康阐述他者原乐和女性原乐的关键，不过在他的科学史叙事中，他更为关注后一点。比如拉康就讲到亚里士多德的神的观念，他正确地指出，亚里士多德的神不是基督教所信仰的上帝，而是"不动的推动者"，这个最后的推动者被设想为像天体一样的球形，拉康说，这个球形意象乃是亚里士多德的整个知识学的基础：

> 认为有这样一种存在，所有其他的存在物因在存在的方面有所不及而只能把这个存在视作它们所渴望的最高存在，这一观念乃是亚里士多德伦理学的善的观念的整个基础……这个至高的存在在亚里士多德的著作中显然是神话性的，这个不动的球体是所有运动的源头，不论是什么样的运动：变化，生产，位移，转变，增加，等等。[1]

总之，在古代科学的知识型中，不仅以男性原则和女性原则作为构建知识的基本结构，以和谐——它同样是基于两性关系的隐喻——作为知识追求的基本幻象，而且还把那个原始和谐描述为一个球体的形象，以此来表征那一最完美、最和谐的原初状态，拉康把这个基本幻象称为"一"。

很显然，这个球体的形象最典型地体现在古代宇宙学或天文学的模型中，在那里，天体被设想为一个球体，众多星体围绕着一个中心在各自的轨道上做有规则的圆形运动，这就是著名的托勒密体系。托勒密体系绝不只是一个天体体系，它还是一种宇宙观和世界观，

---

[1] Jacques Lacan, *The Seminar of Jacques Lacan, Book XX, Encore 1972–1973: On Feminine Sexuality: The Limits of Love and Knowledge*, pp. 82–83.

它不仅是古代科学的典范，也是古典知识体系乃至意识形态体系的知识范型。所以，近代科学革命和文化革命从动摇这个体系开始就不难理解了。

近代科学革命常常被人称作"哥白尼革命"，可是，拉康说，哥白尼革命并不是哥白尼的——这一观点并无特别的新奇之处，科学史家已经证实了这一点——而是开普勒的，因为哥白尼不过是颠倒了中心天体的位置，减少了本轮的数量，简化了计算过程，传统的宇宙模型并没有被颠覆，"中心"作为一个能指依然被保留，只有到开普勒那里，由于椭圆体系的引入，完美球体的构想被动摇，中心的观点也受到质疑。现在，星体是绕着一个焦点即太阳在椭圆形的轨迹上运行，更确切地讲，这已经不是圆周式的运转，而是向着某个焦点的"降落"，是以"降落"（it falls）取代"转动"（it turns），拉康说，"正如有人注意到的，尤为关键的不是哥白尼，而是开普勒，因为他的著作指明了一个事实，星体不是以同样的方式运转，而是在一个椭圆型轨迹上运行，并且他还质疑了中心的功能。按照开普勒的说法，星体是向椭圆的一个点即焦点降落，并且在对称点上什么也没有。这的确是对中心形象的一种纠正"[1]。

接下来出场的是牛顿。开普勒的倾覆导向了什么？拉康说，那就是牛顿的万有引力公式：$F=g\frac{mm'}{d^2}$（两个物体之间的引力与其质量的乘积成正比，与物体间距离的平方成反比）。在此，拉康关注的不是这个公式所表达的内容，而是它的形式，它的数学化的效果，它代表了人类有关世界的知识表达的一种形式化。所以他把这个公式的出现也称为一场革命，因为它让我们"摆脱了革命的想象性功能"[2]。

拉康这么说也是为了在科学史的语境中来完成对精神分析学

---

[1] Jacques Lacan, *The Seminar of Jacques Lacan, Book XX, Encore 1972-1973: On Feminine Sexuality: The Limits of Love and Knowledge*, p. 43.

[2] Jacques Lacan, *The Seminar of Jacques Lacan, Book XX, Encore 1972-1973: On Feminine Sexuality: The Limits of Love and Knowledge*, p. 43.

的一种历史叙事。古代科学的球体模型代表了一种原始和谐和中心的观念，开普勒的椭圆形轨迹代表着和谐和中心观念的动摇，而牛顿的数学公式则代表了知识的形式化；对应地，古典哲学的主体观念与古代科学的模型是一致的，弗洛伊德把意识和自我移出主体之中心的位置可等同于哥白尼-开普勒革命，而执迷于原始和谐的理想的新弗洛伊德主义——比如自我心理学对自我的原始统一性的寻求——不过是历史的倒退，现在要由拉康以牛顿的方式来完成弗洛伊德开创的哥白尼-开普勒革命，建立一种真正的分析话语，"在作为分析话语出现的新话语的阐述中所产生的东西就是：能指的功能被看作出发点"[1]。新弗洛伊德主义者因为过分执迷于想象的意义，从而退回到了前科学式的幻象，他们的知识只是一种想象的知识，是一种妄想症知识，所以需要拉康"再来一次"倾覆，通过引入能指的功能来表明前科学时代有关"一"的存在的幻象实际只是能指的意义效果；尽管弗洛伊德已经强调了无意识，强调了不为有意识的能思主体所知的知识其实是刻写、铭记在别处，但这一强调的重要性和激进性并没有被充分认识到，其中一个重要的原因就是弗洛伊德没有对他的理论做出形式化的说明，所以需要拉康"再来一次"，通过在精神分析学中引入形式化来确立精神分析的科学性。知道了这两个"再来一次"的叙事背景，我们大约就可以明白拉康在第20期研讨班中为什么要对索绪尔的能指和符号理论"再来一次"重述，以及为什么他要引入所谓的"性化公式"和"波罗米结"来对自己已经多次阐述过的东西"再来一次"重述。

牛顿的数学化何以构成了一次哥白尼式的革命？仅仅在于它书写形式的简洁吗——以拉康的话说，它除了五个字母以外只有一个数字，你甚至都可以把它写在手掌上？这当然不是问题的根本，按照拉康的阐释，牛顿公式的出现意味着人类的知识表征不再依赖于

---

[1] Jacques Lacan, *The Seminar of Jacques Lacan, Book XX, Encore 1972-1973: On Feminine Sexuality: The Limits of Love and Knowledge*, p. 43.

主体与对象之间的想象性关系——为了表达不可言说的东西，总是只能借助于整一性的幻象——而是依赖于能指的功能，即一个能指为另一个能指表征主体的功能，在这一功能中，主体将只是作为能指的意指效果出现，而不再是"在生命经验的事实的基础上被接受"，知识也不再是主体的知识，而是由意指结构决定的，是由主体在话语中的位置决定的，这样，主体有关对象的知识就不再是想象性的知识，而是象征性的知识，是在他者场域中构成的知识。在此，我们不能去究问牛顿的数学式与拉康的象征性知识之间到底如何关联，因为拉康在此只是把牛顿公式视作科学知识的一种新的表达方式，一种新的话语形式，其真正的动机是要借此启动精神分析话语的根本转变，那就是以能指的功能作为话语的出发点。为此，他再次回到了索绪尔的能指理论，更确切地说，是再次回到了他早年借索绪尔而阐发的自己的能指理论。

在这一次对索绪尔的重述中，拉康除重申能指对所指（意义效果）的优先性之外，还特别地强调了自己的能指算式"$\frac{S}{s}$"中横杠"—"所代表的意义抵制的作用，其目的无非是说，把世界理解为"一"的观念实际只是能指的能指性的效果。所谓能指的能指性，指的是能指的自主性、能指对意义的坚持，但拉康现在赋予了这个坚持的品质一个特别的含义："愚蠢"，或称能指的"蠢相"（stupidity）。换句话说，能指本身并不表征任何意义，但能指的持续滑动给人一个假象，似乎能指的背后真的存在一个意义，存在一个指涉物。就此言之，能指的蠢相实际也是言说主体的蠢相，"主体恰恰就是我们鼓励去言说的那个人，但不是言说全部——正如我们为诱惑他而告诉他的，人不可能言说全部——而只是言说蠢相"[1]。拉康说，就像他一个人站在讲台上滔滔不绝、不断地"再来一次"一样，能指的这一重复恰恰也显示了主体的蠢相，如果说能指的在场具有表

---

[1] Jacques Lacan, *The Seminar of Jacques Lacan, Book XX, Encore 1972-1973: On Feminine Sexuality: The Limits of Love and Knowledge*, p. 22.

征主体的功能,其所表征也只是主体的蠢相,"我的独自在场就是我的蠢相"[1]。

总之,能指的能指性表明,能指的背后没有对应的意义,也没有对应的指涉物,能指的坚持也不表明有一个"一"存在,"根本就不存在'一'这样一个东西"[2],因为我们拥有的只是有关于"一"的能指,"一"的能指并不就是"一"的存在——因为能指并不是记号——它至多只是一种"类存在"或"似乎的存在"(para-being),如同我们常常说词只是表征物但它并不就是物一样。语言一方面把"存在"强加于我们,另一方面又迫使我们承认我们并不拥有"存在"这样的东西,于此就形成了一个不断用"类存在"或"似乎的存在"来替代"存在"的能指链条,真正的"存在"总是从链条中脱落和逃离。[3]"存在"总是语言之外的存在,任何语言对它的捕捉最终都注定要走向失败,在"一"的能指的集合中,"一"的存在永远都是一个悖论,"一"不可能在那里存在。换句话说,我们所谓的"一"的存在其实是一种意指效果,是主体对能指的能指性功能的某种想象,是主体的一种"观看、凝视或想象性固持",拉康说:

> 这个"一"以一种我们称作存在的状态呈现在那里,因为如果它不存在,那它如何能成为"认知"(taking cognizance)的基础?在那里总是会出现僵局,出现摇摆不定,这是由于宇宙学一直相信有一个世界的缘故。相反,在分析话语中不是有某个东西可以让我们得出这样的结论吗,即对于世界的所有持存性或持久性本身,必须予以抛弃。[4]

---

[1] Jacques Lacan, *The Seminar of Jacques Lacan, Book XX, Encore 1972-1973: On Feminine Sexuality: The Limits of Love and Knowledge*, p. 12.

[2] Jacques Lacan, *The Seminar of Jacques Lacan, Book XX, Encore 1972-1973: On Feminine Sexuality: The Limits of Love and Knowledge*, pp. 22-23.

[3] Jacques Lacan, *The Seminar of Jacques Lacan, Book XX, Encore 1972-1973: On Feminine Sexuality: The Limits of Love and Knowledge*, p. 44.

[4] Jacques Lacan, *The Seminar of Jacques Lacan, Book XX, Encore 1972-1973: On Feminine Sexuality: The Limits of Love and Knowledge*, p. 43.

"一"的存在不过是有关于"一"的能指的意指效果。那么，这个意指效果、这个关于"一"的知识是怎么获得的？这就把我们引到了原乐及他者原乐的问题。拉康说，我们所谓的"知识"，实际是源于原乐的"不足"。这里的原乐当然指的是菲勒斯原乐，造就菲勒斯原乐的"机器"是语言或能指之他者，可这是一个有欠缺的他者，它只能带给主体微不足道的满足，所以主体总认为还有另一种满足，一种更充分、更完整、绝不会让他失望的满足，这个满足不属于他，而是属于言谈中的他者，是他者的满足。主体总觉得自己的满足不及他者的满足，所以总是要求再来一次，总想得到更多。不管怎样，享受的不足让主体相信必定有更好的东西是自己还未得到的，他越是这样想，就越是觉得自己所获得的越是不够，原本已有的满足就越是苍白，以至于觉得那另一种满足确实存在且应该存在，只是自己无法获得，那实际就是他者原乐，是他者享受到的比我们更多的原乐。我们有关原始整一的设想或"知识"就是这样出现的。但拉康说，这一他者原乐根本就不存在，只是主体觉得它"应该"在不可及的某处持存着，觉得"应该"有某个他人在享受着比自己更多的原乐。也就是说，在主体有关他者原乐的知识中，有一种幻象在发挥着作用，就像宗教中有关上帝的各种幻象一样。这一幻象是如此之强烈，以至于我们想象那个他者原乐就是一种整一，想象在他者原乐的背后必有一个"一"存在，就好像我们看到烟雾就想象一定有一个人在抽烟一样。而实际上，根本就不存在"一"这样一个东西，我们所谓的"一"实际只是能指的意指效果，"一"总是"非一"（not-One），它总是把自己显现为不是"一"的东西，显现为"似乎是一"的东西，显现为"一"以外的东西。

把上面的逻辑嫁接到爱的行为中，拉康就可以对爱"再来一次"："象征着他者的他者身体的原乐不是爱的记号"。

拉康说，爱只是一个隐喻，象征着两个主体结合为"一"，就像《会饮篇》中爱的神话所显明的，爱是对完整性的寻求，但根本就不存在"一"这样一个东西，在爱的相互性中，我们总是觉得他者享有更多，爱总是要求爱，要求更多的爱，要求"再来一次"，这个"再来一次"正是对他者的裂隙的命名，是对那个"非一"之在的命名，爱的欲望只会把我们带到这个裂隙的面前，在那里唯一可以证明的就是"一"作为一个能指的能指性，它指示的只是"一"的不在，是"非一"之在。至于那处在爱的关系中的另一方，我们想象他／她享有他者原乐，并由此想象他／她是一个整一，而实际上那个他人不过是支撑我们的欲望的"对象 a"，是那被称作身体之实在界的东西，是他者身体上的那些洞孔、裂缝和边缘，是无法被象征化的剩余，在那里显现出来的只是一种身体原乐，一种不同于菲勒斯原乐的他者原乐

他者身体的原乐或者说他者原乐不是爱的记号，他者原乐的背后并没有一个"一"，支撑他者原乐的东西，支撑我们想象他者原乐的东西，不过是他者身体的剩余，是他者的"非一"。爱所欲望的不过是"一"，他者的身体就是这个"一"的象征，但却是一个失败的象征，是主体因快感的不足而幻想出来的。他者的原乐、他者原乐都是一种不可能的原乐，一种不可能性的原乐。对于这个不可能或不可能性的原乐，拉康有一个逻辑学的说明，这是一段让人极其纠结的文字：

> 因而，如果不用下面的说法，我们要如何去表达那对原乐来说不应是／不可能不是（shouldn't be/could never fail）的东西呢？即如果在菲勒斯原乐以外还有另一种原乐，那它不应是／不可能不是那一种（that one）[原乐]。
>
> ……
>
> 如果有另一种原乐，那它不应是／不可能不是那一种。
>
> "那一种"指的是什么？指的是句中的那一别种（the other）[原乐]，还是我们在其基础上指称那一别种为别种的那个[原乐]？我在此说的，在实质意义的层面得到了支持，

第十一章
原乐的伦理学

因为前半句指示了某个错误的东西——"如果有另一种原乐",但除了菲勒斯原乐,并无别种原乐——除了女人也许是因为对它一无所知而只字不提的那种原乐,那种造就了她的非整一的原乐。说存在另一种原乐是错误的,但这不会妨碍接下来的话是正确的,即它不应是 / 不可能不是那一种。

你会看到,这是完全正确的。当正确导自错误时,它是有效的。其意义能发挥作用。我们唯一不能容忍的就是从那个正确的导向错误的。……

说有另一种是错误的(false; faux)。这不会妨碍我在"faux"(错误)的基础上再玩一玩双关的游戏,所谓它不应(faux-drait)是 / 不可能不是 / 不可能错误,指的它就是那一种。假设有另一种——那恰恰就是没有。同时,不是因为没有——不是因为"它不应是 / 不可能不是"有赖于此——斧子才极少落向我们作为起始的原乐。那一种必定(faut)是,必定没有(failing; faute de)——你应该把那理解为罪疚——必定没有那不是的别种。[1]

是的,这纯粹是文字游戏,是一个语言癖的思绪飞逸,是"科学"的滥用,你对它完全可以不加理睬。在此,拉康的逻辑到底是什么?只有一种原乐,那就是菲勒斯原乐,我们所谓还有另一种原乐(即他者原乐),那实际只是一个假设,一个错误的假设,因为这另一种原乐根本上是不可能性的原乐,是不可能的原乐,它是作为菲勒斯原乐的效果——并且是失败的效果——出现的,是因为能指的无能而指涉出来的。换句话说,他者原乐只有借菲勒斯原乐才能得到界定,它处在菲勒斯原乐以外的一个彼岸位置,我们只能在菲勒斯原乐的不足中去想象它的存在。

---

[1] Jacques Lacan, *The Seminar of Jacques Lacan, Book XX, Encore 1972-1973: On Feminine Sexuality: The Limits of Love and Knowledge*, pp. 59-60.

四　女人不存在

"女人不存在""性关系不存在"——第 20 期研讨班中的这两句格言因其可以想见的震惊效果而常常被人尤其是那些女性主义者挂在嘴边。但是，在我们引用这两句话的时候，在我们总是只从字面意义来理解它们的时候，通常都忘记了拉康言说它们的语境，我们没有看到拉康在向女人喷射毒液时挂在嘴角的那一丝揶揄的表情。拉康是一个喜欢搞语言暴力的人，其中对语言本身实施恶搞就是他的暴力形式之一种，在这个方面，第 20 期研讨班可谓登峰造极。他这样做的目的固然是保持其精神分析教学的锐利风格，但更是让我们脱除日常语言的意义凝固，使我们摆脱日常主体的僵尸状态。"女人不存在""性关系不存在"，这些与其说是一种论断，不如说是一种语言效果，其意图是让我们重新面对我们自以为再熟悉不过、再明确不过的问题：女人是什么？男人是什么？男人和女人之间的性关系或者说我们所谓的性快感又是什么？以精神分析学的概念说，性别差异（sexual difference）究竟是怎么形成的？

性别差异研究是精神分析学的一个重要主题，从弗洛伊德开始，有许许多多的分析家都介入过这个主题，但影响最大的就是弗洛伊德和拉康，尤其是拉康，因为他的介入，使原本就硝烟弥漫的战场变得更具火药味，以至于在今天，只要谈到性别差异的问题，拉康的视线就成为一道难以绕开的界限。艾利叶·拉格兰（Ellie Ragland）在《性化的逻辑：从亚里士多德到拉康》（2004）一书中说：

> 在 1920、1930 年代，精神分析学家卡尔·亚伯拉罕、卡尔·荣格、卡伦·霍妮、海伦娜·多伊奇、欧内斯特·琼斯、梅兰妮·克莱茵、汉娜·塞加尔及其他后弗洛伊德主义者就弗洛伊德的女性性欲及菲勒斯理论的争论在理解上并没有添加什么新东西。每个分析家对于如何区分女性性欲和男性性欲都有一套说法，可真正的关键却在于弗洛伊德所说的"Realität"（心理现实）。

虽然这些争论很热烈，可它们在弗洛伊德的著作——如《两性间的解剖学差异的心理后果》（1925）、《女性性欲》（1931）和《女性特质》（1932）——以及弗洛伊德的同行的作品中并没有得出一个可以阐述精神分析学的逻辑的主题。从那以后，心理学、社会学、后结构主义以及其他的"社会科学"领域已经就性别差异的意义问题引发讨论，但也没有发展出一套拉康那样的逻辑。拉康力图对性别差异本身提供一个"科学的"说明，他的说明不只局限于精神分析学的领域，而是借助了其他领域的成果，由此扩展了精神分析学、逻辑学、认识论、科学及其他研究领域的意义和视野。[1]

性别差异不是自然就有的，这是精神分析学在这个问题上教给我们的一个基本教义。这同时也表明精神分析学所讨论的性别差异不是解剖学的生理差异——但两者之间也不是毫无关联——而是在社会和文化秩序中形成的某种"心理现实"。后来的文化研究者和文化批评家把这一社会地和文化地构成的心理现实称为"社会性别"（gender）或"性征"（sexual identity，又译"性别身份"），并以"男性特质"（masculinity）和"女性特质"（femininity）来标记不同的性征，这样，对性别差异的思考就变成了对不同性征之构成的某种社会学和文化学考察。不过，拉康并不认同这样的理解。如果说以解剖学的差异来界定性别差异属于一种本质主义，那么，以社会和文化的构成作用来界定性别差异同样是本质主义的，因为它们都认同性征——只要它一旦形成——的同一性和恒定性，差别仅在于前者是自然主义的，后者是文化主义的。拉康所讲的性别差异是原初意义上的无意识的心理现实，并且这个心理现实是相对的、流动的，它不是取决于性别主体的既定本质——不论这本质是自然就有的还是文化地形成的——而是取决于主体在语言结构中的位置和关系，

---

[1] Ellie Ragland, *The Logic of Sexuation: From Aristotle to Lacan*, New York: State University of New York Press, 2004, p.2.

取决于性经验在主体间的关系中的流转方向,以拉康自己的话说,性别差异本质上是"性化"(sexuation)位置的差异。所以,当拉康说到"男人"和"女人"的时候,并不对应于现实中的生理性别,也不完全对应于我们现在常说的社会性别。[1]那他讲到性别的时候指的是什么呢?简单地说,他指的是一种心理结构,是某一主体面对存在之匮乏、阉割、他者之欠缺、他者原乐等时所采取的某种立场,是他/她在包括两性在内的主体间关系中、在语言结构中所占据的位置,所以拉康在谈到"男人"和"女人"的时候更喜欢用"男性结构"和"女性结构"或"男性位置"和"女性位置"这样的说法。

还是要回到弗洛伊德,因为拉康的一切都要从这里开始。

弗洛伊德曾称女人是一个"黑暗的大陆",他说的是女人的欲望之谜:"女人是什么?""女人究竟想要什么?"这样的问题对于每一个男人和女人似乎都有着某种紧迫性但又是无解的。其实,弗洛伊德发出这样的感叹并不奇怪,因为在他的诊室里,总是坐拥着为自己的欲望之谜所困扰的女性,通常她们的身上总散发出某种奇异的气质,尤其是她们的歇斯底里常常令弗洛伊德必须回头重新检视自己的理论和技术,由此而一次又一次成为精神分析学发展的灵感源泉,一定程度上,弗洛伊德精神分析学的发展史是与女性精神分析分不开的:安娜·O、伊尔玛、杜拉、莎乐美等,正是她们教会了弗洛伊德聆听的艺术,是她们引导弗洛伊德走上自我分析的道路,也是她们让弗洛伊德认识到了分析的失败与移情的关系。可女人到底是什么?女人到底想要什么?弗洛伊德至死都认为这是一个谜。

有关弗洛伊德对女性问题的认识,前面在讲到俄狄浦斯情结时

---

[1] 其实,在我们日常的用法中,社会性别和生理性别之间恰恰是对应的,即男人对应于男性气质,女人对应于女性气质,若是在某人身上出现了对应颠倒,我们就称其为"倒错",比如我们说的"娘娘腔"和"假小子"就是指:身为男人(生理上的)却做出女儿态(文化上的),身为女人(生理上的)却不像女人(文化上的),所以通属于"不男不女"(医学上的)。当然,一些激进的女性主义者已经意识到了这两个性别体系之间的非对应性,比如朱迪斯·巴特勒就说:"社会性别既不是生理性别的一个因果关系上的结果,也不像生理性别在表面上那样固定。"(朱迪斯·巴特勒,《性别麻烦:女性主义与身份的颠覆》,宋素凤译,上海:上海三联书店,2009年,第10页。)

已略有涉及，但这里还是有必要对他的观点做一简单回顾。总体上，弗洛伊德对性别差异及女性特质的思考——从1900年代到1930年代——经历了一系列的转变，我在此将省略细节的纠缠，只涉及其主要的观点。

在早期，因受威廉·弗利斯的影响，弗洛伊德曾持有一种"双性论"（bisexuality）的观念，即所有人类在体质上都可能同时具有男性和女性的性倾向，而后通过压抑与生物之性相异的倾向而达成某一角色认同。后来弗洛伊德试图修正——但他似乎从未完全抛弃——这一具有妄想症色彩的"科学"主张，例如在《性学三论》（1905）中他提出了一个观点：力比多本质上是男性的，不管它是出现在男性身上还是女性身上，也不管其对象为男性还是女性。小女孩的性活动——自慰——根本上具有男性特征，只是接下来通过对这一男性特征的压抑才使其成长为女人，并使其动情带从阴蒂——它不过是阴茎的退化形态——转移到阴道。[1]

你也许会说，与前面的双性论相比，这一单性力比多的观点不同样是一种妄想症的吗？先不要忙于在单纯生理学或解剖学的意义上来理解这里的说法，要知道，弗洛伊德在此说的是性别主体的心理构成，这一构成的根本作用因素就是力比多的能量分配。所谓力比多本质上是男性的，意思是力比多的运作根本上是主动的，即使其目的为被动时也是如此，因为那种被动不过是"使自己成为被动"。

力比多根本上只是男性的，这个假设使弗洛伊德得出了一个观点：无论是从心理学还是从生理学的意义上说，纯粹的男性或女性根本就不存在，相反，每一个体都是两性特征的混合体。那么两性的差异如何体现呢？弗洛伊德说，尽管力比多是唯一的，但其满足方式或获取快感的方式却有两种：主动的和被动的，前者对应于男性特征，后者对应于女性特征。在此，有两点需要特别做出说明。

第一，虽然说主体获取快感的方式有主动与被动之分，但——

---

[1] 车文博主编，《弗洛伊德文集》第二卷，第571—572页。

正如刚刚说过的——这并不意味着可以把力比多分为主动的与被动的，相反，在弗洛伊德的理解中，力比多总是主动的，所谓的被动实际是指驱力的被动目的，就像受虐狂或暴露癖，其表面行为的被动性与支撑这一行为的基本幻想的主动性——使自己被虐、使自己被看——是同时出现的，换用拉康式的拓扑学说法，所谓女性特质的被动性其实是指女性主体通过（主动地）把自己置于被动的位置来获取快感的方式。

第二，所谓男性特质对应于主动性，女性特质对应于被动性，这指的是主体的心理结构，这一结构与主体的生理性别并无必然联系，就是说，它并不意味着男人必定是主动的而女人必定是被动的，这只要看一下同性恋和性倒错的情形就明白了。对于这一点，拉康给出过一个明确的解释，在第11期研讨班（1964）中，他说：

> 主动性/被动性的关系与两性关系是同一的吗？我请各位参照一下——例如——《狼人》中的文字或散见于《精神分析学五讲》中的许多段落，在那里，弗洛伊德简短地解释说，主动性/被动性的两极对立在此是为了命名、涵盖、隐喻性地说明两性差异中深不可测的东西。他从来都没有说过，心理意义上的男性/女性关系只有通过主动性/被动性的对立的表现才能理解。男性/女性的对立不能由此来把握。[1]

力比多唯一性的假设看似可以拿来说明两性特质的差异，但女性性欲的问题并未得到解决，因为如果女人只能通过压抑其男性特质来享受一种"使"自己处于被动位置的快感，那这一压抑——对女性而言，这实际就是一种转性，即从混合的男性/女性特质转向单一的女性特质——究竟是怎么实现的呢？女性性快感的原因何在呢？女性歇斯底里的频发是否意味着压抑的失败呢？为解决这些问题，弗洛伊德开始从另一个角度来讨论女性之谜，那就是我们已经

---

[1] Jacques Lacan, *The Four Fundamental Concepts of Psychoanalysis*, p.192.

知道的男孩和女孩在对方身上看到的性器官差异，当然，弗洛伊德强调的不是生理构造本身的先在决定性，而是那一差异的发现对于主体的性别构成的心理后果。

关键在于，在弗洛伊德那里，小男孩和小女孩最初看到的性器官差异并不是实际的生理器官本身的差异，而是一个"拥有"而另一个"不拥有"某一器官即男性的阴茎的差异，进而他们想象地把女性的"不拥有"视作阉割的结果，由此产生了所谓的阉割情结，其在男孩身上体现为害怕失去那个玩意儿的"阉割焦虑"，在女孩身上则体现为因不拥有而来的"阴茎妒羡"。

接下来就是两性性征的形成：男孩因阉割焦虑而放弃对母亲的欲望，转而认同与自己同性的父亲以占有像母亲一样的其他女人，由此形成男性性征：主体、主动、拥有象征着权力的菲勒斯；女孩却在母亲身上发现遭受阉割是一个必须接纳的既成事实，她只能期待有朝一日可以被赋予一支真正的"阴茎"，由此她先是把她的欲望转向父亲，希望能从父亲身上得到其所欠缺的东西，当发现这一愿望不可能实现的时候，她又把欲望转而投向父亲以外的男人，希望通过和他生育一个孩子来寻得阴茎的替身，这样，女人通过认同"母亲"的功能而最终使自己的俄狄浦斯情结得到了解决。总之，女人只能渴望从他者那里得到所欠缺的东西，或者说只能通过他者——父亲、男人或孩子——来弥补自己的欠缺，于此就形成了女性充当客体或欲望对象的被动特质。

是的，正如女性主义者所不断重复的，弗洛伊德有关力比多的唯一性和男性器官的优先性的假设是典型的菲勒斯崇拜，是男权话语的厌女症在当代文化中的典型表现，但是，当她们一味停留在对弗洛伊德的理论做一种道德主义评判时，当她们试图在弗洛伊德的话语所赖以确立的核心家庭的范围以外去寻求另一个版本的女性神话时，当她们坚执地以所谓的女性论述来对抗男性强权时，其所陷入的迷途也许只会把她们带到除真理以外的任何地方。我这样说并不是要为弗洛伊德的男权话语辩护,相反,对抗和倾覆男权的压迫性仍是今天的文化的未竟之业,并且那绝不单单是女人的事,而是所有人的事,因为男权话语的逻辑并不是男人和女人的对立,而是唯一的"男人"与所有人的对立,在男权秩序中,唯一的男性主体就是那拥有权力的人,其他所有的人都是客体,都是供他享用的"女人"。许多时候,那个主体实际是一个人格化的机器,是支撑话语生产的建制力量,它是一个"无头的主体"。"让这个机器陷入瘫痪"——这是身处社会建制中的每一个主体所肩负的债务,弗洛伊德的性别话语恰好为解除这个机器的武装提供了一个崩溃点,关键在于你从哪个角度去阅读它,拉康的阅读就充分证明了这一点。

拉康的阅读集中于弗洛伊德1920—1930年代的文本,并且他本人的观点从1950年代到1970年代也经历了多次转变,但这一转变与其说是前此观点的逐次丰富和完善,不如说是论述模型的交互切换:1950年代集中于象征界和想象界的交互作用,1960年代集中于象征界和想象界对实在界的交互作用,1970年代则集中于实在界对象征界和想象界的交互作用。

长话短说,在拉康的理解中,性别差异的问题根本上涉及的是主体的性别位置,即主体在语言结构或社会秩序中借以定位自身欲望及欲望满足的方式。对主体性的存在而言,一个性命攸关的问题是:"我是谁?我是一个男人还是一个女人?"这当然不是说我们无法辨认自己的生理性别,甚至也不是说我们无法指认自己的社会性别,性别位置的确认根本上关系着我们有关快感或原乐的知识,关系着我们将以什么样的方式去实现我们的欲望和满足我们的原乐追求。

在第3期研讨班中,拉康明确地说,主体的性别位置的确认是与"象征机器"(symbolic apparatus)的运作联系在一起的,因为正是象征机器构成了"性生活的法则"(the law in sexuality)。如果说俄狄浦斯情结的解决意味着主体进入了象征秩序,那它必定也包含这样一个事实,即主体将可以在那里找到自己的性别位置。[1] 所以,性别位置的确认根本上是一种象征行为,两性的功能也只有在象征的层面才可以被理解,用拉康的话说:

> 正是由于男人和女人的功能的象征化,正是由于那一功能真正地脱除了想象的领域而进入了象征的领域,任何正常的和完整的性别位置才得以实现。[2]

拉康甚至认为,若是没有象征秩序的介入,没有父之名的介入,两性之间连最自然的关系都是不可能的,因为第一,那种想象性的镜像关系是一种侵凌性的关系,在那里,所谓的爱都是自恋性的,人与人之间只有冲突和相互的确认斗争,缺乏调停的中介;第二,象征秩序是一种法的秩序,而人类社会最原初的根本大法就是乱伦禁忌,正是由于它的引入,人类的两性关系才不再只是动物性的交配,也不再只是为了物种的延续。拉康说:

> 俄狄浦斯情结意味着想象的关系本身是一种乱伦的和冲突的关系,它注定只会导致冲突与毁灭。对人类而言,男性和女性之间要想建立最自然的关系,第三方就必须介入,那是一个成功者的形象,是某种和谐的模型。这不需要说太多——必须有一个法律,一个链条,一个象征秩序,必须有言语秩序的介入,也就是父亲的介入。这不是自然的父亲,而是被称作父亲的那个形象。这一可以防止整体局势陷入冲突和瓦解的秩序是建立在这个父之名的存在之上的。[3]

可既然性别位置的确认可以在象征机器中获得解决,那为什么"我是一个男人还是一个女人"这个问题会出现在主体的面前?拉

---

[1] Jacques Lacan, *The Seminar of Jacques Lacan, Book III, The Psychoses 1955–1956*, p.170.

[2] Jacques Lacan, *The Seminar of Jacques Lacan, Book III, The Psychoses 1955–1956*, p.177.

[3] Jacques Lacan, *The Seminar of Jacques Lacan, Book III, The Psychoses 1955–1956*, p.96.

康说，这是因为主体在性别位置的确认上或者说在俄狄浦斯情结的解决上有一种根本的不对称性。与弗洛伊德声称遭遇阉割威胁的两性会转而通过认同父母中与自己同性别的一方来解决俄狄浦斯情结不同，拉康强调，根本不存在一个有关"性别差异"的能指去让主体充分地或正常地指认出男性和女性的功能，在象征秩序中，只有一个性别能指，那就是菲勒斯——象征的菲勒斯——正是它的"不可一世"迫使女人只有借欲望和别的男人生育一个孩子来解决自己的问题：

> 如果说对女孩以及男孩而言，阉割情结在造成俄狄浦斯情结方面皆起着关键作用，那这恰恰是因为菲勒斯作为父亲的功能是一个根本没有对应物、没有等价物的象征。这属于能指方面的一种不对称性。这一意指作用的不对称决定了俄狄浦斯情结下一步将要采取的道路。[1]

面对阉割威胁，男孩最终放弃了对母亲的欲望，转而认同父亲而欲望母亲以外的另一性别，而女孩依旧认同于父亲，欲望从父亲那里获得她想要的东西，当这一欲望无法得到满足时，她又转而欲望拥有一个孩子，把孩子当作补偿自身欠缺的对象，用拉康后来的术语说，当作一个想象的菲勒斯，在想象的层面来定位自己的性别位置，反正女孩只能以另一性的形象作为其认同的基础。

为什么会这样呢？因为女孩不拥有菲勒斯，"在没有任何象征材料的地方，就会在引发认同——这对于主体之性欲的实现至关重要——的方面出现一个障碍，一个缺陷"[2]。换言之，女性之性的根本特征就在于它是"一种缺席，一种虚空，一个空洞"[3]。它不像男性之性，后者拥有一个威风凛凛的玩意儿，一个以挑衅之姿势

---

[1] Jacques Lacan, *The Seminar of Jacques Lacan, Book III, The Psychoses 1955-1956*, p.176.

[2] Jacques Lacan, *The Seminar of Jacques Lacan, Book III, The Psychoses 1955-1956*, p.176.

[3] Jacques Lacan, *The Seminar of Jacques Lacan, Book III, The Psychoses 1955-1956*, p.176.

为其最高荣耀的肿胀之物，总是欲望着通过另一性来为其消肿，而女性之性的虚空性、空洞性使她总是只能渴望另一性来填充她的欲望饥渴，她代表了一种根本的欠缺，她没有一个属于自己的象征之物来指认自己的位置，使自己的欲望象征化，所以对她而言，"女人是什么？"永远是一个谜，"她的位置本质上是成问题的，且一定程度上是不可同化的"[1]。所以，拉康说，歇斯底里女性患者要比男性患者多得多。

在第3期研讨班中，拉康对菲勒斯作为一个能指的功能的认识还很模糊，远未达到结构化的高度，而到接下来的第4、5期研讨班中，菲勒斯能指的戏剧在"三界"框架的演绎下高潮迭起，两性间性别位置确认的不对称性逻辑被充分展开，女性作为他者之性也成为整个戏剧中与菲勒斯分庭抗礼的一个角色，虽然它依然要臣服于后者那不可一世的威力。

现在，拉康明确地指出，在阉割威胁的面前，根本的差异不在于两性生理器官的不同，而在于"拥有"或"不拥有"菲勒斯，并且不论是对于男孩还是对于女孩，阉割都是他们象征性地认同父亲为菲勒斯的拥有者的前提，而这一认同的结果就是主体获得了自己的性别位置。现在，拉康还指出，女性不仅是被阉割的，还是被剥夺的，她承受着双重的缺失和失落，而对孩子而言，母亲的这一欠缺将对其俄狄浦斯情结的结构展开产生至关重要的影响。同时，拉康又指出，女孩不仅已然失落了菲勒斯，而且也不拥有父亲的象征的菲勒斯——她虽然认同父亲是象征的菲勒斯的拥有者，但她在性化的关系中只是把父亲当作一个想象的菲勒斯、一个菲勒斯格式塔来欲望的——可这一"不拥有"本身就是"拥有"的一种象征形式，就是说，她总是以"不拥有"的形式来拥有自己的性别位置，她是拥有"不拥有"，所以，不论是对男性而言还是对女性自身而言，女性之性、女性性欲或者说"女人是什么？"都是一个永恒之谜，

---

[1] Jacques Lacan, *The Seminar of Jacques Lacan, Book III, The Psychoses 1955–1956*, p.178.

她只能在一个象征的空位上欲望，她总是向另一性要求"再来一次"。而对男孩而言，放弃成为母亲的想象的菲勒斯，同时就意味着他将拥有象征的菲勒斯，尽管这要通过父亲的中介：他对父亲负有一种"象征的债务"，可这个债务对他而言也是一个契约，可以承诺他将拥有象征的菲勒斯，并在将来的某一天"成为一个父亲"，成为"父法的体现者"。[1]

女性必须经受阉割和剥夺的双重缺失的事实使她只能把另一性的形象当作认同的基础：她无法象征性地认同母亲，因为母亲自己也是一个根本性的欠缺；她也无法在象征层面直接地获得她的性别位置，因为她缺乏象征化所必需的"材料"，即那个可以勃起的玩意儿——因为主体必须借"拥有"这个象征的能指来指认出"我是谁"；她只能借另一性来完成自己的性化。

可是，我们也许会问：女人为什么不可以也把自己的性器官比如阴道象征化？进而，为什么儿童在另一性身上发现生理差异的那一刻不是去问拥有或不拥有阴道？或者说为什么俄狄浦斯情结不是从一种"勃起焦虑"——暂且这么说——开始？弗洛伊德和拉康并没有直接讨论这些问题——它们更像是女性主义者向精神分析学投掷的复仇的火焰。不过他们的片言只语暗示了某种回答。比如，弗洛伊德在其讨论两性解剖学的差异所引起的心理后果的文章中称，男孩和女孩在对方的性别中首先发现的都是那个凸起之物，男孩看到的是对方的"缺失"，所以想要弄清楚她为什么没有，而女孩看到的是对方"有"而我"没有"，并欲望拥有它，或想要成为和男孩一样的"拥有"，女孩的"菲勒斯情结"就在这初始的一瞥中建立起来了。这就是说，阉割焦虑的出现与男孩身上那个凸起物触目的在场有关：你一眼就能看到它，你首先看到的就是它，你所能看到也只是它。相较之下，女孩的生殖器官是被遮蔽的，它是一道裂口，是不可命名的"无有"，虽然它里面也有一个凸起物，可那不

---

[1] Jacques Lacan, *Le Séminaire de Jacques Lacan, Livre IV, Le relation d'objet 1956–1957*, p.204.

过是男孩的玩意的一个缩小版或不完整版,并是被包裹的、被遮蔽的,它被包裹在私处,被隐藏在一个伤口内,对女性而言,这个伤口还是一个自恋性的创伤,它的存在必须有赖另一性来发现,且是以填充的方式"被"发现。再者,对男性的实在之物的符号化不仅与初始的一瞥这个神话性的时刻有关,而且与菲勒斯的神奇功能有关:它不仅具有一种触目的在场性(拉康把这标记为"+"),而且灵动多变,可以瞬间怒举,也可以瞬间松垂,在便溺的时候它还可以自如地运动,对着任何方向自由地扫射。所以,它的存在、它的在场或者说它的勃起不仅不会引发焦虑,反而具有一种确证的功能,即它不仅代表着一种"拥有",而且是一种"宣示":"这就是我,我在这里"。所以,拥有了它,就意味着拥有了"我",就意味着"我"拥有了,意味着"我"作为主体就在这里。

至于女性的生殖器官,拉康在许多地方都说到:阴道作为一个实在的器官是无法被直接象征化的。为什么呢?因为它没有可被象征化的"材料"。对于这种断言,女性主义者自然会怒火中烧,因为它不仅显示了一种菲勒斯中心主义的逻辑,而且完全无视历史性的现实。的确,在人类文明的历史中,我们不是经常可以看到女性生殖器官的象征化符码吗——比如中国哲学家老子的《道德经》对"玄之又玄"的"众妙之门"的铭写?不过,拉康所讲的象征化有另一层的意思,即它不单单是对某个对象做一种象征性的转义,比如因女性的生殖功能而把那个彻底的空洞性象征化,视"无"为"万物之母"。在拉康的理解中,象征化的根本是一系列差异性的确立,比如在场或不在场、拥有或不拥有、充盈或欠缺等,并且这些差异性的本质不是此与彼的不同,而是它们在一个法的秩序中的相互运作和相互指认,差异性是一种结构化的原则,一种结构同一性和差异性本身的原则。而有趣的是,中国老子哲学中"道生一,一生二,二生三,三生万物"的"太一"(One)本体论就被拉康借用了,他从清代画家石涛的"一画论"中读取了那个"一画"(single stroke），称它为"太一"的能指，一个在想象性认同中据以作为参照的特殊的象征的能指，该能指具有所谓的"单一特征"（uniary trait），主体同一性的获得就有赖于该能指的这个单一特征。这个"太一"是一种"完满性"，但却是一个因彻底的空无而在的"完满性"，是一个"洞"（hole），一个根本的空位，就像女性的空洞性，总是在那里等着一支"笔"到上面来画上一道。

回到性别位置的问题上来。男孩的问题比较好解决，接受阉割，放弃对母亲的欲望，同时也拒绝母亲的欲望，获得象征的菲勒斯；女孩则因为不拥有实在的菲勒斯同时又被剥夺了想象的菲勒斯，故而只能从缺席中享有它，以某种欠缺的方式拥有它。因为女人是被剥夺的，所以只能在想象的层面怀乡般地欲望菲勒斯，但同时菲勒斯作为想象的能指也在象征的层面在她身上且通过她发生作用。拉康说：

> 假定她卷入了主体间的关系，对外在于她的男人而言，有她所不拥有的菲勒斯，象征的菲勒斯，这一菲勒斯在此是作为一种不在场而存在的。这与她在想象的层面感觉到的自卑感全然无关。[1]

在此存在着菲勒斯能指的一种不对称性运作。男人也要经受象征性的阉割，但与女人被剥夺且是被双重剥夺不同，他不需要像女人那样以"不拥有"作为象征地"拥有"的一种形式。他被阉割，但同时他也"拥有"，他的欠缺是象征性的，也正是因为这一欠缺，他才可以作为一个男人去欲望，即他已经从对想象的菲勒斯的认同中脱离出来，不再被母亲的欲望固定其中，他可以在父亲身上找到欲望的锚定点，找到与其性别相同的男性认同。而女人根本就欠缺一个象征的菲勒斯，她错失了象征的能指，因为这一错失，使她在承受阉割的时候只能是面对一个他者的根本缺失，一个相对于男性

---

[1] Jacques Lacan, *Le Séminaire de Jacques Lacan, Livre IV, Le relation d'objet 1956–1957*, p.153.

的阉割而言更加深不可测的缺失。母亲不能提供给她认同的基础，或者说母亲提供给她作为认同基础的是母亲自己所不拥有的，当小女孩意识到母亲的这一欠缺时，就像弗洛伊德所说，她就转而寻求从父亲那里得到所欲望的菲勒斯，而最后当她意识到从父亲那里也得不到想要的东西时，她就只能转向欲望有一个孩子来补偿菲勒斯的缺失。直到这时，她作为女性的性别位置才得以确立。

然而，在拉康视菲勒斯为优先能指的逻辑中，存在一个激进的维度，而正是这个维度的引入，把男性主体那貌似中心的位置置放到了一个随时有可能塌陷的冰层之上。拉康指出，如果说在主体——不论是男人还是女人——的构成中菲勒斯是欲望的优先能指，那么两性的关系也就必须服从菲勒斯能指的结构法则，对两性的位置而言，这个法则就是或者"成为"菲勒斯，或者"拥有"菲勒斯。在《菲勒斯的意义》(1958)中，拉康说：

> 只需稍微提及菲勒斯的功能，就可以暗示出主宰两性关系的结构。
>
> 这些关系是围绕着一种成为(a being)和一种拥有(a having)展开的，因为它们关涉着一个能指，即菲勒斯，因此产生了矛盾的效果：它们一方面在这个能指中赋予主体一种现实性，但另一方面又使被意指的关系虚化了。[1]

在拉康的主体性逻辑中，主体间的关系从来都不是对称的，不是一个主体对另一个主体的关系，而是两个主体相对于某个特殊能指即菲勒斯而言的位置关系。所谓"成为"菲勒斯，是指主体间关系——包括两性关系——中的一方作为另一方的欲望的能指，作为另一方所欲望的他者，使另一方的主体性在此可以得到阐发或实现；而所谓"拥有"菲勒斯，是指某一存在在语言结构中获得了意指自身的主体性的能指，获得了可以确证自身的主体性位置的手段。例

---

[1] Jacques Lacan, *Écrits*, p.582.

如在母子关系中，母亲被认为是"拥有"菲勒斯的，孩子则总是欲望"成为"母亲的菲勒斯，也被母亲视作所欠缺的菲勒斯的替代；类似地，在两性关系中，男人被认为是"拥有"菲勒斯的，女人则是欲望"成为"男人的菲勒斯——实际上这句话应该倒过来说，"拥有"菲勒斯的一方属于男性主体的位置，欲望"成为"他者的菲勒斯的一方属于女性主体的位置。但是，这个关系是不稳定的，或者说通过菲勒斯能指确立的这一主体性位置是不牢靠的：一方面，"拥有"菲勒斯是要付出代价的，那就是接受父法的象征性阉割，因"拥有"而来的主体性是一个已然做出了牺牲的主体性；另一方面，"成为"菲勒斯并不就"是"菲勒斯，它只是被当成菲勒斯，只是欲望他者把自己当作菲勒斯，它只是"像"菲勒斯，"貌似"是菲勒斯，更关键的在于，它根本就不"拥有"菲勒斯，它是欠缺和匮乏，它是他者之欠缺的能指。正是这一非对称的两性关系造成了拉康所说的那种矛盾效果："成为"菲勒斯的一方（女性主体）在使另一方（男性主体）获得其主体性的同时，又使该主体性沦入了一个无从确证、无从命名的空无。所以拉康接着说：

> 这一切〔指上面说的矛盾的效果〕的出现乃是由于一个貌似（a seeming）的介入。这个貌似对拥有的取代在一方那里是为了保护它，在另一方那里则是为了以此掩饰其欠缺，而其效果只会是把两性行为——包括交媾行为本身——的每一方的理想形象或典型表现投射到一个喜剧场景中。[1]

女人作为确证男人的欲望的能指并不"是"菲勒斯，而是"貌似"是菲勒斯，这个"貌似"在建构男人的"拥有"——所以男人要保护它——的同时，也掩盖了不"拥有"的女人自身的根本性欠缺。换句话说，如果把以牺牲作为代价的"拥有"视作"失落""缺失"的对等物，那么，以貌似作为伪装的"成为"则可被视作"欠缺""匮

---

[1] Jacques Lacan, *Écrits*, p.582.

乏"的对等物,"拥有"和"成为"的关系实际是"失落"和"欠缺"的关系,这是一种不可能的关系:在象征界已经失落了其原初对象(母亲的欲望)的男人欲望从女人那里找回那个对象,找回曾经的母子一体的完满性,找回曾经的原乐满足,可那个作为母亲的象征性替代的女人本然地是一种匮乏,其本身就是一个有欠缺的存在,一个不完满的他者,根本无法给出男人所欲望的东西。在空无中去寻找对象的返回,这就是两性关系的喜剧性所在。

我们知道,喜剧的效果就是一种矛盾效果,这个效果很大程度上就来自主体对自身境况的某种无知、不愿知或拒认。女人"成为"菲勒斯或"貌似"是菲勒斯,不是因为女人真的"是"或真的可以"成为",而是因为男人为建立自身的主体位置,必须有这个他者作为保证,在他的想象中,女人必须"是"、必须"成为"他所欲望的东西的能指。对此,朱迪斯·巴特勒有一段精彩的论述:

> 所以说女人"是"阳具,是因为她们保有一种权力,即反映或再现男性主体不证自明之姿的这个"真实";如果撤销了这个权力,那么也将打破建立男性主体位置的基础的一些幻想。为了"做"阳具、做一个显然是男性主体位置的反映者与保证者,女人必须变成、必须恰恰"是"(也就是"一番作态,看起来跟真的似的")男人所不是的一切,并且,在她们的缺乏中建立男人本质的功能。因此,"做"阳具总是一种针对男性主体的"有所为而做"(being for),而男性主体通过那个"有所为而做"的认可,再次确认和强化他的身份。在某个强烈的意义上,拉康驳斥男人意指女人的意义,或者女人意指男人的意义这样的概念。这个"做"阳具与"有"阳具的区分,以及两者之间的交流,是由象征秩序——父系律法——所建立的。当然,这个失败的互惠模式的可笑之处,部分在于男性和女性位置都是被意指的;能指属于象征秩序,而这两个位置永远都不可能

完全承担这个能指,充其量只能做到一种象征形式而已。[1]

如果说女人"成为"菲勒斯是因为男人的方面要求或想象女人必须这样,那么女人自己呢?她为什么会欲望"成为"他者的菲勒斯?因为女人的身体缺乏可以象征化的材料,女人的身体就像是流动的物质,充满了不确定性,充满了莫可名状的颤动,无法以确定的象征化来凝定其意义,所以只能借"成为"他者欲望的能指来定位自己的主体位置。其实,在主体间的关系中,只要主体进入了欲望的能指机器,就必有一方处在被动命名的女性主体的位置,因而,对拉康而言,问题的关键并不在于女人何以欲望"成为"而在于如何"成为"菲勒斯。拉康说,这是通过"装扮"或"伪装"(masquerade)达成的,女人总是一个"假面"(mask):

> 虽然这样表述看起来像是悖论,可我还是要说,为了成为菲勒斯——成为他者欲望的能指——女人必须放弃其女性特质的某个本质部分,也就是在伪装中放弃其女性特质的所有属性。她期待她被欲望以及被爱是出于非她所是。但是,在她发出其爱的要求的那个人的身体上,她找到了她自己的欲望的能指。我们当然不可以忘记,被赋予这一意指功能的那个器官由此而具有了一种物恋的价值。[2]

"伪装"是一种掩饰,掩饰那根本性的欠缺;"伪装"就是装得像真的一样,就是那真实的方面永远不出现;"伪装"也是一种表象,是一种表演,让你相信"我"就是你所欲望的那个东西;所以"伪装"还是一种压抑,压抑其所是,让非其所是成为被欲望的和被爱的;但对女人而言,"伪装"更是一种策略,一种游戏,借此她可以在对方的身体上找到自己的欲望的能指——那个有着物恋价值的玩意

---

[1] 朱迪斯·巴特勒,《性别麻烦:女性主义与身份的颠覆》,第61—62页。
[2] Jacques Lacan, *Écrits*, p.583.

儿,那个可以带给自己快感的器官。尤其是,通过这个能指,女人可以找到自己的认同:"假面的功能……支配着认同,而通过认同,被拒绝的要求可以得到解决。"[1] 在此,被拒绝的要求指的是俄狄浦斯阶段主体经受的挫折的辩证法,主体对无条件的爱的要求因为母亲的欠缺而遭到拒绝,现在通过"成为"菲勒斯,通过压抑自己的欲望,主体找到了指认自身位置的能指,在伪装的假面中暗度陈仓地让受拒的经验获得解决,所以拉康接着说,"通过欲望的菲勒斯标记所内有的压抑,女性特质在这一假面中找到了藏身之所,这个事实有一个奇异的后果:使人类的雄性展示显得充满女人气"[2]。看到了吧,拉康说得很明确:男人不等于就是男性主体,他也有可能处在女性主体的位置,比如那些动不动喜欢向人——尤其是如果有女人在场——展示其雄性肌肉的男人,他的行为跟一个涂脂抹粉的女人没什么两样,都是要让自己成为他人的欲望对象。

这里有必要依照拉康的逻辑对女人——严格地说,是处在女性的性化位置的主体——的装扮或伪装再做一点引申性说明。[3] 在拉康那里,女性主体的位置相当于欠缺之他者的位置,这个位置处在语言的范围之外,所以只能以迂回的方式、以伪装的表象被指称。从精神分析学的角度说,伪装与道德品性的缺失无关,它根本上是一种结构,是欲望和原乐的辩证法的必然,构成这一辩证法的核心就在于他者之欠缺,他者中的空洞,伪装的结构化既是为了掩饰、遮盖这个他者位置的空洞性和虚无性,但也是为了指称和命名这个空洞性本身、这个无有本身。所以,如果说女人的存在、女人的欲望是不可名状的,那么,通过伪装的揭示,也许可以把我们引渡到那个神秘的彼岸,伪装是通向女性之秘密的涉渡之舟。

比如披盖在女性面孔上的面纱,这是人类文化中极其常见的一

---

[1] Jacques Lacan, *Écrits*, p.583.

[2] Jacques Lacan, *Écrits*, p.584.

[3] 在精神分析学的女性研究中,围绕女性装扮的问题做过十分之多的讨论,且相关的研究仍在进行中。

种女性"装扮"。它的功能不只在于遮盖——因为那个实在之空洞,那个不可命名的部分对象会动摇象征秩序的封闭性和自主性,会暴露出父亲功能的缺陷,暴露出菲勒斯的无能——更在于"发明",通过遮盖、通过伪装的表象"发明"那个名为"女人"的对象,使那个不可趋近、不可企及的神秘之"物"显现在可见性的结构中,使面纱下那个令人惊骇的存在升华到崇高的伦理对象的境界——"面纱"是男性主体和女性主体基于其厌女症和恋女癖的双重心理结构而施加于女性身体的一种策略调用。

再比如女性的娇羞,它被指认为女性特质中最具杀伤力的武器,但它也是女性特质的一种"过度外显",是主体对自身的"被动性"的一种"主动"强调。依照弗洛伊德的解释,娇羞(shyness)既是为了掩饰存在之欠缺,也是为了把这一欠缺构建为某个东西。女人为何而"羞"?——当然是因为她的根本性欠缺,因为她的空洞,因为她的身体上那个让人难以启齿的裂口和缝隙,总之,女人不是为其作为一个整一的存在而"羞",相反,她的羞赧是因为她的非整一,是因为她身体上的某些部分对象。可她为什么要显出"娇"羞之态?——"娇"既是羞的表征,也是对羞的建构,意在把那引以为羞的部分对象菲勒斯化,使其成为他人的欲望对象。娇羞是欲望主体的一种倒错的看,是对他者之欲望的一种倒置性捕捉,是想象中的他者欲望朝向主体的倒转,因为娇羞根本上是为了他者的凝视,是为了钓鱼。我们只要回想一下,女人最喜欢呈娇羞之态是在什么时候、什么场合以及什么人的面前,想必就可以明白我这里所说的意思。

还有嫉妒或妒恨。嫉妒不是女人的专利,但却是女性位置的主体的专利,拉康为这一性化位置的嫉妒发明了一个词:"jalouissance"(法语词"jalouse"和"jouissance"的组合,英译作"jealouissance",其意思大约相当于汉语的"嫉恨"或"妒恨",但语意要强烈得多,颇有"快意恩仇"的味道)。嫉恨是因嫉妒而来的恨,是因为嫉妒而产生的恨,嫉恨是一种痛,更确切地说,是对痛的一种享受,是在痛中享受自身之存在的欠缺和匮乏,所以,如果说嫉妒是因为他人享受太多而产生的一种菲勒斯妒羡,是对他人的妒羡,那么嫉恨之"恨"则是因为主体想象地认为自己享受太少而以否定的方式伪装的对"再来一次""再多一点"的无限要求,即这种"恨"根本上指向的是主体自身,嫉恨的女人最喜欢说的话就是:"我恨死自己了,居然会爱上像你这样的人!""你看,都是因为你,把我弄得人不像人、鬼不像鬼。"

再有女人的眼泪。男人流泪,尤其是在女人面前流泪,是软弱——那时他实际就是把自己置于了女性的位置;而女人的眼泪是糖衣炮弹。男人流泪会让自己变得愚蠢,而女人流泪只会让自己变得更加可爱。女人感动的时候要流泪,因为你施予了她想要的,你的爱让她变得完整了;女人伤心的时候也要流泪,因为你让本就残缺的她变得更加残缺了,或是因为她在那自恋性的自我爱抚中触摸到了本己的欠缺。女人的眼泪是她向自己的欠缺付出的赎价,是她对他者、拥有菲勒斯的他者发出的爱的召唤。但是,女人不能因流泪而号啕,那只会毫无遮蔽地暴露她的欠缺和空洞,女人的美只在低头的饮泣中、在粉肩的微微耸动中、在噙着泪花的希冀中,实在忍不住,也只能让泪水顺着面颊默默地流淌,一旦泪雨滂沱、泣不成声,"装扮"的功能就会丧失殆尽。

如果上面的一切扮相都不能奏效,女人就会使出最后的杀手锏:歇斯底里。是的,许多时候,女人的歇斯底里也是一种伪装和扮相,但与上面调用表象的遮蔽/暴露功能来完成化装的运作不同,女人的歇斯底里是反击性的,它既是对他者之无能的反击,也是对自己的根本性欠缺的反击,而其实施反击的工具或手段就是根本性的欠缺本身。歇斯底里的女人是一个实在的女人,一个处在象征秩序之外、在象征秩序的边缘挑战菲勒斯能指的权威的女人,她以一种夸张或戏仿的方式把自己的欠缺彻底地暴露出来:"你看吧,我就是这样,你能把我怎么的！"所以，在女人的种种装扮或伪装中，歇斯底里最能体现这一运作功能的喜剧性。

上面的讨论也许有点冗长，但它们是拉康有关性别差异和女性特质的思想的基础，他接下来的论述基本上是在这个基础上的完善和扩展——但也有所修正。在1950年代，拉康对菲勒斯功能的阐述总是离不开象征界对想象界的切割，主体的性化位置的确立也是通过这一运作完成的。到1960年代，随着原乐和对象 a 的引入，"三界"中的实在界获得了操练的机会，以实在界为参照，象征界的切割运动留下的那个剩余即对象 a 以及由此引发的主体在想象的幻象中的原乐追求开始向陷入自主幻象的象征秩序发起报复，以其不可穿透的晦暗性把好不容易建立起来的爱的幻景打得七零八落。

在1960年代，拉康对性别差异和女性性欲的讨论比较零散。总体上，现在重要的不再是菲勒斯与主体的关系，而是对象 a 与主体的关系，是对象 a 作为实在的欠缺与被阉割的菲勒斯（$-\phi$）作为象征的欠缺对性化主体的心理结构的不同作用，其中前者对应着女性主体的心理结构，表明了女性特质与象征秩序之间的某种裂隙，因为在这种主体的身上总有某个部分无法进入象征秩序，无法被命名，从而造就了该主体总是以一种歇斯底里的姿态对菲勒斯能指的权势和地位施以挑衅和对峙。至于男性主体的心理结构，它的构成依然取决于象征秩序的阉割，这一阉割所必需的牺牲则意味着主体的原乐是受到限制的。故而，在两性关系中，具有男性结构的主体的快感总是一种不足，而居于女性位置的主体总是会在菲勒斯的快感原则之外去寻找原乐的满足。不过，1960年代的这些观点都没有充分展开，直到1970年代，尤其是在1972—1973年的第20期研讨班中，随着对他者原乐的进一步阐述，随着"三界"拓扑学的进一步完善，拉康终于可以对这些问题"再来一次"，不过，这一次的"三界"运作是实在界对象征界和想象界的穿刺和延伸。

现在，问题的焦点是知识与原乐的关系。在前面我们已经看到，拉康说，我们有关存在、有关存在之整一的"知识"，实际是源自原乐的"不足",源自产生原乐的"机器"即能指集合的不完整或他者的欠缺,因为服从于能指结构的能指主体所获得的满足总是处在"勉强够""刚刚够"的状态,故而主体总认为还有另一种满足,一种更充分、更完整、绝不会让他失望的满足,这个满足不属于他,而是属于某个绝对的他者,是那个他者的满足,是纯粹存在的满足。我们有关原始整一的设想或"知识"就是这样出现的。换言之,我们所谓的"一"或"整一",其实是能指的效果,并且是能指的意指作用失败的效果,是我们的求原乐意志从这一失败中回溯性地想象出来的效果,而实际上,根本就不存在"一"这样的东西,"一"总是"非一"(not-One),是"非整一"(not-whole),它总把自己显现为不是"一"的东西,显现为"一"以外的东西,显现为貌似是"一"的东西。

"根本就没有'一'这样的东西",这是拉康讨论他者原乐的定则,也是他讨论女性性欲问题的定则,现在,有关主体的性化位置及女性原乐或女性快感的一切都需要从这个不可能性的逻辑来理解。

第一个不可能性:女人是不可能的。关于这一点,拉康的说法甚多:根本不存在女人这样的东西;(大写的)女人(Woman)不存在;女人是被划杠的(~~Woman~~);但归根结底,女人是"非一"(not-One)。拉康说:

> 当任何言说性存在把自身置于"女人"旗号下的时候,那都是基于下面一点,即它在菲勒斯功能中来定位自身的同时也奠定了自身作为非一之在。这是对什么东西的界定?恰恰就是"女人"(Woman),并且那个"女人"的书写形式必须用一道横杠穿过它。根本就没有"女人"这样的东西,首字母大写的"女人"表示全称。根本就没有"女人"这样的东西,因为就其本质而言……她是非整一。[1]

---

[1] Jacques Lacan, *The Seminar of Jacques Lacan, Book XX, Encore 1972-1973: On Feminine Sexuality: The Limits of Love and Knowledge*, pp. 72-73.

拉康说得很明确，大写的女人不存在。这意思就是：作为一个全称概念的"女人"不存在。更确切地说就是：女人不存在一个确定不变的本质。为什么呢？因为"女人是一个能指"，是对标记主体的位置而言必不可少的一个能指，"'Woman'是一个能指，该能指的关键特性就在于它是无法意指任何东西的唯一能指，并且这是显而易见的，因为它是在女人非整一的事实中来建立女人的地位。这意味着我们根本无法谈论'Woman'"[1]。在此，"女人"作为能指不是一般意义上的能指，而是超越于菲勒斯能指以外的能指，是他者之欠缺的能指，是"非一"的存在的能指，该能指的关键特性就在于它没有一个确定的意义所指可以缝合到主体的身上或可以让主体的欲望得到凝定，所以，女人总是被划杠的，大写的女人是不可知的，是不可言说的，具有确定的本质的女性特质是不存在的。所以，"女人们"大可不必惊慌，拉康并没有否定你们作为单一个体的存在，他说的是你们作为一个"整一"的不在，说的是男人在爱和性关系中想象的那个完满的整一的不在，说的是任一作为对象 a 或处在对象 a 位置的主体的不在。如同"一"不过是能指的意指效果一样，作为"一"的"女人"也只是一个意指效果，女人不是"一"，作为能指的女人恰恰是"非一"。

由此有了第二个不可能性：爱是不可能的。拉康说：

> 把［身体］形象整合为一的是一种剩余。分析表明，爱本质上是自恋的，它揭示出那被认作对象一样的东西的实体——多么像一群公牛——事实上是这样的：它构成了在欲望中的一个剩余，即欲望的原因，并通过欲望满足之匮乏甚至欲望满足之不可能性来维系欲望。
>
> 爱是软弱无能的——虽然是相互的——因为它没有意识到它不过是欲望成为"一"，而这一欲望会把我们导向建立"两者间"

---

[1] Jacques Lacan, *The Seminar of Jacques Lacan, Book XX, Encore 1972-1973: On Feminine Sexuality: The Limits of Love and Knowledge*, p. 73.

(between "them-two")关系的不可能性。什么样的两者间关系?——两性的两者间关系。[1]

爱是自恋的,因为它总是在他人那里欲望自己所欠缺的和没有的,它总是欲望他人如自己一样去爱,或者说爱总是欲望着被爱。爱总是把对象想象为整一,总是欲望与对象结合为"一",可对象的匮乏和欠缺使这爱的欲望终要落入空无,使对象总是显现为一个剩余,这个剩余成为欲望的对象-原因,成为爱所无法企及的小a。爱的自恋使爱的关系是不可能的。

进而还有第三个不可能性:性关系是不可能的。拉康的原话是:"根本没有性关系这样的东西"[2]。对于这个表述,我们同样不能望文生义,以为他是在否定我们日常的性行为——他的理论还不至于疯狂到这个地步!其实,对拉康而言,正如埃文斯所解释的,这个公式想要说明的是"男性的性别位置与女性的性别位置之间的关系",或者说它涉及的是性别差异的问题,埃文斯把它的含义总结为如下方面:

> 第一,男性性别位置和女性性别位置之间没有直接的、非中介的关系,因为语言的他者总要作为第三方置身于两者之间。
>
> 第二,男性性别位置和女性性别位置之间没有相互性或对称性,因为象征秩序根本上是非对称的:没有一个对应的能指能以男性性别被象征化的方式来意指女人。主宰两性关系的只有一个能指,那就是菲勒斯。
>
> 第三,男人和女人之间的关系不可能是和谐的……爱不过是为弥补两性的和谐关系的缺失而设想出来的一种幻觉。
>
> 第四,性驱力指向的不是"完整的人"而是部分对象。因

---

[1] Jacques Lacan, *The Seminar of Jacques Lacan, Book XX, Encore 1972-1973: On Feminine Sexuality: The Limits of Love and Knowledge*, p. 6.

[2] Jacques Lacan, *The Seminar of Jacques Lacan, Book XX, Encore 1972-1973: On Feminine Sexuality: The Limits of Love and Knowledge*, p. 12.

此在两个主体之间根本不存在性关系这样的东西，它们之间的关系只是一个主体与一个（部分）对象之间的关系。对男人而言，对象 a 占据着错失的伴侣的位置，其所产生的是幻象的数学型（$S \Diamond a$）；换言之，女人对男人而言并不是作为一个实在的主体而只是作为一个幻象对象、作为男人的欲望之因而存在。

第五，女人无法作为女人而只能作为母亲来发挥其性功能："女人在性关系中只是作为母亲而发挥功能"。

第六，作为根植于实在的东西，性与意义是对立的。[1]

其实，上面的三种不可能性都与拉康所讲的性别差异有关，而造成性别差异的一个关键因素就是主体之性化的非对称性，即对于两性的性化位置，只有一个能指，一个可指示男性主体的位置及男性享乐方式的能指，那就是菲勒斯，至于女人或女性主体，其在象征秩序中的位置确立要借助于菲勒斯，但其存在的实在性欠缺又使菲勒斯能指并不能涵盖其全部，她的原乐总是超出菲勒斯原乐的界限，所以，女人属于"非一"之性，所以，在两性之间根本无法建立平等、和谐、互为主体的爱的关系和性关系。拉康说：

> 分析经验确切地验证了一个事实：一切都绕着菲勒斯原乐打转，因为女人是由一个位置界定的，我已经指出，女人是相对于菲勒斯原乐的"非一"。
>
> 进一步地说，菲勒斯原乐是一种障碍，我想说，因为它，男人无法尽兴地享受女人的身体，这恰恰是因为他享受的是器官的原乐。[2]

为什么菲勒斯原乐是一种障碍呢？因为它总是让我们感到失望，它容易落空，容易招致失败，还因为它总是错失另一方。为什么？

---

[1] Dylan Evans, *An Introductory Dictionary of Lacanian Psychoanalysis*, p.181.

[2] Jacques Lacan, *The Seminar of Jacques Lacan, Book XX, Encore 1972-1973: On Feminine Sexuality: The Limits of Love and Knowledge*, p. 7.

因为它把作为他者的另一方还原为对象 a，还原为引发欲望的部分对象，我们在另一方身上享受的总是其身体的部分，比如她的声音、她的凝视、她的呻吟，用拉康的话说，我们享受的是器官的原乐。进而，拉康认为，但凡以这样一种方式去享受，但凡把另一方作为对象 a 来享受，就是一种男人式的享受，就是说，这个享乐的主体就具有了男性结构，具有了男性的性化特征。相应地，他者原乐则是一种女性原乐，是他者从我们身上获得的原乐，享受这一原乐的主体则被认为具有了女性结构，具有了女性的性化特征。由此就有了拉康的"性化公式"：

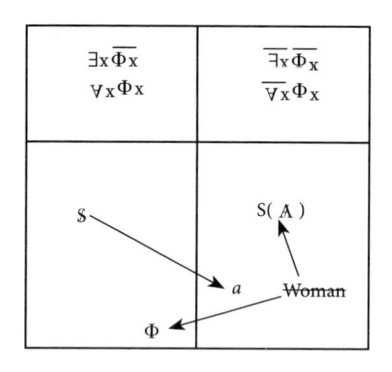

$$\begin{array}{c|c} \exists x \overline{\Phi x} & \overline{\exists x} \overline{\Phi x} \\ \forall x \Phi x & \overline{\forall x} \Phi x \\ \hline & S(\overline{A}) \\ S & \\ & a \\ & \Phi \end{array}$$ Woman

在这个图示中，左边代表男性结构，右边代表女性结构，前面已经强调了，这里的男性和女性与生物的性别无关，任何一个生物性别都可以占据图示两边的位置，也就是说，存在按照男性的享乐形式组织起来的女人和按照女性的享乐形式组织起来的男人。说得再明确一点，一个生物的性别究竟是处在男性结构的一边还是处在女性结构的一边，取决于他或她与菲勒斯功能缝合的程度，取决于他或她享受原乐的方式，如果他或她完全接受了菲勒斯的功能（阉割），只在菲勒斯功能的范围内来享受，则他或她所获得的快感满足就是属于男性结构的菲勒斯原乐，其爱的行为就是一种"诗意"

的行为，用拉康的话说，"做爱就是诗"[1]，因为他或她所享受的只是自己在幻象中无意识地和想象地投射出来的一个部分对象，而不是他者的"整一"。反之，如果他或她只是部分地甚至根本没有完成与菲勒斯功能的缝合，那他或她就有可能获得一种属于女性结构的他者原乐，一种无法铭写在语言中、也难以诉诸言语的女性原乐。

我们先看图示左上方的系列算式的内容。拉康自己是这样解释的：

> 我们将从图表上方四个命题性的公式开始，两个在左，两个在右。每一个言说性的存在都必须将自己安置在其中一边。在左边，下面一行的"$\forall x \Phi x$"表示：正是通过菲勒斯功能，男人作为一个整体才获得他的铭写，条件是这个功能由于一个 x 的存在而受到了限制；这个 x 将功能 Φx 否定了：$\exists x \overline{\Phi x}$。这就是我们所知道的父亲功能，由此，经过否定我们发现了命题 $\overline{\Phi x}$；在性关系根本无法铭写的情况下，这个命题为以阉割来弥补性关系的东西的运作奠定了基础。因此，这里的一切都建立在作为终点来设置的例外的基础之上，也就是说，建立在完全否定 Φx 的东西之上。[2]

公式中的∀和∃是逻辑学中的两个符号，分别代表"全称量词"和"存在量词"，前者指比如"所有的""任意一个"这类表示人或事物的数量的单位，后者指比如"有些""至少一个""存在"这类表示部分或个别的数量单位，在逻辑学中，含有全称量词的命题被称为"全称命题"，比如"所有的自然数都是整数"就是一个真的全称命题，而含有存在量词的命题被称为"特称命题"，比如"有些整数不是自然数"就是一个真的特称命题。拉康对这两个量词的运用与逻辑学的用法并不完全一致。

---

[1] Jacques Lacan, *The Seminar of Jacques Lacan, Book XX, Encore 1972-1973: On Feminine Sexuality: The Limits of Love and Knowledge*, p. 72.

[2] Jacques Lacan, *The Seminar of Jacques Lacan, Book XX, Encore 1972-1973: On Feminine Sexuality: The Limits of Love and Knowledge*, pp. 79-80.

在另外三个符号中，"x"代表"主体"，"Φ"代表象征的菲勒斯或菲勒斯功能，至于"Φx"（指接受了菲勒斯功能的任一主体）上面的横线"—"则代表否定。

因此，对于男性结构中的公式"$\forall x \Phi x$"，可读作"对于任意一个主体，其主体结构是受到菲勒斯功能支配的"。用拉康的话说，男人是通过菲勒斯能指的功能才被写入象征界的，才获得其男性结构。但拉康接着说，这一获得是有条件的，是要付出代价的，那就是要牺牲原乐的满足与享受，接受一个特定或"例外"的主体即父亲的阉割，这就是图示上方的公式"$\exists x \overline{\Phi x}$"表示的父亲的功能，我们可以把它读作"存在一个特定的主体（父亲），他不受菲勒斯功能的支配"，但我们也可以把它读作"存在一个特定的主体（父亲），他的例外乃是对菲勒斯功能的否定"。

显然，对于拉康的这两个命题还可以做另一种阅读：从原乐的层面说，图示下方的公式表示"男性主体的原乐整个地是菲勒斯原乐"；上方的公式则表示"存在一个特定主体，可以不受菲勒斯功能的限制而享受到另一种原乐"。

如何理解拉康有关男性结构的公式的意思呢？首先，对任一主体而言，要获得男性结构，就必须承认父法的存在，必须通过菲勒斯的功能（阉割）完成在象征界的注册；其次，这里作为"例外"的父亲实际是弗洛伊德在《图腾与禁忌》（1913）中所说的可以享用部落里的所有女人的那个原始父亲，虽说所有的男人都有着象征性阉割的标记，但菲勒斯功能对这个"例外"是不适用的，因为他不从属于任何的法，他自己就是法，他就是自己的法；再次，这个原始父亲既然不属于那个全称命题的范围，那他存在于何处？按照拉康的逻辑，我们就不能这样来问，因为说到"存在"就必定与语言有关，与能指秩序有关，而原始父亲是处在象征界以外的，他的存在是神话性的，他的"例外"是相对于主体而言，如果非要说他存在，那也是存在于主体的象征秩序之内，是接受了象征性阉割的主体想象性地觉得在这个秩序之外有一个"例外"存在着，不妨说，那就是实在的父亲；进而，由于这个"例外"在象征界的进入，由于屈从于菲勒斯功能或者说阉割的主体是以牺牲原乐（充分地享受所有的女人）为代价来获得其男性位置的，所以，男性的菲勒斯原乐必要通过这个"例外"来界定，正是在这个意义上，拉康称处在男性结构位置的主体的性关系并不是一个男人对一个女人的关系，而是一个男人对另一个男人的关系，是两个男人之间的关系，女人在这个关系中只是作为"对象 a"、作为部分对象、作为已丧失的原乐对象（母亲）的替代或剩余物被享受，用芬克的话说，"只有神话性的原始父亲可以与一个女人有真正的性关系，对他而言，性关系这个东西是存在的。其他所有的男人都是与对象（a）——幻象——而不是与女人本身发生'关系'"[1]。所以，男性结构的性化公式也表明：菲勒斯原乐只是一种器官享乐，是对他者之身体的部分对象的一种享乐。

总之，有关男性结构的两个性化公式显示了这一结构内部的一个特殊死结：位于下方的公式表明男性原乐只是对部分对象的享受，男性原乐的获得要以牺牲总体的纯粹原乐为代价，即放弃对某些女人（比如母亲和自己的姐妹）的欲望，通过菲勒斯功能让自己获得局部的有限快感，而上方的公式又显示了一个完整的或总体的原乐的男性幻象，因为男人相信充分的原乐享受是可能的，或至少是相信有一个男人可以享受到这种原乐，并努力想要成为这样一个"例外"。拉康说，中世纪的宫廷之爱或骑士之爱就属于这样一种享乐，在那里，"上帝"作为他者就占据着那个特殊的男人的位置，他可以充分地享受与另一性（the other sex）的关系，对他的存在的设想可以最好地弥补主体的"性关系的缺席"：

唯物主义者不应纠缠于宫廷之爱为何出现在封建时代这个

---

[1] Bruce Fink, *The Lacanian Subject: Between Language and Jouissance*, p.111.

悖论，而是相反，他们应当看到，在那里有十分好的机会可以说明这种爱是如何根植于效忠的话语，即忠诚于某个人的话语。归根到底，那个"某人"总与主人的话语有关。对男人来说——相对于他而言，女士整个地是最具奴性意义的一个主体——宫廷之爱是优雅地摆脱性关系的缺席的唯一途径。[1]

下面再看看有关女性结构的性化公式，它同样有两个命题。拉康给出的解释是：

> 在另一边，你可以看到对言说性存在的女性一方的铭写。正如弗洛伊德的理论明确地阐述的，任何言说性存在，不论是具备男性特征——有待决定的特征，还是不具备这种特征，都可以将自己写入这一边。如果将自己写入这里，那它就不再有任何的普遍性——它将成为一个非整一，因为它可以选择将自己安置到 Φx 之中，也可以选择不让自己成为那里的一部分。[2]

在这里同样有两个公式：下方的"$\overline{\forall} x \Phi x$"和上方的"$\overline{\exists x \Phi x}$"，前者可读作"任一女性主体不全是由菲勒斯功能界定的"（注意，在这里，全称量词上面的横线"—"不再表示否定，而是表示限定，表示"不全是"），亦可理解为"女人的原乐不全是菲勒斯原乐"，后者可读作"没有一个女人可以不受菲勒斯功能的影响"，亦可理解为"没有一种女性原乐不是菲勒斯原乐"。所谓"女性主体不全是由菲勒斯功能界定的"，意思是说女性结构有一部分是菲勒斯的功能无法界定的，总是会有一部分要对菲勒斯功能说"不"，拒绝臣服于菲勒斯能指，拒绝享受菲勒斯原乐；而所谓"没有一个女人可以不受菲勒斯功能的影响"，意思是说女性同样作为一个言说性

---

[1] Jacques Lacan, *The Seminar of Jacques Lacan, Book XX, Encore 1972-1973: On Feminine Sexuality: The Limits of Love and Knowledge*, p. 69.

[2] Jacques Lacan, *The Seminar of Jacques Lacan, Book XX, Encore 1972-1973: On Feminine Sexuality: The Limits of Love and Knowledge*, p. 80.

的存在，要想获得自身的主体性，又必须借助于语言，必须服从于语言的法则，换句话说，必须接受菲勒斯能指的功能，在这个方面，女性的位置与被阉割的男性的位置并无区别，她们/他们的主体性构成都有赖于象征界的能指运作，她们/他们作为一个主体的原乐都是菲勒斯原乐。归总起来，女人享有两种原乐：菲勒斯原乐和他者原乐。之所以会如此，就因为女人是非一的存在。

女性公式同样显示了女性结构的一个根本性死结：一方面女性作为一个主体的原乐同样要由菲勒斯功能来界定，可另一方面女性结构中还有一部分是菲勒斯功能无法界定的，这一部分的快感享受就是拉康所讲的"他者原乐"或"女性原乐"，它是不可言说、不可定义的，是超出语言之外的，拉康用一种宗教神秘主义的体验来描述这种原乐经验，比如他把它和圣女特烈莎以及上十字架的圣约翰联系在一起，称那种宗教般的狂喜体验是无法诉诸语言的，是一种带有痛感的极度快感——就像许多神秘主义哲学和艺术作品所描述的。

如果看得再仔细一点，你会发现，与有关男性的两个公式不同，有关女性的两个公式对量词都使用了否定或限定，比如对于"$\overline{\exists x \Phi x}$"（"没有一个主体可以不受菲勒斯功能的影响"），为什么不用男性公式中的"$\forall x \Phi x$"（"任一主体都要受到菲勒斯功能的支配"）？虽然看起来这两个命题的意思都差不多，但拉康刻意做出区分是另有意图的：因为女人"非一"，并不存在一个大全的有关女人的本质描述，也不存在一个有关女人的形象的能指；女人只是一个空洞，一个裂口，她的存在标示了能指之整体的欠缺，或者说女人的欠缺是一种实在的欠缺，她的匮乏是根本性的。作为"非一"之性，面对自身的根本性匮乏，女人有两条道路可以选择：要么拒绝，要么接受。如果拒绝，那就走上了欲望菲勒斯的道路，就得像男人一样去接受象征性阉割，去享受菲勒斯原乐，女人成为母亲就是这样一条道路——所以在主体的俄狄浦斯阶段，母亲常常是他者（mOther），是作为父法秩序的一部分发挥作用。如果接受那个根本性的匮乏，女人就成为一个不可命名的开放的整体,一个"非整一",女人的欲望就成为永远的谜,总是有某个部分是菲勒斯功能所无法解释的,总是有一个要求是他者的秩序无法回应的,歇斯底里就是处在这个位置的女性主体的基本症状。对此,拉康在《电视》(1974)中有一段精彩的论述:

> 由此言之,"一个"女人——因为我们最多只能谈论一个——只在精神病中才与"男人"(Man)邂逅。
>
> 我们提出这一公理,不是说"男人"不存在——那是"女人"(Woman)的情形——而是说女人不让自己接纳"他",这不是因为"他"是他者,而是因为如我所说的,"根本没有他者的他者"。
>
> 于是她们欲望的东西整个地是十足的疯狂:她们说,所有的女人都是疯子。这恰恰就是为什么她们是非一,也就是不会为整一疯狂,而是很随和:以至于每个女人对"一个"男人所做的让步是没有限度的:她的身体,她的灵魂,她的财产。[1]

再下来是整个性化图示的下半部分。先看拉康对男性结构这一边的解释:

> 在男人这一边,我写下了 S ——这当然不是要赋予他什么特权——以及支撑其作为能指且在 S_1 中得到体现的 Φ。S_1 是所有能指中唯一没有所指的能指,就意义方面而言,它象征了意指的失败。它特别是"半个意义"(half-sense),是"不定的意义"(inde-sense),或者如果允许我重复一遍,它是"无言的意义"(reti-sense)。因此,这个 S 被自己最终并不依赖的这个能指双重化了;这个 S 做任何事情从不是通过某个伴侣,而是借写在另一边的对象 a。他不可能得到他的性伴侣——后者是一个

---

[1] Jacques Lacan, *Television/A Challenge to the Psychoanalytic Establishment*, p.40.

他者——除非那伴侣是其欲望的原因。就此言之，正如我在别的地方的图示中通过 $ 和 a 之间的定向连接所说明的，这不过就是幻象。这个幻象——主体被捕获在里面——本身是弗洛伊德的理论中明确地称为"现实原则"的东西的基础。

先要说的是拉康对 S_1 的解释，前面已经说到，S_1 是能指集合的欠缺的能指，是一个"单一能指"，在这里拉康用它来指示那个处在能指总体以外的原始父亲，指示被原始父亲所抹除的母亲的欲望。男人通过菲勒斯的功能而得以完整，可也因此成为一个分裂的主体"$"，因为有一个特殊的能指即 S_1 构成了对菲勒斯功能的否定，主体的构成虽不依赖于这个能指，但其意义却被这个能指所抹除。同时，还是由于这个 S_1 的作用，男人无法充分地享受女人，不能享受到整一的女人，在他与他的性伴侣之间，总有一个东西（父亲的"不"）在界定他的欲望，在限制他的原乐，使他对性伴侣的享受总是只能在幻象结构"$ ◇ a$"中通过把对方想象为对象 a 来寻求替代的满足。

对于女性结构那一边，拉康的解释要复杂一些：

> 现在来看另一边。今年我一直在研究被弗洛伊德明确地搁置一边的问题："女人想要什么？"弗洛伊德声称只存在男性力比多。他的意思不就是说有一个领域不容忽略但却被忽略了么。那就是所有居于女性地位的人的领域——假定这种人承担了其命运中的一切。而且，称她为"Woman"（大写的女人）是不恰当的，因为正如我上次已经强调的，只要"Woman"是借助于某种非整一来被言说，这个"W"就不可书写。这里只有一个被划杠的"Woman"。只有在 A 被划杠的情况下，~~Woman~~ 才与 A 的能指有关。[1]

拉康已经明确了，"Woman"被划杠表示女人只是一个非整一，是

---

[1] Jacques Lacan, *The Seminar of Jacques Lacan, Book XX, Encore 1972–1973: On Feminine Sexuality: The Limits of Love and Knowledge*, p. 80.

"非一",女人是不完整的。在图示中,被划杠的女人一方面与作为能指的菲勒斯"Φ"相联系,另一方面与他者之欠缺的能指"S(A)"相联系,前者表明女人可以通过菲勒斯来享受快感,但也可以通过他者之欠缺的能指即 S_1 来享受另一种满足,享受他者原乐。用芬克的话说,"女人不一定要放弃菲勒斯原乐来享受他者原乐:她们可以在享受他者原乐的同时而不放弃菲勒斯原乐"[1]。

这也就是说,男人和女人各自享受原乐的方式是不对称的,男人的原乐完全取决于菲勒斯功能,女人的原乐只是部分地由菲勒斯功能决定,男人的原乐只局限于菲勒斯原乐,而女人既能享受到菲勒斯原乐,也可能享受到他者原乐。"不是因为她不全处在菲勒斯功能中就说她根本不在那里。她不是根本不在那里。她完全地在那里。但是那里还有更多东西。"[2]而之所以会出现这种不对称,本质上与菲勒斯的功能有关,与那个第一能指即原始父亲或被原始父亲所禁止的母亲的欲望有关,与那个能指所指示的原初失落有关。按照拉康的逻辑,如果主体把自己的原乐追求只局限于菲勒斯能指的作用,那他/她就显示为男性结构的享乐方式,他/她就只是作为一个欲望的存在不断在幻象中把那个失落的对象想象为对象 a 来欲望,他/她的求原乐意志也因此被幻象的结构所调节。反之,如果主体不满足于那微不足道的菲勒斯原乐,不满足于只在父亲的"不"的强制中来寻求享乐,他/她就会作为一个驱力的主体把求原乐的意志指向那个第一能指,他/她就会在驱力的升华中即通过把对象升华到弗洛伊德意义上的原质之"物"的地位来寻求更充分的满足,寻求另一种满足,即拉康所说的"他者原乐",这时,这个主体就把自己安置到了女性结构的位置,他/她不再是把对象作为自己的欲望之因来欲望(对象 a 作为"对象-原因"),而只是把它当作

---

[1] Bruce Fink, *Lacan to the Letter: Reading Écrits Closely*, p.163.

[2] Jacques Lacan, *The Seminar of Jacques Lacan, Book XX, Encore 1972-1973: On Feminine Sexuality: The Limits of Love and Knowledge*, p. 74.

一个纯粹的他者、一个纯粹的声音或凝视、一个不可言述的实在之物来享受。从这个意义上说，所谓他者原乐实际是驱力的主体与不可能的实在界的一种偶遇。也正是由于女人与不可言说的他者原乐的这一特殊关系，使拉康对女人这一边的两个箭头做了这样的解释：

> ~~Woman~~ 不可言说。没有什么可以拿来言说女人。女人与 S（A）有一种关系，并且从这个方面说，女人是双重化的，她是非整一，因为她也与 Φ 有某种关系。[1]

女人一方面从男人那里欲望菲勒斯，寻求菲勒斯原乐，另一方面又无法从其伴侣那里得到完全的满足，但她的"非一"、她的不完整又使她对自己究竟欲望什么始终一无所知，所以她总是把自己指向他者的欠缺，让自己占据欠缺之他者的位置去质询菲勒斯的功能。"女人是什么？"不只对男人，包括对女人自己，这都是一个令人煎熬的问题。

---

[1] Jacques Lacan, *The Seminar of Jacques Lacan, Book XX, Encore 1972-1973: On Feminine Sexuality: The Limits of Love and Knowledge*, p. 81.

第十二章

话语的政治学

在今天，每当看到"话语的政治学"这类标题，我们立即会想到福柯的话语－权力理论，想到阿尔都塞对意识形态机器的建构功能的阐释甚至更早的马克思主义者葛兰西对文化霸权的论述，有时还会想到雅各布森的话语－交流理论乃至巴特的"神话学"以及德里达的"文字学"，更遑论从这些理论或"知识型"中衍生出来的女性主义批评、后殖民批评、新历史主义批评以及现今的各种文化研究——它们说到底不过是把话语的政治学维度运用于种族、阶级、性别的研究中，尤其是运用于身份认同的研究中，虽说话语的政治学阅读并非这类研究的唯一模式——但唯独拉康总是从我们的视线中飘然而逝，就是说，在我们现今所见的话语分析中，拉康的话语理论一直处于缺席的状态。

事实上，在1970年代的研讨班中，拉康的确向我们谈论了话语，为我们展示了一套复杂的话语结构形态和话语运作机制，并在这个主题下为我们铺陈了其精神分析批评的政治维度，呈现了欲望主体或求原乐主体作为一个"在世界之中"的存在置身于社会联系的网络时可能居有的位置和可能的现身姿态。拉康不仅谈到了话语，也谈到了话语中的权力运作，谈到了话语及其权力在主体身上可能引发的效果，凭借着这一讨论，拉康把精神分析学的躺椅上的"政治"引到了更广阔的语境中。

拉康主要谈论了四种话语：主人话语、大学话语、歇斯底里话语和分析家话语，并称前两种话语为霸权式的话语，后两种话语为批判性的话语。初看之下，这一切并没有什么新奇之处，他不过是说出了一些尽人皆知的常识，因为经历了结构主义思维的洗礼之后，我们都知道，但凡与语言或言说有关的行为都可以称为一种话语行为,而但凡有话语的地方,就必有权力的运作,但凡有权力的地方,也必有权力的反抗,总之,话语/权力/反权力已经构成了一个相互依持又相互激发的三元结构,现在拉康又在精神分析学的语境下向我们谈论话语的问题只是为了重复这样一个常识吗?回答是否定的,因为相比起我们熟悉的话语/权力的分析模式,拉康的目标要更为激进,他要揭示的不是话语中权力与反权力的相互运作,而恰恰是那一运作根本上的不可能性,拉康的话语政治学是一种不可能性的政治学。

我们常说"世界观"是一种话语,"科学"是一种话语,现在拉康说"精神分析学"也是诸多话语中的一种话语,可他又明确地把这种话语与前两种话语区分开来。按照他的理解,"世界观"和"科学"是一种总体性的话语,以福柯的术语来说,那是一种以权力配置支撑其运作的霸权式话语,总是力图以总体化的技术和排他的逻辑来回应或归约世界的一切问题;精神分析学作为一种话语不是这个意义上的,精神分析学不是超然于一切话语之上的总体性话语,比如在第 11 期研讨班上,拉康就明确地指出:"精神分析学既不是一种 Weltanschauung(世界观),也不是一种声称可以解答大千世界的问题的哲学。"[1] 根本上说,精神分析学是一种实践,一种话语实践,所谓精神分析学作为一种话语,实际是在"实践"的意义上说的,拉康对话语的整个讨论也是基于这一点。

的确,相比起福柯在话语问题上所展现的绝世的才华、极富穿透力的知识激情与现实关切,拉康对话语的讨论更像一种单纯的智性操练,自大、自恋而且狡黠,尤其是他的逻辑演示总是散发出一种异样的味道,令你难以下咽。但是,如果你有足够的耐心,如果你对拉康精神分析学的诱惑有足够的抵抗力,还是可以在他的巴洛克建筑术上获得一两颗串珠,你会发现,在他的话语理论的边缘,恰恰存在着对求原乐主体的真理/真相的"半说"。

---

[1] Jacques Lacan, *The Four Fundamental Concepts of Psychoanalysis*, p.77.

一　话语的构成

刚刚讲到，在今日的各种文化研究及后现代批评中，话语及话语的政治学分析是人们进入种族、阶级和性别问题尤其是身份认同的政治问题的一个极其重要的维度。同时我也讲到，在今天形形色色有关话语的政治学分析中，相较于阿尔都塞、福柯等人而言，拉康的话语理论较少受到关注，其在批评实践中的影响也极其有限，即便在专门研究拉康的圈子中，至少在进入21世纪之前，话语的问题也一直没有引起足够的重视，尽管拉康的涉及这一问题的文本在此之前就已经问世：比如《电视》在1974年就出版了法文版，1987年美国的《十月》杂志发表了它的英译本；还有专门讨论四种话语的第17期研讨班《精神分析学的另一面》也在1991年出版了法文版。受到这种冷落，固然与人们讨论拉康时所关注的兴趣点有关，但拉康晚期教学的乖戾无常也难逃干系，尤其是其话语理论对主体之享乐的政治维度的关注令研究者难以措置，不知道该如何把它同拉康的整个理论关联起来，至于拉康在四种话语结构之间进行的变换表演，更是让人一时难以理出一个头绪。

但是，不管基于什么样的原因或理由，我们都不应该无视拉康话语理论的存在，因为它是拉康晚期教学中最重要的主题之一，也是拉康在教学中所致力的形式化运作的重要体现，比利时的拉康主义者保罗·韦尔海格（Paul Verhaeghe）甚至说："四种话语的理论毫无疑问是拉康形式化的最重要部分。我甚至认为，话语是拉康理论的概括和发展顶峰。"[1] 其实，对话语的关注乃是晚年拉康对弗洛伊德的一次另样"返回"，是他对弗洛伊德的《群体心理学与自我的分析》（1921）的主题——个体如何通过认同建立起与群体的社会联系——进行的一种政治学思考：主体通过语言或话语结构建立起来的可能的"社会纽带"究竟会把主体引向什么地方？同时，

---

[1] Paul Verhaeghe, *Beyond Gender: From Subject to Drive*, p.19.

对拉康自身而言，话语本身就是一条"纽带"，通过它，主体、他者、对象 a、欲望、驱力、原乐、剩余原乐、知识、真理等全都被扭结在一起，被组织在几个高度凝缩且极具生殖力的代数式中，成为可在理论上和实践上自如地进行拓扑学变换的矩阵。

早在 1953 年，拉康就说过"无意识是他者的话语"，以强调无意识结构的超个体性，强调作为"另一个场景"的无意识对主体的言说行为的作用，不过，在这时，"话语"还没有成为一个关键概念，其含义与"语言"差不多。只是到 1960 年代末，巴黎五月风暴、巴黎高师的驱逐事件、学派内部的"通关"危机，以及法国精神分析运动的社会化、大众化和另一方面的学院化与专业化，等等，这一系列的事态令拉康深感精神分析政治的重要性，话语则作为在语言中且通过语言建立起来的一种社会纽带而成为他在理论上解决问题的工具。在 1968—1969 年的第 16 期研讨班上，拉康第一次重新引入话语的概念，接着在 1969—1970 年的第 17 期研讨班上，他对四种话语给予了系统阐述，再后来在 1972—1973 年的第 20 期研讨班以及 1973 年的一个电视访谈——其文字文本就是后来的《电视》——中，话语都是他关注的焦点。

那么，什么是"话语"（discourse）？拉康并没有对此提出一个明确的定义，但从他对这个概念的运用来看，大体上，他把话语视作一种结构，一种"超越于多多少少总是偶然出现的言语的必要结构"，他甚至由此提出一个说法："没有言语的话语"（discourse without speech），并解释说：

> 事实是，没有言语，话语显然照样可以存在。它就存在于某些根本的关系中，而这些关系若是没有语言实际上就不可能被维持。许多稳定的关系是通过语言工具建立的，在那里面当然刻写有某个比实际的言说更大、更深入的东西。[1]

---

[1] Jacques Lacan, *The Seminar of Jacques Lacan, Book XVII, The Other Side of Psychoanalysis 1969-1970*, p.13.

这里讲的"根本的关系"指的是一个能指对其他所有能指的差异性关系，主体就是从这一差异性关系的运作中作为效果呈现出来的，因为某个能指表征主体的功能必须是相对于其他能指而言的。能指与能指之间的差异关系是运作性的、生产性的，用拉康的话说，众能指构成了一个"意指机器"，话语就是这个机器的结构，是刻写在这个机器内部且维持着这个机器运作的东西，是比实际的言语——它多多少少是偶然地出现的——更为根本的东西。所以，没有言语，话语照样存在；在言语活动发生之前，话语就已然存在。

在此我们也许会觉得，拉康的话语实际就是索绪尔所讲的超越于具体言语之外的语言结构。这种理解不仅不准确，而且会导致对拉康的误解。简单地说，在索绪尔那里，语言结构等于语言（某一特定的语言总体）减去言语或话语（个体对语言的具体运用），而在拉康这里，话语包含但又不只是个体的言说（所以它与言语的内容无关），同样地，它也包含但又不只是共时态的语言结构（所以它也与语言学意义上的纯语言形式无关），相反，它是刻写在言语行为之中且决定着言语行为的意义效果的东西，是运用语言结构但又不限于语言结构的东西，它是言语的传播或流通形式，所以在范围上要大于单纯的言语或语言结构本身。那么，能不能说它等同于索绪尔意义上的语言总体呢，或者说能否把拉康的话语理解为言语加上语言结构呢？这样理解也不准确，因为第一，拉康在1950年代固然在言语和语言（结构）之间做出了区分，但他对这两个概念的理解与索绪尔的理解并不完全等同，例如，他不是把言说行为理解为个体对语言（结构）的具体运用，而是理解为语言结构在个体身上的运作，前者意味着在言说行为的背后还假定了一个自足主体的存在，而后者则根本上视主体为语言运作的结构化效果；第二，拉康并不承认有所谓的"语言总体"这样的东西，用他的话说，根本不存在一个可以包含、指涉所有语言的"元语言"，即便我们可以在理论上把既有的语言系统视作一个总体，那这也是一个不完整的总体，一个有欠缺的总体，一个因为新能指——它实际是既在集合之"内"又在集合之"外"的空集，是使一个集合整体成其为整体的东西——的进入而使既有的系统不断打开的流动的结构；第三，最为重要的一点在于，与索绪尔把主体排除在语言学的研究之外不同，拉康的话语理论根本指的是主体间的话语，他把话语描述为一种基于语言的"社会联系"，称话语是决定主体间的社会联系的东西，能指结构的话语链条决定了主体间的关系，是这一关系得以可能以及不可能的条件，反过来说，主体间的关系实际就是一种话语关系，是在话语结构中确立起来的。

总之，对拉康而言，话语作为一个结构系统不能只局限于语言学的范畴来理解，而是必须在话语与主体的关系中来界定。话语是在主体之间、欲望与对象之间运作的，每一种话语都有其特定的形式结构，主体在这个结构中占据什么样的位置，意指机器就会对其产生什么样的意义效果，而主体之间以及主体与对象之间的关系也会因此获得其可能或不可能的形式，也正是在这个意义上，拉康称话语是一种"社会联系"或"社会纽带"，不同的话语形式意味着不同的社会关系，而不同的社会关系又意味着无意识主体的"知识"和"原乐"的生产方式也将不同，也就是，主体通向其欲望之真理/真相的道路也将不同。

由于话语是一种形式结构，是主体之间在语言中且通过语言建立起社会联系的纽带，所以，对一个具体的话语而言，重要的不在于处在话语结构中的主体说了什么，而在于主体是在什么样的关系结构中来言说或者说主体在某一话语结构中占据着什么样的位置。这意味着：在进入拉康的四种话语形式之前，我们首先需要弄清楚话语的关系结构本身，尤其是这一结构内在的逻辑构成。下面，我打算从四个方面对话语的构成及其内在逻辑做一说明。[1]

---

[1] 有关拉康的话语结构的分析，可参见 Paul Verhaeghe, *Beyond Gender: From Subject to Drive*, pp.21-26; Jeanne Lorraine Schroeder, *The Four Lacanian Discourses，Or Turning Law Inside-Out*, chap. 1。也可参见 Gérard Wajeman, "The Hysteric's Discourse", in Slavoj Žižek (ed.), *Jacques Lacan: Critical Evaluations in Cultural Theory* (I), pp.79-82。

首先是四个位置。拉康在话语结构中设定了四个不同的单元或"位置"：代理（agent）、他者（other）、产品（product）、真理（truth）。这四个位置的关系可暂时地图示如下：

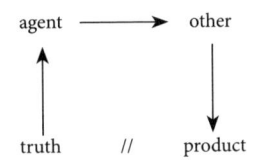

```
agent ────────▶ other
  ▲              │
  │              ▼
truth    //    product
```

第一个位置（"代理"）完全是逻辑上的，因为理论上每个话语都是从某个人——当然也可以是某个建制——的言说开始的，这个人就是传播学意义上的发话者或音信发送者。可为什么要称其为"代理"？拉康对"代理"有这样一个界定："代理并不必然地是行事之人，而是被引得去行动的人。"[1]对于这一界定，可从多个方面来理解：就主体的言说行为只是语言的运作而言，与其说是人在言说或运用语言，不如说是语言在使人言说，言说者只是语言的代理，这一点乃是结构主义的共识，拉康也早就讲到了，他已经指出，主体本就是能指网络运作的效果，语言意指机器是一个自动机器，其对主体有一种侵入和类似于殖民的力量，主体自然只是它的代理；再就无意识主体的言说与真理的关系而言，由于主体已是被划杠的，他的假借"我"的名义的言说充其量只是对"我"的存在的一种陈述，而无法构成对真理/真相的言说，无意识主体的真理/真相恰是他所不知的，是他在有意识的陈述中无法言明的，他至多只能做到对真理/真相的"半说"，他只是真理/真相的代理；还有，在法语中，跟在英语中一样，"agent"这个词还有"动因"的含义，在拉康的话语结构中，"agent"所居的位置也被称作"主导"的位置，是启动话语运转的位置，当然这并不意味着这个位置决定了话语的运作，这里所谓的"启动"只是形式上和逻辑上的一种假定，就是说，它

---

[1] Jacques Lacan, *The Seminar of Jacques Lacan, Book XVII, The Other Side of Psychoanalysis 1969–1970*, p.169.

作为动因也只是代理性的动因。

人的言说总是要指向某个对象，总是对某个对象的言说——哪怕是自言自语——这就是第二个位置，在传播学中这个位置为受话者所占据，拉康称之为"他者"——自然地，居于这个位置的不一定是人，也可以是一个建制甚或一个意识形态机器，根本上说，那只是一个结构性的位置，是音信发送的目的地，处在那个位置的他人主体实质上也只是一个"代理"——他者的代理。对于发话者与受话者或者说代理与他者之间的关系，可以暂时简单地表示为：

$$代理 \longrightarrow 他者$$

这在传播学理论中是随处可见的，但在拉康的理解中，我们马上就会看到，这是一个不可能的关系。

再下来的第三个位置是"产品"，即言说行为的效果或者说话语的结果。如果用传播学的方式来表达，就是：

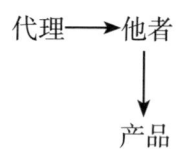

$$\begin{array}{c} 代理 \longrightarrow 他者 \\ \downarrow \\ 产品 \end{array}$$

不过，在拉康的表达式中，他者和产品之间不是用"→"来连接的，而是用横杠"—"来分隔的，而我们知道，"—"在拉康的代数式中代表的是阻隔、抵制、裂隙、非关系。话语或音信从代理的位置发出，经由他者接收、阐释和付诸行动，最终产生一个效果，该效果回馈到代理那里而形成一个"产品"。我们也许会说，这不就是传播学所讲的话语借由编码而产生的所谓意义吗？是的，"产品"是一种意义，但在拉康那里，第一，这个意义不是主体所赋予的，也不是话语或传输话语的编码所内有的，而是在能指的差异性裂隙中生成出来的；第二，这个意义是一种意指效果，一种因能指的介入而发生了变异的效果，它产生于一个能指对另一个能指或其他所有能指的覆盖，而这个覆盖必定会导致意义损耗，其回送到代理那里的东西只能是意义剩余,是代理或言说主体所不知的一种不可能性。对于这种意义损耗,传播学并非毫不知情,"噪音"理论一定程度上就是对它的回应。

如果你觉得在上面的逻辑运转中仍没有看到什么新的东西,似乎一切都不过是传播学理论的老调重弹,那么接下来一个角色的引入将会让拉康的话语理论完全溢出传播学的模式。他让"真理"占据了这个位置:

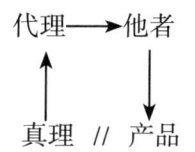

$$\begin{array}{c} 代理 \longrightarrow 他者 \\ \uparrow \qquad\qquad \downarrow \\ 真理 \quad // \quad 产品 \end{array}$$

同样地,这里用矢量线"→"来连接"真理"和"代理"只是为理解的方便,在拉康的表达式中,它们之间也是一道横杠。在这里,真理看起来是处在第四的位置,而实际是处在第一的位置,是引发话语的第一推动因,因为从拉康的角度说,主体在言说的时候实际是受到不为自己所知的"真理"即无意识或无意识的欲望的驱动,是"真理"触发了主体的言说行为并决定着言语的效果。并且,代理与真理之间的"横杠"也表明代理不可能完整地言说自身的真理,言语根本不具有透明的意义,主体在言说行为中总是会分裂为有意识的陈述的主体(代理)和无意识的言说的主体(真理)。

"真理"的引入不仅使发话者成了真正意义上的代理,而且使话语的逻辑或流通顺序发生了逆转。对此保罗·韦尔海格有很好的说明:

> 人们总是期待一个合乎逻辑的路线,依照这一路线,代理把真理转成音信直接传达给他人,结果产生一个产品,并在反馈的运动中,让产品回到发送者那里。可实际的情形并非如此。在拉康的理论中,根本不存在可完全诉诸言辞的真理;相反,真理确切地说是一种无法诉诸言辞的东西。拉康称真理的这一

特征为'le mi-dire de la vérité'（真理的半说）。这实质上是弗洛伊德的观念：真理的完全言语化是不可能的，因为原初压抑使原始对象确定地处在语言领域之外，同时还意味着"超越快感原则"，其结果便是无尽的重复强迫，是永无止息的想要把非言语的东西言语化。……结果，每个话语都成了一个开放的结构，在那里，开放性作为动因发挥着作用。由于结构的欠缺，话语处在不停的运转中。[1]

接着是两个断裂。直观地看，拉康在话语结构中设定的四个位置与一些激进的传播学理论描述的话语流程并无太大差异，可实际上，与传播学主要强调如何让信息尽可能减少损耗且准确、顺畅地流通不同，拉康更强调话语交流的断裂。他认为，每一话语结构中存在两个断裂，他分别称之为"不可能性"（impossibility）和"无能"（impotence）。[2]

第一个断裂——"不可能性"——指的是从代理到他者的"不可能性"：代理之为代理，就因为他的言说总要受制于处在"另一个场景"的"真理"的左右，"这个真理是无法完全被言语化的，结果就是代理无法把他的欲望转达给他者，因此，完全的言语交流在逻辑上是不可能的"[3]。进而，我们也可以把这个断裂理解为"欲望的充分表达是不可能的"或"欲望主体总要被一个不可能的欲望所挫败"。

第二个断裂——"无能"——指的是在产品与真理之间建立联系的"无能"，产品作为话语在他者那里且经由他者而产生的结果与代理自身的真理总是无法吻合、无法结合为"一"，因为一方面，所有的言说都只是对真理的半说，其在他者身上所产生的意义效果

---

[1] Paul Verhaeghe, *Beyond Gender: From Subject to Drive*, pp.22-23.

[2] Jacques Lacan, *The Seminar of Jacques Lacan, Book XX, Encore 1972–1973: On Feminine Sexuality: The Limits of Love and Knowledge*, p.16. 拉康使用"impotence"这个词有"性无能"的含义。

[3] Paul Verhaeghe, *Beyond Gender: From Subject to Drive*, p.23.

自然不能与真理相吻合；另一方面，言说者从他者那里得到的反馈也与自身的真理不能吻合，反正产品总是无法抵达真理所在的位置。

实际上，单从四个位置的形式结构上看，上下两个断裂的出现与表达式左右的两个横杠所代表的分隔——从真理到代理、从他者到产品的分隔——有关：拉康所谓的"真理"实际就是无意识欲望的真理/真相，它是在原初的象征化或原初压抑中被排除的，是不可知的，所以代理或者说有意识的主体根本无法做到对它的全说，而只能是"半说"（half-saying），用"三界"的概念说，那个被压抑的真理/真相处在实在界，而代理总是在象征界甚至想象界来捕获它，被遗落于实在界的东西在代理的话语中根本无法得到完整的呈现；同样地，主体发送到他者场域的音信与主体在他者场域中且经由他者获得的产品或效果也不可能完全吻合。

总之，由于代理终究只是"代理"，是别的东西的替身，所以其对真理的言说只能是"半说"，而做不到充分的言说，结果，主体的欲望的完全传达、其与他者之间的完全交流从理论上说是不可能的。对于这个不可能性，拉康讲得十分之多，例如在《电视》（1973）中，他一开始就说：

> 我一直在言说真理。当然不是全部的真理，因为根本就没有办法说出它的全部。说出它的全部实际上是不可能的：言语总是会失败。不过，正是通过这个不可能性，真理才紧附在实在界上。[1]

在专题讨论话语的第 17 期研讨班《精神分析学的另一面》中，他也说：

> 如果说有一个东西，我们整个的态度就是要给它划界，而它也确实可以通过分析经验得到更新，那么，要唤起真理，唯

---

[1] Jacques Lacan, *Television/ A Challenge to the Psychoanalytic Establishment*, p.3.

一的方法就是指明：真理只有通过半说才可以趋近，真理不可能被完整地说，因为超出了这个半说，就没有什么可以说。这就是所能说出的一切。因而在此，话语被取消了。对于不可言说的，就不要去说，不论这看起来可给一些人带来多大的快乐。[1]

这里所谓的"话语被取消"说的就是向他者完全传达自己的欲望是不可能的。下面我们将会看到，在拉康的四种话语中，每一个都存在这种不可能性，且随主体所处的位置的不同而显出不同的形式。

拉康对两个断裂的强调看似仍没有说出太多有新意的东西，因为稍有一点传播学知识的人都知道，交流中音信的流失是必然的，干扰音信传送的"噪音"永远都存在。可是，对拉康的话语理论而言，引入这两个断裂是至关重要的，它们使这一理论完全脱除了言语交际的传播学语境，而与精神分析学的无意识欲望的实现联系在了一起。对于这两个断裂在拉康话语理论中的意义，我们同样可以看一下保罗·韦尔海格的解释：

> 这两个断裂是话语理论最艰涩、最凝练的部分。它们浓缩了弗洛伊德的一个重要发现，即快感原则的持久失败和这一失败的后果。这一失败就体现在无能的断裂中，其后果就是不可能性。人不可能回到弗洛伊德所说的"原初满足经验"，他没有能力去完成这种返回，因为主体在语言的作用下有一种原初的分裂。不过，他还是要试一试，并在这过程中不断碰壁，就是在那里，他经验到了不可能性。每一个体的生平传记都可读作有关这一不可能性的故事。
>
> 不用为人类这一典型的不幸状况伤感，因为更重要的是要理解这种不可能性的关键所在，即它仅仅是基础性的无能的上一层，并且那一结构总体上是一个保护性的结构。如果我们能

---

[1] Jacques Lacan, *The Seminar of Jacques Lacan, Book XVII, The Other Side of Psychoanalysis 1969–1970*, p.51.

回到这一原初的原乐经验，完满的象征性关系就可以实现，而这将意味着我们作为主体的存在的终结。这就是不享有话语结构的精神病主体何以总是要为消失在伟大的他者中这一持存的危险寻求一个私人的解决。

一个一般意义上的分裂主体是受到保护的，可以规避这个危险。说得更直白一些：在通往拥抱一切的原乐之至福的道路上，我们将会消失，我们会迷失在狂喜中，而这意味着狂喜的终结，于是一切又重新开始。有人对此很惊恐，所以他们根本到不了狂喜的境界，而是早早地就止步于路途。

在这个意义上说，四种话语是主体对于快感原则的失败所持立场的四种不同方式——这就是上面的断裂，以及为避免原乐而采取的四种不同方法——这就是下面的断裂。就此言之，每一种话语都表明了源自某一典型的社会联系的某种欲望及欲望的失败。[1]

再下来是四个变项。在拉康的话语结构中，四个位置是不变的，两个断裂也是确定的和必然的，一定意义上说，它们共同构成了所有话语形态的内部逻辑，是所有话语形态的基本运作规程。但拉康的话语结构又像是一个空框，所谓的位置关系只是一种逻辑上的设定，其价值和意义有待话语的真正运作要素来实现，并且正是这些要素占据位置的不同，决定了话语形态的不同。对于这些要素，拉康称之为"变项"（term）。与四个位置相对应，话语结构也有四个变项，拉康以惯用的符号分别将它们表示为：S_1、S_2、S 和 a。需要提及的是，在拉康那里，这些符号或数学型都具有拓扑学的性质，就是说，它们所代表的含义不是唯一的，而是可在不同层面来理解；再有，对于 S_1 和 S_2，拉康现在的标记方式有所变化，即 S_1 代表"主能指"，S_2 代表"所有其他能指"或"知识"，这与他在1960年代

---

[1] Paul Verhaeghe, *Beyond Gender: From Subject to Drive*, pp.24-25.

解释"一个能指对另一个能指表征主体"时的标记方法恰好相反。

在此，S_1被称作"主能指"（the master signifier），所谓"主能指"，实际上就是为其他所有能指表征主体的那个能指，比如宗教话语中的"上帝""魔鬼""地狱"，政治话语中的"自由""民主"，法律话语中的"平等""公正"，经济话语中的"货币""资本""利润"，等等，主能指的一个关键功能就在于意义的缝合，用拉康的话说，它通过"插入"其他能指中来把其他能指扭结、凝定在某个相对确定的意义上，使能指的滑动暂时停顿下来，使其他能指的欠缺暂时被覆盖。拉康说，相对于大他者的领域而言，主能指乃是"界定话语的出发点"[1]。为什么呢？因为主能指标记了主体在话语结构中的位置，因而也标记了主体在话语的社会关系中所占据的位置。

在1950至1960年代，拉康把主能指的角色基本上指派给了菲勒斯能指，而现在，任何一个能指都有可能成为主能指：

> 确实，在一开始，根本不存在任何[主能指]。一定意义上说，所有的能指都是等价的——如果我们游戏的恰恰是每一能指与其他所有能指的差异，且是通过不要成为其他能指。但是，基于同样的理由，任一能指都可以前来占据主能指的位置，这恰恰是因为其可能的功能就是去为另一能指表征主体。这是我一直以来对它的界定。然而，能指表征的主体不是单义的。毫无疑问，主体是被表征的，但也不是被表征的。在这个方面，就其与这同一个能指的关系而言，总有某个东西被隐藏。[2]

这意味着：从理论上讲，主能指的选择是任意的，就是说，对于什么样的能指可以算作主能指，这取决于该能指在能指链的回溯运动中、在话语的意义构成或我们对话语意义的读取中所起的作用，

---

[1] Jacques Lacan, *The Seminar of Jacques Lacan, Book XVII, The Other Side of Psychoanalysis 1969-1970*, p.13.

[2] Jacques Lacan, *The Seminar of Jacques Lacan, Book XVII, The Other Side of Psychoanalysis 1969-1970*, p.89.

而与其本身的指涉内容无关。在拉康的概念中，主能指不指涉任何东西，它只是它自身，它是一个"白痴"，它的使用价值只有在与其他能指结成某种交换关系时才能呈现，换言之，只有当它在意义效果的回溯运动中被置于缝合点的位置时，它才称得上是一个主能指。齐泽克有关所谓"刚性指示符"——实际就是主能指——的一段话可视作对主能指的一个通俗说明：

> 如果我们坚持认为"缝合点"是一个"纽结点"，是意义的纽结之一种，那么，这也并不意味着它是一个"最丰富"的词语，并不意味着它浓缩了它所"缝合"的领域中一切丰富的意义："缝合点"是这样一个词语，作为一个单词，在能指自身的层面上，它统一了既定的领域，构成了自身的同一性；可以说，它是这样一个词语，"事物"自动地指涉它，以在其统一中进行自我识别。让我们以著名的万宝路香烟广告为例：在画面上出现了古铜色的牛仔，宽阔的大草原，等等。当然，所有这些都"暗示"某种美国意象（坚硬的土地，诚实的人民，无限的地平线……）。但"缝合"的结果只有在某种倒置出现时，才会产生。在"真正"的美国人开始把自己认同于万宝路广告所创造的意象之前，在美国被体验为"万宝路国家"之前，这种结果是不会产生的。[1]

正是因为主能指的这一特别的意义聚合功能，使对它的选择变得至关重要，以至于在任何意识形态性的话语中，如何选择主能指来凝定话语的意义，已经不仅仅是一个认知的行为，而且是一个政治的行为和伦理的行为。

接着是 S_2，它属于大他者的领域，代表的是整个能指链或能指的宝库，但也代表在这个能指链中通过主能指的缝合而形成的主体的"知识"——法语中"知识"（savoir）的首字母刚好也是"S"。这里所谓的"主体的知识"不是指主体对自身的认识或主体有关自

---

[1] 斯拉沃热·齐泽克，《意识形态的崇高客体》，第133页。

身的知识——那总是一种想象的同一性——而是指主体在话语结构中通过一个能指对另一个能指的差异性运作而获得的象征性意义或象征的知识,主体的"知识"总是在另一个场景中被结构的。

这自然就涉及 S_1 和 S_2 的关系,现在拉康解释说:

> 该如何定位这一根本的形式?如果你愿意,我们今年干脆以一种新的方式来书写这个形式。去年我把它写作能指 S_1——我们第一步要强调的是,该能指乃是界定话语的出发点——相对于以符号 A 标示的范围即大他者领域的外在性。但是我们要简化一下,直接采用 S_1 和能指的宝库的说法,并用符号 S_2 来标记后者。我所谈论的这些能指都是已然在此的,虽然为了建立话语将要言说的东西,我们把自己置于起始点上。我们把话语视作陈述的状态,把 S_1 视作正在插入的东西。它要插入意指宝库中,所以我们根本没有权利把所谓的知识看作是弥散的,认为它尚未形成一个网络。
>
> S_1 是通过在我们抵达的那个点插入所界定的领域来把某个东西表征为已然被结构的知识领域,就在这个时刻,知识立即会出现。而主体则是它的假定("hypokeimenon"),因为主体所表征的存在特质与活生生的个体是有区别的。后者当然是主体的处所,主体在那里留有它的标记,但它与主体借助知识的状态所引发的东西不属同一层次。[1]

首先,相对于言说主体的构成而言,由众多能指构成的能指总体或"能指宝库"即 S_2 其实都先行地"已然在此",它们都属于他者的领域,S_1——它当然也是"已然在此"的——既属于 S_2,但也外在于 S_2,它是一个能指,但却是众能指集合所错失的东西的能指,是他者之欠缺的能指;但另一方面,相对于主体的言说行为而言,

---

[1] Jacques Lacan, *The Seminar of Jacques Lacan, Book XVII, The Other Side of Psychoanalysis 1969–1970*, p.13.

把主体（代理）置于话语结构的起始位置，把话语视作一种陈述，这只是为了便于呈现话语的结构，而不意味着主体先于能指的领域，甚至也不意味着主体先于其话语的意义效果即知识的领域，因为后者作为无意识的一部分已被先行地写入主体之中。其次，由于能指总体总是已然在此，由于"知识"在大他者的领域也已然被结构，所以为其他所有能指表征主体的 S_1 进入话语的过程实际是对能指宝库的一种"插入"（intervention），而在此被表征的主体相对于其知识而言只是一个"假定"（supposition）的主体，即主体对这个知识其实没有任何决定权，他根本不知道自己在说什么以及为什么说。再者，由于话语的意义效果或者说"知识"是在能指链的回溯运动中构建出来的，这个构建的过程实际是以 S_1 来缝合其他能指的过程，意义一旦产生，S_1 就成为一个特殊的能指，成为其他能指的主导能指，这也就是所谓 S_1 相对于他者领域而言的"外在性"。再强调一遍，S_1 相对于其他能指的主导性不是以其自身价值而必然如此的，恰恰相反，它成为主能指乃是偶然的，是选择和阐释的结果，至于它所谓的"外在性"，既是指它在话语意义效果的回溯中相对于 S_2 或其他能指而言具有的某种逻辑在先性，也指它相对于已然写入他者领域的整个知识结构而言的假定性。

对于 $, 我们已经知道它代表着无意识主体，代表着屈从于象征界的被划杠的主体和分裂的主体，在话语结构中它当然还代表着言说的主体和欲望的主体。前面已经多次强调，对于拉康的"分裂的主体"，需要在最激进的意义上来理解，即它不意指着主体曾经有一个未分裂的完整状态，只是由于语言的介入，这一完整状态才永久地失去了，相反，在拉康那里，主体的完整状态是基于分裂的现状事后追溯出来的，是主体自以为的"曾经"。在他看来，主体并无所谓的"失去"，它原本就是有欠缺的，它就是"失去"本身，分裂不是结果，但也不是原因，它与主体性之间是一种非对称的共生的结构关系，"分裂的主体"的确切含义是：在主体出现的那一刻，分裂就已经在那里了，被画在 S 上的那道斜杠是主体性所内有的构成部分。

最后是作为欲望之因的对象 a，它代表着失落的对象，也代表剩余原乐。在拉康看来，在人类获得语言、成为语言的主体以后，"物"（原初的人与世界的关系，原初的自然状态——它们当然是事后追溯出来的）就被谋杀了，被遗失了，人的欲望从此总是受到能指的牵引去寻找那个原质的存在或非存在，可原本已然失落的欲望对象却是处在语言之外，处在能指的王国之外，它的失落是不可回转的。

为什么 a 在此也代表"剩余原乐"（surplus jouissance）呢？拉康最早使用剩余原乐的概念是在 1968—1969 年的第 16 期研讨班《从小他到大他》上，在那里，他从马克思的剩余价值理论获得启示，提出剩余原乐即是一种无用的、多余的、耗费的原乐，并称幻象公式"$ \$ \lozenge a $"中的"a"就是剩余原乐；紧接着在 1969—1970 年的第 17 期研讨班中，他再次提到了他的剩余原乐概念与马克思的剩余价值概念之间的关联，甚至称剩余价值就是剩余原乐。不妨说，在拉康那里，所谓"a"或"对象 a"是剩余原乐，乃是基于对"对象 a"的功能的理解，即对象 a 作为一种剩余既是无意识的欲望那不可象征化的内核，也是结构欲望与欲望对象的原因，也就是说，这个无用的或无意义的剩余具有一种积累、创造和再生产的功能，就像马克思的剩余价值。

a 作为失落的对象和欲望之因的一个重要功能就是表征欲望的匮乏和不可满足，它也因此成为捕获欲望的机器，主体因它而不断地去欲望，去寻找欲望满足的替代，从而陷入了能指的重复机制。欲望满足的追逐是无止境的，因为主体在原初神话状态所能享受到的那种完整的原乐是不可获得的，它实际上根本就不存在，主体只能最大限度地去追求剩余原乐，不断地渴望更多，不断地要求"再来一次"。可是，欲望满足的寻找只要还停留在象征界，言说的主体只要还在语言中和通过语言来寻求意义与知识，就必定会遇到它的界限，重复机制就显示了主体与那作为界限的东西之间的关系，这个作为界限的东西其实就是对象 a 的另一面，即它的不可象征化的一面、主体总是与它失之交臂的一面。于此，主体在对剩余原乐的追求中必定要陷入一个悖论性的循环：欲望得越多，就越觉不足；所得的满足越多，就需要得越多——这就如同资本家对剩余价值的追求。在第 17 期研讨班中，拉康曾以受分析者与分析师的关系为例解释说：

> 去年我提出"剩余原乐"并非无谓之举，我进而还把这同一个对象描述为这样的东西：在分析中，挫折的整个辩证法就是围绕它组织起来的。这意味着对象的失落也是裂隙，是在某个东西上开出一个洞，而我们并不知道这个东西是不是欠缺在借助知识过程而被定位的原乐中的表征，因为它是作为存在的结果而以完全不同的方式出现的，从此以后，知识被能指玷污了。它还是同一个东西吗？[1]

最后要说一下四种话语形态。如果说四个位置是一个结构的空框，那么四个变项就是填充这空框的东西。在所有四种话语中，构成结构的四个位置是不变的，各个变项则依照某一特定的逻辑次序被配置在相应的位置，由此就形成了不同的话语形态，其结构可分别用下列图示来表示：

主人话语　　　　　大学话语

$$\frac{S_1}{\$} \longrightarrow \frac{S_2}{a} \qquad \frac{S_2}{S_1} \longrightarrow \frac{a}{\$}$$

歇斯底里话语　　　分析家话语

$$\frac{\$}{a} \longrightarrow \frac{S_1}{S_2} \qquad \frac{a}{S_2} \longrightarrow \frac{\$}{S_1}$$

---

[1] Jacques Lacan, *The Seminar of Jacques Lacan, Book XVII, The Other Side of Psychoanalysis 1969–1970*, p.19.

在此，我们可能会提出三个问题。首先，为什么只有四种话语——因为既然是四个变项和四个不变的位置进行组合，那就应当有二十四种话语？在此，拉康有一个重要的设定，就是各个变项之间的逻辑次序是不变的（按照顺时针方向，依次为 S_1、S_2、a、\$），在每一种话语中，各变项都是按照这个次序被配置在空框结构的相应位置，所以最后形成的话语形态就只有四种。

其次，规定话语形态的要素是什么？拉康说，处在起始位置（代理位置）的变项，即这个位置由哪一个变项占据，就构成哪一种特定的话语形态：当主能指 S_1 占据代理的位置时，就构成"主人话语"；当"知识"S_2 占据代理的位置时，就构成"大学话语"；当分裂的欲望主体 \$ 占据代理的位置时，就构成"歇斯底里话语"；当作为欲望之因的 a 占据代理的位置时，就构成"分析家话语"。如果你觉得这样说还不够清晰，那不妨换一个说法：话语的形态取决于言说主体在代理位置的认同，他认同于 S_1 的时候，他的话语就是主人话语，认同于 S_2 的时候，他的话语就是大学话语，以此类推。

进而，拉康把居于代理位置的这个变项称为"主导"（dominant）。但这个"主导"并非"决定"的意思，即是说，这并不意指着话语的结构是由它决定的，它被称为"主导"，只是理论上的一个设定。拉康特别地解释说：

> 所谓"主导"，确切的意思是说：我根本上是用它来标明这些话语的每一种结构，从而让它们相互区分开来，并依据基本变项的各个不同位置来赋予它们不同的名称，如大学话语、主人话语、歇斯底里话语和分析家话语。不妨说，由于我没法对这个变项赋予不同的价值，所以在我称之为"主导"的时候，我是要用它来命名这些话语。
>
> "主导"这个词并不意指着主控权，一定意义上，这种主控权是假定存在的，并且还不确定，尤其是对主人话语而言。

不妨说，人们可以——例如——依据话语的情形把这个主导变项赋予不同的实体。[1]

最后，四种话语之间的关系是怎样的？

拉康的四种话语并无确定的排列顺序，这意味着它们相互之间并不存在一个固定的时间先后关系。但拉康似乎认为它们之间存在一些组合关系或逻辑关系：或是并列的，比如主人话语和大学话语、歇斯底里话语和分析家话语，前一组同属于霸权式的权力话语，后一组则同属于质疑性的批判话语；或是对立的，比如主人话语和分析家话语、大学话语和歇斯底里话语，不过这一对立不是相反或相互否定意义上的，就是说，它们不是那种对称性的矛盾双方，而是莫比乌斯带式的"另一面"，即分析家话语是主人话语的"另一面"，是对主人话语的质疑和切割，但这个"另一面"不可以反过来说，同样地，歇斯底里话语是大学话语的"另一面"，是对大学话语的质疑和切割。

拉康还认为，四种话语之间有某种循环转换的关系。四种话语的结构纯粹是形式上的，故而话语之间的转换也是形式上的。这一转换遵循一个基本规则：四个变项 S_1、S_2、a 和 S 按此顺序顺时针地配置在四个位置，这一顺序在每一种话语结构中是不变的，使每种话语区分开来的乃是占据代理位置的变项；主人话语被视作起始性的话语，S_1、S_2、a 和 S 分别配置在代理、他者、产品和真理的位置，就是说，四个变项最基本（原初）的结构关系与四个位置的关系正好吻合；将主导变项的位置按逆时针旋转——但各变项之间的次序不变——就可以依次得到大学话语、分析家话语和歇斯底里话语。这一旋转继续下去就构成了一个循环，即把歇斯底里话语逆时针旋转，就回到了主人话语；再旋转下去，就开始了新一轮的循环。

这个循环有什么意义吗？是的，在我们看来，它除了是一个纯

---

[1] Jacques Lacan, *The Seminar of Jacques Lacan, Book XVII, The Other Side of Psychoanalysis 1969–1970*, p.43.

粹形式化的游戏以外,并无太大意义:这个循环既不表明话语之间存在某种发展的关系,也没有呈现话语的历史演化——拉康明确地说到,不可以在"历史"或"发展"的意义上来理解不同话语间的转换。可对拉康而言,指出这个循环关系也许可以说明话语的一个重要特征,即虽然各个话语在结构上是相对自足的,但它们内有的"断裂"——不可能性的断裂和无能的断裂——必定会把话语的意义运作引向某个逻辑死结,某个崩溃点,最终导致从一种话语变换到另一种话语。

四个位置、四个变项、两个断裂以及四种话语形态,这些就是构成话语的形式结构的最基本方面。需要再一次强调的是,虽然我在上面多次用传播学的交流模式来对比拉康的话语结构,但这并不意味着我们可以从传播学的角度来理解他的话语理论。实际上,拉康从1960年代对原乐、对象 a、驱力等问题的关注转向话语分析并没有偏离其精神分析学的轨道,他只是换用一种新的方式来重述自己的理论。

那么,拉康究竟想用话语模型说明什么?要对这个问题直接给出一个答案是很轻松的事情,他想要说明的是:主体间的交流是不可能的;主体的欲望满足是不可能的;性关系是不可能的;对真理的全说是不可能的,等等,但要说清楚这一系列的不可能性的逻辑运作却是极其艰难的。下面,我想从能指或知识与原乐的关系这个角度——它实际就是拉康阐述其话语结构的基础——来对拉康的不可能性的逻辑做一说明。

拉康对原乐的思考自一开始就与能指的维度相关联,在1960年代,例如在极其重要的第7期和第11期研讨班中,他大约把这两者视作根本上是对立的,即处在象征秩序中的能指运作(例如父之名)构成了对实在界的原乐(例如对被提升到"物"的位置的母亲的欲望)的禁止,而原乐则被看作对父法的僭越,或者说是通过这一僭越而部分地实现的。而到第17期研讨班讨论四种话语的时候,对于能指与原乐的关系——现在也被称为知识与原乐的关系，因为诸能指的集合 S_2 现在被看作知识的所在，是构成知识的场所——出现了另一种解释。现在，能指被说成构成话语的一个基本要素，话语正是借助能指或者说是和能指一起来阐述原乐的，一定程度上说，拉康精神分析学的话语就是原乐的话语，是有关原乐的话语。

我们不能把拉康的这一转变标记为一种断裂或前后矛盾，因为他对能指与原乐的关系的这两种阐述乃是基于不同的拓扑学矩阵：在 1960 年代是基于象征界和想象界对实在界的运作，主体对母亲的原始欲望因为象征界的禁止而被压抑到不可企达的实在界，成为晦暗的原质之"物"，欠缺的主体只有借幻象的结构在原初对象的幻形即对象 a 中将其召回，只有在那里，主体的原乐意志才能僭越能指秩序的限制而与实在之"物"照面和相遇；而到 1970 年代，"三界"的运作转向了实在界向象征界和想象界的延伸与渗透，对象 a 作为象征界切割实在界而留下的剩余以幻象的形式出现在欲望主体对对象的无尽追逐中，现在，不可能性成为主体性的存在的界限和参照，能指与原乐的关系仍是一种悖论性的关系，即能指一方面是达成（剩余）原乐必需的道路，主体必须借助他者场域的能指来捕捉原乐的踪迹，可另一方面它也是通达原乐的障碍，是导致原初失落的对象的返回最终失败的因素，也就是说，实在界的不可穿透性使能指对原乐的完整捕获是不可能的，它至多只能提供一点剩余原乐。何以如此呢？关键在于能指的重复性质。

能指有一种"坚持"的品质，它固执地要朝向主体之无意识的那个晦暗的内核，那个不可能的原质之"物"，早在 1950 年代，拉康就已经把能指的这个重复同死亡驱力联系在了一起，现在，他把能指的重复视作主体间的知识的构成，并同样把它同死亡驱力联系在一起，"我们在此有死亡驱力，我们在此拥有它，在那里，在我所言说的东西和你之间有某个东西出现了"[1]。同时，他又把引起

---

[1] Jacques Lacan, *The Seminar of Jacques Lacan, Book XVII, The Other Side of Psychoanalysis 1969–1970*, p.16.

知识的死亡驱力同原乐联系在了一起,"知识就是使生命停止在通向原乐的道路的某个界限处的东西,因为通向死亡的道路——这就是问题的关键,它是一种有关受虐淫的话语——通向死亡的道路不过就是所谓的原乐"[1]。就是说,能指的重复或知识的产生乃是由于主体的求原乐意志,由于主体对不可能之物的欲望坚执,正是在这个意义上,拉康甚至说,"所存在的唯一的话语……就是原乐的话语"[2]。这当然不是说原乐是一种元话语——如同元语言不存在一样,元话语也不存在——而是说,没有原乐作为原动力,话语也就不可能发挥其功能,原乐才是构成话语及能指运作的关键因素,"很显然,在话语中,再也没有比关涉原乐的东西更加撩人的问题"[3]。

在此,我们看到了拉康阐述话语的关节点:话语结构的构成离不开能指与原乐围绕着一个剩余、一个"除不尽的余数"(齐泽克语)在言说行为中的循环。根本的一点在于,原乐的追求被设定为欲望主体的命运,可欲望主体已然被他者场域中的能指所刻写,他只能在语言中且通过语言来追逐本已失落的原乐对象,由此便有了能指的重复,所以,拉康说,"重复的必需条件就是原乐。"[4]正是对原乐的追求导致了重复,导致了对快感原则的超越和"颠覆",导致了总想返回到无机界的死亡驱力的循环;正是原乐启动了能指机器的运作,激发了能指重复的激情,而重复的目标既在于原乐本身(通过重复来获取原乐),也是为了阻挡原乐(因为能指总是标记了一种失落,是引起失落的原因),所以重复必定会失败,重复本身就意味着一种失败,不仅如此,重复还会使原初的失落变得更加触目,

---

[1] Jacques Lacan, *The Seminar of Jacques Lacan, Book XVII, The Other Side of Psychoanalysis 1969–1970*, p.18.

[2] Jacques Lacan, *The Seminar of Jacques Lacan, Book XVII, The Other Side of Psychoanalysis 1969–1970*, p.78.

[3] Jacques Lacan, *The Seminar of Jacques Lacan, Book XVII, The Other Side of Psychoanalysis 1969–1970*, p.70.

[4] Jacques Lacan, *The Seminar of Jacques Lacan, Book XVII, The Other Side of Psychoanalysis 1969–1970*, p.45.

重复的能指或能指的重复作为获取原乐的手段恰恰是确证了原乐的根本性失落,换句话说,通过能指获得的知识不仅不能回应那一失落,反而是导致那一失落的原因,并且因为这一失败,原乐的主体只能不断地要求"再来一次",再重复一次,再在失败中努力一次,其结果所引发的就是剩余原乐,在失败中、在愈加失落中享受原乐的欠缺,享受重复的激情/痛苦,这个剩余原乐就是在话语中产生的结果或产品。

重复的目标在于原乐,可是重复并不产生原乐,重复产生的是知识,是主体对作为主体性的"我"的确认,并且这一确认是在一个能指为其他能指表征主体的过程中出现的。这里的"一个能指"其实就是主能指,通过该能指表征出来的并不是主体的全部,从失败的角度说,它表征的只是主体的剩余,是主体原初失落的对象,因为主体在主能指那里所能确认的只是对象的某个"单一特质"(unary trait),主体对这个单一特质的认同乃是其他能指或众能指的集合缝合到主体身上的结果。

在此我们看到了拉康对弗洛伊德的一个迂回性的返回,那就是弗洛伊德在《群体心理学与自我的分析》(1921)一文中对认同概念的阐述。在《群体心理学与自我的分析》中,弗洛伊德尝试思考群体认同的政治,在那里,他特别地指出,认同作为对所认同的对象的一种模仿在许多时候只是选择吸取对象的某种"单一特质",例如我们模仿名人在演讲时富有个人特色的语调或表情。弗洛伊德认为,这种认同点的形成与群体成员之间在某一重要方面具有共同的情感性质有关,与力比多投注的转移有关。拉康采纳了弗洛伊德的"单一特质"概念——虽然在后者那里这甚至都算不上是一个概念——并把它同主体的构成以及主体与原乐的关系联系在一起。拉康认为,在弗洛伊德那里没有受到重视的"单一特质"实际上标记了能指的源头,标记了知识的根源。单一特质作为认同点的出现与对象的失落有关,即主体通过认同对象的某个单一特质而让自己占据失落的对象的位置,以此来获得一种补偿性的替代满足。这就是说,能指或知识与原乐的关系根本上与主能指所指向的原初的对象失落有关,所谓能指的重复实际是围绕着主能指标记的单一特质展开的,"在此,这一知识揭示了它的根源就在于这样一个事实,即它是在重复中且是以单一特质的形式作为开端而成其为原乐的手段的"[1]。

问题的根本在于,原乐的丧失是原本就存在的,是在主体进入象征界之前就已经被铭写到了父法秩序中的,现在通过重复的引入,我们看到,失落的对象以"对象 a"的形式出现在了那个失落的位置,而我们也正好是在这个位置看到了原乐获得的可能性和不可能性。

拉康指出,通过能指的重复、通过由单一特质缝合出来的知识而标记给主体的剩余原乐作为一种剩余价值相当于热力学中所说的"熵"(entropy),意思是:能指的重复所产生的原乐作为一种剩余原乐并非充分的快感享受,而是快感的不足,是快感的耗费,就像热力学中只耗费能量但却不做有用功的熵一样。拉康说:

> 事实上,只有通过这一熵的效果,通过这一耗费,原乐才能获得一个地位并显示自身。这就是我为什么起初引入它的时候要用"Mehrlust"即"剩余原乐"这个术语。恰恰是通过在失落的维度来进行想象——想象有某个东西是补偿所必需的,如果可以这样想象,不妨说是对原初作为一个负数的东西的补偿——这个前来撞击墙上的钟并发出回声的某个东西创造了原乐,可以被重复的原乐。只有熵的维度可以显示一个事实,即在那里可以发现剩余原乐。
>
> 并且这就是使功、做功的知识变得必要的维度,因为不论那知识是否知道,它起初就是源于单一特质,且由此也是源于可能作为能指被阐述的一切。这就是原乐的这一维度赖以建立

---

[1] Jacques Lacan, *The Seminar of Jacques Lacan, Book XVII, The Other Side of Psychoanalysis 1969–1970*, p.48.

的基础。[1]

我们知道，热力学中的熵的概念包含两层意思：能量的损耗和能量守恒，其结果将导致封闭的热力学系统比如做功的机器的崩溃。在拉康的理解中，能指系统是一架机器，知识就产生于这架机器的运作，没有能指，就不可能有知识，而维系这个机器运作的能量就是原乐，原乐是能量，能指则是一架享乐的机器。如同机器的运作必定包含能量的损耗一样，能指的运作也涉及能量的损失，即原乐的损耗，能指机器也会产生一种熵，因为能指是对原乐的禁止。但这一禁止是不可能彻底的，原乐的损耗必定会产生一个剩余，一个剩余原乐。能指是对原乐的设限，但它的运作又有赖于被它限制的东西。这就是拉康的原乐的热力学，在这里，损耗总被某个东西、某个副产品所补偿，但这个东西与所失落的东西是不一样的，因为热力学中的能量损耗是不可逆的，已经失落的就不可能原样返回，被损耗的原乐最终只能作为剩余被恢复，话语作为建立社会联系的纽带，其根本的任务就是去配置这种剩余。

也是基于这一原乐的热力学，拉康对能指的重复给出了这样一个解释：

能指在两个层面重复：S_1，还是 S_1。

S_1 是水坝。第二个 S_1 倒过来是水库，它蓄水并推动涡轮运转。能量守恒的意义不过就是意指主人权力的设备的这种标记。

在下落过程中收集的东西必须保存起来。这就是第一定律。

不幸的是，有某个东西在这个间隙消失了，或者更确切地说，无法让自己返回、恢复到起点。[2]

---

[1] Jacques Lacan, *The Seminar of Jacques Lacan, Book XVII, The Other Side of Psychoanalysis 1969-1970*, p.50.

[2] Jacques Lacan, *The Seminar of Jacques Lacan, Book XVII, The Other Side of Psychoanalysis 1969-1970*, p.80.

这到底是什么意思呢？在这里，第一个 S_1 指的是使知识得以可能的主能指，它的"插入"可以让能指链的滑动暂时地停顿下来，所以它就像水坝，可以拦截欲望的原乐追求。第二个 S_1 表面上看是第一个的重复，实际上两者是分离的，因为能指在运作中、在原乐的损耗中会产生残余，第二个 S_1 只是以重复的姿态来处理这个残余，让那个剩余原乐发挥效用，变成保存能量的设备。所以 S_1 的重复是由副产品的生产来支撑的，并且为了让能指的运转继续下去，就必须不断重复地处理那个剩余。

总之，在拉康的理解中，虽然能指是原乐的手段，但每当能指做功的时候，其所产生的只是熵，只是无用的剩余原乐，这就是能指的效果施加于言说性的存在的命运。拉康提出四种话语结构就是想要说明这一点。

二 主人话语和大学话语

下面我分成两组来讨论拉康的四种话语。先是主人话语和大学话语，它们同属于霸权式的话语。

首先是主人话语：

$$\frac{S_1}{\$} \longrightarrow \frac{S_2}{a}$$

在这个结构图中，处在代理位置的是主能指 S_1，处在他者位置的是由诸能指的集合构成的"知识" S_2，主体在代理的位置向他者发出话语，并通过用 S_1 的单一特质去缝合 S_2 来确认自身的存在，但这个由主能指表征出来的主体本质上是一个有意识的陈述的主体，在这个主体的下面或者说背后乃是那个被划杠的分裂主体 $\$$，它正好处在不可知的真理的位置。另外，$S_1 \to S_2$ 的能指运作也是主能指 S_1 向已然在此的知识领域的一种"插入"，是被表征的陈述主体渴望在他者领域获得自身同一性的"知识"的过程，但这个运作具有一种"不可能性"，陈述主体自以为处在他者位置的主体——他者主体——

是能知的主体，自以为通过他者主体可以获得对自己的知，可这是不可能的，因为他者主体所提供的不过是一个由对象 a 构成的幻象。他者并不能提供给主体完整的知，它至多只能提供某种半知，这种无能使能指机器最终只会不断生产出对象 a，而这个对象 a 是无法让分裂的主体享受到充分的原乐的。主人话语的这个结果正好表明：$ \$ \Diamond a $ 即主体想通过对象 a 来满足原乐追求是不可能的。

拉康的话语分析为什么要从主人话语开始——他甚至把主人话语视作起始性的话语，是"主导"话语？拉康说，这样做并非偶然，其理由有三：

第一，历史的原因。不仅这种话语的结构运作是历史上最早出现的——例如在苏格拉底与奴隶的论辩中、在耶和华的诅咒中——而且它也是较早被阐述的——例如黑格尔对主奴关系的论述；尤其是，它还是后来出现的大学话语的先导——在这个意义上，后者又可称为"现代化的"主人话语。反正这一切都显示了主人话语的历史重要性。

第二，结构的原因。在结构的层面上，这个话语的四个"位置"与四个"变项"正好按标准顺序匹配：S_1 处在代理的位置，S_2 处在他者的位置，a 处在产品的位置，而 $ \$ $ 处在真理的位置。变项的结构与话语的基本形式结构正好吻合，所以它也构成了对话语的"主导"意义的一种说明。

第三，功能的原因。主人话语的结构运作可导向其他的话语形态。例如，主体对他者"知其然"（know-how）的知识的欲望导致了"知识型"（episteme）的出现，进而导致科学知识或者说被结构的知识领域成为"主导"变项，大学话语由此出现；而随着科学话语的出现，分析话语也作为主人话语的"另一面"而产生出来，因为正如拉康一再强调的：无意识的主体就是科学的主体；同样地，主人话语在通过我思转变成大学话语的时候，也会遭遇到歇斯底里话语的质疑，因为我思既呈现又缝合了言说主体与陈述主体之间的分裂，我思的主体即是那个被划杠的无意识主体，他将在这一呈现与缝合的运动中占据话语结构的主导位置。

为什么称这个结构图式是主人话语？这需要从拉康对黑格尔的阅读说起。可以说，拉康的主人话语乃是对科耶夫所阐释的黑格尔主奴辩证法的一种重写，并且是一种精神分析化和形式化的重写，黑格尔主奴辩证法的结构性要素——主人与奴隶、确认与主体性、享受与劳动等——在此以一种极其抽象的方式铭写在四个数学型所构成的结构图示中，以至于有人称在第 17 期研讨班中黑格尔的辩证法本身就构成了"精神分析学的另一面"[1]：也许黑格尔在无意识中就是一个拉康派，只是他并不知道而已；或者拉康根本上就是一个黑格尔主义者，虽然他并没有公开这么说。

但同时，我们也应当注意到，在拉康的主人话语与黑格尔的主奴辩证法之间做这样的类比只具有纯形式的意义，归根结底，黑格尔肯定不是拉康主义者，而拉康也不是地道的黑格尔主义者。与其说是黑格尔构成了精神分析学的另一面，不如说是拉康构成了精神现象学的另一面，换用拉康描述康德同萨德的关系时使用的逻辑关系式来说，黑格尔与拉康之间存在着一种非对称的对称关系，拉康的精神分析学构成了黑格尔辩证法的真理，其对主体的统一性的倾覆、对绝对知识的消解、对他者功能的倒置性运用，既是基于黑格尔辩证法的缝合力量，但也呈现了这个辩证法之于主体性的构成的淫秽本性，拉康的挪用一定程度上就是要打开黑格尔的辩证法被绝对精神的运动所封闭的这一淫秽维度。

我们先看一下主人所处的位置。在主人话语中，主能指 S_1 作为缝合其他能指的第一能指占据着代理的位置，占据着话语的主导权。但正如前面对主导位置或"主导权"的解释已经显明的，主人在此被确认为主人，纯粹是因为他占据了这一位置，他被服从不是因为

---

[1] Mladen Dolar, "Hegel as The Other Side of Psychoanalysis", 参见 Justin Clemens and Russell Grigg(eds.), *Jacques Lacan and The Other Side of Psychoanalysis*, Durham and London: Duke University Press, 2006, p.130.

他真的比别人勇敢，比别人更有智慧，也不是因为他可以给别人带来福利，而只是因为他在进入与他人的关系时处在了 S_1 的位置，只是因为他被他人确认为主人，如同法的权威并非来自法本身自称的正义或公意——法本身并不能证明自己具有绝对的正义或体现了绝对的公意——而只是因为它被社会确认为每个个体必须遵守的东西一样。拉康说：

> 在主人话语中，居于主导地位的位置由 S_1 占据着。如果我们称它为"法"，就可以用它去说明有着巨大主观价值的事，并肯定可以为大量有趣的材料打开方便之门。例如，确切地说，法——我指的是成文的法，是给我们提供庇护之所的法，是构成法律的这个法——与在别的地方借正义的名头谈论的东西当然不是等义的。相反，这个法因其权威性源自正义这一事实而来的含混性和陷阱恰恰就是一个关键，我们的话语借此也许可以更好地说明其真正的威力究竟在哪里，我的意思是那些使含混性得以可能并使之出现的东西就在于，法首要的是某个被铭写在结构中的东西。根本没有制定法律的万全之策，不论是不是出于善意和正义，因为可能有的是结构的法则，是这些法则使法总是在我于主人话语中称作主导的这个位置被定位为法。[1]

拉康如此强调主人地位的结构性特征，意在说明主人与主能指（master signifier）——我们不妨将其称作"主人能指"——之间的悖论性关系，即一方面主人是话语的发送者，是使言谈得以开始的一个必要条件，可另一方面主人又只是一个代理，主能指发挥作用不是因为它的内容，而是因为它的话语触发机制，主能指本身是没有意义的，它代表的恰恰是意义的欠缺。主人/主人能指之所以能处在主导的位置，不是因为他/它具有什么特别的内在品质，甚至

---

[1] Jacques Lacan, *The Seminar of Jacques Lacan, Book XVII, The Other Side of Psychoanalysis 1969–1970*, p.43.

也不全是因为他/它具有实质性的支配权,而只是因为他/它在话语结构中被指定在了主导的位置。

我们知道,在黑格尔那里,自我意识只有通过相互确认来实现,一个人成其为主体是因为有另一个主体如此确认了他的地位,就是说,另一个主体假定的先行在场乃是主体性得以确立的一个前提。在拉康的阅读中,他者的这一先行在场被解读为他在性结构的在场,是居于主体间的第三方的先行在场,主体间关系的可能性与不可能性皆由此而来。

在黑格尔的辩证法中,那个确认主人地位的另一个主体就是奴隶,拉康将其置于主人话语的他者位置,这个他者既指相对于主体而言的他在性结构,也指作为另一个主体处在这个结构中的他人。同时,拉康也把这个位置标记为 S_2 即"知识"的场所。前面已经说了,S_2 作为"知识"乃是主体借主能指与他者场域中的其他能指缝合的结果,是主体在他者那里认同的意义效果。正是由于主体与能指的这一缝合,知识与原乐之间带有悲喜剧色彩的辩证法就在此上演。

在黑格尔的主奴辩证法中,奴隶在确认之战中因为死亡的恐惧而不得不臣服于主人的统治,以自己的劳作去为主人生产享乐的物品,就是说,主人让奴隶去劳动而自己沉溺于享乐之中,奴隶不得不放弃享乐而在劳动中、在与物打交道的过程中来使自己获得教化,这样,自我意识的真理最终站在了奴隶的一边。拉康在《主体的倾覆和欲望的辩证法》(1960)一文中曾总结说,按照黑格尔的享乐与劳动的辩证法,奴隶是出于死亡的恐惧而不得不"放弃享受"去接受劳作,并以此获得了通向自由的道路,可拉康进而说,再也没有比这一理性的狡计更具诱惑力的了——不论是在政治上还是在心理上——黑格尔的观点恰恰暴露了其辩证法的不足,因为在享乐与劳动的辩证关系中,正是"奴隶更容易获得原乐,原乐使劳动保持在奴役状态"[1]。这意思就是说,主人的所谓享乐实际是自我意识

---

[1] Jacques Lacan, *Écrits*, p.686.

的一种自欺,当主人满足于由他人提供的有限快感时,他实际就放弃了更大的快感追求,放弃了身为主体的求原乐意志,而奴隶因其在他人那里获得确认的欲望受阻而被迫不断地寻求确认,寻求快感的满足,他越是感到享乐不足,他就越是欲望享乐,就越是觉得别人享受得更多,所以他放弃享乐的行为恰是为了生产享乐,是对享乐的生产,对求原乐意志的生产。如果用剩余原乐的观点来说,享乐的放弃恰恰是剩余原乐的生产,对享乐的否定最终产生的是一个剩余,是更多的享乐要求。因此,所谓"奴隶更容易获得原乐",就是指奴隶所放弃的其实只是那一点点的快感满足,而这一放弃激发了他更为强烈的求原乐意志,他获得了一种剩余原乐,一种在劳作中产生并使他去接受劳作的享乐,所以拉康说"原乐使劳作保持在奴役状态"。在第17期研讨班中,拉康继续发挥了他的这一思想,他说:

> 我称这个奴隶是 S_2,但你在此也可以用"原乐"这个术语来指认他:首先,他并不想放弃它;其次,他确实想要放弃它,因为他用劳作来替代它,而劳作并非它的等价物。[1]

所谓"不想放弃它",指的是奴隶不想放弃"原乐",这当然是就奴隶作为一个仍在欲望原乐的主体说的,而所谓"想要放弃它",指的是放弃"享乐",即奴隶为保全生命而不得不以劳作替代享乐。但这个劳作不是原乐的等价物,因为它生产原乐,生产剩余原乐。可是,拉康现在说,这并不意味着奴隶可以占据真理或"绝对知识"的位置,因为奴隶生产的剩余原乐最终必要被主人掠夺和窃取,被主人转换为剩余价值加以享用,奴隶终究无法获得原乐的满足且只能继续沦入被奴役的状态,他终究只是给主人话语的循环提供工具和资源。至于主人,他窃取奴隶生产的剩余原乐并不意味着他可以

---

[1] Jacques Lacan, *The Seminar of Jacques Lacan, Book XVII, The Other Side of Psychoanalysis 1969–1970*, p.170.

享受到更多、更充分的原乐,因为他总是把那个剩余原乐转换为剩余价值,总是想要积累更多,总想让它进入下一轮的循环,就像一个悭吝人一样,他积累越多,所享受的就越少。拉康把劳动和原乐的这一系列辩证转换称作"芭蕾舞""小步舞",它贯穿于人类历史和文化发展的始终,黑格尔置于历史之终点的那个用以补偿我们的"绝对知识"固然是"绝对的和毋庸置疑的",但决然不是"完整的"[1],它不过是历史中之主体的一个幻象,是主人对于自身位置的一个错觉,其真正的效用在于给奴隶的求原乐意志提供一个诱惑、一个参照:他把主人位置的这一原乐享受视作自己辛苦劳作和放弃原乐的可能酬劳,视作对他终将成为主人的一种承诺,甚至是他将来可以用来对主人实施报复的一个口实——可悖论的是,奴隶正是被这个诱惑和参照所迷惑而一次又一次让自己安于既有的奴隶位置。

由此我们也可以看到主人话语中知识与原乐的关系。构成知识的整个意指链 S_2 处在他者的位置,这也是奴隶所占据的位置,就是说,它也代表着奴隶的知识。但在这个语境中的所谓"知识"并不是智慧,奴隶只是"知其然",他只是知道如何按照主人的命令去做事,但对于这"知识"本身究竟是什么、究竟对他意味着什么,他一无所知,他甚至都不知道自己是有知识的,他只知道为了表示对主人的服从自己该做什么。那么主人有知识吗?没有,主人只知道通过占有奴隶、强迫奴隶去为自己劳动而"窃取、诱骗、偷得奴隶的知识"[2],他甚至没有知的欲望,"一个真正的主人……不想知道任何东西——他只想要事情完成。并且他凭什么非要有所知?有比这更有趣的事情"[3]。主人/主能指是一个白痴,知识不属于主人而是属于服从

---

[1] Jacques Lacan, *The Seminar of Jacques Lacan, Book XVII, The Other Side of Psychoanalysis 1969-1970*, pp.170-171.

[2] Jacques Lacan, *The Seminar of Jacques Lacan, Book XVII, The Other Side of Psychoanalysis 1969-1970*, p.21.

[3] Jacques Lacan, *The Seminar of Jacques Lacan, Book XVII, The Other Side of Psychoanalysis 1969-1970*, p.24.

主人的人。因而，主人的话语总有一种根本性的无知；它只是以无条件的方式宣讲出来，要求别人无条件地遵从，以显示发话者的绝对权威。所以，在主人话语的公式中，上方的"$S_1 \rightarrow S_2$"所表示的不可能性根本上指的是作为代理的主体与能指宝库所指示的知识之间的不可能性。

进而，在公式的下方，左边是被划杠的主体，表示代理的隐秘的真理，表示从代理位置发出音信的主体只是一个被划杠的存在；右边是对象 a，代表主人的权力话语在奴隶那里且通过奴隶的"知识"而产生的效果或"产品"。两者都被置于横杠的下方，既表示主体无法认识到自身的真理，所以它是被划杠的，也表示这一被划杠的主体和剩余原乐之间无法建立起真正的关系，拉康解释说：

> 在主人的话语中，由于剩余原乐一直被安置在那里，所以在或多或少成为像主人这样一个角色的欲望之因的东西——通常，他对那东西毫无理解——与构成其真理的东西之间没有任何关系。事实上，在这里，在下方有一个阻隔。[1]

主人自己并不工作，也没有"知其然"的知识，他只是发布命令，只是动动嘴皮子就让一切都运转起来去为他做工，然后他再来窃取，窃取他人的劳动产品，窃取他人"知其然"的知识，窃取那一知识运作的"剩余"，可这一剩余根本无法抵达真理的位置，无法让窃取知识的主人确知自身的存在，如他的欲望之谜、他的无意识真相，也无法让他获得真正充足的原乐。相反，由他者提供的那一点点无用的剩余原乐只会让主人备感快感的不足，从被划杠的主体那创伤性的内核里总是会发出一种声音："再来一次""再多一点"，可每一次这个询唤的声音都只会把他带到更大的不足当中，就像拉康所说：

---

[1] Jacques Lacan, *The Seminar of Jacques Lacan, Book XVII, The Other Side of Psychoanalysis 1969-1970*, p.108.

当我说到在主人话语中知识最初占有的场所是在奴隶的方面时,除了黑格尔有谁指出过奴隶的劳动产生的是主人的真理?而且毫无疑问,那真理是对他的驳斥。[1]

主人总是自以为是,主人总是颐指气使,主人总是坐享其成,主人总是偷窃窝赃——主人为此而生,可最终也必定是为此而死。如果说这些就是拉康所揭示的主人的欲望追求的真实/真理,那么主人的话语则不过是为掩盖这一真实而拉起的一块虎皮,是他为虎作伥的手段,是他为掩饰自己的蠢相而假借的口实。最终,只有奴隶的劳动可以揭开这个假面,可以尽显主人所竭力掩藏的主体之空洞,用拉康的话说——不只是拉康这么说,正如他所明示的,黑格尔已经这么说了;其实在黑格尔之后的马克思也这么说了——奴隶是主人的真理,而那真理就是对主人地位的倾覆。这就是拉康所揭示的主人话语的政治学维度。

接下来是大学话语。将主人话语的数学式逆时针旋转就得到了大学话语:

$$\frac{S_2}{S_1} \longrightarrow \frac{a}{\$}$$

我们必须记住拉康阐述大学话语时的语境。

1969—1970年的第17期研讨班是拉康移师巴黎法学院后的首期研讨班。这是他的研讨班第二次更换地点,我在第五章已经描述了这次事件的过程。按照一些人的说法,1969年拉康被逐出巴黎高师,部分是因为校方认为1968年学潮期间拉康曾在高师的研讨班上煽动学生。这个猜测究竟有多大的真实性——比如拉康有没有真的煽动学生造反,以及高师驱逐拉康是不是真的出于这个理由——我们无从知晓,即使拉康真的有过煽动,那也很难说他是出于对资本主义制度的仇恨。不过,高师的驱逐倒是真的激发了他以怨报德的求原

---

[1] Jacques Lacan, *The Seminar of Jacques Lacan, Book XVII, The Other Side of Psychoanalysis 1969–1970*, p.51.

乐意志，这一次他的确进行了煽动，让学生到校长办公室示威抗议。而真正的煽动还在后面，在接下来的第 17 期研讨班上，拉康就向大学建制发起了一次"总体战"，同时也不忘借机向高师泄愤，比如他用"高等师范学校"（the École normale supérirure）的三个首字母"E.N.S"调侃说，那不过就是一个"enseigner"（从事教学）的场所[1]，而在他眼里，所谓的"教学"，所谓传道授业者的功能，不过就是一个"角色"，一个"可以占据的位置"，一个毫无疑问可以带来某种"声望"的位置。[2]这意思就是说，那不过是让一副臭皮囊显得高贵无比的场所，它实际上与所谓的学识毫无关系。至于学生，他们不过是大学建制的牺牲品，是大学创造的剩余价值，学生到这里来不过是为了挣点学分、混个文凭、弄顶帽子把自己的匮乏遮盖起来，就像他于1969年底在文森大学的一次演讲中以一种激进的革命腔调说的：

> 你们乃是大学的产品，而你们也证明了自己是剩余价值，尽管也仅仅因此……你们才离开这里，你们把自己等同于或多或少的学分。你们来到这里就是为了给自己挣点学分。你们离开这里也贴着"学分"的标签。[3]

很显然，在这里，拉康把满腔的怒火都倾泻到了大学身上。不过我们不要以为他只是发泄一下就完事，在第 17 期研讨班中，他还把大学话语嵌入资本主义制度对其做一种政治学的分析。在这一分析中，我们真正地看到了 1968 年学潮期间遍布巴黎街巷的那种革命腔调，这个时候的拉康真的有煽动的嫌疑。毫无疑问，高师的驱逐在他身上留下了一道难以抹平的创伤。

---

[1] Jacques Lacan, *The Seminar of Jacques Lacan, Book XVII, The Other Side of Psychoanalysis 1969-1970*, p.17.

[2] Jacques Lacan, *The Seminar of Jacques Lacan, Book XVII, The Other Side of Psychoanalysis 1969-1970*, p.42.

[3] Jacques Lacan, *The Seminar of Jacques Lacan, Book XVII, The Other Side of Psychoanalysis 1969-1970*, p.201.

但是，对于拉康的这些带有马克思主义修辞的貌似革命的言论，我们还需要在另一个层面来思考，那就是精神分析学作为一种"科学"与大学的关系，对此时的拉康而言，这尤其关系到他的培训分析或教学分析在大学中的位置。

前面我也已经提到（参见第五章第三节），1968年学潮后，法国精神分析运动以人们始料未及的方式迅速地渗入社会生活的许多方面，以至于在巴黎形成了一种所谓的"精神分析文化"，在电视上，在报纸中，在人们的日常言谈中，不论身份，不论职业，也不论谈论的对象，精神分析学的术语俯拾即是。在这一新的形势下，法国精神分析共同体面临着一个亟待解决的问题：精神分析学作为一种知识和技术该如何适应社会的需要，如何在知识与技术普及的过程中又不致危害到共同体的权威和利益？

不过对拉康而言，真正面临的问题还不是如何去应对"五月风暴"之后精神分析学的这种大众化和世俗化，而是如何处理精神分析学与大学建制的关系。就在拉康对大学话语和大学建制发起猛烈攻击的同时，拉康派的精神分析学却在一所大学赢得了国际精神分析运动史上少见的一席之地：那就是1968年学潮后政府教育部门新创办的文森大学，精神分析学在这里获得了一个系级建制的地位，并由拉康的弟子全面把持，而拉康本人则以"导师／主人"的身份当然地被邀请到文森大学宣讲和布道——所以，在第17期研讨班一开始，拉康就告诉他的听众，他在法学院的教学不再像往常那样每周三都举行，而是每月会有两个周三要到文森大学做所谓的"即席演讲"。那么，该如何处理精神分析教学与大学建制的关系呢？如果因为这一结盟而牺牲掉精神分析教学的独特性，那显然有悖于拉康的宗旨。所以重要的是改变教学的话语形态，让精神分析教学的言说向古希腊时代的"学园"传统靠拢，也就是说，虽然主体不可能有先在的自由，虽然主体在社会和文化界域中的异化不可避免，但精神分析学——至少拉康自称按照"学园"模式建立的巴黎弗洛伊德学派——

应承诺让人得到更多的自由,应该让身处建制之中的主体明白建制的局限,以其精神分析化的言说来逾越既有的话语程式。拉康把大学话语列入四种话语的体系中来讨论实际也是为了把大学的教学当成精神分析教学的"另一面"来加以思考。

如果说大学话语是一种权力话语,那么拉康本人在其教学中究竟多大程度上与这个话语保持了足够的距离呢?他自己不是经常以绝对的主人/导师自居吗?他不是一有机会就向他的学派成员宣示自己的绝对权威吗?拉康特别喜欢在他的理论中引入悖论,实际上他自己就是一个悖论,他总是以打倒一切权威的方式来宣示自己的权威性,他总是在集合论的意义上把自己当作全集以外的"特例"——不是空集,而是非空集。在第17期研讨班中,我们就看到了他的一段自称玩笑话的真话:"我不是大学话语的一部分。我是一个小小的分析家,一个自一开始就被拒斥的石头,尽管在我的分析中,我已成为奠基石。只要我起身离开座椅,我就有权散散步。那属于另一面,被拒斥的石头成了一块奠基石。也可以反过来说,奠基石要散散步。这甚至就像是我可能有机会使事态发生改观。如果奠基石离开了,整个大厦就会坍塌。有些人就是被这一点触犯了。"[1]中国的社会管理者喜欢把麻烦制造者、拒不服从者、揭制度疮疤者称为"茅坑里的石头"——又臭又硬,拉康就把自己认同为这样的石头,意思是,若不是有这样一块石头,你的干净又从何而来呢?若不是有这样一块石头,你的奠基又该从哪里开始呢?

下面看一下大学话语的结构。

在大学话语中,居于代理位置的是 S_2,表示话语的主导权现在落到了拥有知识的主体手上,并且这个知识不再是奴隶的那种只"知其然"的知识,"在主人话语中 S_2 被置于奴隶的位置,而在现代化的主人话语中它被置于主人的位置……这不是同一种知

---

[1] Jacques Lacan, *The Seminar of Jacques Lacan, Book XVII, The Other Side of Psychoanalysis 1969-1970*, p.109.

识"[1]。与主人话语的主人只是掠夺他人的知识不同，大学话语的主体现在公然宣称他对所拥有的知识还知其所以然，并因他的这一特权而居于话语的主导位置。毫无疑问，大学的话语是一种精英话语，大学的政治是一种精英政治，至少在理论上说大学是由假定配得上其位置的专家凭借其知识来实行统治："S_2占据主导的位置，乃是因为这一命令、指挥、指令的位置，这一先前由主人把持着的位置，现在为知识所占据。"[2]当然，处在这个代理位置的主体不一定只有大学的教授，它应当还包括为知识的生产、传播及评价等制定政策的大学管理者及管理机器——不过在中国，至少在当下的情境中，大学只是"管理者"的大学，而不是"有知识者"的大学，也许可以说，在中国的大学里，是两种话语的并存：一方面，管理者与知识生产者之间的关系更接近于拉康所讲的"主人话语"中的主奴关系，在这个意义上我们的大学话语是一种主人话语，所以在我们的大学里，只有知识的生产者，只有生产所谓的"知识"——充其量是只知其然而不知其所以然的"半知"——的工匠，而没有精英，没有单单凭借学识就可以横行于世的真正权威，看看我们的大学讲坛上充斥的那些滥竽充数者、教材生产者和论文剽窃者，看看我们的大学里那些"课题"专业户制造出来的山寨学术，你就知道这还是一些没有职业道德的工匠；但另一方面，我们的大学也存在拉康所讨论的那种大学话语的结构，比如它把学生当作剩余价值进行生产，它打着中立、客观的"知识"的旗号去为支撑它的权力做合法性的论证，它只追求剩余价值的量的积累，而根本无视价值和意义的真实，它貌似强调程序的合理性，而实际只是主人意志的滥用。

拉康说，大学话语是主人话语的一种"现代"形式，即它们都是一种用权力支撑起来的话语，只是权力发挥其效能的方式和位置

---

[1] Jacques Lacan, *The Seminar of Jacques Lacan, Book XVII, The Other Side of Psychoanalysis 1969-1970*, p.35.

[2] Jacques Lacan, *The Seminar of Jacques Lacan, Book XVII, The Other Side of Psychoanalysis 1969-1970*, p.104.

发生了变化。在主人话语中,权力就在主人手中,就依附在主能指的上面,它以一种自我彰显的方式向奴隶宣讲着自身的权威,它毫无遮掩地要求奴隶无条件地服从。而在大学话语中,"知识"(S_2)占据了代理的位置,就是说,言说的主体或者说话语的发送者现在被假定为有知识的人,并且这不再是那种只知其然的知识,而是一种纯粹的知识,一种纯理论的知识,一种以所谓的"中立"立场宣讲出来的普遍知识,所以其权力的运作要更为隐蔽,也更为危险,就像我们在大学话语结构图的左边所看到的,"真理"的位置现在恰好被代表着权力的主能指 S_1 占据着。这意味着,"权力"被隐藏了,操控知识的"权力"现在处在幕后,维系话语的政治维度被假定为中立、客观、基于事实的知识屏蔽了,所以知识的代理即学术权威们现在可以公然地宣称他们的知识是源于主体自身的一种自由、客观和理性的选择,他们的权威不再是靠颐指气使的指令来维系,他们的判断不再是基于自我的幻象,而是基于他们纯粹的理论论证。

总之,在拉康的政治学中,如果说主人话语代表着西方前资本主义时期的统治阶级话语,那么大学话语所对应的就是现代资本主义话语——拉康在某个地方把他那个时代的"国家社会主义"也纳入了这个范围。在这个意义上说,科学和医学建制的话语、教育和政府治理的话语、商业的话语、技术和组织的话语等都属于大学话语,因为它们都是建立在现代官僚制基础上的话语。拉康说:

> 可以确定地说,现代的主人话语并不具有古代的主人话语的结构,因为古代的[主人]被安置在这个大写的 M 所指示的位置,而现代的[主人]被安置在左边被大学授予博士帽的位置。我可以告诉你这是为什么。在此占据我们暂且称作主导的位置的——是这个 S_2,它所体现的不是一切东西的知识(knowledge of everything)——我们还没有达到这个程度——而是全知(all-knowing)。我们可以把这理解为只是作为知识被确证的东西,

一般地说，这就是所谓的官僚制。[1]

从话语结构的形式上看，古代主人所处的位置被主能指 S_1 所占据，这意味着主人直接就是发号施令的人，他直接向他人（奴隶）发出一个指令或讯息，他人说，"我知道了"，然后就去执行和实施；现代主人所处的位置则被知识 S_2 所占据，那些获得了博士帽的人，被认为是拥有全知（all-knowing）——系统的知识——的人，代表权力的 S_1 则被博士帽所覆盖，它隐藏在博士帽的下面操控着知识的运作。"全知"并不是对一切的知，而是对事情的全面的知，它甚至都不是具体的知识本身，它实际是一套被认为具有普遍性和客观性的知识规则，是一种知识型或知识结构，现代主人不过是知识的代理，当然也是支撑这一知识的官僚制的代理，所以在现代知识的运作中，权力显得更为隐蔽。

作为主人话语的现代形式，在大学话语中 S_1 和 S_2 的位置的挪移并不只是简单的位移，其所带来的是知识与权力的关系的改变：在主人话语中，知识直接服务于权力，所谓的知识根本上就是对权力的知识；而在大学话语中，知识获得了自主自足的伪装，知识貌似超然于权力之外，但这并不能改变其作为权力话语的本质，即它最终仍是为权力服务的。

> 你已经看到了构成主人话语的真正结构的东西。奴隶知道的东西甚多，但他更为了解的是主人想要的东西，尽管主人自己对此一无所知——这是常规的情形，否则的话，他就不成其为主人。奴隶知道主人想要什么，此乃他身为奴隶的功能。这也是他的功能能够发挥作用的原因，因为它实际上一直都在发挥作用。
>
> 全知移入主人的位置，这个事实并不能尽显事情的真相，

---

[1] Jacques Lacan, *The Seminar of Jacques Lacan, Book XVII, The Other Side of Psychoanalysis 1969–1970*, p.31.

而只是使问题的关键即真理变得更加晦暗。在这个位置出现了一个主人的能指,这究竟是怎么回事?因为这恰恰就是主人的S_2,它最为简要地揭示了事情何以处在了知识的新暴政之下。这正是使如下情形变得不可能的东西:在历史运动的进程中,正如我们可能一直希望的,真理的本质将会出现在这个位置。[1]

至于他者的位置,现在被对象 a 占据着,这意味着大学话语的社会联系源自主体想用纯粹的知识来捕获对象,这个对象是大学话语的欲望之因。可它究竟欲望什么?在此拉康把大学话语同资本主义建制联系在一起,视大学话语是资本主义话语,是资产阶级主体的话语,是一种市场话语,其所欲望的根本上只是剩余价值,所以芬克解释说:"在此知识询唤剩余价值(资本主义经济的产品,其所采取的形式就是一种失落或从劳动者那里榨取的价值),并使它合理化和合法化。"[2]

从大学本身的角度说,作为对象 a 占据他者位置的当然就是学生:"在我有关大学话语的描述中,a 处在什么样的位置?告诉你们,处在大学话语中受剥削者的位置,很容易辨认,他们就是学生。"[3]学生是大学知识的欲望对象,也是引发大学知识运作的欲望之因,是大学机器所追求的剩余价值。大学知识与学生之间的关系不再是奴隶与知识的关系:学生被假定为有欠缺的存在,它——只能是这个"它"——不拥有奴隶那样的"知其然"的知识,相反,它是知识询唤或质询的对象,比如你在大学里经常会听到从"知识"那里发出的这样一种声音,"继续努力吧!加把劲吧!知道得更多一些

---

[1] Jacques Lacan, *The Seminar of Jacques Lacan, Book XVII, The Other Side of Psychoanalysis 1969–1970*, p.32.

[2] Bruce Fink, *The Lacanian Subject: Between Language and Jouissance*, p.132.

[3] Jacques Lacan, *The Seminar of Jacques Lacan, Book XVII, The Other Side of Psychoanalysis 1969–1970*, pp.147-148.

吧！"[1] "知道得更多一些吧！"这就是那个指令的主能指，是拉康称作"水库"的 S_1，其功能在于为知识的重复或再生产积蓄能量，或者说是为了在学生当中激起一丝涟漪，让学生安心于做知识的小 a，把学生变成"学生小 a"（the a student）或"问学者小 a"（astudied）：

> 在那些擅敢自称人文科学的科学领域，我们赫然看到"学而不倦"（Continue to know）这个指令激起的一丝涟漪。实际上，正如在其他所有带着四条腿的小方形或图示中看到的，在此在右上方总是有一条腿在做工——由此使真理得以显现，因为这就是工作的意义。在主人话语中，这个位置为奴隶所占据，在科学话语中，是为学生小 a 占据着。
>
> ……
>
> 如果我把这个词引入我们的词汇中，我就有更多机会去让拖把（the floor mop）改头换面。"astudied"在人文科学的方面更有说服力。学生觉得自己就是"astudied"。他之所以是"astudied"，因为像所有工人一样——要有所回报就必须服从别人的命令——他必须有所产出。[2]

把学生称为"学生小 a"或"问学者小 a"，既表明"它"只是知识以及权力的欲望对象，也表明"它"只是一个剩余，是知识和权力所追求的一种剩余价值，还表明"它"和市场上的工人一样，是被剥夺者，是以自己的被剥夺而进入生产的链条的，就像马克思所说，工人的自由是被剥夺的自由，是一无所有的自由。再有，与主人话语中主人是通过窃取、掠夺奴隶的劳动成果来获得剩余原乐不同，在大学话语中，居于他者位置的"对象 a"直接地就是知识的剩余价值或剩余原乐，就是说，学生自身并不是原乐的享用者，他

---

[1] Jacques Lacan, *The Seminar of Jacques Lacan, Book XVII, The Other Side of Psychoanalysis 1969-1970*, p.105.

[2] Jacques Lacan, *The Seminar of Jacques Lacan, Book XVII, The Other Side of Psychoanalysis 1969-1970*, p.105.

的原乐是他者的原乐，是被掠夺的原乐，他虽然居于原乐的位置，但他实际只是剩余原乐的一个"仿制品"（imitation），是剩余原乐的一个"假象"（semblance），知识与作为对象的他者之间根本无法建立起有效的联系，结果，大学话语的产品只能是分裂和异化的主体，因为这个主体不过是剩余原乐的"假面"，他貌似获得了知识，可来自知识代理的那个"学而不倦"的律令只会让他感到：他知得越多，就越觉得自己无知，他在不断的求知中欲望的快乐越多，就越觉得自己享受的少。也就是说，在大学话语中，就原乐的方面而言，多即是少。而这也意味着在分裂的主体与占据真理之位的主能指之间是一种不可能的关系。拉康说：

> 大学有什么用？这要视每个时代而论。随着主人话语的遮盖物完全被揭去，大学话语发现自己就处在光天化日之下——同时又认为自己并没有受到动摇或被完成——但在目前，它正在遭遇一系列的困难。这些困难只能在学生现在所处位置涉及的密切关系的层面来考察，即在大学话语中，学生通常以多多少少伪装的形式处在认同这个对象 a 的位置，可这个位置究竟能生产什么？不过就是在右下角出现的被划杠的 S。
>
> 这就是问题。一个主体出现了，从这个产品中出现。什么样的主体？无非就是一个分裂的主体。这种只限于生产教师的简约化让人越来越不能容忍，目前的情势已让这一点大白于天下……所生产的东西——这就是所谓的大学危机——在这个公式中已经显明。[1]

下面要说一下从主人话语到大学话语的结构转换。刚刚已经说过了，这一转换与外部的历史事实无关——虽然拉康对其做了某种历史化的关联——而只是基于话语内有的结构矛盾，就是说，在拉

---

[1] Jacques Lacan, *The Seminar of Jacques Lacan, Book XVII, The Other Side of Psychoanalysis 1969–1970*, p.148.

康那里，每一话语的内部运作总是具有向另一种话语转换的倾向。例如，在主人话语中，主人占有和窃取奴隶的知识，但他关注的并非知识本身，他根本不想对知识有任何了解，他所关心的只是发出指令，让别人去将其付诸实施，以生产更多供自己享乐的知识或产品，知识与行动在此陷入了一种僵局，这实际也就是 $S_1 \rightarrow S_2$ 的不可能性；为了解决这一僵局，更确切地说，是为了掩盖并继续维系这一僵局，主人开始把窃取来的知识纯粹化，而且把它置于代理的主导位置，以论证其主人权力的合理性和合法性，这样，权力获得了一个纯粹知识的假面，权力的直接发布变成了幕后无所不在的操控，此一运作最终导致了大学话语的出现，大学话语成为"现代"的主人话语，它是主人话语的现代版。

从结构形式上说，把占据主人话语的四个位置的变项逆时针旋转 90°（但四个变项的顺序不变），就得到了大学话语。这似乎纯粹只是一个形式的游戏，但拉康却在这个转换中敷设了一系列结构性的场景，以电影蒙太奇式的剪接手法把它们组合在一起，通过对基本叙事元素——比如主人话语中的两种能指和与之相对应的两类主体——的关系的重新配置，使叙事的语义在结构内部发生变异。

正如在前面已经看到的，拉康对主人话语的阐述乃是以黑格尔的主奴辩证法为叙事模型，在那里，奴隶起初因为死亡的恐惧而不得不放弃确认的欲望去为主人劳作，为主人生产享乐的物品，但是奴隶并不想放弃原乐的追求，他拥有"知其然"的知识，他可以用这个知识去生产原乐，可以通过与物或对象直接打交道而让自己得到"陶冶"，让自己所渴望的主体性得到实现。黑格尔据此认为，在主奴关系中，在因确认的欲望而引发的一个自我意识与另一个自我意识之间的战争中，最终获胜的不是主人，而是奴隶，是奴隶最终获得了自身的真理，走上了通向自我解放的道路。可是拉康说，黑格尔描述的这一自我解放的道路是一个骗局，是黑格尔自己说的那种"理性的狡计"，因为黑格尔在其劳动与享乐的辩证法中没有看到劳动不等于原乐,劳动只是生产享乐的物品,换言之,对奴隶而言,它只是生产剩余原乐,并且这一剩余原乐还要被主人所攫取和掠夺,成为主人进行原始积累的剩余价值。主人话语右边的数学型"$\frac{S_2}{a}$"已经明确地说出了知识与原乐之间这一不可能的或者说非对称的关系。

可以说,知识与原乐之间的这一不可能的关系乃是主人话语的死结,是导致主人话语失败的根本原因。这一关系不仅关涉着奴隶的方面,也关涉着主人的方面。从主人的方面说,主人只知道掠夺和侵占奴隶的知识以及通过这一知识生产出来的产品,对于这个知识本身,他什么也不知道,也根本不想知道。但是,拉康进而说,为了把掠夺来的知识转换成剩余价值,转换成更具效力的权力话语的资源,主人还是对其进行了一定的加工改造,那就是把奴隶的"知其然"的实践知识转变成一种纯粹的理论知识,一种"知识型"(episteme),哲学——亚里士多德指认为主人在闲暇时从事的一种活动或游戏——就在这一转变中出现了。

那么,主人是如何把掠夺和剽窃来的奴隶的知识转变为纯理论的知识的呢?为了说明这一点,拉康引入了柏拉图的对话《美诺篇》中那个著名的场景:为了说明知识不可教,而是通过灵魂的回忆获得的,苏格拉底叫来一个童奴,以所谓提问的方式使这个童奴逐渐回忆起他原本拥有的几何知识。了解希腊哲学史的人都知道,柏拉图的这个对话实际是对智者派的学习理论的批评,当然也是对自己的知识论的一种阐述。而拉康阅读的不是这一内容的方面,他阅读的是苏格拉底的提问技术:主人提出问题——主人的问题,奴隶按照提问已然给出的思路做出回答,再由主人把答案归约为一些定理。拉康说,这一以嘲笑为主导的提问方式的一个至为可笑之处在于:其"真正的事务或目标就是要让人知道奴隶是有知的,但却只能以此种嘲笑的方式来承认这一点,而隐藏于其中的东西仅仅就是在知识的层面上对奴隶的功能进行掠夺"[1]。拉康的意思是，主人的知识原本是从奴隶那里掠夺来的，现在他却以定理的形式并以知识的主人的姿态通过提问和引导把那一知识归还给奴隶，以让奴隶更加心悦诚服地安于自己的奴隶位置。如同《美诺篇》中苏格拉底对童奴的几何学知识的成功诱导所表明的，主人回馈到奴隶那里的知识已经是一种普遍的理论知识，奴隶对这一知识的分享只能是加深他所处的臣属地位，这就是主人话语的运作所内有的一种政治维度，也是哲学话语得以出现的政治维度：

> 哲学在其整个演进中所表明的东西是什么？不过就是通过主人的操弄来窃取、诱骗、偷得奴隶的知识。[2]

拉康说，其实奴隶并不缺乏把"知其然"的技能知识转变为用语言网络阐述的理论知识的手段，问题的关键在于那一阐述机器本身是可以被传送的，它可以从奴隶的口袋传送到主人的口袋，然后再假借主人的名义回传给奴隶。拉康把这个阐述机器称为"知识型"。拉康并没有告诉我们他的这个概念是不是借自福柯的《词与物》——福柯在1966年参加过拉康的研讨班，那时他的讨论"知识型"的《词与物》（1966）一书正在市场上热销——但他的理解与福柯明显不同，他从政治的维度把"知识型"解释为"使某人处在正确的位置"的东西，如此便可以"使知识成为主人的知识得以可能"："知识型作为可传送的知识的整个功能……总是借自劳力者或者说农奴的技术，那实际上就是提取这一知识的本质，以此使它成为主人的知识。"[3]哲学就是这种知识型，哲学在历史中的功能就是对奴隶的知识的这种"提取"，其目的无非是要把奴隶的知识转换为主人的知识。

---

[1] Jacques Lacan, *The Seminar of Jacques Lacan, Book XVII, The Other Side of Psychoanalysis 1969–1970*, p.22.

[2] Jacques Lacan, *The Seminar of Jacques Lacan, Book XVII, The Other Side of Psychoanalysis 1969–1970*, p.22.

[3] Jacques Lacan, *The Seminar of Jacques Lacan, Book XVII, The Other Side of Psychoanalysis 1969–1970*, p.22.

有关哲学话语得以产生的这一政治学维度，拉康在第 17 期研讨班中不厌其烦地提到，其目的无非是想以此为跳板来完成从主人话语到大学话语的结构转换，比如在下面这段文字中：

> 奴隶，正如我已经强调的，在开始是知识。主人话语的演进即在于此。哲学扮演了构建主人的知识的角色，后者是从奴隶的知识中提取的。科学，如同它时常显明的，恰恰就在于这一功能转换……
>
> 不妨说，在知识中确实存在一个难题，那就是知其然与严格意义上的所谓知识型之间的对立。知识型是从对知识的一种质询、一种纯化中构建的。哲学话语表明，哲学家在每一次转向中都要以它为参照。他提问奴隶，他论证后者有知，进而证明说他知道后者所不知的，这一切并非无谓之举。某人显示他有知只是因为他能正确地发问。这就是引发移置的道路，其结果便是我们的科学话语时常处在主人的一方，而恰恰这一点是我们无法主导的。[1]

哲学成为无知的主人的自我包装术，主人借哲学而成为一个能知的主体，一个仅凭其知识而享有特权的主体。主人窃取奴隶的知识 S_2，然后把它置于 S_1 的主导位置，让 S_2 和 S_1 重合在一起，而形成一种福柯意义上的知识-权力和权力-知识。同时，在这一过程中，主人还把从奴隶的知识中提取的知识普遍化和中立化，使其成为一种纯理论的知识，一种与奴隶的知识已经完全不同的知识，主人的这种知识经过进一步纯化就变成了大学话语中的科学知识。从这个意义上说，哲学话语乃是大学话语的先导。

虽然哲学话语是大学话语的先导，但在拉康的理解中，这两者并不完全等同：哲学话语终究还是"古代"的主人话语，大学话语

---

[1] Jacques Lacan, *The Seminar of Jacques Lacan, Book XVII, The Other Side of Psychoanalysis 1969-1970*, pp.148-149.

却是"现代"的主人话语。具体地说,单从知识的层面看,哲学话语或主人话语与大学话语之间的不同主要体现在三个方面。

第一,"知识"的形式不同。在哲学话语中,主人的"知识"是亚里士多德意义上的"理论"知识,是主人从奴隶的知识中抽取的抽象的定理,并且这一理论知识是建立在古代的原始和谐的宇宙观之上的,是建立在存在一个"整一"的幻象之上的,所以它本质上是一种想象的知识。而在大学话语中,居于主导位置的"知识"已经是科学的知识,是一种形式化和数学化的知识,一种以开普勒和牛顿的离心化的宇宙观为基础的知识,这一知识不再是抽象的,而是纯逻辑的。拉康说:

> 唯有借助某个非抽象的而是纯逻辑的真理的游戏,唯有借助一种严格的组合游戏——其唯一要从属的条件就是,那在原理名义下的规则必须总是被给定的——科学才能被建构出来,在这里,科学不再需要这样的假定,即知识的观念总是意味着——比如——无言的两极化,意味着知识的东西想象的、理想的统一,在那里,不论人们给予其什么样的名称,例如"反映",都总能看到两个原则即男性原则和女性原则的意象,而且总是含混不清。[1]

第二,"知识"获取的方式不同。在哲学话语中,"知识"是主人凭借其权力或权威从奴隶那里掠夺来然后再回返到奴隶那里的,就是说,这是一种"错误地"获得的知识。而在大学话语中,科学知识的获得是源自笛卡尔的"我思",源自这个"我思"对包括亚里士多德的"定理"在内的一切知识的普遍怀疑或进一步纯化,也就是说,大学的知识是一种反思性的知识,一种自诩为批判性的知识,大学话语的出现与科学时代的到来具有某种同步性。拉康说:

---

[1] Jacques Lacan, *The Seminar of Jacques Lacan, Book XVII, The Other Side of Psychoanalysis 1969-1970*, p.159.

  只有当某个人——不妨说——第一次借着拒斥这一错误地获得的知识这种行为去从 S_1 与 S_2 的紧密关系中得出主体的功能的时候——我说的是笛卡尔，对于他的工作，我相信我可以清楚地说明，其实，有许多人已经讨论过了，我并不是丝毫不同意他们的观点——科学才诞生了。[1]

  第三，"知识"的宣讲方式不同。在哲学或传统的主人话语中，知识是以命题的形式、以不容置疑的权威命令的方式返回到奴隶那里的，而在大学话语中，知识因为有一个非人格化的官僚制度作为支撑，所以其宣讲方式往往是判断、评价和归纳，并且声称自己是中立的、客观的、严谨的。

  可是，拉康说，根本就不存在所谓中立、客观的知识，现代的反思性知识并非纯洁的，它根本上是建立新的霸权话语的工具，是为霸权的位置提供合理性和合法性证明的手段，确切地说，大学话语的霸权恰恰是现代性的一种症状，是官僚主义的言语行为的最典型表征。主人话语也是一种霸权话语，一种权力话语，在这一点上，大学话语与它是一样的，所不同的在于，主人话语的权力及权力实施是外显的，是强制性的，是暴露癖的，而大学话语的权力是隐藏的，是被其知识的所谓中立性和客观性所遮蔽的，其权力的操弄更具策略性，所以它的实施要更为有效，也更具危险性。若是用福柯的概念说，大学话语所表征的反思的、现代性的社会是一个"规训"的社会，规训的机器无所不在，它不仅操控着现代社会的一切组织，而且操控着所有主体的日常生活，它以管理的口实渗透到我们生活的每个角落，令处在这一机器之中和机器之外的每个个体都焦虑不已。

  正如拉康反复地强调的，大学话语并不只是发生在大学这一专事知识生产与知识传播的建制当中，它根本上意指的是一种社会联

---

[1] Jacques Lacan, *The Seminar of Jacques Lacan, Book XVII, The Other Side of Psychoanalysis 1969–1970*, p.23.

系的结构,一种与现代性相关联的社会组织形态,其最典型的体现就是资本主义和国家社会主义或极权主义,可是,这一不相兼容的两者如何被统摄到同一种话语结构中呢?对于这一点,齐泽克有一段十分清晰的解释:

> 大学话语作为现代性的霸权话语有两种存在形式,其内在的张力("矛盾")就在这两种形式中得以外在化:一种是资本主义,其被整合的过剩的逻辑、其体制的逻辑就是通过不断的自我革命来完成自身的再生产,另一种是官僚制的"极权主义",对它的理论化有着不同的伪装,如技术的统治、工具理性的统治、生态政治的统治以及"行政化的世界"。确切地说,这两个方面如何相互关联呢?我们不要受到引诱去把资本主义简约为技术统治这一更为根本的本体论态度的单纯表象,而是应当依照马克思主义的模式强调资本主义把剩余整合到制度功能当中的逻辑乃是一个根本的事实。斯大林式的"极权主义"则是资本主义的摆脱了其资本主义形式的自我推动的生产性的逻辑,而这也是它失败的原因:斯大林主义是资本主义的症状。斯大林主义内含有总体知识、有计划的社会生活透明性以及生产总动员的基质,还有它的暴力性的净化和妄想狂,所以它是"被压抑的东西的一种返回",是一个被全面组织化的"行政社会"的谋划所内有的"非理性"。这意味着那两个层面——就其恰好是同一枚硬币的两面而言——根本上是不兼容的:根本没有一个元语言可以使我们把统治的逻辑回译为资本主义的通过过剩进行的再生产,反之亦然。
>
> 在此关键的问题在于两种过剩的关系:被整合到资本主义机器中的经济过剩/剩余作为一种力量驱使它进入永久的自我革命中,而权力操弄的政治过剩则是现代权力所固有的(表征物高于被表征物的体制过剩:对其主体负责的合法的国家权力由无条件的权力操弄的淫荡的音信所增补——法律无法真正地

约束我,我可以对你做我想做的一切,我可以像对待一个罪人一样对待你——只要我想这样;我可以毁了你——只要我这么说了)。[1]

其实,拉康把大学话语和资本主义联系在一起,并不是基于某个历史事实的关联,比如大学的出现与城市资本主义的崛起的联系,大学的知识生产方式与资本主义生产方式的联系,而是基于两者在"文化逻辑"上的一致性,即它们对剩余价值和剩余原乐的渴望。如同资本主义假借自由的名义通过剥削工人的劳动来最大限度地追求剩余价值一样,大学则是打着传播纯粹知识的旗号通过把学生当作对象 a、当作生产剩余原乐的残渣来加以盘剥;如同在资本主义的逻辑中,工人付出的越多,其所获就越少,进而就需要付出更多一样,在大学中,一个悖谬的知识逻辑就是,学生所获(知识)越多,就越觉自己的拥有不足,进而渴望获得更多,于此就有了大学话语中知识和原乐的悖论性关系。拉康挪用马克思的剩余价值理论解释说:

> 马克思在剩余价值中所谴责的就是对原乐的掠夺。不过,这一剩余价值是剩余原乐的一件纪念品,是剩余原乐的等价物。"消费社会"的意义就来自这样一个事实,即使其成为加引号的"要素"的东西,那被描述为人的东西,变成了我们的工业所生产的剩余原乐的同质等价物——简言之,是剩余原乐的仿制品。
>
> 进而,照此可以理解,人们只能去充当剩余原乐的假面——这吸引了许多人。[2]

是的,在一个知识建制化的时代,主体除了去充当剩余原乐的

---

[1] Slavoj Žižek, "*Objet a in Social Links*", in Justin Clemens and Russell Grigg(eds.), *Jacques Lacan and The Other Side of Psychoanalysis*, pp.108-109.

[2] Jacques Lacan, *The Seminar of Jacques Lacan, Book XVII, The Other Side of Psychoanalysis 1969-1970*, p.81.

假面，还能做什么！在建制机器的规训中，每一个主体都不过是机器所追求的剩余价值，其所享受的都只是他者原乐的剩余，是自身的根本性匮乏，因为那匮乏是他唯一拥有的，就像马克思所说的，工人的所谓自由就是一无所有的自由，是被剥削的自由。就此言之，拉康对资本主义话语的批判的确是做到了对资产阶级主体的真理/真相的"半说"。

三 分析家话语和歇斯底里话语

按照拉康逆时针旋转的方法，紧接着大学话语的就是分析家话语：

$$\frac{a}{S_2} \longrightarrow \frac{\$}{S_1}$$

在拉康对四种话语的阐述中，分析家话语显然处于更为显著的位置，所以有人把它放在四种话语的最后来讨论。的确，按照拉康"另一面"的逻辑，歇斯底里话语是大学话语的"另一面"，分析家话语是主人话语的"另一面"，同时主人话语和大学话语同属于霸权式的话语，而歇斯底里话语和分析家话语同属于批判性的话语，故而把分析家话语放在最后来讨论似乎也具有某种合理性。不过，最后的并不就是最终的或终极的，在拉康的理解中，分析家话语也不过是众多话语中的一种话语，而且还不是最终的总体性话语，就像拉康自己说的，精神分析学并不是那种声称可以解决大千世界的一切问题的世界观。

作为一个精神分析学家，拉康把分析家话语置于显著位置是可以理解的，他甚至说，"分析家话语是其他三种话语的完成"[1]，但他紧接着又说，"事实上，分析家话语完成的是90°的移位，其他三种话语由此被结构。不过这一事实并不意味着它可以解决其他

---

[1] Jacques Lacan, *The Seminar of Jacques Lacan, Book XVII, The Other Side of Psychoanalysis 1969–1970*, p.54.

三种话语,可以让一方通达到另一方。它不解决任何问题"[1]。这意思就是说,四种话语之间是循环的关系,但这个循环不是纯粹从一个过渡到另一个,而是每一个的结构内部已然隐含了另一个的可能性,每一个必定意味着另一个,所有的话语在出现之初就已然处在循环之中:能指、他者、知识;能指、他者、知识……这种循环往复不过就是原乐向能指机器的不断插入,是失落于实在界的对象借着能指和知识无休止的重复。分析家话语之所以构成一种"完成",只是因为它把目标直接指向了欲望和原乐,使我们可以从象征界的因果链条中滑脱,让重复和循环暂时停顿下来。分析家话语不是最终的话语。它只是使重复暂时叫停,可旋转运动还会继续重新开始。

在分析家话语中,占据代理位置的是作为欲望之因的对象 a,拉康解释说,这指的是"分析家使自己成为受分析者的欲望的原因"[2],即分析家作为代理出现在这个位置不是为了自己,不是为了把自己设定为他人的欲望对象,因为这个位置根本上是一个伦理的位置,是对主体即受分析者的欲望——那不过就是他者的欲望——进行质询的位置,分析家占据这个位置首先就要对自己的欲望——那同样是一种他者的欲望——进行清空处理,把自己还原为空无,还原为纯粹的欲望存在,以召唤主体采取精神分析化的行为,激发主体去面对自己的欲望的真理/真相:

> 对分析家且只对他而言,所宣讲的就是我反复地评论的那个表述,即"Woe s war, soll Ich werden"(在它所在的地方,我必在那里生成)。尽管分析家力图占据左上方这一决定其话语的位置,可他绝对不是为了自己而出现在那里。正是在那里,在剩余原乐、他者的原乐的所在,那个提供精神分析行为的"我"

---

[1] Jacques Lacan, *The Seminar of Jacques Lacan, Book XVII, The Other Side of Psychoanalysis 1969–1970*, p.54.

[2] Jacques Lacan, *The Seminar of Jacques Lacan, Book XVII, The Other Side of Psychoanalysis 1969–1970*, p.38.

必要到来。[1]

显然,这与两种权力话语十分不同。主人话语和大学话语都是以肯定性的腔调对他人言说:主人从权威的立场言说,告诉你应当做什么;大学从专家的立场言说,告诉你为什么应该做。分析家(以及歇斯底里者)则是从否定的立场言说:在分析家话语中,分析家扮演的是纯粹欲望主体的角色,他把自己作为受分析者的对象 a,质询对方"你究竟想要什么",并告诉对方"我不是你所欲望的"。"我之所是"是一个空无,"我"只是一个剩余,是一个不出声的僵尸,一个沉默的对话者。"我"来到这里不是为了向你宣讲,而只是为了倾听,听你倾诉,听你自由地联想,听你说出闪现在你心头的一切,不论它们听起来有多么的荒诞不经。因此,分析家在主导的位置宣讲的只是他的沉默、他的言语的缺席,即便在他真正言说的时候,他也不是作为主人或导师去发出自己的声音,他所要做的是去阐释受分析者的声音,阐释出现在对方话语中的那些口误、那些犹疑不定、那些无意间的表情流露、那些梦一般的思绪,帮助对方阐述自己的欲望,"解除"或"软化"失落在实在界的那些创伤性硬核。

处在他者位置的受话者是分裂的主体。分析家以他的沉默、他的简短的阐释质询这个主体:"你究竟想要什么?"在分析家的质询和询唤之下,主体的意识与无意识之间的断裂渐渐地显示出来,并被缝合在某个点上,某个主能指上,某个他以前从未意识到的新能指上。这个新能指可能是一个专名,也可能是一种疾病甚或一次偶发事件,正是它在主体的心理结构中留下了创伤的因子,正是它的坚执引发了主体的症状,而主体对于它的存在一无所知,它被压抑了,被留在了横杠的下面,现在,在分析家的质询之下,它作为话语的产品呈现出来,经过分析家和受分析者自己的阐释,它被带进了与其他能指的关系网络。拉康说:

---

[1] Jacques Lacan, *The Seminar of Jacques Lacan, Book XVII, The Other Side of Psychoanalysis 1969–1970*, p.53.

对受分析者而言——他就在那里，在 S 那里——内容即是他的知识。我们处在那里为的是在他知晓一切的地方指出他并不知道他知晓一切。那就是无意识之所是。对精神分析师而言，隐在的内容在另一边，在 S_1 那里。对他而言，隐在的内容就是他要给出的阐释，就此言之，我们在主体那里发现的并不是这种知识，而是被加于它之上以赋予其一个意义的东西。[1]

对受分析者 S 而言，他所知的只是他能够说出的，是在他的言语中、在他的梦境中以显意的内容呈现出来的一切，但他并不知道他所知的并非他真正的知，并非他的无意识知识，他也不知道他真正的知即他的无意识知识就在他的言说、他的口误、他的梦境、他的症状中已经显示出来，一句话，他的无意识知识既在他之中，也在他之外，在他的意识的彼岸，在他无法抵达的 S_1 那里。分析师的功能就在于对受分析者所提供的知的材料进行当面的对质和阐释，帮助受分析者找出隐含/暴露在材料中的矛盾点和冲突点，让主能指在那里对材料进行锚定和意义的缝合。

那么，分析师凭借什么来对受分析者的材料进行阐释呢？从图示上看，那就是隐藏在分析家下方代表着知识的"S_2"，它现在占据着真理的位置。进而，这个 S_2 究竟是什么样的知识？对于这个问题，拉康的回答并不十分明确。在一个地方，他说："在他[分析师]的那一方出现的是 S_2，出现的是知识——不论他是从倾听受分析者来获得的这一知识，还是那知识是已然获得的和可定位的——在一定层面说，它限于就是分析的知其然。"[2] 在此拉康把 S_2 说成"分析的知其然"，这很容易让人误以为它就是分析家知道如何处理病人的症状的知识，是分析家已然获得的专业知识。可如果 S_2 是这样

---

[1] Jacques Lacan, *The Seminar of Jacques Lacan, Book XVII, The Other Side of Psychoanalysis 1969–1970*, p.113.

[2] Jacques Lacan, *The Seminar of Jacques Lacan, Book XVII, The Other Side of Psychoanalysis 1969–1970*, p.35.

的知识的话，那岂不表明分析家话语也只是一种大学式的霸权话语，分析师只是利用其已有的知识，利用医学机构制定的那些诊断参数来对受分析者的症状进行描述和分类。拉康显然不会认同这样的说法，因为在他看来，那些已然铭写在此的专业知识说到底还是象征界的产物，是象征界的知识，用我们的话说，它们只是"死"知识。所以，紧接着上面那段话的下面，拉康特别地解释说，如同主人话语中的 S_2 与现代主人话语即大学话语中的 S_2 并不是同一种知识一样，分析家话语中的"知其然"与奴隶的那种"知其然"也不是一回事。

分析的"知其然"不是奴隶的"知其然"，也不是大学的"知识型"，它处在真理的位置，而真理对所有的主体而言都是一个谜，它总是只能被半说，"谜的功能意味着它是一种半说"[1]。虽然只是半说，可这毕竟还是一种"说"，拉康把这种"说"称为"阐释"："作为真理的知识——这可以界定我们称作阐释的东西的结构。"[2]这就是说，处在真理位置的这个知识的本质不在于它的"知其然"，而在于它对分析师的言说行为的某种结构功能，拉康解释说：

> 如果我不厌其烦地强调言说与陈述在层面上的差异，那是要借此显明谜的功能。谜最有可能就是那样，就是一种言说。我托付给你的任务就是把它变成一种陈述。尽你的所能把它挑拣出来——就像俄狄浦斯所做的那样——这样你就可以得到结果。那就是谜的关键所在。[3]

在另一个地方，他更明确地把分析家话语中处在真理位置的这个知识指认为"神话"，并特别解释说，这是列维-斯特劳斯意义上的"神话"，即作为语言学的一个分支的神话，"我的意思是说，

---

[1] Jacques Lacan, *The Seminar of Jacques Lacan, Book XVII, The Other Side of Psychoanalysis 1969-1970*, p.36.

[2] Jacques Lacan, *The Seminar of Jacques Lacan, Book XVII, The Other Side of Psychoanalysis 1969-1970*, p.36.

[3] Jacques Lacan, *The Seminar of Jacques Lacan, Book XVII, The Other Side of Psychoanalysis 1969-1970*, pp.36-37.

人们对于神话给出的最严肃的论说乃出自语言学"[1]。我们知道，在列维-斯特劳斯那里，所谓的"神话"主要不是指具体的神话故事，而是指神话作为一种结构：神话是一个结构系统，是人类的野性思维的一种象征性表达。野性思维——那实际就是一种无意识之思——对原始人类来说是一个谜，所以他们总是用相互矛盾的两个关系组即神话素来象征性地结构神话的叙事，拉康则把这个象征性的表达理解为真理的一种"半说"："把关系组——正如他[列维-斯特劳斯]界定神话时说的，那是关系束的问题——相互联系起来的不可能性得以被克服，或者更确切地说，被一个断定所取代，即相互矛盾的两组关系是同一的，之所以这么说，就因为每一方，和另一方一样，都是自相矛盾的。总之，半说是真理的每一种言说的内部法则，其最佳的体现就是神话。"[2]很显然，在此，拉康把分析家的知识理解为一种知识型，一种对其"真理/真相"依然处在半说状态的言述结构。

拉康曾称分析师对受分析者而言是"假定能知的主体"，受分析者去到分析师那里就是因为他假定分析师能知道他的问题之所在。从这个意义上说，分析家话语中的"知识"也可以被理解为作为对象 a 的分析师的假定的知识，这个知识处在真理的位置表明它乃是分析师发挥其功能的基础，是分析情境中移情作用的基础。可是，这终究只是受分析者想象分析师所具有的一种"假定能知"，是分析师的言语在陈述层面的"知其然"，而在这一假定能知的背后，在分析师的陈述背后，隐藏着的却是分析师的无意识之谜。分析师为了让他的话语能抵达到受分析者那里，恰恰必须清空自己已然的知识，必须去面对自己的半说的功能，或者说必须像苏格拉底那样自知无知。就此言之，分析家话语中的 S_2 既指分析师在受分析者那

---

[1] Jacques Lacan, *The Seminar of Jacques Lacan, Book XVII, The Other Side of Psychoanalysis 1969-1970*, p.110.

[2] Jacques Lacan, *The Seminar of Jacques Lacan, Book XVII, The Other Side of Psychoanalysis 1969-1970*, p.110.

里的假定能知,也指分析师自己的无意识之谜,分析的过程既是分析师质疑受分析者的话语的过程,也是他质疑自己的知识的过程,以拉康的话说:

> 实际上,在分析话语的这一建制中——那是移情的源头——引人注目的,有人认为他们听到了我这么说,不是分析师被赋予了假定能知的主体的功能。如果受分析者被允许自由地言说——这恰恰是他接收这一自由的方式——那是因为我们承认他可以像一个主人一样即像一个傻瓜一样言说,但这不会产生在真正主人的情形中一样的结果,因为那是假定可以导向知识。这是有关分析师的知识,他在事先就成为受分析者深思熟虑的产物,就是说他使自己成为担保者,成为人质——因为他作为这种产物最终注定要成为一个失落之物,注定要从分析过程中被清除。[1]

也正是基于这样一种社会联系,所以,在分析家话语中,作为产品的主能指与作为真理的知识之间显然不可能达成统一,就是说,产品和真理之间有一种不可能性。拉康对此还给出了一个解释,他说:

> 真正的原因如下:原乐分离了主能指——就人们喜欢把它归之于父亲而言——与作为真理的知识。如果我们看一下分析家话语的图示,就能在我所描画的三角中看到由原乐引出的障碍,即在作为主能指被生产的东西——不论它采取何种形式——与知识自由支配的领域——因为它是作为真理处在这一位置——之间的障碍。[2]

---

[1] Jacques Lacan, *The Seminar of Jacques Lacan, Book XVII, The Other Side of Psychoanalysis 1969–1970*, p.38.

[2] Jacques Lacan, *The Seminar of Jacques Lacan, Book XVII, The Other Side of Psychoanalysis 1969–1970*, p.130.

这里的所谓"三角"指的是由原乐（a）、主能指（S_1）和知识（S_2）构成的三角。在分析关系中，受分析者想象性地把分析家置于能知主体的位置，认为后者能够帮助解决他的欲望之谜和存在之谜，后者享有更充分的原乐，就像主体在接受原初父法的阉割时有关于原始父亲的想象一样，一定程度上，受分析者时常把分析家想象成一个"父亲"。可那个被想象为"整一"（One）的原始父亲是一个死去的父亲，一个被谋杀的父亲。父亲死了之后，有关那个父亲之整一和充分享乐的想象不过是一个神话，对接受了原始阉割的主体而言，"根本就没有这个层次上可杀的父亲，'一'并非父亲的能指"[1]，原始父亲的"一"和"原乐"不过是被阉割的主体对早已失落于实在界的东西的一种想象，不过是主体在能指链条的回溯运动中想象出来的"原因"或"因为"，并同时因为这一想象而使其成为主体的欲望之因。现在，在分析家话语中，分析家是作为欲望之因在场，但分析家通过清空藏匿在这个原因当中的一切内容把自己奉献出来，分裂的主体（受分析者）在与这个欲望之因一次又一次失败的相遇中最终获得了一个新能指，一个可以恰当地阐述其症状的主能指，进而通过对症状的这一阐述，主体可以回溯性地重建其创伤的根源或原因。可另一方面，可借以阐述其症状的这个主能指虽然能够解释其他能指，其自身却是无意义的空洞，就像拉康在第20期研讨班中解释的，由分析家话语所产生的主能指 S_1 总是显出一副"蠢相"，总是去做一些为他人做嫁衣的蠢事，虽然它能够阐述症状，赋予症状一个象征的位置和意义，虽然受分析者可借它来组织自己的历史，可它自身却欠缺意义，它自身还没有被象征化，也无法被象征化，主体的无意识的真理依然有其晦暗不明之处，S_1 和 S_2 之间依然存在一道无法弥合的裂隙。好在受分析者获得了一个主能指，他可以借由这个新能指去发出自己的声音，去不断重新阐述自己的症状，分裂

---

[1] Jacques Lacan, *The Seminar of Jacques Lacan, Book XVII, The Other Side of Psychoanalysis 1969–1970*, p.130.

的主体就这样成了一个歇斯底里化的主体,分析家话语也由此转向了歇斯底里话语,就像布鲁斯·芬克说的:

> 现在,按照拉康的说法,当分析家采取分析话语时,受分析者在分析过程中必然要被歇斯底里化。受分析者——不管他或她的临床结构是恐惧症的、倒错的还是强迫症的——回转到歇斯底里话语。[1]

所以,我们最后看到了歇斯底里话语:

$$\frac{\$}{a} \longrightarrow \frac{S_1}{S_2}$$

现在,被划杠的主体占据了代理的位置,这意味着歇斯底里话语是被划杠的主体的话语,是臣服于父法或承受了父法之阉割的主体的话语。在拉康的理解中,如果说主人话语和大学话语都属于一种权力话语,那么,歇斯底里话语就是对这些权力的质疑,它是一种批判性的话语,就像珍妮·罗莱恩·施罗德以法律作为例子谈到的:"抽象地说,歇斯底里话语本身是试图去实现权利。如果说分析家话语是有关其他话语的话语,那么,歇斯底里话语就是挑战和批判其他话语。主人颁行法,告诉你应当做什么;大学论证法,解释你为什么应当服从;分析家阐释法,问你究竟想从法那里得到什么;歇斯底里者质疑法。"[2]齐泽克对歇斯底里话语的质疑解释得更为明确,他认为歇斯底里主体的质疑整个地就来自其存在本身的问题,即"她对大他者而言究竟是一个什么样的对象,她在大他者的欲望中究竟扮演着什么样的角色"[3]。更确切地说,歇斯底里主体的问题就是"我是什么?"或者"我到底是一个男人还是一个女人?"其整个的存在都被这一不确定的问题所维系,其对大他者的质问根

---

[1] Bruce Fink, *The Lacanian Subject: Between Language and Jouissance*, p.136.

[2] Jeanne Lorraine Schroeder, *The Four Lacanian Discourses, Or Turning Law Inside-Out*, p.149.

[3] Slavoj Žižek, "Four Discourses, Four Subjects", in Slavoj Žižek(ed.), *Cogito and the Unconscious*, Durham and London: Duke University Press,1998, p.77.

本上就是:"你究竟想从我这里得到什么?"

在此,我们需要先厘定三个问题。

第一个问题是:如果说主人话语、大学话语和分析家话语可分别对应于弗洛伊德所讲的三种不可能的专业:统治、教育和精神分析,那么拉康在那三种勉强可以平行讨论的话语之外又提出一个歇斯底里话语,其依据何在呢?或者说这第四种话语如何跟另外三种话语处于一种并行的关系呢?与这个问题相关联的则是另一个问题,即拉康讲的歇斯底里主体究竟是什么样的主体?

正如法国拉康派分析家杰拉德·瓦耶曼(Gérard Wajeman)在一篇文章中说的,尽管精神病学和精神分析学的历史上有关歇斯底里的讨论不计其数,但歇斯底里仍是一个谜,歇斯底里仍笼罩在一片神秘之中,所有这些讨论与其说是对歇斯底里的真相的揭示,不如说是对其神秘性的这一方面或那一方面的"陈述",是有关歇斯底里的"话语",也许其本身就是一种歇斯底里话语;它们不过是假借着歇斯底里之名一个接着另一个出现,一个前来反对另一个,一个想要不同于另一个,至于歇斯底里本身的真理,倒被它们彻底地遗忘了。所以,瓦耶曼说,"我们本想谈论歇斯底里,现在却是歇斯底里使我们谈论"[1]。以拉康的术语说,我们拥有的只是歇斯底里的"知识",却永远无法抵达歇斯底里的"真理",歇斯底里的存在本身就已经是对我们所拥有的一切知识的质疑,并且也是我们的知识的诱因,"虽说知识无法阐述歇斯底里,可歇斯底里却引发了知识的阐述"[2]。

歇斯底里这谜一般的存在使有关它的任何谈论都注定要走向失败,也许可以说,歇斯底里的存在之谜首先就在于这个"失败"之中:因为谈论而失败,因为失败而谈论,而这恰恰就是歇斯底里,这就

---

[1] Gérard Wajeman, "The Hysteric's Discourse", in Slavoj Žižek(ed.), *Jacques Lacan: Critical Evaluations in Culture Theory*(I), p.77.

[2] Gérard Wajeman, "The Hysteric's Discourse", in Slavoj Žižek(ed.), *Jacques Lacan: Critical Evaluations in Culture Theory*(I), p.78.

是"症状",是所有身陷语言之城或话语结构的主体的症状,是所有坚执于某一社会联系的主体的症状,是主体之存在的根本性维度。歇斯底里就是一种坚执,是我们对存在的坚执,对失败的坚执,对抗拒失败的坚执,而这不正是现代性的主体的根本症状吗!在这个意义上说,歇斯底里的主体就是我们自己:尤其是在今天这个时代,即便在临床的意义上,我们再也无法把人分为"正常"的人与"反常"的人,而只能把人分为"一般"的歇斯底里与"非常态"的歇斯底里,歇斯底里已经成为我们的主体性存在的一个基本维度。

歇斯底里的主体就是作为言说性的存在的我们自己,就是拉康意义上的言说的主体,精神分析学就是以这一主体作为其研究对象的。正是因此,拉康说,分析家话语的效果有赖于"话语的歇斯底里化",有赖于主体(受分析者)的歇斯底里化,分析家话语是"歇斯底里话语的结构性导引",并且这还是"大写的"歇斯底里。[1] 同时,这也意味着,歇斯底里话语作为一种话语将可以揭示言语行为的基本结构,揭示主体的话语实践所包含的基本的社会维度,尤其是其政治的维度和伦理的维度。尤其是,我们看到,在拉康那里,如果说主人话语、大学话语和分析家话语都因其各自的关系结构而终将导向言语的失败,导向对真理之言说的失败,那么,歇斯底里话语则有可能松开结构的死结,为通向主体之真理打开一道缝隙。当然,这时的歇斯底里主体只能是那个"非常态"的歇斯底里的坚执者,而非"一般"的歇斯底里性的存在,后者被视为"正常",只是因为他/她以歇斯底里的方式压抑或阉割了自己的歇斯底里,如同他/她总是尽可能少地享受快感、把快感的享用限定在一定限度一样,他/她也在以这种方式尽可能少地享受自己的歇斯底里。总之,拉康所谓的"歇斯底里话语"指的不是临床意义上的歇斯底里患者的话语,而是一般的言说主体的话语,尽管他时常是把前者

---

[1] Jacques Lacan, *The Seminar of Jacques Lacan, Book XVII, The Other Side of Psychoanalysis 1969–1970*, p.33.

作为分析例证来演示歇斯底里话语的基本结构。

需要厘定的第二个问题是：歇斯底里与女性的关系。在西方的传统——包括精神分析学的传统——中，歇斯底里总是与女性有关，甚至被认为是女性所特有，弗洛伊德分析过的歇斯底里案例基本上都是女性，其中最著名的当属少女杜拉的病例。这很容易让人做出这样一个联想：歇斯底里的存在之谜似乎就是女性的存在之谜，或者说，女性被称为"黑暗的大陆"大约就与她的歇斯底里有关。"女人是什么？"不只是男人喜欢这么问，女人自己也喜欢这么自问，并且女人更喜欢变着法子把这个问题抛向作为他者的男人，比如她们总是以一种歇斯底里的方式要求从男人那里求证"你到底喜欢我什么？""你为什么爱我？""我是哪个地方或哪一点让你如此着迷？"——这类几乎令所有的男人都要崩溃、发狂的问题，是每一个爱和被爱的女人都喜欢抛出的诱饵，实际上，她们不过是想从这类问题中来求证："我到底是什么？""我在你的眼里到底是什么？"可她们没有想到，这个问题只要一出口，主体的蠢相就暴露无遗；这个诱饵只要被抛出，上钩的注定是她们自己——她们总是因为这类问题而被钓，总是因为想要寻得这类问题的答案而成为——就像欲望图三所显示的——欲望鱼钩上的牺牲品。

还好，拉康这一次自一开始就说得很明确，歇斯底里作为一种"结构"与生理的性别无关，也与作为社会性别的女性身份无关，歇斯底里的存在之谜——"女人是什么？"或"我是一个男人还是一个女人？"——所关涉的只是主体的性化位置，所以不论是对女人还是对男人，那个歇斯底里的问题都是真实地存在的，只要主体把自己置于女性的性化位置——那实际就是被动性的位置——就必定要面临"我是什么？"的问题。在第17期研讨班中，拉康说，虽然他用女性的"她"来标记歇斯底里的主体，但这并不意味着歇斯底里是女性的专利，许多男人去接受分析这个事实恰恰表明他必须"穿过歇斯底里话语"，因为这个话语就是"法"，是"游戏的规则"，它可以让我们明白,"从这里就男人和女人的关系能得出什么"[1]。

所以接下来需要进一步厘定的第三个问题就是:歇斯底里的结构与主体的性化位置的关系。这得从阉割说起。前面已经多次讲到,按照拉康的观点,主体的构成离不开发生在象征界的认同和他者的确认,为了认同代表象征秩序的父法,主体必须接受阉割,放弃原初的欲望对象,放弃对母亲的欲望,换句话说,主体要想被社会的大他者所接纳,就必须承受象征性的切割,必须延宕甚或搁置某些驱力的满足,禁止原乐的追求。总之,主体性的获得是以牺牲作为代价的,那就是他必须放弃一部分的原乐追求,其结果就导致了存在的内在欠缺,导致了主体的被划杠或者说主体的分裂。

所有的主体都必要经受阉割,但在应对阉割的方式上会有所不同。如果某一主体把自己完全整合到象征界中,视他者为完整的、整一的,视父法是无法逃遁的,如果他/她只是从菲勒斯能指中去寻找快感的满足,那他/她就处在男性的性化位置,他/她就是那个明明看到皇帝没有穿衣服也要大声喝彩的观众,那个即使面对他者之欠缺也要幻想着存在一个整一的他者以掩盖他者之洞的自欺者,这时他/她就是"一般"或"正常"的歇斯底里主体。反之,如果某一主体——也许还是那同一个主体,只是他/她现在可能处在一个不同的他者场域,或者是在同一个他者场域中把自己置于了不同的性化位置——只是部分地接受了父法的阉割或法的限制,他/她意识到他者是不完整的和有欠缺的,也意识到象征界的限制或他者的欲望是自己无力摆脱的,但他/她坚执要求他者的确认,要求从他者那里获得欲望的满足,要求失落的原乐能重新返回,这时的他/她就把自己置于了女性的性化位置,他/她的歇斯底里将更为坚执、更为极端、更为彻底,他/她不停地质问他者:"我是什么?""我在你眼里究竟是什么?"他/她把这质问视作一种策略,他/她想要

---

[1] Jacques Lacan, *The Seminar of Jacques Lacan, Book XVII, The Other Side of Psychoanalysis 1969–1970*, p.33.

通过这质问显出他者的蠢相,显出他者也是被剥夺的和有欠缺的,由此完成对他者的整一性的倾覆,让失落的原乐沿着一条迂回的路线得以返回。拉康所谓的歇斯底里话语说的就是这第二种主体的话语,是处在女性性化位置的"她"的话语。

歇斯底里的主体是一个欲望主体,一个分裂的主体,他/她作为发话者在话语结构中占据着主导的位置,并把话语发送给他者,后者的位置被主能指占据着。这个主能指可以是话语发送者的主能指,在这时它呈现为主体的症状,是主体的存在之谜,是主体借以质问他者的能指;但它也可以是他者的主能指,是歇斯底里的主体从他者那里生产出来的主能指,因为这个主体总是向他者发出一个要求或请求,并渴望从他者那里得到回答,得到一个可回应其要求的主能指。反正不管怎样,主体与这个能指之间是一种不可能的关系:"主体自己、歇斯底里的主体,是从主能指中异化出来的,他为这个能指所分裂——这个男性的'他'代表着主体——他拒绝使自己成为它的躯体。"[1]主体因接受他者能指的阉割而成为一个分裂的主体,一个以男性的"他"所代表的主体,但这个主体、这个对他者的欲望之谜怀有一种坚执的存在又拒绝把自己变成他者享乐的躯体,他以不断的质问来暴露他者欲望的欠缺,以此寻得自己的知识,所以拉康紧接着就把这个男性的"他"换成了女性的"她":"让我们赋予他最能体现这一主体的那种性别。"[2]

处在真理位置的是作为欲望之因的对象 a,它处在被划杠的主体的下方,是主体在认同菲勒斯能指时所付出的代价,是在父法的阉割中错失的东西,是主体的被禁止的欲望对象,同时也是激发主体之言说的原因。话语的产品是一种由 S_2 表征的新知识,在此,S_2 是被划杠的主体自己的知识,她终于获得了知识。S_1 与 S_2 之间有一道

---

[1] Jacques Lacan, *The Seminar of Jacques Lacan, Book XVII, The Other Side of Psychoanalysis 1969–1970*, p.94.

[2] Jacques Lacan, *The Seminar of Jacques Lacan, Book XVII, The Other Side of Psychoanalysis 1969–1970*, p.94.

横杠，表明意指机器并不能言尽主体的真理，最终总是有一个剩余被留下，主体对处在真理位置的这个剩余无从知晓。我们不妨用S、S_1与a构成的三角来说明歇斯底里话语的各结构要素之间的动态关系：主体因认同他者给出的某个能指（S_1）而成为一个分裂的主体，该主体又因其欠缺或对象失落而不断向他者发出要求或请求，希望他者提供给她一个可缝合裂隙的能指；但这一缝合带给主体的只是一个"知识"（S_2），他者的回答之于主体在要求中真正欲望的东西总是有所偏离，即S_2与真理位置的a之间总是"无能"达成一致；进而，这一失败导致主体要求他者"再来一次"，要求他者提供"再多一点"，因为歇斯底里的主体是一个坚执的主体，并由此引发了其与他者或者说她的知识与原乐之间无休无止的纠缠。

歇斯底里的欲望是他者的欲望，她欲望他者的欲望。歇斯底里的主体给他者提的问题是："你究竟想要什么？""我在你眼里究竟是什么？"也可以把这理解为："我究竟欠缺什么？""告诉我，我应当做什么才能让你爱我？"歇斯底里主体的位置使她只有通过面对他者的欲望之谜来确认自己"是什么"，通过问"你究竟想要什么？""你究竟欲望从我这里得到什么？"，歇斯底里主体认识到他者的回应总是一种失败，进而认识到他者也是有欠缺的，是不完整的。换言之，歇斯底里的主体之所以向他者言说，是因为她认为那里有她欠缺的东西，可现在，她认识到他者也欠缺她所欠缺的。由此歇斯底里的问题"你想要什么？"变成了对他者的一种指控："你就是欠缺"。歇斯底里话语是真正批判性的话语。确切地说，歇斯底里的主体通过质问知道了几件事。首先，她知道了他者想从她那里要什么——要求她适应象征界；然而，她也知道了完全的适应是不可能的，每一个主体已经是被象征地切割的，是被阉割的，她并非完整的"一"，她是"非一"；因此，歇斯底里的主体还知道了象征界中欠缺什么，她要抓住这欠缺不放，要借此对象征界的他者继续施予攻击；最后，她终于知道了完整的他者并不存在，因为他者根本不能真正地回应她的问题,它只是不断地要求,它自身也是一个人造物,也处在不断的变化中。

他者是不完美的,一旦歇斯底里的主体认识到这一点,重建他者的事业就变得可能了。这不是说她可以建立一个更完美的他者,但她至少可以帮助矫正他者的错误。一旦歇斯底里的主体认识到大他者的存在不是必然的,认识到自己在创造和维系大他者方面充当着重要的角色,这个主体也就处在了挑战和寻求改变大他者的位置。可问题在于,若不先摧毁自己,也就不能摧毁大他者,因为歇斯底里主体的主体性及其言说能力皆有赖于象征界的他者,"她"要想跳出象征界的制约,就必须把自己进一步歇斯底里化。因此,拉康说,歇斯底里的主体不是寻求摆脱法,而是寻求让自己进入法的秩序,她总想通过与象征界的统一来弥合法的裂隙或他者的欠缺,她总是以暴露他者之欠缺的方式来确证一个理想的他者、一个可称为"一"的理想父亲的存在。拉康说:

> 她以自己的方式继续一种攻击,她不会放弃自己的知识。然而,她暴露了主人[或主能指]的功能,她靠着这一功能来维持其统一性,为此她强调只要有主人[或主能指]的地方,就一定有首写字母大写的"一"(One),她尽其所能避免成为他["一"或绝对主人]的欲望对象。这正是他真正的功能,我很久以前就——至少在我的学派的圈子里——将其定位在理想化的父亲的名下。[1]

也正是在这个意义上,拉康称歇斯底里话语不可能是革命的,就像1968年巴黎五月风暴中那些激进的学生或革命派,他们的歇斯底里与其说是源自对主人或作为权力化身的他者的厌恶,不如说是源自自己的他者欲望的失败,源自欲望满足的不足,就像拉康所指

---

[1] Jacques Lacan, *The Seminar of Jacques Lacan, Book XVII, The Other Side of Psychoanalysis 1969–1970*, p.94.

责的："你们作为革命者渴望的是一个主人，你们会有一个主人""如果你们有一点耐心，如果你们真的想要我的即席演讲继续下去，那我告诉你们，革命的渴望永远只会有一个可能的结果，那就是作为主人话语而告终。这是经验已经证明了的。"[1]拉康说得没错，在一个已然歇斯底里的时代，歇斯底里的革命话语只要还在渴望建立新的话语秩序，其革命的渴望终究就只是强化秩序本身，因为其对秩序的挑战是以接受秩序为前提的。从这个角度说，歇斯底里话语恰好构成了向主人话语的一个过渡，一旦歇斯底里主体真的认同了他者指示给她的某个主能指，一旦她真的从这个主能指中获得了自身同一性的幻觉，即让 S_1 居于主导的位置，歇斯底里话语就转向了主人话语。

不过，拉康在 17 期研讨班的结尾用分析家话语表达了些许浪漫主义的想法：如果精神分析学能够把受分析者歇斯底里化，那么歇斯底里的主体就有机会去以自己的声音言说。拉康承认控制、教学和精神分析是不可能的职业，但与主人话语寻求纯粹的权力不同，与大学话语寻求纯粹的知识不同，与分析家话语寻求纯粹的欲望不同，歇斯底里话语是唯一可能的话语，因为它认识到纯粹性是不可能的。歇斯底里者诉求的恰恰是他之所是——阉割——或把这个所是置于一种女性的隐喻或一种不纯粹性中，歇斯底里话语是一种可能的话语，因为它拥抱不完美。

四 不可能的事业

最后再回到对精神分析学而言至为关键的一个问题：精神分析学作为一种话语，其政治效用究竟在哪里？这也是拉康在第 17 期研讨班中想要思考的一个核心问题。

需要记住的一点是，在这里，精神分析学作为一种话语并不等

---

[1] Jacques Lacan, *The Seminar of Jacques Lacan, Book XVII, The Other Side of Psychoanalysis 1969–1970*, p.207.

于分析家话语。简单地说，分析家话语是一种针对特殊性的话语实践，其目的旨在帮助有着各种特殊性的主体完成对自身症状的阅读和阐释，重建这一主体与欲望和原乐的关系，而精神分析学作为话语指的是它充当一种阐释角度和阐释模式的"集体逻辑"，当我们把这一逻辑运用于人类生活实践的诸多方面时注定会产生它的力量和效能，我将其称为精神分析学的"政治效用"。

我们当中的一些人对"政治"这个词很敏感，一看到要谈论精神分析学的政治效用，立即就会想到那可能是要把精神分析学上升为一种"政治理论"，是要谈论一种精神分析的"政治学"。是的，在精神分析学的应用历史上，的确有人把精神分析学运用于政治事实和政治现象的分析，并由于其过分的心理主义和经验主义倾向，这一分析早已成为历史学家和政治学家口中的笑柄，就像拉康派政治哲学家亚尼斯·斯塔维拉卡基斯说的，当人们以精神分析的方法去解释某些社会政治现象的时候，充其量只是在经验的因果律中打转，比如"把战争归因于被压抑的侵凌性的爆发，把俄罗斯革命归因于对'国父形象'的反抗，把'德国国家社会主义'归因于妄想症文化，也就是说，把'社会当作病人'一样处理，认为社会有一种集体无意识或超我，并承受着某种心理紊乱的折磨"[1]。其结果不仅导致了对社会现象和社会政治问题的分析的简约化，也使精神分析学在历史学、政治学及社会学领域变得声名狼藉。

但是，我在此要谈论的并不是作为一种政治理论或政治批评的精神分析学，而是作为一种文化实践的精神分析学，是精神分析学作为一种批评实践的边界和效用。之所以称其为"政治效用"，只是为了把这种精神分析批评同文学艺术批评中的"精神分析批评"区分开来，后者更多地是一种文本实践，是对具体文本或特殊的写作个体的运作，而我想要思考的是（拉康的）精神分析学作为一种话语实践与现代性的关联，比如：它是在何种层面切入现代性问题

---

[1] Yannis Stavrakakis, *Lacan and the Political*, London and New York: Routledge, 1999, p.1.

的？它给我们今天的现代性乃至后现代性反思提供了什么样的视角？它对于我们在这个时代重提主体性的问题可以给出什么样的启示？等等。总之，在这里，精神分析学作为一种话语的"政治效用"，既不是临床意义上的，也不是文学艺术批评意义上的——我丝毫不否认其在这两个方面的有效性和价值——而是集体的文化逻辑意义上的，其"政治性"就体现在它对于现代性及至后现代性的一种激进姿态，一种决绝的态度。如同福柯以其铮亮的光头实施的对现代性主体的象征性阉割一样，拉康的话语实践也把阉割之刀挥向了那个已然被阉割的主体，并通过对阉割程序的某种"展示"让那一双重阉割变得更加仪式化，更加不可还原。

实际上，对社会文化现实做精神分析化的理解和阐释在弗洛伊德那里就已经开始了，比如在《群体心理学与自我的分析》（1921）、《一个幻觉的未来》（1927）、《文明及其缺憾》（1930）、《为什么有战争？》（1933）以及他的"人类学"和"宗教学"著作中，他就已然对人类社会行为及文化行为的集体逻辑进行了精神分析化的解读，尽管其中的许多解释不乏简约化的倾向。

在弗洛伊德之后，除个别的分析家以外，新弗洛伊德主义者很少再在这个方面做出努力，当他们把精神分析学单一地聚焦于医学方向的时候，精神分析学作为一种话语实践所显示的力量和光辉也就归于暗淡了。所以，当拉康于1950年代在精神分析学的领域开始他的"收复失地运动"时，一个重要的调焦就是重修精神分析学的话语与现代性的密切关联[1]，很大程度上说，这也是他打击精神分析共同体的修正主义倾向的一个重要策略。正是由于拉康的介入，精神分析学的话语实践被提升到了一个全新的高度，以至于在他之后，精神分析的社会政治批评再次赢得了西方许多左派理论家的青睐，比如拉克劳、齐泽克、亚尼斯·斯塔维拉卡基斯、阿兰·巴迪欧等，

---

[1] 自1950年代开始，拉康就一直在运用科学史的知识型来定位精神分析学作为一种现代"科学"的地位，这实际上也是他为后来把精神分析话语嵌入现代性的语境做的一种铺垫。

都是在话语实践上有深度介入的精神分析理论家,他们已经成为或正在成为这个领域耀眼的明星。

拉康至少有两期研讨班集中地介入了现代性的问题,这就是1959—1960年的第7期(《精神分析的伦理学》)和1969—1970年的第17期(《精神分析学的另一面》)。在第7期研讨班中,拉康着重阐述了法、原乐和"物"的关系,在那里,法被视作对原乐的禁止,而原乐则被视作对法的僭越,"物"则是法和原乐两者的运作对象。这一阐述浸染着一种文化政治的基调,那就是拉康想借此实施其对现代性及资本主义文明的批判。在第17期研讨班中,拉康的理论重点依然是欲望主体的"知识"与原乐的关系,但现在,原乐与体现法的秩序的能指的原初关系被修正:能指不仅是阻碍原乐获得的因素,同时也是获取原乐的工具,是主体通向原乐所必经的道路——虽然这是一条迂回之路;至于原初的失落之"物",它依然是能指和原乐的运作对象,但也是必须借两者的运作而得以返回的东西。所谓四种话语,说到底就是能指的"知识"主体与原乐的关系的四种不同模式,通过对这四种模式及其结构转换的考察,拉康以其激进的腔调和历史化的狡计揭示了资本主义建制和资产阶级主体在原乐追求的道路上必要陷入的僵局。单从这个方面看,不妨说,"精神分析学的另一面"实际就是其作为一种话语实践的"政治效用"的一面。

如果在上面的两期研讨班之间做进一步的比较,我们会发现一个十分有趣的转移。在第7期研讨班中,拉康对资本主义的现代性伦理的批判侧重在它的快感原则,那是一种让主体尽可能少地享受的原则,以我们的话说,是一种禁欲主义原则,相应地,他把超越快感原则视作那一政治伦理和文化逻辑的解毒剂,把萨德看作隐藏在屈从于抽象的超我律令的主体身旁的一个邪恶的邻居。而在第17期研讨班中,拉康的侧重点恰恰是资产阶级主体对剩余原乐的过度追求,不论是作为资本家的主人,还是作为大学教授的知识权威,甚或是歇斯底里的革命者,他们无一不是以追求剩余原乐为根本驱力,就像拉康在最后一次演讲中取笑"文森"(Vincennes)——巴黎八大的校址——这个地名时说的,它作为一个能指,而且是一个已经变成单纯记号的能指——比如它作为一个授予学位证书的场所、作为激进的革命者的"集中营"、作为知识精英的集散地、作为资产阶级政府实施教育改革的试验场——不过是"淫秽"(obscene)的指涉而已[1]:它指涉了淫秽的他者和淫秽的主体之间一种合谋的结构,换言之,不论是代表着他者秩序的资本主义制度,还是资产阶级主体,本质上都是淫秽无度的,都在追求过度享乐,就像马克思描述的资本家对剩余价值的贪婪一样。如此截然相反的两种评价与其说是拉康的自相矛盾,不如说是基于他狡黠而不失深刻的"政治"洞识。要知道,1960年代初的巴黎和1970年代初的巴黎本来就是截然相反的两重天:前者是压抑的,后者是解放的;前者是禁欲的,后者是纵情的;前者是古板的和怀旧的,后者是时尚的和前卫的;前者是"清教主义",后者是"异教主义"。用拉康自己的话说,前者讲究的是"罪疚感"(guilt)和"牺牲"(sacrifice),后者则意味着"羞愧之死"(die of shame)。这个对比绝非我的主观想象,拉康的文本可以作证。比如在第7期研讨班中,拉康在谈到启蒙以来有关最大多数人的最大幸福的现代性伦理不过是把古典伦理学的"至善"(Good)改换成了可交换的"物品"或"商品"(goods)时说:

> 我们所处身的世界陷入了一个运动,那就是想要尽想象之可能建立一个普遍的商品服务体系,这意味着一种切除和牺牲,实际上,就其与已经历史地发生的欲望的关系而言,这意味着一种清教主义。在普遍层面上建立商品服务体系,这本身并不

---

[1] Jacques Lacan, *The Seminar of Jacques Lacan, Book XVII, The Other Side of Psychoanalysis 1969-1970*, p.180. 实际上,拉康是在"Vincennes"和"vain scene"(风月场)之间玩了一个文字游戏。

能解决当前每一个体之人在从生到死的短暂一生中与其欲望的关系的问题。[1]

而在第 17 期研讨班的最后一讲中，他一上来就说：

> 必须说，羞愧之死（die of shame）是非同寻常的。
>
> 不过那是一个记号——能指如何成为一个记号，我对此已经说了一段时间了——这个记号的谱系可以说是确定的，即它是从能指那里产生的。毕竟，任何记号都很有可能成为一个纯粹的记号，就是说，成为淫秽的，我敢说，文森就是一个令人发笑的绝好的例子。
>
> 因此，羞愧之死。在这里，能指的堕落是必定的——必定是由能指的失败引起的，即是由向死之在（being toward death）引起的，因为它关涉着主体——它与别人相关吗？向死之在，即是一个能指借以对另一个能指表征主体的明信片——我希望各位已经从内心领会了这一点。
>
> 这个明信片从不会抵达正确的目的地，理由是它写有死亡的地址。必须撕掉这个明信片。……
>
> 同时，羞愧之死是死亡……的唯一情感表现。[2]

是的，这两段话照例是艰涩难解的，我在此先对它们的意思做一简单的勾勒。

在精神分析学的意义上说，罪疚感涉及主体与他者、自我与超我的关系：当主体感觉到欲望中有一种对他者的侵凌性冲动时，当他感觉到自我与已内化为良知的超我之间存在冲突时，他就会产生一种自罚式的罪疚感。所以，罪疚感的出现总与法的威严联系在一

---

[1] Jacques Lacan, *The Seminar of Jacques Lacan, Book VII, The Ethics of Psychoanalysis 1959-1960*, p.303.

[2] Jacques Lacan, *The Seminar of Jacques Lacan, Book XVII, The Other Side of Psychoanalysis 1969-1970*, p.180.

起，主体是因为想象到父法的在场才会对自己的欲念产生深深的自责。一个清教主义的社会就是通过把主体置于法的阉割中来承诺大多数人的最大幸福，并要求主体为了这个幸福而牺牲自己的原乐，为了他者（法）的欲望而牺牲自己的纯粹的欲望。可这是一个困局，法在规定罪的同时也把罪作为原乐僭越的目标带到了主体面前，它在向人承诺最大幸福的同时也把真正的幸福作为一种不可能性送到了欲望的彼岸，主体在此必要陷入法的禁令、原乐的僭越、罪疚感式的自责的无限循环。

至于"羞愧"（shame），精神分析学很少把它当作一个概念来使用，我们可以在罪疚感的谱系中来思考它，但又略有不同。如果说罪疚感的心理结构在于超我的律令和原乐的僭越之间的紧张或张力，那么，羞愧就来自主体在他者界域对自身欠缺的某种确认，在那里，我发现自己不过是一个空无，我在他人眼里不过是一个"人渣"，一个单纯的取乐对象，这时我就会产生羞愧，甚至有时，我只要一想到他人会这样论断或想象我的存在，羞愧就会出现。拉康在讨论萨特的凝视理论的时候曾涉及羞愧的问题——那个透过锁孔窥视的主体只要一想到在某处有一个匿名的他者在凝视着他，一想到自己将变成他者论断和评说的对象，顿时就会羞愧难当[1]——但并未给予任何理论化的说明。在第 17 期研讨班中，他是在 1968 年学潮和文森大学作为激进主义学生的大本营的语境中谈到"羞愧之死"的，面对那些亢奋的面孔，他总是忍不住要说：看看吧，他们有多么的享受！意思是说，由于父亲和他者的死亡，由于能指的无能，羞愧也随之死去。在以前，他者的凝视还让主体感到羞愧，死亡——尤其是原始父亲的死——作为一个终极能指还标记着主体作为"向死之在"的界限，而现在，当人们不再视他者的律法为律令的时候，当死亡变成了一个纯粹的记号、一个可随手撕掉的明信片的时候，羞愧感也就从内心消失了，同时死亡的意义也将随之改变，它不再

---

[1] Jacques Lacan, *The Four Fundamental Concepts of Psychoanalysis*, p.84.

与牺牲中的意义和价值相关,而只是纯粹的生命的消失。对于拉康所谓的"羞愧之死"的功能,雅克-阿兰·米勒有一段分析:

> 羞愧的消失意味着主体不再是由某个至为关键的能指来表征。这就是拉康在讲座的开始就把海德格尔的向死之在视作"一个能指借以对另一个能指表征主体的明信片"的缘故。他赋予这个 S_1 即"向死之在"一种明信片的价值。那不是简单、纯粹的死亡,而是由一个超过它的价值所决定的死亡,一旦这个卡片被撕掉,他说,撕掉的就是一种羞愧。它的目的地从今往后将是一个笑柄,因为通过把它写作 S,主体可以与知识和世界秩序黏合在一起,他在那里有自己的位置,比如在这个情形中他就是典礼的主人,但他必须维持他的位置。一旦他不再胜任他的职能,他也就消失了,就是说,他就要为那个能指牺牲自己,他注定是那个能指的化身。[1]

实际上,要真正理解拉康这里所说的意思,我们需要回到他的另一个语境中:不再是时代的语境,而是他论说问题的理论语境,那就是他对弗洛伊德有关"父亲之死"的神话的阅读和阐释,其对罪疚感和羞愧之死的论述恰好都是在这个语境中进行的。

我们已经提到,弗洛伊德在 1913 年的《图腾与禁忌》中曾虚构了一个原始部落的儿子们谋杀父亲的神话,到其晚期的绝笔之作《摩西与一神教》(1939)中,他再次用这个神话来解释一神教的起源。

弗洛伊德的这个神话里——若是以列维-斯特劳斯的结构分析的方法来看——究竟有哪些神话素呢?不同的阅读角度肯定会看到不同的东西:原始父亲的享乐;儿子对原始父亲的谋杀;父法的阉割;子民对父法的认同;罪疚感和牺牲仪式,等等,都是这则神话透露给我们的信息。在这众多的要素中,以哪一个为主导要素来重

---

[1] Jacques-Alain Miller, "On Shame", in Justin Clemens and Russell Grigg (eds.), *Reflections on Seminar XVII: Jacques Lacan and the Other Side of Psychoanalysis*, pp.18-19.

建弗洛伊德的话语,将意味着我们对那个神话的意义有可能得出不同于他种要素的阐释。就拉康的阅读而言,子民对原始父亲的谋杀一直是他最为关注的,但在不同的阅读语境中,由于侧重点不一样,他对这一谋杀行为的意义效果的阐释完全不同,并因此导致了其对父亲的功能的不同理解。

先看一下弗洛伊德笔下的那个原始父亲——拉康将称其为"实在的父亲"(the real father)[1]。这是一个绝对的父亲,一个令现实之中的任何父亲都要黯然失色的绝对存在。这个父亲有着多种面相,至少我们在弗洛伊德的神话中可以读到他的多种面相:他可以享用部落内部的所有女人,但不允许儿子们觊觎他的特权,所以他首先是一个暴虐的父亲;但他的暴虐、他的禁令招致了儿子们的强烈反抗,儿子们联合起来杀死了他,并分食他的尸体,所以这又是一个死去的父亲,一个被谋杀的父亲;不过,父亲的死并没有带给儿子们想要的东西,为了享有父亲一样的特权,儿子们相互残杀,最后他们只好达成妥协,立下不准乱伦的禁令,并以死去的父亲为图腾,视他的特权是神圣不可侵犯的,这时,父亲又成了象征的父亲,象征着父法的权威,也象征着子民们的牺牲;进而,在拉康的逻辑中,原始的享乐的父亲根本就不存在,那个父亲原本就是"死去的父亲",即他原本就未曾活过,他原本就是已然死去的、永远死去的,他的存在、他的被谋杀都不过是承受阉割的主体回溯性地想象出来的,后者在认同的挫折中总是想象曾经有那么一位父亲可以享受到纯粹的原乐,所以这个父亲根本上是一个神话的父亲,一个实施和发布原乐的禁令但他自己不受这个禁令约束的实在的父亲:"实在的父亲,如果人们想从弗洛伊德的论述中来重构它,那这个阐述恰恰就必须涉及想象的父亲,即原乐的禁令。"[2]

---

[1] Jacques Lacan, *The Seminar of Jacques Lacan, Book XVII, The Other Side of Psychoanalysis 1969–1970*, p.137.

[2] Jacques Lacan, *The Seminar of Jacques Lacan, Book XVII, The Other Side of Psychoanalysis 1969–1970*, p.137.

原始父亲如此之多的面相使他在结构主体之位置和意义的时候将发挥多重的功能，换句话说，主体性的构成的多重效果其实与原始父亲的多重功能的共时性运作有关。拉康在第 7 期和第 17 期研讨班中的讨论就是围绕儿子们对原始父亲的谋杀展开的。

先看第 7 期研讨班中的讨论。在那里，拉康称弗洛伊德的谋杀原始父亲的神话是有关现代性伦理之起源的神话，是只会在现代出现的现代"神话"[1]，也是上帝已死的时代的神话。那么，这个神话的关键是什么？或者说它给予我们的启示是什么？拉康回答说，那就是法与罪、法与欲望、罪与原乐的关系：对父亲的谋杀带来的是法的确立，是原乐的禁止被加强，因为这个谋杀造成的一个严重后果就是对父亲的负罪感，子民必须以他的赎罪、他的牺牲来替代性地抵偿这个原罪，那就是接受禁令，奉禁止乱伦的父法为最大的法；但从另一个角度说，法对罪的禁止恰恰也是对罪的明确和界定，它使罪从不可见、不可知的欲念形态转换为可见的界限，转换为可付诸行动的目标，法划定了或者说明确了僭越的方向，法激发了僭越的欲望，法成为原乐的支撑，并使原乐的追求成为不可抗拒的内心律令，当然法也因此使欲望更感罪孽深重，使在僭越中享受罪疚感和痛成为原乐的一部分。不妨说，在禁令和罪之间，是一种正比例关系，禁令越强，罪感越大；在禁令和原乐之间，是一种反比例关系，禁令越强，原乐越是受到压抑；在罪和原乐之间，则是一种类似于二次函数的关系，在一定量值范围内，罪感越大，原乐的追求越是受到抑制，这时，主体的心理结构处在罪疚感过度的状态，进而，在另一个量值范围内，罪感越大，原乐的僭越意志就越强，对罪感的享受也越发成为原乐意志必不可少的一部分，这时，主体的心理结构实际在朝向罪疚感不足的状态发展。

那么，如何解决法、罪、原乐之间的这一复杂纠缠呢？按照弗洛伊德的精神分析逻辑，人类文明的产生与发展都离不开对这个纽

---

[1] 实际上，拉康的这个观点在第 4 期研讨班中就提出来了。

结的"处理"或解决。于此,我们看到有一个东西开始进入运作,那就是"牺牲"。是的,拉康在第7期研讨班中——以及在其他地方——并没有把"牺牲"当作一个独立的概念加以使用,但我们在他对想象界的侵凌性、象征界的阉割、实在界的死亡驱力的处理中明确地可以辨认出一种牺牲机制的作用。[1]

在人类集体的文化实践中,牺牲有三种典型的表现形式:宗教意义上的牺牲(比如基督教中耶稣的牺牲);集体或团体针对个人或某个被排斥的少数群体实施的牺牲(比如纳粹的排犹运动);以及人类集体借信仰或道德的理由要求的个体的牺牲(比如日常世界的道德规训,我们挂在嘴边的各种"主义")。虽说在不同的牺牲形式中个体或集体的无意识运作不尽相同,但总体上,牺牲都是对主体的罪疚感的一种"处理"或"治疗",是罪疚感的一种转移,但也是对它的一种固定或确认,就像拉康的学生居伊·罗索拉托说的,"牺牲既维持罪疚感,也缓和罪疚感,更准确地说,牺牲能疏导罪疚感。牺牲因此提供给罪疚感一种形式,以及构造这个形式的形象"[2]。在拉康的意义上说,牺牲的一个重要功能就是通过把死亡作为一个终极能指提前送到主体性的跟前而让罪疚感以及由此而来的焦虑成为可以接受的东西,并让罪疚感伴随法一起一代代传下去。就像在基督文明中,耶稣基督的牺牲就扭结了这样一个复杂的运作:他作为人子乃是代罪羔羊,他的牺牲构成对人的原罪的一种抵偿,但也使罪及罪感成为人人都分享着的一种"恶";另一方面,他作为"道"的肉身化又是理想父亲的化身,这个理想父亲是值得我们去爱的,值得我们为之付出包括生命在内的一切,并且他作为集体的认同对象是一个不死之躯,他必定是不死的,他必须是不死的,所以在他的牺牲中,我们看到了一个超验的奇迹的发生:死而复生。

---

[1]拉康的学生居伊·罗索拉托(Guy Rosolato,台湾译作"侯硕极")写过一本书专门讨论"牺牲",但他的观点并不完全是拉康主义的。参见侯硕极,《牺牲:精神分析的指标》,卓立、杨明敏、谢隆仪译,台北:心灵工坊,2009年。

[2]侯硕极,《牺牲:精神分析的指标》,第68页。

死亡和复活构成了耶稣的牺牲仪式的根本性结构,就像罗索拉托所说,死亡和复活乃是牺牲仪式用来否定死亡的两个结构性要素。[1]

回到第7期研讨班的场景,在那里,拉康一开场就从弗洛伊德的谋杀父亲的神话引出了精神分析伦理学的主题:

> 事实上,如果说精神分析学已经关注过某个东西,那就是……罪疚感的重要性,我甚至要说是罪疚感的无所不在。伦理思想的某些内在倾向总想回避道德经验中这一据说令人不快的方面。如果说我肯定不是力图软化、模糊或弱化罪疚感的那一类人,那是因为在日常经验中我不断地回到那里、不断地提示它的存在。[2]

那么,精神分析学是否就像许多人认为的那样是要帮助主体"平复"其罪疚感呢?拉康说,似乎是如此,至少它在临床上似乎是要帮助主体缓释其倒错的原乐——像萨德那样的原乐。但实际的情形比这要复杂得多,因为罪疚感作为一种无意识欲念在谋杀原始父亲的时候、在原初的根本大法制定的时候就已经铭写到了主体的内部,

---

[1] "死亡与复活是构成牺牲演出的要素,这两个重要时刻乃是用来否定死亡:透过这样的否定,死去的父亲之形象在牺牲仪式(不同的宗教教义各有其规定方式)的虚拟中得以固定。如果理想化父亲被集体谋杀,这会摧毁社会内部的联系,造成无政府的混乱状态,在这情形下就需要举行重建社会联系的牺牲仪式。"(侯硕极,《牺牲:精神分析的指标》,第81页。)在另一个地方,罗索拉托对此有更具体的分析:"这一次,牺牲完成了,因为耶稣被钉死在十字架上。可是,代罪牺牲者却多了一个头衔:他是人-神,神的儿子道成肉身。身为人,耶稣是大卫王的后裔。作为独一神,他以儿子的身份暗处受侮辱的牺牲。于是,耶稣被钉死在十字架上就变得极不寻常:在执行死刑时,基督教并没有避免耶稣受难的形象;相反地,信徒在所有的细节中呈现并思索耶稣受难形象。然而,一个被凌迟的道成肉身的神,这是前所未闻的事情。它清除了一切其他的意象,排除了一切人类再制造牺牲的企图。一劳永逸地直到世界尽头,神亲自完成牺牲,使其他任何具有开创性的牺牲变得多余了,也因此废除了它们的功效。……根据更深层的基督教传统教义,耶稣死在十字架上是代替罪人赎罪,因此现在所有的罪人,在接受耶稣的死是为了拯救罪人的条件之下,都可算是钉死耶稣的人。所以说,罪人才是耶稣牺牲的导因。但我们必须承认,是神以其全能主导这个牺牲,人们才得以释放;之后,一个死去的独一神的牺牲形象从此出现了。然而,复活也接着发生了,耶稣因此回到永恒,留给基督徒一个令人着迷的形象和一个胜过死亡的典范。信徒从此以想象产生了一股叫人难以置信的、驱力般的推进力量,连它的效能都令人难以置信;这力量使人类的各种计划更有活力。"(侯硕极,《牺牲:精神分析的指标》,第107页。)

[2] Jacques Lacan, *The Seminar of Jacques Lacan, Book VII, The Ethics of Psychoanalysis 1959-1960*, p.3.

已经内化成了主体性的一个部分，以至于说，主体只要还是欲望的主体——他不可能不是欲望的主体——和伦理实践的主体，主体只要还处在与欲望的纠缠中，他就摆脱不了身为"向死之在"的原罪，他注定要遭受罪疚感的凌辱和侵袭。在该期研讨班的最后一讲，拉康又回到第一讲的主题，正面地阐述了罪疚感与欲望的关系：

> 因此，我认为，从分析的角度说，人们为之感到罪疚的唯一之事就是他与自身的欲望之间建立了根本性的关联。
>
> 不论既定的伦理学承认与否，那一论断都十分明确地说出了我们在经验中观察到的事实。在最后的分析中，当主体最终表现出罪疚感时，他真正感到罪疚的事总是与他和他的欲望之间一定程度上构成的根本性关联有关——不论良知的督导承认与否。
>
> 让我们更深入一步。他常常为了一个良善的动机甚或最纯良的动机而和自己的欲望建立了根本性的关联。而且这应该没什么可奇怪的。因为罪疚感已经存在了很长时间，很久以前人们就注意到，良善动机、良善意图的问题虽说构成了历史经验的某些区域，且在——比如说——阿伯拉尔的时代就已经是道德神学讨论的焦点，但它并没有让人得到太多启迪。在远处不断重现的问题总是一样的。这也是为什么基督徒在其最常规的庆典仪式中总无法和平相处的一个原因。因为如果一个人是为了善而必须做某事，那他实际上就总是要面对一个问题：为了谁的善？从那个角度看，事情不再是一目了然的。
>
> 以善的名义甚至以他人的善的名义做某事，这根本不能保护我们远离罪疚感，而且不能让我们远离所有内心的灾祸。更确切地说，那并不能保护我们远离神经症及其后果。如果说分析有一种意义，那欲望不过就是支撑某个无意识主题的东西，它恰好是对将我们植入某一特殊命运的东西的阐述——那个命

运不断地要求偿还债务,欲望不停地回来、不停地返回,并一次又一次把我们安置于某一既定轨道、某个东西的轨道,处理那个东西恰恰是我们特定的事务。[1]

主体与其欲望的根本性关联说到底就是人的欲望总是他者的欲望,人总是欲望成为他者的欲望对象,总是欲望他者所欲望的,而这个他者的欲望,在人类的道德实践中,恰恰就是由道德法则标示出来的,后者总是以抽象的禁令或律令的形式把主体抛到一个牺牲品的位置,让庸常的主体在"向死之在"的内在循环中沦入"恨、罪疚和恐惧的三角地带"[2]。启蒙的现代性伦理就发挥着这样的功能,拉康对邻人之爱的讨论就是在启蒙伦理的语境中展开的。

虽然爱邻人如爱己的律令是基督时代"兄弟之爱"的体现,但启蒙时代的现代性谋划并没有抛弃它,法国大革命的人权理论、功利主义伦理学、康德的伦理律令都属于这个谋划的一部分,曾经的"兄弟之爱"现在换成了人权的"博爱"理念和功利主义伦理学关于最大多数人的最大幸福的理想,它甚至也关联着康德的定言律令的绝对性——虽然康德对这个博爱伦理有着自己的理解。但是,正如拉康的分析所表明的,这个爱的律令总隐含有一种不确定的危险性和残酷性,它总是指示着某个在法的彼岸的东西,那就是原乐。

还有更重要的一点,现代主体——那根本就是欲望的主体,是欲望本身——的博爱理念是和另外两个理念联系在一起的,那就是自由和平等。"自由、平等、博爱"作为旧制度的意识形态的一种替代,实际构成了侵凌性的爱的某种增补策略。拉康说,当罗伯斯庇尔政府的圣茹斯特(Saint-Just,1767—1794)——他实际是以鼓吹一种极端血腥的革命理论而著称——声称"幸福是政治的事务"的

---

[1] Jacques Lacan, *The Seminar of Jacques Lacan, Book VII, The Ethics of Psychoanalysis 1959-1960*, p.319.

[2] Jacques Lacan, *The Seminar of Jacques Lacan, Book VII, The Ethics of Psychoanalysis 1959-1960*, p.320.

时候，当他声称"没有全体人的满足，也就谈不上个人的满足"的时候，那实际上是使幸福和满足变得不可能了，是把幸福和满足设定成了一个"被无限期搁置"的目标，拉康说：

> 让分析重新聚焦于辩证法就可以证明：事实上，那个目标被无限期搁置了。如果现时代幸福的问题无法以别的方式得到解决，那不是分析的过错。我要说，那是因为，正如圣茹斯特说的，幸福已成为政治的事务。正是因为幸福已进入政治领域，幸福的问题才不容易获得亚里士多德式的解决，其前提条件已被置于所有人的需要的层次。亚里士多德是在他提供给主人的不同形式的善之间选择，并告诉主人只有某一种善是值得他效力的——值得他沉思——而主人的辩证法，我认为，在我们的眼里基于历史的原因已经失去了信誉。那些原因与我们所处身的历史时代有关，它们在政治中就体现为下面的原则："没有全体人的满足，也就谈不上个人的满足。"[1]

所谓"亚里士多德式的解决"，正如拉康在讨论亚里士多德的幸福伦理学时说的，其所谓的幸福不是全部共同体的幸福，而是特权阶层的幸福，所以这种伦理学是那些有闲暇时间来"处理""调理"其要求和欲望的人的伦理学，其目标就是作为存在的终极因的至善。也就是说，亚里士多德式的伦理学是一种等级制伦理学，而不是现代性语境中宣讲的那种普世性伦理学。后来的中世纪经院哲学家也用亚里士多德主义去把社会即封建等级制合理化和合法化。但随着亚里士多德主义的失败，随着近代科学革命带来的古典本体论的指涉——"一"作为最高最后的原因——的消失，建于其上的社会等级制也归于失效。法国革命完成了这一转折，它建立了一个理论上人人平等的社会，主人的伦理学被一种公民的伦理学所取代，幸福

---

[1] Jacques Lacan, *The Seminar of Jacques Lacan, Book VII, The Ethics of Psychoanalysis 1959-1960*, p.292.

成为所有人的"私有财产"或基本人权，一个社会若是不能保障所有人的幸福，这个社会就是不公的，一个社会若是离开了所有人的幸福，个人的幸福也就是空谈。因此，一点也不奇怪，法国革命后出现的第一个伦理学就是功利主义伦理学，在那里，当所有人的幸福、所有人的满足无法获得的时候，最大多数人的最大幸福就成了伦理学的目标。

"最大多数人的最大幸福"，边沁伦理学的这个表述最为典型地呈现了现代性伦理的困境，与许多人把功利主义伦理学理解为一种单纯自我中心的利己主义伦理学不同，拉康在那里看到了爱邻人的博爱伦理的对等表述。他说：

> 我在本年度的演讲是从功利主义者的一个艰巨的论题开始的，但功利主义者说得很对。他们在对抗某个东西的时候实际上只会使他们面临更大的困难，使他们面临这样的一个任务："但是，边沁先生，我的善与他人的善是不一样的，你的最大多数人的最大幸福的原则与我的自我中心的要求是背道而驰的。"但是，实情并非如此。我的自我中心与某种利他主义、那种定位于有用性层面的利他主义是完全相符的。它甚至是我借以避开我欲望的以及我的邻人也欲望的恶的问题的借口。[1]

在这里，威胁我的幸福的不是人的自私，不是邻人的邪恶，而是我对他人的镜像式认同，是我在自恋的结构中想象的与他人的平等和同一，我认为我所欲望的善必定也是他人所欲望的善。虽然这种想象性认同会引起侵凌性，但在这里，它还不是妨碍我获得幸福的最大障碍，因为侵凌性总是源自我在理想化的对体那里看到的欲望竞争，而现在，建立在平等理念上的法把这个裂隙暂时地遮盖起来了。根本的地方在于，我在我和邻人的幸福要求中看到了另外的

---

[1] Jacques Lacan, *The Seminar of Jacques Lacan, Book VII, The Ethics of Psychoanalysis 1959-1960*, p.187.

东西，那个无法被象征的他者完全遮盖的东西，那个指向象征秩序以外的东西，那就是每个人都在幸福中追求更大的享乐的欲望，那个指向实在之物的原乐满足。原乐追求是一种绝对的恶，它让我们每个人都感到享受不足，让我们每个人都在法的凌虐中呻吟，而我们正是通过法的面纱看到了那个恶的幻影。阿根廷分析家马克·德·柯赛评论说：

> 我理所当然要寻求幸福，并且，作为一个自我中心的人，我可以在我同伴身上看到相同的渴望。但是，对使我们变得一样的幸福的要求被一个欲望穿越了，那欲望超出了幸福和平等的范围，且根本上是指向恶。我的同伴和我都分享有这同样的欲望，因而它构成了我们建立政治性的幸福的基础。然而，那作为欲望的终极目标的恶使我们无法结成一个"平等"的和谐社会。恰恰是因为这一点，幸福不可能真正地给予社会一个稳固的基础。归根结底，人认为一个承诺幸福（自法国革命以来，这已是所有政治的承诺）的政治秩序将满足他的欲望。不过，欲望的这一满足不在于幸福，而在幸福的彼岸，在一个远点，从任何幸福伦理学的角度看，那个点都只能被视作恶。在一个"为所有人的幸福"的文化里，比如我们所处身的文化，本质上说，政治不可能满足人的欲望。它公然要灭除的缺憾同时已经是对更大灾难的一种防御，那个灾难恰恰就是欲望的"完全"满足。[1]

法承诺我们"自由、平等、博爱"，但同时又把我们视作满足其淫秽本性的牺牲品；法禁止我们在法之外寻求幸福和满足，因此也就邪恶地把更大的幸福和满足放置到了欲望的彼岸，让我们在一种死亡意志中去与之相遇；法提供给我们普世的原则，并用这原则掩盖个体性的差异，但同时它又把我们置于个体性的孤独中，让我们的欲望在恨与罪疚的内循环中忍受煎熬。就这样，如同马克思在

---

[1] Marc De Kesel, *Eros and Ethics: Reading Jacques Lacan's Seminar VII*, p.144.

分析资本主义原始积累时说的一样,资产阶级伦理也在它的每一个毛孔和细胞中嵌入了罪恶的因子。

在此我们看到了什么?我们看到了拉康反思现代性伦理的一个根本视线,那就是对原始父亲的谋杀:因为这个谋杀,我们结成了一个共同体;因为这个谋杀,我们分享了一个共同的恶;因为这个谋杀,我们不得不把自己置于法的淫威之下;因为这个谋杀,我们在罪疚感中让自己成为一个屈从的主体;因为这个谋杀,萨德成为我们的邻居。

在第7期研讨班中,拉康对现代性伦理的批判总回荡着些许愤世嫉俗的声音,总带有些许怨恨的基调,在那里,原始父亲的谋杀带来的是法的淫威,是罪疚感的阴霾,是原乐追求的失败。而到十年后的第17期研讨班中,我们将听到另一种腔调,一种玩世不恭的口吻,因为社会历史的语境已经发生了变化,那个怨恨的"主人"所描述的怨恨文化的图景现在被一种歇斯底里式的狂欢文化所取代,在那里,主体尽情地享受着革命的"激情",为此甚至不惜把自己打扮成代罪牺牲者来享受"受难"之痛,就是说,这个主体既是施虐的,也是受虐的,施虐和受虐在他们身上是一体的,是他们借以把自己升华为美的幻象的手段。这一次,拉康依然借用了弗洛伊德的神话,依然从中采撷了谋杀父亲的功能单元,且依然把它置放到了法和原乐的关系中来考量,只是对其意义效果的阐释已完全不同。

在这里,拉康首先对与谋杀父亲有关的俄狄浦斯情结做了重新的思考。有关俄狄浦斯情结,前面已多次涉及,它的内容我们应该比较熟悉了,对于它在拉康精神分析学中的作用,澳大利亚的拉康派分析家鲁赛尔·格里格(Russell Grigg)有一段虽然有点夸张但仍不失精到的总结:

众所周知,俄狄浦斯情结在拉康那里扮演着中心的角色。在早期的研讨班中,包括《精神病》《对象关系》和《无意识的构型》,他反复地、不断地、坚持不懈地讲到俄狄浦斯情结。实际上,他的理论大厦就是围绕着它运转的。母亲的欲望、菲勒斯作为母亲欲望的对象、一开始想要"成为"菲勒斯后来又接受"拥有"菲勒斯的孩子;以及父之名——若是不参照俄狄浦斯情结的功能,所有这一切都无法理解。如此庞大复杂的机器整个地就依赖于俄狄浦斯情结,实际就是俄狄浦斯情结的一个组成部分。对拉康而言,我们要想出色地说明与精神分析学有关的任何东西,不论是孩子的恐惧症,还是歇斯底里和强迫性神经症的性质,都必须想到俄狄浦斯情结,比如为什么是精神病而不是神经症,恋物癖和变性的条件,当然还有男性气质和女性气质的产生,这些都需要置于那一情结中来解释。在所有这些东西中,涉及俄狄浦斯情结在每一特殊情形中的特殊机制,反正要有一个持续的信念,即要想理解精神分析学家每天打交道的不同临床结构的起源和性质,我们就必须从这里开始。没有俄狄浦斯情结,就不可能理解神经症、精神病和倒错,也没有办法去思考性别的形成。拉康不断回到俄狄浦斯情结就已经表明了他的信念,即若是不把它作为精神分析学的试金石来加以参照,就理解不了任何东西。弗洛伊德称俄狄浦斯情结是"神经症的内核",拉康更进一步,称它涵盖了分析经验的全部领域,并用它来标记我们的学科指定给主体性的界限。[1]

　　的确,虽然称俄狄浦斯情结是结构拉康的整个理论的基石有点言过其实,但称它是拉康最核心的一个概念是一点不为过的,至少在 1970 年代以前是这样。但在第 17 期研讨班中,拉康提出了"超越俄狄浦斯情结"的口号,这不禁让拉康研究者心生疑惑:他到底想要做什么?他自己在 1950 年代阐述"对象关系"和无意识的构成的时候不是就以此为基础吗?是的,那时他的确是那样做的,因为

---

[1] Russell Grigg, "Beyond the Oedipus Complex", in Justin Clemens and Russell Grigg (eds.), *Reflections on Seminar XVII: Jacques Lacan and the Other Side of Psychoanalysis*, pp.50-51.

他要引出作为原初失落对象的实在之"物"（即作为原初的欲望对象的母亲），他要用俄狄浦斯情结来完成象征界（即父之名）对实在界的切割，完成实在界的对象在幻象中的想象性返回（即基本幻象的结构）。可是现在，他的角度变了，他要用实在界来穿刺象征界和想象界，他要用实在界的不可能性来瘫痪象征的秩序和想象的幻觉，总之，他要在这个超越中引入实在的父亲。

1950年代的时候，受到克莱茵学派的影响，拉康在对俄狄浦斯情结的思考中把母婴关系置放到了一个重要位置，视母亲是主体（孩子）的原初认同对象，而现在，他借着批评克莱茵的认同理论"修正"了自己的看法。他认为，克莱茵学派把原初认同归于孩子与母亲的关系，把母亲指认为原初认同对象，根本上背离了弗洛伊德，因为弗洛伊德在《群体心理学与自我的分析》（1921）中明确地说到对父亲的认同是原初认同，父亲才是主宰着"第一次认同"的人，也正是因此，父亲是"值得去爱"的人。克莱茵学派把孩子对母亲的认同视作第一位的认同，这与弗洛伊德的话语完全不符。[1]并且，拉康还对孩子所认同的那个原初母亲做了这样一个让所有的母亲都很愤怒的描述：

> 母亲的角色就是母亲的欲望。这是根本性的。母亲的欲望不是那种可以承受的东西，不是你可以漠不关心的东西。它总是复仇和破坏。一只巨鳄，你就在它的嘴里——这就是母亲。人们根本不知道什么东西会突然激怒她，使她合上嘴。那就是母亲的欲望。[2]

请注意，拉康在1950年代就明确了"母亲的欲望"既指孩子对母亲的欲望，也指母亲他者的欲望，后者根本上是一个谜，不只是

---

[1] Jacques Lacan, *The Seminar of Jacques Lacan, Book XVII, The Other Side of Psychoanalysis 1969-1970*, p.88.

[2] Jacques Lacan, *The Seminar of Jacques Lacan, Book XVII, The Other Side of Psychoanalysis 1969-1970*, p.112.

孩子，连母亲自己都不知道自己在欲望什么。为什么？因为母亲是被阉割的，也是被剥夺的，她的角色意味着双重的缺失。拉康这里的描述说的就是这后一方面。那么，什么东西可以让你虎口脱险呢？拉康说，"线轴"（roller），一个石头做的线轴——记得吗？它实际就是孩子在"Ford/Da"游戏中玩的那个东西，那个象征之物。拉康现在说，这个线轴就像一个阻碍物、一把斧子，阻挡着母亲的吞食，它实际就是菲勒斯，"它就是所谓的菲勒斯。如果她突然合上嘴，是这个线轴在护佑你"[1]。父亲就是这个菲勒斯，父亲的角色就是那个让你逃离"母亲欲望"的虎口的主能指，精神分析学家的任务就是要解释这个主能指。所以，你看到了吗？拉康在这里并没有前后矛盾，他只是从一个莫比乌斯带的"一面"走到了"另一面"——它们其实是连通的——而引领这个运作的就是象征的父亲。

象征的父亲是一个理想的父亲，一个值得我们去爱的父亲，他就是父之名，是结构主体的主能指"S_1"。可是，在弗洛伊德的俄狄浦斯神话中，父亲是死去的父亲，是被谋杀的父亲，为什么会这样？我们为什么要谋杀我们的认同对象？拉康认为，问题的根本在于父亲发挥功能的界域，在于弗洛伊德的神话有不同的版本。

我们知道，弗洛伊德至少有两个版本的俄狄浦斯情结：一是用来讨论主体心理结构的构成和发展的，其原型取自古希腊悲剧家索福克勒斯的《俄狄浦斯王》，在这个版本中，弑父娶母的神话情节在弗洛伊德那里被提炼为"俄狄浦斯情结"，并以此演绎出一个家庭罗曼司的系列场景，拉康在第4、5、6期研讨班中更是把这个罗曼司续写得出神入化，可是到第17期研讨班中，他又称俄狄浦斯情结是"弗洛伊德的梦"，一个需要诉诸"阐释"的梦[2]；另一个版本是在讨论人类社会禁忌法则的起源时提出的，那其实是弗洛伊德

---

[1] Jacques Lacan, *The Seminar of Jacques Lacan, Book XVII, The Other Side of Psychoanalysis 1969-1970*, p.112.

[2] Jacques Lacan, *The Seminar of Jacques Lacan, Book XVII, The Other Side of Psychoanalysis 1969-1970*, p.137.

自己虚构的一个神话，即原始部落中儿子谋杀父亲的神话，在这个版本中，暴虐的父亲、奋起反抗的儿子、图腾崇拜与禁忌的确立等构成了人类文明源头处的一个集体梦幻剧。

首先要说说俄狄浦斯情结作为弗洛伊德的一个"梦"。作为"梦"，必定就有显意的方面和隐意的方面，很显然，对于这个"梦"，其显意的方面就是弑父娶母。但所谓"显意"，就意味着它是隐意的歪曲和变形，它是一种伪装，至于那被伪装的内容，恰恰就是主体（包括弗洛伊德）所不知的，因为它处在无意识的领域。拉康分析说：

> 按照弗洛伊德的观点，索福克勒斯的戏剧说的是一个人杀死父亲后和母亲同床共眠的故事，它揭示了父亲的谋杀（the murder of the father）和母亲的享用（the jouissance of the mother），后者需要在对象的方面和主体的方面来理解，即一个人在享用母亲和母亲在享用。事实是，俄狄浦斯完全不知道他杀死的是他的父亲，不知道他是在让母亲享乐，也不知道他是在享用母亲，可这于问题本身并不能改变什么，因为它恰恰是无意识的一个精彩例证。[1]

但还有一个谋杀原始部落的父亲的神话，其结果恰好与前一神话相反。父亲让所有的女人归为己有，这本来已够不可思议的，而儿子们也有自己的想法，他们杀死了父亲，其结果与俄狄浦斯王的神话完全不同，虽然杀的都是衰老的父亲。杀死父亲后，儿子们发现自己相互间是兄弟，所以他们没有接着就去享受父亲的女人，而是结成盟约，立下禁令，不准享受同部落内的女人。

为什么会这样呢？这要从父亲之死说起，从父亲之死与作为乱伦对象的母亲的原乐的关系说起。这不是说因为父亲的死，所以可以和母亲睡在一起，恰恰相反，"正是在父亲之死的基础上，这个

---

[1] Jacques Lacan, *The Seminar of Jacques Lacan, Book XVII, The Other Side of Psychoanalysis 1969-1970*, pp.113-114.

原乐的禁令才首先被建立起来"[1]。所以问题的关键不是父亲的死亡,而是父亲的被谋杀。

索福克勒斯的俄狄浦斯神话明确地表明,父亲的被谋杀是母亲的原乐的条件:如果拉伊俄斯没有被杀,享用母亲/母亲享用就是不可能的。但俄狄浦斯是以谋杀为代价得到那原乐的吗?不是,他获得原乐是因为斯芬克斯之谜。通过回答斯芬克斯的谜语,俄狄浦斯发现了自己,获得了有关自身同一性的"知识":"人"——我是一个人,并且是一个比别人都有智慧的人。但这个回答也是一种遮蔽或掩盖,他掩盖了主体的真理/真相:"我是谁?""我来自哪里?"他没有看到斯芬克斯半人半兽的模糊性才是他的真身,他的答案出来后,斯芬克斯跳崖自尽,真理/真相对他彻底关闭;他也没有想到他的回答恰恰预期了他自己的戏剧,他才是人世间最可怜的白痴,是最可憎恶的人渣;他的回答把自己送进了真理的陷阱,他想用他的回答取代对自身真理/真相的追问,他想用他的回答证明神谕是错误的,他是可以逃脱命运的追逐的,可他和他父亲的行径都只是在表明:命运之为命运,就因为它是不可逃脱的,逃避命运的人不过是在加快步伐奔向命运的罗网,跑得越快,罗网就收得越紧。所以,在俄狄浦斯王的神话中,是斯芬克斯之谜构成了主体实施认同的主能指,他从这个能指中获得的"知识"把他引向了享乐的道路,而这个道路之于他也是通向死亡的路,这就是俄狄浦斯情结作为弗洛伊德的梦的隐意所在,其父亲的死在此不过是隐意的一个伪装罢了。

至于谋杀原始父亲的神话,那是列维-斯特劳斯意义上的一个"神话",是人类无意识的逻辑的一种象征性表达,它描画了"死去的父亲和原乐之间的一种等价"[2],因为那个死去的父亲是捍卫原乐的,是发出原乐禁令的所在。死去的父亲就是原乐。实际上,

---

[1] Jacques Lacan, *The Seminar of Jacques Lacan, Book XVII, The Other Side of Psychoanalysis 1969–1970*, p.120.

[2] Jacques Lacan, *The Seminar of Jacques Lacan, Book XVII, The Other Side of Psychoanalysis 1969–1970*, p.123.

在俄狄浦斯王的神话之外,我们可以看到一个运作,一个结构运作,那就是实在的父亲。拉康说,实在的父亲在弗洛伊德的话语中据有中心的位置,只是弗洛伊德自己没有意识到。实在的父亲是阉割的代理,这就是他的运作:"父亲,实在的父亲,不过就是阉割的代理——这就是所谓实在的父亲是不可能的这个论断注定是对我们秘而不宣的。"[1]为什么?因为所谓代理,首先意味着我们滑进了一个幻象,以为父亲即是那阉割,而实际上,阉割只是禁令的一种陈述,它只能是建立在第二个时刻,即谋杀父亲的神话的时刻。儿子们在神话假定的最初时刻即还是动物的时候并不是没有溜进女人的群落,他们在那时已经是被阉割的,只是到第二个时刻,阉割作为禁令的陈述才出现。阉割是能指切割的效果。弗洛伊德强调阉割焦虑是孩子因其对母亲欲望而害怕被父亲阉割,拉康以前也是这样解释的,可是现在,他说,象征的阉割是人成为主体以及他要获得原乐所必须经过的道路,这同时也意味着原乐是不可能的,因为成为主体就是接受语言的调停,这是通过 S_1 实施的,是通过对 S_1 的原初认同实现的,就是说,象征的阉割是由 S_1 决定的,而这也正是父亲的功能。与弗洛伊德假定原始的父亲是一个万能的父亲不同,拉康说,父亲不过是一个结果的运作者,是主能指的代理,实在的父亲实施了代理的工作。进而,实在的父亲不是现实的父亲,他是不可能存在的,他实际是能指运作的回溯性效果,是因为不可能的实在的侵入而在想象中呈现为阉割者的幻象:父亲传给儿子 S_1,主体借此获得一个自身一致的幻觉,这就是弗洛伊德的原初认同的父亲形象;但 S_1 的引入必然意味着主体的分裂,意味着阉割,意味着原乐的获得是不可能的。总之,主能指对能指链的"插入"决定了象征的阉割,这对于父亲也是一样的,父亲也是被语言象征地阉割的,只是社会机器把这个阉割反转为父亲的原乐禁令,并把它和想象的父亲-阉割

---

[1] Jacques Lacan, *The Seminar of Jacques Lacan, Book XVII, The Other Side of Psychoanalysis 1969–1970*, p.125.

者的幻象结合在一起。阉割的代理是实在的父亲,实在意味着不可能,意味着万能的父亲的观念的解除。再有,象征的阉割在结构上与主能指的引入联系着,能指是获得原乐的手段,但只有通过与要求联系着的重复来实现,这一重复要求的结果就是其目标的反面:剩余原乐被确立,原乐的获得是不可能的。在此,主能指遭遇了一种无能,所以,父亲的位置正是羞愧的位置。

那么,儿子们的自身认同即他们认同相互间是兄弟又有什么意义呢?拉康对此做了一个出人意表的解释:

> 我们所有人作为兄弟结为一体的能量最为明确地证明了我们不是兄弟,即便出生时是我们的兄弟,也无法证明我们是他的兄弟——我们可能有着完全相反的染色体。兄弟关系的这一寻求——若不计算其他,如自由和平等——是非同寻常的,它正好适合去实现它所掩盖的。[1]

在父亲死后,儿子们本来为争夺享乐的位置而自相残杀,他们发现,这样做得不偿失,所以以兄弟相称,欲借兄弟的关系来掩盖原本"不是兄弟"的"事实"。这意思是说,问题不在于他们原本到底是不是真的兄弟,而在于他们现在必须借这个相互的承认来获取部分的原乐。拉康进而说,象征秩序中的兄弟关系的形成恰恰是源自个体间的"隔离":

> 我所知道的兄弟关系唯一特别的源头是隔离……我不是左派人士,但我发现,已有的一切,尤其是兄弟关系,是建立在隔离基础上的。[2]

他还说:

---

[1] Jacques Lacan, *The Seminar of Jacques Lacan, Book XVII, The Other Side of Psychoanalysis 1969–1970*, p.114.

[2] Jacques Lacan, *The Seminar of Jacques Lacan, Book XVII, The Other Side of Psychoanalysis 1969–1970*, p.114.

其他兄弟关系没有一种是可以想象的，或是有一丁点的基础，正如我刚刚说过的，一丁点的科学基础，除非它是因为人们整个地是疏离的，是与其他人疏离的。[1]

拉康在此暗示的正是那些革命者，那些以"同志"或兄弟会的名义走到一起的激进左派，他们以隔离的名义发现相互是兄弟，他们以这样的方式来掩盖内心深处的原乐追求，也以这样的方式来掩盖父亲的死造成的社会秩序的无能，来掩盖羞愧之死。父亲的死虽然对于子民们完成认同至为关键，可他的死并不能让我们获得解放，正是在这个意义上，拉康把父亲之死同尼采的上帝之死加以区分，他把陀思妥耶夫斯基在《卡拉马佐夫兄弟》中的那句著名格言——"如果上帝死了，一切都有可能"——翻转过来说：如果上帝死了，就再也没有什么是可能的。[2]是的，如果上帝死了，如果代表着社会秩序的他者死了，如果发出禁令的权威父亲死了，还有什么是可能的呢？！就像我们今天所处的时代，一个根本没有权威也不知道尊重权威的时代，一个由一帮失去了生育能力的无能者占据着权威位置的时代，一个已经全然不知羞耻为何物的时代，除了尊严和爱，还有什么是不可能的呢？！除了在空洞的歇斯底里式的享乐要求中自欺之外，还有什么是可能的呢？！"羞愧之死"，拉康的这个短语简直就是今天这个"娱乐至死"的时代的一个谶语。

那么，在这样一个时代，精神分析学能有什么样的作为？答案很明确：无所作为，精神分析学并不能解决时代的问题。精神分析学以移除或移置主体之症状为目标，但弗洛伊德和拉康都已经强调了，这是一个不可能的事业。

其实，马克思主义也是以移除症状——资本主义的症状——作为目标，为此它对资本主义的社会结构进行了最为强力的症状阅读

---

[1] Jacques Lacan, *The Seminar of Jacques Lacan, Book XVII, The Other Side of Psychoanalysis 1969–1970*, p.114.

[2] Jacques Lacan, *The Seminar of Jacques Lacan, Book XVII, The Other Side of Psychoanalysis 1969–1970*, p.120.

和症状分析,可是,就像德里达说的,它自身最终成了资本主义制度内部的一个创伤性的声音。是的,这是一个不断暴露创伤的声音,但我们也看到,它一次又一次被资产阶级的邪恶主体翻转为寻求倒错的原乐的手段,马克思主义在西方世界的这个命运还不够诡异吗?!做这样的比较当然不是说马克思主义也是一个不可能的事业,至少中国的实践已经表明,它是一个已然可能的事业。

也许我们需要把问题做一个调整。我们需要思考的是:在今天这个时代,精神分析学作为一种话语实践该怎样发挥它的效能?既然精神分析学是一个不可能的事业,那么,按照拉康的逻辑,所有的一切就应当从这个不可能性开始,应当以这个不可能性作为开启可能性的前提。它只是一个话语,拉康把"羞愧之死"视作这个话语进入世界的一个可能性视域,是这个话语开始其"阅读"活动的一个视线。在第17期研讨班的最后,拉康用了这样一段话作为结束:

> 很显然有许多东西错过了,但补充下面的话并非多此一举:如果说……你们这么多人出席这个研讨班——尽管这常常给我带来诸多不便,就像歌德所说,这显然是技巧的问题,似乎是我运用的技巧的问题,不是太多,而是刚刚好——丝毫不是基于说不出口的理由——如果这个现象发生了,这的确是不可理喻的,因为我给你们中的绝大多数人提供的也就是这些——那是因为我碰巧使你们感到羞愧了,不是太多,而是刚刚好。[1]

---

[1] Jacques Lacan, *The Seminar of Jacques Lacan, Book XVII, The Other Side of Psychoanalysis 1969–1970*, p.193.

拉康年谱

1901 年

4 月 13 日，雅克－玛丽·爱弥尔·拉康出生于巴黎一个中产阶级家庭。他的父系曾是巴黎西南部奥尔良地区著名的食用醋生产商，到父亲这里生意移到巴黎；他的母亲则出生于巴黎的一个金匠家庭，两人于 1900 年 6 月结婚，雅克·拉康是他们的长子。

1903 年

妹妹马德琳出生。

1908 年

弟弟马克出生，马克后来成为本笃会的一名神父。

1916 年

进入耶稣会的斯坦尼斯拉斯中学，接受严格的宗教教育和古典学训练，但拉康却爱上了哲学，中学期间就开始阅读荷兰哲学家斯宾诺莎的伦理学著作，并成为无神论者。

1918 年

大约在这个时期，拉康开始阅读包括安德烈·纪德、詹姆斯·乔伊斯、保罗·克洛岱尔在内的现代作家的作品，并对达达主义思潮发生兴趣。

1919 年

完成中学学业，进入巴黎大学医学院学习精神病学。

1920 年

结识布勒东，开始对超现实主义运动产生兴趣。

1926 年

11月4日，在《神经病学月刊》上发表了他的第一篇有关一个精神病人的临床报告，报告写得"冗长、详尽、技术性强且少有情感流露"。巧合的是，就在同一天，巴黎精神分析学会成立。不过这时的拉康还不是弗洛伊德主义者，虽然他对弗洛伊德的理论已经有所了解。

1927—1931 年

接受精神病临床治疗的培训。先是在巴黎圣安娜医院研究精神病及脑病患者的临床治疗，接着到巴黎警察局附属医院任专职医师，1929年又转到以研究精神病著称的亨利·鲁赛尔医院工作，并在那里取得法医资格。1930年8月，到苏黎世大学的附属医院做为期两个月的访学。第二年他又回到圣安娜医院做实习医生。在接受临床培训的这几年里，有三位老师对拉康影响较大：乔治·杜马、亨利·克劳德和德·克莱朗博尔。

1928—1931 年

发表一系列短小的临床研究，其中值得一提的有：1928年与人合作发表《战争后遗症：一个不会行走的女病人》和《传奇警探：从慢性幻觉式妄想到想象性妄想》；1929年与人合作发表《持续的麻痹性痴呆》；1931年与人合作发表《共生性疯癫》和《启示性书写：分裂书写》，同年还独立发表《妄想性精神病的结构》。这些研究显示，拉康早期对疯癫与分裂性书写就已经颇为关注。

1932 年

翻译弗洛伊德写于1922年的论文《嫉妒、妄想症和同性恋的某些神经症机制》。

在克劳德的指导下，完成了题为《论妄想性精神病及其与人格的关系》的博士论文，并于同年9月通过论文答辩，获得医学博士学位。该论文的分析是基于三十三例妄想症病例的临床观察，其中最受重视的是一个名叫埃梅的女病人的病例。这篇论文显示，精神分析学开始进入拉康的视野。

从这年 6 月开始一直到 1938 年 12 月，拉康定期接受波兰裔精神分析学家鲁道夫·洛文斯坦因的分析，但两人的分析关系似乎很糟糕。"二战"期间，洛文斯坦因移民美国，成为美国自我心理学学派的代表人。

1933 年

在巴塔耶以希腊神话中怪物的名字命名的超现实主义杂志《米诺陶》的创刊号上发表论文《风格问题和精神病学有关妄想症经验形式的概念》，同年还在《米诺陶》第三、四期合刊上发表论文《妄想症犯罪动机——帕品姐妹的犯罪》，以混杂有社会学、精神分析学和精神病学的复杂角度分析一宗令人惊骇的杀人案。可以看出，在这个时期，精神病治疗的临床经验、超现实主义的文学趣味以及弗洛伊德的精神分析理论三者开始在拉康的思想中综合。同时，黑格尔的哲学也开始进入他的视野，因为就在这个时候，在巴塔耶的恣惠下，他开始定期参加亚历山大·科耶夫在巴黎举办的黑格尔《精神现象学》的研讨班。

1934 年

1 月，与玛丽-露易丝·布隆汀结婚。

11 月，加入巴黎精神分析学会。

1936 年

8 月，出席国际精神分析学会在捷克马里安巴德的第十四届年会，在会上作关于镜像阶段的发言，可因为超时，发言多次被会议主席欧内斯特·琼斯打断，对于这件事，拉康一生都耿耿于怀。会议结束后，前往柏林观看第十一届奥林匹克运动会。

写作《超越"现实原则"》一文，自诩是精神分析学家的新生代。

1937 年

和布隆汀的第一个孩子卡洛琳出生。

1938 年

应亨利·瓦隆的邀请，为瓦隆主编的《法兰西百科全书》第八卷"精神生活"撰写有关家庭的条目，阐述了与家庭有关的三种心理情结和心理意象。

1938 年

和巴塔耶的妻子、电影明星西尔维亚发生恋情（此时巴塔耶和他的妻子还没有离婚，但已经在闹分居）。

1939 年

9 月 23 日，精神分析学之父弗洛伊德逝世。

这一年，欧洲战事爆发，拉康被派到军队医院神经科做助理医生，同时他还奔波于布隆汀和西尔维亚两个女人之间。

1940 年

先是被派到波城的医院做助理医生，后又分别辗转于吕克瑟伊、马孔、圣迪埃等地，到 8 月底，随着德军在法国的胜利，拉康被遣送回家。

10 月，西尔维亚移居到南部的非占领区马赛（马赛直到 1942 年 11 月才被德军占领），不久便发现自己已经怀上了拉康的孩子，拉康只好在马赛和巴黎之间来回奔波，好在他的医生身份和政治上的暧昧态度给他提供了不少便利，使他可以在占领区和非占领区相对自由地进出，据说，此后的两年间，拉康总是开着他的雪铁龙往返于马赛和巴黎。其实，在德军占领时期，拉康在政治上保持着一种低调的、明哲保身的态度，他不拥护维希政权，但对抵抗运动也没有什么热情。他的民族情感更多体现为某种仪式化或审美化的文化抵抗，并且这还局限在非占领区。

1941 年

7 月，西尔维亚生下一个女儿，取名朱迪丝，但父姓却是巴塔耶的名字。

12 月，拉康与布隆汀离婚，但西尔维亚与巴塔耶的婚姻关系到 1946 年才正式解除，1953 年，拉康才与西尔维亚正式结婚。

1943 年

和西尔维亚一起搬到塞纳河左岸区，在这里过起了一种资产阶级文人的优雅生活。

1944 年

3 月，应邀出席由萨特、波伏瓦、加缪等人组织的一次小型文学集会，这是拉康与存在主义者的第一次接触，他与这个团体的关系并不密切。

与毕加索相识，成为毕加索的私人医生。

1945 年

应战后刚刚复刊的杂志《艺术札记》之邀写作《逻辑时间及预期确定性的论定———一种新的诡辩》一文，以某种寓言的方式对主体的问题做了不同于萨特的思考，用一个诡辩的逻辑阐述了主体性的自我确认与主体间性的关系。

9 月，到英国做了一个为期五周的访问，对英国在战争期间的精神病学研究进行考察。次年他以此为题在"精神病学的演进"小组发表了《英国精神病学与战争》的演讲。

1946 年

9 月，在波纳伐尔精神病学大会上作题为《谈心理因果》的报告，对好友亨利·埃伊的机体动力论进行批判，并重点讨论了疯癫与语言的关系，还用黑格尔的术语重述了战前的镜像阶段理论。

1948 年

5 月，在布鲁塞尔第十一届法语精神分析学家大会上宣读题为《精神分析中的侵凌性》的论文，进一步阐述他的镜像阶段理论。

1949 年

7 月，出席苏黎世第十六届国际精神分析学大会，提交论文《镜像阶段作为精神分析经验中揭示的"我"的功能构型》，以一种极其凝练的辩证写作把镜像阶段呈现为主体之构成的一个神话式场景。

受纳什特的委托，为巴黎精神分析学会起草教学委员会的章程。

与列维－斯特劳斯相识，两人成为好友。

1950 年

5 月，在第十三届法语精神分析学家大会上宣读论文《精神分析学在犯罪学中的功能的理论导论》，从精神分析学的角度对犯罪现象进行了极其广泛的讨论，人类学和语言问题再度进入他的视线。

1951 年

出席国际精神分析协会在阿姆斯特丹的会议，在会上与玛丽·波拿巴王妃的关系交恶。

在家里举行私人性的研讨班，研讨弗洛伊德的案例分析。

在第十四届法语精神分析学家大会上宣读论文《论移情》，用黑格尔辩证法的技术对弗洛伊德的杜拉案例进行重述。

5 月，为英国精神分析学会做《对自我的若干反思》的报告，重点讨论他对弗洛伊德的自我概念的理解。

1952 年

学会主席纳什特提议巴黎精神分析学会成立一个独立的培训学院，但纳什特的专权引起了资深会员的不满，12 月，拉康成为学院执行委员会的临时主任。

1953 年

这一年整个地就是法国精神分析运动的"拉康年"。

1 月，对学院章程提出修改方案。

1 月 20 日，当选为巴黎精神分析学会主席

3 月 4 日，在索邦大学哲学学院作题为《神经症的个人神话》的学术报告，第一次提到"父之名"的概念。

6 月 16 日，巴黎精神分析学会主席之职遭到弹劾，宣布退出巴黎学会，并加入了丹尼尔·拉加什等人成立的法国精神分析学会。

7 月 8 日，在法国精神分析学会第一次科学会议上作题为《象征界、想象界和实在界》的学术报告，第一次阐述他的"三界"理论，并第一次提出"回到弗洛伊德"的口号。

9 月 26—27 日，在罗马的国际罗曼语精神分析学家大会上作题为《言语和语言在精神分析学中的功能和范围》的学术报告，俗称《罗马报告》，其中谈到了在巴黎刚刚发生的分裂事件，回顾了弗洛伊德理论的革命性意义和精神分析学当前面临的问题，然后通过

挪用列维-斯特劳斯和海德格尔等人的理论资源从言语和语言的方面重述了精神分析理论和技术的要旨,重读了弗洛伊德的重要文本,并为自己的弹性时间会谈技术提供了理论上的辩护。

11月,在圣安娜医院正式开始他的研讨班,此后的近三十年间,拉康的声音将定期在巴黎上空回荡,研讨班既是他的教学场所,也是他攻击"政敌"的战场,当然更是他阐述自己的理论与技术的阵地,是他用来捍卫弗洛伊德精神的前哨。

1955年

为《外科医学百科全书》撰写论文《典型疗法的变体》,重申了自我结构在镜像阶段的构成,并对自我心理学进行批判。

复活节这一天,在波弗勒的陪同下到弗莱堡拜见海德格尔,交谈中,拉康请求海德格尔允许他翻译一篇关于"逻各斯"的论文在法国精神分析学会的杂志《精神分析学》创刊号上发表。

9月,趁海德格尔到法国参加一个学术会议的机会,拉康邀请海德格尔夫妇到乡下的别墅里小住了几天。

11月7日,在维也纳神经精神病医院作题为《弗洛伊德的事务或在精神分析学中回归弗洛伊德的意义》的学术报告,照例还是批判自我心理学,要求重读弗洛伊德。

1956年

5月,受批评家让·德雷的邀请作《百年弗洛伊德》的演讲,阐述弗洛伊德的成就,强调语言之于精神分析学的重要性。

11月,在《哲学研究》杂志纪念弗洛伊德诞辰一百周年的专号上发表题为《1956年精神分析学的处境及精神分析学家的培养》的论文,对1950年代中期国际精神分析学会的官僚制作了尖酸刻薄的描绘,称最上层的是一帮"妄自尊大"之徒,而最下层的是受前者奴役的"小人物"。

1957年

2月23日,为法国哲学学会作题为《精神分析及其教学》的学术报告，通过区分自我和主体，阐述精神分析技术与教学的要旨，称分析过程乃是象征链条的重建。

5月9日，为索邦大学学生作题为《自弗洛伊德以来字符在无意识或理性中的代理作用》的演讲，对索绪尔的符号理论和雅各布森的转喻与隐喻理论做激进的改写，用语言学技术重述弗洛伊德的梦的机制。

1958年

4月，在《批判》杂志上发表论文《青年纪德或文字与欲望》，对让·德雷的纪德研究进行评论。

5月9日，在慕尼黑的马克斯·普朗克研究所作题为《菲勒斯的意义》的演讲，在能指的逻辑中重新定位了菲勒斯在精神分析经验和实践中的功能。

7月10—13日，在一个国际性的研讨会上作题为《治疗的方向及其权力原则》的演讲，讨论精神分析的技术原则，并再次对自我心理学加以攻击。

1959年

7月，法国精神分析学会向国际精神分析协会提交的入会申请再次遭到否决，国际协会委派一个特别调查委员会对法国学会的资格重新审定，拉康的技术是调查的重点。

写作《纪念欧内斯特·琼斯：论他的象征主义理论》一文对琼斯的象征主义理论进行批判。

1960年

9月，在法国精神分析学会的一个有关女性性欲的会议上作题为《给女性性欲大会作的指导性发言》的报告（但拉康说论文在两年前就写好了）。

9月，在让·瓦尔组织的"辩证法"研讨会上作题为《在弗洛伊德的无意识中主体的倾覆和欲望的辩证法》的报告，用四个欲望图示揭示了主体的分裂和欲望的辩证法。

10月，在亨利·埃伊组织的一个有关无意识的研讨会上作题为《无意识的位置》的报告，重点讨论了语言与无意识的关系。

1961年

8月，在爱丁堡会议上，国际协会同意法国学会以"研究小组"的身份存在，前提是它必须接受一个特别指导委员会的"监督"，同时，国际协会还向法国学会提出了一份包含十九个条款的"函告"，其中包括一个特别针对拉康的秘密条款，旨在彻底孤立拉康在学会中的地位。

1963年

8月2日，在斯德哥尔摩会议上，国际协会中央执行委员会宣布，爱丁堡决议必须严格执行，并下达最后通牒，法国学会必须在10月31日前将拉康从培训分析师的名单中除名。

10月13日，法国学会的"研究委员会"通过决议，拉康从即日起将不再出现在培训分析师的名单上。

11月20日，拉康如期来到圣安娜医院的会议厅向他的研讨班听众作题为《父之名》的演讲，一上来他就宣布，这将是他在圣安娜医院的最后一次讲演，对于法国学会对他的"出卖"，他说，"在任何时候，我都没有给予你们理由觉得在我看来，yes 和 no 之间根本没有区别"。

1964年

1月15日，新一期即第11期研讨班在巴黎高师著名的迪萨纳礼堂开讲，研讨班的主题换成了"精神分析学的四个基本概念"，在演讲中，他称国际协会和法国学会对他的驱逐就好比三百多年前犹太教会对哲学家斯宾诺莎的"绝罚"，今天的精神分析共同体已经变成了一个教会组织。

6月21日，在皮埃尔的家里，拉康当着几十位信徒的面用录音机播放了事先录制好的一份题为《建会条例》的声明，宣布他"只身一人"创立"法国精神分析学派"——三个月后更名为"巴黎弗洛伊德学派"——在声明中,他强调了新创立的这个组织"正统的"和充满战斗性的特征,并称它将完成一项"劳作",就是为弗洛伊德的精神分析学开始收复失地运动。

1966年

2月19日,就"精神分析学的对象"与巴黎高师哲学系学生的简短对话,对话主题包括:意识与主体、精神分析学与社会、精神分析学与哲学、精神分析学与人类学。

10月,赴美国参加霍普金斯大学举办的一个有关结构主义的研讨会,在会上作题为《论作为融摄他者性的结构是任何主体的先决条件》的报告。

11月,长达900多页的《文集》作为拉康主编的丛书"弗洛伊德领域"的一种由色伊出版社出版,《文集》共收录拉康写于1936—1965年的各类文章28篇,《文集》的出版使拉康的社会声誉大为提升。

1967年

10月9日,向"学派"成员发表《10月9日提议》,提出"通关"程序,引发"学派"内部的激烈争论,但提议最后还是被通过。

12月6日,向"学派"成员发表演讲,解释"提议"的内容,强调"通关"程序的目的不是确立等级制,而只是测试想要成为分析师的受分析者的动机和解释能力,是对抗国际协会早年对他的教学的敌意。

12月14日,在那不勒斯向法兰西研究所发表题为《对假定能知的主体的误解》的演讲,指责精神分析共同体已经完全抛弃了弗洛伊德的无意识概念。

12月15日,在罗马大学发表题为《从1953年的罗马到1967年的罗马》的演讲,再一次强调无意识和话语的重要性,并把自己和结构主义区分开来,其中还暗示德里达的"异延"概念不过是从拉康的话语的泡沫中升起的阿芙洛狄忒。

12月18日,在米兰法兰西研究所发表题为《精神分析学及其与现实的关系》的演讲，反对人们把精神分析学视作一种先验的阐释学，强调受分析者的任务就是要认识到他的"我思"根本上是一种异化，只有幻象才是他的心理现实背后的动力。

1968年

巴黎发生五月学潮，拉康只是姿态性地表示会站在学生的一边。五月风暴后，法国政府进行教育改革，在文森创立了一所实验性的大学，福柯成为哲学系主任，精神分析学也拥有了一个系级建制，拉康派掌控了一切的权力。

1969年

1月25日，拉康的《1967年10月9日提议》正式被"学派"采纳。

1月26日，拉康曾经的拥护者皮埃尔、瓦拉布热加、奥拉格尼埃等人退出"学派"，几个月后，他们组成了一个新的精神分析组织："第四小组"。

3月，巴黎高师的校方通知拉康，高师的迪萨纳礼堂再也不适合他，下学期开始他再也不能在那里举办研讨班。

6月26日，拉康在研讨班上向学生出示高师的逐客令，引发激进主义者到校方抗议。

11月26日，新一期即第17期研讨班移师先贤祠对面的法学院演讲厅，在这一期研讨班上，拉康讨论了四种话语，其中对大学话语展开了激烈的批判。

12月3日，应邀到文森大学做即席演讲，与激进主义的学生发生激烈口战。

1970年

6月26日，接受一家广播电台的采访，主要谈论的还是四种话语。

1971年

在《文学》杂志第三期上发表短文"Lituraterre"，谈论先锋文学的写作以及"字符"与原乐的关系。

1972 年

7 月 14 日，为曾经工作过的亨利·鲁赛尔医院创办五十周年发表论文《晕头转向》（"L'Etourdit"），讨论言说与真理的关系、话语、女性性欲等问题。

1973 年

发表题为《电视》的电视演讲。

1974 年

文森大学精神分析学系改组，拉康的女婿雅克-阿兰·米勒攫取领导权，拉康成为文森大学精神分析学系科学委员会的主任。

1975 年

6 月 16 日，在巴黎的乔伊斯国际研讨会上作题为《症候乔伊斯》的演讲。

年底在美国做巡回演讲：11 月 24—25 日在耶鲁大学；12 月 1 日在哥伦比亚大学；12 月 2 日在马萨诸塞技术学院。

1980 年

1 月 5 日，拉康在致"学派"成员的公开信中宣布解散"巴黎弗洛伊德学派"。

2 月 21 日，向想要继续追随他的人宣布他将创立"弗洛伊德事业"。

10 月 22 日，"弗洛伊德事业"正式创立，米勒成为钦定的接班人。

1981 年

9 月 9 日，星期三，雅克·拉康去世。星期三是拉康的节日，从 1953 年一直到 1980 年，他每年总有一段时间在每个星期三——到 1970 年代，这个惯例经常被打破——以他低沉的声音向他的信徒布道，1981 年 9 月的这个星期三是他此生最后的一次宣讲，只讲了一句话，且是以一种逼视死亡的姿态向世人划出了主体的界限："我很固执……我正在消失。"

参考文献

外文部分

Airaksinen, Timo. *The Philosophy of the Marquis de Sade*, London and New York: Routledge, 2001.

Armintor, Marshall Needleman. *Lacan and the Ghosts of Modernity: Masculinity, Tradition, and the Anxiety of Influence*, New York: Peter Lang Publishing, Inc. 2004.

Apollon, Willy and Feldstein, Richard (eds.).*Lacan, Politics, Aesthetics*, Albany: State University of New York Press, 1996.

Apollon, Willy; Bergeron, Danielle and Cantin, Lucie（eds.）. *After Lacan: Clinical Practice and the Subject of the Unconscious*, Albany: State University of New York Press, 2002.

Azari, Ehsan. *Lacan and the Destiny of Literature: Desire, Jouissance and the Sinthome in Shakespeare, Donne, Joyce and Ashbery*, London and New York: Continuum International Publishing Group, 2008.

Barnard, Suzanne and Fink, Bruce (eds.), *Reading Seminar XX: Lacan's Major Work on Love, Knowledge, and Feminine Sexuality*, Albany: State University of New York Press, 2002.

Barzilai, Shuli. *Lacan and the Matter of Origins*, Calfornia: Stanford University Press, 1999.

Boothby, Richard. *Death and Desire: Psychoanalytic Theory in Lacan's Return to Freud*, New York and London: Routledge, 1991.

Boothby, Richard. *Freud as Philosohper: Metapsychology After Lacan*, New York and London: Routledge, 2001.

Borch-Jacobsen, Mikkel. *Lacan: The Absolute Master*, trans. Douglas Brick, Stanford: Stanford University Press, 1991.

Bracher, Mark; Alcorn, Marshall; Corthell Ronald and Massardier-Kennet, Françoise(eds.). *Lacanian Theory of Discourse: Sunject, Structure and Society*, New York: New York University Press, 1994.

Brennan, Teresa(ed.). *Between Feminism and Psychoanalysis*, London and New York: Routledge, 1989.

Butler, Judith P. *Subject of Desire: Hegelian Reflections in Twentieth-Century France*, New York: Columbia University Press, 1987.

Campbell, Kirsten. *Jacques Lacan and Feminist Epistemology*, London and New York : Routledge, 2004.

Chaitin, Gilbert D. *Rhetoric and Culture in Lacan*, Cambridge: Cambridge University Press, 1996.

Chiesa, Lorenzo. *Subjectivity and Otherness: A Philosophical Reading of Lacan*, Cambridge: The MIT Press, 2007.

Clemens, Justin and Grigg, Russell (eds.). *Reflections on Seminar XVII: Jacques Lacan and the Other Side of Psychoanalysis*, Durham and London: Duke University Press, 2006.

Clément, Catherine. *The Lives and Legends of Jacques Lacan*, trans. Arthur Goldhammer, New York: Columbia University Press, 1983.

Copjec, Joan. *Read My Desire: Lacan against the Historicists*.Cambridge and London: the MIT Press, 1994.

Dean, Tim. *Beyond Sexuality*, Chicago and London: The University of Chicago Press, 2000.

Deleuze, Gilles and Guattari, Félix. *Anti-Oedipus: Capitalism and*

Schizophrenia, trans. Robert Hurley, Mark Seem, and Helen Lane, New York: Viking Press, 1977.

Derrida, Jacques. *The Post Card: From Socrates to Freud and Beyond*, trans. Alan Bass, Chicago and London: University of Chicago Press, 1987.

Eidelsztein, Alfredo. *The Graph of Desire: Using the Work of Jacques Lacan*, trans. Florencia F.C. Shanahan, London: Karnac Books Ltd, 2009.

Ellenberger, Henri F. *The Discovery of the Unconscious: The History and Evolution of Dynamic Psychiatry*, New York: Basic Books, 1970.

Evans, Dylan. *An Introductory Dictionary of Lacanian Psychoanalysis*, London and New York: Routledge, 1996.

Feldstein, Richard; Fink, Bruce and Jaanus, Maire (eds.). *Reading Seminars I and II: Lacan's Return to Freud*, Albany: State University of New York Press, 1996.

Feldstein, Richard; Fink, Bruce and Jaanus, Maire (eds.). *Reading Seminar XI: Lacan's Four Fundamental Concepts of Psychoanalysis*, Albany: State University of New York Press, 1995.

Felman, Shoshana. *Jacques Lacan and the Adventure of Insight: Psychoanalysis in Contemporary Culture*, Cambridge and London: Harvard University Press, 1987.

Fink, Bruce. *The Lacanian Subject: Between Language and Jouissance*, Princeton: Princeton University Press, 1995.

Fink, Bruce. *A Clinical Introduction to Lacanian Psychoanalysis: Theory and Technique*. Cambridge: Harvard University Press, 1997.

Fink, Bruce. *Lacan to the Letter: Reading "Écrits" Closely*, Minneapolis: University of Minnesota Press, 2004.

Forrester, John. *The Seductions of Psychoanalysis: On Freud, Lacan and Derrida*, Cambridge and New York: Cambridge University Press, 1990.

Foucault, Michel. *Language, Counter-Memory, Practice*, ed. Donald F. Bouchard, Ithaca: Cornell University Press, 1977.

Freud, Sigmund. *The Standard Edition of the Complete Psychological Works of Sigmund Freud*, Vol. 1, trans. James Strachey, London: Hogarth Press, 1958.

Freud, Sigmund. *The Standard Edition of the Complete Psychological Works of Sigmund Freud*, vol. XII, trans. James Strachey, London: Hogarth Press, 1958.

Gallop, Jane. *Feminism and Psychoanalysis : The Daughter's Seduction*, London : Macmillan, 1982.

Gallop, Jane. *Reading Lacan*, Ithaca and London: Cornell University Press, 1985.

Grigg, Russell. *Lacan, Languang, and Philosophy*, Albany: State University of New York Press, 2008.

Grosz, Elizabeth. *Jacques Lacan: A Feminist Introduction*, London and New York: Routledge, 1990.

Harari, Roberto. *Lacan's Seminar on "Anxiety": An Introduction*, New York: Other Press, 2001.

Harari, Roberto. *Lacan's Four Fundamental Concepts of Psychoanalysis: An Introduction*, trans. Judith Filc, New York: Other Press, 2004.

Hartmann, Heinz. *Ego Psycholigy and the Problem of Adaptation*, New York: International University Press, 1958.

Haute, Philippe Van. *Against Adaptation: Lacan's "Subversion" of the Subject*, trans. Paul Crowe and Miranda Vankerk, New York: Other Press, 2002.

Jagodzinski, Jan(ed.). *Pedagogical Desire: Authority, Seduction, Transference, and the Question of Ethics*, Westport: Bergin & Garvey, 2002.

Jay, Martin. *Downcast Eyes : The Denigration of Vision in Twentieth-Century French Thought*, Berkeley : University of California Press, 1993.

Kesel, Marc De. *Eros and Ethics: Reading Jacques Lacan's Seminar VII*, trans. Siqi Jöttkandt, Albany: SUNY Press, 2009.

Kurzweil, Edith. *The Freudians: A Comparative Perspective*, New Haven and London: Yale University Press, 1989.

Lacan, Jacques. *Écrits: A Selection*, trans. Alan Sheridan, London: Tavistock, 1977.

Lacan, Jacques. *Écrits: A Selection*, trans. Bruce Fink, New York and London: W.W. Norton & Company, 2002.

Lacan, Jacques. *Écrits*, trans. Bruce Fink, New York and London: W.W. Norton & Company, 2006.

Lacan, Jacques. *The Seminar of Jacques Lacan, Book I, Freud's Papers on Technique 1953–1954*, ed. Jacques-Alain Miller, trans. John Forrester, Cambridge : Cambridge University Press, 1988.

Lacan, Jacques. *The Seminar of Jacques Lacan, Book II, The Ego in Freud's Theory and in the Technique of Psychoanalysis 1954–1955*, ed. Jacques-Alain Miller, trans. Sylvanna Tomaselli, Cambridge: Cambridge University Press, 1988.

Lacan, Jacques. *The Seminar of Jacques Lacan, Book III, The Psychoses 1955–1956*, ed. Jacques-Alain Miller, trans. Russell Grigg, London: Routledge, 1993.

Lacan, Jacques. *Le Séminaire de Jacques Lacan, Livre IV, Le relation d'objet 1956–1957*, Texte établi: Jacques-Alain Miller, Paris: Éditions du Seuil, 1994.

Lacan, Jacques. *Le Séminaire de Jacques Lacan, Livre V, Les formations de l'inconscient 1957–1958*, Texte établi: Jacques-Alain Miller, Paris: Éditions du Seuil, 1998.

Lacan, Jacques. *Desire and the Interpretation of Desire in Hamlet*, ed. Jacques-Alain Miller, trans. James Hulbert, Yale French Studies, No. 55/56, p.11-52, 1977.

Lacan, Jacques. *The Seminar of Jacques Lacan, Book VII, The Ethics of Psychoanalysis 1959–1960*, ed. Jacques-Alain Miller, trans. Dennis Porter, New York and London: W.W. Norton & Company, 1992.

Lacan, Jacques. *Le Séminaire de Jacques Lacan, Livre VIII, Le Transfert 1960–1961*, Texte établi: Jacques-Alain Miller, Paris: Éditions du Seuil, 1991.

Lacan, Jacques. *The Four Fundamental Concepts of Psychoanalysis*, ed. Jacques-Alain Miller, trans. Alan Sheridan, London and New York: Penguin Books, 1979.

Lacan, Jacques. *Crucial Problem for Psychoanalysis, 1964–1965*, unpublished.

Lacan, Jacques. *The Object of Psychoanalysis, 1965–1966*, unpublished.

Lacan, Jacques. *The Logic of Fantasy, 1966–1967*, unpublished.

Lacan, Jacques. *The Seminar of Jacques Lacan, Book XVII, The Other Side of Psychoanalysis 1969–1970*, ed. Jacques-Alain Miller, trans. Russell Grigg, New York and London: W・W・Norton & Company, 2007.

Lacan, Jacques. *The Seminar of Jacques Lacan, Book XX, Encore 1972–1973: On Feminine Sexuality: The Limits of Love and Knowledge*, ed. Jacques-Alain Miller, trans. Bruce Fink, New York and London: W. W. Norton & Company, 1999.

Lacan, Jacques. *R.S.I, 1974–1975*, unpublished.

Lacan, Jacques. *The Sinthome, 1975–1976*, unpublished.

Lacan, Jacques. "Radiophonie", *Scilicet*, nos 2-3, 1970.

Lacan, Jacques. "Lituraterre", *Littérature*, nos 3, 1971.

Lacan, Jacques. "L' Étourdit", *Scilicet*, nos 4, 1973.

Lacan, Jacques. "Conférences et entreitiens dans des universities nord-américaines", *Scilicet*, nos 6/7, 1976.

Lacan, Jacques, *Feminine Sexuality: Jacques Lacan and the École Freudienne*, eds. Juliet Mitchell and Jacqueline Rose, trans. Jacqueline Rose, London: Macmillan Press Ltd. 1982.

Lacan, Jacques. *Television/A Challenge to the Psychoanalytic Establishment*, ed. Joan Copjec, trans. D. Hollier, R.Krauss & A.Michelson, New York and London: W.W.Norton & Company, 1990.

Leclaire, Serge. *Psychoanalyzing : On the Order of the Unconscious and the Practice of the Letter*, Stanford: Stanford University Press, 1998.

Lee, Scott. *Jacques Lacan*, Amherst: University of Massachusetts Press, 1990.

Lewis, Michael. *Derrida and Lacan : Another Writing*, Edinburgh: Edinburgh University Press, 2008.

Macey, David. *Lacan in Contexts*, London and New York: Verso, 1988.

Malone, Kareen Ror and Friedlander, Stephen R.(eds.). *The Subject of Lacan: A Lacanian Reader for Psychologists*, Albany: State University of New York Press, 2000.

McGowan, Todd. *The Real Gaze : Film Theory after Lacan*, Albany : State University of New York Press, 2007.

Mellard, James. *Beyond Lacan*, Albany : State University of New York Press, 2006.

Muller, John and Richardson, Willian. *Lacan and Language: A Reader's Guide to Écrits*, New York: International Universities Press, 1982.

Mulle, John and Richardson,Willian (eds.) . *The Purloined Poe: Lacan, Derrida and Psychoanalytic Reading*, Baltimore: Johns Hopkins

University Press, 1988.

Nancy, Jean-Luc and Lacoue-Labarthe, Philippe. *The Title of the Letter: A Reading of Lacan*, trans. François Raffoul and David Pettigrew, Albany: State University of New York Press, 1992.

Nobus, Dany. *Jacques Lacan and the Freudian Practice of Psychoanalysis*, London and Philadelphia: Routledge, 2000.

Nobus, Dany (ed.). *Key Concepts of Lacanian Psychoanalysi*s, New York: Other Press, 1998.

Nusselder, André. *Interface Fantasy: A Lacanian Cyborg Ontology*, Amsterdam: F & N Eigen Beheer, 2006.

Rabaté, Jean-Michel. *Jacques Lacan: Psychoanalysis and the Subject of Literature*, New York: Palgrave, 2001.

Ragland, Ellie. *Critical Essays on Jacques Lacan*, New York: G. K. Hall & Co., 1999.

Ragland-Sullivan, Ellie. *Jacques Lacan and the Philosophy of Psychoanalysis*, Urbana: University of Illionois Press, 1986.

Ragland, Ellie and Milovanovic, Dragan (eds.), *Lacan: Topologically Speaking*, New York: Other Press, 2004.

Ragland, Ellie. *The Logic of Sexuation: From Aristotle to Lacan*, Albany: State University of New York Press, 2004.

Rella, Franco. *The Myth of the Other : Lacan, Deleuze, Foucault, Bataille*, Washington, D.C. : Maisonneuve Press, 1994.

Roudinesco, Elisabeth. *Jacques Lacan*, trans. Barbara Bray, New York: Columbia University Press, 1997.

Roudinesco, Elisabeth. *Jacques Lacan & Co.: A History of Psychoanalysis in France, 1925–1985*, trans. Jeffrey Mehlman, Chicago: The University of Chicago Press, 1990.

Roustang, François. *Dire Mastery : Discipleship from Freud to Lacan*, trans. Ned Lukacher, Baltimore and London : The Johns Hopkins University Press, 1982.

Roustang, François. *The Lacanian Delusio*, trans. Greg Sims, Oxford: Oxford University Press, 1990.

Samuels, Robert. *Between Philosophy & Psychoanalysis : Lacan's Reconstruction of Freud*, London and New York : Routledge, 1993.

Sanders, Carol(ed.). *The Cambridge Companion to Saussure*, Cambridge: Cambridge University Press, 2004.

Schneiderman, Stuart. *Rat Man*, New York: New York University Press, 1986.

Schroeder, Jeanne Lorraine. *The Vestal and the Fasces: Hegel, Lacan, Property, and the Feminine*, Berkeley: University of California Press, 1998.

Schroeder, Jeanne Lorraine. *The Four Lacanian Discourses , Or Turning Law Inside-Out*, Oxon: Birkbeck Law Press, 2008.

Sjöholm, Cecilia. *The Antigone Complex: Ethics and the Invention of Feminine Desire*, Stanford: Stanford University Press, 2004.

Soler, Colette. *What Lacan Said About Women : A Psychoanalytic Study*, New York : Other Press, 2006.

Stavrakakis, Yannis. *Lacan and the Political*, London and New York: Routledge, 1999.

Stavrakakis, Yannis. *The Lacanian Left: Psychoanalysis, Theory, Politics*, Edinburge: Edinburge University Press, 2007.

Stoltzfus, Ben. *Lacan and Literature*, Albany: State University of New York Press, 1996.

Thurston, Luke. *James Joyce and the Problem of Psychoanalysis*,

Cambridge: Cambridge University Press, 2004.

Turkle, Sherry. *Psychoanalytic Politics: Jacques Lacan and Freud's French Revolution*, London: Free Association Books, 1992.

Van Pelt, Tamise. *The Other Side of Desire : Lacan's Theory of the Registers*, Albany : State University of New York Press, 2000.

Verhaeghe, Paul. *Beyond Gender: From Subject to Drive*, New York: Other Press, 2001.

Voruz, Véronique and Wolf, Bogdan (eds.). *The Later Lacan: An Introduction*, Albany: State University of New York Press, 2007.

Weber, Samuel. *Return to Freud: Jacques Lacan's Dislocation of Psychoanalysis*, trans. Michael Levine, Cambridge: Cambridge University Press, 1991.

Wilden, Anthony. *The Language of the Self: The Function of Language in Psychoanalysis*, Baltimore: Johns Hopkins University Press, 1968.

Žižek, Slavoj. *Looking Awry: An Introduction to Jacques Lacan through Popular Culture*, Cambridge: MIT Press, 1991.

Žižek, Slavoj. *Enjoy Your Symptom!: Jacques Lacan in Hollywood and out*, New York: Routledge, 1992.

Žižek,Slavoj.*Welcome to the Desert of the Real!* London: Verso, 2002.

Žižek, Slavoj. *How to Read Lacan*, New York and London: W.W.Norton & Company, 2006.

Žižek, Slavoj(ed.). *Cogito and the Unconscious,* Durham and London: Duke University Press,1998.

Žižek, Slavoj(ed.). *Jacques Lacan: Critical Evaluations in Cultural Theory (I–IV)*, New York: Routledge, 2003.

Zupančič, Alenka. *Ethics of the Real: Kant, Lacan*, London and New York: Verso, 2000.

中文部分

车文博主编,《弗洛伊德文集》(1—4卷),吉林:长春出版社,1998年。

弗洛伊德,《弗洛伊德自传》,廖运范译,北京:东方出版社,2005年。

弗洛伊德,《少女杜拉的故事》,钱华梁译,北京:九州出版社,2004年。

弗洛伊德,《狼人的故事》,李韵译,上海:上海社会科学院出版社,2007年。

拉普朗虚、彭大历斯,《精神分析辞汇》,沈志中、王文基译,台北:行人出版社,2000年。

彼得·盖伊,《弗洛伊德传》(上、下),龚卓军、高志仁、梁永安译,厦门:鹭江出版社,2006年。

丽迪娅·弗莱姆,《弗洛伊德别传:弗洛伊德和他的病人们的日常生活》,戎容译,北京:文化艺术出版社,2002年。

霍夫曼,《弗洛伊德主义与文学思想》,王宁等译,北京:生活·读书·新知三联书店,1987年。

斯蒂芬·米切尔、玛格丽特·布莱克,《弗洛伊德及其后继者——现代精神分析思想史》,陈祉妍、黄峥、沈东郁译,北京:商务印书馆,2007年。

约瑟夫·桑德勒、克里斯朵夫·戴尔、阿莱克斯·霍尔德,《病人与精神分析师》,施琪嘉、曾奇峰、肖泽萍译,上海:上海科学技术出版社,2004年。

梅兰妮·克莱恩,《儿童精神分析》,林玉华译,台北:心灵工坊,2005年。

温森特·布罗姆,《荣格:人与神话》,文楚安译,北京:新华出版社,1997年。

迈克尔·圣·克莱尔,《现代精神分析"圣经"——客体关系与自体心理学》,贾晓明、苏晓波译,北京:中国轻工业出版社,2002年。

拉康,《拉康选集》,褚孝泉译,上海:上海三联书店,2001年。

吴琼编,《视觉文化的奇观——视觉文化总论》,北京:中国人民大学出版社,2005年。

玛尔考姆·波微,《拉康》,牛宏宝、陈喜贵译,北京:昆仑出版社,1999年。

福原泰平,《拉康:镜像阶段》,王小锋、李濯凡译,石家庄:河北教育出版社,2002年。

穆斯达法·萨福安,《结构精神分析学:拉康思想概述》,怀宇译,天津:天津社会科学出版社,2001年。

马可·萨非洛普洛斯,《拉冈与李维史陀》,李郁芬译,台北:心灵工坊,2009年。

克莱芒、布律诺、塞弗,《马克思主义对心理分析学说的批评》,金初高译,北京:商务印书馆,1987年。

尼·格·波波娃,《法国的后弗洛伊德主义》,李亚卿译,北京:东方出版社,1988年。

斯拉沃热·齐泽克,《意识形态的崇高客体》,季广茂译,北京:中央编译出版社,2002年。

斯拉沃热·齐泽克,《实在界的面庞》,季广茂译,北京:中央编译出版社,2004年。

斯拉沃热·齐泽克,《易碎的绝对——基督教遗产为何值得奋斗》,蒋桂琴、胡大平译,南京:江苏人民出版社,2004年。

斯拉沃热·齐泽克,《快感大转移:妇女和因果性六论》,胡大平等译,南京:江苏人民出版社,2004年。

朱迪斯·巴特勒、欧内斯特·拉克劳、斯拉沃热·齐泽克,《偶然性、霸权和普遍性：关于左派的当代对话》，胡大平等译，南京：江苏人民出版社，2004年。

斯拉沃热·齐泽克，《有人说过集权主义吗？》，侯萍译，南京：江苏人民出版社，2005年。

斯拉沃热·齐泽克、格里·戴利，《与齐泽克对话》，孙晓坤译，南京：江苏人民出版社，2005年。

斯拉沃热·齐泽克，《敏感的主体——政治本体论的缺席中心》，应奇、陈丽微、孟军、李勇译，南京：江苏人民出版社，2006年。

斯拉沃热·齐泽克，《幻想的瘟疫》，叶肖、胡雨谭译，南京：江苏人民出版社，2006年。

斯拉沃热·齐泽克编，《不敢问希区柯克的，就问拉康吧》，穆青译，上海：上海人民出版社，2007年。

斯拉沃热·齐泽克，《因为他们并不知道他们所做的——政治因素的享乐》，郭英剑等译，南京：江苏人民出版社，2007年。

瑞克斯·巴特勒，《齐泽克宝典》，胡大平、夏凡等译，南京：江苏人民出版社，2007年。

杜声锋，《拉康结构主义精神分析学》，香港：三联书店有限公司，1988年。

梁浓刚，《回归弗洛伊德》，台北：远流出版事业股份有限公司，1989年。

王国芳、郭本禹，《拉冈》，台北：生智文化事业有限公司，1997年。

方汉文，《后现代主义文化心理：拉康研究》，上海：上海三联书店，2000年。

黄作，《不思之说——拉康主体理论研究》，北京：人民出版社，2005年。

张一兵，《不可能的存在之真——拉康哲学映像》，北京：商务印书馆，2006年。

黄汉平，《拉康与后现代文化批评》，北京：中国社会科学出版社，2006年。

马元龙，《雅克·拉康：语言维度中的精神分析》，北京：东方出版社，2006年。

严泽胜，《穿越"我思"的幻象：拉康主体性理论及其当代效应》，北京：东方出版社，2007年。

索绪尔，《普通语言学教程》，高名凯译，北京：商务印书馆，1980年。

罗曼·雅柯布森，《雅柯布森文集》，钱军、王力译注，长沙：湖南教育出版社，2001年。

科耶夫，《黑格尔导读》，姜志辉译，南京：译林出版社，2005年。

埃米尔·本维尼斯特，《普通语言学问题》，王东亮等译，北京：生活·读书·新知三联书店，2008年。

马塞尔·毛斯，《社会学与人类学》，佘碧平译，上海：上海译文出版社，2003年。

克洛德·列维-斯特劳斯，《结构人类学》（1—2），张祖建译，北京：中国人民大学出版社，2006年。

路易·阿尔都塞，《保卫马克思》，顾良译，北京：商务印书馆，1984年。

路易·阿尔都塞，《列宁与哲学》，杜章智等译，台北：远流出版社，1989年。

路易·阿尔都塞、艾蒂安·巴里巴尔，《读〈资本论〉》，李其庆、冯文光译，北京：中央编译出版社，2001年。

路易·阿尔都塞，《黑格尔的幽灵——政治哲学论文集》（Ⅰ），唐正东、吴静译，南京：南京大学出版社，2005年。

莫里斯·梅洛-庞蒂，《知觉现象学》，姜志辉译，北京：商务印书馆，2001年。

莫里斯·梅洛-庞蒂，《可见的与不可见的》，罗国祥译，北京：商务印书馆，2008年。

雅克·德里达，《论文字学》，汪堂家译，上海：上海译文出版社，1999年。

雅克·德里达，《书写与差异》，张宁译，北京：生活·读书·新知三联书店，2001年。

雅克·德里达与伊丽莎白·卢迪内斯库，《明天会怎样》，苏旭译，北京：中信出版社，2002年。

侯硕极，《牺牲：精神分析的指标》，卓立、杨明敏、谢隆仪译，台北：心灵工坊，2009年。

贝尔曼-诺埃尔，《文学文本的精神分析——弗洛伊德影响下的文学批评解析导论》，李书红译，天津：天津人民出版社，2004年。

朱莉娅·克里斯蒂瓦，《恐怖的权力：论卑贱》，张新木译，北京：生活·读书·新知三联书店，2001年。

于丽娅·克里斯特娃，《反抗的未来》，黄晞耘译，桂林：广西师范大学出版社，2007年。

朱迪斯·巴特勒，《性别麻烦：女性主义与身份的颠覆》，宋素凤译，上海：上海三联书店，2009年。

简·盖洛普，《通过身体思考》，杨莉馨译，南京：江苏人民出版社，2005年。

塞尔日·安德烈，《女人需要什么》，余倩、王丹译，天津：天津人民出版社，2002年。

特伦斯·霍克斯，《结构主义和符号学》，瞿铁鹏译，上海：上海译文出版社，1987年。

伊·库兹韦尔，《结构主义时代：从莱维-斯特劳斯到福科》，尹大贻译，上海：上海译文出版社，1988年。

约翰·斯特罗克编，《结构主义以来：从列维-斯特劳斯到德里达》，渠东、李康、李猛译，沈阳：辽宁教育出版社 / 牛津大学出版社，1998 年。

弗雷德里克·詹姆逊，《语言的牢笼》，钱佼汝译，南昌：百花洲文艺出版社，1995 年。

弗朗索瓦·多斯，《从结构到解构：法国 20 世纪思想主潮》（上、下卷），季广茂译，北京：中央编译出版社，2004 年。

柏拉图，《柏拉图全集》（1—4 卷），王晓朝译，北京：人民出版社，2003 年。

亚里士多德，《尼各马科伦理学》，苗力田译，北京：中国社会科学出版社，1990 年。

笛卡尔，《第一哲学沉思集》，庞景仁译，北京：商务印书馆，1986 年。

笛卡尔，《谈谈方法》，王太庆译，北京：商务印书馆，2000 年。

斯宾诺莎，《伦理学》，贺麟译，北京：商务印书馆，1983 年。

康德，《实践理性批判》，韩水发译，北京：商务印书馆，1999 年。

张志伟，《康德的道德世界观》，北京：中国人民大学出版社，1995 年。

黑格尔，《精神现象学》，贺麟、王玖兴译，北京：商务印书馆，1979 年。

尼采，《论道德的谱系》，周红译，北京：生活·读书·新知三联书店，1992 年。

弗雷格，《算术基础》，王路译，北京：商务印书馆，2002 年。

海德格尔，《存在与时间》，陈嘉映、王庆节译，北京：生活·读书·新知三联书店，1987 年。

孙周兴选编，《海德格尔选集》（上、下），上海：上海三联书店，1996 年。

萨尼尔，《雅斯贝尔斯》，张继武、倪梁康译，北京：生活·读书·新知三联书店，1988 年。

萨特，《存在与虚无》，陈宣良等译，北京：生活·读书·新知三联书店，1987年。

金·格兰特，《超现实主义与视觉艺术》，王升才译，南京：江苏美术出版社，2007年。

柳鸣九主编，《未来主义 超现实主义 魔幻现实主义》，北京：中国社会科学出版社，1987年。

萨尔瓦多·达利，《疯狂的眼球：萨尔瓦多·达利难以言说的自白》，王光林等译，上海：上海文艺出版社，2006年。

赫伯特·洛特曼，《左岸：从人民阵线到冷战期间的作家、艺术家和政治》，薛巍译，北京：新星出版社，2008年。

纪德，《如果种子不死：纪德自传》，罗国林译，北京：北京出版社出版集团 / 北京十月文艺出版社，2005年。

萨德，《卧房里的哲学》，陈苍多译，台北：新路出版有限公司，2001年。

萨德，《索多玛120天》，王之光译，台北：商周出版，2004年。

萨德，《情罪》，李恒基译，长春：时代文艺出版社，2002年。

萨德，《淑女蒙尘记》，陈慧译，长春：时代文艺出版社，2002年。

R. 柯朗、H. 罗宾，《什么是数学：对思想和方法的基本研究》（增订版），左平、张饴慈译，上海：复旦大学出版社，2007年。

M. 克莱因，《古今数学思想》（第1—4册），申又枨、冷生明译，上海：上海科学技术出版社，1981年。

张远南，《抽象中的形象——图形的故事》，上海：上海科学普及出版社，1990年。

图书在版编目（CIP）数据

雅克·拉康：阅读你的症状 / 吴琼著. ——修订版. ——
上海：上海文艺出版社，2024（2025.3重印）
ISBN 978-7-5321-9022-5

Ⅰ.①雅… Ⅱ.①吴… Ⅲ.①拉康(Lacan, Jacques 1901–1981)—
哲学思想—研究 Ⅳ.①B565.59

中国国家版本馆CIP数据核字(2024)第088972号

责任编辑：肖海鸥
特约编辑：邹　荣
书籍设计：左　旋
内文制作：重庆樾诚文化传媒有限公司

书　　名：雅克·拉康：阅读你的症状（修订版）
作　　者：吴　琼
出　　版：上海世纪出版集团　上海文艺出版社
地　　址：上海市闵行区号景路159弄A座2楼 201101
发　　行：上海文艺出版社发行中心
　　　　　上海市闵行区号景路159弄A座2楼206室　201101　www.ewen.co
印　　刷：上海盛通时代印刷有限公司
开　　本：890×1240　1/32
印　　张：34.625
字　　数：903千字
印　　次：2024年5月第1版　2025年3月第3次印刷
ＩＳＢＮ：978-7-5321-9022-5/B.105
定　　价：168.00元（全两册）
告 读 者：如发现本书有质量问题请与印刷厂质量科联系　T：021-37910000